W0190856

DER GROSSE
KONFLIKT

ELLEN GOULD WHITE

DER GROSSE KONFLIKT
ÜBERARBEITETE AUSGABE 2008

TITEL DER AMERIKANISCHEN ORIGINALAUSGABE:
»THE GREAT CONTROVERSY«
ERSTE VERÖFFENTLICHUNG 1884/1888

HERAUSGEBER
© 2008 GIHON PUBLISHING

DRUCK
M.H.A. PRINT & MEDIEN
DAIMLERSTRASSE 12
73635 RUDERSBERG

ISBN: 978-3-939979-05-0

KORREKTORAT/ÜBERARBEITUNG
HANS-JÜRGEN MUSCHONG, KAI-UWE BECK M.A.L.D.
OLAF MILTER, EKATERINA UND MARIA DANILKINA

SATZ/GESTALTUNG
KAI-UWE BECK M.A.L.D.
HANS-JÜRGEN MUSCHONG

INHALTSVERZEICHNIS

EINLEITUNG — 6

UNTREUE UND ABFALL IN DER CHRISTENHEIT

1. DIE ZERSTÖRUNG JERUSALEMS — 13
2. VERFOLGUNG IN DEN ERSTEN JAHRHUNDERTEN — 31
3. DIE RÖMISCHE KIRCHE — 39
4. DIE WALDENSER — 51
5. JOHN WIKLIF — 66
6. HUS UND HIERONYMUS — 80
7. LUTHERS TRENNUNG VON ROM — 100
8. LUTHER VOR DEM REICHSTAG — 121
9. DER REFORMATOR DER SCHWEIZ — 143
10. FORTSCHRITT DER REFORMATION IN DEUTSCHLAND — 155
11. DER PROTEST DER FÜRSTEN — 165
12. DIE REFORMATION IN FRANKREICH — 177
13. DIE NIEDERLANDE UND SKANDINAVIEN — 199
14. SPÄTERE ENGLISCHE REFORMATOREN — 206
15. DIE BIBEL UND DIE FRANZÖSISCHE REFORMATION — 227

ERWECKUNG UND HINKEHR ZUM WAHREN GLAUBEN

16. EIN ZUFLUCHTSORT — 247
17. HEROLDE DES MORGENS — 256
18. EIN GLAUBENSMANN DER LETZTEN ZEIT — 270
19. LICHT DURCH FINSTERNIS — 291
20. EINE GROSSE RELIGIÖSE ERWECKUNG — 301
21. EINE VERWORFENE WARNUNG — 317
22. ERFÜLLTE WEISSAGUNGEN — 330
23. WAS IST DAS HEILIGTUM? — 345

24. Im Allerheiligsten — 357

25. Gottes Gesetz ist unveränderlich — 365

26. Ein Werk der Erneuerung — 380

27. Erweckungen der Neuzeit — 388

28. Das Untersuchungsgericht — 403

Überwindung und Endsieg der Gottgetreuen

29. Der Ursprung des Bösen — 414

30. Feindschaft zwischen dem Menschen und Satan — 425

31. Die Wirksamkeit der bösen Geister — 430

32. Die Schlingen Satans — 436

33. Die erste grosse Täuschung — 447

34. Der Spiritismus — 463

35. Die Freiheit des Gewissens bedroht — 473

36. Der kommende Kampf — 489

37. Die Bibel eine Schutzwehr — 499

38. Die letzte Warnung — 507

39. Die trübselige Zeit — 515

40. Gottes Volk wird befreit — 533

41. Die Verwüstung der Erde — 547

42. Des Kampfes Ende — 554

Weitere Informationen für ein tieferes Studium

Anmerkungen — 568

Verwendete Bibelübersetzungen:
Luther Übersetzung, wenn nicht anders angegeben

Seitenzahlen der englischen Ausgabe (GC) von 1911
in Klammern neben den Seitenzahlen

VORWORT

Die gefährlichste Entwicklung in der heutigen Zeit ist die Einschränkung unserer persönlichen Entscheidungsfreiheit. Scheinbar wachen führende Menschen in der Politik, Gesellschaft und der Kirche über unseren Frieden und unsere Freiheit. Immer mehr Interessengruppen setzen sich dafür ein, systematisch in aller Stille unsere demokratischen Grundlagen zu untergraben. Dies geschieht zum Beispiel unter dem Deckmantel der Religiosität und verschiedenster vermeintlich humanitärer Reformen.

Das wird erhebliche Konsequenzen für uns haben. Heute schon ist ein plötzlicher Umsturz der Macht- und Gesellschaftsverhältnisse über Nacht möglich! Regierungen in Ost und West debattieren immer mehr über Frieden, ohne jedoch die eigentlichen Hindernisse zu beseitigen.

Ellen Gould White möchte eine klare Einsicht in all diese wichtigen Fragen vermitteln, welche uns heute beschäftigen. Die eigentlichen Hintergründe, Ursachen und Verflechtungen dieses »großen Konfliktes« werden systematisch aufgezeigt. Es wird schrittweise enthüllt, warum die geschichtliche Vergangenheit so ausschlaggebend für unsere Zukunft ist. Die üblen Wurzeln der Verfolgung Andersdenkender werden anhand von tragischen Berichten eindrucksvoll erläutert. Von Kaiser Neros grausamen Theaterspielen, den Scheiterhaufen der Inquisition bis zu den französischen Guillotinen werden die unmenschlichen Vorgehensweisen von vorgeblich christlichen Kirchen und Institutionen in Zusammenarbeit mit staatlicher Gewalt dargestellt. Auf der anderen Seite sehen wir die wahren Gläubigen und die Liebe Gottes und seine Fürsorge für sie. Lernen Sie den reinen und unverfälschten biblischen Glauben kennen.

Blicken Sie hinter die Kulissen der aktuellen Weltpolitik und erfahren Sie, welche Mächte die weltweite Vereinigung kirchlicher und machtpolitischer Blöcke in die Wege leiten. Unter dem Vorwand nötiger politischer und religiöser Veränderungen wird ausgehend von Amerika die Geschichte der gnadenlosen Verfolgungen wiederholt. Es könnte das wichtigste Buch werden, das Sie je gelesen haben! Es wurde seit seiner ersten Erscheinung 1884 in Amerika in mehr als 45 Sprachen übersetzt und von vielen Millionen Menschen mit größtem Gewinn gelesen!

Die Herausgeber

EINLEITUNG

*E*he die Sünde in die Welt kam, erfreute sich Adam eines freien Kontaktes mit seinem Schöpfer; jedoch seit sich der Mensch durch die Übertretung von Gott trennte, wurde ihm dieses hohe Vorrecht entzogen. Durch den Erlösungsplan jedoch wurde ein Weg eröffnet, wodurch die Bewohner der Erde noch immer mit dem Himmel in Verbindung treten können. Gott hat durch seinen Geist mit den Menschen kommuniziert, und durch die Offenbarungen an seine auserwählten Diener ist der Welt göttliches Licht mitgeteilt worden. »Vom Heiligen Geist getrieben haben die heiligen Menschen Gottes geredet.« 2.Petrus 1,21

Während der ersten zweitausendfünfhundert Jahre der menschlichen Geschichte war keine geschriebene Offenbarung vorhanden. Diejenigen, welche von Gott gelehrt worden waren, teilten ihre Erkenntnis anderen mit, und sie pflanzte sich vom Vater auf den Sohn durch kommende Geschlechter fort. Die Herstellung eines geschriebenen Wortes begann in der Zeit Moses. Vom Geiste Gottes eingegebene Offenbarungen wurden damals zu einem inspirierten Buch vereinigt. Dieses Werk wurde während der langen Zeit von sechzehnhundert Jahren von Mose, dem Geschichtsschreiber der Schöpfung und des Gesetzes an bis auf Johannes, der die erhabensten Wahrheiten des Evangeliums aufzeichnete, fortgesetzt.

Die Bibel weist auf Gott als auf ihren Urheber; doch wurde sie von Menschenhänden geschrieben, und in dem verschiedenartigen Stil ihrer zahlreichen Bücher zeigt sie die besonderen Züge der jeweiligen Verfasser. Alle offenbarten Wahrheiten sind von Gott eingegeben; (2 Timotheus 3,1.6) aber sie gelangen in menschlichen Worten zum Ausdruck. Der Unendliche hat durch seinen Heiligen Geist den Verstand und das Herz seiner Diener erleuchtet. Er hat Träume und Gesichte, Zeichen und Bilder gegeben, und diejenigen, denen die Wahrheit auf solche Weise offenbart wurde, haben diese Gedanken in menschliche Sprache gekleidet.

Die zehn Gebote wurden von Gott selbst gesprochen und mit seiner eigenen Hand geschrieben. Sie sind von Gott und nicht von Menschen verfasst. Aber die Bibel stellt mit ihren von Gott eingegebenen, in menschlicher Sprache ausgedrückten Wahrheiten eine Vereinigung des Göttlichen mit dem Menschlichen dar. Eine solche Vereinigung bestand in der Natur

Christi, welcher der Sohn Gottes und des Menschen Sohn war. So gilt von der Bibel, was von Christus geschrieben steht: »Das Wort ward Fleisch und wohnte unter uns.« Johannes 1,14

In verschiedenen Zeitaltern, und von Menschen geschrieben, die an Rang und Beschäftigung, an Verstand und Geistesgaben weit voneinander verschieden waren, bietet die Bibel sowohl einen großen Gegensatz des Stiles, als auch eine Verschiedenheit in der Natur der entfalteten Gegenstände dar. Die verschiedenen Schreiber bedienen sich verschiedener Ausdrucksweisen; oft wird dieselbe Wahrheit von dem einen deutlicher dargestellt als von dem anderen. Und da verschiedene Schreiber ein und denselben Gegenstand unter verschiedenen Gesichtspunkten und Beziehungen darstellen, mag der oberflächliche, nachlässige oder mit Vorurteil erfüllte Leser da Ungereimtheiten oder Widersprüche sehen, wo der nachdenkende, andächtige Forscher mit klarerer Einsicht die zu Grunde liegende Harmonie erblickt.

Da die Wahrheit von verschiedenen Persönlichkeiten dargestellt wird, sehen wir dieselbe auch von ihren verschiedenen Gesichtspunkten aus. Der eine Schreiber steht mehr unter dem Eindrücke von einer Seite eines Gegenstandes; er erfasst die Punkte, die mit seiner Erfahrung oder mit feiner Auffassungsgabe und seiner Würdigung übereinstimmen; ein anderer fasst eine etwas andere Seite auf, und jeder stellt unter der Leitung des Geistes Gottes das dar, was auf sein Gemüt den stärksten Eindruck macht, eine verschiedene Seite der Wahrheit in jedem, aber eine vollkommene Übereinstimmung in allen. Und die auf diese Weise offenbarten Wahrheiten vereinigen sich um ein vollkommenes Ganzes zu bilden, das den Bedürfnissen des Menschen in allen Umständen und Erfahrungen des Lebens angepasst ist.

Es hat Gott gefallen, der Welt die Wahrheit durch menschliche Werkzeuge mitzuteilen, und er selbst hat durch seinen Heiligen Geist die Menschen dazu befähigt und sie in den Stand gesetzt, dieses Werk zu vollbringen. Er leitete die Gedanken bei der Auswahl dessen, was sie reden oder schreiben sollten. Der Schatz wurde irdischen Gefäßen anvertraut, er ist aber doch vom Himmel. Das Zeugnis kommt zu uns durch den unvollkommenen Ausdruck der menschlichen Sprache, doch ist es das Zeugnis Gottes; und ein gehorsames, gläubiges Kind Gottes sieht darin die Herrlichkeit einer göttlichen Macht, voll von Gnade und Wahrheit. In seinem Wort hat Gott dem Menschen die zur Seligkeit nötige Erkenntnis übergeben. Die Heilige Schrift soll als eine maßgebende, rechtskräftige, untrügliche Offenbarung seines Willens angenommen werden. An ihr wird der Charakter geprüft, durch sie Lehren offenbart, und unsere Erfahrung der Prüfung unterzogen. »Alle Schrift ist von Gott eingegeben und nützlich zur Belehrung, zur Überführung, zur Zurechtweisung, zur Erziehung in der Gerechtigkeit, damit der Mensch Gottes ganz zubereitet sei, zu jedem guten Werk völlig ausgerüstet. « 2 Timotheus 3,16.17 Schlachter 2000

Doch hat die Tatsache, dass Gott seinen Willen dem Menschen durch sein Wort offenbart hat, die beständige Gegenwart und Leitung des Heiligen Geistes nicht überflüssig gemacht. Im Gegenteil, der Heiland verhieß den Heiligen Geist, damit er seinen Dienern das Wort eröffne und damit er dessen Lehren beleuchte und bei ihrer Umsetzung helfe. Und da der Geist Gottes die Bibel eingab, ist es unmöglich, dass die Lehren des Geistes dem Wort widersprechen.

Nicht um die Stelle der Bibel einzunehmen, wurde der Geist gegeben, noch kann er je dazu benutzt werden, denn die Schrift erklärt ausdrücklich, dass das Wort Gottes der Maßstab ist, an dem alle Lehre und jede Erfahrung geprüft werden muss. Der Apostel Johannes sagt: »Geliebte, glaubt nicht jedem Geist, sondern prüft die Geister, ob sie aus Gott sind! Denn es sind viele falsche Propheten in die Welt ausgegangen.« 1 Johannes 4,1 Und Jesaja erklärt: »Ja, nach dem Gesetz und Zeugnis. Werden sie das nicht sagen, so werden sie die Morgenröte nicht haben.« Jesaja 8,20 Luther 1912

Durch die Irrtümer einer Menschenklasse, welche die Erleuchtung des Heiligen Geistes beansprucht und behauptet, dass sie der Führung des Wortes Gottes nicht mehr bedarf, wird große Schmach auf das Werk des Geistes Gottes geworfen. Sie werden von Eindrücken geleitet, die sie für die Stimme Gottes in der Seele ansehen. Aber der Geist, der sie beherrscht, ist nicht der Geist Gottes. Den Eindrücken zu folgen und die Heilige Schrift zu vernachlässigen, kann nur zu Verwirrung, Täuschung und Verderben führen. Es dient nur dazu, die Absichten des Bösen zu fördern. Da das Amt des Geistes Gottes für die Gemeinde Christi von höchster Wichtigkeit ist, ist es einer der listigen Anschläge Satans, durch die Irrtümer der Extremisten und Fanatiker Verachtung auf das Werk des Geistes zu werfen, und das Volk Gottes zu veranlassen, diese Quelle der Kraft, die uns der Herr selbst vorgesehen hat, zu vernachlässigen.

In Übereinstimmung mit dem Wort Gottes sollte sein Geist sein Werk während der ganzen Zeit der Verkündigung des Evangeliums fortsetzen. In den Jahrhunderten, in denen die Schriften des Alten und Neuen Testamentes gegeben wurden, hörte der Heilige Geist nicht auf, neben den Offenbarungen, die dem heiligen Kanon einverleibt werden sollten, auch die Seelen einzelner zu erleuchten. In verschiedenen Zeitaltern werden Propheten erwähnt, über deren Aussprüche nichts aufgezeichnet wurde. Gleicherweise sollte, nachdem der Kanon der Schrift abgeschlossen war, der Heilige Geist auch weiterhin sein Werk fortsetzen, nämlich die Kinder Gottes zu erleuchten, zu warnen und zu trösten. Jesus verhieß seinen Jüngern: »Aber der Tröster, der Heilige Geist, den mein Vater senden wird in meinem Namen, der wird euch alles lehren und euch an alles erinnern, was ich euch gesagt habe.« »Wenn aber jener, der Geist der Wahrheit, kommen wird, wird er euch in alle Wahrheit leiten ... und was zukünftig ist, wird er euch verkündigen.« Johannes 14,26; 16,13 Die Schrift lehrt deutlich, dass diese Verheißungen nicht nur auf die Zeit der Apostel beschränkt sind. Sie sollten für die Gemeinde Christi für alle Zeitalter gelten. Der Heiland versichert seinen Nachfolgern: »Siehe, ich bin bei euch alle Tage bis an der Welt Ende.« Matthäus 28,20 Und Paulus erklärte, dass die Gaben und Offenbarungen des Geistes in die Gemeinde gegeben wurden, »damit die Heiligen tüchtig werden, den Dienst auszurichten, wodurch Christi Leib erbaut wird; das soll geschehen, bis wir alle gelangen zu der Einheit im Glauben und in der Erkenntnis des Sohnes Gottes, zur vollen Mannesreife, zu jener Größe, worin wir Christi Gabenfülle fassen können.« Epheser 4,12-13 Albrecht Bibel 1926

Für die Gläubigen in Ephesus betete der Apostel: »Dass der Gott unseres Herrn Jesus Christus, der Vater der Herrlichkeit, euch gebe den Geist der Weisheit und der Offenbarung, ihn zu erkennen und gebe euch erleuchtete Augen des Herzens, damit ihr erkennt, zu welcher Hoffnung ihr von ihm berufen seid, ... und wie überschwänglich groß seine Kraft an uns, die wir glauben.« Epheser 4,12-13

Das Amt des Geistes Gottes in der Erleuchtung des Verständnisses, und dem Auftun der Tiefen der Heiligen Schrift war der Segen, den Paulus auf die Gemeinde zu Ephesus herabflehte.

Nach der wunderbaren Offenbarung des Heiligen Geistes zu Pfingsten ermahnte Petrus das Volk zur Buße und Taufe im Namen Christi, zur Vergebung ihrer Sünden; und sagte: »So werdet ihr empfangen die Gabe des Heiligen Geistes. Denn euch und euren Kindern gilt diese Verheißung und allen, die fern sind, so viele der Herr, unser Gott, herzurufen wird.« Apostelgeschichte 2,38-39

In unmittelbarem Zusammenhang mit den Szenen des großen Tages Gottes hat der Herr durch den Propheten Joel eine besondere Offenbarung seines Geistes verheißen. (Joel 3,1) Diese Prophezeiung erhielt eine teilweise Erfüllung in der Ausgießung des Heiligen Geistes zu Pfingsten; aber sie wird ihre volle Erfüllung in der Offenbarung der göttlichen Gnade erreichen, die das Schlusswerk des Evangeliums begleiten wird.

Der große Kampf zwischen dem Guten und Bösen wird an Heftigkeit zunehmen bis ganz ans Ende der Zeit. Zu allen Zeiten offenbarte sich der Zorn Satans gegen die Gemeinde Christi; und Gott hat seinem Volk seine Gnade und seinen Geist verliehen, um sie zu stärken, damit sie vor der Macht des Bösen bestehen können. Als die Apostel das Evangelium in die Welt hinaustragen und für zukünftige Zeiten aufzeichnen sollten, wurden sie auf besondere Weise mit der Erleuchtung des Heiligen Geistes versehen. Wenn aber die Gemeinde Gottes sich ihrer schließlichen Befreiung naht, wird Satan mit größerer Macht wirken. Er kommt herab »und hat einen großen Zorn und weiß, dass er wenig Zeit hat«. Offenbarung 12,12 Er wird »mit großer Kraft und lügenhaften Zeichen und Wundern« wirken. 2 Thessalonicher 2,9

Sechstausend Jahre lang war jener Meistergeist, der einst der Höchste unter den Engeln Gottes war, völlig auf Täuschung und Verderben erpicht. Und alle Tiefen satanischer Kunst und erlangter Verschlagenheit, alle in diesem jahrhundertelangen Ringen entwickelte Grausamkeit, wird in dem letzten Kampf gegen das Volk Gottes ins Feld geführt werden. Und in dieser gefahrvollen Zeit müssen die Nachfolger Christi der Welt die Warnung vor der Wiederkunft des Herrn erteilen; und ein Volk muss vorbereitet sein, das bei seinem Kommen »unbefleckt und unsträflich« vor ihm dastehen kann. 2 Petrus 3,14 Zu dieser Zeit ist es nicht weniger nötig, dass der Gemeinde Gottes die göttliche Gnade und Macht in besonderem Maße verliehen werde, als in den Tagen der Apostel.

Durch die Erleuchtung des Heiligen Geistes sind die Szenen des lang anhaltenden Kampfes zwischen dem Guten und dem Bösen der Verfasserin dieser Seiten geoffenbart worden. Von Zeit zu Zeit wurde es mir gestattet, das Wirken des großen Kampfes zwischen Christus, dem Fürsten des Lebens, dem Herzog unserer Seligkeit, und Satan, dem Fürsten des Bösen, dem Urheber der Sünde, dem ersten Übertreter des heiligen Gesetzes Gottes, zu schauen. Die Feindschaft Satans gegen Christus äußerte sich gegen die Nachfolger des Erlösers. Derselbe Hass gegen die Grundsätze des Gesetzes Gottes, dieselben trügerischen Pläne, durch die der Irrtum den Anschein der Wahrheit erhält, durch welche menschliche Gesetze dem Gesetz Gottes untergeschoben und die Menschen verleitet werden, eher das Geschöpf als den Schöpfer anzubeten, können in der ganzen Geschichte der Vergangenheit nachgewiesen werden. Die Bemühungen Satans, den Charakter Gottes zu entstellen, die Menschen zu veranlassen, eine falsche Vorstellung von dem Schöpfer zu hegen, und ihn so eher mit Furcht und Hass als mit Liebe zu betrachten, seine Anstrengungen, das Gesetz zu beseitigen, und das Volk glauben zu machen, dass sie von seinen Anforderungen frei seien, sowie seine Verfolgungen gegen diejenigen, die seinen Täuschungen zu widerstehen wagen, sind in allen Jahrhunderten beharrlich fortgesetzt worden. Sie sind in der Geschichte der Patriarchen, Propheten und Apostel, der Märtyrer und Reformatoren aufgezeichnet.

In dem letzten großen Kampf wird Satan sich derselben Schlauheit bedienen, denselben Geist an den Tag legen und für denselben Zweck tätig sein wie in allen vergangenen Zeiten. Was gewesen ist wird wieder sein, ausgenommen, dass eine so schreckliche Heftigkeit dieses zukünftige Ringen kennzeichnen wird, wie sie die Welt noch nicht gesehen hat. Satans Täuschungen werden raffinierter – seine Angriffe entschlossener sein. Ja, wenn es möglich wäre, würde er selbst die Auserwählten verführen. (Markus 13,22)

Als der Geist Gottes mir die großen Wahrheiten seines Wortes und die Szenen der Vergangenheit und Zukunft erschloss, wurde mir geboten, anderen mitzuteilen, was mir so offenbart worden war – die Geschichte des Kampfes in vergangenen Jahrhunderten zu verfolgen, und besonders sie so darzustellen, dass dadurch Licht auf den rasch herannahenden Kampf der Zukunft geworfen wird. In Verfolgung dieser Absicht habe ich mich bemüht, Ereignisse in der Kirchengeschichte zu wählen und auf solche Weise zusammenzustellen, dass dadurch die Entwicklung der großen Wahrheiten dargelegt werde, die zu verschiedenen Zeiten der Welt gegeben wurden, um die Aufrichtigen zu prüfen. Sie werden den Zorn Satans und die Feindschaft einer verweltlichten Kirche hervorrufen und durch das Zeugnis derer aufrechterhalten, »die ihr Leben nicht geliebt haben bis an den Tod«. Offenbarung 12,11

In diesen Berichten können wir ein Bild des uns bevorstehenden Kampfes erblicken. Wenn wir sie in dem Licht des Wortes Gottes und durch die Erleuchtung seines Geistes betrachten, können wir unverhüllt die Anschläge des Bösen und die Gefahren sehen, denen alle ausweichen müssen, die beim Kommen unseres Herrn als »unsträflich« erfunden werden wollen.

Die großen Ereignisse, die den Fortschritt der Reformation in vergangenen Jahrhunderten kennzeichneten, sind Tatsachen der Geschichte, wohl bekannt und von der protestantischen Welt allgemein anerkannt; es sind Ereignisse, die niemand bestreiten kann. Dieses Geschehen habe ich in Übereinstimmung mit der Aufgabe des Buches und der nötigen Kürze deutlich dargestellt und so weit gerafft, wie es zum richtigen Verständnis nötig war. Des Öfteren, wenn ein Historiker die Ereignisse so zusammengestellt hat, dass sie kurzgefasst einen umfassenden Überblick gewährten, oder wo er die Einzelheiten in passender Weise zusammenfasste, ist er wörtlich zitiert worden, aber in einigen Fällen wurden keine Namen angegeben, da durch die Zitate nicht beabsichtigt war, den betreffenden Verfasser als Autorität hinzustellen, sondern weil seine Aussagen eine treffende und kraftvolle Darstellung der historischen Ereignisse boten. In der Erzählung der Erfahrung und der Ansichten derer, die das Werk der Reformation in unserer Zeit weiterführen, wurde aus ihren veröffentlichten Werken in ähnlicher Weise zitiert.

Es ist nicht so sehr die Absicht dieses Buches, neue Wahrheiten über die Kämpfe früherer Zeiten darzustellen, als Tatsachen und Grundsätze hervorzuheben, die einen Einfluss auf künftige Ereignisse haben. Jedoch als ein Teil des Kampfes zwischen den Mächten des Lichtes und der Finsternis, zeigt sich in allen diesen Berichten über die Vergangenheit eine neue Bedeutung. Sie werfen Licht auf die Zukunft und erleuchten den Pfad derer, die wie die Reformatoren vergangener Zeiten, berufen sein werden, sogar auf die Gefahr hin, alle irdischen Güter zu verlieren, Zeugnis abzulegen »um des Wortes Gottes und um des Zeugnisses Jesu Christi willen«. Offenbarung 1,9

Es ist das Ziel dieses Buches, die Szenen des großen Kampfes zwischen dem Irrtum und der Wahrheit darzulegen, die listigen Anschläge Satans und die Mittel zu offenbaren, durch die wir ihnen erfolgreich widerstehen können, sowie eine befriedigende Lösung des großen Problems der Sünde zu geben, und solches Licht über den Ursprung und die schließliche Vertilgung der Sünde zu werfen. Dadurch soll die Gerechtigkeit und das Wohlwollen Gottes in all seinem Tun mit seinen Geschöpfen völlig offenbar werden und die heilige unveränderliche Natur seines Gesetzes aufgezeigt werden. Mögen durch seinen Einfluss Menschen von der Macht der Finsternis befreit und Teilhaber werden am »Erbe der Heiligen im Licht«, zum Lobe dessen, der uns geliebt und sich selbst für uns hingegeben hat! Dies ist mein ernsthaftes Gebet.

Ellen Gould White

KAPITEL 1

DIE ZERSTÖRUNG JERUSALEMS

Weil die Israeliten den Worten Jesu nicht glaubten, ihn verwarfen und alle, die an Jesus glaubten ablehnten, kam es unweigerlich zur angekündigten Katastrophe. Unzählige Menschen starben durch Hunger, Mord und Krieg. Jedoch alle, die Jesu Worten glaubten, konnten sich in Sicherheit bringen.

Wenn doch auch du erkannt hättest, wenigstens noch an diesem deinem Tag, was zu deinem Frieden dient! Nun aber ist es vor deinen Augen verborgen. Denn es werden Tage über dich kommen, da deine Feinde einen Wall um dich aufschütten, dich ringsum einschließen und von allen Seiten bedrängen werden; und sie werden dich dem Erdboden gleichmachen, auch deine Kinder in dir, und in dir keinen Stein auf dem anderen lassen, weil du die Zeit deiner Heimsuchung nicht erkannt hast!« Lukas 19,42-44 Schlachter 2000

Vom Gipfel des Ölberges herab schaute Jesus auf Jerusalem. Lieblich und friedevoll breitete sich die Landschaft vor ihm aus. Es war die Zeit des Passahfestes, und aus allen Ländern hatten sich die Kinder Jakobs versammelt, um dieses große Nationalfest zu feiern. Inmitten von Gärten, Weinbergen und grünen Abhängen, die mit Zelten der Pilger übersät waren, erhoben sich die terrassenförmig abgestuften Hügel, die stattlichen Paläste und massiven Bollwerke der Hauptstadt Israels. Die Tochter Zion schien in ihrem Stolz zu sagen: »Ich bin eine Königin ..., und Leid werde ich nicht sehen.« Offenbarung 18,7 Sie war so anmutig und dachte, sich der Zustimmung des Himmels sicher wie früher, als der königliche Sänger ausrief: »Schön ragt empor der Berg Zion, daran sich freut die ganze Welt; ... die Stadt des großen Königs.« Psalm 48,3 Unmittelbar vor ihm befanden sich die prächtigen Gebäude des Tempels. Die Strahlen der sinkenden Sonne ließen die hellen marmornen Mauern aufblitzen und leuchteten von dem goldenen Tor, dem Turm und der Zinne zurück. In vollendeter Schönheit lag Zion da, der Stolz der jüdischen Nation. Welches Kind Israels konnte dieses Bild ohne Freude und Bewunderung betrachten? Doch Jesus dachte an etwas ganz anderes. »Als er nahe hinzukam, sah er die Stadt und weinte über sie.« Lukas 19,41

Während der allgemeinen Freude des triumphierenden Einzuges, als Palmzweige ihm entgegenwehten, fröhliche Hosiannarufe von den Hügeln widerhallten und Tausende ihn zum König ausriefen, überwältigte den Welterlöser ein plötzlicher und geheimnisvoller Schmerz. Der Sohn Gottes, der Verheißene Israels, dessen Macht den Tod besiegt und seine Gefangenen aus den Gräbern hervorgerufen hatte, weinte keine Tränen gewöhnlichen Leides, sondern Tränen eines unaussprechlichen, seelischen Schmerzes. Christus weinte nicht um seinetwillen, obwohl er genau wusste, wohin sein Weg ihn führte. Vor ihm lag nämlich Gethsemane, der Schauplatz seines bevorstehenden Leidens. Das Schaftor war auch zu sehen, durch das seit Jahrhunderten die Schlachtopfer geführt worden waren, und das sich auch vor ihm öffnen sollte, wenn er »wie ein Lamm zur Schlachtbank geführt würde.« Jesaja 53,7 Nicht weit davon lag Golgatha, die Stätte der Kreuzigung. Auf den Pfad, welchen Christus bald betreten würde, müssen Schatten tiefer Finsternis fallen, da Christus seine Seele zu einem Sühnopfer für die Sünde geben sollte. Doch es war nicht der Anblick dieser Szenen, der einen Schatten in dieser Stunde allgemeiner Fröhlichkeit auf ihn warf. Keine Ahnungen von eigener übermenschlicher Angst trübten sein selbstloses Gemüt. Er beweinte das Los von Tausenden in Jerusalem, die Blindheit und Unbußfertigkeit von denen, die zu segnen und zu retten er gekommen war.

Die Geschichte der besonderen Gnade und Fürsorge Gottes, die er seit über 1000 Jahren dem auserwählten Volk gegeben hatte, lag offen vor den Blicken Jesu. Dort erhob sich der Berg Morija, auf dem der Sohn der Verheißung, ein ergebenes Opfer, auf dem Altar gebunden worden war (1.Mose 22,9) – ein Sinnbild des Opferweges des Sohnes Gottes. Dort war der Bund des Segens, die glorreiche messianische Verheißung, dem Vater der Gläubigen bestätigt worden. (1.Mose 22,16-18) Dort hatten die zum Himmel aufsteigenden Flammen des Opfers auf der Tenne Ornans das Schwert des Würgeengels abgewandt (1.Chroniker 21) – ein passendes Symbol vom Opfer des Heilandes für die schuldigen Menschen. Jerusalem war von Gott vor den Erdbewohnern geehrt worden. Der Herr hatte »Zion erwählt,« und es gefällt ihm »dort zu wohnen.« Psalm 132,13 An diesem Ort hatten die auserwählten Propheten jahrhundertelang ihre Warnungsbotschaften verkündigt. Die Priester hatten ihre Rauchnäpfe geschwungen, und der Weihrauch war mit den Gebeten der Gläubigen zu Gott aufgestiegen. Auf diesem Berg hatte man täglich das Blut der geopferten Lämmer dargebracht, die auf das Lamm Gottes hinwiesen. Dort hatte der Herr in der Wolke der Herrlichkeit über dem Gnadenstuhl seine Gegenwart offenbart. Dort hatte der Fuß jener geheimnisvollen Leiter gestanden, die die Erde mit dem Himmel verband (1.Mose 28,2; Joh.1,51) – jener Leiter, auf der die Engel Gottes auf - und niederstiegen und die der Welt den Weg in das Allerheiligste öffnete. Wäre Israel als Nation dem Himmel treu geblie-

ben, so würde Jerusalem, die auserwählte Stadt Gottes, ewig

gestanden haben. (Jeremia 17,21-25) Aber die Geschichte jenes bevorzugten Volkes war ein Bericht über Untreue und Empörung. Sie widersetzten sich der himmlischen Gnade, missbrauchten ihre Privilegien und missachteten ihre günstigen Gelegenheiten.

Die Israeliten »verspotteten die Boten Gottes und verachteten seine Worte und verhöhnten seine Propheten,« 2.Chroniker 36,15+16 und doch hatte Gott sich ihnen immer noch erwiesen als der »Herr, Gott, barmherzig und gnädig und geduldig und von großer Gnade und Treue.« 2.Mose 34,6 Ungeachtet wiederholter Zurückweisungen war ihnen immer wieder seine Gnade nachgegangen. Mit mehr als väterlicher, mitleidsvoller Liebe für das Kind seiner Fürsorge sandte Gott »ihnen seine Boten, indem er sich früh aufmachte und sie immer wieder sandte; denn er hatte Erbarmen mit seinem Volk und seiner Wohnung.« 2.Chroniker 36,15; Schlachter 2000 Nachdem alle Ermahnungen, Bitten und Zurechtweisungen erfolglos geblieben waren, sandte er ihnen die beste Gabe des Himmels – ja, er schüttete den ganzen Himmel in dieser einen Gabe über sie aus.

Der Sohn Gottes selbst wurde gesandt, um die rebellische Stadt zur Umkehr zu bewegen. War es doch Christus, der Israel als einen guten Weinstock aus Ägypten geholt hatte. (Psalm 80,9) Er selbst hatte die Heiden vor ihnen her ausgetrieben. Den Weinstock pflanzt er »auf fruchtbarem Hügel.« In seiner Fürsorge baute er einen Zaun um ihn herum und sandte seine Knechte aus, seinen Weinstock zu pflegen. »Was wollte man noch mehr tun an meinem Weinberg, das ich nicht getan habe?« ruft er aus. Doch als er »wartete, dass er Trauben brächte,« hat er »schlechte Trauben gebracht.« Jesaja 5,1-4 Dennoch hoffte er immer noch auf Frucht, und er kam persönlich in seinen Weinberg, damit er, wenn möglich, vor dem Verderben bewahrt bliebe. Er lockerte die Erde um den Weinstock herum, und beschnitt und pflegte ihn. Unermüdlich war er darum bemüht, diesen mit eigenen Händen gepflanzten Weinstock zu retten.

Drei Jahre lang war der Herr des Lichts und der Herrlichkeit unter seinem Volk ein- und ausgegangen. Er war umhergezogen und hatte Gutes getan und alle gesundgemacht, die vom Teufel überwältigt waren. Er hatte die zerbrochenen Herzen geheilt, die Gefangenen befreit, den Blinden ihr Augenlicht gegeben. Er forderte die Lahmen auf, zu gehen und die Tauben zu hören. Er reinigte die Aussätzigen, weckte die Toten auf und verkündigte den Armen das Evangelium. (Apostelgeschichte 10,38; Lukas 4,18; Matthäus 11,5) Allen Menschen ohne Unterschied galt die gnädige Einladung: »Kommt her zu mir alle, die ihr mühselig und beladen seid; ich will euch erquicken.« Matthäus 11,28

Obwohl ihm Gutes mit Bösem und Liebe mit Hass belohnt

wurde, (Psalm 109,5) ließ er sich von seiner Aufgabe der Barmherzigkeit nicht abbringen. Nie waren Menschen abgewiesen worden, die seine Gnade gesucht hatten. Er selbst lebte als heimatloser Wanderer, dessen tägliches Los Schmach und Entbehrung hieß, um den Bedürftigen zu dienen, das Leid der Menschen zu lindern und sie zur Annahme der Gabe des Lebens zu bewegen. Wenn sich auch die Wogen der Gnade an widerspenstigen Herzen brachen, sie kehrten mit einer noch stärkeren Flut mitleidsvoller, unaussprechlicher Liebe zurück. Doch Israel hatte sich von seinem besten Freund und einzigen Helfer abgewandt, hatte die Mahnungen seiner Liebe verachtet, seine Ratschläge abgelehnt und seine Warnungen verlacht.

Die Stunde der Hoffnung und Gnade ging langsam zu Ende, und die Schale des lange zurückgehaltenen Zornes Gottes war fast gefüllt. Die bedrohliche Wolke, die sich in den Jahren des Abfalls und der Empörung allmählich gebildet hatte, war soweit, sich über ein schuldiges Volk zu entladen. Der Eine, der sie nur vor dem bevorstehenden Schicksal hätte bewahren können, war verachtet, misshandelt und verworfen worden und sollte bald gekreuzigt werden. Christi Kreuzestod auf Golgatha würde Israels Zeit als eine von Gott begünstigte und gesegnete Nation beenden. Der Verlust auch nur eines Menschen ist ein Unglück, das weit schwerer wiegt als alle Vorteile und Reichtümer einer Welt. Als Christus auf Jerusalem blickte, sah er das Schicksal einer ganzen Stadt, einer ganzen Nation vor seinem inneren Auge ablaufen – jener Stadt, jener Nation, die einst die Auserwählte Gottes, sein ausschließliches Eigentum gewesen war.

Propheten hatten über den Abfall der Kinder Israel geweint und über die schrecklichen Verwüstungen, die ihre Sünden verursachten. Jeremia wünschte sich, dass seine Augen Tränenquellen wären, um Tag und Nacht die Erschlagenen der Tochter seines Volkes und des Herrn Herde beweinen zu können, die gefangen genommen worden war. (Jeremia 8,23; 13,17) Welchen Schmerz muss da Christus empfunden haben, dessen prophetischer Blick nicht Jahre, sondern ganze Zeitalter umfasste! Er sah den Würgeengel mit dem erhobenen Schwert gegen die Stadt erhoben, welche so lange die Wohnstätte des Höchsten gewesen war. Von der Spitze des Ölberges, von derselben Stelle, die später von Titus und seinem Heer besetzt wurde, schaute er über das Tal auf die heiligen Höfe und Säulenhallen, und vor seinen tränenbenetzten Augen tauchte eine schreckliche Vision auf: Die Stadtmauern waren von einem feindlichen Heer umzingelt. Er hörte das Stampfen der sich versammelten Heere, vernahm die Stimmen der nach Brot schreienden Mütter und Kinder in der belagerten Stadt. Er sah den heiligen prächtigen Tempel, sowie Paläste und Türme in Flammen stehen. Und dort, wo diese Bauwerke einst standen, sah er nur einen rauchenden Trümmerhaufen.

Die Zeitalter überblickend, sah er das Bundesvolk in alle Länder zerstreut, wie Schiffbrüchige an einem öden Strand. In der irdischen Vergeltung, die sich bereits anbahnte, um seine Kinder heimzusuchen, sah er die ersten Tropfen aus jener Zornesschale, die sie beim Gericht dann ganz leeren müssen. Sein göttliches Erbarmen und seine Liebe voller Mitleid drückte er aus in den klagenden Worten: »Jerusalem, Jerusalem, die du tötest die Propheten und steinigst, die zu dir gesandt sind! Wie oft habe ich deine Kinder versammeln wollen, wie eine Henne ihre Küken versammelt unter ihre Flügel; und ihr habt nicht gewollt!« Matthäus 23,37 O hättest du als Volk, das vor allen andern bevorzugt wurde, die Zeit deiner Heimsuchung erkannt und was zu deinem Frieden diente! Ich habe den Engel des Gerichts aufgehalten, ich habe dich zur Buße gerufen – aber umsonst. Nicht nur Knechte, Boten und Propheten hast du abgewiesen, auch den Heiligen Israels – deinen Erlöser, hast du verworfen. Wenn du vernichtet wirst, so bist du allein dafür verantwortlich. »Ihr wollt nicht zu mir kommen, dass ihr das Leben hättet.« Johannes 5,40

Christus sah in Jerusalem ein Sinnbild der in Unglauben und Empörung verhärteten Welt, die dem vergeltenden Gericht Gottes entgegen eilt. Die Leiden eines gefallenen Menschengeschlechtes lasteten auf seiner Seele, und es kam ein bitterer Aufschrei über seine Lippen. Er sah im menschlichen Elend, in Tränen und Blut die Spuren der Sünde. Sein Herz wurde von unendlichem Mitleid mit den Bedrängten und Leidenden auf dieser Erde bewegt. Er sehnte sich danach, ihnen allen Erleichterung zu verschaffen. Aber selbst er konnte nicht die Flut menschlichen Elends abwenden, denn nur wenige würden sich an ihre einzige Hilfsquelle wenden. Er war bereit, in den Tod zu gehen, um ihnen Erlösung zu ermöglichen, aber nur wenige würden zu ihm kommen, um das Leben zu wählen.

Die Majestät des Himmels in Tränen! Der Sohn des ewigen Gottes niedergebeugt von Seelenangst! Dieser Anblick setzte den ganzen Himmel in Erstaunen. Diese Szene offenbart uns die überaus große Sündhaftigkeit der Sünde. Sie zeigt, welch schwere Aufgabe es selbst für die göttliche Allmacht ist, die Schuldigen von den Folgen der Übertretung des Gesetzes zu retten. Auf die letzte menschliche Generation blickend, sah Jesus die Welt von einer Täuschung befallen, ähnlich der, welche zur Zerstörung Jerusalems führen sollte. Die große Sünde der Juden war die Verwerfung Christi – das große Vergehen der christlichen Welt wäre die Verwerfung des Gesetzes Gottes, der Grundlage seiner Regierung im Himmel und auf Erden. Die Gebote des Herrn würden verachtet und verworfen werden. Millionen Menschen in den Schlingen der Sünde und als Sklaven Satans verurteilt, um den ewigen Tod zu erleiden. Sie würden sich in den Tagen ihrer Prüfung weigern, auf die Worte der Wahrheit zu hören. Schreckliche Blindheit; seltsame Verblendung! Als Christus zwei Tage vor dem Passafest zum letzten Mal den Tempel verließ, wo er die Scheinheiligkeit der jüdischen Obersten aufgedeckt hatte, ging er mit seinen Jüngern zum Ölberg. Er setzte sich mit ihnen auf einen grasbewachsenen Abhang, von dem man die Stadt gut überblicken konnte. Noch einmal schaute er auf ihre Mauern, Türme und Paläste; noch einmal betrachtete er den Tempel in seiner blendenden Pracht – dieses Diadem der Schönheit, das den heiligen Berg krönte.

1000 Jahre zuvor war die Güte Gottes gegenüber Israel von dem Psalmisten gepriesen worden, weil er ihr heiliges Haus zu seiner Wohnstätte gemacht hatte: »So entstand in Salem sein Zelt und seine Wohnung in Zion.« Er »erwählte den Stamm Juda, den Berg Zion, den er lieb hat. Er baute sein Heiligtum wie Himmelshöhen, wie die Erde, die er gegründet hat für immer.« Psalm 76,3; 78,68.69 Der erste Tempel war in der Glanzzeit der Geschichte Israels errichtet worden. Große Vorräte an Schätzen hatte einst König David zu diesem Zweck gesammelt. Die Baupläne waren durch göttliche Eingebung entworfen worden. (1.Chroniker 28,12.19) Salomo, der weiseste der Herrscher Israels, hatte das Werk vollendet. Dieser Tempel war das herrlichste Gebäude, das die Welt je gesehen hatte, doch der Herr erklärte durch den Propheten Haggai bezüglich des zweiten Tempels: »Es soll die Herrlichkeit dieses neuen Hauses größer werden, als die des ersten gewesen ist.« »Ja, alle Heiden will ich erschüttern. Da sollen dann kommen aller Völker Kostbarkeiten, und ich will dies Haus voll Herrlichkeit machen, spricht der Herr Zebaoth.« Haggai 2,9.7

Nach der Zerstörung des Tempels durch Nebukadnezar wurde er ungefähr 500 Jahre vor Christi Geburt von einem Volk wieder erbaut, das aus einer lebenslänglichen Gefangenschaft in ein verwüstetes und nahezu verlassenes Land zurückgekehrt war. [Einweihung des Tempels 516 v. Chr.] Darunter befanden sich alte Männer, die die Herrlichkeit des salomonischen Tempels noch gesehen hatten und nun bei der Grundsteinlegung des neuen Gebäudes weinten, weil es gegenüber dem ersten nicht mithalten konnte. Die damals herrschende Stimmung wird von dem Propheten eindrucksvoll beschrieben: »Wer ist unter euch noch übrig, der dies Haus in seiner früheren Herrlichkeit gesehen hat? Und wie seht ihr's nun? Sieht es nicht wie nichts aus?« Haggai 2,3; Esra 3,12 Dann wurde die Verheißung gegeben, dass die Herrlichkeit dieses letzten Hauses größer sein sollte als die des vorigen.

Der zweite Tempel erreichte jedoch weder die Pracht des ersten, noch wurde er durch sichtbare Zeichen der göttlichen Gegenwart geheiligt, wie es beim ersten Tempel war. Keine übernatürliche Macht offenbarte sich bei seiner Einweihung. Die Wolke der Herrlichkeit erfüllte nicht das neu errichtete Heiligtum. Kein Feuer fiel vom Himmel herab, um das Opfer auf dem Altar zu verzehren. Die Herrlichkeit Gottes thronte nicht mehr zwischen den Cherubim im Allerheiligsten und die Bundeslade, der Gnadenstuhl und die Gesetzestafeln wurden nicht darin gefunden. Keine Stimme sprach vom Himmel, um dem fragenden Priester den Willen des Höchsten mitzuteilen.

Jahrhundertelang versuchten die Juden vergeblich zu zeigen, in welcher Form jene durch Haggai ausgesprochene Verheißung Gottes erfüllt worden war. Stolz und Unglauben verblendeten jedoch ihren Geist, sodass sie die wahre Bedeutung der Worte des Propheten nicht verstehen konnten. Der zweite Tempel wurde nicht durch die Wolke der Herrlichkeit des Herrn geehrt, sondern durch die lebendige Gegenwart des Einen, in dem die Fülle der Gottheit leibhaftig wohnte – der selbst Gott war, offenbart im Fleisch. Als der Mann von Nazareth in den heiligen Vorhöfen lehrte und heilte, war er tatsächlich als »aller Völker Kostbarkeiten« zu seinem Tempel gekommen. Durch die Gegenwart Christi, und nur dadurch, übertraf der zweite Tempel die Herrlichkeit des ersten. Aber Israel stieß die angebotene Gabe des Himmels von sich. Mit dem demütigen Lehrer, der an jenem Tag durch das goldene Tor hinaus ging, wich die Herrlichkeit für immer vom Tempel, und damit waren die Worte des Heilandes schon erfüllt: »Siehe euer Haus soll euch wüst gelassen werden.« Matthäus 23,38

Die Jünger waren bei Jesu Prophezeiung von der Zerstörung des Tempels mit Ehrfurcht und Staunen erfüllt worden. So wünschten sie, dass er ihnen die Bedeutung seiner Worte erläuterte. Reichtum, Arbeit und Baukunst waren über 40 Jahre lang in großzügiger Weise zur Verherrlichung des Tempels eingesetzt worden. Herodes der Große hatte sowohl römischen Reichtum als auch jüdische Schätze hierfür aufgewandt, und sogar der römische Kaiser hatte ihn mit seinen Geschenken bereichert. Massive Blöcke weißen Marmors von besonderer Größe, die zu diesem Zweck aus Rom herbeigeschafft wurden, bildeten einen Teil seines Baues, und darauf lenkten die Jünger die Aufmerksamkeit ihres Meisters, als sie sagten: »Meister, siehe, was für Steine und was für Bauten!« Markus 13,1

Auf diese Worte gab Jesus die erste und bestürzende Antwort: »Wahrlich ich sage euch: Es wird hier nicht ein Stein auf dem andern bleiben, der nicht zerbrochen werde.« Matthäus 24,2 Die Jünger verbanden mit der Zerstörung Jerusalems die Ereignisse der persönlichen Wiederkunft Christi in zeitlicher Herrlichkeit, um den Thron des Weltreiches einzunehmen, die unbußfertigen Juden zu bestrafen und das römische Joch zu zerbrechen. Der Herr hatte ihnen gesagt, dass er wiederkommen werde, deshalb richteten sich ihre Gedanken bei der Erwähnung der göttlichen Strafgerichte über Jerusalem auf diese Wiederkunft. Und als sie auf dem Ölberg um den Heiland versammelt waren, fragten sie ihn: »Sage uns, wann wird das geschehen? Und was wird das Zeichen sein für dein Kommen und für das Ende der Welt?« Matthäus 24,3

Die Zukunft war den Jüngern barmherzigerweise verhüllt. Hätten sie zu jener Zeit die zwei furchtbaren Tatsachen – das Leiden des Heilandes und sein Tod sowie die Zerstörung ihrer Stadt und des Tempels – völlig verstanden, so wären sie von Furcht überwältigt worden. Christus gab ihnen einen Umriss der wichtigsten Ereignisse, die vor dem Ende der Zeit eintreten sollen. Seine Worte wurden damals nicht völlig verstanden, aber ihr Sinn sollte enthüllt werden, sobald sein Volk die darin enthaltene Belehrung brauchte. Die von ihm ausgesprochene Prophezeiung galt für ein zweifaches Geschehen – sie bezog sich auf die Zerstörung Jerusalems, und zugleich schilderte sie die Schrecken des Jüngsten Tages.

Jesus erzählte den lauschenden Jüngern von Strafgerichten, die über das gefallene Israel hereinbrechen würden. Er sprach besonders von einer Vergeltung, die Israel treffen würde wegen der Verwerfung und Kreuzigung des Messias. Untrügliche Zeichen würden dem furchtbaren Ende vorausgehen. Die gefürchtete Stunde würde schnell und unerwartet hereinbrechen. Der Heiland warnte seine Nachfolger: »Wenn ihr nun den Gräuel der Verwüstung, von dem durch den Propheten Daniel geredet wurde, an heiliger Stätte stehen seht Daniel 9,27; 11,31 - wer es liest, der achte darauf! - dann fliehe auf die Berge, wer in Judäa ist;« Matthäus 24,15.16; Lukas 21,20; Schlachter 2000 Wenn die Römer ihre Banner mit den heidnischen Symbolen auf den heiligen Boden aufgepflanzt hätten, der sich auch auf einige hundert Meter Land außerhalb der Stadtmauern erstreckte, dann sollten sich die Nachfolger Christi durch Flucht retten. Sobald dieses Warnzeichen sichtbar würde, sollten alle, die fliehen wollten, nicht zögern. Im ganzen Land Judäa, wie in Jerusalem selbst müsste man auf das Zeichen der Flucht sofort reagieren. Wer gerade auf dem Dach wäre, dürfte nicht ins Haus gehen, selbst nicht um seine wertvollsten Schätze zu retten. Wer auf dem Feld oder im Weinberg arbeitete, sollte sich nicht die Zeit nehmen, wegen des Oberkleides zurückzukehren, das er wegen der Hitze des Tages abgelegt hatte. Sie dürften keinen Augenblick zögern, wenn sie nicht in der allgemeinen Zerstörung umkommen wollten.

Während der Regierungszeit des Herodes war Jerusalem nicht nur bedeutend verschönert worden, sondern durch die Errichtung von Türmen, Mauern und Festungswerken war die schon bereits geschützte Stadt, wie es schien, uneinnehmbar geworden. Wer zu dieser Zeit öffentlich ihre Zerstörung vorhergesagt hätte, würde wie einst Noah ein verrückter Unruhestifter genannt worden sein. Christus hatte jedoch gesagt: »Himmel und Erde werden vergehen; aber meine Worte werden nicht vergehen.« Matthäus 24,35 Wegen der Sünden Israels war Jerusalem Gottes Zorn angekündigt worden, und ihr hartnäckiger Unglaube besiegelte ihr Schicksal.

Der Herr hatte durch den Propheten Micha erklärt: »Hört doch dies, ihr Häupter des Hauses Jakob und ihr Fürsten des Hauses Israel, die ihr das Recht verabscheut und jede gerechte Sache verkehrt; die ihr Zion mit Blutschuld baut und Jerusalem mit Frevel! Seine Häupter sprechen Recht um Geschenke und seine Priester lehren um Lohn und seine Propheten wahrsagen um Geld; und dabei stützen sie sich auf den HERRN und sagen: ,Ist nicht der HERR in unserer Mitte? Es kann uns kein Unheil begegnen!'« Micha 3,9-11 Schlachter 2000

Diese Worte schildern genau die verdorbenen und selbstgerechten Einwohner Jerusalems. Während sie behaupteten, die Vorschriften des Gesetzes Gottes streng zu beachten, übertraten sie alle seine Grundsätze. Sie hassten Christus, weil seine Reinheit und Heiligkeit ihre Bosheit offenbarte. Sie klagten ihn an, die Ursache all des Unglücks zu sein, das sie infolge ihrer Sünden bedrängte. Obwohl sie wussten, dass er sündlos war, erklärten sie für die Sicherheit ihrer Nation seinen Tod als notwendig. »Lassen wir ihn so«, sagten die jüdischen Obersten, »dann werden sie alle an ihn glauben, und dann kommen die Römer und nehmen uns Land und Leute.« Wenn Christus geopfert würde, könnten sie noch einmal ein starkes, einiges Volk werden, so urteilten sie und stimmten der Entscheidung ihres Hohepriesters zu, dass es besser sei, »ein Mensch sterbe ... als dass das ganze Volk verderbe.« Johannes 11,48.50

Auf diese Weise hatten die führenden Juden »Zion mit Blut ... und Jerusalem mit Unrecht« gebaut, und während sie ihren Heiland töteten, weil er ihre Sünden getadelt hatte, war ihre Selbstgerechtigkeit so groß, dass sie sich als das begnadete Volk Gottes betrachteten und vom Herrn erwarteten, er werde sie von ihren Feinden befreien. »Darum,« fuhr der Prophet fort, »wird Zion um euretwillen wie ein Acker gepflügt werden, und Jerusalem wird zum Steinhaufen werden und der Berg des Tempels zu einer Höhe wilden Gestrüpps.« Micha 3,10.12 Nachdem das Schicksal Jerusalems von Christus selbst verkündet worden war, hielt der Herr seine Strafgerichte über Stadt und Volk noch fast 40 Jahre zurück. Bewundernswert war die Langmut Gottes gegen jene, die das Evangelium verworfen und seinen Sohn ermordet hatten. Das Gleichnis vom unfruchtbaren Feigenbaum zeigt uns das Verhalten Gottes gegenüber dem jüdischen Volk. Der Auftrag wurde gegeben: »So hau ihn ab! Was nimmt er dem Boden die Kraft?« Lukas 13,7 Gott verschonte das Volk in seiner Güte noch eine letzte Zeitspanne lang. Es gab viele Juden, denen der Charakter und das Werk Christi noch unbekannt waren. Ihre Kinder hatten nicht diese Gelegenheiten gehabt und nicht das Licht empfangen, welches ihre Eltern von sich gestoßen haben. Durch die Predigt der Apostel und ihrer Mitgläubigen wollte Gott auch ihnen das Licht scheinen lassen. Sie durften erkennen, wie die Prophezeiungen nicht nur durch die Geburt und das Leben Jesu, sondern auch durch seinen Tod und seine Auferstehung erfüllt worden waren. Die Kinder wurden zwar nicht wegen der Sünden ihrer Eltern verurteilt, wenn sie aber trotz der ihnen durch ihre Eltern gegebenen Erkenntnis das neue Licht verwarfen, würden sie Teilhaber der Sünden ihrer Eltern und füllten das Maß ihrer Missetat.

Gottes Langmut gegen Jerusalem bestärkte die Juden nur in ihrer hartnäckigen Unbußfertigkeit. In ihrem Hass und ihrer Grausamkeit gegen die Jünger Jesu verwarfen sie das letzte Angebot der Gnade. Daraufhin entzog Gott ihnen seinen Schutz: Er beschränkte die Macht Satans und seiner Engel nicht länger. So wurde die jüdische Nation der Herrschaft des Führers überlassen, den sie sich erwählt hatte. Ihre Kinder verachteten die Gnade Christi, die sie befähigt hätte, ihre bösen Neigungen zu unterdrücken; diese bekamen nun die Oberhand. Satan weckte die heftigsten und niedrigsten Leidenschaften der Seele. Die Menschen handelten ohne Überlegung. Sie waren von Sinnen, nur noch erfüllt von Begierde und blinder Wut. Sie wurden satanisch in ihrer Grausamkeit. In der Familie wie unter dem Volk, unter den höchsten wie unter den niedrigsten der Gesellschaft gab es Argwohn, Neid, Hass, Streit, Empörung und Mord. Nirgends war man sicher. Freunde und Verwandte verrieten sich gegenseitig. Eltern erschlugen ihre Kinder und Kinder ihre Eltern. Die Führer des Volkes hatten nicht die Kraft, sich selbst zu beherrschen. Ungezügelte Leidenschaften machten sie zu Tyrannen. Die Juden hatten ein falsches Zeugnis angenommen, um den unschuldigen Sohn Gottes zu verurteilen. Jetzt machten falsche Anklagen ihr eigenes Leben unsicher. Durch ihr Verhalten hatten sie lange genug zu erkennen gegeben: »Lasst uns doch in Ruhe mit dem Heiligen Israels!« Jesaja 30,11 Nun war ihr Wunsch in Erfüllung gegangen. Gottesfurcht beunruhigte sie nicht länger. Satan stand an der Spitze der Nation, und er beherrschte die höchsten zivilen und religiösen Obrigkeiten.

Die Leiter von gegeneinanderstehenden Parteien vereinten sich zeitweise, um ihre unglücklichen Opfer zu plündern und zu martern. Dann fielen sie übereinander her und töteten ohne Gnade. Selbst die Heiligkeit des Tempels konnte ihre schreckliche Grausamkeit nicht bändigen. Anbetende wurden vor dem Altar niedergemetzelt und das Heiligtum durch die Leichname der Erschlagenen verunreinigt. Trotzdem erklärten die Anstifter dieses höllischen Werkes in ihrer blinden und gotteslästerlichen Vermessenheit öffentlich, dass sie nicht befürchteten, Jerusalem könnte zerstört werden, denn es sei

Gottes eigene Stadt. Um ihre Macht zu festigen, bestachen

sie falsche Propheten, die verkündigen mussten, dass das Volk auf die Befreiung durch Gott hoffen soll, selbst als die römischen Legionen bereits den Tempel belagerten. Bis zum Ende klammerte die Menge sich daran, dass der Allerhöchste sich für die Vernichtung der Gegner einsetzen werde. Israel aber hatte die göttliche Hilfe abgelehnt und war nun den Feinden schutzlos ausgeliefert. Unglückliches Jerusalem! Durch innere Zwistigkeiten zerrissen, die Straßen blutgefärbt von den Söhnen, die sich gegenseitig umbrachten, während fremde Heere seine Festungen niederrissen und seine Krieger erschlugen – so erfüllten sich buchstäblich alle Weissagungen Christi über die Zerstörung Jerusalems. Das jüdische Volk musste die Wahrheit der Warnungsbotschaften Christi am eigenen Leib erfahren: »Mit welchem Maß ihr messt, wird euch zugemessen werden.« Matthäus 7,2

Als Vorboten des Unglücks und Untergangs erschienen Zeichen und Wunder. Ein Komet, einem flammenden Schwerte gleich, hing ein Jahr lang über der Stadt. Mitten in der Nacht schwebte ein unnatürliches Licht über Tempel und Altar. Auf den Wolken erschienen Bilder von Kriegern und Streitwagen, die sich zum Kampf sammelten. Die nachts im Heiligtum dienenden Priester wurden durch geheimnisvolle Töne erschreckt. Die Erde erbebte, und einen Chor von Stimmen hörte man sagen: »Lasst uns weg gehen!« Das große östliche Tor, das so schwer war, dass es von zwanzig Männern nur mit Mühe geschlossen werden konnte und dessen ungeheure eiserne Riegel tief in der Steinschwelle befestigt waren, tat sich um Mitternacht von selbst auf. Josephus, Vom Jüdischen Kriege, IV, 5; Milmann, Geschichte der Juden, 13. Buch

Sieben Jahre lang ging ein Mann durch die Straßen Jerusalems und verkündigte den drohenden Untergang der Stadt. Tag und Nacht sang er das wilde Trauerlied: »Eine Stimme aus dem Osten! Eine Stimme aus dem Westen! Eine Stimme aus den vier Winden! Eine Stimme wider Jerusalem und wider den Tempel! Eine Stimme wider jeden Bräutigam und jede Braut! Eine Stimme gegen das ganze Volk!« Milmann, Geschichte der Juden, 13. Buch Dieses seltsame Wesen wurde eingekerkert und gegeißelt, jedoch keine Klage kam über seine Lippen. Auf Schmähungen und Misshandlungen antwortete er nur: »Wehe, wehe aller, die in dir wohnen!« Dieser Warnruf hörte nicht auf, bis der Mann bei der Belagerung getötet wurde, die er vorhergesagt hatte. Josephus, „Geschichte des Jüdischen Krieges", VI, Kapitel 5

Nicht ein Christ kam bei der Zerstörung Jerusalems ums Leben. Christus hatte seine Jünger gewarnt, und alle, die seinen Worten glaubten, warteten auf das verheißene Zeichen. »Wenn ihr aber Jerusalem von Kriegsheeren belagert seht,« sagte Jesus, »dann erkennt, dass seine Verwüstung nahe ist. Dann fliehe auf die Berge, wer in Judäa ist, und wer in Jerusalem ist, der ziehe fort aus ihr.« Lukas 21,20.21; Schlachter 2000 Nachdem die Römer unter Cestius die Stadt eingeschlossen hatten, verschoben sie unerwartet die Belagerung, gerade zu einer Zeit, als alles für den Erfolg eines sofortigen Angriffs sprach. Die Belagerten, die daran zweifelten, erfolgreich Widerstand leisten zu können, wollten sich gerade ergeben, als der römische Feldherr ohne ersichtlichen Grund plötzlich seine Streitkraft zurückzog. Gottes gnädige Vorsehung gestaltete die Ereignisse zum Besten seines Volkes. Das war das verheißene Zeichen für die wartenden Christen. Nun hatten alle die wollten die Möglichkeit, der Warnung des Heilandes nachzukommen. So konnten nach Gottes Willen weder die Juden noch die Römer die Flucht der Christen verhindern. Nach dem Rückzug des Cestius jagten die Juden aus Jerusalem dem zurückziehenden Heer nach. Und während die Streitkräfte auf beiden Seiten nun völlig beschäftigt waren, verließen die Christen die Stadt.

Um diese Zeit war auch das Land von Feinden frei, die hätten versuchen können, sie aufzuhalten. Zur Zeit der Belagerung waren die Juden in Jerusalem versammelt, um das Laubhüttenfest zu feiern, und dadurch hatten die Christen im ganzen Land die Möglichkeit, sich unbehelligt in Sicherheit zu bringen. Ohne zu zögern flohen sie an einen sicheren Ort – zur Stadt Pella im Lande Peräa, jenseits des Jordans. Die jüdischen Streitmächte, die Cestius und sein Heer verfolgten, warfen sich mit solcher Wut auf dessen Nachhut, dass ihr vollständige Vernichtung drohte. Nur unter großen Schwierigkeiten gelang es den Römern, sich zurückzuziehen. Die Juden blieben nahezu ohne Verluste und kehrten mit ihrer Beute triumphierend nach Jerusalem zurück. Doch dieser scheinbare Erfolg brachte ihnen nur Unheil. Sie waren von einem außerordentlich hartnäckigen Widerstandsgeist gegen die Römer erfüllt, wodurch sehr schnell unaussprechliches Leid über die verurteilte Stadt hereinbrach.

Schrecklich war das Unglück, das über Jerusalem kam, als die Belagerung von Titus wieder aufgenommen wurde. Die Stadt wurde zur Zeit des Passahfestes umlagert, als Millionen Juden sich innerhalb ihrer Mauern befanden. Die Lebensmittelvorräte, die, sorgfältig aufbewahrt, jahrelang für die Bewohner ausgereicht hätten, waren aber schon durch Neid und Rache der streitenden Parteien zerstört worden, und jetzt erlitten sie alle die Schrecken einer Hungersnot. Ein Maß Weizen wurde für ein Talent verkauft. Die Hungerqualen waren so schrecklich, dass manche am Leder ihrer Gürtel, an ihren Sandalen und an den Bezügen ihrer Schilde nagten. Viele Bewohner schlichen nachts aus der Stadt, um wilde Kräuter zu sammeln, die außerhalb der Stadtmauern wuchsen, obwohl etliche ergriffen und unter grausamen Martern getötet wurden, während man anderen, die wohlbehal-

ten zurückgekehrt waren, die Kräuter wegnahm, die sie unter

so großen Gefahren gesammelt hatten. Die unmenschlichsten Qualen wurden von den Machthabern auferlegt, um den vom Mangel Bedrückten die letzten spärlichen Vorräte abzuzwingen, die sie möglicherweise versteckt hatten. Nicht selten begingen diese Grausamkeiten Menschen, die eigentlich nicht hungern mussten, sondern nur danach trachteten, Lebensmittelvorräte für die Zukunft zu horten.

Tausende starben an Hunger und Seuchen. Die natürliche Bande der Liebe schien zerstört zu sein. Der Mann beraubte seine Frau und die Frau ihren Mann. Man sah Kinder, die den greisen Eltern das Brot vom Mund wegrissen. Der Frage des Propheten: »Kann auch eine Frau ihr Kindlein vergessen?« Jesaja 49,15 wurde innerhalb der Mauern jener verurteilten Stadt die Antwort gegeben: »Es haben die barmherzigsten Frauen ihre Kinder selbst kochen müssen, damit sie zu essen hatten in dem Jammer der Tochter meines Volks.« Klagelieder 4,10 Wiederholt erfüllte sich die warnende Weissagung, die 14 Jahrhunderte zuvor gegeben worden war: »Eine Frau unter euch, die zuvor so verwöhnt und in Üppigkeit gelebt hat, dass sie nicht einmal versucht hat, ihre Fußsohle auf die Erde zu setzen vor Verwöhnung und Wohlleben, die wird dem Mann in ihren Armen und ihrem Sohn und ihrer Tochter nicht gönnen die Nachgeburt, ... dazu ihr Kind, das sie geboren hat; denn sie wird beides vor Mangel an allem heimlich essen in der Angst und Not, mit der dich dein Feind bedrängen wird in deinen Städten.« 5.Mose 28,56.57

Die römischen Anführer versuchten, die Juden mit Schrecken zu erfüllen und dadurch zur Übergabe zu bewegen. Israeliten, die sich ihrer Gefangennahme widersetzten, wurden gegeißelt, gefoltert und vor der Stadtmauer gekreuzigt. Hunderte starben täglich auf diese Weise, und dieses grauenvolle Werk setzte man so lange fort, bis im Tal Josaphat und auf Golgatha so viele Kreuze aufgerichtet waren, dass kaum Platz war, dazwischen hindurchzugehen. Schrecklich erfüllte sich die frevelhafte, vor dem Richterstuhl des Pilatus ausgesprochene Verwünschung: »Sein Blut komme über uns und über unsre Kinder!« Matthäus 27,25

Titus hätte der Schreckensszene gern ein Ende bereitet und damit der Stadt Jerusalem das volle Maß ihres Gerichtes erspart. Entsetzen packte ihn, als er die Leichname der Erschlagenen haufenweise in den Tälern liegen sah. Wie überwältigt schaute er vom Gipfel des Ölberges auf den herrlichen Tempel und gab Befehl, nicht einen Stein davon zu berühren. Ehe er anfing, dieses Bauwerk einzunehmen, beschwor er die jüdischen Führer in einem ernsten Aufruf, ihn nicht zu zwingen die heilige Stätte mit Blut zu entweihen. Wenn sie herauskommen und an irgendeinem andern Ort kämpfen wollten, so sollte kein Römer die Heiligkeit des Tempels verletzen. Josephus forderte sie sogar mit höchst beredten Worten auf, den Widerstand einzustellen und sich selbst, ihre Stadt und die Stätte der Anbetung zu retten. Aber seine Worte wurden mit bitteren Verwünschungen beantwortet. Wurfspieße schleuderte man nach ihm, ihrem letzten menschlichen Vermittler, als er vor ihnen stand, um mit ihnen zu verhandeln. Die Juden hatten die Bitten des Sohnes Gottes verworfen, und nun machten die ernsten Vorschläge und flehentlichen Bitten sie nur um so entschiedener, bis zuletzt Widerstand zu leisten. Die Bemühungen des Titus, den Tempel zu retten, waren vergeblich. Ein Größerer als er hatte erklärt, dass nicht ein Stein auf dem andern bleiben sollte.

Die blinde Hartnäckigkeit der führenden Juden und die verabscheuungswürdigen Verbrechen, die in der belagerten Stadt verübt wurden, erweckten bei den Römern Entsetzen und Entrüstung, und endlich beschloss Titus, den Tempel im Sturm zu nehmen, ihn aber, wenn möglich, vor der Zerstörung zu bewahren. Seine Befehle wurden jedoch missachtet. Als er sich abends in sein Zelt zurückgezogen hatte, unternahmen die Juden einen Ausfall aus dem Tempel und griffen die Soldaten draußen an. Im Handgemenge wurde von einem Soldaten eine Brandfackel durch die Öffnung der Halle geschleudert, und unmittelbar darauf standen die mit Zedernholz getäfelten Räume des heiligen Gebäudes in Flammen. Titus eilte mit seinen Obersten und Legionären herbei und befahl den Soldaten, die Flammen zu löschen. Seine Worte blieben unbeachtet. In ihrer Wut schleuderten die Legionäre Feuerbrände in die an den Tempel angrenzenden Gemächer und metzelten viele, die dort Zuflucht gesucht hatten, mit dem Schwert nieder. Das Blut floss wie Wasser die Tempelstufen hinunter. Tausende und Abertausende von Juden kamen um. Das Schlachtgetöse wurde übertönt von dem Ruf: »Ikabod!«, das heißt: Die Herrlichkeit ist dahin.

»Titus war es nicht möglich, die Wut der Soldaten zu bremsen; er trat mit seinen Offizieren ein und besichtigte das Innere des heiligen Gebäudes. Der Glanz erregte ihre Bewunderung, und da die Flammen noch nicht bis zum Heiligtum vorgedrungen waren, unternahm er einen letzten Versuch, es zu retten. Er rannte hin und forderte die Mannschaften auf, das Umsichgreifen der Feuersbrunst zu verhindern. Der Hauptmann Liberalis versuchte mit seinem Befehlsstab Gehorsam zu erzwingen; doch selbst die Achtung vor ihrem Feldherrn ging vor der rasenden Feindseligkeit gegen die Juden unter, wegen dem Tumult des Kampfes und der unersättlichen Beutegier. Die Soldaten sahen alles um sich herum von Gold blitzen, das in dem wilden Lodern der Flammen blendend glänzte; sie glaubten es seien unermessliche Schätze im Heiligtum aufbewahrt. Unbemerkt warf ein Soldat eine brennende Fackel zwischen

die Angeln der Tür, und im Nu stand das ganze Gebäude in

Flammen. Die dichten Rauchschwaden und das Feuer zwangen die Offiziere, sich zurückzuziehen und das herrliche Gebäude seinem Schicksal zu überlassen. War es schon für die Römer ein furchtbares Schauspiel, wie mögen es erst die Juden empfunden haben! Die ganze Höhe, die die Stadt weit überragte, erschien wie ein feuerspeiender Berg. Ein Gebäude nach dem andern stürzte mit furchtbarem Krachen zusammen und wurde von dem feurigen Abgrund verschlungen. Die Dächer aus Zedernholz glichen einem Feuermeer, die vergoldeten Zinnen glänzten wie flammende Feuerzungen, aus den Türmen der Tore schossen Flammengarben und Rauchsäulen empor. Die benachbarten Hügel waren erleuchtet; gespenstisch wirkende Zuschauergruppen verfolgten in fürchterlicher Angst die fortschreitende Zerstörung; auf den Mauern und Höhen der oberen Stadt drängten sich Menschen. Manche waren bleich vor Angst und Verzweiflung, andere blickten düster, in ohnmächtiger Rache. Die Rufe der hin und her eilenden römischen Soldaten, das Heulen der Aufständischen, die in den Flammen umkamen, vermischten sich mit dem Brüllen der Feuersbrunst und dem donnernden Krachen des einstürzenden Gebälks. Das Echo kam von den Bergen zurück und ließ die Schreckensrufe des Volkes auf den Höhen widerhallen; entlang der Wälle erscholl Angstgeschrei und Wehklagen; Menschen, die von der Hungersnot erschöpft im Sterben lagen, rafften alle Kraft zusammen, um einen letzten Schrei der Angst und der Verlassenheit auszustoßen. Das Blutbad im Innern war noch schrecklicher als der Anblick von außen. Männer und Frauen, alt und jung, Aufrührer und Priester, Kämpfende und um Gnade Flehende wurden ohne Unterschied niedergemetzelt. Die Anzahl der Erschlagenen überstieg die der Totschläger. Die Legionäre mussten über Berge von Toten hinwegsteigen, um ihr Gemetzel fortsetzen zu können."

Josephus, „Geschichte des Jüdischen Krieges", VI, Kapitel 5; Milman, „History of the Jews", 13. Buch

Nach der Zerstörung des Tempels fiel bald die ganze Stadt in die Hände der Römer. Die Obersten der Juden gaben ihre uneinnehmbar scheinenden Türme auf, und Titus fand sie alle verlassen. Staunend blickte er auf sie und erklärte, dass Gott sie in seine Hände gegeben habe, denn keine Kriegsmaschine, wie gewaltig sie auch sein mochte, hätte jene gewaltigen Festungsmauern bezwingen können. Sowohl die Stadt als auch der Tempel wurden bis auf die Grundmauern geschleift, und der Boden, auf dem der Tempel gestanden hatte, wurde »wie ein Acker gepflügt.« Jeremia 6,18 Während der Belagerung und bei dem darauffolgenden Gemetzel kamen über eine Million Menschen ums Leben. Die Überlebenden wurden in die Gefangenschaft geführt, als Sklaven verkauft, nach Rom geschleppt, um den Triumph des Eroberers zu zieren. Sie wurden in den Amphitheatern wilden Tieren vorgeworfen oder als heimatlose Wanderer über die ganze Erde zerstreut. Die Juden hatten sich selbst die Fesseln geschmiedet, sich selbst den Becher der Rache gefüllt. In der vollständigen Vernichtung, die ihnen als Nation widerfuhr, und in all dem Weh, das ihnen in ihrer Zerstreuung nachfolgte, ernteten sie nur, was sie mit eigenen Händen gesät hatten. Ein Prophet schrieb einst: »Israel, du bringst dich ins Unglück! ... denn du bist gefallen um deiner Missetat willen.« Hosea 13,9; 14,2 Ihre Leiden werden oft als eine Strafe hingestellt, mit der sie auf direkten Befehl Gottes heimgesucht wurden. Auf diese Weise versucht der große Betrüger sein eigenes Tun zu verbergen. Durch eigensinnige Verwerfung der göttlichen Liebe und Gnade hatten die Juden den Schutz Gottes verwirkt, so dass Satan sie nach seinem Willen beherrschen konnte. Die schrecklichen Grausamkeiten, die bei der Zerstörung Jerusalems verübt worden waren, kennzeichnen Satans rachsüchtige Macht über jene, die sich seiner verderbenbringenden Herrschaft unterstellen.

Wir können nicht ermessen, wie viel wir Christus für den Frieden und Schutz schuldig sind, deren wir uns erfreuen. Es ist die zurückhaltende Kraft Gottes, die verhindert, dass die Menschen völlig unter die Herrschaft Satans gelangen. Die Ungehorsamen und Undankbaren haben allen Grund, Gott für seine Gnade und Langmut dankbar zu sein, weil er die grausame, boshafte Macht des Bösen im Zaum hält. Überschreiten aber die Menschen die Grenzen der göttlichen Nachsicht, dann wird jene Einschränkung aufgehoben. Gott tritt dem Sünder nicht als Scharfrichter gegenüber, sondern er überlässt jene, die seine Gnade verwerfen, sich selbst, damit sie ernten, was sie gesät haben. Jeder verworfene Lichtstrahl, jede verschmähte oder unbeachtete Warnung, jede geduldete Leidenschaft, jede Übertretung des Gesetzes Gottes ist eine Saat, die ihre sichere Ernte hervorbringen wird. Der Geist Gottes wird sich schließlich von dem Sünder, der sich ihm beharrlich widersetzt, zurückziehen, und dann bleibt dem Betreffenden weder die Kraft, die bösen Leidenschaften der Seele zu beherrschen, noch der Schutz, der ihn vor der Bosheit und Feindschaft Satans bewahrt.

Die Zerstörung Jerusalems ist eine furchtbare und ernste Warnung an alle, die das Angebot der göttlichen Gnade gering achten und den Mahnrufen der Barmherzigkeit Gottes widerstehen. Niemals wurde ein bestimmteres Zeugnis für die Abscheu Gottes gegenüber der Sünde und für die sichere Bestrafung der Schuldigen gegeben.

Die Weissagung des Heilands, die das göttliche Gericht über Jerusalem ankündigte, wird noch eine andere Erfüllung finden, von der jene schreckliche Verwüstung nur ein schwacher Abglanz ist. In dem Schicksal der auserwählten Stadt können wir das Los einer Welt sehen, die Gottes Barm-

herzigkeit von sich gewiesen und sein Gesetz mit Füßen

getreten hat. Grauenhaft sind die Berichte des menschlichen Elends, das die Erde während der langen Jahrhunderte des Verbrechens erlebte. Das Herz wird beklommen und der Geist verzagt, wenn wir über diese Dinge nachdenken. Schrecklich waren die Folgen, als die Macht des Himmels verworfen wurde. Doch ein noch furchtbareres Bild wird uns in den Offenbarungen über die Zukunft enthüllt. Die Berichte der Vergangenheit, die lange Reihe von Aufständen, Kämpfen und Revolutionen, alle Kriege »mit Gedröhn ... und die blutigen Kleider« Jesaja 9,4 –, was sind sie im Vergleich zu den Schrecken jenes Tages, an dem der begrenzende Geist Gottes den Gottlosen ganz entzogen und nicht länger die Ausbrüche menschlicher Leidenschaften und satanischer Wut zügeln wird! Dann wird die Welt wie niemals zuvor die entsetzlichen Folgen der Herrschaft Satans erkennen.

An jenem Tage aber wird, wie zur Zeit der Zerstörung Jerusalems, Gottes Volk errettet werden, »ein jeder, der aufgeschrieben ist zum Leben.« Jesaja 4,3 Christus hat vorhergesagt, dass er wiederkommen will, um seine Getreuen um sich zu sammeln: »Und dann werden alle Geschlechter der Erde ... den Sohn des Menschen kommen sehen auf den Wolken des Himmels mit großer Kraft und Herrlichkeit. Und er wird seine Engel aussenden mit starkem Posaunenschall, und sie werden seine Auserwählten versammeln von den vier Windrichtungen her, von einem Ende des Himmels bis zum anderen.« Matthäus 24,30.31 Schlachter 2000 Dann werden alle, die dem Evangelium nicht gehorchten, »mit dem Hauch seines Mundes« umgebracht und »durch seine Erscheinung, wenn er kommt« vernichtet werden. 2.Thessalonicher 2,8 Genauso wie einst Israel, so bringen auch die Gottlosen sich selbst um: Sie fallen infolge ihrer Übertretungen. Durch ein Leben voller Sünde haben sie so wenig Gemeinschaft mit Gott, und ihr Wesen ist durch das Böse so verderbt und entwürdigt worden, dass die Offenbarung seiner Herrlichkeit für sie zu einem verzehrenden Feuer werden wird.

Mögen sich die Menschen doch davor hüten, die ihnen durch Christi Worte gegebenen Lehren gering zu schätzen. Er hatte verkündigt, ein zweites Mal zu kommen, um seine Getreuen zu sich zu nehmen und sich an denen zu rächen, die seine Gnade verwerfen. Genauso wie er seine Jünger vor der Zerstörung Jerusalems warnte, indem er ihnen ein Zeichen des herannahenden Untergangs nannte, damit sie fliehen könnten, so hat er auch sein Volk vor dem Tag der endgültigen Vernichtung gewarnt und ihm Zeichen seines Nahens gegeben, damit alle, die dem zukünftigen Zorn entrinnen wollen, auch fliehen können. Jesus erklärt: »Es werden Zeichen geschehen an Sonne, Mond und Sternen; und auf Erden wird den Leuten bange sein.« Lukas 21,25; Matthäus 24,29; Markus 13,24-26; Offenbarung 6,12-17 Wer diese Vorboten seines Kommens sieht, soll wissen, »dass es nahe vor der Tür ist.« [36/37] 29

»So wacht nun!« lauten seine mahnenden Worte. Matthäus 24,33; Markus 13,35 Alle, die auf diese Stimme achten, sollen nicht im Dunkeln bleiben, damit jener Tag sie nicht unvorbereitet überfalle, aber über alle, die nicht wachen wollen, wird der Tag des Herrn kommen wie ein Dieb in der Nacht.

Die Welt ist jetzt nicht bereitwilliger, die Warnungsbotschaften für diese Zeit anzunehmen, als damals die Juden, die sich der Botschaft unseres Heilandes über Jerusalem widersetzten. Mag er kommen, wann er will – der Tag des Herrn wird die Gottlosen unvorbereitet finden. Wenn das Leben in normalen Bahnen läuft, wenn die Menschheit von Vergnügungen, Geschäften, Handel und Gelderwerb in Anspruch genommen ist. Wenn religiöse Führer den Fortschritt und die Aufklärung der Welt verherrlichen, wenn das Volk in falsche Sicherheit gewiegt wird, dann wird, wie ein Dieb sich um Mitternacht in die unbewachte Behausung einschleicht, das plötzliche Verderben die Sorglosen und Bösen überfallen, und sie werden keine Gelegenheit mehr haben, dem Kommenden zu entfliehen. (1.Thessalonicher 5,2-5)

Zerstörung Jerusalems und des Tempels

KAPITEL 2

VERFOLGUNG
IN DEN ERSTEN
JAHRHUNDERTEN

Die Christen wurden bald Zielscheibe der Angriffe Satans durch das Heidentum. Da es kein Miteinander zwischen dem Fürsten des Lichts und dem Fürsten der Finsternis gibt, war es auch unter den treuen und untreuen Menschen nicht möglich, sich zu einen. Verfolgungen waren sozusagen vorprogrammiert.

Als Christus auf dem Ölberg seinen Jüngern das Schicksal Jerusalems und die Ereignisse seiner Wiederkunft enthüllte, sprach er auch über die zukünftigen Erfahrungen seines Volkes von seiner Himmelfahrt an bis zu seiner Wiederkunft in Macht und Herrlichkeit zur Befreiung seines Volkes. Er sah die bald über die apostolische Gemeinde hereinbrechenden Stürme, und in weiterer Zukunft erblickte er die grimmigen, verwüstenden Stürme, die in den kommenden Zeiten der Finsternis und Verfolgung über seine Nachfolger heraufziehen werden. In wenigen kurzen Äußerungen von furchtbarer Bedeutung sagte er ihnen voraus, in welchem Ausmaß die Herrscher dieser Welt die Gemeinde Gottes verfolgen werden. (Matthäus 24,9.21.22) Die Nachfolger Christi müssen den gleichen Weg der Demütigung, der Schmach und des Leidens beschreiten, den ihr Meister ging. Die Feindschaft, die dem Erlöser der Welt entgegengebracht wurde, erhebt sich auch gegen alle, die an seinen Namen glauben.

Die Geschichte der ersten Christengemeinde zeigt die Erfüllung der Worte Jesu. Die Mächte der Erde und der Hölle vereinigten sich gegen den in seinen Nachfolgern lebendigen Christus. Das Heidentum sah sehr wohl voraus, dass seine Tempel und Altäre niedergerissen würden, falls das Evangelium triumphierte; deshalb mobilisierte es alle Kräfte, um das Christentum zu vernichten. Die Feuer der Verfolgung wurden angezündet. Christen beraubte man ihrer Besitztümer und vertrieb sie aus ihren Heimen. Sie erduldeten »einen großen Kampf des Leidens.« Hebräer 10,32 Sie »haben Spott und Geißeln erlitten, dazu Fesseln und Gefängnis; sie wurden gesteinigt, zerhackt, zerstochen, durchs Schwert getötet.« Hebräer 11,36 Viele besiegelten ihr Zeugnis mit ihrem Blut. Vornehme Menschen und Sklaven, reich und arm, Gelehrte und Unwissende wurden ohne Unterschied erbarmungslos umgebracht. Diese Verfolgungen, die unter Nero etwa zur Zeit des Märtyrertums von Paulus begannen, wurden mit mehr oder weniger heftigem Zorn Jahrhundertelang fortgesetzt. Christen wurden zu Unrecht der schlimmsten Verbrechen beschuldigt und als Ursache großer Unglücksfälle, wie Hungersnot, Seuchen und Erdbeben, hingestellt. Da sie allgemein gehasst und verdächtigt wurden, fanden sich auch leicht Ankläger, die um des Gewinns willen Unschuldige verrieten. Die Christen wurden als Aufrührer gegen das Reich, als Feinde der Religion und schädlich für die Gesellschaft verurteilt. Viele warf man wilden Tieren vor oder verbrannte sie lebendig in den Amphitheatern. Manche wurden gekreuzigt, andere in die Felle wilder Tiere eingenäht und in die Arena geworfen, um von Hunden zerrissen zu werden. Die ihnen auferlegte Strafe bildete oft die Hauptunterhaltung bei öffentlichen Festen. Riesige Menschenmassen kamen zusammen, um sich an diesem Anblick zu ergötzen und begrüßten deren Todesqualen mit Gelächter und Beifallklatschen.

Wo die Nachfolger Christi auch Zuflucht fanden, immer wurden sie wie Raubtiere gejagt. Sie waren genötigt, sich an öden und verlassenen Stätten zu verbergen. »Sie haben Mangel, Bedrängnis, Misshandlung erduldet. Sie, deren die Welt nicht wert war, sind umhergeirrt in Wüsten, auf Bergen, in Höhlen und Erdlöchern«. Hebräer 11,37.38 Die Katakomben boten Tausenden eine Zufluchtsstätte. Unter den Hügeln außerhalb der Stadt Rom gab es lange, durch Erde und Felsen getriebene Gänge, deren dunkles, verschlungenes Netzwerk sich kilometerweit über die Stadtmauern hinaus erstreckte. In diesen unterirdischen Zufluchtsorten begruben die Nachfolger Christi ihre Toten, und hier fanden sie auch Zuflucht, wenn sie verdächtigt und geächtet wurden. Wenn der Heiland alle auferwecken wird, die den guten Kampf gekämpft haben, werden viele, die um seinetwillen Märtyrer geworden sind, aus jenen Höhlen hervorkommen.

Selbst unter heftigster Verfolgung hielten diese Zeugen für Jesus ihren Glauben rein. Obwohl sie jeder Bequemlichkeit beraubt waren, abgeschlossen vom Licht der Sonne, im dunklen aber freundschaftlichen Schoß der Erde ihre Wohnung einrichteten, äußerten sie keine Klage. Mit Worten des

Kolusseum in Rom

Nero Claudius Caesar (37-68)

Glaubens, der Geduld und der Hoffnung ermutigten sie einander, Entbehrungen und Trübsale zu ertragen. Der Verlust aller irdischen Segnungen vermochte sie nicht zu zwingen, ihrem Glauben an Christus abzusagen. Prüfungen und Verfolgungen waren nur Stufen, um sie ihrer Ruhe und ihrer Belohnung näher zu bringen.

Viele wurden genauso, wie Diener Gottes damals »gemartert ... und haben die Freilassung nicht angenommen, damit sie die Auferstehung, die besser ist, erlangten.« Hebräer 11,35 Sie riefen sich die Worte ihres Meisters ins Gedächtnis zurück, dass sie bei Verfolgungen um Christi Willen fröhlich und getrost sein sollten, denn wunderbar würde ihr Lohn im Himmel sein. Auch die Propheten vor ihnen wurden so verfolgt. Die Nachfolger Jesu freuten sich, würdig erachtet worden zu sein, für die Wahrheit zu leiden, und Triumphgesänge stiegen aus den prasselnden Flammen empor. Im Glauben aufwärtsschauend, erblickten sie Christus und heilige Engel, die sich zu ihnen herabneigten, sie mit innigster Anteilnahme beobachteten und wohlgefällig ihre Standhaftigkeit betrachteten. Eine Stimme kam vom Thron Gottes zu ihnen hernieder: »Sei getreu bis an den Tod, so will ich dir die Krone des Lebens geben.« Offenbarung 2,10

Vergeblich waren Satans Anstrengungen, die Gemeinde Christi mit Gewalt zu zerstören. Der große Kampf in dem Christi Jünger ihr Leben hingaben, hörte nicht auf, als diese treuen Bannerträger auf ihrem Posten fielen. Durch ihre Niederlage blieben sie Sieger. Gottes Mitarbeiter wurden erschlagen; sein Werk aber ging stetig vorwärts. Das Evangelium breitete sich aus, die Schar seiner Anhänger nahm zu, es drang in Gebiete ein, die selbst den römischen Adlern unzugänglich geblieben waren. Ein Christ, der mit den heidnischen Herrschern verhandelte, die ja die Verfolgung eifrig betrieben, sagte: »Kreuzigt, martert, verurteilt uns, reibt uns auf, ... eure Ungerechtigkeit ist ein Beweis für unsere Unschuld! Und doch hilft all eure noch so ausgeklügelte Grausamkeit nichts. Sie ist eher ein Lockmittel für unsere Gemeinschaft. Nur zahlreicher werden wir, so oft wir von euch niedergemäht werden: ein Same ist das Blut der Christen.« Tertullian, „Apologeticum", Kapitel 50

Tausende wurden eingekerkert und umgebracht, aber andere standen auf, um diese Lücken auszufüllen. Die um ihres Glaubens willen den Märtyrertod erlitten, waren Christus gewiss und wurden von ihm als Überwinder angesehen. Sie hatten den guten Kampf gekämpft und werden die Krone der Gerechtigkeit empfangen, wenn Christus wiederkommt. Die Leiden, die die Christen ertrugen, verbanden sie inniger miteinander und mit ihrem Erlöser. Ihr beispielhaftes Leben, ihr Bekenntnis im Sterben waren ein unvergängliches Zeugnis für die Wahrheit. Wo es vielfach am wenigsten zu erwarten war, verließen Untertanen Satans seinen Dienst und stellten sich entschlossen unter das Banner Christi.

Satan versuchte, erfolgreicher gegen die Herrschaft Gottes Krieg zu führen, indem er sein Banner in der christlichen Gemeinde aufrichtete. Können die Nachfolger Christi getäuscht und verleitet werden, Gott nicht zu gefallen, dann wären ihre Kraft, Festigkeit und Beharrlichkeit dahin, ja, sie fielen ihm als leichte Beute zu.

Der große Gegner suchte hinterlistig das zu erreichen, was er sich mit Gewalt nicht zu sichern vermochte. Die Verfolgungen hörten auf. An ihre Stelle traten die gefährlichen Verlockungen irdischen Wohllebens und weltlichen Ruhms. Götzendiener wurden veranlasst, einen Teil des christlichen Glaubens anzunehmen, wobei sie andere wesentliche Wahrheiten verwarfen. Sie gaben vor, Jesus als Sohn Gottes anzuerkennen und an seinen Tod und seine Auferstehung zu glauben. Aber sie erkannten nicht ihre Sünden und fühlten nicht das Bedürfnis, sie zu bereuen oder die Gesinnung ihres Herzens zu ändern. Zu einigen Zugeständnissen bereit, schlugen sie den Christen vor, um eines einheitlichen Glaubensbekenntnisses an Christus willen, auch ihrerseits Zugeständnisse zu machen.

Die Gemeinde befand sich in einer furchtbaren Gefahr, gegen die Gefängnis, Folter, Feuer und Schwert ein Segen wären. Einige Christen blieben fest und erklärten, dass sie keine Kompromisse eingehen könnten. Andere stimmten für ein Entgegenkommen oder für Abänderung einiger ihrer Glaubensregeln und verbanden sich mit denen, die das Christentum teilweise angenommen hatten, indem sie argumentierten, es könnte jenen zur vollständigen Bekehrung verhelfen. Dies war eine Zeit tiefer Verzweiflung für die treuen Nachfolger Christi. Unter dem Deckmantel eines angeblichen Christentums verstand es Satan, sich in die Gemeinde einzuschleichen, um ihren Glauben zu verfälschen und ihre Sinne vom Wort der Wahrheit abzulenken.

Letztendlich willigten die meisten Christen ein, ihrem hohen Ideal zu entsagen. So kam eine Vereinigung zwischen Christentum und Heidentum zustande. Obwohl die Heiden angeblich bekehrt waren und sich der Gemeinde anschlossen, hielten sie doch noch am Götzendienst fest: Sie wechselten nur den Gegenstand ihrer Anbetung. An die Stelle ihrer Götzen setzten sie Abbildungen von Jesus, Maria und den Heiligen. Ungesunde Lehren, abergläubische Gebräuche und götzendienerische Zeremonien wurden mit ihrem Glauben und ihrem Gottesdienst vereint. Als sich die Nachfolger Christi mit den Götzendienern verbanden, wurde die christliche Gemeinde verdorben und ihre Reinheit und Kraft ging verloren. Immerhin gab es etliche, die durch diese Täuschungen nicht irregeleitet wurden, die dem Fürsten der Wahrheit ihre Treue bewahrten und Gott allein anbeteten. Unter denen, die vorgaben, Christi

Nachfolger zu sein, hat es schon immer zwei Gruppen gegeben.

Während die eine das Leben des Heilandes erforscht und sich ernstlich bemüht, jeden ihrer Mängel zu beseitigen und ihrem Vorbild zu entsprechen, lehnt die andere die klaren, praktischen Wahrheiten ab, die ihre Irrtümer aufdecken. Selbst in ihrer besten Zeit bestand die Gemeinde nicht nur aus wahren, reinen und aufrichtigen Menschen.

Unser Heiland lehrte, dass die, welche willentlich sündigen, nicht in die Gemeinde aufgenommen werden sollen. Dennoch wies er Menschen mit fehlerhaftem Charakter nicht ab, sondern gewährte ihnen die hohen Privilegien seine Lehren und sein Vorbild kennenzulernen, damit sie Gelegenheit hätten, ihre Fehler zu erkennen und zu berichtigen. Unter den zwölf Aposteln befand sich ein Verräter. Judas wurde nicht wegen, sondern trotz seiner Charakterfehler aufgenommen. Er wurde als Jünger berufen, damit er durch Christi Lehre und Vorbild lernen könnte, worin ein christlicher Charakter besteht. Auf diese Weise sollte er seine Fehler erkennen, Buße tun und mit Hilfe der göttlichen Gnade seine Seele reinigen »im Gehorsam der Wahrheit«. Aber Judas wandelte nicht in dem Licht, das ihm so gnädig schien. Er gab der Sünde nach und forderte dadurch die Versuchungen Satans heraus. Seine bösen Charakterzüge gewannen die Oberhand. Er ließ sich von den Mächten der Finsternis leiten, wurde zornig, wenn man seine Fehler tadelte, und gelangte auf diese Weise dahin, den furchtbaren Verrat an seinem Meister zu begehen. So hassen alle, die unter dem Schein eines gottseligen Wesens das Böse lieben, die Menschen, die ihren Frieden stören, indem sie ihren sündhaften Lebenswandel verurteilen. Bietet sich ihnen eine günstige Gelegenheit, so werden sie, wie auch Judas, die verraten, die versucht haben, sie zu ihrem Besten zurechtzuweisen.

Den Aposteln begegneten angeblich fromme Leute in der Gemeinde, die jedoch heimlich der Sünde nachgingen. Ananias und Saphira waren Betrüger, denn sie behaupteten, Gott ein vollständiges Opfer darzubringen, obwohl sie habsüchtiger Weise einen Teil davon für sich zurückbehielten. Der Geist der Wahrheit offenbarte den Aposteln den wirklichen Charakter dieser Scheinheiligen, und Gottes Gericht befreite die Gemeinde von diesem Flecken, der ihre Reinheit beschmutzte. Dieser offenkundige Beweis, dass der scharfsichtige Geist Christi in der Gemeinde gegenwärtig war, erschreckte die Heuchler und Übeltäter, die nicht lange mit jenen verbunden bleiben konnten, die ihrem Handeln und ihrer Gesinnung nach beständig Stellvertreter Christi waren. Als schließlich Prüfungen und Verfolgungen über seine Nachfolger hereinbrachen, wünschten nur die seine Jünger zu werden, die bereit waren, um der Wahrheit willen alles zu verlassen. Dadurch blieb die Gemeinde, solange die Verfolgung andauerte, verhältnismäßig rein. Nachdem aber die Verfolgung aufgehört hatte und Neubekehrte, die weniger aufrichtig waren, zur Gemeinde kamen, öffnete sich für Satan der Weg, in der Gemeinde Fuß zu fassen. Es gibt jedoch kein Miteinander zwischen dem Fürsten des Lichts und dem Fürsten der Finsternis, somit auch nicht zwischen ihren Nachfolgern. Als die Christen einwilligten, sich mit Menschen zu verbinden, die dem Heidentum nur halb abgesagt hatten, betraten sie einen Pfad, der sie von der Wahrheit immer weiter wegführte. Satan aber jubelte, dass es ihm gelungen war, so viele der Nachfolger Christi zu täuschen. Er übte nun verstärkt eine Macht über die Betrogenen aus und trieb sie dazu an, die zu verfolgen, die Gott treu blieben. Niemand konnte dem wahren Christenglauben so gut entgegentreten, wie jene, die ihn einst verteidigt hatten. Und diese abtrünnigen Christen zogen mit ihren halbheidnischen Gefährten vereint gegen die wesentlichen Wahrheiten der Lehren Christi in den Kampf.

Es kostete die treuen Gläubigen äußerste Anstrengungen fest zu stehen, gegen die Betrügereien und Gräuel, die in priesterlichem Gewand in die Gemeinde eingeführt wurden. Man bekannte sich nicht mehr zur Heiligen Schrift als zur Richtschnur des Glaubens. Der Grundsatz von wahrer Religionsfreiheit wurde als Ketzerei gebrandmarkt, seine Verteidiger gehasst und geächtet.

Nach langem und schwerem Kampf entschlossen sich die wenigen Treuen, jede Verbindung mit der abtrünnigen Kirche aufzugeben, falls diese sich beharrlich weigere, den Irrtum und den Götzendienst aufzugeben. Sie erkannten, dass die Trennung unbedingt notwendig war, wenn sie selbst dem Wort Gottes gehorchen wollten. Sie wagten weder Irrtümer zu dulden, die für sie selbst gefährlich waren, noch ein Beispiel zu geben, das den Glauben ihrer Kinder und Kindeskinder gefährden würde. Um Frieden und Einheit zu wahren, zeigten sie sich bereit, irgendwelche mit ihrer Gottestreue zu vereinbarenden Zugeständnisse zu machen; sie spürten aber, dass selbst der Friede unter Aufopferung ihrer Grundsätze zu teuer erkauft wäre. Einer Übereinstimmung auf Kosten der Wahrheit und Rechtschaffenheit zogen sie jedoch lieber die Uneinigkeit, ja selbst den Kampf vor.

Es wäre für die Gemeinde und die Welt gut, wenn die Grundsätze, die jene standhaften Christen zum Handeln bewogen, in den Herzen des Volkes Gottes wiederbelebt würde. Es herrscht eine beunruhigende Gleichgültigkeit gegenüber den Lehren, die das Fundament des christlichen Glaubens bilden. So verbreitet sich immer mehr die Meinung, dass sie nicht so wichtig sind. Diese Abwertung stärkt die Vertreter Satans so sehr, dass jene falschen Lehrbegriffe und verhängnisvollen Täuschungen jetzt von Tausenden sogenannter Nachfolger Christi gern übernommen werden, zu deren Bekämpfung und Aufdeckung die Treuen in vergangenen Zeiten ihr Leben wagten. Die ersten Christen waren tatsächlich ein besonderes

Volk. Ihr tadelloses Betragen und ihr fester Glaube war ein

beständiger Vorwurf, der die Ruhe der Sünder störte. Obwohl es wenige waren, ohne Reichtum, Stellung oder Ehrentitel, waren sie überall, wo ihr Charakter und ihre Lehren bekannt wurden, den Übeltätern ein Schrecken. Deshalb wurden sie von den Gottlosen gehasst, wie damals Abel von dem gottlosen Kain. Die gleiche Ursache, die Kain zu Abels Mörder werden ließ, veranlasste diejenigen, die sich von dem zügelnden Einfluss des Geistes Gottes zu befreien versuchten, Gottes Kinder zu töten. Aus dem gleichen Grund verwarfen und kreuzigten die Juden den Heiland, denn die Reinheit und die Heiligkeit seines Charakters waren eine ständige Anklage gegen ihre Selbstsucht und Verderbtheit.

Von den Tagen Christi an bis in unsere Zeit hinein haben seine treuen Jünger den Hass und Widerspruch der Menschen geweckt, die sündige Wege lieben und ihnen folgen. Wie kann aber das Evangelium eine Botschaft des Friedens genannt werden? Als Jesaja die Geburt des Messias vorhersagte, gab er ihm den Titel »Friedefürst«. Als die Engel den Hirten verkündigten, dass Christus geboren sei, sangen sie über den Ebenen Bethlehems: »Ehre sei Gott in der Höhe und Frieden auf Erden bei den Menschen seines Wohlgefallens!« Lukas 2,14 Zwischen diesen prophetischen Aussagen und den Worten Christi: »Ich bin nicht gekommen, Frieden zu bringen, sondern das Schwert«, Matthäus 10,34 scheint ein Widerspruch zu sein. Doch richtig verstanden, stimmen beide Aussprüche vollkommen überein. Das Evangelium ist eine Botschaft des Friedens. Das Christentum verbreitet, wenn es angenommen und ausgelebt wird, Frieden, Eintracht und Freude über die ganze Erde. Die Religion Christi verbindet alle, die ihre Lehren annehmen, in inniger Bruderschaft miteinander. Es war Jesu Aufgabe, die Menschen mit Gott und somit auch miteinander zu versöhnen. Aber die Welt befindet sich so ziemlich unter der Herrschaft Satans, des bittersten Feindes Christi.

Das Evangelium zeigt den Menschen die Grundsätze des Lebens, die mit ihren Gewohnheiten und Wünschen völlig im Widerspruch stehen, und gegen die sie sich auflehnen. Sie hassen die Reinheit, die ihre Sünden offenbart und verurteilt, und sie verfolgen und vernichten alle, die ihnen jene gerechten und heiligen Ansprüche vor Augen halten. In diesem Sinne - wo die erhabenen Wahrheiten, die das Evangelium bringt, Hass und Streit erzeugen - wird es ein Schwert genannt. Das geheimnisvolle Wirken der Vorsehung, die zulässt, dass der Gerechte durch Gottlose verfolgt wird, hat viele, die schwach im Glauben sind, schon in größte Verlegenheit gebracht. Manche sind sogar bereit, ihr Vertrauen zu Gott wegzuwerfen, weil er es zulässt, dass es den niederträchtigsten Menschen gut geht, während die besten und aufrichtigsten von ihnen grausam bedrängt und gequält werden. Wie, fragt man, kann der Eine, welcher gerecht und barmherzig ist, dessen Macht unbegrenzt ist, solche Ungerechtigkeit und

Unterdrückung zulassen? Mit so einer Frage haben wir nichts zu tun, denn Gott hat uns genug Beweise seiner Liebe gegeben. Wir sollen nicht an seiner Güte zweifeln, nur weil wir das Wirken seiner Vorsehung nicht ergründen können. Der Heiland sagte zu seinen Jüngern, als er die Zweifel voraussah, die sie in den Tagen der Prüfung und der Finsternis bestürmen würden: »Gedenket an mein Wort, das ich euch gesagt habe: ,Der Knecht ist nicht größer als sein Herr.' Haben sie mich verfolgt, so werden sie euch auch verfolgen.« Johannes 15,20 Jesus hat für uns durch gottlose Menschen mehr gelitten, als irgendeiner seiner Nachfolger durch die Grausamkeit solcher Menschen jemals leiden kann. Wer berufen ist, Qualen und Märtyrertod zu erdulden, folgt nur dem Pfad des treuen Gottessohnes.

»Der Herr verzögert nicht die Verheißung.« 2.Petrus 3,9 Er vergisst oder vernachlässigt seine Kinder nicht. – Er lässt aber zu, dass der wahre Charakter der Gottlosen sichtbar wird, damit keiner, der seinem Willen folgen will, über sie getäuscht werden kann. Erneut lässt er die Gerechten durch den Feuerofen der Trübsal gehen, damit sie selbst gereinigt werden und ihr Beispiel andere von der Wirklichkeit des Glaubens und der Gottseligkeit überzeugen möchte, sowie ihr treuer Wandel die Gottlosen und Ungläubigen verurteilt.

Gott lässt es zu, dass die Bösen Erfolg haben und ihre Feindschaft gegen ihn bekunden, damit, wenn das Maß ihrer Ungerechtigkeit voll ist, alle Gottes Gnade und Gerechtigkeit in deren vollständigen Vernichtung sehen können. Der Tag seiner Vergeltung rückt rasch näher, da allen, die sein Gesetz übertreten und sein Volk unterdrückt haben, der gerechte Lohn für ihre Taten gegeben werden wird; da jede grausame und ungerechte Handlung gegen die Treuen Gottes bestraft werden wird, so als wäre sie Christus selbst angetan worden. Es gibt eine andere und wichtigere Frage, auf die sich die Aufmerksamkeit der Kirchen unserer Tage richten sollte. Der Apostel Paulus erklärt: »Alle, die fromm leben wollen in Christus Jesu, müssen Verfolgung leiden«. 2.Timotheus 3,12 Wie kommt es dann, dass die Verfolgung sozusagen zu schlummern scheint? Der einzige Grund ist, dass die Kirchen sich der Welt angepasst haben und deshalb keinen Widerstand erwecken. Die heutzutage allgemein verbreitete Religion hat nicht den reinen und heiligen Charakter, der den christlichen Glauben in den Tagen Christi und seiner Apostel kennzeichnete. Weil man mit der Sünde Kompromisse eingeht, weil man die großen Wahrheiten des Wortes Gottes so gleichgültig betrachtet und weil wenig echte Gottseligkeit in der Gemeinde herrscht, deshalb ist anscheinend das Christentum in der Welt so beliebt. Sobald eine Wiederbelebung des Glaubens und der Stärke der ersten Christengemeinde geschehen würde, wird auch der Geist der Verfolgung abermals erwachen und die Feuer der
Trübsal aufs neue schüren.

KAPITEL 3

DIE RÖMISCHE KIRCHE

Nachdem Satan sah, dass durch Verfolgungen die treuen Christen um so entschlossener wurden, änderte er seine Taktik und ließ unmerklich heidnische Gebräuche in die Kirche einfließen und machte die christliche Kirche »salonfähig«. Dazu war es nötig, die Bibel den Menschen wegzunehmen, damit um so leichter falsche Lehren platziert werden konnten (die im folgenden Text dieses Kapitels hervorgehoben sind). Die Folge war ein falsches Verständnis von Gott. So begann das finstere Mittelalter gesellschaftlich und politisch zum Nachteil der Völker. Die Kirche wurde immer mächtiger und regierte willkürlich. Sie bestimmte sogar über weltliche Autoritäten.

In seinem zweiten Brief an die Thessalonicher sagte der Apostel Paulus den großen Abfall voraus, aus welchem sich dann die päpstliche Macht etablierte. Er erklärte, dass der Tag Christi nicht kommen werde, denn »es muss unbedingt zuerst der Abfall kommen und der Mensch der Sünde offenbart werden, der Sohn des Verderbens, der sich widersetzt und sich über alles erhebt, was Gott oder Gegenstand der Verehrung heißt, so dass er sich in den Tempel Gottes setzt als ein Gott und sich selbst für Gott ausgibt«. Und weiter warnt der Apostel seine Brüder: »Denn das Geheimnis der Gesetzlosigkeit ist schon am Wirken.« 2.Thessalonicher 2,3.4.7; Schlachter 2000 Schon zu jener frühen Zeit sah er, dass sich Irrtümer in die Gemeinde einschlichen, die den Weg bereiteten für die Entwicklung des Papsttums.

Stück für Stück, erst heimlich und stillschweigend, dann offener, als es stärker wurde, führte das „Geheimnis der Gesetzlosigkeit" sein betrügerisches und blasphemisches Werk aus. Beinahe unmerklich fanden die heidnische Gebräuche ihren Weg in die christliche Gemeinde. Zwar wurde der Geist des Kompromisses und der Anpassung zeitweise durch die heftige Verfolgung zurückgehalten, die die Gemeinde unter dem Heidentum zu erdulden hatte. Als aber die Verfolgung aufhörte und das Christentum in den Höfen und Palästen der Könige Eingang fand, vertauschte es die demütige Schlichtheit Christi und seiner Apostel mit dem Gepränge und dem Stolz der heidnischen Priester und Herrscher und ersetzte die Forderungen Gottes durch menschliche Theorien und Überlieferungen. Mit der angeblichen Bekehrung Konstantins Anfang des vierten Jahrhunderts, die allgemein freudig aufgenommen wurde, fanden jedoch unter dem Deckmantel der Gerechtigkeit weltliche

Sitten und Gebräuche Eingang in die Kirche. Das Verderben machte jetzt schnelle Fortschritte. Das Heidentum wurde, während es besiegt schien, zum Sieger. Sein Geist beherrschte die Kirche. Seine Lehren, seine Zeremonien und sein Aberglaube wurden mit dem Glauben und der Gottesverehrung der erklärten Nachfolger Christi vermischt.

Aus diesem Kompromiss zwischen Heiden- und Christentum entwickelte sich der »Mensch der Sünde«, der nach der Prophezeiung der Widersacher ist und sich über Gott erhebt. Dieses gigantische System falscher Religion ist ein Meisterstück der Macht Satans, ein Denkmal seiner Anstrengungen, sich selbst auf den Thron zu setzen, um die Welt nach seinem Willen zu regieren.

Satan war einst bemüht, mit Christus einen Kompromiss zu schließen. (Matthäus 4) Er kam zu Gottes Sohn in die Wildnis, um ihn zu versuchen. Er zeigte ihm alle Königreiche der Welt und ihre Herrlichkeit und bot ihm an, dies alles in seine Hände zu geben, wenn er die Oberherrschaft des Fürsten der Dunkelheit anerkennen würde. Christus wies den dreisten Versucher zurecht und zwang ihn, sich zu entfernen. Satan hat aber größeren Erfolg bei den Menschen, wenn er sie mit den gleichen Versuchungen konfrontiert. Um sich irdischen Gewinn und weltliche Ehren zu sichern, wurde die Kirche dazu verleitet, die Gunst und den Beistand der Großen dieser Erde zu suchen, und indem sie auf diese Weise Christus verwarf, gelangte sie dahin, ein Treuebündnis mit dem Stellvertreter Satans, dem Bischof von Rom, einzugehen.

Der Papst, das sichtbare Haupt der allgemeinen Kirche Christi

Es ist eine der Hauptlehren der römischen Kirche, dass der Papst das sichtbare Haupt der universalen allgemeinen Kirche Christi sei, angetan mit höchster Autorität über Bischöfe und Geistliche in allen Teilen der Welt. Mehr noch als das, man hat dem Papst den höchsten Titel der Gottheit gegeben. Er wird »der Herr Gott Papst« genannt Siehe Anmerkung 01 im Anhang ab Seite 564 und als unfehlbar Anm 02 erklärt. Er verlangt, dass alle Menschen ihm huldigen. Der gleiche Anspruch, den Satan in der Wüste bei der Versuchung Jesu erhob, wird auch heute noch von ihm erhoben, und zahllose Menschen sind nur allzu gern bereit, ihm die geforderte Verehrung entgegen zu bringen.

Jene aber, die Gott fürchten und ihn verehren, begegnen dieser den Himmel herausfordernden Anmaßung genauso, wie Christus den Verlockungen des hinterlistigen Feindes entgegentrat: »Du sollst Gott, deinen Herrn, anbeten und ihm allein dienen.« Matthäus 4,10 Gott gab in seinem Wort keinerlei Hinweis, dass er irgendeinen Menschen zum Oberhaupt der Gemeinde bestimmt hätte. Die Lehre von der päpstlichen Obergewalt steht den Aussagen der Heiligen Schrift entgegen. Der Papst kann nicht über die Gemeinde

Christi herrschen, es sei denn, er maßt sich diese Gewalt widerrechtlich an. Die Katholiken beharrten darauf, die Protestanten der Ketzerei und der eigenwilligen Trennung von der wahren Kirche zu beschuldigen. Doch diese Anklagen lassen sich eher auf sie selbst anwenden, denn sie sind es, die das Banner Jesu Christi niederwarfen und vom Glauben abwichen, »der den Heiligen ein für allemal überliefert worden ist«. Judas 3 Schlachter 2000 Satan wusste sehr wohl, dass die Heilige Schrift die Menschen befähigen würde, seine Täuschungen zu erkennen und seiner Macht zu widerstehen; hatte doch selbst der Heiland der Welt seinen Angriffen durch das Wort Gottes widerstanden. Bei jedem Angriff hielt Christus ihm den Schild der ewigen Wahrheit entgegen und sagte: »Es steht geschrieben.« Lukas 4,1-13 Jeder Einflüsterung des Feindes widerstand er durch die Weisheit und Macht des Wortes.

Die Verbreitung der Heiligen Schrift wird verboten

Um die Herrschaft über die Menschen aufrechtzuerhalten und seine Autorität zu festigen, musste Satan das Volk über die Heilige Schrift in Unwissenheit halten. Die Bibel würde Gott erheben und den sterblichen Menschen ihre wahre Stellung zeigen, deshalb mussten ihre heiligen Wahrheiten geheim gehalten und unterdrückt werden. Diese Überlegung machte sich die Kirche zu eigen. Jahrhundertelang war die Verbreitung der Heiligen Schrift verboten. Anm 03 Das Volk durfte sie weder lesen noch im Haus haben, und skrupellose Geistliche begründeten ihre Lehren auf eigene Behauptungen. So wurde das Kirchenoberhaupt fast überall als Statthalter Gottes auf Erden anerkannt, der mit Autorität über Kirche und Staat ausgestattet worden sei.

Da das einzig zuverlässige Hilfsmittel zur Entdeckung des Irrtums beseitigt worden war, wirkte Satan ganz nach seiner Willkür. In der Prophezeiung war ja erklärt worden, das Papsttum werde »sich unterstehen, Zeit und Gesetz zu ändern«, Daniel 7,25 und er zögerte nicht, dieses Werk zu tun.

Die Verehrung von Bildern und Reliquien

Um den Bekehrten aus dem Heidentum einen Ersatz für die Anbetung von Götzen zu bieten und so ihre rein äußerliche Annahme des Christentums zu erleichtern, wurde schrittweise die Verehrung von Bildern und Reliquien in den christlichen Gottesdienst eingeführt. Der Beschluss eines allgemeinen Konzils (zweites nicänisches Konzil 787) bestätigte schließlich dieses System der päpstlichen Abgötterei. Dieses gotteslästerliche Werk zu vervollständigen, wagte es Rom, das zweite Gebot des Gesetzes Gottes, das die Bilderanbetung verbietet, Anm 04 als selbständiges Gebot zu löschen und das Zehnte dafür zu teilen, um die Zehnerzahl beibehalten zu können.

Die Einsetzung des Sonntags als »ehrwürdigen Tag der Sonne«

Die Zugeständnisse gegenüber dem Heidentum öffneten den Weg für eine noch größere Missachtung der göttlichen Autorität. Satan wagte sich auch an das vierte Gebot heran und versuchte, den schon immer bestehenden Sabbat, den Tag, den Gott gesegnet und geheiligt hatte, 1.Mose 2,2.3 beiseite zu schieben und dafür den von den Heiden als »ehrwürdigen Tag der Sonne« gefeierten Festtag einzusetzen.

Diese Veränderung wurde zuerst nicht offen erklärt. In den ersten Jahrhunderten war der wahre Sabbat von allen Christen gehalten worden. Sie waren eifrig auf die Ehre Gottes bedacht. Und da sie glaubten, dass sein Gesetz unveränderlich sei, bewahrten sie aufmerksam die Heiligkeit seiner Vorschriften. Aber Satan wirkte sehr schlau durch seine Werkzeuge, um sein Ziel zu erreichen. Um die Aufmerksamkeit des Volkes auf den Sonntag zu lenken, wurde dieser Tag zu einem Festtag zu Ehren der Auferstehung Christi erklärt und an diesem Tag Gottesdienst gehalten. Trotzdem betrachtete man ihn nur als einen Tag der Erholung, während der Sabbat weiterhin heiliggehalten wurde. Damit der Weg für das von Satan beabsichtigte Werk vorbereitet würde, hatte er die Juden vor der Ankunft Christi dazu verleitet, den Sabbat mit übermäßig strengen Anforderungen zu belasten, sodass seine Feier zur Last wurde. Jetzt nutzte er das falsche Licht, das den Sabbat als jüdische Einrichtung erscheinen ließ, um auf diesen Tag Verachtung zu häufen. Während die Christen allgemein den Sonntag als Freudentag betrachteten, veranlasste Satan sie, den Sabbat anstatt zu einem Festtag, zu einem Tag des Fastens, der Trauer und der Dunkelheit zu gestalten, um ihren Hass gegen alles Jüdische zu zeigen.

Anfang des vierten Jahrhunderts erließ Kaiser Konstantin eine für das ganze Römische Reich gültige Verordnung, wonach der Sonntag als öffentlicher Festtag eingesetzt wurde. Anm 05 Nach seiner Bekehrung blieb er ein unerschütterlicher Verehrer des Sonntags und sein heidnischer Erlass wurde auferzwungen im Interesse seines neuen Glaubens. Doch die Ehrerbietung, die diesem Tag entgegengebracht wurde, war noch nicht ausreichend, um wahre Christen davon abzuhalten, den wahren Sabbat als den Heiligen Tag des Herrn zu ehren. Ein weiterer Schritt musste unternommen werden. Der falsche Sabbat musste dem wahren gleichgestellt werden. Wenige Jahre nach dem Erlass des Dekrets von Konstantin verlieh der Bischof von Rom dem Sonntag den Titel „Tag des Herrn". So wurden die Menschen dazu verleitet, ihn zu verehren, als ob er einen Grad von Heiligkeit besitzen würde. Aber noch immer wurde der wahre Sabbat gehalten. Der Tag der Sonne wurde von den heidnischen Untertanen verehrt und von Christen geachtet. Kaiser Konstantin beabsichtigte damit, die widerstreitenden Ansichten des Christentums und des Heidentums zu vereinen. Er wurde dazu von den Bischöfen der Kirche gedrängt, die, von Ehrgeiz und Machtgier erfüllt, einsahen, dass damit den Heiden die äußerliche Annahme des Christentums erleichtert würde. Die Kirche könnte zu größerer Macht und Ausdehnung kommen, wenn Christen und Heiden denselben Tag feiern würden. Viele fromme Christen akzeptierten den heidnischen Sonntag in einer gewissen Weise, hielten jedoch den wahren Sabbat dem Herrn heilig und beachteten ihn im Gehorsam gegenüber dem vierten Gebot. Der Erzbetrüger hatte sein Ziel nicht erreicht. Er war aber entschlossen, die ganze christliche Welt unter sein Banner zu versammeln und seine Macht durch seinen Statthalter, den stolzen Pontifex auszuüben, welcher von sich behauptete, der Stellvertreter Christi zu sein.

Durch halb bekehrte Heiden, ehrgeizige kirchliche Würdenträger und weltliebende Geistliche erreichte er schließlich seine Absicht. Von Zeit zu Zeit wurden große Kirchenversammlungen (Konzilien) abgehalten, zu denen die geistlichen Würdenträger aus aller Welt zusammenkamen. Auf fast jedem Konzil wurde der von Gott eingesetzte Sabbat mehr und mehr erniedrigt und der Sonntag entsprechend erhöht. So wurde der heidnische Festtag schließlich als göttliche Einrichtung verehrt, während man den biblischen Sabbat als Überbleibsel des Judentums verschrie und alle verfluchte, die ihn feierten.

Dem große Rebell war es gelungen, sich über »alles, was Gott oder Gottesdienst heißt«, 2.Thessalonicher 2,4 zu erheben. Er hatte es gewagt, das einzige Gebot des göttlichen Gesetzes zu verändern, das deutlich alle Menschen auf den wahren und lebendigen Gott hinweist. Im vierten Gebot gibt Gott sich als Schöpfer des Himmels und der Erde zu erkennen und unterscheidet sich dadurch von allen falschen Göttern. Es war ein Denkmal an das Schöpfungswerk, dass der siebente Tag als Ruhetag für die Menschen heiliggehalten wurde. Er wurde geschaffen, damit die Menschen den lebendigen Gott immer in ihren Gedanken behalten und als Quelle des Heils und Ziel der Anbetung und Verehrung ständig vor Augen haben. Satan ist jedoch bemüht, die Menschen von ihrer Treue zu Gott und dem Gehorsam gegenüber seinem Gesetz wegzulocken. Deshalb richtet er seine Angriffe besonders gegen jenes Gebot, das Gott als den Schöpfer kennzeichnet.

Die Protestanten argumentieren, die Auferstehung Christi am Sonntag erhebe diesen Tag zum Ruhetag der Christen; hierfür fehlen jedoch die Beweise aus der Heiligen Schrift. Weder Christus noch seine Apostel haben diesen Tag so geehrt. Die Feier des Sonntags als christliche Einrichtung hat ihren Ursprung in jenem »Geheimnis der Bosheit«, dass sich schon in der Zeit des Paulus regte. (2.Thessalonicher 2,7) Im Grundtext heißt es: »Geheimnis der Gesetzlosigkeit«. Wo und wann aber hat der Herr Jesus dieses Kind des Papsttums angenommen? Welcher rechtsgültige Grund kann für eine Veränderung genannt werden, die sich nicht auf die Heilige Schrift gründet?

Im sechsten Jahrhundert hatte sich das Papsttum bereits fest etabliert. Der Sitz seiner Macht war in der kaiserlichen Stadt aufgerichtet und der Bischof von Rom zum Oberhaupt der ganzen Kirche bestimmt worden. Das Heidentum war dem Papsttum gewichen, der Drache hatte dem Tier »seine Kraft und seinen Thron und große Macht« gegeben. Offenbarung 13,2 Damit begannen die 1260 Jahre der Unterdrückung der Heiligen, die in der Prophezeiung von Daniel und der Offenbarung vorhergesagt sind. Anm 06 - Daniel 7,25; Offenbarung 13,5-7 Die Christen wurden gezwungen entweder ihren Glauben aufzugeben und päpstliche Gebräuche und seinen Gottesdienst zu akzeptieren oder ihr Leben im Kerker langsam aufzugeben oder auf der Folterbank, dem Scheiterhaufen oder durch die Axt des Henkers zu sterben. Jetzt erfüllten sich die Worte Jesu: »Ihr werdet aber verraten werden von Eltern, Brüdern, Verwandten und Freunden; und man wird einige von euch töten. Und ihr werdet gehasst sein von jedermann um meines Namens willen.« Lukas 21,16.17 Die Gläubigen wurden mit größerer Wut als je zuvor verfolgt; und die Welt wurde zu einem ausgedehnten Schlachtfeld. Jahrhundertelang fand Christi Kirche Schutz in Abgeschiedenheit und Dunkelheit. So sagt der Prophet: »Und die Frau entfloh in die Wüste, wo sie einen Ort hat, bereitet von Gott, dass sie dort ernährt werde 1260 Tage.« Offenbarung 12,6

Der Aufstieg der römischen Kirche zur Macht kennzeichnet den Beginn des finsteren Mittelalters. Je mächtiger sie wurde, desto tiefer war die Finsternis. Der Glaube wurde von Christus, dem wahren Grund, auf den Papst von Rom übertragen. Statt für die Vergebung der Sünden und das ewige Heil auf den Sohn Gottes zu vertrauen, sah das Volk auf den Papst und auf die von ihm bevollmächtigten Priester und Prälaten. Es wurde gelehrt, dass der Papst der irdische Mittler sei und niemand sich Gott nähern könne, außer durch ihn. Weiter wurde verkündet, dass er für die Menschen Gottes Stelle einnehme und ihm deshalb unbedingt zu gehorchen sei. Schon ein Abweichen von seinen Forderungen genügte, um die Schuldigen mit härtesten Strafen für Leib und Seele zu bestrafen. So wurden die Gemüter des Volkes von Gott weg gelenkt und auf fehlerhafte, irrende und grausame Menschen gerichtet; ja, mehr noch auf den Fürsten der Finsternis selbst, der durch diese Menschen seine Macht ausübte. Die Sünde war unter dem Deckmantel der Heiligkeit versteckt. Wenn die Heilige Schrift unterdrückt wird und Menschen sich selbst an die oberste Stelle setzen, können wir nichts anderes erwarten als Betrug, Täuschung und erniedrigende Ungerechtigkeit. Mit der Höherstellung menschlicher Gesetze,

Überlieferungen und Verordnungen wurde die Verdorbenheit

sichtbar, die stets aus der Ablehnung göttlicher Gebote resultiert. Dies waren Tage der Gefahr für die Gemeinde Christi. Treue Bannerträger gab es wirklich wenige. Obwohl die Wahrheit nicht unbezeugt blieb, schien es doch manchmal, als ob Irrtum und Aberglaube vollständig überhandnehmen wollten und die wahre Religion von der Erde verbannt würde. Man verlor das Evangelium aus den Augen, religiöse Bräuche hingegen gab es immer mehr und die Menschen wurden mit übermäßig harten Forderungen belastet.

Vertrauen auf eigene Werke zur Sühnung von Sünden

Sie wurden nicht nur gelehrt, den Papst als ihren Mittler zu betrachten, sondern auch zur Sühnung ihrer Sünden auf ihre eigenen Werke zu vertrauen. Lange Pilgerfahrten, Bußübungen, die Anbetung von Reliquien, die Errichtung von Kirchen, Kapellen und Altären, das Bezahlen hoher Geldsummen an die Kirche – diese und viele ähnliche Taten wurden den Menschen auferlegt, um den Zorn Gottes zu besänftigen oder sich seine Gunst zu sichern, als ob Gott, wie ein Mensch, wegen Kleinigkeiten erzürnt oder durch Gaben und Bußübungen zufrieden gestellt werden könnte.

Obwohl die Sünde selbst unter den Führern der römischen Kirche überhandnahm, schien der Einfluss der Kirche dennoch ständig zu wachsen. Etwa Mitte des achten Jahrhunderts erhoben die Verteidiger des Papsttums den Anspruch, dass im ersten Zeitalter der Kirche die Bischöfe von Rom die gleiche geistliche Macht besessen hätten, die sie jetzt für sich beanspruchten. Um diesen Anspruch aber zu geltendem Recht zu machen, musste irgendein Mittel verwendet werden, um ihm den Schein von Autorität zu verleihen. Und dies wurde vom Vater der Lüge bereitwillig inszeniert. Alte Handschriften wurden von Mönchen gefälscht, bis zu der Zeit unbekannte Konzilienbeschlüsse entdeckt, die die allgemeine Oberherrschaft des Papstes von frühesten Zeiten an bestätigten. Und eine Kirche, die die Wahrheit verworfen hatte, nahm diese Fälschungen bereitwillig an. Anm 07

Die wenigen Treuen, die auf den wahren Grund bauten, (vgl. 1.Korinther 3,10.11) wurden verwirrt und gehindert, als das Durcheinander falscher Lehren die Verkündigung lähmte. Wie die Bauleute auf den Mauern Jerusalems in den Tagen Nehemias waren einige bereit zu sagen: »Die Kraft der Träger ist zu schwach, und der Schutt ist zu viel; wir können an der Mauer nicht weiterbauen.« Nehemia 4,4 Zutiefst ermüdet vom ständigen Kampf gegen Verfolgung, Betrug, Ungerechtigkeit und andere Hindernisse, die Satan sich ausdenken konnte, um das Wachstum zu behindern, wurden manch treue Bauleute entmutigt. Sie wandten sich dann ab vom wahren Grund, um des Friedens, der Sicherheit ihres Eigentums und ihres Lebens willen. Andere, unerschrocken trotz des Widerstands ihrer Feinde, erklärten furchtlos: »Fürchtet euch nicht vor ihnen; gedenkt an den großen schrecklichen Herrn und streitet für eure Brüder, Söhne, Töchter, Frauen und Häuser!« Und entschlossen setzten diese Bauleute ihre Arbeit fort, jeder sein Schwert um seine Lenden gegürtet. Nehemia 4,8; vgl. Epheser 6,17 Der gleiche Geist des Hasses und des Widerstandes gegen die Wahrheit hat zu allen Zeiten Gottes Feinde angetrieben, und dieselbe Wachsamkeit und Treue ist seinen Dienern abverlangt worden. Die an die ersten Jünger gerichteten Worte Christi gelten allen seinen Nachfolgern bis ans Ende der Zeit: »Was ich aber euch sage, das sage ich allen: Wachet!« Markus 13,37 Die Finsternis schien undurchdringlicher zu werden. Die Bilderverehrung breitete sich immer mehr aus. Vor den Bildern wurden Kerzen angezündet und gebetet. Die widersinnigsten und abergläubigsten Gebräuche nahmen überhand. Die Gemüter der Menschen wurden so völlig vom Aberglauben beherrscht, als habe die Vernunft ihre Macht verloren. Weil Priester und Bischöfe vergnügungssüchtig, sinnlich und verderbt waren, konnte nichts anderes erwartet werden, als dass das Volk, aufschauend zu ihnen als geistliche Führer, in Unwissenheit und Laster versank.

Die Vollkommenheit der römischen Kirche

Ein weiterer Schritt in der päpstlichen Anmaßung war, als im elften Jahrhundert Papst Gregor der VII. die Vollkommenheit der römischen Kirche verkündigte. Anm 08 In den von ihm veröffentlichten Thesen erklärte er u.a., dass die Kirche nicht geirrt habe und nach der Heiligen Schrift niemals irren werde, aber biblische Beweise stützten diese Behauptung nicht.

Die angemaßte Macht über weltliche Regenten

Der stolze Pontifex beanspruchte auch die Macht, Kaiser absetzen zu können, und erklärte, dass kein von ihm verkündeter Rechtsspruch von irgendjemandem umgestoßen werden könne, während er dagegen berechtigt sei, die Beschlüsse anderer aufzuheben.

Einen schlagenden Beweis seines tyrannischen Charakters lieferte dieser Verteidiger der Unfehlbarkeit in der Behandlung des deutschen Kaisers Heinrich IV. Weil es dieser Fürst gewagt hatte, die Macht des Papstes zu missachten, wurde er in den Kirchenbann getan und für entthront erklärt. Erschreckt über die Untreue und die Drohungen seiner eigenen Fürsten, die in ihrer Empörung gegen ihn durch den päpstlichen Erlass ermutigt wurden, hielt Heinrich es für notwendig, mit Rom Frieden zu schließen. In Begleitung seiner Gemahlin und eines treuen Dieners überschritt er im Winter die Alpen, um sich vor dem Papst zu demütigen. Als er das Schloss Canossa erreichte, wohin Gregor sich

zurückgezogen hatte, wurde er ohne seine Leibwache in einen

Vorhof geführt, und dort erwartete er in der strengen Kälte des Winters mit unbedecktem Haupt und nackten Füßen, bekleidet mit einem Büßergewand, die Erlaubnis des Papstes, vor ihm erscheinen zu dürfen. Erst nachdem er drei Tage mit Fasten und Beichten zugebracht hatte, ließ sich der Pontifex herab, ihm Verzeihung zu gewähren, und selbst dann geschah es nur unter der Bedingung, dass der Kaiser seine [des Papstes] Genehmigung abwarte, ehe er sich aufs neue mit dem Zeichen seiner Würde schmücke oder sein Königtum ausübe. Papst Gregor aber, durch seinen Sieg kühn gemacht, prahlte, dass es seine Pflicht sei, den Stolz der Könige zu demütigen.

Wie auffallend ist der Unterschied zwischen der Überheblichkeit dieses stolzen Pontifex und der Sanftmut und Güte Christi, der sich selbst als der an der Tür des Herzens um Einlass Bittende darstellt, damit er einkehren kann, um Vergebung und Frieden zu bringen, und der seine Jünger lehrt: »Wer da will der Vornehmste sein, der sei euer Knecht.« Matthäus 20,27

Die Unsterblichkeit der Seele und ein Bewusstsein nach dem Tode

Die folgenden Jahrhunderte zeugen von einer beständigen Zunahme des Irrtums in den von Rom ausgehenden Lehren. Schon vor Aufrichtung des Papsttums war den Lehren heidnischer Philosophen Aufmerksamkeit geschenkt worden, und sie hatten einen gewissen Einfluss in der Kirche. Viele angeblich Bekehrte hingen noch immer an den Lehrsätzen ihrer heidnischen Philosophie. Sie erforschen diese nicht nur weiter, sondern drängten sie auch andern auf, um ihren Einfluss unter den Heiden zu vermehren. Auf diese Weise wurden gravierende Irrtümer in den christlichen Glauben eingeschleust. An erster Stelle stand dabei der Glaube an die Unsterblichkeit der Seele des Menschen und an ein Bewusstsein nach dem Tode.

Die Anrufung der Heiligen und die Verehrung Marias

Auf der Grundlage dieser Lehre führte Rom die Anrufung der Heiligen und die Verehrung der Jungfrau Maria ein. Anm 09 Hieraus entstand auch die dem päpstlichen Glauben schon früh hinzugefügte ketzerische Lehre einer ewigen Qual für die bis zuletzt Unbußfertigen.

Das Fegefeuer

Damit war der Weg für eine weitere Erfindung vorbereitet, die Rom das Fegefeuer nannte und nutzte, um der leichtgläubigen und abergläubischen Menge Furcht einzujagen. In dieser Irrlehre wird behauptet, dass es einen Ort der Qual gebe, an dem die Seelen derer, die keine ewige Verdammnis verdient haben, für ihre Sünden bestraft werden. Sobald sie von aller Unreinheit frei sind, werden auch sie in den Himmel aufgenommen. Anm 10

Die Ablasslehre

Noch eine andere Verfälschung war notwendig, um Rom in die Lage zu versetzen, die Furcht und die Untugenden seiner Anhänger für sich auszunutzen. Diese wurde durch die Ablasslehre erreicht. Volle Vergebung der vergangenen, gegenwärtigen und zukünftigen Sünden, Erlass aller höllischen Strafen und Qualen wurde all denen zugesichert, die sich an den Kriegen des Pontifex's beteiligten, sei es, um seine weltliche Herrschaft zu erweitern, seine Feinde zu bestrafen oder jene zu vertilgen, die es wagten, seine geistliche Oberherrschaft nicht anzuerkennen. Es wurde auch gelehrt, dass man sich durch Bezahlen von Geldern an die Kirche von Sünden nicht nur befreien konnte, sondern auch die Seelen verstorbener Freunde erlösen könnte, die in den peinigenden Flammen gefangen gehalten würden. Durch solche Mittel füllte Rom seine Kassen und unterhielt den Prunk, das Wohlleben und die Laster der angeblichen Vertreter dessen, der nicht hatte, wo er sein Haupt hinlege. Anm 11

Das Messopfer - Die Eucharistie

Das nach der Heiligen Schrift angeordnete Abendmahl war durch die abgöttische Heiligung der Messe verdrängt worden. In ihrem sinnlosen Täuschungsspiel gaben die päpstlichen Priester vor, gewöhnliches Brot und Wein in den persönlichen Leib und das wirkliche Blut Christi verwandeln zu können. Mit gotteslästerlicher Einbildung beanspruchten sie öffentlich die Macht zu haben, Gott „zu erschaffen", den Schöpfer aller Dinge. Anm 12 Von den Christen wurde bei Todesstrafe verlangt, ihren Glauben an diese entsetzliche, den Himmel lästernde Lehre zu bekennen. Scharenweise wurden solche, die sich weigerten, den Flammen übergeben.

Die Inquisition

Im 13. Jahrhundert wurde das grausamste aller Werkzeuge Mittel des Papsttums eingeführt – die Inquisition. Anm 13 Der Fürst der Finsternis arbeitete mit den Würdenträgern der päpstlichen Hierarchie zusammen. In ihren geheimen Konzilien beherrschten Satan und seine Engel die Gemüter von bösen Menschen, während ein Engel Gottes unsichtbar in ihrer Mitte stand und den furchtbaren Bericht ihrer ungerechten, gottlosen Verordnungen aufnahm und die Geschichte ihrer Taten niederschrieb, die zu scheußlich sind, um sie menschlichen Wesen mitzuteilen. »Babylon die Große« war »trunken von dem Blut der Heiligen«. Die verstümmelten Körper von Millionen Märtyrer schrieen zu Gott um Vergeltung gegen jene abtrünnige Macht. Das Papsttum war zum

Schreckensherrscher der Welt geworden. Könige und Kaiser

beugten sich den Erlassen des römischen Pontifex. Das Schicksal der Menschen schien für Zeit und Ewigkeit von ihm abhängig zu sein. Jahrhundertelang wurden die Lehren Roms weitgehend und streng angenommen, seine Zeremonien ehrfurchtsvoll vollzogen, seine Feste allgemein beachtet. Seine Geistlichkeit wurde geehrt und freigiebig unterstützt. Nie hat die römische Kirche größere Würde, Herrlichkeit oder Macht erlangt.

Die Glanzzeit des Papsttums war für die Welt eine Zeit tiefster Finsternis. Die Heilige Schrift war nicht nur dem Volk, sondern auch den Priestern nahezu unbekannt. Wie früher die Pharisäer, so hassten die päpstlichen Würdenträger das Licht, das ihre Sünden aufdecken würde. Da sie Gottes Gesetz, die Grundlage für Gerechtigkeit, beiseite gesetzt hatten, übten sie ohne Einschränkung ihre Gewalt aus und fielen in moralische Verderbtheit. Betrug, Habsucht und Verschwendung waren üblich. Die Menschen schreckten vor keiner Gewalttat zurück, wenn sie dadurch Reichtum oder Ansehen gewinnen konnten. Die Paläste der Päpste und Prälaten waren Schauplatz der niederträchtigsten Ausschweifungen. Manche der regierenden Päpste waren solch abscheulicher Verbrechen schuldig, dass weltliche Herrscher versuchten diese Würdenträger der Kirche, diese Ungeheuer, zu gemein, um geduldet zu werden, ihres Amtes zu entheben. Jahrhundertelang machte Europa auf wissenschaftlichem, kulturellem oder auf privatem Gebiet keine Fortschritte. Das Christentum war sittlich und geistlich gelähmt.

Der Zustand der Welt unter Roms Herrschaft zeigt deutlich die furchtbare und genaue Erfüllung der Worte des Propheten Hosea: »Mein Volk ist dahin, darum dass es nicht lernen will. Denn du verwirfst Gottes Wort; darum will ich dich auch verwerfen ... Du vergisst das Gesetz deines Gottes; darum will ich auch deine Kinder vergessen.« »Es ist keine Treue, keine Liebe, keine Erkenntnis Gottes im Lande; sondern Gotteslästern, Lügen, Morden, Stehlen und Ehebrechen hat überhandgenommen und eine Blutschuld kommt nach der andern.« Hosea 4,6.1.2 Das waren die Folgen, welche aus der Verbannung des Wortes Gottes resultierten.

In der Bibel vorausgesagt

Lasst euch von niemand in irgendeiner Weise verführen! Denn es muss unbedingt zuerst der Abfall kommen und der Mensch der Sünde geoffenbart werden, der Sohn des Verderbens, der sich widersetzt und sich über alles erhebt, was Gott oder Gegenstand der Verehrung heißt, so dass er sich in den Tempel Gottes setzt als ein Gott und sich selbst für Gott ausgibt. 2.Thessalonicher 2,3-4; Schlachter 2000 Und er wird [freche] Reden gegen den Höchsten führen und die Heiligen des Allerhöchsten aufreiben, und er wird danach trachten, Zeiten und Gesetz zu ändern; und sie werden in seine Gewalt gegeben für eine Zeit, zwei Zeiten und eine halbe Zeit. Daniel 7, 25; Schlachter 2000

Und der Drache wurde zornig über die Frau und ging hin, um Krieg zu führen mit den Übrigen von ihrem Samen, welche die Gebote Gottes befolgen und das Zeugnis Jesu Christi haben. Offb. 12,17; Schlachter 2000 So habt nun acht auf euch selbst und auf die ganze Herde, in welcher die Heilige Geist euch zu Aufsehern gesetzt hat, um die Gemeinde Gottes zu hüten, die er durch sein eigenes Blut erworben hat! Denn das weiß ich, dass nach meinem Abschied räuberische Wölfe zu euch hineinkommen werden, die die Herde nicht schonen; und aus eurer eigenen Mitte werden Männer aufstehen, die verkehrte Dinge reden, um die Jünger abzuziehen in ihre Gefolgschaft. Apg. 20, 28-31; Schlachter 2000

48 Stufen abwärts

1. Gebet für die Toten (ca. 300 n.Chr.) / 2. Einführung des Kreuzes als Zeichen der Kirche (300 n.Chr.) / 3. Wachskerzen (320) / 4. Verehrung von Engeln und Toten Heiligen (375) / 5. Bilderverehrung (375) / 6. Tägliches Zelebrieren der Messe (394) / 7. Beginn der Erhebung von Maria, der Mutter Gottes (Konzil zu Ephesus 431) / 8. Priester heben sich ab von Laien durch besondere Kleidung (500) / 9. Letzte Ölung (526) / 10. Purgatorium, Doktrin des Fegefeuers (Gregor I, 593) 11. Lateinische Sprache im Gottesdienst und in Korrespondenz (Gregor I, 600) / 12. Gebet zur Maria, den Heiligen und Engeln (600) / 13. Titel des „Papst" (heiliger Vater) vergeben an Bonifatius III (Kaiser Phocas, 607) / 14. Küssen der Füße des Papstes (709) / 15. Zuteilung der Weltlichen Macht an den Papst (Pepin, König von Frankreich, 750) / 16. Offizielle Einführung der Anbetung und Verehrung des Kreuzes, der Bilder und der Reliquien (786) / 17. Weihwasser (850) / 18. Verehrung und Anbetung des Heiligen Josef (890) / 19. Kardinalgremium des Papstes (927) / 20. Taufe von Glocken (Johannes XIII, 965) / 21. Beginn der Heiligsprechung von Toten Heiligen (Johannes XV, 995) / 22. Fasten am Freitag und während der Fastenzeit von Aschermittwoch bis Ostern als Vorbereitung auf Ostern (998) 23. Messe als heiliges Opfer (1050) / 24. Zölibat der Priester gefordert (Gregor II, 1079) / 25. Erfindung des Rosenkranzgebetes (Peter the Hermit, 1090) 26. Offizielle Einführung der Inquisition (Konzil von Verona, 1184) 27. Handel mit Ablässen zur Sündenvergebung (1190) / 28. Irrlehre der Transsubstantiation wird vorgeschrieben (Christus wird angeblich auf Befehl des Priesters aus dem Himmel geholt, sein Blut in alkoholischen Wein und sein Fleisch in das Brot der Hostie verwandelt) (Innozenz III, 1215) / 29. Beichte der Sünden zum Priester anstelle von Gott wird abverlangt (Innozenz III, 1215) / 30. Verehrung und Anbetung der Hostie vorgeschrieben (Honorius III, 1220) / 31. Offizielles Verbot des Besitzes einer Bibel und darin zu lesen, Aufnahme der Bibel auf die „Liste der Verbotenen Bücher" (Konzil von Valencia, 1229) / 32. Erfindung des Schutzes durch ein Kleidungsstück (Skapulierblatt, Schulterblatt der Mönchstracht) (Simon Stock, Britischer Mönch, 1251) / 33. Verbot für Laien aus dem Krug zu trinken während des Abendmahls (Konzil von Konstanz, 1414) / 34. Purgatorium (Fegefeuer) als Dogma eingeführt (Konzil zu Florenz, 1439) / 35. Todsünde (1439) / 36. Erster Teil des „Ave Maria" wird offiziell (1508) / 37. Gründung des „Ordens der Gesellschaft Jesu" - Jesuitenorden (Ignatius Loyola, 1534) / 38. Tradition (Beschlüsse der Päpste und Konzilien) wird für gleichwertig mit der Bibel erklärt (Konzil zu Trient, 1545) / 39. Apokryphen wurden der Bibel hinzugefügt (Konzil zu Trient, 1546) / 40. Glaubensbekenntnis Pius IV wird als Glaubensbekenntnis der Kirche verordnet (1560) / 41. Letzter Teil des „Ave Marias" (Rosenkranzgebetes) vorbereitet und eingeführt (Sixtus V, 1593) / 42. Unbefleckte Empfängnis der Jungfrau Maria proklamiert (Pius IX, 1854) / 43. Liste der Irrlehren proklamiert und ratifiziert, Verdammung der Religions-, Meinungs- und Pressefreiheit, und aller „ungebilligten" wissenschaftlichen Entdeckungen (Pius X, Vatikanisches Konzil I, 1864) / 44. Päpstliche Weltherrschaft nochmals offiziell bekräftigt (1864) / 45. Absolute Unfehlbarkeit des Papstes proklamiert (Vatikanisches Konzil I, 1870) / 46. Verdammung öffentlicher Schulen (Pius XI, 1930) / 47. Himmelfahrt der Jungfrau Maria (körperliches Hinauffahren in den Himmel kurz nach ihrem Tode) proklamiert (Pius XII, 1950) / 48. Maria als Mutter Gottes proklamiert (Paul VI, 1965) Zwei zusätzliche Doktrinen werden gerade diskutiert und vielleicht bald eingeführt: (1) Maria als Mittlerin für die Menschheit. Das bedeutet, nur durch sie kommen wir Gott und Christus näher. (2) Dogma der Maria als zusätzliche Erlöserin. Der Gedanke hierbei ist, dass die Erlösung der Menschheit von Anfang bis Ende durch Maria getan wurde, jeder Schritt dabei soll in Zusammenarbeit mit Christus geschehen sein.

KAPITEL 4

DIE *WALDENSER*

Doch das Licht der biblischen Wahrheit konnte nicht vollständig ausgelöscht werden. Obwohl immer mehr Landstriche der römischen Obrigkeit zufielen, bewahrten sich treue Menschen den Glauben an das Wort Gottes, wie z.B. die Waldenser in den Bergen von Piemont/Italien. Sie waren einer der ersten Völker Europas, die in den Besitz einer Übersetzung der Heiligen Schrift gelangten. Sie schätzten diese Wahrheit höher ein als Besitz, Freunde, Verwandte – ja höher als ihr Leben. Sie brachten unter eigener Gefahr die Botschaft der Liebe Jesu zu anderen Menschen und lehrten sie ihren Kindern. Unbarmherzig wurden sie durch die Kirche verfolgt und viele von ihnen getötet.

Trotz der Dunkelheit, die sich während der langen päpstlichen Herrschaft über die Erde legte, konnte das Licht der Wahrheit nicht vollständig ausgelöscht werden. Zu jeder Zeit gab es Zeugen für Gott - Menschen, für die der Glaube an Christus als einzigen Vermittler zwischen Gott und den Menschen das Wichtigste war, denen die Bibel als einzige Leitlinie des Lebens galt und die den biblischen Sabbat heiligten. Wie viel die Welt diesen Menschen schuldet, werden spätere Generationen nie erkennen. Sie wurden als Ketzer gebrandmarkt, ihr Charakter verleumdet, ihre Beweggründe angefochten, ihre Schriften unterdrückt, missdeutet oder entstellt. Dennoch standen sie fest und bewahrten von Jahrhundert zu Jahrhundert ihren Glauben in seiner Reinheit als heiliges Erbe für kommende Generationen.

Die Geschichte des treuen Volkes Gottes in der langen Zeit der Dunkelheit während der Gewaltherrschaft Roms, steht im Himmel verzeichnet. Jedoch wird ihr nur wenig Platz bei den Geschichtsschreibern eingeräumt. Außer den Anklagen ihrer Verfolger bezeugen nur wenige Spuren ihre Existenz. Es war Roms Methode, die kleinste Abweichung von seinen Grundsätzen oder Verordnungen radikal zu bestrafen. Alles Ketzerische, ob Menschen oder Schriften, suchten sie auszutilgen. Geäußerte Zweifel oder Fragen hinsichtlich der Autorität der päpstlichen Dogmas genügten, dass Reiche oder Arme, Hohe oder Niedrige ihr Leben verloren. Rom war ebenso bemüht, jeden Bericht über seine Grausamkeiten gegen Andersgläubige zu vernichten. Päpstliche Konzilien beschlossen, dass Bücher und Aufzeichnungen derartigen Inhalts verbrannt werden müssten. Vor Erfindung der Buchdruckerkunst gab es nur wenig Bücher, die sich zudem kaum zur Aufbewahrung eigneten, daher war es für Rom nicht schwer, seine Absicht umzusetzen. Keine Gemeinde innerhalb der Grenzen des römischen Imperiums hatte lange ungestört das Vorrecht auf Gewissensfreiheit. Kaum hatte das Papsttum Macht erlangt, als es schon seine Armeen aussandte, um alles zu vernichten, was sich weigerte, seine Oberherrschaft anzuerkennen. Eine Gemeinde nach der anderen wurde unterworfen.

In Großbritannien hatte das Urchristentum schon sehr früh Wurzeln gefasst. Anm 14 Das Evangelium, welches die Briten in den ersten Jahrhunderten angenommen hatten, war frei von der römischen Abtrünnigkeit. Gläubige Menschen hatten das Evangelium mit großem Eifer und Erfolg gepredigt. Unter diesen führenden Evangelisten war einer, der den biblischen Sabbat verehrte. So fand die Wahrheit ihren Weg zu diesen Menschen, für welche er sich einsetzte.

Die Verfolgung durch heidnische Kaiser, die bis an diese entfernten Küsten regierten, war das einzige »Geschenk«, das die ersten britischen Gemeinden von Rom erhielten. Viele Christen, die vor der Verfolgung aus England flohen, fanden Zuflucht in Schottland, von dort wurde die Wahrheit nach Irland getragen, und in allen diesen Ländern nahm man sie freudig auf.

Als die Sachsen Britannien eroberten, kam das Heidentum zur Herrschaft. Die Eroberer lehnten es ab, sich von ihren Sklaven unterweisen zu lassen und zwangen die Christen, sich in die Berge und Wildnis zurückzuziehen. Doch das Licht, das eine Zeit lang verborgen war, brannte weiter. In Schottland schien es ein Jahrhundert später so hell, dass es sich über mehrere Länder ausbreitete. Von Irland kamen der fromme Columban und seine Mitarbeiter; sie sammelten die zerstreuten Gläubigen um sich. Die einsame Insel Hy-Jona machten sie zum Mittelpunkt ihrer Missionstätigkeit. Unter diesen Evangelisten befand sich einer, der den biblischen Sabbat hielt, und so wurde diese Wahrheit unter das Volk verbreitet. Dort wurde auch ein Kloster errichtet, von dem aus Evangelisten nicht nur nach Schottland und England, sondern auch nach Deutschland, der Schweiz und sogar nach Italien gingen.

Doch Rom hatte sein Augenmerk schon auf Britannien gerichtet und war entschlossen, es unter seine Oberherrschaft zu bringen. Im sechsten Jahrhundert unternahmen seine Sendboten die Konvertierung der heidnischen Sachsen. Sie wurden von den stolzen Barbaren freudig aufgenommen und brachten viele Tausend zum Bekenntnis des römischen Glaubens. Während das Werk voranschritt, trafen die päpstlichen Führer und ihre Konvertierten mit Gläubigen zusammen, die am ursprünglichen Christenglauben festhielten. Ein eindrucksvoller Kontrast wurde sichtbar. Letztere waren einfach, demütig,

und schriftgemäß in ihrem Charakter, ihren Lehren und ihrem

Auftreten. Die durch Rom bekehrten Barbaren jedoch manifestierten den Aberglauben, den Prunk und die Arroganz des Papsttums. Die römischen Abgesandten verlangten von diesen Christengemeinden die Anerkennung der Oberherrschaft des unumschränkten Pontifex. Die Briten erwiderten freundlich, dass sie zwar alle Menschen lieben würden, jedoch der Papst nicht zur Oberherrschaft in der Kirche berechtigt sei und sie ihm deshalb nur jene Untertänigkeit erweisen könnten, die jedem Nachfolger Christi zukommt. Wiederholt versuchte die römische Kirche, ihre Untertanentreue zu sichern; aber diese demütigen Christen, erstaunt über den von Roms Gesandten zur Schau getragenen Stolz erwiderten standhaft, dass sie keinen andern Herrn als Christus anerkennen würden. Nun offenbarte sich der wahre Geist des Papsttums. Der Vertreter Roms sagte: »Wenn ihr die Bruderhand, die euch den Frieden bringen will, nicht annehmt, so sollt ihr Feinde bekommen, die euch den Krieg bringen. Wenn ihr nicht mit uns den Sachsen den Weg des Lebens verkündigen wollt, so sollt ihr von ihrer Hand den Todesstoß empfangen.« Beda, „Historia ecclesiastica gentis Anglorum", II 2,4,Abschnitt, Oxford, 1896; Neander, „Allg. Geschichte der christlichen Religion und Kirche", 3.Per., 1.Abschnitt, S. 9,Gotha, 1856. Das waren keine leeren Drohungen. Krieg, Intrigen und Betrügereien wurden gegen diese Zeugen des biblischen Glaubens angewandt, bis die Gemeinden Britanniens zugrunde gerichtet waren oder sich gezwungen sahen, die Herrschaft des Papstes anzuerkennen.

In den Ländern außerhalb der Gerichtsbarkeit Roms bestanden jahrhundertelang Gemeinschaften von Christen, die sich von der päpstlichen Verdorbenheit beinahe freihielten. Sie waren zwar vom Heidentum umgeben und manche Irrtümer färbten im Laufe der Jahre auf sie ab, aber sie betrachteten weiterhin die Bibel als alleinige Richtschnur des Glaubens und hielten an manchen Wahrheiten fest. Sie glaubten an die ewige Gültigkeit des Gesetzes Gottes und feierten den Sabbat des vierten Gebotes. Solche Gemeinden gab es in Zentralafrika und unter den Armeniern in Kleinasien.

Von denen, die sich den Übergriffen der päpstlichen Macht widersetzten, standen die Waldenser mit an erster Stelle. Gerade in dem Land, in dem das Papsttum seinen Sitz aufgerichtet hatte, wurde seiner Falschheit und Verdorbenheit entschlossen widerstanden. Jahrhundertelang erhielten sich die Gemeinden in Piemont ihre Unabhängigkeit, aber schließlich kam die Zeit, als Rom ihre Unterwerfung forderte. Nach erfolglosen Kämpfen gegen die römische Tyrannei erkannten die Leiter dieser Gemeinden widerstrebend die Oberherrschaft der Macht an, der sich die ganze Welt zu beugen schien. Eine beachtliche Anzahl weigerten sich aber, die Autorität des Papstes oder der geistlichen Würdenträger zu akzeptieren. Sie waren entschlossen, Gott treu zu bleiben und die Reinheit und Klarheit des Glaubens zu bewahren. Eine Trennung fand statt. Die dem reinen Glauben treu blieben, zogen sich zurück. Etliche verließen ihre heimatlichen Alpen und pflanzten das Banner der Wahrheit im Ausland auf, andere zogen sich in entlegene Schluchten und felsige Bergketten zurück und bewahrten sich dort ihre Freiheit, Gott zu verehren.

Der Glaube, der Jahrhunderte hindurch von den Waldensern bewahrt und gelehrt wurde, stand in krassem Gegensatz zu den von Rom vorgeschriebenen Doktrinen. Ihre religiöse Auffassung gründete sich auf das geschriebene Wort Gottes, des wahren Grundsatzes des Christentums. Diese einfachen Landleute in ihren dunklen Zufluchtsorten, abgeschlossen von der Welt und an ihre täglichen Pflichten unter ihren Herden und in ihren Weingärten gebunden, waren nicht von selbst zu der Wahrheit gekommen, die im Widerspruch zu den Doktrinen und häretischen Irrlehren der gefallenen Kirche steht. Ihr Glaube war nicht erst neu angenommen. Ihre religiöse Überzeugung war ein Erbgut ihrer Väter. Sie kämpften für den Glauben der apostolischen Kirche, »der den Heiligen ein für allemal überliefert worden ist«. Judas 3 Schlachter 2000 Die Gemeinde in der Wüste und nicht die stolze Priesterherrschaft auf dem Thron Roms war die wahre Gemeinde Christi als Wächter der Schätze der Wahrheit, die Gott seinem Volk anvertraut hatte, um sie der Welt weiterzugeben.

Unter den Hauptursachen, welche zur Trennung der wahren Gemeinde von Rom geführt hatten, war ihr Hass gegen den biblischen Sabbat. Wie es zuvor prophezeit wurde, warf die päpstliche Macht die Wahrheit zu Boden. Das Gesetz Gottes wurde in den Staub getreten, während man stattdessen die Überlieferungen und Gebräuche der Menschen einsetzte. Die Kirchen, die unter der Herrschaft des Papsttums standen, zwang man schon sehr früh, den Sonntag als einen heiligen Tag zu ehren. Der vorherrschende Irrtum und Aberglaube verwirrte selbst manche vom wahren Volkes Gottes, sodass sie den Sabbat feierten und auch am Sonntag nicht arbeiteten. Dies aber genügte den päpstlichen Würdenträgern nicht. Sie verlangten nicht nur den Sonntag zu heiligen, sondern auch den Sabbat zu entheiligen. Sie verurteilten mit den stärksten Worten all jene, die es wagten, nach wie vor den biblischen Sabbat zu feiern. Nur wer der römischen Macht entkommen war, konnte das Gesetz Gottes in Frieden beachten.

Die Waldenser waren das erste Volk Europas, die in den Besitz einer Übersetzung der Heiligen Schrift gelangten. Anm 15 Jahrhunderte vor der Reformation hatten sie eine Abschrift der Bibel in ihrer Muttersprache. Dadurch besaßen sie die unverfälschte Wahrheit und zogen sich damit in besonderer Weise Hass und Verfolgung zu. Sie erklärten die römische Kirche für das abtrünnige Babylon aus der Offenbarung und erhoben sich unter Lebensgefahr, seinen Verdorbenheit zu widerstehen. „Vom Antichrist"; siehe Hahn, „Geschichte der Waldenser", S. 80 -88 Unter dem Druck einer langanhaltenden Verfolgung wurden etliche in ihrem Glauben wankend und gaben nach und nach einige Grundsätze auf; andere dagegen hielten an der Wahrheit fest. Auch in den dunklen Zeiten des Abfalls gab es Waldenser, die sich der Oberherrschaft Roms widersetzten, die Bilderverehrung als Götzendienst verwarfen und den wahren Sabbat feierten. Anm 16 Unter den grimmigsten Stürmen des Widerstandes bewahrten sie ihren Glauben. Obwohl von savoyischen Speeren durchbohrt und von römischen Brandfackeln verbrannt, standen sie entschlossen für Gottes Wort und Ehre.

Hinter den hohen Gebirgsketten verschanzt – zu allen Zeiten der Zufluchtsort für Verfolgte und Unterdrückte – fanden die Waldenser ein Versteck. Hier leuchtete das Licht der Wahrheit auch während der Finsternis des Mittelalters; hier bewahrten 1000 Jahre lang Zeugen der Wahrheit den alten Glauben.

Gott hatte für sein Volk ein Heiligtum von beeindruckender Würde vorgesehen, den gewaltigen Wahrheiten entsprechend, die ihm anvertraut worden waren. Jenen glaubenstreuen Verbannten waren die Berge ein Sinnbild der unwandelbaren Gerechtigkeit des Höchsten. Sie wiesen ihre Kinder auf die Höhen hin, die sich in unveränderlicher Majestät vor ihnen auftürmten, und erzählten ihnen von dem Allmächtigen, bei dem weder Unbeständigkeit noch Wechsel ist, dessen Wort ebenso fest gegründet ist wie die ewigen Hügel. Gott hatte die Berge gesetzt und sie mit Stärke umgeben. Kein Arm außer dem der unendlichen Macht konnte sie von ihrem Ort bewegen. Genauso hatte Gott sein Gesetz aufgerichtet, die Grundlage seiner Regierung im Himmel und auf Erden. Menschen konnten zwar ihre Mitmenschen bedrohen und das Leben vernichten, aber sie vermochten ebenso wenig die Berge aus ihren Grundfesten zu reißen und sie ins Meer zu schleudern, wie eines der Gebote Gottes verändern oder eine seiner Verheißungen streichen, die denen gegeben sind, die seinen Willen tun. In ihrer Treue zu Gottes Gesetz sollten seine Diener ebenso fest stehen wie die unveränderlichen Berge.

Die Gebirge und die tiefen Täler waren ständig Zeugen von Gottes Schöpfungsmacht und eine untrügliche Bürgschaft seiner schützenden Fürsorge. Jene Pilger gewannen die stummen Sinnbilder der Gegenwart des Allmächtigen lieb. Sie klagten nicht über die Härte ihres Schicksals und fühlten sich inmitten der Einsamkeit der Berge nie allein. Sie dankten Gott, dass er ihnen einen Zufluchtsort vor dem Zorn und der Grausamkeit der Menschen bereitet hatte. Sie freuten sich ihrer Freiheit, vor ihm anzubeten. Oft, wenn sie von ihren Feinden verfolgt wurden, erwies sich die Feste der Höhen als sicherer Schutz. Von manchem hohen Felsen sangen sie das Lob Gottes, und die Heere Roms konnten ihre Dankeslieder nicht zum Schweigen bringen. Rein, einfach und eifrig war die Frömmigkeit dieser Nachfolger Christi. Sie schätzten die Grundsätze der Wahrheit höher als Häuser, Besitz, Freunde, Verwandte, ja selbst höher als das Leben. Ernsthaft versuchten sie, diese Grundsätze den Herzen der Jugend einzuprägen. Von frühester Kindheit an wurden die Kinder in der Heiligen Schrift unterwiesen und gelehrt, die Forderungen des Gesetzes Gottes heilig zu halten. Da es nur wenige Abschriften der Bibel gab, wurden ihre kostbaren Worte dem Gedächtnis eingeprägt. So kannten viele Waldenser große Teile des Alten und Neuen Testaments auswendig. Gedanken an Gott wurden sowohl mit der majestätischen Natur als auch mit den bescheidenen Segnungen des täglichen Lebens verknüpft. Bereits die Kleinsten wurden angehalten, dankbar zu Gott als den Geber aller Hilfe und allen Trostes aufzublicken.

Die Eltern, so zärtlich und liebevoll sie auch mit ihren Kindern umgingen, in ihrer Liebe zu ihnen waren sie zu klug, um sie an Selbstsucht zu gewöhnen. Vor ihnen lag ein Leben voller Prüfungen und Schwierigkeiten, vielleicht der Tod als Märtyrer. Sie wurden von Kindheit an dazu erzogen, Schwierigkeiten zu ertragen, gehorsam zu sein und doch selbständig zu denken und zu handeln. Schon früh wurde von ihnen verlangt, Verantwortungen zu übernehmen, ihre Worte genau abzuwägen und die Kunst des Schweigens zu verstehen. Ein unbedachtes Wort, das in Gegenwart von Feinden fiel, konnte nicht nur das Leben des Sprechers, sondern auch das von Hunderten seiner Brüder gefährden, denn wie Wölfe, die ihre Beute jagen, verfolgten die Feinde der Wahrheit alle, die es wagten, Glaubensfreiheit zu beanspruchen.

Die Waldenser hatten ihre weltlichen Vorteile um der Wahrheit willen geopfert und arbeiteten mühselig und beharrlich für ihr tägliches Brot. Jeder Fleck bestellbaren Bodens in den Gebirgen wurde sorgfältig ausgenutzt. Die Täler und die wenigen fruchtbaren Abhänge wurden urbar gemacht. Sparsamkeit und strenge Selbstverleugnung bildeten einen Teil der Erziehung, die die Kinder als einziges Vermächtnis erhielten. Man lehrte sie, dass Gott das Leben zu einer Schule bestimmt habe und ihre Bedürfnisse nur durch persönliche Arbeit, durch Vorsorge, Mühe und Glauben gedeckt werden könnten. Wohl war diese Art zu leben mühevoll und beschwerlich, aber es war heilsam und gerade das, was alle Menschen in ihrem gefallenen Zustand brauchen. Es war die Schule, die Gott für ihre Erziehung und Entwicklung vorgesehen hatte. Während die Jugend an Mühsal und Schwierigkeiten gewöhnt wurde, vernachlässigte man nicht die Bildung des

Verstandes. Man lehrte, dass alle Kräfte Gott gehören und

für seinen Dienst vervollkommnet und entfaltet werden müssen.

Die Gemeinden der Waldenser glichen in ihrer Reinheit und Schlichtheit der Gemeinde zu den Zeiten der Apostel. Indem sie die Oberherrschaft des Papstes und seiner Würdenträger verwarfen, hielten sie die Heilige Schrift für die höchste und einzig unfehlbare Autorität. Ihre Prediger folgten dem Beispiel ihres Meisters, der nicht gekommen war, »dass er sich dienen lasse, sondern, dass er diene«. Matthäus 20,28 Sie weideten die Herde Gottes, indem sie diese auf grüne Auen und zum frischen Wasser seines heiligen Wortes führten. Weit abgelegen von den Denkmälern weltlicher Pracht und Ehre versammelte sich das Volk nicht in stattlichen Kirchen oder großartigen Kathedralen, sondern im Schatten der Gebirge, in den Alpentälern oder in Zeiten der Gefahr in dieser oder jener Felsengruft, um die Worte der Wahrheit aus dem Munde der Diener Christi zu hören. Die Geistlichen predigten nicht nur das Evangelium, sie besuchten auch die Kranken, unterrichteten die Kinder, ermahnten die Irrenden und versuchten, Streitigkeiten zu schlichten und Eintracht und brüderliche Liebe zu fördern. In friedlichen Zeiten wurden sie durch freiwillige Gaben des Volkes unterhalten; doch wie Paulus, der Zeltmacher, erlernte jeder ein Handwerk oder einen Beruf, durch den er im Notfall für seinen eigenen Unterhalt sorgen konnte. Die Prediger unterrichteten auch die Jugend.

Während die Zweige des allgemeinen Wissens nicht unbeachtet blieben, machte man die Bibel zum Hauptgegenstand des Studiums. Die Schüler lernten das Matthäus- und Johannesevangelium auswendig und befassten sich mit dem Abschreiben der Heiligen Schrift. Etliche Handschriften enthielten die ganze Bibel, andere nur Auszüge, denen einfache Erläuterungen beigefügt waren von denen, die die Schrift auslegen konnten. Auf diese Weise wurden die Schätze der Wahrheit zutage gefördert, die verborgen wurden von jenen, die sich selbst über Gott stellen wollten.

Durch geduldige und unermüdliche Arbeit, oft in tiefen, dunklen Felsenhöhlen bei Fackellicht, wurden die heiligen Schriften Vers für Vers, Kapitel für Kapitel abgeschrieben. So ging das Werk voran, indem der offenbare Wille Gottes wie reines Gold hervorleuchtete; wie viel strahlender, klarer und mächtiger infolge der Prüfungen, die um seinetwillen erduldet wurden, konnten nur die erkennen, die sich an dieser großartigen Aufgabe beteiligten. Engel Gottes umgaben ständig diese treuen Diener des Evangeliums.

Satan hatte die päpstlichen Priester und Prälaten angetrieben, das Wort der Wahrheit unter dem Schutt des Irrtums, der Ketzerei und des Aberglaubens zu begraben; aber in höchst wunderbarer Weise wurde es während aller Zeitalter der Finsternis unverdorben bewahrt. Es trug nicht das Gepräge des Menschen, sondern das Siegel Gottes. Die Menschen sind unermüdlich gewesen in ihren Anstrengungen, die klare, einfache Bedeutung der Schrift zu verwirren und sie so hinzustellen, als ob sie sich selbst widersprechen würde; aber gleich der Arche auf den Wogen der Tiefe widersteht das Wort Gottes den Stürmen, welche es zu vernichten drohen.

Wie eine Mine, die ihre reichen Gold- und Silberadern unter ihrer Oberfläche versteckt hält, sodass alle, die ihre köstlichen Schätze entdecken wollen, danach graben müssen, so hat die Heilige Schrift Schätze der Wahrheit, die nur dem ernsten, demütigen, betenden Sucher offenbart werden. Gott entwarf die Bibel als ein Lehrbuch für alle Menschen in ihrer Kindheit, Jugendzeit und als Erwachsene. Es sollte jederzeit studiert werden. Gott gab den Menschen sein Wort als eine Offenbarung seines Wesens. Mit jeder neuerkannten Wahrheit wird der Charakter ihres Urhebers deutlicher enthüllt. Das Studium der Heiligen Schrift ist das von Gott verordnete Mittel, Menschen in engere Verbindung mit ihrem Schöpfer zu bringen und ihnen eine klarere Erkenntnis seines heiligen Willens zu geben. Es knüpft die Verbindung zwischen Gott und dem Menschen.

Während die Waldenser die Furcht des Herrn als der Weisheit Anfang erkannten, übersahen sie keineswegs die Wichtigkeit einer Berührung mit der Welt, einer Kenntnis der Menschen und des tätigen Lebens, um den Geist zu erweitern und den Verstand zu schärfen. Aus ihren Schulen in den Bergen wurden etliche Jugendliche in Bildungsstätten nach Frankreich oder Italien gesandt, wo sie weitere Möglichkeiten zum Studieren, Denken und Beobachten haben konnten als in ihren heimatlichen Alpen. Die auf diese Weise hinausgesandten jungen Leute waren Versuchungen ausgesetzt. Sie sahen Laster und begegneten Satans verschlagenen Dienern, die versuchten, ihnen die verfänglichsten Irrlehren und gefährlichsten Täuschungen aufzudrängen. Aber durch ihre besondere Erziehung von Kind auf waren sie auf alle diese Gefahren vorbereitet.

In den Schulen, die sie besuchten, sollten sie niemanden zum Vertrauten machen. Ihre Kleider waren so zugeschnitten, dass sie ihren größten Schatz – die wertvollen Abschriften der Heiligen Schrift – darin verbergen konnten. Diese Handschriften, die Frucht monate- und jahrelanger harter Arbeit, führten sie mit sich, und wenn es ihnen, ohne Verdacht zu erregen, möglich war, boten sie diese denen an, deren Herzen für die Wahrheit empfänglich zu sein schienen. Von klein auf waren die waldensischen jungen Leute mit diesem Ziel vor Augen erzogen worden; sie verstanden ihr Werk und führten es gewissenhaft aus. Viele wurden dadurch in diesen Lehranstalten zum wahren Glauben bekehrt, ja, häufig durchdrangen dessen Grundsätze die ganze Schule, und doch konnten

die päpstlichen Leiter trotz sorgfältigem Nachforschen, der

sogenannten verderblichen Ketzerei nicht auf den Grund kommen. Der Geist Christi offenbart sich als Missionsgeist. Das erneuerte Herz drängt zuallererst dahin, andere Menschen zum Heiland zu bringen. Diesen Geist hatten auch die Waldensischen Christen. Sie fühlten, dass Gott mehr von ihnen verlangte, als nur die Wahrheit in ihrer Klarheit unter den eigenen Gemeinden zu erhalten. Auf ihnen ruhte die feierliche Verpflichtung, ihr Licht denen leuchten zu lassen, die in der Finsternis waren, und durch die gewaltige Macht des Wortes versuchten sie die Knechtschaft zu sprengen, die Rom auferlegt hatte. Die Prediger der Waldenser wurden als Missionare ausgebildet, und jeder, der ins Predigtamt eintreten wollte, musste zuerst Erfahrungen als Evangelist sammeln – er musste drei Jahre lang in dem einen oder anderen Missionsfeld tätig sein, ehe er als Leiter einer Gemeinde in der Heimat eingesetzt wurde. Dieser Dienst, der von vornherein Selbstverleugnung und Opfer forderte, war eine geeignete Einführung in die Erfahrungen eines Predigers in jenen Zeiten, welche die Menschenherzen auf die Probe stellten. Die jungen Menschen, die zum heiligen Amt eingesegnet wurden, hatten keineswegs irdische Reichtümer und Ehren in Aussicht, sondern sahen einem Leben voller Mühen und Gefahren und möglicherweise dem Märtyrertod entgegen. Die Missionare gingen immer zu zweit hinaus, wie Jesus einst seine Jünger ausgesandt hatte. Jeden jungen Menschen begleitete normalerweise ein erfahrener Alter, der dem Jüngeren als Führer diente und für dessen Ausbildung er verantwortlich war. Seinen Anweisungen musste jener folgen. Diese Mitarbeiter waren nicht immer beisammen, trafen sich aber oft, um zu beten und sich zu beraten. Auf diese Weise stärkten sie sich gegenseitig im Glauben.

Es wäre sicherlich zu Niederlagen gekommen, wenn diese Leute das Ziel ihrer Missionstätigkeit bekannt gegeben hätten, deshalb verbargen sie sorgfältig ihre wirkliche Aufgabe. Jeder Prediger war in irgendeinem Handwerk oder Gewerbe ausgebildet. So führten diese Glaubensboten ihre Aufgabe unter dem Gewand eines weltlichen Berufes aus, gewöhnlich dem eines Verkäufers oder Hausierers. »Sie boten Seide, Schmucksachen und andere Gegenstände, die zu jener Zeit nur aus weit entfernten Handelsplätzen zu beziehen waren, zum Verkauf an und wurden dort als Handelsleute willkommen geheißen, wo sie als Missionare zurückgewiesen worden wären.« Wylie, „History of Protestantism", 1.Buch Kap. 4 Sie erhoben ihre Herzen zu Gott um Weisheit, damit sie einen Schatz weitergeben konnten, der wertvoller als Gold und Edelsteine war. Sie trugen Abschriften der ganzen Heiligen Schrift oder Teile davon verborgen bei sich, und wenn sich eine Gelegenheit ergab, lenkten sie die Aufmerksamkeit ihrer Kunden auf diese Handschriften. Oft wurde auf diese Weise der Wunsch geweckt, Gottes Wort zu lesen, und ein Teil der Schrift denen mit Freuden zu überlassen, die es annehmen wollten. Das Werk dieser Sendboten begann in den Ebenen und Tälern am Fuße ihrer eigenen Berge, erstreckte sich jedoch weit über diese Grenzen hinaus. Barfuß, in groben, von der Reise beschmutzten Gewändern, wie die ihres Herrn, zogen sie durch große Städte und drangen bis in entlegene Länder vor. Überall streuten sie die wertvolle Saat aus. Gemeinden entstanden auf ihrem Weg, und das Blut von Märtyrern bezeugte die Wahrheit. Der Tag Gottes wird eine reiche Ernte an Seelen offenbaren, die durch die Arbeit dieser Menschen eingesammelt wurde. Heimlich und schweigend bahnte sich Gottes Wort seinen Weg durch die Christenheit und fand in vieler Menschen Herz und Haus freundliche Aufnahme.

Den Waldensern war die Heilige Schrift nicht nur ein Bericht über Gottes Handlungsweise mit den Menschen in der Vergangenheit und eine Offenbarung der Verantwortungen und Pflichten in der Gegenwart, sondern auch eine Enthüllung der Gefahren, aber auch der Herrlichkeit der Zukunft. Sie glaubten, dass das Ende aller Dinge nicht mehr fern sei. Indem sie die Heilige Schrift unter Gebet und Tränen erforschten, machten ihre köstlichen Aussagen einen um so tieferen Eindruck, und sie erkannten deutlicher ihre Pflicht, anderen die darin enthaltenen heilsbringenden Wahrheiten mitzuteilen. Durch das heilige Buch wurde vor ihnen der Erlösungsplan klar ausgebreitet, und sie fanden Trost, Hoffnung und Frieden im Glauben an Jesus. Je mehr das Licht ihr Verständnis erleuchtete und ihre Herzen fröhlich machte, desto stärker sehnten sie sich danach, seine Strahlen auch auf die zu lenken, die noch in der Finsternis des päpstlichen Irrtums schmachteten.

Sie sahen, dass sich unter der Führung des Papstes und der Priester viele Menschen umsonst mühten, durch Peinigung ihrer Leiber Vergebung der Sünden zu erlangen. So gelehrt, ihre Seligkeit durch gute Werke zu verdienen, waren diese Menschen ständig mit sich selbst beschäftigt. Ihre Gedanken kreisten um ihren sündigen Zustand, sie fühlten sich dem Zorn Gottes ausgesetzt, kasteiten ihren Leib und fanden doch keine Erleichterung. So wurden gewissenhafte Menschen durch die Lehren Roms gebunden. Tausende verließen Freunde und Verwandte und brachten ihr Leben in Klosterzellen zu. Durch häufiges Fasten und grausame Geißelungen, durch nächtliche Andachten und stundenlanges Knien auf den kalten, feuchten Steinen ihrer armseligen Behausungen, durch lange Pilgerfahrten, erniedrigende Bußübungen und furchtbare Qualen versuchten Tausende vergeblich den Frieden des Gewissens zu erlangen. Niedergebeugt vom Bewusstsein der Sünde und verfolgt von der Furcht vor dem strafenden Zorn Gottes litten viele Menschen so lange, bis ihre erschöpfte Natur schließlich aufgab und

sie ohne einen Licht- oder Hoffnungsstrahl ins Grab sanken.

Diesen hungernden Menschen das Brot des Lebens zu brechen, ihnen die Botschaft des Friedens in den Verheißungen Gottes zu erschließen und sie auf Christus, des Menschen einzige Hoffnung, hinzuweisen, war das Lebensziel der Waldenser. Die Lehre, dass gute Werke die Übertretung des Gesetzes Gottes aufheben können, betrachteten sie als Irrtum. Sich auf menschlichen Verdienst zu verlassen, versperrt dem Blick die unendliche Liebe Christi. Jesus starb als Opfer für die Menschen, weil die sündige Menschheit nichts tun kann, um Gott zu gefallen. Die Verdienste eines gekreuzigten und auferstandenen Heilandes bilden die Grundlage des christlichen Glaubens. Die Seele ist von Christus genauso abhängig, wie ein Glied vom Körper oder eine Rebe vom Weinstock. Ebenso innig, wie diese verbunden sind, muss die Verbindung mit ihm durch den Glauben sein.

Die Lehren der Päpste und Priester hatten die Menschen verleitet, Gottes und selbst Christi Charakter für hart, finster und abstoßend zu halten. Der Heiland wurde dargestellt, als ob es ihm an Anteilnahme mit den Menschen in ihrem gefallenen Zustand so sehr fehlte, dass die Vermittlung von Priestern und Heiligen notwendig sei. Die Gläubigen, deren Verständnis durch das Wort Gottes erleuchtet war, sehnten sich danach, diese Menschen auf Jesus als ihren barmherzigen, liebenden Heiland hinzuweisen, der mit ausgestreckten Armen alle einlädt, mit ihren Sündenlasten, ihren Sorgen und Schwierigkeiten zu ihm zu kommen. Sie sehnten sich danach, die Hindernisse wegzuräumen, die Satan aufgetürmt hatte, damit die Menschen weder die Verheißungen erkennen noch unmittelbar zu Gott kommen könnten, um ihre Sünden zu bekennen und Vergebung und Frieden zu erlangen.

Eifrig enthüllte der waldensische Glaubensbote den fragenden Menschen die wertvollen Wahrheiten des Evangeliums und holte vorsichtig die sorgfältig geschriebenen Teile der Heiligen Schrift hervor. Es bereitete ihm größte Freude, solchen aufrichtig Suchenden, die von ihren Sünden überzeugt waren, die Hoffnung zu bringen, dass sie es nicht mit einem Gott der Rache zu tun haben, der nur darauf wartet, seine Gerechtigkeit anwenden zu können. Mit bebenden Lippen und Tränen in den Augen, manchmal kniend, entfaltete er seinen Brüdern die wunderbaren Verheißungen, die des Sünders einzige Hoffnung darstellten. Auf diese Weise durchdrang das Licht der Wahrheit manches verfinsterte Gemüt und vertrieb dunkle Wolken, bis die Sonne der Gerechtigkeit mit ihren heilenden Strahlen ins Herz schien. Oft wurde ein Teil der Heiligen Schrift immer wieder gelesen, weil der Hörer es wünschte, als ob er sich vergewissern wollte, dass er recht gehört habe. Besonders jene Worte wollten die Gläubigen immer wieder hören: »Das Blut Jesu Christi, seines Sohnes, macht uns rein von aller Sünde.« 1.Johannes 1,7

»Wie Mose in der Wüste die Schlange erhöht hat, also muss des Menschen Sohn erhöht werden, auf dass alle, die an ihn glauben, nicht verloren werden, sondern das ewige Leben haben.« Johannes 3,14.15 Vielen wurden die Ansprüche Roms deutlich vor Augen geführt. Sie erkannten, wie vergeblich die Vermittlung von Menschen oder Engeln zu Gunsten des Sünders ist. Als ihnen das Licht aufging, riefen sie freudig aus: »Christus ist mein Priester, sein Blut ist mein Opfer; sein Altar ist mein Beichtstuhl.« Sie stützten sich ganz auf die Verdienste Jesu und wiederholten die Worte: »Ohne Glauben ist's unmöglich, Gott zu gefallen.« Denn »es ist in keinem anderen das Heil; es ist kein anderer Name unter dem Himmel den Menschen gegeben, in dem wir gerettet werden sollen!« Hebräer 11,6; Apostelgeschichte 4,12; Schlachter 2000

Die Gewissheit der Liebe des Heilandes schien einigen dieser armen, gebeutelten Menschen unfassbar. Die so entstandene Erleichterung war so groß, die Flut des Lichtes so hell, dass sie glaubten, in den Himmel versetzt zu sein. Ihre Hand ruhte vertrauensvoll in der Hand Christi, ihre Füße standen auf dem Fels des Heils. Alle Todesfurcht war verbannt, ja, sie wollten gern Gefängnis und Scheiterhaufen auf sich nehmen, wenn sie dadurch den Namen ihres Erlösers preisen konnten.

An geheimen Orten wurde das Wort Gottes hervorgeholt und vorgelesen, manchmal einem Einzelnen oder einer kleinen Schar, die sich nach Licht und Wahrheit sehnte. Oft verbrachte man die ganze Nacht auf diese Weise. Das Erstaunen und die Bewunderung der Zuhörer waren so groß, dass der Evangeliumsbote sich nicht selten gezwungen sah, mit dem Lesen anzuhalten, bis der Verstand die frohe Botschaft des Heils erfassen konnte. Häufig wurden ähnliche Worte wie diese laut: »Wird Gott wirklich *mein* Opfer annehmen? Wird er gnädig auf *mich* herabschauen? Wird er *mir* vergeben?« Als Antwort wurde gelesen: »Kommet her zu mir alle, die ihr mühselig und beladen seid; ich will euch erquicken.« Matthäus 11,28

Der Glaube erfasste die Verheißung, und als freudige Erwiderung vernahm man die Worte: Keine langen Pilgerfahrten mehr; keine beschwerlichen Reisen nach heiligen Reliquienschreinen! Ich kann zu Jesus kommen, so wie ich bin, sündhaft und unrein, und er wird das bußfertige Gebet nicht verachten. »Deine Sünden sind dir vergeben« – auch meine – ja, sogar meine können vergeben werden!

Eine Flut heiliger Freude erfüllte die Herzen, und der Name Jesu wurde durch Lobgesänge und Danksagungen verherrlicht. Jene glücklichen Menschen kehrten in ihre Wohnungen zurück, um Licht zu verbreiten und anderen, so gut sie konnten, ihre neue Erfahrung zu wiederholen, dass sie den wahren und

lebendigen Weg gefunden hätten. Es lag eine seltsame und

feierliche Macht in den Worten der Heiligen Schrift, die allen, die sich nach der Wahrheit sehnten, unmittelbar zu Herzen ging. Es war die Stimme Gottes, welche die Hörer überzeugte. Der Bote der Wahrheit ging seinen Weg, doch waren sein demütiges Auftreten, seine Aufrichtigkeit, sein Ernst und seine tiefe Inbrunst häufig Thema von Gesprächen. In vielen Fällen hatten seine Zuhörer ihn weder gefragt, woher er komme noch wohin er ginge. Sie waren erst so überrascht und später dankbar und freudig überwältigt gewesen, dass sie nicht daran gedacht hatten, Fragen an ihn zu richten. Hätten sie ihn gebeten, sie zu ihren Wohnungen zu begleiten, so hätte er erwidert, dass er die verlorenen Schafe der Herde besuchen müsse. »Konnte es möglich sein, dass er ein Engel Gottes gewesen war?« fragten sie sich.

In vielen Fällen sahen sie den Wahrheitsboten nie wieder. Er war vielleicht in andere Länder gegangen oder verbrachte sein Leben in irgendeinem unbekannten Gefängnis oder seine Gebeine lagen gar dort, wo er für die Wahrheit gezeugt hatte. Die Worte aber, die er zurückließ, konnten nicht ausgelöscht werden. Sie arbeiteten in den Menschenherzen, und ihr segensreiches Wirken wird erst im Gericht völlig erkannt werden.

Die waldensischen Sendboten fielen in Satans Reich ein und regten dadurch die Kräfte der Finsternis zu größerer Wachsamkeit an. Jeder Versuch, die Wahrheit zu fördern, wurde vom Fürsten der Bosheit überwacht, und er erweckte die Befürchtungen seiner Helfershelfer. Die führenden Männer der Kirche sahen in dem Wirken dieser bescheidenen Wanderer ein Zeichen der Gefahr für ihre Sache. Wenn sie das Licht der Wahrheit ungehindert scheinen ließen, zerstreute es die schweren Wolken des Irrtums, die das Volk einhüllten, lenkte die Gemüter der Menschen auf Gott allein und vernichtete am Ende die Herrschaft Roms. Schon allein das Vorhandensein dieser Leute, die den Glauben der alten Gemeinde aufrechterhielten, war ein beständiges Zeugnis für Roms Abfall und erregte deshalb bittersten Hass und Verfolgung. Ihre Weigerung, die Heilige Schrift auszuliefern, galt ebenfalls als eine Beleidigung, die Rom nicht bereit war zu dulden. So beschloss die Kirche deshalb, die Anhänger des wahren Glaubens zu vernichten. Nun begannen die schrecklichsten Kreuzzüge gegen Gottes Volk in den Gebirgswohnungen. Inquisitoren spürten sie auf, und oft geschahen Dinge, die den Brudermord Kains an dem unschuldigen Abel von einst wiederholten.

Immer wieder wurden ihre fruchtbaren Äcker verwüstet, ihre Wohnungen und Kapellen dem Erdboden gleichgemacht, sodass dort, wo einst blühende Felder und die Behausungen eines unschuldigen, arbeitsamen Volkes standen, nur eine wüste Einöde übrig blieb. So wie eine gefräßige Bestie bei dem Geschmack von Blut noch rasender wird, so wurde der Zorn der

Päpstlichkeit noch intensiver durch die Leiden seiner Opfer. Viele dieser Zeugen eines reinen Glaubens wurden bis über die Berge verfolgt und in den Tälern aufgescheucht, in denen sie sich, von mächtigen Wäldern und Felsspitzen umgeben, verborgen hatten. Der sittliche Charakter dieser geächteten Christen war über jede Beschuldigung erhaben. Sogar ihre Feinde bezeugten, dass sie ein friedfertiges, stilles, frommes Volk seien. Ihr Vergehen lag nur darin, dass sie Gott nicht nach dem Willen des Papstes dienen wollten. Wegen dieses Vergehens erlitten sie jede Demütigung, Beschimpfung und Folter, die Menschen oder Teufel nur ersinnen können.

Als Rom einst beschloss, diese verhasste Sekte auszurotten, wurde eine Bulle erlassen, die die Waldenser als Ketzer verdammte und sie der Tötung preisgab. Anm 17 Sie wurden nicht als Müßiggänger wegen Unredlichkeit oder Ausschweifung angeklagt, sondern es wurde erklärt, sie bewahrten einen Schein von Frömmigkeit und Heiligkeit, die die Schafe der wahren Herde verführten. Deshalb wurde angeordnet, diese heimtückische und abscheuliche Sekte von Bösewichten wie giftige Schlangen zu zerquetschen, falls sie sich weigerte abzuschwören. Wylie, „History of Protestantism", 16.Buch, Kapitel 1; Bender, „Geschichte der Waldenser", S. 81,125,Ulm, 1850; Hahn, „Geschichte der Waldenser", S. 744 ff.

Erwarteten die Machthaber diese Worte wieder anzutreffen? Wussten sie, dass sie in den Büchern des Himmels aufgezeichnet wurden, um ihnen im Gericht vorgehalten zu werden? Jesus sagte: »Was ihr getan habt, einem unter diesen meinen geringsten Brüdern, das habt ihr mir getan.« Matthäus 25,40

Eine Bulle forderte alle Glieder der Kirche auf, sich dem Kreuzzug gegen die Ketzer anzuschließen. Um zu diesem grausamen Werk zu ermuntern, sprach sie alle, die am Kreuzzug teilnahmen, von allen Kirchenbußen und allen Strafen frei, den allgemeinen und den persönlichen und entband sie von sämtlichen Eiden, die sie geleistet haben mochten. Außerdem erklärte man ihre etwaigen unrechtmäßigen Ansprüche auf irgendein Besitztum als rechtsgültig und verhieß jedem, der einen Ketzer tötete, den Erlass aller Sünden. Sie erklärte alle zu Gunsten der Waldenser geschlossenen Verträge für ungültig, befahl den Dienstboten, ihren Dienst bei den Waldensern aufzugeben, verbot allen, ihnen irgendwelche Hilfe zu gewähren, und berechtigte jeden, sich des Eigentums jener Menschen zu bemächtigen. Dieses Schriftstück zeigte deutlich den Geist, der diese Maßnahmen beherrschte: Das Gebrüll des Drachen und nicht die Stimme Christi war hier zu vernehmen. Die päpstlichen Würdenträger waren nicht bereit, ihren Charakter dem Anspruch des Gesetzes Gottes zu unterwerfen. Sie schufen sich selbst einen ihnen passenden Maßstab. Sie beschlossen, alle zu zwingen, sich danach zu richten, weil Rom es so wünsche.

Die schrecklichsten Tragödien spielten sich ab. Unwürdige und gotteslästerliche Priester und Päpste erfüllten den Auftrag, den Satan ihnen zugewiesen hatte. Die Barmherzigkeit fand keinen Raum in ihren Herzen. Der gleiche Geist, der Christus kreuzigte, die Apostel tötete und den blutdürstigen Nero gegen die treuen Christen wüten ließ, war auch aktiv, um die Erde von denen zu befreien, die von Gott geliebt wurden.

Die Verfolgungen, von denen diese gottesfürchtigen Menschen viele Jahrhunderte lang heimgesucht wurden, ertrugen sie mit einer Geduld und Ausdauer, die ihren Erlöser ehrte. Ungeachtet der gegen sie unternommenen Kreuzzüge, ungeachtet der unmenschlichen Metzelei, der sie ausgesetzt waren, sandten sie weiterhin ihre Sendboten aus, um die wertvolle Wahrheit zu verbreiten. Sie wurden zu Tode gejagt, doch ihr Blut tränkte die ausgestreute Saat, die gute Frucht brachte. So zeugten die Waldenser für Gott schon Hunderte von Jahren vor der Geburt Luthers. Über viele Länder verstreut, warfen sie den Samen der Reformation aus, die zur Zeit Wiklifs begann, in den Tagen Luthers weitergegeben wurde und bis zum Ende der Zeit von denen fortgeführt werden soll, die ebenfalls willig sind, alles zu leiden »um des Wortes Gottes willen und des Zeugnisses Jesu Christi«. Offenbarung 1,9

Hütte der Waldenser

Waldenser werden verbrannt

Grausames Massaker an Waldensern

Höhle der Waldenser am Piemont

KAPITEL 5

JOHN WIKLIF

John Wiklif (1321-1384) war ein Reformator in England. Er sah nicht voraus, wohin ihn seine Tätigkeit führen würde. Durch sein Schriftstudium erkannte er die Kirche im Irrtum und eiferte für die Wahrheit, indem er Missstände anprangerte. Er predigte den Armen das Evangelium und übersetzte die Bibel in die englische Sprache – damit alle Bürger das Wort Gottes selbst lesen konnten.

Vor der Reformation gab es zeitweise nur wenig Exemplare der Bibel, aber Gott hatte sein Wort nicht vollständig untergehen lassen. Seine Wahrheiten sollten nicht für immer verborgen bleiben. Er konnte ebenso leicht das Wort des Lebens befreien wie Gefängnistüren öffnen und eiserne Tore entriegeln, um seine Diener zu befreien. In den verschiedenen Ländern Europas wurden Menschen vom Geist Gottes dazu angeregt, nach der Wahrheit wie nach verborgenen Schätzen zu suchen. Durch die Vorsehung zur Heiligen Schrift geführt, erforschten sie diese sehr eifrig. Sie waren bereit, das Licht anzunehmen, koste es, was es wolle. Konnten sie auch nicht alles deutlich verstehen, so wurden sie doch befähigt, manche lang verschütteten Wahrheiten zu erkennen. Als vom Himmel gesandte Boten gingen sie hinaus, zerbrachen die Ketten des Aberglaubens und des Irrtums und forderten Menschen auf, die lange Sklaven gewesen waren, sich zu erheben und ihre Freiheit zu behaupten.

Das Wort Gottes war, ausgenommen bei den Waldensern, jahrhundertelang durch die Sprachen, die nur Gelehrten verständlich waren, verschlossen geblieben, doch die Zeit kam, da es übersetzt und den Völkern verschiedener Länder in ihrer Muttersprache in die Hand gegeben werden sollte. Die Mitternachtszeit war für die Welt überschritten. Die Stunden der Finsternis lösten sich auf, und in vielen Ländern gab es Anzeichen der anbrechenden Morgendämmerung. Im 14. Jahrhundert ging in England der »Morgenstern der Reformation« auf. John Wiklif war der Herold der Erneuerung nicht allein für England, sondern für die ganze Christenheit. Er war der Gründer der Puritaner. Seine Ära war eine Oase in der Wüste. Der mächtige Protest gegen Rom, den er einleiten durfte, konnte nicht mehr zum Schweigen gebracht werden, sondern er sollte den Kampf eröffnen, der zur Befreiung des Einzelnen, der Gemeinden und auch der Völker führte.

Wiklif erhielt eine gute Erziehung. Für ihn galt die Furcht des Herrn als der Weisheit Anfang. Er war auf der Universität bekannt für seine tiefe Frömmigkeit, seine hervorragenden Talente und seine gründliche Gelehrsamkeit. Er wollte unbedingt jeden Zweig der Wissenschaft kennen lernen. So studierte er die Gedanken des Lehramtes, die Glaubensvorschriften der Kirche und die bürgerlichen Gesetze, besonders die seines eigenen Landes. Das machte sich in seiner späteren Arbeit bemerkbar. Seine gründliche Kenntnis der spekulativen Philosophie seiner Zeit befähigte ihn, deren Irrtümer bloßzustellen. Und durch seine Studien der Landes- und Kirchenrechte war er vorbereitet, sich an dem großen Kampf um die bürgerliche und religiöse Freiheit zu beteiligen. Während er die dem Wort Gottes entnommenen Waffen zu nutzen verstand, hatte er sich auch die Geisteswelt der Schulen erarbeitet und war mit der Art der Kämpfe der Gelehrten vertraut. Dank seiner natürlichen Anlagen und dem Umfang und der Gründlichkeit seines Wissens erwarb er sich die Achtung von Freund und Feind. Wiklifs Anhänger sahen erfreut, dass er unter den einflussreichen Männern der Nation einen führenden Platz einnahm. Seinen Feinden war es nicht möglich, die Sache der Erneuerung in Verruf zu bringen durch Bloßstellen irgendeiner Unwissenheit oder Schwäche ihres Verteidigers.

Noch an der Universität fing Wiklif an, die Heilige Schrift zu studieren. Damals, als es nur Bibeln in den alten Sprachen gab, waren nur Gelehrte in der Lage, den Pfad zur Quelle der Wahrheit zu finden. Menschen ohne Sprachkenntnisse blieb er dagegen verschlossen. Somit war der Weg für Wiklifs zukünftiges Werk als Reformator bereits gebahnt worden. Gelehrte Menschen hatten die Heilige Schrift studiert und die große Wahrheit von der darin berichteten freien Gnade Gottes gefunden. In ihrem Unterricht hatten sie die Erkenntnis dieser Wahrheit weitergegeben und andere dazu veranlasst, sich zu dem lebendigen Gotteswort hinzuwenden.

Als Wiklif sich daran machte, die Heilige Schrift zu erforschen, tat er es mit derselben Gründlichkeit, wie er es im Bereich des Schulwissens schon erfolgreich getan hatte. Bis dahin hatte er sich unbefriedigt gefühlt. Dieses Gefühl konnte weder durch sein Studium noch durch die Lehren der Kirche verändert werden. Im Wort Gottes aber fand er, was er zuvor vergeblich gesucht hatte: Er entdeckte darin den Erlösungsplan und Christus als alleinigen Fürsprecher für die Menschen. Er wollte nun Christus dienen und beschloss, die entdeckten Wahrheiten zu verkündigen. Ebenso wie spätere Reformer sah Wiklif zuerst nicht voraus, wohin ihn seine Tätigkeit führen würde. Er widersetzte sich Rom nicht bewusst, doch war bei seinem Eifer für die Wahrheit eine Auseinandersetzung mit dem Irrtum unvermeidlich. Je deutlicher er die Irrtümer des Papsttums erkannte, desto ernster trug er die Lehren der Bibel vor.

Er sah, dass Rom Gottes Wort wegen menschlicher Überlieferungen verlassen hatte. So beschuldigte er unerschrocken die Geistlichkeit, die Heilige Schrift verbannt zu haben und verlangte, dass die Bibel dem Volk wiedergegeben und ihre Autorität in der Kirche wieder aufgerichtet werde. Er war ein fähiger, eifriger Lehrer, ein beredter Prediger, und sein tägliches Leben zeugte für die Wahrheiten, die er predigte. Seine Schriftkenntnis, sein klarer Verstand, die Reinheit seines Lebens sowie sein unbeugsamer Mut und seine Rechtschaffenheit gewannen ihm Achtung und allgemeines Zutrauen. Viele aus dem Volk waren mit ihrem Glauben unzufrieden, als sie die Ungerechtigkeit sahen, die in der römischen Kirche herrschte, und sie begrüßten die Wahrheiten, die nun durch Wiklif ans Licht gebracht wurden, mit offener Freude. Die päpstlichen Führer aber waren außer sich vor Wut, als sie feststellen mussten, dass dieser Reformator einen größeren Einfluss gewann, als sie selbst besaßen.

Wiklif entdeckte scharfsinnig den Irrtum und griff furchtlos viele der von Rom gebilligten Missbräuche an. Während er als Kaplan des Königs tätig war, vertrat er mutig seinen Standpunkt gegen die Abgaben, die der Papst von dem englischen Monarchen verlangte, und zeigte auf, dass der päpstliche Machtanspruch über weltliche Herrscher sowohl der Logik als auch den Aussagen der Bibel entgegen sei. Die Elite des Landes war durch die Ansprüche des Papstes aufgebracht, deshalb blieben Wiklifs Lehren nicht ohne Einfluss bei den Regierenden. Der König und der Adel vereinten sich, den Anspruch des Papstes auf weltliche Machtstellung abzulehnen und die Zahlung der verlangten Steuer zu verweigern. Auf diese Weise wurde ein kräftiger Schlag gegen die päpstliche Oberherrschaft in England geführt.

Ein anderes Übel, gegen das der Reformator einen langen und entschlossenen Kampf führte, war der Orden der Bettelmönche. Diese Mönche schwärmten in England umher und übten einen Einfluss aus, der sich auf den sozialen Bereich der Nation schädlich auswirkte und vor allem Wirtschaft, Wissenschaft und Volksmoral lähmte. Das träge Bettlerleben der Mönche belastete nicht nur die Finanzen des Volkes, sondern würdigte nützliche Arbeit herab. Die Jugend wurde verführt und verdorben. Die Mönche beeinflussten viele, auch so zu leben, die dann nicht nur ohne Einwilligung, sondern sogar ohne das Wissen ihrer Eltern und entgegen ihren Anordnungen ins Kloster eintraten. Einer der ersten Gründer der römischen Kirche, der die Ansprüche des Mönchtums den Verpflichtungen der kindlichen Liebe und des Gehorsams gegenüber als wichtiger hinstellte, hatte behauptet: »Sollte auch dein Vater weinend und jammernd vor deiner Tür liegen und deine Mutter dir den Leib zeigen, der dich getragen, und die Brüste, die dich gesäugt, so siehe zu, dass du sie mit Füßen trittst und dich unverwandt zu Christus begibst.« Durch dies »gräulich ungeheuer Ding«, wie Luther es später nannte, das mehr an ein Tier und Tyrannen als an einen Christen und Menschen erinnert, wurden die Herzen der Kinder gegen ihre Eltern verhärtet. Luthers Werke, Erlanger Ausgabe, XXV, S. 337 (396); Op. lat. X, 269. So haben die päpstlichen Führer wie einst die Pharisäer die Gebote Gottes um ihrer Satzungen willen aufgehoben: Die Heime vereinsamten, Eltern mussten auf ihre Söhne und Töchter verzichten.

Selbst die Studenten auf den Universitäten wurden durch die falschen Vorspiegelungen der Mönche verlockt und dazu bewogen, deren Orden beizutreten. Viele bereuten später diesen Schritt und sahen ein, dass sie ihr Lebensglück zerstört und ihren Eltern Kummer bereitet hatten, aber saßen sie einmal in dieser Schlinge gefangen, war es ihnen unmöglich, wieder frei zu werden. Viele Eltern lehnten es aus Furcht vor dem Einfluss der Mönche ab, ihre Söhne auf die Universitäten zu schicken. Das hatte eine erhebliche Abnahme der Zahl an Studierenden in den großen Bildungszentren zur Folge. Den Schulen fehlten Schüler; Unwissenheit herrschte vor.

Der Papst hatte jenen Mönchen das Recht übertragen, Beichten abzunehmen und Vergebung zu erteilen. Dies wurde zu einer Quelle großen Übels. Entschlossen, ihre Einkünfte zu erhöhen, gewährten die Bettelmönche die Absolution unter so leichten Bedingungen, dass Verbrecher aller Art zu ihnen strömten. Infolge dessen nahmen die schrecklichsten Laster schnell überhand. Arme und Kranke ließ man leiden, während die Mittel, die ihnen hätten helfen können, die Mönche erhielten, welche unter Drohungen die Almosen des Volkes forderten und jene für gottlos erklärten, die ihrem Orden Gaben verweigerten. Ungeachtet ihres Bekenntnisses zur Armut nahm der Reichtum der Bettelmönche ständig zu, und ihre prächtigen Gebäude und reich gedeckten Tafeln ließen die wachsende Armut des Volkes um so deutlicher werden. Die Mönche verbrachten ihre Zeit in Üppigkeit und Freuden und sandten an ihrer Stelle unwissende Männer aus, die wunderbare Geschichten, Legenden und Späße zur Unterhaltung der Leute erzählen mussten um sie dadurch noch fester in den Täuschungen der Mönche zu verfangen. Den Mönchen gelang es, ihren Einfluss auf die abergläubische Menge zu wahren und sie glauben zu lassen, dass die Oberhoheit des Papstes anzuerkennen, die Heiligen zu verehren und den Mönchen Almosen zu geben zusammen alles religiöse Pflichten seien und ausreichten, ihnen einen Platz im Himmel zu sichern.

Gelehrte und fromme Männer hatten sich vergeblich bemüht, unter diesen Mönchsorden eine Reform durchzuführen. Wiklif ging aber dem Übel mit klarer Einsicht an die Wurzel und erklärte, dass das System selbst falsch sei und aufgehoben werden müsse. Jetzt kamen Debatten und Fragen auf. Als die Mönche das Land durchzogen und den Ablass verkauften, fingen viele an, die Möglichkeit anzuzweifeln, sich mit Geld Vergebung zu erkaufen. Und sie fragten sich, ob sie Vergebung der Sünden nicht lieber bei Gott statt bei dem Pontifex zu Rom suchen sollten. Anm 11 Nicht wenige waren über den Eigennutz der Bettelmönche beunruhigt, deren Habsucht unersättlich zu sein schien. »Die Mönche und Priester«, sagten sie, »fressen uns wie ein Krebsschaden; Gott muss uns helfen, sonst geht alles zugrunde.« D'Aubigné, „Geschichte der Reformation", 17.Buch, Kapitel 7,Stuttgart, 1854 Um ihre Habsucht zu verdecken, behaupteten diese Bettelmönche, dass sie dem Beispiel des Heilandes folgten, da auch Christus und seine Apostel von den Almosen des Volkes gelebt hätten. Diese Behauptung jedoch schadete ihrer Sache, weil sie viele veranlasste, zur Bibel zu greifen, um selbst die Wahrheit zu erforschen – eine Folge, wie sie Rom am allerwenigsten wünschte. Die Gemüter der Menschen wurden auf die Quelle der Wahrheit gelenkt, und gerade das wollte Rom verhindern.

Wiklif fing an, kurze Abhandlungen gegen die Bettelmönche zu schreiben und zu veröffentlichen. Er wollte dadurch mit ihnen so weit wie möglich in ein Streitgespräch kommen, um das Volk auf die Lehren der Bibel und ihres Urhebers aufmerksam machen zu können. Er erklärte, dass der Papst die Macht der Sündenvergebung und des Kirchenbannes nicht mehr besitze als die gewöhnlichen Priester und dass niemand rechtsgültig ausgeschlossen werden könne, es sei denn, er habe sich zuerst die Verdammung Gottes zugezogen. In keiner wirksameren Weise hätte er den Umsturz des riesenhaften Machwerkes geistlicher und weltlicher Herrschaft betreiben können, die der Papst aufgerichtet hatte, und in der Leib und Seele von Millionen Menschen gefangen gehalten wurden.

Erneut wurde Wiklif dazu berufen, die Rechte der englischen Krone gegen die Übergriffe Roms zu verteidigen. Er brachte als königlicher Gesandter zwei Jahre in den Niederlanden zu, wo er mit Abgeordneten des Papstes verhandelte. Hier kam er mit französischen, italienischen und spanischen Würdenträgern der Kirche zusammen und hatte Gelegenheit, hinter die Kulissen zu schauen und Einblick in manche Dinge zu gewinnen, die ihm in England verborgen geblieben wären. Er erfuhr manches, das seinem späteren Wirken die Form und auch die Schärfe gab. In diesen Gesandten des päpstlichen Hofes sah er den wahren Charakter und die eigentlichen Absichten der Priesterherrschaft. Er kehrte nach England zurück, wiederholte seine früheren Lehren offener und mit größerem Eifer und erklärte, Habsucht, Stolz und Betrug seien die Götter Roms.

In einer seiner Abhandlungen schrieb er gegen die Geldgier Roms: Der Papst und seine Einsammler »entziehen unserm Lande, was zum Lebensun-

terhalt der Armen dienen sollte, und viele tausend Mark aus

dem Schatz des Königs für Sakramente und geistliche Dinge«. Diese letzten Worte sind gegen die von Rom geförderte Simonie gerichtet. *(Simonie ist der Erwerb geistlicher Ämter durch Kauf; sie war im Mittelalter weit verbreitet. Von Simon Magus abgeleitet – Apostelgeschichte 8,18 – der von den Aposteln die Mitteilung des Heiligen Geistes für Geld zu bekommen suchte.)* »Gewiss, wenn unser Reich einen ungeheuren Berg von Gold hätte und keiner davon nähme, als nur der Einsammler dieses hochmütigen weltlichen Priesters, so würde im Laufe der Zeit dieser Berg verzehrt werden. Er zieht alles Geld aus unserem Land und gibt nichts dafür zurück als Gottes Fluch für seine Simonie.« Lewis, „The History of the Life an Sufferings of the Reverend and Learned John Wicliffe", Kapitel 3, S. 37; Neander, „Kirchengeschichte", 6. Per., 2. Abschnitt, § 2.

Bald zurück in England wurde Wiklif vom König zum Pfarrer von Lutterworth ernannt – ein Beweis, dass wenigstens der König seine offene Rede nicht kritisiert hatte. Wiklifs Einfluss spürte man sowohl in der Umgangsweise am Hof als auch in der Umgestaltung des Glaubens der Nation.

Roms Donner trafen ihn jedoch bald. Drei Bullen wurden nach England gesandt – an die Universität, an den König und die Prälaten. Darin war befohlen, unverzügliche und entscheidende Maßnahmen zu treffen, um den ketzerischen Lehrer zum Schweigen zu bringen. Anm 18 Die Bischöfe hatten jedoch in ihrem Eifer Wiklif schon vor der Ankunft der Bullen zu einem Verhör vorgeladen. Zwei der mächtigsten Fürsten des Reiches begleiteten ihn zum Gerichtshof, und die Menschen, die das Gebäude umgaben und hineindrängten, schüchterten die Richter derart ein, dass die Verhandlungen zunächst ausgesetzt wurden und man den Reformator wieder gehen ließ. Bald darauf starb Edward III., den die römischen Geistlichen in seinen alten Tagen versucht hatten, gegen den Reformator zu beeinflussen. Und Wiklifs einstiger Beschützer wurde Herrscher des Reiches. Johann von Gent, der Herzog von Lancaster, übernahm als Vormund Richards II. die Regentschaft bis 1389.

Die päpstlichen Bullen legten ganz England den unbedingten Befehl auf, den Ketzer festzunehmen und einzukerkern. Diese Maßnahmen deuteten unmittelbar auf den Scheiterhaufen hin, und es schien sicher, dass Wiklif bald der Rache Roms zum Opfer fallen würde. Gott aber, der zu seinem Knecht damals gesagt hatte: »Fürchte dich nicht ... Ich bin dein Schild«, 1. Mose 15,1 streckte seine Hand aus, um seinen Diener zu beschützen. Der Tod kam, aber nicht über den Reformator, sondern über den Papst, der Wiklifs Untergang beschlossen hatte. Gregor XI. starb, und die Geistlichen, die sich zu Wiklifs Verhör versammelt hatten, gingen wieder auseinander. Gottes Vorsehung lenkte auch weiterhin die Ereignisse, um die Reformation voranzutreiben. Auf den Tod Gregors folgte die Wahl zweier Gegenpäpste. Zwei streitende Mächte verlangten Gehorsam, jede, wie sie erklärten, sei unfehlbar. Anm 02

Jede forderte die Gläubigen auf, ihr beizustehen, um gegen die andere Macht Krieg zu führen, und bekräftigte ihre Forderungen mit schrecklichen Bannflüchen gegen ihre Gegner und mit Versprechungen himmlischen Lohnes für die Helfer. Dieser Vorfall schwächte die Macht des Papsttums ganz außerordentlich. Die rivalisierenden Parteien hatten vollauf damit zu tun, sich gegenseitig zu bekämpfen, dadurch blieb Wiklif eine Zeit lang unbehelligt. Bannflüche und Gegenbeschuldigungen flogen von Papst zu Papst, und viel Blut floss, um ihre widersprüchlichen Ansprüche durchzusetzen. Verbrechen und Schandtaten überfluteten die Kirche. Währenddessen war der Reformator in der stillen Zurückgezogenheit seiner Pfarrei zu Lutterworth eifrig damit beschäftigt, die Menschen von den streitenden Päpsten weg und zu Jesus hinzulenken, dem Fürsten des Friedens.

Diese Spaltung mit allem Streit und aller Verderbnis, die daraus hervorgingen, bereitete der geistlichen Erneuerung den Weg, denn dadurch erkannte das Volk das wirkliche Wesen des Papsttums. In einer Abhandlung über die Kirche und ihre Regierung forderte Wiklif das Volk auf, zu überlegen, ob diese beiden Päpste nicht die Wahrheit sagten, wenn sie sich gegenseitig als Antichrist verurteilten. Und so »wollte Gott nicht länger dulden«, sagte er, »dass der Feind in einem einzigen solcher Priester herrschte, sondern ... machte eine Spaltung zwischen zweien, so dass man in Christi Namen leichter beide sollte überwinden können«. Neander, „Kirchengeschichte", 6.Per., 2.Abschnitt, § 28; Vaughan, „Life and Opinions of John de Wycliffe", Bd. II, S. 6

Wiklif predigte das Evangelium wie sein Meister den Armen. Nicht damit zufrieden, das Licht in den bescheidenen Familien seines Kirchspiels Lutterworth zu verbreiten, beschloss er, dass es in alle Gebiete Englands getragen werden sollte. Um dies auszuführen, scharte er eine Gruppe einfacher, gottergebener Männer um sich, welche die Wahrheit liebten und nichts so sehr wünschten, als sie zu verbreiten. Diese Männer gingen überallhin, lehrten auf den Marktplätzen, auf den Straßen der Großstädte und auf den Landwegen, sie suchten die Betagten, Kranken und Armen auf und verkündigten ihnen die frohe Botschaft von der Gnade Gottes.

Als Professor der Theologie in Oxford predigte Wiklif das Wort Gottes in den Hörsälen der Universität. Er lehrte die Studenten, die seine Vorlesungen besuchten, die Wahrheit so gewissenhaft, dass er den Titel »der evangelische Doktor« erhielt. Die größte Aufgabe seines Lebens jedoch sollte die Übersetzung der Heiligen Schrift ins Englische sein. In seinem Buch „Über die Wahrheit und den Sinn der Heiligen Schrift" drückte er seine Absicht aus, die Bibel zu übersetzen, damit sie jeder Engländer in seiner Muttersprache lesen könne.

Plötzlich wurde seine Arbeit unterbrochen. Obwohl noch nicht

60 Jahre alt, hatten unaufhörliche Arbeit, rastloses Studium und die Angriffe seiner Feinde seine Kräfte geschwächt und ihn vor der Zeit altern lassen. Eine gefährliche Krankheit [Wiklif erlitt einen Schlaganfall] warf ihn nieder. Diese Kunde erfreute die Mönche sehr. Jetzt, dachten sie, werde er das Übel, das er der Kirche zugefügt hatte, bitter bereuen. Sie eilten in sein Haus, um seine Beichte zu hören. Vertreter der vier religiösen Orden mit vier weltlichen Beamten versammelten sich um den Mann, der nach ihrer Meinung im Sterben lag. »Der Tod sitzt euch auf den Lippen«, sagten sie, »denket bußfertig an eure Sünden, und nehmet in unserer Gegenwart alles zurück, was ihr gegen uns gesagt habt.« Der Reformator hörte schweigend zu; dann bat er seinen Diener, ihn im Bett aufzurichten. Seinen Blick ernst auf die Wartenden heftend, sagte er mit fester, starker Stimme, die sie so oft zittern gemacht hatte: »Ich werde nicht sterben, sondern leben und die Gräuel der Mönche erzählen.« Neander „Kirchengeschichte", 6.Per., 2.Abschnitt, § 10; Schröckh, „Christliche Kirchengeschichte", XXXIV, S. 525 Bestürzt und verwirrt eilten diese aus dem Zimmer.

Wiklifs Worte erfüllten sich. Er blieb am Leben, um seinen Landsleuten die Bibel in die Hände zu legen, die mächtigste aller Waffen gegen Rom, das vom Himmel bestimmte Werkzeug zur Befreiung, Erleuchtung und Evangelisation des Volkes. Bei der Ausführung dieser Aufgabe mussten viele Hindernisse überwunden werden. Wiklif war körperlich geschwächt. Er wusste, dass ihm nur noch wenige Jahre zur Arbeit blieben, und er sah den Widerstand, dem er entgegentreten musste, aber durch die Verheißungen des Wortes Gottes ermutigt, ging er unerschrocken voran. In voller geistiger Kraft und reich an Erfahrungen hatte Gottes besondere Vorsehung ihn für diese besondere Aufgabe vorbereitet und erhalten. Während die ganze Christenheit in Aufregung war, widmete sich der Reformator in seiner Pfarrei zu Lutterworth seiner selbst gewählten Arbeit, ohne die Turbulenzen da draußen zu beachten.

Endlich war die erste englische Übersetzung der Heiligen Schrift fertig. Das Wort Gottes war England zugänglich. Jetzt fürchtete der Reformator weder das Gefängnis noch den Scheiterhaufen, hatte er doch dem englischen Volk ein Licht in die Hände gegeben, das nie ausgelöscht werden sollte. Indem er seinen Landsleuten die Bibel gab, hatte er mehr getan, um die Fesseln der Unwissenheit und des Lasters abzustreifen und sein Land zu befreien und zu erheben, als je durch den glänzendsten Sieg auf dem Schlachtfeld hätte erreicht werden können. Da die Buchdruckerkunst noch unbekannt war, konnten nur durch mühevolle Arbeit Abschriften der Bibel hergestellt werden.

Der Bedarf war so groß, dass viele freiwillig die Heilige Schrift abschrieben, und doch konnten die Abschreiber nur mit Mühe der Nachfrage gerecht werden. Manche wohlhabende Käufer verlangten die ganze Bibel, andere erwarben nur Teile des Wortes Gottes. In vielen Fällen taten sich mehrere Familien zusammen, um ein Exemplar zu kaufen. So fand Wiklifs Bibel in kurzer Zeit ihren Weg in die Wohnungen des Volkes.

Wiklifs Appell an den klaren Menschenverstand weckte das Volk aus seiner widerstandslosen Unterwerfung unter die päpstlichen Glaubenslehren. Er lehrte die spätere Auffassung des Protestantismus: Erlösung durch den Glauben an Christus und alleinige Unfehlbarkeit der Heiligen Schrift. Die Prediger, die er ausgesandt hatte, verbreiteten die Bibel und weitere Schriften des Reformators so erfolgreich, dass nahezu die Hälfte des englischen Volkes begeistert den neuen Glauben annahm.

Durch das Erscheinen der Heiligen Schrift waren die kirchlichen Autoritäten bestürzt. Sie hatten es nun mit einem mächtigeren Gegner zu tun, als es Wiklif war, einem Gegner, gegen den ihre Waffen nicht viel ausrichten konnten. Zu jener Zeit gab es in England kein Gesetz, das die Bibel verbot, denn sie war nie zuvor in der Sprache dieses Landes veröffentlicht worden. Solche Gesetze wurden erst später erlassen und streng angewandt. Unterdessen gab es trotz der Bemühungen der Priester manche Möglichkeiten, das Wort Gottes zu verbreiten. Erneut versuchte die päpstliche Kirche, die Stimme des Reformators zum Schweigen zu bringen. Dreimal wurde er zum Verhör vor ein geistliches Gericht geladen, aber ohne Erfolg wieder entlassen. Dann erklärte eine Synode von Bischöfen seine Schriften für ketzerisch. Und indem sie den jungen König Richard II. für sich gewann, erlangte sie einen königlichen Erlass, der allen, die sich zu den verurteilten Lehren bekannten, mit dem Gefängnis drohte.

Wiklif wandte sich an das Parlament, beschuldigte die Hierarchie furchtlos vor der nationalen Ratsversammlung und verlangte die Abkehr von den ungeheuren Missbräuchen, die von der Kirche gebilligt wurden. Mit überzeugender Kraft schilderte er die Übergriffe und die Verderbnis des päpstlichen Stuhles. Seine Feinde wurden verwirrt. Die Freunde und Helfer Wiklifs waren zum Nachgeben gezwungen worden, man hatte zuversichtlich erwartet, dass sich der betagte Reformator, allein und ohne Freunde, der vereinten Macht der Krone und der Mitra beugen würde. Statt dessen sahen sich die römischen Würdenträger geschlagen. Das Parlament, durch die packenden Ansprachen Wiklifs angefeuert, widerrief das Edikt zu seiner Verfolgung, und der Reformator war erneut frei.

Zum dritten Mal wurde er verhört, und zwar vor dem höchsten kirchlichen Gerichtshof des Reiches. Hier würde der Ketzerei nicht nachgegeben werden; hier würde endlich Rom siegen und das Werk des Reformators zum Stillstand gebracht werden – so dachten die kirchlichen Leiter. Konnten sie ihre Absicht erreichen, dann wäre Wiklif gezwungen, seine Lehre abzuschwören, oder den Gerichtshof zu verlassen, um den Scheiterhaufen zu besteigen.

Wiklif widerrief nicht; er wollte nicht heucheln. Furchtlos verteidigte er seine Lehren und widerlegte die Anklagen seiner Verfolger. Sich selbst, seine Stellung und den Anlass dieser Versammlung vergessend, forderte er seine Zuhörer vor das göttliche Gericht und wog ihre Lügen und Täuschungen auf der Waage der ewigen Wahrheit. Die Macht des Heiligen Geistes wurde im Gerichtssaal spürbar. Gott hielt die Zuhörer in seinem Bann. Sie schienen keine Macht zu haben, die Stätte zu verlassen. Wie Pfeile aus dem Köcher des Herrn durchbohrten die Worte des Reformators ihre Herzen. Die Anklage der Ketzerei, die sie gegen ihn vorgebracht hatten, schleuderte er mit überzeugender Macht auf sie zurück. Aus welchem Grunde, fragte er, hätten sie es gewagt, ihre Irrtümer zu verbreiten? – Um des Gewinnes willen, um mit der Gnade Gottes Handel zu treiben!

»Mit wem, glaubt ihr«, sagte er zum Schluss, »dass ihr streitet? Mit einem alten Mann am Rande des Grabes? – Nein! Mit der Wahrheit, die stärker ist als ihr und euch überwinden wird.« Wylie, „History of Protestantism", 2.Buch, Kapitel 13 Mit diesen Worten verließ er die Versammlung. Keiner seiner Feinde versuchte ihn daran zu hindern.

Wiklifs Aufgabe war fast erfüllt. Das Banner der Wahrheit, das er so lange getragen hatte, sollte bald seiner Hand entfallen. Doch noch einmal musste er für das Evangelium zeugen. Die Wahrheit sollte mitten aus der Festung des Reiches des Irrtums verkündigt werden. Wiklif wurde aufgefordert, sich vor dem päpstlichen Gerichtshof in Rom zu verantworten, der so oft das Blut der Heiligen vergossen hatte. Er war durchaus nicht blind gegenüber der ihm drohenden Gefahr, wäre dieser Aufforderung aber dennoch gefolgt, hätte ihm nicht ein Schlaganfall die Reise unmöglich gemacht. Konnte er nun auch in Rom nicht persönlich sprechen, so wollte er es doch durch einen Brief tun, und dazu war er bereit. – Von seiner Pfarrei aus schrieb der Reformator einen Brief an den Papst, der, obwohl in achtungsvollem Ton und christlichem Geist gehalten, den Pomp und den Stolz des päpstlichen Stuhles heftig tadelte.

»Wahrlich, ich freue mich«, sagte er, »jedem den Glauben, den ich halte, kundzutun und zu erklären und besonders dem Bischof von Rom, der bereitwilligst meinen dargelegten Glauben, soviel ich für richtig und wahr halte, bestätigen, oder falls er irrtümlich ist, berichtigen wird.

Erstens setze ich voraus, dass das Evangelium Christi die Gesamtheit des Gesetzes Gottes ist ... Ich halte dafür, dass der Bischof von Rom, insofern er Statthalter Christi auf Erden ist, vor allen anderen Menschen am meisten an das Gesetz des Evangeliums gebunden ist. Denn die Größe der Jünger bestand nicht in weltlicher Würde oder Ehre, sondern in der nahen und genauen Nachfolge des Lebens und des Wandels Christi ...

Christus war während der Zeit seiner Pilgerschaft hier ein sehr armer Mann, der alle weltliche Herrschaft und Ehre verwarf und von sich stieß ...

Kein treuer Mensch sollte weder dem Papst noch irgendeinem Heiligen nachfolgen, außer in den Punkten, in denen dieser Jesus Christus nachgefolgt ist; denn Petrus und die Söhne Zebedäius sündigten, indem sie nach weltlicher Ehre verlangten, die der Nachfolge Christi zuwider ist; deshalb sollte man ihnen in jenen Irrtümern nicht nachfolgen ...

Der Papst sollte allen irdischen Besitz und alle Herrschaft der weltlichen Macht überlassen und dazu seine ganze Geistlichkeit nachdrücklich bewegen und ermahnen; denn so tat Christus, und besonders durch seine Apostel.

Habe ich in irgendeinem dieser Punkte geirrt, so will ich mich demütigst der Zurechtweisung unterwerfen, selbst dem Tode, falls die Notwendigkeit es so verlangt. Könnte ich nach meinem Wunsch und Willen in eigener Person wirken, so würde ich mich dem Bischof von Rom persönlich vorstellen, aber der Herr hat mich auf eine andere Art heimgesucht und mich gelehrt, Gott mehr zu gehorchen als Menschen.« Am Ende seines Briefes sagte er: »Deshalb beten wir zu Gott, dass er unseren Papst Urban VI. so anregen wolle, dass er mit seiner Geistlichkeit dem Herrn Jesus Christus in Leben und Sitten nachfolge, dass sie das Volk wirksam lehren und dass das Volk ihnen wiederum in denselben Stücken getreulich nachfolge.« Foxe, „Acts and Monuments", Bd. III, S. 49.50; Neander, „Kirchengeschichte", 6.Per., 2.Abschnitt, §29

Auf diese Weise zeigte Wiklif dem Papst und seinen Kardinälen die Sanftmut und Demut Christi, wobei er nicht nur ihnen, sondern der ganzen Christenheit den Gegensatz zwischen ihnen und dem Meister, dessen Vertreter sie sein wollten, darlegte. Wiklif erwartete nichts anderes, als dass seine Treue ihm das Leben kosten werde. König, Papst und Bischöfe hatten sich vereint, um seinen Untergang herbeizuführen, und es schien unausweichlich, dass er in spätestens einigen Monaten den Scheiterhaufen würde besteigen müssen. Aber sein Mut war unerschütterlich. »Man braucht nicht weit zu gehen, um die Palme der Märtyrer zu suchen«, sagte er. »Nur das Wort Christi stolzen Bischöfen verkündigt und das Märtyrertum wird nicht ausbleiben! Leben und schweigen? Niemals! Mag das Schwert, das über meinem Haupte hängt, getrost fallen! Ich erwarte den Streich!« D'Aubigné, „Geschichte der Reformation", 17.Buch, Kapitel 8

Immer noch beschützte Gottes Vorsehung seinen Diener. Der Mann, der ein ganzes Leben lang unter Lebensgefahr mutig die Wahrheit verteidigt hatte, sollte dem Hass seiner Feinde nicht zum Opfer fallen. Wiklif hatte sich nie selbst zu schützen gesucht, sondern der Herr war sein Schutz gewesen. Als seine Feinde sich ihrer Beute sicher glaubten, entrückte ihn Gott ihrem Bereich. Als er im Begriff war, in seiner Kirche zu Lutterworth das Abendmahl auszuteilen, fiel er, vom Schlag getroffen nieder und starb kurze Zeit darauf. Gott hatte Wiklif zu seiner Aufgabe berufen. Er hatte das Wort der Wahrheit in seinen Mund gelegt und ihn allezeit bewahrt, damit dies Wort durch ihn ins Volk gelangte. Sein Leben wurde beschützt und sein Wirken verlängert, bis ein Grundstein für das große Werk der Erneuerung gelegt war.

Wiklif kam aus der Finsternis des Mittelalters. Niemand war ihm vorausgegangen, nach dessen Werk er seine reformatorische Aufgabe hätte planen können. Wie Johannes der Täufer erweckt wurde, um eine besondere Mission auszuführen, so war er der Herold eines neuen Zeitalters. In dem Lehrgebäude der Wahrheit, die er verkündigte, bestand eine Einheit und Vollständigkeit, die von nach ihm aufgetretenen Reformatoren nicht übertroffen, von etlichen sogar hundert Jahre später nicht erreicht wurde. So breit und tief, so fest und sicher war das Fundament angelegt, dass die Reformatoren, die nach ihm kamen, darauf weiterbauen konnten.

Die große Bewegung, die Wiklif anbahnte, die das Gewissen und den Verstand frei machte und die so lange an den Triumphwagen Roms gespannten Völker befreite, hatte ihren Ursprung in der Heiligen Schrift. Diese war die Quelle des Segensstromes, der seit dem 14. Jahrhundert wie Lebenswasser durch die Zeiten fließt. Wiklif nahm die Heilige Schrift in unbedingtem Glauben als eine von Gott eingegebene Offenbarung des göttlichen Willens an, als eine untrügliche Richtschnur des Glaubens und Handelns. Er war erzogen worden, die römische Kirche als göttliche, unfehlbare Autorität zu betrachten und die bestehenden Lehren und Gebräuche eines Jahrtausends mit kritikloser Verehrung anzunehmen, aber er wandte sich von all diesem ab, um den Lehren des heiligen Wortes Gottes zu lauschen. Dies war die Autorität, an die zu glauben er das Volk nachdrücklich aufforderte. Er erklärte, dass nicht die durch den Papst vertretene Kirche, sondern der in der Heiligen Schrift sich offenbarende Gott die einzig wahre Autorität sei. Er lehrte nicht nur, dass die Bibel eine vollkommene Offenbarung des göttlichen Willens ist, sondern auch, dass der Heilige Geist ihr einziger Ausleger ist und jedermann durch das Erforschen ihrer Lehren selbst seine Pflicht erkennen muss. Auf diese Weise lenkte er die Gemüter der Menschen vom Papst und von der römischen Kirche weg auf das Wort Gottes hin.

Wiklif war einer der größten Reformatoren. An Verstandesgröße und Klarheit der Gedanken, an Festigkeit, die Wahrheit zu behaupten und an Kühnheit, sie zu verteidigen, kamen ihm nur wenige gleich. Die Reinheit seines Lebens, unermüdlicher Fleiß im Studium und in der Arbeit, unantastbare Rechtschaffenheit und eine Christus ähnliche Liebe und Treue in seinem Amt kennzeichneten diesen ersten Reformator in einem Zeitalter geistiger Finsternis und sittlicher Verderbtheit. Wiklifs Charakter ist ein Zeugnis für die [93/94]   **77** bildende, umgestaltende Macht der Heiligen Schrift. Die Bibel machte ihn zu dem, was er war. Das Streben, die großen offenbarten Wahrheiten zu erfassen, belebt und kräftigt alle unsere Fähigkeiten, erweitert den Verstand, schärft die Vorstellungskraft und reift das Urteilsvermögen. Das Studium der Heiligen Schrift veredelt wie kein anderes Studium die Gedanken, Gefühle und jegliches Streben. Es verleiht Zielstrebigkeit, Geduld, Mut und Geistesstärke; es läutert den Charakter und heiligt die Seele. Ein ernstes, andachtsvolles Studium der Heiligen Schrift, welches das Gemüt des Studierenden in unmittelbare Berührung mit dem Heiligen Geist bringt, würde der Welt Menschen bescheren, die einen schärferen und gesünderen Menschenverstand und edlere Grundsätze besäßen, als sie je der beste menschliche Weisheitslehrer hervorgebracht hat. »Wenn dein Wort offenbar wird«, sagt der Psalmist, »so erfreut es und macht klug.« Psalm 119,130

Die Wahrheiten, die Wiklif gelehrt hatte, breiteten sich eine Zeit lang weiter aus. Seine als Wiklifiten und Lollarden bekannten Nachfolger durchzogen nicht nur England, sondern zerstreuten sich auch in andere Länder und brachten ihnen die Botschaft des Evangeliums. Jetzt, da ihr geistiger Führer von ihnen genommen war, arbeiteten die Prediger noch eifriger als zuvor. Viele Menschen kamen zusammen, um ihren Lehren zu lauschen. Einige Adlige und sogar die Gemahlin des Königs waren unter den Bekehrten. An vielen Orten zeigte sich eine bemerkenswerte Umgestaltung der Sitten des Volkes, und auch die irreführenden Symbole des Papsttums wurden aus den Kirchen entfernt. Bald jedoch brach ein erbarmungsloser Sturm der Verfolgung über jene los, die es gewagt hatten, die Heilige Schrift als ihren Führer anzunehmen. Die englischen Fürsten, eifrig darauf bedacht, ihre Macht zu stärken, indem sie sich Roms Beistand sicherten, zögerten nicht, die Reformatoren dem Untergang zu weihen. Zum ersten Mal in der Geschichte Englands wurde der Scheiterhaufen für die Boten des Evangeliums aufgerichtet. Ein Märtyrertum folgte dem andern. Die geächteten und gefolterten Verteidiger der Wahrheit konnten nur zu Gott, dem Herrn, schreien. Als Kirchenfeinde und Landesverräter verfolgt, hörten sie dennoch nicht auf, an geheimen Orten zu predigen, wobei sie, so gut es ging, in den bescheidenen Wohnungen der Armen Zuflucht fanden und sich oft in Gruben und Höhlen verbargen. Trotz des Wütens der Verfolgung wurde jahrhundertelang ein ruhiger, in christlichem Geist geführter, ernster und geduldiger Widerstand gegen die vorherrschende Verderbnis der Religion fortgesetzt. Die Christen der damaligen Zeit kannten die Wahrheit nur teilweise, aber sie hatten gelernt, Gottes Wort zu lieben, ihm zu gehorchen und um seinetwillen geduldig zu leiden. Wie die Gläubigen in den apostolischen Tagen opferten viele

ihren weltlichen Besitz für die Sache Christi. Die in ihren eigenen Wohnungen sein durften, gewährten ihren vertriebenen Brüdern freudig Obdach, und als auch sie vertrieben wurden, nahmen sie das Los der Verstoßenen freudig auf sich. Allerdings erkauften Tausende, erschreckt durch die Wut ihrer Verfolger, ihre Freiheit, indem sie ihren Glauben aufgaben. Sie verließen die Gefängnisse in Bußkleidern, um ihren Widerruf öffentlich bekannt zu machen. Doch die Zahl derer – und darunter befanden sich Männer von adliger Herkunft ebenso wie einfache Leute – war nicht gering, die in Gefängniszellen, in »Lollarden-Türmen«, bei Folterschmerzen und Flammen furchtlos für die Wahrheit zeugten und sich freuten, dass sie würdig erachtet wurden, »die Gemeinschaft der Leiden« Christi zu erfahren.

Es war Rom nicht gelungen, Wiklif zu Lebzeiten den Willen der Kirche aufzuzwingen, doch Roms Hass konnte nicht befriedigt werden, solange dessen Leib friedlich im Grab ruhte. Einem Erlass des Konzils zu Konstanz zufolge wurden seine Gebeine mehr als 40 Jahre nach seinem Tod ausgegraben, öffentlich verbrannt und die Asche in einen benachbarten Bach gestreut.«Der Bach«, sagt ein alter Schriftsteller, »führte seine Asche mit sich in den Avon, der Avon in die Severn, die Severn in die Meerengen und diese in den großen Ozean; und somit ist Wiklifs Asche ein Sinnbild seiner Lehre, die jetzt über die ganze Welt verbreitet ist.« Fuller, „Church History of Britain", 4.Buch, 2.Abschnitt, § 54. Seine Feinde erkannten kaum die Bedeutung ihrer gehässigen Tat.

Von Wiklifs Schriften angeregt, sagte sich Jan Hus in Böhmen von vielen Irrtümern der römischen Kirche los und begann eine Aufgabe der Erneuerung. So wurde in diesen beiden so weit voneinander entfernten Ländern der Same der Wahrheit gesät. Von Böhmen erstreckte sich das Werk auf andere Länder. Der Sinn der Menschen wurde auf das lange Zeit vergessen gewesene Wort Gottes gerichtet. Gott bereitete der großen Reformation den Weg.

John Wiklif (1321-1384)

Wiklif und Lollardenprediger

KAPITEL 6

HUS UND HIERONIMUS

Beide Reformatoren waren in Böhmen tätig. Auch hier in diesem Land war es der Plan Roms, diese Mahner des wahren Glaubens »unschädlich« zu machen. Hus (1370 - 1415) kämpfte nicht gegen die Kirche selbst, sondern nur gegen den Missbrauch ihrer Autorität. Die Kirche verurteilte Hus und Hieronymus (1360 - 1416) zum Tode als Ketzer des Glaubens. Beide wurden hingerichtet, nachdem sie ein Zeugnis für die Wahrheit vor religiösen und weltlichen Führern geben konnten.

D as Evangelium war schon im neunten Jahrhundert nach Böhmen gebracht worden. Die Bibel wurde übersetzt und der öffentliche Gottesdienst in der Sprache des Volkes gehalten. Aber als die Macht des Papsttums zunahm, wurde auch das Wort Gottes verdunkelt. Gregor VII., der es sich zur Aufgabe gemacht hatte, den Stolz der Fürsten zu demütigen, war genauso darauf aus, das Volk zu unterdrücken. Dementsprechend erließ er eine Bulle, die den öffentlichen Gottesdienst in tschechischer Sprache untersagte. Der Papst erklärte, es sei dem Allmächtigen angenehm, dass seine Anbetung in einer unbekannten Sprache geschehe und dass viele Übel und Irrlehren aus der Nichtbeachtung dieser Regel entstanden seien. Comenius, „Historia Persecutionum Ecclesiae Bohemicae", S. 16; Wylie, „History of Protestantism", 3. Buch, Kapitel 1

Auf diese Weise ordnete Rom an, das Licht des Wortes Gottes auszulöschen und das Volk in Finsternis zu belassen. Doch Gott hatte andere Mittel und Wege zur Erhaltung der Gemeinde vorgesehen. Viele Waldenser und Albigenser, die durch die Verfolgung aus ihrer französischen und italienischen Heimat vertrieben worden waren, hatten sich in Böhmen angesiedelt. Wenn sie es auch nicht wagten, öffentlich zu lehren, arbeiteten sie doch eifrig im Untergrund. So wurde der wahre Glaube von Jahrhundert zu Jahrhundert bewahrt.

Schon vor Hus gab es in Böhmen Männer, die die Missstände der Kirche und die Laster des Volkes öffentlich verurteilten. Ihr Wirken fand weitgehend Beachtung. Die Befürchtungen der Priester wurden geweckt, und man begann die Boten des Evangeliums zu verfolgen. Gezwungen, ihren Gottesdienst in Wäldern und Bergen zu halten, wurden sie dort von Soldaten aufgespürt und viele umgebracht. Später wurde von Rom beschlossen, dass alle, die die römischen Gottesdienste verließen, verbrannt werden sollten. Während diese Christen ihr Leben dahingaben, richteten sie den Blick auf den

Sieg ihrer Sache. Einer von denen, die lehrten, dass das Heil nur durch den Glauben an den gekreuzigten Heiland zu finden sei, erklärte im Sterben: »Jetzt hat die Wut der Feinde die Oberhand über uns, aber es wird nicht für immer sein. Es wird sich einer aus dem einfachen Volk erheben, ohne Schwert und Autorität, gegen den sie nichts vermögen werden.« Comenius, „Hist. Pers. Eccl. Bohem.", S. 20; Wylie, ebd., 3.Buch, Kapitel 3 Luthers Zeit war noch weit entfernt; aber schon trat einer auf, dessen Zeugnis gegen Rom die Völker bewegen sollte.

Jan Hus war von einfacher Herkunft und wurde durch den Tod seines Vaters frühzeitig Halbwaise. Seine fromme Mutter, die eine Erziehung in der Furcht Gottes als wertvollsten Besitz ansah, wollte ihrem Sohn dieses Gut vermitteln. Hus besuchte erst die Kreisschule und begab sich dann auf die Universität in Prag, wo man ihm eine Freistelle gewährte. Seine Mutter begleitete ihn auf der Reise. Anm 19 Da sie arm und verwitwet war, konnte sie ihrem Sohn keine weltlichen Güter mitgeben, doch als sie sich der großen Stadt näherten, kniete sie mit dem vaterlosen Jungen nieder und erflehte für ihn den Segen ihres himmlischen Vaters. Wie wenig ahnte die Mutter, auf welche Weise ihr Gebet erhört werden sollte!

An der Universität zeichnete sich Hus bald durch seinen unermüdlichen Fleiß und seine raschen Fortschritte aus. Sein tadelloser Wandel und sein freundliches, liebenswürdiges Betragen erwarben ihm allgemeine Achtung. Er war ein aufrichtiger Anhänger der römischen Kirche, und ihn verlangte ernstlich nach dem von ihr versprochenen Segen. Anlässlich einer Jubiläumsfeier ging er zur Beichte, gab seine letzten wenigen Geldstücke, die er besaß und schloss sich der Prozession an, um die verheißene Absolution erhalten zu können. Nachdem er seine Studien abgeschlossen hatte, trat er in den Priesterstand, in dem er rasch zu Ehren kam und bald an den königlichen Hof berufen wurde. Zudem wurde er zum Professor und später zum Rektor Anm 20 der Universität ernannt, an der er studiert hatte. In wenigen Jahren war der bescheidene Freischüler der Stolz seines Vaterlandes geworden, und sein Name wurde in ganz Europa bekannt.

Jan Hus begann jedoch auf einem andern Gebiet das Werk der Erneuerung. Einige Jahre nach Empfang der Priesterweihe wurde er zum Prediger an der Bethlehemskapelle ernannt. Der Gründer dieser Kapelle sah das Predigen der Heiligen Schrift in der Landessprache als außerordentlich wichtig an. Obwohl dieser Brauch den schärfsten Widerstand Roms hervorrief, war er doch in Böhmen nicht völlig eingestellt worden. Dennoch blieb die Unkenntnis der Heiligen Schrift groß, und die schlimmsten Laster herrschten unter den Menschen aller Gesellschaftsschichten. Schonungslos trat Hus diesen Übelständen entgegen, indem er sich auf das Wort Gottes berief, die Grundsätze der Wahrheit und Reinheit durchzusetzen, die er unterrichtete. Ein Bürger von Prag, Hieronymus, der sich später fest mit Hus verband, hatte bei seiner Rückkehr aus England Wiklifs Schriften mitgebracht. Die Königin von England, die sich zu Wiklifs Lehren bekannte, war eine böhmische Prinzessin, und durch ihren Einfluss wurden die Schriften des Reformators auch in ihrem Heimatland weit verbreitet. Mit größtem Interesse las Hus diese Werke. Er hielt den Verfasser für einen aufrichtigen Christen und war bereit, die Reform, die dieser vertrat, wohlwollend zu betrachten. Schon hatte Hus, ohne es zu wissen, einen Pfad betreten, der ihn weit von Rom wegführen sollte.

Ungefähr um diese Zeit kamen in Prag zwei Freunde aus England an, Gelehrte, die das Licht kennengelernt hatten und in diesem entlegenen Land verbreiten wollten. Da sie mit einem offenen Angriff auf die Oberherrschaft des Papstes begannen, wurden sie von den Behörden zum Schweigen gebracht. Weil sie aber nicht bereit waren, ihre Absicht aufzugeben, verwendeten sie andere Mittel. Sie waren sowohl Prediger als auch Künstler und versuchten es mit ihrer Geschicklichkeit. An einem den Menschen zugänglichen Ort zeichneten sie zwei Bilder: eines stellte Jesus bei seinem Einzug in Jerusalem dar, sanftmütig und auf einem Esel reitend, (Matthäus 21,5) gefolgt von seinen Jüngern, barfuß und mit von der Reise abgetragenen Kleidern. Das andere Bild zeigte eine päpstliche Prozession – den Papst bekleidet mit seinen reichen Gewändern und der dreifachen Krone, auf einem prächtig geschmückten Pferd sitzend; vor ihm her gingen Trompeter, und hinter ihm folgten die Kardinäle, Priester und Prälaten in verwirrender Pracht.

Das war eine Predigt, die die Aufmerksamkeit aller Menschen auf sich zog. Ganze Scharen kamen herbei, um die Zeichnungen zu bestaunen. Jeder verstand die darin enthaltene Lehre, und auf viele machte der große Unterschied zwischen der Sanftmut und Demut Christi, des Meisters, und dem Stolz und der Anmaßung des Papstes, seines angeblichen Dieners, einen tiefen Eindruck. In Prag entstand große Aufregung, und nach einer Weile fanden es die Fremden für ihre eigene Sicherheit besser, weiterzuziehen. Die Lehre aber, die sie verkündigt hatten, wurde nicht vergessen. Hus zeigte sich von diesen Bildern tief beeindruckt, und sie veranlassten ihn zu einem gründlicheren Studieren der Bibel und der Schriften Wiklifs. Obwohl er auch jetzt noch nicht vorbereitet war, alle von Wiklif befürworteten Reformen anzunehmen, sah er doch deutlicher den wahren Charakter des Papsttums und brandmarkte mit größerem Eifer den Stolz, die Anmaßung und die Verderbtheit der Priesterherrschaft. Von Böhmen breitete sich das Licht nach Deutschland aus, denn Unruhen an der Universität in Prag bewirkten, dass Hunderte von deutschen Studenten die

dortige Universität verließen. Viele von ihnen hatten von Hus

Jan Hus (1370-1415)

Hieronymus (1370-1416)

die erste Kenntnis der Bibel erhalten und verbreiteten nach ihrer Rückkehr in ihrem Vaterland das Evangelium.

Die Nachricht von den Prager Geschehnissen gelangte nach Rom, und bald wurde Hus aufgefordert, vor dem Papst zu erscheinen. Gehorchen hätte hier bedeutet, sich dem sicheren Tod auszusetzen, deshalb verfassten der König und die Königin von Böhmen, die Universität, Mitglieder des Adels und etliche Regierungsbeamte eine Bittschrift an den Papst, es Hus zu gestatten, in Prag zu bleiben und einen Bevollmächtigten nach Rom zu schicken. Palacky, „Geschichte Böhmens", Bd. III, 6.Buch, S. 257 f. Statt diese Bitte zu erfüllen, nahm der Papst die Untersuchung selbst in die Hand, verurteilte Hus und verhängte über die Stadt Prag den Bann.

Zu jener Zeit rief ein solches Urteil, wo es auch ausgesprochen wurde, große Bestürzung hervor. Die Begleitumstände erschreckten die Menschen, denn sie sahen den Papst als den Stellvertreter Gottes an, der die Schlüssel Himmels und der Hölle sowie die Macht besäße, weltliche und auch geistliche Strafgerichte zu verhängen. Man glaubte, dass die Tore des Himmels für die mit dem Bann belegten Gebiete verschlossen seien und dass die Toten von den Wohnungen der Glückseligkeit ausgeschlossen wären, bis es dem Papst gefalle, den Bann aufzuheben. Als Zeichen dieses schrecklichen Zustandes wurden alle Gottesdienste eingestellt, die Kirchen geschlossen, die Hochzeiten auf den Kirchhöfen vollzogen und die Toten, da ihnen die Bestattung in geweihtem Boden versagt war, ohne die übliche Begräbnisfeier in Gräben oder Feldern zur Ruhe gelegt. Durch diese Maßnahmen, welche auf das Vorstellungsvermögen einwirkten, versuchte Rom, die Gewissen der Menschen zu beherrschen. In Prag herrschte Aufruhr. Ein großer Teil klagte Hus als Urheber alles Unglücks an und verlangte, dass er der Vergeltung Roms übergeben werde. Um den Aufruhr zu beruhigen, zog sich der Reformator eine Zeit lang zu Freunden nach Kozi Hrádek und später zur Burg Krakovec zurück. In seinen Briefen an seine Freunde in Prag schrieb er: »Wisset also, dass ich, durch diese Ermahnung Christi und sein Beispiel geleitet, mich zurückgezogen habe, um nicht den Bösen Gelegenheit zur ewigen Verdammnis und den Guten zur Belastung und Kummer Ursache zu werden; und dann auch, damit nicht die gottlosen Priester die Predigt des göttlichen Wortes ganz verhindern sollten. Ich bin also nicht deshalb ausgewichen, damit durch mich die göttliche Wahrheit verleugnet würde, für welche ich mit Gottes Beistand zu sterben hoffe.«

Neander, „Kirchengeschichte", 6.Per., 2.Abschnitt, 2.Teil, § 47; Bonnechose, „Les réformateurs avant la réforme du XVI, siécle", 1.Buch, S. 94.95,Paris, 1845

Hus gab seine Arbeit nicht auf, sondern bereiste die umliegende Gegend und predigte der erwartungsvollen Menge. So wurden die Maßnahmen des Papstes, um das Evangelium zu unterdrücken, zur Grundlage seiner weiteren Ausbreitung. »Denn wir vermögen nichts gegen die Wahrheit, sondern nur für die Wahrheit.« 2.Korinther 13,8; Schlachter 2000 - GC Page 102

»Hus muss in dieser Zeit seiner Laufbahn einen schmerzlichen Kampf durchgemacht haben. Obwohl die Kirche ihn durch die Verhängung des Bannes zu besiegen versuchte, hatte er sich nicht von ihrer Autorität losgesagt. Die römische Kirche war für ihn immer noch die Braut Christi, und der Papst Gottes Stellvertreter und Statthalter. Hus kämpfte gegen den Missbrauch der Autorität und nicht gegen den Grundsatz selbst. Dadurch entstand ein fürchterlicher Kampf zwischen den Überzeugungen seiner Vernunft und den Forderungen seines Gewissens. War die Autorität gerecht und unfehlbar, wie er doch glaubte, wie kam es, dass er sich gezwungen fühlte, ihr ungehorsam zu sein? Gehorchen hieß für ihn sündigen; aber warum sollte der Gehorsam gegen eine unfehlbare Kirche zu solchen Folgen führen? Dies war eine Frage, die er nicht beantworten konnte; es war der Zweifel, der ihn von Stunde zu Stunde quälte. Die größten Zugeständnisse, die ihm möglich schienen, brachten ihn in die gleichen Verhältnisse mit denen, die in den Tagen des Heilandes herrschten, dass die Priester der Kirche gottlos geworden waren und sich ihrer rechtmäßigen Autorität zu unrechtmäßigen Zwecken bedienten. Dies veranlasste ihn, für sich selbst den Grundsatz aufzurichten und ihn anderen als den ihren einzuschärfen, dass die Lehren der Heiligen Schrift durch das Verständnis unser Gewissen beherrschen sollen; mit anderen Worten, dass Gott der unfehlbare Führer ist, der in der Heiligen Schrift spricht und nicht in der Kirche, die durch

die Priester redet.« Wylie, „History of Protestantism", 3.Buch, Kapitel 2

Als sich die Aufregung in Prag nach einiger Zeit legte, kehrte Hus zur Bethlehemskapelle zurück, um mit größerem Eifer und Mut die Predigt des Wortes Gottes fortzusetzen. Seine Feinde waren wachsam und mächtig, aber die Königin und viele Adlige galten als seine Freunde, und auch viele aus dem Volk hielten zu ihm. Sie verglichen seine reinen und aufbauenden Lehren und sein frommes Leben mit den entwürdigenden Glaubenssätzen, die die römische Geistlichkeit predigte, und mit dem Geiz und der Schwelgerei, die jene trieben, und rechneten es sich zur Ehre an, auf seiner Seite zu stehen.

Bis dahin hatte Hus in seiner Arbeit allein gestanden, nun aber verband sich mit ihm in seiner reformatorischen Aufgabe Hieronymus, der während seines Aufenthaltes in England die Lehren Wiklifs angenommen hatte. Die beiden wirkten von da an in ihrem Leben Hand in Hand und sollten auch im Tod nicht getrennt werden. Hieronymus besaß glänzende Anlagen, er war sehr beredt und gebildet – Gaben, welche die Öffentlichkeit beeindrucken, doch in den Eigenschaften, die wahre Charakterstärke ausmachen, war Hus der Größere. Sein besonnenes Urteil zügelte den ungestümen Geist von Hieronymus, und da dieser in christlicher Demut die Bedeutung von Hus erkannte, fügte er sich seinen Ratschlägen. Durch ihre gemeinsame Arbeit breitete sich die Reformbewegung schneller aus.

Gott erleuchtete den Verstand dieser auserwählten Männer und offenbarte ihnen viele Irrtümer Roms, doch sie erhielten nicht alles Licht, das der Welt gegeben werden sollte. Durch diese Diener Gottes führte er seine Kinder aus der Finsternis der römischen Kirche. Weil es jedoch viele und große Hindernisse zu überwinden gab, führte er sie Schritt für Schritt, wie sie es bewältigen konnten. Sie waren nicht vorbereitet, alles Licht auf einmal zu empfangen. Wie der volle Glanz der Mittagssonne solche, die lange im Dunkeln waren, blendet, so würden sie sich auch von diesem Licht abgewandt haben, falls es ihnen schon in Fülle gestrahlt hätte. Deshalb offenbarte Gott es den Führern nach und nach, wie das Volk das Licht aufzunehmen in der Lage war. Von Jahrhundert zu Jahrhundert sollten immer wieder andere treue Verkündiger des Evangeliums folgen, um die Menschen auf dem Pfad der geistlichen Erneuerung weiterzuführen.

Die Spaltung in der Kirche hielt weiter an. Anm 21 Drei Päpste stritten um die Oberherrschaft, und ihre Kämpfe erfüllten die Christenheit mit Verbrechen und Aufruhr. Nicht damit zufrieden, ihre Bannstrahlen zu schleudern, griffen sie auch zu weltlichen Mitteln. Jeder versuchte, Waffen zu kaufen und Söldner anzuwerben. Natürlich musste Geld herbeigeschafft werden. Und um das zu erreichen, wurden alle Gaben, Ämter und Segnungen der Kirche zum Verkauf angeboten. Anm 22 Genauso nahmen die Priester, die dem

Beispiel ihrer Vorgesetzten folgten, ihre Zuflucht zur Simonie und zum Krieg, um ihre Rivalen zu demütigen und ihre eigene Macht zu stärken. Mit täglich wachsender Kühnheit donnerte Hus gegen die Gräuel, die im Namen der Religion geduldet wurden; und das Volk klagte öffentlich die römischen Leiter als Ursache des Elends an, das die Christenheit überflutet.

Wiederum schien Prag an der Schwelle eines blutigen Kampfes zu stehen. Wie schon in früherer Zeit wurde der Diener Gottes angeklagt, derjenige zu sein, »der Israel verwirrt«. 1.Könige 18,17 Die Stadt wurde erneut in den Bann getan, und Hus zog sich in seine heimatliche Umgebung zurück. Die Zeit, da er in seiner geliebten Bethlehemkapelle so treu Zeugnis abgelegt hatte, war zu Ende. Er sollte von einer größeren Bühne herab zur ganzen Christenheit reden, ehe er sein Leben als Zeuge für die Wahrheit dahingab.

Um die Missstände, die Europa zerrütteten zu beseitigen, wurde ein allgemeines Konzil nach Konstanz einberufen. Das Konzil kam durch die beharrlichen Bemühungen Sigismunds zustande, der einen der drei Gegenpäpste, Johann XXIII. [in der offiziellen Papstchronologie nicht aufgeführt], dazu drängte. Diese Aufforderung war dem Papst Johann zwar unwillkommen, denn sein Charakter und seine Absichten konnten eine Untersuchung schlecht ertragen, nicht einmal von solchen Prälaten, die in ihren Sitten ebenso locker waren, wie die Geistlichkeit jener Zeit allgemein. Er wagte es jedoch nicht, sich dem Willen Sigismunds zu widersetzen. Anm 23

Das Hauptanliegen dieses Konzils war die Beseitigung der Kirchenspaltung und die Ausrottung der Ketzerei. Es wurden deshalb die beiden Gegenpäpste sowie der Hauptvertreter der neuen Ansichten, Jan Hus, aufgefordert, vor ihm zu erscheinen. Jene erschienen aus Rücksicht auf ihre eigene Sicherheit nicht persönlich, sondern ließen sich durch ihre Gesandten vertreten. Papst Johann, vordergründig der Einberufer des Konzils, erschien selbst nur sehr besorgt, denn er vermutete, der Kaiser habe die heimliche Absicht, ihn abzusetzen, und er fürchtete, für die Laster, die die päpstliche Krone entwürdigt, und für die Verbrechen, die ihn auf den Thron gehoben hatten, zur Rechenschaft gezogen zu werden. Doch kam er nach Konstanz mit großem Gepränge, umgeben von Geistlichen höchsten Ranges und gefolgt von einem Zug von Dienern. Der ganze Klerus und die Würdenträger der Stadt kamen heraus und eine riesige Menschenmenge, um ihn willkommen zu heißen. Über seinem Haupt schwebte ein goldener Baldachin, getragen von vier höchsten Beamten. Vor ihm her trug man die Hostie. Die reichen Gewänder der Kardinäle und des Adels ergaben ein eindrucksvolles Bild.

In dieser Zeit näherte sich ein anderer Reisender Konstanz. Hus war sich der Gefahren, die ihm drohten, bewusst. Er schied von seinen

Freunden, als käme er nie wieder mit ihnen zusammen, und machte sich mit dem Gefühl auf den Weg, dass dieser ihn zum Scheiterhaufen führen werde. Obwohl er ein Sicherheitsgeleit vom König von Böhmen erhalten hatte und ihm auf der Reise noch ein Geleitbrief von Kaiser Sigismund zugestellt wurde, traf er doch alle Vorbereitungen im Hinblick auf seinen wahrscheinlichen Tod.

In einem an seine Freunde in Prag gerichteten Brief schrieb er: »Ich hoffe auf Gott, meinen allmächtigen Heiland, dass er seiner Verheißung wegen und wegen eures heißen Gebets mir Weisheit verleihen wird und eine geschickte Zunge, so dass ich ihnen zu widerstehen vermögen werde. Er wird mir auch verleihen ein Gemüt, zu verachten die Versuchungen, den Kerker, den Tod; wie wir sehen, dass Christus selbst gelitten hat um seiner Auserwählten willen, indem er uns ein Beispiel gab, für ihn und unser Heil alles zu erdulden. Gewiss kann nicht umkommen, wer an ihn glaubt und in seiner Wahrheit verharrt ... Wenn mein Tod seinen Ruhm verherrlichen kann, so möge er ihn beschleunigen und mir die Gnade geben, alles Übel, welches es auch sei, guten Muts ertragen zu können. Wenn es aber für mein Heil besser ist, dass ich zu euch zurückkehre, so wollen wir Gott darum bitten, dass ich ohne Unrecht vom Konzil wieder zu euch komme; das heißt ohne Beeinträchtigung seiner Wahrheit, so dass wir dieselbe nachher reiner erkennen können, die Lehre des Antichrist vertilgen und unseren Brüdern ein gutes Beispiel zurücklassen ... Vielleicht werdet ihr mich in Prag nicht wiedersehen; wenn aber Gott nach seiner Gnade mich euch wiederschenken will, so werden wir mit desto freudigerem Gemüt in dem Gesetz des Herrn fortschreiten.« Neander, „Kirchengesch.", 6.Per., 2.Abschnitt, 2.Teil, §49

In einem andern Brief an einen Priester, der ein Jünger des Evangeliums geworden war, sprach Hus mit tiefer Demut von seinen Fehlern und klagte sich an, mit Genugtuung reiche Gewänder getragen und Stunden mit wertlosen Dingen vergeudet zu haben. Er fügte folgende zu Herzen gehende Ermahnung hinzu: »Möge die Herrlichkeit Gottes und das Heil von Seelen dein Gemüt in Anspruch nehmen und nicht der Besitz von Unterhalt und Vermögen. Hüte dich, dein Haus mehr zu schmücken als deine Seele, und verwende deine größte Sorgfalt auf das geistliche Gebäude. Sei liebevoll und demütig den Armen gegenüber und verschwende deine Habe nicht durch Festgelage. Solltest du dein Leben nicht bessern und dich des Überflüssigen enthalten, so fürchte ich, wirst du hart gezüchtigt werden, wie ich selbst es bin ...

Du kennst meine Lehre, denn du hast meine Unterweisungen von deiner Kindheit an empfangen, deshalb ist es nicht nötig, dir weiter zu schreiben. Aber ich ermahne dich bei der Gnade unseres Herrn, mich nicht in irgendeiner der Eitelkeiten nachzuahmen, in welche du mich hast fallen gesehen.« Auf dem Umschlag des Briefes fügte er bei: »Ich beschwöre dich, mein Freund, diese Siegel nicht zu brechen, bis du die Gewissheit erlangt hast, dass ich tot bin.« Bonnechose, „Les réformateurs avant la réforme du XVI. siécle", 1. Buch, S. 163,164 Auf seiner Reise sah Hus überall Anzeichen der Verbreitung seiner Lehren und die Unterstützung für seine Sache. Die Menschen kamen zusammen, um ihn zu begrüßen, und in einigen Städten begleitete ihn der Magistrat durch die Straßen. Nach seiner Ankunft in Konstanz konnte sich Hus zuerst völlig frei bewegen. Dem Sicherheitsgeleit des Kaisers fügte man noch eine Versicherung des päpstlichen Schutzes hinzu. Trotz dieser feierlichen und wiederholten Erklärungen wurde der Reformator bald danach mit Zustimmung des Papstes und der Kardinäle verhaftet und in einem ekelerregenden Verlies festgehalten. Später brachte man ihn zu der stark befestigten Burg Gottlieben jenseits des Rheins und hielt ihn dort gefangen. Dem Papst aber nützte sein Treuebruch nichts, denn er war bald danach auf derselben Burg eingekerkert. Bonnechose, ebd., S. 269 Er wurde von dem Konzil der gemeinsten Verbrechen schuldig gesprochen – Mord, Simonie, Unkeuschheit und »anderer Sünden, die nicht passend sind, genannt zu werden«, wie das Konzil selbst erklärte. Die Krone wurde ihm genommen und er ins Gefängnis geworfen. Hefele, „Konziliengeschichte", Bd. VII, S. 139-141 Die Gegenpäpste setzte man ebenfalls ab; dann wählten die Versammelten einen neuen Pontifex.

Dem Papst selbst wurden größere Verbrechen zur Last gelegt, als Hus je den Priestern nachgewiesen und abzustellen verlangt hatte. Doch dasselbe Konzil, das den Papst abgesetzt hatte, beschloss die Vernichtung des Reformators. Die Gefangennahme von Hus rief große Entrüstung in Böhmen hervor. Mächtige Adlige protestierten gegen diese Schmach. v. Höfler, „Die Geschichtsschreiber der hussitischen Bewegung", S. 179 f. Der Kaiser, der die Verletzung seines Sicherheitsgeleites ungern zugab, widersetzte sich dem Vorgehen gegen Hus. Palacky, „Geschichte Böhmens", Bd. VI, S. 327 f. Die Feinde des Reformators waren aber gehässig und fest entschlossen, ihren Plan auszuführen. Sie nutzten des Kaisers Vorurteile, seine Ängstlichkeit und seinen Eifer für die Kirche aus. Sie brachten weitschweifige Beweise vor, um zu erklären, dass man nicht daran gebunden ist, »Ketzern und Leuten, die unter dem Verdacht der Ketzerei stünden, Wort zu halten, selbst wenn sie auch mit Sicherheitsgeleit von Kaiser und König versehen seien«. Lenfant, „Histoire du concile de Constance", Bd. I, S. 516; Ranke, „Weltgeschichte", Bd. XIII, S. 131,132; Oncken, „Allgemeine Geschichte", dort; Prutz, „Staatengeschichte des Abendlandes im Mittelalter", Bd. II, S. 377,378 Auf diese Weise setzten sie ihren Willen durch. Durch Krankheit und Gefangenschaft geschwächt, wurde Hus endlich vor das Konzil geführt. Die feuchte, verdorbene Luft seines Kerkers verursachte Fieber, das sein Leben ernstlich bedrohte. Mit Ketten gebunden

stand er vor dem Kaiser, der seine Ehre und sein Wort verpfändet hatte, ihn zu beschützen. Anm 24 Während seines langen Verhörs vertrat er standhaft die Wahrheit und schilderte vor den versammelten Würdenträgern der Kirche und des Reiches ernst und gewissenhaft die Missstände der Priesterherrschaft. Als man ihn wählen ließ, seine Lehren zu widerrufen oder zu sterben, zog er das Schicksal des Märtyrers vor.

Gottes Gnade hielt ihn aufrecht. Während der Leidenswochen, die seiner endgültigen Verurteilung vorausgingen, erfüllte der Friede des Himmels seine Seele. In einem Abschiedsbrief an einen Freund schrieb er: »Ich schrieb diesen Brief im Kerker und in Ketten, mein Todesurteil morgen erwartend ... Was der gnädige Gott an mir bewirkt und wie er mir beisteht in merkwürdigen Versuchungen, werdet ihr erst dann verstehen, wenn wir uns bei unserem Herrn Gott durch dessen Gnade in Freuden wiederfinden.«

»In der Dunkelheit seines Kerkers sah er den Sieg des wahren Glaubens voraus. In seinen Träumen wurde er in die Bethlehemskapelle zu Prag zurückversetzt, wo er das Evangelium gepredigt hatte, und er sah, wie der Papst und seine Bischöfe die Bilder Jesu Christi, die er an die Wände der Kirche hatte malen lassen, auslöschten. Dies Traumbild betrübte ihn, aber, am andern Tage stand er auf und sah viele Maler, welche noch mehr Bilder und schönere entworfen hatten, die er mit Freuden anblickte. Und die Maler sprachen, umgeben von vielem Volk: ,Mögen die Bischöfe und Priester kommen und diese Bilder zerstören!' Der Reformator setzte hinzu: »So hoffe ich doch, dass das Leben Christi, das in Bethlehem durch mein Wort in den Gemütern der Menschen abgebildet worden .... durch eine größere Anzahl von besseren Predigern, als ich bin, besser wird abgebildet werden, zur Freude des Volkes, welches das Leben Christi liebt.« Neander, „Kirchengeschichte", 6.Per. 2.Abschnitt, 2.Teil, §73

Zum letzten Mal wurde Hus vor das Konzil gestellt. Es war eine große und pompöse Versammlung – der Kaiser, Reichsfürsten, königliche Abgeordnete, Kardinäle, Bischöfe, Priester und eine große Volksmenge, die als Zuschauer am Ereignis teilnahmen. Aus allen Teilen der Christenheit waren Zeugen dieses ersten großen Opfers in dem lange währenden Kampf versammelt, durch den die Gewissensfreiheit gesichert werden sollte.

Als Hus zu einer letzten Aussage aufgefordert wurde, weigerte er sich beharrlich, abzuschwören, und seinen durchdringenden Blick auf den Fürsten richtend, dessen verpfändetes Wort so dreist verletzt worden war, erklärte er: »Ich bin aus eigenem und freiem Entschluss vor dem Konzil erschienen, unter dem öffentlichen Schutz und dem Ehrenwort des hier anwesenden Kaisers.« Bonnechose, ebd., 2.Buch, S. 84; Palacky, „Geschichte Böhmens", Bd. VI, S. 364

Tiefe Röte stand im Gesicht Sigismunds, als sich die Augen der ganzen Versammlung auf ihn richteten. Das Urteil wurde gefällt, und die Zeremonie der Amtsenthebung begann. Die Bischöfe kleideten ihren Gefangenen in das priesterliche Gewand. Als er es anlegte, sagte er: „Unser Herr Jesus Christus wurde zum Zeichen der Schmähung mit einem weißen Mantel bedeckt, als Herodes ihn vor Pilatus bringen ließ." Bonnechose, ebd., 3.Buch, S. 95.96 Abermals zum Widerruf ermahnt, sprach er zum Volk: »Mit welchem Auge könnte ich den Himmel anblicken, mit welcher Stirn könnte ich auf diese Menschenmenge sehen, der ich das reine Evangelium gepredigt habe? Nein, ich erachte ihre Seligkeit höher als diesen armseligen Leib, der nun zum Tode bestimmt ist.« Dann wurden ihm die Teile des Priesterornats nacheinander abgenommen. Während dieser Handlung sprach jeder Bischof einen Fluch über ihn aus. Schließlich »wurde ihm eine hohe Papiermütze aufgesetzt, mit Teufeln bemalt, welche vorn die auffällige Inschrift trug: ‚Haeresiarcha' [Erzketzer]. ‚Mit größter Freude' sagte Hus ‚will ich diese Krone der Schmach um deinetwillen tragen, o Jesus, der du für mich die Dornenkrone getragen hast.'«

Als er so zurechtgemacht war, sprachen die Prälaten: »Nun übergeben wir deine Seele dem Teufel.« »Aber ich«, sprach Hus, seine Augen zum Himmel erhoben, „befehle meinen Geist in deine Hände, o Herr Jesus, denn du hast mich erlöst.« Dann wurde er der weltlichen Obrigkeit übergeben und zum Richtplatz geführt. Ein riesiger Zug folgte nach, Hunderte von Bewaffneten, Priestern und Bischöfen in ihren kostbaren Gewändern und die Einwohner von Konstanz. Als er gebunden am Pfahl stand und alles zum Anzünden des Feuers bereit war, wurde er nochmals ermahnt, sich durch Widerruf seiner Irrtümer zu retten. »Welche Irrtümer«, sagte Hus, »sollte ich widerrufen, da ich mir keines Irrtums bewusst bin? Ich rufe Gott zum Zeugen an, dass ich das, was falsche Zeugen gegen mich behaupteten, weder gelehrt noch gepredigt habe! Ich wollte die Menschen von ihren Sünden abbringen! Was immer ich sagte und schrieb, war stets für die Wahrheit; deshalb stehe ich bereit, die Wahrheit, welche ich geschrieben und gepredigt habe, freudigst mit meinem Blut zu besiegeln.« Wylie, „History of Protestantism", 3.Buch, Kapitel 7; Nigg, „Geschichte der Ketzer" Als das Feuer ihn umflammte, begann Hus laut zu singen: »Christe, du Sohn des lebendigen Gottes, erbarme dich meiner!« Neander, „Kirchengeschichte", 6.Per., 2.Abschnitt, 2.Teil, § 69; Hefele, „Konziliengeschichte", Bd. VI, S. 209 f. Er sang so lange, bis seine Stimme für immer verstummte.

Selbst seine Feinde bewunderten seine heldenhafte Haltung. Ein päpstlicher Schriftsteller, der den Märtyrertod des Hus und des Hieronymus, der ein Jahr darauf starb, beschreibt, sagt: »Beide ertrugen den gewaltsamen Tod mit standhaftem Gemüt und bereiteten sich auf das Feuer vor, als ob sie zu einem Hochzeitsfest geladen wären. Sie gaben keinen Schmerzenslaut von sich. Als

die Flammen emporschlugen, fingen sie an, Loblieder zu singen, und kaum vermochte die Heftigkeit des Feuers ihrem Gesang Einhalt zu gebieten.« Aeneas Sylvius, „Hit. Bohem." Als der Körper von Hus völlig verbrannt war, wurde seine Asche samt der Erde, auf der sie lag, gesammelt, in den Rhein geworfen und auf diese Weise ins Meer geleitet. Seine Verfolger bildeten sich törichterweise ein, sie hätten die von ihm verkündeten Wahrheiten ausgerottet. Nur schwer erahnten sie, dass die Asche, die an jenem Tag dem Meer zuströmte, dem Samen gleichen sollte, der über alle Länder der Erde ausgestreut wird, und dass er in noch unbekannten Ländern eine reiche Ernte an Zeugen für die Wahrheit hervorbringen würde. Durch die Stimme, die im Konziliumssaal zu Konstanz gesprochen hatte, war ein Widerhall entstanden, der durch alle künftigen Zeitalter fortgepflanzt werden sollte. Hus war nicht mehr, aber die Wahrheit, für die er gestorben war, konnte nicht untergehen. Sein Beispiel des Glaubens und der Standhaftigkeit würde viele ermutigen, trotz Qual und Tod entschieden für die Wahrheit einzustehen. Seine Verbrennung hatte der ganzen Welt die hinterlistige Grausamkeit Roms offenbart. Unbewusst hatten die Feinde der Wahrheit die Sache gefördert, die sie zu vernichten gedachten.

Noch ein zweiter Scheiterhaufen sollte in Konstanz aufgerichtet werden. Das Blut eines andern Märtyrers sollte für die Wahrheit zeugen. Als Hus sich vor seiner Abreise zum Konzil von Hieronymus verabschiedete, wurde er von diesem zu Mut und Standhaftigkeit ermahnt. Hieronymus erklärte Hus, er werde zu seinem Beistand herbeieilen, falls er in irgendeine Gefahr gerate. Als er von der Einkerkerung des Reformators hörte, bereitete sich der treue Freund sofort vor, sein Versprechen einzulösen. Ohne Sicherheitsgeleit machte er sich mit einem einzigen Gefährten auf den Weg nach Konstanz. Nach seiner Ankunft musste er sich überzeugen lassen, dass er sich nur in Gefahr begeben hatte, ohne etwas für die Befreiung von Hus tun zu können. Er floh aus der Stadt, wurde aber auf der Heimreise verhaftet, in Ketten gelegt und von Soldaten bewacht zurückgebracht. Beim ersten Erscheinen vor dem Konzil wurden seine Versuche, auf die gegen ihn vorgebrachten Anklagen zu antworten, mit dem Ruf erwidert: »In die Flammen mit ihm, in die Flammen!« Bonnechose, ebd., 2.. Buch, S. 256 Man warf ihn in ein Verlies, kettete ihn in einer Lage an, die ihm große Schmerzen verursachte, und gab ihm nur Wasser und Brot. Nach einigen Monaten erkrankte Hieronymus unter den Grausamkeiten seiner Gefangenschaft lebensgefährlich, und da seine Feinde befürchteten, er könnte seiner Strafe entrinnen, behandelten sie ihn weniger hart; dennoch brachte er insgesamt ein Jahr im Gefängnis zu.

Der Tod von Hus hatte nicht die Wirkung gehabt, die Rom erhoffte. Die Verletzung des Sicherheitsgeleites hatte einen Sturm der Entrüstung hervorgerufen, und um sicher zu gehen, beschloss das Konzil, Hieronymus nicht zu verbrennen, sondern ihn, wenn möglich, zum Widerruf zu zwingen. Bonnechose, ebd., 3.Buch, S. 156; Palacky, „Geschichte Böhmens", Bd. VI, S. 312 Man brachte ihn vor die Versammlung und ließ ihn wählen, entweder zu widerrufen oder auf dem Scheiterhaufen zu sterben. Am Anfang seiner Kerkerhaft wäre der Tod für ihn eine Wohltat gewesen im Vergleich mit den schrecklichen Leiden, die er ausgestanden hatte, aber jetzt – geschwächt durch Krankheit, durch die strenge Haft und die Qualen der Angst und Ungewissheit, getrennt von seinen Freunden und entmutigt durch den Tod seines Glaubensfreundes Hus – ließ seine Standhaftigkeit nach, und er willigte ein, sich dem Konzil zu unterwerfen. Er verpflichtete sich, am katholischen Glauben festzuhalten, und stimmte dem Konzil in der Verdammung der Lehren von Wiklif und Hus zu, ausgenommen die „heiligen Wahrheiten", die sie gelehrt hatten. Vrie, „Hist. Conc. Const.", Bd. 1, S. 173-175; Hefele, „Konziliengeschichte", Bd. VII, S. 235; Schröckh, „Christliche Kirchengeschichte", XXXIV, S. 662 ff.

Durch diesen Ausweg versuchte Hieronymus, die Stimme seines Gewissens zu beruhigen und seinem Schicksal zu entrinnen. Doch in der Einsamkeit seines Gefängnisses sah er klarer, was er getan hatte. Er dachte an den Mut und die Treue seines Freundes und bewertete dagegen sein eigenes Verleugnen der Wahrheit. Er dachte an seinen göttlichen Meister, dem zu dienen er sich verpflichtet hatte, und der um seinetwillen ans Kreuz gegangen war. Vor seinem Widerruf hatte er in all seinen Leiden in der Gewissheit der Gnade Gottes Trost gefunden; jetzt aber quälten ihn Reue und Zweifel. Er wusste, dass er sich nur durch weitere Widerrufe mit Rom versöhnen konnte. Der Pfad, den er jetzt betrat, würde zum völligen Abfall führen. Sein Entschluss war daher gefasst: Er wollte seinen Herrn nicht verleugnen, um einer kurzen Leidenszeit zu entrinnen.

Hieronymus wurde erneut vor das Konzil gestellt. Seine Unterwerfung hatte seine Richter nicht zufriedengestellt. Durch den Tod von Hus angeregt, verlangten sie weitere Opfer. Nur durch eine bedingungslose Absage an die Wahrheit konnte Hieronymus sein Leben erhalten. Aber er hatte sich nun fest entschlossen, seinen Glauben zu bekennen und seinem Leidensbruder unbeirrt auf den Scheiterhaufen zu folgen.

Er nahm seinen Widerruf zurück und verlangte als ein dem Tod Verfallener feierlich eine Gelegenheit, sich zu verteidigen. Die Folgen seiner Worte fürchtend, bestanden die Kirchenfürsten darauf, dass er einfach die Wahrheit der gegen ihn erhobenen Anklagen bestätigen oder ableugnen solle. Hieronymus erhob Einwände gegen solche Grausamkeit und Ungerechtigkeit: »Ganze 340 Tage habt ihr mich in dem schwersten, schrecklichsten Gefängnis, da nichts

als Unflat, Gestank, Kot und Fußfesseln neben höchstem Mangel aller notwendigsten Dinge, gehalten. Meinen Feinden gewährt ihr gnädige Audienz, mich aber wollt ihr nicht eine Stunde hören ... Ihr werdet Lichter der Welt und verständige Männer genannt, so sehet zu, dass ihr nichts unbedachtsam wider die Gerechtigkeit tut. Ich bin zwar nur ein armer Mensch, welches Haut es gilt. Ich sage auch dies nicht, der ich sterblich bin, meinetwegen. Das verdrießt mich, dass ihr als weise, verständige Männer wider alle Billigkeit ein Urteil fällt.« Theobald, „Hussitenkrieg", S. 158

Sein Gesuch wurde ihm schließlich gewährt. In Gegenwart seiner Richter kniete Hieronymus nieder und betete, der göttliche Geist möge seine Gedanken und Worte leiten, damit er nichts spreche, was gegen die Wahrheit oder seines Meisters unwürdig sei. An ihm erfüllte sich an jenem Tag die den ersten Jüngern gegebene Verheißung Gottes: »Und man wird euch vor Fürsten und Könige führen um meinetwillen ... Wenn sie euch nun überantworten werden, so sorgt nicht, wie oder was ihr reden sollt; denn es soll euch zu der Stunde gegeben werden, was ihr reden sollt. Denn ihr seid es nicht, die da reden, sondern eures Vaters Geist ist es, der durch euch redet.« Matthäus 10,18-20

Die Worte von Hieronymus erstaunten selbst seine Feinde und riefen Bewunderung hervor. Ein ganzes Jahr hatte er hinter Kerkermauern gesessen, ohne die Möglichkeit zu lesen oder etwas zu sehen, in großen körperlichen Leiden und in Seelenangst. Doch er trug seine Beweise so klar und machtvoll vor, als hätte er ungestört Gelegenheit zum Studium gehabt. Er verwies seine Zuhörer auf die lange Reihe vortrefflicher Menschen, die von ungerechten Richtern verurteilt worden waren. In fast jeder Generation habe es Menschen gegeben, die das Volk ihrer Zeit versuchten zu bessern, aber sie wurden mit Vorwürfen überhäuft und ausgestoßen. Erst später habe sich herausgestellt, dass sie aller Ehren würdig waren. Christus selbst sei von einem ungerechten Gericht als Übeltäter verdammt worden.

Hieronymus hatte bei seinem Widerruf der Rechtmäßigkeit des Urteils zugestimmt, das Hus verdammt hatte; nun bereute er seine Handlungsweise und zeugte von der Unschuld und Heiligkeit des Märtyrers. »Ich kannte ihn von seiner Kindheit an«, sagte er, »er war ein außerordentlich begabter Mann, gerecht und heilig; er wurde trotz seiner Unschuld verurteilt ... Ich bin ebenfalls bereit zu sterben. Ich schrecke nicht zurück vor den Qualen, die mir von meinen Feinden und falschen Zeugen bereitet werden, welche eines Tages vor dem großen Gott, den nichts täuschen kann, für ihre Verleumdungen Rechenschaft ablegen müssen.« Bonnechse, ebd., 2.Buch, S. 151

Sich selbst wegen seiner Verleugnung der Wahrheit anklagend, fuhr Hieronymus fort: »Überdem nagt und plagt mich keine Sünde, die ich von Jugend an getan habe, so hart, als die an diesem pestilenzischen Ort begangene, da ich dem unbilligen Urteil, so über Wiklif und den heiligen Märtyrer Hus, meinen getreuen Lehrer, verhängt wurde, beistimmte und aus Zagheit und Todesfurcht sie verfluchte. Deshalb ich an derselben Stelle dagegen durch Hilfe, Trost und Beistand Gottes und des Heiligen Geistes frei öffentlich mit Herz und Mund und Stimme bekenne, dass ich meinen Feinden zu Gefallen sehr viel Übels getan habe. Ich bitte Gott, mir solches aus Gnaden zu verzeihen und aller meiner Missetaten, worunter diese die größte ist, nicht zu gedenken.«

Theobald, „Hussitenkrieg", S. 162; Vrie, „Hist. Conc. Const.", S. 183

Dann wandte sich Hieronymus an seine Richter mit den mutigen Worten: »Ihr habt Wiklif und Hus verdammt, nicht etwa, weil sie an den Lehren der Kirche gerüttelt, sondern weil sie die Schandtaten der Geistlichkeit, ihren Aufwand, Hochmut und ihre Laster gebrandmarkt hatten. Ihre Behauptungen sind unwiderlegbar, auch ich halte daran fest, gleichwie sie.«

Die von Wut erfüllten geistlichen Würdenträger unterbrachen ihn mit den Worten: »Was bedarf es weiteren Beweises? Wir sehen mit unseren eigenen Augen den halsstarrigsten Ketzer!«

Von ihrer Aufregung unberührt, rief Hieronymus aus: »Was! Meint ihr, ich fürchte mich, zu sterben? Ihr habt mich ein ganzes Jahr in einem fürchterlichen Verlies gehalten, schrecklicher als der Tod selbst. Ihr habt mich grausamer behandelt als einen Türken, Juden oder Heiden. Mein Fleisch ist mir buchstäblich auf meinen Knochen bei lebendigem Leibe verfault, und dennoch erhebe ich keine Anklage, denn Klagen ziemen sich nicht für einen Mann von Herz und Mut; ich wundere mich nur über so unmenschliche, will nicht sagen, unchristliche Grausamkeit.« Bonnecose, ebd., 3.Buch, S.168,169

Erneut kam es zu wütender Entrüstung, und Hieronymus musste wieder ins Gefängnis. Doch waren unter den Zuhörern etliche, auf die seine Worte tiefen Eindruck gemacht hatten und die sein Leben retten wollten. Hohe Würdenträger kamen zu ihm ins Gefängnis und bedrängten ihn, sich dem Konzil zu unterwerfen. Die großartigsten Aussichten wurden ihm vor Augen gestellt, wenn er seinen Widerstand gegen Rom aufgäbe.

Aber wie sein Meister, als ihm die Herrlichkeit der Welt angeboten wurde, blieb Hieronymus standhaft und antwortete: »Kann ich aus der Heiligen Schrift überführt werden, will ich von Herzen um Vergebung bitten; wo nicht, will ich nicht weichen, auch nicht einen Schritt.« Darauf sagte einer der Versucher: »Muss alles aus der Schrift beurteilt werden? Wer kann sie verstehen? Muss man nicht die Kirchenväter zu ihrer Auslegung heranziehen?«

Hieronymus erwiderte: »Was höre ich da? Soll das Wort falsch sein oder urteilen? Soll es nicht allein gehört werden? Sollen die Menschen mehr gelten

als das heilige Wort Gottes? Warum hat Paulus seine Bischöfe nicht ermahnt, die Ältesten anzuhören, sondern gesagt, die Heilige Schrift kann dich unterweisen? Nein, das nehme ich nicht an, es koste mein Leben. Gott kann es wiedergeben.« Da sah ihn der Frager an und sagte mit scharfer Stimme: »Du Ketzer; es reut mich, dass ich so viel deinetwegen getan habe. Ich sehe wohl, dass der Teufel dich regiert.« Theobald, „Hussitenkrieg", S. 162-164

Bald darauf fällte man das Todesurteil über ihn. Er wurde an denselben Ort geführt, an dem Hus den Flammentod gestorben war. Singend ging er seinen Weg und auf seinem Angesicht leuchteten Freude und Frieden. Sein Blick war auf Christus gerichtet, und der Tod hatte für ihn seine Schrecken verloren. Als der Henker im Begriff war, hinter seinem Rücken den Holzstoß anzuzünden, rief der Märtyrer aus: »Komm mutig nach vorn und zünde ihn vor meinen Augen an. Wenn ich mich gefürchtet hätte, wäre ich nicht hier.«

Die letzten Worte, die er sprach, als die Flammen um ihn herum schon emporschlugen, waren ein Gebet: »Herr, allmächtiger Vater, erbarme dich mein und vergib mir meine Sünde; denn du weißt, dass ich deine Wahrheit allezeit geliebt habe.« Bonnechose, ebd., 3.Buch, S. 185,186 Seine Stimme verstummte; aber seine Lippen bewegten sich weiter im Gebet. Als das Feuer erloschen war, wurde die Asche des Märtyrers samt der Erde, auf der sie lag, aufgenommen und wie die Asche des Hus in den Rhein geworfen. Theobald, „Hussitenkrieg", S. 168

So starben Gottes treue Lichtträger. Das Licht der Wahrheiten aber, die sie verkündigt hatten, das Licht des heldenhaften Beispiels, konnte nicht ausgelöscht werden. Die Menschen hätten ebenso gut versuchen können, die Sonne in ihrem Lauf zurückzuhalten, wie die Dämmerung jenes Tages zu verhindern, die damals gerade über die Welt hereinzubrechen begann.

Die Hinrichtung des Hus hatte in Böhmen eine Flamme der Entrüstung und des Schreckens angefacht. Die ganze Nation spürte, dass er der Boshaftigkeit der Priester und der Treulosigkeit des Kaisers zum Opfer gefallen war. Man sagte, er sei ein treuer Lehrer der Wahrheit gewesen, und klagte das Konzil des Mordes an, das ihn zum Tod verurteilt hatte. Seine Lehren wurden noch mehr beachtet als je zuvor. Wiklifs Schriften waren durch päpstliche Erlasse verbrannt worden; doch alle, die der Vernichtung entgangen waren, wurden nun aus ihren Verstecken hervorgeholt und in Verbindung mit der Bibel oder Teilen der Bibel studiert, welche die Menschen sich besorgen konnten. Viele fühlten sich dadurch gedrängt, den reformierten Glauben anzunehmen und ihn auszuleben. Die Mörder des Hus schauten dem Sieg seiner Sache keineswegs tatenlos zu. Papst und Kaiser vereinten sich, um der Bewegung ein Ende zu machen, und Sigismunds Heere stürzten sich auf Böhmen. Aber es stand in Böhmen ein Befreier auf. Ziska, der kurz nach Beginn des Krieges völlig sein Augenlicht verlor, aber dennoch einer der tüchtigsten Feldherren seines

Zeitalters war, führte die Böhmen an. Auf die Hilfe Gottes und die Gerechtigkeit seiner Sache vertrauend, widerstand dieses Volk den mächtigsten Heeren, die ihm gegenübergestellt werden konnten. Wiederholt schob der Kaiser neue Armeen nach und drang in Böhmen ein, um erneut empfindlich zurückgeschlagen zu werden. Die Hussiten kannten keine Todesfurcht, und nichts konnte ihnen standhalten. Wenige Jahre nach Kriegsbeginn starb der tapfere Ziska. Seine Stelle nahm Prokop der Große ein, ebenso mutig und geschickt, ja in mancher Beziehung ein noch fähigerer Anführer.

Als der blinde Krieger tot war, betrachteten die Feinde der Böhmen die Gelegenheit für günstig, alles, was sie verloren hatten, wiederzugewinnen. Der Papst kündigte einen Kreuzzug gegen die Hussiten an; wiederum kämpfte eine riesige Streitmacht gegen Böhmen, und erneut wurde sie vernichtend geschlagen. Ein neuer Kreuzzug wurde angekündigt. In allen katholischen Ländern Europas wurden Männer zusammengerufen, sowie Geld und Waffen gesammelt. Große Scharen strömten unter der päpstlichen Fahne zusammen im Vertrauen darauf, dass den hussitischen Ketzern endlich ein Ende gemacht werde. Siegesgewiss drang das riesige Heer in Böhmen ein. Das Volk sammelte sich, um es zurückzuschlagen. Die beiden Heere marschierten aufeinander zu, bis nur noch ein Fluss zwischen ihnen lag. Die Kreuzfahrer waren an Zahl weit überlegen; doch anstatt kühn über den Fluss zu setzen und die Hussiten anzugreifen, wozu sie doch von so weit her gekommen waren, standen sie schweigend und blickten auf die Krieger. Die Scharen des Kaisers überkam plötzlich ein seltsamer Schrecken. Fast ohne Gegenwehr wich das kaiserliche Heer vor den anmarschierenden Hussiten zurück, löste sich schließlich auf und zerstreute sich, verjagt von der furchtgebietenden Streitmacht der Hussiten. Sehr viele wurden vom hussitischen Heer erschlagen, das die Flüchtlinge verfolgte, und ungeheure Beute fiel in die Hände der Sieger, so dass der Krieg, statt die Böhmen arm zu machen, sie bereicherte. Wylie, „History of Protestantism", 3.Buch, Kapitel 17; Oncken, „Allgemeine Geschichte", dort: Prutz, „Staatengeschichte des Abendlandes im Mittelalter", Bd. II, S. 397-408 Wenige Jahre später wurde unter einem neuen Papst erneut ein Kreuzzug unternommen. Auch diesmal schaffte man aus allen päpstlichen Ländern Europas Kämpfer und Mittel herbei. Große Vorteile und völlige Vergebung der abscheulichsten Sünden wurden denen in Aussicht gestellt, die sich an diesem gefährlichen Unternehmen beteiligen würden. Allen, die im Kriege umkämen, verhieß man eine reiche Belohnung im Himmel, und die Überlebenden sollten auf dem Schlachtfeld Ehre und Reichtum ernten. Ein großes Heer wurde zusammengestellt. Sie überschritten die Grenze zu Böhmen. Die hussitischen Streitkräfte zogen sich bei seinem Herannahen zurück,

lockten die Eindringlinge immer tiefer ins Land und verleiteten sie dadurch zur Annahme, den Sieg bereits in der Tasche zu haben. Schließlich machte das Heer des Prokop halt, wandte sich gegen den Feind und ging zum Angriff über. Als die Kreuzfahrer ihren Irrtum feststellten, blieben sie in ihrem Lager und erwarteten den Angriff. Als sie das Getöse der herannahenden Streitkräfte vernahmen, ergriff sie Schrecken, Anm 25 noch ehe sie die Hussiten zu Gesicht bekamen. Fürsten, Feldherrn und einfache Soldaten warfen ihre Rüstungen weg und flohen in alle Richtungen. Erfolglos versuchte der päpstliche Gesandte, der Anführer des eingefallenen Heeres, seine erschreckten und aufgelösten Truppen wieder zu sammeln. Trotz seiner äußersten Bemühungen wurde er selbst vom Strom der Fliehenden mitgerissen. Die Niederlage war vollständig, und wieder fiel riesige Beute in die Hände der Sieger.

So floh zum zweiten Mal ein riesiges Heer, eine Schar tapferer, kriegstüchtiger, zur Schlacht geschulter und gerüsteter Männer, die von den mächtigsten Nationen Europas ausgesandt worden waren, fast ohne Gegenwehr vor den Verteidigern eines unbedeutenden und bisher schwachen Volkes. Hier offenbarte sich göttliche Macht. Die kaiserlichen Soldaten waren von einem übernatürlichen Schrecken erfasst worden. Der die Scharen Pharaos im Roten Meer vernichtete, der die Midianiter vor Gideon und seinen 300 Mann in die Flucht schlug, der in einer Nacht die Streitkräfte der stolzen Assyrer zerstörte, hatte auch hier seine Hand ausgestreckt, die Macht der Gegner zu zerstören. »Da fürchten sie sich aber, wo nichts zu fürchten ist; denn Gott zerstreut die Gebeine derer, die dich belagern. Du machst sie zuschanden; denn Gott verschmäht sie.« Psalm 53,6

Fast verzweifelten die päpstlichen Führer am Widerstand der Hussiten, da nutzten sie den Verhandlungsweg, und es kam ein Vergleich zustande, der sie eigentlich in die Gewalt Roms brachte, während er scheinbar den Böhmen Gewissensfreiheit gewährte. Die Böhmen hatten vier Punkte als Bedingung eines Friedens mit Rom angegeben: Freie Predigt des göttlichen Wortes; die Berechtigung der ganzen Gemeinde zum Brot und Wein beim Abendmahl und den Gebrauch der Muttersprache beim Gottesdienst; den Ausschluss der Geistlichkeit von allen weltlichen Ämtern und weltlicher Gewalt; und bei Vergehen gegen das Gesetz die gleiche Gerichtsbarkeit bürgerlicher Gerichtshöfe über Geistliche und Laien. Die päpstlichen Machthaber kamen »schließlich dahin überein, die vier Artikel der Hussiten anzunehmen; aber das Recht ihrer Auslegung, also die Bestimmung ihrer genauen Bedeutung sollte dem Konzil – mit andern Worten dem Papst und dem Kaiser – zustehen«. Wylie, ebd., 3.Buch, Kapitel 18; Czerwenka, „Geschichte der evangelischen Kirche in Böhmen", Bd. I, S. 197 Auf dieser Grundlage wurde eine Übereinkunft geschlossen, und Rom gewann durch List und Betrug, was es durch Waffengewalt vergeblich zu bekommen versucht hatte; denn indem es die hussitischen Artikel, _{Anm 26} wie auch die Bibel, auf seine Weise auslegte, konnte es ihre Bedeutung verdrehen und dabei an seinen eigenen Absichten festhalten.

Viele Böhmen konnten dem Vertrag nicht zustimmen, weil sie sahen, dass dadurch ihre Freiheit verraten wurde. Es entstanden Uneinigkeit und Spaltungen, die unter ihnen selbst zu Streit und Blutvergießen führten. In diesem Kampf fiel der edle Prokop, und die Freiheit Böhmens ging unter.

Sigismund, der Verräter des Hus und Hieronymus, wurde nun König von Böhmen, und ohne Rücksicht auf seinen Eid, die Rechte der Böhmen zu schützen, begann er, das Papsttum wieder einzuführen. Durch seinen Gehorsam gegenüber Rom hatte er jedoch wenig gewonnen. 20 Jahre lang war sein Leben mit Arbeit und Gefahren ausgefüllt gewesen. Seine Heere waren aufgerieben und seine Schätze durch einen langen und ergebnislosen Kampf erschöpft. Und nun, nachdem er ein Jahr regiert hatte, starb er und ließ sein Reich am Rande eines Bürgerkrieges zurück und für die Nachwelt einen schmachvollen Namen. Aufruhr, Streit und Blutvergießen folgten nacheinander. Fremde Heere drangen wiederum in Böhmen ein, und innere Zwietracht rieb weiterhin das Volk auf. Die dem Evangelium treu blieben, waren einer blutigen Verfolgung ausgesetzt.

Während ihre früheren Brüder einen Vertrag mit Rom schlossen und dessen Irrtümer annahmen, bildeten alle, die zum alten Glauben hielten, unter dem Namen »Vereinte Brüder« eine getrennte Gemeinde. Dadurch wurden sie von allen Gesellschaftsschichten verdammt. Dennoch blieben sie unerschütterlich fest. Gezwungen, in den Wäldern und Höhlen Zuflucht zu suchen, versammelten sie sich selbst dann noch an einsamen Orten, um Gottes Wort zu lesen und ihn gemeinsam anzubeten.

Durch Boten, die sie heimlich in verschiedene Länder aussandten, erfuhren sie, dass hier und da »vereinzelte Bekenner der Wahrheit lebten, etliche in dieser, einige in jener Stadt, die auch wie sie verfolgt wurden, und dass es in den Alpen eine treue Gemeinde gebe, die auf der Grundlage der Schrift stehe und gegen die abgöttischen Verderbtheit Roms Einspruch erhebe«. _{Wylie, ebd.,} _{3.Buch, Kap. 19} Diese Nachricht wurde freudig begrüßt und ein schriftlicher Austausch mit den Waldensern aufgenommen, um die es sich hierbei handelte.

Dem Evangelium treu, harrten die Böhmen die lange Nacht ihrer Verfolgung hindurch aus. Selbst in der dunkelsten Stunde waren ihre Augen dem Horizont zugewandt, wie Menschen, die auf den Morgen warten. Ihr Los fiel in böse Tage, aber sie erinnerten sich an die Worte, die Hus gesprochen und Hieronymus wiederholt hatte, dass ein Jahrhundert verstreichen müsse, ehe der Tag hereinbrechen könne. Diese Worte waren für die Taboriten

[Hussiten] das, was Josefs Worte den Stämmen im Hause der Knechtschaft waren: ‚Ich sterbe, und Gott wird euch heimsuchen und aus diesem Lande führen.'« Wylie, ebd. »Die letzten Jahre des 15. Jahrhunderts bezeugen den langsamen aber sicheren Zuwachs der Brüdergemeinden. Obwohl sie durchaus nicht unbelästigt blieben, erfreuten sie sich verhältnismäßiger Ruhe. Zu Anfang des 16. Jahrhunderts gab es in Böhmen und Mähren über 200 Gemeinden.« „Gillett, „The Life and Times of John Huss", 3.Aufl., Bd. II, S. 570 – »So groß war die Zahl der Übriggebliebenen, die der verheerenden Wut des Feuers und des Schwertes entgangen waren und die Dämmerung jenes Tages sehen durften, den Hus vorhergesagt hatte.« Wylie, ebd., 3.Buch, Kapitel 19

Jan Hus vor dem Konzil zu Konstanz (1415)

Vorbereitung zur Verbrennung von Jan Hus (1415)

KAPITEL 7

LUTHERS TRENNUNG VON ROM

Die Erziehung und das Leben in einfachen Verhältnissen prägten Luther (1483-1546). Er war ein treuer Nachfolger der Kirche, studierte das Kirchenrecht – aber auch die Bibel, und fand immer deutlicher die Ungereimtheiten zwischen Theorie und Praxis. Nach der Veröffentlichung seiner Thesen an der Kirchentür, fing der Kampf auch für Luther an, aus dem schließlich die Trennung von Rom entstand. Er eiferte für die Wahrheit ohne Rücksicht auf die Folgen – die konnte er nicht erahnen.

Unter denen, die berufen wurden, die Gemeinde aus der Finsternis in das Licht eines reineren Glaubens zu führen, stand Martin Luther an vorderster Stelle. Eifrig, feurig und hingebungsvoll kannte er keine Furcht außer der Gottesfurcht und ließ keine andere Grundlage für den religiösen Glauben gelten als die Heilige Schrift. Luther war der Mann für seine Zeit. Durch ihn führte Gott ein großes Werk für die Reformation der Kirche und die Erleuchtung der Welt aus.

Ebenso wie die ersten Herolde des Evangeliums stammte Luther aus einer einfachen, wenig begüterten Familie. Seine frühe Kindheit verbrachte er in dem einfachen Heim eines deutschen Landmannes. Durch tägliche harte Arbeit als Bergmann verdiente sein Vater die Mittel zu seiner Ausbildung. Er bestimmte ihn zum Rechtsgelehrten, aber nach Gottes Willen sollte aus ihm ein Baumeister an dem großen Tempel werden, der im Laufe der Jahrhunderte langsam gebaut wurde. Mühsal, Entbehrung und strenge Selbstbeherrschung waren die Schule, in der die unendliche Weisheit Luther für seine besondere Lebensaufgabe vorbereitete.

Luthers Vater war ein Mann von tatkräftigem, lebendigem Geist und großer Charakterstärke, ehrlich, entschlossen und aufrichtig. Er stand zu dem, was er als seine Pflicht erkannt hatte, ganz gleich, welche Folgen dies haben mochte. Sein klarer, gesunder Menschenverstand betrachtete das Mönchswesen mit Misstrauen. Er war sehr unzufrieden, als Luther ohne seine Einwilligung in ein Kloster eintrat. Es dauerte zwei Jahre, ehe sich der Vater mit seinem Sohn ausgesöhnt hatte, und selbst dann blieben seine Ansichten dieselben. Luthers Eltern erzogen ihre Kinder sehr sorgfältig. Sie bemühten sich, sie in der Gotteserkenntnis und Ausübung christlicher Tugenden zu unterweisen. Oft hörte der Sohn, wie der Vater zum himmlischen Vater betete, dass das

Kind des Namens des Herrn gedenken und einmal die Wahrheit mit fördern helfen möge. Soweit es ihr arbeitsreiches Leben zuließ, nutzten die Eltern jede Möglichkeit, sittlich und geistig weiterzukommen. Ihre Bemühungen, ihre Kinder für ein Leben der Frömmigkeit und Nützlichkeit zu erziehen, waren ernsthaft und ausdauernd. In ihrer Entschiedenheit und Charakterfestigkeit verlangten sie von ihren Kindern manchmal etwas zu viel, aber der Reformator selbst fand an ihrer Erziehungsweise mehr zu loben als zu tadeln, obwohl er sich in mancher Beziehung bewusst war, dass sie geirrt hatten.

In Luthers Schulzeit wurde er streng, ja geradezu hart behandelt. So groß war die Armut seiner Eltern, dass er, als er das Vaterhaus verließ, um die Schule eines andern Ortes zu besuchen, eine Zeit lang genötigt war, sich seine Nahrung durch Singen von Tür zu Tür zu erwerben, wobei er oft Hunger litt. Die damaligen Vorstellungen von einer finsteren, abergläubischen Religion erfüllten ihn mit Furcht. Er legte sich abends mit sorgenschwerem Herzen nieder, sah zitternd in die dunkle Zukunft und schwebte in ständiger Furcht, wenn er an Gott dachte. Er sah in ihm mehr einen harten, unerbittlichen Richter und grausamen Tyrannen als einen liebevollen himmlischen Vater.

Dennoch ging Luther unter sehr vielen und großen Entmutigungen zielstrebig voran, dem hohen Ziel sittlicher und geistiger Reife zu, das ihn anzog. Er sehnte sich nach mehr Erkenntnis, und sein ernster und praktisch veranlagter Charakter suchte eher nach Dauerhaftem und Nützlichem als nach Schein und Oberflächlichkeiten.

Als er mit 18 Jahren zur Universität nach Erfurt ging, war seine Situation besser und seine Aussichten erfreulicher als in früheren Jahren. Da es seine Eltern durch Fleiß und Sparsamkeit zu einigem Wohlstand gebracht hatten, war es ihnen möglich, ihn zu unterstützen; auch hatte der Einfluss verständiger Freunde die negativen Wirkungen seiner früheren Erziehung etwas gemildert. Er studierte nun eifrig die besten Schriftsteller, nahm ihre wichtigsten Gedanken auf und eignete sich die Weisheit der Weisen an. Sogar unter der rauen Zucht seiner damaligen Lehrer gab es schon früh berechtigte Hoffnungen, dass er sich einmal auszeichnen könnte, und unter den günstigen Einflüssen entwickelte sich sein Geist sehr schnell. Ein gutes Gedächtnis, ein lebhaftes Vorstellungsvermögen, eine überzeugende Urteilskraft und unermüdlicher Fleiß ließen ihn bald einen Platz in den ersten Reihen seiner Gefährten einnehmen. Die geistige Erziehung stärkte seinen Verstand und weckte eine geistige Beweglichkeit und einen Scharfblick. Das half ihm für die zukünftigen Kämpfe in seinem Leben.

Die Furcht des Herrn wohnte in Luthers Herzen. Sie befähigte ihn, an seinen Vorsätzen festzuhalten und führte ihn zu tiefer Demut vor Gott.

Er war sich ständig seiner Abhängigkeit von der göttlichen Hilfe bewusst und versäumte es nicht, jeden Tag mit Gebet zu beginnen, während sein Herz ständig um Führung und Beistand flehte. Oft sagte er: »Fleißig gebetet ist über die Hälfte studiert.« Mathesius, „Luther-Historien", S. 3

Als Luther eines Tages in der Universitätsbibliothek die Bücher durchschaute, entdeckte er eine lateinische Bibel. Solch ein Buch hatte er nie zuvor gesehen, wie er selbst bezeugte: »Als ich 20 Jahre alt war, hatte ich noch keine Bibel gesehen. Ich meinte, es gab keine Evangelien noch Episteln mehr, denn die in den Postillen sind.« „D. Martin Luthers sämtliche Werke", Erlanger Ausgabe, LX, S. 255 Nun blickte er zum ersten Mal auf das ganze Wort Gottes. Mit ehrfürchtigem Staunen wendete er die heiligen Blätter um; mit erhöhtem Puls und klopfendem Herzen las er selbst die Worte des Lebens, hin und wieder anhaltend, um auszurufen: »Oh, dass Gott mir solch ein Buch als mein Eigentum geben wollte!« Engel Gottes standen ihm zur Seite, und Strahlen des Lichtes vom Thron des Höchsten eröffneten seinem Verständnis die Schätze der Wahrheit. Er hatte sich stets gefürchtet, Gott zu beleidigen; jetzt aber ergriff ihn wie nie zuvor eine tiefe Überzeugung seines sündhaften Zustandes.

Der aufrichtige Wunsch, von Sünden frei zu sein und Frieden mit Gott zu haben, veranlasste ihn schließlich, in ein Kloster einzutreten und ein Leben als Mönch zu führen. Hier musste er einfachste Arbeiten verrichten und von Haus zu Haus betteln gehen. Er war in einem Alter, in dem man sich sehr nach Achtung und Anerkennung sehnt, und so fühlte er sich in seinen natürlichen Gefühlen durch diese erniedrigende Beschäftigung tief gekränkt. Doch ertrug er geduldig die Demütigung, weil er glaubte, dass es um seiner Sünden willen notwendig sei.

Jeden Augenblick, den er von seinen täglichen Pflichten erübrigen konnte, nutzte er fürs Studium. Er gönnte sich wenig Schlaf und nahm sich kaum Zeit für seine bescheidenen Mahlzeiten. Vor allem andern erfreute ihn das Studium des Wortes Gottes. Er hatte an der Klostermauer angekettet, eine Bibel gefunden und zog sich oft dorthin zurück. Je mehr er von seinen Sünden überzeugt wurde, desto stärker versuchte er durch eigene Werke Vergebung und Frieden zu finden. Er führte ein außerordentlich strenges Leben und bemühte sich, das Böse seines Wesens, von dem sein Mönchtum ihn nicht befreien konnte, durch Fasten, Wachen und Kasteien zu besiegen. Er schreckte vor keinem Opfer zurück, das ihm möglicherweise zur Reinheit des Herzens verhelfen könnte, die ihm vor Gott Anerkennung brächte. »Wahr ist's, ein frommer Mönch bin ich gewesen, und habe so gestrenge meinen Orden gehalten, dass ich's sagen darf – ist je ein Mönch gen Himmel gekommen durch Möncherei, so

wollte ich auch hineingekommen sein; denn ich hätte mich

(wo es länger gewährt hätte) zu Tode gemartert mit Wachen, Beten, Lesen und anderer Arbeit.« Luther, EA, XXXI, S. 273 Infolge dieser schmerzhaften Zucht wurde er immer schwächer und litt an Ohnmachtsanfällen, von deren Auswirkungen er sich nie ganz erholte. Aber trotz aller Anstrengungen fand seine angsterfüllte Seele keine Erleichterung, sondern er wurde immer verzweifelter.

Als es Luther schien, dass alles verloren sei, stellte Gott ihm einen Helfer und Freund zur Seite. Der fromme Staupitz öffnete das Wort Gottes seinem Verständnis und riet ihm, seine Aufmerksamkeit von sich selbst weg zu lenken und mit den Betrachtungen über eine ewige Strafe für die Übertretung des Gesetzes Gottes aufzuhören und auf Jesus, seinen sündenvergebenden Heiland, zu schauen. »Statt dich wegen deiner Sünden zu kasteien, wirf dich in die Arme des Erlösers. Vertraue auf ihn – auf die Gerechtigkeit seines Lebens – auf die Versöhnung in seinem Tode. Horch auf den Sohn Gottes. Er ist Mensch geworden, um dir die Gewissheit seiner göttlichen Gunst zu geben.« – »Liebe ihn, der dich zuerst geliebt hat.« Walch, „D. Martin Luthers sämtliche Schriften", II, S. 264 So sprach dieser Bote der Gnade. Seine Worte machten tiefen Eindruck auf Luther. Nach manchem Kampf mit lang gehegten Irrtümern erfasste er die Wahrheit, und Friede zog in seine gequälte Seele ein.

Luther wurde zum Priester geweiht und aus dem Kloster als Professor an die Universität Wittenberg berufen. Hier widmete er sich dem Studium der Heiligen Schrift in den Grundtexten, begann darüber Vorlesungen zu halten und erschloss das Buch der Psalmen, die Evangelien und Briefe dem Verständnis von Scharen begeisterter Zuhörer. Staupitz nötigte ihn, die Kanzel zu besteigen und das Wort Gottes zu predigen. Luther zögerte, da er sich unwürdig fühlte, als Bote Christi zum Volk zu reden. Nur nach langem Widerstreben gab er den Bitten seiner Freunde nach. Die Wahrheiten der Heiligen Schrift erfüllten ihn schon stark, und Gottes Gnade ruhte auf ihm. Seine Beredsamkeit fesselte die Zuhörer, die Klarheit und Macht in der Darstellung der Wahrheit überzeugte ihren Verstand, und seine Inbrunst bewegte die Herzen.

Luther war noch immer ein treuer Sohn der päpstlichen Kirche und dachte nicht daran, je etwas anderes zu sein. Nach der Vorsehung Gottes bot sich ihm Gelegenheit, nach Rom zu reisen. Er reiste dort zu Fuß hin, wobei er in den am Wege liegenden Klöstern Unterkunft fand. Er war verwundert, als er in einem Kloster in Italien den Reichtum, die Pracht und den Aufwand dieser Häuser sah. Mit einem fürstlichen Einkommen beschenkt, wohnten die Mönche in glänzenden Gemächern, kleideten sich mit den wertvollsten Gewändern und genossen eine üppige Verpflegung. Schmerzlich besorgt, verglich Luther dieses Schauspiel mit der Selbstverleugnung und Mühsal seines eigenen Lebens. Seine Gedanken wurden verwirrt.

Schließlich erblickte er aus der Ferne die Stadt der sieben Hügel. Tief bewegt warf er sich auf die Erde nieder und rief: »Sei mir gegrüßt, du heiliges Rom!« Er betrat die Stadt, besuchte die Kirchen, lauschte den von den Priestern und Mönchen vorgetragenen Wundererzählungen und erfüllte alle vorgeschriebenen Zeremonien. Überall boten sich ihm Szenen, die ihn mit Erstaunen und Panik erfüllten. Er sah, dass unter allen Gruppen der Geistlichkeit das Laster herrschte. Er hörte unanständige Witze von den Geistlichen und wurde mit Entsetzen erfüllt über deren schreckliche Profanität [gottloses Wesen] während der Messe. Als er sich unter die Mönche und Bürger mischte, fand er Verschwendung und Ausschweifung. Wohin er auch kam, traf er statt Heiligkeit Gottlosigkeit. »Niemand glaubt, was zu Rom für Büberei und gräulich Sünde und Schande gehen [geschehen] ... er sehe, höre und erfahre es denn. Daher sagt man: ‚Ist irgendeine Hölle, so muss Rom drauf gebaut sein; denn da gehen alle Sünden im Schwang'« Luther, EA, LXII, S. 441

Durch einen kurz vorher veröffentlichten Erlass war vom Papst all denen Ablass verheißen worden, Anm 27 die auf den Knien die »Pilatusstiege« hinaufrutschten, von der gesagt wird, unser Heiland sei darauf herabgestiegen, als er das römische Gerichtshaus verließ, und sie sei durch ein Wunder von Jerusalem nach Rom gebracht worden. Ranke, Geschichte im Zeitalter der Reformation", 8. Auflage, I, S. 200 Luther erstieg eines Tages andächtig diese Treppe, als plötzlich eine donnerähnliche Stimme zu ihm zu sagen schien: »Der Gerechte wird seines Glaubens leben!« Römer 1,17 In Scham und Schrecken sprang er auf und rannte weg von dort. Jene Bibelstelle verlor niemals ihre Wirkung auf ihn. Von da an sah er klarer als je zuvor die Täuschung, auf Menschenwerke zu vertrauen, um Erlösung zu bekommen – und ebenso deutlich sah er die Notwendigkeit eines unerschütterlichen Glaubens an die Verdienste Christi. Seine Augen waren geöffnet worden, und das sollte so bleiben. Als er Rom den Rücken kehrte, hatte er sich auch in seinem Herzen von Rom abgewandt. Von da an wurde die Kluft immer tiefer, bis er schließlich alle Verbindung mit der päpstlichen Kirche aufgab.

Einige Zeit nach seiner Rückkehr aus Rom wurde Luther von der Universität Wittenberg der Titel eines Doktors der Theologie verliehen. Nun stand es ihm frei, sich wie nie zuvor der Heiligen Schrift zu widmen, die er liebte. Er hatte das feierliche Gelöbnis abgelegt, alle Tage seines Lebens Gottes Wort, und nicht die Aussprüche und Lehren der Päpste zu studieren und gewissenhaft zu predigen. Er war nicht länger der einfache Mönch oder Professor, sondern der bevollmächtigte Verkünder der Heiligen Schrift. Er war zu einem Hirten berufen, die Herde zu weiden, die nach der Wahrheit hungerte und dürstete. Deutlich erklärte er, die Christen sollten keine anderen Lehren annehmen, als die, welche auf der Autorität der Heiligen Schrift beruhten. Diese Worte trafen ganz und gar die Grundlage der päpstlichen Oberherrschaft. Sie enthielten den wesentlichen Grundsatz der Reformation. Luther erkannte die Gefahr, menschliche Lehrsätze über das Wort Gottes zu erheben. Furchtlos griff er den spitzfindigen Unglauben der Schulgelehrten an und trat der Philosophie und Theologie entgegen, die so lange einen beherrschenden Einfluss auf das Volk ausgeübt hatten. Er lehnte deren Bemühen nicht nur als wertlos ab, sondern auch als verderblich und versuchte die Gemüter seiner Zuhörer von den Trugschlüssen der Philosophen und Theologen weg – und auf die ewigen Wahrheiten hin zu lenken, die die Propheten und Apostel verkündigten.

Welch kostbare Botschaft, die er den Menschen bringen durfte! Sie wollten nichts davon verpassen. Nie zuvor hatten sie so etwas gehört. Die frohe Botschaft von der Liebe des Heilands, die Gewissheit der Vergebung und des Friedens durch das versöhnende Blut Christi erfreute ihre Herzen und füllte sie mit einer bleibenden Hoffnung. In Wittenberg war ein Licht angezündet worden, dessen Strahlen die fernsten Teile der Erde erreichen und bis zum Ende der Zeit an Glanz und Klarheit mehr und mehr zunehmen sollten.

Aber Licht und Finsternis können sich nicht vertragen, und zwischen Wahrheit und Irrtum besteht ein unvermeidbarer Kampf. Das Eine hochhalten und verteidigen bedeutet das Andere angreifen und umstürzen. Unser Heiland selbst erklärte: »Ich bin nicht gekommen, Frieden zu senden, sondern das Schwert«, Matthäus 10,34 und Luther schrieb einige Jahre nach dem Beginn der Reformation: »Gott reißt, treibt und führt mich; ich bin meiner nicht mächtig; ich will stille sein und werde mitten in den Tumult hineingerissen.« Enders, „D. Martin Luthers Briefwechsel", Bd. I, S. 430,20.Februar 1519 – Er sollte nun in den Kampf gedrängt werden.

Die katholische Kirche hatte die Gnade Gottes zu einem Handelsgut herabgewürdigt. Die Tische der Geldwechsler waren neben den Altären aufgestellt, und das Geschrei der Käufer und Verkäufer erfüllte die Luft. (Matthäus 21,12) Unter dem Vorwand, Mittel für den Bau der Peterskirche in Rom zu erheben, wurden durch die Autorität des Papstes öffentlich Sündenablässe zum Verkauf angeboten. Mit Frevelgeld sollte ein Tempel zur Anbetung Gottes errichtet werden, der Grundstein mit Lösegeld von Sünde. Aber gerade das eingesetzte Mittel zu Stärkung Roms veranlasste den tödlichsten Schlag gegen seine Macht und Größe, brachte die entschlossensten und erfolgreichsten Gegner des Papsttums auf den Plan und führte zu dem Kampf, der den päpstlichen Thron erschütterte und die dreifache Krone auf dem Haupt des römischen Oberpriesters ins Wanken brachte. Der römische Beauftragte Tetzel, der in Deutschland den Verkauf von Ablässen leiten sollte, ist selbst der gemeinsten Vergehen gegen die menschliche Gesellschaft und das Gesetz Gottes überführt worden.

Nachdem er jedoch der seiner Verbrechen entsprechenden Strafe entkommen war, wurde er mit der Förderung der gewinnsüchtigen und gewissenlosen Pläne des Papstes beauftragt. In herausfordernder Weise wiederholte er die schamlosesten Lügen und erzählte Wundergeschichten, um das unwissende, leichtgläubige und abergläubische Volk zu täuschen. Hätten sie das Wort Gottes besessen, wären sie nicht so hintergangen worden. Die Heilige Schrift wurde ihnen vorenthalten, damit sie unter der Herrschaft des Papsttums blieben und mithelfen würden, die Macht und den Reichtum seiner ehrgeizigen Führer zu vermehren.

Wenn der Dominikaner Tetzel, der den Ablasshandel leitete, Anm 29 eine Stadt betrat, ging ein Bote vor ihm her und verkündigte: »Die Gnade Gottes und des heiligen Vaters ist vor den Toren.« Und das Volk hieß den gotteslästerlichen Betrüger so willkommen, dass »man hätte nicht wohl Gott selber besser empfangen und halten können«. v. Dorneth, „Martin Luther", S. 102 Der abscheuliche Handel wurde in der Kirche vorgenommen: Tetzel bestieg die Kanzel und pries die Ablässe als eine kostbare Gabe Gottes. Er erklärte, dass durch seine Ablasszettel dem Käufer alle Sünden, »auch noch so ungeheuerliche, welche der Mensch noch begehen mag«, verziehen würden. »Es wäre nicht nötig, Reue noch Leid oder Buße für die Sünde zu haben«. Seine Ablässe besäßen die Kraft, Lebende und Tote zu retten: »wenn einer Geld in den Kasten legt für eine Seele im Fegfeuer, sobald der Pfennig auf den Boden fiel und klänge, so führe die Seele heraus gen Himmel. « Luther, EA, XXVI, S. 69 f., „Wider Hans Wurst"

Als Simon der Zauberer sich von den Aposteln die Macht, Wunder zu wirken, erkaufen wollte, antwortete ihm Petrus: »Dass du verdammt werdest mit deinem Gelde, darum dass du meinst, Gottes Gabe werde durch Geld erlangt!« Apostelgeschichte 8,20 Aber Tetzels Angebot wurde von Tausenden gierig angenommen. Gold und Silber flossen in seinen Kasten. Eine Seligkeit, die mit Geld erkauft werden konnte, war leichter zu erhalten als eine, die Reue, Glauben und eifrige Anstrengungen erforderte, der Sünde zu widerstehen und sie zu überwinden.

Der Ablasslehre hatten sich schon gelehrte und fromme Männer in der römischen Kirche widersetzt, und es gab viele, die den Behauptungen nicht trauten, die ja entgegen der Vernunft und der Offenbarung standen. Jedoch kein Bischof wagte es, seine Stimme gegen diesen gottlosen Handel zu erheben. Die Menschen dagegen waren beunruhigt und ängstlich, und viele fragten sich ernstlich, ob Gott nicht durch irgendein Werkzeug die Reinigung seiner Kirche bewirken würde.

Obwohl Luther noch immer ein sehr eifriger Anhänger des Papstes war, erfüllten ihn die gotteslästerlichen Anmaßungen der Ablasshändler mit Entsetzen. Viele aus seiner eigenen Gemeinde hatten sich Ablassbriefe gekauft und kamen gleich danach zu ihrem Beichtvater, bekannten ihre verschiedenen Sünden und erwarteten Freisprechung, nicht weil sie bußfertig waren und sich bessern wollten, sondern auf Grund des Ablasses. Luther verweigerte ihnen die Freisprechung und warnte sie, dass sie, wenn sie nicht bereuten und ihren Lebensstil änderten, in ihren Sünden umkämen. Ganz bestürzt suchten sie Tetzel auf und klagten ihm, dass ihr Beichtvater seine Briefe abgelehnt habe – ja, einige forderten mutig die Rückgabe ihres Geldes. Der Mönch wurde zornig. Er äußerte die schrecklichsten Verwünschungen, ließ einige Male auf dem Marktplatz ein Feuer anzünden und »weiset damit, wie er vom Papste Befehl hätte, die Ketzer, die sich wider den Allerheiligsten, den Papst und seinen allerheiligsten Ablass legten, zu verbrennen«. Luther, Walch XV, S. 471

Luther begann nun mutig sein Werk als Kämpfer für die Wahrheit. Er warnte ernst und feierlich von der Kanzel aus, zeigte dem Volk das Schändliche der Sünde und lehrte, dass es für den Menschen unmöglich sei, durch eigene Werke die Schuld zu verringern oder der Strafe zu entrinnen. Nichts als die Buße vor Gott und der Glaube an Christus könne den Sünder retten. Gottes Gnade könne nicht erkauft werden; sie sei eine freie Gabe. Er riet dem Volk, keine Ablässe zu kaufen, sondern gläubig auf den gekreuzigten Erlöser zu

Martin Luther (1483-1546)

Johann von Staupitz (1465-1524)

schauen. Er erzählte seine eigene schmerzliche Erfahrung, als er vergeblich versucht hatte, sich durch Demütigung und Buße Erlösung zu verschaffen, und versicherte seinen Zuhörern, dass er Friede und Freude gefunden habe, als er von sich selbst wegsah und an Christus glaubte.

Als Tetzel seinen Handel und seine gottlosen Behauptungen fortsetzte, entschloss sich Luther zu einem wirksameren Widerstand gegen das schreiende Unrecht. Bald ergab sich dazu eine Gelegenheit. Die Schlosskirche zu Wittenberg war im Besitz vieler Reliquien, die an bestimmten Festtagen für das Volk ausgestellt wurden. Allen, die dann die Kirche besuchten und beichteten, gewährte man Sündenvergebung. Deshalb waren an diesen Tagen sehr viele Menschen dort.

Eine der wichtigsten Gelegenheiten, das Fest »Allerheiligen«, stand kurz bevor. Am Tag davor schloss Luther sich der Menge an, die bereits auf dem Weg zur Kirche war und heftete einen Bogen mit 95 Thesen gegen die Ablasslehre an die Kirchentür. Er erklärte sich bereit, am folgenden Tag in der Universität diese Sätze gegen alle zu verteidigen, die sie angreifen würden. Man schenkte seinen Thesen allgemeine Beachtung. Sie wurden wieder und wieder gelesen und nach allen Richtungen hin wiederholt. Groß war die Aufregung an der Universität und in der ganzen Stadt. Durch diese Thesen wurde gezeigt, dass die Macht – Vergebung der Sünden zu gewähren und ihre Strafe zu erlassen – nie dem Papst oder irgendeinem andern Menschen übergeben worden war. Der ganze Plan sei ein Betrug – ein Kunstgriff, um Geld zu erpressen, indem man den Aberglauben des Volkes ausnutzte – eine List Satans, um die Seelen aller zu verderben, die sich auf seine lügenhaften Vorspiegelungen verließen. Ferner wurde deutlich darauf hingewiesen, dass das Evangelium Christi der kostbarste Schatz der Kirche ist und dass die darin offenbarte Gnade Gottes allen frei gewährt wird, die sie in Reue und Glauben suchen.

Luthers Thesen forderten zur Diskussion heraus, aber niemand wagte es, die Herausforderung anzunehmen. Die von ihm gestellten Fragen waren in wenigen Tagen in ganz Deutschland und in wenigen Wochen in der ganzen Christenheit bekannt. Viele kirchliche Leiter, welche die in der Kirche herrschende schreckliche Ungerechtigkeit gesehen und beklagt, aber nicht gewusst hatten, wie sie das aufhalten sollten, lasen die Sätze mit großer Freude und erkannten darin die Stimme Gottes. Sie empfanden, dass der Herr gnädig seine Hand ausgestreckt hatte, um die schnell anschwellende Flut der Verderbnis aufzuhalten, die von der römischen Kurie ausging. Fürsten und Beamte freuten sich insgeheim, dass der anmaßenden Gewalt Zügel angelegt werden sollten, die behauptete, gegen ihre Beschlüsse dürfe kein Einwand erhoben werden. Aber

die sündenliebende und abergläubische Menge war entsetzt,

als das raffinierte System, das ihre Furcht beseitigt hatte, einfach hinweggefegt wurde. Hinterlistige Geistliche, die in ihrem Treiben gestört wurden, das Verbrechen zu billigen, sahen ihren Gewinn gefährdet. Sie wurden wütend und vereinten sich in dem Bemühen, ihre Behauptungen aufrechtzuerhalten. Der Reformator stieß auf erbitterten Widerstand. Einige beschuldigten ihn, übereilt und impulsiv gehandelt zu haben. Andere nannten ihn vermessen und erklärten, dass er nicht von Gott geleitet werde, sondern aus Stolz und Voreiligkeit handle. »Wer kann eine neue Idee vorbringen«, antwortet er, »ohne einen Anschein von Hochmut, ohne Beschuldigung der Streitlust? Weshalb sind Christus und alle Märtyrer getötet worden? Weil sie gegen die stolzen Verächter der Wahrheit ihrer Zeit vorgingen und neue Ansichten aussprachen, ohne die Organe der alten Meinung demütig um Rat zu fragen. Ich will nicht, dass nach Menschen Rat, sondern nach Gottes Rat geschehe, was ich tue. Ist das Werk von Gott, wer möcht's hindern, ist's nicht aus Gott, wer möcht's fördern? Es geschehe nicht mein, noch ihr, noch euer, sondern Dein Wille, heiliger Vater im Himmel!« Enders, Bd. I, S. 126, an Lang 11.10.1517 Obwohl Luther vom Geist Gottes gedrängt war, sein Werk zu beginnen, sollte er es doch nicht ohne schwere Kämpfe weiter führen. Die Vorwürfe seiner Feinde, ihre Missdeutung seiner Absichten und ihre ungerechten und boshaften Bemerkungen über seinen Charakter und seine Beweggründe ergossen sich wie eine Sturzflut über ihn und blieben nicht ohne Wirkung. Er hatte zuversichtlich damit gerechnet, dass die Führer des Volkes sowohl in der Kirche als auch in der Universität sich ihm bereitwillig in seinen Bemühungen zugunsten der Reformation anschließen würden. Ermutigende Worte von hochgestellten Persönlichkeiten hatten ihm Freude und Hoffnung vermittelt. In der Vorahnung hatte er bereits einen helleren Tag für die Gemeinde anbrechen sehen. Doch die Ermutigung verwandelte sich in Vorwurf und Verurteilung. Viele staatliche und kirchliche Würdenträger waren zwar von der Wahrheit seiner Thesen überzeugt, aber sie sahen bald, dass die Annahme dieser Wahrheiten große Umwälzungen mit sich bringen würde. Das Volk zu erleuchten und umzugestalten hieße in Wirklichkeit die Autorität Roms zu untergraben, Unmengen von Geldern, die bisher in seine Schatzkammer flossen, aufzuhalten und auf diese Weise die Verschwendung und den Aufwand der Herren Roms in hohem Maße einzuschränken. Noch mehr: Das Volk zu lehren, als verantwortliche Geschöpfe zu denken und zu handeln und allein auf Christus zu blicken, um selig zu werden, würde den Thron des Papstes stürzen und am Ende auch ihre eigene Autorität zerstörten. Aus diesem Grund wiesen sie die von Gott angebotene Erkenntnis zurück und erhoben sich durch ihren Widerstand gegen den Mann, den Gott zu ihrer Erleuchtung gesandt hatte, und damit gegen Christus und die Wahrheit. Luther zitterte, als er auf sich blickte, »mehr eine Leiche, denn einem Menschen gleich«, den gewaltigsten Mächten der Erde gegenübergestellt. Manchmal zweifelte er, ob ihn der Herr in seinem Widerstand gegen die Autorität der Kirche wirklich leitete. Er schrieb: »Wer war ich elender, verachteter Bruder dazumal, der sich sollte wider des Papstes Majestät setzen, vor welcher die Könige auf Erden und der ganze Erdboden sich entsetzten und allein nach seinen Winken sich mussten richten? Was mein Herz in jenen zwei Jahren ausgestanden und erlitten habe und in welcherlei Demut, ja Verzweiflung ich da schwebte, ach! Da wissen die sichern Geister wenig von, die hernach des Papstes Majestät mit großem Stolz und Vermessenheit angriffen.« Seckendorff, „Commentarius historicus et apologeticus de Lutheranismo seu de reformatione", Bd. I, S. 119 f. Doch er wurde nicht ganz entmutigt. Fehlten menschliche Stützen, so schaute er auf Gott allein und lernte, dass er sich in vollkommener Sicherheit auf dessen allmächtigen Arm verlassen konnte.

Einem Freund der Reformation schrieb Luther: »Es ist vor allem gewiss, dass man die Heilige Schrift weder durch Studium noch mit dem Verstand erfassen kann. Deshalb ist es zuerst Pflicht, dass du mit Gebet beginnst und den Herrn bittest, er möge dir zu seiner Ehre, nicht zu deiner, in seiner großen Barmherzigkeit das wahre Verständnis seiner Worte schenken. Das Wort Gottes wird uns von seinem Urheber ausgelegt, wie er sagt, dass sie alle von Gott gelehrt sind. Hoffe deshalb nichts von deinem Studium und Verstand; vertraue allein auf den Einfluss des Geistes. Glaube meiner Erfahrung.« Enders, Bd.I,S.142, 18.1.1518 Hier wird eine außerordentlich wichtige Erfahrung allen mitgeteilt, die sich von Gott berufen fühlen, anderen ernste Wahrheiten für die gegenwärtige Zeit zu verkündigen. Diese Wahrheiten erregen die Feindschaft Satans und solcher Menschen, welche die Fabeln lieben, die er erdichtet hat. Zum Kampf mit den bösen Mächten ist mehr nötig als Verstandeskraft und menschliche Weisheit.

Haben sich die Gegner auf Gebräuche und Überlieferungen oder auf die Behauptungen und Autorität des Papstes berufen, so trat Luther ihnen mit der Bibel – nur mit der Bibel entgegen. Darin standen Beweisführungen, die sie nicht widerlegen konnten. Deshalb forderten die Sklaven des Formenwesens und des Aberglaubens sein Blut, wie die Juden nach dem Blut Christi geschrien hatten. »Er ist ein Ketzer!« riefen die römischen Eiferer. »Es ist Hochverrat gegen die Kirche, wenn ein so schändlicher Ketzer noch eine Stunde länger lebt. Auf den Scheiterhaufen mit ihm!« Seckendorff, ebd. S.104 Aber Luther fiel ihrer Wut nicht zum Opfer. Gott hatte eine Aufgabe für ihn bereit, und himmlische Engel wurden ausgesandt, ihn zu beschützen. Viele jedoch, die von Luther das wertvolle Licht empfangen hatten, wurden zur Zielscheibe der Wut Satans und

ertrugen um der Wahrheit willen furchtlos Marter und Tod.

Luthers Lehren zogen die Aufmerksamkeit denkender Menschen in ganz Deutschland auf sich. Seine Predigten und Schriften verbreiteten Lichtstrahlen, die Tausende erschreckten und erleuchteten. Ein lebendiger Glaube trat an die Stelle toten Formenwesens, in dem die Kirche so lange gehalten worden war. Das Volk verlor immer mehr das Zutrauen zu den abergläubischen Lehren der römischen Religion. Die Schranken des Vorurteils gaben nach. Das Wort Gottes, nach dem Luther jede Lehre und jede Behauptung prüfte, war wie ein zweischneidiges Schwert, das sich seinen Weg in die Herzen der Menschen bahnte. Überall erwachte der Wunsch nach geistlichem Wachstum; überall entstand ein so großer Hunger und Durst nach Gerechtigkeit, wie man ihn seit Jahrhunderten nicht gekannt hatte. Die bis dahin auf menschliche Gebräuche und irdische Vermittler gerichteten Blicke des Volkes wandten sich nun reuevoll und gläubig auf Christus, den Gekreuzigten.

Dieses weitverbreitete Heilsverlangen erweckte noch mehr die Furcht der päpstlichen Autoritäten. Luther erhielt eine Vorladung, in Rom zu erscheinen, um sich gegen die Beschuldigung zu verantworten, Ketzerei getrieben zu haben. Diese Aufforderung erschreckte seine Freunde. Sie kannten nur zu gut die Gefahr, die ihm in jener verderbten Stadt drohte, die vom Blut der Zeugen Jesu trunken war. Sie erhoben Einspruch gegen seine Reise nach Rom und unterstützten ein Gesuch, ihn in Deutschland verhören zu lassen.

Dies wurde schließlich genehmigt und der päpstliche Gesandte Cajetan dazu bestimmt, den Fall anzuhören. In den ihm mitgegebenen Anweisungen hieß es, dass Luther bereits zum Ketzer erklärt worden sei. Der päpstliche Gesandte wurde deshalb beauftragt, »ihn zu verfolgen und unverzüglich in Haft zu nehmen«. Falls Luther standhaft bliebe oder der päpstliche Vertreter Roms ihn nicht erwischen würde, war er bevollmächtigt, ihn an allen Orten Deutschlands zu ächten, zu verbannen, zu verfluchen und alle seine Anhänger in den Bann zu tun. Luther, EA, op. lat. XXXIII, S. 354 f. Um die sich ausbreitende Ketzerei auszurotten, befahl der Papst seinem Gesandten, ausgenommen dem Kaiser alle ohne Rücksicht auf ihr Amt in Kirche und Staat in die Acht zu erklären, falls sie es unterließen, Luther und seine Anhänger zu ergreifen und der Gerichtsbarkeit Roms auszuliefern.

Hier zeigte sich der wahre Geist des Papsttums. Nicht ein Anzeichen christlicher Grundsätze oder auch nur allgemeiner Gerechtigkeit war aus dem ganzen Schriftstück zu erkennen. Luther war weit weg von Rom. Ihm war keine Gelegenheit gegeben worden, seinen Standpunkt zu erklären oder zu verteidigen, sondern er war, bevor man seinen Fall untersucht hatte, bereits zum Ketzer erklärt und am selben Tag ermahnt, angeschuldigt, gerichtet und verurteilt worden, und zwar von dem, der sich selbst »Heiliger Vater«

nannte, der alleinigen höchsten, unfehlbaren Autorität in Kirche und Staat! Um diese Zeit, als Luther die Liebe und den Rat eines treuen Freundes so sehr brauchte, sandte Gottes Vorsehung Melanchthon nach Wittenberg. Als junger Mann, bescheiden und zurückhaltend in seinem Benehmen, gewannen Melanchthons gesundes Urteil, umfassendes Wissen und gewinnende Beredsamkeit vereint mit der Reinheit und Redlichkeit seines Charakters ihm allgemeine Achtung und Bewunderung. Seine glänzenden Talente waren nicht bemerkenswerter als die Sanftmut seines Gemüts. Er wurde bald ein eifriger Vertreter des Evangeliums und Luthers vertrautester Freund und wertvollster Helfer. Seine Sanftmut, Vorsicht und Genauigkeit ergänzten Luthers Mut und Tatkraft. Ihr vereintes Wirken gab der Reformation die erforderliche Kraft und war für Luther eine Quelle großer Ermutigung. Augsburg war als Ort des Verhörs bestimmt worden. Der Reformator trat die Reise zu Fuß an.

Man hegte seinetwegen ernste Befürchtungen. Es war ihm öffentlich gedroht worden, dass er auf dem Wege ergriffen und ermordet würde. Seine Freunde baten ihn deshalb, sich dem nicht auszusetzen. Sie bedrängten ihn sogar, Wittenberg eine Zeitlang zu verlassen und sich dem Schutz derer anzuvertrauen, die ihn bereitwillig beschützen würden. Er aber wollte den Platz nicht verlassen, auf den Gott ihn gestellt hatte. Ungeachtet der über ihn hereinbrechenden Stürme musste er treu für die Wahrheit einstehen. Er sagte sich: »Ich bin mit Jeremia gänzlich der Mann des Haders und der Zwietracht ... je mehr sie drohen, desto freudiger bin ich ... mein Name und Ehre muss auch jetzt gut herhalten; also ist mein schwacher und elender Körper noch übrig, wollen sie den hinnehmen, so werden sie mich etwa um ein paar Stunden Leben ärmer machen, aber die Seele werden sie mir doch nicht nehmen ... wer Christi Wort in die Welt tragen will, muss mit den Aposteln stündlich bereit sein, mit Verlassung und Verleugnung aller Dinge den Tod zu leiden.« Enders, Bd.I.S.211 f., 10.7.1518

Die Nachricht von Luthers Ankunft in Augsburg erfüllte den päpstlichen Gesandten mit großer Genugtuung. Der unruhestiftende Ketzer, der die Aufmerksamkeit der ganzen Welt erregte, schien nun in der Gewalt Roms zu sein, und der päpstliche Vertreter war entschlossen, ihn nicht entkommen zu lassen. Der Reformator hatte versäumt, sich mit einem Sicherheitsgeleit zu versehen. Seine Freunde überredeten ihn, nicht ohne Geleit vor dem Gesandten zu erscheinen, und versuchten, ihm eines vom Kaiser zu verschaffen. Der Vertreter Roms hatte die Absicht, Luther – wenn möglich – zum Widerruf zu zwingen oder, falls ihm dies nicht gelänge, ihn nach Rom bringen zu lassen, damit er dort das Schicksal eines Hus und Hieronymus teile. Deshalb versuchte er durch

seine Beauftragten Luther zu bewegen, ohne Sicherheitsgeleit zu erscheinen und sich seiner Gnade anzuvertrauen. Der Reformator lehnte dies jedoch ab und erschien nicht eher vor dem päpstlichen Gesandten, bis er den Brief erhalten hatte, der den Schutz des Kaisers verbürgte.

Klug hatten sich die römischen Leiter entschlossen, Luther durch scheinbares Wohlwollen zu gewinnen. Der von Rom Gesandte zeigte sich in seinen Unterredungen mit ihm sehr freundlich, verlangte aber, dass Luther sich der Autorität der Kirche bedingungslos unterwerfen und in jedem Punkt ohne Beweis oder Frage nachgeben solle. Er hatte den Charakter des Mannes, mit dem er verhandelte, nicht richtig eingeschätzt. Luther äußerte seine Achtung vor der Kirche darin, dass er bereit war, sein Verlangen nach der Wahrheit, seine Bereitwilligkeit, alle Einwände gegen das, was er gelehrt hatte, zu beantworten und seine Lehren dem Entscheid gewisser führender Universitäten zu unterbreiten. Gleichzeitig aber protestierte er gegen die Verfahrensweise des Kardinals, von ihm einen Widerruf zu verlangen, ohne ihm den Irrtum bewiesen zu haben.

Die einzige Antwort war: »Widerrufe! Widerrufe!« Der Reformator berief sich auf die Heilige Schrift und erklärte entschlossen, dass er die Wahrheit nicht aufgeben könne. Der Vertreter Roms war den Beweisführungen Luthers nicht gewachsen. So überhäufte er ihn mit Vorwürfen, Spott und Schmeicheleien, vermengt mit Zitaten der Kirchenväter und aus der Überlieferung, dass der Reformator nicht richtig zu Wort kam. Luther, der die Nutzlosigkeit einer derartigen Unterredung erkannte, erhielt schließlich die widerstrebend erteilte Erlaubnis, seine Verteidigung schriftlich einzureichen.

Dadurch erzielte Luther trotz seiner bedrückenden Lage einen doppelten Gewinn. Er konnte seine Verteidigung der ganzen Welt zur Beurteilung unterbreiten und auch besser durch eine gut ausgearbeitete Schrift auf das Gewissen und die Furcht eines anmaßenden und geschwätzigen Tyrannen einwirken, der ihn immer wieder überschrie. Luther, EA, XVII, S. 209; L III, S. 3 f.

Bei der nächsten Zusammenkunft gab Luther eine klare, gedrängte und eindrucksvolle Erklärung ab, die er durch viele Schriftstellen begründete, und überreichte sie dann dem Kardinal. Dieser warf sie jedoch verächtlich beiseite mit der Bemerkung, sie enthalte nur eine Menge unnützer Worte und unzutreffender Schriftstellen. Luther, dem jetzt die Augen aufgegangen waren, begegnete dem überheblichen Prälaten auf dessen ureigenstem Gebiet, den Überlieferungen und Lehren der Kirche, und widerlegte dessen Ausführungen gründlich und völlig. Als der Prälat sah, dass Luthers Gründe unwiderlegbar waren, verlor er seine Beherrschung und rief zornig aus: »Widerrufe!« Wenn er dies nicht sofort täte oder in Rom sich seinen Richtern stellte, so würde er über ihn und alle, die zu ihm hielten, den Bannfluch verhängen, und über alle, zu denen er sich hinwendete, die kirchliche Ächtung. Zuletzt erhob sich der Kardinal mit den Worten: »Geh! Widerrufe oder komm mir nicht wieder vor die Augen.« Luther, EA, LXIV, S. 361-365; LXII, S. 71 f

Der Reformator zog sich sofort mit seinen Freunden zurück und gab deutlich zu verstehen, dass man keinen Widerruf von ihm erwarten könne. Das entsprach keineswegs der Hoffnung des Kardinals. Er hatte sich geschmeichelt, Luther mit Gewalt und Einschüchterung zur Unterwerfung zwingen zu können. Mit seinen Helfern jetzt allein gelassen, blickte er höchst ärgerlich über das unerwartete Misslingen seiner Anschläge von einem zum andern.

Luthers Bemühungen bei diesem Anlass waren nicht ohne positive Wirkung. Die anwesende große Versammlung hatte Gelegenheit die beiden Männer zu vergleichen und sich selbst ein Urteil zu bilden über den Geist, der sich in ihnen offenbarte, und über die Stärke und die Wahrhaftigkeit ihrer Stellung. Welch bezeichnender Unterschied! Luther, einfach, bescheiden, entschieden, stand da in der Kraft Gottes, die Wahrheit auf seiner Seite; der Vertreter des Papstes, eingebildet, anmaßend, hochmütig und unverständig, ohne auch nur einen einzigen Beweis aus der Heiligen Schrift, laut schreiend: Widerrufe oder du wirst nach Rom geschickt werden, um dort die verdiente Strafe zu erleiden!

Ohne das Sicherheitsgeleit Luthers achten zu wollen, planten die römischen Gesandten, ihn zu ergreifen und einzukerkern. Seine Freunde baten ihn dringend, unverzüglich nach Wittenberg zurückzukehren, da es für ihn nutzlos sei, seinen Aufenthalt zu verlängern. Dabei soll er aber äußerst vorsichtig vorgehen, um seine Pläne nicht zu verraten. Entsprechend verließ er Augsburg vor Tagesanbruch zu Pferde, nur von einem Führer geleitet, der ihm vom Stadtoberhaupt zur Verfügung gestellt wurde. Unter trüben Ahnungen nahm er heimlich seinen Weg durch die dunklen, stillen Straßen der Stadt, wollten doch wachsame und grausame Feinde seinen Untergang! Würde er den ausgelegten Schlingen entrinnen? Dies waren Augenblicke der Besorgnis und ernsten Gebets. Er erreichte ein kleines Tor in der Stadtmauer. Man öffnete ihm, und ohne gehindert zu werden, zog er mit seinem Führer hinaus. Außerhalb des Stadtbezirks fühlten sie sich sicherer, und so beschleunigten die Flüchtlinge ihren Ritt. Und noch ehe der römische Vertreter von Luthers Abreise Kenntnis erhielt, befand dieser sich außerhalb des Bereiches seiner Verfolger. Satan und seine Abgesandten waren überlistet. Der Mann, den sie in ihrer Gewalt glaubten, war entkommen wie der Vogel aus den Schlingen des Vogelfängers.

Die Nachricht von Luthers Flucht überraschte und ärgerte den Vertreter Roms. Er hatte erwartet, für die Klugheit und Entschiedenheit bei seinen Verhandlungen mit diesem Unruhestifter in der Kirche große Ehren zu empfangen.

Er fand sich jedoch in seiner Hoffnung getäuscht und drückte seinen Zorn in einem Brief an den Kurfürsten von Sachsen, Friedrich den Weisen aus, indem er Luther schwer anschuldigte und verlangte, Friedrich solle den Reformator nach Rom senden oder aus Sachsen verbannen.

Zu seiner Rechtfertigung verlangte Luther, dass der päpstliche Gesandte oder der Papst selbst ihn seiner Irrtümer aus der Heiligen Schrift überführen solle, und verpflichtete sich feierlichst, seine Lehren zu widerrufen, falls nachgewiesen werden könne, dass sie dem Wort Gottes widersprächen. Er dankte Gott, dass er für würdig erachtet worden sei, um einer so heiligen Sache willen zu leiden.

Der Kurfürst wusste bis dahin nur wenig von den reformierten Lehren, aber die Aufrichtigkeit, die Kraft und die Klarheit der Worte Luthers machten einen tiefen Eindruck auf ihn, und er beschloss, so lange als Beschützer des Reformators aufzutreten, bis dieser des Irrtums überführt würde. Als Erwiderung auf die Forderung des päpstlichen Gesandten schrieb er: »Weil der Doktor Martinus vor euch zu Augsburg erschienen ist, so könnt ihr zufrieden sein. Wir haben nicht erwartet, dass ihr ihn, ohne ihn widerlegt zu haben, zum Widerruf zwingen wollt. Kein Gelehrter in unseren Fürstenhäusern hat behauptet, dass die Lehre Martins gottlos, unchristlich und ketzerisch sei.« Luther, EA, op. lat. XXXIII, S. 409 f.; D'Aubigné, „Geschichte der Reformation“, 4. Buch, 10. Abschnitt Der Fürst weigerte sich, Luther nach Rom zu schicken oder ihn aus seinem Land zu vertreiben.

Der Kurfürst sah, dass die sittlichen Schranken der Gesellschaft allgemein zusammenbrachen. Eine große Reform war nötig geworden. Die verwickelten und kostspieligen polizeilichen und juristischen Einrichtungen wären unnötig, wenn die Menschen Gottes Gebote und die Vorschriften eines erleuchteten Gewissens anerkennen würden und ihnen gehorchten. Er sah, dass Luther darauf hinarbeitete, dieses Ziel zu erreichen, und er freute sich insgeheim, dass ein besserer Einfluss in der Kirche spürbar wurde.

Er bekam auch mit, dass Luther als Professor an der Universität sehr erfolgreich war. Nur ein Jahr war vorüber, seit der Reformator seine Thesen an die Schlosskirche geschlagen hatte. Die Zahl der Pilger war weniger geworden, welche die Kirche wegen dem Allerheiligenfest besuchten. Rom war seiner Anbeter und Opfergaben beraubt worden, aber ihr Platz wurde von einer andern Gruppe eingenommen, die jetzt nach Wittenberg kam – es waren nicht etwa Pilger, die hier Reliquien verehren wollten, sondern Studenten, die die Hörsäle füllten. Luthers Schriften hatten überall ein neues Verlangen nach der Heiligen Schrift wachgerufen, und nicht nur aus allen Teilen Deutschlands, sondern auch aus anderen Ländern strömten die Studenten zur Universität. Jugendliche, die zum ersten Mal die Stadt Wittenberg sahen, »erhoben die Hände zum Himmel, lobten Gott, dass er wie einst in Zion das Licht der Wahrheit leuchten lasse und es in die fernsten Lande schicke.« D'Aubigné, ebd. Luther sagte: »Ich sah damals noch sehr wenige Irrtümer des Papstes.« Luther, EA, LXII, S. 73 Als er aber Gottes Wort mit den päpstlichen Erlassen verglich, schrieb er voll Erstaunen: »Ich gehe die Dekrete der Päpste für meine Disputation durch und bin – ich sage dir's ins Ohr – ungewiss, ob der Papst der Antichrist selbst ist oder ein Apostel des Antichrist; elend wird Christus, d. h. die Wahrheit von ihm in den Dekreten gekreuzigt.« Enders, Bd. I, S. 450, 13.3.1519 Aber noch immer war Luther ein Anhänger der römischen Kirche und dachte nicht daran, sich von ihr leichtfertig und unüberlegt zu trennen.

Die Schriften und Lehren des Reformators erreichten alle Nationen der Christenheit. Das Werk dehnte sich bis in die Schweiz und nach Holland aus. Abschriften seiner Werke fanden ihren Weg nach Frankreich und Spanien. In England wurden seine Lehren als das Wort des Lebens aufgenommen. Auch nach Belgien und Italien drang die Wahrheit. Tausende erwachten aus einer todesähnlichen Erstarrung zu der Freude und Hoffnung eines Glaubenslebens. Die Angriffe Luthers erbitterten Rom mehr und mehr, und einige seiner fanatischen Gegner, ja selbst Doktoren katholischer Universitäten erklärten: Wer Luther ermorde begehe keine Sünde. Eines Tages näherte sich dem Reformator ein Fremder, der eine Pistole unter dem Mantel verborgen hatte, und fragte ihn warum er so allein gehe. »Ich stehe in Gottes Hand«, antwortete Luther. »Er ist meine Kraft und mein Schild. Was kann mir ein Mensch tun?« Luther, EA, LXIV, S. 365 f. Als der Unbekannte diese Worte hörte, erblasste er und floh wie vor himmlischen Engeln.

Rom hatte die Vernichtung Luthers beschlossen; aber Gott war sein Schutz. Überall vernahm man seine Lehren, »in Hütten und Klöstern, in Ritterburgen, in Akademien und königlichen Palästen«; und überall erhoben sich edle, aufrichtige Menschen, um seine Anstrengungen zu unterstützen.

Um diese Zeit las Luther die Werke von Hus und erkannte dabei, dass auch der böhmische Reformator die große Wahrheit der Rechtfertigung durch den Glauben hochgehalten hatte. So schrieb er: »Ich habe bisher unbewusst alle seine Lehren vorgetragen und behauptet ... Wir sind Hussiten, ohne es zu wissen; schließlich sind auch Paulus und Augustin bis aufs Wort Hussiten. Ich weiß vor starrem Staunen nicht, was ich denken soll, wenn ich die schrecklichen Gerichte Gottes in der Menschheit sehe, dass die offenkundige evangelische Wahrheit schon seit über hundert Jahren öffentlich verbrannt ist und für verdammt gilt.« Enders, Bd. II, S. 345, Feb. 1520

In einem Sendbrief an den Kaiser und den christlichen Adel deutscher Nation zur Besserung des christlichen Standes schrieb Luther über den Papst:

»Es ist gräulich und erschrecklich anzusehen, dass der Oberste in der Christenheit, der sich Christi Statthalter und Petri Nachfolger rühmt, so weltlich und prächtig fährt, dass ihn darin kein König, kein Kaiser mag erlangen und gleich werden. Gleicht sich das mit dem armen Christus und St. Peter, so ist's ein neues Gleichen.« »Sie sprechen, er sei ein Herr der Welt; das ist erlogen, denn Christus, des Statthalter und Amtmann er sich rühmet, sprach vor Pilatus: ,Mein Reich ist nicht von dieser Welt.' Es kann doch kein Statthalter weiter regieren denn sein Herr.« Luther, „Ausgewählte Werke", Bd II, München, 1948; D` Aubigné, „Geschichte der Reformation", 6.Buch, 3.Abschnitt, S. 77,81, Stuttgart, 1848

Von den Universitäten schrieb er Folgendes: »Ich habe große Sorge, die hohen Schulen seien große Pforten der Hölle, wenn sie nicht emsiglich die Heilige Schrift studieren und treiben ins junge Volk.« »Wo aber die Heilige Schrift nicht regiert, da rate ich fürwahr niemand, dass er sein Kind hintue. Es muss verderben alles, was nicht Gottes Wort ohne Unterlass treibt.« Luther, „Ausgewählte Werke", Bd II, München, 1948; D'Aubigné, „Geschichte der Reformation", 6.Buch, 3.Abschnitt, S. 77,81, Stuttgart, 1848

Dieser Aufruf verbreitete sich mit Windeseile über ganz Deutschland und übte einen mächtigen Einfluss auf das Volk aus. Die ganze Nation war bewegt und viele wurden dazu ermutigt, sich um die Fahne der Reformation zu sammeln. Luthers Gegner versuchten voller Rachegelüste, den Papst davon zu überzeugen, radikal gegen ihn durchzugreifen. Es wurde beschlossen, Luthers Lehren sofort zu verdammen. 60 Tage wurden dem Reformator und seinen Anhängern gewährt, um zu widerrufen; andernfalls sollten sie aus der Gemeinschaft der Kirche ausgeschlossen werden.

Dies war die Zeit einer schwerwiegenden Entscheidung für die Reformation. Jahrhundertelang hatte Rom durch das Verhängen des Kirchenbannes mächtigen Monarchen Schrecken eingeflößt und gewaltige Reiche mit Elend und Verwüstung erfüllt. Alle von Roms Fluch Betroffenen wurden allgemein mit Furcht und Entsetzen angesehen. Sie wurden von der Geselligkeit mit ihren Glaubensbrüdern ausgeschlossen und als Geächtete behandelt, die man hetzen müsse, bis sie ausgerottet seien. Luther war nicht blind gegen den über ihn hereinbrechenden Sturm, aber er stand fest – vertrauend auf Christus, der sein Helfer und sein Schirm sei. Mit dem Glauben und Mut eines Märtyrers schrieb er: »Wie soll es werden? Ich bin blind für die Zukunft und nicht darum besorgt sie zu wissen ... Wohin der Schlag fällt, wird mich ruhig lassen ... Kein Baumblatt fällt auf die Erde ohne den Willen des Vaters, wie viel weniger wir. Es ist ein Geringes, dass wir um des Wortes willen sterben oder umkommen, da er selbst im Fleisch erst für uns gestorben ist. Also werden wir mit demselben aufstehen, mit welchem wir umkommen und mit ihm durchgehen, wo er zuerst durchgegangen ist, dass wir endlich dahin kommen, wohin er auch gekommen ist und bei ihm bleiben ewiglich.«

Enders, Bd. II, S. 484,485,1.10.1520; D'Aubigné, ebd., 6.Buch, Kapitel 1.S. 113

Als die päpstliche Bulle Luther erreichte, schrieb er: »Endlich ist die römische Bulle mit Eck angekommen ... Ich verlache sie nur und greife sie jetzt als gottlos und lügenhaft ganz eckianisch an. Ihr sehet, dass Christus selbst darin verdammt werde ... Ich freue mich aber doch recht herzlich, dass mir um der besten Sache willen Böses widerfahre. Ich bin nun viel freier, nachdem ich gewiss weiß, dass der Papst als der Antichrist und des Satans Stuhl offenbarlich erfunden sei.« Enders, Bd. II, S. 491,12.10.1520 Doch der Erlass Roms blieb nicht wirkungslos. Gefängnis, Folter und Schwert erwiesen sich als mächtige Waffen, um Gehorsam zu erzwingen. Schwache und abergläubische Menschen erzitterten vor dem Erlass des Papstes. Während man Luther allgemein Anteilnahme bekundete, hielten doch viele ihr Leben für zu kostbar, um es für die Reformation zu wagen. Alles schien darauf hinzudeuten, dass sich das Werk des Reformators seinem Abschluss näherte.

Luther aber blieb noch immer furchtlos. Rom hatte seine Bannflüche gegen ihn geschleudert, und die Welt schaute zu in der sicheren Erwartung, dass er sterben oder sich unterwerfen müsse. Doch mit voller Wucht schleuderte er das Verdammungsurteil auf seinen Urheber zurück und erklärte öffentlich seinen Entschluss, auf immer mit Rom zu brechen. In Gegenwart vieler Studenten, Gelehrter und Bürger jeden Ranges verbrannte Luther die päpstliche Bulle, auch die Dekretalien und andere Schriftstücke seiner Gegner, die Roms Macht unterstützten. Er begründete sein Vorgehen mit den Worten: »Dieweil durch ihr solch Bücherverbrennen der Wahrheit ein großer Nachteil und bei dem schlechten, gemeinen Volk ein Wahn dadurch erfolgen möchte zu vieler Seelen Verderben, habe ich ... der Widersacher Bücher wiederum verbrannt.« »Es sollen diese ein Anfang des Ernstes sein; denn ich bisher doch nur gescherzt und gespielt habe mit des Papstes Sache. Ich habe es in Gottes Namen angefangen; hoffe, es sei an der Zeit, dass es auch in demselben ohne mich sich selbst ausführe..« Luther, EA, XXIV, S. 155,164

Auf die Vorwürfe seiner Feinde, die ihn mit der Schwäche seiner Sache stichelten, erwiderte Luther: »Wer weiß, ob mich Gott dazu berufen und erweckt hat und ihnen zu fürchten ist, dass sie nicht Gott in mir verachten ... Mose war allein im Ausgang von Ägypten, Elia allein zu König Ahabs Zeiten, Elisa auch allein nach ihm; Jesaja war allein in Jerusalem ... Hesekiel allein zu Babylon ... Dazu hat er noch nie den obersten Priester oder andere hohe Stände zu Propheten gemacht; sondern gemeiniglich niedrige, verachtete Personen auferweckt, auch zuletzt den Hirten Amos ... Also haben die lieben

Heiligen allezeit wider die Obersten, Könige, Fürsten, Priester,

Gelehrten predigen und schelten müssen, den Hals daran wagen und lassen ... Ich sage nicht, dass ich ein Prophet sei; ich sage aber, dass ihnen so vielmehr zu fürchten ist, ich sei einer, so vielmehr sie mich verachten und sich selbst achten ... so bin ich jedoch gewiss für mich selbst, dass das Wort Gottes bei mir und nicht bei ihnen ist.« Luther, EA, XXIV, S. 58.59

Aber nicht ohne großen inneren Kampf entschloss sich Luther schließlich zur Trennung von Rom. Etwa um diese Zeit schrieb er: »Ich empfinde täglich bei mir, wie gar schwer es ist, langwährige Gewissen, und mit menschlichen Satzungen gefangen, abzulegen. Oh, mit wie viel großer Mühe und Arbeit, auch durch gegründete Heilige Schrift, habe ich mein eigen Gewissen kaum können rechtfertigen, dass ich einer allein wider den Papst habe dürfen auftreten, ihn für den Antichrist halten ... Wie oft hat mein Herz gezappelt, mich gestraft, und mir vorgeworfen ihr einig stärkstes Argument: Du bist allein klug? Sollten die andern alle irren, und so eine lange Zeit geirrt haben? Wie, wenn du irrest und so viele Leute in den Irrtum verführest, welche alle ewiglich verdammt würden? Bis so lang, dass mich Christus mit seinem einigen gewissen Wort befestigt und bestätigt hat, dass mein Herz nicht mehr zappelt.« Luther, EA, LIII, S. 93,94; Martyn, „Life and Times of Luther", S. 372,373

Der Papst hatte Luther den Kirchenbann angedroht, falls er nicht widerrufen sollte, und die Drohung wurde jetzt ausgeführt. Eine neue Bulle erschien, welche die endgültige Trennung des Reformators von der römischen Kirche aussprach, ihn als vom Himmel verflucht erklärte und in die gleiche Verdammung alle einschloss, die seine Lehren annehmen würden. Der große Kampf hatte nun mit aller Heftigkeit begonnen.

Widerstand ist das Schicksal aller, die Gott nutzt, um Wahrheiten, die besonders für ihre Zeit gelten, zu verkündigen. Es gab eine gegenwärtige Wahrheit in den Tagen Luthers – eine Wahrheit, die zu jener Zeit besonders wichtig war. Es gibt auch eine gegenwärtige Wahrheit für die heutige Kirche. Gott, der alles nach dem Rat seines Willens durchführt, hat es gefallen, die Menschen in verschiedene Situationen zu bringen und ihnen Pflichten auferlegt, die der Zeit, in der sie leben, und den Umständen, in denen sie sich befinden, entsprach. Würden sie das ihnen verliehene Licht wertschätzen, so würde ihnen auch die Wahrheit in größerem Umfang offenbart werden. Aber die Mehrzahl der Menschen will die Wahrheit heutzutage ebenso wenig wissen wie damals die römischen Leiter, die Luther widerstanden. Es besteht noch heute die gleiche Neigung wie in früheren Zeiten, statt des Wortes Gottes Überlieferungen und menschliche Theorien anzunehmen. Wer die Wahrheit für diese Zeit bringt, darf nicht erwarten, eine günstigere Aufnahme zu finden als die früheren Reformatoren. Der große Kampf zwischen Wahrheit und Irrtum, zwischen Christus und

Satan wird bis zum Ende der Geschichte dieser Welt an Heftigkeit zunehmen. Jesus sagte zu seinen Jüngern: »Wäret ihr von der Welt, so hätte die Welt das Ihre lieb; weil ihr aber nicht von der Welt seid, sondern ich euch aus der Welt erwählt habe, darum hasst euch die Welt. Gedenkt an das Wort, das ich euch gesagt habe: ‚Der Knecht ist nicht größer als sein Herr.‘ Haben sie mich verfolgt, so werden sie euch auch verfolgen; haben sie mein Wort gehalten, so werden sie eures auch halten.« Johannes 15.19,20 Anderseits erklärte unser Heiland deutlich: »Wehe euch, wenn alle Leute gut von euch reden! Denn ebenso haben es ihre Väter mit den falschen Propheten gemacht.« Lukas 6,26; Schlachter 2000 Der Geist der Welt steht heute dem Geist Christi nicht näher als in früheren Zeiten. Wer das Wort Gottes in seiner Reinheit verkündigt, wird heute nicht willkommener sein als damals. Die Art und Weise des Widerstandes gegen die Wahrheit mag sich ändern, die Feindschaft mag weniger offen sein, weil sie verschlagener ist, aber dieselbe Feindschaft besteht noch und wird bis zum Ende der Zeit sichtbar sein. Der große Kampf zwischen Wahrheit und Irrtum, zwischen Christus und Satan, wird an Intensität zunehmen, wenn das Ende der Geschichte dieser Welt herannaht.

Johann Tetzel (1465-1519)

Bulle gegen Luther

Ablassbrief 1925

KAPITEL 8

LUTHER VOR DEM REICHSTAG

Durch Gottes Vorsehung hatte Luther die Möglichkeit, vor dem deutschen Reichstag in Worms – vor der weltlichen Obrigkeit – und den Vertretern der römischen Kirche die biblischen Wahrheiten verständlich zu verkündigen. Die römische Geistlichkeit vermochte zwar die Herrscher auf ihre Seite zu ziehen, aber immer deutlicher wurde die Ungerechtigkeit der Handlungsweise dieser religiösen Führer – und dagegen die Festigkeit und Schlichtheit des Reformators Martin Luther.

E in neuer Kaiser, Karl V., hatte den deutschen Thron bestiegen, und die römischen Machthaber beeilten sich, ihre Glückwünsche zu übermitteln und den Monarchen zu bewegen, seine Macht gegen die Reformation einzusetzen. Auf der andern Seite bat ihn der Kurfürst von Sachsen, dem der Kaiser zum großen Teil seine Krone verdankte, keine Schritte gegen Luther zu unternehmen, bevor er ihn gehört hätte. Der Kaiser sah sich auf diese Weise in einer sehr schwierigen Lage. Die römischen Repräsentanten würden mit nichts außer mit einem kaiserlichen Erlass zufrieden sein, der Luther zum Tode verurteilte. Der Kurfürst hatte bestimmt erklärt, ihm sei weder von kaiserlicher Majestät noch von sonst jemand nachgewiesen worden, dass Luthers Schriften widerlegt seien; er verlange deshalb, dass Luther unter sicherem Geleite vor gelehrten, frommen und unparteiischen Richtern erscheine. Köstlin, „Martin Luther", Bd. I, S. 367,384

Die Aufmerksamkeit aller Parteien richtete sich nun auf die Versammlung der deutschen Länder, die kurz nach Karls Thronbesteigung in Worms tagte. Wichtige politische Fragen und Belange sollten auf diesem Reichstag erörtert werden. Zum ersten Mal sollten die deutschen Fürsten ihrem jungen Monarchen auf einer Ratsversammlung begegnen. Aus allen deutschen Ländern hatten sich die Würdenträger der Kirche und des Reiches eingefunden. Der weltliche Adel, mächtig und eifersüchtig auf seine Erbrechte bedacht; Kirchenfürsten, stolz in dem Bewusstsein ihrer Überlegenheit an Rang und Macht; höfische Ritter und ihr bewaffnetes Gefolge; Gesandte aus fremden und fernen Ländern – alle versammelten sich in Worms. Und auf dieser bedeutenden Versammlung erregte die Sache des sächsischen Reformators größte Aufmerksamkeit. Karl hatte zuvor den Kurfürsten aufgefordert, Luther mit auf den Reichstag zu bringen. Er hatte ihm seinen Schutz zugesichert und ihm [145/146] **121** eine freie Erörterung mit maßgeblichen Personen zugesagt, um die strittigen Punkte zu besprechen. Luther sah seinem Erscheinen vor dem Kaiser mit Spannung entgegen. Seine Gesundheit war zu jener Zeit sehr angeschlagen, doch schrieb er an den Kurfürsten: »Ich werde, wenn man mich ruft, kommen, so weit an mir liegt, ob ich mich auch krank müsste hinfahren lassen, denn man darf nicht zweifeln, dass ich von dem Herrn gerufen werde, wenn der Kaiser mich ruft. Greifen sie zur Gewalt, wie es wahrscheinlich ist – denn dazu, um belehrt zu werden, lassen sie mich nicht rufen –, so muss man dem Herrn die Sache befehlen; dennoch lebt und regiert derselbige, der die drei Knaben im Feuerofen des Königs von Babylon erhalten hat. Will er mich nicht erhalten, so ist's um meinen Kopf eine geringe Sache ... man muss nur dafür sorgen, dass wir das Evangelium, das wir begonnen, den Gottlosen nicht zum Spott werden lassen ... Wir wollen lieber unser Blut dafür vergießen. Wir können nicht wissen, ob durch unser Leben oder unsern Tod dem allgemeinen Wohle mehr genützt werde ... Nimm von mir alles, nur nicht, dass ich fliehe oder widerrufe: Fliehen will ich nicht, widerrufen noch viel weniger.«« Enders, Bd. III, S. 24, 21.12.1520

Als sich in Worms die Nachricht verbreitete, dass Luther vor dem Reichstag erscheinen sollte, rief das allgemeine Aufregung hervor. Der päpstliche Gesandte, Aleander, dem der Fall besonders anvertraut worden war, wurde unruhig und wütend. Er sah, dass die Folgen für die päpstliche Sache unheilvoll werden würden. Eine Untersuchung anzuordnen in einem Fall, in dem der Papst bereits das Verdammungsurteil ausgesprochen hatte, hieße die Autorität des unumschränkten Pontifex gering zu schätzen. Er befürchtete auch, dass die gewandten und eindringlichen Beweisführungen dieses Mannes viele Fürsten von der Sache des Papstes abspenstig machen könnten. Er erhob deshalb vor Kaiser Karl eindringlich seine Einwände gegen das Erscheinen Luthers vor dem Reichstag. Ungefähr um diese Zeit wurde die Bulle veröffentlicht, die Luthers Exkommunikation erklärte. Diese Tatsache sowie die Argumentation des päpstlichen Gesandten veranlassten den Kaiser nachzugeben. Er schrieb dem Kurfürsten von Sachsen, Friedrich dem Weisen, dass der Martinus Luther in Wittenberg bleiben müsse, wenn er nicht widerrufen wolle.

Nicht zufrieden mit diesem Sieg, wirkte Aleander mit aller ihm zur Verfügung stehenden Macht und Klugheit darauf hin, Luthers Verurteilung zu erreichen. Mit einer Beharrlichkeit, die einer besseren Sache würdig gewesen wäre, lenkte er die Aufmerksamkeit der Fürsten, Prälaten und anderer Mitglieder der Versammlung auf Luther, indem er den Reformator des Aufstandes, der Empörung, der Gottlosigkeit und Gotteslästerung beschuldigte. Aber die Heftigkeit und Leidenschaft, die der römische Vertreter an den Tag legte, zeigten nur zu deutlich, wessen Geist ihn trieb. Man spürte allgemein,

»es sei mehr Neid und Rachelust als Eifer der Frömmigkeit, die ihn anstachelten«. Cochlaeus, „Commentaria de actis et scriptis Lutheri", S. 54 f., Köln, 1568 Die Mehrheit der Reichsstände war mehr denn je geneigt, Luthers Sache wohlwollend zu beurteilen. Umso mehr versuchte Aleander dem Kaiser klar zu machen, dass es seine Pflicht sei, die päpstlichen Erlasse auszuführen. Das konnte jedoch unter den bestehenden deutschen Gesetzen nicht ohne Zustimmung der Fürsten geschehen. Schließlich gestattete Karl dem römischen Gesandten, seine Sache vor den Reichstag zu bringen. »Es war ein großer Tag für den Nuntius. Die Versammlung war groß, noch größer war die Sache. Aleander sollte für Rom, die Mutter und Herrin aller Kirchen, das Wort führen.« Er sollte vor den versammelten Machthabern der Christenheit das Fürstentum Petri rechtfertigen. »Er hatte die Gabe der Beredsamkeit und zeigte sich der Erhabenheit des Anlasses gewachsen. Die Vorsehung wollte es, dass Rom vor dem erlauchtesten Tribunal erscheinen und seine Sache durch den begabtesten seiner Redner vertreten werden sollte, ehe es verdammt würde.« Wylie, „History of Protestantism", 6.Buch, Kapitel 4 Besorgt sahen die Gönner des Reformators der Wirkung der Rede Aleanders entgegen. Der Kurfürst von Sachsen war nicht anwesend, doch wohnten nach seiner Anordnung etliche seiner Räte bei, um die Rede des Nuntius berichten zu können.

Aleander versuchte durch Gelehrsamkeit und Redekunst die Wahrheit zu stürzen. Beschuldigung auf Beschuldigung schleuderte er gegen Luther, den er einen Feind der Kirche und des Staates, der Lebenden und der Toten, der Geistlichkeit und der Laien, der Konzilien und der einzelnen Christen nannte. Er sagte, in Luthers Schriften seien so viele Irrtümer, dass 100 000 Ketzer deswegen verbrannt werden könnten.

Zum Schluss versuchte er, die Anhänger der Reformation verächtlich zu machen. »Wie viel zahlreicher, gelehrter und an jenen Gaben, die im Wettstreit den Ausschlag geben, überlegener ist doch die katholische Partei! Die berühmtesten Universitäten haben Luther verurteilt. Wer dagegen sind diese Lutheraner? Ein Haufen unverschämter Universitätslehrer, verderbter Priester, unordentlicher Mönche, unwissender Advokaten, herabgekommener Adliger und verführten Pöbels. Ein einstimmiger Beschluss dieser erlauchten Versammlung wird die Einfältigen belehren, die Unklugen warnen, die Schwankenden festigen und die Schwachen stärken.« D'Aubigné, „Geschichte der Reformation", 7.Buch, Kap. 3

Mit solchen Waffen sind die Verteidiger der Wahrheit zu allen Zeiten angegriffen worden. Die gleichen Beweise werden noch immer gegen alle vorgebracht, die es wagen, den eingebürgerten Irrtümern die klaren und deutlichen Lehren des Wortes Gottes gegenüberzustellen. Wer sind diese

Prediger neuer Lehren? rufen die aus, die eine volkstümliche Religion begehren. Es sind Ungebildete, zahlenmäßig wenige und aus ärmerem Stande; doch behaupten sie, die Wahrheit zu haben und das auserwählte Volk Gottes zu sein. Sie sind unwissend und betrogen. Wie hoch steht unsere Kirche an Zahl und Einfluss über ihnen! Wie viele Gelehrte und große Männer sind in unseren Reihen, wie viel mehr Macht auf unserer Seite! – Dies sind Beweise, die einen entscheidenden Einfluss auf die Welt haben, die heute genauso wirksam sind wie in den Tagen des Reformators.

Die Reformation endete nicht mit Luther, wie viele annehmen – sie muss bis zum Ende dieser Weltgeschichte fortgesetzt werden. Luthers großes Werk bestand darin, das Licht, das Gott ihm scheinen ließ, auf andere geworfen zu haben, doch er hatte nicht alles Licht empfangen, das der Welt scheinen sollte. Von jener Zeit an bis heute hat fortwährend neues Licht die Heilige Schrift erhellt, und seither sind ständig neue göttliche Wahrheiten enthüllt worden.

Die Ansprache des päpstlichen Gesandten machte auf die Großen des Reiches tiefen Eindruck. Hefele, „Konziliengeschichte", Bd. IX, S. 202 Luther war nicht da, um den päpstlichen Vertreter durch die klaren und überzeugenden Wahrheiten des Wortes Gottes entgegenzutreten. Kein Versuch wurde gemacht, den Reformator zu verteidigen. Man war allgemein geneigt, nicht nur ihn und seine Lehren zu verdammen, sondern wenn möglich auch alle Ketzerei auszurotten.

Rom hatte die günstigste Gelegenheit gehabt, seine Sache zu verteidigen. Alles, was es zu seiner Rechtfertigung sagen konnte, war gesagt worden. Aber der scheinbare Sieg trug die Zeichen der Niederlage. Zukünftig würde der Gegensatz zwischen Wahrheit und Irrtum deutlicher erkannt werden, da beide sich im offenen Kampf messen sollten. Von jenem Tage an sollte Rom nie mehr so sicher stehen, wie es bis dahin gestanden hatte.

Während die meisten Mitglieder des Reichstages Luther der Verurteilung Roms übergeben wollten, sahen und beklagten viele die in der Kirche herrschende Verdorbenheit und wünschten die Beseitigung der Missbräuche, die das deutsche Volk infolge der Verkommenheit und der Gewinnsucht der Priesterherrschaft dulden musste. Der päpstliche Vertreter hatte Roms Herrschaft im besten Licht dargestellt. Nun bewegte der Herr ein Mitglied des Reichstages, um die Auswirkung der päpstlichen Tyrannei wahrheitsgetreu darzustellen. Mit edler Entschiedenheit erhob sich Herzog Georg von Sachsen in jener fürstlichen Versammlung und beschrieb mit schrecklicher Genauigkeit die Täuschungen und Abscheulichkeiten des Papsttums und deren grässliche Auswirkungen. Zum Schluss sagte er: »Da ist keine Scham in Herausstreichung und Erhebung des Ablasses, man suchet nur, dass man viel Geld zusammenbringe; also geschieht, dass die Priester, welche die Wahrheit lehren sollten, nichts als Lügen und Betrug den Leuten vorschwatzen. Das duldet man und diesen Leuten lohnet man, weil je mehr Geld in den Kasten kommt, je mehr die Leute beschwatzt werden. Aus diesem verderbten Brunnen fließt ein groß Ärgernis in die Bäche heraus ... plagen die Armen mit Bußen ihrer Sünden wegen, verschonen die Reichen, übergehen die Priester ... Daher nötig ist eine allgemeine Reformation anzustellen, welche nicht füglicher als in einem allgemeinen Konzil zu erhalten ist; darum bitten wir alle, solches mit höchstem Fleiß zu fördern.« Seckendorff, Commentarius, 1. Buch, 37. Abschn.

Eine deutlichere und heftigere Anprangerung der päpstlichen Missbräuche hätte selbst Luther nicht vorbringen können. Die Tatsache aber, dass der Redner ein entschlossener Feind des Reformators war, verlieh seinen Worten desto mehr Nachdruck.

Wären den Versammelten die Augen geöffnet worden, so hätten sie Engel Gottes in ihrer Mitte erblickt, die durch die Finsternis des Irrtums Strahlen des Lichts aussandten und Gemüter und Herzen der Wahrheit öffneten. Selbst die Gegner der Reformation zeigten sich von der Macht des Gottes der Wahrheit und Weisheit beeinflusst, und auf diese Weise wurde der Weg für das große Werk geebnet, das nun ausgeführt werden sollte. Martin Luther war nicht anwesend, aber man hatte eine einflussreichere Stimme als die Luthers in jener Versammlung gehört.

Sofort wurde vom Reichstag ein Ausschuss bestimmt, um eine Liste der päpstlichen Unterdrückungen aufzustellen, die so schwer auf dem deutschen Volk lasteten. Dieses Verzeichnis mit 101 Beschwerden wurde dem Kaiser mit dem Gesuch unterbreitet, sofortige Schritte zur Beseitigung dieser Missbräuche zu unternehmen. »Es gehen so viele Seelen verloren«, sagten die Bittenden, »so viele Räubereien, Erpressungen finden statt, weil das geistliche Oberhaupt der Christenheit sie gestattet. Es muss dem Untergang und der Schande unseres Volkes vorgebeugt werden. Wir bitten euch untertänigst und inständigst, dahin zu wirken, dass eine Besserung und allgemeine Reformation geschehe.« Kapp. „Nachlese reformatorischer Urkunden", Bd. III., S. 275

Die Reichsstände drangen auf das Erscheinen Luthers. Ungeachtet aller Bitten, Einwände und Drohungen Aleanders willigte der Kaiser schließlich doch ein, und Luther wurde aufgefordert, vor dem Reichstag zu erscheinen. Mit der Aufforderung wurden ihm die nötigen Geleitbriefe ausgestellt, die ihm auch seine Rückkehr an einen sicheren Ort verbürgten. Der Kurfürst von Sachsen und Herzog Georg von Sachsen sowie auch der Kaiser stellten Geleitbriefe aus. Ein Herold, der beauftragt war, ihn sicher nach Worms zu geleiten, brachte die Briefe nach Wittenberg. Luthers Freunde wurden von Schrecken und Bestürzung ergriffen. Sie kannten das Vorurteil und die

Feindschaft gegen ihn und befürchteten, selbst sein Sicherheitsgeleit würde nicht beachtet werden. Sie baten ihn, sein Leben nicht zu gefährden. Er antwortete: »Die Papisten wollen nicht, dass ich nach Worms komme; sie wollen nur meine Verurteilung und meinen Tod. Es macht nichts. Betet nicht für mich, sondern für das Wort Gottes. Jener Widersacher Christi setzt alle Kräfte ein, mich zu verderben. Der Wille Gottes geschehe! Christus wird mir seinen Geist geben, dass ich diese Widersacher des Satans verachte im Leben, besiege im Tode ... Sie arbeiten, dass ich viele Artikel widerrufe; aber mein Widerruf wird so lauten: Ich habe früher gesagt, der Papst sei der Statthalter Christi, jetzt widerrufe ich und sage, der Papst ist der Widersacher Christi und der Apostel des Teufels.« D'Aubigne Bd.7 Kap.6

Luther sollte seine gefahrvolle Reise nicht allein unternehmen. Außer dem kaiserlichen Boten hatten sich drei seiner treuesten Freunde entschlossen, ihn zu begleiten. Melanchthon wollte sich von Herzen ihnen anschließen. Er hing an Luther, und sehnte sich, ihm zu folgen, wenn es sein müsse, auch ins Gefängnis oder in den Tod. Seine Bitte wurde jedoch nicht erfüllt. Sollte Luther etwas zustoßen, so ruhte die Hoffnung der Reformation allein auf seinem jugendlichen Mitarbeiter. Der Reformer sagte, als er sich von Melanchthon trennte: »Wenn ich nicht zurückkehre, meine Feinde mich hingerichtet haben, fahre fort zu lehren, und stehe fest in der Wahrheit. Arbeite an meiner Stelle. ... wenn du [nur] überlebst, mein Tod wird nur eine kleine Auswirkung haben.« D'Aubigne, Bd. 7, Kap. 7 Studenten und Bürger die sich versammelten um Luthers Abreise zu erleben, waren tief bewegt. Viele von denen, deren Herzen durch das Evangelium berührt wurde, verabschiedeten ihn unter Tränen. So trennte sich der Reformator und seine Begleiter aus Wittenberg.

Unterwegs nahmen sie zur Kenntnis, dass die Gemüter des Volkes von düsteren Vorahnungen beschwert waren. In einigen Städten beachtete man sie nicht. Als sie übernachteten, drückte ein freundlich gesinnter Priester seine Befürchtungen aus und zeigte Luther das Bild eines italienischen Reformators, der den Scheiterhaufen besteigen musste. Am nächsten Tag erfuhren sie, dass seine Schriften in Worms verdammt worden seien. Boten verkündigten den Erlass des Kaisers und forderten jeden auf, die geächteten Bücher den Behörden auszuliefern. Der Bote, der um Luthers Sicherheit auf dem Reichstag fürchtete und meinte, dessen Entschluss könnte dadurch erschüttert sein, fragte: »Herr Doktor, wollt ihr fortziehen? Da antwortete ich [Luther]: Ja, unangesehen, dass man mich hätte in den Bann getan und das in allen Städten veröffentlicht, so wollt ich doch fortziehen.« Luther, EA, LXIV, S. 367 In Erfurt wurde Luther mit großen Ehren empfangen. Von der bewundernden

Menge umgeben, durchschritt er die Straßen, in denen er oft

mit seinem Bettelsack umhergegangen war. Er besuchte seine Klosterzelle und dachte an die Kämpfe, durch die das nun Deutschland überflutende Licht auch seine Seele erleuchtet hatte. Man drängte ihn zum Predigen. Zwar war ihm dies verboten, aber der Herold gestattete es dennoch. Der Mönch, einst im Kloster jedermanns Handlanger gewesen, bestieg die Kanzel.

In einer überfüllten Versammlung predigte er über die Worte Christi: »Friede sei mit euch!« »Ihr wisset auch, dass alle Philosophen, Doktoren und Skribenten [Schreiber] sich beflissen zu lehren und schreiben, wie sich der Mensch zur Frömmigkeit halten soll, haben sich des sehr bemüht, aber wie man sieht, wenig ausgerichtet ... Denn Gott, der hat auserwählet einen Menschen, den Herrn Jesum Christ, dass der soll den Tod zerknirschen, die Sünden zerstören und die Hölle zerbrechen ... Also dass wir durch seine Werke ... und nicht mit unseren Werken selig werden ... Unser Herr Christus hat gesagt: Habt Frieden und sehet meine Hände. Sieh Mensch, ich bin der allein, der deine Sünde hat hinweggenommen, der dich erlöste. Nun habe Frieden.«

»So soll ein jeglicher Mensch sich besinnen und bedenken, dass wir uns nicht helfen können, sondern Gott, auch dass unsere Werke gar gering sind: So haben wir den Frieden Gottes; und ein jeglicher Mensch soll sein Werk also schicken, dass ihm nicht allein nutz sei, sondern auch einem andern, seinem Nächsten. Ist er reich, so soll sein Gut den Armen nutz sein; ist er arm, soll sein Verdienst den Reichen zugute kommen ... Denn wenn du merkst, dass du deinen Nutzen allein schaffst, so ist dein Dienst falsch.« Luther, EA, XVI, S. 249-257

Das Volk lauschte wie gebannt seinen Worten. Das Brot des Lebens wurde jenen hungernden Seelen gebrochen. Christus erschien darin als der, der über Papst, päpstliche Würdenträger, Kaiser und König steht. Luther machte keinerlei Andeutungen über seine gefährliche Lage. Weder versuchte er, sich selbst in den Mittelpunkt zu stellen, noch suchte er Mitgefühl zu erwecken. Sein Ich trat ganz hinter die Betrachtung Christi zurück. Er verbarg sich hinter dem Gekreuzigten von Golgatha und verlangte nur danach, Jesus als den Erlöser des Sünders darzustellen. Auf der Weiterreise brachte das Volk dem Reformator die größte Anteilnahme entgegen. Eine neugierige Menge drängte sich überall um ihn, und freundschaftliche Stimmen warnten ihn vor den Absichten der römischen Gesandten. Einige sagten: Man wird dich verbrennen wie den Hus. Luther antwortete: »Und wenn sie gleich ein Feuer machten, das zwischen Wittenberg und Worms bis an den Himmel reicht, weil es aber gefordert wäre, so wollte ich doch im Namen des Herrn erscheinen und dem Behemoth zwischen seine großen Zähne treten und Christus bekennen und denselben walten lassen.« Luther, Walch, XV, S. 2172,2173 Als bekannt wurde, dass Luther sich Worms nähert, waren viele aufgeregt. Seine Freunde bangten um seine Sicherheit; seine Feinde fürchteten um den Erfolg ihrer Sache. Ernsthaft bemühte man sich, ihn vom Betreten der Stadt abzuraten. Auf Anstiften der römischen Gesandten bedrängte man ihn, sich auf das Schloss eines befreundeten Ritters zu begeben, wo nach ihrer Darstellung dann alle Schwierigkeiten auf freundschaftliche Weise beigelegt werden könnten. Freunde versuchten ihm durch Darstellung der ihm drohenden Gefahr Furcht einzuflößen. Alles Bemühen blieb erfolglos. Luther wankte nicht, sondern erklärte: »Ich will gen Worms, wenn gleich so viel Teufel drinnen wären, als immer Ziegel auf ihren Dächern!«

Bei seiner Ankunft in Worms war die Zahl derer, die sich an den Toren drängten, um ihn willkommen zu heißen, sogar noch größer als beim Einzug des Kaisers. Es herrschte große Aufregung, und aus der Volksmenge heraus sang eine durchdringende, klagende Stimme ein Grabeslied, um Luther vor dem ihm bevorstehenden Schicksal zu warnen. »Gott wird mit mir sein«, sprach er mutig beim Verlassen des Wagens.

Die Anhänger des Papstes hatten nicht erwartet, dass Luther es wirklich wagen würde, in Worms zu erscheinen, und seine Ankunft bestürzte sie außerordentlich. Der Kaiser rief sofort seine Räte zusammen, um die weitere Vorgehensweise abzuwägen. Einer der Bischöfe, ein sturer Papist erklärte: »Wir haben uns schon lange darüber beraten. Kaiserliche Majestät möge diesen Mann beiseite tun und ihn umbringen lassen. Sigismund hat den Johann Hus ebenso behandelt; einem Ketzer braucht man kein Geleit zu geben oder zu halten.« Karl wies diesen Vorschlag ab; man müsse halten, was man versprochen habe. Der Reformator sollte also vorgeladen werden. D'Aubigné, „Geschichte der Reformation", 7. Buch, 8. Abschnitt, S. 195; Ranke, „Geschichte im Zeitalter der Reformation", I, S. 330 f.

Die ganze Stadt wollte diesen außergewöhnlichen Mann sehen, und bald füllte sich sein Quartier mit vielen Besuchern. Luther hatte sich kaum von einer kürzlich überstandenen Krankheit erholt. Er war ermüdet von der Reise, die zwei Wochen gedauert hatte. Er musste sich auf die wichtigsten Ereignisse des morgigen Tages vorbereiten und brauchte Stille und Ruhe. Der Wunsch ihn zu sehen, war jedoch so groß, dass er sich nur weniger Ruhestunden erfreuen konnte, als sich Edelleute, Ritter, Priester und Bürger um ihn versammelten. Unter ihnen waren viele Adlige, die vom Kaiser so kühn eine Reform der kirchlichen Missbräuche verlangt hatten, und die, wie Luther sich ausdrückte, »alle durch mein Evangelium frei geworden waren«. Feinde wie Freunde kamen, um den furchtlos-kühnen Mönch zu sehen. Er empfing sie mit unerschütterlicher Ruhe und antwortete allen mit Würde und Weisheit. Seine Haltung war fest und mutig; sein bleiches, abgezehrtes Gesicht, das die Spuren der Anstrengung

und Krankheit nicht verleugnen konnte, schien freundlich, ja sogar freudig. Die Feierlichkeit und der tiefe Ernst seiner Worte verliehen ihm eine Kraft, der selbst seine Feinde nicht ganz widerstehen konnten. Freund und Feind waren voller Bewunderung. Manche waren überzeugt, dass ein göttlicher Einfluss ihn begleite, andere erklärten, wie die Pharisäer hinsichtlich Christi, er habe den Teufel. Am folgenden Tag wurde Luther aufgefordert, vor dem Reichstag zu erscheinen. Ein kaiserlicher Beamter sollte ihn in den Empfangssaal führen. Nur mit Mühe erreichte er diesen Ort. Jeder Zugang war mit Schaulustigen verstopft, die den Mönch sehen wollten, der es gewagt hatte, der Autorität des Papstes zu widerstehen.

Als Luther vor seine Richter treten wollte, sagte ein Feldherr, der Held mancher Schlacht, freundlich zu ihm: »Armer Mönch, armer Mönch, du gehst jetzt einen Gang, einen Stand zu tun, dergleichen ich und mancher Oberster auch in unsern allerernstesten Schlachtordnungen nicht getan haben. Bist du auf rechter Meinung und deiner Sache gewiss, so fahre in Gottes Namen fort und sei nur getrost, Gott wird dich nicht verlassen.« Spangenberg, Cyriakus, „Adelsspiegel", III, S. 54. – [Der Landsknechtsführer Georg von Frundsberg hatte Luther mit den zitierten Worten ermutigend auf die Schulter geklopft.]

Endlich stand Luther vor dem Reichstag. Der Kaiser saß auf dem Thron. Er war von den erlauchtesten Persönlichkeiten des Kaiserreichs umgeben. Nie zuvor war je ein Mensch vor einer bedeutenderen Versammlung erschienen als vor jener, vor der Martin Luther seinen Glauben verantworten sollte. »Sein Erscheinen allein war ein außerordentlicher Sieg über das Papsttum. Der Papst hatte diesen Mann verurteilt, und dieser stand jetzt vor einem Gericht, das sich dadurch über den Papst stellte. Der Papst hatte ihn in den Bann getan, von aller menschlicher Gesellschaft ausgestoßen, und dennoch war er mit höflichen Worten vorgeladen und erschien nun vor der erlauchtesten Versammlung der Welt. Der Papst hatte ihn zu ewigem Schweigen verurteilt und jetzt sollte er vor Tausenden aufmerksamer Zuhörer aus den verschiedensten Landen der Christenheit reden. So kam durch Luther eine gewaltige Revolution zustande: Rom stieg von seinem Thron herab, und das Wort eines Mönches gab die Veranlassung dazu.« D'Aubigné, „Geschichte der Reformation", 7. Buch, 8. Abschnitt, S. 199

Angesichts jener bedeutsamen Versammlung vieler Adliger schien der Reformator, der von einfacher Herkunft war, eingeschüchtert und verlegen. Mehrere Fürsten, die das mitbekamen, näherten sich ihm, und einer von ihnen flüsterte: »Fürchtet euch nicht vor denen, die den Leib töten und die Seele nicht mögen töten.« Matthäus 10, 28 Ein anderer sagte: »Wenn ihr vor Fürsten und Könige geführt werdet um meinetwillen, wird es euch durch den Geist eures Vaters gegeben werden, was ihr reden sollt. vgl. Markus 13,11« Melanchthon, „Leben Luthers", S. 53 Auf diese Weise wurden Christi Worte von den

Großen dieser Erde gebraucht, um Gottes Diener in der Stunde der Prüfung zu stärken. Luther wurde ein Platz direkt vor dem kaiserlichen Thron angewiesen. Tiefes Schweigen herrschte in der großen Versammlung. Der vom Kaiser beauftragte Redner erhob sich und verlangte, indem er auf eine Sammlung von Luthers Schriften wies, dass der Reformator zwei Fragen beantworte: Ob er die hier vorliegenden Bücher als die seinen anerkenne oder nicht; und ob er die Ansichten, die er darin verbreitet habe, widerrufe. Nachdem die Titel der Bücher vorgelesen worden waren, erwiderte Luther, dass er hinsichtlich der ersten Frage jene Bücher als von ihm geschrieben annehme und nichts je davon ableugne. Aber was da folge, »weil dies eine Frage vom Glauben und der Seelen Seligkeit sei und das göttliche Wort betreffe, was das höchste sei im Himmel und auf Erden …, da wäre es vermessen und sehr gefährlich, etwas Unbedachtes auszusprechen. Ich könnte ohne vorherige Überlegung leicht weniger behaupten als die Sache erfordere, oder mehr als der Wahrheit gemäß wäre, und durch das eine und andere jenem Urteil Christi verfallen: Wer mich verleugnet vor den Menschen, den werde ich vor meinem himmlischen Vater auch verleugnen. (Matthäus 10.33) Deshalb bitte ich von Kaiserlicher Majestät aufs alleruntertänigste um Bedenkzeit, damit ich ohne Nachteil für das göttliche Wort und ohne Gefahr für meine Seele dieser Frage genugtue.« Luther, EA, LXIV, S. 377 ff; op. lat. XXXVII, S. 5-8

Luther handelte sehr klug, dass er dieses Gesuch stellte. Sein Benehmen überzeugte die Versammlung, dass er nicht aus Leidenschaft oder bloßem Antrieb handelte. Solche Ruhe und Selbstbeherrschung, die man von einem, der so kühn und unnachgiebig war, nicht erwartet hätte, erhöhten Luthers Stärke und befähigten ihn später, mit einer Vorsicht, Entschiedenheit, Weisheit und Würde zu antworten, dass seine Gegner überrascht und enttäuscht, ihre Anmaßung und ihr Stolz aber beschämt wurden.

Am nächsten Tag sollte er erscheinen, um seine endgültige Antwort zu geben. Als er sich die gegen die Wahrheit verbündeten Mächte nochmals vor Augen führte, verließ ihn für einen Augenblick der Mut. Sein Glaube schwankte, Furcht und Zittern ergriffen ihn, und Grauen lastete auf ihm. Die Gefahren vervielfältigten sich vor seinen Augen, seine Feinde schienen zu siegen und die Mächte der Finsternis die Oberhand zu gewinnen. Wolken sammelten sich um ihn und drohten ihn von Gott zu trennen. Er sehnte sich nach der Gewissheit, dass der Herr der Heerscharen mit ihm sei. In seiner Seelennot warf er sich mit dem Angesicht auf die Erde und stieß jene gebrochenen herzzerreißenden Angstrufe aus, die Gott allein in der Lage ist, völlig zu verstehen. Er betete: »Allmächtiger, ewiger Gott! Wie ist es nur ein Ding um die Welt! Wie sperrt

sie den Leuten die Mäuler auf! Wie klein und gering ist das

Vertrauen der Menschen auf Gott ... und siehet nur allein bloß an, was prächtig und gewaltig, groß und mächtig ist und ein Ansehen hat.

Wenn ich auch meine Augen dahin wenden soll, so ist's mit mir aus, die Glocke ist schon gegossen und das Urteil gefällt. Ach Gott! o du mein Gott, stehe du mir bei wider alle Welt, Vernunft und Weisheit. Tue du es; du musst es tun, du allein. Ist es doch nicht mein, sondern deine Sache. Habe ich doch für meine Person hier nichts zu schaffen und mit diesen großen Herrn der Welt zu tun ... Aber dein ist die Sache, Herr, die gerecht und ewig ist. Stehe mir bei, du treuer, ewiger Gott! ich verlasse mich auf keinen Menschen. Es ist umsonst und vergebens, es hinket alles, was fleischlich ist ... Hast du mich dazu erwählet? Ich frage dich; wie ich es denn gewiss weiß; ei, so walt es Gott ... Steh mir bei in dem Namen deines lieben Sohnes Jesus Christi, der mein Schutz und Schirm sein soll, ja meine feste Burg.« Luther, EA, LXIV, S. 289 f.

Eine allweise Vorsehung hatte Luther seine Gefahr erkennen lassen, damit er weder auf seine eigene Kraft baute noch sich vermessen in Gefahr stürzte. Es war jedoch nicht die Furcht zu leiden, nicht die Angst vor der ihm scheinbar unmittelbar bevorstehenden Qual oder vor dem Tod, die ihn mit ihrem Schrecken überwältigte. Er hatte einen entscheidenden Zeitpunkt erreicht und fühlte seine Untüchtigkeit, in ihm zu bestehen. Er könnte der Sache der Wahrheit infolge seiner Schwäche schaden und rang mit Gott, nicht um seiner eigenen Sicherheit, sondern um des Sieges des Evangeliums willen. Die Angst und das Ringen seiner Seele glich jenem nächtlichen Kampf Israels am einsamen Bach; wie jener trug auch er den Sieg davon. In seiner totalen Hilflosigkeit klammerte sich sein Glaube an Christus, den mächtigen Befreier. Er wurde durch die Zusicherung gestärkt, dass er nicht allein vor dem Reichstag erscheinen sollte. Friede zog wiederum in seine Seele ein, und er freute sich, dass es ihm vergönnt war, das heilige Wort Gottes vor den Herrschern des Volkes hochzuhalten. Mit festem Gottvertrauen bereitete sich Luther auf den ihm bevorstehenden Kampf vor. Er plante seine Antwort, prüfte etliche Stellen seiner eigenen Schriften und suchte in der Bibel passende Belege, um seine Behauptungen zu stützen. Dann gelobte er, seine Linke auf das offen vor ihm liegende Buch legend und seine Rechte zum Himmel erhebend, »dem Evangelium treu zu bleiben und seinen Glauben frei zu bekennen, sollte er ihn auch mit seinem Blut besiegeln.« D'Aubigné, ebd., 7.Buch, S. 8

Als er wieder vor den Reichstag geführt wurde, war er frei von Furcht und Verlegenheit. Ruhig und friedvoll, dennoch mutig und edel stand er als Gottes Zeuge unter den Großen der Erde. Der kaiserliche Beamte verlangte nun die Entscheidung, ob er bereit sei, seine Lehren zu widerrufen. Luther gab die Antwort in einem unterwürfigen und bescheidenen

Ton ohne Heftigkeit oder Erregung. Sein Benehmen war maßvoll und ehrerbietig, dennoch offenbarte er eine Zuversicht und eine Freudigkeit, die die Versammlung überraschte.

Seine Antwort lautete: »Allerdurchlauchtester, großmächtigster Kaiser, durchlauchteste Fürsten, gnädigste und gnädige Herren! Auf die Bedenkzeit, mir auf gestrigen Abend ernannt, erscheine ich gehorsam und bitte durch die Barmherzigkeit Gottes Eure Kaiserliche Majestät um Gnaden, dass sie wollen, wie ich hoffe, diese Sachen der Gerechtigkeit und Wahrheit gnädiglich zuhören, und so ich von wegen meiner Unerfahrenheit ... wider die höfischen Sitten handle, mir solches gnädig zu verzeihen als einem, der nicht an fürstlichen Höfen erzogen, sondern in Mönchswinkeln aufkommen.« Luther, EA, LXIV, S. 378

Dann zu der ihm aufgegebenen Frage übergehend, erklärte er, dass seine Bücher nicht einerlei Art seien. Einige behandelten den Glauben und die guten Werke, so dass auch seine Widersacher sie für nützlich und unschädlich anerkannt hätten. Diese zu widerrufen, wäre ein Verdammen der Wahrheiten, die Freunde und Feinde zugleich bekennen. Die zweite Art bestände aus Büchern, welche die Verderbtheiten und Übeltaten des Papsttums darlegten. Diese Werke zu widerrufen, würde die Gewaltherrschaft Roms nur stärken und vielen und großen Gottlosigkeiten die Tür noch weiter öffnen. In der dritten Art seiner Bücher habe er einzelne Personen angegriffen, die bestehende Übelstände verteidigt hätten. Im Hinblick auf diese Bücher bekenne er, heftiger gewesen zu sein, als es sich zieme. Er beanspruche keineswegs, fehlerfrei zu sein. Aber auch diese Bücher könne er nicht widerrufen, denn dann würden die Feinde der Wahrheit nur noch kühner werden und das Volk Gottes mit noch größerer Grausamkeit als bisher unterdrücken wollen.

»Dieweil aber ich ein Mensch und nicht Gott bin, so mag ich meine Büchlein anders nicht verteidigen, denn wie mein Herr Jesus Christus seine Lehre unterstützt hat: ‚Habe ich übel geredet, so beweise es.' Johannes 18,23 Derhalben bitte ich durch die Barmherzigkeit Gottes Eure Kaiserliche Majestät und Gnaden, oder aber alle andern Höchsten und Niedrigen mögen mir Zeugnis geben, mich Irrtums überführen, mich mit prophetischen und evangelischen Schriften überwinden. Ich will auf das allerwilligste bereit sein, so ich dessen überwiesen werde, alle Irrtümer zu widerrufen und der Allererste sein, meine Bücher in das Feuer zu werfen; aus welchem allem ist, meine ich, offenbar, dass ich genügsam bedacht, erwogen und ermessen habe die Gefahr, Zwietracht, Aufruhr und Empörung, so wegen meiner Lehre in der Welt erwachsen ist ... Wahrlich, mir ist das Liebste zu hören, dass wegen des göttlichen Wortes sich Missbelligkeit und Uneinigkeit erheben; denn das ist der Lauf, Fall und

Ausgang des göttlichen Wortes, wie der Herr selbst sagt: ‚Ich

bin nicht gekommen, Frieden zu senden, sondern das Schwert' Matthäus 10,34
... Darum müssen wir bedenken, wie wunderbar und schrecklich unser Gott ist
in seinen Gerichten, auf dass nicht das, was jetzt unternommen wird, um die
Uneinigkeit beizulegen, hernach, so wir den Anfang dazu mit Verdammung des
göttlichen Wortes machen, vielmehr zu einer Sintflut unerträglicher Übel aus-
schlage; bedenken müssen wir und fürsorgen, dass nicht diesem jungen, edlen
Kaiser Karl, von welchem nächst Gott vieles zu hoffen ist, ein unseliger Eingang
und ein unglücklich Regiment zuteil werde. Ich könnte dafür reichliche Exempel bringen aus der Heiligen Schrift, von Pharao, vom König zu Babel und von
den Königen Israels, welche gerade dann am meisten Verderben sich bereitet
haben, wenn sie mit den klügsten Reden und Anschlägen ihr Reich zu befrie-
den und zu befestigen gedachten. Denn der Herr ist's, der die Klugen erhascht
in ihrer Klugheit und die Berge umkehrt, ehe sie es innewerden; darum tut's
not, Gott zu fürchten.« Luther, EA, LXIV, S. 379-382; op. lat. XXXVII, S. 11-13

Luther hatte deutsch gesprochen; er wurde nun aufgefordert, dieselben
Worte in lateinischer Sprache zu wiederholen. Obwohl er durch die vorausge-
gangene Anstrengung erschöpft war, willigte er doch in diese Bitte ein und trug
dieselbe Rede noch einmal ebenso deutlich und kraftvoll vor, so dass ihn alle
verstehen konnten. Gottes Vorsehung waltete in dieser Sache. Viele Fürsten
waren durch Irrtum und Aberglauben so verblendet, dass sie bei Luthers erster
Rede die Gewichtigkeit seiner Gründe nicht klar erfassen konnten. Durch diese
Wiederholung aber wurden ihnen die angeführten Punkte klar verständlich.

Solche, die ihre Herzen dem Licht hartnäckig verschlossen und sich durchaus nicht von der Wahrheit überzeugen lassen wollten, wurden durch die Deutlichkeit seiner Worte sehr zornig. Als er seine Rede beendet hatte, mahnte der
Wortführer des Reichstages in strafendem Ton, Luther hätte nicht zur Sache
geantwortet, und es gehöre sich nicht, hier Verdammungsurteile und Feststel-
lungen von Konzilien in Frage zu ziehen. Luther sollte klar und deutlich antworten, ob er widerrufen wolle oder nicht.

Darauf erwiderte der Reformator: »Weil denn Eure Majestät und die
Herrschaften eine einfache Antwort begehren, so will ich eine geben, die weder
Hörner noch Zähne hat, dermaßen: Wenn ich nicht durch Schriftzeugnisse
oder helle Gründe werde überwunden werden (denn ich glaube weder dem
Papst noch den Konzilien allein, weil feststeht, dass sie öfter geirrt und
sich selbst widersprochen haben), so bin ich überwunden durch die von
mir angeführten Schriften und mein Gewissen gefangen in Gottes Worten;
widerrufen kann ich nichts und will ich nichts, weil wider das Gewissen zu
handeln beschwerlich, unsicher und nicht lauter ist. Hier stehe ich, ich kann
nicht anders, Gott helfe mir, Amen.« Luther, EA, LXIV, S. 382 f. [159/160] **133**

So stand dieser rechtschaffene Mann auf dem sicheren Grund des göttlichen Wortes. Des Himmels Licht erleuchtete sein Angesicht. Die Größe und Reinheit seines Charakters, der Friede und die Freude seines Herzens offenbarten sich allen, als er die Macht des Irrtums bloßstellte und die Überlegenheit jenes Glaubens bezeugte, der die Welt überwindet.

Die Versammelten staunten über diese mutige Verteidigung. Seine erste Antwort hatte Luther mit gedämpfter Stimme in achtungsvoller, beinahe unterwürfiger Haltung gegeben. Die römischen Gesandten hatten dies als einen Beweis gedeutet, dass sein Mut angefangen habe zu wanken. Sie betrachteten sein Gesuch um Bedenkzeit nur als Vorspiel seines Widerrufs. Sogar Kaiser Karl, der halb verächtlich die gebeugte Gestalt des Mönches, sein schlichtes Gewand und die Einfachheit seiner Ansprache wahrnahm, hatte erklärt: »Der soll mich nicht zum Ketzer machen.« Der Mut aber und die Festigkeit, die Luther nun an den Tag legte, überraschte alle Parteien, ebenso wie die Kraft und Klarheit seiner Beweisführung. Von Bewunderung hingerissen, rief der Kaiser: »Dieser Mönch redet unerschrocken, mit getrostem Mut!« Viele Fürsten blickten mit Stolz und Freude auf diesen Vertreter ihrer Nation.

Die Anhänger Roms waren geschlagen, und ihre Sache erschien in einem sehr ungünstigen Licht. Sie suchten nicht etwa ihre Macht aufrechtzuerhalten, indem sie sich auf die Heilige Schrift beriefen, sondern sie nahmen ihre Zuflucht zu Roms nie versagendem Beweismittel – zur Drohung. Der Wortführer des Reichstages sagte: Widerruft er nicht, so werden der Kaiser samt den Fürsten und Ständen des Reiches beraten, wie sie mit einem solchen Ketzer verfahren wollen. Luthers Freunde hatten seiner glänzenden Verteidigungsrede mit großer Freude gelauscht, doch diese Worte ließen sie für seine Sicherheit fürchten. Luther selbst aber sagte gelassen: »So helf mir Gott, denn einen Widerruf kann ich nicht tun.« Luther, Walch, XV, S. 2234,2235

Luther verließ den Tagungsort, damit die Fürsten sich beraten konnten. Sie spürten, dass sie vor einem großen Wendepunkt standen. Luthers beharrliche Weigerung, sich zu unterwerfen, könnte die Geschichte der Kirche auf Jahrhunderte hinaus beeinflussen. Es wurde beschlossen, ihm nochmals Gelegenheit zum Widerruf zu geben. Zum letzten Mal wurde er vor die Versammlung gebracht. Der Wortführer der Fürsten fragte ihn nochmals im Namen des Kaisers, ob er nicht widerrufen wolle. Darauf erwiderte Luther: »Ich weiß keine andere Antwort zu geben, wie die bereits vorgebrachte.« Luther, Leipziger Ausgabe, XVII, S. 580 Er könne nicht widerrufen, er wäre denn aus Gottes Wort eines besseren überführt. Es war deutlich, dass weder Versprechungen noch Drohungen ihn zur Nachgiebigkeit gegenüber Roms Befehlen bewegen konnten. Die Vertreter

Roms ärgerten sich, dass ihre Macht, die Könige und Adlige zum

Erzittern gebracht hatte, auf diese Weise von einem einfachen Mönch missachtet werden sollte. Sie wünschten nun, ihn ihren Zorn fühlen zu lassen und ihn zu Tode zu martern. Aber Luther, der die ihm drohende Gefahr begriff, hatte zu allen in christlicher Würde und Gelassenheit gesprochen. Seine Worte waren frei von Stolz, Leidenschaft oder Täuschung gewesen. Er hatte sich selbst und die großen Männer, die ihn umgaben, aus den Augen verloren und fühlte nur, dass er in der Gegenwart Gottes war, der unendlich erhaben über Päpsten, Prälaten, Königen und Kaisern thront. Christus hatte durch Luthers Zeugnis mit einer Macht und Größe gesprochen, die für den Augenblick Freunden und Feinden Ehrfurcht und Erstaunen einflößte. Der Geist Gottes war in jener Versammlung gegenwärtig gewesen und hatte die Herzen der Großen des Reiches ergriffen. Mehrere Fürsten anerkannten offen die Gerechtigkeit der Sache Luthers.

Viele waren von der Wahrheit überzeugt; bei einigen jedoch dauerte dieser Eindruck nicht lange an. Andere hielten mit ihrer Meinung zurück, wurden aber später, nachdem sie die Heilige Schrift für sich selbst durchforscht hatten, furchtlose Anhänger der Reformation.

Der Kurfürst Friedrich von Sachsen hatte mit großer Besorgnis dem Erscheinen Luthers vor dem Reichstag entgegengesehen und lauschte jetzt tief bewegt seiner Rede. Mit Stolz und Freude sah er den Mut, die Entschiedenheit und die Selbstbeherrschung des Doktors und nahm sich vor,

Luther vor dem Reichstag in Worms (17. April 1521)

ihn entschiedener als je zu verteidigen. Er verglich die streitenden Parteien und erkannte, dass die Weisheit der Päpste, der Könige und Prälaten durch die Macht der Wahrheit zunichte gemacht worden war. Diese Niederlage des Papsttums sollte unter allen Nationen und zu allen Zeiten spürbar sein.

Als der päpstliche Gesandte die Wirkung der Rede Luthers wahrnahm, fürchtete er wie nie zuvor für die Sicherheit der römischen Macht. So entschloss er sich, alle ihm zur Verfügung stehenden Möglichkeiten zu nutzen, um den Untergang des Reformators herbeizuführen. Mit all der Beredsamkeit und dem diplomatischen Geschick, das ihn in so hohem Grade auszeichnete, stellte er dem jungen Kaiser die Torheit und die Gefahr dar, wegen eines unbedeutenden Mönches die Freundschaft und Hilfe des mächtigen Rom zu opfern.

Seine Worte blieben nicht wirkungslos. Schon am nächsten Tag ließ Kaiser Karl den Reichsständen seinen Beschluss melden, dass er genau wie seine Vorfahren fest entschlossen sei, ihren Glauben zu unterstützen und zu schützen. Da Luther sich geweigert hatte, seinen Irrtümern zu entsagen, sollten die strengsten Maßnahmen gegen ihn und die Ketzereien angewandt werden, die er lehrte. »Es sei offenkundig, dass ein durch seine eigene Torheit verleiteter Mönch der Lehre der ganzen Christenheit widerstreite ... so bin ich fest entschlossen, alle meine Königreiche, das Kaisertum, Herrschaften, Freunde, Leib, Blut und das Leben und mich selbst daran zu setzen, dass dies gottlose Vornehmen nicht weiter um sich greife ... Gebiete demnach, dass er sogleich nach der Vorschrift des Befehls wieder heimgebracht werde und sich laut des öffentlichen Geleites in Acht nehme, nirgends zu predigen, noch dem Volk seine falschen Lehren weiter vorzutragen. Denn ich habe fest beschlossen, wider ihn als einen offenbaren Ketzer zu verfahren. Und begehre daher von euch, dass ihr in dieser Sache dasjenige beschließet, was rechten Christen gebührt und wie ihr zu tun versprochen habt.« Luther, Walch, XIV, S. 2236,2237 Der Kaiser erklärte, Luther müsse das sichere Geleit gehalten werden, und ehe Maßnahmen gegen ihn getroffen werden könnten, müsse ihm gestattet werden, seine Heimat sicher und unbehelligt zu erreichen.

Erneut wurden zwei gegensätzliche Meinungen der Reichsstände deutlich. Die Gesandten und Vertreter des Papstes forderten wiederholt, das Sicherheitsgeleit für Luther nicht zu beachten, und sagten: Der Rhein muss seine Asche aufnehmen wie die des Hus vor einem Jahrhundert. D'Aubigné, ebd., 7.Buch, Kapitel 9 Doch deutsche Fürsten, obwohl auf päpstlicher Seite stehend und offene Feinde Luthers, wandten sich gegen einen öffentlichen Treuebruch als Schandfleck für die Ehre der Nation. Sie wiesen auf die folgenschweren Auseinandersetzungen hin, die auf den Tod von Hus gefolgt waren, und

erklärten, dass sie es nicht wagten, eine Wiederholung dieser schrecklichen Ereignisse über Deutschland und zu Lasten ihres jungen Kaisers zu bringen. Karl selbst erwiderte auf den niederträchtigen Vorschlag: »Wenn Treue und Glauben nirgends mehr gelitten [eingehalten] würden, sollten doch solche an den fürstlichen Höfen ihre Zuflucht finden.« Seckendorff, ebd., S. 357 Die schlimmsten römischen Feinde Luthers versuchten noch weiter, den Kaiser umzustimmen, dass er mit dem Reformator so verfahren soll, wie Sigismund Hus behandelt hatte, und ihn der Gnade und Ungnade der Kirche zu überlassen. Karl V. aber, der sich ins Gedächtnis zurückrief, wie Hus in der öffentlichen Versammlung auf seine Ketten hingewiesen und den Kaiser an seine verpfändete Treue erinnert hatte, erklärte entschlossen: »Ich will nicht wie Sigismund erröten!« Lenfant, „Histoire du concile de Constance", Bd. I, 3.Buch, S. 404

Karl hatte jedoch wohlüberlegt die von Luther verkündigten Wahrheiten verworfen. »Ich bin«, schrieb der Herrscher, »fest entschlossen, in die Fußstapfen meiner Ahnen zu treten.« Er hatte entschieden, nicht vom Pfad des herkömmlichen Glaubens abzuweichen, selbst nicht, um in den Wegen der Wahrheit und der Gerechtigkeit zu wandeln. Weil seine Väter dem römischen Glauben gefolgt waren, wollte auch er das Papsttum mit all seiner Grausamkeit und Verderbtheit aufrechterhalten. Bei dieser Entscheidung blieb er, und er weigerte sich, irgendwelches weitere Licht, das über die Erkenntnis seiner Väter hinausging, anzunehmen oder irgendeine Pflicht auszuüben, die sie nicht ausgeübt hatten.

Viele halten heute genauso an den Bräuchen und Überlieferungen der Väter fest. Schickt der Herr ihnen weiteres Licht, so weigern sie sich, es anzunehmen, weil ihre Väter es auch nicht angenommen haben, ohne zu bedenken, dass jene es ja noch gar nicht erhalten hatten. Wir sind viel weiter vorwärts gegangen als es unsere Väter waren, daraus folgt, dass unsere Pflichten und Verantwortlichkeiten auch nicht die gleichen sind. Gott wird es nicht gut finden, wenn wir auf das Beispiel unserer Väter blicken, anstatt das Wort der Wahrheit für uns selbst zu prüfen, um unsere Pflichten zu erkennen. Unsere Verantwortung ist größer als die unserer Vorfahren. Wir sind verantwortlich für das Licht, das sie erhielten und das uns als Erbgut zuteil wurde. Wir müssen aber auch Rechenschaft ablegen über das neu hinzugekommene Licht, das jetzt aus dem Wort Gottes auf uns scheint.

Christus sagte von den ungläubigen Juden: »Wenn ich nicht gekommen wäre und zu ihnen geredet hätte, so hätten sie keine Sünde; nun aber haben sie keinen Vorwand für ihre Sünde.« Johannes 15,22; Schlachter 2000 Dieselbe göttliche Macht hatte durch Luther zum Kaiser und zu den Fürsten Deutschlands gesprochen. Und als das Licht aus dem Wort Gottes strahlte, sprach sein Geist für viele in jener Versammlung zum letzten Mal. Wie Pilatus

Jahrhunderte zuvor dem Stolz und der Gunst des Volkes gestattet hatte, dem Erlöser der Welt sein Herz zu verschließen; wie der zitternde Felix den Boten der Wahrheit gebeten hatte: »Für diesmal geh. Zu gelegener Zeit will ich dich wieder rufen lassen«, Apostelgeschichte 24,25 und wie der stolze Agrippa bekannt hatte: »Es fehlt nicht viel, du überredest mich, dass ich ein Christ werde«, Apostelgeschichte 26,28 und sich doch von der vom Himmel gesandten Botschaft abwandte – so entschied sich Karl V., den Eingebungen weltlichen Stolzes und der Staatsklugheit folgend, das Licht der Wahrheit zu verwerfen.

Gerüchte über die Absichten gegen Luther wurden überall laut und verursachten große Aufregung in der ganzen Stadt. Der Reformator hatte sich viele Freunde erworben, die beschlossen, dass er nicht geopfert werden sollte, weil sie die verräterische Grausamkeit Roms gegen alle kannten, die es wagten, sein wahres Gesicht aufzudecken. Hunderte von Edelleuten verpflichteten sich, ihn zu beschützen. Nicht wenige kritisierten die kaiserliche Botschaft öffentlich als einen Beweis der Schwäche gegenüber der beherrschenden Macht Roms. An Haustüren und auf öffentlichen Plätzen wurden Plakate angebracht, von denen manche Luther verurteilten, andere ihn aber unterstützten. Auf einem standen nur die bedeutsamen Worte des weisen Salomo: »Weh dir, Land, dessen König ein Kind ist!« Prediger 10,6 Die Begeisterung des Volkes für Luther, die deutschlandweit herrschte, überzeugte sowohl den Kaiser als auch den Reichstag, dass irgendein ihm zugefügtes Leid den Frieden des Reiches und selbst die Sicherheit des Thrones gefährden würde.

Friedrich von Sachsen hielt sich klugerweise zurück und verbarg sorgfältig seine wirklichen Gefühle gegen den Reformator, während er ihn gleichzeitig mit unermüdlicher Wachsamkeit beschützte und sowohl seine als auch seiner Feinde Schritte scharf beobachtete. Viele jedoch brachten ihre Sympathie für Luther offen zum Ausdruck. Er wurde von vielen Fürsten, Grafen, Baronen und anderen einflussreichen weltlichen und kirchlichen Persönlichkeiten besucht. »Das kleine Zimmer des Doktors konnte die vielen Besucher, die sich vorstellten, nicht fassen«, schrieb Spalatin. Luther, EA, op. lat XXXVII, S. 15,16 Selbst solche, die seinen Lehren nicht glaubten, mussten doch jene stolze Größe bewundern, die ihn antrieb, eher in den Tod zu gehen als sein Gewissen zu verletzen.

Weitere ernsthafte Anstrengungen wurden unternommen, um Luther zu einem Vergleich mit Rom zu bewegen. Besondere kleine Ausschüsse, bestehend aus Fürsten, Prälaten und Gelehrten bemühten sich weiter um ihn, und sein Geleitbrief wurde gegen den Wunsch des päpstlichen Gesandten um fünf Tage verlängert. Fürsten und Adlige machten ihm deutlich, dass der Kaiser ihn aus dem Land treiben und ihm in ganz Deutschland keine Zuflucht lassen

würde, wenn er hartnäckig sein eigenes Urteil gegen das der

Kirche und Konzilien aufrechterhielte. Luther antwortete auf diese ernste Vorstellung: »Ich weigere mich nicht, Leib, Leben und Blut dahinzugeben, nur will ich nicht gezwungen werden, Gottes Wort zu widerrufen, in dessen Verteidigung man Gott mehr als den Menschen gehorchen muss. Auch kann ich nicht das Ärgernis des Glaubens verhindern, weil ja Christus ein Stein des Ärgernisses ist.« Luther, EA, op. lat. XXXVII, S. 18 Erneut bedrängte man ihn, seine Bücher dem Urteil des Kaisers und des Reiches unterzuordnen. Luther erwiderte: »Ich habe nichts dawider, dass der Kaiser oder die Fürsten oder der geringste Christ meine Bücher prüfen – aber nur nach dem Worte Gottes. Die Menschen müssen diesem allein gehorchen. Mein Gewissen ist in Gottes Wort und der Heiligen Schrift gebunden.« D'Aubigne, ebd., 7.Buch, 7.Abschnitt, S. 221,224

Auf einen andern Überredungsversuch antwortete er: »Ich will eher das Geleit aufgeben, meine Person und mein Leben dem Kaiser ausliefern, aber niemals Gottes Wort.« Er erklärte sich bereit, sich der Entscheidung des allgemeinen Konzils unterzuordnen, aber nur unter der Bedingung, dass es nach der Schrift entscheidet. »Was das Wort Gottes und den Glauben anbetrifft«, fügte er hinzu, »so kann jeder Christ ebenso gut urteilen wie der Papst es für ihn tun könnte, sollten ihn auch eine Million Konzilien unterstützen.« Luthers Werke, Bd. II, S. 107, Hallenser Ausgabe Freunde und Gegner waren schließlich überzeugt, dass weitere Versöhnungsversuche nutzlos seien.

Hätte der Reformator nur in einem einzigen Punkt nachgegeben, so würden die Mächte der Finsternis den Sieg davongetragen haben. Aber sein felsenfestes Ausharren am Wort Gottes war das Mittel zur Befreiung der Gemeinde und der Anfang eines neuen und besseren Zeitalters. Indem Luther in religiösen Dingen selbständig zu denken und zu handeln wagte, beeinflusste er nicht nur die Kirche und die ganze Welt seiner Zeit, sondern auch alle künftigen Generationen. Seine Standhaftigkeit und Treue sollten bis zum Ende der Tage alle stärken, die ähnliche Erfahrungen zu bestehen haben werden. Gottes Macht und Majestät standen erhaben über dem Rat der Menschen und über der gewaltigen Macht des Bösen.

Bald darauf erging an Luther der kaiserliche Befehl, in seine Heimat zurückzukehren, und er wusste, dass dieser Weisung bald seine Verurteilung folgen würde. Drohende Wolken hingen über seinem Weg. Doch als er Worms verließ, erfüllten Freude und Dank sein Herz. »Der Teufel selbst beschützte des Papstes Bastion; aber Christus tat einen großen Bruch hinein, und Satan ward gezwungen zu gestehen, dass der Herr stärker ist.« D.'Aubigne, Bd. 7, Kap. 11

Auf seiner Heimreise schrieb Luther, der noch immer wollte, dass seine Festigkeit nicht als Empörung missdeutet werden möchte, an den Kaiser folgendes: »Gott, der ein Herzenskündiger ist, ist mein Zeuge, dass ich in aller Untertänigkeit Eurer Kaiserlichen Majestät Gehorsam zu leisten ganz willig und bereit bin, es sei durch Leben oder Tod, durch Ehre, durch Schande, Gut oder Schaden. Ich habe auch nichts vorbehalten als allein das göttliche Wort, in welchem der Mensch nicht allein lebt, sondern wonach es auch den Engeln gelüstet zu schauen.« – »In zeitlichen Sachen sind wir schuldig, einander zu vertrauen, weil derselben Dinge Unterwerfung, Gefahr und Verlust der Seligkeit keinen Schaden tut. Aber in Gottes Sache und ewigen Gütern leidet Gott solche Gefahr nicht, dass der Mensch dem Menschen solches unterwerfe.« – »Solcher Glaube und Unterwerfung ist das wahre rechte Anbeten und der eigentliche Gottesdienst.« Enders, Bd. III, S. 129-141,28.4.1521

Auf der Rückreise von Worms war Luthers Empfang in den einzelnen Städten sogar noch großartiger als auf der Hinreise. Hochstehende Geistliche bewillkommneten den mit dem Bann belegten Mönch, und weltliche Beamte ehrten den vom Kaiser geächteten Mann. Er wurde aufgefordert, zu predigen und betrat auch trotz des kaiserlichen Verbots die Kanzel. Er selbst hatte keine Bedenken; »denn er habe nicht darin eingewilligt, dass Gottes Wort gebunden werde«. Enders, Bd. III, S. 154,14.5.1521

Die Gesandten des Papstes erpressten bald nach seiner Abreise vom Kaiser die Erklärung der Reichsacht. Luther, EA, XXIV, S. 223-240 In diesem Dekret wurde Luther gebrandmarkt als »Satan höchst persönlich in der Gestalt eines Menschen gekleidet in einer Mönchskutte.« D'Aubigné, 7.Buch, 11.Abschn., S. 232 Es wurde befohlen, nach Ablauf seines Sicherheitsgeleites Maßnahmen gegen ihn zu ergreifen, um sein Werk aufzuhalten. Es war jedem verboten, ihn zu beherbergen, ihm Speise oder Trank anzubieten, ihm durch Wort oder Tat öffentlich oder geheim zu helfen oder ihn zu unterstützen. Er sollte, gleich wo er auch war, festgenommen und der Obrigkeit ausgeliefert werden. Seine Anhänger sollten ebenfalls gefangen genommen und ihr Eigentum beschlagnahmt werden. Seine Schriften sollten vernichtet und schließlich alle, die es wagen würden, diesem Erlass entgegenzuhandeln, in seine Verurteilung eingeschlossen werden. Der Kurfürst von Sachsen und die Fürsten, die Luther am günstigsten gesonnen waren, hatten Worms bald nach seiner Abreise verlassen. Der Reichstag bestätigte nun den Erlass des Kaisers. Jetzt frohlockten die römischen Vertreter. Sie betrachteten das Schicksal der Reformation für besiegelt.

Gott hatte für seinen Diener in dieser Stunde der Gefahr einen Weg der Rettung vorbereitet. Ein wachsames Auge war Luthers Schritten gefolgt, und ein treues und edles Herz hatte sich zu seiner Rettung entschlossen. Es war klar, dass Rom nichts Geringeres als seinen Tod fordern würde. Nur indem er sich verbarg, konnte er vor dem Rachen des Löwen bewahrt werden. Gott gab

Friedrich von Sachsen Weisheit, einen Plan zu entwerfen, der den Reformator am Leben erhalten sollte. Unter Mitwirkung treuer Freunde wurde der Plan des Kurfürsten durchgeführt und Luther erfolgreich vor Freunden und Feinden verborgen. Auf seiner Heimreise wurde er gefangen genommen, von seinen Begleitern getrennt und in aller Eile durch die Wälder zur Wartburg, einer einsamen Burgfeste, gebracht. Seine Gefangennahme und auch sein Verschwinden geschahen unter so geheimnisvollen Umständen, dass selbst Friedrich lange nicht wusste, wohin Luther entführt worden war. Ganz mit Absicht blieb der Kurfürst in Unkenntnis; denn solange er von Luthers Aufenthalt nichts wusste, konnte er keine Auskunft geben. Er vergewisserte sich, dass der Reformator in Sicherheit war und gab sich damit zufrieden.

Frühling, Sommer und Herbst gingen vorüber, der Winter kam, und Luther blieb noch immer ein Gefangener. Aleander und seine Anhänger frohlockten, dass das Licht des Evangeliums dem Verlöschen nahe schien. Statt dessen aber füllte der Reformator seine Lampe aus dem Vorratshaus der Wahrheit, damit ihr Licht um so heller leuchte. In der freundlichen Sicherheit der Wartburg erfreute sich Luther eine Zeit lang eines Daseins ohne Hitze und Kampfgetümmel. Aber die Ruhe und Stille konnten ihn nicht lange befriedigen. An ein Leben der Tat und harten Kampfes gewöhnt, konnte er es schwer ertragen, untätig zu sein. In jenen einsamen Tagen vergegenwärtigte er sich den Zustand der Kirche, und er rief in seiner Not: »Aber, es ist niemand, der sich aufmache und zu Gott halte oder sich zur Mauer stelle für das Haus Israel an diesem letzten Tage des Zorns Gottes!« Enders, Bd. III, S. 148, 12.5.1521 an Melanchthon

Wiederum richteten sich seine Gedanken auf sich selbst, und er fürchtete, er könnte durch seinen Rückzug vom Kampf als feige beschuldigt werden. Dann machte er sich Vorwürfe wegen seiner Lässigkeit und Bequemlichkeit. Und doch vollbrachte er zur selben Zeit täglich mehr, als ein Mann zu leisten imstande schien. Seine Feder ruhte nie. Während seine Feinde sich schmeichelten, ihn zum Schweigen gebracht zu haben, wurden sie in Erstaunen versetzt und verwirrt durch handgreifliche Beweise seines Wirkens. Eine Fülle von Abhandlungen Anm 28, die aus seiner Feder kamen, machten die Runde durch ganz Deutschland. Vor allem leistete er seinen Landsleuten einen außerordentlich wichtigen Dienst, indem er das Neue Testament in die deutsche Sprache übersetzte. Auf seinem felsigen Patmos arbeitete er fast ein Jahr lang, durch Schriften das Evangelium zu verkündigen und die Sünden und Irrtümer der Zeit anzuprangern.

Gott hatte seinen Diener nicht nur deshalb vom Schauplatz des öffentlichen Lebens entrückt, um ihn vor dem Zorn seiner Feinde zu bewahren sondern um ihm für diese wichtigen Aufgaben eine Zeit lang Ruhe zu verschaffen. Wertvollere Erfolge als diese sollten erreicht werden. In der

Einsamkeit und Verborgenheit seiner bergigen Zufluchtsstätte war Luther ohne alle irdischen Stützen und ohne menschliches Lob. Somit blieb er vor Stolz und dem Vertrauen auf sich selbst bewahrt, die so oft durch Erfolg entstehen. Durch Schwierigkeiten und Demütigungen wurde er darauf vorbereitet, wieder sicher die schwindelnden Höhen zu betreten, zu denen er so plötzlich erhoben worden war. Wenn Menschen sich an der Freiheit erfreuen, welche die Wahrheit ihnen bringt, neigen sie dazu, die zu erhöhen, deren sich Gott bedient, um die Ketten des Irrtums und des Aberglaubens zu brechen. Satan versucht, der Menschen Gedanken und Neigungen von Gott abzulenken und auf Menschen zu richten. Er veranlasst sie, nur das Werkzeug zu ehren und dagegen den, der alle Ereignisse der Vorsehung leitet, unbeachtet zu lassen. Nur zu oft verlieren religiöse Verantwortungsträger, die auf diese Weise gelobt und verehrt werden, ihre Abhängigkeit von Gott aus den Augen und verlassen sich auf sich selbst. Sie suchen dann die Gemüter und das Gewissen des Volkes zu beherrschen, das eher bereit ist, auf sie, statt auf das Wort Gottes zu sehen. Das Werk einer Umgestaltung wird oft gehindert, weil dieser Geist von ihren Anhängern unterstützt wird. Vor dieser Gefahr wollte Gott die Reformation bewahren. Er wollte, dass dieses Werk sein Gepräge nicht durch Menschen, sondern durch ihn selbst erhalten sollte. Die Menschen hatten auf Luther, den Verkündiger der Wahrheit geschaut. Dieser trat aber nun in den Hintergrund, damit der Blick auf den Einen gerichtet werden konnte, in dem die Wahrheit gegründet ist.

Kurfürst Friedrich I. von Sachsen

Melantchton

KAPITEL 9

DER *REFORMATOR* DER *SCHWEIZ*

Ulrich Zwingli (1484 - 1531), ein junger Mann mit großen Talenten, brachte in der Schweiz die Reformation voran. Er war ständig den Vorwürfen der römischen Kirche ausgesetzt. Er behauptete, durch die Fügungen Gottes geleitet zu sein und vertrat die Wahrheit gegen die Gegner des Glaubens.

*I*n der Auswahl der Werkzeuge für eine Reform der Kirche lag der gleiche göttliche Plan zugrunde wie bei der Gründung der Gemeinde. Der himmlische Lehrer ging an den Großen der Erde, an den Angesehenen und Reichen vorüber, die gewohnt waren, als Führer des Volkes Lob und Huldigung zu erhalten. Diese waren so stolz und vertrauten so sehr auf ihre vielgerühmte Überlegenheit, dass sie nicht umgeformt werden konnten, um mit ihren Mitmenschen zu fühlen und Mitarbeiter des demütigen Nazareners zu werden. An die ungelehrten, schwer arbeitenden Fischer aus Galiläa erging der Ruf: »Folget mir nach; ich will euch zu Menschenfischern machen!« Matthäus 4,19 Diese Jünger waren demütig und ließen sich belehren. Je weniger sie von den falschen Lehren ihrer Zeit beeinflusst waren, desto erfolgreicher konnte Christus sie unterrichten und für seinen Dienst heranbilden. So war es auch in den Tagen der großen Reformation. Die leitenden Reformatoren waren von einfacher Herkunft – Männer, die unter ihren Zeitgenossen am wenigsten vom Stolz und dem Einfluss der Scheinfrömmigkeit und des Priestertrugs belastet waren. Es liegt im Plan Gottes, bescheidene Mitarbeiter zur Arbeit zu rufen, um große Erfolge zu erzielen. Dann werden Ruhm und Ehre nicht den Menschen zufallen, sondern dem, der durch sie das Wollen und Vollbringen nach seinem Wohlgefallen wirkt.

Nur einige Wochen nach Luthers Geburt in der Hütte eines sächsischen Bergmannes wurde Ulrich Zwingli als Sohn eines Landamtmannes in den Alpen geboren. Zwinglis Umgebung in seiner Kindheit und seine frühere Ausbildung waren eine gute Vorbereitung für seine künftige Aufgabe. Inmitten einer Umgebung von natürlicher Pracht, Schönheit und Erhabenheit erzogen, wurde sein Gemüt frühzeitig von einem Gefühl der Größe, Macht und Majestät Gottes erfüllt. Die Berichte von den auf seinen heimatlichen Bergen vollbrachten tapferen Taten entzündeten seine jugendliche Sehnsucht. Und an der Seite seiner frommen Großmutter hörte er von den wenigen kostbaren

Begebenheiten aus der Bibel, die sie aus den Legenden und Überlieferungen der Kirche zusammengetragen hatte. Mit tiefer Anteilnahme hörte er von den großen Taten der Patriarchen und Propheten, von den Hirten, die auf den Hügeln Palästinas ihre Herden geweidet hatten, wo Engel mit ihnen über das Kindlein zu Bethlehem und den Mann von Golgatha redeten.

Genauso wie Hans Luther wollte auch Zwinglis Vater seinem Sohn eine gute Ausbildung mitgeben. Der Junge wurde sehr früh aus seinem heimatlichen Tal fortgeschickt. Sein Verstand entwickelte sich rasch, und bald tauchte die Frage auf, wo man fähige Lehrer für ihn finden könne. Mit 13 Jahren ging er nach Bern, wo sich damals die hervorragendste Schule der Schweiz befand. Hier jedoch bestand eine Gefahr, die sein vielversprechendes Leben zu vernichten drohte. Die Mönche bemühten sich beharrlich, ihn zum Eintritt in ein Kloster zu bewegen. Dominikaner und Franziskaner wetteiferten um die Gunst des Volkes, die sie durch den glänzenden Schmuck ihrer Kirchen, das Gepränge ihrer Zeremonien, den Reiz berühmter Reliquien und Wunder wirkender Bilder zu erreichen suchten.

Die Dominikaner von Bern erkannten, dass sie sich Gewinn und Ehre verschaffen würden, wenn sie diesen begabten jungen Studenten für sich gewinnen würden. Seine außerordentliche Jugend, seine natürliche Fähigkeit als Redner und Schreiber sowie seine Begabung für Musik und Dichtkunst wären wirksamer, das Volk zu ihren Gottesdiensten herbeizuziehen und die Einkünfte ihres Ordens zu mehren, als all ihr Prunk und Aufwand. Durch Täuschung und Schmeichelei versuchten sie Zwingli zu verleiten, in ihr Kloster einzutreten. Luther hatte sich während seiner Studienzeit in einer Klosterzelle vergraben und wäre für die Welt verloren gewesen, hätte nicht Gottes Vorsehung ihn daraus befreit. Zwingli geriet nicht in die gleiche Gefahr. Die Vorsehung fügte es, dass sein Vater von den Absichten der Mönche erfuhr. Da er nicht bereit war, dass sein Sohn das müßige und nutzlose Leben der Mönche lebte, und außerdem erkannte, dass dessen zukünftige Brauchbarkeit auf dem Spiel stand, wies er ihn an, unverzüglich nach Hause zurückzukehren.

Der Junge gehorchte; doch blieb er nicht lange in seinem heimatlichen Tal, sondern nahm bald seine Studien wieder auf und ging wenig später nach Basel. Hier hörte Zwingli zum ersten Mal das Evangelium von der freien Gnade Gottes. Wyttenbach, ein Lehrer der alten Sprachen, war durch das Studium des Griechischen und Hebräischen zur Heiligen Schrift geführt worden. Durch ihn wurden seinen Studenten »gewisse Samenkörner mitgeteilt und der Antrieb geweckt, ohne weitere Rücksicht auf die sophistischen Torheiten dem Lesen der Schrift selbst sich zuzuwenden«. Staehelin, „Huldreich Zwingli, sein Leben und Wirken

nach den Quellen", Bd. I, S. 41 »Er widerlegte den päpstlichen Ablass und die Verdienstlichkeit der sogenannten guten Werke und behauptete, der Tod Christi sei die einzige Genugtuung für unsere Sünden.« Wirz, „Helvetische Kirchengeschichte", Bd. III, S. 452 Auf Zwingli wirkten diese Worte wie der erste Lichtstrahl, mit dem die Morgendämmerung anbricht.

Bald wurde er von Basel weggerufen, um seine Lebensaufgabe anzutreten. Sein erstes Arbeitsfeld war eine Pfarrei in den Alpen, nicht weit von seinem heimatlichen Tal. Nachdem Zwingli die Priesterweihe empfangen hatte, widmete er sich ganz dem Studium der göttlichen Wahrheit, »denn er wusste«, fügte Myconius hinzu, »wie vieles derjenige zu wissen nötig hat, dem das Amt anvertraut ist, die Herde Christi zu lehren«. Staehelin, ebd., S. 45

Je mehr der junge Priester in der Heiligen Schrift forschte, desto deutlicher sah er den Gegensatz zwischen ihren Wahrheiten und den Irrlehren Roms. Er unterstellte sich der Bibel als dem Wort Gottes, der allein ausreichenden, unfehlbaren Richtschnur. Er erkannte, dass sie sich selbst auslegen müsse und wagte es deshalb nicht, die Heilige Schrift auszulegen, um eine angenommene Ansicht oder Lehre zu beweisen, sondern hielt es für seine Pflicht, ihre direkten, deutlichen Aussagen zu erforschen. Er nutzte jedes Hilfsmittel, um ein volles und richtiges Verständnis ihrer Bedeutung zu bekommen und erflehte den Beistand des Heiligen Geistes, der nach seiner Überzeugung allen, die ihn aufrichtig und unter Gebet suchen, das göttliche Wort offenbart.

Zwingli schrieb darüber: »Die Schrift ist von Gott und nicht von Menschen hergekommen«. 2.Petrus 1,21 »Eben der Gott, der ihn erleuchtet, der wird auch dir zu verstehen geben, dass seine Rede von Gott kommt.« – »Das Wort Gottes ist gewiss, fehlt nicht, es ist klar, lässt nicht in der Finsternis irren, es lehrt sich selbst, tut sich selbst auf und bescheint die menschliche Seele mit allem Heil und Gnaden, tröstet sie in Gott, demütigt sie, so dass sie selbst verliert, ja verwirft und fasst Gott in sich, in dem lebt sie, danach fechtet sie.« Zwingli (Schuler und Schultheß), Bd. I, S. 81 Zwingli hatte die Wahrheit dieser Worte an sich selbst erfahren. Später spricht er noch einmal von dieser Erfahrung: »Als ich vor sieben oder acht Jahren anhub, mich ganz an die Heilige Schrift zu lassen, wollte mir die Philosophie und Theologie der Zänker immerdar ihre Einwürfe machen. Da kam ich zuletzt dahin, dass ich dachte (doch mit Schrift und Wort Gottes dazu geleitet): Du musst das alles lassen liegen und die Meinung Gottes lauter aus seinem eigenen einfältigen Wort lernen. Da hub ich an, Gott um sein Licht zu bitten, und fing mir an, die Schrift viel heller zu werden.« Zwingli, Bd. I. S. 79 Die Lehre, die Zwingli verkündigte, hatte er nicht von Luther erhalten – es war die Lehre Christi. »Predigt Luther Christus«, schrieb der schweizerische Reformator, »so tut er eben dasselbe, was ich tue; wiewohl, Gott sei gelobt, durch ihn eine unzählbare Welt mehr als durch mich und andere zu

Gott geführt werden. Dennoch will ich keinen anderen Namen tragen als den meines Hauptmanns Christi, dessen Kriegsmann ich bin; der wird mir Amt und Sold geben, so viel ihm gut dünkt.« – »Dennoch bezeuge ich vor Gott und allen Menschen, dass ich keinen Buchstaben alle Tage meines Lebens Luther geschrieben habe, noch er mir, noch habe ich solches veranstaltet. Solches habe ich nicht unterlassen aus Menschenfurcht, sondern weil ich dadurch habe allen Menschen offenbaren wollen, wie einhellig der Geist Gottes sei, dass wir so weit von einander wohnen, dennoch so einhellig die Lehre Christi lehren, obwohl ich ihm nicht anzuzählen bin, denn jeder von uns tut, soviel ihm Gott weist.« Zwingli, Bd. I, S. 256 f.

Zwingli wurde 1516 eine Pfarrstelle am Kloster zu Einsiedeln angeboten. Hier sollte er einen deutlicheren Einblick in die Verdorbenheit Roms erhalten und einen reformatorischen Einfluss ausüben, der weit über seine heimatlichen Alpen gefühlt wurde. Ein angeblich Wunder wirkendes Gnadenbild der Jungfrau Maria gehörte zu den Hauptanziehungspunkten in Einsiedeln. Über der Eingangspforte des Klosters prangte die Inschrift: »Hier findet man volle Vergebung der Sünden.« Wirz, ebd., Bd. IV, S. 142 Das ganze Jahr hindurch zogen Pilger zum Altar der Maria. Doch einmal im Jahr kamen sie sehr zahlreich aus allen Teilen der Schweiz und auch aus Deutschland und Frankreich. Dieser Anblick schmerzte Zwingli sehr, und er nutzte solche Gelegenheiten, ihnen die herrliche Freiheit des Evangeliums zu verkündigen.

Die Vergebung der Sünden und das ewige Leben seien »bei Christus und nicht bei der heiligen Jungfrau zu suchen; der Ablass, die Wallfahrt und Gelübde, die Geschenke, die man den Heiligen machte, haben wenig Wert. Gottes Gnade und Hilfe sei allen Orten gleich nahe und er höre das Gebet anderswo nicht weniger als in Einsiedeln«. – »Wir ehren Gott mit Plappergebeten, mit äußerlichem Schein der Kutten, mit weißem Geschleife, mit säuberlich geschorenen Glatzen, mit langen, schön gefalteten Röcken, mit wohlvergoldeten Mauleseln.« – »Aber das Herz ist fern von Gott.« – »Christus, der sich einmal für uns geopfert, ist ein in Ewigkeit währendes und bezahlendes Opfer für die Sünden aller Gläubigen.« Zwinglis Werke, Bd. I. S. 216,232

Nicht alle seiner vielen Zuhörer fanden diese Lehre gut. Manche zeigten sich sehr enttäuscht, dass ihre lange und mühsame Pilgerreise vergeblich unternommen worden war. Sie konnten die ihnen in Christus frei angebotene Vergebung nicht fassen. Sie waren zufrieden mit dem alten Weg zum Himmel, den Rom ihnen vorgezeichnet hatte. Die Schwierigkeit, nach etwas Besserem zu suchen, schreckte sie ab. Ihre Seligkeit dem Papst und seinen Priestern anzuvertrauen, fiel ihnen leichter, als nach Reinheit des Herzens zu streben.

Andere aber freuten sich über die frohe Botschaft der Erlösung durch Christus. Ihnen hatten die von Rom auferlegten Bürden keinen Seelenfrieden gebracht, und gläubig nahmen sie des Heilandes Blut zu ihrer Versöhnung an. Sie kehrten in ihre Heimat zurück, um anderen diese wertvolle Botschaft mitzuteilen, die sie empfangen hatten. Auf diese Weise pflanzte sich die Wahrheit von Ort zu Ort und von Stadt zu Stadt fort. Die Zahl der Pilger zum Altar der Jungfrau dagegen nahm ab, die Gaben wurden weniger, und somit auch Zwinglis Gehalt, das aus diesen Einkünften bestritten werden musste. Trotz alledem verursachte es ihm nur Freude zu sehen, dass die Macht des Fanatismus und Aberglaubens auch hier gebrochen wurde.

Seine Vorgesetzten wussten um sein Bemühen. Er bedrängte sie, die Missstände abzustellen, aber sie schritten nicht ein, sondern hofften, ihn durch Schmeichelei für ihre Sache zu gewinnen. Währenddessen schlug die Wahrheit in den Herzen des Volkes Wurzel. Zwinglis Wirken in Einsiedeln hatte ihn für ein größeres Feld vorbereitet, das er bald betreten sollte. Im Dezember 1518 wurde er zum Leutpriester am Großmünster zu Zürich berufen. Zürich war damals schon die bedeutendste Stadt der schweizerischen Genossenschaft, so dass der Einfluss, den er dort hatte, weithin spürbar wurde. Die Domherren, auf deren Einladung Zwingli nach Zürich gekommen war, schärften ihm, da sie Neuerungen befürchteten, bei seiner Amtsübernahme folgende Hauptpflichten ein: »Du musst nicht versäumen, für die Einkünfte des Domkapitels zu sorgen und auch das Geringste nicht verachten. Ermahne die Gläubigen von der Kanzel und dem Beichtstuhl, alle Abgaben und Zehnten zu entrichten und durch Gaben ihre Anhänglichkeit an die Kirche zu zeigen. Auch die Einkünfte von Kranken, von Opfern und jeder anderen kirchlichen Handlung musst du zu mehren suchen. Auch gehört zu deinen Pflichten die Verwaltung des Sakramentes, die Predigt und die Seelsorge. In mancher Hinsicht, besonders in der Predigt, kannst du dich durch einen Vikar ersetzen lassen. Die Sakramente brauchst du nur den Vornehmen, wenn sie dich fordern, zu reichen; du darfst es sonst ohne Unterschied der Personen nicht tun.« Schuler, „Zwingli", S. 227; Hottinger, J. H., „Historia ecclesiastica", Bd. IV, S. 63-85

Ruhig hörte Zwingli diesem Auftrag zu, äußerte auch seinen besonderen Dank für die Ehre, zu einem so wichtigen Amt berufen worden zu sein. Er versicherte, alles treu und redlich ausführen zu wollen, fuhr dann aber fort:»Von der Geschichte Christi, des Erlösers, wie sie der Evangelist Matthäus beschrieben hat, sei wohl schon der Titel länger bekannt, aber deren Vortrefflichkeit sei schon lange Zeit nicht ohne Verlust des göttlichen Ruhmes und von Menschen verborgen geblieben. Dasselbe sei nicht nach menschlichem Gutdünken zu erklären, sondern im Sinn des Geistes mit sorgfältigem Vergleich und innigem Gebet«, Myconius, „Zwingli", S. 6 »alles zur Ehre Gottes und seines einigen Sohnes und dem rechten Heil der Seelen und Unterrichtung der frommen und biederen Leute.« Bullinger, „Reformationsgeschichte", Bd. I, Kapitel 12 Obwohl etliche der Domherren diesen Plan nicht billigten und ihn davon abzubringen suchten, blieb Zwingli doch standhaft und erklärte, so zu predigen sei nicht neu, sondern es sei die alte und ursprüngliche Predigtweise, wie sie die Kirche in ihrem reineren Zustand geübt habe.

Da das Interesse für die von ihm gelehrten Wahrheiten bereits geweckt war, strömten viele Menschen zu seinen Predigten. Unter seinen Zuhörern befanden sich viele, die schon lange keine Gottesdienste besucht hatten. Er begann sein Amt mit dem ersten Kapitel des Matthäusbriefes und erklärte, wie ein Zuhörer dieser ersten Predigt berichtet, »das Evangelium so köstlich durch alle Propheten und Patriarchen, desgleichen auch nach aller Urteil nie gehört worden war«. Füßli, „Beiträge", Bd. IV, S. 34 Wie in Einsiedeln, so stellte er auch hier das Wort Gottes als die alleinige Autorität und den Tod Christi als das einzig ausreichende Opfer dar. Seine Hauptaufgabe sah er darin, »Christus aus der Quelle zu predigen und den reinen Christus in die Herzen einzupflanzen«. Zwingli, Bd. VII, S. 142 f. Alle Gesellschaftsschichten des Volkes, Ratsherren und Gelehrte, Handwerker und Bauern, scharten sich um diesen Prediger. Mit tiefer Anteilnahme lauschten sie seinen Worten. Er verkündigte nicht nur das Angebot der freien Erlösung, sondern rügte auch furchtlos die Übelstände und

Ulrich Zwingli (1484-1531)

Züricher Bibel 1531

Verderbnisse seiner Zeit. Viele priesen Gott bei ihrer Rückkehr aus dem Groß-münster und sprachen: »Dieser ist ein rechter Prediger der Wahrheit, der wird sagen, wie die Sachen stehn und als ein Mose uns aus Ägypten führen.« Hottinger, J.J., „Helvetische Kirchengeschichte", Bd. IV, S. 40

Seine Bemühungen wurden zuerst mit großer Begeisterung aufgenommen, doch mit der Zeit wurde dem immer häufiger widersprochen. Die Mönche versuchten, sein Werk zu hindern und seine Lehren zu verurteilen. Viele bestürmten ihn mit Hohn und Spott, andere drohten und schmähten. Zwingli trug alles in christlicher Geduld und sagte: »Wenn man die Bösen zu Christus führen will, so muss man bei manchem die Augen zudrücken.« Salats, „Ref.-Chr.", S. 155

Um diese Zeit kam ein neues Element hinzu, um die Erneuerung der Kirche zu fördern. Der Humanist Beatus Rhenanus in Basel, ein Freund des evangelischen Glaubens, sandte einen gewissen Lucian mit etlichen Büchern Luthers nach Zürich. Er sah in der Verbreitung solcher Bücher ein wirksames Mittel zur Förderung des Lichtes und schrieb Zwingli: »Wenn nun dieser Lucian Klugheit und Geschmeidigkeit genügend zu haben scheint, so muntere ihn auf, dass er Luthers Schriften, vor allem die für Laien gedruckte Auslegung des Herrn Gebets, in allen Städten, Flecken, Dörfern, auch von Haus zu Haus verbreite. Je mehr man ihn kennt, desto mehr Absatz hat er. Doch er soll sich hüten, gleichzeitig andere Bücher zu verkaufen, denn je mehr er gezwungen ist, nur diese anzupreisen, eine desto größere Menge solcher Bücher verkauft er.« Zwingli, Bd. VII, S. 81.2.7.1519 Auf diese Weise fand das Licht Eingang in die Herzen vieler Menschen.

Doch wenn Gott anfängt, die Fesseln der Unwissenheit und des Aberglaubens zu sprengen, dann wirkt auch Satan vermehrt, um die Menschen in Finsternis zu hüllen und ihre Fesseln noch fester zu schmieden. In verschiedenen Ländern fingen Menschen an, ihren Mitmenschen die freie Vergebung und Rechtfertigung durch das Blut Christi zu verkündigen. Rom dagegen begann mit neuer Energie in der ganzen Christenheit seinen Handel, Vergebung gegen Geld anzubieten.

Jede Sünde hatte ihren Preis, und den Menschen wurde volle Befreiung für grobe Vergehen versprochen, wenn damit nur das Schatzhaus der Kirche gut gefüllt wird. So wuchsen beide Bewegungen, die eine bot Freisprechung von Sünden durch Geld, die andere Vergebung durch Christus. Rom erlaubte die Sünde und machte sie zu einer Quelle seiner Einnahmen – die Reformer verurteilten die Sünde und wiesen auf Christus hin als die einzige Versöhnung und als Befreier.

In Deutschland war der Verkauf von Ablässen den Dominikanermönchen anvertraut worden, wobei Tetzel eine undurchsichtige Rolle spielte. In der Schweiz lag der Handel in den Händen der Franziskaner und wurde von Samson, einem italienischen Mönch, geleitet. Samson hatte der Kirche bereits gute Dienste geleistet, als von ihm in Deutschland und in der Schweiz ungeheure Summen für die Schatzkammer des Papstes gesammelt worden waren. Jetzt durchreiste er die Schweiz unter großem Zulauf, beraubte die armen Landsleute ihres dürftigen Einkommens und erpresste Geschenke von den wohlhabenden Klassen. Doch der Einfluss der Reformbestrebungen machte sich bereits bemerkbar, und der Ablasshandel wurde, wenn er auch nicht völlig eingestellt werden konnte, sehr beschnitten.

Zwingli lebte noch in Einsiedeln, als Samson, kurz nachdem er in die Schweiz gekommen war, den Ablass in einem benachbarten Ort anbot. Kaum hatte er von dessen Kommen gehört, als er sich ihm auch schon entgegen stellte. Die beiden trafen sich nicht, doch stellte Zwingli die Anmaßungen des Mönches so erfolgreich bloß, dass Samson die Gegend verlassen musste. Auch in Zürich predigte Zwingli eifrig gegen den Ablasshandel, und als Samson sich später dieser Stadt näherte, legte ihm ein Ratsbote nahe, er solle weiterziehen. Schließlich gelang es ihm, durch eine List sich Eingang zu verschaffen. Er wurde jedoch fortgeschickt, ohne einen einzigen Ablass verkauft zu haben; und bald darauf verließ er die Schweiz. Staehelin, Bd. I. S. 144 f.

Das Auftreten der Pest, des sogenannten »schwarzen Todes«, die 1519 die Schweiz heimsuchte, ließ die Erneuerungsbestrebungen erstarken. Als die Menschen auf diese Weise dem Verderben unmittelbar gegenübergestellt wurden, sahen viele ein, wie nichtig und wertlos die Ablässe waren, die sie kürzlich erst gekauft hatten. Sie sehnten sich nach einem sicheren Grund für ihren Glauben. In Zürich wurde auch Zwingli krank – so schwer, dass man nicht mehr zu hoffen wagte, dass er wieder gesund würde, und das Gerücht verbreitete sich, er sei tot. In jener schweren Stunde der Prüfung blieben jedoch seine Hoffnungen und sein Mut unerschüttert. Im Glauben blickte er auf das Kreuz von Golgatha und vertraute auf die ausreichende Versöhnung für die Sünde. Als er wieder gesund wurde, predigte er das Evangelium mit größerer Kraft als je zuvor, und seine Worte übten eine ungewöhnliche Macht aus. Das Volk begrüßte freudig seinen verehrten Seelsorger, der ihm wiedergeschenkt war. Mit der Versorgung der Kranken und Sterbenden selbst beschäftigt gewesen, fühlte es wie nie zuvor den Wert des Evangeliums.

Zwingli war zu einem klareren Verständnis der Evangeliumswahrheiten gelangt und hatte an sich selbst deren neu gestaltende Macht umfassender erfahren. Der Sündenfall und der Erlösungsplan waren die Themen, mit denen er sich beschäftigte. Er schrieb: »In Adam sind wir alle tot

und in Verderbnis und Verdammnis versunken«. »Christus

... hat uns eine unendliche Erlösung erkauft. ... Sein Leiden ist ... ein ewiges Opfer und unendlich wirksam, zu heilen. Die göttliche Gerechtigkeit ist für die Sünden aller Menschen ewig ausreichend, die sich fest und gläubig darauf verlassen.« J.A. Wylie: The History of Protestantism, Buch 8, Kap. 9 Doch lehrte er deutlich, dass es den Menschen unter der Gnade Christi nicht freistehe, weiterhin zu sündigen. »Siehe, wo der wahre Glaube ist (der von der Liebe nicht geschieden), da ist Gott. Wo aber Gott ist, da geschieht nichts Arges ... da fehlt es nicht an guten Werken.« Zwingli, Bd. I, Art. 5, S. 182 f.

Zwinglis Predigten erregten solches Aufsehen, dass das Großmünster die Menschen nicht fassen konnte, die ihm zuhören wollten. Nach und nach, wie sie es aufnehmen konnten, öffnete er seinen Zuhörern die Wahrheit. Er war sorgfältig darauf bedacht, nicht gleich am Anfang Lehren zu bringen, die sie erschrecken und Vorurteile erregen würden. Seine Aufgabe hieß, ihre Herzen für die Lehren Christi zu gewinnen, sie durch dessen Liebe zu erweichen und ihnen Jesu Beispiel vor Augen zu halten. Würden sie die Grundsätze des Evangeliums annehmen, dann verschwänden automatisch ihre abergläubischen Begriffe und Gebräuche. Schrittweise ging die Reformation in Zürich vorwärts. Schreckensvoll erhoben sich ihre Feinde zu tatkräftigem Widerstand. Ein Jahr zuvor hatte der Mönch von Wittenberg in Worms Papst und Kaiser sein »Nein« entgegengehalten, und nun schien in Zürich alles auf ein ähnliches Widerstreben gegen die päpstlichen Ansprüche hinzudeuten. Zwingli wurde wiederholt angegriffen. In den päpstlichen Kantonen hatte man von Zeit zu Zeit Jünger des Evangeliums auf die Scheiterhaufen gebracht, doch das genügte nicht; der Lehrer der Ketzerei musste zum Schweigen gebracht werden. Deshalb sandte der Bischof von Konstanz drei Abgeordnete zu dem Rat nach Zürich. Sie klagten Zwingli an, das Volk zu unterrichten, die Gesetze der Kirche zu übertreten, und damit den Frieden und die Ordnung des Volkes zu gefährden. Sollte aber die Autorität der Kirche ohne Bedeutung werden, dann würde allgemeine Gesetzlosigkeit entstehen. Zwingli antwortete: »Ich habe schon beinahe vier Jahre lang das Evangelium Jesu mit saurer Mühe und Arbeit gepredigt. Zürich ist ruhiger und friedlicher, als jeder andere Ort der Eidgenossenschaft, und dies schreiben alle guten Bürger dem Evangelium zu.« Wirz, Bd. IV, S. 226,227

Die Abgeordneten des Bischofs hatten die Ratsherren ermahnt, in der Kirche zu bleiben, da es getrennt von ihr kein Heil gebe. Zwingli erwiderte: »Lasst euch, liebe Herrn und Bürger, durch diese Ermahnung nicht auf den Gedanken führen, dass ihr euch jemals von der Kirche Christi gesondert habt. Ich glaube zuversichtlich, dass ihr euch noch wohl zu erinnern wisst, was ich euch in meiner Erklärung über Matthäus gesagt habe, dass jener Fels, welcher dem ihn redlich bekennenden Jünger den Namen Petrus gab, das Fundament der Kirche sei. In jeglichem Volk, an jedem Ort, wer mit seinem Munde Jesum bekennt und im Herzen glaubt, Gott habe ihn von den Toten auferweckt, wird selig werden. Es ist gewiss, dass niemand außer derjenigen Kirche selig werden kann.« Wirz, Bd. IV, S. 233 Die Folge dieser Verhandlung war, dass sich bald darauf Wanner, einer der drei Abgesandten des Bischofs, offen zum Evangelium bekannte. Staehelin, Bd. I, 212

Der Zürcher Rat lehnte jedes Vorgehen gegen Zwingli ab, und Rom bereitete sich auf einen neuen Angriff vor. Als Zwingli von den Plänen der römischen Gesandten hörte, schrieb er von ihnen als solchen, »die ich weniger fürchte, wie ein hohes Ufer die Wellen drohender Flüsse«. Zwingli, Bd. VII, S. 202,22.5.1522 Die Anstrengungen der Priester unterstützten nur die Sache, die sie eigentlich vernichten wollten. Die Wahrheit breitete sich immer weiter aus. In Deutschland fassten die Anhänger Luthers neuen Mut, die durch dessen Verschwinden entmutigt waren, als sie vom Wachstum des Evangeliums in der Schweiz hörten. Als sich die Reformation in Zürich gefestigt hatte, sah man ihre Früchte in der Unterdrückung des Lasters und in der Stabilisierung der Ordnung und des friedlichen Miteinanders, so dass Zwingli schreiben konnte: »Der Friede weilt in unserer Stadt. Zu dieser Ruhe hat aber wohl die Einigkeit der Prediger des Wortes nicht das Geringste beigetragen. Zwischen uns gibt es keine Spannung, keine Zwietracht, keinen Neid, keine Zänkereien und Streitigkeiten. Wem könnte man aber diese Übereinstimmung der Gemüter mehr zuschreiben als wie dem höchsten, besten Gott?« Zwingli, Bd. VII, 389,5.4.1525

Die von der Reformation errungenen Erfolge forderten die Anhänger Roms zu noch größeren Anstrengungen heraus, sie zu vernichten. Da die Unterdrückung der Sache Luthers in Deutschland durch Verfolgungen so wenig brachte, entschlossen sie sich, die Reformbestrebungen mit ihren eigenen Waffen zu schlagen. Es sollte ein Streitgespräch mit Zwingli stattfinden, und da die Leitung dieses Gespräches in ihren Händen lag, wollten sie sich dadurch den Sieg sichern, indem sie den Kampfplatz und die Schiedsrichter wählten, die zwischen den Streitenden entscheiden sollten. Konnten sie erst einmal Zwingli in ihre Gewalt bekommen, dann wollten sie schon dafür sorgen, dass er ihnen nicht entwischte. Und war der führende Kopf zum Schweigen gebracht, dann konnte die Reformationsbewegung schnell erstickt werden. Sorgfältig verheimlichten sie jedoch ihre Absicht.

Das Religionsgespräch sollte in Baden stattfinden. Zwingli aber war nicht dabei. Der Zürcher Rat misstraute den Absichten Roms, auch das Auflodern der in den katholischen Kantonen für die evangelischen Gläubigen angezündeten Scheiterhaufen diente als Warnung. Deshalb verbot er seinem Seelsorger, sich dieser Gefahr auszusetzen. Zwingli war bereit, sich allen römischen Gesandten in Zürich zu stellen, aber nach Baden zu gehen, wo eben erst das Blut der Märtyrer um der Wahrheit willen vergossen worden war, hätte für ihn den sicheren Tod bedeutet. Ökolampad und Haller vertraten die Reformation, während der bekannte Doktor Eck, den eine Schar päpstlicher Gelehrter und Kirchenfürsten unterstützte, der Vertreter Roms war.

Obwohl Zwingli an dem Gespräch nicht teilnahm, wurde sein Einfluss doch spürbar. Die Katholiken selbst hatten die Schreiber bestimmt. Allen andern war jede Aufzeichnung bei Todesstrafe verboten. Dennoch erhielt Zwingli täglich von den in Baden abgehaltenen Reden genauen Bericht. Ein Student, der bei den Verhandlungen dabei war, schrieb jeden Abend die Beweisführungen auf. Zwei andere Studenten übernahmen es, diesen Verhandlungsbericht sowie die brieflichen Anfragen Ökolampads und seiner Glaubensbrüder an Zwingli weiterzuleiten. Die Antworten des Reformators, die Ratschläge und Winke enthielten, mussten nachts geschrieben werden. Frühmorgens kehrten dann die Boten nach Baden zurück. Um der Kontrolle an den Stadttoren zu entgehen, trugen sie auf ihren Köpfen Körbe mit Federvieh und konnten so ungehindert durchgehen.

Auf diese Weise kämpfte Zwingli mit seinen verschlagenen Gegnern. »Er hat«, schreibt Myconius, »während des Gesprächs durch Nachdenken, Wachen, Raten, Ermahnen und Schreiben mehr gearbeitet, als wenn er der Disputation selbst beigewohnt hätte.« Zwingli, Bd. VII, S. 517; Myconius, „Zwingli", S. 10

Die römischen Gesandten hatten sich im Vorgefühl ihres vermeintlichen Triumphes in ihren schönsten Kleidern und funkelndsten Juwelen nach Baden begeben. Sie lebten schwelgerisch. Ihre Tafeln waren mit den köstlichsten Leckerbissen und ausgesuchtesten Weinen gefüllt. Die Last ihrer geistlichen Pflichten wurde durch Schlemmen und Lustbarkeiten erleichtert. In bezeichnendem Gegensatz dazu erschienen die Reformatoren, die vom Volk kaum höher angesehen wurden als eine Schar von Bettlern. Ihre anspruchslosen Mahlzeiten hielten sie nur kurze Zeit bei Tische. Ökolampads Hauswirt, der versuchte, den Anhänger Zwinglis auf seinem Zimmer zu überwachen, fand ihn stets beim Studium oder im Gebet und sagte sehr verwundert: »Man muss gestehen, das ist ein sehr frommer Ketzer.« D'Aubigné, „Geschichte der Reformation", 11.Buch, 13.Abschnitt, S. 271; Bullinger, „Reformationsgeschichte", Bd. I, S. 351

Bei der Versammlung betrat Dr. Eck »eine prächtig verzierte Kanzel, der einfach gekleidete Ökolampad musste ihm gegenüber auf ein grob gearbeitetes Gerüst treten«. D'Aubigné, ebd., S. 270 Ecks mächtige Stimme und unbegrenzte Zuversicht ließen ihn nie im Stich. Sein Eifer wurde durch die Aussicht auf Gold und Ruhm angespornt, war doch dem Verteidiger des Glaubens eine ansehnliche Belohnung zugesichert worden. Wo es ihm an besseren Argumenten fehlte, überschrie er seinen Gegner und griff zu Schimpf- und Schandworten.

Der bescheidene Ökolampad, der kein Selbstvertrauen hatte, war vor dem Streit zurückgeschreckt und erklärte am Anfang feierlich, dass Gottes Wort als Richtschnur gelten sollte. Sein Auftreten war bescheiden und geduldig, doch erwies er sich als fähig und tapfer. »Eck, der mit der Schrift nicht zurechtkommen konnte, berief sich immer wieder auf Überlieferung und Herkommen. Ökolampad antwortete: ,*Über* allen Übungen steht in unserem Schweizerlande das Landrecht. *Unser* Landbuch aber (in Glaubenssachen) ist die Bibel.'« Hagenbach, „Leben und ausgewählte Schriften der Väter und Begründer der reformierten Kirche", Bd. II, S. 94

Der Gegensatz zwischen den beiden Hauptrednern verfehlte seine Wirkung nicht. Die ruhige, klare Beweisführung Ökolampads und sein bescheidenes Benehmen gewannen die Herzen für ihn. Sie wandten sich mit Widerwillen von den prahlerischen und lauten Behauptungen Ecks ab.

Das Religionsgespräch dauerte 18 Tage. Schließlich beanspruchten die Anhänger Roms zuversichtlich den Sieg. Die meisten Abgesandten standen auf Roms Seite, und die Versammelten erklärten die Reformation für besiegt und verkündeten, dass deren Leiter, einschließlich Zwingli, aus der Kirche ausgeschlossen seien. Die Wirkung dieses Religionsgespräches zeigte jedoch, welche Seite überlegen war. Das Streitgespräch stärkte die protestantische Sache sehr, und kurze Zeit später entschieden sich wichtige Städte wie Bern und Basel für die Reformation.

Johannes Oekolampad (1482-1531)

Johannes Eck (1486-1543)

KAPITEL 10

VORTSCHRITT
DER REFORMATION
IN DEUTSCHLAND

Als die Reformation sich ausbreitete, fing auch der Fanatismus an zu blühen. Natürlich wurde dies dem Werk Luthers zugeschrieben. Satan versuchte nämlich, die Menschen von der biblischen Botschaft abzubringen bzw. sie zu verwirren. Doch das Wort Gottes war kräftig in seiner Wirkung. Zudem kam diese Botschaft vom Heil durch Verfolgung an immer neue Orte.

Ganz Deutschland war bestürzt über Luthers geheimnisvolles Verschwinden. Überall suchte man nach ihm. Wildeste Gerüchte wurden in Umlauf gesetzt, und viele meinten, er sei ermordet worden. Viele trauerten, nicht nur seine Freunde, sondern auch Tausende, die sich nicht öffentlich zur Reformation bekannt hatten. Manche schworen, seinen Tod zu rächen.

Die römischen Machthaber sahen mit Schrecken, wie stark die Stimmung gegen sie gerichtet war. Obwohl sie sich zuerst über den angenommenen Tod Luthers freuten, wünschten sie bald, sich vor dem Zorn des Volkes zu schützen. Seine Feinde waren durch die mutigsten Handlungen während seiner Tätigkeit unter ihnen nicht so beunruhigt worden wie durch sein Verschwinden. Die in ihrer Wut den kühnen Reformator umbringen wollten, fürchteten sich nun, als er ein hilfloser Gefangener war. »Es bleibt uns nur das Rettungsmittel«, sagte einer, »dass wir Fackeln anzünden und Luther in der Welt aufsuchen, um ihn dem Volk, das nach ihm verlangt, wiederzugeben.« D'Aubigné, „Geschichte der Reformation", 9.Buch, 1.Abschnitt, S. 5 Der Erlass des Kaisers schien wirkungslos zu sein, und die päpstlichen Gesandten zeigten sich entrüstet, als sie sahen, dass dem Erlass des Kaisers viel weniger Aufmerksamkeit geschenkt wurde als dem Schicksal Luthers.

Die Nachricht, dass er, obwohl ein Gefangener, doch in Sicherheit sei, beruhigte zwar die Befürchtungen des Volkes, steigerte aber noch dessen Begeisterung für ihn. Seine Schriften wurden viel mehr gelesen als je zuvor. Immer mehr Menschen schlossen sich der Sache des heldenhaften Mannes an, der gegen eine so ungeheure Übermacht das Wort Gottes verteidigt hatte. Die Reformation gewann laufend an Stärke. Der von Luther gesäte Same ging überall auf. In seiner Abwesenheit wuchs eine Bewegung, die sich sonst niemals entfaltet hätte. Andere Mitarbeiter fühlten jetzt ernste Verantwortung, weil der große Reformator verschwunden war. Mit neuem Glauben und Eifer strebten sie voran, um alles in ihrer Macht stehende zu tun, damit das so gut begonnene Werk nicht behindert würde.

Satan war jedoch auch nicht untätig. Er versuchte, was er bei jeder andern Reformbestrebung versucht hatte – die Menschen zu täuschen und zu verderben, indem er an Stelle des wahren Werkes eine Nachahmung unterschob. Wie im ersten Jahrhundert der christlichen Gemeinde immer wieder falsche Christusse aufstanden, so erhoben sich auch im 16. Jahrhundert verschiedene falsche Propheten.

Durch die neuen Erkenntnisse in der religiösen Welt tief ergriffen, bildeten sich einige Männer ein, besondere Offenbarungen vom Himmel erhalten zu haben. Sie beanspruchten, von Gott beauftragt zu sein, das Werk der Reformation zu vollenden, das Luther gerade erst begonnen hatte. Tatsächlich aber rissen sie gerade das nieder, was er aufgebaut hatte. Sie verwarfen den Hauptgrundsatz, die wahre Grundlage der Reformation – das Wort Gottes als die allein ausreichende Glaubens- und Lebensregel – und setzten an die Stelle jener untrüglichen Richtschnur den veränderlichen, unsicheren Maßstab ihrer eigenen Gefühle und Eindrücke. Dadurch wurde der große Prüfstein für Irrtum und Betrug beseitigt und Satan der Weg geöffnet, die Gemüter zu beherrschen, wie es ihm am besten gefiel.

Einer dieser Propheten behauptete, vom Engel Gabriel unterrichtet worden zu sein. Ein Student, der sich mit ihm zusammentat, hörte auf zu studieren und erklärte, von Gott selbst die Weisheit empfangen zu haben, die Schrift auslegen zu können. Andere, die von Natur aus zur Schwärmerei neigten, verbanden sich mit ihnen. Das Auftreten dieser Schwarmgeister brachte einige Aufregung mit sich. Luthers Predigten hatten überall die Menschen aufgerüttelt, um die Notwendigkeit einer Reform einzusehen, und nun wurden manche ehrliche Menschen durch die Behauptungen der neuen Propheten irregeleitet. Die Anführer dieser Bewegung kamen nach Wittenberg und drängten Melanchthon und seinen Mitarbeitern ihre Ansprüche auf. Sie sagten: »Wir sind von Gott gesandt, das Volk zu unterweisen. Wir haben vertrauliche Gespräche mit Gott und sehen in die Zukunft, wir sind Apostel und Propheten und berufen uns auf den Doktor Luther.« D'Aubigné, ebd., 9. Buch, 7. Abschnitt, S. 42 f.

Die Reformatoren waren erstaunt und verlegen. Diese Richtung hatten sie nie zuvor angetroffen, und sie wussten nicht, welchen Weg sie nun einschlagen sollten. Melanchthon sagte: »Diese Leute sind ungewöhnliche Geister, aber was für Geister? ... Wir wollen den Geist nicht dämpfen, aber uns auch vom Teufel nicht verführen lassen.« D'Aubigné, ebd., 9. Buch, 7. Abschnitt, S. 42 f. Die Früchte dieser neuen Lehre wurden bald sichtbar. Das Volk wurde dazu verleitet, die Bibel zu vernachlässigen oder ganz zu verwerfen. In den Hochschulen herrschte Verwirrung. Studenten widersetzten sich allen Verboten, gaben ihr Studium auf und verließen die Universität. Die Männer, die sich selbst als zuständig betrachteten, das Werk der Reformation wieder zu beleben und zu leiten, brachten sie bis an den Rand des Untergangs. Die römische Geistlichkeit gewann nun ihre Zuversicht wieder und sie riefen frohlockend aus: »Noch ein Versuch ... und alles wird wiedergewonnen.« D'Aubigné, ebd., 9.Buch, 7.Abschnitt, S. 42 f.

Als Luther auf der Wartburg hörte, was vorging, sagte er in tiefem Kummer: »Ich habe immer darauf gewartet, dass Satan uns eine solche Wunde versetzen würde.« D'Aubigné, ebd., 9.Buch, 7.Abschnitt, S. 42 f.

Der Reformator erkannte den wahren Charakter jener angeblichen Propheten und sah die Gefahr, die der Wahrheit drohte. Der Widerstand des Papstes und des Kaisers hatte ihm nicht so große Unruhe und Kummer verursacht, wie er nun durchlebte. Aus den angeblichen Freunden der Reformation waren die schlimmsten Feinde geworden. Gerade die Wahrheiten, die ihm so viel Freude und Trost gebracht hatten, wurden jetzt benutzt, um Zwiespalt und Verwirrung in der Gemeinde zu stiften.

Bei den Reformbestrebungen war Luther vom Geist Gottes angetrieben und über sich selbst hinausgeführt worden. Er hatte nie beabsichtigt, die Stellung einzunehmen, in der er sich jetzt wiederfand oder so durchgreifende Veränderungen durchzuführen. Er war nur das Werkzeug Gottes gewesen. Doch fürchtete er oft die Folgen seines Werkes und sagte einmal: »Wüsste ich, dass meine Lehre einem einfältigen Menschen schadete (und das kann sie nicht, denn sie ist das Evangelium selbst), so möchte ich eher zehn Tode leiden, als nicht widerrufen.« D'Aubigné, ebd., 9.Buch, 7.Abschnitt, S. 42 f.

Jetzt aber fiel Wittenberg selbst, der eigentliche Mittelpunkt der Reformation, schnell unter die Macht von Fanatismus und Gesetzlosigkeit. Dieser schreckliche Zustand wurde nicht durch Luthers Lehren verursacht, und doch warfen seine Feinde in ganz Deutschland die Schuld auf ihn. Mit Bitterkeit in seinem Herzen, fragte er zuweilen: »Dahin sollte es mit der Reformation kommen?« Wenn er aber mit Gott im Gebet rang, zog Friede in sein Herz ein: »Gott hat das angefangen, Gott wird es wohl vollenden.« D'Aubigné, ebd., 9.Buch, 7.Abschnitt, S. 42 f. »Du wirst es nicht dulden, dass es durch Aberglauben und Fanatismus verderbt wird.« Doch der Gedanke, in dieser entscheidenden Zeit noch länger von dem Schauplatz des Kampfes fern zu sein, wurde ihm unerträglich. Er entschloss sich, nach Wittenberg zurückzukehren. Unverzüglich trat er seine gefahrvolle Reise an. Er stand unter der Reichsacht. Seine Feinde konnten ihm jederzeit ans Leben gehen. Seinen Freunden war es untersagt, ihm zu helfen oder ihn zu beschützen.

Die kaiserliche Regierung ergriff strengste Maßnahmen gegen seine Anhänger. Aber er sah, dass das Evangeliumswerk gefährdet war, und im Namen des Herrn kämpfte er furchtlos für die Wahrheit.

In einem Schreiben an den Kurfürsten erklärte Luther, nachdem er seine Absicht mitgeteilt hatte, die Wartburg zu verlassen: »Eure Kurfürstliche Gnaden wisse, ich komme gen Wittenberg in gar viel höherem Schutz denn des Kurfürsten. Ich hab's auch nicht im Sinne, von Eurer Kurfürstlichen Gnaden Schutz zu begehren. Ja, ich halt, ich wolle Eure Kurfürstlichen Gnaden mehr schützen, denn sie mich schützen könnte. Dazu wenn ich wüsste, dass mich Eure Kurfürstlichen Gnaden könnte und wollte schützen, so wollte ich nicht kommen. Dieser Sache soll noch kann kein Schwert raten oder helfen, Gott muss hier allein schaffen, ohne alles menschliche Sorgen und Zutun. Darum, wer am meisten glaubt, der wird hier am meisten schützen.«
D'Aubigné, ebd., 9.Buch, 8.Abschnitt, S. 53 f.

In einem zweiten Brief, den er auf dem Weg nach Wittenberg verfasste, fügte Luther hinzu: »Ich will Eurer Kurfürstlichen Gnaden Ungunst und der ganzen Welt Zorn ertragen. Die Wittenberger sind meine Schafe. Gott hat sie mir anvertraut. Ich muss mich für sie in den Tod begeben. Ich fürchte in Deutschland einen großen Aufstand, wodurch Gott unser Volk strafen will.«
D'Aubigné, ebd., 9.Buch, 8.Abschnitt, S. 53 f.

Vorsichtig und demütig, doch fest und entschlossen begann er sein Werk. »Mit dem Worte«, sagte er, »müssen wir streiten, mit dem Worte stürzen, was die Gewalt eingeführt hat. Ich will keinen Zwang gegen Aber- und Ungläubige ... Keiner soll zum Glauben und zu dem, was des Glaubens ist, gezwungen werden.« D'Aubigné, ebd., 9.Buch, 8.Abschnitt, S. 53 f.

Bald wurde in Wittenberg bekannt, dass Luther zurückgekehrt sei und predigen wolle. Die Menschen strömten aus allen Richtungen herbei, und die Kirche war überfüllt. Luther bestieg die Kanzel und lehrte, ermahnte und tadelte mit großer Weisheit und Güte. Indem er auf die Handlungsweise etlicher hinwies, die sich der Gewalt bedient hatten, um die Messe abzuschaffen, sagte er: »Die Messe ist ein böses Ding, und Gott ist ihr feind; sie muss abgetan werden, und ich wollte, dass in der ganzen Welt allein die [all]gemeine evangelische Messe gehalten würde. Doch soll man niemand mit dem Haar davon reißen, denn Gott soll man hierin die Ehre geben und sein Wort allein wirken lassen, nicht unser Zutun und Werk. Warum? Ich habe nicht in meiner Hand die Herzen der Menschen, wie der Hafner den Leimen. Wir haben wohl das Recht der Rede, aber nicht das Recht der Vollziehung. Das Wort sollen wir predigen, aber die Folge soll allein in seinem Gefallen sein. So ich nun darein falle, so

wird dann aus dem Zwang oder Gebot ein Spiegelfechten, ein

äußerlich Wesen, ein Affenspiel, aber da ist kein gut Herz, kein Glaube, keine Liebe. Wo diese drei fehlen, ist ein Werk nichts; ich wollte nicht einen Birnstiel darauf geben ... Also wirkt Gott mit seinem Wort mehr, denn wenn du und ich alle Gewalt auf einen Haufen schmelzen. Also wenn du das Herz hast, so hast du ihn nun gewonnen ... Predigen will ich's, sagen will ich's, schreiben will ich's; aber zwingen, dringen mit der Gewalt will ich niemand, denn der Glaube will willig und ohne Zwang angezogen werden. Nehmt ein Exempel [Beispiel] an mir. Ich bin dem Ablass und allen Papisten entgegen gewesen, aber mit keiner Gewalt. Ich hab allein Gottes Wort getrieben, gepredigt und geschrieben, sonst hab ich nichts getan. Das hat, wenn ich geschlafen habe ... also viel getan, dass das Papsttum also schwach geworden ist, dass ihm noch nie kein Fürst noch Kaiser so viel abgebrochen hat. Ich habe nichts getan, das Wort Gottes hat es alles gehandelt und ausgerichtet. Wenn ich hätte wollen mit Ungemach fahren, ich wollte Deutschland in ein groß Blutvergießen gebracht haben. Aber was wär's? Ein Verderbnis an Leib und Seele. Ich habe nichts gemacht, ich habe das Wort Gottes lassen handeln.« D'Aubigné, ebd., 9.Buch 8.Abschnitt, S. 53 f.

Täglich, eine Woche lang, predigte Luther der aufmerksam lauschenden Menge. Das Wort Gottes brach den Bann der fanatischen Erregung. Die Macht des Evangeliums brachte das irregeleitete Volk auf den Weg der Wahrheit zurück. – Luther zeigte kein Verlangen, den Schwärmern zu begegnen, deren Verhalten so viel Unheil angerichtet hatte. Er kannte sie als Menschen mit unzuverlässigem Urteil und unbeherrschten Leidenschaften, die zwar behaupteten, vom Himmel besonders erleuchtet zu sein, aber weder geringsten Widerspruch noch wohlwollenden Tadel oder Rat vertrugen. Sie maßten sich höchste Autorität an und verlangten von allen, als solche ohne jeden Widerspruch anerkannt zu werden. Als sie aber auf eine Unterredung drangen, willigte er ein. Bei dieser Gelegenheit entlarvte er ihre Anmaßungen so gründlich, dass die Betrüger Wittenberg sofort wieder verließen.

Die Schwärmerei war eine Zeit lang gebannt. Einige Jahre später brach sie jedoch heftiger und schrecklicher wieder hervor. Luther sagte über die Führer dieser Bewegung: »Die Heilige Schrift war für sie nichts als ein toter Buchstabe, und alle schrien: »Geist! Geist!« Aber wahrlich, ich gehe nicht mit ihnen, wohin ihr Geist sie führt. Der barmherzige Gott behüte mich vor der christlichen Kirche, darin lauter Heilige sind. Ich will da bleiben, wo es Schwache, Niedrige, Kranke gibt, welche ihre Sünde kennen und empfinden, welche unablässig nach Gott seufzen und schreien aus Herzensgrund, um seinen Trost und Beistand zu erlangen.«

Thomas Münzer, Anm 31 der eifrigste unter den Schwärmern, war ein Mann mit bemerkenswerten Talenten, die ihn, richtig geleitet, befähigt hätten, Gutes zu tun, aber er hatte nicht einmal die einfachsten Grundsätze wahrer Religion begriffen. Er war von dem Wunsch besessen, die Welt zu reformieren, und vergaß dabei, wie alle Schwärmer, dass die Reform bei ihm selbst beginnen musste. Er hatte den Ehrgeiz, Stellung und Einfluss zu gewinnen und wollte niemandem nachstehen, nicht einmal Luther. Er erklärte, dass die Reformatoren, die die Autorität des Papstes durch die der Heiligen Schrift ersetzten, nur eine andere Form des Papsttums aufrichteten. Er selbst betrachtete sich als von Gott berufen, die wahre Reformation einzuführen. »Wer diesen Geist besitzt«, sagte Münzer, »besitzt den wahren Glauben, und wenn er niemals in seinem Leben die Heilige Schrift zu Gesicht bekäme.«

Die schwärmerischen Lehrer ließen sich von Eindrücken leiten, indem sie jeden Gedanken und jede Eingebung als Stimme Gottes sahen. Infolgedessen begingen sie die größten Übertreibungen. Einige verbrannten sogar ihre Bibeln, wobei sie ausriefen:»Der Buchstabe tötet, aber der Geist macht lebendig.« Münzers Lehre kam dem Verlangen der Menschen nach dem Wunderbaren entgegen, während es ihren Stolz befriedigte, wenn menschliche Ideen und Meinungen über das Wort Gottes erhoben wurden. Tausende nahmen seine Lehren an. Er rügte jede Art öffentlichen Gottesdienstes und erklärte, den Fürsten zu gehorchen hieße zu versuchen, Gott und Belial gleichzeitig zu dienen. Die Menschen, die das Joch des Papsttums abzuwerfen begannen, wurden nunmehr auch ungeduldig unter den Einschränkungen der weltlichen Obrigkeit. Münzers revolutionäre Lehren, für die er göttliche Eingebung beanspruchte, führten sie dahin, allen Zwang abzuschütteln und ihren Vorurteilen und Leidenschaften freien Lauf zu lassen. Schreckliche Szenen von Aufruhr und Aufständen folgten, und der Boden Deutschlands wurde mit Blut getränkt.

Der Seelenkampf, den Luther lange vorher in Erfurt durchlebt hatte, bedrängte ihn nun doppelt, als er die Folgen der Schwärmerei sah, die man der Reformation zur Last legte. Die päpstlichen Fürsten erklärten - und viele waren bereit, dem Glauben zu schenken -, der Bürgerkrieg sei die natürliche Folge der Lehren Luthers. Obwohl diese Behauptung jeder Grundlage entbehrte, brachte sie den Reformator doch in große Verlegenheit. Dass die Sache der Wahrheit mit der primitivsten Schwärmerei auf eine Stufe gestellt und auf diese Weise herabgewürdigt wurde, schien Luther unerträglich. Anderseits hassten die empörerischen Führer ihn, weil er nicht nur ihre Lehren angriff und ihren Anspruch auf göttliche Eingebung bestritt, sondern weil er sie als Rebellen gegen die weltliche Obrigkeit bezeichnete. Als Vergeltung nannten sie ihn einen Erzscharlatan. Ihm schien es, als habe er sowohl die Feindschaft der Fürsten als auch die des Volkes auf sich gezogen.

Die Katholiken frohlockten und erwarteten, Zeugen des

baldigen Untergangs der Reformation zu sein, und sie beschuldigten Luther sogar der Irrtümer, um deren Richtigstellung er am meisten bemüht gewesen war. Der schwärmerischen Partei gelang es schließlich mit der Behauptung, ungerecht behandelt worden zu sein, immer mehr Sympathien unter dem Volk zu gewinnen und, wie dies oft der Fall ist bei denen, die einen falschen Weg einschlagen, für Märtyrer gehalten zu werden. So wurden diejenigen, die sich der Reformation mit aller Energie widersetzten, als Opfer der Grausamkeit und Unterdrückung bemitleidet und gepriesen. Das war Satans Werk, angetrieben vom gleichen aufrührerischen Geist, der sich zuerst im Himmel bekundet hatte.

Satan ist ständig bemüht, die Menschen zu täuschen und zu verleiten, die Sünde Gerechtigkeit und die Gerechtigkeit Sünde zu nennen. Wie erfolgreich ist sein Werk gewesen! Wie oft werden Gottes treue Diener getadelt und mit Vorwürfen überhäuft, weil sie furchtlos die Wahrheit verteidigen! Menschen, die nur Werkzeuge Satans sind, werden gepriesen und mit Schmeicheleien überschüttet, ja sogar als Märtyrer angesehen, während die, welche wegen ihrer Treue zu Gott geachtet und unterstützt werden sollten, unter Verdacht und Misstrauen allein stehen müssen.

Unechte Heiligkeit und falsche Heiligung führen noch immer ihr betrügerisches Werk aus. In ihren verschiedenen Formen zeigen sie den gleichen Geist wie in Luthers Tagen, lenken die Gemüter von der Heiligen Schrift weg und verleiten die Menschen, lieber ihren eigenen Gefühlen und Eindrücken zu folgen, als dem Gesetz Gottes Gehorsam zu sein. Darin liegt eine der erfolgreichsten Anschläge Satans, die Reinheit und Wahrheit herabzuwürdigen.

Furchtlos verteidigte Luther das Evangelium gegen die von allen Seiten losbrechenden Angriffe. Das Wort Gottes erwies sich als eine mächtige Waffe in jedem Streit. Mit diesem Wort kämpfte er gegen die angemaßte Autorität des Papstes und die vernunftgemäße Philosophie der Gelehrten, und damit widerstand er ebenso fest wie ein Fels der Schwärmerei, die sich mit der Reformation vergeblich versuchte zu verbinden.

Alle gegnerischen Strömungen setzten auf ihre Art und Weise die Heilige Schrift beiseite und erhoben menschliche Weisheit zur Quelle religiöser Wahrheit und Erkenntnis. Der Rationalismus vergöttert die Vernunft und macht sie zum Maßstab der Religion. Die römisch-katholische Kirche, die für ihren unumschränkten Pontifex eine in ununterbrochener Linie von den Aposteln abstammende und für alle Zeiten unwandelbare Inspiration beansprucht, gibt reichliche Gelegenheit für jede Art von Ausschweifung und Verderbnis, verborgen unter dem Deckmantel geheiligter apostolischer Beauftragung. Die Eingebung, auf die sich Münzer und seine Anhänger beriefen, stammte aus den seltsamen Einfällen ihrer Einbildungskraft. Ihr Einfluss untergrub sowohl die menschliche als auch die göttliche Autorität. Wahre Christen betrachten die Heilige Schrift als Schatzkammer der von Gott eingegebenen Wahrheit und als Prüfstein für jede Eingebung. Nach seiner Rückkehr von der Wartburg vollendete Luther seine Übersetzung des Neuen Testaments, und bald wurde das Evangelium dem deutschen Volk in seiner eigenen Sprache gegeben. Diese Übersetzung nahmen alle, die die Wahrheit liebten, mit großer Freude auf, wurde aber von denen, die menschliche Überlieferungen und Menschengebote vorzogen, verächtlich verworfen.

Die Priester beunruhigte der Gedanke, dass das allgemeine Volk jetzt fähig sein würde, mit ihnen die Lehren des Wortes Gottes zu besprechen und dass ihre eigene Unwissenheit dadurch ans Licht käme. Die Waffen ihrer menschlichen Vernunft waren machtlos gegen das Schwert des Geistes. Rom bot seinen ganzen Einfluss auf, um die Verbreitung der Heiligen Schrift zu hindern, aber Dekrete, Bannflüche und Folter blieben alle wirkungslos. Je entschiedener die Bibel verdammt und verboten wurde, desto stärker wollte das Volk wissen, was sie wirklich lehre. Alle, die lesen konnten, hatten den Wunsch, das Wort Gottes selber zu erforschen. Sie trugen das Neue Testament bei sich, sie lasen es wieder und wieder und waren nicht eher zufrieden, bis sie große Teile auswendig gelernt hatten. Als Luther sah, wie wohlwollend das Neue Testament aufgenommen wurde, machte er sich unverzüglich an die Übersetzung des Alten Testaments und veröffentlichte Teile davon, sobald sie fertig waren.

Luthers Schriften wurden in Stadt und Land gleich positiv aufgenommen. »Was Luther und seine Freunde schrieben, wurde von anderen verbreitet. Mönche, welche sich von der Ungesetzlichkeit der Klostergelübde überzeugt hatten und nach ihrer langen Untätigkeit ein arbeitsames Leben führen wollten, aber für die Predigt des göttlichen Wortes zu geringe Kenntnisse besaßen, durchstreiften die Provinzen, um Luthers Bücher zu verkaufen. Es gab bald sehr viele dieser mutigen Hausierer.« D'Aubigné, ebd., 9.Buch, 11.Abschn., S. 88

Diese Schriften wurden sehr aufmerksam von Reichen und Armen, Gelehrten und Laien durchforscht. Abends lasen die Dorfschullehrer sie kleinen um den Herd versammelten Gruppen laut vor. Bei jeder dieser Bemühungen wurden einige Menschen von der Wahrheit überzeugt, nahmen das Wort freudig auf und erzählten anderen wiederum die frohe Kunde.

Die Worte der Inspiration bewahrheiteten sich: »Wenn dein Wort offenbar wird, so erfreut es und macht klug die Einfältigen.« Psalm 119,130 Das Erforschen der Heiligen Schrift bewirkte eine durchgreifende Veränderung in den Gemütern und Herzen des Volkes. Die päpstliche Herrschaft hatte ihren Untertanen ein eisernes Joch auferlegt, das sie in Unwissenheit und

Erniedrigung hielt. Gewissenhaft hatte man eine abergläubische Wiederholung von Formen befolgt, aber an all diesem Dienst war der Anteil von Herz und Verstand nur gering. Luthers Predigten, die die eindeutigen Wahrheiten des Wortes Gottes hervorhoben, und das Wort selbst, das, in die Hände des Volkes gelegt, seine schlafenden Kräfte geweckt hatte, reinigten und veredelten nicht nur die geistliche Wesensart, sondern verliehen dem Verstand neue Kraft und Stärke.

Menschen aller Gesellschaftsschichten konnte man mit der Bibel in der Hand die Lehren der Reformation verteidigen sehen. Die Päpstlichen, die das Studium der Heiligen Schrift den Priestern und Mönchen überlassen hatten, forderten diese jetzt auf, herauszugehen und die neuen Lehren zu widerlegen. Aber die Priester und Mönche, welche die Heilige Schrift und die Kraft Gottes nicht kannten, waren denen, die sie als ketzerisch und ungelehrt angeklagt hatten, vollkommen unterlegen. »Leider«, sagte ein katholischer Schriftsteller, »hatte Luther den Seinigen eingebildet, man dürfe nur den Aussprüchen der heiligen Bücher Glauben schenken.« D'Aubigné, ebd., 9.Buch, 11.Abschnitt, S. 86 f. Ganze Scharen versammelten sich, um zu hören, wie Männer von nur geringer Bildung die Wahrheit verteidigten, ja sich sogar mit gelehrten und redegewandten Theologen auseinandersetzten. Die schmähliche Unwissenheit der großen Männer wurde sichtbar, als man ihren Beweisführungen die einfachen Lehren des Wortes Gottes gegenüber stellte. Handwerker und Soldaten, Frauen und selbst Kinder waren mit den Lehren der Bibel vertrauter als die Priester und die gelehrten Doktoren.

Der Unterschied zwischen den Jüngern des Evangeliums und den Verteidigern des päpstlichen Aberglaubens gab sich nicht weniger in den Reihen der Gelehrten als unter dem gewöhnlichen Volk zu erkennen. »Die alten Stützen der Hierarchie hatten die Kenntnis der Sprachen und das Studium der Wissenschaft vernachlässigt, ihnen trat eine studierende, in der Schrift forschende, mit den Meisterwerken des Altertums sich befreundende Jugend entgegen. Diese aufgeweckten Köpfe und unerschrockenen Männer erwarben sich bald solche Kenntnisse, dass sich lange Zeit keiner mit ihnen messen konnte ... Wo die jungen Verteidiger der Reformation mit den römischen Doktoren zusammentrafen, griffen sie diese mit solcher Ruhe und Zuversicht an, dass diese unwissenden Menschen zögerten, verlegen wurden und sich allgemein gerechte Verachtung zuzogen.« D'Aubigné, ebd., 9.Buch, 11.Abschnitt, S. 86 f.

Als die römischen Geistlichen sahen, dass ihre Zuhörerschar geringer wurde, riefen sie die Hilfe der Behörden an und versuchten, mit allen ihnen verfügbaren Mitteln ihre Anhänger zurückzugewinnen. Aber die Menschen hatten in den neuen Lehren das gefunden, was die Bedürfnisse der Seele befriedigte. Sie wandten sich von denen ab, die sie so lange mit den wertlosen Hüllen abergläubischer Gebräuche und menschlichen Traditionen gespeist hatten.

Als gegen die Lehrer der Wahrheit die Verfolgung aufflammte, beachteten diese die Worte Christi: »Wenn sie euch aber in einer Stadt verfolgen, so flieht in eine andere.« Matthäus 10,23 Das Licht drang überall hin. Die Flüchtenden fanden irgendwo eine gastfreundliche Tür, die sich ihnen auftat, und dort eingekehrt, predigten sie Christus, ganz gleich, ob es in der Kirche war oder, wenn ihnen dieser Vorzug versagt wurde, in Privatwohnungen oder unter freiem Himmel. Da, wo man ihnen Gehör schenkte, war für sie ein geweihter Tempel. Die mit solcher Tatkraft und Zuversicht verkündigte Wahrheit verbreitete sich mit unwiderstehlicher Kraft.

Die römische Geistlichkeit rief die kirchliche und die weltliche Obrigkeit an, die Ketzerei zu unterdrücken – aber ohne Erfolg trotz Gefängnis, Folter, Feuer und Schwert. Tausende von Gläubigen besiegelten ihren Glauben mit ihrem Blut, und doch ging das Werk vorwärts. Die Verfolgung diente nur dazu, die Wahrheit auszubreiten, und die auf Satans Antrieb mit ihr verbundene Schwärmerei bewirkte, dass der Unterschied zwischen dem Werk Gottes und dem Werk Satans um so deutlicher hervortrat.

Luthers Studierstube auf der Wartburg

KAPITEL 11

DER *PROTEST* DER *FÜRSTEN*

Viele Fürsten verteidigten den Grundsatz des individuellen Rechts auf religiöse Freiheit gegen den Grundsatz der bedingungslosen Oberherrschaft Roms durch Gewissenszwang. Deshalb protestierten sie gegen zwei Missbräuche in Glaubenssachen: 1. Gegen die Einmischung der weltlichen Macht und 2. gegen die Willkür des Klerus. Der Protest sollte erreichen, an die Stelle der weltlichen Behörden die Macht des Gewissens zu setzen und an die Stelle des Klerus die Autorität des Wortes Gottes.

*E*ines der mächtigsten Bekenntnisse, die je für die Reformation abgelegt wurden ist der von den christlichen Fürsten Deutschlands 1529 auf dem zweiten Reichstag zu Speyer erhobene Protest. Der Mut, die Zuversicht und die Entschiedenheit dieser frommen Männer bahnten kommenden Geschlechtern den Weg zur Glaubens- und Gewissensfreiheit. Wegen dieses Protestes hießen die Anhänger des neuen Glaubens seitdem PROTESTANTEN. Die Grundsätze ihres Protestes »sind der wesentliche Inhalt des Protestantismus«. D'Aubigné, „Geschichte der Reformation", 13. Buch, 6. Abschn., S. 59

Ein dunkler und drohender Tag war für die Reformation angebrochen. Der Erlass von Worms hatte Luther für vogelfrei erklärt und die Verbreitung des evangelischen Glaubens untersagt, doch beließ man es im Reich bei einer religiösen Duldung. Die göttliche Vorsehung hatte die Mächte, die gegen die Wahrheit stritten im Zaum gehalten. Zwar war Karl V. entschlossen, die Reformation auszurotten; so oft er aber die Hand zum Schlag ausholte, zwangen ihn immer wieder besondere Umstände, es nicht zu tun. Wieder und wieder schien der Untergang aller Gegner Roms unvermeidlich. Aber im kritischen Moment erschienen die türkischen Heere an der östlichen Front oder der König von Frankreich oder der Papst selbst, missgestimmt durch die zunehmende Größe des Kaisers, führte Krieg gegen ihn. Dadurch bot sich der Reformation inmitten der Streitigkeiten der Völker Gelegenheit, sich innerlich zu festigen und auszubreiten. Schließlich unterdrückten die päpstlichen Herrscher ihre Zwistigkeiten beigelegt, um gemeinsam gegen die Reformatoren vorgehen zu können. Der Reichstag zu Speyer im Jahre 1526 hatte jedem der deutschen Länder völlige Freiheit in Religionssachen zugebilligt bis zur Einberufung eines allgemeinen Konzils. Doch kaum waren die Gefahren, unter denen dieses Übereinkommen vereinbart wurde, vorüber, berief der Kaiser 1529 einen weiteren Reichstag nach Speyer, um die Ketzerei zu vernichten. Die Fürsten sollten womöglich durch friedliche Mittel veranlasst werden, sich gegen die Reformation zu entscheiden. Sollte das jedoch ergebnislos sein, wollte der Kaiser zum Schwert greifen.

Die päpstlich Gesinnten waren gut gelaunt zahlreich in Speyer vertreten und zeigten ihre Feindseligkeit gegen die Reformatoren und ihre Gönner ganz offen. Da sagte Melanchthon: »Wir sind der Abschaum und der Kehricht der Welt; aber Christus wird auf sein armes Volk herabsehen und es bewahren.« Den evangelischen Kirchenfürsten, die am Reichstag teilnahmen, wurde es sogar untersagt, das Evangelium in ihrer Wohnung predigen zu lassen. Doch die Menschen in Speyer sehnten sich nach dem Wort Gottes. So strömten Tausende trotz des Verbotes zu den Gottesdiensten, die in der Kapelle des Kurfürsten von Sachsen abgehalten wurden.

Dies beschleunigte die Entscheidung. Eine kaiserliche Botschaft forderte den Reichstag auf den Beschluss, der Gewissensfreiheit gewährte, für null und nichtig zu erklären, da er den Anlass zu großen Unordnungen gegeben haben sollte. Diese willkürliche Handlung rief bei den evangelischen Christen Entrüstung und Bestürzung hervor. Einer sagte: »Christus ist wieder in den Händen von Kaiphas und Pilatus.« D'Aubigné, ebd., 13.Buch, 5.Abschnitt, S. 51 ff. Die römischen Gesandten wurden immer heftiger. Ein von blindem Eifer ergriffener päpstlicher Vertreter erklärte: »Die Türken sind besser als die Lutheraner; denn die Türken beobachten das Fasten, und diese verletzen es. Man darf eher die Schrift als die alten Irrtümer der Kirche verwerfen.« Melanchthon schrieb über Faber, den Beichtvater König Ferdinands und späteren Bischof von Wien: »Täglich schleuderte er in seinen Predigten einen neuen Stein gegen die Evangelischen.« D'Aubigné, ebd., 13.Buch, 5.Abschnitt, S. 51 ff.

Die religiöse Toleranz war gesetzlich eingeführt worden, und die evangelischen Länder waren entschlossen, sich jedem Eingriff in ihre Rechte zu widersetzen. Luther, der noch immer unter der durch das Edikt von Worms auferlegten Reichsacht stand, durfte in Speyer nicht teilnehmen. Seine Stelle nahmen seine Mitarbeiter und die Fürsten ein, die Gott erweckt hatte, seine Sache bei diesem Anlass zu verteidigen. Der edle Kurfürst Friedrich von Sachsen, Luthers früherer Beschützer, war gestorben, aber auch Kurfürst Johann, sein Bruder und Nachfolger, hatte die Reformation freudig begrüßt. Während er sich als ein Freund des Friedens erwies, legte er gleichzeitig in allen Glaubensangelegenheiten Mut und große Tatkraft an den Tag. Die Priester verlangten, dass die Länder, die sich zur Reformation bekannt hatten, sich der römischen Gerichtsbarkeit bedingungslos unterwerfen sollten. Die Reformatoren auf der anderen Seite beriefen sich auf die Freiheit, die ihnen früher gewährt worden war. Sie konnten nicht einwilligen, dass Rom jene Länder unter seine Herrschaft brächte, die das Wort Gottes mit so großer Freude aufgenommen hatten. Man schlug schließlich vor, das Edikt von Worms solle dort streng gehandhabt werden, wo die Reformation noch nicht Fuß gefasst hätte. »Wo man aber davon abgewichen und wo dessen Einführung ohne Volksaufruhr nicht möglich sei, solle man wenigstens nicht weiter reformieren, keine Streitfragen verhandeln, die Messe nicht verbieten, keinen Katholiken zum Luthertum übertreten lassen«. D'Aubigné, ebd., 13.Buch, 5.Abschnitt, S. 51 ff. Dieser Vorschlag wurde zur großen Genugtuung der päpstlichen Priester und Prälaten vom Reichstag genehmigt.

Falls diese Maßnahme »Gesetzeskraft erhielt, so konnte sich die Reformation weder weiter ausbreiten ... wo sie noch nicht war, noch wo sie bestand, festen Boden gewinnen«. D'Aubigné, ebd., 13.Buch, 5.Abschnitt, S. 51 ff. Die Redefreiheit würde dadurch verboten und keine Bekehrungen mehr gestattet. Von den Freunden der Reformation wurde verlangt, sich diesen Einschränkungen und Verboten ohne weiteres zu unterwerfen. Die Hoffnung der Welt schien dem Erlöschen nahe. »Die ... Wiederherstellung der römischen Hierarchie musste die alten Missbräuche hervorrufen«, und leicht konnte eine Gelegenheit gefunden werden, »das so stark erschütterte Werk durch Schwärmerei und Zwiespalt vollends zu vernichten«. D'Aubigné, ebd., 13.Buch, 5.Abschnitt, S. 51 ff.

Als die evangelische Partei zur Beratung zusammentrat, blickte man sich bestürzt an. Von einem zum andern ging die Frage: »Was ist zu tun?« Gewaltige Folgen für die Welt standen auf dem Spiel. »Sollten die führenden Köpfe der Reformation nachgeben und das Edikt annehmen? Wie leicht hätten die Reformatoren in diesem entscheidenden Augenblick, der in der Tat außerordentlich wichtig war, sich dazu überreden können, einen falschen Weg einzuschlagen. Wie viele glaubhafte Vorwände und annehmbare Gründe für ihre Unterwerfung hätten sich finden lassen! Den lutherisch gesinnten Fürsten war die freie Ausübung ihres Glaubens zugesichert. Dieselbe Begünstigung erstreckte sich auch auf alle ihre Untertanen, die, noch ehe die Maßnahmen getroffen wurden, die reformierte Lehre angenommen hatten. Konnte sie dies nicht zufriedenstellen? Wie vielen Gefahren würde man durch eine Unterwerfung ausweichen! Doch auf welch unbekannte Wagnisse und Kämpfe würde der Widerstand sie treiben! Wer weiß, ob sich in Zukunft je wieder solch eine Gelegenheit bieten würde! Lasset uns den Frieden annehmen; lasset uns den Ölzweig ergreifen, den Rom uns entgegenhält, und die Wunden Deutschlands schließen. Mit derartigen Beweisgründen hätten die Reformatoren sich bei der Annahme eines Weges, der unvermeidlich bald darauf den Umsturz ihrer Sache herbeigeführt haben würde, rechtfertigen können. Glücklicherweise erkannten sie den Grundsatz, auf dem diese Anordnung beruhte, und handelten im Glauben. Was war das für ein Grundsatz? – Es war das Recht Roms, das Gewissen zu zwingen und eine freie Untersuchung zu untersagen. Sollten aber sie selbst und ihre protestantischen Untertanen sich nicht der Religionsfreiheit erfreuen? – Ja, als eine Gunst, die in der Anordnung besonders vorgesehen war, nicht aber als ein Recht. In allem, was in diesem Abkommen nicht eingeschlossen war, sollte der herrschende Grundsatz der Autorität maßgebend sein; das Gewissen wurde nicht berücksichtigt; Rom war der unfehlbare Richter, und ihm muss man gehorchen. Die Annahme der vorgeschlagenen Vereinbarung wäre ein tatsächliches Zugeständnis gewesen, dass die Religionsfreiheit Anm 30 auf das protestantische Sachsen beschränkt werden müsse. Was aber die übrige Christenheit angehe, so seien freie Untersuchung und das Bekenntnis des reformierten Glaubens Verbrechen, die mit Kerker und Scheiterhaufen zu ahnden wären. Dürften sie der örtlichen Beschränkung der Religionsfreiheit zustimmen, dass man verkündige, die Reformation habe ihren letzten Anhänger gewonnen, ihren letzten Fußbreit erobert? Und sollte dort, wo Rom zu dieser Stunde sein Zepter schwang, seine Herrschaft ständig aufgerichtet bleiben? Könnten die Reformatoren sich unschuldig fühlen an dem Blut jener Hunderte und Tausende, die in Erfüllung dieser Anordnung ihr Leben in päpstlichen Ländern opfern müssten? Dies hieße, in jener so verhängnisvollen Stunde die Sache des Evangeliums und die Freiheit der Christenheit zu verraten.« »Lieber wollten sie ... ihre Länder, ihre Kronen, ihr Leben opfern.« D'Aubigné, ebd., 13.Buch, 5.Abschnitt, S. 51 ff.

»Wir verwerfen diesen Beschluss«, sagten die Fürsten. »In Gewissensangelegenheiten hat die Mehrheit keine Macht.« Die Abgesandten erklärten: »Das Dekret von 1526 hat den Frieden im Reich gestiftet; hebt man es auf, so heißt das, Deutschland in Hader und Zank zu stürzen. Der Reichstag hat keine weitere Befugnis als die Aufrechterhaltung der Glaubensfreiheit bis zu einem Konzil.« D'Aubigné, ebd., 13.Buch, 5.Abschnitt, S. 51 ff. Die Gewissensfreiheit zu schützen, ist die Pflicht des Staates, und dies ist die Grenze seiner Machtbefugnis in religiösen Dingen. Jede weltliche Regierung, die versucht, mit Hilfe der Staatsgewalt religiöse Gebräuche zu regeln oder durchzusetzen, opfert gerade den Grundsatz, für den die evangelischen Christen in so edler Weise kämpften.

Die päpstlichen Vertreter beschlossen, das, was sie »frechen Trotz« nannten, zu unterdrücken. Sie versuchten die Anhänger der Reformation zu spalten, und alle, die sich nicht offen für sie erklärt hatten, einzuschüchtern. Die Vertreter der freien Reichsstädte wurden schließlich vor den Reichstag geladen und aufgefordert, zu sagen, ob sie auf die

Bedingungen jenes Vorschlages eingehen wollten. Sie baten um Bedenkzeit, aber vergebens. Als sie auf die Probe gestellt wurden, schloss sich fast die Hälfte von ihnen den Reformatoren an.

Die sich so weigerten, die Gewissensfreiheit und das Recht des persönlichen Urteils zu opfern, wussten sehr gut, dass ihr Standpunkt sie künftigem Tadel, Verurteilung und Verfolgung aussetzen würde. Einer der Abgeordneten bemerkte: »Das ist die erste Probe ... bald kommt die zweite: das Wort Gottes widerrufen oder brennen." D'Aubigné, ebd., 13.Buch, 5.Abschnitt, S. 51 ff.

König Ferdinand, der Stellvertreter des Kaisers auf dem Reichstag sah, dass das Dekret ernstliche Spaltungen hervorriefe, falls die Fürsten nicht veranlasst würden, es anzunehmen und zu unterstützen. Er versuchte es deshalb mit Überredungskunst, wohl wissend, dass Gewaltanwendung solche Männer nur noch entschiedener machen würde. Er »bat die Fürsten um Annahme des Dekrets, für welchen Schritt der Kaiser ihnen großen Dank wissen [erweisen] würde«. D'Aubigné, ebd., 13.Buch, 5.Abschnitt, S. 51 ff. Aber diese treuen Männer erkannten eine Autorität an, welche die irdischen Herrscher überstieg, und antworteten: »Wir gehorchen dem Kaiser in allem, was zur Erhaltung des Friedens und zur Ehre Gottes dienen kann.« D'Aubigné, ebd., 13.Buch, 5.Abschnitt, S. 51 ff.

In Gegenwart des Reichstages kündigte der König dem Kurfürsten und seinen Freunden schließlich an, dass der Beschluss bald als kaiserliches Dekret abgefasst werden sollte und sie sich der Mehrheit unterwerfen müssten. Als er dies gesagt hatte, zog er sich aus der Versammlung zurück und gab den Protestanten keine Gelegenheit zur Beratung oder zur Erwiderung. Diese sandten eine Abordnung zum König und baten ihn, zurückzukommen – umsonst! Auf ihre Bitte antwortete er nur: »Die Artikel sind beschlossen; man muss sich unterwerfen.« D'Aubigné, ebd., 13.Buch, 5.Abschnitt, S. 51 ff

Die kaiserliche Partei war überzeugt, dass die christlichen Fürsten an der Heiligen Schrift festhalten würden, da sie über menschlichen Lehren und Vorschriften steht, und sie wussten auch, dass die Annahme dieses Grundsatzes schließlich zum Sturz des Papsttums führen musste. Aber sie schmeichelten sich wie auch Tausende nach ihnen, indem sie nur »auf das Sichtbare« schauten, dass die stärkeren Trümpfe beim Kaiser und beim Papst lägen, während die Seite der Reformation nur schwach sei. Hätten sich die Reformatoren einzig auf ihre menschliche Macht verlassen, wären sie so hilflos gewesen, wie die päpstlichen Vertreter vermuteten. Obwohl gering an Zahl und uneins mit Rom, waren sie doch stark. »Vielmehr appellierten sie vom Beschluss des Reichstages an Gottes Wort, von Kaiser Karl an Jesus Christus, den König aller Könige, den Herrn aller Herren.« D'Aubigné, ebd., 13.Buch, 5.Abschnitt, S. 51 ff

Da Ferdinand sich geweigert hatte, ihre Gewissensüberzeugung zu berücksichtigen, beschlossen die Fürsten, ungeachtet seiner Abwesenheit ihren Protest unverzüglich vor die versammelten Stände zu bringen. Eine feierliche Erklärung wurde aufgesetzt und dem Reichstag unterbreitet: »Wir protestieren durch diese Erklärung vor Gott, unserem einigen Schöpfer, Erhalter, Erlöser und Seligmacher, der einst uns richten wird, und erklären vor allen Menschen und Kreaturen, dass wir für uns und die Unseren in keiner Weise dem vorgelegten Dekret beipflichten oder beitreten, und allen den Punkten, welche Gott, seinem heiligen Wort, unserem guten Gewissen und unserer Seligkeit zuwiderlaufen.

Wie sollten wir das Edikt billigen können und dadurch erklären, dass, wenn der allmächtige Gott einen Menschen zu seiner Erkenntnis beruft, dieser Mensch nicht die Freiheit hat, diese Erkenntnis anzunehmen!... Da nur die Lehre, welche Gottes Wort gemäß ist, gewiss genannt werden kann, da der Herr eine andere zu lehren verbietet, da jeder Text der Heiligen Schrift durch deutlichere Stellen derselben ausgelegt werden soll, da dieses heilige Buch in allem, was dem Christen nottut, leicht verständlich ist und das Dunkel zu zerstreuen vermag: so sind wir mit Gottes Gnade entschlossen, allein die Predigt des göttlichen Wortes, wie es in den biblischen Büchern des Alten und Neuen Testaments enthalten ist, lauter und rein, und nichts, was dawider ist, aufrechtzuerhalten. Dieses Wort ist die einige Wahrheit, die alleinige Richtschnur aller Lehre und alles Lebens und kann nicht fehlen noch trügen. Wer auf diesen Grund baut, besteht gegen alle Mächte der Hölle; alle Menschentorheit, die sich dawider legt, verfällt vor Gottes Angesicht

Deshalb verwerfen wir das Joch, das man uns auflegt ... Wir hoffen, Ihre Kaiserliche Majestät werde als ein christlicher Fürst, der Gott vor allen Dingen liebt, in unserer Sache verfahren, und erklären uns bereit, ihm, wie euch, gnädige Herren, alle Liebe und allen Gehorsam zu erzeigen, welches unsere gerechte und gesetzliche Pflicht ist.« D'Aubigné, ebd., 13.Buch, 6.Abschnitt

Dieser Protest machte auf den Reichstag tiefen Eindruck. Die Mehrheit wurde durch die Kühnheit der Protestierenden mit Erstaunen und Bestürzung erfüllt. Die Zukunft kam ihnen stürmisch und ungewiss vor. Uneinigkeit, Streit und Blutvergießen schienen unvermeidlich. Die Protestanten aber, von der Gerechtigkeit ihrer Sache überzeugt und sich auf den Arm des Allmächtigen verlassend, »blieben fest und mutig«. D'Aubigné, ebd., 13.Buch, 6.Abschnitt

»Die in dieser berühmten Protestation... ausgesprochenen Grundsätze sind der wesentliche Inhalt des Protestantismus. Die Protestation tritt gegen zwei menschliche Missbräuche in Glaubenssachen auf: gegen die Einmischung der weltlichen Macht und gegen die Willkür des Klerus. Sie setzt an die Stelle der weltlichen Behörde die Macht des Gewissens, und an die Stelle des Klerus die

Autorität des Wortes Gottes. Der Protestantismus erkennt die weltliche Gewalt in göttlichen Dingen nicht an und sagt, wie die Apostel und die Propheten: Man muss Gott mehr gehorchen als den Menschen. Ohne Karls V. Krone anzutasten, hält er die Krone Jesu Christi aufrecht, und noch weitergehend stellt er den Satz auf, dass alle Menschenlehre den Aussprüchen Gottes untergeordnet sein soll.« D'Aubigné, ebd., 13.Buch, 6.Abschnitt Die Protestierenden hatten ferner ihr Recht geltend gemacht, ihre religiöse Überzeugung frei aussprechen zu können. Sie wollten nicht nur glauben und befolgen, was das Wort Gottes ihnen nahebrachte, sondern es auch lehren, und sie stellten das Recht der Priester oder Behörden in Abrede, sich hierbei einzumischen. Der Protest zu Speyer war ein feierliches Zeugnis gegen religiöse Unduldsamkeit und eine Zusicherung des Rechtes aller Menschen, Gott nach ihrem eigenen Gewissen anzubeten. Die Erklärung war abgegeben. Sie war Tausenden ins Gedächtnis geschrieben und in die Bücher des Himmels eingetragen worden, wo keine menschliche Anstrengung sie auslöschen konnte. Das ganze evangelische Deutschland nahm den Protest als Ausdruck seines Glaubens an. Überall erblickten die Menschen in dieser Erklärung den Anfang einer neuen und besseren Zeit. Einer der Fürsten sagte den Protestanten in Speyer: »Der allmächtige Gott, der euch die Gnade verliehen, ihn kräftig, frei und furchtlos zu bekennen, bewahre euch in dieser christlichen Standhaftigkeit bis zum Tage der Ewigkeit!« D'Aubigné, ebd., 13.Buch, 6.Abschnitt

Hätte die Reformation nach einem erfolgreichen Anfang eingewilligt, sich den Zeitumständen anzupassen, um sich die Gunst der Welt zu erwerben, so wäre sie Gott und sich selbst untreu geworden und hätte auf diese Weise selbst ihren Untergang bewirkt. Die Erfahrung jener mutigen und standhaften Reformatoren enthält eine Lehre für alle späteren Zeiten. Satans Art und Weise, gegen Gott und sein Wort zu wirken, hat sich nicht verändert. Er stellt sich noch immer ebenso sehr dagegen, die Heilige Schrift zum Führer des Lebens zu machen, wie im 16. Jahrhundert. Heutzutage weicht man genauso stark von ihren Lehren und Geboten ab, und eine Rückkehr zu dem protestantischen Grundsatz, die Bibel und nur die Bibel als Richtschnur des Glaubens und der Pflicht zu betrachten, ist notwendig. Satan arbeitet noch immer mit allen Mitteln, über die er verfügt, um die religiöse Freiheit zu unterdrücken. Die päpstliche Macht, die die Protestanten von Speyer verwarf, versuchte jetzt mit neuer Kraft ihre verlorene Oberherrschaft wiederzugewinnen. Das gleiche unnachgiebige Festhalten am Wort Gottes, das sich in jener Entscheidungsstunde der Reformation bekundete, ist die einzige Hoffnung für eine Reform der Gegenwart. Die Protestanten erkannten die mögliche Gefahr. Es gab aber auch Hinweise, dass die göttliche Hand ausgestreckt war, um die Treuen zu beschützen. »Kurz vorher hatte Melanchthon seinen Freund

Simon Grynäus rasch durch die Stadt an den Rhein geführt mit der Bitte, sich übersetzen zu lassen. Als dieser über das hastige Drängen erstaunt war, erzählte ihm Melanchthon: Eine ernste, würdige Greisengestalt, die er nicht gekannt, sei ihm entgegengetreten mit der Nachricht, Ferdinand habe Häscher abgeschickt, um den Grynäus zu verhaften.« D'Aubigné, ebd., 13.Buch, 6.Abschnitt

An diesem Tag hatte sich Grynäus über eine Predigt Fabers, eines führenden katholischen Gelehrten, entrüstet. Nach der Predigt machte er ihm Vorhaltungen darüber und bat ihn, »die Wahrheit nicht länger zu bekämpfen. Faber hatte seinen Zorn nicht merken lassen, sich aber gleich zum König begeben und von diesem einen Haftbefehl gegen den unbequemen Heidelberger Professor erwirkt. Melanchthon glaubte fest, Gott habe einen Engel vom Himmel gesandt, um seinen Freund zu retten; er blieb am Rhein stehen, bis der Fluss zwischen ihm und seinen Verfolgern war, und als er ihn am entgegengesetzten Ufer ankommen sah, rief er: ,Endlich ist er denen entrissen, welche nach dem Blute der Unschuldigen dürsten!' Nachher erfuhr Melanchthon, dass man unterdessen nach Grynäus in dessen Wohnung gesucht hatte.« D'Aubigné, ebd., 13.Buch, 6.Abschnitt

Die Reformation sollte vor den Mächtigen dieser Erde zu noch größerer Bedeutung gelangen. Den evangelischen Fürsten war von König Ferdinand versagt worden, gehört zu werden, aber es sollte ihnen Gelegenheit gegeben werden, ihre Sache in Gegenwart des Kaisers und der Würdenträger des Staates und der Kirche vorzutragen. Um den Zwist beizulegen, der das Reich beunruhigte, rief Karl V. im folgenden Jahr nach dem Protest von Speyer den Reichstag nach Augsburg zusammen und gab bekannt, dass er beabsichtige, persönlich den Vorsitz zu führen. Dorthin wurden die Führer der Protestanten geladen.

Im Hinblick auf die drohenden Gefahren unterstellten die Fürsprecher der Reformation Gott ihre Sache und gelobten, am Evangelium festzuhalten. Der Kurfürst von Sachsen wurde von seinen Räten gedrängt, nicht auf dem Reichstag zu erscheinen, denn der Kaiser verlange nur die Anwesenheit der Fürsten, um sie in eine Falle zu locken. Es sei »ein Wagnis, sich mit einem so mächtigen Feinde in dieselben Mauern einzuschließen.« D'Aubigné, ebd., 14.Buch, 2.Abschnitt, S. 110 Doch andere erklärten hochherzig, »die Fürsten sollten Mut haben, und Gottes Sache werde gerettet.« D'Aubigné, ebd., 14.Buch, 2.Abschnitt, S. 110 Luther sagte: »Gott ist treu – und wird uns nicht lassen.« D'Aubigné, ebd., 14.Buch, 2.Abschnitt, S. 110 Der Kurfürst und sein Gefolge begaben sich nach Augsburg. Alle kannten die Gefahren, die ihm drohten, und viele gingen bedrückt und mit beunruhigtem Herzen dorthin. Doch Luther, der sie bis Coburg begleitete, ließ ihren sinkenden Glauben wieder aufleben, indem er ihnen das Lied: »Ein feste Burg ist unser Gott« vorsang. Manche bange Ahnung wurde verscheucht, manches schwere Herz fühlte unter den Klängen dieses begeisternden Liedes den auf ihm lastenden Druck weichen. Die reformierten Fürsten hatten beschlossen, eine Erläuterung ihrer Auffassungen, systematisch zusammengestellt mit Beweisstellen aus der Heiligen Schrift auszuarbeiten, um sie dem Reichstag vorzulegen. Die Aufgabe dieser Bearbeitung wurde Luther und Melanchthon sowie ihren Mitarbeitern übertragen.

Das auf diese Weise zum Ausdruck gebrachte Bekenntnis wurde von den Protestanten als eine Erklärung ihres Glaubens angenommen, und sie versammelten sich, um unter das wichtige Schriftstück ihre Unterschriften zu setzen. Es war eine ernste Zeit der Prüfung. Die Reformatoren waren ängstlich darauf bedacht, dass ihre Sache nicht mit politischen Fragen verwechselt werde. Sie fühlten, die Reformation sollte keinen andern Einfluss ausüben als den, der vom Wort Gottes bestimmt wird. Als die christlichen Fürsten die Konfession unterzeichnen wollten, unterbrach Melanchthon und sprach: »Die Theologen, die Diener Gottes, müssen das vorlegen, und das Gewicht der großen der Erde muss man für andere Dinge aufsparen.« – »Gott gebe«, antwortete Johann von Sachsen, »dass ihr mich nicht ausschließt, ich will tun, was recht ist, unbekümmert um meine Krone; ich will den Herrn bekennen. Das Kreuz Jesu Christi ist mehr wert als mein Kurhut und mein Hermelin.« D'Aubingé, ebd., 14.Buch, 6.Abschnitt S. 147f. Als er dies gesagt hatte, schrieb er seinen Namen darunter. Ein anderer Fürst sprach, als er die Feder ergriff: »Wo es die Ehre meines Herrn Jesu Christi gilt, bin ich bereit, Gut und Leben aufzugeben ... Ehe ich eine andere Lehre als die, welche in der Konfession enthalten ist, annehme, will ich lieber Land und Leute aufgeben, und mit dem Stab in der Hand aus meiner Väter Heimat auswandern.« D'Aubigné, ebd., 14.Buch, 6.Abschnitt S. 147f. In dieser Weise bekundete sich der Glaube und die Unerschrockenheit dieser Gottesmänner.

Es kam die Zeit, als sie vor dem Kaiser zu erscheinen hatten. Karl V., auf seinem Thron sitzend, umgeben von den Kurfürsten und Fürsten des Reiches, hörte den protestantischen Reformatoren zu. Das Bekenntnis ihres Glaubens wurde verlesen. In jener erlauchten Versammlung wurden die Wahrheiten des Evangeliums klar und deutlich ausgeführt und die Irrtümer der päpstlichen Kirche bloßgestellt.

Mit Recht ist jener Tag als der größte der Reformation, als einer der schönsten in der Geschichte des Christentums und der Menschheit bezeichnet worden. D'Aubigneé, ebd., 14.Buch, 7.Abschnitt, S. 156 f.

Nur wenige Jahre waren vergangen, seit der Mönch von Wittenberg in Worms allein vor dem Reichstag Jesus Christus bekannt hatte. Nun standen an seiner Stelle die edelsten und mächtigsten Fürsten des Reiches vor dem Kaiser. Es war Luther untersagt worden, in Augsburg zu erscheinen, doch mit seinen Worten und Gebeten war er dabei. »Ich bin über alle Maßen froh«, schrieb er, »dass ich bis zu der Stunde gelebt habe, in welcher Christus durch solche Bekenner vor solcher Versammlung in einem herrlichen Bekenntnisse verkündigt worden ist.« D'Aubigné, ebd., 14.Buch, 7.Abschnitt, S. 156 f Auf diese Weise erfüllte sich, was die Schrift sagt: »Ich rede von deinen Zeugnissen vor Königen!« Psalm 119,46.

In der Zeit des Paulus war das Evangelium, um deswillen er sich in Gefangenschaft befand, in der gleichen Weise vor die Fürsten und Edlen der kaiserlichen Stadt gebracht worden. Auch bei diesem Anlass hier wurde das, was der Kaiser von der Kanzel zu predigen untersagt hatte, im Palast verkündigt. Was viele sogar für die Dienerschaft als unpassend angesehen hatten, wurde nun von den Herrschern und Herren des Reiches mit Verwunderung vernommen. Könige und große Männer waren die Zuhörer, gekrönte Fürsten waren die Prediger, und die Predigt enthielt die Wahrheit Gottes. Ein Zeitgenosse, Mathesius, sagte, seit den Zeiten der Apostel hätte es kein größer und höher Werk gegeben.

»Was die Lutheraner vorgelesen haben, ist wahr, es ist die reine Wahrheit, wir können es nicht leugnen«, erklärte ein päpstlicher Bischof. »Könnt ihr das von den Kurfürsten abgefasste Bekenntnis mit guten Gründen widerlegen?« fragte ein anderer Dr. Eck. »Nicht mit den Schriften der Apostel und Propheten«, antwortete Dr. Eck, »aber wohl mit denen der Väter und Konzilien.« – »Also sind die Lutheraner«, entgegnete der Fragende, »in der Schrift, und wir daneben.« D'Aubigné, ebd., 14.Buch, 8.Abschnitt, S. 167 Einige der deutschen Fürsten waren für den reformierten Glauben gewonnen worden. Der Kaiser selbst erklärte, die protestantischen Artikel seien die reine Wahrheit. Das Bekenntnis wurde in viele Sprachen übersetzt und in ganz Europa verbreitet, und es ist von Millionen Menschen der folgenden Geschlechter als Bekundung ihres Glaubens angenommen worden.

Gottes treue Diener arbeiteten nicht allein. Während sie es »mit Fürsten und Gewaltigen, nämlich mit den Herren der Welt, die in der Finsternis dieser Welt herrschen, mit den bösen Geistern unter dem Himmel«, Epheser 6.12 zu tun hatten, die sich gegen sie verbanden, verließ der Herr sein Volk nicht. Wären die Augen der Kinder Gottes geöffnet gewesen, hätten sie ebenso deutliche Beweise der Gegenwart und Hilfe Gottes erkannt, wie sie einst den Propheten gewährt worden waren. Als Elisas Diener seinen Meister auf das sie umgebende feindliche Heer aufmerksam machte, das jede Gelegenheit zum Entrinnen verhinderte, betete der Prophet: »Herr, öffne ihm die Augen, dass er sehe!« 2.Könige 6,17. Und siehe, der Berg war voll Kriegswagen und

feuriger Rosse, das Heer des Himmels stand bereit, den

Mann Gottes zu beschützen. So bewachten Engel auch die Mitarbeiter der Reformationsbewegung. Gott hatte seinen Dienern befohlen zu erbauen und keine gegnerische Macht konnte sie von diesen Mauern vertreiben.

Einer der von Luther am entschiedensten vertretenen Grundsätze sprach sich gegen eine Unterstützung der Reformation durch weltliche Gewalt aus. Es sollte nicht um Waffen gebeten werden, um sie zu verteidigen. Er freute sich, dass sich Fürsten des Reiches zum Evangelium bekannt hatten, doch als sie vorschlugen, sich zu einem Verteidigungsbund zusammenzuschließen, »wollte Luther die evangelische Lehre nur von Gott allein verteidigt wissen, je weniger sich die Menschen darein mischten, desto herrlicher werde sich Gottes Dazwischenkunft offenbaren. Alle Umtriebe, wie die beabsichtigten, deuteten ihm auf feige Ängstlichkeit und sündhaftes Misstrauen«. D'Aubigné, ebd., 10. Buch, 14. Abschnitt, S. 187 f.

Als sich mächtige Feinde vereinten, um den reformierten Glauben zu Fall zu bringen, und sich Tausende von Schwertern gegen ihn zu erheben schienen, schrieb Luther: „Satan lässt seine Wut aus, gottlose Pontifexe verschwören sich, man bedroht uns mit Krieg. Ermahne das Volk weiterzukämpfen vor Gottes Thron mit Glauben und Gebet, so dass unsere Feinde, vom Geiste Gottes besiegt, zum Frieden gezwungen werden. Das erste, was nottut, die erste Arbeit, ist das Gebet. Angesichts der Schwerter und der Wut Satans hat das Volk nur eins zu tun: Es muss *beten*« D'Aubigné, ebd., 10. Buch, 14. Abschn., S. 187 f

Bei einem späteren Anlass erklärte Luther, sich wiederum auf den von den protestantischen Fürsten beabsichtigten Bund beziehend, dass die einzige in diesem Streit anzuwendende Waffe »das Schwert des Geistes« sei. Er schrieb an den Kurfürsten von Sachsen: »Wir mögen in unserem Gewissen solch Verbündnis nicht billigen. Wir möchten lieber zehnmal tot sein, denn solche Genossen haben, dass unser Evangelium sollte Ursach gewesen sein einiges Bluts. Wir sollen wie die Schlachtschafe gerechnet sein. Es muss ja Christi Kreuz getragen sein. Euer Kurfürstliche Gnaden seien getrost und unerschrocken, wir wollen mit Beten mehr ausrichten, denn sie mit all ihrem Trotzen. Allein dass wir unsere Hände rein von Blut behalten, und wo der Kaiser mich und die anderen forderte, so wollen wir erscheinen. Euer Kurfürstliche Gnaden soll weder meinen noch eines anderen Glauben verteidigen, sondern ein jeder soll auf sein eigen Fahr glauben.« D'Aubigné, ebd., 14. Buch, 1. Abschnitt, S. 104

Aus dem Gebetskämmerlein kam die Macht, die bei dieser großen Reformation die Welt erschütterte. Dort setzten die Diener Gottes in heiliger Stille ihre Füße auf den Felsen seiner Verheißungen. Während des Streites in Augsburg vergaß Luther nicht, täglich »drei Stunden dem Gebet zu widmen; und zwar zu einer Zeit, die dem Studium am günstigsten gewesen wäre«, D'Aubigné, ebd., 14.Buch, 6.Abschnitt, S. 152 f In der Zurückgezogenheit seines Kämmerleins schüttete er sein Herz vor Gott aus »mit solchem Glauben und Vertrauen ... als ob er mit seinem Freund und Vater rede. ‚Ich weiß‘, sagte der Reformator, ‚dass du unser Vater und unser Gott bist, dass du die Verfolger deiner Kinder zerstreuen wirst, denn du selbst bist mit uns in der Gefahr. Diese ganze Sache ist dein, nur weil du sie gewollt hast, haben wir sie unternommen. Schütze du uns, o Herr!«. D'Aubigné, ebd., 14.Buch, 6.Abschnitt, S. 152 f.

An Melanchthon, der von der Last der Angst und Sorge niedergedrückt war, schrieb er: »Gnade und Friede in Christo! in Christo, sage ich, nicht in der Welt. Amen! Ich hasse deine Besorgnisse, die dich, wie du schreibst, verzehren, gewaltig. Wenn die Sache falsch ist, so wollen wir widerrufen; wenn sie gerecht ist, weshalb machen wir den, welcher uns ruhig schlafen heißt, bei so vielen Verheißungen zum Lügner? ... Christus entzieht sich nicht der Sache der Gerechtigkeit und Wahrheit; er lebt und regiert, und welche Angst können wir noch haben?« D'Abuiné, ebd., 14.Buch, 6.Abschnitt, S. 152 f.

Gott hörte das Flehen seiner Diener. Er gab den Fürsten und Predigern Gnade und Mut, gegenüber den Herrschern der Finsternis dieser Welt die Wahrheit zu behaupten. Der Herr spricht: »Siehe da, ich lege einen auserwählten, köstlichen Eckstein in Zion; und wer an ihn glaubt, der soll nicht zu Schanden werden.« 1.Petrus 2,6 Die protestantischen Reformatoren hatten auf Christus gebaut, und die Pforten der Hölle konnten sie nicht überwältigen.

Kaiser Karl der V. (1500-1558)

Johann der Beständige (1468-1532)

KAPITEL 12

DIE REFORMATION IN FRANKREICH

Faber übersetzte das Neue Testament ins Französische. Die Menschen freuten sich über die Botschaft des Himmels. Das hatte eine beeindruckende Änderung im gesellschaftlichen Leben zur Folge. – Später fing Calvin an, nachdem er zur Wahrheit fand, den biblischen Glauben bekannt zu machen; doch das Volk lehnte die Reformation ab und vernichtete die Reformatoren und ihre Anhänger.

Dem Protest zu Speyer und der Konfession zu Augsburg, die den Sieg der Reformation in Deutschland ankündeten, folgten Jahre des Kampfes und der Finsternis. Durch Uneinigkeiten der Anhänger geschwächt und von gewaltigen Feinden bestürmt, schien der Protestantismus vor dem vollständigen Untergang zu stehen. Tausende besiegelten ihr Zeugnis mit ihrem Blut. Bürgerkriege brachen aus, die protestantische Sache wurde von einem ihrer bedeutendsten Anhänger verraten, die edelsten der reformierten Fürsten fielen in die Hände des Kaisers und wurden als Gefangene von Stadt zu Stadt geschleppt. Aber im Moment seines augenscheinlichen Sieges erlitt der Kaiser eine schwere Niederlage. Er sah, dass die Beute seinen Händen entrissen war und wurde gezwungen die Lehren zu tolerieren, deren Vernichtung er sich als Lebensaufgabe gestellt hatte. Sein Reich, seine Schätze und selbst das Leben hatte er aufs Spiel gesetzt, um die Ketzerei auszurotten. Nun sah er seine Heere durch Schlachten aufgerieben, seine Schätze verbraucht, viele Teile seines Reiches von Rebellion bedroht, während sich der Glaube, den er vergeblich versuchte zu unterdrücken, überall ausbreitete. Karl V. kämpfte gegen die Macht des Allmächtigen. Gott hatte gesagt: Es werde Licht, aber der Kaiser hatte danach getrachtet, die Finsternis aufrecht zu halten. Seine Absichten waren erfolglos, und in frühem Alter, erschöpft von dem langen Kampf, dankte er ab und zog sich in ein Kloster zurück, wo er einige Zeit später dann starb.

In der Schweiz und auch in Deutschland kamen dunkle Tage für die Reformation. Während viele Kantone den reformierten Glauben annahmen, hingen andere mit blinder Beharrlichkeit an dem Glaubensbekenntnis Roms. Die Verfolgung derjenigen, die wünschten, die Wahrheit zu erhalten, gab schließlich Anlass zu einem Bürgerkrieg. Zwingli und viele seiner Reformationsfreunde fielen auf dem blutigen Schlachtfeld von Kappel. Ökolampad, von dieser schrecklichen Katastrophe überwältigt, starb bald darauf.

Rom jubelte und schien, dass es an vielen Orten das wiedergewinnen würde, was es verloren hatte. Der aber, dessen Ratschläge von Ewigkeit her sind, hatte weder seine Sache noch sein Volk verlassen. Seine Hand brachte ihnen Befreiung. Er hatte schon in anderen Ländern Mitarbeiter erweckt, um die Reformation weiterzuführen. In Frankreich hatte der Tag bereits zu dämmern begonnen, noch ehe man etwas von dem Reformator Luther wusste. Einer der Ersten, der das Licht erfasste, war der bejahrte Jaques Lefévre (1450 - 1536) (Faber Stapulensis), ein Mann von umfassender Gelehrsamkeit, Professor an der Sorbonne und aufrichtiger und eifriger Anhänger des Papsttums. Bei den Untersuchungen über die alte Literatur war seine Aufmerksamkeit auf die Bibel gelenkt worden, und er führte ihr Studium bei seinen Studenten ein.

Faber war ein begeisterter Verehrer der Heiligen und hatte angefangen, eine Geschichte der Heiligen und Märtyrer nach den Legenden der Kirche zu verfassen. Dies war eine mühsame Arbeit, und er hatte bereits bedeutende Fortschritte gemacht, als er mit dem Gedanken, die Bibel könne ihm dabei gute Dienste leisten, sie zu studieren begann. Hier fand er in der Tat Heilige beschrieben, aber nicht solche, wie der römische Heiligenkalender sie darstellte. Eine Flut göttlichen Lichtes erleuchtete seinen Verstand. Erstaunt und widerwillig wandte er sich von seiner geplanten Aufgabe ab und widmete sich dem Wort Gottes. Bald begann er, die köstlichen, in der Heiligen Schrift entdeckten Wahrheiten zu lehren.

Weder Luther noch Zwingli hatten das Werk der Reformation begonnen, da schrieb Faber schon im Jahre 1512: »Gott allein gibt uns die Gerechtigkeit durch den Glauben, rechtfertigt uns allein durch seine Gnade zum ewigen Leben.« D'Aubigné, „Geschichte der Reformation", 12.Buch, 2.Abschnitt, S. 290 Während er sich in das Geheimnis der Erlösung vertiefte, rief er aus: »O wunderbarer Austausch: Die Unschuld wird verurteilt, der Schuldige freigesprochen; der Gesegnete verflucht, der Verfluchte gesegnet; das Leben stirbt, der Tote erhält das Leben; die Ehre ist mit Schmach bedeckt, der Geschmähte wird geehrt.« D'Aubigné, „Gesch. der Reformation", 12.Buch, 2.Abschitt, S. 290

Und während er lehrte, dass die Ehre der Erlösung nur Gott zukomme, erklärte er auch, dass der Mensch zum Gehorsam verpflichtet ist. »Bist du der Kirche Christi angehörig«, sagt er, »so bist du ein Glied am Leibe Christi und als solches mit Göttlichkeit erfüllt ... Wenn die Menschen dieses Vorrecht begriffen, so würden sie sich rein, keusch und heilig halten, alle Ehre dieser Welt für eine Schmach achten im Vergleich zu der inneren Herrlichkeit, welche den fleischlichen Augen verborgen ist.« D'Aubigné, „Geschichte der Reformation", 12.Buch, 2.Abschnitt, S. 290 Unter Fabers Schülern waren etliche, die ihm eifrig

zuhörten, und die, lange nachdem die Stimme ihres Lehrers

zum Schweigen gebracht worden war, weitermachen sollten, die Wahrheit zu verkündigen. Zu diesen gehörte William Farel. Als Sohn frommer Eltern erzogen, die Lehren der Kirche in unbedingtem Glauben hinzunehmen, hätte er mit dem Apostel Paulus von sich selbst erklären können: »Ich bin ein Pharisäer gewesen, welches ist die strengste Sekte unsers Gottesdienstes.« Apostelgeschichte 26,5 Als ergebener Anhänger Roms brannte er vor Eifer, alle jene zu vernichten, die es wagen sollten, sich der Kirche zu widersetzen. »Ich knirschte mit den Zähnen wie ein wütender Wolf, wenn sich irgendeiner gegen den Papst äußerte«, Wylie, „History of Protestantism", 13.Buch, Kapitel 2,S. 129 sagte er später über diesen Abschnitt seines Lebens. Er war unermüdlich gewesen in seiner Verehrung der Heiligen und hatte gemeinschaftlich mit Faber die Runde in den Kirchen gemacht, in denen er an den Altären anbetete und die Heiligenschreine mit Gaben schmückte. Aber diese äußerliche Frömmigkeit konnte ihm keinen Seelenfrieden geben. Ein Bewusstsein der Sünde, das alle selbst auferlegten Bußübungen nicht verbannen konnten, erfasste ihn. Er lauschte den Worten des Reformators, wie auf eine Stimme vom Himmel: »Das Heil ist aus Gnaden; der Unschuldige wird verurteilt, der Schuldige freigesprochen.« »Das Kreuz Christi allein öffnet den Himmel, schließt allein das Tor der Hölle.« Wylie, „History of Protestantism", 13.Buch, Kapitel 2, S. 129

Freudig nahm Farel die Wahrheit an. Durch eine Bekehrung, die der des Apostels Paulus ähnlich war, wandte er sich von der Knechtschaft menschlicher Satzungen zu der Freiheit der Kinder Gottes und »war so umgewandelt, dass er nicht mehr die Mordlust eines wilden Wolfes hatte, sondern einem sanften Lamme glich, nachdem er sich vom Papst entfernt und ganz Christus hingegeben hatte«. D'Aubigné, ebd., 12.Buch, 3.Abschnitt, S. 295

Während Faber fortfuhr, das Licht unter seinen Schülern auszubreiten, trat Farel, der im Werk Christi ebenso eifrig wirkte wie vorher in dem des Papstes, öffentlich auf, um die Wahrheit zu verkündigen. Ein Würdenträger der Kirche, der Bischof von Meaux, schloss sich ihnen bald darauf an. Andere Lehrer, die wegen ihrer Fähigkeiten und Gelehrsamkeit sehr angesehen waren, vereinten sich mit ihnen in der Verkündigung des Evangeliums. Diese Botschaft erreichte verschiedene Menschen, vom Handwerker und Bauern an bis zum Palast des Königs. Die Schwester von Franz I., der damals regierte, nahm den reformierten Glauben an. Der König selbst und die Königinmutter schienen dem eine Zeit lang wohlwollend gegenüberzustehen, und mit großen Hoffnungen sahen die Reformatoren der Zeit entgegen, da Frankreich für das Evangelium gewonnen wäre. Doch ihre Hoffnungen sollten sich nicht erfüllen. Prüfungen und Verfolgungen erwarteten die Jünger Christi, obwohl sie vor ihren Augen gnädig verhüllt waren. Eine Zeit des Friedens trat ein, damit sie Kraft gewönnen, dem Sturm zu begegnen. Die Reformation machte schnell Fortschritte. Der Bischof von Meaux bemühte sich eifrig in seiner Diözese, sowohl die Geistlichen als auch das Volk zu unterweisen. Ungebildete und unmoralische Priester wurden entlassen und soweit wie möglich durch fromme und gebildete Männer ersetzt. Der Bischof wünschte sehr, dass seine Leute selbst Zugang zum Wort Gottes hätten, und dies geschah bald. Faber begann mit der Übersetzung des Neuen Testaments, und gerade zur selben Zeit, als Luthers deutsche Bibel in Wittenberg die Presse verließ, wurde in Meaux das französische Neue Testament veröffentlicht. Der Bischof sparte weder Mühe noch Ausgaben, um es in seinen Pfarreien zu verbreiten – und bald waren die Bauern von Meaux im Besitz der Heiligen Schrift.

Wie der durstige Wanderer freudig eine sprudelnde Wasserquelle begrüßt, so nahmen diese Menschen die Botschaft des Himmels auf. Die Arbeiter auf dem Feld und die Handwerker in ihren Werkstätten erleichterten sich die tägliche Arbeit, indem sie über die köstlichen Wahrheiten der Bibel sprachen. Statt am Abend ins Wirtshaus zu gehen, versammelten sie sich in ihren Wohnungen, um das Wort Gottes zu lesen und sich in Gebet und Lobpreis zu vereinen. Bald machte sich in diesen Gemeinden eine große Veränderung bemerkbar. Obwohl sie der bescheidensten Gesellschaftsgruppe angehörten, ungebildet waren und schwere Landarbeit verrichteten, wurde doch die umgestaltende, erhebende Kraft der göttlichen Gnade in ihrem Leben sichtbar. Demütig, liebend und gläubig erfüllten sie das Zeugnis ihres Glaubens – eine Haltung, die das Evangelium für alle vollbringt, die es aufrichtig annehmen.

Das zu Meaux angezündete Licht strahlte weit hinaus. Täglich nahm die Zahl der Neubekehrten zu. Die Wut der Priester wurde vom König, der den engherzigen, blinden Eifer der Mönche verachtete, eine Zeit lang gebremst, aber schließlich gewannen die päpstlichen Führer die Oberhand. Der Scheiterhaufen wurde aufgerichtet. Der Bischof von Meaux, gezwungen, zwischen Feuer und Widerruf zu entscheiden, wählte den leichteren Weg. Obwohl der Anführer fiel, blieb die Herde standhaft. Viele bekannten noch inmitten der Flammen die Wahrheit. Durch ihren Mut und ihre Treue auf dem Scheiterhaufen sprachen diese demütigen Christen zu tausenden von Menschen, die in den Tagen des Friedens ihr Zeugnis nie vernommen hätten.

Nicht nur die Niedrigen und Armen wagten es, sich inmitten von Spott und Leiden zu Christus zu bekennen. Auch in den fürstlichen Gemächern der Schlösser und Paläste gab es edle Menschen, denen die Wahrheit mehr galt als Reichtum, Rang oder selbst das Leben. Die ritterliche Rüstung barg einen erhabeneren und standhafteren Geist als der Bischofsmantel und die

Bischofsmütze. Ludwig von Berquin war von adliger Herkunft,

ein tapferer höfischer Ritter, dem Studium zugetan, von feiner Lebensart und tadellosen Sitten. »Er war«, sagt ein Schriftsteller, »ein sehr eifriger Beobachter aller päpstlichen Einrichtungen, wohnte aufs genaueste allen Messen und Predigten bei ... und setzte allen seinen übrigen Tugenden dadurch die Krone auf, dass er das Luthertum ganz besonders verabscheute.« Doch wie bei vielen anderen Menschen, die die göttliche Vorsehung zum Studium der Bibel geführt hatte, war er erstaunt, hier nicht etwa »die Satzungen Roms, sondern die Lehren Luthers« zu finden, Wylie, ebd., 13.Buch, Kapitel 9.S. 159 und er widmete sich von nun an ganz der Sache des Evangeliums.

Berquin schien dazu bestimmt, der Reformator seines Vaterlandes zu werden, nannten doch viele diesen Begünstigten des Königs wegen seiner Begabung, seiner Beredsamkeit, seines unbeugsamen Mutes, seines Heldeneifers und seines Einflusses am Hofe »den Gelehrtesten unter den Adligen«. Nach Beza wäre Berquin vielleicht ein zweiter Luther geworden, hätte er in Franz I. einen zweiten Kurfürsten gefunden. Die römischen Gesandten aber verschrien ihn, dass er schlimmer wäre als Luther. Sicher ist, dass sie ihn mehr fürchteten. Sie warfen ihn als Ketzer ins Gefängnis, doch ließ ihn der König wieder frei. Jahrelang zog sich der Kampf hin. Franz, zwischen Rom und der Reformation schwankend, duldete und zügelte abwechselnd den grimmigen Eifer der Mönche. Dreimal wurde Berquin von den päpstlichen Behörden eingekerkert, jedoch vom Monarchen immer wieder freigelassen, der sich in Bewunderung seiner Geistesgaben und seines edlen Charakters weigerte, ihn der Bosheit der Priesterherrschaft preiszugeben.

Berquin wurde wiederholt davor gewarnt, welche Gefahr ihm in Frankreich drohte, und man wollte ihn dazu bewegen, denen zu folgen, die in einem freiwilligen Exil Sicherheit gefunden hatten. Der furchtsame, unbeständige Erasmus, dem trotz all seiner glänzenden Gelehrsamkeit jene moralische Größe fehlte, die das Leben und die Ehre der Wahrheit unterordnet, schrieb an Berquin: »Bemühe dich, als Gesandter ins Ausland geschickt zu werden. Bereise Deutschland. Du kennst Beda und seinesgleichen – er ist ein tausendköpfiges Ungeheuer, das Gift nach allen Seiten ausspeit. Deine Feinde heißen Legion. Selbst wenn deine Sache besser wäre als Jesu Christi, so würden sie dich nicht gehen lassen, bis sie dich elendiglich umgebracht haben. Verlasse dich nicht allzu sehr auf den Schutz des Königs. Auf jeden Fall bringe mich nicht in Ungelegenheiten bei der theologischen Fakultät.« Erasmus, „Opus epistolarum", Bd. II, S. 1206 Doch als sich die Gefahren häuften, wurde Berquins Eifer um so größer. Weit davon entfernt, auf die weltklugen und eigennützigen Ratschläge des Erasmus einzugehen, entschloss er sich zu noch kühneren Maßnahmen. Er wollte nicht nur die Wahrheit verteidigen, sondern auch den

Irrtum angreifen. Die Anschuldigung der Ketzerei, welche die Katholiken versuchten, gegen ihn geltend zu machen, wandte er gegen sie. Seine aktivsten und erbittertsten Gegner waren die gelehrten Doktoren und Mönche an der theologischen Fakultät der großen Universität Paris, eine der höchsten kirchlichen Autoritäten sowohl für die Stadt als auch für die Nation. Den Schriften dieser Doktoren entnahm Berquin 12 Sätze, die er öffentlich als der Heiligen Schrift zuwiderlaufend und ketzerisch erklärte, und er wandte sich an den König mit der Bitte, in dieser Sache zu entscheiden.

Der Monarch, der nicht abgeneigt war, die Kraft und den Scharfsinn der sich bekämpfenden Führer zu messen, freute sich, eine Gelegenheit zu haben, den Hochmut dieser stolzen Mönche zu demütigen, und forderte sie auf, ihre Sache mit der Bibel zu verteidigen. Diese Waffe konnte ihnen, wie sie wohl wussten, wenig helfen. Einkerkerung, Marterqualen und der Scheiterhaufen waren Waffen, die sie besser zu gebrauchen verstanden. Die Lage hatte sich gewendet, und sie sahen sich im Begriff, selbst in die Grube zu fallen, in die sie Berquin stürzen wollten. Ratlos dachten sie über einen Weg nach, wie sie entkommen könnten.

Um diese Zeit war ein an einer Straßenecke aufgestelltes Standbild der Jungfrau Maria verstümmelt worden. In der Stadt herrschte große Aufregung. Scharenweise strömte das Volk dort hin und äußerte Bedauern und Entrüstung über diese Freveltat. Auch der König war tief betroffen. Hier bot sich eine Gelegenheit, aus welcher die Mönche ihren Vorteil ziehen konnten, und sie zögerten nicht lange. »Dies sind die Früchte der Lehren Berquins«, riefen sie. »Alles geht einem Umsturz entgegen – die Religion, die Gesetze, ja selbst der Thron – infolge dieser lutherischen Verschwörung.«
Wylie, ebd., 12.Buch, Kapitel 9, S. 159

Wiederum setzte man Berquin gefangen. Der König verließ Paris, und so hatten die Mönche Gelegenheit, nach eigenem Willen zu handeln. Der Reformator wurde verhört und zum Tod verurteilt, und damit König Franz zuletzt nicht noch einschritte, ihn zu retten, vollzog man das Urteil am gleichen Tag, als es ausgesprochen worden war. Um die Mittagszeit führte man Berquin zum Richtplatz. Eine riesige Menschenmenge hatte sich versammelt, um bei der Hinrichtung dabei zu sein. Viele erkannten erstaunt und besorgt, dass das Opfer den besten und rechtschaffensten Adelsfamilien Frankreichs angehörte. Bestürzung, Entrüstung, Verachtung und bitterer Hass verfinsterten die Angesichter jener wogenden Menge, aber auf einem Antlitz ruhte kein Schatten. Die Gedanken des Märtyrers weilten weitab von jenem Schauplatz der Aufregung. Er war sich nur der Gegenwart seines Herrn bewusst. Der elende Sturzkarren,

auf dem er saß, die düsteren Gesichtszüge seiner Verfolger,

der schreckliche Tod, dem er entgegenging – all dies beachtete er nicht. Der da lebendig ist von Ewigkeit zu Ewigkeit und die Schlüssel der Hölle und des Todes hat, war ihm zur Seite. Auf Berquins Antlitz leuchtete des Himmels Licht und Friede. »Er war mit einem Samtrock sowie mit Gewändern von Atlas und Damast angetan und trug goldbestickte Beinkleider.« D'Aubigné, „Geschichte der Reformation zu den Zeiten Calvins", 2.Buch, Kapitel 16 Er stand im Begriff, seinen Glauben in Gegenwart des Königs aller Könige und vor dem ganzen Weltall zu bekennen, und kein Anzeichen der Trauer sollte seine Freude Lügen strafen.

Als der Zug sich langsam durch die von der Menge umdrängten Straßen bewegte, nahm das Volk mit Bewunderung den klaren Frieden und die freudige Siegesgewissheit seines Blickes und seiner Haltung war. »Er ist«, sagten einige, »wie einer, der in einem Tempel sitzt und über heilige Dinge nachdenkt.« Wylie, ebd., 13.Buch, Kapitel 9

Auf dem Scheiterhaufen versuchte Berquin einige Worte an die Menge zu richten, aber die Mönche begannen zu schreien, da sie deren Folgen fürchteten, und die Soldaten klirrten mit ihren Waffen, dass der Lärm die Stimme des Märtyrers übertönte. »Auf diese Weise setzte im Jahre 1529 die höchste gelehrte und kirchliche Autorität in dem gebildeten Paris der Bevölkerung von 1793 das gemeine Beispiel, auf dem Schafott die ehrwürdigen Worte eines Sterbenden zu ersticken.« Wylie, ebd. 13.Buch, Kapitel 9

Berquin blieb bis zum letzten Augenblick standhaft. Er wurde vom Henker erdrosselt und sein Leichnam verbrannt. Die Nachricht von seinem Tod rief in ganz Frankreich unter den Freunden der Reformation Trauer hervor, aber sein Beispiel war nicht vergebens. »Wir wollen«, sagten die Wahrheitszeugen, »mit gutem Mut dem Tod entgegengehen, indem wir unseren Blick nach dem jenseitigen Leben richten.« D'Aubigné, ebd., 2.Buch, Kapitel 16

Während der Verfolgung in Meaux wurde den Lehrern des reformierten Glaubens das Recht zu predigen entzogen. Daraufhin begaben sie sich in andere Gebiete. Faber ging bald darauf nach Deutschland, während Farel in seine Geburtsstadt im östlichen Frankreich zurückkehrte, um das Licht in der Heimat seiner Kindheit zu verbreiten. Dort waren die Vorgänge von Meaux bereits bekannt geworden, und es fanden sich Zuhörer, als er die Wahrheit mit unerschrockenem Eifer lehrte. Die Behörden aber fühlten sich veranlasst, ihn zum Schweigen zu bringen und wiesen ihn aus der Stadt. Wenn er nun auch nicht länger öffentlich arbeiten konnte, durchzog er doch die Ebenen und Dörfer, lehrte in Privatwohnungen und auf einsam gelegenen Wiesen und fand Schutz in den Wäldern und felsigen Höhlen, die ihm in seiner Jugend als Schlupfwinkel gedient hatten. Gott bereitete ihn für größere Prüfungen vor. »Kreuz und Verfolgung und die Umtriebe Satans«, schrieb er,

»haben mir nicht gefehlt; sie sind stärker gewesen, als dass ich aus eigener Kraft sie hätte aushalten können; aber Gott ist mein Vater, er hat mir alle nötige Kraft verliehen und wird es auch ferner tun.« D'Aubigné, „Geschichte der Reformation", 12. Buch, 9. Abschnitt, S. 344 Wie in den apostolischen Tagen diente die Verfolgung »umso mehr der Förderung des Evangeliums«. Philipper 1,12 Aus Paris und Meaux waren sie vertrieben worden, und »die nun zerstreut waren, gingen um und predigten das Wort«. Apostelgeschichte 8,4 Auf diese Weise fand das Licht seinen Weg in viele der entlegensten Provinzen Frankreichs.

Gott bereitete noch immer Mitarbeiter darauf vor, seine Botschaft zu verbreiten. In einer der Schulen in Paris war ein nachdenklicher, ruhiger junger Mann, der bereits wegen seines scharfen Verstandes aufgefallen ist und sich auch wegen seines reinen Lebens, seines Eifers und religiöser Hingabe auszeichnete. Durch seine Talente und seinen Fleiß wurde er bald das Aushängeschild der Schule, und man war zuversichtlich, dass Johannes Calvin (1509-1564) einer der tüchtigsten und geehrtesten Verteidiger der Kirche werden würde. Aber ein Strahl göttlichen Lichtes durchdrang sogar die Mauern der Schulweisheit und des Aberglaubens, von denen Calvin umgeben war. Erschrocken hörte er von den neuen Lehren, ohne im Geringsten zu zweifeln, dass die Ketzer das Feuer absolut verdienten, dem sie übergeben wurden. Ohne es zu wissen, kam er jedoch mit der Ketzerei direkt in Kontakt und war gezwungen, die Macht der päpstlichen Theologie zu prüfen, um die protestantischen Lehren bekämpfen zu können.

Ein Vetter Calvins, der sich der Reformation angeschlossen hatte, war auch in Paris. Die beiden Verwandten trafen sich oft und besprachen miteinander die Angelegenheiten, welche die Christenheit beunruhigten. »Es gibt nur zwei Religionen in der Welt«, sagte der protestantische Olivetan, »die eine ist die, welche die Menschen erfunden haben und nach der die Menschen sich durch Zeremonien und gute Werke retten; die andere ist die Religion, die in der Bibel offenbart ist und lehrt, dass die Menschen nur durch die freie Gnade Gottes selig werden können.«

»Weg mit euren neuen Lehren!« rief Calvin. »Bildet ihr euch ein, dass ich mein ganzes Leben lang im Irrtum gewesen bin?« Wylie, 13. Buch, Kapitel 7

Aber in ihm waren Gedanken geweckt worden, die er nicht einfach beiseite schieben konnte. Als er allein in seinem Zimmer war, dachte er über die Worte seines Vetters nach. Ein Bewusstsein der Sünde erfasste ihn. Er sah sich ohne Mittler in der Gegenwart eines heiligen und gerechten Richters. Die Fürsprache der Heiligen, gute Werke, die Zeremonien der Kirche, sie alle waren machtlos, um die Sünde zu sühnen. Calvin sah nichts vor sich als das Dunkel ewiger
Verzweiflung. Vergeblich bemühten sich die Gelehrten der

Kirche, seiner Angst abzuhelfen, vergeblich nahm er seine Zuflucht zu Beichte und Bußübungen: Seine Seele konnten sie nicht mit Gott versöhnen.

Während Calvin noch diese vergeblichen Kämpfe durchlebte, kam er eines Tages zufällig an einem der öffentlichen Plätze vorbei. Dort wurde er Augenzeuge der Verbrennung eines Ketzers. Er war betroffen über den Ausdruck des Friedens, der auf dem Angesicht des Märtyrers ruhte. Unter den Qualen jenes furchtbaren Todes und unter der noch schrecklicheren Verdammung der Kirche bekundete er einen Glauben und Mut, den der junge Student schmerzlich mit seiner eigenen Verzweiflung und Finsternis verglich, während er doch in strengstem Gehorsam gegenüber der Kirche lebte. Auf die Bibel, so wusste er, stützten die Ketzer ihren Glauben, und er entschloss sich, die Heilige Schrift zu studieren, um womöglich das Geheimnis ihrer Freude zu entdecken.

In der Bibel fand er Christus. »O Vater!« rief er aus , »sein Opfer hat deinen Zorn besänftigt, sein Blut hat meine Flecken gereinigt, sein Kreuz hat meinen Fluch getragen, sein Tod ist für mich ausreichend. Wir hatten viele unnütze Torheiten geschmiedet, aber du hast mir dein Wort wie eine Fackel gegeben, und hast mein Herz berührt, damit ich jedes andere Verdienst, ausgenommen das des Erlösers, verabscheue.« Calvin, opun. lat., S. 123 Calvin war für das Priesteramt erzogen worden. Schon im Alter von 12 Jahren wurde er zum Kaplan einer kleinen Gemeinde ernannt. Sein Haupt hatte der Bischof nach den Verordnungen der Kirche geschoren. Er erhielt weder eine Weihe noch erfüllte er die Pflichten eines Priesters, aber er war Mitglied der Geistlichkeit, trug den Titel seines Amtes und erhielt in Anbetracht dessen ein Gehalt.

Als ihm nun klar wurde, dass er nie Priester werden würde, studierte er eine Zeit lang Jura, gab aber schließlich seinen Vorsatz auf und entschloss sich, sein Leben dem Evangelium zu weihen. Er zögerte jedoch, öffentlich zu lehren; denn er war von Natur aus schüchtern. Das Bewusstsein der großen Verantwortung eines solchen Amtes lastete schwer auf ihm. Er wollte noch mehr studieren und ging auf die ernsten Bitten seiner Freunde ein. »Wunderbar ist es«, sagte er, »dass einer von so niedriger Herkunft zu so hoher Würde erhoben werden sollte.« Wylie, 13.Buch, Kapitel 9

Ruhig fing Calvin sein Werk an, und seine Worte waren wie Tau, der niederfällt, um die Erde zu erquicken. Er hatte Paris verlassen und hielt sich nun in einer Stadt in der Provinz unter dem Schutz von Prinzessin Margarete [der Schwester Franz' I.] auf. Das tat sie für alle Schüler, weil sie das Evangelium liebte. Calvin war noch immer ein junger Mann, freundlich und anspruchslos in seinem Wesen. Er begann seine Aufgabe bei den Menschen in ihren Wohnungen. Umgeben von den Angehörigen des Haushaltes las er die Bibel und erklärte die Heilswahrheiten. Die Zuhörer brachten anderen die frohe Kunde, und bald ging Calvin von der Stadt in die umliegenden kleineren Städte und Dörfer. Er fand ebenso in Schlössern wie in Hütten Eingang, machte Fortschritte und legte den Grund zu Gemeinden, aus denen unerschrockene Zeugen für die Wahrheit hervorgehen sollten.

Einige Monate später war er wieder in Paris. Im Kreise der Gebildeten und Gelehrten herrschte eine besondere Aufregung. Das Studium der alten Sprachen hatte die Menschen zur Bibel geführt. Und viele, deren Herzen von den Wahrheiten noch nicht berührt waren, sprachen eifrig darüber und stritten sogar mit den Verfechtern der römischen Kirche. Calvin, ein tüchtiger Kämpfer auf dem Gebiet theologischer Streitigkeiten, hatte einen wichtigeren Auftrag zu erfüllen als diese lärmenden Schulgelehrten. Die Gemüter der Menschen waren geweckt, und jetzt war die Zeit gekommen, ihnen die Wahrheit nahezubringen. Während die Hörsäle der Universitäten von dem Geschrei theologischer Streitfragen erfüllt waren, ging Calvin von Haus zu Haus, öffnete den Menschen das Verständnis der Heiligen Schrift und sprach zu ihnen von Christus, dem Gekreuzigten.

Durch Gottes gnädige Vorsehung sollte Paris erneut eine Einladung erhalten, das Evangelium anzunehmen. Es hatte den Ruf Fabers und Farels verworfen, doch erneut sollten alle Gesellschaftsschichten in jener großen Hauptstadt die Botschaft hören. Der König hatte sich wegen politischer Rücksichtnahme noch nicht ganz für Rom und gegen die Reformation entschieden. Margarete hoffte noch immer, dass der Protestantismus in Frankreich siegen würde. Sie bestimmte, dass in Paris der reformierte Glaube gepredigt werden sollte. Während der Abwesenheit des Königs ließ sie einen protestantischen Prediger in den Kirchen der Stadt den wahren Bibelglauben verkündigen. Als dies von den päpstlichen Würdenträgern verboten wurde, stellte die Fürstin ihren Palast zur Verfügung. Ein Gemach wurde als Kapelle umgebaut, und dann gab man bekannt, dass täglich zu einer bestimmten Stunde eine Predigt stattfände und dass das Volk aller Schichten dazu eingeladen sei. Viele Menschen kamen zum Gottesdienst. Nicht nur die Kapelle, sondern auch die Vorzimmer und Hallen waren gedrängt voll. Tausende kamen jeden Tag zusammen – Adlige, Staatsmänner, Rechtsgelehrte, Kaufleute und Handwerker. Statt die Versammlungen zu untersagen, befahl der König, in Paris zwei Kirchen zu öffnen. Nie zuvor war die Stadt so vom Wort Gottes bewegt worden. Es schien, als wäre der Geist des Lebens vom Himmel auf das Volk gekommen. Mäßigkeit, Reinheit, Ordnung und Fleiß traten an die Stelle von Trunkenheit, Ausschweifung, Zwietracht und Müßiggang. Die Priesterschaft war jedoch nicht untätig. Da der König sich weigerte, einzuschreiten und die Predigt zu verbieten, wandte sie sich an den Pöbel. Kein Mittel wurde ausgelassen, um die

Furcht, die Vorurteile und den Fanatismus der unverständigen und abergläubischen Menge zu erregen. Und Paris, das sich seinen falschen Lehrern blindlings ergab, erkannte wie einst Jerusalem weder die Zeit seiner Heimsuchung noch was zu seinem Frieden diente. Zwei Jahre lang wurde das Wort Gottes in der Hauptstadt verkündigt, doch während viele das Evangelium annahmen, verwarf es die Mehrheit des Volkes. Franz hatte ein gewisse religiöse Toleranz an den Tag gelegt, lediglich nur um seinen eigenen Absichten zu dienen, und so gelang es den päpstlichen Anhängern wieder die Oberherrschaft zu gewinnen. Wieder wurden die Kirchen geschlossen und Scheiterhaufen aufgerichtet.

Calvin war noch in Paris, bereitete sich durch Studium, tiefes Nachdenken und Gebet auf seine künftige Arbeit vor und breitete weiter das Licht aus. Schließlich geriet auch er in den Verdacht der Ketzerei. Die Behörden beschlossen, ihn zu verbrennen. Da er in seiner Abgeschiedenheit keine Gefahr befürchtete, dachte er an nichts Böses. Plötzlich eilten Freunde auf sein Zimmer mit der Nachricht, dass Beamte auf dem Wege seien, ihn zu verhaften. Im selben Augenblick hörten sie lautes Klopfen am äußeren Eingang. Es galt, keine Zeit zu verlieren. Einige Freunde hielten die Beamten an der Tür auf, während andere dem Reformator halfen, sich durchs Fenster hinunterzulassen und schnell aus der Stadt zu entkommen. Er fand Zuflucht in der Hütte eines Arbeiters, der ein Freund der Reformation war. Dort verkleidete er sich, indem er einen Anzug seines Gastgebers anzog und setzte mit einer Hacke auf der Schulter die Reise fort. Er ging gen Süden, fand wiederum eine Zuflucht, diesmal auf den Besitzungen Margaretes von Parma. D'Aubigné, „Geschichte der Reformation zu den Zeiten Calvins", 2. Buch, Kapitel 30

Hier blieb er einige Monate, sicher unter dem Schutz mächtiger Freunde, und befasste sich wie zuvor mit seinen Studien. Aber er war auf die Verbreitung des Evangeliums in Frankreich bedacht und konnte nicht lange untätig bleiben. Sobald der Sturm sich etwas gelegt hatte, suchte er ein neues Arbeitsfeld in Poitiers. Dort gab es eine Universität. Da hatte man die neuen Auffassungen bereits positiv aufgenommen. Menschen aller Gesellschaftsschichten hörten freudig dem Evangelium zu. Es wurde nicht öffentlich gepredigt, aber im Haus des Oberbürgermeisters, in seiner eigenen Wohnung und manchmal in einer öffentlichen Gartenanlage gab Calvin die Worte des Lebens denen weiter, die sie hören wollten. Als die Zahl seiner Zuhörer wuchs, hielt man es für sicherer, sich außerhalb der Stadt zu versammeln. Eine Höhle an der Seite einer tiefen, engen Bergschlucht, wo Bäume und überhängende Felsen die Abgeschiedenheit vervollständigten, wurde als Versammlungsort gewählt. Kleine Gruppen, die die Stadt auf verschiedenen Wegen verließen, fanden ihren Weg dorthin. An diesem abgelegenen Ort wurde die

Bibel gelesen und ausgelegt. Hier wurde zum ersten Mal von den Protestanten Frankreichs das heilige Abendmahl gefeiert. Diese kleine Gemeinde sandte mehrere treue Evangelisten aus. Noch einmal kehrte Calvin nach Paris zurück. Auch jetzt konnte er die Hoffnung noch nicht aufgeben, dass Frankreich als Ganzes die Reformation annehmen werde. Aber er fand fast überall verschlossene Türen. Das Evangelium lehren, hieß den geraden Weg auf den Scheiterhaufen einschlagen, und er entschloss sich schließlich, nach Deutschland zu gehen. Kaum hatte Calvin Frankreich verlassen, brach ein Sturm über die Protestanten herein. Wäre er länger dort geblieben, hätte ihn sicherlich das allgemeine Verderben auch ereilt.

Die französischen Reformatoren, die sich ernstlich wünschten, dass ihr Land mit Deutschland und der Schweiz Schritt hielte, beschlossen gegen die abergläubischen Gebräuche Roms mutig etwas zu unternehmen, das die ganze Nation aufwecken sollte. Entsprechend wurden in einer Nacht in ganz Frankreich Plakate gegen die Messe angeschlagen. Statt die Reformation dadurch zu fördern, brachte jedoch dieser eifrige aber unkluge Schritt nicht nur seinen Urhebern, sondern auch den Freunden des reformierten Glaubens in ganz Frankreich Unglück. Er lieferte den Katholiken den schon lange gewünschten Vorwand, um die totale Ausrottung der Ketzer als Aufrührer zu verlangen, die der Sicherheit des Thrones und dem Frieden der Nation gefährlich wären.

Ein Unbekannter – ob er ein unbesonnener Freund oder ein verschlagener Feind war, stellte sich nie heraus – befestigte eines der Plakate an die Tür des königlichen Privatgemaches. Der Monarch war entsetzt. In dieser Schrift wurden abergläubische Gebräuche, die jahrhundertelang bestanden hatten, schonungslos angegriffen. Die beispiellose Verwegenheit, diese ungeschminkten und erschreckenden Äußerungen vor ihn zu bringen, erregte seinen Zorn. Vor Entsetzen stand er einen Augenblick bebend und sprachlos, dann brach seine Wut mit den schrecklichen Worten los: »Man ergreife ohne Unterschied alle, die des Luthertums verdächtigt sind ... Ich will sie alle ausrotten.« D'Aubigné, ebd., 4.Buch, Kapitel 10 Die Würfel waren gefallen.

Der König hatte entschieden, sich ganz auf die Seite Roms zu stellen. Sofort wurden Maßnahmen ergriffen, jeden Lutheraner in Paris zu verhaften. Ein armer Handwerker, ein Anhänger des reformierten Glaubens, der die Gläubigen zu ihren geheimen Versammlungen aufzufordern pflegte, wurde festgenommen, und man befahl ihm unter Androhung des sofortigen Todes auf dem Scheiterhaufen, die päpstlichen Boten in die Wohnung eines jeden Protestanten in der Stadt zu führen. Entsetzt schreckte er vor diesem gemeinen Antrag zurück, doch schließlich siegte die Furcht vor den Flammen, und er willigte ein, der Verräter seiner Brüder zu werden. Mit der vor ihm hergetragenen

Hostie und von einem Gefolge von Priestern, Weihrauchträgern, Mönchen und Soldaten umgeben, zog Morin, der königliche Kriminalrichter mit dem Verräter langsam und schweigend durch die Straßen der Stadt. Der Zug sollte scheinbar zu Ehren »des heiligen Sakramentes« sein, eine versöhnende Handlung für die Beleidigungen, welche die Protestierenden der Messe zugefügt hatten. Doch unter diesem Aufzug verbarg sich eine tödliche Absicht. Kamen sie an dem Haus eines Lutheraners vorbei, gab der Verräter ein Zeichen; kein Wort wurde gesprochen. Der Zug machte Halt, das Haus wurde betreten, die Familie herausgeschleppt und in Ketten gelegt, und die schreckliche Schar ging weiter, um neue Opfer aufzusuchen. »Er schonte weder große noch kleine Häuser noch die Gebäude der Universität ... Vor Morin zitterte die ganze Stadt ... Es war eine Zeit der Schreckensherrschaft.« D'Aubigné, ebd., 4.Buch, Kapitel 10

Die Opfer wurden unter grausamen Qualen getötet, denn ein besonderer Befehl war ergangen, das Feuer klein zu halten, um ihren Todeskampf zu verlängern. Sie starben jedoch als Sieger. Ihre Standhaftigkeit blieb unerschüttert, ihr Friede ungetrübt. Ihre Verfolger, die ihrer unbeugsamen Festigkeit gegenüber machtlos waren, fühlten sich geschlagen. »Scheiterhaufen wurden in allen Stadtteilen von Paris errichtet, und das Verbrennen erfolgte an verschiedenen aufeinanderfolgenden Tagen in der Absicht, durch Ausdehnung der Hinrichtungen Furcht vor der Ketzerei zu verbreiten. Der Vorteil blieb jedoch schließlich auf der Seite des Evangeliums. Ganz Paris konnte sehen, was für Menschen die neuen Lehren vertraten! Keine Kanzel legte solch ein Zeugnis ab, wie der Scheiterhaufen eines Märtyrers. Die heitere Freude, die ihre Angesichter erleuchtete, wenn sie dem Richtplatz zuschritten, ihr Heldenmut inmitten der peinigenden Flammen, ihr sanftmütiges Vergeben der Beleidigungen wandelten bei nicht wenigen den Zorn in Mitleid und den Hass in Liebe um und zeugten mit unwiderstehlicher Beredsamkeit für das Evangelium.« Wylie, 13.Buch, Kapitel 20

Die Priester, die es darauf abgesehen hatten, die Wut des Volkes aufrechtzuerhalten, verbreiteten die schrecklichsten Anklagen gegen die Protestanten. Man beschuldigte sie, sich verbunden zu haben, den König zu ermorden, die Katholiken hinzuschlachten und die Regierung zu stürzen. Aber sie konnten nicht den geringsten Beweis zur Unterstützung dieser Behauptungen erbringen. Doch sollten diese Vorhersagen kommenden Unheils sich erfüllen, wenn auch unter ganz anderen Umständen und aus entgegengesetzten Gründen. Die Grausamkeiten, die die Katholiken an den unschuldigen Protestanten verübten, häuften sich zu einer Last der Vergeltung und beschworen in späteren Jahrhunderten gerade das Schicksal herauf, das sie dem König, seiner Regierung und seinen Untertanen prophezeit hatten; aber es wurde durch Ungläubige und durch päpstliche Anhänger selbst herbeigeführt. Es war nicht die Aufrichtung, sondern die Unterdrückung des Protestantismus, die 300 Jahre später schreckliche Heimsuchungen über Frankreich bringen sollte.

Argwohn, Misstrauen und Entsetzen durchdrangen nun alle Gesellschaftsschichten. Inmitten der allgemeinen Aufregung zeigte es sich, wie tief die lutherische Lehre in den Herzen der Menschen Wurzel gefasst hatte, die sich durch ihre Bildung, ihren Einfluss und ihren edlen Charakter auszeichneten. Vertrauensstellungen und Ehrenposten fand man plötzlich unbesetzt. Handwerker, Drucker, Gelehrte, Professoren der Universitäten, Schriftsteller, ja sogar Höflinge verschwanden. Hunderte flohen aus Paris und verließen freiwillig ihre Heimat und gaben dadurch in vielen Fällen kund, dass sie den reformierten Glauben unterstützten. Die päpstlichen Anhänger blickten erstaunt um sich bei dem Gedanken an die Ketzer, die man ahnungslos in ihrer Mitte geduldet hatte. Ihre Wut ließen sie an einer Unzahl von demütigen Opfern aus, die sich in ihrer Gewalt befanden. Die Gefängnisse waren überfüllt und der Himmel schien verdunkelt durch den Rauch der brennenden Scheiterhaufen, die für die Bekenner des Evangeliums angezündet waren.

Franz I. hatte sich gerühmt, ein Bahnbrecher zur Wiederbelebung der Gelehrsamkeit zu sein, die den Beginn des 16. Jahrhunderts kennzeichnete. Es hatte ihm Freude gemacht, gelehrte Männer aus allen Ländern an seinem Hof zu versammeln. Seiner Liebe zur Gelehrsamkeit und seiner Verachtung der Unwissenheit und des Aberglaubens der Mönche verdankte man wenigstens zum Teil den Grad religiöser Toleranz, die der Reformation gewährt worden war. Aber vom Eifer angetrieben, die Ketzerei auszurotten, erließ dieser Schutzherr der Wissenschaft ein Edikt, das in ganz Frankreich das Drucken verbot! Franz I. lieferte eins der vielen Beispiele in der Geschichte, die beweisen, dass geistige Bildung nicht vor religiöser Intoleranz und Verfolgung schützt.

Durch eine feierliche und öffentliche Zeremonie sollte Frankreich sich völlig zur Vernichtung des Protestantismus hergeben. Die Priester forderten das die Beleidigung des höchsten Himmels durch die Verdammung der Messe durch Blut gesühnt werden müsse, und dass der König um seines Volkes willen dieses schreckliche Werk öffentlich gutheißen solle.

Der 21. Januar 1535 wurde für diese schreckliche Ausführung bestimmt. Die abergläubischen Ängste und der fanatische Hass des gesamten Volkes waren geweckt worden. Die Straßen von Paris waren von einer riesigen Menschenmenge gefüllt, die sich aus der ganzen umliegenden Gegend eingefunden hatte. Der Tag sollte durch eine großartige, prunkvolle Prozession eingeleitet werden. Die Häuser, an denen der Zug vorbeikommen sollte, waren mit Trauerflor behangen, und hier und da standen Altäre. Vor jeder

Tür befand sich zu Ehren des »heiligen Sakramentes« eine brennende Fackel. Der Festzug bildete sich vor Tagesanbruch im königlichen Palast. »Zuerst kamen die Banner und Kreuze der verschiedenen Kirchspiele, dann erschienen paarweise Bürger mit Fackeln in den Händen.« Ihnen folgten die Vertreter der vier Mönchsorden, jeder in seiner eigenen Tracht. Dann kam eine große Sammlung berühmter Reliquien. Hinter diesen ritten Kirchenfürsten in ihren Purpur- und Scharlachgewändern und ihrem Juwelenschmuck – prunkvoll und glänzend angeordnet.

»Die Hostie wurde vom Bischof von Paris unter einem kostbaren Baldachin ... der von vier Prinzen von Geblüt gehalten wurde, einhergetragen ... Hinter der Hostie ging der König ... Franz I. trug weder Krone noch königliche Gewänder. Mit entblößtem Haupt und gesenktem Blick, in der Hand eine brennende Kerze haltend«, erschien der König von Frankreich »als ein Büßender«. Wylie, 13.Buch, Kapitel 21 Vor jedem Altar verneigte er sich in Demut, nicht wegen der Laster, die seine Seele verunreinigten, oder um des unschuldigen Blutes willen, das seine Hände befleckte, sondern um die Todsünde seiner Untertanen zu versöhnen, die es gewagt hatten, die Messe zu verdammen. Ihm folgten die Königin und paarweise die Würdenträger des Staates, jeder mit einer brennenden Kerze.

Als einen Teil des Dienstes an jenem Tage hielt der Monarch selbst im großen Saal des bischöflichen Palastes eine Ansprache an die hohen Beamten des Reiches. Mit sorgenvoller Miene erschien er vor ihnen und beklagte mit bewegten Worten »den Frevel, die Gotteslästerung, den Tag des Schmerzes und der Schande«, der über das Volk hereingebrochen sei. Dann forderte er jeden treuen Untertanen auf, an der Ausrottung der verderblichen Ketzerei mitzuhelfen, die Frankreich mit dem Untergang bedrohe. »So wahr ich euer König bin, ihr Herren, wüsste ich eines meiner eigenen Glieder von dieser abscheulichen Fäulnis befleckt und angesteckt, ich ließe es mir von euch abhauen ... Noch mehr: Sähe ich eines meiner Kinder damit behaftet, ich würde sein nicht schonen ... Ich würde es selbst ausliefern und Gott zum Opfer bringen!" Tränen erstickten seine Rede, die ganze Versammlung weinte und rief einstimmig: „Wir wollen leben und sterben für den katholischen Glauben!« D'Aubigné, 4.Buch, Kapitel 12

Schrecklich war die Finsternis der Nation geworden, die das Licht der Wahrheit verworfen hatte. »Die heilsame Gnade« war ihm erschienen, doch Frankreich hatte sich abgewandt und die Finsternis dem Licht vorgezogen, nachdem es ihre Macht und Heiligkeit gesehen hatte, nachdem Tausende von ihrer göttlichen Ausstrahlung gefesselt, Städte und Dörfer von ihrem Glanz erleuchtet worden waren. Die Menschen hatten die himmlische Gabe von sich gewiesen, als sie ihnen angeboten wurde. Sie nannten Böses gut und Gutes böse, bis sie Opfer hartnäckiger Selbsttäuschung geworden waren. Und wenn sie jetzt auch wirklich glauben mochten, Gott einen Dienst zu erweisen, indem sie seine Kinder verfolgten, so konnte ihre Aufrichtigkeit doch nicht die Schuld abtragen. Frankreich hatte das Licht, das es vor Täuschung und vor Befleckung der Seele mit Blutschuld hätte bewahren können, eigenwillig verworfen. Ein feierlicher Eid zur Ausrottung der Ketzerei wurde in der großen Kathedrale abgelegt, wo fast drei Jahrhunderte später die „Göttin der Vernunft" von einem Volk auf den Thron gehoben wurde, welches den lebendigen Gott vergessen hatte. Erneut formierte sich die Prozession und die Vertreter Frankreichs fingen an, das zu tun, das sie sich geschworen hatten. »In kurzen Abständen waren Schafotte errichtet worden, auf denen bestimmte Protestanten lebendig verbrannt werden sollten, und es war beschlossen worden, die Holzscheite erst beim Herannahen des Königs anzuzünden, damit die Prozession anhalten und Augenzeuge der Hinrichtung sein möchte.« Wylie, 13.Buch, Kapitel 21 Die Einzelheiten der von diesen Zeugen für Christus ausgestandenen Qualen sind zu grauenhaft, um angeführt zu werden, doch die Opfer blieben standhaft. Als man auf sie eindrang, zu widerrufen, antwortete einer der Märtyrer: »Ich glaube nur, was die Propheten und Apostel ehemals gepredigt haben und was die ganze Gemeinschaft der Gläubigen geglaubt hat. Mein Glaube setzt seine Zuversicht auf Gott und wird aller Gewalt der Hölle widerstehen.« D'Aubigné, 4.Buch, Kapitel 12

Immer wieder hielt die Prozession an den Folterplätzen an. Nachdem sie zu ihrem Ausgangspunkt, dem königlichen Palast, zurückgekehrt war, verlief sich die Menge, und der König und die Prälaten zogen sich zurück, zufrieden mit den Vorgängen des Tages. Sie beglückwünschten sich in der Hoffnung, dass das eben begonnene Werk bis zur totalen Ausrottung der Ketzerei erfolgreich fortgesetzt werden könnte.

Das Evangelium des Friedens, das Frankreich verworfen hatte, war bis an die Wurzel ausgerottet worden – und schrecklich sollten die Folgen sein. Am 21. Januar 1793, 258 Jahre nach jenen Tagen der Verfolgung der Reformation in Frankreich, zog ein anderer Zug mit einem ganz anderen Zweck durch die Straßen von Paris. »Abermals war der König die Hauptperson, abermals erhoben sich Tumult und Lärm. Wieder wurde der Ruf nach mehr Opfern laut. Erneut gab es schwarze Schafotte, und noch einmal wurden die Auftritte des Tages mit schrecklichen Hinrichtungen beschlossen. Ludwig XVI., der sich den Händen seiner Kerkermeister und Henker zu entwinden strebte, wurde auf den Henkerblock geschleppt und hier mit Gewalt gehalten, bis das Beil gefallen war und sein abgeschlagenes Haupt auf das Schafott rollte.« Wylie, 13.Buch, Kapitel 21 Doch der König war nicht das einzige Opfer.

In der Nähe derselben Stätte kamen während der blutigen Tage der Schreckensherrschaft 2800 Menschen durch die Guillotine ums Leben.

Die Reformation hatte der Welt eine allen zugängliche Bibel angeboten, indem sie das Gesetz Gottes aufschloss und seine Ansprüche auf das Gewissen des Volkes geltend machte. Die unendliche Liebe hatte den Menschen die Grundsätze und Ordnungen des Himmels entfaltet. Gott sagte: »So haltet sie nun und tut sie! Denn dadurch werdet ihr als weise und verständig gelten bei allen Völkern, dass, wenn sie alle diese Gebote hören, sie sagen müssen: Ei, was für weise und verständige Leute sind das, ein herrliches Volk!« 5.Mose 4,6

Als Frankreich die Gabe des Himmels verwarf, säte es den Samen der Gesetzlosigkeit und des Verderbens, und die unausbleibliche Entwicklung von Ursache und Wirkung gipfelte in der Revolution und Schreckensherrschaft.

Schon lange vor der durch jene Plakate heraufbeschworenen Verfolgung hatte sich der kühne und eifrige Farel gezwungen gesehen, aus seinem Vaterland zu fliehen. Er begab sich in die Schweiz, trug durch sein Wirken, während er Zwinglis Werk unterstützte, dazu bei, den Ausschlag zugunsten der Reformation zu geben. Seine späteren Jahre verbrachte er hier, übte jedoch weiter einen entscheidenden Einfluss auf die Reformation in Frankreich aus. Während der ersten Jahre seiner freiwilligen Verbannung waren seine Bemühungen ganz besonders auf die Ausbreitung der Reformation in seinem Vaterland gerichtet. Er verwandte viel Zeit auf die Predigt des Evangeliums unter seinen Landsleuten nahe der Grenze, wo er mit unermüdlicher Wachsamkeit den Kampf verfolgte und mit ermutigenden Worten und Ratschlägen half. Mit Hilfe anderer Verbannter wurden die Schriften der deutschen Reformatoren ins Französische übersetzt und zusammen mit der französischen Bibel in großen Auflagen gedruckt. Wandernde Buchhändler verkauften diese Werke in ganz Frankreich, und da sie ihnen zu niedrigen Preisen geliefert wurden, war es ihnen möglich, von dieser Arbeit zu leben.

Farel trat seine Arbeit in der Schweiz unter dem bescheidenen Gewand eines Schullehrers an. Auf einem abgeschiedenen Kirchspiel widmete er sich der Erziehung der Kinder. Außer den gewöhnlichen Lehrfächern führte er vorsichtig die Wahrheiten der Bibel ein und hoffte, durch die Kinder die Eltern zu erreichen. Etliche glaubten, aber die Priester traten dazwischen, um das Werk Christi aufzuhalten, und die abergläubischen Landleute wurden aufgehetzt, sich ihm zu widersetzen. Das könne nicht das Evangelium Christi sein, betonten die Priester, wenn dessen Predigt keinen Frieden, sondern Krieg bringe. Gleich den ersten Jüngern floh Farel, wenn er in einer Stadt verfolgt wurde, in eine andere, wanderte von Dorf zu Dorf, von Stadt zu Stadt, ertrug Hunger, Kälte und Müdigkeit und war überall in Lebensgefahr. Er predigte auf Marktplätzen, in Kirchen, mitunter auf den Kanzeln der Kathedralen. Manchmal fand er die Kirche ohne Zuhörer. Zuweilen wurde seine Predigt von Geschrei und Spott unterbrochen, ja, er wurde sogar gewaltsam von der Kanzel heruntergerissen. Mehr als einmal griff ihn der Pöbel an und schlug ihn fast tot. Dennoch drängte Farel vorwärts, wenn er auch oft zurückgeschlagen wurde. Mit unermüdlicher Ausdauer kämpfte er immer wieder weiter, und nach und nach sah er Dörfer und Städte, die zuvor Hochburgen des Papsttums gewesen waren, dem Evangelium ihre Tore öffnen. Das kleine Kirchspiel, in dem er mit seiner Arbeit begonnen hatte, nahm bald den reformierten Glauben an. Auch die Städte Murten und Neuenburg gaben die römischen Bräuche auf und entfernten die Bilder aus ihren Kirchen.

Schon lange hatte Farel gewünscht, die protestantische Fahne in Genf aufzupflanzen. Könnte diese Stadt gewonnen werden, sie wäre der Mittelpunkt für die Reformation in Frankreich, in der Schweiz und in Italien. Mit diesem Ziel vor Augen hatte er seine Arbeit fortgesetzt, bis viele der umliegenden Städte und Ortschaften gewonnen worden waren. Dann ging er mit einem einzigen Gefährten nach Genf. Aber nur zwei Predigten durfte er dort halten. Die Priester, die sich vergeblich bemüht hatten, von den zivilen Behörden seine Verurteilung zu erreichen, stellten ihn jetzt vor einen Kirchenrat, zu dem sie mit versteckten Waffen unter den Kleidern hingingen, entschlossen, ihn zu töten. Vor der Halle versammelte sich eine wütende Menge mit Knüppeln und Schwertern, um ihn umzubringen, falls es ihm gelingen sollte, dem Rat zu entkommen. Die Anwesenheit weltlicher Beamter und eine bewaffnete Truppe retteten ihn jedoch. Früh am nächsten Morgen wurde er mit seinem Gefährten über den See an einen sicheren Ort gebracht. So endete dieser Versuch, Genf das Evangelium zu verkündigen.

Für den nächsten Versuch wurde ein einfacheres Werkzeug ausgewählt – ein junger Mann von so bescheidenem Aussehen, dass ihn sogar die offenherzigen Freunde der Reformation kalt behandelten. Was konnte ein solcher auch da tun, wo Farel verworfen worden war? Wie konnte einer, der wenig Mut und Erfahrung besaß, dem Sturm widerstehen, der die Stärksten und Tapfersten zur Flucht gezwungen hatte? »Es soll nicht durch Heer oder Kraft, sondern durch meinen Geist geschehen, spricht der Herr Zebaoth.« Sacharja 4,6.

»Was töricht ist vor der Welt, das hat Gott erwählt, dass er die Weisen zu Schanden mache«, »denn die göttliche Torheit ist weiser, als die Menschen sind; und die göttliche Schwachheit ist stärker, als die Menschen sind.« 1.Korinther 1,27.25 Froment begann seine Aufgabe als Schulmeister. Die Wahrheiten,

die er den Kindern in der Schule lehrte, wiederholten diese zu

Hause. Bald kamen die Eltern, um den Bibelerklärungen zu lauschen, und das Schulzimmer füllte sich mit aufmerksamen Zuhörern. Neue Testamente und kleinere Schriften wurden reichlich verteilt und erreichten viele Menschen, die es nicht wagten, offen zu kommen, um die neuen Lehren zu hören. Bald wurde auch dieser Prediger des Wortes Gottes zur Flucht gezwungen, aber die Wahrheiten, die er gelehrt hatte, waren in die Herzen des Volkes gedrungen. Die Reformation war gepflanzt worden, sie wurde stärker und dehnte sich aus. Die Prediger kehrten zurück, und durch ihre Arbeit wurde schließlich der protestantische Gottesdienst in Genf eingeführt.

Die Stadt hatte sich bereits zur Reformation bekannt als Calvin nach verschiedenen Wanderungen und Wechselfällen ihre Tore betrat. Von einem letzten Besuch seines Geburtsortes zurückkehrend, befand er sich auf dem Weg nach Basel, doch da er die direkte Straße von den Truppen Karls V. besetzt fand, sah er sich gezwungen, den Umweg über Genf zu nehmen.

Johannes Calvin (1509-1564)

In diesem Besuch erkannte Farel die Hand Gottes. Obwohl Genf den reformierten Glauben angenommen hatte, blieb dort noch immer eine große Aufgabe zu erfüllen. Nicht als Gemeinschaften, sondern als Einzelwesen müssen Menschen zu Gott bekehrt werden. Das Werk der Wiedergeburt muss im Herzen und Gewissen durch die Kraft des Heiligen Geistes und nicht durch Konzilienbeschlüsse bewirkt werden. Während die Genfer wohl die Herrschaft Roms abgeschüttelt hatten, waren sie jedoch noch nicht bereit, die Laster zu fliehen, die unter Roms Herrschaft gewachsen waren. Hier die reinen Grundsätze des Evangeliums einzuführen und dies Volk zuzubereiten, würdig die Stellung auszufüllen, zu der die Vorsehung es berufen zu haben schien, das war keine leichte Aufgabe.

Farel war überzeugt, dass er in Calvin jemand gefunden hatte, der sich ihm bei dieser Aufgabe anschließen konnte. Im Namen Gottes beschwor er den jungen Prediger feierlich, in Genf zu bleiben und da zu arbeiten. Calvin erschrak sehr. Furchtsam und friedliebend, schreckte er zurück vor der Berührung mit dem kühnen, unabhängigen, ja sogar heftigen Geist der Genfer. Seine geschwächte Gesundheit und die Gewohnheit, zu studieren und zu forschen, veranlassten ihn, die Zurückgezogenheit zu suchen.

In der Meinung, der Reformation am besten durch seine Feder dienen zu können, wünschte er sich ein ruhiges Plätzchen zum Studium, um dort über die Druckpresse die Gemeinden zu unterweisen und aufzubauen. Aber Farels feierliche Ermahnung kam zu ihm wie ein Ruf vom Himmel, und er wagte es nicht, sich zu widersetzen. Es schien ihm, wie er sagte, »als ob die Hand Gottes vom Himmel herab ausgereckt ihn ergriffen und unwiderruflich an den Ort gesetzt habe, den er so gern verlassen wollte«. D'Aubigné, 9.Buch, Kapitel 17

Zu dieser Zeit umgaben das protestantische Werk große Gefahren. Die Bannflüche des Papstes donnerten gegen die Stadt Genf, und mächtige Nationen bedrohten sie mit Vernichtung. Wie sollte die kleine Stadt der gewaltigen Priestermacht widerstehen, die so oft Könige und Kaiser gezwungen hatte, sich zu unterwerfen? Wie könnte sie den Heeren der großen Eroberer der Welt standhalten?

In der ganzen Christenheit drohten dem Protestantismus furchtbare Feinde. Als die ersten Siege der Reformation erfochten waren, sammelte Rom neue Kräfte in der Hoffnung, ihre Vernichtung zu erreichen. Um diese Zeit wurde der Orden der Jesuiten gegründet, der grausamste, skrupelloseste und mächtigste aller Meisterstücke des Papsttums. Von irdischen Banden und menschlichen Beziehungen abgeschnitten, den Ansprüchen natürlicher Neigungen abgestorben, die Vernunft und das Gewissen völlig zum Schweigen gebracht, kannten seine Mitglieder keine Herrschaft, keine Verbindung als nur die ihres Ordens und keine andere Pflicht als die, seine Macht zu stärken. Anm 31 Das Evangelium Christi hatte seine Anhänger befähigt, ungeachtet der Kälte, des Hungers, der Mühe und Armut, Gefahren zu begegnen und Leiden zu erdulden und das Banner der Wahrheit angesichts des Kerkers, der Folter und des Scheiterhaufens hochzuhalten. Um diese Macht zu bekämpfen, inspirierte das Jesuitentum seine Anhänger mit einem fanatischen Glaubenseifer, der ihnen die Möglichkeit gab, gleiche Gefahren zu erdulden und der Macht der Wahrheit alle Mittel der Täuschung gegenüberzustellen. Es gab kein Verbrechen, welches zu schrecklich war um es zu begehen, keine Täuschung zu niederträchtig um sie auszuführen, keine Tarnung zu schwierig um sie anzunehmen. Durch ein Gelübde an ständige Armut und Bescheidenheit gebunden, war es ihr auserwähltes Ziel, Reichtum und Macht zu erlangen, um beides zum Sturz des Protestantismus und zur Wiederherstellung der päpstlichen Oberherrschaft zu verwenden.

Als Mitglieder ihres Ordens erschienen sie unter dem Deckmantel der Barmherzigkeit, besuchten Gefängnisse und Krankenhäuser, halfen den Kranken und Armen, gaben vor, der Welt entsagt zu haben und trugen den

heiligen Namen Jesu, der umhergegangen war, Gutes zu tun.

Aber unter diesem tadellosen Äußeren wurden oft die gewissenlosesten und tödlichsten Absichten verborgen. Es war ein Hauptgrundsatz des Ordens, dass der Zweck die Mittel heilige. Durch diese Regel wurden Lüge, Diebstahl, Meineid, Meuchelmord nicht nur verzeihlich, sondern sogar lobenswert, wenn sie dem Interesse der Kirche dienten. Unter den verschiedensten Tarnungen bahnten sich die Jesuiten ihren Weg zu Staatsämtern, arbeiteten sich zu Ratgebern der Könige empor und leiteten die Politik der Nationen.

Sie wurden Diener, um als Spione ihre Herren zu überwachen. Sie errichteten Hochschulen für die Söhne der Fürsten und Adligen und Schulen für das gewöhnliche Volk und brachten die Kinder protestantischer Eltern dahin, dass sie sich vor päpstlichen Gebräuchen beugten. Der ganze äußerliche Glanz und Prunk des päpstlichen Gottesdienstes sollte bewirken, den Verstand zu verwirren, das Gemüt zu beeindrucken und die Einbildungskraft zu blenden und zu fesseln. So wurde die Freiheit, für die die Väter sich gequält und geblutet hatten, von den Söhnen verraten. Rasch breitete sich die jesuitische Bewegung über ganz Europa aus, und wohin sie auch kamen, bewirkten sie eine Wiederbelebung des Papsttums.

Um ihnen mehr Macht zu geben, wurde eine Bulle erlassen, die die Inquisition wieder einführte. Trotz des allgemeinen Abscheus, mit dem man die Inquisition sogar in katholischen Ländern betrachtete, wurde dieses schreckliche Gericht von päpstlichen Herrschern erneut eingesetzt, und Abscheulichkeiten, die zu schrecklich sind, um ans Tageslicht gebracht zu werden, wurden in den verborgenen Kerkern wieder ausgeführt. In zahlreichen Ländern wurden Tausende und Abertausende, die Blüte der Nation, die Reinsten und Edelsten, die Intelligentesten und Gebildetesten, fromme und ergeben Prediger, arbeitsame und vaterlandsliebende Bürger, große Gelehrte, begabte Künstler und tüchtige Gewerbetreibende ermordet oder gezwungen, in andere Länder zu fliehen.

Das waren die Mittel, die Rom ausgedacht hatte, um das Licht der Reformation auszulöschen, den Menschen die Bibel zu entziehen und die Intoleranz und den Aberglauben des finsteren Mittelalters wiederherzustellen. Aber durch Gottes Segen und durch die Bemühungen jener edlen Männer, die der Herr als Luthers Nachfolger erweckt hatte, wurde der Protestantismus nicht besiegt. Nicht der Gunst oder dem Arm der Fürsten sollte er seine Stärke verdanken. Die kleinsten Länder, die bescheidensten und am wenigsten mächtig zu nennenden Völker wurden seine Bollwerke. Da war das kleine Genf inmitten starker Feinde, die auf seinen Untergang bedacht waren; da war Holland mit seinen sandigen Küsten an der Nordsee, das gegen die Tyrannei Spaniens kämpfte, damals das größte der Königreiche; da war das raue, unfruchtbare Schweden; sie alle errangen Siege für die Reformation. Fast 30 Jahre lang arbeitete Calvin in

Genf, einmal, um dort eine Gemeinde zu gründen, die sich an die reine Lehren der Bibel hielt, und dann, um die Reformation über ganz Europa auszudehnen. Seine Art und Weise als öffentlicher Lehrer war nicht fehlerfrei, noch waren seine Lehren frei von Irrtum. Aber er war das Werkzeug der Verkündigung der großen Wahrheiten, die in seiner Zeit besonders wichtig waren, zur Aufrechterhaltung der Grundsätze des Protestantismus gegen die rasch zurückkehrende Flut des Papsttums und zur Förderung eines reinen und einfachen Lebens in den reformierten Gemeinden an Stelle des Stolzes und der Verderbnis, die durch die päpstlichen Lehren genährt wurden. Von Genf gingen nicht nur Schriften hinaus, sondern auch Lehrer wurden ausgesandt, um die reformierten Lehren zu vertreten. Nach Genf schauten die Verfolgten aller Länder, um Belehrung, Rat und Ermutigung zu erlangen. Die Stadt Calvins wurde zu einer Zufluchtsstätte für die verfolgten Reformatoren des ganzen westlichen Europa. Auf der Flucht vor den schrecklichen Stürmen, die jahrhundertelang anhielten, kamen die Flüchtlinge an die Tore Genfs. Ausgehungert, verwundet, ohne Heimat und Verwandte, wurden sie herzlich empfangen und liebevoll versorgt. Die hier eine Heimat fanden, gereichten der Stadt, die sie aufgenommen hatte, durch ihre Frömmigkeit, Gelehrsamkeit und Tüchtigkeit zum Segen. Viele, die hier Zuflucht gesucht hatten, kehrten in ihre Heimat zurück, um der Tyrannei Roms Widerstand zu bieten. John Knox, der wackere schottische Reformator, nicht wenige der englischen Puritaner, die Protestanten aus Holland und Spanien und die Hugenotten aus Frankreich trugen die Fackel der Wahrheit von Genf hinaus, um die Finsternis ihres Heimatlandes zu erleuchten.

John Knox (1514-1572)

Faber Stapulensis (1450-1536)

KAPITEL 13

DIE NIEDERLANDE UND SKANDINAVIEN

Auch in diesen Ländern mussten Menschen leiden und wurden verfolgt, weil sie ihren Glauben bezeugten und entsprechend leben wollten. Überall war derselbe Hass gegen die biblische Botschaft zu finden. Doch viele Leute nahmen den Glauben aus der Schrift an und ertrugen geduldig die Folgen aus ihrem Handeln.

In den Niederlanden rief die päpstliche Intoleranz schon sehr früh entschiedenen Widerstand hervor. Bereits 700 Jahre vor der Zeit Luthers waren zwei Bischöfe mit einem Auftrag nach Rom gesandt worden. Dort hatten sie den wahren Charakter des »Heiligen Stuhles« kennengelernt und klagten nun unerschrocken den Papst an: Gott »hat seine Königin und Braut, die Gemeinde, zu einer edlen und ewigen Einrichtung für ihre Familie gesetzt mit einer Mitgift, die weder vergänglich noch verderbbar ist, und hat ihr eine ewige Krone, ein Zepter gegeben ... Wohltaten, die du wie ein Dieb abschneidest. Du setzt dich in den Tempel Gottes als ein Gott; statt ein Hirte zu sein, bist du den Schafen zum Wolf geworden ... Du willst, dass wir dich für einen hohen Bischof halten; aber du verhältst dich vielmehr wie ein Tyrann ... Statt ein Knecht aller Knechte zu sein, wie du dich nennst, bemühst du dich, ein Herr aller Herren zu werden ... Du bringst die Gebote Gottes in Verachtung ... Der Heilige Geist ist der Erbauer aller Gemeinden, so weit sich die Erde ausdehnt ... Die Stadt unseres Gottes, deren Bürger wir sind, reicht zu allen Teilen des Himmels, und sie ist größer als die Stadt, welche die heiligen Propheten Babylon nannten, die vorgibt, göttlich zu sein, sich zum Himmel erhebt und sich rühmt, dass ihre Weisheit unsterblich sei, und schließlich, wenn auch ohne Grund, dass sie nie irre noch irren könne«. Brandt, „Geschichte der niederländischen Reformation", 1.Buch, S. 6

Andere Stimmen wurden laut von Jahrhundert zu Jahrhundert, um diesen Protest erneut kundwerden zu lassen. Und jene ersten Lehrer, die verschiedene Länder durchzogen, unter verschiedenen Namen bekannt waren, den Charakter der waldensischen Missionare hatten und überall die Erkenntnis des Evangeliums ausbreiteten, drangen auch in die Niederlande ein. Rasch verbreiteten sich ihre Lehren. Die waldensische Bibel übersetzten sie in Versen in die holländische Sprache. Sie erklärten, »dass ein großer Vorteil darin sei, dass sich in ihr keine Scherze, keine Fabeln, kein Spielwerk, kein Betrug, nichts als Worte der Wahrheit befänden, dass allerdings hier und da eine [237/238] **199** harte Kruste sei, aber dadurch nur der Kern und die Süßigkeit alles dessen, was gut und heilig ist, leichter entdeckt werde«. Brandt, ebd., S. 14 So schrieben die Freunde des alten Glaubens im 12. Jahrhundert.

Auch als die päpstlichen Verfolgungen begannen, wuchs trotz Scheiterhaufen und Folter die Zahl der Gläubigen, und diese erklärten standhaft, dass die Bibel die einzige untrügliche Autorität in Religionssachen sei, und dass »niemand zum Glauben gezwungen werden solle, sondern durch die Predigt gewonnen werden müsse«. Brandt, ebd., S. 14

Luthers Lehren fanden in den Niederlanden einen aufnahmebereiten Boden. Ernste, aufrechte Männer traten auf, um das Evangelium zu predigen. Aus einer Provinz Hollands kam Menno Simons (1496 - 1561). Er war römisch-katholisch erzogen und zum Priester geweiht. Jedoch kannte er die Bibel nicht und hatte Angst, sie zu lesen, um nicht zur Ketzerei verführt zu werden. Als ihm Zweifel wegen dem Dogma der Verwandlung (Transsubstantiationslehre) kamen, sah er dies als eine Versuchung Satans an und versuchte sich durch Gebet und Beichte davon zu befreien – aber vergeblich. Selbst in weltlichen Vergnügungen wollte er die anklagende Stimme des Gewissens zum Schweigen bringen, aber es war ohne Erfolg. Nach einiger Zeit begann er mit dem Studium des Neuen Testaments, das ihn, neben Luthers Schriften, dazu veranlasste, den protestantischen Glauben anzunehmen. Bald darauf war er in einem benachbarten Dorf Augenzeuge der Enthauptung eines Mannes. Er wurde getötet, weil er wiedergetauft worden war. Daraufhin studierte Simons die Bibel auf ihre Aussagen hinsichtlich der Kindertaufe. Er konnte keine Beweise dafür in der Heiligen Schrift finden, sah aber, dass Reue und Glauben in allen Texten die Bedingung zum Empfang der Taufe waren.

Menno zog sich von der römischen Kirche zurück und widmete sich der Verkündigung der Wahrheiten, die er kennengelernt hatte. Sowohl in Deutschland als auch in den Niederlanden waren Schwärmer unterwegs, die aufrührerische Lehren vertraten, Ordnung und Sittsamkeit schmähten und zu Gewalt und Empörung schritten. Menno erkannte die schrecklichen Folgen, die dieses Vorgehen unvermeidlich nach sich ziehen musste, und widersetzte sich heftig den irrigen Lehren und wilden Hirngespinsten dieser Schwärmer. Es gab viele durch Schwärmer irregeleitete Menschen, die später die verführerischen Lehren aufgaben; auch waren noch viele Nachkommen der alten Christen, die Früchte der waldensischen Lehren. Unter diesen Menschengruppen arbeitete Menno mit großem Eifer und Erfolg. 25 Jahre reiste er mit seiner Frau und seinen Kindern umher, erduldete große Mühsale und Entbehrungen und war oft in Lebensgefahr. Er durchreiste die Niederlande

und das nördliche Deutschland, arbeitete hauptsächlich unter den einfachen Leuten, übte jedoch einen weitreichenden Einfluss aus. Von Natur aus redegewandt, wenn auch von begrenzter Bildung, war er ein Mann von unerschütterlicher Rechtschaffenheit, demütigem Geist, freundlichem Wesen und von aufrichtiger und ernster Frömmigkeit, der die Grundsätze, die er lehrte, in seinem eigenen Leben bekundete und sich das Vertrauen des Volkes erwarb. Seine Nachfolger wurden zerstreut und unterdrückt. Sie litten viel, weil sie mit den Schwärmern aus Münster verwechselt wurden. Durch sein Wirken bekehrten sich viele Menschen zur Wahrheit.

Nirgends wurden die reformierten Lehren mehr angenommen als in den Niederlanden. In wenigen Ländern erduldeten ihre Anhänger aber auch eine schrecklichere Verfolgung. In Deutschland hatte Karl V. die Reformation geächtet und hätte gern alle ihre Anhänger auf den Scheiterhaufen gebracht, aber die Fürsten stellten sich ihm entgegen. In den Niederlanden war seine Macht aber größer, und in kurzen Abständen kam ein Verfolgungsbefehl nach dem andern. Die Bibel zu lesen, sie zu predigen oder zu hören oder auch nur von ihr zu reden, wurde als ein Verbrechen angesehen, das mit dem Tod auf dem Scheiterhaufen bestraft werden sollte. Die geheime Anrufung Gottes, die Weigerung, vor einem Heiligenbild die Knie zu beugen oder das Singen eines Psalms wurde ebenfalls mit dem Tod bestraft. Selbst die ihren Fehlern abschworen, wurden verdammt: Die Männer starben durch das Schwert, die Frauen begrub man lebendigen Leibes. Tausende kamen unter der Regierung Karls V. und Philipps II. ums Leben.

Einmal wurde eine ganze Familie vor die Inquisitoren gebracht und angeklagt, von der Messe weggeblieben zu sein und zu Hause Gottesdienst gehalten zu haben. Als der jüngste Sohn über ihre geheimen Gewohnheiten befragt wurde, antwortete er: »Wir fallen auf unsere Knie und beten, dass Gott unsere Gemüter erleuchten und unsere Sünden verzeihen wolle. Wir beten für unseren Landesfürsten, dass seine Regierung gedeihen und sein Leben glücklich sein möge. Wir beten für unsere Stadtbehörde, dass Gott sie erhalten wolle.« Wylie, „History of Protestantismus", 18.Buch, Kap.6 Etliche Richter waren tief bewegt, dennoch wurden der Vater und einer seiner Söhne zum Scheiterhaufen verurteilt. Der Wut der Verfolger war gleich dem Glauben der Märtyrer. Nicht nur Männer, sondern auch zarte Frauen und junge Mädchen zeigten unerschrockene Tapferkeit. »Frauen stellten sich neben den Marterpfahl ihrer Männer, und während diese das Feuer erduldeten, flüsterten sie ihnen Worte des Trostes zu oder sangen Psalmen, um sie aufzumuntern.« – »Jungfrauen legten sich lebendig in ihr Grab, als ob sie das Schlafgemach zur nächtlichen Ruhe beträten, oder sie gingen in ihren besten Gewändern auf das Schafott oder in den Feuertod, als ob sie zur Hochzeit gingen.« Wylie, „History of Protestantism", 18.Buch, Kap. 6

Wie in den Tagen, als das Heidentum versuchte, das Evangelium zu vernichten, war das Blut ein Same. Tertullian, „Apologeticum", Kapitel 50 Durch die Verfolgung wuchs die Zahl der Wahrheitszeugen. Jahr für Jahr tat der durch die unbesiegbare Entschlossenheit des Volkes zur Wut gereizte Monarch sein grausames Werk, jedoch war es vergeblich. Der Aufstand unter dem edlen Prinzen Wilhelm von Oranien brachte Holland schließlich die Freiheit, Gott zu dienen.

In den Bergen von Piemont, in den Ebenen Frankreichs und an den Küsten Hollands war der Fortschritt des Evangeliums durch das Blut seiner Jünger gekennzeichnet, aber in den Ländern des Nordens fand das Evangelium friedlichen Eingang. Wittenbergische Studenten brachten bei der Rückkehr in ihre Heimat den evangelischen Glauben nach Skandinavien. Auch durch die Veröffentlichung von Luthers Schriften wurde das Licht ausgebreitet. Das einfache, abgehärtete Volk des Nordens wandte sich von der Verderbnis, dem pompösen Gepränge und dem finsteren Aberglauben Roms ab, um Reinheit, Schlichtheit sowie die lebenspendenden Wahrheiten der Bibel willkommen zu heißen.

Verbrennung von Wiedertäufern im 16. Jahrhundert

Tausen (1494 - 1561), der Reformator Dänemarks, war der Sohn eines Landmannes. Frühzeitig entwickelte sich bei dem Jungen ein scharfer Verstand. Er wünschte sich eine gute Ausbildung. Die eingeschränkten Verhältnisse seiner Eltern machten dies aber nicht möglich. Deshalb trat er in ein Kloster ein. Hier erlangte er durch die Lauterkeit seines Lebens sowie seinen Fleiß und seine Treue die Gunst seines Vorgesetzten. Eine Prüfung zeige, dass er Fähigkeiten besaß, die der Kirche in der Zukunft gute Dienste versprachen. Man beschloss, ihn an einer deutschen oder niederländischen Universität studieren zu lassen. Dem jungen Studenten gestattete man, sich seine Universität selbst zu wählen, jedoch unter dem Vorbehalt nicht nach Wittenberg zu gehen. Er, der sich für den Dienst in der Kirche vorbereitete, sollte nicht durch das Gift der Ketzerei gefährdet werden, sagten die Mönche.

So ging Tausen nach Köln, das damals wie auch heute noch eine Hochburg des Katholizismus war. Hier widerte ihn bald der Mystizismus der Schulgelehrten an. Etwa um diese Zeit lernte er zum ersten Mal Luthers Schriften kennen. Er las sie mit Freude und Erstaunen und wünschte sich sehr, persönlich vom Reformator unterrichtet zu werden. Um dies zu ermöglichen, kam er in Gefahr, seinen klösterlichen Vorgesetzten zu beleidigen und seine Unterstützung zu verwirken. Sein Entschluss war bald gefasst, und nicht lange danach wurde er in Wittenberg als Student eingetragen.

Nachdem er nach Dänemark zurückgekehrt war, begab er sich wieder in sein Kloster. Keiner verdächtigte ihn des Luthertums. Er behielt sein Geheimnis für sich, bemühte sich aber, ohne das Vorurteil seiner Gefährten zu erregen, sie zu einem reineren Glauben und heiligeren Leben zu führen. Er legte ihnen die Bibel aus, erklärte deren wahren Sinn und predigte schließlich offen Christus als des Sünders Gerechtigkeit und einzige Hoffnung zur Seligkeit. Gewaltig war der Zorn des Priors, der große Hoffnungen auf ihn als tapferen Verteidiger Roms gesetzt hatte. Tausen wurde umgehend in ein anderes Kloster versetzt und unter strenger Aufsicht auf seine Zelle beschränkt.

Zum Schrecken seiner neuen Hüter bekannten sich bald mehrere der Mönche zum Protestantismus. Indem er durch das Gitter seiner Zelle hindurch sprach, hatte Tausen seine Gefährten zur Erkenntnis der Wahrheit gebracht. Hätten diese dänischen Väter gewusst, wie die Kirche mit Ketzerei umging, so wäre Tausens Stimme nie wieder gehört worden. Statt ihn in irgendeinen unterirdischen Kerker zu sperren, jagten sie ihn aus dem Kloster. Nun waren sie machtlos. Ein gerade erst veröffentlichter königlicher Erlass bot den Verkündigern der neuen Lehre Schutz, und Tausen begann zu predigen. Die Kirchen öffneten sich ihm, und das Volk kam, um ihn zu hören. Auch andere predigten das Wort Gottes. Das Neue Testament in dänischer Sprache wurde überall verbreitet. Die Anstrengungen der päpstlichen Würdenträger, das Werk zu stürzen, bewirkte nur seine weitere Ausdehnung, und es dauerte nicht lange, bis Dänemark offiziell den reformierten Glauben annahm.

Auch in Schweden brachten junge Männer, die von der Quelle Wittenbergs getrunken hatten, das Wasser des Lebens zu ihren Landsleuten. Zwei der ersten Förderer der schwedischen Reformbestrebungen, die Brüder Olaus und Lorenz Petri, Söhne eines Schmiedes in Oerebro, hatten unter Luther und Melanchthon studiert und lehrten nun eifrig die Wahrheit, die ihnen auf diese Weise bekannt geworden war. Ebenso wie der große Reformator weckte Olaus das Volk durch seinen Eifer und seine Redegabe auf, während Lorenz sich wie Melanchthon durch Gelehrsamkeit, Denkkraft und Ruhe auszeichnete. Beide waren Männer von glühender Frömmigkeit, vorzüglichen theologischen Kenntnissen und unerschütterlichem Mut bei der Verbreitung der Wahrheit. An päpstlichem Widerstand fehlte es nicht. Die katholischen Priester wiegelten das unwissende und abergläubische Volk auf. Olaus Petri wurde oft von der Menge angegriffen und kam manchmal nur knapp mit dem Leben davon. Diese Reformatoren wurden jedoch vom König beschützt und begünstigt.

Unter der Herrschaft der römischen Kirche war das Volk in Armut versunken und durch Unterdrückung geplagt. Es besaß keine Heilige Schrift, hatte aber eine Religion, deren Inhalt in Bildern und Zeremonien bestand, die jedoch dem Gemüt kein Licht gaben, sodass es zum Aberglauben und zu den Gewohnheiten seiner heidnischen Vorfahren zurückkehrte. Das Volk teilte sich in streitende Parteien, deren endlose Kämpfe das Elend aller vermehrten. Der König entschloss sich zu einer Reformation in Staat und Kirche und begrüßte diese fähigen Helfer [die Brüder Petri] im Kampf gegen Rom. In Gegenwart des Königs und der führenden Männer Schwedens verteidigte Olaus Petri (1493 - 1552) sehr geschickt die Lehren des reformierten Glaubens gegen die Verfechter Roms. Olaus erklärte, dass die Lehren der Kirchenväter nur angenommen werden dürften, wenn sie mit der Heiligen Schrift übereinstimmten, und fügte hinzu, alle wesentlichen Glaubenslehren seien in der Bibel so klar und einfach dargestellt worden, dass alle Menschen sie verstehen könnten. Christus sagte: »Meine Lehre ist nicht mein, sondern des, der mich gesandt hat.« Johannes 7,16. Und Paulus erklärte, dass er verflucht wäre, falls er ein anderes Evangelium predige als jenes, das er empfangen hatte. Galater 1,8. »Wie denn«, sagte der Reformator, »sollen andere sich anmaßen, nach ihrem Wohlgefallen Lehrsätze aufzustellen und sie als zur Seligkeit notwendig aufzubürden?« Wylie, ebd., 10.Buch, Kapitel 4 Er zeigte, dass die Erlasse der Kirche keine Autorität besitzen, wenn sie den Geboten Gottes zuwiderlaufen, und hielt den maßgebenden protestantischen Grundsatz aufrecht, dass die Heilige Schrift, und nur die Heilige Schrift, Richtschnur des Glaubens und des Lebens sei.

Obwohl dieser Kampf auf einem verhältnismäßig unbekannten Schauplatz vor sich ging, zeigt er uns doch, »aus welchen Männern das Heer der Reformatoren bestand. Es waren keine analphabetischen, sektiererischen, lauten Wortverfechter – weit davon entfernt; es waren Männer, die das Wort Gottes studiert hatten und es geschickt verstanden, die Waffen zu führen, mit denen die Bibel sie versehen hatte. Bezüglich der Ausbildung waren sie ihrer Zeit weit voraus. Wenn wir unsere Aufmerksamkeit auf so herausragende Orte wie Wittenberg und Zürich und auf so glorreiche Namen wie die Luthers und Melanchthons, Zwinglis und Ökolampads richten, so könnte man uns sagen, das seien die Leiter der Bewegung, und wir würden natürlich eine ungeheure Kraft und große Errungenschaft bei ihnen erwarten; die Untergeordneten hingegen seien ihnen nicht gleich. Wenden wir uns aber dem entlegenen Schauplatz Schweden, den schlichten Namen Olaus und Lorenz Petri zu – von den Meistern zu den Schülern –, so finden wir desgleichen Gelehrte und Theologen, Männer, die gründlich die gesamte Evangeliumswahrheit kennen und einen leichten Sieg über die Wortfechter der Schulen und die Würdenträger Roms gewinnen.« Wylie, ebd., 10.Buch, Kapitel 4

Als Ergebnis dieser Aussprache nahm der König von Schweden den protestantischen Glauben an. Bald darauf bekannte sich auch die Nationalversammlung zur Reformation. Das Neue Testament war von Olaus Petri ins Schwedische übersetzt worden. Auf Wunsch des Königs übernahmen die beiden Brüder die Übersetzung der ganzen Bibel. So erhielt das schwedische Volk zum ersten Mal das Wort Gottes in seiner Muttersprache. Der Reichstag ordnete an, dass im ganzen Land Prediger die Bibel auslegen sollten. Auch die Kinder in der Schule sollten unterrichtet werden, darin zu lesen.

Allmählich aber sicher wurde das Dunkel der Unwissenheit und des Aberglaubens durch das herrliche Licht des Evangeliums zerteilt. Von der römischen Unterdrückung befreit, stieg die Nation zu einer Stärke und Größe empor, die sie noch nie zuvor erreicht hatte. Schweden wurde eines der Hochburgen des Protestantismus. Ein Jahrhundert später, in einer Zeit höchster Gefahr, wagte diese kleine und bis dahin schwache Nation – die einzige in Europa – Deutschland in den schrecklichen Kämpfen des Dreißigjährigen Krieges zur Hilfe zu kommen. Das ganze nördliche Europa schien so weit zu sein, dass es wieder unter die Gewaltherrschaft Roms zu geraten drohte. Da waren es die schwedischen Truppen, die es Deutschland ermöglichten, den römischen Truppen Einhalt zu gebieten. Sie retteten die Reformierten und sorgten dafür, dass den Menschen Glaubens- und Gewissensfreiheit gegeben wurde.

KAPITEL 14

SPÄTERE ENGLISCHE REFORMATOREN

Weil William Tyndale (1484-1536) die erste englische Bibel druckte, wurde er von einem Freund verraten. Er starb, damit andere das Leben kennenlernen konnten. Und da ist John Knox, der sich vor niemandem fürchtete, nicht einmal vor der schottischen Königin, die unzählige Christen hatte töten lassen. Er hatte Erfolg und gewann Schottland für Gott. Auch John (1703-1791) und Charles Wesley (1707-1788) sowie George Whitefield [sprich: Wittfield] (1714-1769) werden erwähnt.

Während Luther dem deutschen Volk die Bibel erschloss, wurde Tyndale vom Geist Gottes bewegt, das Gleiche für England zu tun. Wiklifs Bibel war aus dem lateinischen Text übersetzt worden, der viele Irrtümer enthielt. Man hatte sie nie gedruckt, und der Preis eines geschriebenen Exemplars war so hoch, dass sich außer den Reichen oder Adligen nur wenige sie kaufen konnten. Da die Kirche sie zudem aufs Schärfste geächtet hatte, war diese Ausgabe nur verhältnismäßig wenig verbreitet. Im Jahre 1516, ein Jahr vor Luthers Thesenanschlag, hatte Erasmus seine griechische und lateinische Fassung des Neuen Testaments veröffentlicht, und damit wurde das Wort Gottes zum ersten Mal in der Ursprache gedruckt. In diesem Werk sind viele Irrtümer der früheren Versionen berichtigt und der Sinn deutlicher wiedergegeben worden. Dies führte viele gebildete Menschen zu einem besseren Verständnis der Wahrheit und gab dem Werk der Reformation neuen Auftrieb. Doch den meisten Menschen aus dem normalen Volk war das Wort Gottes noch immer unzugänglich. Tyndale sollte Wiklifs Werk vollenden und seinen Landsleuten die Bibel geben.

Als eifriger Schüler, der ernsthaft nach Wahrheit suchte, hatte er das Evangelium aus dem griechischen Neuen Testament des Erasmus erhalten. Furchtlos predigte er seine Überzeugung und legte Wert darauf, alle Lehren durch das Wort Gottes zu prüfen. Auf die päpstliche Behauptung, dass die Bibel von der Kirche kommt und sie diese allein erklären könne, sagte Tyndale: »Wer hat denn den Adler gelehrt, seine Beute zu finden? Derselbe Gott lehrt seine hungrigen Kinder ihren Vater in seinem Wort finden. Nicht ihr habt uns die Schrift gegeben, vielmehr habt ihr sie uns vorenthalten; ihr seid es, die solche verbrennen, die sie predigen, ja ihr würdet die Schrift selbst verbrennen, wenn ihr

könntet.« D'Aubigné, „Gesch. der Reformation", 18.Buch, 4.Abschnitt

Tyndales Predigten machten großen Eindruck: Viele nahmen die Wahrheit an. Aber die Priester passten auf, und sobald er das Feld verlassen hatte, versuchten sie mit ihren Drohungen und Entstellungen sein Werk zu vernichten. Nur zu oft gelang es ihnen. »Was soll ich tun?« rief Tyndale aus. »Während ich hier säe, reißt der Feind dort wieder alles aus, wo ich gerade herkomme. Ich kann nicht überall zugleich sein. Oh, dass die Christen die Heilige Schrift in ihrer Sprache besäßen, so könnten sie den Sophisten selbst widerstehen! Ohne die Bibel ist es unmöglich, die Laien in der Wahrheit zu gründen.«
D`Aubigné, „Geschichte der Reformation", 18.Buch, 4.Abschnitt

Ein neuer Vorsatz reifte jetzt in ihm. Er sagte: »In Israels eigener Sprache erschollen die Psalmen im Tempel des Herrn, und das Evangelium sollte unter uns nicht reden dürfen in der Sprache Englands? Die Kirche sollte weniger Licht haben jetzt im hohen Mittag als ehemals in den ersten Stunden der Dämmerung? Das Neue Testament muss in der Volkssprache gelesen werden können.« D'Aubigné, „Geschichte der Reformation", 18.Buch, 4.Abschnitt Die Doktoren und Lehrer der Kirche stimmten nicht miteinander überein. Nur durch die Heilige Schrift konnte das Volk zur Wahrheit gelangen. Der eine hatte diese Lehre, der andere jene. Ein Gelehrter widersprach dem andern. »Wie sollen wir da das Wahre vom Falschen unterscheiden? Allein durch das Wort Gottes.« D'Aubigné, „Geschichte der Reformation", 18.Buch, 4.Abschnitt

Nicht lange danach geriet ein gelehrter katholischer Doktor in eine harte Debatte mit ihm, und der Doktor rief aus: »Es währe besser ohne das Gesetz Gottes zu sein als ohne das Gesetz des Papstes« Tyndale erwiderte darauf: »Ich trotze dem Papst samt allen seinen Gesetzen; und wenn Gott mein Leben bewahrt, so will ich dafür sorgen, dass in wenigen Jahren eine Bauernjunge, der den Pflug führt, die Bibel besser versteht als du.«
Andersen, „Annals of the English Bible", S.19

Er wurde dadurch in seiner Absicht gestärkt, die Heilige Schrift in seiner eigenen Sprache zu schaffen, und sofort machte er sich an die Arbeit. Durch Verfolgung aus der Heimat vertrieben, ging er nach London und arbeitete dort eine Zeit lang ungestört. Aber wiederum zwang ihn die Gewalttätigkeit der päpstlichen Würdenträger zur Flucht. Ganz England schien ihm verschlossen zu sein, und er entschied sich, in Deutschland Zuflucht zu suchen. Hier begann er das englische Neue Testament zu drucken. Zweimal wurde sein Vorhaben aufgehalten, und wenn es ihm verboten wurde, in einer Stadt zu drucken, ging er in eine andere. Schließlich kam er nach Worms, wo Luther wenige Jahre zuvor das Evangelium vor dem Reichstag verteidigt hatte. In jener alten Stadt lebten viele Freunde der Reformation, und Tyndale setzte dort sein Werk ohne weitere Behinderungen fort. 3000 Exemplare des Neuen Testaments waren bald fertig, und eine neue Auflage folgte noch im selben Jahr.

Mit großem Eifer und unermüdlicher Ausdauer führte er seine Arbeit fort. Obwohl die englischen Behörden ihre Häfen sehr gut bewachten, gelangte das Wort Gottes auf verschiedene Weise heimlich nach London. Von dort aus wurde es über das ganze Land verbreitet. Die päpstlichen Leiter versuchten die Wahrheit zu unterdrücken, aber vergeblich. Der Bischof von Durham kaufte einmal von einem Buchhändler, der ein Freund Tyndales war, seinen ganzen Vorrat an Bibeln auf, um sie zu vernichten. Er war der Meinung, dass dadurch das Werk gehindert würde. Doch mit dem so verdienten Geld wurde das Material zu einer neuen und verbesserten Auflage gekauft, die sonst nicht hätte erscheinen können. Als Tyndale später gefangen gesetzt wurde, bot man ihm die Freiheit unter der Bedingung an, dass er die Namen derer angäbe, die ihm geholfen hatten, die Ausgaben für den Druck seiner Bibeln zu bestreiten. Er antwortete, dass der Bischof von Durham mehr getan habe also sonst jemand, denn weil dieser für die vorrätigen Bücher einen hohen Preis bezahlt habe, sei er, Tyndale, in die Lage versetzt worden, guten Mutes weiterzuarbeiten.

Tyndale wurde seinen Feinden in die Hände gespielt und musste viele Monate im Kerker zubringen. Schließlich bezeugte er seinen Glauben mit dem Tod eines Märtyrers; doch die von ihm zubereiteten Waffen haben andere Kämpfer befähigt, den Kampf durch alle Jahrhunderte hindurch bis in unsere Zeit weiterzuführen. Latimer vertrat von der Kanzel herab die Auffassung, dass die Bibel in der Sprache des Volkes gelesen werden müsse. »Der Urheber der Heiligen Schrift«, sagte er, »ist Gott selbst, und diese Schrift hat einen Anteil an der Macht und Ewigkeit ihres Urhebers. Es gibt weder Könige, Kaiser, Obrigkeiten noch Herrscher ... die nicht gebunden wären, ... seinem heiligen Wort zu gehorchen ... Lasst uns keine Nebenwege einschlagen, sondern lasst das Wort Gottes uns leiten. Lasst uns nicht unsern Vätern folgen und auf das sehen, was sie getan haben, sondern auf das, was sie hätten tun sollen.« Latimer, „First Sermon Preached before King Edward VI"

Barnes und Frith, die treuen Freunde Tyndales, fingen an, die Wahrheit zu verteidigen. Ihnen folgten die Gebrüder Ridley und Cranmer. Diese führenden Köpfe in der englischen Reformationsbewegung galten als gebildete Männer, und die meisten von ihnen waren ihres Eifers oder ihrer Frömmigkeit wegen in der römischen Kirche hoch geachtet gewesen. Ihr Widerstand dem Papsttum gegenüber kam daher, weil sie mit den Irrtümern des „Heiligen Stuhles" bekannt waren. Ihre Kenntnis der Geheimnisse Babylons verlieh ihrem Zeugnis gegen ihre Macht um so größeres Gewicht. »Ich muss euch eine seltsame Frage stellen«, sagte Latimer, »wisst ihr, wer der eifrigste Bischof und

Prälat in England ist? ... Ich sehe, ihr horcht und wartet auf seinen Namen ... Ich will ihn nennen: Es ist der Teufel ... Er entfernt sich nie aus seinem Kirchsprengel; ... sucht ihn, wann ihr wollt, er ist immer zu Hause ... er ist stets bei der Arbeit ... Ihr werdet ihn nie träge finden, dafür bürge ich euch ... Wo der Teufel wohnt ... dort weg mit den Büchern, und Kerzen herbei; weg mit den Bibeln, und Rosenkränze herbei; weg mit dem Licht des Evangeliums, und Wachsstöcke hoch, ja sogar am hellen Mittag ... nieder mit dem Kreuz Christi, es lebe das Fegefeuer, das die Tasche leert ... hinweg mit dem Bekleiden der Nackten, Armen und Lahmen; herbei mit der Verzierung von Bildern und der bunten Schmückung von Stock und Stein; herbei mit menschlichen Überlieferungen und Gesetzen; nieder mit Gottes Einrichtungen und seinem allerheiligsten Worte ... Oh, dass unsere Prälaten so eifrig wären, die Körner guter Lehre auszustreuen, wie Satan fleißig ist, allerlei Unkraut zu säen!« Latimer, „Sermon of the Plough"

Die unfehlbare Autorität und Macht der Heiligen Schrift als Richtschnur des Glaubens und des Lebens war der große, von diesen Reformatoren aufgestellte Grundsatz, den auch die Waldenser, Wiklif, Jan Hus, Luther, Zwingli und ihre Mitarbeiter hochgehalten hatten. Sie verwarfen die Anmaßung des Papstes, der Konzilien, der Väter und der Könige, in religiösen Dingen das Gewissen zu beherrschen. Die Bibel war ihnen Autorität, und mit ihren Lehren prüften sie alle Lehrsätze und Ansprüche. Der Glaube an Gott und sein Wort stärkte diese gläubigen Männer, als ihr Leben auf dem Scheiterhaufen endete. »Sei guten Mutes«, rief Latimer seinem Leidensgefährten zu, als die Flammen begannen, seine Stimme zum Schweigen zu bringen, »wir werden heute durch Gottes Gnade ein Licht in England anzünden, das, wie ich hoffe, nie ausgelöscht werden wird.« „Works of Hugh Latimer", Bd. I, S. 13

In Schottland war der von Columban und seinen Mitarbeitern ausgestreute Same der Wahrheit nie völlig vernichtet worden. Nachdem sich die Kirchen Englands Rom unterworfen hatten, hielten jene in Schottland jahrhundertelang ihre Freiheit aufrecht. Im 12. Jahrhundert jedoch fasste das Papsttum auch hier Fuß, und in keinem Land hat es eine unumschränktere Herrschaft ausgeübt als in Schottland. Nirgends war die Finsternis dichter. Dennoch kamen auch Strahlen des Lichts dahin, um das Dunkel zu durchdringen und den kommenden Tag anzukünden. Die mit der Heiligen Schrift und den Lehren Wiklifs aus England kommenden Lollarden trugen viel dazu bei, die Kenntnis des Evangeliums zu erhalten. Jedes Jahrhundert hatte somit seine Zeugen und Märtyrer. Am Anfang der großen Reformation erschienen Luthers Schriften; wenig später Tyndales Neues Testament in englischer Sprache. Unbemerkt von der Priesterschaft wanderten diese Boten schweigend über Berge und Täler, fachten, wo sie auch hinkamen, die Fackel der Wahrheit, die in Schottland nahezu ausgegangen war, zu neuer Flamme an und machten das Werk der Unterdrückung zunichte, das Rom vier Jahrhunderte hindurch getrieben hatte.

Dann gab das Blut der Märtyrer der Bewegung neuen Auftrieb. Die päpstlichen Anführer, die plötzlich erkannten, dass ihre Sache bedroht war, brachten etliche der edelsten und gelehrtesten Söhne Schottlands auf den Scheiterhaufen. Sie errichteten aber damit nur eine Kanzel, von der aus die Worte der sterbenden Zeugen im ganzen Lande zu hören waren, die das Herz des Volkes mit einem unerschütterlichen Vorsatz erfüllten, die Fesseln der römischen Herrschaft loszuwerden.

Hamilton und Wishart, zwei junge Menschen von adligem Geschlecht und edlem Charakter, gaben mit vielen einfachen Jüngern ihr Leben auf dem Scheiterhaufen hin. Aber aus dem brennenden Scheiterhaufen Wisharts ging einer hervor, den die Flammen nicht zum Schweigen bringen sollten, einer, dem mit Gottes Beistand bestimmt war, dem Papsttum in Schottland die Sterbeglocke zu läuten.

John Knox hatte sich von den Überlieferungen und dem Wunderglauben der Kirche abgewandt, um von den Wahrheiten des Wortes Gottes zu leben. Wisharts Lehren hatten seinen Entschluss bestärkt, die Verbindung mit Rom aufzugeben und sich den verfolgten Reformatoren anzuschließen.

Als er von seinen Gefährten gebeten wurde, das Amt eines Predigers anzunehmen, schreckte er zaghaft vor dessen Verantwortung zurück. In der Abgeschiedenheit rang er tagelang mit sich selbst, ehe er einwilligte. Nachdem er diese Stellung einmal angenommen hatte, drängte er mit unbeugsamer Entschlossenheit und unverzagtem Mut vorwärts, solange er lebte. Dieser unerschrockene Reformator fürchtete keine Menschen. Die Feuer des Märtyrertums, die um ihn herum aufloderten, dienten nur dazu, seinen Eifer um so mehr anzufachen. Ungeachtet des drohend über seinem Haupt schwebenden Henkersbeils des Tyrannen behauptete er seine Stellung und teilte nach rechts und nach links kräftige Schläge aus, um den Götzendienst zu zertrümmern.

Als er der Königin von Schottland gegenübertrat, in deren Gegenwart der Eifer vieler führender Protestanten abgenommen hatte, zeugte John Knox unerschütterlich für die Wahrheit. Er war nicht durch Schmeicheleien zu gewinnen und verzagte nicht vor Drohungen. Die Königin beschuldigte ihn der Ketzerei. Sie erklärte, er habe das Volk verleitet, eine vom Staat verbotene Religion anzunehmen und damit Gottes Gebot übertreten, das den Untertanen befehle, ihren Fürsten zu gehorchen. Knox antwortete fest: »Da die richtige Religion weder ihren Ursprung noch ihre Autorität von weltlichen Fürsten, sondern von dem ewigen Gott allein erhielt, so sind die Untertanen nicht gezwungen, ihren Glauben nach dem Geschmack ihrer Fürsten zu richten.

Denn oft kommt es vor, dass die Fürsten vor allen anderen in der wahren Religion am allerunwissendsten sind ... Hätte aller Same Abrahams die Religion Pharaos angenommen, dessen Untertanen sie lange waren, welche Religion, ich bitte Sie, Madame, würde dann in der Welt gewesen sein? Oder wenn in den Tagen der Apostel alle Menschen die Religion der römischen Kaiser gehabt hätten, welche Religion würde dann auf Erden gewesen sein? ... Und so, Madame, können Sie sehen, dass Untertanen nicht von der Religion ihrer Fürsten abhängen, wenn ihnen auch geboten wird, ihnen Ehrfurcht zu erzeigen.« Da sagte Maria: »Ihr legt die Heilige Schrift auf diese Weise aus, sie [die römischen Lehrer] auf eine andere; wem soll ich glauben, und wer soll Richter sein?« »Sie sollen Gott glauben, der deutlich spricht in seinem Wort«, antwortete der Reformator, »und weiter als das Wort lehrt, brauchen Sie weder das eine noch das andere zu glauben. Das Wort Gottes ist klar in sich selbst, und wenn irgendeine Stelle dunkel ist, so erklärt der Heilige Geist, der sich nie widerspricht, sie deutlicher an anderen Stellen, sodass kein Zweifel herrschen kann, es sei denn für die, welche hartnäckig unwissend sind.« Laing, „The Works of John Knox", Bd. II, S. 281,284

Solche Wahrheiten verkündete der furchtlose Reformator unter Lebensgefahr vor den Ohren seiner Regentin. Mit dem gleichen unerschrockenen Mut hielt er an seinem Vorhaben fest und betete und kämpfte für den Herrn so lange, bis Schottland vom Papsttum frei war.

In England wurde durch die Einführung des Protestantismus als Staatsreligion die Verfolgung zwar vermindert, aber nicht ganz zum Stillstand gebracht. Während man vielen Lehren Roms absagte, blieben nicht wenige seiner Gebräuche erhalten. Die oberste Autorität des Papstes wurde verworfen, aber an seiner Stelle wurde der Landesherr als Haupt der Kirche eingesetzt. Der Gottesdienst wich noch immer erheblich von der Reinheit und Einfachheit des Evangeliums ab. Der große Grundsatz religiöser Freiheit wurde noch nicht verstanden. Wenn auch die schrecklichen Grausamkeiten, die Rom gegen die Ketzerei angewandt hatte, von protestantischen Herrschern nur selten ausgeübt wurden, so anerkannte man doch nicht das Recht eines jeden Einzelnen, Gott nach seinem eigenen Gewissen zu verehren. Von allen wurde verlangt, die Lehren anzunehmen und die gottesdienstlichen Formen zu beachten, welche die Staatskirche vorschrieb. Andersdenkende waren mehr oder weniger der Verfolgung ausgesetzt. Jahrhundertelang blieben diese Methoden bestehen.

Im 17. Jahrhundert wurden viele Prediger aus ihren Ämtern entlassen. Dem Volk war es bei Androhung schwerer Geldbußen, von Gefängnis und Verbannung untersagt, irgendwelche religiösen Versammlungen zu besuchen, die die Kirche nicht genehmigt hatte. Jene treuen Menschen, die nicht anders konnten, als zur Anbetung Gottes zusammenzukommen, waren genötigt, sich in dunklen Gassen, in finsteren Bodenkammern und zu gewissen Jahreszeiten mitternachts in den Wäldern zu versammeln. In den schützenden Tiefen des Waldes, dem von Gott selbst erbauten Tempel, kamen jene zerstreuten und verfolgten Kinder des Herrn zusammen, um in Gebet und Lobpreis ihre Herzen auszuschütten. Aber ungeachtet all ihrer Vorsichtsmaßnahmen mussten viele um ihres Glaubens willen leiden. Die Gefängnisse waren überfüllt, Familien wurden getrennt, und viele Menschen aus dem Land vertrieben. Doch Gott hielt zu seinem Volk, und die Verfolgung vermochte dessen Zeugnis nicht zum Schweigen zu bringen. Viele wanderten nach Amerika aus, wo sie den Grundstein zu der bürgerlichen und religiösen Freiheit legten, die eine sichere Burg und der Ruhm jenes Landes gewesen ist.

Auch hier diente wie in den Tagen der Apostel die Verfolgung der Förderung des Evangeliums. In einem abscheulichen, mit Verworfenen und Verbrechern belegten Kerker schien John Bunyan Himmelsluft zu atmen. Er schrieb dort sein wunderbares Gleichnis von der Reise des Pilgers aus dem Land des Verderbens zur Himmelsstadt. Über 200 Jahre lang sprach jene Stimme des Gefangenen zu Bedford mit durchdringender Macht zu den Herzen der Menschen. Bunyans »Pilgerreise« und »Überschwängliche Gnade für den größten der Sünder« haben manch Irrenden auf den Weg des Lebens geleitet.

Baxter, Flavel, Alleine und andere talentierte, gebildete Männer mit tiefer christlicher Erfahrung fingen an, kühn den Glauben zu verteidigen, »der den Heiligen ein für allemal überliefert worden ist.« Judas 3 Schlachter 2000 Das Werk, das diese Männer, von den Herrschern dieser Welt für rechtlos erklärt und geächtet, vollbrachten, kann niemals untergehen. Flavels »Brunnquell des Lebens« und »Wirkung der Gnade« haben Tausende gelehrt, wie sie ihre Seelen Christus anbefehlen können. Baxters »Der umgewandelte Pfarrer« wurde für viele, die eine Wiederbelebung des Werkes Gottes wünschten, zum Segen; seine »Ewige Ruhe der Heiligen« war insofern erfolgreich, als diese Schrift Menschen zu der Ruhe führte, die noch für das Volk Gottes vorhanden ist.

100 Jahre später erschienen in einer Zeit großer Finsternis Whitefield und die Gebrüder Wesley als Lichtträger für Gott. Unter der Herrschaft der Staatskirche war das Volk einem religiösen Verfall ausgeliefert, der sich vom Heidentum nur wenig unterschied. Eine Naturreligion erwies sich als das bevorzugte Studiengebiet der Geistlichkeit und schloss auch den größten Teil ihrer Theologie ein. Menschen höherer Gesellschaftsschichten verspotteten die Frömmigkeit und brüsteten sich damit, über solche Schwärmereien, wie sie es nannten, zu stehen. Die einfachen Leute waren unwissend und dem Laster ergeben, während die Kirche weder den Mut noch den Glauben aufbrachte,

die in Verfall geratene Sache der Wahrheit länger zu unterstützen. Die von Luther so klar und eindeutig gelehrte große Wahrheit von der Rechtfertigung durch den Glauben war fast ganz aus den Augen verloren worden, während der römische Grundsatz, dass die Seligkeit durch gute Werke erlangt werde, deren Stelle eingenommen hatte. Whitefield und die beiden Wesleys, die Mitglieder der Landeskirche waren, suchten aufrichtig nach der Gnade Gottes, die, wie man sie gelehrt hatte, durch ein tugendhaftes Leben und durch die Beachtung der religiösen Verordnungen erlangt werden konnte.

Als Charles Wesley einst erkrankte und seinen Tod erwartete, wurde er gefragt, worauf er seine Hoffnung auf ein ewiges Leben stütze. Seine Antwort lautete: »Ich habe mich nach Kräften bemüht, Gott zu dienen.« Als der Freund, der ihm die Frage gestellt hatte, mit seiner Antwort nicht völlig zufrieden zu sein schien, dachte Wesley: »Sind meine Bemühungen nicht ein genügender Grund der Hoffnung? Würde er mir diese rauben, so hätte ich nichts anderes, worauf ich vertrauen könnte.« Whitehead, „Life of the Rev. Charles Wesley", S. 102 Derart dicht war die Finsternis, die sich auf die Kirche gesenkt hatte, welche die Versöhnung verbarg, Christus seiner Ehre beraubte, und den Geist der Menschen von der einzigen Hoffnung auf die Seligkeit ablenkte: Dem Blut des gekreuzigten Erlösers.

Wesley und seine Mitarbeiter kamen zu der Einsicht, dass die wahre Religion im Herzen wohnt, und dass sich das Gesetz Gottes sowohl auf die Gedanken als auch auf die Worte und Handlungen erstreckt. Von der Notwendigkeit eines heiligen Herzens und eines rechten Wandels überzeugt, trachteten sie jetzt ernsthaft nach einem neuen Leben. Durch Fleiß und Gebet versuchten sie, das Böse ihres natürlichen Herzens zu überwinden. Sie lebten ein Leben der Selbstverleugnung, Liebe und Demut und beachteten streng und genau jede Regel, die ihnen zur Erfüllung ihres größten Wunsches, jene Heiligkeit zu erlangen, verhelfen sollte, welche die Huld Gottes geben kann. Aber sie erreichten das angepeilte Ziel nicht. Vergeblich waren sie bemüht, sich von der Verdammnis der Sünde zu befreien oder deren Macht zu brechen. Es war das gleiche Ringen, das auch Luther in seiner Zelle in Erfurt durchzustehen hatte, es war die gleiche Frage, die auch seine Seele gemartert hatte: »Wie mag ein Mensch gerecht sein bei Gott?« Hiob 9,2; Parallelbibel

Das auf den Altären des Protestantismus nahezu ausgelöschte Feuer der göttlichen Wahrheit sollte von der alten Fackel, die die böhmischen Christen brennend erhalten hatten, wieder angezündet werden. Nach der Reformation war der Protestantismus in Böhmen von den römischen Geistlichen niedergetreten worden. Alle, die der Wahrheit nicht absagen wollten, wurden zur Flucht gezwungen. Etliche von diesen fanden Zuflucht in Sachsen, wo sie den alten Glauben aufrechterhielten. Über die Nachkommen dieser Christen gelangte das Licht zu Wesley und seinen Gefährten. Nachdem John und Charles Wesley zum Predigtamt eingesegnet worden waren, wurden sie mit einem Missionsauftrag nach Amerika gesandt. An Bord des Schiffes befand sich eine Gesellschaft mährischer Brüder. Während der Überfahrt gab es heftige Stürme und als John Wesley den Tod vor Augen sah, fühlte er, dass er nicht die Gewissheit des Friedens mit Gott hatte. Die mährischen Brüder hingegen bekundeten eine Ruhe und ein Vertrauen, die ihm fremd waren.

Er sagte: »Ich hatte lange zuvor den großen Ernst in ihrem Benehmen beobachtet. Sie hatten ständig ihre Demut bekundet, indem sie für die andern Reisenden einfache Dienstleistungen verrichteten, was keiner der Engländer tun wollte. Sie hatten dafür keine Bezahlung verlangt, sondern es abgelehnt, indem sie sagten, es wäre gut für ihre stolzen Herzen, und ihr Heiland hätte noch mehr für sie getan. Jeder Tag hatte ihnen Gelegenheit geboten, eine Sanftmut zu zeigen, die keine Beleidigung beseitigen konnte. Wurden sie gestoßen, geschlagen oder niedergeworfen, so erhoben sie sich wieder und gingen weg, aber keine Klage kam über ihre Lippen. Jetzt sollten sie geprüft werden, ob sie vom Geist der Furcht ebenso frei waren wie von Stolz, Zorn und Rachsucht. Während sie gerade einen Psalm zu Beginn ihres Gottesdienstes sangen, brach eine Sturzwelle herein, riss das große Segel in Stücke, legte sich über das Schiff und ergoss sich zwischen die Decks, als wenn der Untergang jetzt da wäre. Die Engländer fingen an, vor Angst zu schreien. Die Brüder aber sangen ruhig weiter. Ich fragte nachher einen von ihnen: ‚Waren Sie nicht erschrocken?‘ Er antwortete: ‚Gott sei Dank nicht.‘ ‚Aber,‘ sagte ich, ‚waren ihre Frauen und Kinder nicht erschrocken?‘ Er erwiderte mild: ‚Nein unsere Frauen und Kinder fürchten sich nicht, zu sterben.‘« Whitehead, „Life of the Rev. John Wesley", S. 10 ff. Nach der Ankunft in Savanne blieb Wesley kurze Zeit bei den mährischen Brüdern und war tief beeindruckt von ihrem christlichen Verhalten. Über einen ihrer Gottesdienste, die in auffallendem Gegensatz zu dem leblosen Formenwesen der anglikanischen Kirche standen, schrieb er: »Sowohl die große Einfachheit als auch die Feierlichkeit des Ganzen ließen mich die dazwischenliegenden 1700 Jahre beinahe vergessen und versetzten mich in eine Versammlung, wo Form und Staat nicht galten, sondern wo Paulus, der Zeltmacher, oder Petrus, der Fischer, unter Bekundung des Geistes und der Kraft den Vorsitz hatten.« Whitehead, „Life of the Rev. John Wesley", S. 10 ff.

Auf seiner Rückreise nach England erhielt Wesley die Belehrung eines mährischen Predigers und kam dadurch zu einem klareren Verständnis des biblischen Glaubens. Er ließ sich überzeugen, dass sein Seelenheil nicht von seinen eigenen Werken abhängt, sondern dass er einzig auf »Gottes Lamm,

das der Welt Sünde trägt", vertrauen müsse. Auf einer in

London tagenden Versammlung der mährischen Brüder wurde eine Schrift Luthers vorgelesen [Luthers Vorrede zum Römerbrief, das die Lehre von der Rechtfertigung durch den Glauben enthält]. Die beschrieb die Veränderung, die der Geist Gottes im Herzen des Gläubigen bewirkt. Während Wesley zuhörte, entzündete sich auch in seiner Seele der Glaube. »Ich fühlte mein Herz seltsam erwärmt«, sagte er. »Ich fühlte, dass ich mein ganzes Vertrauen für mein Seelenheil auf Christus, ja auf Christus allein setzte, und ich erhielt die Versicherung, dass er meine – ja meine Sünden weggenommen und mich von dem Gesetz der Sünde und des Todes erlöst hatte.« Whitehead, ebd., S. 52

Während langer Jahre mühsamen und unbequemen Ringens, Jahre strenger Selbstverleugnung, der Schmach und Erniedrigung, ließ Wesley sich nicht davon abbringen, Gott zu suchen. Nun hatte er ihn gefunden, und er erfuhr, dass die Gnade, die er durch Beten und Fasten, durch Almosengeben und Selbstverleugnung erlangen wollte, eine Gabe war »ohne Geld und umsonst«.

Einmal im Glauben Christi gegründet, brannte seine Seele vor Verlangen, überall das herrliche Evangelium von der freien Gnade Gottes zu verkündigen. »Ich betrachte die ganze Welt als mein Kirchspiel«, sagte er, »und wo ich auch immer sein mag, erachte ich es als passend, recht und meine Pflicht und Schuldigkeit, allen, die willig sind zuzuhören, die frohe Botschaft des Heils zu verkündigen.« Whitehead, ebd., S. 74

Er setzte sein strenges, selbstverleugnendes Leben fort, das nun nicht mehr der Grund, sondern die Folge des Glaubens, nicht mehr die Wurzel, sondern die Frucht der Heiligung war. Die Gnade Gottes in Christus ist die Grundlage der Hoffnung des Christen, und diese Gnade wird offenbar im Gehorsam. Wesleys Leben war der Verkündigung jener großen Wahrheiten gewidmet, die er empfangen hatte: Gerechtigkeit durch den Glauben an das versöhnende Blut Christi, und die herzerneuernde Macht des Heiligen Geistes, die sich in einem neuen Leben erweist, das mit dem Beispiel Christi übereinstimmt.

Whitefield und die Wesleys waren durch eine lange und tiefe persönliche Überzeugung von ihrem menschlichen Verlorensein für ihre Aufgabe vorbereitet worden. Um fähig zu sein, als gute Kämpfer Christi Schwierigkeiten zu erdulden, waren sie der Feuerprobe des Spottes, des Hohnes und der Verfolgung sowohl an der Universität als auch beim Antritt ihres Predigtamtes ausgesetzt gewesen. Sie und einige andere, die mit ihnen übereinstimmten, wurden von ihren gottlosen Studienkollegen verächtlich »Methodisten« genannt – ein Name, der von einer der größten christlichen Gemeinschaften in England und Amerika als ehrenvoll angesehen wird. Als Glieder der anglikanischen Kirche waren sie den Formen ihres Gottesdienstes sehr ergeben, aber der Herr hatte ihnen in seinem Wort ein höheres

Ziel gezeigt. Der Heilige Geist drängte sie, Christus den Gekreuzigten zu predigen. Die Macht des Höchsten begleitete ihre Arbeit. Tausende wurden überzeugt und wahrhaft bekehrt. Diese Schafe mussten vor den reißenden Wölfen geschützt werden. Wesley dachte zwar nicht im Geringsten daran, eine neue Gemeinschaft zu gründen, doch vereinte er seine Anhänger in einer sogenannten methodistischen Verbindung.

Geheimnisvoll und schwierig war der Widerstand, den diese Prediger von der anglikanischen Kirche erfuhren, doch Gott hatte in seiner Weisheit diese Ereignisse gelenkt, um die Reformation in der Kirche selbst zu beginnen. Wäre sie völlig von außen gekommen, so hätte sie dort nicht durchdringen können, wo sie so wichtig war. Da aber die Erweckungsprediger Kirchenmänner waren und im Bereich der Kirche arbeiteten, wo sie gerade Gelegenheit hatten, fand die Wahrheit in jene Bezirke Eingang, in denen sonst die Türen verschlossen geblieben wären. Einige Geistliche wurden aus ihrer sittlichen Erstarrung aufgerüttelt und begannen eifrig in ihren eigenen Pfarreien zu predigen. Gemeinden, die durch ein äußerliches Formenwesen versteinert waren, erwachten zu geistlichem Leben.

Zu Wesleys Zeiten wie zu allen Zeiten der Kirchengeschichte erfüllten verschieden begabte Menschen den ihnen zugewiesenen Auftrag. Sie stimmten nicht in jedem Lehrpunkt überein, waren aber alle vom Geist Gottes getrieben und nur von dem einen Wunsch beseelt, Menschen für Christus zu gewinnen. Meinungsverschiedenheiten drohten einst Whitefield und die Wesleys zu entfremden. Als sie aber in der Schule Christi Sanftmut lernten, versöhnte sie gegenseitige Geduld und Nächstenliebe. Sie hatten keine Zeit zum Streit, denn überall machten sich Sünde und Irrtum breit, und Sünder gingen dem Verderben entgegen.

Gottes Diener wandelten auf einem rauen Pfad. Einflussreiche und gebildete Menschen waren gegen sie. Nach einiger Zeit standen ihnen viele Geistliche ausgesprochen feindlich gegenüber, und die Türen der Kirche wurden dem reinen Glauben sowie denen, die ihn verkündigten, verschlossen. Das Verfahren der Geistlichkeit, sie von der Kanzel herab zu verdammen, rief die Mächte der Finsternis, der Unwissenheit und der Ungerechtigkeit hervor. Immer wieder entkam John Wesley dem Tod nur durch ein Wunder der göttlichen Gnade. Wenn die Wut des Pöbels gegen ihn aufgestachelt war und es keinen Weg des Entrinnens zu geben schien, trat ein Engel in Menschengestalt an seine Seite, und die Menge wich zurück, und der Diener Gottes verließ unbehelligt den Ort der Gefahr. Über seine Errettung vor dem aufgebrachten Pöbel bei einem solchen Anlass sagte Wesley: »Viele versuchten mich hinzuwerfen, während wir

auf einem glitschigen Pfad bergab zur Stadt gingen, da sie

richtig erkannten, dass ich wohl kaum wieder aufstehen würde, wenn ich einmal zu Fall gebracht wäre. Aber ich fiel nicht, glitt nicht einmal ein wenig aus, bis ich ganz aus ihren Händen war ... Obwohl viele sich bemühten, mich am Kragen oder an meinem Mantel zu fassen, um mich runterzuziehen, konnten sie doch keinen Halt gewinnen. Nur einem gelang es, einen Zipfel meines Mantels festzuhalten, der bald in seiner Hand blieb, während die andere Hälfte, in der sich eine Tasche mit einer Banknote befand, nur halb abgerissen wurde. Ein derber Mensch unmittelbar hinter mir holte mehrmals aus, mich mit einem dicken Eichenprügel zu schlagen. Hätte er mich nur einmal damit auf den Hinterkopf getroffen, so hätte es ausgereicht. Aber jedes Mal wurde der Schlag abgewendet, ich weiß nicht wie, denn ich konnte mich weder zur Rechten noch zur Linken bewegen. Ein anderer stürzte sich durch das Gedränge, erhob seinen Arm zum Schlag, ließ ihn aber plötzlich sinken und streichelte mir den Kopf mit den Worten: ‚Was für weiches Haar er hat!'... Die allerersten, deren Herzen verwandelt wurden, waren die Gassenhelden, bei allen Anlässen die Anführer des Pöbelhaufens, von denen einer als Ringkämpfer im Bärengarten auftrat .

Wie langsam bereitet Gott uns auf seinen Willen vor! Vor zwei Jahren streifte ein Stück von einem Ziegelstein meine Schultern, ein Jahr später traf mich ein Stein zwischen die Augen, letzten Monat empfing ich einen Schlag und heute Abend zwei, einen ehe wir in die Stadt kamen, und einen nachdem wir hinausgegangen waren; doch beide waren wie nichts, denn obgleich mich ein Mann mit aller Gewalt auf die Brust schlug und der andere mit solcher Wucht auf den Mund, dass das Blut sofort hervorströmte, so fühlte ich doch nicht mehr Schmerz von beiden Schlägen, als wenn sie mich mit einem Strohhalm berührt hätten.« Wesley's Works, Bd. III, S. 297,298

Die Methodisten jener Zeit - das Volk und auch die Prediger - ertrugen Spott und Verfolgung sowohl von Kirchengliedern als auch von gottlosen Menschen, die sich durch die falschen Darstellungen jener anstacheln ließen. Sie wurden vor Gericht gestellt, die es nur dem Namen nach waren, denn Gerechtigkeit wurde nur selten in den Gerichtshöfen jener Zeit gefunden. Oft wurden Gläubige von ihren Verfolgern gepeinigt. Der Mob ging von Haus zu Haus, zerstörte Hausgeräte und Güter, plünderte, was ihm gefiel, und misshandelte in brutaler Weise Männer, Frauen und Kinder. Durch öffentliche Bekanntmachungen wurden alle, die sich am Einwerfen von Fenstern und am Plündern der Häuser der Methodisten zu beteiligen wünschten, aufgefordert, sich zu gegebener Stunde an einem bestimmten Ort zu versammeln. Diese offene Verletzung menschlicher wie auch göttlicher Gesetze ließ man ungetadelt zu. Man verfolgte planmäßig die Menschen, deren einziger Fehler es war, dass sie versuchten, den Sünder vom Pfad des Verderbens auf den

Weg der Heiligkeit zu lenken. John Wesley sagte über die Anschuldigungen gegen ihn und seine Gefährten: »Manche führten an, dass die Lehren dieser Männer falsch, irrig, schwärmerisch, dass sie neu und bisher unbekannt gewesen und sie Quäkerismus, Schwärmerei und Papsttum seien. Diese Behauptungen sind bereits im Keim erstickt worden, da ausführlich aufgezeigt wurde, dass jede dieser Lehren die klare Botschaft der Heiligen Schrift ist, wie sie von unserer eigenen Kirche ausgelegt wird, und die deshalb nicht falsch oder fehlerhaft sein kann, vorausgesetzt, dass die Heilige Schrift wahr ist ... Andere bemerkten: ‚Ihre Lehre ist zu streng, sie machen den Weg zum Himmel zu schmal‘. Und dies ist in Wahrheit der ursprüngliche Einwand [der eine Zeit lang der einzige war], und liegt heimlich tausend andern zugrunde, die in verschiedener Form erscheinen. Aber machen sie den Weg himmelwärts schmaler als unser Herr und seine Apostel ihn machten? Ist ihre Lehre strenger als die der Bibel? Betrachtet nur einige deutliche Bibelstellen: ‚Du sollst Gott, deinen Herrn, lieben von ganzem Herzen, von ganzer Seele, von allen Kräften und von ganzem Gemüte.‘ ‚Die Menschen müssen Rechenschaft geben am Jüngsten Gericht von einem jeden unnützen Wort, das sie geredet haben.‘ ‚Ihr esset nun oder trinket oder was ihr tut, so tut es alles zu Gottes Ehre.‘ Lukas 10,27; Matthäus 12,36; 1.Korinther 10,31

Wenn ihre Lehre strenger ist als dies, so sind sie zu tadeln. Ihr seid aber in eurem Gewissen überzeugt, dass dem nicht so ist. Und wer kann um ein Jota weniger genau sein, ohne das Wort Gottes zu verdrehen? Kann irgendein Haushalter des Geheimnisses Gottes treu erfunden werden, wenn er irgendeinen Teil jenes heiligen Unterpfandes verändert? Nein, er kann nichts umstoßen; er kann nichts einfacher machen; er ist gezwungen, allen Menschen zu erklären: Ich darf die Heilige Schrift nicht zu eurem Geschmack herabwürdigen. Ihr müsst euch nach ihr richten oder auf ewig zugrunde gehen. Dies gibt allerdings Anlass zu dem volkstümlichen Geschrei: die Lieblosigkeit dieser Menschen! Lieblos sind sie? In welcher Beziehung? Speisen sie nicht die Hungrigen und kleiden die Nackten? Ja, aber das ist nicht die Sache. Diesbezüglich mangelt es ihnen nicht, aber sie sind lieblos im Urteil, sie denken, es könne niemand gerettet werden außer jenen, die auf dem von ihnen vorgeschriebenen Weg gehen.« Wesley's Works, Bd. III, S. 152,153 Das geistliche Siechtum, das in England unmittelbar vor Wesleys Zeit sichtbar wurde, war überwiegend die Folge der gesetzesfeindlichen Lehre. Viele behaupteten, Christus habe das Sittengesetz abgeschafft, die Christen wären deshalb nicht mehr verpflichtet, danach zu handeln, denn ein Gläubiger sei von der »Knechtschaft der guten Werke« befreit. Obwohl andere die Fortdauer des Gesetzes zugaben, erklärten sie es

für unnötig, dass die Prediger das Volk zur Beachtung seiner

Vorschriften anhielten, da die Menschen, die Gott zum Heil bestimmt habe, »durch den unwiderstehlichen Antrieb der göttlichen Gnade zur Frömmigkeit und Tugend angeleitet würden«, wogegen die zur ewigen Verdammnis Bestimmten »nicht die Kraft hätten, dem göttlichen Gesetz zu gehorchen«.

Andere, die ebenfalls behaupteten, dass die Auserwählten weder von der Gnade abfallen noch die göttliche Gnade verlieren könnten, kamen zu der noch schlimmeren Annahme, dass »die bösen Handlungen, die sie begehen, in Wirklichkeit nicht sündhaft seien noch als Übertretung des göttlichen Gesetzes betrachtet werden könnten, und dass sie deshalb keinen Grund hätten, ihre Sünden zu bekennen, noch sich von ihnen durch Buße abzuwenden«. Mc Clintock und Strongs Enzyklopädie, Art. Antinomians Deshalb erklärten sie, dass selbst eine der schlimmsten Sünden, »die allgemein als eine schreckliche Übertretung des Gesetzes Gottes betrachtet werde, in Gottes Augen keine Sünde sei«, wenn sie von einem seiner Auserwählten begangen werde, »da es eins der wesentlichen und kennzeichnenden Merkmale der Auserwählten des Herrn sei, nichts tun zu können, das entweder nicht wohlgefällig vor Gott oder durch das Gesetz verboten ist«.

Diese ungeheuerlichen Lehren sind im Grunde die gleichen wie die späteren Lehren der beim Volk beliebten Erzieher und Theologen – dass es kein unveränderliches göttliches Gesetz als Richtlinie des Rechts gebe, sondern dass der Maßstab der Sittlichkeit durch die Gesellschaft selbst bestimmt wird und ständig einem Wechsel unterworfen ist. Alle diese Gedanken sind von demselben Geisterfürsten eingegeben, der einst unter den sündlosen Bewohnern des Himmels sein Werk anfing und versuchte, die gerechten Einschränkungen des Gesetzes Gottes zu beseitigen. Die Lehre von der Unabänderlichkeit der göttlichen Verordnung, die das Wesen des Menschen bestimmt, hat viele zur tatsächlichen Ablehnung des Gesetzes Gottes geführt. Wesley trat den Irrtümern der gesetzesfeindlichen Lehrer fest entgegen und zeigte, dass diese Lehre, die zur Gesetzesverwerfung führte, der Heiligen Schrift entgegen war. »Denn es ist erschienen die heilsame Gnade Gottes *allen Menschen*.« – »Denn solches ist gut und angenehm vor Gott, unserm Heiland, welcher will, dass *allen Menschen* geholfen werde und sie zur Erkenntnis der Wahrheit kommen. Denn es ist *ein* Gott und *ein* Mittler zwischen Gott und den Menschen, nämlich der Mensch Christus Jesus, der sich selbst gegeben hat für *alle* zur Erlösung.« Titus 2,11; 1.Timotheus 2,3-6 Der Geist Gottes wird ausreichend gegeben, um jeden Menschen zu befähigen, das Heil zu ergreifen. So erleuchtet Christus, »das wahrhaftige Licht ... alle Menschen ... die in diese Welt kommen«. Johannes 1,9. Die Menschen verlieren das Heil durch ihre eigene vorsätzliche Weigerung, die Gabe des Lebens anzunehmen.

Als Antwort auf den Anspruch, dass beim Tod Christi die Zehn Gebote mit dem Zeremonialgesetz abgeschafft worden seien, entgegnete Wesley: »Das Sittengesetz, wie es in den Zehn Geboten enthalten und von den Propheten eingeschärft worden ist, hat er nicht abgetan. Es war nicht der Zweck seines Kommens, irgendeinen Teil davon abzuschaffen. Es ist dies ein Gesetz, das nie gebrochen werden kann, das feststeht wie der treue Zeuge im Himmel ... Es war von Anbeginn der Welt und wurde nicht auf steinerne Tafeln, sondern in die Herzen aller Menschenkinder geschrieben, als sie aus der Hand des Schöpfers hervorgingen. Und wie sehr auch die einst von Gottes Finger geschriebenen Buchstaben jetzt durch die Sünde verwischt sein mögen, so können sie doch nicht total ausgetilgt werden, solange uns ein Bewusstsein von Gut und Böse bleibt. Jeder Teil dieses Gesetzes muss für alle Menschen und zu allen Zeitaltern in Kraft bleiben, da es nicht von Zeit oder Ort noch von irgendwelchen anderen dem Wechsel unterworfenen Umständen, sondern von der Natur Gottes und der Natur der Menschen und ihren unveränderlichen Beziehungen zueinander abhängig ist.

»Ich bin nicht gekommen, aufzulösen, sondern zu erfüllen« Matthäus 5,17 Unzweifelhaft meint er hier (in Übereinstimmung mit alledem, was vorangeht und folgt): Ich bin gekommen, es in seiner Vollkommenheit aufzurichten, trotz aller menschlichen Deutungen. Ich bin gekommen, alles, was in ihm dunkel und undeutlich war, in ein volles und klares Licht zu stellen. Ich bin gekommen, die wahre und volle Bedeutung jedes Teiles zu erklären, die Länge und Breite und die ganze Tragweite eines jeglichen darin enthaltenen Gebotes sowie die Höhe und Tiefe, dessen unbegreifliche Reinheit und Geistlichkeit in allen seinen Zweigen zu zeigen.« Wesley's, Works, „Sermon 25" Wesley verkündigte die vollkommene Übereinstimmung zwischen Gesetz und Evangelium und erklärte: »Es besteht deshalb die denkbar innigste Verbindung zwischen dem Gesetz und dem Evangelium. Einerseits bahnt das Gesetz ständig den Weg für das Evangelium und weist uns darauf hin, anderseits führt uns das Evangelium immer zu einer genaueren Erfüllung des Gesetzes. Das Gesetz zum Beispiel verlangt von uns, Gott und den Nächsten zu lieben und sanftmütig, demütig oder heilig zu sein. Wir spüren, dass wir dazu nicht fähig sind, ja dass dies dem Menschen unmöglich ist. Aber wir sehen eine Verheißung Gottes, uns diese Liebe zu geben und uns demütig, sanftmütig und heilig zu machen. Wir nehmen das Evangelium an, diese frohe Botschaft. Uns geschieht nach unserem Glauben, und die Gerechtigkeit des Gesetzes wird in uns erfüllt durch den Glauben an Christus Jesus ... Die größten Feinde des Evangeliums Christi sind die, welche offen und deutlich das Gesetz beurteilen und schlecht darüber reden, welche

die Menschen lehren, das ganze Gesetz, nicht nur eins seiner

Gebote, sei es das geringste oder das größte, sondern sämtliche Gebote zu brechen [aufzuheben, zu lösen, seine Verbindlichkeit zu beseitigen] ... Höchst erstaunlich ist es, dass die, welche sich so stark täuschen ließen, wirklich glauben, Christus dadurch zu ehren, dass sie sein Gesetz verwerfen, und meinen, seinen Dienst zu rühmen, während sie seine Lehre vernichten! Ach, sie ehren ihn gerade wie Judas es tat, als er sagte: ,Sei gegrüßt, Rabbi! und küsste ihn.' Wohl mag der Herr ebenso billig zu einem jeglichen von ihnen sagen: ,Verrätst du des Menschen Sohn mit einem Kuss?' Matthäus 26,49; Lukas 22,48 Irgendeinen Teil seines Gesetzes auf leichtfertige Weise beiseitezusetzen unter dem Vorwand, das Evangelium Christi zu fördern, ist nichts anderes, als ihn mit einem Kuss zu verraten, von seinem Blut zu reden und seine Krone wegzunehmen. In der Tat kann keiner dieser Anschuldigung entgehen, der den Glauben so verkündigt, was direkt oder indirekt dazu führt, irgendeinen Teil des Gehorsams beiseitezusetzen – keiner, der Jesus Christus so predigt, dass dadurch irgendwie selbst das geringste der heiligen Gebote Gottes ungültig gemacht, geschwächt oder aufgehoben werde.« Wesley's Works, „Sermon 25"

Denen, die darauf bestanden, dass »das Predigen des Evangeliums allen Zwecken des Gesetzes entspreche«, erwiderte Wesley: »Dies leugnen wir gänzlich. Es kommt schon dem allerersten Endzweck des Gesetzes nicht nach, nämlich die Menschen der Sünde zu überführen und die, welche noch immer am Rande der Hölle schlafen, aufzurütteln.« Der Apostel Paulus erklärt: »Durch das Gesetz kommt Erkenntnis der Sünde«; Römer 3, 20 »und bevor der Mensch sich nicht der Schuld bewusst ist, wird er nicht die Notwendigkeit des versöhnenden Blutes Christi spüren ... Wie unser Heiland auch selbst sagt: ,Die Gesunden bedürfen des Arztes nicht, sondern die Kranken.' Lukas 5.31

Es ist deshalb töricht, den Gesunden oder denen, die sich gesund fühlen, einen Arzt aufzudrängen. Sie müssen erst überzeugt sein, dass sie krank sind, sonst werden sie keine Hilfe anfordern. Ebenso töricht ist es, demjenigen Christus anzubieten, dessen Herz noch ganz und unzerbrochen ist.« Wesley's Works, „Sermon 35"

So bemühte sich Wesley, während er das Evangelium von der Gnade Gottes predigte, gleich seinem Herrn, »das Gesetz herrlich und groß« zu machen. Gewissenhaft führte er das ihm von Gott anvertraute Werk aus, und herrlich waren die Ergebnisse, die er sehen durfte. Am Ende eines über 80-jährigen Lebens, von dem er mehr als ein halbes Jahrhundert als Wanderprediger zugebracht hatte, betrug die Zahl der sich zu ihm bekennenden Anhänger mehr als eine halbe Million Menschen. Doch die Menge, die durch sein Wirken aus dem Verderben und der Erniedrigung der Sünde zu einem höheren und reineren Leben erhoben worden war, und die Zahl derer, die durch seine Lehre, eine tiefere und wertvollere Erfahrung gewonnen hatten, werden wir erst erfahren, wenn die gesamte Familie der Erlösten im Reich Gottes versammelt sein wird. Wesleys Leben bietet jedem Christen eine Lehre von unschätzbarem Wert. Mögen sich doch der Glaube und die Demut, der unermüdliche Eifer und die Selbstaufopferung und Hingabe dieses Dieners Jesu Christi in den heutigen Gemeinden widerspiegeln!

Unter den Reformern der Kirche sollte denen ein Ehrenplatz eingeräumt werden, die die Wahrheit rechtfertigten, welche sogar von den Protestanten im Allgemeinen ignoriert wurde. Es waren diejenigen, welche die Gültigkeit des vierten Gebots aufrecht hielten und damit die Einhaltung des biblischen Sabbats. Als die Reformation die Dunkelheit zurückdrängte, die über dem Christentum lag, kamen in vielen Ländern Sabbathalter zum Vorschein. Keine andere Gruppe wurde ungerechter von den bekannten Historikern behandelt als jene, die den Sabbat ehrten. Sie wurden als Halbjuden gebrandmarkt oder für abergläubisch und fanatisch erklärt. Auf die Argumente, die sie zur Unterstützung ihres Glaubens aus der Schrift angaben, wurde ebenso geantwortet, wie man es auch heute noch tut, nämlich mit dem Ruf »Die Väter, die Väter, veraltete Gebräuche, die Autorität der Kirche!«

Luther und seine Mitarbeiter vollbrachten ein edles Werk für Gott, aber da sie ja aus der römischen Kirche kamen und selbst an deren Lehren geglaubt und sie vertreten hatten, konnte man nicht erwarten, dass sie alle diese Irrtümer entdecken würden. Es war ihr Werk, die Fesseln Roms zu zerbrechen und der Welt die Bibel zu geben, doch es gab wichtige Wahrheiten, die sie zu entdecken versäumten und schwere Irrlehren, die sie nicht abgelegt hatten. Viele von ihnen hielten weiterhin den Sonntag und andere päpstliche Feiertage. Sie achteten ihn nicht wirklich als einen Tag von göttlicher Autorität, doch sie glaubten, dass er geheiligt werden sollte, als ein allgemein akzeptierter Tag der Verehrung.

Es gab auch einige unter ihnen, die den Sabbat des vierten Gebots verehrten. So glaubte und praktizierte es Karlstadt (1480-1541). Es gab andere, die sich mit ihm vereinten. John Frith, der Tyndale bei der Übersetzung der Heiligen Schrift unterstützt hatte und der für seinen Glauben gemartert wurde, begründete seine Ansicht, den Sabbat zu respektieren, wie folgt: »Die Juden hatten das Wort Gottes für ihren Samstag, da es der siebente Tag ist, und ihnen wurde geboten, den siebenten Tag zu heiligen. Und wir haben das Wort Gottes nicht für uns, sondern eher gegen uns, weil wir nicht den siebenten Tag halten, wie es die Juden tun, sondern den Ersten, der nicht durch das Gesetz Gottes geboten wird.« John Trask, der die Einhaltung des wahren Sabbats 100 Jahre später anerkannte, verteidigte diesen mit seiner Stimme und

Feder. Durch die verfolgende Macht der Kirche von England

wurde er aufgerufen, Rechenschaft abzulegen. Er erklärte, dass die Heilige Schrift als Richtschnur für den religiösen Glauben ausreichend sei und hielt daran fest, dass zivile Autoritäten nicht das Gewissen in Angelegenheiten der Erlösung kontrollieren sollten. Er wurde vor Gericht gestellt – dem berüchtigten Tribunal der »StarChamber« –, wo es eine lange Diskussion über die Einhaltung des Sabbats gab. Trask wollte sich nicht von den ausdrücklichen Befehlen und Geboten Gottes abbringen lassen, um menschlichen Gesetzen zu folgen. Er wurde deshalb verdammt, sowie an den Pranger gestellt, öffentlich ausgepeitscht und ins Gefängnis geworfen. Dieses grausame Urteil wurde vollstreckt, und nach einiger Zeit war sein Geist gebrochen. Er ertrug seine Leiden ein Jahr im Gefängnis und widerrief dann. O, hätte er weiter gelitten, er hätte die Märtyrerkrone gewonnen!

Trask's Frau hielt auch den Sabbat. Sie wurde sogar von ihren Feinden als eine Frau bezeichnet, die viele Tugenden besaß, denen alle Christen nacheifern sollten. Sie war eine anerkannte, ausgezeichnete Lehrerin und wurde wegen ihrer Fürsorge für die Armen geachtet. »Dies«, so sagten ihre Feinde, »hat sie angegeben, aus Gewissensgründen zu tun, weil sie daran glaubt, eines Tages nach ihren Taten gerichtet zu werden. Deswegen entschloss sie sich, nach der sichersten Regel zu gehen und eher entgegen ihren persönlichen Interessen als dafür.« Doch von ihr wurde auch gesagt, dass sie einen seltsamen Geist besäße und mit einer unvergleichbaren Hartnäckigkeit an ihren eigenen Ansichten festhält, die ihr schaden. Tatsächlich entschloss sie sich, lieber dem Wort Gottes zu gehorchen, als den Traditionen der Menschen. Schließlich wurde diese edle Frau aufgegriffen und ins Gefängnis geworfen.

Die Anschuldigung, die man gegen sie vorbrachte, war folgende: Sie unterrichtet nur fünf Tage in der Woche und ruht am Samstag. Es war bekannt, dass sie das aus Gehorsam zum vierten Gebot tat. Sie wurde keines Verbrechens beschuldigt; das Motiv ihres Handelns war der einzige Grund ihrer Anschuldigung. Oft wurde sie von ihren Verfolgern im Gefängnis aufgesucht, die raffinierteste Argumente vorbrachten, um sie zu überzeugen, ihren Glauben doch aufzugeben. Als Antwort flehte sie diese an, ihr aus der Heiligen Schrift zu zeigen, dass sie sich im Irrtum befände und drängte sie, dass, sollte der Sonntag wirklich ein heiliger Tag sein, es im Wort Gottes geschrieben stehen müsse. Doch umsonst fragte sie nach dem Zeugnis aus der Bibel. Sie wurde ermahnt, ihre Überzeugung aufzugeben und an das zu glauben, was die Kirche als richtig erklärte.

Doch sie weigerte sich, die Freiheit zu erkaufen, indem sie die Wahrheit verwarf. Das Versprechen Gottes stützte ihren Glauben: »Fürchte nichts von dem, was du erleiden wirst! Siehe, der Teufel wird etliche von euch ins Gefängnis werfen, damit ihr geprüft werdet.« »Sei getreu bis in den Tod, so werde ich dir die Krone des Lebens geben.« _{Offenbarung 2,10 Schlachter 2000}

Fast 16 Jahre wurde diese schwache Frau unter Erniedrigungen und großem Leid als Gefangene gehalten. Allein Gottes Buch kann bezeugen, was sie in diesen ermüdenden Jahren erleiden musste. Gläubig bezeugte sie die Wahrheit. Ihre Geduld und innere Kraft versagten nicht, bis sie durch den Tod erlöst wurde.

Ihr Name wurde als Inbegriff des Bösen auf der Erde verstoßen, aber er wird in den himmlischen Berichten geehrt. Sie steht unter denjenigen verzeichnet, die gejagt, verleumdet, verstoßen, gefangen genommen und gemartert wurden, und derer »die Welt nicht wert war.« _{Hebräer 11,38} »Sie sollen, spricht der HERR Zebaoth, an dem Tage, den ich machen will, mein Eigentum sein.« _{Maleachi 3,17}

Gott hatte in seiner Vorsehung die Geschichte einiger jener bewahrt, die für den Gehorsam des vierten Gebotes gelitten hatten. Aber es gab viele, von denen die Welt nichts weiß und die für dieselbe Wahrheit Verfolgung und Martyrium erduldeten. Jene, welche die Nachfolger Christi unterdrückt hatten, nannten sich selbst Protestanten, aber sie verleugneten den fundamentalen Grundsatz des Protestantismus: Die Bibel und nur die Bibel allein als Richtlinie des Glaubens und des Lebens anzuerkennen. Das Zeugnis der Heiligen Schrift warfen sie verächtlich von sich. Dieser Geist lebt noch und verbreitet sich immer mehr, je näher wir dem Ende der Zeit kommen. Menschen, die den biblischen Sabbat verehren, werden immer noch von einem Großteil der christlichen Welt als eigensinnig und starrköpfig bezeichnet, und die Zeit ist nicht mehr fern, da sich der Geist der Verfolgung wieder offen gegen sie richten wird.

Im 17. Jahrhundert gab es einige sabbathaltende Kirchen in England, während Hunderte von Sabbathaltern im ganzen Land verstreut lebten. Durch ihr Werk wurde die Wahrheit bereits zu einem frühen Zeitpunkt in Amerika eingepflanzt. Weniger als ein halbes Jahrhundert nach der Ankunft der Pilger in Plymouth sandten die Sabbathalter von London einen der ihren aus, um die Fahne der Sabbatreform in der Neuen Welt aufzurichten. Der Missionar lehrte, dass die Zehn Gebote, wie sie vom Berg Sinai verkündet wurden, moralisch und unveränderlich seien, und dass es die antichristliche Macht war, die sich anmaßte, Zeit und Gesetz zu verändern und den Sabbat vom siebenten in den ersten Wochentag getauscht hatte. In Newport, (Rode Island) nahmen einige der Kirchenglieder diese Ansichten an, doch blieben sie noch für einige Jahre in der Kirche, zu der sie früher gehört hatten. Schließlich entstanden Schwierigkeiten zwischen den Sabbathaltern und jenen, die den Sonntag hielten. Dabei sahen sich diese Gläubigen letzten Endes gezwungen, sich aus der Kirche zurückzuziehen, damit sie Gottes heiligen Tag in Frieden halten konnten. Bald

danach organisierten sie sich und gründeten so die

erste sabbathaltende Kirche in Amerika. Diese Sabbathalter meinten, dass sie das vierte Gebot halten und dennoch mit den Sonntagsverehrern verbunden bleiben könnten. Es war ein Segen für sie und den folgenden Generationen, dass eine solche Verbindung nicht bestehen konnte, denn hätte sie fortbestanden, wäre dieses Licht von Gottes heiligem Sabbat in der Dunkelheit erloschen.

Einige Jahre später entstand eine Kirche in New Jersey. Ein eifriger Sonntagsverehrer wurde nach seiner Autorität aus der Heiligen Schrift gefragt, weil er jemanden getadelt hatte, der an diesem Tag arbeitete. Auf der Suche danach fand er stattdessen das göttliche Gebot für die Einhaltung des siebenten Tages, den er ab sofort hielt. Durch seine Arbeit wurde eine Sabbatkirche aufgebaut. Seitdem dehnte sich das Werk immer mehr aus, bis schließlich Tausende anfingen, den Sabbat zu halten. Unter den Siebenten-Tags-Baptisten dieses Landes gab es Menschen, die durch ihre Gaben, ihre Gelehrtheit und Frömmigkeit herausragten. Sie vollbrachten ein großes und gutes Werk, in dem sie 200 Jahre zur Verteidigung des ursprünglichen Sabbats standen.

Im 19. Jahrhundert hatten wenige so mutig für diese Wahrheit eingestanden wie der Älteste J. W. Morton, dessen Werke und Schriften zugunsten des Sabbats viele zu dessen Einhaltung führten. Er wurde von den Reformierten Presbyterianern als Missionar nach Haiti gesandt. Er bekam Veröffentlichungen über den Sabbat in seine Hände. Nachdem er die Sache genau untersuchte hatte, wurde er überzeugt, dass das vierte Gebot das Halten des Siebenten-Tags-Sabbats verlangte. Ohne Rücksicht auf seine eigenen Interessen entschied er sich sofort, Gott zu gehorchen. Er kehrte nach Hause zurück, gab seinen Glauben bekannt, wurde wegen Ketzerei gerichtet und aus der Reformierten Presbyterianischen Kirche ausgeschlossen, ohne dass man es ihm erlaubte, die Gründe für seine Haltung zu erläutern. Der Weg, den die Presbyterianische Synode eingeschlagen hatte, indem sie den Ältesten Morton verurteilte, ohne ihm eine Anhörung zu gewähren, ist ein Beweis für den Geist der Intoleranz, der noch besteht – sogar unter jenen, die von sich behaupten, protestantische Reformer zu sein. Der unendliche Gott, dessen Thron im Himmel ist, lässt sich herab um seinem Volk zu sagen: »so kommt denn und lasst uns miteinander rechten.« Jesaja 1,18 Doch schwache irrende Menschen weigern sich, mit ihren Mitgläubigen vernünftig zu reden. Sie stehen bereit, jemanden zu rügen, der das Licht angenommen hat, welches sie nicht erhielten – als hätte sich Gott verpflichtet, niemandem weiteres Licht zu geben als jenes, das er ihnen gegeben hatte. Das ist der Weg, den die Gegner der Wahrheit in allen Zeitaltern eingeschlagen haben. Sie vergessen die Aussagen der Heiligen Schrift: »Dem Gerechten muss das Licht immer wieder aufgehen.« Psalm 97,11 »Der Gerechten Pfad glänzt wie das Licht am Morgen, das immer heller leuchtet bis zum vollen Tag.« Sprüche 4,18 Es ist traurig, wenn ein Volk, das von sich behauptet, reformiert zu sein, aufgehört hat, weiter zu wachsen.

Wenn bekenntliche Christen doch ihre Ansichten sorgfältig und unter Gebet mit der Schrift verglichen, allen Meinungsstolz und den Wunsch nach Überlegenheit beiseite legten, so würde sich eine Flut des Lichts über die Kirchen ergießen, die jetzt in der Dunkelheit ihrer Irrtümer wandern. So schnell wie sein Volk es ertragen kann, offenbart ihm der Herr die Irrlehren und Charakterfehler, die es hat. Durch alle Zeitalter hindurch ließ der Herr Menschen sich erheben und befähigte sie, ein besonderes Werk zu vollbringen, das in ihrer Zeit benötigt wurde. Aber keinem von ihnen vertraute er das ganze Licht an, das der Welt gegeben werden sollte. Die Weisheit stirbt nicht mit ihnen. Es war nicht der Wille Gottes, dass das Werk der Reformation mit dem Lebensende Luthers aufhören sollte. Es war nicht sein Wille, dass mit dem Tod Wesleys der christliche Glaube feststehend und unveränderlich werde. Das Werk der Reformation ist fortschreitend. Geht vorwärts, ist das Gebot unseres großen Führers – vorwärts bis zum Sieg!

Wir werden nicht angenommen und von Gott geehrt indem wir dasselbe Werk tun, dass unsere Väter taten. Wir haben nicht die gleiche Stellung, welche sie innehatten, als sich ihnen die Wahrheit enthüllte. Um so angenommen und geehrt zu werden wie sie, müssen wir das Licht verbessern, das über uns leuchtet, wie sie das Licht verbessert hatten, welches über sie geschienen hatte; wir müssen so handeln wie sie es getan hätten, würden sie in unseren Tagen leben. Luther und die Wesleys waren Reformer in ihrer Zeit. Es ist unsere Pflicht das Werk der Reformation fortzusetzen. Wenn wir es vernachlässigen, das Licht zu beachten, wird es zur Dunkelheit. Der Grad der Dunkelheit wird proportional dem abgelehnten Licht entsprechen.

Die Propheten Gottes verkündeten, dass sich in den letzten Tagen die Erkenntnis steigern werde. Es sind nun neue Wahrheiten dem demütigen Forscher zu offenbaren. Die Lehren der Worte Gottes müssen nun von den Irrtümern und dem Aberglauben befreit werden, mit dem sie vermengt worden sind. Doktinen, welche nicht durch die Schrift belegt worden sind, wurden weit verbreitet gelehrt und viele haben sie aufrichtig angenommen; doch wenn die Wahrheit offenbar wird, ist es eine Pflicht für jeden, sie anzunehmen. Jene, welche erlauben, dass weltliche Interessen, der Wunsch nach Beliebtheit oder der Meinungsstolz sie von der Wahrheit trennen, werden vor Gott für ihre Nachlässigkeit Rechenschaft ablegen müssen.

KAPITEL 15

DIE *BIBEL* UND DIE
FRANZÖSISCHE *R*EVOLUTION

Schon 300 Jahre zuvor hatte Frankreich die Reformation bekämpft und weitgehend ausgerottet. Dies brachte Früchte hervor, die in der französischen Revolution ihren Höhepunkt erreichten. In der Bibel (Offenbarung 11) wurde diese Zeit erwähnt. Albigenser wurden verbrannt, Hugenotten vertrieben; die Bartholomäusnacht brachte 70.000 ahnungslosen Menschen Tod und Verderben und unzählige Christen wurden hingerichtet. Das Streben eines Landes ohne Gott zu leben brachte eine tödliche Ernte für sein ganzes Volk.

Im 16. Jahrhundert hatte die Reformation, die dem Volk die Bibel zugänglich machte, in allen Ländern Europas Eingang gesucht. Einige Nationen hießen sie freudig als Himmelsbotin willkommen. In anderen Ländern gelang es dem Papsttum weitgehend, ihren Eingang zu verhindern. Das Licht biblischer Erkenntnis mit seinem veredelnden Einfluss war nahezu erloschen. In einem Land wurde das Licht, obwohl es Eingang gefunden hatte, von der Finsternis nicht umfasst. Jahrhundertelang kämpften Wahrheit und Irrtum um die Oberherrschaft. Schließlich siegte das Böse, und die Wahrheit des Himmels wurde abgelehnt. »Das ist aber das Gericht, dass das Licht in die Welt gekommen ist, und die Menschen liebten die Finsternis mehr als das Licht.« Johannes 3,19 Diese Nation musste die Folgen ihrer Wahl tragen. Der Einhalt gebietende Einfluss des Geistes Gottes wurde einem Volk, das seine Gnadengabe verachtet hatte, entzogen. Gott ließ das Böse ausreifen und alle Welt sah die Früchte der vorsätzlichen Verwerfung des Lichtes.

Der in Frankreich viele Jahrhunderte lang gegen die Bibel geführte Kampf erreichte in der Revolution Anm 32 seinen Höhepunkt. Der Ausbruch war die unausbleibliche Folge der Unterdrückung der Heiligen Schrift durch Rom. Er zeigte Anm 33 der Welt das eindrucksvollste Beispiel, wohin die päpstliche Politik führt – eine Darstellung der Folgen, auf welche die Lehren der Römischen Kirche seit mehr als tausend Jahren zusteuerten.

Die Unterdrückung der Heiligen Schrift während der päpstlichen Oberherrschaft wurde von den Propheten vorhergesagt. Auch der Schreiber der Offenbarung weist auf die schrecklichen Folgen hin, die besonders Frankreich von der Herrschaft des »Menschen der Sünde« 2.Thessalonicher 2,3 erleben sollte. Der Engel sagte: »Die heilige Stadt werden sie zertreten [265/266] **227** zweiundvierzig Monate. Und ich will meinen zwei Zeugen geben, dass sie sollen weissagen tausendzweihundertundsechzig Tage, angetan mit Säcken … Und wenn sie ihr Zeugnis geendet haben, so wird das Tier, das aus dem Abgrund aufsteigt, mit ihnen streiten und wird sie überwinden und töten. Und ihre Leichname werden liegen auf der Gasse der großen Stadt, die da heißt geistlich ‚Sodom und Ägypten', da auch ihr Herr gekreuzigt ist … Und die auf Erden wohnen, werden sich freuen über sie und wohlleben und Geschenke untereinander senden; denn diese zwei Propheten quälten die auf Erden wohnten. Und nach drei Tagen und einem halben fuhr in sie der Geist des Lebens von Gott, und sie traten auf ihre Füße; und eine große Furcht fiel über die, so sie sahen.« Offenbarung 11,2-11

Die hier erwähnten »42 Monate« und »1260 Tage« sind eine und dieselbe Zeitangabe. Beide bezeichnen die Zeit, als die Gemeinde Christi von Rom unterdrückt wurde. Die 1260 Jahre päpstlicher Oberherrschaft begannen im Jahr 538 n. Chr. und mussten demnach 1798 ablaufen. Zu dieser Zeit fiel eine französische Armee in Rom ein und nahm den Papst gefangen, der später in der Verbannung starb. Wenn auch bald darauf ein neuer Papst gewählt wurde, so hat die päpstliche Priesterherrschaft doch nie wieder die Macht ausüben können, die sie vorher besessen hatte.

Die Verfolgung der Gemeinde Christi reichte nicht bis an das Ende der 1260 Jahre. Aus Erbarmen mit seinem Volk verkürzte Gott die Zeit der Feuerprobe. In seiner Weissagung von der »großen Trübsal«, welche die Gemeinde heimsuchen sollte, sagte der Heiland: »Wenn diese Tage nicht verkürzt würden, so würde kein Mensch selig werden; aber um der Auserwählten willen werden diese Tage verkürzt.« Matthäus 24,22 Durch den Einfluss der Reformation endete die Verfolgung schon vor dem Jahr 1798.

Über die zwei Zeugen sagt der Prophet weiter: »Diese sind die zwei Ölbaume und zwei Fackeln, stehend vor dem Herrn der Erde.« Der Psalmist erklärt: »Dein Wort ist meines Fußes Leuchte und ein Licht auf meinem Wege.« Offenbarung 11,4; Psalm 119,105 Die beiden Zeugen stellen die Schriften des Alten und Neuen Testaments dar. Beide sind wichtige Zeugnisse für den Ursprung und Bestand des Gesetzes Gottes. Beide sind auch Zeugen für den Heilsplan. Die Vorbilder, die Opfer und die Weissagungen des Alten Testaments weisen auf den kommenden Erlöser hin. Die Evangelien und Briefe des Neuen Testaments berichten von einem Heiland, der genauso gekommen ist, wie es die Vorbilder und Weissagungen vorhergesagt hatten. »Sie sollen weissagen 1260 Tage, angetan mit Säcken.« Während des größeren Teiles dieser Zeit blieben Gottes Zeugen im Verborgenen. Die päpstliche Macht versuchte das Wort der Wahrheit vor dem Volk zu verbergen und stellte falsche Zeugen auf, die dem Zeugnis des Volkes widersprechen sollten. Als die Bibel von kirchlichen und weltlichen Behörden verbannt Anm 34 und ihr Zeugnis verfälscht wurde und man allerlei Versuche unternahm, die Menschen und Dämonen nur ausdenken konnten, um die Gemüter des Volkes von ihr abzulenken; als die, welche es wagten, ihre heiligen Wahrheiten zu verkündigen, gehetzt, verraten, gequält, in Gefängniszellen begraben, um ihres Glaubens willen getötet oder in die Festen der Berge und in die Schluchten und Höhlen der Erde zu fliehen gezwungen wurden, – da weissagten die Zeugen in Säcken. Dennoch setzten sie ihr Zeugnis während der ganzen 1260 Jahre fort. In den dunkelsten Zeiten gab es treue Menschen, die Gottes Wort liebten und um seine Ehre eiferten. Diesen treuen Kindern wurde Weisheit, Macht und Stärke verliehen, während dieser ganzen Zeit seine Wahrheit zu verkündigen.

»Und wenn ihnen jemand Schaden tun will, so kommt Feuer aus ihrem Mund und verzehrt ihre Feinde; und wenn ihnen jemand Schaden tun will, muss er so getötet werden.« Offenbarung 11,5 Die Menschen können nicht ungestraft das Wort Gottes mit Füßen treten. Die Bedeutung dieser schrecklichen Drohung wird uns im letzten Kapitel der Offenbarung gegeben: »Ich bezeuge allen, die da hören die Worte der Weissagung in diesem Buch: Wenn jemand etwas hinzufügt, so wird Gott ihm die Plagen zufügen, die in diesem Buch geschrieben stehen. Und wenn jemand etwas wegnimmt von den Worten des Buchs dieser Weissagung, so wird Gott ihm seinen Anteil wegnehmen am Baum des Lebens und an der heiligen Stadt, von denen in diesem Buch geschrieben steht.« Offenbarung 22,18.19

Das sind Warnungen, die Gott gegeben hat, um den Menschen zu hindern, auf irgendeine Weise das zu verändern, was er offenbart oder geboten hat. Diese ernsten Drohungen richten sich an alle, die durch ihren Einfluss die Menschen veranlassen, das Gesetz Gottes gering zu achten. Sie sollen jene in Furcht und Zittern versetzen, die leichtfertig behaupten, es sei unbedeutend, ob wir Gottes Gesetz halten oder nicht. Alle, die ihre eigenen Ansichten über die göttliche Offenbarung stellen; alle, die die klaren Aussagen des Wortes Gottes ihrer eigenen Bequemlichkeit oder der Meinung der Welt anpassen möchten, laden eine furchtbare Verantwortung auf sich. Das geschriebene Wort, das Gesetz Gottes, wird den Charakter aller bewerten und jene verdammen, deren Charakter diesem unfehlbaren Prüfstein nicht entspricht. »Wenn sie ihr Zeugnis geendet haben« – der Zeitabschnitt, in dem die zwei Zeugen, mit Säcken angetan, weissagten, endete 1798. Wenn ihr Werk im Verborgenen sich seinem Ende nähern würde, sollte die Macht, die als »das Tier, das aus dem Abgrund aufsteigt«, dargestellt wird, mit ihnen in Streit geraten. In vielen europäischen Nationen waren die Mächte, die in Kirche und [267/268] **229**

Staat das Zepter führten, seit Jahrhunderten von Satan durch das Medium des Papsttums beherrscht worden. Doch hier wird uns eine neue Bekundung satanischer Macht gezeigt. Unter dem Vorwand der Ehrfurcht vor der Bibel hatte Roms Politik diese in einer unbekannten Sprache verschlossen und vor dem Volk verborgen gehalten. Unter dieser Herrschaft weissagten die Zeugen »angetan mit Säcken«. Aber eine andere Macht – das Tier aus dem Abgrund – sollte sich erheben und mit Gottes Wort offen und unverhüllt Krieg führen.

Die »große Stadt«, in deren Gassen die Zeugen erschlagen wurden und wo ihre Leichname lagen, heißt »geistlich ... Ägypten«. Die biblische Geschichte berichtet uns von keiner Nation, die das Dasein des lebendigen Gottes dreister verleugnete und sich seinen Geboten mehr widersetzte als Ägypten. Kein Monarch wagte je eine offenere und arrogantere Empörung gegen die Autorität des Himmels als der König Ägyptens. Als Mose ihm im Namen des Herrn dessen Botschaft brachte, gab Pharao stolz zur Antwort: »Wer ist der HERR, dass ich ihm gehorchen müsse und Israel ziehen lasse? Ich weiß nichts von dem HERRN, will auch Israel nicht ziehen lassen.« 2.Mose 5,2 Dies ist Gottesleugnung, und die durch Ägypten sinnbildlich dargestellte Nation sollte die Ansprüche des lebendigen Gottes in ähnlicher Weise verleugnen und den gleichen ungläubigen und herausfordernden Geist an den Tag legen. Die »große Stadt« wird auch geistlich mit Sodom verglichen. Die Verderbtheit Sodoms in der Übertretung des Gesetzes Gottes bekundete sich ganz besonders in seinem zügellosen Verhalten. Diese Sünde war ebenfalls sehr hervorstechend im Volk, das die Einzelheiten dieser Schriftstelle erfüllen sollte.

Nach den Angaben des Propheten sollte sich kurz vor dem Jahr 1798 eine Macht satanischen Ursprungs gegen die Bibel erheben. Und in dem Land, in dem das Zeugnis der beiden Zeugen Gottes auf diese Weise zum Schweigen gebracht werden sollte, würde sich die Gottesleugnung Pharaos und die Unzucht Sodoms offenbaren.

Diese Weissagung hat in der Geschichte Frankreichs eine überaus genaue und treffende Erfüllung gefunden. Während der Revolutionszeit, im Jahr 1793, »hörte die Welt zum ersten Mal, dass eine Versammlung von Männern, die gesittet geboren und erzogen waren und sich das Recht anmaßten, eine der schönsten Nationen Europas zu regieren, gemeinsam die feierlichste Wahrheit verleugneten, die Menschen erhalten können und einstimmig den Glauben an Gott und die Anbetung der Gottheit verwarfen«. Scott, „Life of Napoleon Buonaparte", Bd. I, Kapitel 17 – »Frankreich ist die einzige Nation auf der Welt, von der berichtet wird, dass sie als Nation ihre Hand in offener Empörung gegen den Schöpfer des Weltalls erhoben hat. Es gab und gibt noch viele Lästerer und

Ungläubige in England, Deutschland, Spanien und anderswo,

aber Frankreich steht in der Weltgeschichte als einziger Staat da, der durch den Erlass seiner gesetzgebenden Versammlung erklärte, dass es keinen Gott gebe, in dessen Hauptstadt alle Bewohner, und viele anderswo, Frauen und Männer vor Freude sangen und tanzten, als sie von der Bekanntmachung hörten.« <small>Blackwood's Magazine, November 1870</small>

Frankreich zeigte die Merkmale, die Sodom besonders gekennzeichnet hatten. Während der Revolution herrschte ein Zustand sittlicher Erniedrigung und Verderbtheit ähnlich dem, der einst den Untergang über die Städte Sodom und Gomorra brachte. Ein Historiker spricht über die Gottesleugnung und die Unzucht Frankreichs, wie sie uns in der Weissagung vorhergesagt sind. »Eng verbunden mit diesen religionsfeindlichen Gesetzen war jenes, welches das Ehebündnis – die heiligste Verbindung, das menschliche Wesen eingehen können, und deren Dauerhaftigkeit am meisten zur Festigung der Gesellschaft beiträgt – auf die Stufe eines rein bürgerlichen Übereinkommens vorübergehender Natur herabwürdigte, das irgendwelche zwei Personen miteinander treffen und willkürlich wieder lösen konnten ... Hätten böse Geister es unternommen, ein Verfahren zu entdecken, das auf die wirksamste Weise alles zugrunde richtet, was sich an Ehrwürdigem, Anmutigem oder Dauerhaftem im Familienleben bietet, und hätten sie gleichzeitig die Zusicherung gehabt, dass das Unheil, das sie anzurichten beabsichtigten, von einem Geschlecht auf das andere weitergegeben werden sollte, so hätten sie keinen wirksameren Plan ausdenken können als die Herabwürdigung der Ehe ... Sophie Arnould, eine durch ihren geistreichen Witz berühmte Sängerin, beschrieb die republikanische Hochzeit als das ‚Sakrament des Ehebruchs'.« <small>Scott, Bd. I, Kap.17</small> »Da auch ihr Herr gekreuzigt ist.« Dieses Merkmal der Weissagung erfüllte Frankreich ebenfalls. In keinem Land hatte sich der Geist der Feindschaft gegen Christus auffallender entfaltet. Nirgends ist die Wahrheit auf bittereren oder grausameren Widerstand gestoßen. In den Verfolgungen, mit denen Frankreich die Bekenner des Evangeliums heimsuchte, hatte es Christus in Form seiner Jünger gekreuzigt.

Jahrhundertelang war das Blut der Heiligen vergossen worden. Während die Waldenser in den Gebirgen Piemonts um des Wortes Gottes und des Zeugnisses Jesu Christi willen ihr Leben ließen, hatten ihre Brüder, die Albigenser in Frankreich, ein ähnliches Zeugnis für die Wahrheit abgelegt. In den Tagen der Reformation waren ihre Anhänger unter schrecklichsten Qualen hingerichtet worden. König und Adel, Frauen aus gutem Hause und kleine Mädchen, der Stolz und Glanz der Nation, ergötzten sich an den Leiden der Märtyrer Jesu. Die tapferen Hugenotten hatten im Kampf um die Rechte, die das menschliche Herz für die heiligsten hält, ihr

Blut auf manchem heftig umstrittenen Feld dahingegeben. Die Protestanten wurden für vogelfrei erklärt. Man setzte Kopfpreise aus und hetzte sie von Ort zu Ort wie wilde Tiere.

Im 18. Jahrhundert hielt die »Gemeinde in der Wüste« – die wenigen Nachkommen der alten Christen, die versteckt in den Gebirgen des südlichen Frankreichs übriggeblieben waren, – noch immer am ehrwürdigen Glauben ihrer Väter fest. Wagten sie es, sich nachts an den Gebirgsabhängen oder auf der einsamen Heide zu versammeln, wurden sie von den Dragonern verfolgt und zu lebenslanger Gefangenschaft auf Galeeren verschleppt. Die Reinsten, Gebildetsten und Verständigsten der Franzosen wurden unter schrecklichen Qualen mit Räubern und Meuchelmördern zusammengekettet. Wylie, „History of Protestanitsm", 22.Buch, Kapitel 6 Andere wurden barmherziger behandelt. Während sie unbewaffnet und hilflos betend auf die Knie fielen, wurden sie kaltblütig niedergeschossen. Hunderte von betagten Männern, wehrlosen Frauen und unschuldigen Kindern wurden am Versammlungsort tot auf dem Boden liegend zurückgelassen. Beim Durchstreifen der Gebirgsabhänge oder der Wälder, wo sie sich gewöhnlich versammelten, waren nicht selten »alle vier Schritte Leichname auf dem Rasen oder an den Bäumen hängend zu finden«. Ihr Land, von Schwert, Henkerbeil und Feuerbrand verwüstet, »wurde zu einer großen düsteren Wildnis … Diese Gräuel wurden nicht im finsteren Mittelalter …, sondern in jener glänzenden Zeitperiode Ludwigs XIV. begangen. Die Wissenschaften wurden damals gepflegt, die Literatur blühte, die Geistlichkeit des Hofes und der Hauptstadt waren gelehrte und redegewandte Männer, die sich gern mit dem Anschein von Demut und Liebe zierten.« Wylie, 22.Buch, Kap. 7

Doch das schwärzeste im schwarzen Verzeichnis der Verbrechen, das fürchterlichste unter den höllischen Taten aller Jahrhunderte des Schreckens war das Massacker in der Bartholomäusnacht (1572). Noch immer erinnert sich die Welt mit Schaudern und Entsetzen an die Szenen dieses feigsten und grausamsten Angriffs. Der König von Frankreich genehmigte, durch römische Priester und Prälaten gedrängt, das schreckliche Werk. Eine Glocke gab in nächtlicher Stille das Zeichen zum Blutbad, Tausende von Protestanten (Hugenotten), die ruhig in ihren Wohnungen schliefen und sich auf die verpfändete Ehre des Königs verließen, wurden ohne Vorwarnung herausgeschleppt und kaltblütig ermordet.

Wie Christus unsichtbar sein Volk aus der ägyptischen Knechtschaft führte, so unsichtbar leitete Satan seine Untertanen in diesem schrecklichen Werk, die Zahl der Märtyrer zu vergrößern. Sieben Tage lang wurde das Gemetzel in Paris fortgesetzt; an den ersten drei Tagen mit unbegreiflicher Wut. Auf besonderen Befehl des Königs beschränkte es sich nicht nur auf Paris selbst, sondern auch auf alle Provinzen und Städte, in denen sich Protestanten befanden. Weder Alter noch Geschlecht wurde geachtet, weder der unschuldige Säugling noch der Greis blieben verschont. Der Adlige wie der Bauer, alt und jung, Mutter und Kind wurden zusammen erschlagen. Das Gemetzel dauerte in ganz Frankreich zwei Monate. 70000 der Besten der Nation kamen so ums Leben.

»Als die Nachricht von dem Blutbad Rom erreichte, kannte die Freude der Geistlichkeit keine Grenzen. Der Kardinal von Lothringen belohnte den Boten mit 1000 Kronen, der Domherr von St. Angelo ließ 100 Freudenschüsse abgeben, die Glocken läuteten von jedem Turm, Freudenfeuer verwandelten die Nacht in einen Tag, und Gregor XIII. zog, begleitet von den Kardinälen und andern geistlichen Würdenträgern, in einer großen Prozession zur Kirche von St. Ludwig, wo der Kardinal von Lothringen ein Tedeum sang ... Zur Erinnerung an das Gemetzel wurde eine Gedenkmünze geprägt, und im Vatikan kann man drei Freskogemälde von Vasari sehen, die den Angriff auf den Admiral, den König, wie er im Rat das Gemetzel plante, und das Blutbad selbst darstellen. Gregor sandte Karl die goldene Rose und hörte vier Monate später ... ruhigen Gemüts die Predigt eines französischen Priesters an ..., der von jenem ‚Tag des Glücks und der Freude‘ sprach, als der Heilige Vater die Nachricht erhielt und höchst feierlich hinging, um Gott und St. Ludwig zu danken.«
White, „The Massacre of St. Bartholomew“, Kapitel 14, 34. Abschnitt

Der gleiche mächtige Geist, der zum Blutbad in der Bartholomäusnacht anstiftete, zeigte sich auch in den Ereignissen der Revolution. Jesus Christus wurde als Betrüger hingestellt, und der gemeinsame Kampfruf der französischen Gottesleugner hieß: »Nieder mit dem Elenden!«, womit sie Christus meinten. Himmelschreiende Lästerung und abscheuliche Gottlosigkeit gingen Hand in Hand. Die gemeinsten Menschen, die verwahrlosesten Ungeheuer, voller Grausamkeit und Laster, wurden hoch erhoben. Durch all dieses Geschehen wurde Satan am meisten gehuldigt, während man Christus mit seinen Eigenschaften der Wahrheit, der Reinheit und der selbstlosen Liebe kreuzigte.

»So wird das Tier, das aus dem Abgrund aufsteigt, mit ihnen einen Streit halten und wird sie überwinden und wird sie töten.« Offenbarung 11,7 Die gottesleugnerische Macht, die in Frankreich während der Revolution und der nachfolgenden Herrschaft des Terrors regierte, unternahm so einen Krieg gegen Gott und sein heiliges Wort, wie ihn die Welt noch nie erlebt hatte. Die Anbetung Gottes wurde von der Nationalversammlung verboten. Bibeln wurden eingesammelt und unter abscheulicher Verachtung öffentlich verbrannt. Das Gesetz Gottes trat man mit Füßen. Biblische Einrichtungen wurden abgeschafft. Den wöchentlichen Ruhetag hob man auf. Statt diesem widmete man jeden zehnten Tag der Lustbarkeit und der Gotteslästerung. Taufe und Abendmahl wurden verboten. Über den Grabstätten deutlich sichtbar angebrachte Inschriften erklärten den Tod für einen ewigen Schlaf.

Gottesfurcht, behauptete man, sei nicht der Anfang der Weisheit, sondern vielmehr der Anfang der Torheit. Jede Verehrung wurde untersagt, ausgenommen die der Freiheit und des Vaterlandes. Der »konstitutionelle Bischof von Paris wurde herbeigeholt, um in der schamlosesten und anstößigsten Weise, die sich je vor einer Nationalvertretung abspielte, die Hauptrolle zu übernehmen ... Man führte ihn in einer sogenannten Prozession vor, um der Versammlung zu erklären, dass die Religion, die er so viele Jahre lang gelehrt hatte, in jeder Hinsicht Lug und Trug ist ohne irgendeinen Grund in der Geschichte

Gedenkmünzen der Bartholomäusnacht

Massaker in der Bartholomäusnacht (1572)

noch in der heiligen Wahrheit. Er verleugnete feierlich und deutlich die Existenz der Gottheit, zu deren Dienst er eingesegnet worden war, und widmete sich in Zukunft der Verehrung der Freiheit, Gleichheit, Tugend und Sittlichkeit. Dann legte er seinen bischöflichen Schmuck ab und empfing eine brüderliche Umarmung vom Präsidenten des Konvents. Verschiedene abgefallene Priester folgten dem würdelosen Beispiel dieses Prälaten.« Scott, Bd. I, Kapitel 17

»Und die auf Erden wohnen, werden sich freuen über sie und aufleben und Geschenke austauschen; denn diese zwei Propheten quälten die auf Erden wohnten.« Offenbarung 11,10 Das ungläubige Frankreich hatte die strafende Stimme jener beiden Zeugen Gottes zum Schweigen gebracht. Das Wort Gottes lag tot auf seinen Straßen, und alle, die die Einschränkungen und Forderungen des Gesetzes Gottes hassten, jubelten nun. Öffentlich forderten Menschen den König des Himmels heraus. Wie die Sünder vor alters, riefen sie aus: »Was merkt Gott? Weiß der Höchste überhaupt etwas?« Psalm 73,11; Schlachter 2000

Mit lästerlicher Vermessenheit, die beinahe alle Glaubwürdigkeit übersteigt, sagte einer der Priester dieser neuen Art: »Gott, wenn du existierst, räche deinen beleidigten Namen. Ich biete dir Trotz! Du schweigst! Du wagst es nicht, deine Donner zu schleudern! Wer wird hinfort an dein Dasein glauben?« Lacretelle, „Histoire de la Révolution francaise jusqu`au 18 et 19 brumaire", Bd. IX, S. 309 Welch eine Wiederholung der Forderung Pharaos: »Wer ist der HERR, dass ich ihm gehorchen müsse? ... Ich weiß nichts von dem HERRN.« 2. Mose 5,2

»Die Toren sprechen in ihrem Herzen: Es ist kein Gott.« Psalm 14,1 Und der Herr erklärt von den Verfälschern seiner Wahrheit: »Ihre Torheit wird offenbar werden jedermann.« 2. Timotheus 3,9 Nachdem Frankreich sich von der Anbetung des lebendigen Gottes, des »Hohen und Erhabenen, der ewiglich wohnt«, losgesagt hatte, verging nur kurze Zeit, bis es zu erniedrigendem Götzendienst herabsank, indem es die Göttin der Vernunft in der Person einer lasterhaften Dame anbetete – dies in der Nationalversammlung, durch die Vertreter des Volkes und durch seine höchsten zivilen und gesetzgebenden Behörden! Ein Geschichtsschreiber sagt: »Eine der Zeremonien dieser wahnsinnigen Zeit steht unübertroffen da wegen ihrer mit Gottlosigkeit verbundenen Geschmacklosigkeit. Die Tore des Konvents wurden einer Schar von Musikanten geöffnet, der in feierlichem Zug die Mitglieder der Stadtbehörde folgten, während sie ein Loblied auf die Freiheit sangen und den Gegenstand ihrer zukünftigen Anbetung geleiteten, eine verschleierte Frau, die sie die Göttin der Vernunft nannten. Als man sie dorthin gebracht, in aller Förmlichkeit entschleiert und zur Rechten des Präsidenten gesetzt hatte, erkannte man sie als eine Tänzerin aus der Oper ... Dieser Person, der passendsten Vertreterin jener

Vernunft, die man anbetete, huldigte die Nationalversammlung Frankreichs öffentlich. Jene gottlose und lächerliche Zeremonie wurde zu einem Brauch, und die Einsetzung der Göttin der Vernunft wurde in der ganzen Nation an allen Orten, wo die Bewohner sich im Sinne der Revolution zeigen wollten, erneuert und nachgeahmt.« Scott, Bd. I. Kapitel 17

Der Redner, der die Anbetung der Vernunft einführte, sagte: »Mitglieder der gesetzgebenden Versammlung! Der Fanatismus ist der Vernunft gewichen. Seine getrübten Augen konnten den Glanz des Lichts nicht ertragen. Heute hat sich eine riesige Menge in den gotischen Gewölben versammelt, die zum ersten Mal von der Stimme der Wahrheit widerhallen. Dort haben die Franzosen die wahre Anbetung der Freiheit und der Vernunft vollzogen; dort haben wir neue Wünsche für das Glück der Waffen der Republik ausgesprochen; dort haben wir die leblosen Götzen gegen die Vernunft, dieses belebte Bild, das Meisterwerk der Natur, eingetauscht.« Thiers, „Histoire de le Révolution francaise", Bd.II, S. 370.371 Als die Göttin in den Konvent geführt wurde, nahm der Redner sie an der Hand und sagte, indem er sich an die Versammlung wandte: »‚Sterbliche, hört auf vor dem ohnmächtigen Donner eines Gottes zu beben, den eure Furcht geschaffen hat. Hinfort erkennt keine Gottheit außer der Vernunft. Ich stelle euch ihr reinstes und edelstes Bild vor. Müsst ihr Götter haben, so opfert nur solchen wie dieser ... O Schleier der Vernunft, falle vor dem erlauchten Senat der Freiheit!...'

Nachdem der Präsident die Göttin umarmt hatte, wurde sie auf einen prächtigen Wagen gesetzt und inmitten eines ungeheuren Gedränges zur Liebfrauenkirche geführt, damit sie dort die Stelle der Gottheit einnehme. Dann wurde sie auf den Hochaltar gehoben und von allen Anwesenden verehrt.« Alison, „History of Europe from the Commencement of the French Revolution in 1789 to the Restoration of the Bourbons in 1815", Bd. I. Kapitel 10 Bald darauf erfolgte die öffentliche Verbrennung der Bibel. Bei einem derartigen Anlass betrat die »Gesellschaft der Volksfreunde« den Saal der höchsten Behörde mit dem Ruf: »Es lebe die Vernunft!« Auf der Spitze einer Stange trugen sie die halbverbrannten Überreste verschiedener Bücher, darunter Gebetbücher, Messbücher und das Alte und Neue Testament, die wie der Präsident sich ausdrückte, »in einem großen Feuer die gesamten Torheiten sühnten, die zu begehen sie das menschliche Geschlecht veranlasst hatten«. Jurnal von Paris, 1793, Nr. 318

Das Papsttum hatte das Werk begonnen, das die Gottesleugner nun vollendeten. Roms Politik hatte jene gesellschaftlichen, politischen und religiösen Zustände zur Folge, die Frankreich ins Verderben trieb. Schriftsteller, die die Schrecken der Revolution schildern, sagen, dass jene Ausschreitungen dem Thron und der Kirche zur Last gelegt werden müssen. In strenger Gerechtigkeit müssen die Taten der Kirche zugerechnet werden. Das Papsttum hatte Voreingenommenheit gegen die Reformation in die Gemüter der Könige gesät, als wäre sie ein Feind der Krone, eine Ursache zur Uneinigkeit, die sich dem Frieden und der Eintracht der Nation als verhängnisvoll erweisen würde. Der Einfluss Roms führte auf diese Weise zu den entsetzlichsten Grausamkeiten und zur bittersten Unterdrückung, die je von einem Thron ausgegangen sind.

Der Geist der Freiheit begleitete die Bibel. Wo das Evangelium Aufnahme fand, wurden die Gemüter der Menschen belebt. Sie fingen an, die Fesseln, die sie als Sklaven der Unwissenheit, des Lasters und des Aberglaubens gehalten hatten, abzuschütteln und wie Männer zu denken und zu handeln. Die Herrscher sahen es und fürchteten um ihre unumschränkte Gewalt.

Rom versäumte es nicht, ihre eifersüchtigen Befürchtungen anzufachen. Der Papst sagte im Jahre 1525 zu dem Regenten Frankreichs: »Diese Tollwut [der Protestantismus] wird nicht nur die Religion verwirren und verderben, sondern außerdem auch alle Fürsten- und Adelswürden, Gesetze, Orden und Rangunterschiede.« Félice, „Geschichte der Protestanten Frankreichs", 1.Buch, Kapitel 2; 8. Abschnitt, Leipzig, 1855 Einige Jahre später warnte ein päpstlicher Gesandter den König: »Sire, täuschen Sie sich nicht, die Protestanten werden die bürgerliche wie die religiöse Ordnung untergraben ... Der Thron ist ebenso sehr in Gefahr wie der Altar ... Die Einführung einer neuen Religion bringt notwendigerweise die einer neuen Regierung mit sich.« D'Aubigné, Geschichte der Reformation zu den Zeiten Calvins", 2.Buch, Kapitel 36 Theologen nutzten das Vorurteil des Volkes, indem sie erklärten, dass die protestantische Lehre »die Leute zu Neuerungen und Torheiten verlocke, dem König die aufopfernde Liebe seiner Untertanen raube und Kirche und Staat verheere«. So gelang es Rom, Frankreich dahin zu bringen, sich gegen die Reformation zu stellen. »Zur Erhaltung des Thrones, zur Bewahrung des Adels und zur Aufrechterhaltung der Gesetze wurde das Schwert der Verfolgung in Frankreich zuerst gezogen.« Wylie, 13.Buch, Kapitel 4 Die Herrscher jenes Landes waren weit davon entfernt, die Folgen dieser verhängnisvollen Politik vorauszusehen. Die Lehren der Heiligen Schrift hätten in die Gemüter und Herzen des Volkes jene Grundsätze der Gerechtigkeit, Mäßigkeit, Wahrheit, Gleichheit und Wohltätigkeit eingepflanzt, welche absolute Fundamente für nationalen Wohlstand sind. »Gerechtigkeit erhöht ein Volk«; »durch Gerechtigkeit wird der Thron befestigt.« Sprüche 14,34; 16,12 »Und der Gerechtigkeit Frucht wird Friede sein", ja »ewige Stille und Sicherheit«. Jesaja 32,17

Wer das göttliche Gesetz hält, wird auch gewissenhaft die Gesetze seines Landes achten und ihnen gehorchen. Wer Gott fürchtet, wird den König in der Ausübung aller gerechten und gesetzlichen Macht ehren.

Aber das unglückliche Frankreich verbot die Heilige Schrift und verbannte deren Anhänger. Ein Jahrhundert nach dem andern mussten aufrichtige, unbescholtene Menschen – Menschen mit guten Grundsätzen, von geistigem Scharfblick und sittlicher Kraft, die den Mut hatten, ihrer Überzeugung treu zu bleiben, und den Glauben besaßen, für die Wahrheit leiden zu können – als Sklaven auf den Galeeren arbeiten, auf den Scheiterhaufen zugrunde gehen, in dumpfen Kerkerzellen vermodern, während sich Tausende und Abertausende nur durch die Flucht den Verfolgungen entziehen konnten; und dies ging noch 250 Jahre nach Beginn der Reformation so weiter.

»Während jener langen Zeitspanne gab es unter den Franzosen wohl kaum eine Generation, die nicht Zeuge gewesen wäre, wie Jünger des Evangeliums vor der wahnsinnigen Wut der Verfolger flohen und Bildung, Künste, Gewerbefleiß und Ordnungsliebe, was sie in der Regel auszeichneten, mit sich nahmen und damit das Land, das ihnen Zuflucht bot, bereicherten. Im gleichen Verhältnis, wie andere Länder mit diesen guten Gaben beglückt wurden, verarmte ihr eigenes Land. Wären alle, die vertrieben wurden, in Frankreich geblieben, hätte die Geschicklichkeit dieser Verbannten in ihren Gewerben während der 300 Jahre auf heimatlicher Scholle befruchtend wirken können, wären in dieser langen Zeit ihre künstlerischen Anlagen dem heimatlichen Gewerbe zugute gekommen, hätte ihr schöpferischer Geist und forschender Verstand die Literatur des Landes belebt und seine Wissenschaften gepflegt, hätte ihre Weisheit seine Beratungen geleitet, ihre Tapferkeit seine Schlachten geschlagen, ihre Unparteilichkeit seine Gesetze aufgestellt, hätte die Religion der Bibel den Geist des Volkes gestärkt und dessen Gewissen beherrscht – welche Herrlichkeit würde Frankreich an dem Tag umgeben haben! Welch ein großes, blühendes und glückliches Land – den Nationen ein Vorbild – würde es gewesen sein! Aber eine blinde und unerbittliche Frömmelei jagte jeden Lehrer der Tugend, jeden Streiter für Ordnung, jeden ehrlichen Verteidiger des Thrones fort. Sie sagte zu den Menschen, die ihrem Land zu Ruhm und Herrlichkeit auf Erden verholfen hätten: Wählt, was ihr haben wollt, den Marterpfahl oder die Verbannung! – Schließlich war der Staat vollständig ruiniert. Es blieb kein Gewissen mehr, das man ächten, keine Religion, die man auf den Scheiterhaufen schleppen, kein Patriotismus, den man in die Verbannung jagen konnte.« Die Revolution mit all ihren Schrecken war schließlich die entsetzliche Folge. Anm 35

»Mit der Flucht der Hugenotten verfiel Frankreich zunehmend. Blühende Fabrikstädte gingen zugrunde, fruchtbare Gegenden wurden zur Wildnis, geistiger Stumpfsinn und sittlicher Verfall folgten einer Zeit ungewöhnlichen Fortschritts. Paris wurde ein riesiges Armenhaus. Man sagt, dass beim

Ausbruch der Revolution 200.000 Arme um Unterstützung

von der Hand des Königs nachsuchten. Nur der Jesuitenorden blühte in der verfallenen Nation und herrschte mit scheußlicher Tyrannei über Kirchen und Schulen, über Gefängnisse und Galeeren.« Wylie, 13.Buch, Kapitel 20 Das Evangelium hätte Frankreich die Lösung jener politischen und sozialen Fragen gebracht, die die Geschicklichkeit seines Klerus, seines Königs und seiner Gesetzgeber durchkreuzten und schließlich die Nation in Zuchtlosigkeit und Verderben stürzten. Doch unter der Herrschaft Roms hatte das Volk die segensreichen Lehren des Heilandes über die Selbstaufopferung und die selbstlose Liebe vergessen. Man hatte es davon abgebracht, für das Wohl anderer Selbstverleugnung zu üben. Die Reichen wurden nicht dafür gerügt, dass sie die Armen unterdrückten, und die Armen blieben in ihrer Erniedrigung und Knechtschaft ohne Hilfe. Die Selbstsucht der Wohlhabenden und Mächtigen wurde immer ersichtlicher und drückender. Jahrhundertelang hatte die Habgier und Ruchlosigkeit des Adels die Bauern grausam erpresst. Die Reichen übervorteilten die Armen, und die Armen hassten die Reichen.

In vielen Provinzen besaßen die Adligen das Land, und die Arbeiterklassen waren nur Pächter, die von der Gnade der Gutsbesitzer abhingen und sich gezwungen sahen, deren übermäßigen Forderungen nachzukommen. Die Last, die Kirche und den Staat zu finanzieren, lag auf den mittleren und niederen Gesellschaftsgruppen, die von den zivilen Behörden und der Geistlichkeit schwer besteuert wurden. »Die Willkür des Adels galt als das höchste Gesetz. Die Bauern und Landbewohner konnten verhungern, ohne dass die Unterdrücker sich darum gekümmert hätten … Die Leute sahen sich bei jeder Gelegenheit gezwungen, einzig und allein den Vorteil des Gutsbesitzers zu berücksichtigen. Das Leben der Landarbeiter war nichts als ständige Mühsal und ungelindertes Elend. Ihre Klagen, falls sie es überhaupt wagten, solche vorzubringen, wurden mit beleidigender Verachtung abgewiesen. Die Gerichtshöfe setzten sich eher zugunsten eines Adligen ein als für einen Bauern. Bestechung der Richter war üblich, und die geringste Laune der Vornehmen hatte infolge dieser allgemeinen Verderbtheit Gesetzeskraft. Nicht einmal die Hälfte der den arbeitenden Menschengruppen von den weltlichen Großen einerseits und der Geistlichkeit anderseits abgepressten Steuern gelangten in die königliche oder kirchliche Schatzkammer. Alles andere wurde in schändlicher Genusssucht verschleudert. Und die Leute, die auf diese Weise ihre Mitmenschen an den Rand der Existenz brachten, brauchten selbst keine Steuern zahlen und waren durch Gesetze oder Brauchtum zu allen Staatsämtern berechtigt. Zu den Bevorzugten gehörten 150.000 Personen, und für deren Annehmlichkeiten wurden Millionen zu einem hoffnungslosen und herabwürdigenden Leben verdammt.« Anm 36

Der Hof schwelgte in Üppigkeit und Ausschweifung. Zwischen den Regierenden und Untertanen bestand kaum Vertrauen. An alle Maßnahmen der Regierung heftete sich der Verdacht, dass sie hinterlistig und selbstsüchtig seien. Mehr als ein halbes Jahrhundert vor der Revolution bestieg Ludwig XV. den Thron, der sich selbst in jenen bösen Zeiten als ein träger, leichtfertiger und sinnlicher Fürst auszeichnete. Angesichts des verderbten und grausamen Adels, der verarmten und unwissenden unteren Menschengruppe, der finanziellen Verlegenheit des Staates und der Erbitterung des Volkes brauchte man keine prophetischen Fähigkeiten, um einen schrecklichen Ausbruch vorauszusehen. Auf die Warnung seiner Ratgeber erwiderte der König gewöhnlich: »Bemüht euch, alles im Gang zu erhalten, solange ich lebe; nach meinem Tod mag es kommen, wie es will.« Vergeblich wies man auf die Notwendigkeit einer Reform hin. Er sah die Schieflage, hatte aber weder den Mut noch die Macht, dem zu begegnen. Das Schicksal, das Frankreich bevorstand, wurde nur zu deutlich durch seine lässige und selbstsüchtige Antwort gekennzeichnet: »Nach mir die Sintflut!«

Rom hatte durch ständiges Schüren der Eifersucht der Könige und der herrschenden Gesellschaftsschichten diese beeinflusst, das Volk in Knechtschaft zu halten. Ihnen war aber klar, dass der Staat dadurch geschwächt würde. Rom wollte jedoch die Herrscher wie auch das Volk zu seinen Sklaven machen. Weitsichtig wie sie waren, erkannten die päpstlichen Leiter, dass man, um die Menschen endgültig zu unterjochen, ihren Seelen Fesseln anlegen müsse; dass es am sichersten sei, sie für die Freiheit unfähig zu machen, und dadurch ihr Entrinnen aus der Knechtschaft zu verhindern. Tausendmal schrecklicher als körperliche Leiden, die aus solchem Handeln resultierten, war die sittliche Erniedrigung. Der Bibel beraubt, den Lehren der Frömmelei und der Selbstsucht preisgegeben, wurde das Volk in Unwissenheit und Aberglauben eingehüllt, so dass es in Laster versank und völlig untüchtig wurde, sich selbst zu beherrschen. Doch die Resultate dieser Bemühungen waren ganz anders geartet, als Rom angestrebt hatte. Statt dass sich die Massen blind ergeben seinen Lehrsätzen unterstellten, wurden sie zu Gottesleugnern und Revolutionären. Die Politik, die Lehren und Gebräuche der Kirche verachteten sie als Pfaffentrug und betrachteten die Geistlichkeit als mitverantwortlich für ihr elendes Dasein. Der Gott Roms war der einzige Gott, den sie kannten, Roms Lehre ihre einzige Religion. Sie betrachteten dessen Gier und Grausamkeit als die eigentliche Frucht der Bibel und sie wollten keines von beiden haben.

Rom hatte den Charakter Gottes falsch dargestellt und pervertierte seine

Bedingungen, und nun verwarfen die Menschen sowohl die

Bibel als auch ihren Urheber. Rom hatte einen blinden Glauben an seine Dogmen gefordert, und dabei die Schrift angeblich gutgeheißen. Die Reaktion war, dass Voltaire und seine Mitgenossen das Wort Gottes völlig beiseite schoben und überall das Gift des Unglaubens verbreiteten. Rom hatte das Volk unter seiner eisernen Ferse, und nun brachen die erniedrigten und verrohten Massen als Erwiderung auf die Tyrannei alle Schranken der Zurückhaltung. Rasend vor Wut über solchen Betrug, dem sie so lange erlegen waren, verwarfen sie Wahrheit und Irrtum zusammen. Indem sie die Zügellosigkeit für Freiheit hielten, jubelten die Sklaven des Lasters in ihrer vermeintlichen Freiheit.

Nach Beginn der Revolution räumte der König dem Volk eine Mitbestimmung ein, die die gemeinsame des Adels und der Geistlichkeit überwog. Somit befand sich das Übergewicht der Macht in der Hand des Volkes, das aber nicht in der Lage war, sie mit Weisheit und Maß zu nutzen. Eifrig bestrebt, das erlittene Unrecht zu ahnden, beschloss es, eine Erneuerung der Gesellschaft vorzunehmen. Eine empörte große Masse, deren Gemüter erfüllt waren mit Bitterkeit und Erinnerungen an ewiges Unrecht, wollte den Zustand des unerträglich gewordenen Elends revolutionieren und war entschlossen sich an denen zu rächen, die sie für die Urheber ihrer Leiden hielt.

Die äußerst aufgebrachten Unterdrückten, die die Lektion unter der Tyrannei gelernt hatten, wurden die Tyrannen derer, die sie unterdrückt hatten. Das unglückliche Frankreich fuhr eine blutige Ernte der ausgestreuten Saat ein. Schrecklich waren die Folgen seiner Unterwerfung unter die beherrschende Macht Roms. Wo Frankreich unter dem Einfluss Roms zu Beginn der Reformation den ersten Scheiterhaufen errichtet hatte, stellte die Revolution ihre erste Guillotine auf. An derselben Stelle, wo die ersten Märtyrer des protestantischen Glaubens im 16. Jahrhundert verbrannt wurden, fielen die ersten Opfer der Revolution im 18. Jahrhundert unter der Guillotine. Indem Frankreich das Evangelium verwarf, das ihm Heilung hätte bringen können, öffnete es dem Unglauben und dem Verderben die Tür. Als das Volk die Schranken des Gesetzes Gottes niedergeworfen hatte, stellte sich heraus, dass die menschlichen Gesetze unfähig waren, die mächtige Flut menschlicher Leidenschaften zu bremsen: Im Land herrschten Empörung und Gesetzlosigkeit. Der Krieg gegen die Bibel eröffnete eine Zeitperiode, die in die Weltgeschichte als »die Schreckensherrschaft« eingegangen ist. Friede und Glück fehlten in den Wohnungen und Herzen der Menschen. Keiner war sicher. Wer heute triumphierte, wurde morgen verdächtigt und verdammt. Gewalt und Wollust führten unbestritten das Zepter.

Der König, die Geistlichkeit und der Adel mussten sich der Grausamkeit eines erregten und sich wie toll gebärdenden Volkes fügen. Der

Rachedurst wurde durch die Hinrichtung des Königs nur noch stärker, und die seinen Tod bestimmt hatten, folgten ihm bald aufs Schafott. Man beschloss eine allgemeine Niedermetzelung aller, die verdächtig waren, der Revolution gegenüber feindlich eingestellt zu sein. Die Gefängnisse waren überfüllt. Zu einer Zeit gab es mehr als 200.000 Häftlinge. In den Städten Frankreichs spielten sich die furchtbarsten Schreckensszenen ab. Die revolutionären Parteien bekämpften sich gegenseitig. Frankreich wurde zu einem ungeheuren Schlachtfeld streitender Volksmassen, die sich von der Wut ihrer Leidenschaften beherrschen ließen. »In Paris folgte ein Aufstand dem andern, und die Bürger waren in viele Parteien zersplittert, die es auf nichts anderes als auf ihre gegenseitige Ausrottung abgesehen zu haben schienen.« Zu dem allgemeinen Elend kam noch hinzu, dass die Nation in einen langen, verheerenden Krieg mit den europäischen Großmächten verwickelt wurde.

»Das Land war beinahe bankrott, die Truppen schrien nach ihrem rückständigen Sold, die Pariser waren am Verhungern, die Provinzen wurden von Räubern verwüstet und die Zivilisation ging beinahe unter im Aufruhr und in der Zügellosigkeit.«

Nur zu genau hatte das Volk die Lektionen der Grausamkeit und der Folter gelernt, die Rom so eifrig gelehrt hatte. Jetzt war der Tag der Vergeltung gekommen. Aber es waren nicht mehr die Jünger Jesu, die in Kerker geworfen und auf Scheiterhaufen geschleppt wurden, denn diese waren längst umgekommen oder aus ihrer Heimat vertrieben worden. Das unbarmherzige Rom selbst fühlte die tödliche Macht derer, die es ausgebildet hatte, sich an Bluttaten zu erfreuen. »Das Beispiel der Verfolgung, das die französische Geistlichkeit so lange gegeben hatte, wurde ihr nun mit großem Nachdruck vergolten. Die Schafotte färbten sich rot von dem Blut der Priester. Die Galeeren und Gefängnisse, die einst von Hugenotten gefüllt waren, wurden jetzt mit deren Verfolgern besetzt. An die Ruderbank gekettet und mühsam am Riemen ziehend, machte die katholische Geistlichkeit alle Qualen durch, die sie so vielfach über die friedliebenden Ketzer gebracht hatte.« Anm 37 »Dann kamen jene Tage, als die grausamsten aller Gesetze von dem unmenschlichsten aller Gerichtshöfe gehandhabt wurden, als niemand seinen Nachbar grüßen oder sein Gebet verrichten konnte ... ohne Gefahr zu laufen, ein Kapitalverbrechen zu begehen, als in jedem Winkel Spione lauerten, als allmorgendlich die Guillotine lange und schwer arbeitete, die Gefängnisse so voll waren wie die Räume eines Sklavenschiffes, in den Straßenrinnen das Blut schäumend der Seine zueilte ... Während täglich Wagenladungen mit Opfern durch die Straßen von Paris ihrem Schicksal entgegengefahren wurden, ergingen sich die Kommissare, die der Konvent in die Provinzen gesandt hatte, in übermäßiger Grausamkeit, wie man sie selbst in der Hauptstadt nicht kannte. Das Messer der Todesmaschine war zu langsam für das Werk der Metzelei. Lange Reihen von Gefangenen mähte man mit Kartätschen nieder. Besetzte Boote wurden angebohrt. Lyon wurde zur Wüste. In Arras blieb den Gefangenen selbst die grausame Barmherzigkeit eines schnellen Todes versagt. Die ganze Loire hinab, von Saumur bis zum Meer, fraßen Scharen von Krähen und Weihen [habichtartige Falken] an den nackten Leichnamen, die in abscheulichen Umarmungen miteinander verschlungen waren. Weder dem Geschlecht noch dem Alter erwies man Barmherzigkeit. Es gab Hunderte Jungen und Mädchen von 17 Jahren, die von dieser fluchwürdigen Regierung ermordet wurden. Der Brust entrissene Säuglinge wurden von Spieß zu Spieß die Reihen der Jakobiner entlang geworfen.« Anm 38 In der kurzen Zeit von zehn Jahren kamen ganze Scharen von Menschen ums Leben.

All dies war Satans Plan. Um dies zu erreichen, hatte er sich seit Jahrhunderten bemüht. Er setzte von Anfang bis Ende auf Täuschung. Er hat sich vorgenommen, Leid und Elend über die Menschen zu bringen, Gottes Werke zu entstellen und zu beschmutzen, die göttliche Absicht der Liebe und des Wohlwollens zu vereiteln und dadurch Trauer im Himmel zu verursachen. Dann verblendet er durch seine raffinierten Täuschungen die Sinne der Menschen und verleitet sie Gott zu beschuldigen für das Werk Satans, als sei alles Elend die Folge des Planes des Schöpfers. In gleicher Weise, wie diese durch seine grausame Macht erniedrigt und gewalttätig wurden um ihre Freiheit zu erreichen, treibt er sie zu Ausschreitungen und Gräueltaten an. Dann aber weisen grausame und gewissenlose Tyrannen auf dieses Bild zügelloser Ausgelassenheit hin als ein Beispiel, welche Folgen die Freiheit hat.

Wird der Irrtum in einer Form entdeckt, so bringt Satan ihn einfach in einer anderen Art, und die Menge nimmt ihn ebenso begierig an wie zuerst. Als das Volk feststellte, dass die römisch-katholischen Lehren und Gebräuche eine Täuschung waren und Satan es nicht mehr so zur Übertretung des Gesetzes Gottes bringen konnte, brachte er es dazu, alle Religion als Betrug und die Heilige Schrift als ein Märchen zu sehen. Das Volk setzte die göttlichen Grundsätze beiseite und führte ungezügelte Gesetzlosigkeit ein.

Der verderbliche Irrtum, der soviel Leid über die Bewohner Frankreichs brachte, bestand darin, dass sie die Wahrheit verachteten und nicht erkannten, dass wirkliche Freiheit nur innerhalb der Schranken des Gesetzes Gottes zu finden ist. »O dass du auf meine Gebote merktest, so würde dein Friede sein wie ein Wasserstrom, und deine Gerechtigkeit wie Meereswellen ... Aber die Gottlosen, spricht der Herr, haben keinen Frieden.« – »Wer aber mir gehorcht, wird sicher bleiben und genug haben und kein Unglück fürchten.« Jesaja 48,18.22; Sprüche 1,33 Atheisten [Gottesleugner], Ungläubige und vom Glauben Abgefallene widersetzen sich Gottes Gesetz und verwerfen es, aber die Folgen ihres Einflusses zeigen, dass das Wohlergehen des Menschen mit dem Gehorsam gegenüber den göttlichen Verordnungen verbunden ist. Wer diese Lehre nicht aus dem Wort Gottes erkennen will, muss sie in der Geschichte der Nationen kennenlernen.

Als Satan die Menschen durch die römische Kirche vom Gehorsam wegzuführen versuchte, handelte er derart verborgen und sein Tun war so verstellt, dass die Entartung und das Elend, die daraus entstanden, nicht als Früchte der Übertretung erkannt wurden. Aber das Wirken des Geistes Gottes vereitelte die Anschläge des Bösen so weit, dass seine Absichten nicht ganz ausreifen konnten. Das Volk schloss nicht von den Wirkungen auf die Ursache. Ihm blieb daher der Grund seines Elends verborgen. Bei der Revolution aber wurde das Gesetz Gottes von der Nationalversammlung öffentlich beiseite gesetzt, und während der darauf folgenden Schreckensherrschaft konnten alle den wahren Zusammenhang zwischen Ursache und Wirkung klar erkennen.

Als Frankreich öffentlich Gott leugnete und die Bibel beiseitesetzte, jubelten böse Menschen und Geister der Finsternis, dass sie das so lang erwünschte Ziel erreicht hatten: Ein Reich, frei von den Schranken des Gesetzes Gottes. »Weil das Urteil über böses Tun nicht sogleich ergeht, wird das Herz der Menschen voll Begier, Böses zu tun.« Prediger 8,11 Aber die Übertretung eines gerechten und heiligen Gesetzes muss unvermeidlich in Elend und Verderben enden. Wenn die Menschen auch nicht sofort von Strafgerichten heimgesucht werden, so bewirkt ihre Gottlosigkeit doch ihr sicheres Verderben. Jahrhunderte des Abfalls und des Verbrechens hatten den Zorn bis zum Tag der Vergeltung angehäuft, und als das Maß ihrer Ungerechtigkeit voll war, erfuhren die Verächter Gottes zu spät, dass es schrecklich ist, die göttliche Geduld überspannt zu haben. Der zügelnde Geist Gottes, der die grausame Macht Satans in Schach hält, wurde weitgehend entzogen, und der, dessen einzige Freude das Elend der Menschen ist, durfte handeln, wie er wollte. Alle, die sich am Aufruhr beteiligten, ernteten dessen Früchte, bis das Land voll von Verbrechen war, die zu abscheulich waren, um sie zu beschreiben. Aus den verwüsteten Provinzen und zerstörten Städten erhob sich ein schrecklicher Schrei – ein Schrei bitterster Qual.

Frankreich wurde erschüttert, als bebte die Erde. Religion, Gesetz, soziale Ordnung, Familie, Staat und Kirche – alles wurde von einer gottlosen Hand niedergestreckt, die sich gegen das Gesetz Gottes gestellt hatte.

Wahr ist das Wort des weisen Mannes: »Der Gottlose wird

fallen durch sein gottlos Wesen.« »Ob ein Sünder hundertmal Böses tut und lange lebt, so weiß ich doch, dass es wohl gehen wird denen, die Gott fürchten, die sein Angesicht scheuen. Aber dem Gottlosen wird es nicht wohl gehen.« »Darum, dass sie hassten die Lehre und wollten des Herrn Furcht nicht haben ... so sollen sie essen von den Früchten ihres Wesens und ihres Rats satt werden.« Sprüche 11,5; Prediger 8,12.13; Sprüche 1,29.31

Gottes treue Zeugen, die durch die lästerliche Macht, die »aus dem Abgrund aufsteigt«, erschlagen wurden, sollten nicht lange schweigen. »Nach drei Tagen und einem halben fuhr in sie der Geist des Lebens von Gott, und sie stellten sich auf ihre Füße; und eine große Furcht fiel auf die, die sie sahen.« Offenbarung 11,11 Es war im Jahr 1793, als die französische Nationalversammlung die Erlasse genehmigte, welche die christliche Religion abschafften und die Bibel verboten. Dreieinhalb Jahre später wurde von der gleichen Versammlung beschlossen, diese Erlasse zu widerrufen und somit die Heilige Schrift wieder zu dulden. Die Welt war über die ungeheure Schuld bestürzt, die aus der Verwerfung des lebendigen Wortes Gottes entstanden war, und die Menschen erkannten die Notwendigkeit des Glaubens an Gott und sein Wort als Grundlage von Tugend und Sittlichkeit. Der Herr sagt: »Wen hast du geschmäht und gelästert? Über wen hast du die Stimme erhoben? Du hebst deine Augen empor wider den Heiligen in Israel.« »Darum siehe, nun will ich sie lehren und meine Hand und Gewalt ihnen kundtun, dass sie erfahren sollen, ich heiße der Herr.« Jesaja 37,23; Jeremia 16,21

Über die zwei Zeugen sagt der Prophet auch: »Und sie hörten eine große Stimme vom Himmel zu ihnen sagen: Steigt herauf! Und sie stiegen auf in den Himmel in einer Wolke, und es sahen sie ihre Feinde.« Offenbarung 11,12 Seit Frankreich sich gegen Gottes beide Zeugen erhoben hatte, sind diese wie nie zuvor geehrt worden. Im Jahr 1804 wurde die Britische und die Ausländische Bibelgesellschaft gegründet. Es folgten ähnliche Einrichtungen mit zahlreichen Zweigen auf dem europäischen Festland. Im Jahr 1816 nahm die amerikanische Bibelgesellschaft ihre Tätigkeit auf. Zur Gründungszeit der britischen Gesellschaft war die Bibel in 50 Sprachen gedruckt und verbreitet worden. Seitdem hat man sie in mehr als 400 Sprachen und Mundarten übersetzt. Anm 39 Übersetzungen aus der Heiligen Schrift gibt es zur Zeit in rund 1150 Sprachen und Dialekten, und jedes Jahr werden zwischen 40 und 50 Millionen Bibeln und Bibelteile in der Welt verbreitet.

Während der letzten 50 Jahre vor 1792 wurde das ausländische Missionswerk nur wenig beachtet. Es gab keine neuen Missionsgesellschaften und nur wenige Gemeinschaften, die sich irgendwie bemühten, das Christentum in heidnischen Ländern zu verbreiten. Erst gegen Ende des 18.

Jahrhunderts änderte sich das. Man wurde unzufrieden mit den Ergebnissen des Rationalismus und erkannte die Notwendigkeit einer göttlichen Offenbarung und einer Erfahrungsreligion. Von dieser Zeit an wuchs das Werk der äußeren Mission mit bis dahin noch nie da gewesener Schnelligkeit. Anm 40 Die Verbesserungen der Buchdruckerkunst haben der Verbreitung der Bibel neuen Auftrieb gegeben. Durch die zahlreichen verbesserten Verkehrsverbindungen zwischen verschiedenen Ländern, den Zusammenbruch früherer Schranken, sei es Vorurteil oder nationale Abgeschlossenheit, und durch den Verlust der weltlichen Macht des Pontifex von Rom wurde der Weg für den Eingang des Wortes Gottes gebahnt. Schon lange ist die Bibel ohne irgendwelche Behinderungen auf den Straßen Roms verkauft und jetzt auch in allen Teilen der bewohnten Erdkugel getragen worden.

Prahlend sagte einst der ungläubige Voltaire (1694-1778): »Ich habe es satt, die Leute immer wieder sagen zu hören, dass zwölf Männer die christliche Religion gegründet haben. Ich will beweisen, dass ein Mann genügt, sie umzustoßen.« Ein Jahrhundert ist seit seinem Tod vergangen. Millionen haben sich dem Kampf gegen die Heilige Schrift angeschlossen.

Aber statt ausgerottet zu sein, sind dort, wo zu Voltaires Zeit 100 Bibeln waren, nun 10.000 – ja 100.000 Exemplare der Heiligen Schrift. Die Worte eines der ersten Reformatoren über die christliche Lehre lauten: »Die Bibel und die Französische Revolution ist ein Amboss, der viele Männer abgenutzt hat.« Der Herr sagt: »Keiner Waffe, die gegen dich bereitet wird, soll es gelingen, und jede Zunge, die sich gegen dich erhebt, sollst du im Gericht schuldig sprechen. Das ist das Erbteil der Knechte des HERRN, und ihre Gerechtigkeit kommt von mir, spricht der HERR.« Jesaja 54,17 »Das Wort unsres Gottes bleibt ewiglich.« »Unwandelbar sind alle seine Gebote, festgestellt für immer, für ewig, gegeben mit Treue und Redlichkeit.« Jesaja 40,8; Psalm 111,7.8 Menge Was immer auf menschliche Macht gebaut ist, wird umgestoßen werden, was aber auf den Felsen des unveränderlichen Wortes Gottes gegründet ist, wird ewig bestehen.

KAPITEL 16

EIN *ZUFLUCHTSORT*

Um ihren Glauben frei ausleben zu können, wanderten viele gläubige Menschen in die »Neue Welt« aus. Amerika war das Land, in das viele Menschen flüchteten, die um ihres Glaubens willen verfolgt oder bedroht wurden. Roger Williams (1603-1683) gründete dort den ersten Staat, dessen zivile Verwaltung auf der Basis der völligen Gewissensfreiheit beruhte. Diese Grundsätze wurden zu den Ecksteinen dieser neuen Republik.

D ie englischen Reformatoren hatten viele ihrer religiösen Formen bei-behalten, als sie sich von den Lehren der römisch-katholischen Kir-che trennten. Wenn auch der Anspruch und das Glaubensbekenntnis Roms verworfen waren, wurden doch im Gottesdienst der anglikanischen [englischen] Kirche viele katholische Sitten und Gebräuche gepflegt. Man behauptete, dass diese Dinge keine Gewissensfragen und somit auch nicht wesentlich seien, weil sie in der Heiligen Schrift nicht geboten sind. Und weil sie nicht verboten werden, auch eigentlich nicht falsch. Ihre Befolgung diene dazu, die Kluft, welche die protestantischen Kirchen von Rom trennte, zu ver-ringern, und man betonte, dass sie die Annahme des protestantischen Glau-bens durch die Katholiken erleichterten.

Den Konservativen und Kompromissbereiten schienen diese Gründe überzeugend zu sein. Es gab jedoch noch andere, die nicht so urteilten. Die Tatsache, dass diese Gebräuche »dahin zielten, die Kluft zwischen Rom und der Reformation zu überbrücken«, Martyn, „Life and Time of Luther", Bd. V, S. 22 war in ihren Augen ein endgültiges Argument gegen ihre Beibehaltung. Sie sahen sie als Zeichen der Sklaverei an, von der sie befreit worden waren und zu der sie nicht zurückkehren wollten. Sie waren der Ansicht, dass Gott die Verord-nungen zu seiner Verehrung in seinem Wort niedergelegt habe, und dass es den Menschen nicht freistehe, etwas hinzuzufügen oder davon wegzunehmen. Der eigentliche Anfang des großen Abfalls bestand deshalb darin, dass man anfing, die Autorität Gottes durch die Kirche zu ergänzen. Rom machte zur Pflicht, was Gott nicht verboten hatte, und verbot schließlich das, was Gott ausdrücklich befohlen hatte. Viele wünschten ernstlich zu der Reinheit und Schlichtheit zurückzukehren, welche die erste Gemeinde ausgezeichnet hatte. Viele der in der anglikanischen Kirche eingeführten Gebräuche betrachteten sie als Denkmäler des Götzendienstes, und sie konnten sich nicht mit gutem Gewissen an ihrem Gottesdienst beteiligen. Die Kirche jedoch, vom Staat unterstützt, duldete keine Abweichung von ihren gottesdienstlichen Formen. Der Besuch ihrer Gottesdienste wurde vom Gesetz verlangt, und unerlaubte religiöse Versammlungen waren bei Androhung von Kerker, Verbannung und Todesstrafe untersagt.

Anfang des 17. Jahrhunderts erklärte der eben auf den Thron von England gestiegene König seine Entschlossenheit, die Puritaner zu zwingen, sich »entweder den anderen anzupassen, oder er würde sie aus dem Land hinaushetzen oder ihnen noch Schlimmeres antun«. Bancroft, „History of the United States from the discovery of the Continent", 1.Teil, Kapitel 12, 6. Abschnitt Gejagt, verfolgt und eingekerkert, konnten sie in der Zukunft keine Hoffnung auf bessere Tage erkennen. Und viele kamen zu der Überzeugung, dass für Menschen, die Gott nach ihrem eigenen Gewissen dienen wollten, »England für immer aufgehört habe, ein bewohnbares Land zu sein«. Palfrey, „History of New England", Kapitel 3, 43. Abschnitt Etliche entschlossen sich schließlich, in Holland Zuflucht zu suchen. Sie mussten Schwierigkeiten, Verluste und Gefängnis erleiden. Ihre Absichten wurden durchkreuzt und sie selbst ihren Feinden verraten, aber ihre unerschütterliche Beharrlichkeit setzte sich schließlich durch. So fanden sie Zuflucht an den freundschaftlichen Ufern Hollands.

Durch die Flucht hatten sie ihre Häuser, ihre Güter und ihren Lebensunterhalt verloren. Sie waren Fremdlinge in einem fremden Land, unter einem Volk von anderer Sprache und anderen Sitten. Sie mussten neuen und ungewohnten Beschäftigungen nachgehen, um ihr Brot zu verdienen. Menschen im mittleren Alter, die ihr Leben bisher mit Ackerbau zugebracht hatten, waren gezwungen, nun dieses oder jenes Handwerk zu erlernen. Aber freudig fügten sie sich in jede Lage und verschwendeten keine Zeit mit Müßiggang oder Unzufriedenheit. Oft von Armut bedrängt, lobten sie Gott für die Segnungen, die er ihnen gewährte, und fanden ihre Freude in ungestörter geistlicher Gemeinschaft. »Sie wussten, dass sie Pilger waren, und sie schauten nicht viel auf irdische Dinge, sondern hoben ihre Augen auf zum Himmel, ihrem liebsten Heimatland und beruhigten ihr Gemüt.« Bancroft 1.Teil, Kapitel 12, 15. Abschnitt

In Verbannung und Schwierigkeiten erstarkten ihre Liebe und ihr Glaube. Sie vertrauten auf die Verheißungen Gottes, und er verließ sie nicht in Zeiten der Not. Seine Engel standen ihnen zur Seite, um sie zu ermutigen und zu unterstützen. Und als Gottes Hand sie übers Meer in ein Land zu weisen schien, in dem sie für sich selbst einen Staat gründen und ihren Kindern das kostbare Erbe religiöser Freiheit hinterlassen konnten, folgten sie ohne Zagen willig dem Pfad der Vorsehung. Gott hatte Prüfungen über sein Volk kommen lassen, um es auf die Erfüllung seiner Gnadenabsichten vorzubereiten. Die Gemeinde war erniedrigt worden, damit sie erhöht würde. Gott war dabei, seine Macht zu ihren Gunsten einzusetzen und der Welt erneut einen Beweis zu geben, dass er die nicht verlassen will, die ihm vertrauen. Er hatte die Ereignisse so gelenkt, dass der Zorn Satans und die Anschläge böser Menschen seine Ehre fördern und sein Volk an einen Ort der Sicherheit bringen mussten. Verfolgung und Auswanderung bahnten den Weg in die Freiheit.

Als sich die Puritaner zuerst gezwungen sahen, sich von der anglikanischen Kirche zu trennen, schlossen sie untereinander einen feierlichen Bund, als freies Volk des Herrn in »allen seinen Wegen, die ihnen bekannt waren oder noch bekannt gemacht würden, gemeinsam zu wandeln«. Brown, „The Pilgrim Fathers", S. 74 Dies war der wahre Geist der Freiheit, die lebendige Grundlage des Protestantismus. Mit diesem Vorsatz verließen die Pilger Holland, um in der Neuen Welt eine Heimat zu suchen. John Robinson (1575-1625), ihr Prediger, der durch göttliche Vorsehung verhindert war, sie zu begleiten, sagte in seiner Abschiedsrede an die Auswanderer: »Geschwister, wir gehen nun voneinander, und der Herr weiß, ob ich euch, solange ich lebe, je wiedersehen werde. Wie der Herr es aber fügt, befehle ich euch vor Gott und seinen heiligen Engeln, mir nicht weiter zu folgen, als ich Christus gefolgt bin. Falls Gott euch durch einen Anderen irgend etwas offenbaren sollte, so seid ebenso bereit es anzunehmen wie zu der Zeit, da ihr die Wahrheit durch meine Predigt annahmt; denn ich bin sehr zuversichtlich, dass der Herr noch mehr Wahrheit und Licht aus seinem heiligen Wort hervorbrechen lassen wird.« Martyn, Bd. V, S. 70 f.

»Was mich anbetrifft, so kann ich den Zustand der reformierten Kirchen nicht genug beklagen, die in der Religion bis zu einer gewissen Stufe gelangt sind und nicht weitergehen wollen, als die Werkzeuge ihrer Erneuerungsbewegung gegangen sind. Die Lutheraner sind nicht zu veranlassen, über das hinauszugehen, was Luther sah ... Und die Calvinisten bleiben, wie ihr seht, da stehen, wo sie von jenem großen Gottesmann, der noch nicht alle Dinge sah, zurückgelassen wurden. Dies ist ein sehr beklagenswertes Elend, denn wenn jene Männer in ihrer Zeit auch brennende und leuchtende Lichter waren, so erkannten sie doch nicht alle Ratschläge Gottes. Sie würden aber, lebten sie jetzt, ebenso bereit sein, weiteres Licht anzunehmen, wie sie damals bereit waren, das Erste zu empfangen.« Neal, „History of the Puritans", Bd. I, S. 269

»Denkt an euer Gemeindegelöbnis, in dem ihr euch verpflichtet habt, in allen Wegen des Herrn zu wandeln, wie sie euch bekannt geworden sind oder noch bekannt werden. Denkt an euer Versprechen und an euren Bund mit Gott und miteinander, alles Licht und alle Wahrheit anzunehmen, die euch noch aus seinem geschriebenen Wort kundgetan werden sollen.

Dennoch achtet darauf, darum bitte ich euch, was ihr als Wahrheit annehmt; vergleicht sie, wägt sie mit anderen Schriftstellen der Wahrheit, ehe ihr sie annehmt, denn es ist nicht möglich, dass die christliche Welt so plötzlich aus solch einer dichten antichristlichen Finsternis herauskomme und ihr dann auf einmal die volle Erkenntnis aufgehe.« Martyn, Bd. V, S. 70, 71

Es war das Verlangen nach Gewissensfreiheit, das die Pilger begeisterte, den Schwierigkeiten der langen Reise über das Meer mutig zu begegnen, die Beschwerden und die Gefahren der Wildnis zu erdulden und unter Gottes Segen an der Küste Amerikas den Grundstein zu einer mächtigen Nation zu legen. Doch so aufrichtig und gottesfürchtig die Pilger auch waren, den großen Grundsatz religiöser Freiheit begriffen sie noch nicht. Die Unabhängigkeit, die für sich zu erwerben sie so viel eingesetzt hatten, gewährten sie anderen nicht ebenso bereitwillig. »Sehr wenige selbst der hervorragendsten Denker und Sittenlehrer des 17. Jahrhunderts hatten einen richtigen Begriff von jenem herrlichen, dem Neuen Testament entstammenden Grundsatz, der Gott als den einzigen Richter des menschlichen Glaubens anerkennt.« Martyn, Bd. V, S. 297 Die Lehre, dass Gott der Gemeinde das Recht verliehen habe, die Gewissen zu beherrschen und eine bestimmte Haltung als Ketzerei zu bezeichnen und zu bestrafen, ist einer der tief eingewurzelten päpstlichen Irrtümer. Während die Reformatoren das Glaubensbekenntnis Roms verwarfen, waren sie doch nicht ganz frei von seinem unduldsamen Geist. Die dichte Finsternis, in die das Papsttum während der langen Zeit seiner Herrschaft die gesamte Christenheit eingehüllt hatte, war selbst jetzt noch nicht ganz gewichen.

Einer der leitenden Prediger in der Kolonistensiedlung in der Bucht von Massachusetts sagte: »Duldung machte die Welt antichristlich, und die Kirche hat sich durch die Bestrafung der Ketzer nie geschadet.« Martyn, Bd. V, S. 335 In den Kolonien wurde die Verordnung eingeführt, dass in der zivilen Regierung nur Kirchenglieder eine Stimme haben sollten. Es wurde eine Art Staatskirche gegründet: Jeder musste zum Unterhalt der Geistlichkeit beitragen und die Behörden wurden beauftragt, die Ketzerei zu unterdrücken. Somit war die weltliche Macht in die Hände der Kirche gelangt. Bald danach zogen diese Maßnahmen das unvermeidliche Ergebnis nach sich – nämlich Verfolgungen.

11 Jahre nach der Gründung der ersten Kolonie kam Roger Williams in die »Neue Welt«. Wie die früheren Pilgerväter kam er, um sich an der Religionsfreiheit zu erfreuen, aber im Gegensatz zu ihnen sah er – was so wenige seiner Zeit sahen –, dass diese Freiheit das unveräußerliche Recht aller Menschen ist, wie ihr Glaubensbekenntnis auch lauten mag. Williams war ein ernster Forscher nach Wahrheit und hielt es, wie auch Robinson, für unmöglich,

dass sie schon alles Licht aus dem Wort Gottes erhalten hätten. Er »war der erste Mann im neueren Christentum, der die zivile Verwaltung auf die Lehre von der Gewissensfreiheit und der Gleichberechtigung der Anschauungen vor dem Gesetz gründete«. Bancroft, 1.Teil, Kapitel 15, 16. Abschnitt

Er erklärte, dass es die Pflicht der Behörde sei, Verbrechen zu verhindern, dass sie aber nie das Gewissen beherrschen dürfe. »Das Volk oder die Behörden«, sagte er, »mögen entscheiden, was der Mensch dem Menschen schuldig ist. Versuchen sie aber einem Menschen seine Pflicht gegen Gott vorzuschreiben, dann tun sie, was nicht ihres Amtes ist, und man kann sich auf sie nicht mit Sicherheit verlassen, denn es ist klar, dass der Magistrat, wenn er die Macht hat, heute diese und morgen jene Meinungen oder Bekenntnisse vorschreiben mag, wie es in England von den verschiedenen Königen und Königinnen und in der römischen Kirche von etlichen Päpsten und Konzilien getan wurde, so dass der Glaube zu einem einzigen Chaos würde.« Martyn, Bd. V, S. 340

Den Gottesdiensten der Staatskirche beizuwohnen, wurde unter Androhung von Geld- oder Gefängnisstrafe verlangt. »Williams lehnte dieses Gesetz ab, denn die schlimmste Satzung im englischen Gesetzbuch sei die, welche den Besuch der Landeskirche verlange. Leute zu zwingen, sich mit Andersgläubigen zu vereinen, betrachtete er als eine offene Verletzung ihrer natürlichen Rechte. Religionsverächter und Unwillige zum öffentlichen Gottesdienst zu schleppen, hieße Heuchelei verlangen … ‚Niemand sollte zur Anbetung oder Unterstützung eines Gottesdienstes gezwungen werden‘, fügte er hinzu. – ‚Was!‘ riefen seine Gegner über seine Grundsätze erstaunt aus, ‚ist nicht der Arbeiter seines Lohnes wert?‘ – ‚Ja,‘ erwiderte er, ‚von denen, die ihn anstellen.‘« Bancroft, 1.Teil, Kap.15, 2. Abschnitt

Roger Williams wurde als ein treuer Prediger, ein Mann von seltenen Gaben, von unbeugsamer Rechtschaffenheit und echter Güte geachtet und geliebt, doch konnte man es nicht vertragen, dass er den zivilen Behörden so entschieden das Recht absprach, über der Kirche zu stehen, und religiöse Freiheit verlangte. Die Anwendung dieser neuen Lehre, behauptete man, »würde die Grundlage der Regierung des Landes untergraben«. Bancorft, 1.Teil, Kapitel 15, 10. Abschnitt Er wurde aus den Kolonien verbannt und sah sich schließlich, um der Verhaftung zu entgehen, gezwungen, inmitten der Kälte und der Stürme des Winters in die noch dichten, unberührten Wälder zu fliehen. »14 Wochen lang«, so schrieb er, »musste ich mich in der kalten Jahreszeit herumschlagen, und ich wusste nicht, was Brot oder Bett heißt. Die Raben speisten mich in der Wüste.« Martyn, Bd. V, S. 349 f. Ein hohler Baum diente ihm oft als Obdach. So setzte er seine mühevolle Flucht durch Schnee und pfadlose Wälder fort, bis er bei einem Indianerstamm Zuflucht fand, dessen Vertrauen und Liebe er gewann, während er sich bemühte, ihnen die Wahrheiten des Evangeliums zu predigen. Nach Monaten wechselvollen Wanderns kam er schließlich an die Küste der Narragansett-Bucht und legte dort den Grund zum ersten Staat der Neuzeit, der im vollen Sinne das Recht auf religiöse Freiheit anerkannte. Der Grundsatz, auf dem die Kolonie Roger Williams' beruhte, lautete, »dass jedermann das Recht haben sollte, Gott nach seinem eigenen Gewissen zu verehren.« Martyn, Bd. V, S. 349 f Sein kleiner Staat, Rhode Island, wurde der Zufluchtsort Unterdrückter und er wuchs und gedieh, bis seine Grundfesten – die bürgerliche und religiöse Freiheit – auch die Ecksteine der amerikanischen Republik wurden.

In jenem bedeutenden alten Schriftstück, dass diese Männer als ihre Verfassung – es war die Unabhängigkeitserklärung – aufstellten, sagten sie: »Wir halten diese Wahrheiten als selbstverständlich: Dass alle Menschen gleich geschaffen sind; dass ihnen der Schöpfer bestimmte unveräußerliche Rechte verliehen hat; dass zu diesen Leben, Freiheit und die Erlangung des Glückes gehören.« Und die Verfassung schützt ganz deutlich die Unverletzlichkeit des Gewissens: »Keine Religionsprüfung soll mehr erforderlich sein zur Bekleidung irgendeines öffentlichen Vertrauenspostens in den Vereinigten Staaten.« – »Der Kongress soll kein Gesetz erlassen, das die Einführung einer Religion bezweckt oder deren freie Ausübung verbietet.«

»Die Verfasser der Konstitution erkannten den ewigen Grundsatz an, dass die Beziehungen des Menschen zu seinem Gott über der menschlichen Gesetzgebung stehen, und sein Gewissensrecht unveräußerlich ist. Es waren zur Begründung dieser Wahrheit keine Vernunftschlüsse erforderlich; wir sind uns ihrer in unserem eigenen Herzen bewusst. Dieses Bewusstsein ist es, das, den menschlichen Gesetzen Trotz bietend, so viele Märtyrer in Qualen und Flammen standhaft machte. Sie fühlten, dass ihre Pflicht gegen Gott über menschliche Verordnungen erhaben sei, und dass Menschen keine Autorität über ihr Gewissen ausüben könnten. Es ist dies ein angeborener Grundsatz, den nichts auszutilgen vermag.« Congressional Documents (USA), Serien-Nr. 200, Urk. 271

Als sich die Nachricht von einem Land, in dem jeder die Frucht seiner eigenen Arbeit genießen und der Überzeugung seines eigenen Gewissens folgen könnte, in Europa verbreitete, wanderten Tausende nach Nordamerika aus. Schnell hintereinander wurde eine Kolonie nach der anderen gegründet. »Massachusetts bot durch eine besondere Verordnung den Christen jeder Nation, die sich über den Atlantischen Ozean flüchteten, ,um Kriegen, Hungersnot oder der Unterdrückung ihrer Verfolger zu entgehen', freundliche, unentgeltliche Aufnahme und Hilfe an. Somit wurden die Flüchtlinge und die Unterdrückten durch gesetzliche Verordnungen Gäste des Staates.« Martyn, Bd. V, S. 417

In den ersten 20 Jahren nach der Landung in Plymouth hatten

sich ebenso viele tausend Pilger in Neuengland niedergelassen. Um ihr Ziel zu erreichen, »waren sie zufrieden, sich durch ein enthaltsames und arbeitsames Leben einen kargen Unterhalt verdienen zu können. Sie verlangten von dem Boden nur einen bescheidenen Ertrag ihrer Arbeit. Keine goldenen Aussichten warfen ihren trügerischen Schein auf ihren Pfad ... Sie waren mit dem langsamen aber beständigen Fortschritt ihres gesellschaftlichen Gemeinwesens zufrieden. Sie ertrugen geduldig die Entbehrungen der Wildnis, netzten den Baum der Freiheit mit ihren Tränen und mit dem Schweiß ihres Angesichts, bis er im Land tief Wurzel geschlagen hatte«.

Die Bibel galt ihnen als Grundlage des Glaubens, als Quelle der Weisheit und als Freiheitsbrief. Ihre Grundsätze wurden zu Hause, in der Schule und in der Kirche eifrig gelehrt, und ihre Früchte offenbarten sich in Wohlstand, Bildung, sittlicher Reinheit und Mäßigkeit. Man konnte jahrelang in den puritanischen Niederlassungen wohnen, ohne »einen Trunkenbold zu sehen, einen Fluch zu hören oder einem Bettler zu begegnen«. Bancroft, 1.Teil, Kapitel 19, 25. Abschnitt Es wurde der Beweis erbracht, dass die Grundsätze der Heiligen Schrift der sicherste Schutz für nationale Größe sind. Die schwachen und isolierten Kolonien wuchsen zu einer Verbindung mächtiger Staaten heran, und die Welt nahm mit Bewunderung den Frieden und das Gedeihen wahr, »eine Kirche ohne Papst und ein Staat ohne König«.

Doch ständig kamen mehr Menschen an die Küsten Amerikas, angetrieben von anderen Motiven, als die der ersten Pilgerväter. Obwohl der einfache Glaube und der lautere Wandel eine weitverbreitete und bildende Macht ausübten, wurde deren Einfluss doch immer schwächer, als die Zahl derer wuchs, die nur weltlichen Vorteil suchten.

Die von den ersten Kolonisten angenommene Verordnung, das Stimmrecht und die Besetzung von Staatsämtern nur Gemeindegliedern zu gestatten, wirkte sich sehr negativ aus. Diese Maßnahme war getroffen worden, um die Reinheit des Staates zu bewahren, aber sie wurde der Kirche zum Verhängnis. Das Stimmrecht zu erhalten und zu öffentlichen Ämtern zugelassen zu werden, setzte ein Religionsbekenntnis voraus. Viele schlossen sich einzig und allein aus weltlicher Klugheit der Kirche an, ohne eine Änderung ihres Herzens erfahren zu haben. So kam es, dass zur Kirche größtenteils nur unbekehrte Menschen zählten, und dass sich selbst unter den Predigern solche befanden, die nicht nur falsche Lehren weitergaben, sondern auch nichts von der erneuernden Kraft des Heiligen Geistes wussten. So zeigte es sich abermals, wie schon oft in der Kirchengeschichte seit den Tagen Konstantins bis in unsere Zeit, dass es schlecht ist, die Kirche mit Hilfe des Staates aufbauen zu wollen und die weltliche Macht aufzufordern, das Evangelium

Jesu Christi zu unterstützen, der erklärt hat: »Mein Reich ist nicht von dieser Welt.« Johannes 18,36 Die Verbindung zwischen Kirche und Staat – wäre sie auch noch so unbedeutend – führt, während sie anscheinend die Welt der Kirche näher bringt, in Wirklichkeit die Kirche näher zur Welt.

Den von Robinson und Roger Williams auf so edle Weise verteidigten Grundsatz, dass die Wahrheit sich entfaltet, und dass Christen bereit sein sollten, alles Licht anzunehmen, das aus Gottes heiligem Wort scheinen mag, verloren ihre Nachkommen aus den Augen. Die protestantischen Kirchen Amerikas und auch Europas, die so sehr begünstigt worden waren, indem sie die Segnungen der Reformation empfingen, gingen auf dem Weg der Reform nicht weiter voran.

Wenn auch von Zeit zu Zeit etliche treue Menschen auftraten, um neue Wahrheiten zu verkündigen und lang gehegte Irrtümer bloßzustellen, so war doch die Mehrzahl, wie die Juden in den Tagen Christi oder die Päpstlichen zur Zeit Luthers, damit zufrieden, zu glauben, was ihre Väter geglaubt, und zu leben, wie ihre Väter gelebt hatten. Deshalb artete ihre Religion abermals in Formenwesen aus, und Irrtümer und Aberglaube, die man verworfen hätte, wenn die Gemeinde weiterhin im Licht des Wortes Gottes gewandelt wäre, wurden beibehalten und gepflegt. So starb der von der Reformation eingeflößte Geist allmählich aus, bis sich in den protestantischen Kirchen ein beinahe ebenso großes Bedürfnis nach einer Reformation einstellte wie in der römischen Kirche zur Zeit Luthers. Es herrschte die gleiche weltliche Gesinnung, die gleiche geistliche Abgestumpftheit, eine ähnliche Ehrfurcht vor den Ansichten der Menschen, und man ersetzte die Lehren des Wortes Gottes durch menschliche Theorien.

Der weiten Verbreitung der Bibel zu Anfang des 19. Jahrhunderts und dem vielen Licht, das auf diese Weise über die Welt gekommen war, folgte kein entsprechendes Wachstum in der Erkenntnis der offenbarten Wahrheit oder in der religiösen Erfahrung. Satan konnte nicht wie in früheren Zeiten dem Volk das Wort Gottes vorenthalten, weil es allen erreichbar war. Um aber dennoch seine Absichten ausführen zu können, veranlasste er viele, die Heilige Schrift gering zu achten. Die Menschen versäumten es, in der Heiligen Schrift zu forschen, und nahmen dadurch ständig falsche Auslegungen an und pflegten Lehren, die mit den Aussagen der Heiligen Schrift nicht übereinstimmten.

Als Satan merkte, dass seine Anstrengung, die Wahrheit durch Verfolgung zu unterdrücken, misslang, nahm er seine Zuflucht wieder zu Zugeständnissen, was einst zum großen Abfall führte und wodurch die Kirche in Rom entstanden war. Er verleitete die Christen, sich, wenn nicht mit Heiden, so doch mit denen zu verbinden, die sich durch die Verehrung der Dinge dieser Welt ebenso sehr als wahre Götzendiener erwiesen hatten wie die Anbeter der Götzenbilder. Die Folgen dieser Verbindung waren jetzt nicht weniger verderblich als damals. Unter dem Deckmantel der Religion pflegte man Stolz und Verschwendung, und dunkle Machenschaften herrschten in der Kirche. Satan fuhr fort, die Lehren der Bibel zu verdrehen, und die Überlieferungen, die Millionen zugrunde richten sollten, schlugen tief Wurzel. Die Kirche hielt an diesen Überlieferungen fest und verteidigte sie, statt um den Glauben zu kämpfen, »der den Heiligen ein für allemal überliefert worden ist«. Judas 3 Schlachter 2000 So wurden die Grundsätze, um derentwillen die Reformatoren so viel getan und gelitten hatten, herabgesetzt.

Verfassung/Unabhängigkeitserklärung Amerikas

KAPITEL 17

HEROLDE DES MORGENS

In allen Teilen der Welt erkannten gläubige Menschen, die die Bibel studierten, dass das größte Ereignis in der Geschichte dieses Planeten bald stattfinden würde – die Wiederkunft Christi. Große Zeichen, in der Bibel prophezeite Vorboten, haben sich schon größtenteils erfüllt.

E ine der feierlichsten und zugleich wertvollsten aller in der Bibel offenbarten Wahrheiten ist die von der Wiederkunft Christi zur Vollendung des großen Erlösungswerkes. Dem Pilgervolk Gottes, das so lange »in Finsternis und Schatten des Todes« Lukas 1,79 wandern muss, bedeutet die Verheißung der Erscheinung Christi, der »die Auferstehung und das Leben« ist, 2.Johannes 11,25 der die Verbannten wieder heimbringen wird, eine herrliche, beglückende Hoffnung. Die Lehre von der Wiederkunft Christi ist der eigentliche Grundton der Heiligen Schrift. Von dem Tag an, als das erste Menschenpaar traurig Eden verließ, haben die Glaubenskinder auf die Ankunft des Verheißenen gewartet, der die Macht des Zerstörers brechen und sie wiederum in das verlorene Paradies zurückbringen würde. Die frommen Menschen von früher hatten auf das Kommen des Messias in Herrlichkeit als die Erfüllung ihrer Hoffnung gewartet. Schon Henoch, der siebente nach denen, die im Paradies wohnten, und der drei Jahrhunderte lang auf Erden nach dem Willen Gottes gelebt hatte, durfte von fern die Ankunft des Erlösers schauen. »Siehe«, sagte er, »der Herr kommt mit vielen tausend Heiligen, Gericht zu halten über alle.« Judas 14,15 Der Patriarch Hiob rief in der Nacht seiner Leiden mit unerschütterlichem Vertrauen aus: »Ich weiß, dass mein Erlöser lebt; und als der letzte wird er über dem Staube sich erheben ... und werde [in meinem Fleisch] Gott sehen. Denselben werde ich selbst sehen, und meine Augen werden ihn schauen, und kein Fremder.« Hiob 19,25-27

Das Kommen Christi und damit die Aufrichtung der Herrschaft der Gerechtigkeit hat die biblischen Schreiber zu besonders erhabenen und begeisternden Aussprüchen veranlasst. Die Dichter und Propheten der Heiligen Schrift haben darüber Worte gefunden, die von himmlischem Feuer durchglüht sind. Der Psalmist sang von der Macht und Majestät des Königs von Israel: »Aus Zion bricht an der schöne Glanz Gottes. Unser Gott kommt und schweigt nicht ... Er ruft

Himmel und Erde, dass er sein Volk richte.« »Der Himmel freue sich, und die Erde sei fröhlich … vor dem Herrn; denn er kommt, denn er kommt, zu richten das Erdreich. Er wird den Erdboden richten mit Gerechtigkeit und die Völker mit seiner Wahrheit.« Psalm 50,2-4; 96,11.13

Der Prophet Jesaja sagte: »Wacht auf und rühmt, die ihr liegt unter der Erde! Denn dein Tau ist ein Tau des grünen Feldes; aber das Land der Toten wirst du stürzen.« »Aber deine Toten werden leben, meine Leichname werden auferstehen.« »Er wird den Tod verschlingen ewiglich; und der Herr wird die Tränen von allen Angesichtern abwischen und wird aufheben die Schmach seines Volkes in allen Landen; denn der Herr hat's gesagt. Zu der Zeit wird man sagen: Siehe, das ist unser Gott, auf den wir harren, und er wird uns helfen; das ist der Herr, auf den wir harren, dass wir uns freuen und fröhlich seien in seinem Heil.« Jesaja 26,19; 25,8.9

In einem himmlischen Gesicht entrückt, sah auch Habakuk Christi Erscheinen: »Gott kam vom Mittag und der Heilige vom Gebirge Pharan. Seines Lobes war der Himmel voll, und seiner Ehre war die Erde voll. Sein Glanz war wie Licht … Er stand und maß die Erde, er schaute und machte beben die Heiden, dass zerschmettert wurden die Berge, die von alters her sind, und sich bücken mussten die ewigen Hügel, da er wie vor alters einherzog … da du auf deinen Rossen rittest und deine Wagen den Sieg behielten? … Die Berge sahen dich, und ihnen ward bange … die Tiefe ließ sich hören, die Höhe hob die Hände auf. Sonne und Mond standen still. Deine Pfeile fuhren mit Glänzen dahin und deine Speere mit Leuchten des Blitzes … Du zogest aus, deinem Volk zu helfen, zu helfen deinem Gesalbten.« Habakuk 3,3.4.6.8.10.13

Kurz bevor sich der Heiland von seinen Jüngern trennte, tröstete er sie in ihrem Leid mit der Versicherung, dass er wiederkommen wolle: »Euer Herz erschrecke nicht! … In meines Vaters Hause sind viele Wohnungen … Ich gehe hin, euch die Stätte zu bereiten. Und wenn ich hingehe, euch die Stätte zu bereiten, so will ich wiederkommen und euch zu mir nehmen.« Johannes 14,1-3 „Wenn aber des Menschen Sohn kommen wird in seiner Herrlichkeit und alle heiligen Engel mit ihm, dann wird er sitzen auf dem Stuhl seiner Herrlichkeit, und werden vor ihm alle Völker versammelt werden.“ Matthäus 25,31.32

Die Engel, die nach der Himmelfahrt Christi auf dem Ölberg weilten, wiederholten den Jüngern die Verheißung seiner Wiederkunft: »Dieser Jesus, der von euch weg gen Himmel aufgenommen wurde, wird so wiederkommen, wie ihr ihn habt gen Himmel fahren sehen.« Apostelgeschichte 1,11 Der Apostel Paulus bezeugt unter Eingebung des Heiligen Geistes: »Denn er selbst, der Herr, wird mit einem Feldgeschrei und der Stimme des Erzengels und mit der Posaune Gottes herniederkommen vom Himmel.« 1.Thessalonicher 4,16 Der Prophet von Patmos sagt: »Siehe, er kommt mit den Wolken, und es werden ihn sehen alle Augen.« Offenbarung 1,7

Um sein Kommen reiht sich all die Herrlichkeit jener Zeit, »in der alles wiedergebracht wird, wovon Gott geredet hat durch den Mund seiner heiligen Propheten von Anbeginn«. Apostelgeschichte 3,21 Dann wird die so lang bestandene Herrschaft des Bösen gebrochen werden; »es sind die Reiche der Welt unsers Herrn und seines Christus geworden, und er wird regieren von Ewigkeit zu Ewigkeit«. Offenbarung 11,15 »Denn die Herrlichkeit des Herrn soll offenbart werden, und alles Fleisch miteinander wird es sehen.« »Gleichwie Gewächs aus der Erde wächst und Same im Garten aufgeht, also wird Gerechtigkeit und Lob vor allen Heiden aufgehen aus dem Herrn.« »Zu der Zeit wird der Herr Zebaoth sein eine liebliche Krone und ein herrlicher Kranz den Übriggebliebenen seines Volks.« Jesaja 40,5; 61,11; 28,5

Dann wird das friedevolle und lang ersehnte Reich des Messias unter dem ganzen Himmel aufgerichtet werden. »Denn der Herr tröstet Zion, er tröstet alle ihre Wüsten und macht ihre Wüste wie Eden und ihr dürres Land wie den Garten des Herrn.« »Denn die Herrlichkeit des Libanon ist ihr gegeben, die Pracht von Karmel und Scharon.« »Man soll dich nicht mehr nennen ‚Verlassene‘ und dein Land nicht mehr ‚Einsame‘, sondern du sollst heißen ‚Meine Lust‘ und dein Land ‚Liebe Frau‘; denn … wie sich ein Bräutigam freut über die Braut, so wird sich dein Gott über dich freuen.« Jesaja 51,3; 35,2; 62,4.5

Die Wiederkunft des Herrn war zu allen Zeiten die Hoffnung seiner wirklichen Nachfolger. Die Abschiedsverheißung des Heilandes auf dem Ölberg, dass er wiederkommen werde, erhellte den Jüngern die Zukunft und erfüllte ihre Herzen mit einer Freude und Hoffnung, die weder Sorgen dämpfen noch Prüfungen schwächen konnten. Inmitten von Leiden und Verfolgungen war die »Erscheinung der Herrlichkeit des großen Gottes und unseres Heilandes, Jesu Christi«, die selige Hoffnung. Titus 2,13 Als die Christen in Thessalonich bei der Bestattung ihrer Lieben von Leid erfüllt waren, weil sie gehofft hatten, das Kommen des Herrn zu erleben, wies Paulus, ihr Lehrer, sie auf die Auferstehung hin, die bei der Wiederkunft Christi stattfinden würde. Dann sollen die Toten in Christus auferstehen und zusammen mit den Lebenden dem Herrn entgegengerückt werden. »Und werden also«, sagte er, »bei dem Herrn sein allezeit. So tröstet euch nun mit diesen Worten untereinander.« 1.Thessalonicher 4,17.18 Auf der Felseninsel Patmos hörte der geliebte Jünger die Verheißung: »Siehe, ich komme bald«, und seine sehnsuchtsvolle Antwort klingt in dem Gebet der Gemeinde auf der ganzen Pilgerreise: »Ja komm, Herr Jesu!« Offenbarung 22,7.20 Aus dem Kerker, vom Scheiterhaufen und Schafott herunter, wo die Heiligen und Märtyrer für die Wahrheit zeugten, vernimmt man durch alle Jahrhunderte hindurch das Zeugnis ihres Glaubens und ihrer Hoffnung. Von der persönlichen

Auferstehung Christi und damit auch von ihrer eigenen zur Zeit seines Kommens überzeugt, verachteten diese Christen den Tod und fürchteten ihn nicht. Sie waren bereit, in das Grab hinabzusteigen, damit sie frei auferstünden. Sie warteten auf das »Erscheinen des Herrn in den Wolken in der Herrlichkeit des Vaters, der den Gerechten das Himmelreich bringen würde«. Die Waldenser glaubten dasselbe. Wiklif erwartete in der Erscheinung des Heilandes die Hoffnung der Kirche. Luther erklärte: »Ich sage mir wahrlich, der Tag des Gerichtes könne keine volle 300 Jahre mehr ausbleiben. Gott will und kann diese gottlose Welt nicht länger dulden. Der große Tag naht, an dem das Reich der Gräuel gestürzt werden wird.« Taylor, „Stimme der Kirche", S. 129 ff.

»Diese alte Welt ist nicht fern von ihrem Ende«, sagte Melanchthon. Calvin forderte die Christen auf, nicht unschlüssig zu sein, sondern eifrig nach dem Tag der Wiederkunft des Herrn als des heilsamsten aller Tage zu verlangen; er erklärte weiter, dass die ganze Familie der Getreuen diesen Tag vor Augen haben wird und sagt: »Wir müssen nach Christus hungern, ihn suchen, erforschen, bis zum Anbrechen jenes großen Tages, an dem unser Herr die Herrlichkeit seines Reiches völlig offenbaren wird.« Taylor, ebd.

»Ist nicht unser Herr Jesus leiblich gen Himmel gefahren, und wird er nicht wiederkommen?« fragte Knox, der schottische Reformator. »Wir wissen, dass er wiederkommen wird, und das in Kürze.« Ridley und Latimer, die beide ihr Leben für die Wahrheit ließen, sahen im Glauben der Wiederkunft des Herrn entgegen. Ridley schrieb: »Die Welt geht unzweifelhaft – dies glaube ich, und deshalb sage ich es – dem Ende entgegen. Lasst uns mit Johannes, dem Knecht Christi, rufen: Komme bald, Herr Jesus!« Taylor, ebd.

Baxter sagte: »Der Gedanke an das Kommen des Herrn ist mir überaus köstlich und freudevoll ... Seine Erscheinung liebzuhaben und der seligen Hoffnung entgegenzusehen, ist das Werk des Glaubens und kennzeichnet seine Heiligen ... Wenn der Tod der letzte Feind ist, der bei der Auferstehung vernichtet werden soll, so können wir begreifen, wie ernsthaft Gläubige nach der Wiederkunft Christi [wann dieser völlige und endgültige Sieg errungen werden wird] verlangen und dafür beten sollten.« Baxter, „Practical Works", XVII, S. 555 »Dies ist der Tag, auf den alle Gläubigen harren, hoffen und warten sollten, da er das ganze Werk ihrer Erlösung und die Erfüllung aller ihrer Wünsche und Bestrebungen verwirklicht ... Beschleunige, o Herr, diesen segenbringenden Tag.« Baxter, ebd., Bd. XVII, S. 182 f. Das war die Hoffnung der apostolischen Kirche, der »Gemeinde der Wüste«, und der Reformatoren. Die Prophezeiungen sagen nicht nur das »Wie« und das »Warum« der Wiederkunft Christi voraus, sondern geben auch Zeichen an, die uns erkennen lassen, wann sie nahe ist. Jesus sagte: »Es werden Zeichen geschehen an Sonne und Mond und Sternen.« »Aber zu der Zeit, nach dieser Trübsal, werden Sonne und

Mond ihren Schein verlieren, und die Sterne werden vom Himmel fallen, und die Kräfte der Himmel werden sich bewegen. Und dann werden sie sehen des Menschen Sohn kommen in den Wolken mit großer Kraft und Herrlichkeit.« Lukas 21,25; Markus 13,24-26 Johannes schildert in der Offenbarung das erste der Zeichen, das der Wiederkunft Christi vorausgeht: »Die Sonne war finster wie ein schwarzer Sack, und der Mond wurde wie Blut.« Offenbarung 6,12

Diese Zeichen wurden vor Beginn des 19. Jahrhunderts wahrgenommen. In Erfüllung dieser Weissagung fand im Jahre 1755 das schlimmste Erdbeben statt, von dem je berichtet worden ist. Anm 41 Obwohl allgemein als Erdbeben von Lissabon bekannt, dehnte es sich doch über den größeren Teil von Europa, Afrika und Amerika aus. Es wurde in Grönland, in West-Indien und auf der Insel Madeira, in Schweden und Norwegen, Großbritannien und Irland gespürt. Es erstreckte sich über eine Fläche von nicht weniger als 10,36 Mio. km². In Afrika war die Erschütterung beinahe ebenso heftig wie in Europa. Ein großer Teil von Algerien wurde zerstört, und nur unweit von Marokko wurde ein Dorf mit 8.000-10.000 Einwohnern dem Erdboden gleichgemacht. Eine gewaltige Flutwelle fegte über die Küsten von Spanien und Afrika, verschlang Städte und verursachte eine große Zerstörung. In Spanien und Portugal zeigten sich die gewaltigste Auswirkung des Bebens. In Cadiz soll die heranstürzende Flut 18 Meter hoch gewesen sein. »Etliche der größten Berge in Portugal wurden stark erschüttert. Die Gipfel einiger Berge öffneten sich und wurden auf erstaunliche Weise gespalten und zerrissen. Dabei flogen ungeheure Steinmassen in die umliegenden Täler. Man erzählt, dass diesen Bergen Flammen entstiegen.« Lyell, „Principles of Geology", S. 495

In Lissabon wurde ein unterirdischer Donner vernommen, und unmittelbar darauf stürzte durch einen heftigen Stoß der größere Teil der Stadt ein. Im Zeitraum von etwa sechs Minuten kamen 60.000 Menschen ums Leben. Die Meereswogen gingen anfangs zurück und gaben die Sandbank frei, dann fluteten sie herein und hoben sich mehr als 15 Meter über ihre normale Höhe. »Zu anderen außerordentlichen Ereignissen, die sich während der Katastrophe in Lissabon ereigneten, zählt das Versinken des neuen Kais, der mit einem ungeheuren Kostenaufwand ganz aus Marmor hergestellt war. Viele Menschen hatten sich hier sicherheitshalber versammelt, weil sie glaubten, außerhalb des Bereiches der fallenden Trümmer zu sein; doch plötzlich versank der Kai mit allen Menschen, und nicht einer der Leichname kam je wieder an die Oberfläche.« Lyell, „Principles of Geology", S. 495 »Dem Stoß« des Erdbebens »folgte unmittelbar der Einsturz sämtlicher Kirchen und Klöster, fast aller großen öffentlichen Bauten und mehr als eines Viertels der Häuser.

Ungefähr zwei Stunden nach dem Erdstoß brach in den

verschiedenen Stadtvierteln Feuer aus und wütete beinahe drei Tage lang mit solcher Gewalt, dass die Stadt völlig verwüstet wurde. Das Erdbeben geschah an einem Feiertag, als die Kirchen und Klöster voller Menschen waren, von denen nur sehr wenige entkamen«. Encyclopaedia Americana, 1831, Art. Lisabon »Der Schrecken des Volkes war unbeschreiblich. Niemand weinte; das Unglück war zu groß. Die Menschen liefen hin und her, wahnsinnig vor Schrecken und Entsetzen, schlugen sich ins Gesicht und an die Brust und riefen: ‚Erbarmen! Die Welt geht unter!' Mütter vergaßen ihre Kinder und rannten mit Kruzifixen umher. Unglücklicherweise liefen viele in die Kirchen, um Schutz zu suchen, aber vergeblich wurde ununterbrochen die Messe gelesen und die Hostie enthüllt. Vergeblich klammerten sich die armen Geschöpfe an die Altäre. Kruzifixe, Priester und Volk – alle wurden bei dem allgemeinen Untergang vernichtet.« Man hat geschätzt, dass an jenem verhängnisvollen Tag 90.000 Menschen ums Leben gekommen sind.

25 Jahre später erschien das nächste in der Weissagung erwähnte Zeichen: Die Verfinsterung der Sonne und des Mondes, und zwar war dies um so auffallender, da die Zeit seiner Erfüllung genau und deutlich angegeben worden war. Der Heiland erwähnte in seiner Unterredung mit den Jüngern auf dem Ölberg nach der Schilderung der langen Trübsalzeit der Gemeinde – den 1260 Jahren der päpstlichen Verfolgung, derentwegen er verheißen hatte, die Tage der Trübsal zu verkürzen – gewisse Ereignisse, die seinem Kommen vorausgingen. Dabei nannte er die Zeit, wann das erste dieser Zeichen gesehen werden sollte. »Aber zu der Zeit, nach dieser Trübsal, werden Sonne und Mond ihren Schein verlieren.« Markus 13,24 Die 1260 Tage oder Jahre liefen

Erdbeben zu Lissabon im Jahre 1755

mit dem Jahr 1798 ab. Ein Vierteljahrhundert vorher hatten die Verfolgungen beinahe ganz aufgehört. Nach diesen Verfolgungen sollte gemäß den Worten Christi die Sonne verdunkelt werden. Am 19. Mai 1780 ging diese Weissagung in Erfüllung. »Als die geheimnisvollste und bis dahin unerklärbare, wenn nicht ganz beispiellose Naturerscheinung ... erwies sich der finstere Tag vom 19. Mai 1780 – eine ganz besondere Verfinsterung des sichtbaren Himmels Neuenglands.« Devens, „Our First Century", S. 89

Ein in Massachusetts lebender Augenzeuge beschreibt das Ereignis wie folgt: »Am Morgen ging die Sonne klar auf, bald aber bezog sich der Himmel. Die Wolken sanken immer tiefer, und während sie dunkler und unheildrohender wurden, zuckten die Blitze, und der Donner rollte, und etwas Regen fiel. Gegen neun Uhr lichtete sich die Wolkendecke und nahm ein messing- oder kupferfarbenes Aussehen an, so dass Erde, Felsen, Bäume, Gebäude, das Wasser und die Menschen in diesem seltsamen, unheimlichen Licht ganz verändert erschienen. Wenige Minuten später breitete sich eine schwere, schwarze Wolke über das ganze Himmelsgewölbe aus, mit Ausnahme eines schmalen Streifens am Horizont, und es war so dunkel, wie es gewöhnlich im Sommer um neun Uhr abends ist ... Furcht, Angst und heilige Scheu bemächtigten sich der Menschen. Frauen standen vor den Türen und schauten in die dunkle Landschaft, die Männer kehrten von ihrer Feldarbeit zurück, der Zimmermann verließ sein Werkzeug, der Schmied seine Werkstatt, der Kaufmann den Laden. Die Schulen wurden geschlossen, und die zitternden Kinder rannten heim. Reisende suchten Unterkunft in den nächsten Bauernhäusern. ‚Was soll das werden?‘ fragten bebende Lippen und Herzen. Es schien, als ob ein großer Sturm über das Land hereinbrechen wollte oder als ob das Ende aller Dinge gekommen sei.

Lichter wurden angezündet, und das Feuer im offenen Kamin brannte so hell wie an einem Herbstabend ohne Mondlicht ... Die Hühner erklommen ihre Ruhestangen und schliefen ein, das Vieh ging an die Wiesenpforten und brüllte, die Frösche quakten, die Vögel sangen ihr Abendlied, und die Fledermäuse begannen ihren nächtlichen Flug. Aber die Menschen wussten, dass es nicht Nacht geworden war

Dr. Nathanael Whittaker, Geistlicher in Salem, hielt Gottesdienst im Versammlungssaal und behauptete in seiner Predigt, dass die Dunkelheit übernatürlich sei. An vielen Orten wurden Versammlungen durchgeführt, und die Bibeltexte für die unvorbereiteten Predigten waren ausschließlich solche, die andeuteten, dass die Finsternis in Übereinstimmung mit der biblischen Weissagung war ... Etwas nach elf Uhr war die Dunkelheit am stärksten.« Essex Antiquarian, Salem, Mass., April 1899 »An den meisten

Orten war die Finsternis so dicht, dass man weder nach

der Uhr sehen noch die häuslichen Arbeiten ohne Kerzenlicht ausführen konnte. Die Finsternis dehnte sich außergewöhnlich weit aus. Nach Osten erstreckte sie sich bis Falmouth, nach Westen erreichte sie den äußersten Teil von Connecticut und Albany, nach Süden hin wurde sie an der ganzen Seeküste entlang beobachtet, und nach Norden reichte sie, so weit sich die amerikanischen Niederlassungen ausdehnten.« Gordon, „History of the Rise, Progress, and Establishment of the Independence of the USA", Bd. III, S. 57

Der dichten Finsternis dieses Tages folgte eine oder zwei Stunden vor Sonnenuntergang ein teilweise klarer Himmel. Die Sonne brach wieder hervor, obwohl ihr Schein noch von einem schwarzen, schweren Schleier getrübt wurde. »Die Dunkelheit der Nacht war ebenso ungewöhnlich und erschreckend wie die des Tages, denn obwohl es fast Vollmond war, ließ sich doch kein Gegenstand ohne künstliches Licht unterscheiden, das von den Nachbarhäusern und andern Orten aus erschien, wie durch eine Art ägyptischer Finsternis, die für die Strahlen nahezu undurchdringlich war.« Massachusetts Spy, 25. Mai 1780 Ein Augenzeuge dieses Ereignisses sagte: »Ich konnte mich des Gedankens nicht erwehren, dass, wenn alle leuchtenden Himmelskörper in solch undurchdringliche Finsternis gehüllt oder gänzlich verschwunden wären, die Finsternis nicht vollständiger sein könnte.« Zwar ging gegen neun Uhr abends der Mond voll auf; »er vermochte aber nicht im Geringsten, den todesähnlichen Schatten zu zerteilen«. Massachusetts Historical Society Collections, 1792,1. Serie, Bd. I, S. 97 Nach Mitternacht verzog sich die Finsternis, und als der Mond sichtbar wurde, sah er zuerst aus wie Blut.

Der 19. Mai 1780 steht als »der finstere Tag« in der Geschichte Amerikas verzeichnet. Seit Moses Zeit ist keine Finsternis von gleicher Dichte, Ausdehnung und Dauer je berichtet worden. Die Beschreibung dieses Ereignisses durch Augenzeugen ist nur ein Widerhall der Worte des Herrn, die der Prophet Joel 2500 Jahre vor ihrer Erfüllung kundtat: »Die Sonne soll in Finsternis und der Mond in Blut verwandelt werden, ehe denn der große und schreckliche Tag des Herrn kommt.« Joel 3,4 Christus hatte seinem Volk geboten, auf die Zeichen seiner Wiederkunft zu achten und sich zu freuen, wenn es die Vorläufer seines zukünftigen Königs erkennen würde. Seine Worte lauteten: »Wenn aber dieses anfängt zu geschehen, dann seht auf und erhebt eure Häupter, weil sich eure Erlösung naht.« Er machte seine Nachfolger auf die knospenden Bäume des Frühlings aufmerksam und sagte: »Wenn sie jetzt ausschlagen und ihr seht es, so wisst ihr selber, dass jetzt der Sommer nahe ist. So auch ihr: wenn ihr seht, dass dies alles geschieht, so wisst, dass das Reich Gottes nahe ist.« Lukas 21,28.30.31

Doch als der Geist der Demut und Frömmigkeit in der Kirche vom Stolz und Formenwesen verdrängt wurde, war die Liebe zu Christus und der Glaube an seine Wiederkunft erkaltet. Das bekennende Volk Gottes war ganz in Weltlichkeit und Vergnügungssucht aufgegangen und dadurch blind geworden für die Lehren des Heilands hinsichtlich der Zeichen vor seinem Kommen. Die Lehre von der Wiederkunft Christi hatte man vernachlässigt, die sich darauf beziehenden Schriftstellen waren durch falsche Auslegung verdunkelt worden, bis man sie in hohem Maße einfach übersah und vergaß. Ganz besonders war dies bei den Kirchen Amerikas der Fall. Die Freiheit und Bequemlichkeit, deren sich alle Gesellschaftsklassen erfreuten, das ehrgeizige Verlangen nach Reichtum und Überfluss, das eine vernichtende Sucht nach Gelderwerb bewirkte, das versessene Streben nach Volkstümlichkeit und Macht, die allen erreichbar schienen, verleiteten die Menschen, sich auf die Dinge des Lebens zu konzentrieren und darauf zu hoffen. So wiesen sie jenen ernsten Tag, an dem der zeitliche Lauf der Dinge ein Ende haben wird, weit von sich. Als der Heiland seine Nachfolger auf die Zeichen seiner Wiederkunft hinwies, weissagte er ihnen den Zustand des Abfalls, wie er unmittelbar vor seiner Wiederkunft bestehen würde. Da würde sich, wie in den Tagen Noahs, rege Tätigkeit in weltlichen Unternehmungen und Vergnügungssucht – Kaufen, Verkaufen, Pflanzen, Bauen, Heiraten und sich heiraten lassen – zeigen, wobei Gott und das zukünftige Leben vergessen sein würden. Denen, die zu dieser Zeit leben, gilt Christi Ermahnung: »Hütet euch aber, dass eure Herzen nicht beschwert werden mit Fressen und Saufen und mit Sorgen der Nahrung und komme dieser Tag schnell über euch; denn wie ein Fallstrick wird er kommen über alle, die auf Erden wohnen. So seid nun wach allezeit und betet, dass ihr würdig werden möget, zu entfliehen diesem allem, das geschehen soll, und zu stehen vor des Menschen Sohn.« Lukas 21,34.36

Den Zustand der Kirche zu dieser Zeit schildern die Worte des Heilandes in der Offenbarung. »Du hast den Namen, dass du lebest, und bist tot.« Und an jene, die sich weigern, aus ihrer gleichgültigen Sorglosigkeit herauszutreten, ergeht die ernste Warnung. »Wenn du aber nicht wachen wirst, werde ich kommen wie ein Dieb, und du wirst nicht wissen, zu welcher Stunde ich über dich kommen werde.« Offenbarung 3,1.3

Die Menschen mussten auf die ihnen drohende Gefahr aufmerksam gemacht und aufgerüttelt werden, damit sie sich auf die ernsten, mit dem Ablauf der Gnadenzeit in Verbindung stehenden Ereignisse vorbereiten könnten. Der Prophet Gottes erklärt: »Der Tag des Herrn ist groß und voller Schrecken, wer kann ihn ertragen?« Joel, 2,11 Ja, wer wird bestehen, wenn der erscheint, von dem es heißt: »Deine Augen sind rein, dass du Übles nicht sehen magst, und dem Jammer kannst du nicht zusehen.« Habakuk 1,13 Denen, die rufen: »Du bist

mein Gott; wir ... kennen dich« und die seinen Bund übertreten

und einem andern Gott nacheilen, die lasterhaft sind und die Pfade der Ungerechtigkeit lieben, wird des Herrn Tag »finster und nicht licht sein, dunkel und
nicht hell«. Hosea 8,2; Psalm 16,4; Amos 5,20 »Zur selben Zeit«, spricht der Herr, »will
ich Jerusalem mit der Lampe durchsuchen und aufschrecken die Leute, die
sich durch nichts aus der Ruhe bringen lassen und sprechen in ihrem Herzen:
Der Herr wird weder Gutes noch Böses tun.« Zephanja. 1,12

»Ich will den Erdboden heimsuchen um seiner Bosheit willen und die Gottlosen um ihrer Untugend willen und will dem Hochmut der Stolzen ein Ende
machen und die Hoffart der Gewaltigen demütigen.« »Es wird sie ihr Silber und
Gold nicht erretten können am Tage des Zorns des Herrn«, »und ihre Güter sollen zum Raub werden und ihre Häuser zur Wüste«. Jesaja 13,11; Zephanja. 1,18.13

Der Prophet Jeremia ruft im Hinblick auf diese schreckliche Zeit: »Wie
ist mir so herzlich weh! ... und habe keine Ruhe; denn meine Seele hört der
Posaune Hall und eine Feldschlacht und einen Mordschrei über den andern.«
Jeremia 4,19.20 »Dieser Tag ist ein Tag des Grimmes, ein Tag der Trübsal und
Angst, ein Tag des Wetters und Ungestüms, ein Tag der Finsternis und Dun-
kels, ein Tag der Wolken und des Nebels, ein Tag der Posaune und des Kriegs-
geschreis." „Denn siehe, des Herrn Tag kommt ... das Land zu verstören und
die Sünder darauf zu vertilgen.« Zephanja 1,15.16; Jesaja 13,9

Im Hinblick auf jenen großen Tag fordert Gottes Wort in nachdrücklichster
und feierlichster Sprache sein Volk auf, die geistliche Trägheit abzuschütteln
und reuig und demütig des Herrn Angesicht zu suchen: »Blast die Posaune zu
Zion, ruft laut auf meinem heiligen Berge; erzittert, alle Einwohner des Landes!,
denn der Tag des Herrn kommt und ist nahe ... sagt ein heiliges Fasten an, ruft
die Gemeinde zusammen! Versammelt das Volk, heiligt die Gemeinde, sammelt die Ältesten, bringt zusammen die Kinder und die Säuglinge ... Der Bräutigam gehe aus seiner Kammer und die Braut aus ihrem Gemach. Lasst die Priester,« des Herrn Diener, weinen zwischen Halle und Altar.« »Bekehrt euch zu mir
von ganzem Herzen mit Fasten, mit Weinen, mit Klagen! Zerreißt eure Herzen
und nicht eure Kleider, und bekehrt euch zu dem Herrn, eurem Gott! denn er ist
gnädig, barmherzig, geduldig und von großer Güte.« Joel 2,1.15-17.12.13

Um ein Volk vorzubereiten, am Tag des Herrn bestehen zu können, musste eine große Aufgabe der Erneuerung getan werden. Gott sah, dass viele
Glieder seines erklärten Volkes nicht für die Ewigkeit lebten. So wollte er
ihnen in seiner Barmherzigkeit eine Warnungsbotschaft senden, um sie aus
ihrer Erstarrung aufzurütteln und sie zu veranlassen, sich auf die Zukunft
des Herrn vorzubereiten.

Diese Warnung ist in Offenbarung 14 aufgezeichnet. Hier wird die
dreifache Botschaft dargestellt, von himmlischen Wesen

verkündigt. Ihr soll unmittelbar das Kommen des Menschensohns folgen, um die Ernte der Erde einzuholen. Die erste dieser Warnungen kündigt das nahende Gericht an. Der Prophet »sah einen Engel fliegen mitten durch den Himmel, der hatte ein ewiges Evangelium zu verkündigen denen, die auf Erden wohnen, und allen Nationen und Stämmen und Sprachen und Völkern, und sprach mit großer Stimme: Fürchtet Gott und gebt ihm die Ehre, denn die Zeit seines Gerichts ist gekommen! Und betet an den, der gemacht hat Himmel und Erde und Meer und die Wasserquellen.« Offenbarung 14,6.7

Diese Botschaft wird ein Teil des »ewigen Evangeliums« genannt. Die Verkündigung des Evangeliums ist nicht Engeln, sondern Menschen anvertraut worden. Wohl sind himmlische Engel beauftragt, dieses Werk zu leiten. Sie lenken die großen Maßnahmen zum Heil der Menschen, aber die tatsächliche Verkündigung des Evangeliums wird von den Dienern Christi auf Erden durchgeführt. Treue Menschen, die den Eingebungen des Geistes Gottes und den Lehren seines Wortes gehorsam waren, sollten der Welt diese Warnung verkünden. Sie hatten auf das feste prophetische Wort geachtet, auf jenes »Licht, das da scheint an einem dunklen Ort, bis der Tag anbreche und der Morgenstern aufgehe«. 2.Petrus 1,19 Sie hatten die Erkenntnis Gottes mehr gesucht als alle verborgenen Reichtümer und schätzten sie höher als Silber. Ihr Ertrag ist besser als Gold. Sprüche 3,14 Der Herr offenbarte ihnen die großen Dinge seines Reiches. »Das Geheimnis des Herrn ist unter denen, die ihn fürchten; und seinen Bund lässt er sie wissen.« Psalm 25,14

Es waren nicht die gelehrten Theologen, die für diese Wahrheit Verständnis hatten und sich mit ihrer Verkündigung befassten. Wären sie treue Wächter gewesen, die die Schrift fleißig und unter Gebet erforscht hätten, so würden sie die Zeit der Nacht erkannt haben, und die Weissagungen hätten ihnen die Ereignisse erschlossen, die unmittelbar bevorstanden. Sie nahmen jedoch nicht diese Haltung ein, und die Botschaft wurde einfacheren Menschen übertragen. Jesus sagte: »Wandelt, solange ihr das Licht habt, damit euch die Finsternis nicht überfalle.« Johannes 12,35 Wer sich von dem von Gott verliehenen Licht abwendet oder es versäumt, danach zu leben, wenn er es erkannt hat, bleibt in der Finsternis. Aber der Heiland erklärt: »Wer mir nachfolgt, der wird nicht wandeln in der Finsternis, sondern wird das Licht des Lebens haben.« Johannes 8,12 Wer beharrlich das Ziel verfolgt, nach Gottes Willen zu handeln, und ernstlich auf das bereits empfangene Licht achtet, wird mehr Licht empfangen. Ihm wird ein Stern von himmlischem Glanz gesandt werden, um ihn in alle Wahrheit zu leiten.

Zur Zeit des ersten Kommens Christi hätten die Priester und Schriftge-

lehrten der heiligen Stadt, denen das lebendige Wort Gottes

anvertraut worden war, die Zeichen der Zeit erkennen und die Ankunft des Verheißenen verkündigen können. Die Weissagung Michas nannte den Geburtsort; Daniel gab die Zeit seines Kommens an. Micha 5,1; Daniel 9,25 Gott hatte diese Weissagungen den Ältesten der Juden anvertraut. Es gab für sie keine Entschuldigung, wenn sie es nicht wussten und dem Volk nicht verkündigten, dass die Ankunft des Messias unmittelbar bevorstand. Ihre Unwissenheit war die Folge sündhafter Vernachlässigung. Die Juden bauten Denkmäler für die getöteten Propheten Gottes, während sie durch ihre Nachgiebigkeit gegenüber den Großen der Erde den Knechten Satans huldigten. Von ihrem ehrgeizigen Streben nach Ansehen und Macht unter den Menschen völlig in Anspruch genommen, hatten sie die ihnen vom König des Himmels angebotenen göttlichen Ehren aus den Augen verloren.

Mit tiefer und ehrfurchtsvoller Hingabe hätten die Ältesten Israels Ort, Zeit und Umstände des größten Ereignisses in der Weltgeschichte – die Ankunft des Sohnes Gottes zur Erlösung der Menschen – erforschen sollen. Alle Juden hätten wachen und bereit sein sollen, um unter den Ersten zu sein, den Erlöser der Welt zu begrüßen. Doch siehe, in Bethlehem wanderten zwei müde Reisende von den Hügeln Nazareths die ganze Länge der engen Straße bis zum östlichen Ende der Stadt entlang und hielten vergeblich Ausschau nach einer Rast- und Ruhestätte für die Nacht. Keine Tür stand ihnen offen. In einem heruntergekommenen Schuppen, der für das Vieh hergerichtet war, fanden sie schließlich Unterkunft, und hier wurde der Heiland der Welt geboren.

Die Engel hatten die Herrlichkeit gesehen, die der Sohn Gottes mit dem Vater teilte, ehe die Welt war, und sie hatten mit lebhafter Anteilnahme seinem Erscheinen auf Erden als dem freudigsten Ereignis für alle Völker entgegengesehen. Es wurden Engel bestimmt, die frohe Botschaft denen zu bringen, die auf ihren Empfang vorbereitet waren, und die sie mit Freuden den Bewohnern der Erde bekanntmachen würden. Christus hatte sich erniedrigt, um die menschliche Natur anzunehmen. Er trug unendlich viel Leid, als er sein Leben als Opfer für die Sünde darbringen sollte, und doch wünschten die Engel, dass der Sohn des Allerhöchsten selbst in seiner Erniedrigung mit einer seinem Charakter entsprechenden Würde und Herrlichkeit vor den Menschen erscheinen möchte. Würden die Großen der Erde sich in der Hauptstadt Israels versammeln, um sein Kommen zu begrüßen und Legionen Engel ihn vor die wartenden Menschen führen?

Ein Engel besuchte die Erde, um zu sehen, wer vorbereitet war, Jesus willkommen zu heißen. Aber er konnte kein Zeichen der Erwartung erkennen. Er hörte weder Lob noch Jubel darüber, dass die Zeit der Ankunft des

Messias da war. Der Engel schwebte eine Zeitlang über der auserwählten Stadt und dem Tempel, wo Jahrhunderte hindurch die göttliche Gegenwart offenbar geworden war, doch auch hier herrschte dieselbe Gleichgültigkeit. Die Priester in ihrem Gepränge und Stolz brachten unreine Opfer im Tempel dar. Die Pharisäer redeten mit lauter Stimme zum Volk oder beteten in prahlerischer Weise an den Ecken der Straßen. In den Palästen der Könige, in den Versammlungen der Philosophen, in den Schulen der Rabbiner achtete niemand auf die wunderbare Tatsache, die den ganzen Himmel mit Lob und Freude erfüllte – dass der Erlöser der Menschen im Begriff war, auf Erden zu erscheinen. Nirgends war sichtbar, dass Christus erwartet wurde oder dass Vorbereitungen für den Fürsten des Lebens getroffen waren. Erstaunt wollte der himmlische Bote mit der beschämenden Kunde wieder zum Himmel zurückkehren, als er einige Hirten entdeckte, die ihre Herden nachts bewachten und, zum sternenbesäten Himmel aufblickend, über die Weissagung von einem Messias, der auf Erden erscheinen sollte, nachdachten und sich nach der Ankunft des Welterlösers sehnten. Hier waren Menschen, die sich auf den Empfang der himmlischen Botschaft vorbereitet hatten. Und plötzlich erschien der Engel des Herrn und verkündigte die frohe Botschaft. Himmlische Herrlichkeit überflutete die ganze Ebene, eine große Schar Engel wurde sichtbar, und als ob die Freude zu groß wäre, um nur von einem himmlischen Boten offenbart zu werden, hob ein stimmgewaltiger Chor den Gesang an, den einst alle Erlösten singen werden: »Ehre sei Gott in der Höhe und Friede auf Erden und den Menschen ein Wohlgefallen!« Lukas 2,14

Oh, welch eine Lehre ist in dieser wunderbaren Geschichte von Bethlehem enthalten! Wie straft sie unseren Unglauben, unsern Stolz und unsere Selbstsucht! Wie warnt sie uns, auf der Hut zu sein, damit wir durch unsere Gleichgültigkeit nicht auch verfehlen, die Zeichen der Zeit zu verstehen und dadurch den Tag unserer Heimsuchung zu erkennen!

Nicht nur auf den Höhen Judäas, nicht allein unter den einfachen Hirten fanden die Engel Menschen, die die Ankunft des Messias erwarteten. Im Heidenland waren ebenfalls etliche, die darauf warteten. Es waren weise, reiche und edle Männer – Philosophen des Ostens. Naturforscher und Weise hatten Gott in seiner Schöpfung erkannt. Aus den hebräischen Schriften hatten sie von dem Stern erfahren, der aus Jakob aufgehen sollte, und mit begierigem Verlangen warteten sie auf sein Erscheinen, der nicht nur der »Trost Israels«, sondern auch ein Licht zu erleuchten die Heiden, das Heil bis an das Ende der Erde sein sollte. Lukas 2,25.32; Apostelgeschichte 13,47 Sie suchten nach Licht, und Licht vom Thron Gottes erleuchtete den Pfad vor ihnen. Während die Priester und Schriftgelehrten Jerusalems, die verordneten Hüter und Erklärer der
Wahrheit, in Finsternis gehüllt waren, leitete der vom Himmel

gesandte Stern diese heidnischen Fremdlinge zur Geburtsstätte des neugeborenen Königs. »Denen, die auf ihn warten«, wird Christus »zum andermal ... ohne Sünde erscheinen ... zur Seligkeit«. Hebräer 9,28 Wie bei der Kunde von der Geburt des Heilandes wurde auch die Botschaft von seiner Wiederkunft nicht den religiösen Führern des Volkes anvertraut. Sie hatten es versäumt, ihre Verbindung mit Gott zu bewahren, und hatten das Licht vom Himmel von sich gewiesen. Darum gehörten sie nicht zu den Menschen, denen der Apostel Paulus sagt: »Ihr aber, liebe Brüder, seid nicht in der Finsternis, dass euch der Tag wie ein Dieb ergreife. Ihr seid allzumal Kinder des Lichtes und Kinder des Tages; wir sind nicht von der Nacht noch von der Finsternis.« 1.Timotheus 5,4.5

Die Wächter auf den Mauern Zions hätten die Ersten sein sollen, die Botschaft von der Ankunft des Heilandes zu vernehmen; die Ersten, um seine Nähe klar zu verkündigen; die Ersten, das Volk zu warnen, sich auf sein Kommen vorzubereiten. Aber sie ließen sich's gut gehen und träumten von Frieden und Sicherheit, während das Volk in seinen Sünden schlief. Jesus sah seine Gemeinde, wie ein unfruchtbarer Feigenbaum, im Schmuck der Blätter prangen, doch ohne köstliche Frucht. Prahlerisch hielt man auf religiöse Formen, während der Geist wahrer Demut, der Reue und des Glaubens fehlten, die allein den Dienst für Gott hätten annehmbar machen können. Statt der Früchte des Geistes bekundeten sich Stolz, Formenwesen, Prahlerei, Selbstsucht, Unterdrückung. Eine von Gott abgewichene Gemeinde verschloss ihre Augen vor den Zeichen der Zeit. Gott verließ sie nicht. Er war weiterhin treu, aber seine Gemeinde fiel von ihm ab und trennte sich von seiner Liebe. Da sie sich weigerte, den Forderungen Gottes nachzukommen, wurden auch seine Verheißungen an ihr nicht erfüllt.

Das sind die sicheren Folgen, wenn man versäumt, das Licht und die Gnadengaben, die Gott schenkt, anzuerkennen und zu nutzen. Wenn die Gemeinde nicht den Weg einschlägt, den Gottes Vorsehung vor ihr auftut, nicht jeden Lichtstrahl annimmt und jede ihr gezeigte Pflicht erfüllt, wird die Religion unausbleiblich in einen Formendienst ausarten, und der Geist der lebendigen Gottseligkeit wird verschwinden. Diese Wahrheit hat die Geschichte der Kirche wiederholt verdeutlicht. Gott verlangt von seinem Volk Werke des Glaubens und des Gehorsams, den verliehenen Segnungen und Gaben entsprechend. Der Gehorsam verlangt Opfer und schließt Leiden ein, deshalb weigern sich auch so viele erklärte Nachfolger Christi, das Licht vom Himmel anzunehmen, und sie erkennen wie damals die Juden nicht die Zeit, in der sie geprüft werden. Lukas 19,44 Weil sie stolz und ungläubig waren, ging der Herr an ihnen vorüber und offenbarte seine Wahrheit denen, die wie die Hirten von Bethlehem und die Weisen aus dem Morgenland alles Licht beachtet hatten, das ihnen gegeben worden war.

KAPITEL 18

EIN GLAUBENSMANN
DER LETZTEN ZEIT

William Miller, (1782-1849) ein Farmersohn in Amerika, studierte die Heilige Schrift und erkannte daraus, dass die Zeit der Wiederkunft Jesu vor der Tür stand. Anhand prophetischer Zeitketten, wie sie in Daniel und der Offenbarung aufgeführt werden, konnte er zeigen, in welcher Zeit man sich momentan befand. Satan versuchte durch Menschen dieses Werk zu hindern und sie zu täuschen, damit sie nicht ihr eigenes Leben prüfen und korrigieren könnten. Denn nur durch die geöffnete Bibel sind dauerhafte Änderungen im Leben von Menschen möglich.

E in ehrlicher und schlichter Landmann, der verleitet worden war, die Autorität der Heiligen Schrift zu bezweifeln, aber trotzdem aufrichtig die Wahrheit erkennen wollte, wurde von Gott in besonderer Weise auserwählt, bei der Verkündigung der Wiederkunft Christi eine führende Stellung einzunehmen. Wie viele andere Glaubensmänner hatte William Miller Anm 42 in seiner Jugend mit Armut zu kämpfen gehabt und so Strebsamkeit und Selbstverleugnung gelernt. Seine Familienangehörigen zeichneten sich durch einen unabhängigen, freiheitsliebenden Geist, durch Ausdauer und glühende Vaterlandsliebe aus – Eigenschaften, die auch seinen Charakter bestimmten. Sein Vater war Hauptmann bei der amerikanischen Revolutionsarmee gewesen, und die Opfer, die er in den Kämpfen und Leiden jener stürmischen Zeit gebracht hatte, werden wohl die drückenden Verhältnisse in Millers ersten Lebensjahren verursacht haben.

Er war gesund und kräftig und zeigte schon in der Kindheit eine ungewöhnliche Verstandeskraft. Als er älter wurde, trat dies noch mehr hervor. Sein Geist war rege und gut entwickelt, und er sehnte sich nach mehr Wissen. Obwohl er nicht die Vorteile einer akademischen Bildung haben konnte, machten ihn doch seine Liebe zum Studium und die Gewohnheit sorgfältigen Denkens und scharfer Unterscheidung zu einem Mann von gesundem Urteil und umfassendem Weitblick. Er hatte einen untadeligen sittlichen Charakter, einen guten Ruf und war allgemein wegen seiner Rechtschaffenheit, Sparsamkeit und Wohltätigkeit geachtet. Durch seine Tatkraft und seinen Fleiß erwarb er sich schon früh sein Auskommen, obwohl er an seiner Gewohnheit, zu studieren, noch immer festhielt. Er bekleidete mit Erfolg verschiedene zivile und militärische Ämter, und der Weg zu Reichtum und

Ansehen schien ihm offen zu stehen. Seine Mutter war eine Frau von echter Frömmigkeit, und er selbst war in seiner Kindheit für religiöse Eindrücke empfänglich. Als junger Mann geriet er jedoch in die Gesellschaft von Deisten, die um so mehr Einfluss auf ihn ausübten, da die meisten gute Bürger, menschenfreundliche und wohltätige Leute waren. Sie waren teilweise geprägt durch ihre christliche Umgebung. Die Vorzüge, die ihnen Achtung und Vertrauen gewannen, hatten sie der Bibel zu verdanken, und doch waren diese guten Gaben so verfälscht worden, dass sie einen dem Wort Gottes zuwiderlaufenden Einfluss ausübten. Durch den Umgang mit ihnen teilte Miller ihre Anschauungen. Die allgemein übliche Auslegung der Schrift schien ihm unüberwindliche Schwierigkeiten zu bereiten, doch auch seine neue Glaubensüberzeugung, die die Bibel ablehnte, hatte nichts Besseres zu bieten, das ihre Stelle hätte einnehmen können, und so war er keineswegs zufrieden. Immerhin bekannte er sich ungefähr 12 Jahre zu diesen Auffassungen. Als er 34 Jahre alt war, bewirkte der Heilige Geist in ihm die Überzeugung, dass er ein Sünder sei. Er fand in seinem früheren Glauben nicht die Gewissheit eines inneren Friedens über das Grab hinaus. Die Zukunft war düster und unheimlich. Über seine Gefühle zu jener Zeit sagte er später:

»Vernichtet zu werden, das war ein kalter, schauriger Gedanke, und Rechenschaft ablegen zu müssen, wäre der sichere Untergang aller gewesen. Der Himmel über meinem Haupte war wie Erz und die Erde unter meinen Füßen wie Eisen. Die Ewigkeit – was war sie? Und der Tod – warum war er? Je mehr ich diese Dinge zu ergründen suchte, desto weiter entfernte ich mich von der Beweisführung. Je mehr ich darüber nachdachte, desto zerfahrener wurden meine Ergebnisse. Ich versuchte, dem Denken Einhalt zu gebieten, aber meine Gedanken ließen sich nicht beherrschen. Ich fühlte mich wahrhaft elend, wusste jedoch nicht warum. Ich murrte und klagte, ohne zu wissen über wen. Ich war überzeugt, dass irgendwo ein Fehler lag, wusste aber nicht, wo oder wie das Richtige zu finden sei. Ich trauerte, jedoch ohne Hoffnung.«

In diesem Zustand harrte Miller mehrere Monate aus. »Plötzlich«, sagte er, »prägte sich mir lebhaft der Charakter eines Heilandes ein. Es schien mir, als gebe es ein Wesen, so gut und barmherzig, dass es sich selbst für unsere Übertretungen als Sühne anbietet und uns dadurch vor der Strafe für die Sünde rettet. Ich spürte direkt, wie liebevoll ein solches Wesen sein müsse und stellte mir vor, dass ich mich in seine Arme werfen und seiner Gnade vertrauen könnte. Aber es stellte sich die Frage: Wie kann bewiesen werden, dass es ein solches Wesen gibt? Ich fand außerhalb der Bibel keinen Beweis für das Vorhandensein eines solchen Heilands oder gar eines zukünftigen Daseins ... Ich sah, dass die Bibel gerade von einem solchen Heiland berichtete, wie ich nötig hatte, und ich wunderte mich, wie ein nicht inspiriertes Buch Grundsätze entwickeln konnte, die den Bedürfnissen einer gefallenen Welt so perfekt angepasst waren. Ich sah mich gezwungen, zuzugeben, dass die Heilige Schrift eine Offenbarung Gottes sein müsse. Sie wurde mein Entzücken, und in Jesus fand ich einen Freund. Der Heiland wurde für mich der Auserkorene unter vielen Tausenden, und die Heilige Schrift, die zuvor dunkel und voller Widersprüche schien, erwies sich als meines Fußes Leuchte und als ein Licht auf meinem Wege. Ruhe und Zufriedenheit zogen in mein Gemüt ein. Ich erkannte Gott den Herrn als einen Fels inmitten der Fülle des Lebens. Der Bibel widmete ich nun mein Hauptstudium, und ich kann wirklich sagen, dass ich sie mit großer Freude durchforschte. Ich fand, dass mir nie die Hälfte gesagt worden war. Es wunderte mich, dass ich ihre Zierde und Herrlichkeit nicht eher gesehen hatte, und ich war erstaunt darüber, wie ich sie je hatte verwerfen können. Mir wurde alles gezeigt, was mein Herz sich nur wünschen konnte; ich fand ein Heilmittel für jeden Schaden meiner Seele. Ich verlor den Gefallen an anderem Lesestoff und war bemüht, Weisheit von Gott zu erlangen.« Bliss, „Memoirs of William Miller", S. 65-67

Miller bekannte sich nun öffentlich zu der Glaubensüberzeugung, die er zuvor verachtet hatte. Aber seine ungläubigen Gefährten waren nicht untätig, jene Beweisführungen vorzubringen, die er selbst oft gegen die göttliche Autorität der Heiligen Schrift angewandt hatte. Er war damals nicht vorbereitet, sie zu beantworten, zog aber den Schluss daraus, dass die Bibel mit sich selbst übereinstimmen müsse, wäre sie eine Offenbarung Gottes. Was zur Belehrung des Menschen gegeben war, musste auch seinem Verständnis angepasst sein. Er fing an, die Heilige Schrift selbst zu durchforschen und sich zu vergewissern, ob nicht die scheinbaren Widersprüche in Einklang gebracht werden könnten.

Er bemühte sich, alle Vorurteile über biblische Lehren aufzugeben und verglich ohne irgendwelche Kommentare Bibelstelle mit Bibelstelle, wobei er angegebene Parallelstellen und die Konkordanz benutzte. Regelmäßig und planvoll verfolgte er sein Studium, fing mit dem ersten Buch Mose an, las Vers für Vers und ging nur so schnell voran, wie sich ihm die Bedeutung der verschiedenen Stellen erschloss, so dass ihm nichts unklar blieb. War ihm eine Stelle unverständlich, verglich er sie mit allen anderen Texten, die irgendwelche Beziehung zu dem betrachteten Thema zu haben schienen. Jedes Wort prüfte er bezüglich seiner Stellung zum Inhalt der Bibelstelle, und wenn seine Ansicht dann mit jedem betreffenden Text übereinstimmte, war die Schwierigkeit überwunden. So fand er immer in irgendeinem andern Teil der Heiligen Schrift eine Erklärung für eine schwerverständliche Stelle. Da er unter

ernstem Gebet um göttliche Erleuchtung forschte, wurde das,

was ihm vorher dunkel erschienen war, nun seinem Verständnis klar. Er erfuhr die Wahrheit der Worte des Psalmisten: »Wenn dein Wort offenbar wird, so erfreut es und macht klug die Einfältigen.« Psalm 119,130

Mit großem Interesse studierte er das Buch Daniel und die Offenbarung, wobei er, um diese Bücher zu verstehen, in derselben Art vorging, wie bei den anderen Teilen der Heiligen Schrift. Zu seiner großen Freude fand er, dass die prophetischen Sinnbilder verstanden werden können. Er sah, dass die Weissagungen, sofern sie schon eingetroffen waren, sich buchstäblich erfüllt hatten; dass all die verschiedenen Darstellungen, Bilder, Gleichnisse, Ausdrücke usw. entweder in ihrem unmittelbaren Zusammenhang erklärt waren oder die Worte, die dieses ausdrückten, an anderen Stellen näher bestimmt wurden. So erklärt, konnten sie buchstäblich verstanden werden. Er sagt: »So wurde ich überzeugt, dass die Bibel eine Kette offenbarter Wahrheiten ist, so deutlich und einfach mitgeteilt, dass selbst der einfache Mann nicht zu irren braucht.« Bliss, S. 70 Seine Anstrengungen wurden belohnt: Glied um Glied der Kette der Wahrheit öffnete sich seinem Verständnis, als er Schritt für Schritt die großen Umrisse der Weissagungen erkannte. Engel des Himmels lenkten seine Gedanken und führten ihn zum Verständnis des Wortes Gottes.

Indem er die Weissagungen, die sich noch erfüllen sollten, danach beurteilte, wie sich die Prophezeiungen in der Vergangenheit erfüllt hatten, wurde er überzeugt, dass das Wort Gottes die allgemein übliche Ansicht von der geistigen Regierung Christi – einem irdischen Tausendjährigen Reich vor dem Ende der Welt – nicht bestätigte. Diese Lehre, die auf ein Jahrtausend der Gerechtigkeit und des Friedens vor der persönlichen Wiederkunft des Herrn hinwies, schob die Schrecken des Tages Jesu Christi weit hinaus in die Zukunft. Wenn dies auch vielen sehr angenehm gewesen sein dürfte, so ist es doch den Lehren Christi und seiner Apostel völlig entgegen, denn sie erklärten, dass der Weizen und das Unkraut zusammen wachsen müssten bis zur Zeit der Ernte, dem Ende der Welt; dass es »mit den bösen Menschen aber und verführerischen je länger, je ärger« wird, »dass in den letzten Tagen gräuliche Zeiten kommen« werden und dass das Reich der Finsternis fortbestehen müsse bis zur Ankunft des Herrn, wenn es verzehrt werden soll »mit dem Geist seines Mundes« und ihm ein Ende gemacht werde »durch die Erscheinung seiner Zukunft«. Matthäus 13,30.38-41; 2.Timotheus 3,1.13; 2.Thessalonicher 2,8

Die apostolische Kirche glaubte nicht an die Lehre von der Bekehrung der Welt und der geistlichen Herrschaft Christi. Erst ungefähr zu Anfang des 18. Jahrhunderts bürgerte sie sich ein. Wie jeder andere Irrtum hatte auch der schlimme Folgen: Er lehrte die Menschen, die Wiederkunft des Herrn erst in ferner Zukunft zu erwarten und hielt sie davon ab, die Zeichen seiner nahenden Wiederkunft zu beachten. Er erzeugte ein Gefühl der Sorglosigkeit und Sicherheit, das keineswegs begründet war, aber viele veranlasste, die notwendige Vorbereitung zu versäumen, um ihrem Herrn begegnen zu können.

Miller fand, dass die Heilige Schrift deutlich das buchstäbliche, persönliche Kommen Christi lehrt. Paulus sagt: »Er selbst, der Herr, wird mit einem Feldgeschrei und der Stimme des Erzengels und mit der Posaune Gottes herniederkommen vom Himmel.« 1.Thessalonicher 4,16 Und der Heiland erklärt, das letzte Geschlecht werde »sehen kommen des Menschen Sohn in den Wolken des Himmels mit großer Kraft und Herrlichkeit«. »Denn gleichwie der Blitz ausgeht vom Aufgang und scheint bis zum Niedergang, also wird auch sein die Wiederkunft des Menschensohnes.« Matthäus 24,30.27 Er wird von all den Scharen des Himmels begleitet werden. Des Menschen Sohn wird kommen »in seiner Herrlichkeit und alle heiligen Engel mit ihm«. Matthäus 25,31

Bei seinem Kommen werden die gerechten Toten auferweckt und die gerechten Lebenden verwandelt werden. Paulus sagte: »Wir werden nicht alle entschlafen, wir werden aber alle verwandelt werden; und dasselbe plötzlich, in einem Augenblick, zur Zeit der letzten Posaune. Denn es wird die Posaune schallen, und die Toten werden auferstehen unverweslich, und wir werden verwandelt werden. Denn dies Verwesliche muss anziehen die Unverweslichkeit, und dies Sterbliche muss anziehen die Unsterblichkeit.« 1.Korinther 15,51-53 Und in seinem Brief an die Thessalonicher schrieb er, nachdem er ihnen das Kommen des Herrn vor Augen gestellt hatte: »Die Toten in Christus werden auferstehen zuerst. Danach wir, die wir leben und übrig bleiben, werden zugleich mit ihnen hingerückt werden in den Wolken, dem Herrn entgegen in der Luft, und werden also bei dem Herrn sein allezeit.« 1.Thessalonicher 4,16.17

Erst zur Zeit der persönlichen Ankunft Christi kann sein Volk das Reich ererben. Der Heiland sagte: »Wenn aber des Menschen Sohn kommen wird in seiner Herrlichkeit und alle heiligen Engel mit ihm, dann wird er sitzen auf dem Stuhl seiner Herrlichkeit, und werden vor ihm alle Völker versammelt werden. Und er wird sie voneinander scheiden, gleich als ein Hirte die Schafe von den Böcken scheidet, und wird die Schafe zu seiner Rechten stellen und die Böcke zur Linken. Da wird dann der König sagen zu denen zu seiner Rechten: Kommt her, ihr Gesegneten meines Vaters, ererbet das Reich, das euch bereitet ist von Anbeginn der Welt!« Matthäus 25,31-34

Wir haben aus den genannten Schriftstellen gesehen, dass bei der Wiederkunft des Menschensohns die Toten unverweslich auferweckt und die Lebenden verwandelt werden. Durch die große Verwandlung werden sie

befähigt, in das Reich Gottes einzugehen, denn Paulus sagte,

»dass Fleisch und Blut das Reich Gottes nicht ererben können; auch wird das Verwesliche nicht erben die Unverweslichkeit«. 1.Korinther 15,50 Der Mensch in seinem gegenwärtigen Zustand ist sterblich und verweslich – das Reich Gottes hingegen wird unverweslich und ewig sein. Deshalb kann der Mensch in seinem jetzigen Zustand nicht das Reich ererben. Kommt aber Jesus, so wird er seinem Volk die Unsterblichkeit verleihen. Dann ruft er sie, das Reich einzunehmen, dessen Erben sie bisher nur waren.

Diese und andere Bibelstellen waren für Miller deutliche Beweise, dass die Ereignisse, von denen man allgemein annahm, dass sie vor der Wiederkunft Christi stattfinden würden, wie die allgemeine Friedensherrschaft und die Aufrichtung des Reiches Gottes auf Erden, der Wiederkunft Christi folgen müssten. Weiter fand er heraus, dass alle Zeichen der Zeit und der Zustand der Welt der prophetischen Beschreibung der letzten Tage entsprachen. Nur durch das Studium der Bibel kam er zu dem Schluss, dass die Zeit, die für das Fortbestehen der Erde in ihrem jetzigen Zustand bestimmt war, dem Ende nahe sei.

»Ein anderer Beweis, der mich wesentlich beeinflusste«, sagte er, »war die Zeitrechnung der Heiligen Schrift ... Ich fand, dass sich vorhergesagte Ereignisse, die sich in der Vergangenheit erfüllt hatten, oft innerhalb einer bestimmten Zeit zutrugen. Die 120 Jahre bis zur Sintflut (1.Mose 6,3); die sieben Tage, die ihr vorhergehen sollten, mit 40 Tagen vorhergesagten Regens (1.Mose 7,4); der 400-jährige Aufenthalt der Kinder Abrahams im fremden Land (1.Mose 15,13); die drei Tage in den Träumen des Mundschenks und des Bäckers (1.Mose 40,12-20); Pharaos sieben Jahre (1.Mose 41,28-54); die 40 Jahre in der Wüste (4.Mose 14,34); die dreieinhalb Jahre der Hungersnot (1.Könige 17,1; Jakobus 5,17 (Vgl. Lukas 4,25)); ... die 70 Jahre der Gefangenschaft (Jeremia 25,11); Nebukadnezars sieben Zeiten (Daniel 4,13-16) und die sieben Wochen, die 62 Wochen und eine Woche, die zusammen 70 Wochen ergeben, welche für die Juden bestimmt waren (Daniel 9,24-27). Alle durch diese Zeiten begrenzten Ereignisse waren einst nur Sache der Weissagung und erfüllten sich übereinstimmend mit den Prophezeiungen.« Bliss, S. 74,75

Als er deshalb beim Bibelstudium verschiedene Zeitabschnitte fand, die sich, wie er sie verstand, bis auf die Wiederkunft Christi erstreckten, konnte er sie nur als »vorher bestimmte Zeiten« ansehen, die Gott seinen Knechten enthüllt hatte. Mose sagt: »Was verborgen ist, ist des HERRN, unseres Gottes; was aber offenbart ist, das gilt uns und unsern Kindern ewiglich«. Und der Herr erklärt durch den Propheten Amos, er »tut nichts, er offenbare denn seinen Ratschluss den Propheten, seinen Knechten«. 5.Mose 29,28; Amos 3,7 Alle, die Gottes Wort studieren, dürfen deshalb zuversichtlich erwarten, die gewaltigsten Ereignisse, die in der menschlichen Geschichte statt-finden werden, in den Schriften der Wahrheit deutlich angegeben zu finden.

Miller sagte: »Da ich völlig überzeugt war, dass ‚alle Schrift, von Gott ein-gegeben‘, nützlich ist, dass sie ‚nie... aus menschlichem Willen hervorge-bracht‘ wurde, sondern dass ‚die heiligen Menschen Gottes haben geredet, getrieben von dem heiligen Geist‘, und sie ‚uns zur Lehre geschrieben‘ ist, ‚auf daß wir durch Geduld und Trost der Schrift Hoffnung haben‘, 2.Timotheus 3,16; 2.Petrus 1,21; Römer 5,4 konnte ich die chronologischen Teile der Bibel unserer ernsten Aufmerksamkeit ebenso wert erachten wie irgendeinen andern Teil der Heiligen Schrift. Ich dachte deshalb, dass ich bei meinen Bemühungen, das zu verstehen, was Gott in seiner Barmherzigkeit für gut gefunden hatte, uns zu offenbaren, keineswegs berechtigt war, die prophetischen Zeitanga-ben zu übergehen.« Bliss, S. 75

Die Weissagung, welche die Zeit der Wiederkunft Christi am deutlichsten zu enthüllen schien, war: »Bis 2300 Abende und Morgen um sind; dann wird das Heiligtum wieder gereinigt werden.« Daniel 8,14 King James Bibel Seinem Grundsatz folgend, das Wort Gottes sich selbst auslegen zu lassen, entdeckte Miller, dass in der sinnbildlichen Weissagung ein Tag ein Jahr bedeutet. 4.Mose 14,34; Hesekiel 4,6

Er sah, dass der Zeitraum von 2300 prophetischen Tagen oder buchstäb-lichen Jahren sich weit über den des Alten Bundes hinaus erstreckte und sich somit nicht auf das Heiligtum jenes Bundes beziehen konnte. Miller teilte die übliche Ansicht, dass im christlichen Zeitalter die Erde das Heiligtum sei, und nahm deshalb an, dass die Reinigung des Heiligtums, wovon in Daniel 8,14 gesprochen wird, die Reinigung der Erde durch Feuer bei der Wiederkunft Chri-sti darstelle. Wenn also der richtige Ausgangspunkt für die 2300 Tage gefun-den werden könnte, wäre man auch leicht in der Lage, meinte er, die Zeit der Wiederkunft Christi festzustellen. Auf diese Weise würde die Zeit jener großen Vollendung offenbar werden, die Zeit, da der gegenwärtige Zustand mit »all seinem Stolz und seiner Macht, seinem Gepränge und seiner Eitelkeit, seiner Gottlosigkeit und Unterdrückung ein Ende hat«; da der Fluch »von der Erde hinweggenommen, der Tod vernichtet, die Knechte Gottes, die Propheten, die Heiligen und alle, die seinen Namen fürchten, belohnt, und diejenigen vernich-tet werden, die die Erde verderben«. Bliss, S. 76

Mit neuem und größerem Ernst setzte Miller die Prüfung der Weissagungen fort und widmete Tag und Nacht dem Studium der Dinge, die ihm so überragend wichtig und außerordentlich bedeutungsvoll zu sein schienen. In Daniel Kapitel 8 konnte er keinen Anhalt für den Ausgangspunkt der 2300 Tage finden. Obwohl der Engel Gabriel beauftragt war, Daniel das Gesicht zu erklären, gab er ihm

nur eine teilweise Auslegung. Als der Prophet die schreckliche

Verfolgung schaute, die über die Gemeinde kommen sollte, schwanden seine Kräfte. Er konnte es zunächst nicht mehr ertragen, und der Engel verließ ihn. Daniel »war erschöpft und lag einige Tage krank ... Und ich wunderte mich über das Gesicht«, sagt er, »und niemand konnte es mir auslegen«. Daniel 8,27

Doch Gott hatte seinem Boten befohlen: »Lege diesem das Gesicht aus, dass er's verstehe!« Daniel 8,16 Dieser Auftrag musste erfüllt werden, und deshalb kehrte der Engel später zu Daniel zurück und sagte: »Jetzt bin ich ausgegangen, dich zu unterrichten ... So merke nun darauf, dass du das Gesicht verstehest.« Daniel 9,22-27 In dem in Kapitel 8 berichteten Gesicht war eine wichtige Frage nicht erklärt worden – der Zeitraum der 2300 Tage. Deshalb verweilte der Engel, nachdem er die Erläuterung des Gesichtes wieder aufgenommen hatte, hauptsächlich bei diesem Thema.

»70 Wochen sind bestimmt über dein Volk und über deine heilige Stadt ... So wisse nun und merke: von der Zeit an, da ausgeht der Befehl, dass Jerusalem soll wiederum gebaut werden, bis auf den Gesalbten, den Fürsten, sind sieben Wochen; und 62 Wochen, so werden die Gassen und Mauern wieder gebaut werden, wiewohl in kümmerlicher Zeit. Und nach den 62 Wochen wird der Gesalbte ausgerottet werden und nichts mehr sein ... Er wird aber vielen den Bund stärken eine Woche lang. Und mitten in der Woche wird das Opfer und Speisopfer aufhören.« Daniel 9,22-27

Der Engel war mit der besonderen Absicht zu Daniel gesandt worden, ihm zu erklären, was er in dem Gesicht in Kapitel 8 nicht verstanden hatte, nämlich die Zeitbestimmung: »Bis 2300 Abende und Morgen um sind, dann wird das Heiligtum wieder geweiht werden.« Nachdem der Engel Daniel aufgefordert hatte: »So merke nun darauf, dass du das Gesicht verstehest«, sagte er weiter: »70 Wochen sind bestimmt über dein Volk und über deine heilige Stadt.«

Das hier mit »bestimmt« übersetzte Wort heißt wörtlich »abgeschnitten«. Der Engel erklärte, dass 70 Wochen, also 490 Jahre, als besonders den Juden gehörig abgeschnitten seien. Wovon aber waren sie abgeschnitten? Da die 2300 Tage die einzige in Kapitel 8 erwähnte Zeitspanne sind, so müssen die 70 Wochen von diesem Zeitraum abgeschnitten sein, also zu den 2300 Tagen gehören, und zwar müssen diese beiden Abschnitte denselben Ausgangspunkt haben. Der Beginn der 70 Wochen sollte nach der Erklärung des Engels mit dem Ausgang des Befehls zum Wiederaufbau Jerusalems zusammenfallen. Ließe sich das Datum dieses Befehls finden, so wäre auch der Ausgangspunkt der großen Periode von 2300 Tagen festgestellt. Im Buch Esra steht dieser Befehl verzeichnet. (Esra 7,12-16) Er wurde in seiner vollständigen Form von Artaxerxes, dem König von Persien, im Jahre 457 v. Chr. erlassen. In Esra 6,14 heißt es jedoch, dass das Haus des Herrn zu

Jerusalem gebaut worden sei »nach dem Befehl des Kores [Cyrus], Darius und Arthahsastha [Artaxerxes], der Könige in Persien«. Diese drei Könige verfassten, bestätigten und vervollständigten den Erlass, der dann die für die Weissagung notwendige Vollständigkeit hatte, um den Ausgangspunkt der 2300 Tage zu bezeichnen. Man nahm das Jahr 457 v. Chr., in dem der Erlass vollendet wurde, als die Zeit an, da der Befehl ausging, und es zeigte sich, dass jede Einzelheit der Weissagung hinsichtlich der 70 Wochen erfüllt war.

»Von der Zeit an, da ausgeht der Befehl, dass Jerusalem soll wiederum gebaut werden, bis auf den Gesalbten, den Fürsten, sind sieben Wochen; und 62 Wochen« – also 69 Wochen oder 483 Jahre. Der Erlass des Artaxerxes trat im Herbst des Jahres 457 v. Chr. in Kraft. Von diesem Zeitpunkt an gerechnet erstreckten sich die 483 Jahre bis in den Herbst des Jahres 27 n. Chr. Anm 43 Zu jener Zeit ging die Weissagung in Erfüllung. Im Herbst des Jahres 27 n. Chr. wurde Christus von Johannes getauft und empfing die Salbung des Heiligen Geistes. Der Apostel Petrus legte Zeugnis ab, dass »Gott diesen Jesus von Nazareth gesalbt hat mit dem Heiligen Geist und Kraft«. Apostelgeschichte 10,38 Und der Heiland selbst erklärte: »Der Geist des Herrn ist bei mir, darum dass er mich gesalbt hat; er hat mich gesandt, zu verkündigen das Evangelium den Armen.« Lukas 4,18 Nach seiner Taufe im Jordan durch Johannes den Täufer »kam Jesus nach Galiläa und predigte das Evangelium vom Reich Gottes und sprach: Die Zeit ist erfüllet«. Markus 1,14.15

»Er wird aber vielen den Bund stärken eine Woche lang.« Die hier erwähnte Woche ist die letzte der siebzig. Es sind die letzten sieben Jahre der den Juden besonders zugemessenen Zeitspanne. Während dieser Zeit, die sich von 27 bis 34 n. Chr. erstreckte, verkündigte Jesus ganz besonders den Juden das Evangelium, erst persönlich, dann durch seine Jünger. Als die Apostel mit der frohen Botschaft vom Reich Gottes hinausgingen, lautete die Anweisung des Heilandes: »Geht nicht den Weg zu den Heiden und zieht in keine Stadt der Samariter, sondern geht hin zu den verlorenen Schafen aus dem Hause Israel«. Matthäus 10,5.6

»Mitten in der Woche wird das Opfer und Speisopfer aufhören.« Im Jahr 31 n. Chr., dreieinhalb Jahre nach seiner Taufe, wurde der Herr gekreuzigt. Mit diesem großen, auf Golgatha dargebrachten Opfer hörten die Opferordnungen auf, die vier Jahrtausende lang in die Zukunft, auf das Lamm Gottes, gewiesen hatten. Der Schatten war im Wesen aufgegangen, und alle Opfer und Gaben des Zeremonialgesetzes hatten ihre Erfüllung gefunden. Die besonders für die Juden bestimmten 70 Wochen oder 490 Jahre liefen, wie wir gesehen haben, im Jahre 34 n. Chr. ab. Zu jener Zeit besiegelte das jüdische Volk durch den Beschluss des Hohen Rates die Verwerfung des Evangeliums, indem es Stephanus steinigte und die Nachfolger Christi verfolgte. Dann wurde der Welt die Heilsbotschaft verkündigt, die hinfort nicht länger auf das auserwählte Volk beschränkt blieb. Die Jünger, durch Verfolgungen gezwungen, Jerusalem zu verlassen, »gingen um und predigten das Wort. Philippus aber kam hinab in eine Stadt in Samarien und predigte ihnen von Christus«. Apostelgeschichte 8,4.5 Petrus, von Gott geleitet, erklärte dem Hauptmann von Cäsarea, dem gottesfürchtigen Kornelius das Evangelium, und der für den Glauben an Jesus gewonnene eifrige Paulus wurde beauftragt, die frohe Botschaft »ferne unter die Heiden« zu tragen. Apostelgeschichte 22,21

Soweit ist jede Angabe der Weissagung ausreichend erfüllt und der Anfang der 70 Wochen ohne irgendwelchen Zweifel auf 457 v. Chr., ihr Ende auf 34 n. Chr. festgestellt worden. Durch diese Angaben ist es nicht schwer, das Ende der 2300 Tage zu ermitteln. Da die 70 Wochen oder 490 Tage von den 2300 abgeschnitten sind, bleiben noch 1810 Tage übrig. Nach Ablauf der 490 Tage hatten sich noch die 1810 Tage zu erfüllen. Vom Jahre 34 n. Chr. reichen weitere 1810 Jahre bis 1844. Folglich enden die 2300 Tage von Daniel 8,14 im Jahre 1844. Nach dem Ablauf dieser großen prophetischen Zeitspanne sollte nach dem Zeugnis des Engels Gottes »das Heiligtum wieder gereinigt werden«. Daniel 8,14 King James Bibel Somit war die Zeit der Reinigung des Heiligtums genau bestimmt worden, die, wie man nahezu allgemein glaubte, zur Zeit der Wiederkunft stattfinden sollte.

Miller und seine Mitarbeiter glaubten anfangs, die 2300 Tage würden im Frühjahr 1844 ablaufen, wohingegen die Weissagung auf den Herbst jenes Jahres verweist. Dieses Missverständnis brachte denen, die das frühere Datum als die Zeit der Wiederkunft des Herrn angenommen hatten, Enttäuschung und Unruhe. Aber dies beeinträchtigte durchaus nicht die Kraft der Beweisführung, dass die 2300 Tage im Jahre 1844 zu Ende gingen und das große, als Reinigung des Heiligtums bezeichnete Ereignis dann stattfinden musste.

Als Miller sich an das Studium der Heiligen Schrift gemacht hatte, um zu beweisen, dass sie eine Offenbarung Gottes ist, hatte er nicht die geringste Ahnung, dass er zu dem Schluss kommen würde, zu dem er dann gelangt ist. Er konnte den Ergebnissen seiner Forschungen selbst kaum glauben, aber der biblisch fundierte Beweis war zu klar und zu deutlich, als dass er ihn hätte unbeachtet lassen können.

Er hatte zwei Jahre die Bibel studiert, als er im Jahr 1818 zu der ernsten Überzeugung kam, dass Christus in ungefähr 25 Jahren zur Erlösung seines Volkes erscheinen würde. »Ich brauche«, sagte Miller, »nicht von der Freude zu reden, die im Hinblick auf die entzückende Aussicht mein Herz erfüllte, oder von dem heißen Sehnen meiner Seele nach einem Anteil an den Freuden der Erlösten. Die Bibel galt mir nun als ein neues Buch. Sie bedeutete mir in der Tat ein angenehmes, geistreiches Gespräch. Alles, was mir finster, geheimnisvoll oder dunkel erschien in ihren Lehren, war durch das helle Licht zerstreut worden, das nun aus ihren heiligen Blättern hervorbrach. O, wie glänzend und herrlich zeigte sich die Wahrheit! Alle Widersprüche und Ungereimtheiten, die ich vorher in dem Wort gefunden hatte, waren verschwunden; und wenn es auch noch viele Stellen gab, die ich, wie ich überzeugt war, nicht ganz verstand, so war doch so viel Licht zur Erleuchtung meines vorher finsteren Gemütes daraus hervorgegangen, dass ich beim Studium der Heiligen Schrift eine Freude empfand, die ich nie geglaubt hätte durch ihre Lehren erlangen zu können.« Bliss, S. 76.77

»Bei dieser festen Überzeugung, dass so überwältigende Ereignisse, wie sie in der Heiligen Schrift vorhergesagt waren, sich in kurzer Zeit erfüllen sollten, trat mit gewaltiger Macht die Frage an mich heran, welche Pflicht ich angesichts der Beweise der Welt gegenüber hätte, die mich so gepackt hatten.« Bliss, S. 81 Miller spürte, dass er verpflichtet sei, das empfangene Licht andern mitzuteilen. Er erwartete vonseiten der Gottlosen zwar Widerspruch, war aber ganz zuversichtlich, dass sich alle Christen an der Hoffnung erfreuen würden, dem Heiland, den sie liebten, zu begegnen. Seine einzige Befürchtung war, dass viele in der großen Freude auf die herrliche Erlösung, die sich so bald erfüllen sollte, die Lehre annehmen könnten, ohne ausreichend die Schriftstellen geprüft zu haben, die diese Wahrheit enthielten. Er zögerte noch, sie vorzutragen, damit er nicht, falls er selber irrte, andere dadurch verführte. Das veranlasste ihn, die Beweise seiner Schlussfolgerungen nochmals zu überprüfen und jede Schwierigkeit, die sich ihm entgegenstellte, sorgfältig zu untersuchen. Er fand, dass die Einwände vor dem Licht des Wortes Gottes verschwanden wie der Nebel vor den Strahlen der Sonne. Nach fünf Jahren, die er in dieser Weise zugebracht hatte, war er von der Richtigkeit seiner Auslegung vollständig überzeugt.

Jetzt drängte sich ihm erneut die Pflicht auf, andern das nahezubringen, was, wie er glaubte, die Heilige Schrift klar lehrte. Er sagte: »Wenn ich meinen Geschäften nachging, tönte es ständig in meinen Ohren: ‚Geh und erzähle der Welt von ihrer Gefahr.‘ Folgende Bibelstelle kam mir immer wieder in den Sinn: ‚Wenn ich nun dem Gottlosen sage: Du Gottloser musst des Todes sterben! und du sagst ihm solches nicht, dass sich der Gottlose warnen lasse vor seinem Wesen, so wird wohl der Gottlose um seines gottlosen Wesens willen sterben; aber sein Blut will ich von deiner Hand fordern. Warnst du aber den Gottlosen von seinem Wesen, dass er sich davon bekehre, und er will sich nicht von seinem Wesen bekehren, so wird er um seiner Sünde willen sterben, und du hast

deine Seele errettet.‘ Hesekiel 33,8.9 Ich spürte, dass sehr viele

Gottlose, falls sie eindringlich gewarnt werden könnten, Buße täten; dass aber, wenn das nicht geschähe, ihr Blut von meiner Hand gefordert würde.« _{Bliss, S. 92}

Miller begann seine Ansichten im Stillen zu verbreiten, wie sich ihm Gelegenheit bot. Er betete darum, dass irgendein Prediger ihre Bedeutung erkennen und sich um ihre Verbreitung kümmern würde. Aber er konnte die Überzeugung nicht aus seinem Herzen vertreiben, dass er bei der Verkündigung der Warnungsbotschaft eine persönliche Aufgabe zu erfüllen habe. Ständig standen ihm die Worte vor Augen: Geh und sage es der Welt; ihr Blut werde ich von deiner Hand fordern. – Neun Jahre wartete er, und immer noch lastete die Bürde auf seiner Seele, bis er im Jahre 1831 zum ersten Mal öffentlich die Gründe seines Glaubens erklärte. Wie Elisa von seinen Ochsen auf dem Feld weggerufen wurde, um den Mantel zu empfangen, der ihn zum Prophetenamt weihte, so wurde William Miller aufgefordert, seinen Pflug zu verlassen und dem Volk die Geheimnisse des Reiches Gottes zu verkündigen. Zitternd begann er seine Aufgabe und führte seine Zuhörer Schritt für Schritt durch die prophetischen Abschnitte hindurch bis in die Zeit der Wiederkunft Christi. Mit jeder Erklärung gewann er mehr Kraft und Mut, denn er bemerkte die weitverbreitete Beachtung, die seine Worte bewirkten.

Nur weil seine Glaubensbrüder, in deren Worten er den Ruf Gottes vernahm, ihn dazu aufforderten, ließ sich Miller dazu bewegen, seine Auffassungen öffentlich vorzutragen. Er war nun 50 Jahre alt und des öffentlichen Auftretens ungewohnt. Er spürte, der vor ihm liegenden Aufgabe nicht gewachsen zu sein. Aber von Anfang an wurden seine Bemühungen zur Rettung von Seelen in bemerkenswerter Weise gesegnet. Seinem ersten Vortrag folgte eine religiöse Erweckung, bei der 13 Familien bis auf zwei Personen bekehrt wurden. Man bat ihn gleich, auch an andern Orten zu sprechen. Fast überall zeigte sich eine Wiederbelebung der Sache Gottes. Sünder wurden bekehrt, Christen zu größerer Hingabe angeregt und Deisten und Ungläubige zur Anerkennung der Bibelwahrheiten und der christlichen Religion gebracht. Menschen, unter denen er arbeitete, bezeugten: »Er erreicht eine Gruppe von Menschen, die sich von andern nicht beeinflussen lassen.« _{Bliss, S. 138} Seine Predigt zielte darauf hin, allgemeines Verständnis für die religiösen Grundlinien zu wecken und die überhandnehmende Weltlichkeit und Sinnlichkeit der Zeit zu begrenzen.

Nahezu in jeder Stadt wurden durch seine Predigt viele, an etlichen Orten Hunderte, bekehrt. In vielen Orten öffnete man ihm die protestantischen Kirchen fast aller Bekenntnisse. Die Einladungen an Miller kamen gewöhnlich von den Predigern der verschiedenen Gemeinden. Es war sein unabänderlicher Grundsatz, nur an den Orten zu arbeiten, wohin er eingeladen wurde, doch er sah sich bald nicht mehr in der Lage, auch nur der Hälfte _[331/332] **281** dieser Aufforderungen nachzukommen, mit denen man ihn überhäufte. Viele, die seine Ansichten hinsichtlich der genauen Zeit der zweiten Erscheinung Christi nicht annahmen, wurden doch von der Gewissheit und Nähe seines Kommens und der Notwendigkeit einer Vorbereitung überzeugt. In einigen großen Städten machte Millers Wirken sichtbaren Eindruck. Gastwirte gaben ihren Handel auf und verwandelten ihre Trinkstuben in Versammlungssäle; Spielhöllen wurden geschlossen; Ungläubige, Deisten, Universalisten und selbst die verkommensten Bösewichte, von denen etliche jahrelang kein Gotteshaus betreten hatten, änderten ihre Gesinnung. Die verschiedenen Gemeinschaften führten in den einzelnen Stadtteilen zu fast jeder Tageszeit Gebetsversammlungen durch. Geschäftsleute versammelten sich mittags zu Gebet und Lobgesang. Es herrschte keine schwärmerische Erregung, sondern ein allgemeiner feierlicher Ernst hatte die Gemüter des Volkes ergriffen. Millers Wirken überzeugte wie die Reformatoren weit mehr den Verstand und erweckte eher das Gewissen, als die Gefühle.

Im Jahr 1833 erhielt Miller von der Baptistenkirche, der er angehörte, die Erlaubnis zu predigen. Viele Prediger seiner Gemeinschaft akzeptierten seine Tätigkeit und bestätigten sie formell, so dass er sein Wirken fortsetzte. Er reiste und predigte unaufhörlich, wenn auch sein persönliches Wirken hauptsächlich auf Neuengland und die mittleren Staaten beschränkt blieb. Jahrelang bestritt er sämtliche Auslagen aus seiner eigenen Kasse und erhielt auch später nicht genug, um die Reisekosten an verschiedene Orte decken zu können, wohin er geladen wurde. So belastete seine öffentliche Arbeit, statt ihm finanziellen Gewinn zu bringen, sein Eigentum, das während dieses Abschnitts seines Lebens immer weniger wurde. Er war Vater einer großen Familie. Da sich aber alle genügsam und fleißig zeigten, reichte sein Landgut sowohl für ihren als auch für seinen Unterhalt aus.

Im Jahr 1833, zwei Jahre, nachdem Miller angefangen hatte, die Beweise der baldigen Wiederkunft Christi öffentlich zu verkündigen, erschien das letzte der von Christus erwähnten Zeichen, die er als Vorläufer seiner Wiederkunft angekündigt hatte. Jesus sagte: »Die Sterne werden vom Himmel fallen«, und Johannes erklärte in der Offenbarung, als er im Gesicht die Vorgänge erblickte, die den Tag Gottes ankündigen sollten: »Die Sterne des Himmels fielen auf die Erde, gleichwie ein Feigenbaum seine Feigen abwirft, wenn er von großem Wind bewegt wird.« Matthäus 24,29; Offenbarung 6,13 Diese Weissagung erfüllte sich eindrucksvoll durch den großen Meteorregen vom 13. November 1833. Es war das ausgedehnteste und wunderbarste Schauspiel fallender Sterne, von dem je berichtet worden ist. »Das ganze Himmelsgewölbe über

den Vereinigten Staaten war damals stundenlang in feuriger

Bewegung. Noch nie hatte sich von der ersten Ansiedlung an in jenem Lande eine Naturerscheinung gezeigt, die von dem einen Teil der Bevölkerung mit so großer Bewunderung und von dem andern mit so viel Erschrecken und Bestürzung betrachtet wurde.« »Die Erhabenheit und feierliche Pracht ist noch heute manchem in Erinnerung … Niemals ist Regen dichter zur Erde gefallen als jene Meteore; und in allen Himmelsrichtungen die gleiche Erscheinung. Mit einem Wort – das ganze Himmelsgewölbe schien in Bewegung zu sein … Das Schauspiel, wie Prof. Sillimans Journal es schildert, war in ganz Nordamerika zu sehen … Bei vollkommen klarem und heiterem Himmel dauerte das unaufhörliche Spiel blendend glänzender Lichtkörper am ganzen Himmel von zwei Uhr bis zum Tagesanbruch.« Devens, „American Progress or The Great Events of the Greatest Century", Kapitel 28, 1.-5.Abschnitt

»Mit keinen Worten kann man die Pracht jenes herrlichen Schauspiels beschreiben; … niemand, der es nicht selbst gesehen hat, kann sich eine entsprechende Vorstellung von seiner Herrlichkeit machen. Es schien, als ob der ganze Sternenhimmel sich … in einem Punkt gesammelt hätte und blitzschnell gleichzeitig in alle Richtungen des Horizontes seine Sterne hervorschösse; und doch hörte es nicht auf – Tausende folgten schnell der Bahn, die Tausende schon durcheilt hatten, als seien sie für diese Gelegenheit geschaffen gewesen.« Christian Advocate and Journal, 13.12.1833 »Ein genaueres Bild von einem Feigenbaum, der seine Feigen abwirft, wenn ein heftiger Wind durch ihn hindurchfährt, hätte man nicht sehen können.« Portland Advertiser, 26.11.1833

Im New Yorker »Journal of Commerce« vom 14.November 1833 erschien ein ausführlicher Artikel über diese wundersame Naturerscheinung, in dem es heißt: »Kein Weiser oder Gelehrter hat je, wie ich annehme, eine Erscheinung wie die von gestern morgen mündlich oder schriftlich berichtet. Vor 1800 Jahren hat ein Prophet sie genau vorausgesagt, wenn wir uns nur die Mühe nehmen wollen, unter einem Sternenfall fallende Sterne … in dem allein möglichen Sinne zu verstehen, in dem es buchstäblich wahr sein kann.«

So erschien das letzte jener Zeichen seines Kommens, worüber Jesus seinen Jüngern sagte: »Ebenso auch: wenn ihr das alles seht, so wisst, dass er nahe vor der Tür ist.« Matthäus 24,33 Als das nächste große Ereignis, das nach diesen Zeichen geschah, sah Johannes, dass »der Himmel entwich wie ein zusammengerolltes Buch«, während die Erde bebte, die Berge und Inseln bewegt wurden und die Gottlosen vor der Gegenwart des Menschensohns entsetzt zu fliehen suchten. Offenbarung 6,12-17 Viele Augenzeugen sahen den Sternenfall als den Vorboten des kommenden Gerichts an, »als ein schreckliches Vorbild, einen sicheren Vorläufer, ein barmherziges Zeichen jenes großen und schrecklichen Tages«. Portland Advertiser, 26.11.1833

Auf diese Weise wurde die Aufmerksamkeit auf die Erfüllung der Weissagung gelenkt und viele wurden dadurch veranlasst, die Botschaft von der Wiederkunft Christi zu beachten.

Im Jahr 1840 erregte eine andere merkwürdige Erfüllung der Weissagung große Aufmerksamkeit. Zwei Jahre zuvor hatte Josia Litch, einer der leitenden Prediger, welche die Wiederkunft Christi verkündigten, eine Auslegung von Offenbarung 9 veröffentlicht, in welcher der Fall des Osmanischen Reiches Anm 44 vorhergesagt wurde. Seiner Berechnung entsprechend sollte diese Macht im Monat August des Jahres 1840 gestürzt werden, und nur wenige Tage vor ihrer Erfüllung schrieb Josia Litch:

»Wenn wir zugeben, dass der erste Zeitabschnitt von 150 Jahren sich genau erfüllt hatte, ehe Konstantin XI. mit der Erlaubnis der Türken den Thron bestieg, und dass die 391 Jahre und 15 Tage am Schluss des ersten Zeitabschnittes anfingen, so müssen sie am 11. August enden, wenn man erwarten darf, dass die osmanische Macht in Konstantinopel gebrochen werden wird. Und ich glaube gewiss, dass dies eintreten wird.« Signs of the Times and Expositors of Prophecy, 1.8.1840

Genau zur bezeichneten Zeit nahm die Türkei durch ihre Gesandten den Schutz der vereinten Großmächte Europas an und stellte sich so unter die Aufsicht der christlichen Nationen. Dieses Ereignis erfüllte genau die Weissagung. Als das bekannt wurde, waren viele davon überzeugt, dass die Grundsätze der prophetischen Auslegung, wie Miller und seine Gefährten sie angenommen hatten, richtig seien. Und so erhielt die Adventbewegung einen wunderbaren Auftrieb. Gelehrte und angesehene Männer vereinten sich mit Miller, um seine Auffassungen zu predigen und zu veröffentlichen. Das Werk dehnte sich von 1840 bis 1844 rasch aus.

William Miller besaß große geistige Gaben, geschult durch Denken und Studium. Ihnen fügte er die Weisheit des Himmels hinzu, indem er sich mit der Quelle der Weisheit verband. Er war angesehen, geachtet und geschätzt von denen, die charakterliche Rechtschaffenheit und sittliche Vorzüge positiv bewerteten. Er besaß wahre Herzensgüte und zeigte sich demütig und beherrscht, war aufmerksam und liebenswürdig gegen alle und bereit, auf die Meinungen anderer zu hören und ihre Beweisgründe zu prüfen. Sachlich und leidenschaftslos verglich er alle Theorien und Lehren mit dem Wort Gottes. Sein gesundes Denken sowie seine gründliche Kenntnis der Heiligen Schrift befähigten ihn, Irrtum zu widerlegen und Lügen bloßzustellen. Dennoch konnte er nicht ohne schweren Widerstand seine Aufgabe erfüllen. Es erging ihm wie den Reformatoren vor ihm: Die Wahrheiten, die er verkündigte, wurden von den beim Volk beliebten religiösen Lehrern negativ aufgenommen. Da diese ihren

Standpunkt nicht durch die Heilige Schrift aufrechterhalten

konnten, waren sie gezwungen, menschliche Aussprüche und Lehren und Überlieferungen der Väter zu verwenden. Doch Gottes Wort war das einzige von den Predigern der Adventwahrheit angenommene Zeugnis. »Die Bibel, und nur die Bibel!« hieß ihre Losung. Der Mangel an biblischen Beweisen seitens ihrer Gegner wurde durch Hohn und Spott ersetzt. Zeit, Geld und Fähigkeiten wurden eingesetzt, um die zu verunglimpfen, die nur dadurch aneckten, dass sie freudig die Wiederkehr ihres Herrn erwarteten und danach strebten, ein heiliges Leben zu führen und andere zu ermahnen, sich auf sein Erscheinen vorzubereiten.

Es wurden ernsthafte Anstrengungen unternommen, die Gemüter des Volkes von der Wiederkunft Christi abzulenken. Die Weissagungen zu erforschen, die sich auf das Kommen Christi und das Ende der Welt beziehen, wurde als Sünde hingestellt, als etwas, dessen sich die Menschen schämen müssten. So untergruben die beim Volk beliebten Prediger den Glauben an das Wort Gottes. Ihre Lehren machten die Menschen zu Ungläubigen, und viele fühlten sich berechtigt, nach ihren eigenen, gottlosen Lüsten zu leben. Die Urheber des Übels aber legten alles den Adventisten zur Last.

William Miller (1782-1849)

Millers prophetische Karte

Während Millers Name Scharen verständiger und aufmerksamer Zuhörer anzog, wurde er in der religiösen Presse selten genannt, außer man zog ihn ins Lächerliche oder beschuldigte ihn. Die Gleichgültigen und Gottlosen, die durch die Stellungnahme mancher religiösen Lehrer kühn geworden waren, griffen in ihren Bemühungen, ihn und sein Werk zu schmähen, zu bösartigen Ausdrücken, zu gemeinen und gotteslästerlichen Witzeleien. Der altersgraue Mann, der die Bequemlichkeiten seines Heimes verlassen hatte, um auf eigene Kosten von Stadt zu Stadt, von Dorf zu Dorf zu reisen, der sich unaufhörlich abmühte, der Welt die ernste Warnung von dem bevorstehenden Gericht zu verkündigen, wurde höhnisch als Schwärmer, Lügner und vorwitziger Bube verschrien. Der auf ihn gehäufte Spott, die Verleumdungen und Schmähungen riefen sogar bei der weltlichen Presse entrüsteten Widerstand hervor. »Eine Sache von so überwältigender Hoheit und furchtbaren Folgen leichtfertig und mit unzüchtigen Reden zu behandeln, so erklärten weltlich gesinnte Männer, hieße nicht nur sich über die Gefühle ihrer Vertreter und Verteidiger zu belustigen, sondern auch den Tag des Gerichts ins Lächerliche zu ziehen, die Gottheit selbst zu verhöhnen und die Schrecken jenes Gerichts geringschätzig zu betrachten.« Bliss, S. 183 Der Anstifter alles Übels versuchte nicht nur der Wirkung der Adventbotschaft entgegenzuarbeiten, sondern auch den Botschafter selbst zu vernichten.

Miller wandte die biblische Wahrheit praktisch auf die Herzen seiner Zuhörer an, rügte ihre Sünden und beunruhigte ihre Selbstzufriedenheit. Seine einfachen, treffenden Worte erregten ihre Feindschaft. Durch den offenen Widerstand der Kirchenglieder wurden die unteren Volksschichten ermutigt, noch weiterzugehen. Feinde schmiedeten Pläne, um ihn beim Verlassen der Versammlung zu töten. Doch heilige Engel befanden sich unter der Menge, und einer von ihnen nahm in Gestalt eines Mannes diesen Boten Gottes beim Arm und leitete ihn durch den zornigen Pöbel hindurch in Sicherheit. Sein Werk war noch nicht beendet. Satan und seine Knechte fanden sich in ihren Absichten getäuscht. Ungeachtet des Widerstandes hatte die Anteilnahme an der Adventbewegung zugenommen. Von Dutzenden und Hunderten von Zuhörern waren die Versammlungen auf viele Tausende angewachsen. Die verschiedenen Gemeinschaften hatten großen Zuwachs erfahren. Nach etlicher Zeit offenbarte sich der Geist des Widerstandes auch gegen diese Bekehrten, und die Gemeinden begannen die Menschen zu rügen, die Millers Ansichten teilten. Das veranlasste ihn zu einer Erwiderung in Form einer Denkschrift an die Christen aller Gemeinschaften, in der er nachdrücklich darauf bestand, dass man ihm seinen Irrtum aus der Bibel beweisen solle, falls seine Lehren falsch seien. »Was haben wir geglaubt«, sagte er, »das zu glauben uns nicht durch das Wort Gottes geboten ist und wie ihr selbst zugebt, die Regel, und zwar die einzige unseres Glaubens und Wandels ist? Was haben wir getan, das solche giftigen Anschuldigungen von der Kanzel und in der Presse gegen uns herausfordern und euch eine gerechte Ursache geben konnte, uns [Adventisten] aus euren Kirchen und eurer Gemeinschaft auszuschließen?« »Haben wir unrecht, so zeigt uns, worin unser Unrecht besteht. Zeigt uns aus dem Wort Gottes, dass wir im Irrtum sind. Verspottet wurden wir genug; das kann uns nie überzeugen, dass wir unrecht haben. Allein das Wort Gottes kann unsere Ansichten ändern. Unsere Schlüsse wurden überlegt und unter Gebet gezogen, da wir die Beweise in der Heiligen Schrift fanden.« Bliss, S. 250-252

Von Jahrhundert zu Jahrhundert sind den Warnungen, die Gott durch seine Diener der Welt gesandt hat, der gleiche Zweifel und Unglaube entgegengebracht worden. Als die Gottlosigkeit der vorsintflutlichen Menschen Gott veranlasste, eine Wasserflut über die Erde zu bringen, teilte er ihnen erst seine Absicht mit, damit sie Gelegenheit hätten, sich von ihren bösen Wegen abzuwenden. 120 Jahre lang ertönte der Warnungsruf an ihre Ohren, Buße zu tun, damit sich der Zorn Gottes nicht in ihrem Untergang offenbare. Aber die Botschaft schien ihnen wie ein Märchen und sie glaubten ihr nicht. In ihrer Gottlosigkeit bestärkt, verspotteten sie den Boten Gottes, verschmähten seine Bitten und klagten ihn sogar der Vermessenheit an. Wie darf es ein Mensch wagen, gegen alle Großen der Erde aufzutreten? Wäre Noahs Botschaft wahr, warum würde dann nicht alle Welt sie erkennen und glauben? Was ist die Behauptung eines Mannes gegenüber der Weisheit von Tausenden! – Sie wollten weder der Warnung Glauben schenken noch in der Arche Zuflucht suchen.

Spötter wiesen auf die Vorgänge in der Natur hin, auf die unveränderliche Reihenfolge der Jahreszeiten, auf den blauen Himmel, von dem es noch nie geregnet hatte, auf die grünen Auen, erfrischt von morgendlichem Tau, und riefen aus: Redet er nicht in Gleichnissen? – Geringschätzig erklärten sie den Prediger der Gerechtigkeit für einen wilden Schwärmer, jagten eifriger ihren Vergnügungen nach und beharrten mehr denn je auf ihren bösen Wegen. Doch ihr Unglaube verhinderte nicht das vorhergesagte Ereignis. Gott ertrug ihre Gottlosigkeit lange und gab ihnen ausreichend Gelegenheit zur Buße; aber seine Gerichte kamen zur festgesetzten Zeit über die, die seine Gnade verwarfen.

Christus erklärte, dass bei seiner Wiederkunft ein ähnlicher Unglaube herrschen werde. Die Menschen zu Noahs Zeiten »beachteten es nicht, bis die Sintflut kam und raffte sie alle dahin -, so wird es auch sein beim Kommen des Menschensohns«, wie der Heiland selbst sagte. Matthäus 24,39 Wenn sich das bekennende Volk Gottes mit der Welt vereint und lebt, wie sie lebt, und mit ihr teilnimmt an ihren verbotenen Vergnügungen; wenn die

Üppigkeit der Welt zur Üppigkeit der Gemeinde wird; wenn die Hochzeitsglocken klingen und alle Menschen vielen Jahren weltlichen Gedeihens entgegensehen – dann wird so plötzlich, wie der Blitz vom Himmel herabfährt, das Ende ihrer glänzenden Vorspiegelungen und trügerischen Hoffnungen kommen. Wie Gott seinen Diener sandte, um die Welt vor der kommenden Sintflut zu warnen, so sandte er auserwählte Boten, um das Nahen des Jüngsten Gerichts zu verkünden. Und wie Noahs Zeitgenossen die Vorhersagen des Predigers der Gerechtigkeit höhnend verlachten, so spotteten auch zur Zeit Millers viele über diese Warnung, ja sogar solche, die sich zum Volk Gottes bekannten.

Warum war den Kirchen die Lehre und die Predigt von der Wiederkunft Christi so unwillkommen? Während die Ankunft des Herrn den Gottlosen Wehe und Verderben bringt, ist sie für die Gerechten voller Freude und Hoffnung. Diese große Wahrheit wurde den Gottgetreuen aller Zeitalter zum Trost. Warum war sie jetzt wie ihr Urheber seinem sich zu ihm bekennenden Volk zu einem Stein des Anstoßes und einem Fels des Ärgernisses geworden? Hatte doch unser Heiland selbst seinen Jüngern die Verheißung gegeben: »Wenn ich hingehe, euch die Stätte zu bereiten, so will ich wiederkommen und euch zu mir nehmen.« Johannes 14,3 Als der mitleidsvolle Erlöser die Verlassenheit und den Kummer seiner Nachfolger voraussah, beauftragte er Engel, sie mit der Versicherung zu trösten, dass er persönlich wiederkäme, und zwar genauso, wie er zum Himmel gefahren war. Als die Jünger da standen und hinauf schauten, um einen letzten Blick auf den zu werfen, den sie liebten, wurde ihre Aufmerksamkeit von den Worten in Anspruch genommen: »Ihr Männer von Galiläa, was steht ihr und sehet gen Himmel? Dieser Jesus, welcher von euch ist aufgenommen gen Himmel, wird kommen, wie ihr ihn gesehen habt gen Himmel fahren.« Apostelgeschichte 1,11 Durch die Botschaft des Engels wurde ihre Hoffnung neu belebt. Die Jünger »kehrten wieder gen Jerusalem mit großer Freude und waren allewege im Tempel, priesen und lobten Gott«. Lukas 24,52.53 Sie freuten sich nicht, weil Jesus von ihnen getrennt war und sie im Kampf mit den Prüfungen und Versuchungen der Welt allein standen, sondern sie freuten sich über die Zusicherung des Engels, dass Jesus wiederkommen würde.

Die Verkündigung des Kommens Christi sollte wie damals, als sie durch die Engel den Hirten von Bethlehem gebracht wurde, eine Botschaft großer Freude sein. Alle, die den Heiland wahrhaft liebhaben, können der auf Gottes Wort gegründeten Botschaft nur freudig zustimmen, jener Botschaft, dass der wiederkommen soll, welcher der Mittelpunkt ihrer Hoffnung auf ein ewiges Leben ist – nicht, um wie bei seinem ersten Kommen geschmäht, verachtet und verworfen zu werden, sondern in Macht und Herrlichkeit,

um sein Volk zu erlösen. Alle, die den Heiland nicht lieben, wünschen, dass er wegbleiben möge, und es kann keinen überzeugenderen Beweis für den Abfall der Kirchen von Gott geben als die Erbitterung und Feindseligkeit, die diese von Gott gesandte Botschaft auslöst. Wer die Botschaft von der Wiederkunft Christi annahm, erkannte die Notwendigkeit der Reue und Demütigung vor Gott. Viele hatten lange zwischen Christus und der Welt hin und her geschwankt, fühlten aber nun, dass es Zeit sei, einen festen Standpunkt einzunehmen. »Alles, was die Ewigkeit angeht, nahm für sie eine ungewöhnliche Wirklichkeit an. Der Himmel wurde ihnen nahegebracht, und sie fühlten sich vor Gott schuldig.« Bliss, S. 146 Christen erwachten zu neuem geistlichen Leben. Sie erkannten, dass die Zeit kurz sei und dass das, was sie für ihre Mitmenschen tun wollten, schnell getan werden müsse. Das Irdische trat in den Hintergrund, die Ewigkeit schien frei vor ihnen zu liegen, und die das ewige Wohl und Wehe der Seele betreffenden Dinge stellten alle zeitlichen Fragen in den Schatten. Der Geist Gottes ruhte auf ihnen und verlieh ihrem ernsten Aufruf an ihre Brüder und an die Sünder besondere Kraft, um sich auf den Tag Gottes vorzubereiten. Das stille Zeugnis ihres täglichen Wandels war für die scheinheiligen und unbekehrten Kirchenglieder ein ständiger Vorwurf. Sie wollten in ihrer Jagd nach Vergnügungen, Gelderwerb und weltlicher Ehre nicht gestört werden. Auf diese Weise entstand Feindschaft und Widerstreit gegen die Adventwahrheit und ihre Verkündiger.

Da die Beweisführungen aus den prophetischen Zeitabschnitten nicht erschüttert werden konnten, bemühten sich die Gegner, vom Studium dieses Themas abzuraten, indem sie lehrten, die Weissagungen seien versiegelt. So folgten die Protestanten den Fußtapfen der römisch-katholischen Kirche. Während die päpstliche Kirche den Laien die Bibel vorenthielt, Anm 45 behaupteten die protestantischen Kirchen, dass ein wichtiger Teil des heiligen Wortes nicht verstanden werden könne, und zwar jener Teil, der vor allem Wahrheiten enthält, die auf unsere Zeit weisen.

Prediger und Volk erklärten, die Weissagungen Daniels und der Offenbarung seien unverständliche Geheimnisse. Aber Christus hatte seine Jünger hinsichtlich der Ereignisse, die in ihrer Zeit stattfinden sollten, auf die Worte des Propheten Daniel hingewiesen und gesagt: »Wer das liest, der merke darauf!« Matthäus 24,15 Der Behauptung, dass die Offenbarung ein Geheimnis sei, das nicht verstanden werden könne, widerspricht schon der Titel dieses Buches: »Dies ist die Offenbarung Jesu Christi, die ihm Gott gegeben hat, seinen Knechten zu zeigen, was in der Kürze geschehen soll ... Selig ist, der da liest und die da hören die Worte der Weissagung und behalten, was darin geschrieben ist; denn die Zeit ist nahe.« Offenbarung 1,1-3 Der Prophet sagt: »Selig ist, der da liest.« Es gibt solche, die nicht lesen wollen; so gilt ihnen auch der Segen nicht. »Und die da hören« – Es gibt auch etliche, die sich weigern, etwas von den Weissagungen anzuhören; auch dieser Gruppe von Menschen gilt der Segen nicht. »Und behalten, was darin geschrieben ist« – Viele weigern sich, auf die in der Offenbarung enthaltenen Warnungen und Unterweisungen zu achten. Auch sie können den verheißenen Segen nicht beanspruchen. Alle, welche die Weissagungen ins Lächerliche ziehen und über ihre feierlich gegebenen Sinnbilder spotten und alle, die sich weigern, ihr Leben umzustellen, um sich auf die Zukunft des Menschensohnes vorzubereiten, werden ohne Segen bleiben.

Wie können Menschen angesichts des Zeugnisses der göttlichen Eingebung es wagen, zu lehren, dass die Offenbarung ein Geheimnis sei, das über den Bereich des menschlichen Verständnisses hinausgeht? Sie ist ein offenbartes Geheimnis, ein geöffnetes Buch. Das Studium der Offenbarung lenkt die Gedanken auf die Weissagungen Daniels, und beide enthalten außerordentlich wichtige Unterweisungen, die Gott den Menschen über die am Ende der Weltgeschichte stattfindenden Ereignisse gegeben hat.

Johannes wurde ein tiefer und durchdringender Einblick in die Erfahrungen der Gemeinde gewährt. Er sah die Stellung, die Gefahren, die Kämpfe und schließlich die Befreiung des Volkes Gottes. Er vernahm die Schlussbotschaften, welche die Ernte der Erde zur Reife bringen werden, entweder als Garben für die himmlischen Scheunen oder als Reisigbündel für das Feuer der Vernichtung. Besonders wichtige Dinge wurden ihm vor allem für die Gemeinde offenbart, damit die, welche sich vom Irrtum zur Wahrheit wenden sollten, über die ihnen bevorstehenden Gefahren und Kämpfe unterrichtet wären. Niemand braucht über das zukünftige Geschehen auf Erden im Unklaren zu sein.

Warum denn diese weitverbreitete Unkenntnis über einen wichtigen Teil der Schrift? Woher diese allgemeine Abneigung, ihre Lehren zu untersuchen? Es ist die Folge eines wohlberechneten Planes Satans, des Fürsten der Finsternis, vor den Menschen das zu verbergen, was seine Täuschungen sichtbar werden lässt. Aus diesem Grund segnete Christus, der Offenbarer, indem er den Kampf gegen das Studium der Offenbarung voraussah, alle Menschen, die die Worte der Weissagung lesen, hören und beachten.

KAPITEL 19

LICHT DURCH FINSTERNIS

Damals verstanden die Jünger Jesu vieles nicht über den Auftrag Jesu, sein Leiden und Sterben. Daraus entstand die Enttäuschung seiner Nachfolger. Denn obwohl er es ihnen vorher schon gesagt hatte, beurteilten sie es aber falsch. Genauso war es in der Zeit von Miller und der Verkündigung der Wiederkunft Jesu.

D as Werk Gottes auf Erden ist durch alle Jahrhunderte hindurch in jeder großen Reformation oder religiösen Bewegung auffallend gleich strukturiert. Die Grundzüge des Handelns Gottes mit den Menschen sind stets dieselben. Die wichtigsten Bewegungen der Gegenwart haben ihre Parallelen in der Vergangenheit, und die Erfahrungen der Gemeinde früherer Zeiten bieten deshalb wertvolle Lehren für unsere heutige Zeit.

Dass Gott durch seinen Heiligen Geist seine Diener auf Erden in ganz besonderer Weise in den großen Bewegungen zur Weiterführung des Heilswerkes lenkt, lehrt die Bibel sehr deutlich. Menschen sind Werkzeuge in Gottes Hand. Er nutzt sie, um seine Absichten der Gnade und Barmherzigkeit auszuführen. Jeder hat seine Aufgabe; jedem ist ein Maß an Erkenntnis verliehen, das den Erfordernissen seiner Zeit entspricht und ausreicht, das Werk ausführen zu können, welches Gott ihm auferlegt hat. Aber kein Mensch, wie sehr er auch vom Himmel geehrt werden mag, hat den großen Erlösungsplan völlig verstanden oder auch nur die göttliche Absicht in dem Werk für seine Zeit erkannt. Die Menschen verstehen nicht restlos, was Gott durch die Aufgabe, die er ihnen auferlegt, ausführen möchte. Sie begreifen die Botschaft, die sie in seinem Namen verkündigen, nicht in ihrer ganzen Tragweite. »Meinst du, dass du wissest, was Gott weiß, und wollest es so vollkommen treffen wie der Allmächtige?« »Denn meine Gedanken sind nicht eure Gedanken, und eure Wege sind nicht meine Wege, spricht der Herr; sondern soviel der Himmel höher ist als die Erde, so sind auch meine Wege höher als eure Wege und meine Gedanken als eure Gedanken.« »Ich bin Gott, und keiner mehr, ein Gott, desgleichen nirgend ist, der ich verkündige zuvor, was hernach kommen soll, und vorlängst, ehe denn es geschieht.« Hiob 11,7; Jesaja 55,8.9; 46,9.10

Selbst die Propheten, die durch die besondere Erleuchtung des Geistes begünstigt worden waren, erfassten die Bedeutung der ihnen gegebenen Offenbarungen nur teilweise. Der Sinn sollte nach und nach in dem Maß entfaltet werden, wie das Volk Gottes die enthaltenen Belehrungen benötigen würde. Petrus schrieb von der durch das Evangelium offenbarten Erlösung und sagte: »Nach dieser Seligkeit haben gesucht und geforscht die Propheten, die von der Gnade geweissagt haben, die für euch bestimmt ist, und haben geforscht, auf welche und was für eine Zeit der Geist Christi deutete, der in ihnen war und zuvor bezeugt hat die Leiden, die über Christus kommen sollten, und die Herrlichkeit danach. Ihnen ist offenbart worden, dass sie nicht sich selbst, sondern euch dienen.« 1.Petrus 1,10-12

Es war den Propheten zwar nicht möglich, die ihnen offenbarten Dinge ganz zu verstehen, aber sie suchten trotzdem ernst nach mehr Erkenntnis. Gott fand es für gut, sie ihnen zu geben. Sie suchten und forschten, auf welche und welcherlei Zeit der Geist Christi deutete, der in ihnen war. Welch eine Lehre für die Kinder Gottes im christlichen Zeitalter, zu deren Nutzen diese Weissagungen den Dienern Gottes gegeben wurden! Nicht für sie selbst, sondern für uns wurden sie gegeben. Schaut diese heiligen Männer Gottes an, die in den ihnen gegebenen Offenbarungen für die noch nicht geborenen Menschen gesucht und geforscht haben. Stellt ihren heiligen Eifer der sorgenlosen Gleichgültigkeit gegenüber, mit der die Bevorzugten späterer Jahrhunderte diese Gabe des Himmels behandelten. Welch ein Vorwurf für die bequeme, weltliebende Gleichgültigkeit, die sich mit der Erklärung zufrieden gibt, die Weissagungen seien nicht zu verstehen!

Obwohl der eingeschränkte menschliche Verstand nicht den Rat des Ewigen erforschen oder das Ziel seiner Absichten völlig verstehen kann, so liegt es doch oft an einem Irrtum oder einer Vernachlässigung seitens der Menschen, dass sie die Botschaften vom Himmel so unklar erfassen. Häufig sind die Gemüter, sogar die der Knechte Gottes, durch menschliche Anschauungen, Satzungen und falsche Lehren so verblendet, dass sie die großen Gedanken, die er in seinem Wort offenbart hat, nur teilweise begreifen können. So war es bei den Jüngern Jesu, selbst als der Heiland bei ihnen war. Ihr Verständnis war durchdrungen von volkstümlichen Begriffen über den Messias, die in ihm einen weltlichen Fürsten sahen, der Israel zu einer weltumspannenden Großmacht emporbringen sollte. Sie konnten die Bedeutung seiner Worte, die seine Leiden und seinen Tod voraussagten, nicht begreifen.

Christus selbst hatte sie mit der Botschaft hinausgesandt: »Die Zeit ist erfüllt, und das Reich Gottes ist herbeigekommen. Tut Buße und glaubt an das Evangelium!« Markus 1,15 Diese Botschaft gründete sich auf Daniel 9. Der Engel hatte einst erklärt, dass die 69 Wochen bis auf Christus, den Fürsten, reichen sollten, und mit großen Hoffnungen und freudigen Erwartungen blickten die

Jünger vorwärts auf die Errichtung des messianischen Reiches in Jerusalem, das die ganze Erde beherrschen sollte. Sie predigten die ihnen von Christus anvertraute Botschaft, obwohl sie ihren Sinn falsch verstanden. Während sich ihre Verkündigung auf Daniel 9,25 stützte, übersahen sie, dass nach dem nächsten Vers des gleichen Kapitels der Gesalbte ausgerottet werden sollte. Von ihrer frühesten Jugend an hing ihr Herz an der vorausempfundenen Herrlichkeit eines irdischen Reiches. Dadurch befanden sie sich, was sowohl die prophetischen Angaben als auch die Worte Christi betrifft, in einem Zustand geistiger Blindheit.

Sie erfüllten ihre Pflicht, indem sie der jüdischen Nation die Einladung der Barmherzigkeit anboten, und dann, gerade zu der Zeit, als sie erwarteten, dass ihr Herr den Thron Davids einnehmen werde, sahen sie ihn wie einen Übeltäter ergriffen, gegeißelt, verspottet, verurteilt und ans Kreuz von Golgatha geschlagen. Welche Verzweiflung und seelischen Qualen marterten die Herzen der Jünger während der Tage, da ihr Herr im Grab schlief!

Christus war zur vorhergesagten Zeit und auf die in der Weissagung angedeutete Art und Weise gekommen. Das Zeugnis der Schrift war in jeder Einzelheit seines Lehramtes erfüllt worden. Er hatte die Botschaft des Heils verkündigt, und »seine Rede war gewaltig« gewesen. Lukas 4,32 Seine Zuhörer hatten es an ihren Herzen erfahren, dass sie göttlichem Geist entstammte. Das Wort und der Geist Gottes bestätigten die göttliche Sendung seines Sohnes. Die Jünger hingen noch immer unverändert an ihrem geliebten Meister, und doch waren ihre Gemüter in Ungewissheit und Zweifel gehüllt. In ihrer Seelenangst dachten sie nicht an die Worte Christi, die auf seine Leiden und auf seinen Tod hinwiesen. Wäre Jesus von Nazareth der wahre Messias gewesen, würden sie dann derart in Täuschung und Schmerz gestürzt worden sein? Diese Frage quälte sie, als der Heiland während der hoffnungslosen Stunden jenes Sabbats, der zwischen seinem Tod und seiner Auferstehung lag, im Grab ruhte.

Obwohl die Nacht der Sorgen finster über diese Nachfolger Christi hereinbrach, waren sie doch nicht verlassen. Der Prophet sagte: »Wenn ich auch im Finstern sitze, so ist doch der Herr mein Licht ... er wird mich ans Licht bringen, dass ich seine Gnade schaue.« »Auch die Finsternis würde für dich nicht finster sein, vielmehr die Nacht dir leuchten wie der Tag: Finsternis wäre für dich wie das Licht.« Gott hatte gesagt: »Den Frommen geht das Licht auf in der Finsternis.« »Aber die Blinden will ich auf dem Wege leiten, den sie nicht wissen; ich will sie führen auf den Steigen, die sie nicht kennen; ich will die Finsternis vor ihnen her zum Licht machen und das Höckerige zur Ebene. Solches will ich ihnen tun und sie nicht verlassen.« Micha 7,8.9; Psalm 139,12 Menge; Psalm 112,4; Jesaja 42,16

Die Verkündigung, die die Jünger im Namen des Herrn hinausgetragen hatten, war in jeder Hinsicht richtig, und die Ereignisse, auf die sie hinweisen, liefen gerade zu der Zeit ab. »Die Zeit ist erfüllet, und das Reich Gottes ist herbeigekommen!« Markus 1,15 – Das war ihre Botschaft gewesen. Beim Ablauf der Zeit – der 69 Wochen aus Daniel 9, die bis auf den Messias, den Gesalbten, reichen sollten – hatte Christus nach seiner Taufe durch Johannes im Jordan die Salbung des Heiligen Geistes empfangen. Das Himmelreich, das sie als gekommen erklärt hatten, wurde beim Tod Christi aufgerichtet. Dies Reich war nicht, wie man sie gelehrt hatte, ein irdisches Reich. Auch war es nicht das zukünftige unvergängliche Reich, das erst aufgerichtet werden wird, wenn »das Reich, Gewalt und Macht unter dem ganzen Himmel dem heiligen Volk des Höchsten gegeben werden wird, des Reich ewig ist«, und alle Gewalt ihm dienen und gehorchen wird. Daniel 7,27 In der Bibel werden mit dem Ausdruck »Himmelreich« sowohl das Reich der Gnade als auch das Reich der Herrlichkeit bezeichnet. Das Reich der Gnade wird uns von Paulus im Hebräerbrief vor Augen geführt. Nach dem Hinweis auf Christus, den barmherzigen Fürsprecher, der sich unserer Schwachheit annimmt, fährt der Apostel fort: »Darum lasset uns hinzutreten mit Freudigkeit zu dem Gnadenstuhl, auf dass wir Barmherzigkeit empfangen und Gnade finden.« Hebräer 4,16 Der Gnadenstuhl oder Gnadenthron stellt das Gnadenreich dar, denn das Vorhandensein eines Thrones setzt das Bestehen eines Reiches voraus. In vielen seiner Gleichnisse wendet Christus den Ausdruck »das Himmelreich« an, um das Werk der göttlichen Gnade an den Herzen der Menschen zu bezeichnen.

So vergegenwärtigt der Stuhl der Herrlichkeit das Reich der Herrlichkeit; und auf dieses Reich beziehen sich die Worte des Heilandes: »Wenn aber des Menschen Sohn kommen wird in seiner Herrlichkeit und alle heiligen Engel mit ihm, dann wird er sitzen auf dem Stuhl seiner Herrlichkeit, und werden vor ihm alle Völker versammelt werden.« Matthäus 25,31.32 Dieses Reich ist noch zukünftig, es wird erst bei der Wiederkunft Christi aufgerichtet werden.

Das Reich der Gnade wurde unmittelbar nach dem Sündenfall eingesetzt, als ein Plan zur Erlösung des schuldigen Menschengeschlechts entstand. Es offenbarte sich damals in der Absicht und in der Verheißung Gottes, und durch den Glauben konnten die Menschen seine Untertanen werden. Tatsächlich wurde es jedoch erst beim Tod Christi aufgerichtet. Noch nach dem Antritt seiner irdischen Mission hätte sich der Heiland, ermattet von der Hartnäckigkeit und Undankbarkeit der Menschen, dem auf Golgatha darzubringenden Opfer entziehen können. In Gethsemane zitterte der Leidenskelch in seiner Hand. Selbst da noch hätte er den Blutschweiß von seiner Stirn wischen und das schuldige Geschlecht in seiner Sünde zugrunde gehen lassen können. Dann aber wäre die Erlösung für den gefallenen

Menschen unmöglich geworden. Doch als der Heiland sein

Leben hingab und mit seinem letzten Atemzug ausrief: »Es ist vollbracht!«, Johannes 19,30 da war die Durchführung des Erlösungsplanes gesichert. Die dem sündigen Paar in Eden gegebene Verheißung des Heils war bestätigt. Das Reich der Gnade, das schon vorher in der Verheißung Gottes bestanden hatte, war nun aufgerichtet.

Somit gereichte der Tod Christi – gerade das Ereignis, das die Jünger als endgültigen Untergang ihrer Hoffnung gesehen hatten – dazu, diese für ewig zu gründen. Während der Tod Jesu sie grausam enttäuscht hatte, war er doch der größte Beweis, dass ihr Glaube richtig gewesen war. Das Ereignis, das sie mit Trauer und Verzweiflung erfüllt hatte, öffnete jedem Kind Adams die Tür der Hoffnung. Im Tod Jesu gipfelt das zukünftige Leben und die ewige Glückseligkeit der Gottgetreuen aller Zeitalter.

Absichten voll unendlicher Barmherzigkeit gingen gerade durch die Enttäuschung der Jünger in Erfüllung. Während ihre Herzen von der göttlichen Anmut und von der Macht der Lehre dessen gewonnen worden waren, der da redete, wie noch nie ein Mensch geredet hatte, (Johannes 7,46) zeigte es sich, dass mit dem reinen Gold ihrer Liebe zu Jesus doch noch die wertlose Schlacke weltlichen Stolzes und selbstsüchtigen Ehrgeizes vermengt war. Noch im oberen Saal, wo alles für das Essen des Passalammes vorbereitet stand, in jener feierlichen Stunde, als der Meister schon in den Schatten Gethsemanes trat, »erhob sich ... ein Streit unter ihnen, wer von ihnen als der Größte gelten solle«. Lukas 22,24 Ihnen schwebte das Bild des Thrones, der Krone und der Herrlichkeit vor Augen, während doch die Schmach und Seelenangst im Garten Gethsemane, das Richthaus und das Kreuz auf Golgatha vor ihnen lagen. Der Stolz ihres Herzens, ihr Verlangen nach weltlichem Ruhm verleitete sie, hartnäckig an den falschen Lehren ihrer Zeit festzuhalten und die Worte des Heilands, welche die wahre Beschaffenheit seines Reiches beschrieben und auf seine Leiden und seinen Tod hinwiesen, unbeachtet zu lassen. Diese Irrtümer führten schließlich zu der schweren aber notwendigen Prüfung, die zu ihrer Besserung zugelassen wurde. Obwohl die Jünger den Sinn ihrer Botschaft verkehrt aufgefasst hatten und sie ihre Erwartungen nicht verwirklicht sahen, hatten sie doch die ihnen von Gott aufgetragene Warnung verkündigt, und der Herr wollte ihren Glauben belohnen und ihren Gehorsam ehren. Ihnen sollte das Werk anvertraut werden, das herrliche Evangelium von ihrem auferstandenen Herrn unter allen Völkern zu verbreiten. Um sie darauf vorzubereiten, mussten sie durch die ihnen so bitter erscheinende Erfahrung hindurchgehen. Nach seiner Auferstehung erschien Jesus seinen Jüngern auf dem Weg nach Emmaus und »fing an von Mose und allen Propheten und legte ihnen alle Schriften aus, die von ihm gesagt [348/349] **295** waren«. Lukas 24,27 Die Herzen der Jünger wurden bewegt. Ihr Glaube wuchs. Sie wurden »wiedergeboren ... zu einer lebendigen Hoffnung«, 1.Petrus 1,3 noch ehe sich Jesus ihnen zu erkennen gab. Er wollte ihren Verstand erleuchten und ihren Glauben auf das feste prophetische Wort gründen. Er wünschte, dass die Wahrheit in ihren Herzen fest Wurzel fasste, nicht nur weil sie von seinem persönlichen Zeugnis unterstützt war, sondern auch um des untrüglichen Beweises willen, der in den Symbolen und Schattenbildern des Zeremonialgesetzes sowie in den Weissagungen des Alten Testaments lag. Es war für die Nachfolger Christi notwendig, einen verständigen Glauben zu haben, nicht nur für sich selbst, sondern auch, um der Welt die Erkenntnis Christi verkündigen zu können. Für den allerersten Schritt im Weitergeben dieser Erkenntnis verwies Jesus die Jünger auf Mose und die Propheten. So bezeugte der auferstandene Heiland den Wert und die Wichtigkeit der alttestamentlichen Schriften.

Welch eine Veränderung ging in den Herzen der Jünger vor, als sie noch einmal in das geliebte Antlitz ihres Meisters blickten! (Lukas 24,32) Besser und vollständiger als je zuvor hatten sie den »gefunden, von welchem Mose im Gesetz und die Propheten geschrieben haben«. Johannes 1,45 Ungewissheit, Angst und Verzweiflung wichen vollkommener Zuversicht und felsenfestem Glauben. So war es nicht verwunderlich, dass sie nach seiner Auferstehung »waren allewege im Tempel, priesen und lobten Gott«. Lukas 24,53 Das Volk, das nur vom schmachvollen Tod des Heilands wusste, erwartete bei ihnen einen Ausdruck von Trauer, Verwirrung und Enttäuschung; stattdessen sah es Freude und Siegessicherheit. Welch eine Vorbereitung hatten diese Jünger für die ihnen bevorstehende Aufgabe empfangen! Sie waren durch die schwerste Prüfung gegangen, die sie treffen konnte, und hatten gesehen, dass das Wort Gottes sieghaft in Erfüllung ging, als nach menschlichem Urteil alles verloren war. Was vermochte ihren Glauben hinfort zu erschüttern oder ihre glühende Liebe zu dämpfen? In ihren bittersten Ängsten hatten sie »einen starken Trost«, eine Hoffnung, »einen sichern und festen Anker« der Seele. Hebräer 6,18.19 Sie waren Zeugen der Weisheit und Macht Gottes gewesen und wussten »gewiss, dass weder Tod noch Leben, weder Engel noch Fürstentümer noch Gewalten, weder Gegenwärtiges noch Zukünftiges, weder Hohes noch Tiefes noch keine andere Kreatur« sie zu scheiden vermochte »von der Liebe Gottes, die in Christus Jesu ist, unserm Herrn«. »In dem allem«, sagten sie, »überwinden wir weit um deswillen, der uns geliebt hat.« Römer 8,38.39.37 »Aber des Herrn Wort bleibt in Ewigkeit.« »Wer will verdammen? Christus Jesus ist hier, der gestorben ist, ja vielmehr, *der auch auferweckt ist*, der zur Rechten

Gottes ist und uns vertritt.« 1.Petrus 1,25; Römer 8,34 Der Herr sagt:

»Mein Volk soll nicht mehr zu Schanden werden.« »Den Abend lang währt das Weinen, aber des Morgens ist Freude.« Joel 2,26; Psalm 30,6 Hätten die Jünger ihre gegenwärtige Hoffnung wohl gegen die Hoffnung ihrer früheren Jüngerschaft tauschen mögen, als sie den Heiland an seinem Auferstehungstag trafen und ihre Herzen brannten, während sie seinen Worten lauschten? Was ging in ihnen vor, als sie auf Haupt, Hände und Füße blickten, die um ihretwillen verwundet worden waren? Welche Gedanken erfüllten sie, als Jesus sie vor seiner Himmelfahrt nach Bethanien führte, segnend seine Hände erhob und ihnen gebot: »Geht hin in alle Welt und predigt das Evangelium aller Kreatur«, und dann hinzufügte, »denn siehe, ich bin bei euch alle Tage«? Markus 16,15; Matthäus 28.20 Wo war nur ihre Angst vor dem Weg, der sie durch Opfer und Martertod führen sollte, als am Pfingsttag der verheißene Tröster herabkam, ihnen die Kraft aus der Höhe vermittelte und die Gläubigen sich der Gegenwart ihres aufgefahrenen Herrn bewusst wurden? Ob die Jünger angesichts aller dieser Erfahrungen wohl das Amt des Evangeliums seiner Gnade und »die Krone der Gerechtigkeit«, 2.Timotheus 4,8 die sie bei seinem Erscheinen empfangen sollten, gegen die Herrlichkeit eines irdischen Thrones hätten tauschen wollen? Der »aber, der überschwänglich tun kann über alles, das wir bitten oder verstehen«, hatte ihnen mit der Gemeinschaft seiner Leiden auch die Gemeinschaft seiner Freude verliehen, – der Freude, »viel Kinder … zur Herrlichkeit« zu führen. Es ist eine unaussprechliche Freude, »eine ewige und über alle Maßen wichtige Herrlichkeit«, und »unsre Trübsal, die zeitlich und leicht«, ist ihr gegenüber, wie Paulus sagt, »nicht wert«. Epheser 3,20; Hebräer 2,10; 2.Korinther 4,17; Römer 8,18

Die Erfahrung der Jünger, die beim ersten Kommen Christi »das Evangelium vom Reich« verkündigten, hat ihr Gegenstück in der Erfahrung derer, die die Botschaft seiner Wiederkunft verbreiteten. Gleichwie die Jünger hinausgingen und predigten: »Die Zeit ist erfüllt, das Reich Gottes ist herbeigekommen«, so verkündigten Miller und seine Mitarbeiter, dass der längste und letzte prophetische Zeitabschnitt, den die Bibel erwähnt, fast abgelaufen sei, dass das Gericht unmittelbar bevorstände und das ewige Reich bald anbrechen würde. Die Predigt der Jünger gründete sich hinsichtlich der Zeit auf die 70 Wochen in Daniel 9. Die von Miller und seinen Gefährten verbreitete Botschaft kündete den Ablauf der 2300 Tage an, von denen die 70 Wochen einen Teil bilden. Damit hatte die Predigt sowohl der Jünger als auch Millers die Erfüllung je eines Teiles derselben prophetischen Zeitspanne als feste Grundlage. Wie die ersten Jünger, so verstanden William Miller und seine Freunde selbst nicht völlig die Tragweite der Botschaft, die sie verkündigten. Lange in der Kirche geübte Irrtümer hinderten sie, zur richtigen Auslegung einer wichtigen Seite der Weissagung zu gelangen. Obwohl sie die Botschaft predigten, die Gott ihnen zur Verkündigung an die Welt anvertraut hatte, wurden sie dennoch durch eine falsche Auffassung ihrer Bedeutung enttäuscht. Bei der Erklärung von Daniel 8,14: »Bis 2300 Abende und Morgen um sind, dann wird das Heiligtum wieder gereinigt werden«, Daniel 8,14 King James Bibel teilte Miller die allgemein herrschende Ansicht, dass die Erde das Heiligtum sei. Er glaubte, dass die Reinigung des Heiligtums, die Läuterung der Erde durch Feuer, am Tag der Wiederkunft des Herrn stattfände. Als er fand, dass der Ablauf der 2300 Tage bestimmt angegeben worden war, schloss er daraus, dass dies die Zeit der Wiederkunft offenbare. Sein Irrtum entstand dadurch, dass er bezüglich des Heiligtums die übliche Ansicht annahm.

Im Schattendienst, der ein Hinweis auf das Opfer und die Priesterschaft war, bildete die Reinigung [Weihe] des Heiligtums den letzten Dienst, der vom Hohepriester jährlich einmal ausgeübt wurde. Es war dies das abschließende Werk der Versöhnung, ein Wegschaffen oder Abtun der Sünde von Israel, und versinnbildete das Schlusswerk im Amt unseres Hohepriesters im Himmel, wobei er die Sünden seines Volkes, die in den himmlischen Büchern verzeichnet stehen, hinwegnimmt oder austilgt. Dieser Dienst schließt eine Untersuchung, einen Gerichtsprozess ein, der der Wiederkunft Christi in den Wolken des Himmels mit großer Macht und Herrlichkeit unmittelbar vorausgeht; denn wenn er erscheint, ist jeder Fall schon entschieden worden. Jesus sagt: »Siehe, ich komme bald und mein Lohn mit mir, zu geben einem jeglichen, wie seine Werke sein werden.« Offenbarung 22,12 Dieses Gericht vor der Wiederkunft wird in der ersten Engelsbotschaft von Offenbarung 14,7 angekündigt: »Fürchtet Gott und gebt ihm die Ehre; denn die Zeit seines Gerichts ist gekommen!«

Alle, die diese Warnung verkündigten, gaben die richtige Botschaft zur rechten Zeit. Doch wie die ersten Jünger auf Grund der Weissagung in Daniel 9 erklärten: »Die Zeit ist erfüllt, und das Reich Gottes ist herbeigekommen« und dennoch nicht erkannten, dass der Tod des Messias in der gleichen Schriftstelle angekündigt wurde, so predigten auch Miller und seine Mitarbeiter die auf Daniel 8,14 und Offenbarung 14,7 beruhende Botschaft, ohne zu erkennen, dass in Offenbarung 14 noch andere Botschaften gegeben waren, die ebenfalls vor der Wiederkunft Christi verkündigt werden sollten. Wie sich die Jünger über das Reich getäuscht hatten, das am Ende der 70 Wochen aufgerichtet werden sollte, so befanden sich die Adventisten bezüglich des Ereignisses im Irrtum, das für das Ende der 2300 Tage verheißen war. Beide Male war es eine Annahme oder vielmehr ein Festhalten an den volkstümlichen Irrtümern, das den Sinn für die Wahrheit verdunkelte. Jünger wie Adventisten erfüllten den Willen Gottes, indem sie die Botschaft predigten, die verkündigt werden sollte. Beide Gruppen wurden infolge ihrer verkehrten Auffassung von der Botschaft

Gottes enttäuscht. Dennoch erreichte Gott seine gut gemeinte

Absicht, und er ließ es zu, dass die Gerichtswarnung auf die erwähnte Weise verkündigt wurde. Der große Tag stand nahe bevor, und in Gottes Vorsehung wurden die Menschen bezüglich einer bestimmten Zeit geprüft, um ihnen zu zeigen, was in ihren Herzen war. Die Botschaft war zur Prüfung und Reinigung der Gemeinden bestimmt. Diese sollten dahin gebracht werden, zu erkennen, ob ihre Herzen auf diese Welt oder auf Christus und den Himmel gerichtet waren. Sie gaben vor, den Heiland zu lieben – nun sollten sie ihre Liebe beweisen. Waren sie bereit, ihre weltlichen Hoffnungen und ehrgeizigen Pläne aufzugeben und mit Freuden die Ankunft ihres Herrn zu erwarten? Die Botschaft sollte sie befähigen, ihren wahren geistlichen Zustand zu erkennen. Sie war in Gnaden gesandt worden, um sie anzuspornen, den Herrn reuig und demütig zu suchen.

Auch die Fehlrechnung, die sie verkündigten – obwohl sie die Folge ihrer eigenen verkehrten Auffassung der Botschaft war –, sollte zum Besten gewendet werden. Sie stellte die Herzen derer auf die Probe, die vorgegeben hatten, die Warnung anzunehmen. Würden sie angesichts ihrer Enttäuschung ihre Erfahrung aufgeben und ihr Vertrauen in das Wort Gottes fahren lassen? Oder würden sie demütig und unter Gebet versuchen zu entdecken, wo sie die Weissagung falsch verstanden hatten? Wie viele hatten aus Furcht, aus blindem Antrieb und in Erregung gehandelt? Wie viele waren halbherzig und ungläubig? Tausende bekannten, die Erscheinung des Herrn liebzuhaben. Würden sie unter dem Spott und der Schmach der Welt, unter der Verzögerung und Enttäuschung den Glauben verleugnen? Würden sie, weil sie Gottes Handlungsweise mit ihnen nicht gleich verstehen konnten, Wahrheiten aufgeben, die auf den sehr klaren Aussagen seines Wortes beruhten?

Diese Probe sollte die Standhaftigkeit derer offenbaren, die im Glauben gehorsam gewesen waren gegenüber dem, was sie als Lehre des Wortes Gottes angenommen hatten. Diese Erfahrung war wie keine andere dazu bestimmt, ihnen die Gefahren zu zeigen, die damit verknüpft sind, wenn Theorien und Auslegungen der Menschen angenommen werden, statt die Bibel sich selbst erklären zu lassen. In den Kindern des Glaubens würden die aus ihrem Irrtum hervorgehenden Schwierigkeiten und Sorgen die nötige Besserung wirken. Sie würden zu einem gründlicheren Studium des prophetischen Wortes veranlasst werden und lernen, die Grundlagen ihres Glaubens sorgfältiger zu prüfen und alles Unbiblische, wie verbreitet es auch in der Christenheit sein mochte, zu verwerfen. Diese Gläubigen sollten wie die ersten Jünger über das, was sie in der Stunde der Prüfung nicht verstanden, später aufgeklärt werden. Sähen sie »das Ende des Herrn«, Jakobus 5,11 dann wüssten sie, dass sich seine Liebesabsichten ihnen gegenüber trotz der Schwierigkeiten, die sich aus ihren Irrtümern ergaben, erfüllt hatten. Sie erkannten durch eine segenbringende Erfahrung, dass der Herr „barmherzig und ein Erbarmer" ist, dass alle seine Wege »lauter Güte und Treue für alle, die seinen Bund und seine Gebote halten«. Psalm 25,10

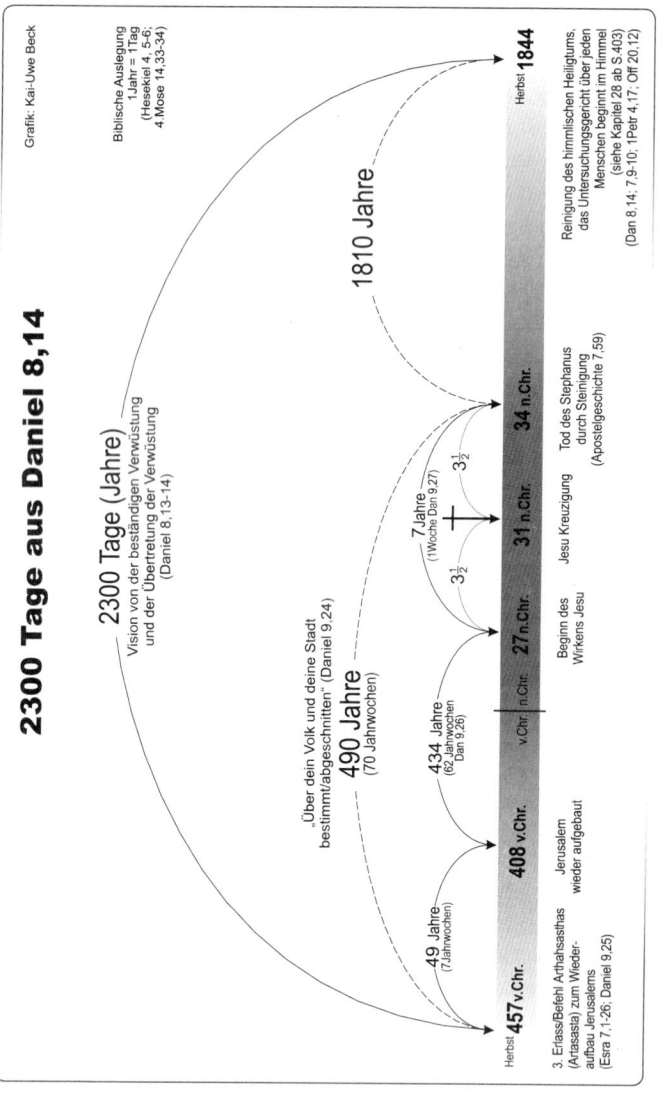

2300 Tage aus Daniel 8,14

Grafik: Kai-Uwe Beck

Biblische Auslegung
1 Jahr = 1 Tag
(Hesekiel 4, 5-6;
4. Mose 14,33-34)

2300 Tage (Jahre)
Vision von der beständigen Verwüstung
und der Übertretung der Verwüstung
(Daniel 8,13-14)

1810 Jahre

„Über dein Volk und deine Stadt bestimmt/abgeschnitten" (Daniel 9,24)

490 Jahre
(70 Jahrwochen)

49 Jahre
(7 Jahrwochen)

434 Jahre
(62 Jahrwochen
Dan 9,26)

7 Jahre
(1 Woche Dan 9,27)

3½   3½

v.Chr. n.Chr.

Herbst **457 v.Chr.**   **408 v.Chr.**   **27 n.Chr.**   **31 n.Chr.**   **34 n.Chr.**   Herbst **1844**

3. Erlass/Befehl Arthahsasthas
(Artaxerxis) zum Wiederaufbau Jerusalems
(Esra 7,1-26; Daniel 9,25)

Jerusalem
wieder aufgebaut

Beginn des
Wirkens Jesu

Jesu Kreuzigung

Tod des Stephanus
durch Steinigung
(Apostelgeschichte 7,59)

Reinigung des himmlischen Heiligtums,
das Untersuchungsgericht über jeden
Menschen beginnt im Himmel
(siehe Kapitel 28 ab S.403)
(Dan 8,14; 7,9-10; 1Petr 4,17; Off 20,12)

KAPITEL 20

EINE GROSSE RELIGIÖSE ERWECKUNG

In vielen Ländern wurde etwa zeitgleich die Botschaft von der Wiederkunft Jesu verkündigt. Menschen studierten intensiv die Bibel und erkannten neue Wahrheiten und dass sie in einer besonderen Zeit lebten und die letzten Ereignisse sich zu erfüllen schienen.

In der Weissagung über die erste Engelsbotschaft in Offenbarung 14 wird unter der Verkündigung der baldigen Ankunft Christi eine große religiöse Erweckung vorhergesagt. Johannes sieht »einen Engel fliegen mitten durch den Himmel, der hatte ein ewiges Evangelium zu verkündigen denen, die auf Erden wohnen, und allen Heiden und Geschlechtern und Sprachen und Völkern«. Mit großer Stimme verkündete er die Botschaft: »Fürchtet Gott und gebt ihm die Ehre; denn die Zeit seines Gerichts ist gekommen! Und betet an den, der gemacht hat Himmel und Erde und Meer und die Wasserquellen.« Offenbarung 14,6.7

Die Tatsache, dass ein Engel als Herold dieser Warnung bezeichnet wird, ist bedeutend. Es hat der göttlichen Weisheit gefallen, durch die Reinheit, Herrlichkeit und Macht des himmlischen Boten die Erhabenheit des durch die Botschaft auszuführenden Werkes sowie die Macht und Herrlichkeit darzustellen, die sie begleiten sollten. Der »mitten durch den Himmel« fliegende Engel, die »große Stimme«, mit der die Botschaft verkündigt wird, und ihre Verbreitung unter allen, »die auf Erden wohnen« – »allen Heiden und Geschlechtern und Sprachen und Völkern« – bekunden die Schnelligkeit und weltweite Ausdehnung der Bewegung.

Die Botschaft erhellt die Zeit, wann diese Bewegung stattfinden soll. Es heißt, dass sie ein Teil des »ewigen Evangeliums« sei, und kündigt den Beginn des Gerichts an. Die Heilsbotschaft ist zu allen Zeiten verkündigt worden, aber diese Botschaft hier ist ein Teil des Evangeliums, das nur in den letzten Tagen verkündigt werden kann, denn nur dann würde es wahr sein, dass die Stunde des Gerichts gekommen ist. Die Weissagungen zeigen eine Reihe von Ereignissen, die bis zum Beginn des Gerichts reichen. Dies ist besonders beim Buch Daniel der Fall. Jenen Teil seiner Weissagungen aber, der sich auf die letzten Tage bezieht, sollte Daniel verbergen und versiegeln »bis auf die letzte Zeit«. Erst dann, als diese Zeit erreicht war, konnte die Botschaft des

Gerichts, die sich auf die Erfüllung dieser Weissagung gründet, verkündigt werden. Aber in der letzten Zeit, sagt der Prophet, »werden viele darüberkommen und großen Verstand finden«. Daniel 12,4

Der Apostel Paulus warnte die Gemeinde, die Wiederkunft Christi schon in seinen Tagen zu erwarten: »Denn er [der Tag Christi] kommt nicht, es sei denn, dass zuvor der Abfall komme und offenbart werde der Mensch der Sünde.« 2.Thessalonicher 2,3 Erst nach dem großen Abfall und der langen Regierungszeit des »Menschen der Sünde« dürfen wir die Ankunft unseres Herrn erwarten. Diese Zeit endete im Jahr 1798. Das Kommen Christi konnte nicht vor jener Zeit stattfinden. Die Warnung des Paulus erstreckt sich über die lange christliche Bundeszeit bis zum Jahre 1798. Erst danach sollte die Botschaft von der Wiederkunft Christi verkündigt werden.

Eine solche Botschaft wurde in den vergangenen Zeiten nie gepredigt. Paulus verkündigte sie, wie wir gesehen haben, nicht. Er verwies seine Brüder in der Frage der Wiederkunft des Herrn in die damals weit entfernte Zukunft. Die Reformatoren verkündigten sie nicht. Martin Luther erwartete das Gericht ungefähr 300 Jahre nach seiner Zeit. Aber seit dem Jahr 1798 ist das Buch Daniel entsiegelt worden, das Verständnis der Weissagungen hat zugenommen, und viele verkündigten die feierliche Botschaft vom nahen Gericht.

Wie die große Reformation im 16. Jahrhundert, so kam die Adventbewegung gleichzeitig in verschiedenen Ländern der Christenheit auf. Sowohl in Europa als auch in Amerika studierten Männer des Glaubens und des Gebets die Weissagungen, verfolgten die von Gott eingegebenen Berichte und fanden überzeugende Beweise, dass das Ende aller Dinge nahe war. In verschiedenen Ländern entstanden vereinzelte Gruppen von Christen, die allein durch das Studium der Heiligen Schrift zu der Überzeugung gelangten, dass die Ankunft des Heilands bevorstand.

Im Jahr 1821, drei Jahre nachdem Miller das Verständnis der Weissagungen aufgegangen war, die auf die Zeit des Gerichts hinwiesen, begann Dr. Joseph Wolff, »der Missionar für die ganze Welt«, das baldige Kommen des Herrn zu verkündigen. Wolff war Jude, aus Deutschland gebürtig; sein Vater war Rabbiner. Schon sehr früh wurde Wolff von der Wahrheit der christlichen Religion überzeugt. Von tätigem und forschendem Verstand, hatte er aufmerksam den im elterlichen Hause stattfindenden Gesprächen gelauscht, wenn sich dort täglich fromme Juden einfanden, um die Hoffnungen und Erwartungen ihres Volkes, die Herrlichkeit des kommenden Messias und die Wiederaufrichtung Israels zu besprechen. Als der Junge eines Tages den Namen Jesus von Nazareth hörte, fragte er, wer das sei. Die Antwort lautete:

»Ein höchst begabter Jude; weil er aber vorgab, der Messias zu sein, verurteilte ihn das jüdische Gericht zum Tode.« – »Warum ist Jerusalem zerstört«, fuhr der Fragesteller fort, »und warum sind wir in Gefangenschaft?« – »Ach«, antwortete der Vater, »weil die Juden die Propheten umbrachten.« Dem Kind kam sofort der Gedanke: »Vielleicht war auch Jesus von Nazareth ein Prophet, und die Juden haben ihn getötet, obgleich er unschuldig war.« Wolff, „Reiseerfahrungen", Bd. I, S. 6 f. Das beschäftigte ihn so sehr, dass er, obwohl es ihm untersagt war, eine christliche Kirche zu betreten, doch oft draußen stehen blieb, um der Predigt zuzuhören.

Als er erst sieben Jahre alt war, prahlte er vor einem betagten christlichen Nachbarn von dem zukünftigen Triumph Israels beim Kommen des Messias, worauf der alte Mann freundlich sagte: »Mein Junge, ich will dir sagen, wer der wirkliche Messias war – es war Jesus von Nazareth, ... den deine Vorfahren kreuzigten, wie sie früher auch die Propheten umbrachten. Geh nach Hause und lies das 53. Kapitel des Jesaja, und du wirst überzeugt werden, dass Jesus Christus der Sohn Gottes ist.«

Wolff war sofort davon überzeugt, ging nach Hause, las den betreffenden Abschnitt und stellte verwundert fest, wie vollkommen dieser in Jesus von Nazareth erfüllt worden war. Konnten die Worte des Christen wahr sein? Der Junge bat seinen Vater um eine Erklärung der Weissagung. Dieser aber trat ihm mit einem so finsteren Schweigen entgegen, dass er es nie wieder wagte, darauf zurückzukommen. Immerhin verstärkte sich hierdurch sein Verlangen, mehr von der christlichen Religion zu erfahren.

Die Erkenntnis, die er suchte, wurde in seinem jüdischen Familienkreis sorgfältig von ihm ferngehalten, aber als er 11 Jahre alt war, verließ er seines Vaters Haus, um in die Welt hinauszugehen, sich eine Ausbildung zu verschaffen und Religion und Beruf zu wählen. Er fand eine Zeitlang bei Verwandten Unterkunft, wurde aber bald als Abtrünniger von ihnen vertrieben und musste sich allein und mittellos seinen Weg unter Fremden bahnen. Er zog von Ort zu Ort, studierte fleißig und verdiente sich seinen Unterhalt durch hebräischen Sprachunterricht. Durch den Einfluss eines katholischen Lehrers wurde er zum päpstlichen Glauben geführt, und er entschloss sich, Missionar unter seinem eigenen Volk zu werden. In dieser Absicht ging er wenige Jahre später an das katholische Missionsinstitut (Das „Collegium pro fide Propaganda", an dem außer Theologie, Philosophie und Kirchenrecht noch Hebräisch, Arabisch, Syrisch, Griechisch und Armenisch gelehrt wurde.) nach Rom, um dort seine Studien fortzusetzen. Hier trug ihm seine Gewohnheit, unabhängig zu denken und offen zu reden, den Vorwurf der Ketzerei ein. Er griff vorbehaltlos die Missbräuche der Kirche an und betonte die Notwendigkeit einer Umgestaltung. Obwohl er zuerst von den päpstlichen Würdenträgern mit besonderer Gunst behandelt worden war, musste er doch nach einiger Zeit Rom verlassen. Unter der Aufsicht der Kirche ging er von Ort zu Ort, bis man sich überzeugt hatte, dass er sich niemals dem Joch der römischen Kirche unterwerfen würde. Man nannte ihn unverbesserlich und ließ ihn gehen, wohin er wollte. Er schlug nun den Weg nach England ein und trat, indem er den protestantischen Glauben annahm, zur anglikanischen Kirche über. Nach zweijährigem intensivem Studium begann er im Jahre 1821 sein Lebenswerk.

Während Wolff die große Wahrheit von der ersten Ankunft Christi als »des Allerverachtetsten und Unwertesten, voller Schmerzen und Krankheit« annahm, erkannte er, dass die Weissagungen mit gleicher Deutlichkeit seine Wiederkunft in Macht und Herrlichkeit schilderten. Und während er sein Volk zu Jesus von Nazareth, dem Verheißenen, führen und dessen Erscheinen in Niedrigkeit als ein Opfer für die Sünden der Menschen zeigen wollte, wies er sie gleichzeitig auf Christi Wiederkunft als König und Erlöser hin.

Er sagte: »Jesus von Nazareth, der wahre Messias, dessen Hände und Füße durchbohrt wurden, der wie ein Lamm zur Schlachtbank geführt wurde, der ein Mann der Schmerzen und Leiden war, der zum ersten Mal kam, nachdem das Zepter von Juda und der Herrscherstab von seinen (Judas) Füßen gewichen war, wird zum zweiten Male kommen in den Wolken des Himmels mit der Posaune des Erzengels.« Wolff, „Forschungen und Missionswirken", S. 62 Er wird »auf dem Ölberge stehen; und jene Herrschaft über die Schöpfung, die einst Adam zugewiesen war und von ihm verwirkt wurde, (1.Mose 1,26; 3,17) wird Jesus gegeben werden. Er wird König sein über die ganze Erde. Das Seufzen und Klagen der Schöpfung wird aufhören, und Lob- und Danklieder werden erschallen ... Wenn Jesus in der Herrlichkeit seines Vaters mit seinen heiligen Engeln kommt ... werden die ‚Toten in Christo' zuerst auferstehen. (1.Thessalonicher 4,16; 1.Korinther 15,23) Dies nennen wir Christen die erste Auferstehung. Danach wird die Tierwelt ihren Charakter ändern (Jesaja 11,6-9) und Jesus untertan werden. (Psalm 8) Allgemeiner Friede wird herrschen«. »Der Herr wird erneut auf die Erde herniederschauen und sagen: Siehe, es ist sehr gut.« Wolff, „Tagebuch", S. 378.379.294

Wolff glaubte, dass das Kommen des Herrn nahe sei. Seine Auslegung der prophetischen Zeitangaben wich nur um wenige Jahre von der Zeit ab, in der Miller die große Vollendung erwartete. Denen, die auf Grund des Textes: »Von dem Tage aber und von der Stunde weiß niemand« Matthäus 24,36 geltend zu machen suchten, dass den Menschen die Nähe der Wiederkunft Christi unbekannt bleiben sollte, antwortete Wolff: »Sagte unser Herr, dass der Tag und die Stunde nie bekannt werden sollten? Hat er uns nicht Zeichen der Zeit gegeben, damit wir wenigstens das Herannahen seiner Wiederkunft erkennen

könnten, so wie man an dem Feigenbaum, wenn er Blätter

treibt, weiß, dass der Sommer nahe ist? (Matthäus 24,32) Sollen wir jene Zeit nie erkennen können, obgleich er selbst uns ermahnt, den Propheten Daniel nicht nur zu lesen, sondern auch zu verstehen? Gerade in Daniel heißt es, dass diese Worte bis auf die Zeit des Endes verborgen bleiben sollten (was zu seiner Zeit der Fall war), und dass, viele ‚darüberkommen'(hebräischer Ausdruck für betrachten und nachdenken über die Zeit) und ‚großen Verstand' (hinsichtlich der Zeit) finden würden. (Daniel 12,4) Überdies will unser Herr damit nicht sagen, dass das Herannahen der Zeit unbekannt bleiben soll, sondern nur, dass niemand den bestimmten Tag und die genaue Stunde weiß. Er sagt, es soll genügend durch die Zeichen der Zeit bekannt werden, um uns anzutreiben, uns auf seine Wiederkunft vorzubereiten, gleichwie Noah die Arche baute.« Wolff, „Forschungen und Missionswirken", S. 404.405 Soweit Wolff zu den Einwänden, dass niemand Zeit und Stunde wisse.

Hinsichtlich der volkstümlichen Auslegung oder Fehldeutung der Heiligen Schrift schrieb Wolff: »Der größere Teil der christlichen Kirche ist von dem klaren Sinn der Heiligen Schrift abgewichen und hat sich der trügerischen Lehre des Buddhismus zugewandt, die vorgibt, dass das zukünftige Glück der Menschen in einem Hin- und Herschweben in der Luft bestehe; sie nimmt an, dass Heiden darunter zu verstehen seien, wenn sie Juden lesen; dass die Kirche gemeint sei, wenn sie Jerusalem lesen; dass es Himmel bedeute, wenn es heißt Erde; dass an den Fortschritt der Missionsgesellschaften zu denken sei, wenn vom Kommen des Herrn die Rede ist; und dass unter dem Ausdruck ‚auf den Berg des Hauses Gottes gehen' eine große Versammlung der Methodisten zu verstehen sei.« Wolff, „Tagebuch", S. 96

Während der 24 Jahre von 1821 bis 1845 bereiste Wolff viele Länder. In Afrika besuchte er Ägypten und Abessinien; in Asien Palästina, Syrien, Persien, Buchara (Turkestan) und Indien. Auch in die Vereinigten Staaten kam er. Bei der Hinreise predigte er auf der Insel St. Helena. Im August des Jahres 1837 traf er in New York ein. Nachdem er in jener Stadt gesprochen hatte, predigte er in Philadelphia und Baltimore und ging schließlich nach Washington. »Hier wurde mir«, sagte er, »auf Vorschlag des Expräsidenten John Quincy Adams in einem der Häuser des Kongresses einstimmig die Benutzung des Kongresssaales für einen Vortrag zur Verfügung gestellt, den ich an einem Samstag in Gegenwart sämtlicher Mitglieder des Kongresses, des Bischofs von Virginia sowie der Geistlichkeit und der Bürger von Washington hielt. Die Mitglieder der Regierung von New Jersey und Pennsylvanien zollten mir die gleiche Ehre. In ihrer Gegenwart hielt ich Vorlesungen über meine Forschungen in Asien sowie auch über die persönliche Regierung Jesu Christi.« Wolff, „Tagebuch", S. 377 Dr. Wolff bereiste die unzivilisiertesten Länder ohne den Schutz irgendeiner europäischen Regierung. Er erduldete viele Mühsale und war von zahllosen Gefahren umgeben. Er bekam Stockschläge auf die Fußsohlen, musste hungern, wurde als Sklave verkauft und dreimal zum Tod verurteilt. Räuber fielen ihn an, und manchmal wäre er fast verdurstet. Einmal verlor er alle seine Habe und musste zu Fuß hunderte von Meilen durch das Gebirge wandern, während ihm der Schnee ins Gesicht trieb und seine nackten Füße durch die Berührung mit dem gefrorenen Boden erstarrten.

Warnte man ihn davor, unbewaffnet unter wilde und feindselige Stämme zu gehen, so erklärte er, dass er mit Waffen versehen sei: Mit dem Gebet, mit Eifer für Christus und mit Vertrauen auf seine Hilfe. »Ich habe auch«, sagte er, »die Liebe zu Gott und meinem Nächsten im Herzen und trage die Bibel in meiner Hand.« Wohin er auch ging, hatte er eine hebräische und eine englische Bibel bei sich. Von einer seiner späteren Reisen sagt er: »Ich ... hielt die Bibel offen in meiner Hand. Ich fühlte, dass meine Kraft in dem Buch war und dass seine Macht mich erhalten würde.« Adams, „In Perils Oft", S. 192 f.

So harrte er in seiner Arbeit aus, bis die Gerichtsbotschaft über einen großen Teil des bewohnten Erdballs gegangen war. Unter Juden, Türken, Parsen, Hindus und vielen andern Nationen und Stämmen teilte er das Wort Gottes in den verschiedenen Sprachen aus und verkündigte überall die kommende Herrschaft des Messias.

Auf seinen Reisen fand er die Lehre von der baldigen Wiederkunft des Herrn in Buchara bei einem entlegenen abgesonderten Volksstamm. Er sagte ferner: »Die Araber des Jemen sind im Besitz eines Buches, ,Seera' genannt, das von der Wiederkunft Christi berichtet und seiner Regierung in Herrlichkeit, und sie erwarten für das Jahr 1840 große Ereignisse.« Wolff, „Tagebuch", S. 398.399 »In Jemen ... verbrachte ich sechs Tage mit den Rechabiten. Sie trinken keinen Wein, pflanzen keine Weinberge, säen keine Saat, wohnen in Zelten und gedenken der Worte Jonadabs, des Sohnes Rechabs. Es befanden sich auch Israeliten aus dem Stamm Dan bei ihnen, ... die gemeinsam mit den Kindern Rechabs die baldige Ankunft des Messias in den Wolken des Himmels erwarten.« Wolff, „Tagebuch", S. 389 Einen ähnlichen Glauben fand ein anderer Missionar bei den Tataren. Ein tatarischer Priester stellte an einen Missionar die Frage, wann denn Christus wiederkäme. Als der Missionar antwortete, dass er nichts davon wisse, schien der Priester sehr überrascht zu sein über solche Unwissenheit bei einem, der vorgab, Bibellehrer zu sein, und erklärte seinen eigenen auf die Weissagung gegründeten Glauben, dass Christus ungefähr im Jahr 1844 kommen würde.

In England fing man schon im Jahr 1826 an, die Adventbotschaft zu predigen. Die Bewegung nahm hier keine so entschiedene Form an wie in Amerika. Die genaue Zeit der Wiederkunft Christi lehrte man nicht so allgemein, aber die große Wahrheit vom baldigen Kommen Christi in Macht und Herrlichkeit wurde überall verkündigt – und dies nicht nur unter denen, die nicht zur anglikanischen Kirche gehörten. Mourant Brock, ein englischer Schriftsteller, gibt an, dass sich ungefähr 700 Prediger der anglikanischen Kirche mit der Verkündigung des »Evangeliums vom Reich« befassten. Auch in Großbritannien wurde die Botschaft seines Kommens, die auf das Jahr 1844 hinwies, verkündigt. Drucksachen über die Adventbewegung wurden von den Vereinigten Staaten aus überallhin versandt. In England gab man wieder Bücher und Zeitschriften heraus, und im Jahr 1842 kehrte Robert Winter, ein gebürtiger Engländer, der den Adventglauben in Amerika angenommen hatte, in seine Heimat zurück, um das Kommen des Herrn zu verkündigen. Viele vereinten sich mit ihm in dieser Aufgabe. Die Gerichtsbotschaft wurde in verschiedenen Teilen Englands verbreitet.

In Südamerika fand Lacunza, ein Spanier und Jesuit, inmitten von Priestertrug und roher Unwissenheit seinen Weg zur Heiligen Schrift und erkannte die Wahrheit von der baldigen Wiederkunft Christi. Innerlich getrieben, die Warnung zu erteilen, und doch darauf bedacht, den Kirchenstrafen Roms zu entkommen, veröffentlichte er seine Ansichten unter dem Decknamen »Rabbi Ben-Esra«, indem er sich für einen bekehrten Juden ausgab. Lacunza lebte im 18. Jahrhundert. Sein Buch, das den Weg nach London gefunden hatte, wurde ungefähr im Jahre 1825 in die englische Sprache übersetzt. Seine Herausgabe diente dazu, die in England erwachte Aufmerksamkeit hinsichtlich der Wiederkunft Christi zu steigern.

In Deutschland war diese Lehre im 18. Jahrhundert von Johann Albrecht Bengel (1687–1752), dem berühmten Bibelgelehrten und Kritiker, einem Prälaten der lutherischen Kirche, gepredigt worden. Nach Vollendung seiner Schulbildung hatte Bengel »sich dem Studium der Theologie gewidmet, wozu ihn sein tiefernstes und frommes Gemüt, durch seine frühe Bildung und Zucht erweitert und verstärkt, von Natur hinzog. Wie andere denkende junge Männer vor und nach ihm hatte auch er mit religiösen Zweifeln und Schwierigkeiten zu kämpfen, und mit tiefem Gefühl spricht er von den ‚vielen Pfeilen, die sein armes Herz durchbohrten und seine Jugend schwer erträglich machten‘.« Encyclopaedia Britannica, art. Bengel; Real-Enzyklopädie für protestantische Theologie und Kirche, Bd. II, S. 295-301, Leipzig, 1878

Als er Mitglied des Württembergischen Konsistoriums [Landeskirchenbehörde] wurde, trat er für die Religionsfreiheit ein. »Indem er alle Rechte und Vorrechte der Kirche aufrechterhielt, befürwortete er, jede billige Freiheit denen zu gewähren, die sich aus Gewissensgründen gebunden fühlten, sich von ihrer Gemeinschaft zurückzuziehen.« Encyclopaedia Britannica, art. Bengel; Real-Enzyklopädie für protestantische Theologie und Kirche, Bd. II, S. 295-301, Leipzig, 1878 Die guten Wirkungen dieser klugen Entscheidung werden in dem Landstrich, aus dem er stammte, noch immer verspürt.

Während sich Bengel auf die Predigt für einen Adventsonntag (über Offenbarung 21) vorbereitete, ging ihm plötzlich die Erkenntnis von der Wiederkunft Christi auf. Die Weissagungen der Offenbarung erschlossen sich seinem Verständnis wie nie zuvor. Das Bewusstsein von der ungeheuren Wichtigkeit und unübertrefflichen Herrlichkeit der von dem Propheten vorausgesagten Ereignisse überwältigte ihn derart, dass er gezwungen war, sich eine Zeitlang von der Betrachtung dieses Themas abzuwenden. Auf der Kanzel jedoch stand dieser Fragenkreis in aller Lebendigkeit und Stärke wieder vor ihm. Von da an studierte er die Weissagungen, besonders die der Offenbarung, und gelangte bald zu dem Glauben, dass sie darauf hinwiesen, dass das Kommen Christi nahe bevorsteht. Das Datum, das er als die Zeit der Wiederkunft Christi errechnete, wich nur wenige Jahre von dem später von Miller angenommenen Termin ab.

Bengels Schriften sind in der ganzen Christenheit verbreitet worden. In seiner Heimat Württemberg, und bis zu einem gewissen Grade auch in andern Teilen Deutschlands, nahm man seine Ansichten über die Weissagung fast allgemein an. Die auf Bengels Auffassungen beruhende geistliche Bewegung hielt nach seinem Tod an, und die Adventbotschaft wurde in Deutschland zur selben Zeit vernommen, zu der sie in andern Ländern die Aufmerksamkeit auf sich zog. Schon früh gingen einige Gläubige nach Russland und gründeten dort Kolonistensiedlungen. Der Glaube an das baldige Kommen Christi wird in den deutschen Gemeinden jenes Landes noch immer bewahrt.

In Frankreich und der Schweiz war die Erkenntnis ebenfalls aufgekommen. In Genf, wo Farel und Calvin die Wahrheiten der Reformation ausgebreitet hatten, predigte Gaussen die Botschaft von der Wiederkunft Christi. Als Student hatte er jenen Geist des Rationalismus eingesogen, der in der letzten Hälfte des 18. Jahrhunderts ganz Europa durchdrang, und als er ins Predigtamt eintrat, kannte er nicht nur den wahren Glauben nicht, sondern er neigte sogar zur Zweifelsucht. In seiner Jugend hatte er begeistert die Weissagungen studiert. Als er Rollins »Alte Geschichte« las, wurde seine Aufmerksamkeit auf das zweite Kapitel Daniels gerichtet, und er staunte über die wunderbare Genauigkeit, mit der sich die Weissagung erfüllt hatte, wie aus dem Bericht des Geschichtsschreibers ersichtlich war. Hierin lag ein Zeugnis für die göttliche Eingebung der Heiligen Schrift, das ihm inmitten der Gefahren späterer Jahre als Anker diente. Ihn befriedigten die Lehren

des Rationalismus nicht mehr, sondern er kam durch das

Forschen in der Bibel und das Suchen nach klarerer Erkenntnis nach einiger Zeit zu einem festen Glauben. Als er die Weissagungen weiter durchforschte, kam er zu der Überzeugung, dass das Kommen des Herrn nahe bevorstehe. Unter dem Eindruck des Ernstes und der Wichtigkeit dieser großen Wahrheit wünschte er, sie dem Volk nahezubringen, aber der volkstümliche Glaube, dass die Weissagungen Daniels Geheimnisse und darum nicht zu verstehen seien, wurde für ihn zu einem schweren Hindernis. Endlich entschloss er sich, wie es vor ihm Farel schon getan hatte, als er Genf das Evangelium brachte, bei den Kindern zu beginnen, durch die er die Eltern anzuziehen hoffte.

Als er später einmal von seinem Ziel bei diesem Vorhaben sprach, sagte er: »Ich möchte dies verstanden wissen, dass es nicht wegen der geringen Bedeutung, sondern im Gegenteil des hohen Wertes wegen ist, dass ich diese Sache in dieser vertraulichen Form darzustellen wünschte und mich damit an die Kinder wandte. Ich wollte gehört werden und hatte befürchtet, keine Aufmerksamkeit zu erregen, falls ich mich an die Erwachsenen wenden würde ... Ich beschloss deshalb, zu den Jüngsten zu gehen. Ich versammelte eine Schar von Kindern um mich. Wenn die Zahl der Anwesenden zunimmt, wenn man sieht, dass sie zuhören, Gefallen daran finden, angezogen werden, dass sie das Thema verstehen und erklären können, dann werde ich sicherlich bald einen zweiten Kreis von Zuhörern haben, und die Erwachsenen ihrerseits werden sehen, dass es die Mühe lohnt, sich hinzusetzen und zu studieren. Geschieht das, dann ist die Sache gewonnen.« Gaussen, „Der Prophet Daniel", Bd. II, Vorwort

Gaussens Bemühungen waren erfolgreich. Während er sich an die Kinder wandte, kamen ältere Menschen, um ihm zuzuhören. Die Emporen seiner Kirche füllten sich mit aufmerksamen Zuhörern. Unter ihnen befanden sich gelehrte und angesehene Menschen sowie Ausländer und Fremde, die Genf besuchten. Durch sie wurde die Botschaft in andere Gegenden getragen.

Dadurch ermutigt, veröffentlichte Gaussen seine Unterweisungen in der Hoffnung, das Studium der prophetischen Bücher in den Gemeinden der Französisch sprechenden Volksteile zu fördern. Er sagte: »Durch die Veröffentlichung des den Kindern erteilten Unterrichts rufen wir den Erwachsenen zu, die oft solche Bücher vernachlässigen unter dem falschen Vorwand, dass sie unverständlich seien. Wie können sie unverständlich sein, da eure Kinder sie verstehen? ... Ich hatte das dringliche Bestreben«, fügte er hinzu, »die bekannten Weissagungen bei unseren Gemeinden, wenn möglich, allgemein bekanntzumachen ... Es gibt in der Tat kein Studium, das, wie mir scheint, den Bedürfnissen der Zeit besser entspräche ... Hierdurch müssen wir uns vorbereiten auf die bevorstehende Trübsal und warten auf Jesus Christus.« Wenn auch Gaussen einer der hervorragendsten und beliebtesten französisch sprechenden Prediger war, wurde er doch nach einiger Zeit seines Amtes enthoben, hauptsächlich weil er statt dem Kirchenkatechismus, einem faden und rationalistischen Lehrbuch fast ohne positiven Glauben, beim Unterricht der Jugend die Bibel gebraucht hatte. Später wurde er Lehrer an einer theologischen Schule und setzte sonntags seinen Unterricht mit den Kindern fort, indem er sie in der Heiligen Schrift unterwies. Seine Werke über die Weissagungen erregten großes Aufsehen. Vom Lehrstuhl aus, durch die Presse und in seiner Lieblingsbeschäftigung als Lehrer der Kinder konnte er viele Jahre lang einen ausgedehnten Einfluss ausüben und die Aufmerksamkeit vieler Menschen auf das Studium der Weissagungen richten, die zeigten, dass das Kommen des Herrn nahe ist.

Auch in Skandinavien wurde die Adventbotschaft verkündigt und fand weitverbreitete Aufmerksamkeit. Viele wurden aus ihrer sorglosen Sicherheit aufgerüttelt, um ihre Sünden zu bekennen und aufzugeben und im Namen Jesu Vergebung zu suchen. Aber die Geistlichkeit der Staatskirche widersetzte sich der Bewegung, und durch ihren Einfluss wurden etliche, welche die Botschaft predigten, ins Gefängnis geworfen. An vielen Orten, wo die Verkündiger des baldigen Kommens Christi auf solche Weise zum Schweigen gebracht worden waren, gefiel es Gott, die Botschaft in wunderbarer Weise durch kleine Kinder bekanntzumachen. Da sie noch minderjährig waren, konnte das Staatsgesetz sie nicht hindern, und sie durften unbelästigt reden.

Die Bewegung fand besonders in den unteren Gesellschaftsschichten Eingang. In den bescheidenen Wohnungen der Arbeiter versammelte sich das Volk, um die Warnung zu vernehmen. Die Kinderprediger selbst waren meist arme Hüttenbewohner. Etliche waren nicht älter als sechs bis acht Jahre, während ihr Leben bezeugte, dass sie den Heiland liebten und sich bemühten, den heiligen Vorschriften Gottes gehorsam zu sein. Die Kinder unterschieden sich vom Verstand und den Fähigkeiten nicht von den Kindern ihres Alters. Standen sie aber vor den Menschen, dann wurde deutlich, dass sie von einem über ihre natürliche Begabung hinausgehenden Einfluss bewegt wurden. Ihre Stimme, ihr ganzes Wesen veränderte sich, und mit eindringlicher Kraft kündigten sie das Gericht an. Sie benutzten genau die Worte der Heiligen Schrift: »Fürchtet Gott und gebt ihm die Ehre; denn die Zeit seines Gerichts ist gekommen!« Sie rügten die Sünden des Volkes, verurteilten nicht nur Unsittlichkeit und Laster, sondern tadelten auch Weltlichkeit und Abtrünnigkeit und ermahnten ihre Zuhörer, sich eilig aufzumachen, um dem zukünftigen Zorn zu entrinnen. Die Leute lauschten zitternd. Der überzeugende Geist Gottes sprach zu ihren Herzen. Viele wurden veranlasst, die Heilige

Schrift mit neuem und tieferem Eifer zu durchforschen. Die

Unmäßigen und Unsittlichen begannen einen neuen Lebenswandel. Andere gaben ihre unehrlichen Gewohnheiten auf. Es wurde ein so auffälliges Werk vollbracht, dass selbst die Geistlichen der Staatskirche gestehen mussten, die Hand Gottes sei mit dieser Bewegung.

Es war Gottes Wille, dass die Botschaft von der Wiederkunft des Heilandes in den skandinavischen Ländern verbreitet werden sollte. Und als die Stimmen seiner Diener zum Schweigen gebracht worden waren, legte er seinen Geist auf die Kinder, damit das Werk getan würde. Als Jesus sich Jerusalem näherte, von einer frohen Menge begleitet, die ihn unter Jubeln und mit wehenden Palmzweigen als den Sohn Davids ausrief, forderten eifersüchtige Pharisäer ihn auf, dem Volk Schweigen zu gebieten, aber Jesus antwortete ihnen, dass all dies die Erfüllung der Weissagung wäre und, falls die Menschen schwiegen, die Steine reden würden. Das durch die Drohungen der Priester und Obersten eingeschüchterte Volk hielt in seiner freudigen Verkündigung inne, als es durch die Tore Jerusalems zog, aber die Kinder im Tempelhof nahmen den Ruf auf und sangen, ihre Palmzweige schwingend: »Hosianna dem Sohn Davids!« Als die Priester in ärgerlichem Ton zu Jesus sprachen: »Hörst du auch, was diese sagen?«, antwortete er: »Ja! Habt ihr nie gelesen: ‚Aus dem Munde der Unmündigen und Säuglinge hast du Lob bereitet‘?« Matthäus 21,9.16

Wie Gott zur Zeit Christi durch Kinder wirkte, so bediente er sich auch bei der Ankündigung seiner Wiederkunft der Kinder. Gottes Wort muss erfüllt werden, dass die Botschaft vom Kommen des Heilands an alle Völker, Sprachen und Zungen ergehen sollte.

William Miller und seinen Mitarbeitern war die Aufgabe zugeteilt geworden, die Warnungsbotschaft in Amerika zu predigen. Dieses Land wurde der Mittelpunkt der großen Adventbewegung. Hier fand die Weissagung von der ersten Engelsbotschaft ihre unmittelbare Erfüllung. Die Schriften Millers und seiner Gefährten wurden in ferne Länder getragen. Überall, wohin Missionare kamen, wurde auch die frohe Botschaft von der baldigen Wiederkunft Christi gebracht. Überall erscholl der Ruf des ewigen Evangeliums: Fürchtet Gott und gebt ihm die Ehre; denn die Stunde seines Gerichts ist gekommen!

Das Zeugnis der Weissagungen, das auf das Kommen Christi im Frühling des Jahres 1844 hinzuweisen schien, bewegte die Gemüter des Volkes tief. Als die Botschaft von Land zu Land ging, erregte sie überall beträchtliches Aufsehen. Viele wurden überzeugt, dass die auf den prophetischen Zeitrechnungen beruhenden Beweise richtig waren und nahmen die Wahrheit freudig an, nachdem sie ihren Meinungsstolz aufgegeben hatten. Einige Prediger gaben ihre sektiererischen Ansichten und Gefühle auf, verzichteten auf ihre finanzielle Sicherheit und ihre Gemeinde und schlossen sich der Verkündigung der Wiederkunft Jesu an. Es waren jedoch verhältnismäßig wenige Prediger, die diese Botschaft annahmen, deshalb wurde sie meistens bescheidenen Laien anvertraut. Bauern verließen ihre Felder, Handwerker ihre Werkstätten, Händler ihre Waren, andere berufstätige Menschen ihre Stellung, und doch war die Zahl der Mitarbeiter im Verhältnis zu der durchzuführenden Aufgabe klein. Der Zustand einer gottlosen Kirche und einer in Bosheit liegenden Welt lastete auf den Seelen der treuen Wächter. Willig ertrugen sie Mühsal, Entbehrung und Leiden, um Menschen zur Buße und zum Heil rufen zu können. Obwohl Satan ihnen widerstand, ging das Werk doch stetig vorwärts, und viele Tausende nahmen die Adventwahrheit an.

Überall vernahm man das zu Herzen gehende Zeugnis, das die Sünder sowie Weltmenschen und auch Gemeindeglieder aufforderte, dem zukünftigen Zorn zu entfliehen. Wie Johannes der Täufer, der Vorläufer Christi, legten die Prediger die Axt an die Wurzel des Baumes und nötigten alle, rechtschaffene Früchte der Buße zu bringen. Ihre ergreifenden Aufrufe standen in auffallendem Gegensatz zu den Versicherungen des Friedens und der Sicherheit, die man von den volkstümlichen Kanzeln herab hörte. Wo die Botschaft verkündigt wurde, bewegte sie das Volk. Das einfache, unmittelbare Zeugnis der Heiligen Schrift, das den Menschen durch die Macht des Heiligen Geistes ans Herz gelegt wurde, rief eine mächtige Überzeugung hervor, der nur wenige ganz widerstehen konnten. Bekennende Christen wurden aus ihrer falschen Sicherheit aufgeschreckt und erkannten ihre Abtrünnigkeit, ihre Weltlichkeit und ihren Unglauben, ihren Stolz und ihre Selbstsucht. Viele suchten demütig und bußbereit den Herrn. Neigungen, die bisher auf irdische Dinge gerichtet waren, wandten sich jetzt dem Himmel zu. Gottes Geist ruhte auf ihnen, und mit besänftigtem und gedemütigtem Herzen stimmten sie ein in den Ruf: Fürchtet Gott und gebt ihm die Ehre; denn die Stunde seines Gerichts ist gekommen!

Sünder fragten weinend: »Was soll ich tun, dass ich selig werde?« Apostelgeschichte 16,30 Wer einen unlauteren Wandel geführt hatte, war darum bemüht, sein Unrecht gutzumachen. Alle, die in Christus Frieden fanden, sehnten sich danach, auch andere an den Segnungen teilhaben zu sehen. Die Herzen der Eltern wandten sich ihren Kindern, und die Herzen der Kinder ihren Eltern zu. Die Schranken des Stolzes und der Zurückhaltung setzte man beiseite. Tiefempfundene Bekenntnisse wurden abgelegt, und Familienmitglieder arbeiteten für das Heil derer, die ihnen am nächsten und teuersten waren. Oft hörte man ernste Fürbitten. Überall beteten Seelen in tiefer Angst zu Gott. Viele rangen die ganze Nacht im Gebet um die Gewissheit, dass ihre Sünden vergeben seien, oder um die Bekehrung ihrer Verwandten oder Nachbarn. Verschiedenste Menschen kamen zu den

Versammlungen der Adventisten. Reich und Arm, Hoch und Niedrig wollten aus verschiedenen Gründen die Lehre von der Wiederkunft Christi hören. Während seine Diener die Gründe des Glaubens erklärten, hielt der Herr den Geist des Widerstandes im Zaum. Oft war das Werkzeug schwach, aber der Geist Gottes gab seiner Wahrheit Kraft. Die Gegenwart heiliger Engel bekundete sich in diesen Versammlungen, und täglich stellten sich viele auf die Seite der Gläubigen. Wenn die Beweise für die baldige Ankunft Christi wiederholt wurden, lauschte eine große Menge in atemlosem Schweigen den feierlichen Worten. Himmel und Erde schienen sich einander zu nähern. Jung und Alt verspürten die Macht Gottes. Die Menschen gingen in ihre Wohnungen mit dem Lobpreis Gottes auf ihren Lippen, und der fröhliche Klang ertönte durch die Stille der Nacht. Niemand, der jene Versammlungen besuchte, konnte diese bedeutungsvollen Ereignisse je vergessen.

Die Verkündigung einer bestimmten Zeit für das Kommen Christi rief unter vielen Menschen aus allen Gesellschaftsgruppen großen Widerstand hervor, angefangen von den Predigern auf der Kanzel bis zum verwegensten, dem Himmel trotzenden Sünder. Die Worte der Weissagung gingen in Erfüllung: »Ihr sollt vor allem wissen, dass in den letzten Tagen Spötter kommen werden, die ihren Spott treiben, ihren eigenen Begierden nachgehen und sagen: Wo bleibt die Verheißung seines Kommens? Denn nachdem die Väter entschlafen sind, bleibt es alles, wie es von Anfang der Schöpfung gewesen ist.« 2.Petrus 3,3.4 Viele, die vorgaben, ihren Heiland zu lieben, erklärten, dass sie keine Einwände gegen die Lehre von seiner Wiederkunft zu machen hätten; sie seien nur gegen die festgesetzte Zeit. Gott erkannte jedoch, was in ihrem Herzen war. Sie wünschten nichts davon zu hören, dass Christus kommen werde, um die Welt in Gerechtigkeit zu richten. Sie waren untreue Diener, ihre Werke konnten die Prüfung Gottes nicht ertragen, und sie fürchteten sich, ihrem Herrn zu begegnen. Wie die Juden zur Zeit Christi waren sie nicht vorbereitet, Jesus zu begrüßen. Sie weigerten sich nicht nur, die deutlichen Beweise aus der Schrift zu hören, sondern verlachten auch die, welche auf den Herrn warteten. Satan und seine Engel waren froh darüber und schleuderten Christus und den heiligen Engeln Schmähungen ins Angesicht, dass sein angebliches Volk ihn so wenig liebe und sein Erscheinen nicht wünsche.

»Niemand weiß den Tag oder die Stunde«, lautete die von den Verwerfern des Adventglaubens am häufigsten vorgebrachte Entgegnung. Die Bibelstelle heißt: »Von dem Tage aber und von der Stunde weiß niemand, auch die Engel nicht im Himmel, sondern allein mein Vater.« Matthäus 24,36 Eine klare und zutreffende Auslegung dieser Bibelstelle kam von denen, die auf ihren Herrn warteten. Die falsche Verwendung, die ihre Gegner davon machten, zeigte sich deutlich. Jene Worte sprach Christus in der denkwürdigen Unterhaltung mit seinen Jüngern auf dem Ölberg, als er zum letzten Mal aus dem Tempel gegangen war. Die Jünger hatten die Frage gestellt: »Und was wird das Zeichen sein für dein Kommen und für das Ende der Welt?« Jesus nannte ihnen bestimmte Zeichen und sagte: »Wenn ihr das alles seht, so wisst, dass es nahe vor der Tür ist.« Matthäus 24,3.33 Eine Aussage des Heilandes darf nicht so hingestellt werden, dass sie anderem widerspricht. Wenn auch niemand Tag und Stunde seines Kommens weiß, so wird uns doch berichtet, wann die Zeit nahe ist. Wir werden ferner belehrt, dass es genauso verderblich für uns ist, seine Warnung zu missachten und die Zeit seines Kommens unbeachtet zu lassen oder die Erkenntnis abzulehnen, wie es für die in den Tagen Noahs Lebenden folgenschwer war, nicht zu wissen, wann die Sintflut kommen sollte. Das Gleichnis im selben Kapitel, das den treuen Knecht mit dem untreuen vergleicht und das Urteil dessen anführt, der in seinem Herzen sagte: »Mein Herr kommt noch lange nicht«, zeigt, wie Christus bei seiner Wiederkunft die Gläubigen ansehen und belohnen wird, die wachen und sein Kommen verkündigen, und die, welche es in Abrede stellen. »Darum wacht!« sagt er. »Selig ist der Knecht, den sein Herr, wenn er kommt, das tun sieht.« Matthäus 24,42-51 »Wenn du aber nicht wachen wirst, werde ich kommen wie ein Dieb, und du wirst nicht wissen, zu welcher Stunde ich über dich kommen werd.« Offenbarung 3,3

Paulus spricht von Menschen, für die der Herr unerwartet kommen wird: »Der Tag des Herrn wird kommen wie ein Dieb in der Nacht. Denn wenn sie werden sagen: Es ist Friede, es hat keine Gefahr, – dann wird sie das Verderben schnell überfallen ... und werden nicht entfliehen.« Für die, welche die Warnung des Herrn beachten, fügt er hinzu: »Ihr aber, liebe Brüder, seid nicht in der Finsternis, dass euch der Tag wie ein Dieb ergreife. Ihr seid allzumal Kinder des Lichtes und Kinder des Tages; wir sind nicht von der Nacht noch von der Finsternis.« 1.Thessalonicher 5,2-5

Somit wurde deutlich, dass die Bibel die Menschen darin nicht unterstützt, hinsichtlich der Nähe des Kommens Christi unwissend zu bleiben. Wer aber eine Entschuldigung suchte, nur um die Wahrheit zu verwerfen, wollte diese Erklärung nicht hören. Die Worte: »Von dem Tage aber und von der Stunde weiß niemand«, wurden von dem kühnen Spötter und sogar von dem angeblichen Diener Christi ständig wiederholt. Als die Menschen erweckt wurden und anfingen, nach dem Weg des Heils zu fragen, stellten sich Religionslehrer zwischen sie und die Wahrheit und versuchten, ihre Befürchtungen durch falsche Auslegungen des Wortes Gottes zu zerstreuen. Untreue Wächter verbanden sich mit dem Werk des großen Betrügers und schrien: »Friede! Friede!«, wo Gott nicht von Frieden gesprochen hatte. Wie die Pharisäer zur Zeit Christi weigerten sich viele, ins Himmelreich einzugehen, und hinderten andere, die hineingehen wollten. Das Blut dieser Seelen wird von ihrer Hand gefordert werden.

Die Demütigsten und Ergebensten in den Gemeinden waren gewöhnlich die ersten, welche die Botschaft annahmen. Wer die Bibel selbst studierte, musste unvermeidlich den schriftwidrigen Charakter der volkstümlichen Ansichten über die Weissagungen erkennen, und wo das Volk nicht durch den Einfluss der Geistlichkeit geleitet wurde, sondern das Wort Gottes selbst erforschte, brauchte man die Adventbotschaft nur mit der Heiligen Schrift zu vergleichen, um deren göttliche Autorität zu bestätigen.

Viele wurden von ihren ungläubigen Brüdern verfolgt. Um ihre Stellung in der Gemeinde zu bewahren, willigten einige ein, ihre Hoffnung zu verschweigen. Andere aber spürten, dass die Treue zu Gott ihnen verbiete, die Wahrheiten zu verbergen, die er ihnen anvertraut hatte. Nicht wenige wurden aus der Kirche ausgeschlossen, und zwar nur deshalb, weil sie ihren Glauben an die Wiederkunft Christi verkündet hatten. Wie wertvoll waren die Worte des Propheten für alle, die die Prüfung ihres Glaubens bestanden hatten: »Eure Brüder, die euch hassen und sondern euch ab um meines Namens willen, sprechen: ‚Lasst sehen, wie herrlich der Herr sei, lasst ihn erscheinen zu eurer Freude‘; die sollen zu Schanden werden.« Jesaja 66,5

Engel Gottes überwachten mit größter Anteilnahme, was die Warnung bewirkte. Als die Kirchen die Botschaft allgemein verwarfen, wandten sich die Engel betrübt ab. Aber es gab noch viele Menschen, die in der Adventwahrheit noch nicht geprüft waren: viele, die durch Ehemänner, Frauen, Eltern oder Kinder irregeleitet worden waren und die glaubten, es sei eine Sünde solche Ketzereien auch nur anzuhören, wie sie von den Adventisten gelehrt wurden. Den Engeln wurde befohlen, über diese treu zu wachen, denn es sollte noch ein anderes Licht vom Thron Gottes auf sie scheinen.

Mit unaussprechlichem Verlangen warteten alle, welche die Botschaft angenommen hatten, auf die Ankunft des Heilandes. Die Zeit war nahe, wo sie erwarteten, ihm zu begegnen. Sie warteten darauf mit stillem Ernst. Sie ruhten in freundlicher Gemeinschaft mit Gott – ein Pfand des Friedens, der ihnen in der zukünftigen Herrlichkeit gegeben werden sollte. Keiner, der diese Hoffnung und dies Vertrauen erfuhr, kann jene wertvollen Stunden des Wartens vergessen. Schon einige Wochen vor der Zeit hörten viele auf, weltliche Tätigkeiten auszuüben. Die aufrichtigen Gläubigen prüften sorgfältig jeden Gedanken und jede Regung ihres Herzens, als lägen sie auf dem Totenbett und müssten in wenigen Stunden vor allem Irdischen ihre Augen schließen. Da wurden keine Himmelfahrtskleider angefertigt, Anm 46 sondern alle fühlten die Notwendigkeit eines inneren Zeugnisses, dass sie vorbereitet waren, dem Heiland zu begegnen. Die Reinheit der Seele, ein durch das versöhnende Blut Christi gereifter Charakter, war das weiße Kleid. Hätte doch das Volk Gottes noch den gleichen herzerforschenden Geist, den gleichen, ernsten, entschiedenen Glauben! Hätte es darüber hinaus sich auf diese Weise vor dem Herrn gedemütigt und seine Bitten zum Gnadenthron gebracht, so hätte es jetzt weit größere Erfahrungen gemacht. Das Volk Gottes betet zu wenig, wird zu wenig wirklich überzeugt von der Sünde, und der Mangel an lebendigem Glauben lässt viele unberührt von der Gnadengabe, die unser Erlöser so reichlich vorgesehen hat.

Gott wollte sein Volk prüfen. Seine Hand bedeckte den in der Berechnung der prophetischen Zeitabschnitte gemachten Fehler. Die Adventisten entdeckten den Irrtum nicht. Er wurde auch nicht von den Gelehrtesten ihrer Gegner entdeckt. Diese sagten: »Eure Berechnung der prophetischen Zeitabschnitte ist richtig. Anm 47 Irgendein großes Ereignis wird stattfinden, aber es ist nicht die Wiederkunft.«

Die Zeit der Erwartung ging vorüber, und Christus erschien nicht, um sein Volk zu befreien. Alle, die mit aufrichtigem Glauben und herzlicher Liebe auf ihren Heiland gewartet hatten, zeigten sich bitter enttäuscht. Doch Gottes Absicht wurde erreicht: Er prüfte die Herzen derer, die vorgaben, auf seine Erscheinung zu warten. Es waren unter ihnen viele, die nur aus Furcht getrieben worden waren. Ihr Glaube hatte weder ihre Herzen noch ihren Lebensstil beeinflusst. Als das erwartete Ereignis ausblieb, erklärten diese Menschen, dass sie nicht enttäuscht seien. Sie hätten nie geglaubt, dass Christus kommen werde und gehörten zu den ersten, die den Schmerz der wirklich Gläubigen verspotteten.

Aber Jesus und die himmlischen Scharen sahen mit liebevoller Anteilnahme auf die geprüften und doch enttäuschten Gläubigen. Hätte der Schleier, der die sichtbare Welt von der unsichtbaren trennt, fortgezogen werden können, so hätte man sehen können, wie Engel sich jenen standhaften Menschen genähert und sie vor den Pfeilen Satans beschützt hatten.

KAPITEL 21

EINE *VERWORFENE WARNUNG*

Die Menschen nahmen schnell die äußere Form der Religion an, aber dass sie ihr Leben veränderte und vom Geist Gottes das Herz erneuern ließen, das versuchte Satan zu verhindern. Durch Unglaube, Zweifel, Weltlichkeit und sinnliche Ausschweifung behindert, lehnten viele Menschen das Angebot zur Rettung ab. Es ging um die Verkündigung der 3-fachen Engelsbotschaft, die den Menschen deutlich vor Augen führte, wohin sie ohne Gott kommen würden. Sie ruft jeden dazu auf, eindeutig Stellung zu beziehen.

William Miller und seine Mitarbeiter hatten bei der Verkündigung der Wiederkunft Christi den alleinigen Zweck im Auge, ihre Mitmenschen zu einer Vorbereitung auf das Gericht anzuspornen. Sie hatten versucht, angebliche Gläubige zur Erkenntnis der wahren Hoffnung der Gemeinde und zur Notwendigkeit einer tieferen christlichen Erfahrung zu bewegen. Sie arbeiteten auch darauf hin, die Unbekehrten von ihrer Pflicht unverzüglicher Buße und gründlicher Bekehrung zu Gott zu überzeugen. »Sie versuchten nicht, irgend jemand zu einer Sekte oder Religionsgemeinschaft zu bekehren, und arbeiteten daher unter allen Gruppen und Sekten, ohne in ihre Organisation oder Kirchenordnung einzugreifen.«

Miller sagte: »In allen meinen Arbeiten habe ich nie gewünscht oder beabsichtigt, irgendeine Sonderrichtung außerhalb der bestehenden Gemeinschaften hervorzurufen oder eine auf Kosten einer andern zu begünstigen. Ich wollte ihnen allen helfen. Weil ich annahm, dass alle Christen sich auf das Kommen Jesu freuten, und dass die, welche das nicht so sehen konnten wie ich, trotzdem jene lieben würden, die diese Lehre annähmen, da ahnte ich nicht, dass jemals extra Versammlungen nötig werden könnten. Mein einziges Ziel war, Menschen zu Gott zu führen, der Welt das kommende Gericht zu verkündigen und meine Mitmenschen zu jener Vorbereitung des Herzens zu bewegen, die sie befähigt, ihrem Gott in Frieden zu begegnen. Die meisten von denen, die durch meinen Dienst bekehrt wurden, verbanden sich mit den verschiedenen bestehenden Gemeinden.« Bliss, „Memoirs of William Miller", S. 328

Da Millers Werk dem Aufbau der Gemeinden diente, stand man ihm eine Zeitlang positiv gegenüber. Doch als Prediger und religiöse Leiter sich gegen die Adventlehre entschieden hatten und alle Diskussion zu diesem Thema unterdrücken wollten, fingen sie nicht nur an, von der Kanzel herab dagegen zu reden, sondern gestatteten ihren Mitgliedern auch nicht, Predigten über die Wiederkunft Christi zu besuchen oder in den Erbauungsstunden der Gemeinde auch nur über ihre Hoffnung zu sprechen. So befanden sich die Gläubigen in einer sehr schwierigen Lage. Sie liebten ihre Gemeinden und wollten sich nur ungern von ihnen trennen. Doch als sie sahen, dass das Zeugnis des Wortes Gottes unterdrückt wurde und man ihnen das Recht versagte, die Weissagungen zu studieren, da erkannten sie, dass die Treue gegenüber Gott ihnen verbot, sich dem zu fügen. Sie konnten die, die das Zeugnis des Wortes Gottes verwarfen, nicht als Gemeinde Christi, als »Pfeiler und ... Grundfeste der Wahrheit« ansehen. 1.Timotheus 3,15

Daher fühlten sie sich gerechtfertigt, sich von ihren früheren Verbindungen zu lösen. Im Sommer des Jahres 1844 zogen sich ungefähr 50.000 Glieder aus den Gemeinden zurück. Um diese Zeit wurde in den meisten Kirchen der Vereinigten Staaten eine auffällige Veränderung erkennbar. Schon seit vielen Jahren hatte eine allmählich, aber ständig zunehmende Anpassung an weltliche Gebräuche und Gewohnheiten und eine entsprechende Abnahme des wirklichen geistlichen Lebens bestanden. Doch in diesem Jahr zeigten sich in fast allen Gemeinschaften des Landes Spuren eines plötzlichen und deutlichen Verfalls. Während niemand imstande zu sein schien, die Ursache dafür zu finden, wurde die Tatsache selbst doch von der Presse und von der Kanzel herunter weit und breit bemerkt und besprochen.

Anlässlich einer Versammlung der Presbyter von Philadelphia stellte Herr Barnes, Verfasser eines bekannten Bibelwerkes und Pastor an einer der hervorragendsten Kirchen jener Stadt, fest, »dass er seit 20 Jahren das geistliche Amt ausübe und noch nie, bis auf die letzte Abendmahlsfeier, das Abendmahl ausgeteilt habe, ohne mehr oder weniger Glieder in die Gemeinde aufzunehmen. Aber nun gäbe es keine Erweckungen, keine Bekehrungen mehr, nicht viel sichtbares Wachstum in der Gnade unter den Bekennern, und niemand komme in sein Studierzimmer, um mit ihm über sein Seelenheil zu sprechen. Mit der Zunahme des Geschäftsverkehrs und den blühenden Aussichten des Handels und der Industrie gehe eine Zunahme der weltlichen Gesinnung Hand in Hand. So sei es mit allen religiösen Gemeinschaften.« Congregational Journal, 23.5.1844

Im Februar desselben Jahres sagte Prof. Finney vom Oberlin-College: »Wir haben die Tatsachen vor Augen gehabt, dass größtenteils die protestantischen Kirchen unseres Landes als solche entweder beinahe alle sittlichen Reformen des Zeitalters ablehnten oder ihnen feindlich gegenüberstanden. Es gab teilweise Ausnahmen, doch nicht genug, um diese Tatsachen anders als ein allgemeiner Zustand erscheinen zu lassen. Noch eine andere bestätigte Tatsache ist, dass fast ganz der Erweckungsgeist in den Gemeinden fehlt. Die geistliche Abgestumpftheit durchdringt beinahe alles und geht ungeheuer tief. Das bezeugt die religiöse Presse des ganzen Landes ... In sehr großem Ausmaß gehen die Gemeindeglieder mit der Mode. Sie unternehmen zusammen mit den Gottlosen Ausflüge, gehen zum Tanz und auf Partys usw. ... Doch wir brauchen nicht weiter über dieses unangenehme Thema zu sprechen. Es genügt, dass die Beweise zunehmen und uns schwer bedrücken, dass die Kirchen im allgemeinen auf traurige Weise entarten. Sie sind sehr weit vom Herrn abgewichen, und er hat sich von ihnen zurückgezogen.«

Und ein Schreiber im »Religious Telescope« bezeugt: »Wir haben nie einen so allgemeinen Verfall wahrgenommen wie gerade jetzt. Wahrlich, die Kirche sollte aufwachen und die Ursache dieses Notstandes untersuchen, denn so muss jeder, der Zion liebt, diesen Zustand ansehen. Wenn wir die wenigen und einzelnen Fälle wahrer Bekehrung und die nahezu beispiellose Unbußfertigkeit und Härte der Sünder abwägen, so rufen wir fast unwillkürlich aus: Hat Gott vergessen gnädig zu sein, oder ist die Tür der Barmherzigkeit schon geschlossen?« Der Grund dafür liegt stets in der Gemeinde selbst. Die geistliche Finsternis, die Völker, Gemeinden und einzelne befällt, beruht keineswegs auf einer willkürlichen Entziehung der helfenden göttlichen Gnade durch den Herrn, sondern auf einer Vernachlässigung oder Verwerfung des göttlichen Lichts durch die Menschen. Ein treffendes Beispiel dieser Wahrheit bietet uns die Geschichte der Juden zur Zeit Christi.

Dadurch, dass sie sich der Welt hingaben und Gott und sein Wort vergaßen, waren ihre Sinne verfinstert und ihre Herzen irdisch und sinnlich geworden. Sie lebten in Unwissenheit hinsichtlich der Ankunft des Messias und verwarfen in ihrem Stolz und Unglauben den Erlöser. Gott entzog auch dann noch nicht der jüdischen Nation die Erkenntnis oder einen Anteil an den Segnungen des Heils, aber alle, welche die Wahrheit verwarfen, verloren jegliches Verlangen nach der Gabe des Himmels. Sie hatten »aus Finsternis Licht und aus Licht Finsternis« gemacht, bis das Licht, das in ihnen war, zur Finsternis wurde; wie groß war da erst die Finsternis! Jesaja 5,20; Matthäus 6,23

Es entspricht den Absichten Satans, den Schein der Religion zu wahren, wenn nur der Geist der lebendigen Gottseligkeit fehlt. Nach der Verwerfung des Evangeliums hielten die Juden sehr eifrig an den gewohnten Zeremonien fest. Sie wahrten streng ihre nationale Abgeschlossenheit, während sie sich selbst eingestehen mussten, dass sich die Gegenwart Gottes nicht mehr in ihrer Mitte bekundete. Die Weissagung Daniels verwies so unverkennbar auf die Zeit der Ankunft des Messias und sagte seinen Tod so deutlich voraus, dass sie das Studium des Buches Daniel umgingen. Schließlich sprachen die Rabbiner einen Fluch aus über alle, die eine Berechnung der Zeit versuchen sollten. 1800 Jahre lang hatte das Volk Israel in Blindheit und Unbußfertigkeit gelebt. Sie waren gleichgültig gegenüber den gnädigen Heilsgaben, rücksichtslos gegen die Segnungen des Evangeliums und erhielten eine ernste und deutliche Warnung vor der Gefahr, das göttliche Licht zu verwerfen.

Gleiche Ursachen haben gleiche Wirkungen. Wer absichtlich seine erkannte Pflicht beiseite schiebt, weil es gegen seine Neigungen ist, wird schließlich nicht mehr die Wahrheit vom Irrtum unterscheiden können. Der Verstand wird verfinstert, das Gewissen verhärtet, das Herz verstockt und die Seele von Gott getrennt. Wo man die Botschaft der göttlichen Wahrheit geringschätzt und verachtet, dort wird Finsternis in die Gemeinde einziehen. Der Glaube und die Liebe erkalten und Entfremdung und Spaltungen treten ein. Gemeindeglieder richten ihr Streben und ihre Kräfte auf weltliche Unternehmungen, und Sünder werden in ihrer Unbußfertigkeit verhärtet.

Die erste Engelsbotschaft in Offenbarung 14, welche die Zeit des Gerichtes Gottes anzeigt und jeden auffordert, ihn anzubeten, war dazu bestimmt, das wahre Volk Gottes von den verderblichen Einflüssen der Welt zu trennen und es zu erwecken, damit es seinen wahren Zustand der Weltlichkeit und der Abtrünnigkeit erkennt. In dieser Botschaft hatte Gott der Kirche eine Warnung gesandt, die, falls sie angenommen worden wäre, den Übelständen abgeholfen hätte, welche die Menschen von ihm trennten. Hätten sie die Botschaft vom Himmel angenommen, ihre Herzen vor Gott gedemütigt und sich aufrichtig vorbereitet, um in seiner Gegenwart bestehen zu können, so wäre der Geist und die Macht Gottes unter ihnen spürbar geworden. Die Gemeinde würde abermals den glücklichen Zustand der Einheit, des Glaubens und der Liebe erreicht haben, der in den Tagen der Apostel bestand, als alle Gläubigen »ein Herz und eine Seele« waren und »das Wort Gottes mit Freudigkeit« redeten, als der Herr hinzutat »täglich, die da selig wurden, zu der Gemeinde«. Apostelgeschichte 4,31.32; 2,47 Würden die bekennenden Christen das Licht annehmen, wie es aus dem Wort Gottes auf sie scheint, so erreichten sie jene Einigkeit, um die der Heiland für sie bat und die der Apostel beschreibt als »die Einigkeit im Geist durch das Band des Friedens«. Das ist, sagt er, »ein Leib und ein Geist, wie ihr auch berufen seid auf einerlei Hoffnung eurer Berufung; ein Herr, ein Glaube, eine Taufe«. Epheser 4,3-5

So segensreich waren die Folgen für die, welche die Adventbotschaft annahmen. Jene Gläubigen kamen aus den verschiedenen religiösen Gemeinschaften, aber alles Trennende wurde beiseite getan. Einander widersprechende Glaubensbekenntnisse wurden gestrichen, die schriftwidrige Hoffnung eines Tausendjährigen Friedensreiches auf Erden aufgegeben, falsche Ansichten über die Wiederkunft Christi berichtigt, Stolz und Gleichstellung mit der Welt beseitigt, Unrecht wieder gut gemacht, Herzen in inniger Gemeinschaft vereint – und Liebe und Freude herrschten. Bewirkte das die Lehre für die wenigen, die sie annahmen, so würde das Gleiche für alle zugetroffen haben, falls sie es angenommen hätten.

Aber die Kirchen als Organisationen nahmen die Warnung nicht an. Ihre Prediger, die als Wächter als erste dazu bestimmt gewesen waren, die Anzeichen der Wiederkunft Christi zu erkennen, hatten die Wahrheit weder aus den Zeugnissen der Propheten noch an den Zeichen der Zeit erkannt. Da weltliche Hoffnungen und Ehrgeiz ihr Herz erfüllten, war die Liebe zu Gott und der Glaube an sein Wort erkaltet, und als die Adventbotschaft gepredigt wurde, weckte das bei ihnen nur Vorurteil und Unglauben. Die Tatsache, dass die Botschaft weitgehend von Laien verkündigt wurde, führte man als Beweis gegen sie an. Wie damals wurde dem deutlichen Zeugnis des Wortes Gottes die Frage entgegengehalten: »Glaubt auch irgend ein Oberster oder Pharisäer an ihn?« Johannes 7,48 Und da sie sahen, dass es schwierig war, die aus den prophetischen Zeitangaben gezogenen Beweise zu widerlegen, rieten viele vom Studium der Weissagungen ab und lehrten, die prophetischen Bücher seien versiegelt und brauchten nicht verstanden zu werden. Viele weigerten sich in blindem Vertrauen auf ihre Seelsorger, die Warnung zu beachten. Andere wagten es nicht, sie zu bekennen, auf »dass sie nicht in den Bann getan würden«, Johannes 12,42 obwohl sie von der Wahrheit überzeugt waren. Die von Gott gesandte Botschaft zur Prüfung und Sichtung der Kirche machte deutlich, wie groß die Zahl derer war, die ihr Herz dieser Welt statt Christus zugewandt hatten. Die Bindungen mit der Erde waren stärker als diejenigen, die sie himmelwärts zogen. Sie gehorchten der Stimme weltlicher Weisheit und wandten sich von der herzergründenden Botschaft der Wahrheit ab.

Indem sie die Warnung des ersten Engels zurückwiesen, verwarfen sie das Mittel, das der Himmel für ihre geistliche Erneuerung vorgesehen hatte. Sie verachteten den gnädigen Boten, der den Übelständen, die sie von Gott trennten, hätte abhelfen können, und kehrten sich umso mehr der Freundschaft der Welt zu. Hier lag die Ursache jenes bedenklichen Zustandes der Verweltlichung, der Abtrünnigkeit und des geistlichen Todes, wie er in den Kirchen im Jahr 1844 vorherrschte.

In Offenbarung 14 folgt dem ersten Engel ein zweiter mit dem Ruf »Sie ist gefallen, sie ist gefallen, Babylon, die große Stadt; denn sie hat mit dem Wein ihrer Hurerei getränkt alle Heiden.« Offenbarung 14,8 Babylon bedeutet Verwirrung. Dieser Name wird in der Heiligen Schrift verwendet, um die verschiedensten Formen einer falschen oder abgefallenen Religion zu bezeichnen. In Offenbarung 17 wird Babylon als Frau dargestellt. Dies ist ein Bild, das die Bibel als Symbol einer Gemeinde verwendet. Und zwar versinnbildet eine tugendhafte Frau eine reine Gemeinde – und eine abscheuliche Frau eine abtrünnige Kirche. Babylon wird als Hure bezeichnet.

In der Bibel wird der heilige und bleibende Charakter des zwischen Christus und seiner Gemeinde bestehenden Verhältnisses durch den Ehebund dargestellt. Der Herr hat seine Gemeinde durch einen feierlichen Bund mit sich vereint, seinerseits durch die Verheißung, ihr Gott zu sein, und ihrerseits durch die Verpflichtung, ihm allein angehören zu wollen. Er sagt: »Ich will mich mit dir verloben in Ewigkeit; ich will mich mit dir vertrauen in Gerechtigkeit und Gericht, in Gnade und Barmherzigkeit.« Und abermals: »Ich will euch mir vertrauen.« Hosea 2,21; Jeremia 3,14 Paulus verwendet dieselbe Redewendung im Neuen Testament, wenn er sagt: »Denn ich habe euch einem Mann verlobt, um euch als eine keusche Jungfrau Christus zuzuführen.« 2.Korinther 11,2 Schlachter 2000

Die Untreue der Gemeinde gegen Christus, die darin bestand, dass sie ihr Vertrauen und ihre Liebe vom Herrn abwandte und Weltliebe sie erfasste, wird mit dem Bruch des Ehegelübdes verglichen. Israels Sünde, die Trennung von dem Herrn, wird unter diesem Bild dargestellt, und Gottes wunderbare Liebe, die es auf diese Weise verachtete, wird eindrucksvoll geschildert: »Ich gelobte dir's und begab mich mit dir in einen Bund, spricht der Herr Herr, dass du solltest mein sein ... und warst überaus schön und bekamst das Königreich. Und dein Ruhm erscholl unter den Heiden deiner Schöne wegen, die ganz vollkommen war durch den Schmuck, den ich an dich gehängt hatte ... Aber du verließest dich auf deine Schöne; und weil du so gerühmt warst, triebst du Hurerei.« »Das Haus Israel achtete mich nicht, gleichwie ein Weib ihren Buhlen nicht mehr achtet, spricht der Herr.« Wie die »Ehebrecherin, die anstatt ihres Mannes andere zulässt«! Hesekiel 16,8.13-15; Jeremia 3,20; Hesekiel 16,32

Im Neuen Testament werden ganz ähnliche Worte an bekennende Christen gerichtet, welche die Freundschaft der Welt vor der Gunst Gottes suchen. Der Apostel Jakobus sagt: »Ihr Ehebrecher und Ehebrecherinnen, wisset ihr nicht, dass der Welt Freundschaft Gottes Feindschaft ist? Wer der Welt Freund sein will, der wird Gottes Feind sein.« Jakobus 4,4

Babylon, die Frau aus Offenbarung 17, wird uns geschildert als »bekleidet mit Purpur und Scharlach und übergoldet mit Gold und edlen Steinen und Perlen. Sie hatte einen goldenen Becher in der Hand, voll Gräuel und Unsauberkeit ihrer Hurerei, und an ihrer Stirn geschrieben einen Namen, ein Geheimnis: Die große Babylon, die Mutter der Hurerei«. Der Prophet sagt weiter: »Und ich sah das Weib trunken von dem Blut der Heiligen und von dem Blut der Zeugen Jesu.« Offenbarung 17,4-6 Von Babylon wird auch gesagt, sie sei »die große Stadt, die das Reich hat über die Könige auf Erden«. Offenbarung 17,18 Die Macht, die so viele Jahrhunderte hindurch unumschränkt über die Fürsten der Christenheit geherrscht hat, ist Rom. Purpur und Scharlach, Gold, Edelstein und Perlen schildern lebhaft die Pracht und das mehr als königliche Gepränge, das der anmaßende römische Stuhl zur Schau trägt. Von keiner anderen Macht konnte man so sehr mit Recht sagen, dass sie trunken war vom Blut der Heiligen, wie von jener Kirche, welche die Nachfolger Christi so grausam verfolgt hat. Babylon war ebenfalls der Sünde der gesetzwidrigen Verbindung mit »den Königen auf Erden« angeklagt.

Babylon wird »die Mutter der Hurerei« genannt. Unter den Töchtern müssen Kirchen zu verstehen sein, die ihre Lehren und Überlieferungen festhalten und ihrem Beispiel folgen, indem sie die Wahrheit und das Wohlwollen Gottes daran geben, um eine gesetzwidrige Verbindung mit der Welt einzugehen. Die Botschaft aus Offenbarung 14, die den Fall Babylons verkündigt, muss also auf religiöse Gemeinschaften Anwendung finden, die einst rein waren, aber verderbt geworden sind. Da diese Warnungsbotschaft vor dem Gericht erfolgt, muss sie deshalb in den letzten Tagen verkündigt werden und kann sich nicht allein auf die römische Kirche beziehen, denn diese befand sich schon seit vielen Jahrhunderten in einem gefallenen Zustand. Weiterhin wird im 18. Kapitel der Offenbarung das Volk Gottes aufgefordert, aus Babylon herauszugehen.

Demzufolge müssen noch viele vom Volk Gottes in Babylon sein. In welchen religiösen Gemeinschaften ist aber jetzt der größere Teil der Nachfolger Christi zu finden? Zweifellos in den verschiedenen Gemeinschaften, die sich zum protestantischen Glauben bekennen. Zur Zeit ihres Aufkommens nahmen diese Gemeinschaften eine ehrliche Stellung zu Gott und seiner Wahrheit ein, und Gottes Segen war mit ihnen. Selbst die ungläubige Welt musste die wohltätigen Ergebnisse anerkennen, die der Annahme der Evangeliumsgrundsätze folgten, wie der Prophet zu Israel sagte: »Dein Ruhm erscholl unter die Heiden deiner Schöne halben, welche ganz vollkommen war durch den Schmuck, so ich an dich gehängt hatte spricht der Herr Herr.« Hesekiel 16,14 Aber die Gemeinschaften fielen durch die gleichen Wünsche, die Israel zum Fluch und zum Verderben wurden – die Gewohnheiten der Gottlosen nachzuahmen und sie zu Freunden zu gewinnen. „Du aber hast dich auf deine Schönheit verlassen und auf deine Berühmtheit hin gehurt und hast deine Hurerei über jeden ausgegossen, der vorüber ging; er bekam sie." Hesekiel 16,15 Schlachter 2000

Viele der protestantischen Kirchen folgen Roms Beispiel der schriftwidrigen Verbindung mit »den Königen auf Erden« – den Staatskirchen durch ihre Beziehung zu weltlichen Regierungen und anderen

Gemeinschaften, indem sie die Unterstützung der Welt suchen. Der Ausdruck Babylon (Verwirrung) mag mit Recht auf diese Gemeinschaften angewandt werden, da alle bekennen, ihre Lehren der Heiligen Schrift zu entnehmen, und doch in fast unzählige Sekten und Gruppen zersplittert sind mit weit voneinander abweichenden Glaubensbekenntnissen und Lehren.

Außer einer sündhaften Verbindung mit der Welt weisen die Gemeinden, die sich von Rom getrennt haben, noch andere Merkmale auf.

Ein römisch-katholisches Werk behauptet: »Falls die römische Kirche sich in der Verehrung der Heiligen je der Abgötterei schuldig machte, so steht ihre Tochter, die anglikanische Kirche, ihr nicht nach; denn sie hat zehn Kirchen, die der Jungfrau Maria gewidmet sind, gegen eine, die Christus geweiht ist.« Challoner, „The Catholic Christian Instructed", S. 21.22, Vorwort

Dr. Hopkins macht in einer Abhandlung über das Tausendjährige Reich folgende Aussage: »Wir haben keinen Grund, den antichristlichen Geist und seine Gebräuche auf die sogenannte römische Kirche zu beschränken. Die protestantischen Kirchen tragen viel vom Antichristen in sich und sind weit davon entfernt, frei von der Verderbtheit und Gottlosigkeit zu sein.« Hopkins, „Works", Bd. II, S. 328 Über die Trennung der presbyterianischen Kirche von Rom schrieb Dr. Guthrie: »Vor 300 Jahren verließ unsere Kirche mit einer offenen Bibel auf ihrer Fahne und dem Wahlspruch ‚Erforscht die Schrift!' in ihren Statuten die Tore Roms.« Dann stellt er die bedeutende Frage: »Verließ sie rein die Tore Babylons?« Guthrie, „The Gospel in Ezekiel", S. 237

Spurgeon äußerte sich folgendermaßen: »Die anglikanische Kirche scheint ganz und gar durchsäuert zu sein von der Lehre, dass das Heil in den Sakramenten liege; aber diejenigen, die von dieser Kirche getrennt sind, sind genauso von philosophischem Unglauben durchdrungen. Auch die, von denen wir bessere Dinge erwartet hätten, wenden sich, einer nach dem andern, von den Grundpfeilern des Glaubens ab. Das innerste Herz Englands ist, glaube ich, ganz durchlöchert von einem verderblichen Unglauben, der es noch wagt, auf die Kanzel zu steigen und sich christlich zu nennen.«

Worin lag der Ursprung des großen Abfalls? Wie ist die Kirche zuerst von der Einfachheit des Evangeliums abgewichen? – Indem sie sich den Gebräuchen des Heidentums anpasste, um den Heiden die Annahme des Christentums zu erleichtern. Der Apostel Paulus erklärte schon in seinen Tagen: »Es regt sich bereits das Geheimnis der Bosheit.« 2.Thessalonicher 2,7 Solange die Apostel lebten, erhielt sich die Gemeinde verhältnismäßig rein. Doch »gegen Ende des zweiten Jahrhunderts wandelten sich die meisten Gemeinden. Als die alten Jünger gestorben waren, ging unter ihren Kindern und den Neubekehrten die frühere Einfachheit verloren ... und nahm kaum merkbar neue

Formen an«. Robinson, „Ecclesiastical Researches", Kapitel 6,17. Abschnitt Um Anhänger zu gewinnen, nahm man es mit dem ehrwürdigen Richtmaß des christlichen Glaubens weniger genau. Infolgedessen brachte »eine heidnische Flut, die in die Kirche hineinströmte, ihre Gewohnheiten, Gebräuche und Götzen mit«. Gavazzi, „Lectures", S. 278 Da sich die christliche Religion die Hilfe und Unterstützung der weltlichen Herrscher sicherte, wurde sie dem Namen nach in Scharen angenommen. Viele waren nur dem Schein nach Christen, blieben aber in Wirklichkeit Heiden und beteten insgeheim weiter ihre Götzen an.

Wiederholt sich derselbe Vorgang nicht in beinahe jeder Kirche, die sich protestantisch nennt? Mit dem Tod ihrer Gründer, die vom wahren Geist der Erneuerung beseelt waren, treten ihre Nachkommen in den Vordergrund und gestalten die Sache neu. Während die Kinder der Reformer blind vertrauend zu den Glaubenssätzen ihrer Väter halten und sich weigern, eine Wahrheit anzunehmen, die über den Gesichtskreis jener hinausgeht, weichen sie von deren Beispiel der Demut, Selbstverleugnung und Weltentsagung weit ab. So »verschwindet die erste Einfachheit«. Eine Welle von Weltlichkeit mit ihren Gewohnheiten, Gebräuchen und Götzen überschwemmt die Kirche.

Ach, wie sehr wird jene Freundschaft der Welt, die »Gottes Feindschaft« ist, Jakobus 4,4 jetzt unter den bekennenden Nachfolgern Christi gepflegt! Wie weit sind die allgemeinen Kirchen im ganzen Christentum vom biblischen Maßstab der Demut, der Selbstverleugnung, der Einfachheit und der Gottseligkeit abgewichen!

John Wesley sagte einmal, als er von der richtigen Verwendung des Geldes sprach: »Verschwendet keinen Teil einer so wertvollen Gabe nur zur Befriedigung der Augenlust durch überflüssige oder kostspielige Kleidung oder unnötige Ausschmückung. Verschwendet keinen Teil mit der Ausstattung eurer Häuser, mit überflüssigen oder teuren Einrichtungen, mit kostbaren Bildern, Gemälden, Vergoldungen ... Gebt nichts für ein eitles Leben aus, um die Bewunderung oder das Lob der Menschen zu gewinnen ... Solange es dir gut geht, wird man positiv von dir reden. Solange du dich kleidest mit Purpur und köstlicher Leinwand und alle Tage herrlich und in Freuden lebst, werden ohne Zweifel viele deinen erlesenen Geschmack, deine Freigebigkeit und Gastfreundschaft loben. Erkaufe aber ihren Beifall nicht so teuer. Begnüge dich lieber mit der Ehre, die von Gott kommt.« Wesley's Works, „Sermon 50" In vielen Kirchen jedoch werden heutzutage solche Lehren verachtet.

In dieser Welt ist es üblich, irgendeinem Religionsbekenntnis anzugehören. Herrscher, Politiker, Juristen, Doktoren, Kaufleute treten der Kirche bei, um sich die Achtung und das Vertrauen der Gesellschaft zu erwerben und ihre eigenen weltlichen Angelegenheiten zu fördern. Auf diese Weise suchen sie ihre ungerechten Handlungen unter einem christlichen Bekenntnis zu verbergen. Die verschiedenen religiösen Gemeinschaften, verstärkt durch den Reichtum und den Einfluss dieser getauften Weltmenschen, bieten noch mehr auf, um Ansehen und Unterstützung zu bekommen. Prächtige Kirchen, die verschwenderisch ausgestattet sind, werden in verkehrsreichen Straßen gebaut. Die Kirchgänger sind wertvoll und nach neuester Mode gekleidet. Man zahlt einem begabten Prediger ein hohes Gehalt, damit er das Volk unterhalte und fessele. Seine Predigten dürfen die allgemein verbreiteten Sünden nicht rügen, sondern müssen dem Zeitgeist angenehm und gefällig klingen. So werden Sünder, die mit der Zeit gehen, in Kirchenbücher eingetragen und sogenannte Modesünden unter christlichem Deckmantel verborgen.

Eine führende weltliche Zeitung, die sich über die momentane Haltung bekenntlicher amerikanischer Christen der Welt gegenüber ausspricht, schrieb: »Allmählich hat sich die Kirche dem Zeitgeist ergeben und ihre gottesdienstlichen Formen den modernen Bedürfnissen angepasst ... In der Tat verwendet die Kirche alles als ihr Werkzeug, was hilft, die Religion anziehend zu machen.« Ein Schreiber im New Yorker »Independent« sprach folgendermaßen vom Methodismus: »Die Trennungslinie zwischen den Gottesfürchtigen und den Gottlosen verblasst zu einem Halbschatten, und auf beiden Seiten sind eifrig Menschen bemüht, alle Unterschiede zwischen ihrer Handlungsweise und ihren Vergnügungen zu verwischen ... Die Beliebtheit der Religion trägt sehr viel dazu bei, die Zahl derer zu vermehren, die ihre Segnungen gerne haben möchten, ohne aufrichtig ihren Pflichten nachzukommen.«

Howard Crosby sagte: »Es ist eine sehr ernste Sache, dass Christi Kirche so wenig den Absichten des Herrn nachkommt. Wie die Juden damals durch ein freundschaftliches Verhältnis mit Götzendienern ihre Herzen von Gott abwandten ... so verlässt die heutige Kirche Christi durch ihre falsche Partnerschaft mit der ungläubigen Welt die göttlichen Richtlinien ihres wahren Lebens und gibt sich den verderblichen, wenngleich oft scheinbar richtigen Gewohnheiten einer unchristlichen Gesellschaft hin und benutzt Beweisführungen und kommt zu Schlüssen, die den Offenbarungen Gottes fremd und dem Wachstum in der Gnade zuwider sind.« Crosby, „The Healthy Christian: An Appeal to the Church", S. 141.142

In dieser Flut von Weltlichkeit und Vergnügungssucht gehen Selbstverleugnung und Selbstaufopferung um Christi willen beinahe ganz verloren. »Manche Männer und Frauen, die sich jetzt in unseren Kirchen eifrig einsetzen, wurden als Kinder dazu angehalten, Opfer zu bringen, damit sie imstande wären, für Christus etwas zu geben oder zu tun.« Doch »falls es nun an Mitteln fehlt ... darf niemand aufgefordert werden, etwas zu geben. O nein, haltet einen Basar ab,

veranstaltet eine Schau lebender Bilder, ein Scheinverhör, ein altertümliches Abendessen oder eine Mahlzeit – irgendetwas, um das Volk zu belustigen.« Gouverneur Washburn von Wisconsin erklärte in seiner Jahresbotschaft vom 9. Januar 1873: »Es scheinen Gesetze notwendig zu werden, um Schulen schließen zu können, die geradezu Spieler heranzüchten. Man findet solche überall. Selbst die Kirche (ohne Zweifel unwissentlich) lässt sich oft dabei ertappen, dass sie des Teufels Werk ausführt. Benefizkonzerte und Unternehmungen, Verlosungen, oft für religiöse und wohltätige Zwecke, häufig aber auch um weit geringeren Absichten zu dienen, werden veranstaltet. Lotterien, Preispakete usw. erfüllen den Zweck, Geld einzunehmen, ohne den entsprechenden Wert dafür zu geben. Nichts ist so erniedrigend, so berauschend, besonders für die Jugend, als Geld oder Gut zu gewinnen, ohne dafür zu arbeiten. Wenn sich achtbare Personen mit solchen Glücksunternehmen befassen und ihr Gewissen damit beruhigen, dass das Geld für einen guten Zweck angewandt werde, dann kann man sich nicht wundern, wenn die Jugend so oft in solche Gewohnheiten verfällt, die durch die Erregung der Glücksspiele leicht hervorgerufen werden.«

Der Geist, sich der Welt anzupassen, durchdringt alle Kirchen des Christentums. Robert Atkins malte in einer in London gehaltenen Predigt ein dunkles Bild von dem geistlichen Verfall, der in England herrschte. Er sagte: »Die wahrhaft Gerechten auf Erden werden weniger, und niemand nimmt es zu Herzen. Die heutigen Bekenner der Religion in jeder Kirche lieben die Welt, passen sich ihr an, trachten nach persönlicher Bequemlichkeit und streben nach Ansehen. Sie sind berufen, mit Christus zu leiden, aber sie schrecken schon vor einem Schmähwort zurück ... Abfall, Abfall, Abfall! steht vorn an jeder Kirche geschrieben. Wüssten sie es doch nur und könnten sie es fühlen, so wäre noch Hoffnung da; doch ach! sie rufen: Wir sind reich und haben gar satt und bedürfen nichts.« Atkins, „Second Advent Library", Traktat Nr. 39

Die große Sünde, die Babylon zur Last gelegt wird ist, dass sie mit dem Wein ihrer Hurerei alle Heiden getränkt hat. Dieser betäubende Becher, den sie der Welt anbietet, stellt die falschen Lehren dar, die sie als Folge ihrer ungesetzlichen Verbindung mit den Großen der Erde angenommen hat. Freundschaft mit der Welt verdirbt den Glauben und übt einen verderblichen Einfluss auf die Welt aus, indem sie Lehren verbreitet, die den deutlichsten Aussagen der Heiligen Schrift zuwiderlaufen.

Rom enthielt dem Volk die Bibel vor und verlangte von allen, dass man statt ihrer seine Lehren annehmen solle. Es war die Aufgabe der Reformation, der Menschheit das Wort Gottes wiederzugeben, und doch ist es wahr, dass die Menschen in den Kirchen unserer Zeit belehrt werden, ihren Glauben mehr auf die Glaubensbekenntnisse und die Satzungen [388/389] **327** ihrer Kirche zu gründen als auf die Heilige Schrift. Charles Beecher sagte von den protestantischen Kirchen: »Sie schrecken vor irgendeinem deutlichen Wort gegen die Glaubensbekenntnisse genauso empfindlich zurück, wie jene heiligen Väter sich über irgendein hartes Wort entsetzt haben würden, das der aufkommenden Verehrung der Heiligen und Märtyrer gegolten hätte ... Die protestantisch evangelischen Gemeinschaften haben sich gegenseitig und sich selbst derart die Hände gebunden, dass unter ihnen allen niemand Prediger werden kann, ohne das eine oder andere Buch außer der Bibel anzunehmen ... Es ist keine Einbildung, wenn man sagt, dass die Macht der Glaubensbekenntnisse anfängt, die Bibel ebenso wirklich zu verbieten, wie Rom dies getan hat, wenn auch auf eine listigere Weise.« Beecher, „The Bible a Sufficient Creed“, Predigt -- gehalten 1846

Wenn treue Lehrer das Wort Gottes auslegen, dann erheben sich gelehrte Männer, Prediger, die behaupten, die Schrift zu verstehen, lehnen gesunde Lehren als Ketzerei ab und irritieren so die nach Wahrheit Suchenden. Wäre die Welt nicht so hoffnungslos trunken vom Wein Babylons, würden durch die klaren, durchdringenden Wahrheiten des Wortes Gottes sehr viele überzeugt und bekehrt werden. Aber der christliche Glaube erscheint so verwirrt und voller Widersprüche, dass das Volk nicht weiß, was als Wahrheit zu glauben ist. Die Schuld an der Unbußfertigkeit der Welt liegt an der Kirche.

Die zweite Engelsbotschaft aus Offenbarung 14 wurde zum ersten Mal im Sommer 1844 gepredigt und fand damals unmittelbare Anwendung auf die Kirchen in den Vereinigten Staaten, wo die Gerichtswarnung am ausgedehntesten verkündigt und zugleich auch verworfen worden war und wo der Verfall in den Kirchen am schnellsten um sich gegriffen hatte. Die Botschaft des zweiten Engels fand im Jahr 1844 aber nicht ihre vollständige Erfüllung. Damals fielen die Kirchen durch ihre Weigerung, das Licht der Adventbotschaft anzunehmen, sittlich ab, aber dieser Zustand war noch nicht vollständig. Da sie weiterhin die besonderen Wahrheiten für diese Zeit verwarfen, sind sie immer tiefer gefallen. Jedoch lässt sich noch nicht sagen: Babylon ist gefallen, »denn sie hat mit dem Wein ihrer Hurerei getränkt alle Heiden«. Sie hat noch nicht alle Heiden oder Völker dahin gebracht, dies zu tun. Der Geist der Verweltlichung und Gleichgültigkeit gegen die sichtenden Wahrheiten für unsere Zeit besteht noch und hat in den Kirchen des protestantischen Glaubens in allen Ländern der Christenheit Boden gewonnen. Diese Kirchen sind in die feierliche und schreckliche Beschuldigung des zweiten Engels mit eingeschlossen. Doch der Abfall hat seinen Höhepunkt noch nicht erreicht.

Die Heilige Schrift sagt uns, dass vor der Wiederkunft des Herrn Satan

aktiv wird mit »lügenhaften Zeichen und Wundern und mit

jeglicher Verführung zur Ungerechtigkeit«, und die, welche »die Liebe zur Wahrheit nicht haben angenommen, dass sie gerettet würden«, erhalten kräftige Irrtümer, »dass sie der Lüge glauben«. 2.Thessalonicher 2,9-11 Nicht eher als bis das stattgefunden hat und die Vereinigung der Kirche mit der Welt über die ganze Christenheit hergestellt ist, wird der Fall Babylons vollständig sein. Die Veränderung geht weiter, aber die vollständige Erfüllung von Offenbarung 14,8 ist noch zukünftig.

Trotz der geistlichen Finsternis und der Trennung von Gott, die in den Kirchen vorhanden sind, welche Babylon darstellen, findet sich die Mehrzahl der wahren Nachfolger Christi noch immer in ihrer Gemeinschaft. Es gibt viele unter ihnen, die noch nie die besonderen Wahrheiten für diese Zeit gehört haben. Nicht wenige sind unzufrieden mit ihrem momentanen Zustand und sehnen sich nach mehr Licht. Sie schauen sich in den Kirchen, mit denen sie in Verbindung stehen, vergeblich nach dem Ebenbild Christi um. Indem diese Organisationen immer mehr von der Wahrheit abweichen und sich immer enger mit der Welt verbinden, wird der Unterschied zwischen diesen beiden Gruppen immer größer. Das wird schließlich zu einer Trennung führen. Die Zeit wird kommen, dass die, welche Gott über alles lieben, nicht länger mit denen zusammen bleiben können, die »leichtsinnig handeln, sich aufspielen und ihr Vergnügen mehr lieben als Gott. ... [und] so tun, als seien sie fromm, doch die Kraft Gottes, die sie verändern könnte, werden sie ablehnen«. 2.Timotheus 3,4.5; Neues Leben

Offenbarung 18 weist auf die Zeit hin, wo die Kirche infolge der Verwerfung der drei Engelsbotschaften aus Offenbarung 14,6-12 völlig den Zustand erreicht haben wird, der durch den zweiten Engel vorhergesagt ist. Das Volk Gottes, das sich noch immer in Babylon befindet, wird dann aufgefordert werden, sich aus dieser Bindung zu lösen. Diese Botschaft ist die letzte, die die Welt erhalten wird, und sie wird ihren Zweck erfüllen. Wenn die Menschen, die der Wahrheit nicht glaubten, sondern Lust hatten an der Ungerechtigkeit, (2.Thessalonicher 2,12) kräftigen Irrtümern ausgeliefert werden, dass sie der Lüge glauben, dann wird das Licht der Wahrheit allen strahlen, deren Herzen offenstehen, es zu empfangen, und alle Kinder Gottes, die in Babylon ausharren, werden dem Ruf folgen: »Geht aus von ihr, mein Volk!« Offenbarung 18,4

KAPITEL 22

ERFÜLLTE
WEISSAGUNGEN

Das Gleichnis von den zehn Jungfrauen (Matthäus 25) zeigt die Situation auf, die in der Zeit der Verkündigung der 3-fachen Engelsbotschaft zum Tragen kommt. Der Bräutigam erscheint, aber mit Verzögerung. Dadurch kristallisieren sich die Treuen und Untreuen heraus. Die einen glaubten dem biblischen Wort; die anderen gaben ihren Glauben an die Botschaften auf. Aber Gott hielt seine Kinder, die sich an seine Verheißungen klammerten.

Als im Frühling des Jahres 1844 die Zeit vorüberging, zu der die Ankunft Christi erwartet wurde, gerieten all jene zeitweise in Zweifel und Verlegenheit, die im Glauben auf seine Erscheinung gewartet hatten. Während die Welt sie als absolut geschlagen ansah und ihnen beweisen wollte, dass sie einem Irrtum aufgesessen wären, war das Wort Gottes immer noch die Quelle ihres Trostes. Viele suchten erneut in der Schrift, prüften abermals die Grundlage ihres Glaubens und erforschten sorgfältig die Weissagungen, um mehr Erkenntnisse zu erhalten. Das biblische Zeugnis schien ihre Situation klar und entscheidend zu bestätigen. Zeichen, die nicht missverstanden werden konnten, wiesen darauf hin, dass das Kommen Christi nahe bevorstand. Der besondere Segen des Herrn durch die Bekehrung von Sündern und die Erweckung des geistlichen Lebens unter Christen bestätigte die Botschaft vom Himmel. Und obwohl diese Gläubigen ihre Enttäuschung nicht erklären konnten, spürten sie doch deutlich, dass Gott sie in ihrer früheren Erfahrung geführt hatte. Unter den Weissagungen, die sie als Hinweis auf die Zeit der Wiederkunft Christi ansahen, fanden sich Belehrungen, die auf ihren ungewissen und erwartungsvollen Zustand besonders passten und sie ermutigten, geduldig im Glauben auszuharren, dass das, was ihrem Verstand jetzt dunkel schien, zur rechten Zeit erhellt würde.

Zu diesen Weissagungen gehörte jene: »Hier stehe ich auf meiner Hut und trete auf meine Feste und schaue und sehe zu, was mir gesagt werde und was meine Antwort sein sollte auf mein Rechten. Der Herr aber antwortet mir und spricht: Schreib das Gesicht und male es auf eine Tafel, dass es lesen könne, wer vorüberläuft! Die Weissagung wird ja noch erfüllt werden zu seiner Zeit und wird endlich frei an den Tag kommen und nicht ausbleiben. Ob sie aber verzieht, so harre ihrer: sie wird gewiss kommen und nicht verziehen. Siehe, wer halsstarrig ist, der wird keine Ruhe in seinem Herzen haben; der Gerechte aber wird seines Glaubens leben.« Habakuk 2,1-4

Schon im Jahr 1842 hatte die im prophetischen Wort gegebene Anweisung: »Schreib das Gesicht und male es auf eine Tafel, dass es lesen könne, wer vorüberläuft«, Charles Fitch auf den Gedanken gebracht, eine prophetische Karte zu entwerfen, um die Gesichte Daniels und der Offenbarung bildlich darzustellen. Die Veröffentlichung dieser Karte wurde als eine Erfüllung des durch Habakuk gegebenen Auftrags angesehen. Niemand jedoch beachtete zu der Zeit, dass in der betreffenden Weissagung ein offenbarer Verzug der Erfüllung des Gesichtes, eine Zeit des Harrens, angedeutet wird. Nach der Enttäuschung aber erschien folgender Teil des Schriftwortes höchst bedeutungsvoll: »Die Weissagung wird ja noch erfüllt werden zu seiner Zeit und wird endlich frei an den Tag kommen und nicht ausbleiben. Ob sie aber verzieht, so harre ihrer: sie wird gewiss kommen und nicht verzieht ... der Gerechte aber wird seines Glaubens leben.«

Eine der Weissagungen Hesekiels war ebenfalls eine Quelle der Kraft und des Trostes für die Gläubigen: »Und des HERRN Wort geschah zu mir: Du Menschenkind, was habt ihr da für ein Gerede im Lande Israels? Ihr sagt: ‚Es dauert so lange, und es wird nichts aus der Weissagung.' Darum sage zu ihnen: So spricht Gott der HERR: ... Die Zeit ist nahe, und alles kommt, was geweissagt ist ... Denn ich bin der Herr; was ich rede, das soll geschehen und sich nicht länger hinausziehen; ... das Haus Israel spricht: Mit den Gesichten, die dieser schaut, dauert's noch lange, und er weissagt auf Zeiten, die noch ferne sind. Darum sage ihnen: So spricht Gott der HERR: Was ich rede, soll sich nicht lange hinausziehen, sondern es soll geschehen, spricht Gott der HERR.« Hesekiel 12,21-25,27.28

Die Wartenden freuten sich über diese Worte und glaubten, dass der, der das Ende von Anfang an weiß, die Jahrhunderte überschaut und ihnen, weil er ihre Enttäuschung voraussah, Worte der Ermutigung und der Hoffnung geschenkt hatte. Hätten nicht solche Schriftstellen sie ermahnt, geduldig auszuharren und an ihrem Vertrauen auf Gottes Wort festzuhalten, so hätten sie ihren Glauben in jener schweren Prüfungszeit verloren.

Das Gleichnis von den zehn Jungfrauen in Matthäus 25 zeigt ebenfalls die Erfahrungen des Adventvolkes. In Matthäus 24 hatte der Herr, als ihn seine Jünger hinsichtlich der Zeichen seines Kommens und des Endes der Welt befragten, etliche der wichtigsten Ereignisse in der Geschichte der Welt und der Kirche von seinem ersten Kommen an bis zu seiner Wiederkunft bezeichnet – die Zerstörung Jerusalems, die große Trübsal der Kirche unter den heidnischen und päpstlichen Verfolgungen, die Verfinsterung der Sonne und des Mondes und den Sternenfall. Darauf sprach er von seinem Kommen in seinem Reich und erzählte das Gleichnis von den beiden Knechten, die in verschiedener Weise an sein Erscheinen glaubten. Kapitel 25 beginnt mit den Worten: »Dann wird das Himmelreich gleich sein zehn Jungfrauen.« Hier wird die Gemeinde der letzten Zeit dargestellt, dieselbe, die am Schluss von Kapitel 24 gezeigt wird. In diesem Gleichnis wird ihre Erfahrung durch die Ereignisse bei einer morgenländischen Hochzeit veranschaulicht.

»Dann wird das Himmelreich gleich sein zehn Jungfrauen, die ihre Lampen nahmen und gingen aus, dem Bräutigam entgegen. Aber fünf unter ihnen waren töricht, und fünf waren klug. Die törichten nahmen ihre Lampen; aber sie nahmen nicht Öl mit sich. Die klugen aber nahmen Öl in ihren Gefäßen samt ihren Lampen. Da nun der Bräutigam verzog, wurden sie alle schläfrig und schliefen ein. Zur Mitternacht aber ward ein Geschrei: Siehe, der Bräutigam kommt; geht aus, ihm entgegen!«

Das Kommen Christi, wie die erste Engelsbotschaft es verkündigte, sollte durch das Kommen des Bräutigams dargestellt werden. Die weitverbreitete Reformation unter der Verkündigung seines baldigen Kommens entsprach der Zeit, als die Jungfrauen ausgingen. In diesem Gleichnis, wie in jenem von Matthäus 24, werden uns zwei verschiedene Menschengruppen vor Augen geführt. Alle hatten ihre Lampen, die Heilige Schrift, genommen und waren damit dem Bräutigam entgegengegangen. »Die törichten nahmen ihre Lampen; aber sie nahmen nicht Öl mit sich. Die klugen aber nahmen Öl mit in ihren Gefäßen samt ihren Lampen.« Die letzteren hatten die Gnade Gottes, die erneuernde, erleuchtende Macht des Heiligen Geistes empfangen, die sein Wort zu ihres Fußes Leuchte und zu einem Licht auf dem Wege macht. Sie hatten die Heilige Schrift in der Furcht Gottes durchforscht, um die Wahrheit zu erfahren, und ernstlich nach Reinheit des Herzens und Lebens gestrebt. Diese Jungfrauen besaßen eine persönliche Erfahrung und einen Glauben an Gott und sein Wort, die nicht durch Enttäuschungen und Verzögerungen überwunden werden konnten. Andere »nahmen ihre Lampen; aber sie nahmen nicht Öl mit sich«. Sie hatten nach ihrem Gefühl gehandelt. Durch die feierliche Botschaft war Furcht in ihnen geweckt worden, aber sie hatten sich auf den Glauben ihrer Mitgläubigen gestützt und waren mit dem flackernden Licht guter Anregungen ohne gründliches Verständnis der Wahrheit oder ein echtes Werk der Gnade an ihren Herzen zufrieden gewesen. Diese waren dem Herrn voller Hoffnung auf die Aussicht sofortiger Belohnung entgegengegangen, aber sie waren nicht auf Verzögerung und Enttäuschung vorbereitet. Als Prüfungen kamen, wankte ihr Glaube, und ihre Lichter brannten trübe.

»Da nun der Bräutigam verzog, wurden sie alle schläfrig und

schliefen ein.« Durch das Verzögern des Bräutigams wird das Vergehen der Zeit dargestellt, da der Herr erwartet wurde, die Enttäuschung, der scheinbare Verzug. In dieser Zeit der Ungewissheit erlahmte die Anteilnahme der Oberflächlichen und Halsstarrigen, und ihre Anstrengungen ließen nach. Die aber, deren Glaube sich auf eine persönliche Kenntnis der Heiligen Schrift gründete, hatten einen Felsen unter ihren Füßen, den die Wogen der Enttäuschung nicht wegspülen konnten. Sie wurden »alle schläfrig und schliefen ein.« – Eine Gruppe gab ihren Glauben gleichgültig auf, die andere harrte geduldig auf klareres Licht. Doch schienen diese in der Nacht der Prüfung bis zu einem gewissen Grad ihren Eifer und ihre Hingabe zu verlieren. Die Halsstarrigen und Oberflächlichen konnten sich nicht länger auf den Glauben ihrer Mitgläubigen stützen. Jeder musste für sich selbst stehen oder fallen.

Etwa um diese Zeit tauchte Schwärmerei auf. Einige, die vorgegeben hatten, eifrige Gläubige der Botschaft zu sein, verwarfen das Wort Gottes als den einzigen untrüglichen Führer und stellten sich unter die Herrschaft ihrer eigenen Gefühle, Eindrücke und Vorstellungen, indem sie behaupteten, vom Geist Gottes geleitet zu sein. Manche hatten einen blinden, scheinheiligen Eifer und verurteilten alle, die ihr Benehmen nicht akzeptieren wollten. Ihre schwärmerischen Ideen und Handlungen fanden bei den meisten Adventisten keinen Anklang, doch dienten sie dazu, die Sache der Wahrheit in Verruf zu bringen.

Satan versuchte auf diese Weise, sich gegen das Werk Gottes zu stellen und es zu vernichten. Das Volk war durch die Adventbewegung sehr aufgerüttelt worden. Tausende von Sündern hatten sich bekehrt, und treue Menschen verkündigten sogar während der Zeit der Verzögerung die Wahrheit. Der Fürst des Bösen verlor seine Untertanen, und um der Sache Gottes zu schaden, war er darum bemüht, etliche bekennende Gläubige zu täuschen und sie zu Übertreibungen zu verleiten. Dann standen seine Werkzeuge bereit, dem Volk jeden Irrtum, jeden Fehlschlag, jede ungeschickte Handlung in den grellsten Farben darzustellen, um die Adventisten und ihren Glauben verhasst zu machen. Je mehr es waren, die er zum Bekenntnis des Glaubens an die Wiederkunft bewegen konnte, während er ihre Herzen beherrschte, um so vorteilhafter war es für ihn, wenn er die Aufmerksamkeit auf sie als die Vertreter der Gemeinschaft der Gläubigen lenkte.

Satan ist »der Verkläger unserer Brüder«. Es ist sein Geist, der die Menschen antreibt, auf die Irrtümer und Gebrechen des Volkes Gottes zu achten, um sie an die Öffentlichkeit zu bringen, während ihre guten Taten nicht erwähnt werden. Er ist stets tätig, wenn Gott für die Rettung von Menschen wirkt. Wenn die Kinder Gottes kommen und vor den Herrn treten, so ist Satan unter ihnen. Bei jeder Erweckung versucht er solche einzuschleusen, die ein ungeheiligtes Herz und ein unbeständiges Gemüt haben. Haben sie einige Wahrheiten angenommen und einen Platz bei den Gläubigen gefunden, so ist er durch sie tätig, um Lehren weiterzugeben, die Unachtsame täuschen. Niemand ist nur deshalb ein guter Christ, weil er in Gesellschaft der Kinder Gottes, im Haus Gottes oder selbst am Tisch des Herrn gefunden wird. Satan nimmt oft an den feierlichsten Anlässen durch jene teil, die er als seine Werkzeuge nutzen kann.

Der Fürst des Bösen macht dem Volk Gottes jeden Millimeter Boden streitig, auf dem es sich auf seiner Reise der himmlischen Stadt nähert. In der ganzen Kirchengeschichte hat nie eine Erneuerung stattgefunden, die dabei nicht auf ernste Hindernisse gestoßen ist. So war es in den Tagen des Apostels Paulus. Wo der Apostel eine Gemeinde gründete, waren etliche da, die angeblich den Glauben annahmen, aber dennoch Irrlehren hineinbrachten, deren Annahme die Liebe zur Wahrheit schließlich verdrängt hätte. Luther ertrug ebenfalls viel Unruhe und Bedrängnis durch die Handlungsweise schwärmerischer Leute, die behaupteten, Gott habe unmittelbar durch sie gesprochen, und die deshalb ihre eigenen Ideen und Meinungen über das Zeugnis der Heiligen Schrift stellten. Viele, denen es an Glauben und Erfahrung fehlte, die aber arrogant waren und es liebten, irgendetwas Neues zu hören oder zu erzählen, wurden durch die anmaßenden Behauptungen der neuen Lehrer betört und vereinten sich mit den Werkzeugen Satans, das niederzureißen, was Luther durch Gottes Antrieb aufgebaut hatte. Auch die beiden Wesleys und andere, die der Welt durch ihren Einfluss und ihren Glauben zum Segen gereichten, waren bei jedem Schritt auf Satans Verschlagenheit gestoßen, die Übereifrigen, Unsteten und Ungeheiligten in allerlei Schwärmerei zu treiben.

William Miller war gegen Einflüsse, die zur Schwärmerei führten. Er erklärte wie auch Luther, dass jeder Geist durch das Wort Gottes geprüft werden soll. »Der Teufel«, sagte Miller, »hat große Macht über die Gemüter mancher Menschen in heutiger Zeit. Und wie sollen wir wissen, wes Geistes Kinder sie sind? Die Bibel antwortet: An ihren Früchten werdet ihr sie erkennen ... Es sind viele Geister in die Welt ausgegangen, und es ist uns geboten, die Geister zu prüfen. Der Geist, der uns nicht dazu bewegt, in der Welt bescheiden, gerecht und gottesfürchtig zu leben, ist nicht der Geist Christi. Ich werde immer mehr davon überzeugt, dass Satan viel mit diesen wilden Bewegungen zu tun hat ... Viele unter uns, die angeblich völlig geheiligt sein wollen, folgen Menschensatzungen und scheinen ebenso wenig von der Wahrheit zu wissen wie andere, die nicht solche Ansprüche erheben.« Bliss, „Memoirs of William Miller", S. 236, 237.282

»Der Geist des Irrtums lenkt uns von der Wahrheit ab, aber der Geist Gottes führt uns in die Wahrheit. Doch, so sagt ihr, ein Mensch kann im Irrtum sein und meinen, er sei in der Wahrheit. Was dann? Wir antworten: Der Geist und das Wort stimmen miteinander überein. Wenn ein Mensch sich nach dem Wort Gottes richtet und mit ihm ganz übereinstimmt, dann muss er glauben, dass er die Wahrheit hat. Stellt er aber fest, dass der Geist, der ihn leitet, nicht mit dem ganzen Sinn des Gesetzes oder des Buches Gottes übereinstimmt, dann wandle er vorsichtig, damit er nicht in der Schlinge des Teufels gefangen werde.« The Advent Herald and Signs of the Times Reporter, Bd. VIII, Nr. 23, 1845 »Ich habe oft mehr Beweise innerer Frömmigkeit durch eine Träne im Auge, eine feuchte Wange, ein ersticktes Wort erhalten als von all dem Lärmen in der ganzen Christenheit.«

Zur Zeit der Reformation legten deren Feinde alle negativen Auswirkungen der Schwärmerei gerade denen zur Last, die ihr mit dem größten Eifer entgegenwirkten. Ähnlich handelten die Gegner der Adventbewegung. Nicht zufrieden damit, die Irrtümer der Überspannten und Schwärmer zu entstellen und zu übertreiben, setzten sie schlechte Gerüchte in Umlauf, die nicht im Geringsten mit der Wahrheit übereinstimmten. Vorurteil und Hass hatten diese Menschen beeinflusst. Ihre Ruhe war durch die Verkündigung gestört, dass Christus vor der Tür stehe. Sie fürchteten die Wahrheit der Verkündigung, hofften jedoch, dass es nicht wahr sein möge, und dies war der Grund ihrer Feindseligkeit gegen die Adventisten und deren Glauben.

Die Tatsache, dass einige Fanatiker ihren Weg in die Reihen der Adventisten fanden, ist ebenso wenig ein Grund zu der Behauptung, die Bewegung wäre nicht von Gott, wie das Vorhandensein von Fanatikern und Betrügern in der Gemeinde zu den Zeiten von Paulus oder Luther eine ausreichende Entschuldigung war, um ihr Werk zu verwerfen. Lasst das Volk Gottes aus seinem Schlaf erwachen und ernsthaft das Werk der Reue und Erneuerung beginnen; lasst es in der Schrift forschen, damit es die Wahrheit erkenne, wie sie in Jesus ist; lasst es sich vollständig Gott weihen, dann wird sich erweisen, dass Satan doch noch tätig und wachsam ist. Mit allem möglichen Trug wird er seine Macht behaupten und alle gefallenen Engel seines Reiches zu Hilfe rufen.

Nicht durch die Verkündigung der Wiederkunft Christi entstanden Schwärmerei und Uneinigkeit. Diese zeigten sich im Sommer 1844, als die Adventisten sich hinsichtlich ihrer wirklichen Situation in Unwissenheit und Verlegenheit befanden. Die Predigt der ersten Engelsbotschaft und der »Mitternachtsruf« waren gerade dazu geeignet, die Schwärmerei und den Zwiespalt zu steuern. Die an dieser feierlichen Bewegung teilnahmen, waren zueinander und zu Jesus, den sie bald zu sehen erwarteten, von Liebe erfüllt. Der eine Glaube, die eine selige Hoffnung erhob sie über alle menschlichen Einflüsse und erwies sich als Schild gegen die Anläufe Satans.

»Als nun der Bräutigam lange ausblieb, wurden sie alle schläfrig und schliefen ein. Um Mitternacht aber erhob sich lautes Rufen: Siehe, der Bräutigam kommt! Geht hinaus, ihm entgegen! Da standen diese Jungfrauen alle auf und machten ihre Lampen fertig.« Matthäus 25,5-7

Im Sommer 1844, zwischen der Zeit, die man zuerst als das Ende der 2300 Tage angenommen hatte, und dem Herbst desselben Jahres, in dem diese Tage endeten, wie man später herausfand, kam der Ruf genau in den biblischen Worten: »Siehe, der Bräutigam kommt!«

Die Ursache dieser Bewegung war die Entdeckung, dass der Erlass des Artaxerxes (in der Bibel Arthahsastha genannt) zur Wiederherstellung Jerusalems, der den Ausgangspunkt für die Zeit von 2300 Tagen bildete, im Herbst des Jahres 457 v. Chr. in Kraft trat, und nicht am Anfang jenes Jahres, wie man früher geglaubt hatte. Gehen wir nun vom Herbst des Jahres 457 v. Chr. aus, so enden die 2300 Jahre im Herbst des Jahres 1844 n. Chr. Anm 48 u. siehe auch Grafik S.300 u. S.344

Auf den alttestamentlichen Schattendienst gestützte Beweisführungen verwiesen ebenfalls auf den Herbst, in dem das als Weihe des Heiligtums bezeichnete Ereignis stattfinden müsse. Dies zeigte sich sehr deutlich, als die Aufmerksamkeit auf die Art und Weise gelenkt wurde, in der sich die Kennzeichen des ersten Erscheinens Christi erfüllt hatten.

Das Schlachten des Passalammes war ein Schatten des Todes Christi. Paulus sagte: »Auch wir haben ein Passalamm, das ist Christus, der geopfert ist.« 1.Korinther 5,7 Die Garbe der Erstlinge der Ernte, die zur Zeit des Passafestes vor dem Herrn gewoben wurde, war ein Sinnbild der Auferstehung Christi. Von der Auferstehung des Herrn und seines ganzen Volkes sagte Paulus: »Der Erstling Christus; danach die Christus angehören, wenn er kommen wird.« 1.Korinther 15,23 Gleichwie die Webegarbe das erste reife, geerntete Korn war, so wird Christus der Erstling jener unsterblichen Ernte der Erlösten, die bei der zukünftigen Auferstehung in die Vorratskammer Gottes gesammelt werden sollen.

Diese Vorbilder erfüllten sich nicht nur hinsichtlich des Ereignisses, sondern auch hinsichtlich der Zeit. Am 14. Tag des ersten jüdischen Monats, dem gleichen Tag und Monat, an dem 15 Jahrhunderte lang das Passalamm geschlachtet worden war, setzte Christus, nachdem er das Passalamm mit seinen Jüngern genommen hatte, jene Feier ein, die an seinen eigenen Tod als »Gottes Lamm, welches der Welt Sühne trägt«, Johannes 1,29 erinnern sollte. In derselben Nacht wurde er von gottlosen Menschen ergriffen, um gekreuzigt und getötet zu werden. Und als Gegenbild der Webegarbe wurde unser Heiland am dritten Tag von den Toten auferweckt, »der Erstling ... unter

denen, die da schlafen«; ein Beispiel aller auferstehenden

Gerechten, deren »nichtiger Leib« verklärt werden soll, »dass er ähnlich werde seinem verklärten Leibe«. 1.Korinther 15,20; Philipper 3,21

Genauso müssen die auf die Wiederkunft bezogenen Vorbilder zu der im Schattendienst angedeuteten Zeit in Erfüllung gehen. Unter dem mosaischen Gottesdienst fand die Reinigung des Heiligtums oder der große Versöhnungstag am zehnten Tag des siebenten jüdischen Monats statt, (3.Mose 16,26-34) wenn der Hohepriester, nachdem er eine Versöhnung für alle Israeliten erwirkt und so ihre Sünden aus dem Heiligtum entfernt hatte, herauskam und das Volk segnete. So, glaubte man, würde Christus, unser großer Hohepriester erscheinen, um die Erde von der Zerstörung durch Sünde und Sünder zu reinigen und sein wartendes Volk mit Unsterblichkeit zu segnen. Der zehnte Tag des siebenten Monats, der große Versöhnungstag, die Zeit der Reinigung des Heiligtums, der im Jahre 1844 auf den 22. Oktober fiel, wurde als Tag der Wiederkunft Christi betrachtet. Dies stand in Einklang mit den bereits dargelegten Beweisen, dass die 2300 Tage im Herbst ablaufen würden, und der Schluss schien gewiss.

Im Gleichnis aus Matthäus 25 folgt auf die Zeit des Wartens und Schlafens das Kommen des Bräutigams. Dies stimmte überein mit den soeben angeführten Beweisgründen sowohl aus der Weissagung als auch aus den Vorbildern, die mit gewaltiger Kraft von ihrer Wahrhaftigkeit zeugten, und der »Mitternachtsruf« wurde von Tausenden von Gläubigen verkündigt.

Einer Flutwelle gleich breitete sich die Bewegung über das Land aus: von Stadt zu Stadt, von Dorf zu Dorf und in entlegene Orte, bis das wartende Volk Gottes ganz wach war. Vor dieser Verkündigung verschwand die Schwärmerei wie der Frühreif vor der aufgehenden Sonne. Die Gläubigen sahen ihre Ungewissheit und Verlegenheit beseitigt, und Hoffnung und Mut beseelte ihre Herzen. Das Werk war frei von jenen Übertreibungen, die sich immer da offenbaren, wo menschliche Erregung ohne den beherrschenden Einfluss des Wortes und des Geistes Gottes auftritt. In seinem Wirken glich es jenen Zeiten der Demütigung und der Rückkehr zum Herrn, die unter dem alten Israel den Botschaften des Tadels durch Gottes Diener folgten. Es trug die Merkmale, die zu jeder Zeit das Werk des Herrn kennzeichnen. Es gab da wenig begeisterte Freude, sondern vielmehr wurde das Herz gründlich erforscht, die Sünden bekannt und der Welt abgesagt. Vorbereitet zu sein auf die Begegnung mit dem Herrn, diesem galt die Sorge der geängsteten Seelen. Anhaltendes Gebet und ungeteilte Hingabe an Gott war in ihren Herzen.

Miller sagte in seiner Beschreibung jenes Werkes: »Es zeigt sich keine große Freudenkundgebung. Diese wird sozusagen für zukünftige Gelegenheit aufbewahrt, wenn Himmel und Erde in unaussprechlicher

Freude und Herrlichkeit jauchzen werden. Man hört auch kein Geschrei. Die Sänger schweigen. Sie warten, um sich mit den Engelscharen, dem Chor des Himmels, zu vereinen ... Man streitet nicht über Gefühle; alle sind eines Herzens und eines Sinnes.« Bliss, S. 270,271 Ein anderer Teilnehmer an der Bewegung bezeugte: »Sie hat überall eine gründliche Prüfung und Demütigung der Herzen vor Gott hervorgerufen und veranlasst, dass die Menschen sich von der Liebe zu den Dingen dieser Welt entwöhnten – Streitigkeiten wurden geschlichtet, Sünden bekannt und reuevolle Herzen zerbrochen, und demütige Gebete stiegen zu Gott auf um Gnade und Annahme. Diese Botschaft war Anlass, sich vor Gott zu demütigten, wie wir es noch nie zuvor gesehen hatten. Wie der Herr durch den Propheten Joel gesagt hat, dass es beim Nahen des großen Tages Gottes sein soll, so wurden die Herzen und nicht die Kleider zerrissen. Man wandte sich zum Herrn mit Fasten, Weinen und Klagen. Wie Gott durch Sacharja sagen ließ, so wurde ein Geist der Gnade und des Gebets über seine Kinder ausgegossen. Sie sahen ihn, den sie zerstochen hatten. Es herrschte große Trauer im Lande ... und die, welche des Herrn harrten, kasteiten ihre Seelen vor ihm.« Bliss in „Advent Shield and Review", Jan. 1845

Von den großen religiösen Bewegungen seit den Tagen der Apostel war keine freier von menschlichen Unvollkommenheiten und Tücken Satans als jene im Herbst 1844. Selbst jetzt, nach vielen Jahren, fühlen alle, die an jener Bewegung teilgenommen haben und fest auf dem Boden der Wahrheit geblieben sind, noch immer den heiligen Einfluss jenes gesegneten Werkes und bezeugen, dass es von Gott kam.

Bei dem Ruf: »Der Bräutigam kommt; geht aus, ihm entgegen!«, standen die Wartenden »alle auf und schmückten ihre Lampen«; sie studierten das Wort Gottes mit bisher nie gekanntem Eifer. Engel wurden vom Himmel gesandt, um die Entmutigten aufzurütteln und sie zuzubereiten, die Botschaft anzunehmen. Das Werk beruhte nicht auf der Weisheit und Gelehrsamkeit der Menschen, sondern auf Gottes Macht. Nicht die Begabtesten, sondern die Demütigsten und Ergebensten waren die ersten, die den Ruf hörten und ihm gehorchten. Bauern ließen ihre Ernte auf dem Feld stehen, Handwerker legten ihre Werkzeuge beiseite und gingen mit Tränen freudig hinaus, um die Warnungsbotschaft zu verkündigen. Die früheren Leiter gehörten zu den letzten, die sich an dieser Bewegung beteiligten. Die Kirchen verschlossen im Allgemeinen ihre Türen vor dieser Botschaft, und viele Menschen, die sie annahmen, trennten sich von ihrer Kirche. Nach Gottes Ratschluss verband sich diese Verkündigung mit der zweiten Engelsbotschaft und gab dem Werk besondere Kraft.

Die Botschaft: »Siehe, der Bräutigam kommt!« war nicht so sehr eine Sache

der Beweisführung, obwohl der Beweis aus der Heiligen Schrift deutlich und überzeugend war; sie wurde begleitet von einer vorwärtstreibenden Macht, welche die Seele bewegte. Es herrschte kein Zweifel, keine Frage. Anlässlich des siegesfrohen Einzuges Christi in Jerusalem kam das Volk, das sich aus allen Teilen des Landes am Ölberg versammelt hatte, um das Fest zu feiern. Und als es sich der Menge anschloss, die Jesus begleitete, wurde es von der Begeisterung des Augenblicks erfasst und stimmte ein in den Ruf: »Gelobt sei, der da kommt in dem Namen des Herrn!« Matthäus 21,9 Ebenso fühlten Ungläubige, die die Versammlungen der Adventisten besuchten – einige aus Neugier, andere um zu spotten – die überzeugende Macht, welche die Botschaft »Siehe der Bräutigam kommt!« begleitete.

Zu jener Zeit herrschte ein Glaube, der eine Erhörung der Gebete zur Folge hatte, ein Glaube, »der sah auf die Belohnung«. Hebräer 11,26 Wie der Regenschauer auf das durstige Erdreich, fiel der Geist der Gnade auf die ernstlich Suchenden. Die Menschen, die ihren Erlöser bald von Angesicht zu Angesicht zu sehen erwarteten, empfanden ehrfurchtsvolle, unaussprechliche Freude. Die besänftigende, überwältigende Kraft des Heiligen Geistes ließ die Herzen auftauen, als Gottes Segen den treuen Gläubigen so reichlich gewährt wurde.

Bedächtig und feierlich näherten sich jene, welche die Botschaft angenommen hatten, der Zeit, da sie ihrem Herrn zu begegnen hofften. Sie hielten es für ihre erste Pflicht, sich jeden Morgen ihrer Annahme bei Gott zu vergewissern. Ihre Herzen waren innig vereint, und sie beteten viel miteinander und füreinander. Oft kamen sie an abgelegenen Orten zusammen, um mit Gott Zwiesprache zu halten. Fürbittende Stimmen stiegen von Feld und Hain zum Himmel empor. Die Gewissheit, die Bestätigung ihres Heilandes zu besitzen, hielten sie für notwendiger als ihre tägliche Nahrung. Verdunkelte eine Wolke ihre Gemüter, so ruhten sie nicht, bis sie beseitigt war, und als sie das Zeugnis der vergebenden Gnade spürten, sehnten sie sich danach, ihn zu sehen, den sie liebten. Aber erneut sollten sie enttäuscht werden. Die Wartezeit ging vorüber, und ihr Heiland erschien nicht. Mit festem Vertrauen hatten sie seinem Kommen entgegengesehen, und nun empfanden sie Marias Gefühle, als sie zum Grab des Heilandes kam und sah, dass es leer war und weinend ausrief: »Sie haben meinen Herrn weggenommen, und ich weiß nicht, wo sie ihn hin gelegt haben.« Johannes 20,13

Ein Gefühl heiliger Scheu, die Befürchtung, die Botschaft könnte wahr sein, hatte der ungläubigen Welt eine Zeitlang Schranken auferlegt, und auch als die Zeit vorüber war, sind diese nicht sofort gefallen. Zuerst wagten es die Ungläubigen nicht, über die Enttäuschung zu jubeln. Als sich aber keine Anzeichen des Zornes Gottes zeigten, erholten sie sich von ihren Befürchtungen und begannen erneut zu schmähen und zu spotten. Eine große Anzahl derer, die an das baldige Kommen des Herrn geglaubt hatten, gaben ihren Glauben auf. Manche, die sehr zuversichtlich gewesen waren, zeigten sich so tief in ihrem Stolz gekränkt, dass sie gerne aus der Welt geflohen wären. Wie Jona klagten sie Gott an und wollten lieber sterben als leben. Die ihren Glauben auf die Meinung anderer und nicht auf das Wort Gottes gegründet hatten, waren nun gleich dabei, ihre Ansichten abermals zu ändern. Die Spötter zogen die Schwachen und Feigen auf ihre Seite. Diese alle schlossen sich zusammen und erklärten, dass nun nichts mehr zu befürchten oder zu erwarten sei. Die Zeit sei vorübergegangen, der Herr nicht gekommen, und die Welt könnte Tausende von Jahren so bleiben.

Die ernsten, aufrichtigen Gläubigen hatten alles für Christus aufgegeben und seine Nähe wie nie zuvor verspürt. Sie hatten, wie sie glaubten, der Welt die letzte Warnung gegeben und sich in der Erwartung, bald in die Gemeinschaft ihres göttlichen Meisters und der himmlischen Engel aufgenommen zu werden, größtenteils von der Verbindung mit denen zurückgezogen, welche die Botschaft nicht annahmen. Sehnsuchtsvoll hatten sie gebetet: »Komm, Herr Jesus, komme bald!« Aber er war nicht gekommen. Nun abermals die schwere Bürde der Sorgen und Schwierigkeiten dieses Lebens aufzunehmen, die Sticheleien und den Hohn der spottenden Welt zu ertragen, war in der Tat eine schwere Glaubens- und Geduldsprüfung.

Und doch war diese Enttäuschung nicht so groß wie jene, welche die Jünger zur Zeit Christi erlebt hatten. Bei Jesu glorreichem Einzug in Jerusalem glaubten seine Anhänger, dass er im Begriff wäre, den Thron Davids zu besteigen und Israel von seinen Unterdrückern zu befreien. Mit stolzen Hoffnungen und freudigen Erwartungen wetteiferten sie miteinander, ihren König zu ehren. Viele breiteten ihre Mäntel wie einen Teppich auf seinem Weg aus oder streuten grüne Palmenzweige vor ihm her. In ihrer Begeisterung vereinten sie sich in dem freudigen Beifallsruf: »Hosianna dem Sohn Davids!« Als die Pharisäer, beunruhigt und erzürnt über diese Freudenrufe, wünschten, dass Jesus seine Jünger tadelte, erwiderte dieser: »Er antwortete und sprach: Ich sage euch: Wenn diese schweigen werden, so werden die Steine schreien.« Lukas 19,40 Die Weissagung musste erfüllt werden. Die Jünger führten Gottes Absicht aus, und doch mussten sie eine bittere Enttäuschung erleben. Nur wenige Tage verstrichen, und sie wurden Augenzeugen des martervollen Todes des Heilands und mussten ihn ins Grab legen. Ihre Erwartungen hatten sich auch nicht in einem einzigen Punkt erfüllt; ihre Hoffnungen starben mit Jesus. Erst nachdem ihr Herr sieghaft aus dem Grab hervorgegangen war, konnten sie erfassen, dass alles durch die Weissagung vorhergesagt worden war, und

»dass Christus leiden musste und von den Toten auferstehen«.

500 Jahre früher hatte der Herr durch den Propheten Sacharja erklärt: »Du, Tochter Zion, freue dich sehr, und du, Tochter Jerusalem, jauchze! Siehe, dein König kommt zu dir, ein Gerechter und ein Helfer, arm, und reitet auf einem Esel und auf einem jungen Füllen der Eselin.« Hätten die Jünger gewusst, dass Jesus zum Gericht und zum Tod ging, sie hätten diese Weissagung nicht erfüllen können.

Ebenso erfüllten Miller und seine Gefährten die Weissagung und verkündigten eine Botschaft, von der die Schrift vorausgesagt hatte, dass sie der Welt gebracht werden sollte. Sie hätten diese aber nicht bringen können, wenn sie die Weissagungen völlig verstanden hätten, die auf ihre Enttäuschung hinwiesen und noch eine andere Botschaft betonten, die vor der Wiederkunft des Herrn allen Nationen gepredigt werden sollte. Die erste und zweite Engelsbotschaft wurden zur rechten Zeit gepredigt und erfüllten die Aufgabe, die Gott durch sie vollbringen wollte.

Die Welt hatte in der Erwartung zugesehen, dass, falls die Zeit vorüberginge und Christus nicht käme, die ganze Lehre des Adventismus aufgegeben würde. Während viele unter der starken Versuchung ihren Glauben aufgaben, hielten etliche daran fest. Die Früchte der Adventbewegung, der Geist der Demut und der eigenen Herzenserforschung, des Verzichtes auf die Welt und die Umgestaltung des Lebens, die das Werk begleitet hatten, bezeugten, dass es von Gott war. Sie wagten nicht, zu bezweifeln, dass die Kraft des Heiligen Geistes die Predigt der Botschaft von der Wiederkunft Christi bezeugte, und sie konnten keinen Fehler in ihrer Berechnung der prophetischen Perioden entdecken. Den tüchtigsten ihrer Gegner war es nicht gelungen, ihre Methode der prophetischen Auslegung umzustoßen. Ohne biblische Beweise konnten sie den Standpunkt nicht aufgeben, den sie durch ernstes Forschen in der Heiligen Schrift mit vom Geist Gottes erleuchteten Sinnen und mit von seiner lebendigen Kraft brennenden Herzen erreicht hatten – den Standpunkt, der den scharfsinnigsten Beurteilungen und den bittersten Anfeindungen allgemein beliebter religiöser Lehrer und weltweiser Männer widerstanden hatte und der von den vereinten Anstrengungen der Gelehrsamkeit und Beredsamkeit, vor den Witzen und Spötteleien achtbarer und niedrig gesinnter Menschen fest und unerschüttert geblieben war.

Freilich, das erwartete Ereignis war nicht eingetroffen, aber selbst dadurch konnte ihr Vertrauen auf Gottes Wort nicht erschüttert werden. Als Jona auf den Straßen Ninives verkündigte, dass die Stadt innerhalb von 40 Tagen zerstört würde, nahm der Herr die Demütigung der Niniviten an und verlängerte ihre Gnadenzeit, und doch war Jonas' Botschaft von Gott gesandt und Ninive seinem Willen gemäß geprüft worden. Die Adventisten glaubten, der Herr habe sie bei der Verkündigung der Gerichtsbotschaft auf die gleiche Weise geführt. »Sie hat«, erklärten sie, »die Herzen aller, die sie hörten, geprüft und eine Liebe zur Wiederkunft des Herrn erweckt oder einen mehr oder weniger wahrnehmbaren Gott bekannten Hass gegen Christi Kommen erregt. Sie hat eine Grundlinie gezogen, so dass die wissen können, die ihre eigenen Herzen untersuchen wollen, auf welcher Seite man sie gefunden hätte, falls der Herr damals gekommen wäre: Ob sie ausgerufen hätten: Siehe, das ist unser Gott, auf den wir harren, und er wird uns helfen! oder ob sie die Felsen und Berge angerufen hätten, auf sie zu fallen und sie zu verbergen vor dem Angesicht dessen, der auf dem Stuhl sitzt, und vor dem Zorn des Lammes. Gott hat, wie wir glauben, auf diese Weise seine Kinder geprüft und festgestellt, ob sie ... diese Welt fahren ließen und unbedingtes Vertrauen auf das Wort Gottes setzten.« The Advent Herald and Signs of the Times Reporter, Bd. VIII, Nr. 14, 1844

Die Empfindungen derer, die immer noch glaubten, dass Gott sie in der vergangenen Erfahrung geleitet habe, fanden anschaulichen Ausdruck in den Worten Millers: »Hätte ich meine Zeit in derselben Gewissheit, wie ich sie damals besaß, noch einmal zu durchleben, so würde ich, um vor Gott und den Menschen aufrichtig zu sein, so handeln, wie ich gehandelt habe ... Ich hoffe, dass ich meine Kleider vom Blut der Seelen gereinigt habe und bin gewiss, dass ich mich, soweit es in meiner Macht stand, von aller Schuld an ihrer Verdammung befreit habe ... Wenn ich auch zweimal enttäuscht wurde«, schrieb dieser Gottesmann, »bin ich doch nicht niedergeschlagen oder entmutigt ... Meine Hoffnung auf das Kommen Christi ist größer denn je. Ich habe nur das getan, was ich nach Jahren ernstlicher Betrachtung für meine heilige Pflicht hielt. Habe ich geirrt, so geschah es aus christlicher Liebe, aus Liebe zu meinen Mitmenschen und aus Überzeugung von meiner Pflicht gegen Gott ... Eines weiß ich: Ich habe nur das gepredigt, was ich glaubte, und Gott ist mit mir gewesen, seine Macht hat sich in dem Werk offenbart, und viel Gutes ist gewirkt worden ... Viele Tausende sind allem Anschein nach durch die Verkündigung des Endes der Zeit dahin gebracht worden, die Heilige Schrift zu erforschen. Sie sind dadurch und durch die Besprengung mit dem Blut Christi mit Gott versöhnt worden.« Bliss, „Memoirs of William Miller", S. 256, 255, 277, 280, 281

»Ich habe mich weder um die Gunst der Stolzen beworben noch den Mut sinken lassen, wenn die Welt drohte. Ich werde auch jetzt ihren Beifall nicht erhandeln oder über die Pflicht hinausgehen, um ihren Hass zu reizen. Ich werde nie mein Leben in ihren Händen suchen noch, wie ich hoffe, zurückschrecken, es zu verlieren, falls es Gott in seiner gütigen Vorsehung so bestimmt.« White, J., „Life of William Miller", S. 315 Gott verließ sein Volk nicht.

Sein Geist wohnte noch immer bei denen die das Licht, das

sie empfangen hatten, nicht voreilig verleugneten oder die Adventbewegung öffentlich verachteten. Im Brief an die Hebräer stehen für die Geprüften und Wartenden in dieser Zeit Worte der Ermutigung und Warnung: »Werft euer Vertrauen nicht weg, welches eine große Belohnung hat. Geduld aber ist euch not, auf damit ihr den Willen Gottes tut und die Verheißung empfangt. Denn ‚noch über eine kleine Weile, so wird kommen, der da kommen soll, und nicht verziehen. Der Gerechte aber wird aus Glauben leben. Wer aber weichen wird, an dem wird meine Seele kein Gefallen haben.‘ Wir aber sind ... von denen, die da glauben und die Seele erretten.« Hebräer 10,35-39

Dass diese Ermahnung an die Gemeinde in den letzten Tagen gerichtet ist, geht aus den Worten hervor, die auf die Nähe der Zukunft des Herrn hinweisen: »Denn noch über eine kleine Weile, so wird kommen, der da kommen soll, und nicht verziehen.« Es wird daraus auch klar, dass ein Verzug stattfinden und der Herr scheinbar zögern würde. Die hier gegebene Belehrung passt besonders auf die Erfahrung der Adventisten zu jener Zeit.

Die hier Angesprochenen waren in Gefahr, an ihrem Glauben Schiffbruch zu erleiden. Sie hatten Gottes Willen getan, indem sie sich der Führung seines Geistes und seinem Wort anvertrauten; doch konnten sie weder Absicht in ihrer vergangenen Erfahrung verstehen, noch den vor ihnen liegenden Pfad erkennen, und sie wurden versucht zu zweifeln, ob Gott sie wirklich geleitet habe. Damals trafen besonders die Worte zu: »Der Gerechte aber wird des Glaubens leben.« Als das glänzende Licht des Mitternachtsrufes auf ihren Weg schien, als ihnen die Weissagungen entsiegelt wurden und als die rasche Erfüllung der Zeichen bestätigte, dass die Wiederkunft Christi nahe bevorstand, waren sie tatsächlich im Schauen gewandelt. Aber nun vermochten sie, niedergedrückt durch die enttäuschten Hoffnungen, nur durch den Glauben an Gott und an sein Wort aufrecht zu stehen. Die spottende Welt sagte: »Ihr seid betrogen worden. Entsagt eurem Glauben und gesteht, dass die Adventbewegung satanischen Ursprungs ist.« Gottes Wort erklärte jedoch: »Wer aber weichen wird, an dem wird meine Seele kein Gefallen haben.« Ihren Glauben aufzugeben und die Macht des Heiligen Geistes, welche die Botschaft begleitet hatte, zu verleugnen, wäre ein Rückzug ins Verderben gewesen. Die Worte jenes Schreibers ermutigten sie zur Standhaftigkeit: »Werft euer Vertrauen nicht weg ... Geduld ... ist euch not ... noch über eine kleine Weile, so wird kommen, der da kommen soll, und nicht verziehen‘.« Ihr einzig sicheres Verhalten war, das Licht zu pflegen, das sie bereits von Gott empfangen hatten, an Gottes Verheißungen festzuhalten und in der Heiligen Schrift zu forschen und geduldig zu warten und zu wachen, um weitere Erkenntnis zu erhalten.

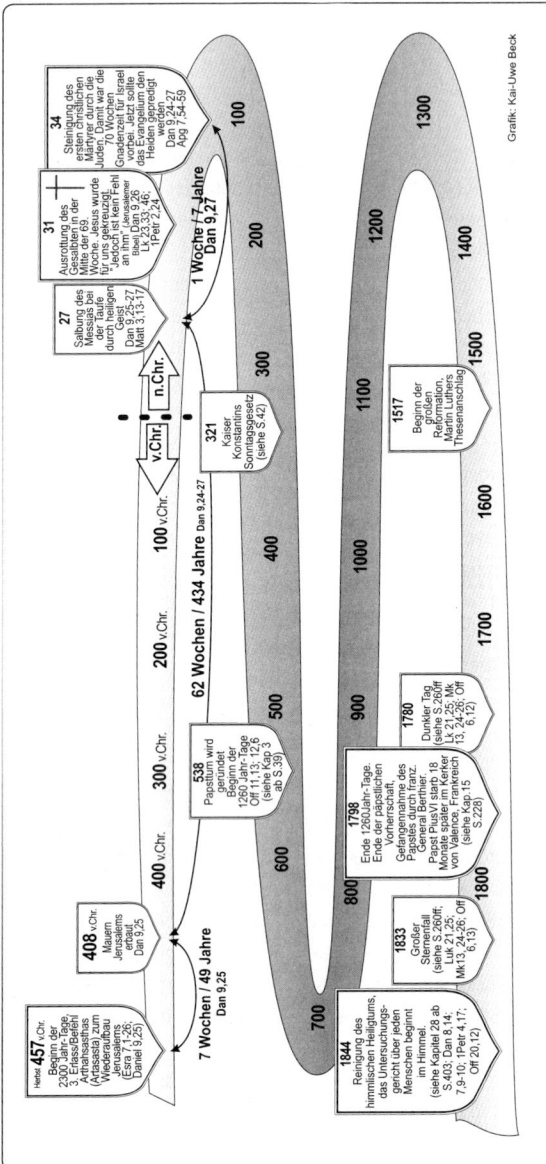

Grafik: Kai-Uwe Beck

457 v.Chr. Herbst — Beginn der 2300 Jahr-Tage. 3. Erlass/Befehl Arthasasthas (Artasasta) zum Wiederaufbau Jerusalems (Esra 7,1-26; Daniel 9,25)

7 Wochen / 49 Jahre Dan 9,25

408 v.Chr. Mauern Jerusalems erbaut Dan 9,25

62 Wochen / 434 Jahre Dan 9,24-27

321 Kaiser Konstantins Sonntagsgesetz (siehe S.42)

27 Salbung des Messias bei der Taufe durch den heiligen Geist Dan 9,25-27; Matt 3,13-17

31 ✝ Ausrottung des Gesalbten in der Mitte der 69. Woche. Jesus wurde für uns gekreuzigt, an ihm ist kein Fehl (Jesaja Bibel) Dan 9,25-27; Lk 23,33-46; 1Petr 2,24

34 Steinigung des ersten christlichen Märtyrer durch die Juden. Damit war die 70. Woche Gnadenzeit für Israel vorbei. Jetzt sollte das Evangelium den Heiden gepredigt werden Dan 9,24-27; Apg 7,54-59

1 Woche / 7 Jahre Dan 9,27

538 Papsttum wird gegründet. Beginn der 1260 Jahr-Tage Off 11,13; 12,6 ab S.39

1798 Ende 1260Jahr-Tage. Ende der päpstlichen Vorherrschaft. Gefangennahme des Papstes durch franz. General Berthier. Papst PiusVI starb 18 Monate später im Kerker von Valence, Frankreich (siehe Kap.15 S.228)

1780 Dunkler Tag (siehe S.260ff Lk 21,25; Mk 13, 24-26; Off 6,12)

1833 Großer Sternenfall (siehe S.260ff; Luk 21,25; Mk13, 24-26; Off 6,15)

1517 Beginn der großen Reformation. Martin Luthers Thesenanschlag

1844 Reinigung des himmlischen Heiligtums, das Untersuchungs-gericht über jeden Menschen beginnt im Himmel. (siehe Kapitel 28 ab S.403; Dan 8,14; 7,9-10; 1Petr 4,17; Off 20,12)

Man braucht 457 Jahre vor Christus und 1843 Jahre nach Christus, um auf 2300 Jahre zu kommen. Hätte Arthasasthas (Artasasta) seinen Erlass/Befehl Anfang des Jahres 457 v.Chr. herausgegeben, dann hätten die 2300 Jahr-Tage sich bis Ende 1843 erstreckt. Doch dieser Erlass trat erst im Herbst 457 in Kraft, so dass man daraus folgern muss, dass die 2300 Jahr-Tage erst im Herbst 1844 zu Ende gegangen sind.

KAPITEL 23

WAS IST DAS
HEILIGTUM?

Was sollte wirklich am Ende der biblischen Zeitkette geschehen? Erneut studierten die Gläubigen das Wort Gottes und nahmen sich das Thema »Heiligtum«
genau vor. Es wurde erkennbar, dass das eigentliche Heiligtum im Himmel war,
von dem das irdische Heiligtum der Hebräer nur ein Abbild war. Daraus wurde
ersichtlich, dass Jesus 1844 ins himmlische Heiligtum – ins Allerheiligste – ging,
um dort seinen Dienst als unser Hoherpriester zu vollenden und deshalb zu diesem
Zeitpunkt nicht auf die Erde kam.

D ie Bibelstelle, die vor allen andern die Grundlage und der Hauptpfeiler
des Adventglaubens war, ist die in Daniel 8,14 gegebene Erklärung: »Bis
2300 Abende und Morgen um sind; dann wird das Heiligtum wieder
geweiht werden.« Dies waren all denen geläufige Worte, die an das baldige
Kommen des Herrn geglaubt hatten. Tausende nannten diese Weissagung als
Losungswort ihres Glaubens. Alle fühlten, dass von den darin geschilderten
Ereignissen ihre strahlendsten Erwartungen und liebsten Hoffnungen abhingen.
Sie hatten gezeigt, dass diese prophetischen Tage im Herbst des Jahres 1844
zu Ende gingen. Mit der übrigen christlichen Welt glaubten die Adventisten, dass
die Erde oder ein Teil von ihr das Heiligtum sei und dass die Weihe des Heiligtums die Reinigung der Erde durch das Feuer des letzten großen Tages bedeute
und bei der Wiederkunft Christi stattfände. Daraus entstand die Schlussfolgerung, dass Christus im Jahr 1844 auf die Erde zurückkehren würde.

Aber die festgesetzte Zeit war vorübergegangen und der Herr – nicht erschienen. Die Gläubigen wussten, dass das Wort Gottes nicht irren konnte. Ihre
Auslegung der Weissagung musste also irgendeinen Fehler aufweisen, aber wo
steckte er? Viele lösten voreilig den Knoten, indem sie in Abrede stellten, dass
die 2300 Tage im Jahre 1844 endeten. Dafür konnten sie jedoch keinen andern
Grund anführen als den, dass Christus nicht zu der Zeit gekommen war, da sie
ihn erwartet hatten. Sie schlossen daraus, dass, wenn die prophetischen Tage
im Jahr 1844 zu Ende gegangen wären, Christus dann gekommen sein würde,
um durch die Läuterung der Erde mit Feuer das Heiligtum zu reinigen, und dass,
weil er nicht gekommen sei, die Tage auch nicht verstrichen sein könnten.

Durch Annahme dieser Schlussfolgerung verwarfen sie die ehemalige
Berechnung der prophetischen Zeitangaben. Wie man gefunden

hatte, fingen die 2300 Tage an, als das Gebot des Artaxerxes (oder Arthah-sastha), das die Wiederherstellung und den Aufbau von Jerusalem befahl, in Kraft trat: im Herbst des Jahres 457 v. Chr. Dies als Ausgangspunkt annehmend, ergab sich in der Auslegung jener Periode eine vollkommene Übereinstimmung mit allen in Daniel 9,25-27 vor Augen geführten Ereignissen. 69 Wochen, die ersten 483 von den 2300 Jahren, sollten sich bis auf Christus, den Gesalbten, erstrecken. Christi Taufe und die Salbung mit dem heiligen Geist im Jahr 27 n. Chr. erfüllten diese Angaben genau. In der Mitte der 70. Woche sollte der Gesalbte ausgerottet werden. Dreieinhalb Jahre nach seiner Taufe, im Frühling des Jahres 31 n. Chr., wurde Christus gekreuzigt. Die 70 Wochen oder 490 Jahre sollten insbesondere den Juden gehören. Am Schluss jenes Zeitraumes besiegelte diese Nation die Verwerfung Christi durch die Verfolgung seiner Jünger, und die Apostel wandten sich im Jahr 34 n. Chr. den Heiden zu. Nachdem 490 Jahre von den 2300 verstrichen waren, blieben noch 1810 Jahre übrig. Vom Jahr 34 n. Chr. erstrecken sich 1810 Jahre bis ins Jahr 1844. »Dann«, sagte der Engel, »wird das Heiligtum wieder geweiht werden.« Alle vorhergehenden Angaben der Weissagung waren unverkennbar zur bestimmten Zeit erfüllt worden.

Alles war bei dieser Berechnung klar und zutreffend, nur ließ sich nicht erkennen, dass irgendein Ereignis, das der Weihe des Tempels entspräche, im Jahre 1844 stattgefunden habe. Wollte man verneinen, dass die Tage zu jener Zeit endeten, so würde das Verwirrung in die ganze Sache bringen und Grundsätze umstoßen, die durch untrügliche Erfüllungszeichen der Weissagung bestätigt wurden.

Aber Gott war in der großen Adventbewegung der Leiter seines Volkes gewesen. Seine Macht und Herrlichkeit hatten das Werk begleitet, und er wollte es nicht in Finsternis und Enttäuschung enden lassen, damit man es nicht beschuldigen könne, eine falsche und schwärmerische Bewegung gewesen zu sein. Er konnte sein Wort nicht im Licht des Zweifels und der Ungewissheit erscheinen lassen. Wenn auch viele ihre frühere Berechnung der prophetischen Zeitangaben aufgaben und die Richtigkeit der darauf gegründeten Bewegung in Frage stellten, so waren andere doch nicht bereit, Glaubenspunkte und Erfahrungen aufzugeben, die durch die Heilige Schrift und das Zeugnis des Geistes Gottes erhärtet wurden. Sie glaubten, dass sie in ihrem Studium der Weissagungen diese richtig ausgelegt hätten und dass es ihre Pflicht sei, an den bereits gewonnenen Wahrheiten festzuhalten und ihre biblischen Forschungen fortzusetzen. Mit ernstem Gebet prüften sie ihre Auffassungen und forschten in der Heiligen Schrift, um ihren Fehler zu entdecken. Da sie in ihrer Berechnung der prophetischen Zeitabschnitte keinen

Irrtum entdecken konnten, fühlten sie sich veranlasst, das

»Heiligtum« näher zu prüfen. Ihre Untersuchung ergab, dass keine biblischen Beweise die allgemeine Ansicht stützten, dass die Erde das Heiligtum sei. Aber sie fanden in der Bibel eine vollständige Auslegung über das Heiligtum, seine Beschaffenheit, seinen Standort und den in ihm stattfindenden Dienst. Das Zeugnis der biblischen Schreiber war so klar und ausführlich, dass es keinen Zweifel darüber aufkommen ließ. Paulus sagt in dem Brief an die Hebräer: »Es hatte zwar auch der erste Bund seine Satzungen für den Gottesdienst und sein irdisches Heiligtum. Denn es war da aufgerichtet die Stiftshütte: der vordere Teil, worin der Leuchter war und der Tisch und die Schaubrote, und er heißt das Heilige; hinter dem zweiten Vorhang aber war der Teil der Stiftshütte, der das Allerheiligste heißt. Darin waren das goldene Räuchergefäß und die Bundeslade, ganz mit Gold überzogen; in ihr waren der goldene Krug mit dem Himmelsbrot und der Stab Aarons, der gegrünt hatte, und die Tafeln des Bundes. Oben darüber aber waren die Cherubim der Herrlichkeit, die überschatteten den Gnadenthron.« Hebräer 9,1-5

Das Heiligtum, auf das der Apostel hier hinweist, war die von Mose nach dem Befehl Gottes als die irdische Wohnstätte des Allerhöchsten erbaute Stiftshütte. »Und sie sollen mir ein Heiligtum machen, dass ich unter ihnen wohne«, 2.Mose 25,8 lautete die an Mose gerichtete Anweisung zu der Zeit, als er mit Gott auf dem Berg war. Die Israeliten zogen durch die Wüste, und die Stiftshütte war so gebaut, dass sie von Ort zu Ort mitgenommen werden konnte. Dennoch war sie ein großartiger Bau. Ihre Wände waren aus aufrechtstehenden, mit schwerem Gold belegten Brettern gefertigt, die in silberne Sockel eingelassen waren, während das Dach aus Teppichen oder Decken bestand, deren äußerste Lage aus Häuten [von Delphinen; lt. Elberf. Bibel] und die innerste aus feiner, mit prächtigen Cherubim durchwirkter Leinwand hergestellt waren. Ohne den Vorhof, in dem der Brandopferaltar stand, gehörten zur Stiftshütte selbst zwei Abteilungen, das Heilige und das Allerheiligste, die durch einen schönen und kostbaren Vorhang voneinander getrennt waren. Ein ähnlicher Vorhang verschloss den Eingang in die erste Abteilung.

Im Heiligen, nach Süden hin, befand sich der Leuchter mit seinen sieben Lampen, die das Heiligtum Tag und Nacht erleuchteten. Nach Norden hin stand der Schaubrottisch und vor dem Vorhang, der das Heilige vom Allerheiligsten trennte, der goldene Räucheraltar, von dem die Wolke des Wohlgeruchs mit den Gebeten Israels täglich zu Gott emporstieg.

Im Allerheiligsten stand die Bundeslade aus kostbarem, mit Gold überzogenem Holz, der Aufbewahrungsort der zwei Steintafeln, auf die Gott die Zehn Gebote eingraviert hatte. Über der Lade bildete der Gnadenthron den Deckel der heiligen Truhe. Er war ein prächtiges Kunstwerk, auf dem sich zwei Cherubim erhoben, an jeder Seite einer, aus reinem Gold gearbeitet. In dieser Abteilung offenbarte sich die göttliche Gegenwart in der Wolke der Herrlichkeit zwischen den Cherubim.

Nachdem sich die Hebräer in Kanaan niedergelassen hatten, wurde die Stiftshütte durch den Tempel Salomos ersetzt, der, obwohl ein fester Bau und viel größer, doch die gleichen maßlichen Verhältnisse beibehielt und ähnlich ausgestattet war. In dieser Form bestand das Heiligtum, ausgenommen in der Zeit Daniels, als es in Trümmern lag, bis zu seiner Zerstörung durch die Römer im Jahr 70 n. Chr. Dies ist das einzige Heiligtum, das je auf Erden bestanden hat und über das die Bibel Auskunft gibt. Paulus nennt es das Heiligtum des ersten Bundes. Aber hat der Neue Bund kein Heiligtum?

Als sich die nach Wahrheit Forschenden in den Hebräerbrief vertieften, fanden sie, dass das Vorhandensein eines zweiten oder neutestamentlichen Heiligtums in den bereits angeführten Worten des Apostels angedeutet war: »Es hatte zwar auch das erste [d.h. das Alte Testament] seine Rechte des Gottesdienstes und das äußerliche Heiligtum.« Der Gebrauch des Wortes »auch« deutet an, dass Paulus dieses Heiligtum zuvor erwähnt hat. Als sie zum vorhergehenden Kapitel zurückgingen, lasen sie am Anfang: »Das ist nun die Hauptsache, davon wir reden: Wir haben einen solchen Hohepriester, der da sitzt zu der Rechten auf dem Stuhl der Majestät im Himmel und ist ein Pfleger des Heiligen und der wahrhaftigen Hütte, welche Gott aufgerichtet hat und kein Mensch.« Hebräer 8,1.2

Hier wird das Heiligtum des Neuen Bundes offenbart. Das Heiligtum des ersten Bundes war von Menschen aufgerichtet, von Mose erbaut worden; dieses hier ist vom Herrn und nicht von Menschen aufgerichtet. In jenem Heiligtum vollzogen die irdischen Priester ihren Dienst; in diesem hier dient Christus, unser großer Hohepriester, zur Rechten Gottes. Das eine Heiligtum befand sich auf der Erde, das andere ist im Himmel.

Zudem war das von Mose erbaute Heiligtum nach einem Vorbild gebaut worden. Der Herr hatte ihn angewiesen: »Wie ich dir ein Vorbild der Wohnung und alles ihres Gerätes zeigen werde, so sollt ihr's machen.« Und wiederum war ihm der Auftrag erteilt worden: »Siehe zu, dass du es machst nach dem Bilde, das du auf dem Berge gesehen hast.« 2.Mose 25,9.40 Der Apostel erklärt dazu, dass die erste Hütte »ein Gleichnis ist auf die gegenwärtige Zeit, nach welchem Gaben und Opfer geopfert werden«; dass die heiligen Stätten »der himmlischen Dinge Vorbilder« waren; dass die Priester, die nach dem Gesetz Gaben opferten, »dem Vorbild und dem Schatten des Himmlischen« dienten, und dass »Christus nicht eingegangen ist in das

Heiligtum, das mit Händen gemacht und nur ein Abbild des

wahren Heiligtums ist, sondern in den Himmel selbst, um jetzt für uns vor dem Angesicht Gottes zu erscheinen«. Hebräer 9,9.23; 8,5; 9,24

Das Heiligtum im Himmel, in dem Christus für uns dient, ist das große Urbild des von Mose erbauten Heiligtums. Gott legte seinen Geist auf die Bauleute des irdischen Heiligtums. Die bei seiner Erbauung eingesetzte Kunstfertigkeit war eine Offenbarung der göttlichen Weisheit. Die Wände hatten das Aussehen massiven Goldes und warfen das Licht des siebenarmigen goldenen Leuchters in alle Richtungen zurück. Der Schaubrottisch und der Räucheraltar glänzten wie reines Gold. Die prächtigen Teppiche, die die Decke bildeten und mit Engelsgestalten in Blau, Purpur und Scharlach durchwebt waren, trugen zur Schönheit des Anblicks bei. Hinter dem zweiten Vorhang über dem Gnadenstuhl war der Ort der sichtbaren Offenbarung der Herrlichkeit Gottes, vor den außer dem Hohepriester niemand treten und am Leben bleiben konnte.

Der unvergleichliche Glanz der irdischen Stiftshütte strahlte dem menschlichen Anblick die Herrlichkeit jenes himmlischen Tempels wider, in dem Christus, unser Vorläufer, für uns vor dem Thron Gottes dient. Die Wohnstätte des Königs der Könige, wo tausendmal tausend ihm dienen und zehntausendmal zehntausend vor ihm stehen, (Daniel 7,10) jener Tempel voll der Herrlichkeit des ewigen Throns, wo Seraphim, die strahlenden Hüter, anbetend ihre Angesichter verhüllen, konnte in dem denkwürdigsten Bau, den Menschenhände je errichteten, nur einen matten Abglanz seiner Größe und Herrlichkeit finden. Doch wurden durch das Heiligtum und seine Gottesdienste wichtige Wahrheiten hinsichtlich des himmlischen Heiligtums und des großen Werkes gelehrt, das dort zur Erlösung des Menschen ausgeführt wird.

Die heiligen Stätten des Heiligtums im Himmel werden durch die zwei Abteilungen im irdischen Heiligtum dargestellt. Als dem Apostel Johannes in einer Vision ein Blick auf den Tempel Gottes im Himmel gewährt wurde, sah er, wie dort »sieben Fackeln mit Feuer brannten vor dem Stuhl«. Offenbarung 4,5 Er sah einen Engel, der »hatte ein goldenes Räuchfass; und ihm ward viel Räuchwerk gegeben, dass er es gäbe zum Gebet aller Heiligen auf den goldenen Altar vor dem Stuhl«. Offenbarung 8,3 Hier wurde dem Propheten gestattet, die erste Abteilung des himmlischen Heiligtums zu schauen, und er sah dort die »sieben Fackeln mit Feuer« und »den goldenen Altar«, dargestellt durch den goldenen Leuchter und den Räucheraltar im irdischen Heiligtum. Wiederum heißt es: »Der Tempel Gottes ward aufgetan im Himmel«, Offenbarung 11,19 und er schaute in das Innere, hinter den zweiten Vorhang, in das Allerheiligste. Hier sah er »die Lade des Bundes«, dargestellt durch die heilige Lade, die Mose anfertigen ließ, um das Gesetz Gottes darin aufzubewahren. So fanden diejenigen, die sich mit diesem Problem befassten, unbestreitbare Beweise für das Vorhandensein eines Heiligtums im Himmel. Mose baute das irdische Heiligtum nach einem Vorbild, das ihm gezeigt worden war. Paulus lehrt, dass jenes Vorbild das wahrhaftige Heiligtum sei, das im Himmel ist, und Johannes bezeugt, dass er es im Himmel gesehen habe.

Im himmlischen Tempel, der Wohnstätte Gottes, ist sein Thron auf Gerechtigkeit und Gericht gegründet. Im Allerheiligsten ist sein Gesetz der große Maßstab des Rechts, nach dem alle Menschen geprüft werden. Die Bundeslade, welche die Tafeln des Gesetzes enthält, ist mit dem Gnadenstuhl bedeckt, vor dem Christus sein Blut zugunsten des Sünders anbietet. Auf diese Weise wird die Verbindung von Gerechtigkeit und Gnade im Plan der menschlichen Erlösung dargestellt. Diese Vereinigung konnte allein ewige Weisheit ersinnen und unendliche Macht vollbringen. Es ist eine Verbindung, die den ganzen Himmel mit Staunen und Anbetung erfüllt.

Die ehrerbietig auf den Gnadenstuhl niederschauenden Cherubim des irdischen Heiligtums versinnbilden die Anteilnahme, mit der die himmlischen Heerscharen das Werk der Erlösung betrachten. Dies ist das Geheimnis der Gnade, das auch die Engel verlangt zu schauen – dass Gott gerecht sein kann, während er den reumütigen Sünder rechtfertigt und seine Verbindung mit dem gefallenen Geschlecht erneuert; dass Christus sich herablassen konnte, unzählige Scharen aus dem Abgrund des Verderbens herauszuheben und sie mit den fleckenlosen Gewändern seiner eigenen Gerechtigkeit zu bekleiden, damit sie sich mit Engeln, die nie gefallen sind, vereinen und ewig in der Gegenwart Gottes wohnen können.

Christi Werk als Fürsprecher der Menschen wird in der schönen Weissagung Sacharjas von dem, »der heißt Spross«, veranschaulicht. Der Prophet sagt: »Ja, er ist's, der den Tempel des HERRN bauen wird, und er wird Herrlichkeit als Schmuck tragen und auf seinem Thron sitzen und herrschen, und er wird Priester sein auf seinem Thron, und der Rat des Friedens wird zwischen beiden bestehen.« Sacharja 6,13; Schlachter 2000

»Ja, er ist's, der den Tempel des HERRN bauen wird.« Durch sein Opfer und sein Mittleramt ist Christus beides, der Grund und der Baumeister der Gemeinde Gottes. Der Apostel Paulus verweist auf ihn als den Eckstein, »auf welchem der ganze Bau ineinandergefügt wächst zu einem heiligen Tempel in dem Herrn, auf welchem auch ihr mit erbaut werdet zu einer Behausung Gottes im Geist«. Epheser 2,21.22 »Und er wird Herrlichkeit als Schmuck tragen.« Der Schmuck, die Herrlichkeit der Erlösung des gefallenen Geschlechts, gebührt Christus. In der Ewigkeit wird das Lied der Erlösten sein: Dem, »der uns geliebt hat und gewaschen von den Sünden mit seinem Blut ..., dem sei Ehre

und Gewalt von Ewigkeit zu Ewigkeit! Amen«. Offenbarung 1,5.6

Er wird »auf seinem Thron sitzen und herrschen, und er wird Priester sein auf seinem Thron«. Jetzt sitzt er noch nicht auf dem Stuhl seiner Herrlichkeit, denn das Reich der Herrlichkeit ist noch nicht aufgerichtet. Erst nach der Vollendung seines Werkes wird Gott »ihm den Stuhl seines Vaters David geben«, ein Reich, dessen »kein Ende sein« wird. Lukas 1,32.33 Als Priester sitzt Christus jetzt mit seinem Vater auf dessen Stuhl. (Offenbarung 3,21) Auf dem Thron mit dem Ewigen, der in sich selbst Dasein hat, sitzt er, der da »trug unsre Krankheit und lud auf sich unsre Schmerzen«, »der versucht worden ist in allem wie wir, doch ohne Sünde«, damit er könnte »helfen denen, die versucht werden«. »Ob jemand sündigt, so haben wir einen Fürsprecher bei dem Vater.« Jesaja 53,4; Hebräer 4,15; 2,18; 1.Johannes 2,1 Seine Vermittlung geschieht durch einen durchbohrten und gebrochenen Leib, durch sein makelloses Leben. Die verwundeten Hände, die durchstochene Seite, die durchbohrten Füße legen Fürsprache ein für den gefallenen Menschen, dessen Heil so unermesslich teuer erkauft wurde.

»Und der Rat des Friedens wird zwischen beiden bestehen.« Die Liebe des Vaters ist nicht weniger als die des Sohns. Sie ist die Quelle des Heils für die verlorene Menschheit. Jesus sagte zu seinen Jüngern, ehe er wegging: »Ich sage euch nicht, dass ich den Vater für euch bitten will; denn er selbst, der Vater, hat euch lieb.« Johannes 16,26.27 »Gott war in Christus und versöhnte die Welt mit ihm selber.« 2.Korinther 5,19 Und in dem Dienst des Heiligtums droben ist der Rat des Friedens zwischen den beiden. »Also hat Gott die Welt geliebt, dass er seinen eingeborenen Sohn gab, auf dass alle, die an ihn glauben, nicht verloren werden, sondern das ewige Leben haben.« Johannes 3,1

Die Frage: Was ist das Heiligtum? ist in der Heiligen Schrift klar beantwortet. Der Ausdruck »Heiligtum«, wie er in der Bibel gebraucht wird, bezieht sich zunächst auf die von Mose als Abbild der himmlischen Dinge errichtete Stiftshütte, und zweitens auf die wahrhaftige Hütte im Himmel, auf die das irdische Heiligtum hinwies. Mit dem Tod Christi endete der bildliche Dienst. Die wahre Hütte im Himmel ist das Heiligtum des Neuen Bundes. Und da die Weissagung aus Daniel 8,14 ihre Erfüllung in diesem Bund findet, muss das Heiligtum, auf das sie sich bezieht, das Heiligtum des Neuen Bundes sein. Am Ende der 2300 Tage, im Jahr 1844, hatte sich schon seit vielen Jahrhunderten kein Heiligtum mehr auf Erden befunden. Somit verweist die Weissagung: »Bis 2300 Abende und Morgen um sind; dann wird das Heiligtum wieder gereinigt werden« ohne Zweifel auf das Heiligtum im Himmel.

Aber noch bleibt die wichtigste Frage zu beantworten: Was ist unter der Weihe oder Reinigung des Heiligtums zu verstehen? Das Alte Testament berichtet, dass ein solcher Dienst in Verbindung mit dem irdischen Heiligtum bestand. Aber kann im Himmel irgendetwas zu reinigen sein?

In Hebräer 9 wird die Reinigung des irdischen sowie des himmlischen Heiligtums deutlich gelehrt: »Und es wird fast alles mit Blut gereinigt nach dem Gesetz; und ohne Blutvergießen geschieht keine Vergebung. So mussten nun der himmlischen Dinge Vorbilder mit solchem [dem Blut von Tieren] gereinigt werden; aber sie selbst, die himmlischen, müssen bessere Opfer haben, denn jene waren« Hebräer 9,22,23 – nämlich das wertvolle Blut Christi.

Die Reinigung muss sowohl im Schattendienst als auch im wahrhaftigen Dienst mit Blut vollzogen werden: in jenem mit dem Blut von Tieren, in diesem mit dem Blut Christi. Paulus nennt den Grund, warum diese Reinigung mit Blut vollzogen werden musste: Weil ohne Blutvergießen keine Vergebung geschieht. Vergebung zu erlangen oder die Sünde auszutilgen, das ist das zu vollbringende Werk. Aber wie konnte die Sünde mit dem Heiligtum, sei es im Himmel oder auf Erden, verbunden sein? Das können wir aus dem gegenbildlichen Dienst erkennen, denn die Priester, die ihr Amt auf Erden versahen, dienten »dem Vorbild und dem Schatten des Himmlischen«. Hebräer 8,5

Der Dienst im irdischen Heiligtum war ein zweifacher: Die Priester dienten täglich im Heiligen, während der Hohepriester einmal im Jahr im Allerheiligsten ein besonderes Werk der Versöhnung zur Reinigung des Heiligtums darbrachte. Tag für Tag führte der reumütige Sünder sein Opfer zur Tür der Stiftshütte und bekannte, seine Hand auf den Kopf des Opfertiers legend, seine Sünden, die er damit bildlich von sich auf das unschuldige Opfer übertrug. Dann wurde das Tier geschlachtet. »Ohne Blutvergießen«, sagt der Apostel, »geschieht keine Vergebung.« »Des Leibes Leben ist im Blut.« 3.Mose 17,11 Das gebrochene Gesetz Gottes forderte das Leben des Übertreters. Das Blut, welches das verwirkte Leben des Sünders darstellte, dessen Schuld das Opfertier trug, wurde vom Priester in das Heilige getragen und vor den Vorhang gesprengt, hinter dem sich die Bundeslade mit den Tafeln des Gesetzes befand, das der Sünder übertreten hatte.

Durch diese Handlung wurde die Sünde durch das Blut bildlich auf das Heiligtum übertragen. In einigen Fällen wurde das Blut nicht in das Heilige getragen. Dann jedoch wurde das Fleisch von dem Priester gegessen, wie Mose die Söhne Aarons anwies und sagte: »Er [Gott] hat's euch gegeben, dass ihr die Missetat der Gemeinde tragen sollt.« 3.Mose 10,17 Beide Handlungen versinnbildeten gleicherweise die Übertragung der Sünde von dem Bußfertigen auf das Heiligtum.

So geschah der Dienst, der das ganze Jahr über Tag für Tag vor sich ging. Die Sünden Israels wurden so auf das Heiligtum übertragen, und eine besondere Handlung war nötig, um sie wegzuschaffen. Gott befahl, dass jede der

heiligen Abteilungen versöhnt werden sollte. »Und soll so das

Heiligtum entsühnen wegen der Verunreinigungen der Israeliten und wegen ihrer Übertretungen, mit denen sie sich versündigt haben. So soll er tun der Stiftshütte, die bei ihnen ist inmitten ihrer Unreinheit.« Es musste ferner die Versöhnung vollzogen werden für den Altar, um ihn zu »reinigen und heiligen von der Unreinigkeit der Kinder Israel«. 3.Mose 16,16.19

Einmal im Jahr, am großen Versöhnungstag, ging der Priester in das Allerheiligste, um das Heiligtum zu reinigen. Das dort vollzogene Werk vollendete die jährliche Runde der Dienste im Heiligtum. Am Versöhnungstag wurden zwei Ziegenböcke vor die Tür der Stiftshütte gebracht und das Los über sie geworfen, »ein Los dem Herrn und das andere dem Asasel«. 3.Mose 16,8 Der Bock, auf den des Herrn Los viel, sollte als Sündopfer für das Volk geschlachtet werden, und der Priester musste dessen Blut hinter den Vorhang bringen und es auf den Gnadenstuhl und vor den Gnadenstuhl sprengen. Auch musste es auf den Räucheraltar, der vor dem Vorhang stand, gesprengt werden.

»Da soll denn Aaron seine beiden Hände auf sein [des lebenden Bockes] Haupt legen und bekennen auf ihn alle Missetat der Kinder Israel und alle ihre Übertretung in allen ihren Sünden, und soll sie dem Bock auf das Haupt legen und ihn durch einen Mann, der bereit [King-James Bibel: fähig] ist, in die Wüste laufen lassen, dass also der Bock alle ihre Missetat auf sich in eine Wildnis trage.« 3.Mose 16,21.22 Der Sündenbock kam nicht mehr in das Lager Israels, und der Mann, der ihn weggeführt hatte, musste sich und seine Kleider mit Wasser waschen, ehe er ins Lager zurückkehren durfte.

Die ganze Handlung war dazu bestimmt, den Israeliten die Heiligkeit Gottes und seine Abscheu vor der Sünde einzuprägen und ihnen auch zu zeigen, dass sie mit der Sünde nicht in Berührung kommen konnten, ohne befleckt zu werden. Jeder wurde, während dieses Versöhnungswerk vor sich ging, aufgefordert, sich zu demütigen. Alle Beschäftigung musste beiseitegelegt werden, und die Israeliten hatten den Tag in feierlicher Demütigung vor Gott mit Gebet, Fasten und gründlicher Herzenserforschung zuzubringen.

Der sinnbildliche Dienst ließ wichtige Wahrheiten über die Versöhnung deutlich werden. Ein Stellvertreter wurde statt des Sünders angenommen, aber die Sünde konnte durch das Blut des Opfertiers nicht ausgetilgt werden. Es wurde dadurch nur als Mittel benutzt, um sie auf das Heiligtum zu übertragen. Durch das Darbringen des Blutes erkannte der Sünder die Autorität des Gesetzes an, bekannte seine Schuld der Übertretung und drückte sein Verlangen nach Vergebung aus, und zwar im Glauben an einen zukünftigen Erlöser. Aber noch war er von der Verdammung des Gesetzes nicht ganz befreit. Am Versöhnungstag ging der Hohepriester, nachdem er von der Gemeinde ein Opfer genommen hatte, mit dem Blut dieses Opfers in das

Allerheiligste und sprengte es auf den Gnadenstuhl, unmittelbar über das Gesetz, um für dessen Ansprüche Genugtuung zu leisten. Dann nahm er als Mittler die Sünden auf sich selbst und trug sie aus dem Heiligtum. Er legte seine Hände auf den Kopf des lebenden Bockes, bekannte auf ihn alle diese Sünden und übertrug sie damit von sich auf den Bock, den man dann wegjagte. Diese Sünden wurden jetzt als für immer vom Volk getrennt betrachtet.

So geschah der in dem »Vorbild und Schatten des Himmlischen« vollzogene Dienst. Und was sinnbildlich im Dienst des irdischen Heiligtums getan wurde, geschieht im Wesen während des Dienstes im himmlischen Heiligtum. Nach seiner Himmelfahrt begann unser Heiland seinen Dienst als Hohepriester. Paulus sagt: »Denn Christus ist nicht eingegangen in das Heiligtum, das mit Händen gemacht und nur ein Abbild des wahren Heiligtums ist, sondern in den Himmel selbst, um jetzt für uns vor dem Angesicht Gottes zu erscheinen.« Hebräer 9,24

Der Dienst des Priesters während des ganzen Jahres in der ersten Abteilung des Heiligtums, »im Inwendigen des Vorhangs«, der die Tür bildete und das Heilige vom Vorhof trennte, stellt den Dienst dar, den Christus nach seiner Himmelfahrt angetreten hat. Es war die Aufgabe des Priesters während des täglichen Dienstes, vor Gott das Blut des Sündopfers und den Weihrauch darzubringen, der mit den Gebeten Israels emporstieg. So machte Christus vor dem Vater sein Blut für die Sünder geltend und brachte ihm ferner mit dem köstlichen Wohlgeruch seiner eigenen Gerechtigkeit die Gebete der reumütigen Gläubigen dar. Das war der Dienst in der ersten Abteilung des himmlischen Heiligtums.

Dorthin folgte Christus der Glaube seiner Jünger, als er, ihren Blicken entschwindend, gen Himmel fuhr. Hier wurzelte ihre Hoffnung, »welche wir«, wie Paulus sagt, »haben als einen sichern und festen Anker unsrer Seele, der auch hinein geht in das Inwendige des Vorhangs, dahin der Vorläufer für uns eingegangen, Jesus, ein Hoherpriester geworden in Ewigkeit". Christus ist „nicht durch der Böcke oder Kälber Blut, sondern durch sein eigen Blut einmal in das Heilige eingegangen und hat eine ewige Erlösung erfunden«. Hebr. 6,19.20; 9,12

18 Jahrhunderte lang wurde dieser Dienst im ersten Teil des Heiligtums durchgeführt. Das Blut Christi legte Fürbitte für reumütige Gläubige ein und verschaffte ihnen Vergebung und Annahme beim Vater, doch standen ihre Sünden noch immer in den Büchern verzeichnet. Wie im irdischen Heiligtum am Ende des Jahres ein Versöhnungsdienst stattfand, so muss, ehe Christi Aufgabe der Erlösung der Menschen vollendet werden kann, das himmlische Heiligtum durch die Entfernung der Sünden versöhnt werden. Dies ist der Dienst, der am Ende der 2300 Tage begann. Zu jener Zeit trat,

wie vom Propheten Daniel vorhergesagt wurde, unser großer

Hohepriester in das Allerheiligste, um den letzten Teil seines feierlichen Werkes durchzuführen: die Reinigung des Heiligtums.

Wie die Sünden des Volkes damals durch den Glauben auf das Sündopfer gelegt und bildlich durch dessen Blut auf das irdische Heiligtum übertragen wurden, so werden im Neuen Bund die Sünden der Bußfertigen durch den Glauben auf Christus gelegt und in Wirklichkeit auf das himmlische Heiligtum übertragen. Und wie im Schattendienst die Reinigung des irdischen Heiligtums durch das Wegschaffen der Sünden, durch die es verunreinigt worden war, vollzogen wurde, so soll die Reinigung des himmlischen durch das Wegschaffen oder Austilgen der dort aufgezeichneten Sünden vollzogen werden. Ehe dies aber geschehen kann, müssen die Bücher untersucht werden, um zu entscheiden, wer, durch Bereuen der Sünden und den Glauben an Christus, den Segen seiner Versöhnung erhalten kann. Die Reinigung des Heiligtums schließt deshalb eine Untersuchung, ein Gericht ein. Diese Untersuchung muss stattfinden, bevor Christus kommt, um sein Volk zu erlösen; denn wenn er kommt, ist sein Lohn mit ihm, »einem jeden zu geben, wie seine Werke sind«. Offenbarung 22.12

So erkannten die, welche dem Licht des prophetischen Wortes folgten, dass Christus, statt am Ende der 2300 Tage im Jahr 1844 auf die Erde zu kommen, damals in das Allerheiligste des himmlischen Heiligtums einging, um das abschließende Werk der Versöhnung, die Vorbereitung auf sein Kommen, durchzuführen.

Man erkannte nicht nur, dass der geschlachtete Bock auf Christus als ein Opfer hinwies und den Hohepriester Christus als einen Mittler darstellte, sondern auch, dass der Sündenbock Satan, den Urheber der Sünde, versinnbildete, auf den die Sünden der wirklich Reumütigen schließlich gelegt werden sollen. Wenn der Hohepriester – kraft des Blutes des Sündopfers – die Sünden vom Heiligtum wegschaffte, legte er sie auf den Sündenbock. Wenn Christus am Ende seines Dienstes – kraft seines eigenen Blutes – die Sünden seines Volkes aus dem himmlischen Heiligtum fortnimmt, wird er sie auf Satan legen, der bei der Vollstreckung des Gerichts die endgültige Schuld tragen muss. Der Sündenbock wurde in die Wüste gejagt, damit er nie wieder in die Gemeinschaft der Kinder Israel zurückkommen konnte. Ebenso wird Satan auf ewig aus der Gegenwart Gottes und seines Volkes verbannt und bei der endgültigen Vernichtung der Sünde und der Sünder vertilgt werden.

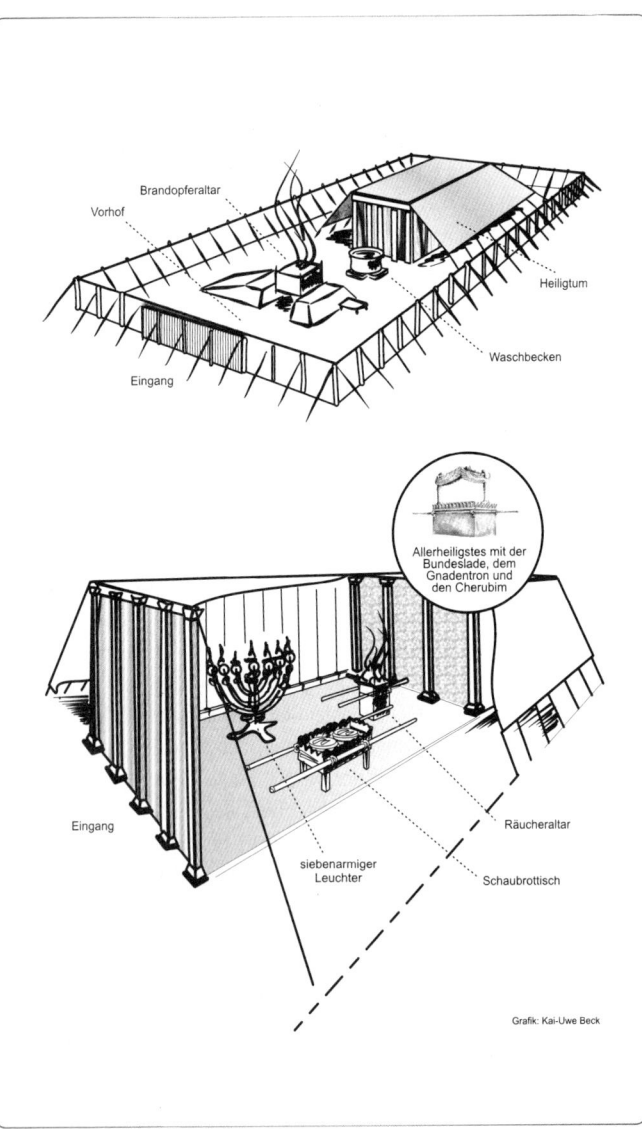

Brandopferaltar

Vorhof

Heiligtum

Waschbecken

Eingang

Allerheiligstes mit der Bundeslade, dem Gnadentron und den Cherubim

Eingang

siebenarmiger Leuchter

Räucheraltar

Schaubrottisch

Grafik: Kai-Uwe Beck

KAPITEL 24

IM ALLERHEILIGSTEN

Jesu Dienst im Allerheiligsten des Heiligtums hat mit Gericht zu tun. Da wird geprüft, wer das Blut Jesu angenommen hat und ewig leben darf, und wer diese Gabe abgelehnt hat und somit verurteilt werden muss – für immer ausgelöscht zu werden. Das wurde den übrig gebliebenen Gläubigen nach Ablauf der festgesetzten Zeit erst verständlich – durch ihr eifriges Schriftstudium und die Erleuchtung durch Gottes Geist.

D as Heiligtum war der Schlüssel zu dem Geheimnis der Enttäuschung im Jahr 1844. Ein vollständiges System der Wahrheit, harmonisch miteinander verbunden, wurde sichtbar und zeigte, dass Gott die große Adventbewegung geleitet hatte. Die gegenwärtige Aufgabe des Volkes Gottes, seine Position und Aufgabe wurde sichtbar. Wie Jesu Jünger nach der schrecklichen Nacht ihres Schmerzes und ihrer Enttäuschung froh wurden, »dass sie den Herrn sahen«, Johannes 20,20 so freuten sich nun alle, die im Glauben seiner Wiederkunft entgegengesehen hatten. Sie hatten sich an die Hoffnung gehalten, dass er in seiner Herrlichkeit erscheinen werde, um seine Knechte zu belohnen. Als ihre Hoffnungen enttäuscht wurden, hatten sie Jesus aus den Augen verloren und wie Maria am Grab gerufen: »Sie haben den Herrn weggenommen ..., und wir wissen nicht, wo sie ihn hingelegt haben« Nun sahen sie ihn, ihren barmherzigen Hohepriester im Allerheiligsten wieder, der bald als ihr König und Befreier erscheinen sollte. Licht aus dem Heiligtum erhellte Vergangenheit, Gegenwart und Zukunft. Sie wussten, dass Gott sie in seiner untrüglichen Vorsehung geführt hatte. Wenn sie auch wie die ersten Jünger die Botschaft nicht verstanden hatten die sie verkündigten, so war sie doch in jeder Hinsicht richtig gewesen. Durch ihre Verkündigung hatten sie Gottes Absicht erfüllt, und ihre Arbeit war vor dem Herrn nicht vergeblich gewesen. »Wiedergeboren ... zu einer lebendigen Hoffnung«, freuten sie sich »mit unaussprechlicher und herrlicher Freude«. 1.Petrus 1,3.8

Sowohl die Weissagung: »Bis 2300 Abende und Morgen um sind; dann wird das Heiligtum wieder geweiht werden« Daniel 8,14 als auch die erste Engelsbotschaft: »Fürchtet Gott und gebt ihm die Ehre; denn die Zeit seines Gerichts ist gekommen« wiesen auf den Dienst Christ im Allerheiligsten, auf das Untersuchungsgericht hin; nicht aber auf das Kommen Christi zur [424/425] **357**

Erlösung seines Volkes und zur Vernichtung der Gottlosen. Der Fehler lag nicht in der Berechnung der prophetischen Zeitangaben, sondern in dem Ereignis, das am Ende der 2300 Tage stattfinden sollte. Durch diesen Irrtum waren die Gläubigen enttäuscht worden, obwohl sich alles erfüllt hatte, was durch die Weissagung vorhergesagt war und sie nach der Schrift erwarten konnten. Zur selben Zeit, als sie den Fehlschlag ihrer Hoffnungen beklagten, hatte das vorhergesagte Ereignis stattgefunden, das sich erfüllen musste, ehe der Herr erscheinen konnte, um seine Diener zu belohnen.

Christus war gekommen, nicht auf die Erde, wie sie erwartet hatten, sondern, wie im Schatten angedeutet ist, in das Allerheiligste des Tempels Gottes im Himmel. Vom Propheten Daniel wird dargestellt, wie er zu dieser Zeit vor den Alten der Tage kommt: »Ich sah in diesem Gesicht des Nachts, und siehe, es kam einer in des Himmels Wolken wie eines Menschen Sohn [nicht zur Erde, sondern] bis zu dem Alten und ward vor ihn gebracht.« Daniel 7,13

Dieses Kommen wird uns auch vom Propheten Maleachi vor Augen geführt: »Bald wird kommen zu seinem Tempel der Herr, den ihr sucht; und der Engel des Bundes, des ihr begehrt, siehe, er kommt! spricht der Herr Zebaoth.« Maleachi 3,1 Das Kommen des Herrn zu seinem Tempel geschah für seine Kinder plötzlich und unerwartet. Dort suchten sie ihn nicht, sondern sie erwarteten, dass er auf die Erde käme »in Feuerflammen, Vergeltung zu üben an denen, die Gott nicht kennen und die nicht gehorsam sind dem Evangelium«. 2.Thessalonicher 1,8

Aber auch sie waren noch nicht bereit, ihrem Herrn zu begegnen. Es musste für sie noch ein Werk der Vorbereitung getan werden. Ein Licht musste ihnen leuchten, das ihre Gedanken auf den Tempel Gottes im Himmel richtete, und falls sie im Glauben ihrem Hohepriester in seinem Dienst dorthin folgten, sollten ihnen neue Aufgaben gezeigt werden. Die Gemeinde musste noch unterrichtet werden und eine Warnungsbotschaft erhalten.

Der Prophet sagt: »Wer wird aber den Tag seiner Zukunft erleiden können, und wer wird bestehen, wenn er wird erscheinen? Denn er ist wie das Feuer eines Goldschmieds und wie die Seife der Wäscher. Er wird sitzen und schmelzen und das Silber reinigen; er wird die Kinder Levi reinigen und läutern wie Gold und Silber. Dann werden sie dem Herrn Speisopfer bringen in Gerechtigkeit.« Maleachi 3,2.3 Die auf Erden leben, wenn die Fürbitte Christi im Heiligtum droben aufhören wird, werden vor den Augen eines heiligen Gottes ohne einen Vermittler bestehen müssen. Ihre Kleider müssen fleckenlos, ihre Charaktere durch das Blut der Besprengung von Sünde gereinigt sein. Durch Gottes Gnade und ihre eigenen fleißigen Anstrengungen müssen sie im Kampf mit dem Bösen siegreich bleiben. Während das Untersuchungsgericht im Himmel

vor sich geht, während die Sünden reumütiger Gläubiger aus

dem Heiligtum entfernt werden, muss sich das Volk Gottes auf Erden in besonderer Weise läutern, d.h. seine Sünden ablegen. Das wird in den Botschaften von Offenbarung 14 noch deutlicher dargelegt.

Nachdem das geschehen ist, werden die Nachfolger Christi für sein Erscheinen bereit sein. Dann »wird dem Herrn wohl gefallen das Speisopfer Juda's und Jerusalems wie vormals und vor langen Jahren«. Maleachi 3,4 Dann wird die Gemeinde, die der Herr bei seinem Kommen zu sich nehmen wird, herrlich sein, eine Gemeinde, »die herrlich sei und keinen Flecken oder Runzel oder etwas dergleichen habe«. Epheser 5,27 Dann wird sie hervorbrechen »wie die Morgenröte, schön wie der Mond, auserwählt wie die Sonne, schrecklich wie die Heerscharen.« Hohelied 6,10

Außer dem Hineingehen des Herrn in seinen Tempel sagt Maleachi auch seine Wiederkunft zur Ausführung des Gerichts mit folgenden Worten voraus: »Und ich will zu euch kommen zum Gericht und will ein schneller Zeuge sein gegen die Zauberer, Ehebrecher, Meineidigen und gegen die, die Gewalt und Unrecht tun den Tagelöhnern, Witwen und Waisen und die den Fremdling drücken und mich nicht fürchten, spricht der HERR Zebaoth.« Maleachi 3,5 Judas verweist auf dasselbe Ereignis, wenn er sagt: »Siehe, der Herr kommt mit seinen vielen tausend Heiligen, Gericht zu halten über alle und zu strafen alle Menschen für alle Werke ihres gottlosen Wandels, mit denen sie gottlos gewesen sind, und für all das Freche, das die gottlosen Sünder gegen ihn geredet haben.« Judas 14.15 Dieses Kommen [Wiederkunft] und der Eingang des Herrn in seinen Tempel sind zwei bestimmte und voneinander verschiedene Ereignisse.

Der Eingang als unser Hohepriester in das Allerheiligste, um das Heiligtum zu reinigen, wie es in Daniel 8,14 dargelegt ist, das Kommen des Menschensohns zu dem Hochbetagten, das in Daniel 7,13 gezeigt wird, und das Kommen des Herrn zu seinem Tempel, wie es von Maleachi vorausgesagt wird, sind Beschreibungen ein und desselben Ereignisses, das auch durch das Erscheinen des Bräutigams zur Hochzeit dargestellt wird, wie es von Christus im Gleichnis von den zehn Jungfrauen in Matthäus 25 beschrieben ist.

Im Sommer und Herbst des Jahres 1844 erging der Ruf: »Siehe, der Bräutigam kommt!« Es hatten sich damals die beiden Gruppen der klugen und der törichten Jungfrauen gebildet. Eine Gruppe, die freudig auf das Erscheinen des Herrn wartete und sich ernstlich vorbereitet hatte, ihm zu begegnen; eine andere Gruppe, die furchterfüllt und nur aus Gefühlen heraus handelnd, sich mit der Wahrheit als Theorie zufriedengegeben hatte, aber der die Gnade Gottes fehlte. Im Gleichnis gingen die mit dem Bräutigam zur Hochzeit hinein, die bereit waren, als er kam. Das hier erwähnte Kommen des Bräutigams findet vor der Hochzeit statt. Die Hochzeit stellt Christi

Übernahme seines Reiches dar. Die heilige Stadt, das neue Jerusalem, das die Hauptstadt und Vertreterin des Reiches ist, wird die Frau, die »Braut des Lammes« genannt. So sagte der Engel zu Johannes: »Komm, ich will dir die Frau zeigen, die Braut des Lammes.« »Und führte mich hin im Geist …«, erzählt dieser, »und zeigte mir die große Stadt, das heilige Jerusalem, herniederfahren aus dem Himmel von Gott.« Offenbarung 21,9.10 Demnach stellt offenbar die Braut die heilige Stadt dar. Und die Jungfrauen, die dem Bräutigam entgegengehen, sind ein Sinnbild der Gemeinde. Nach der Offenbarung sollen die Kinder Gottes die Gäste beim Hochzeitsmahl sein. Offenbarung 19,9 Sind sie die Gäste, so können sie nicht zu gleicher Zeit als Braut dargestellt werden. Christus wird, wie uns der Prophet Daniel dies schildert, von dem Alten »Gewalt, Ehre und Reich« entgegennehmen. Er wird das neue Jerusalem, die Stadt seines Reiches, empfangen, »bereitet als eine geschmückte Braut ihrem Mann«. Daniel 7,14; Offenbarung 21,2 Nachdem er das Reich empfangen hat, wird er in seiner Herrlichkeit als König der Könige und Herr der Herren kommen, um sein Volk zu erlösen, das »mit Abraham und Isaak und Jakob im Himmelreich sitzen« wird Matthäus 8,11; Lukas 22,30 am Tisch in seinem Reich, um an dem Hochzeitsmahl des Lammes teilzunehmen.

Die Verkündigung: »Siehe, der Bräutigam kommt!«, wie sie im Sommer des Jahres 1844 erfolgte, veranlasste Tausende, die unmittelbare Ankunft des Herrn zu erwarten. Zur vermuteten Zeit kam der Bräutigam aber nicht auf die Erde, wie sein Volk erwartete, sondern zum Alten im Himmel, zur Hochzeit, zur Übernahme seines Reiches. »Die bereit waren, gingen mit ihm hinein zur Hochzeit, und die Tür ward verschlossen.« Sie waren bei der Hochzeit nicht anwesend, denn diese fand im Himmel statt, während sie noch auf Erden lebten. Die Nachfolger Christi sollen »auf ihren Herrn warten, wann er aufbrechen wird von der Hochzeit«. Lukas 12,36 Aber sie müssen sein Werk verstehen und ihm im Glauben folgen, wenn er hineingeht vor den Thron Gottes. In diesem Sinne kann von ihnen gesagt werden, dass sie hineingehen zur Hochzeit.

Im Gleichnis nahmen diejenigen an der Hochzeit teil, die Öl in ihren Gefäßen und Lampen hatten. Alle, die mit der Erkenntnis der Wahrheit aus der Heiligen Schrift auch den Geist und die Gnade Gottes besaßen, die in der Nacht ihrer bitteren Prüfung geduldig gewartet und in der Bibel nach mehr Licht geforscht hatten, erkannten die Wahrheit bezüglich des Heiligtums im Himmel und des veränderten Dienstes des Heilandes und folgten ihm im Glauben in seinem Dienst im himmlischen Heiligtum. Und alle, die durch das Zeugnis der Heiligen Schrift dieselben Wahrheiten annehmen und Christus im Glauben folgen, wenn er vor Gott tritt, das letzte Werk der Fürsprache zu vollziehen, um bei dessen

Abschluss sein Reich zu empfangen, werden als solche dargestellt, die zur Hochzeit hineingehen. Im Gleichnis in Matthäus 22 wird das gleiche Bild von der Hochzeit angewandt, und es wird deutlich gezeigt, dass das Untersuchungsgericht vor der Hochzeit stattfindet. Vor der Hochzeit ging der König hinein, um zu sehen, Matthäus 22,11 ob alle Gäste mit dem hochzeitlichen Kleid, dem fleckenlosen Gewand, dem Charakter angetan waren, der gewaschen und hell gemacht ist »im Blut des Lammes«. Offenbarung 7,14 Wer nicht mit einem solchen Gewand bekleidet ist, wird hinausgeworfen werden. Aber alle, die bei der Prüfung in einem hochzeitlichen Kleid angetroffen werden, wird Gott annehmen und für würdig erachten, einen Anteil an seinem Reich und einen Sitz auf seinem Thron zu haben. Diese Charakterprüfung, die Entscheidung, wer für das Reich Gottes bereit ist, bedeutet das Untersuchungsgericht, das Schlusswerk im himmlischen Heiligtum.

Wenn diese Untersuchung beendet ist, wenn die Fälle derer, die sich von jeher als Nachfolger Christi bekannt haben, geprüft und entschieden worden sind, dann und nicht eher wird die Prüfungszeit zu Ende gehen und die Gnadentür geschlossen werden. Somit führt uns der kurze Satz: »Die bereit waren, gingen mit ihm hinein zur Hochzeit, und die Tür ward verschlossen« durch den letzten Dienst Christi bis zur Vollendung des großen Erlösungswerkes.

Im Dienst des irdischen Heiligtums, der, wie wir gesehen haben, ein Abbild des Dienstes im himmlischen war, ging der Dienst in der ersten Abteilung zu Ende, wenn der Hohepriester am Versöhnungstag das Allerheiligste betrat. Gott befahl: »Kein Mensch soll in der Hütte des Stifts sein, wenn er hineingeht, zu versöhnen im Heiligtum, bis er herausgehe.« 3.Mose 16,17 So beendete Christus seinen Dienst in der ersten Abteilung, bevor er das Allerheiligste betrat, um die letzte Aufgabe der Versöhnung zu vollziehen. Wenn der Hohepriester im Schattendienst am Versöhnungstag das Heilige verließ, betrat er den Ort der Gegenwart Gottes, um für alle Israeliten das Blut des Sündopfers darzubringen, die ihre Sünden wirklich bereuten. So hatte Christus nur einen Teil seines Werkes als unser Vermittler vollendet, um einen andern Teil desselben Werkes zu beginnen, wobei er noch immer kraft seines Blutes für die Sünder beim Vater Fürbitte einlegte.

Dies verstanden die Adventisten im Jahr 1844 nicht. Nachdem die Zeit verstrichen war, in der der Heiland erwartet wurde, glaubten sie noch immer, dass sein Kommen nahe sei, dass sie einen entscheidenden Augenblick erreicht hätten und das Werk Christi als Mittler des Menschen vor Gott zu Ende sei. Es schien ihnen, die Bibel lehre, dass die Prüfungszeit des Menschen kurz vor der wirklichen Ankunft des Herrn in den Wolken des Himmels zu Ende ginge. Dies glaubten sie aus jenen Schriftstellen herauszulesen, die auf eine Zeit hinweisen, in der die Menschen die Tür der Gnade suchen, anklopfen und rufen, ihnen aber nicht geöffnet wird. Sie fragten sich nun, ob die Zeit, zu der sie die Wiederkunft Christi erwartet hatten, nicht vielmehr den Anfang dieses Zeitabschnittes kennzeichnete, der seinem Kommen unmittelbar vorausgehen sollte. Da sie die Warnungsbotschaft vom nahenden Gericht verkündigt hatten, meinten sie, dass ihre Arbeit für die Welt getan sei. Sie verloren ihre Verantwortung für die Errettung von Sündern aus den Augen, und der kühne und gotteslästerliche Spott der Gottlosen schien ihnen ein weiterer Beweis dafür zu sein, dass sich der Geist Gottes von den Verwerfern seiner Gnade zurückgezogen hatte. All dies bestärkte sie in der Überzeugung, dass die Gnadenzeit beendet oder, wie sie sich damals ausdrückten, dass »die Tür der Gnade verschlossen« sei.

Aber mit der Untersuchung des Heiligtums erhielten sie mehr Licht. Sie sahen jetzt, dass sie recht hatten zu glauben, das Ende der 2300 Jahre im Jahr 1844 bezeichne einen entscheidenden Zeitpunkt. Doch wenn es auch stimmt, dass die Tür der Hoffnung und Gnade, durch welche Menschen 1800 Jahre lang Zugang zu Gott gefunden hatten, geschlossen war, so wurde doch eine andere Tür geöffnet. Auf diese Weise wurde den Menschen durch Christi Vermittlung im himmlischen Allerheiligsten die Vergebung der Sünden angeboten. Ein Teil seines Dienstes war beendet, um mit einem neuen zu beginnen. Noch immer stand eine Tür zum himmlischen Heiligtum offen, wo Christus um der Sünder willen diente.

Nun konnte man jene Worte Christi in der Offenbarung anwenden, die gerade an die Gemeinde in dieser Zeit gerichtet sind: »Das sagt der Heilige, der Wahrhaftige, der da hat den Schlüssel Davids, der auftut, und niemand schließt zu, der zuschließt, und niemand tut auf: Ich weiß deine Werke. Siehe, ich habe vor dir gegeben eine offene Tür, und niemand kann sie zuschließen.« Offenbarung 3,7.8

Alle, die Christus durch den Glauben im großen Erlösungswerk folgen, empfangen die Segnungen seiner Vermittlung. All jene dagegen, die das Licht über seinen Dienst verwerfen, haben keinen Nutzen davon. Die Juden, die das bei der ersten Ankunft Christi gegebene Licht verwarfen und sich weigerten, an ihn als den Heiland der Welt zu glauben, konnten durch ihn keine Vergebung erhalten. Als Jesus nach seiner Himmelfahrt durch sein eigenes Blut in das himmlische Heiligtum trat, um seinen Jüngern die Segnungen seiner Fürbitte zu geben, blieben die Juden in vollständiger Finsternis und setzten ihre nutzlosen Opfer und Gaben fort. Der Dienst der Vorbilder und Schatten war zu Ende gegangen. Jene Tür, durch welche die Menschen früher Zugang zu Gott gefunden hatten, stand nicht länger offen. Die Juden hatten sich geweigert, den

Herrn auf dem richtigen Weg zu suchen, auf dem er damals zu

finden war – durch den Dienst im himmlischen Heiligtum. Deshalb fanden sie keine Gemeinschaft mit Gott. Für sie war die Tür verschlossen. Sie erkannten in Christus nicht das eigentliche Opfer und den einzigen Mittler vor Gott und konnten deshalb auch nicht den Segen seiner Fürsprache empfangen.

Der Zustand der ungläubigen Juden veranschaulicht die Verfassung der Sorglosen und Ungläubigen unter den angeblichen Christen, die absichtlich nichts vom Werk unseres gnädigen Hohepriesters wissen wollen. Wenn im sinnbildlichen Dienst der Hohepriester das Allerheiligste betrat, wurden alle Israeliten aufgefordert, sich um das Heiligtum zu versammeln und in feierlichster Weise sich vor Gott zu demütigen, damit ihnen ihre Sünden vergeben und sie nicht aus der Gemeinde ausgeschlossen wurden. Wie viel wichtiger ist es, dass wir an diesem beispielhaften Versöhnungstag das eigentliche Werk unseres Hohepriesters verstehen und erkennen, welche Aufgaben auf uns warten.

Die Menschen können nicht ungestraft die Warnungen verwerfen, die Gott ihnen gnädig sendet. In den Tagen Noahs wurde der Welt eine Botschaft vom Himmel gesandt, und ihre Rettung hing davon ab, wie sie diese Warnungsbotschaft annehmen würde. Weil man sie ablehnte, zog sich der Geist Gottes von jenem sündigen Geschlecht zurück, das durch die Sintflut ums Leben kam. Zur Zeit Abrahams hörte die Gnade für die schuldbeladenen Einwohner Sodoms auf, und alle außer Lot mit seiner Frau und seinen beiden Töchtern wurden von dem Feuer verzehrt, das vom Himmel herabfiel. So war es auch in den Tagen Christi. Der Sohn Gottes sagte den ungläubigen Juden jenes Geschlechts: »Euer Haus soll euch wüst gelassen werden.« Matthäus 23,38 Im Blick auf die letzten Tage erklärte Jesus den Menschen der Endzeit, welche »die Liebe zur Wahrheit nicht haben angenommen, auf dass sie selig würden« Folgendes: »Darum wird ihnen Gott kräftige Irrtümer senden, dass sie glauben der Lüge, auf dass gerichtet werden alle, die der Wahrheit nicht glauben, sondern haben Lust an der Ungerechtigkeit.« 2.Thessalonicher 2,10-12 Wenn sie die Lehren seines Wortes verwerfen, entzieht Gott ihnen seinen Geist und überlässt sie den Irrtümern, die sie lieben. Aber Christus tritt dennoch für die Menschen ein, und Licht wird denen gegeben, die danach suchen. Obwohl die Adventisten dies zuerst nicht verstanden, wurde es ihnen später klar, als ihnen die Schriftstellen klar wurden, die ihre eigentliche Situation kennzeichneten.

Nach Ablauf des Jahres 1844 folgte eine Zeit großer Prüfung für alle, die den Adventglauben noch immer bewahrten. Ihre einzige Hilfe im Blick auf ihre Position war, ihre Aufmerksamkeit auf das Heiligtum droben zu richten. Manche sagten sich von ihrem Glauben an die frühere Berechnung der prophetischen Ketten los und schrieben den gewaltigen Einfluss des Heiligen Geistes, der die Adventbewegung begleitet hatte, menschlichen oder satanischen Kräften zu. Andere hielten daran fest, dass der Herr sie in ihrer vergangenen Erfahrung geführt habe. Weil sie warteten, wachten und beteten, um den Willen des Herrn zu erfahren, sahen sie, dass ihr großer Hohepriester einen andern Dienst begonnen hatte. Als sie ihm im Glauben folgten, verstanden sie auch das Abschlusswerk der Gemeinde. Die erste und zweite Engelsbotschaft wurde ihnen klarer, und sie waren vorbereitet, die feierliche Warnung des dritten Engels aus Offenbarung 14 zu empfangen und der Welt zu verkündigen.

Christi Dienst im himmlischen Heiligtum

KAPITEL 25

GOTTES GESETZ
IST UNVERÄNERLICH

Durch das Verständnis vom himmlischen Heiligtum wird auch klar, dass das Gesetz Gottes – die Zehn Gebote – unverändert in der Bundeslade aufbewahrt ist. Die Bibel warnt uns vor der Anbetung des Tieres und zeigt als Gegensatz dazu die, welche die Gebote Gottes halten und den Glauben Jesu haben.

D er Tempel Gottes im Himmel wurde aufgetan, und die Lade seines Bundes wurde in seinem Tempel sichtbar.« Offenbarung 11,19 Die Lade des Bundes Gottes steht im Allerheiligsten, der zweiten Abteilung des Heiligtums. Im Dienst der irdischen Hütte, der »dem Vorbild und dem Schatten des Himmlischen« diente, wurde diese Abteilung nur am großen Versöhnungstag zur Reinigung des Heiligtums geöffnet. Deshalb weist die Ankündigung, dass der Tempel Gottes im Himmel geöffnet und die Lade des Bundes darin gesehen wurde, auf das Auftun des Allerheiligsten im himmlischen Heiligtum hin – auf das Jahr 1844. Dort trat Christus ein, um das Schlusswerk der Versöhnung durchzuführen. Alle, die ihrem großen Hohepriester im Glauben folgten, als er seinen Dienst im Allerheiligsten begann, sahen die Bundeslade. Weil sie das Heiligtum erforscht hatten, verstanden sie den Wechsel im Dienst des Heilandes und erkannten, dass er jetzt vor der Lade Gottes diente und dort sein Blut für die Sünder geltend machte.

Die Lade in der Hütte auf Erden enthielt die zwei steinernen Tafeln, auf denen die Gebote des Gesetzes Gottes eingegraben waren. Die Lade war ein Behälter für die Gesetzestafeln. Das Vorhandensein der göttlichen Gebote verlieh ihr Wert und Heiligkeit. Als der Tempel Gottes im Himmel aufgetan wurde, war die Lade des Bundes zu sehen. Im Allerheiligsten des himmlischen Heiligtums wird das göttliche Gesetz unverändert aufbewahrt, das Gesetz, das unter dem Donner am Sinai von Gott gesprochen und von ihm selbst auf steinerne Tafeln geschrieben worden war.

Dieses Gesetz Gottes im himmlischen Heiligtum ist die große Urschrift, wovon die auf steinerne Tafeln geschriebenen und in den Büchern Mose verzeichneten Gebote eine genaue Abschrift waren. Alle, die diese wichtige Wahrheit verstehen lernten, kamen auf diese Weise dahin, die Heiligkeit und Unveränderlichkeit des göttlichen Gesetzes zu erkennen. Wie *[434/435]* **365** nie zuvor wurde ihnen die Kraft der Worte des Heilandes verständlich. »Bis Himmel und Erde vergehen, wird nicht vergehen der kleinste Buchstabe noch ein Tüpfelchen vom Gesetz, bis es alles geschieht.« Matthäus 5,18 Das Gesetz Gottes, eine Offenbarung seines Willens, ein Abbild seines Wesens, muss als ein treuer Zeuge ewig bestehen. Auch nicht ein Gebot ist aufgehoben; nicht der kleinste Buchstabe oder Tüpfel ist verändert worden. Der Psalmist sagt: »Herr, dein Wort bleibt ewiglich, soweit der Himmel ist.« »Alle seine Gebote sind rechtschaffen. Sie werden erhalten immer und ewiglich.« Psalm 119,89; 111,7.8

Gerade im Herzen der Zehn Gebote steht das vierte Gebot, wie es zuerst verkündigt wurde: »Gedenke des Sabbattags, dass du ihn heiligest. Sechs Tage sollst du arbeiten und alle deine Dinge beschicken; aber am siebenten Tage ist der Sabbat des Herrn ...; da sollst du kein Werk tun noch dein Sohn noch deine Tochter noch dein Knecht noch deine Magd noch dein Vieh noch dein Fremdling, der in deinen Toren ist. Denn in sechs Tagen hat der Herr Himmel und Erde gemacht und das Meer und alles, was darinnen ist, und ruhte am siebenten Tage. Darum segnete der Herr den Sabbattag und heiligte ihn.« 2.Mose 20,8-11

Der Geist Gottes beeinflusste die Herzen derer, die sein Wort erforschten. Ihnen wurde immer mehr klar, dass sie dieses Gebot unwissentlich übertreten und den Ruhetag des Schöpfers missachtet hatten. Sie begannen, die Gründe für die Feier des ersten Wochentages statt des von Gott geheiligten Tages zu prüfen. Sie konnten in der Heiligen Schrift keinen Beweis für die Aufhebung oder Veränderung des vierten Gebots finden. Der Segen, der den siebenten Tag heiligte, war ihm nie entzogen worden. Aufrichtig hatten sie danach gesucht, Gottes Willen zu erfahren und danach zu handeln; jetzt erkannten sie sich als Übertreter seines Gesetzes. Tiefer Schmerz erfüllte ihre Herzen, und sie bewiesen ihre Treue gegen Gott dadurch, dass sie den Sabbat heiligten.

Viele ernste Anstrengungen wurden unternommen, um ihren Glauben umzustoßen. Es war doch klar: Wenn das irdische Heiligtum ein Abbild des himmlischen war, so ist auch das in der irdischen Bundeslade aufbewahrte Gesetz eine genaue Abschrift des Gesetzes in der himmlischen Bundeslade. Die Annahme der Wahrheit von dem himmlischen Heiligtum und die Anerkennung der Ansprüche des Gesetzes Gottes sind somit auch Verbindlichkeit gegenüber dem Sabbat des vierten Gebotes. Hier lag das Geheimnis des bitteren und entschlossenen Widerstandes gegen jene übereinstimmende Auslegung der Heiligen Schrift, die den Dienst Christi im himmlischen Heiligtum offenbarte. Menschen versuchten die Tür zu schließen, die Gott geöffnet hatte, und die Tür zu öffnen, die er geschlossen hatte. Aber »der auftut, und niemand schließt zu; der zuschließt, und niemand tut auf«, hatte gesagt:

»Siehe, ich habe vor dir gegeben eine offene Tür, und niemand kann sie zuschließen.« Offenbarung 3,7.8 Christus hatte die Tür aufgeschlossen, d.h. den Dienst im Allerheiligsten begonnen. Aus jener offenen Tür des himmlischen Heiligtums strahlte Licht, das uns zeigte, dass das vierte Gebot in das dort aufbewahrte Gesetz eingeschlossen ist. Was Gott eingesetzt hatte, konnte kein Mensch aufheben.

Menschen, die das Licht über die Mittlerschaft Christi und die Beständigkeit des Gesetzes Gottes angenommen hatten, fanden, dass dies die in Offenbarung 14 offenbarten Wahrheiten waren. Die Botschaften dieses Kapitels enthalten eine dreifache Warnung, Anm 49 die die Bewohner der Erde auf die Wiederkunft des Herrn vorbereiten soll. Die Ankündigung: »Die Zeit seines Gerichts ist gekommen« weist auf das Schlusswerk des Dienstes Christi für die Erlösung der Menschen hin. Sie erklärt eine Wahrheit, die verkündigt werden muss, ehe die Fürbitte des Heilands aufhört und er zur Erde zurückkehrt, um sein Volk zu sich zu nehmen. Das Gericht, das im Jahr 1844 begonnen hat, muss so lange dauern, bis die Schicksale aller – der Lebendigen und der Toten – entschieden sind, also bis zum Ende der Gnadenzeit.

Damit die Menschen vorbereitet sein können, im Gericht zu bestehen, verlangt die Botschaft: »Fürchtet Gott und gebt ihm die Ehre«, »und betet an den, der gemacht hat Himmel und Erde und Meer und die Wasserquellen«. Das Ergebnis der Annahme dieser Botschaft zeigen die Worte an: »Hier ist das Ausharren der Heiligen, welche die Gebote Gottes und den Glauben Jesu bewahren.« Um auf das Gericht vorbereitet zu sein, ist es nötig, das Gesetz Gottes zu beachten. Nach diesem Gesetz wird im Gericht der Charakter beurteilt werden. Der Apostel Paulus erklärt: »Welche unter dem Gesetz gesündigt haben, die werden durchs Gesetz verurteilt werden ... auf den Tag, an dem Gott das Verborgene der Menschen durch Jesus Christus richten wird.« Weiter sagt er: »Die das Gesetz tun, werden gerecht sein.« Römer 2,12-16 Der Glaube ist notwendig, um das göttliche Gesetz halten zu können, denn »ohne Glauben ist's unmöglich, Gott zu gefallen«. »Was aber nicht aus dem Glauben geht, das ist Sünde.« Hebräer 11,6; Römer 4,23

Durch den ersten Engel werden die Menschen aufgefordert, Gott zu fürchten, ihm die Ehre zu geben und ihn als den Schöpfer des Himmels und der Erde anzubeten. Um dies tun zu können, müssen sie seinem Gesetz gehorchen. Salomo sagte: »Fürchte Gott und halte seine Gebote; denn das gilt für alle Menschen.« Prediger 12,13 Ohne Gehorsam gegen seine Gebote kann kein Gottesdienst dem Herrn gefallen. »Das ist die Liebe zu Gott, dass wir seine Gebote halten.« »Wer sein Ohr abwendet, das Gesetz zu hören, des Gebet ist ein Gräuel.« 1.Johannes 5,3; Sprüche 28,9 Die Verpflichtung, Gott anzubeten, beruht auf der Tatsache, dass er der Schöpfer ist und ihm alle anderen Wesen ihr Dasein verdanken. Wo immer in der Bibel hervorgehoben wird, dass er ein größeres Anrecht auf Ehrfurcht und Anbetung hat als die Götter der Heiden, da werden die Beweise seiner Schöpfermacht angeführt. »Denn alle Götter der Völker sind Götzen; aber der Herr hat den Himmel gemacht.« Psalm 96,5 »Mit wem wollt ihr mich also vergleichen, dem ich gleich sei? spricht der Heilige. Hebt eure Augen in die Höhe und seht! Wer hat dies geschaffen? ... So spricht der Herr, der den Himmel geschaffen hat, der Gott, der die Erde bereitet hat ... Ich bin der Herr, und sonst keiner mehr.« Jesaja 40,25.26; 45,18 Der Psalmist sagt: »Erkennt, dass der HERR Gott ist! Er hat uns gemacht, und nicht wir selbst.« »Kommt, lasst uns anbeten ... und niederfallen vor dem Herrn, der uns gemacht hat.« Psalm 100,3; Schlachter 2000; Psalm 95,6 Und die heiligen Wesen, die Gott im Himmel droben anbeten, erklären als Grund ihrer Huldigung: »Herr, du bist würdig, zu nehmen Preis und Ehre und Kraft; denn du hast alle Dinge geschaffen.« Offenbarung 4,11

In Offenbarung 14 werden die Menschen aufgefordert, den Schöpfer anzubeten, und die Weissagung zeigt uns Menschen, die infolge der drei Botschaften die Gebote Gottes halten, dass eines dieser Gebote unmittelbar auf Gott als den Schöpfer hinweist. Das vierte Gebot erklärt: »Am siebenten Tage ist der Sabbat des Herrn, deines Gottes ... Denn in sechs Tagen hat der Herr Himmel und Erde gemacht und das Meer und alles, was darinnen ist, und ruhte am siebenten Tag. Darum segnete der Herr den Sabbattag und heiligte ihn.« 2.Mose 20,10.11 Vom Sabbat sagte der Herr, dass er »ein Zeichen« sei, »damit ihr wisst, dass ich, der Herr, euer Gott bin«. Hesekiel 20,20 Und der dafür angegebene Grund lautet: »Denn in sechs Tagen machte der Herr Himmel und Erde; aber am siebenten Tage ruhte er und erquickte sich.« 2.Mose 31,17

Der Sabbat ist darum als Gedächtnistag der Schöpfung wichtig, weil er immer den wahren Grund angibt, warum die Anbetung Gott gebührt – weil Gott der Schöpfer ist und wir seine Geschöpfe sind. Der Sabbat bildet daher die eigentliche Grundlage aller Gottesdienste, denn er lehrt diese große Wahrheit in eindrucksvollster Weise. Von keiner andern Verordnung kann dies gesagt werden. Der wahre Grund der Gottesanbetung, nicht nur am siebenten Tag, sondern überhaupt, liegt im Unterschied zwischen dem Schöpfer und seinen Geschöpfen. Diese großartige Tatsache kann nie veralten und darf nie vergessen werden. Conradi, „Geschichte des Sabbats", S. 691 Um diese Wahrheit den Menschen stets vor Augen zu halten, setzte Gott in Eden den Sabbat ein, und solange der Anspruch besteht, dass wir ihn anbeten sollen, weil er unser Schöpfer ist, so lange wird auch der Sabbat das Zeichen und Gedächtnis sein. Hätten alle den Sabbat gehalten, so wären die Gedanken

und Neigungen dem Schöpfer voller Ehrfurcht und Anbetung

zugewandt worden, und es hätte nie einen Götzendiener, einen Gottesleugner oder einen Ungläubigen gegeben. Die Beachtung des Sabbats ist ein Zeichen der Treue gegen den wahren Gott, »der gemacht hat Himmel und Erde und Meer und die Wasserquellen«. Daraus ergibt sich, dass die Botschaft, die den Menschen gebietet, Gott anzubeten und seine Gebote zu halten, sie besonders auffordert, das vierte Gebot zu beachten.

Im Gegensatz zu denen, welche die Gebote Gottes halten und den Glauben Jesu haben, verweist der Engel auf andere, gegen deren Irrtümer eine feierliche und schreckliche Warnung ausgesprochen wird: »Wenn jemand das Tier anbetet und sein Bild und nimmt das Malzeichen an seine Stirn oder an seine Hand, der wird von dem Wein des Zorns Gottes trinken.« Offenbarung 14,9.10 Zum Verständnis dieser Botschaft ist eine richtige Auslegung der angewandten Sinnbilder erforderlich. Was wird durch das Tier, das Bild und das Malzeichen dargestellt?

Die prophetische Zeitkette, in der wir diesen Sinnbildern begegnen, beginnt in Offenbarung 12 mit dem Drachen, der Christus bei seiner Geburt umzubringen versuchte. Der Drache ist Satan. (Offenbarung 12,9) Dieser veranlasste Herodes, den Heiland zu töten. Sein hauptsächliches Werkzeug, um in den ersten Jahrhunderten des christlichen Zeitalters Christus und sein Volk zu bekriegen, war das Römische Reich mit seiner vorwiegend heidnischen Religion. Während daher der Drache in erster Linie Satan darstellt, so versinnbildet er anderseits das heidnische Rom.

In Offenbarung 13,1-10 wird ein anderes Tier beschrieben, »gleich einem Panther«, dem der Drache »seine Kraft und seinen Stuhl und große Macht« gab. Dieses Sinnbild veranschaulicht, wie auch die meisten Protestanten geglaubt haben, das Papsttum, das die Kraft, den Stuhl und die Macht des alten Römischen Reiches einnahm. Von dem pantherähnlichen Tier wird gesagt: »Und es wurde ihm ein Maul gegeben, zu reden große Dinge und Lästerungen ... Und es tat sein Maul auf zur Lästerung gegen Gott, zu lästern seinen Namen und sein Haus und die im Himmel wohnen. Und ihm wurde Macht gegeben, zu kämpfen mit den Heiligen und sie zu überwinden; und ihm wurde Macht gegeben über alle Stämme und Völker und Sprachen und Nationen.« Offenbarung 13,6.7 Diese Prophetie, die mit der Beschreibung des kleinen Horns in Daniel 7 fast identisch ist, weist zweifellos auf das Papsttum hin.

»Und ihm wurde Macht gegeben, es zu tun 42 Monate lang.« Der Prophet sagt auch: »Ich sah eines seiner Häupter, als wäre es tödlich verwundet«; und weiter berichtet er: »Wer andere in Gefangenschaft führt, wandert selbst in Gefangenschaft; wer mit dem Schwert tötet, muss selbst durch das Schwert den Tod finden.« Die 42 Monate bezeichnen dasselbe wie die »eine Zeit und zwei Zeiten und eine halbe Zeit«, die dreieinhalb Jahre oder

1260 Tage aus Daniel 7, nämlich die Zeit, während der die päpstliche Macht das Volk Gottes unterdrücken sollte. Dieser Zeitabschnitt begann, wie in früheren Kapiteln angegeben ist, im Jahr 538 n.Chr. mit der Oberherrschaft des Papsttums und endete im Jahr 1798. Zu dieser Zeit wurde der Papst von der französischen Armee gefangengenommen. Die päpstliche Macht erhielt eine tödliche Wunde, und es erfüllte sich die Weissagung: »Wer andere in Gefangenschaft führt, wandert selbst in Gefangenschaft.«

Nun wird uns ein neues Sinnbild vorgestellt. Der Prophet sagt: »Ich sah ein anderes Tier aufsteigen aus der Erde; das hatte zwei Hörner gleichwie ein Lamm.« Offenbarung 13,11 Sowohl das Aussehen dieses Tiers als auch die Art und Weise seines Emporkommens zeigen an, dass die Nation, die es versinnbildet, sich von den Völkern unterscheidet, die durch die vorhergehenden Sinnbilder dargestellt sind. Die großen Königreiche, die die Welt regiert haben, wurden dem Propheten Daniel als Raubtiere gezeigt, die sich erhoben, als »aus allen vier Himmelsrichtungen starke Winde kamen und die Oberfläche des großen Meeres aufwühlten«. Daniel 7,2; Neues Leben In Offenbarung 17 erklärte ein Engel, dass die Wasser »Völker und Scharen und Heiden und Sprachen« seien. Offenbarung 17,15 Winde sind ein Symbol für Kampf. Die vier Winde des Himmels, die das große Meer aufwühlen, stellen die schrecklichen Szenen der Eroberung und Revolution dar, wodurch Königreiche zur Macht gelangten.

Aber das Tier mit den lammähnlichen Hörnern sah der Prophet »aufsteigen aus der Erde«. Statt andere Mächte zu stürzen, um deren Stelle einzunehmen, musste die so dargestellte Nation auf bis dahin weitgehend unbewohntem Gebiet auftreten und sich allmählich und friedlich zur Großmacht entwickeln. Das konnte demnach nicht unter den zusammengedrängt lebenden und miteinander ringenden Völkern der Alten Welt, jenem unruhigen Meer der »Völker und Scharen und Heiden und Sprachen«, geschehen; es musste auf dem westlichen Teil der Erde zu suchen sein.

Welches Volk der Neuen Welt begann sich im Jahr 1798 zu Macht und Größe zu entwickeln und die Aufmerksamkeit der Welt auf sich zu ziehen? Die Anwendung des Sinnbildes ist klar. Nur eine Nation entspricht den Angaben der Weissagung, die unverkennbar auf die Vereinigten Staaten von Amerika weist. Immer wieder ist der Gedanke, ja manchmal nahezu der genaue Wortlaut des Propheten unbewusst von Rednern und Geschichtsschreibern verwendet worden, wenn sie das Emporkommen und Wachstum dieser Nation beschrieben. Das Tier sah man »aufsteigen aus der Erde«; nach einigen Übersetzungen hat das hier mit „aufsteigen" wiedergegebene Wort den Sinn von »aufsprießen oder aufwachsen wie eine Pflanze«. Wie wir gesehen haben, musste diese Nation in einem bis dahin unbesiedelten Gebiet aufkommen.

Ein hervorragender Schriftsteller, der die Entstehung der Vereinigten Staaten schildert, spricht von »dem Geheimnis ihres Emporkommens aus der Leere« und sagt: »Wie ein stiller Same wuchsen wir zu einem Reich heran.« Townsend, „The New World Compared with the Old", S. 462 Eine europäische Zeitung sprach im Jahr 1850 von den Vereinigten Staaten von Amerika als einem wunderbaren Reich, das »hervorbrach und unter dem Schweigen der Erde täglich seine Macht und seinen Stolz vermehrte«. The Dublin Nation

Edward Everett sagte in einer Rede über die Pilgerväter dieser Nation: »Sie sahen sich nach einem zurückgezogenen Ort um, arglos durch seine Verborgenheit und sicher durch seine Abgelegenheit, wo die kleine Gemeinde aus Leyden sich der Gewissensfreiheit erfreuen könnte. Seht die ausgedehnten Gebiete, über die sie in friedlicher Eroberung ... die Fahnen des Kreuzes getragen haben.« Everett, „Speech delivered at Plymouth", Mass., 1824

»Und ... hatte zwei Hörner gleichwie ein Lamm.« Die lammähnlichen Hörner kennzeichnen Jugend, Unschuld und Milde und stellen treffend den Charakter der Vereinigten Staaten dar zu der Zeit, die dem Propheten als Zeit ihres Aufstiegs gezeigt worden war – 1798. Anm 61 Unter den verbannten Christen, die zuerst nach Amerika geflohen waren und eine Zufluchtsstätte vor der Unterdrückung durch ihren Landesherrn und die priesterliche Unduldsamkeit gesucht hatten, waren viele entschlossen, eine Regierung auf der breiten Grundlage bürgerlicher und religiöser Freiheit zu errichten. Ihre Auffassungen legten sie in der Unabhängigkeitserklärung nieder, welche die große Wahrheit enthielt, dass »alle Menschen gleich geboren und mit den unveräußerlichen Rechten des Lebens, der Freiheit und des Strebens nach Glück begabt seien«. Die Verfassung sicherte dem Volk das Recht der Selbstverwaltung, indem die durch allgemeines Stimmrecht gewählten Vertreter Gesetze erlassen und durchführen. Glaubensfreiheit wurde gewährt und jedem gestattet, Gott nach seinem Gewissen anzubeten. Republikanismus und Protestantismus wurden die ersten Grundsätze der Nation und sind das Geheimnis ihrer Macht und ihres Gedeihens. Die Unterdrückten und in den Staub Getretenen in der ganzen Christenheit haben sich zu Millionen gerne diesem Land zugewandt. Die Vereinigten Staaten haben einen Platz unter den mächtigsten Nationen der Erde erlangt.

Aber das Tier mit den Hörnern gleichwie ein Lamm »redete wie ein Drache. Und es übt alle Macht des ersten Tieres aus vor seinen Augen, und es macht, dass die Erde und die darauf wohnen, das erste Tier anbeten, dessen tödliche Wunde heil geworden war. Und es tut große Zeichen, so dass es auch Feuer vom Himmel auf die Erde fallen lässt vor den Augen der Menschen; und es verführt, die auf Erden wohnen, durch die Zeichen, die zu tun vor den Augen des Tieres ihm Macht gegeben ist; und sagt denen, die auf Erden wohnen, dass sie ein Bild machen sollen dem Tier, das die Wunde vom Schwert hatte und lebendig geworden war«. Offenbarung 13,11-14

Die Hörner gleich denen eines Lammes und die Drachenstimme des Sinnbildes weisen auf einen grellen Widerspruch zwischen dem Bekenntnis und der Handlungsweise der so beschriebenen Nation hin. Das »Reden« eines Volkes sind die Beschlüsse seiner gesetzgebenden und richterlichen Behörden. Diese werden die freien und friedlichen Grundsätze, die es als Grundlage seiner Regierungspolitik aufgestellt hat, Lügen strafen. Die Weissagung, dass es »wie ein Drache« reden und »alle Macht des ersten Tiers vor ihm« ausüben wird, sagt deutlich eine Entwicklung des Geistes der Unduldsamkeit und Verfolgung voraus, der von den Mächten berichtet wurde, die durch den Drachen und das Tier gleich einem Panther dargestellt sind. Und die Aussage, dass das Tier mit zwei Hörnern so wirkt, »dass die Erde und die darauf wohnen das erste Tier anbeten«, zeigt, dass diese Nation ihre Macht dazu benutzen wird, einen Gehorsam zu erzwingen, der das Papsttum ehrt.

Ein solches Handeln würde den Grundsätzen dieser Regierung, dem Geist ihrer freien Einrichtungen, dem klaren und feierlichen Bekenntnis der Unabhängigkeitserklärung und der Verfassung entgegen sein. Die Staatsgründer wollten sich wohlüberlegt gegen die Anwendung der Staatsgewalt durch die Kirche mit ihren unvermeidlichen Folgen – Unduldsamkeit und Verfolgung – absichern. Die Verfassung schreibt vor: »Der Kongress soll kein Gesetz zur Einführung der Religion oder auch gegen ihre freie Ausübung erlassen«; auch soll die »religiöse Haltung niemals als Befähigung zu irgendeiner öffentlichen Vertrauensstellung in den Vereinigten Staaten zur Bedingung gemacht werden«. Nur durch offenkundige Verletzung dieser Schutzmauer nationaler Freiheit kann irgendein religiöser Zwang durch die Staatsbehörden ausgeübt werden. Der innere Widerspruch solchen Handelns ist nicht größer, als er im Sinnbild dargelegt ist. Wir haben es mit einem zweihörnigen Tier gleich einem Lamm zu tun, das, in seinem Bekenntnis rein, mild und harmlos, jedoch wie ein Drache redet. »Und sagt denen, die auf Erden wohnen, dass sie ein Bild machen sollen dem Tier.« Hier wird offenbar eine Regierungsform geschildert, bei der die gesetzgebende Macht in den Händen des Volkes ruht – eine sehr treffende Bestätigung, dass die Vereinigten Staaten die in der Weissagung angedeutete Nation sind.

Aber was ist das Bild des Tieres, und wie soll es gestaltet werden? Dem ersten Tier wird vom zweihörnigen Tier ein Bild errichtet. Es wird auch »Bild des Tiers« genannt. Um daher zu erfahren, was das Bild ist und wie es gestaltet werden soll, müssen wir die Merkmale des »Tieres« selbst, des Papsttums, betrachten. Als die Kirche am Anfang dadurch verdorben wurde, dass sie von der Einfachheit des Evangeliums abwich und heidnische Gebräuche und Gewohnheiten annahm, verlor sie den Geist und die Kraft Gottes. Um die Gewissen der Menschen zu beherrschen, suchte sie den Beistand der Staatsgewalt. Die Folge war das Papsttum, eine Kirchenmacht, welche die Staatsgewalt beherrschte und sie zur Förderung ihrer eigenen Absichten einsetzte, besonders zur Bestrafung der Ketzerei. Damit die Vereinigten Staaten dem Tier ein Bild machen können, muss die religiöse Macht den Staat so beherrschen, dass dieser auch von der Kirche zur Durchführung ihrer Absichten eingesetzt wird.

Wo immer die Kirche die Staatsgewalt erlangte, setzte sie ihre Macht ein, um Abweichungen von ihren Lehren zu bestrafen. Protestantische Kirchen, die, den Fußtapfen Roms folgend, mit weltlichen Mächten Verbindungen eingingen, haben ein ähnliches Interesse bekundet, die Gewissensfreiheit zu beschränken. Ein Beispiel dafür bieten uns die lange andauernden Verfolgungen von Andersgläubigen durch die anglikanische Kirche. Während des 16. und 17. Jahrhunderts waren Tausende andersdenkender Prediger gezwungen, ihre Gemeinden zu verlassen. Und viele Prediger und Gemeindeglieder mussten Strafe, Gefängnis, Folter und Qual auf sich nehmen.

Es war der Abfall, der die frühe Kirche dahin brachte, die Hilfe des Staates zu suchen, und dadurch wurde der Weg für die Entwicklung des Papsttums, des Tiers, vorbereitet. Paulus sagte, »dass zuvor der Abfall komme und offenbart werde der Mensch der Sünde«. 2.Thessalonicher 2,3 Demnach wird der Abfall in der Gemeinde den Weg für das Bild des Tieres vorbereiten.

Die Bibel erklärt, dass vor dem Kommen des Herrn ein religiöser Verfall, ähnlich dem der ersten Jahrhunderte, eintreten würde. »In den letzten Tagen werden gräuliche Zeiten kommen. Denn es werden Menschen sein, die viel von sich halten, geizig, ruhmredig, hoffärtig, Lästerer, den Eltern ungehorsam, undankbar, ungeistlich, lieblos, unversöhnlich, Verleumder, unkeusch, wild, ungütig, Verräter, Frevler, aufgeblasen, die mehr lieben Wolllust denn Gott, die da haben den Schein eines gottseligen Wesens, aber seine Kraft verleugnen sie.« »Der Geist aber sagt deutlich, dass in den letzten Zeiten einige von dem Glauben abfallen werden und verführerischen Geistern und teuflischen Lehren anhängen.« Satan wird »auftreten mit großer Kraft und lügenhaften Zeichen und Wundern und mit jeglicher Verführung zur Ungerechtigkeit«. Und alle, welche »die Liebe zur Wahrheit nicht haben angenommen, auf dass sie selig würden«, werden sich selbst überlassen, »kräftige Irrtümer« annehmen, »sodass sie der Lüge glauben«. 2.Timotheus 3,1-5; 1.Timotheus 4,1; 2.Thessalonicher 2,9-11 Wenn dieser Zustand der Gottlosigkeit erreicht sein wird, wird er auch die gleichen Ergebnisse vorweisen wie in den ersten Jahrhunderten.

Die in den protestantischen Kirchen herrschende große Glaubensverschiedenheit wird von vielen als ein entscheidender Beweis angesehen, dass es niemals möglich sein wird, eine Gleichschaltung zu erzwingen. Und doch besteht in den protestantischen Kirchen schon jahrelang ein starkes, wachsendes Bestreben zugunsten einer auf gemeinschaftlichen Lehrpunkten beruhenden Vereinigung. Um das zu erreichen, müssten Themen, worüber nicht alle einig sind, wie wichtig sie auch vom biblischen Standpunkt aus sein mögen, notwendigerweise unberücksichtigt bleiben.

Charles Beecher, ein hervorragender amerikanischer Redner, erklärte in einer Predigt im Jahr 1846, dass die Geistlichkeit »der evangelisch-protestantischen Gemeinschaften nicht nur von Anfang an unter einem gewaltigen Druck rein menschlicher Furcht stehe, sondern auch in einem von der Wurzel aus verderbten Zustand lebe, atme und sich bewege und sich mit jeder Stunde an jegliches niedere Element ihrer Natur wenden müsse, um die Wahrheit zum Schweigen zu bringen und die Knie vor der Macht des Abfalls zu beugen. Ging es nicht so mit Rom? Leben wir nicht das gleiche Leben? Und was sehen wir gerade vor uns? – Ein zweites allgemeines Konzil! Eine kirchliche Weltvereinigung! Eine evangelische Allianz und ein allumfassendes Glaubensbekenntnis!« Beecher, „The Bible a Sufficient Creed", Predigt – gehalten 1845 Ist dies erst einmal erreicht, dann wird es bei dem Bemühen, vollständige Übereinstimmung zu erzielen, nur noch ein Schritt sein bis zur Gewaltanwendung.

Wenn sich die führenden Kirchen der Vereinigten Staaten in den Lehrpunkten, die sie gemeinsam haben, vereinigen und den Staat beeinflussen, dass er ihre Verordnungen durchsetze und ihre Satzungen unterstütze, wird das protestantische Amerika ein Bild von der römischen Priesterherrschaft errichtet haben, und die Verhängung von Strafen über Andersgläubige wird die unausbleibliche Folge sein. Das Tier mit zwei Hörnern »bewirkt, dass allen, den Kleinen und den Großen, den Reichen und den Armen, den Freien und den Knechten, ein Malzeichen gegeben wird auf ihre rechte Hand oder auf ihre Stirn, und dass niemand kaufen oder verkaufen kann als nur der, welcher das Malzeichen hat oder den Namen des Tieres oder die Zahl seines Namens«. Offenbarung 13,16.17; Schlachter 2000

Die Warnung des dritten Engels lautet: »Wenn jemand das Tier und sein Bild anbetet und das Malzeichen auf seine Stirn oder auf seine Hand annimmt, so wird auch er von dem Glutwein Gottes trinken.« Offb. 14,9; Schlachter 2000 Das Tier, das in dieser Botschaft erwähnt und dessen Anbetung durch das zweihörnige Tier erzwungen wird, ist das erste, pantherähnliche Tier aus Offenba-

rung 13, das Papsttum. Das Bild des Tieres stellt jene Form des abgefallenen Protestantismus dar, die sich entwickeln wird, wenn die protestantischen Kirchen zur Erzwingung ihrer Lehrsätze die Hilfe des Staates suchen werden. Nun haben wir noch das Malzeichen des Tieres zu beschreiben.

Nach der Warnung vor der Anbetung des Tieres und seines Bildes erklärt die Weissagung: »Hier ist das Ausharren der Heiligen, welche die Gebote Gottes und den Glauben Jesu bewahren.« Offenbarung 14,12 Elberfelder Da die Menschen, die Gottes Gebote halten, so denen gegenübergestellt werden, die das Tier und sein Bild anbeten und sein Malzeichen annehmen, folgt daraus, dass die Beachtung des Gesetzes Gottes einerseits und dessen Übertretung anderseits den Unterschied zwischen den Anbetern Gottes und den Anbetern des Tieres bilden wird.

Das besondere Merkmal des Tiers und damit auch seines Bildes ist die Übertretung der Gebote Gottes. Daniel sagte vom kleinen Horn, dem Papsttum: »Er ... wird sich unterstehen, Festzeiten und Gesetz zu ändern.« Daniel 7,25 Und Paulus nannte dieselbe Macht den »Menschen der Sünde«, der sich über Gott erheben würde. Eine Weissagung ergänzt die andere. Nur indem es das göttliche Gesetz veränderte, konnte sich das Papsttum über Gott erheben. Wer aber wissentlich das so veränderte Gesetz hält, zollt dadurch jener Macht die höchste Ehre, die es verändert hat. Ein solcher Gehorsam gegen die päpstlichen Gesetze würde ein Zeichen des Bündnisses mit dem Papsttum anstatt mit Gott sein.

Das Papsttum hat versucht, das Gesetz Gottes zu verändern. Das zweite Gebot, das die Anbetung von Bildern verbietet, ist aus dem Gesetz entfernt, und das vierte ist so verändert worden, dass es die Feier des ersten Wochentages statt des siebenten als Sabbat gutheißt. Doch die römischen Leiter bestanden darauf, dass das zweite Gebot ausgelassen wurde, weil es in dem ersten enthalten und deshalb überflüssig sei, und dass sie das Gesetz genauso weitergäben, wie Gott es verstanden haben wollte. Eine solche Veränderung hat der Prophet nicht geweissagt. Es ist von einer absichtlichen, reiflich überlegten Abänderung die Rede: »Er ... wird sich unterstehen, Festzeiten und Gesetz zu ändern.« Die am vierten Gebot vorgenommene Veränderung entspricht genau den Angaben der Weissagung. Als einziger Urheber hierfür kommt die Kirche in Betracht. Dadurch erhebt sich die päpstliche Macht offen über Gott.

Während sich die Anbeter Gottes ganz besonders durch die Beachtung des vierten Gebotes auszeichnen, da dies das Zeichen der göttlichen Schöpfungsmacht ist und bezeugt, dass Gott Anspruch auf Ehrfurcht und Huldigung der Menschen hat, so werden sich die Anbeter des Tiers durch ihre Bemühungen kennzeichnen, den Gedächtnistag des Schöpfers zu beseitigen, um die Einrichtung Roms zu erheben. Zum ersten Mal machte das

Papsttum zugunsten des Sonntags seine anmaßenden Ansprüche geltend. Anm 50 Den Staat rief es das erste Mal zu Hilfe, als es die Feier des Sonntags als des »Tages des Herrn« erzwingen wollte. Doch die Bibel verweist auf den siebenten und nicht auf den ersten Tag als »Tag des Herrn«. Christus sagte: »So ist des Menschen Sohn ein Herr auch des Sabbats.« Das vierte Gebot erklärt: »Am siebenten Tage ist der Sabbat des Herrn, deines Gottes.« Und der Herr selbst spricht durch den Propheten Jesaja vom Sabbat als von »meinem heiligen Tage«. Markus 2,28; 2.Mose 20,10; Jesaja 58,13

Die so oft wiederholte Behauptung, dass Christus den Sabbat verändert habe, wird durch seine eigenen Worte widerlegt. In der Bergpredigt sagte er: »Ihr sollt nicht meinen, dass ich gekommen bin, das Gesetz oder die Propheten aufzulösen; ich bin nicht gekommen aufzulösen, sondern zu erfüllen. Denn wahrlich, ich sage euch: Bis Himmel und Erde vergehen, wird nicht vergehen der kleinste Buchstabe noch ein Tüpfelchen vom Gesetz ... Wer nun eines von diesen kleinsten Geboten auflöst ..., der wird der Kleinste heißen im Himmelreich; wer es aber tut und lehrt, der wird groß heißen im Himmelreich.« Matthäus 5,17-19 Es ist eine von den Protestanten allgemein zugestandene Tatsache, dass die Heilige Schrift keinen Beweis für die Veränderung des Sabbats bietet. Dies wird in den verschiedensten Veröffentlichungen deutlich gelehrt. So rechnet die Augsburgische Konfession den Sonntag zu den menschlichen Satzungen, um guter Ordnung, Einigkeit und des Friedens willen erfunden. (Apologia der Konfession, Art. 15)

Ein berühmter deutscher Theologe erklärt, dass wir den Sonntag nicht aus »dem Neuen Testament, sondern aus der kirchlichen Überlieferung« haben. Ja, er behauptet: »Dass Christus oder seine Apostel ... den Sonntag und die Feiertage verordnet, lässt sich nicht nur nicht erweisen, sondern es lässt sich sogar das Gegenteil zu aller nach Lage der Zeugnisse denkbaren Evidenz [Beweis] bringen.« Beyschlag, „Der Altkatholizismus", S. 52.53

Das Gleiche sagen die Schriften der von den verschiedenen protestantischen Gemeinden gebildeten amerikanischen Traktatgesellschaft und der amerikanischen Sonntagsschulunion aus. Eines dieser Werke anerkennt »das gänzliche Schweigen des Neuen Testaments, soweit dies ein bestimmtes Gebot für den Sabbat [Sonntag, den ersten Wochentag] oder besondere Vorschriften für dessen Beachtung anbelangt«. Elliott, „The Abiding Sabbath", S. 184

Ein anderer sagt: »Bis zum Tod Christi war keine Veränderung des Tages vorgenommen worden«; und »soweit der Bericht zeigt, gaben sie [die Apostel] keinen ausdrücklichen Befehl zur Aufhebung des Siebenten-Tag-Sabbats und zu dessen Feier am ersten Wochentag.« Waffle, „The Lord's Day", S. 186

Die Katholiken geben zu, dass die Veränderung des Sabbats

von ihrer Kirche vorgenommen wurde und erklären, dass die Protestanten durch die Sonntagsfeier ihre [der Katholiken] Macht anerkennen. Der »Katholische Katechismus der christlichen Religion« beantwortet die Frage, welchen Tag man nach dem vierten Gebot halten solle, wie folgt: »Unter dem alten Gesetz war der Samstag der geheiligte Tag, aber die Kirche, angewiesen durch Jesus Christus und geleitet vom Geist Gottes, hat den Sonntag an die Stelle des Sabbats gesetzt, so dass wir nun den ersten, nicht aber den siebenten Tag heiligen. Sonntag bedeutet und ist jetzt der Tag des Herrn.«

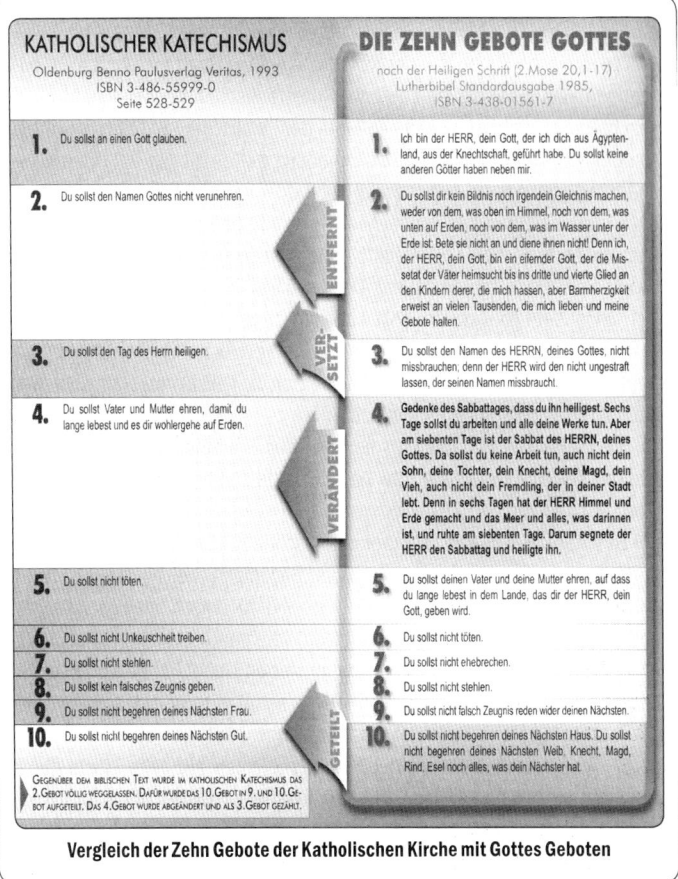

KATHOLISCHER KATECHISMUS
Oldenburg Benno Paulusverlag Veritas, 1993
ISBN 3-486-55999-0
Seite 528-529

DIE ZEHN GEBOTE GOTTES
nach der Heiligen Schrift (2.Mose 20,1-17)
Lutherbibel Standardausgabe 1985,
ISBN 3-438-01561-7

1. Du sollst an einen Gott glauben.

1. Ich bin der HERR, dein Gott, der ich dich aus Ägyptenland, aus der Knechtschaft, geführt habe. Du sollst keine anderen Götter haben neben mir.

ENTFERNT

2. Du sollst den Namen Gottes nicht verunehren.

2. Du sollst dir kein Bildnis noch irgendein Gleichnis machen, weder von dem, was oben im Himmel, noch von dem, was unten auf Erden, noch von dem, was im Wasser unter der Erde ist: Bete sie nicht an und diene ihnen nicht! Denn ich, der HERR, dein Gott, bin ein eifernder Gott, der die Missetat der Väter heimsucht bis ins dritte und vierte Glied an den Kindern derer, die mich hassen, aber Barmherzigkeit erweist an vielen Tausenden, die mich lieben und meine Gebote halten.

VERSETZT

3. Du sollst den Tag des Herrn heiligen.

3. Du sollst den Namen des HERRN, deines Gottes, nicht missbrauchen, denn der HERR wird den nicht ungestraft lassen, der seinen Namen missbraucht.

4. Du sollst Vater und Mutter ehren, damit du lange lebest und es dir wohlergehe auf Erden.

VERÄNDERT

4. Gedenke des Sabbattages, dass du ihn heiligest. Sechs Tage sollst du arbeiten und alle deine Werke tun. Aber am siebenten Tage ist der Sabbat des HERRN, deines Gottes. Da sollst du keine Arbeit tun, auch nicht dein Sohn, deine Tochter, dein Knecht, deine Magd, dein Vieh, auch nicht dein Fremdling, der in deiner Stadt lebt. Denn in sechs Tagen hat der HERR Himmel und Erde gemacht und das Meer und alles, was darinnen ist, und ruhte am siebenten Tage. Darum segnete der HERR den Sabbattag und heiligte ihn.

5. Du sollst nicht töten.

5. Du sollst deinen Vater und deine Mutter ehren, auf dass du lange lebest in dem Lande, das dir der HERR, dein Gott, geben wird.

6. Du sollst nicht Unkeuschheit treiben.

6. Du sollst nicht töten.

7. Du sollst nicht stehlen.

7. Du sollst nicht ehebrechen.

8. Du sollst kein falsches Zeugnis geben.

8. Du sollst nicht stehlen.

9. Du sollst nicht begehren deines Nächsten Frau.

9. Du sollst nicht falsch Zeugnis reden wider deinen Nächsten.

GETEILT

10. Du sollst nicht begehren deines Nächsten Gut.

10. Du sollst nicht begehren deines Nächsten Haus. Du sollst nicht begehren deines Nächsten Weib, Knecht, Magd, Rind, Esel noch alles, was dein Nächster hat.

GEGENÜBER DEM BIBLISCHEN TEXT WURDE IM KATHOLISCHEN KATECHISMUS DAS 2.GEBOT VÖLLIG WEGGELASSEN. DAFÜR WURDE DAS 10.GEBOT IN 9. UND 10.GEBOT AUFGETEILT. DAS 4.GEBOT WURDE ABGEÄNDERT UND ALS 3.GEBOT GEZÄHLT.

Vergleich der Zehn Gebote der Katholischen Kirche mit Gottes Geboten

Als Zeichen der päpstlichen Autorität führen päpstliche Schriftsteller »gerade die Verlegung des Sabbats auf den Sonntag an, was die Protestanten zugeben, ... da sie durch die Beachtung des Sonntags die Macht der Kirche, Feste einzusetzen und die Übertretung als Sünde zu rechnen, anerkennen.« Tuberville, „An Abridgement of the Christian Doctrine", S. 58 Dies wird sehr deutlich im 28. Artikel der Augsburgischen Konfession bezeugt, die erklärt, dass von der katholischen Kirche »wird kein Exempel so hoch getrieben und angezogen als die Verwandlung des Sabbats, und wollen damit erhalten [beweisen], dass die Gewalt der Kirchen groß sei, dieweil sie mit [von] den Zehn Geboten dispensiert [entbunden] und etwas daran verändert hat«. Was ist daher die Veränderung des Sabbats anderes als das »Malzeichen des Tiers«?

Die römische Kirche hat ihre Ansprüche auf die Oberherrschaft nicht aufgegeben, und wenn die Welt und die protestantischen Kirchen einen von ihr geschaffenen Sabbat annehmen und den biblischen Sabbat verwerfen, so stimmen sie im Grunde dieser Anmaßung zu. Sie mögen sich für die Veränderung wohl auf die Autorität der Väter oder der Überlieferungen berufen, doch indem sie das tun, verleugnen sie gerade den Grundsatz, der sie von Rom trennt: dass die Heilige Schrift – und zwar die Heilige Schrift allein – die Religion der Protestanten enthält. Der Anhänger Roms kann sehen, dass sie sich selbst betrügen und ihre Augen absichtlich vor den gegebenen Tatsachen verschließen. Wenn die Bewegung, den Sonntag zu erzwingen, Anklang findet, freut er sich in der Gewissheit, dass mit der Zeit die ganze protestantische Welt unter das Banner Roms kommen werde.

Die Katholiken behaupten, »die Feier des Sonntags seitens der Protestanten sei eine Huldigung, die sie, sich selbst zum Trotz, der Macht der [katholischen] Kirche zollen.« Plain Talk about Protestantism, S. 213 Die Erzwingung der Sonntagsfeier seitens der protestantischen Kirchen ist eine Erzwingung der Anbetung des Papsttums, des Tiers. Diejenigen, welche die Ansprüche des vierten Gebotes verstehen und sich doch dafür entscheiden den falschen anstelle des wahren Sabbats zu befolgen, verehren dadurch die Macht, die allein ihn befohlen hat. Die Änderung im vierten Gebot ist die Änderung im Gesetz Gottes, welche in der Prophetie erwähnt wird und das Halten des gefälschten Sabbats bedeutet das Empfangen des Malzeichens. Gerade durch diese Handlungsweise, der Erzwingung einer religiösen Pflicht durch den Staat, sind es die Kirchen selbst, die dem Tier ein Bild errichten. Demnach ist die Erzwingung der Sonntagsfeier in den Vereinigten Staaten von Amerika eine Erzwingung der Anbetung des Tieres und seines Bildes.

Doch die Christen vergangener Zeiten hielten den Sonntag in der Meinung, dadurch den biblischen Sabbat zu feiern. Es gibt heute noch in jeder Kirche, die römisch-katholische nicht ausgenommen, wahre Christen, die aufrichtig glauben, der Sonntag sei der von Gott verordnete Sabbattag. Gott nimmt ihre aufrichtige Absicht und ihre Redlichkeit vor ihm an. Doch wenn die Sonntagsfeier durch Gesetze eingeführt und die Welt über die Verpflichtungen gegen den wahren Sabbat aufgeklärt werden wird, dann werden alle, die Gottes Gebot übertreten, um einer Verordnung nachzukommen, die keine höhere Autorität als die Roms hat, dadurch das Papsttum mehr ehren als Gott. Sie ehren Rom und die Macht, die eine von Rom eingeführte Verordnung erzwingt und beten das Tier und sein Bild an. Wenn Menschen die Einrichtung verwerfen, von der Gott gesagt hat, sie sei das Zeichen seiner Autorität, und statt dessen das hochhalten, was Rom als Zeichen seiner Oberherrschaft erwählt hat, so nehmen sie dadurch das Merkmal der Huldigung Roms, das Malzeichen des Tieres an. Erst wenn die Entscheidung auf diese Weise auf die Menschen deutlich zukommt, wenn sie zwischen den Geboten Gottes und Menschengeboten zu wählen haben, dann werden Menschen, die weiterhin in ihrer Übertretung bleiben, »das Malzeichen des Tiers« empfangen. Die schrecklichste Drohung, die je an Sterbliche gerichtet wurde, findet sich in der dritten Engelsbotschaft. Es muss eine furchtbare Sünde sein, die den Zorn Gottes ohne jede Gnade auf die Häupter der Schuldigen herabbeschwört. Die Menschen sollen über diese wichtige Angelegenheit nicht im Unklaren bleiben. Die Warnung vor dieser Sünde muss an die Welt ergehen, ehe Gottes Gerichte sie treffen, damit alle wissen können, warum sie kommen, und Gelegenheit haben, ihnen zu entrinnen. Das prophetische Wort sagt, dass der erste Engel seine Botschaft an »alle Heiden und Geschlechter und Sprachen und Völker« richtet. Die Warnung des dritten Engels, die einen Teil dieser dreifachen Botschaft bildet, soll keine geringere Ausdehnung haben. Nach der Weissagung wird sie von einem Engel, der mitten durch den Himmel fliegt, mit lauter Stimme verkündigt und daher die Aufmerksamkeit der ganzen Welt auf sich lenken.

Beim Ausgang des Kampfes wird die gesamte Christenheit in zwei Gruppen geteilt sein: in die, welche die Gebote Gottes hält und den Glauben Jesu bewahrt, und in jene, die das Tier und sein Bild anbetet und sein Malzeichen annimmt. Wenn auch Kirche und Staat ihre Macht vereinen werden, um »die Kleinen und Großen, die Reichen und Armen, die Freien und Knechte« zu zwingen, das Malzeichen des Tiers anzunehmen, Offenbarung 13,16 so wird doch Gottes Volk diesem Druck widerstehen. Der Prophet sah schon auf Patmos die, »die den Sieg behalten hatten an dem Tier und an seinem Bild und seinem Malzeichen und seines Namens Zahl«; sie »standen an dem gläsernen Meer und hatten Harfen Gottes« und sangen »das Lied Moses« und »das Lied des Lammes.« Offenbarung 15,2.3

KAPITEL 26

EIN **WERK** DER **ERNEUERUNG**

Die Zeit war da, den entheiligten Sabbat wieder auf den Leuchter zu stellen. Unterstützt durch die Botschaft der drei Engel (Offenbarung 14), begann die Verkündigung über den Sabbat. Das war den allgemeinen Christen überhaupt nicht recht, denn es forderte ein Opfer von ihnen – und eine Entscheidung.

D ie Reformation des Sabbats, die in den letzten Tagen durchgeführt werden soll, ist in der Weissagung Jesajas vorhergesagt: »So spricht der Herr: Haltet das Recht und tut Gerechtigkeit; denn mein Heil ist nahe, dass es komme, und meine Gerechtigkeit, dass sie offenbart werde. Wohl dem Menschen, der solches tut, und dem Menschenkind, der es festhält, dass er den Sabbat halte und nicht entheilige und halte seine Hand, dass er kein Arges tu! ... Und die Fremden, die sich zum Herrn getan haben, dass sie ihm dienen und seinen Namen lieben, auf dass sie seine Knechte seien, ein jeglicher, der den Sabbat hält, dass er ihn nicht entweihe, und meinen Bund festhält, die will ich zu meinem heiligen Berge bringen und will sie erfreuen in meinem Bethause.« Jesaja 56,1.2.7

Diese Worte beziehen sich auf das christliche Zeitalter, wie der Zusammenhang zeigt: »Der Herr, Herr, der die Verstoßenen aus Israel sammelt, spricht: Ich will noch mehr zu dem Haufen derer, die versammelt sind, sammeln.« Jesaja 56,8 Hier ist das Sammeln der Heiden durch die Verkündigung des Evangeliums vorausgeschaut. Über die, welche dann den Sabbat ehren, ist ein Segen ausgesprochen. So erstreckt sich die Verbindlichkeit des vierten Gebotes weit über die Kreuzigung, die Auferstehung und die Himmelfahrt Christi hin bis auf die Zeit, in der seine Diener allen Völkern die frohe Botschaft predigen sollten.

Der Herr befiehlt durch den Propheten Jesaja: »Binde zu das Zeugnis, versiegle das Gesetz meinen Jüngern.« Jesaja 8,16 Das Siegel des Gesetzes Gottes findet sich im vierten Gebot. Dieses ist das Einzige unter allen zehn, das sowohl den Namen als auch den Titel des Gesetzgebers aufzeigt. Es erklärt Gott als Schöpfer des Himmels und der Erde und rechtfertigt so seinen Anspruch auf Anbetung vor allen andern. Außer dieser Angabe enthalten die Zehn Gebote nichts, das die Urheberschaft des Gesetzes zeigt. Als die päpstliche Macht den Sabbat veränderte, wurde dem Gesetz sein Siegel genommen. Die Nachfolger Jesu sind berufen, es wiederherzustellen, indem sie den Sabbat des vierten Gebotes in seine rechtmäßige Stellung als Gedächtnistag des Schöpfers und Zeichen seiner Machtfülle erheben.

»Nach dem Gesetz und Zeugnis!« Während gegensätzliche Lehren und Theorien im Überfluss vorhanden sind, ist das Gesetz Gottes die einzige untrügliche Richtschnur, nach der alle Meinungen, Lehren und Theorien geprüft werden sollen. Darum sagt der Prophet: »Werden sie das nicht sagen, so werden sie die Morgenröte [d.h. das Licht der Wahrheit] nicht haben.« Jesaja 8,20

Zudem wird das Gebot gegeben: »Rufe getrost, schone nicht, erhebe deine Stimme wie eine Posaune und verkündige meinem Volk ihr Übertreten und dem Hause Jakob ihre Sünden.« Nicht die gottlose Welt, sondern die, die der Herr als »mein Volk« bezeichnet, sollen wegen ihrer Übertretungen zurechtgewiesen werden. Es heißt weiterhin: »Sie suchen mich täglich und wollen meine Wege wissen wie ein Volk, das Gerechtigkeit schon getan und das Recht ihres Gottes nicht verlassen hätte.« Jesaja 58,1.2 Hier werden uns Menschen gezeigt, die sich für gerechtfertigt halten und sich sehr eifrig für Gottes Sache einzusetzen scheinen, aber der ernste und feierliche Tadel dessen, der die Herzen erforscht, beweist, dass sie die göttlichen Verordnungen mit Füßen treten.

Der Prophet bezeichnet das unbeachtet gelassene Gebot wie folgt: »Und es soll durch dich wieder aufgebaut werden, was lange wüst gelegen hat, und du wirst wieder aufrichten, was vorzeiten gegründet ward; und du sollst heißen: ‚Der die Lücken zumauert und die Wege ausbessert, dass man da wohnen könne.‘ Wenn du deinen Fuß am Sabbat zurückhältst und nicht deinen Geschäften nachgehst an meinem heiligen Tage und den Sabbat ‚Lust‘ nennst und den heiligen Tag des HERRN ‚Geehrt‘; wenn du ihn dadurch ehrst, dass du nicht deine Gänge machst und nicht deine Geschäfte treibst und kein leeres Geschwätz redest, dann wirst du deine Lust haben am HERRN.« Jesaja 58,12-14 Diese Weissagung bezieht sich ebenfalls auf unsere Zeit. Die Lücke kam in das Gesetz Gottes, als Rom den Sabbat veränderte. Aber die Zeit ist gekommen, in der jene göttliche Einrichtung wiederhergestellt werden soll. Die Lücke soll verzäunt und ein Fundament gelegt werden, das für immer bliebe.

Diesen durch des Schöpfers Ruhe und Segen geheiligten Sabbat feierte Adam in seiner Unschuld im Garten Eden – und auch dann noch, als er gefallen, aber reumütig aus seiner glücklichen Heimat vertrieben war. Alle Patriarchen von Abel bis zum gerechten Noah, bis zu Abraham und Jakob hielten den Sabbat. Als sich das auserwählte Volk in der ägyptischen Knechtschaft befand, verloren viele unter der herrschenden Abgötterei ihre Kenntnis des göttlichen Gesetzes, aber als der Herr Israel erlöst hatte, verkündete er der versammelten Menge in ehrfurchtgebietender Majestät sein Gesetz, damit alle seinen Willen wissen, ihn fürchten und ihm ewig gehorchen möchten.

Von jenem Tage an bis heute ist die Kenntnis des göttlichen Gesetzes auf Erden bewahrt und der Sabbat des vierten Gebots gehalten worden. Obwohl es dem »Menschen der Sünde« gelang, Gottes heiligen Tag mit Füßen zu treten, so lebten doch, selbst zur Zeit seiner Oberherrschaft, an geheimen Orten treue Menschen, die den Sabbat ehrten. Seit der Reformation hat es stets Menschen gegeben, die ihn feierten. Wenn auch oft unter Schmach und Verfolgung, so wurde doch ununterbrochen Zeugnis abgelegt für die Fortdauer des Gesetzes Gottes und für die feierliche Verpflichtung gegenüber dem Sabbat der Schöpfung.

Diese Wahrheiten, wie sie Offenbarung 14 im Zusammenhang mit dem »ewigen Evangelium« aufzeigt, werden die Gemeinde Christi zur Zeit seines Erscheinens kennzeichnen. Denn als Folge der dreifachen Botschaft wird vorausgesagt: »Hier ist das Ausharren der Heiligen, welche die Gebote Gottes und den Glauben Jesu bewahren.« Und diese Botschaft ist die letzte, die vor der Wiederkunft des Herrn verkündigt werden soll. Unmittelbar nach ihrer Verkündigung sieht der Prophet den Menschensohn in Herrlichkeit kommen, um die Ernte der Erde einzuholen.

Alle, die das Licht über das Heiligtum und die Unveränderlichkeit des göttlichen Gesetzes annahmen, wurden mit Freude und Staunen erfüllt, als sie die Erhabenheit und Übereinstimmung der Wahrheiten erkannten. Sie wollten, dass die Erkenntnis, die ihnen so wertvoll schien, allen Christen zuteil würde, und glaubten zuversichtlich, dass diese sie freudig annähmen. Aber Wahrheiten, die sie in Widerspruch mit der Welt brachten, waren vielen angeblichen Nachfolgern Christi nicht willkommen. Der Gehorsam gegen das vierte Gebot forderte ein Opfer, vor dem die meisten Menschen zurückschreckten.

Als die Ansprüche des Sabbats erklärt wurden, urteilten viele nach weltlichem Ermessen und sagten: »Wir haben immer den Sonntag gehalten, unsere Väter hielten ihn, und viele gute und fromme Menschen sind selig gestorben, obwohl sie den Sonntag gefeiert haben. Die Feier dieses neuen Sabbats wäre entgegen den Gewohnheiten der Welt, und wir würden keinen Einfluss mehr auf sie haben können. Was kann eine kleine Gruppe, die den siebenten Tag hält, gegen die ganze Welt bewirken, die den Sonntag feiert?« Durch ähnliche Schlussfolgerungen versuchten die Juden, die Verwerfung Christi zu rechtfertigen. Ihre Väter waren von Gott angenommen worden, als sie die Opfer brachten, und warum konnten nicht die Kinder Rettung finden, wenn sie den gleichen Weg einschlugen? Genauso beruhigten viele Menschen zur Zeit Luthers ihr Gewissen: Sie behaupteten, dass treue Christen im katholischen Glauben gestorben seien, weshalb diese Religion zur Seligkeit ausreiche. Solche Behauptungen ließen sich als wirksames Hindernis gegen jeden Fortschritt in Glaubensdingen aufstellen.

Viele argumentierten, dass die Sonntagsfeier eine festgegründete Lehre und ein seit vielen Jahrhunderten weitverbreiteter Brauch der Kirche sei. Es ist jedoch beweisbar, dass der Sabbat und seine Feier weit älter, ja sogar ebenso alt wie die Welt selber ist und die Bestätigung Gottes und der Engel hat. Als der Erde Grund gelegt wurde, die Morgensterne miteinander sangen und alle Kinder Gottes vor Freude jauchzten, da wurde auch der Grund zum Sabbat gelegt. (Hiob 38,6.7; 1.Mose 2,1-3) Zu Recht sollten wir diese Einrichtung ehren, wurde sie doch nicht durch menschliche Gewalt eingesetzt, auch beruht sie nicht auf menschlichen Überlieferungen. Sie wurde von dem »Alten an Tagen« gegründet und durch sein ewiges Wort geboten.

Als das Volk auf die Erneuerung des Sabbats aufmerksam gemacht wurde, verdrehten beliebte Prediger das Wort Gottes vor den Menschen und legten dieses Thema so aus, wie man am besten die nachfragenden Gemüter beruhigen konnte. Wer die Heilige Schrift nicht selber erforschte, gab sich mit Ansichten zufrieden, die mit seinen Wünschen übereinstimmten. Gestützt auf Behauptungen, Spitzfindigkeiten, Überlieferungen der Väter und die Autorität der Kirche versuchten viele die Wahrheit zu verwerfen. Ihre Verteidiger wurden zu ihren Bibeln gelenkt, um die Gültigkeit des vierten Gebotes zu beweisen. Demütige, allein mit dem Wort Gottes ausgerüstete Menschen widerstanden den Angriffen der Gelehrten, die erstaunt und zornig erkannten, dass ihre beredten Spitzfindigkeiten machtlos waren gegenüber der einfachen, offenen Darstellungsweise jener Menschen, die mehr in der Schrift als in der Allgemeinbildung bewandert waren.

In Ermangelung günstiger biblischer Belege machten viele, die vergaßen, dass die gleichen Einwände gegen Christus und seine Jünger vorgebracht worden waren, mit unermüdlicher Beharrlichkeit geltend: »Warum verstehen unsere Großen diese Sabbatfrage nicht? Nur wenige glauben das. Es kann nicht sein, dass ihr recht habt und alle Gelehrten der Welt unrecht haben.«

Um solche Argumente zu widerlegen, war es nur erforderlich, die Lehren der Heiligen Schrift anzuführen und darauf zu verweisen, wie der Herr zu allen Zeiten mit seinem Volk umging: Gott wirkt durch die, welche seine Stimme hören und ihm gehorchen und wenn nötig, unangenehme Wahrheiten aussprechen und sich nicht fürchten, im Volk verbreitete Sünden zu rügen. Gott bedient sich nicht oft gelehrter und hochstehender Menschen als Leiter von Reformbestrebungen, weil diese auf ihre Glaubensbekenntnisse, Theorien und theologischen Lehrgebäude vertrauen und nicht das Bedürfnis spüren, von Gott unterrichtet zu werden. Nur wer mit der Quelle der Weisheit verbunden ist, kann die Schrift verstehen oder auslegen. Manchmal werden Menschen von nur einfacher Schulbildung berufen, die Wahrheit zu verkündigen, nicht etwa weil sie ungelehrt, sondern weil sie nicht zu eitel sind, um sich von Gott belehren zu lassen. Sie lernen in der Schule Christi, und ihre Demut und ihr Gehorsam machen sie groß. Indem Gott ihnen die Kenntnis seiner Wahrheit anvertraut, ehrt er sie so, dass dagegen irdische Ehren und menschliche Größe unbedeutend werden.

Die Mehrzahl der Adventisten verwarf die Wahrheiten über das Heiligtum und das göttliche Gesetz. Viele hatten ihr Vertrauen zur Adventbewegung verloren und nahmen irrige und sich widersprechende Ansichten über die Weissagungen an, die sich darauf bezogen. Einige verfielen in den Irrtum, wiederholt eine bestimmte Zeit für die Wiederkunft Christi festzusetzen. Das Licht, das jetzt die Heiligtumswahrheit erhellt, hätte ihnen gezeigt, dass kein prophetischer Zeitabschnitt bis zur Wiederkunft reicht und die genaue Zeit dieses Ereignisses nicht vorausgesagt ist. Indem sie sich vom Licht abwandten, setzten sie weiterhin die Zeit fest, wann der Herr kommen sollte – und wurden ebenso oft enttäuscht.

Als die Gemeinde zu Thessalonich falsche Ansichten über die Wiederkunft Christi annahm, hat der Apostel Paulus ihnen geraten, ihre Hoffnungen und Erwartungen sorgfältig am Wort Gottes zu prüfen. Er verwies sie auf die Weissagungen, welche die Ereignisse anführten, die vor der Wiederkunft Christi stattfinden sollten, und zeigte, dass sie keinen Grund hatten, den Heiland zu ihrer Zeit zu erwarten. »Lasst euch von niemandem verführen, in keinerlei Weise!« 2.Thessalonicher 2,3 lauteten seine warnenden Worte. Erwarteten sie aber etwas, wozu die Schrift nicht berechtigt, würden sie zu falschem Handeln geführt und durch daraus resultierende Enttäuschungen würde den Ungläubigen Anlass zum Spott gegeben werden. Sie kämen auch in Gefahr, entmutigt zu werden und in Versuchung zu fallen, die für ihre Rettung nötigen wesentlichen Wahrheiten zu bezweifeln. Die Mahnung des Apostels an die Thessalonicher enthält eine wichtige Lehre für die, welche in den letzten Tagen leben. Viele Adventisten glauben, nicht eifrig und fleißig im Werk der Vorbereitung sein zu können, wenn sie ihren Glauben nicht auf eine im Voraus bestimmte Zeit der Wiederkunft des Herrn richten. Wenn sie aber immer wieder hoffen, nur um enttäuscht zu werden, dann wird ihr Glaube dadurch so erschüttert, dass es für sie fast unmöglich ist, von den großen Wahrheiten der Weissagung beeindruckt zu werden. Die

Verkündigung einer bestimmten Zeit für das Gericht durch

die Verbreitung der ersten Engelsbotschaft geschah auf Gottes Befehl. Die Berechnung der prophetischen Zeitangaben, die die Grundlage jener Botschaft war und den Ablauf der 2300 Tage für den Herbst des Jahres 1844 festlegte, ist unbestritten. Wiederholte Versuche, neue Zeitpunkte für den Anfang und das Ende der prophetischen Zeitangaben zu finden, und unbegründete Behauptungen, die nötig sind, um den neuen Standpunkt zu verteidigen, lenken die Gedanken nicht nur von der Wahrheit für diese Zeit ab, sondern bringen auch Verachtung auf jeden Versuch, die Weissagungen zu erklären. Je öfter eine bestimmte Zeit für die Wiederkunft festgesetzt und je weiter sie verbreitet wird, desto besser passt es in die Absichten Satans. Ist dann diese Zeit ergebnislos verstrichen, so bringt er Spott und Hohn über die Vertreter solcher Ansichten und häuft dadurch Schmach auf die große Adventbewegung von 1843 und 1844. Alle, die in diesem Irrtum bleiben, werden schließlich eine zu weit in die Zukunft hinausgerückte Zeit für die Wiederkunft Christi festsetzen. Sie werden sich in falscher Sicherheit wiegen, und viele werden das erst erkennen, wenn es zu spät ist.

Die Geschichte Israels von damals ist ein passendes Beispiel der vergangenen Erfahrung der Adventisten. Gott führte sein Volk in der Adventbewegung wie die Kinder Israels bei ihrem Auszug aus Ägypten. Durch die große Enttäuschung wurde ihr Glaube geprüft wie der der Hebräer am Roten Meer. Hätten sie immer der leitenden Hand vertraut, die in ihrer vergangenen Erfahrung mit ihnen gewesen war, so würden sie das Heil Gottes gesehen haben. Wenn alle, die in der Bewegung des Jahres 1844 vereint arbeiteten, die dritte Engelsbotschaft angenommen und sie in der Kraft des Heiligen Geistes verkündigt hätten, so würde der Herr mächtig durch ihre Bemühungen gewirkt haben. Eine Flut von Licht hätte sich über die Welt ergossen, die Bewohner der Erde wären schon vor Jahren gewarnt, das Schlusswerk beendet worden, und Christus wäre zur Erlösung seines Volkes gekommen. Es war nicht der Wille Gottes, dass Israel 40 Jahre in der Wüste umherziehen sollte. Er wollte es unmittelbar ins Land Kanaan führen und es dort als ein heiliges und glückliches Volk ansiedeln. Aber »wir sehen, dass sie nicht dahin kommen konnten wegen des Unglaubens.« Hebräer 3,19 Infolge ihres ständigen Abfalls kamen sie in der Wüste um, und es wurden andere berufen, um in das Gelobte Land einzuziehen. Ebenso war es nicht der Wille Gottes, dass die Wiederkunft Christi so lange hinausgezögert und sein Volk noch so viele Jahre in dieser sünden- und sorgenbeladenen Welt bleiben sollte. Aber der Unglaube trennte die Menschen von Gott. Als sie sich weigerten, die Aufgabe zu erfüllen, die er ihnen angewiesen hatte, wurden andere ausgewählt, die Botschaft zu verkündigen. Aus Barmherzigkeit gegenüber der

Welt verzögert Christus sein Kommen, damit die Sünder noch Gelegenheit erhalten, die Warnung zu hören und in ihm Geborgenheit zu finden vor dem Zorn Gottes, der ausgegossen werden soll.

Heute wie damals erregt die Verkündigung einer Wahrheit Widerstand, die die Sünden und Irrtümer der Zeit rügt. „Denn jeder, der böses tut, hasst das Licht und kommt nicht zum Licht, damit seine Werke nicht aufgedeckt werden.« Johannes 3,20; Schlachter 2000 Wenn Menschen sehen, dass sie ihre Auffassung nicht durch die Heilige Schrift begründen können, fangen viele an, ihren Standpunkt um jeden Preis zu verteidigen, und greifen boshaft den Charakter und die Beweggründe derer an, die die unbeliebten Wahrheiten verteidigen. Diese Handlungsweise gab es zu allen Zeiten. Elia wurde beschuldigt, dass er Israel verwirrte; Jeremia, dass er es verriete; Paulus, dass er den Tempel entweihte. Von jener Zeit bis heute sind die, welche der Wahrheit treu bleiben wollten, als Empörer, Ketzer und Abtrünnige gebrandmarkt worden. Die Menschen, die nicht an das feste prophetische Wort glauben, werden ohne zu prüfen den Anklagen gegen die zustimmen, die es wagen, allgemein übliche Sünden zu rügen. Dieser Geist wird immer mehr zunehmen. Die Bibel lehrt klar, dass eine Zeit kommt, in der die staatlichen Gesetze derart mit den göttlichen Gesetzen in Widerspruch geraten, dass jeder, der alle göttlichen Vorschriften halten will, Schmach und Strafe wie ein Übeltäter erleiden muss. Was ist im Blick auf diese Aussichten die Aufgabe des Wahrheitsboten? Soll er akzeptieren, dass die Wahrheit nicht verkündigt werden darf, da ihre einzige Wirkung oft nur darin besteht, dass die Menschen aufgehetzt werden, ihren Forderungen auszuweichen oder ihnen zu widerstehen? Nein – er hat keinen Grund, das Zeugnis des Wortes Gottes zurückzuhalten, weil es Widerstand bewirkt, wie früher die Reformatoren.

Das Bekenntnis des Glaubens, das Heilige und Märtyrer ablegten, wurde zum Nutzen der nachfolgenden Generationen berichtet. Diese lebendigen Beispiele der Heiligkeit und unbedingten Aufrichtigkeit sind uns erhalten worden, damit alle gestärkt werden können, die jetzt als Zeugen für den Herrn berufen sind. Sie erhielten Gnade und Wahrheit nicht für sich allein, sondern damit durch sie die Erde von der Erkenntnis Gottes erleuchtet würde. Hat Gott seinen Dienern in dieser Generation Licht gegeben? Dann sollen sie es vor der Welt scheinen lassen.

Damals erklärte der Herr einem, der in seinem Namen redete: »Das Haus Israel will dich nicht hören, denn sie wollen mich selbst nicht hören.« Dennoch sollst du »ihnen meine Worte sagen, sie gehorchen oder lassen's«. Hesekiel 3,7; 2,7 Die Diener Gottes erhalten heute den Auftrag:

»Rufe getrost, schone nicht, erhebe deine Stimme wie eine

Posaune und verkündige meinem Volk sein Übertreten und dem Hause Jakob seine Sünden.« Jesaja 58,1

Je nach Gelegenheiten, steht jeder, der das Licht der Wahrheit erhalten hat, unter der gleichen ernsten und zu fürchtenden Verantwortung wie der Prophet Israels, dem das Wort des Herrn galt: »Du Menschenkind, ich habe dich zum Wächter gesetzt über das Haus Israel. Wenn du etwas aus meinem Munde hörst, sollst du sie in meinem Namen warnen. Wenn ich nun zu dem Gottlosen sage: Du Gottloser musst des Todes sterben! und du sagst ihm das nicht, um den Gottlosen vor seinem Wege zu warnen, so wird er, der Gottlose, um seiner Sünde willen sterben, aber sein Blut will ich von deiner Hand fordern. Warnst du aber den Gottlosen vor seinem Wege, dass er von ihm umkehre, und er will von seinem Wege nicht umkehren, so wird er um seiner Sünde willen sterben, aber du hast dein Leben errettet.« Hesekiel 33,7-9

Was die Annahme und Verbreitung der Wahrheit am meisten behindert, ist die Tatsache, dass sie Unannehmlichkeiten und Vorwürfe mit sich bringt. Dies ist das einzige Argument, das ihre Verteidiger nie widerlegen konnten. Das aber kann die wahren Nachfolger Jesu nicht abschrecken. Sie warten nicht, bis die Wahrheit populär geworden ist. Von ihrer Pflicht überzeugt, nehmen sie bewusst das Kreuz an und sind mit dem Apostel Paulus überzeugt, dass »unsere Trübsal, die zeitlich und leicht ist, eine ewige und über alle Maßen wichtige Herrlichkeit schafft«, 2.Korinther 4,17 und halten wie Mose »die Schmach Christi für größeren Reichtum denn die Schätze Ägyptens«. Hebräer 11,26

Nur solche, die in ihrem Herzen mit der Welt verbunden sind, werden in religiösen Dingen mehr aus Weltklugheit als nach echten Grundsätzen handeln, was auch immer ihr Bekenntnis sein mag. Wir sollten das Rechte wählen, weil es das Rechte ist, und die Folgen Gott überlassen. Grundsatztreuen, glaubensstarken und mutigen Menschen hat die Welt ihre großen Reformen zu verdanken. Von ebenso gesinnten Menschen muss das Werk der Erneuerung in unserer Zeit weitergeführt werden.

So spricht der Herr: »Hört mir zu, die ihr die Gerechtigkeit kennt, du Volk, in dessen Herzen mein Gesetz ist! Fürchtet euch nicht, wenn euch die Leute schmähen, und entsetzt euch nicht, wenn sie euch verhöhnen! Denn die Motten werden sie fressen wie ein Kleid, und Würmer werden sie fressen wie wollenes Tuch; aber meine Gerechtigkeit bleibt ewiglich und mein Heil für und für.« Jesaja 51,7.8

KAPITEL 27

ERWECKUNGEN
DER NEUZEIT

Durch die Verkündigung biblischer Wahrheiten werden immer Entscheidungen für oder gegen die Botschaft fallen. Das Wort Gottes wirkt im Herzen von Menschen und verändert es, wenn sie darauf eingehen. Unbekehrte Menschen werden von Satan beeinflusst, eine Religion anzunehmen, die weitgehend auf Gefühle aufgebaut ist und das Wort Gottes überheblich oder gleichgültig betrachten. Der Wunsch nach einer bequemen Religion, angepasst an eigene Vorlieben, fördert diese falschen Bekehrungen und verwirrt Menschen.

Wo immer das Wort Gottes gewissenhaft gepredigt wurde, brachte es Früchte hervor, die seinen göttlichen Ursprung bezeugten. Der Geist Gottes begleitete die Botschaft seiner Diener, und das Wort wirkte mächtig. Sünder wurden in ihrem Gewissen angerührt. Das »Licht, welches alle Menschen erleuchtet, die in diese Welt kommen«, Johannes 1,9 erhellte das Innerste ihrer Seelen, und die verborgenen Dinge der Finsternis kamen ans Tageslicht. Sie zeigten sich von der Sünde, der Gerechtigkeit und dem kommenden Gericht überzeugt; ihre Gemüter und Herzen waren davon ergriffen. Sie hatten einen Begriff von der Gerechtigkeit des Herrn und erschraken bei dem Gedanken, in ihrer Schuld und Unreinheit vor dem zu erscheinen, der die Herzen erforscht. In ihrer Angst riefen sie aus: »Wer wird mich erlösen von dem Leibe dieses Todes?« Römer 7,24 Als das Kreuz auf Golgatha mit seinem unermesslichen Opfer für die Sünden der Menschheit sichtbar wurde, erkannten sie, dass nichts anderes als die Verdienste Christi genügen, um ihre Übertretungen zu sühnen. Sie allein können den Menschen wieder mit Gott versöhnen. Gläubig und demütig nahmen sie das Lamm Gottes an, das der Welt Sünde trägt. Durch Jesu Blut hatten sie Vergebung ihrer Sünden erlangt.

Diese Menschen brachten rechtschaffene Früchte der Buße hervor. Sie glaubten, ließen sich taufen und standen auf zu einem neuen Leben, zu neuen Geschöpfen in Jesus Christus, aber nicht um nach ihren früheren Lüsten zu leben, sondern um durch den Glauben an den Sohn Gottes seinen Fußspuren zu folgen, seinen Charakter widerzuspiegeln und sich zu reinigen, gleichwie er rein ist. Was sie einst hassten, liebten sie nun, und was ihnen einst angenehm war, verabscheuten sie jetzt. Die Hochmütigen und Rechthaberischen wurden demütig und sanftmütig, die Eitlen und

Anmaßenden bescheiden und zurückhaltend, die Lästerer ehrfurchtsvoll, die Trinker nüchtern und die Verworfenen tugendhaft. Die eitlen Moden der Welt gaben sie auf. Christen suchten nicht den äußerlichen Schmuck »mit Haarflechten und Goldumhängen oder Kleideranlegen«, sondern ihre Zierde war »der verborgene Mensch des Herzens unverrückt mit sanftem und stillem Geiste; das ist köstlich vor Gott«. 1.Petrus 3,3.4

Erweckungen führten zu gründlicher Selbstprüfung und Demut. Sie waren gekennzeichnet durch feierliche, ernste Aufrufe an die Sünder und inniges Erbarmen mit denen, die durch Christi Blut erkauft waren. Männer und Frauen beteten und rangen mit Gott um die Errettung von Seelen. Die Früchte solcher Erweckungen waren Menschen, die vor Selbstverleugnung und Opfer nicht zurückschreckten, sondern sich freuten, dass man sie für würdig befunden hatte, um Christi willen Schmach und Anfechtung zu erdulden. In dem Leben derer, die den Namen Jesu bekannt hatten, nahm man eine Veränderung wahr. Ihr Einfluss belebte die Gemeinde. Sie sammelten mit Christus und säten auf den Geist, um das ewige Leben zu ernten.

Man konnte von ihnen sagen: »Dass ihr betrübt worden seid … zur Reue … Denn die göttliche Traurigkeit wirkt zur Seligkeit eine Reue, die niemand gereut; die Traurigkeit aber der Welt wirkt den Tod. Siehe, dass ihr göttlich seid betrübt worden, welchen Fleiß hat das in euch gewirkt, dazu Verantwortung, Zorn, Furcht, Verlangen, Eifer, Rache! Ihr habt euch bewiesen in allen Stücken, dass ihr rein seid in der Sache.« 2.Korinther 7,9-11 So wirkt der Geist Gottes. Erneuerung unseres Wesens ist der Beweis echter Reue. Wenn der Sünder sein Gelübde erfüllt – zurückgibt, was er geraubt hat, seine Sünden bekennt und Gott und seine Mitmenschen liebt –, dann darf er sicher sein, Frieden mit Gott gefunden zu haben. So waren die Wirkungen, die in früheren Jahren den Zeiten religiöser Erweckung folgten. Indem man nach ihren Früchten urteilte, erkannte man, dass der Herr sie bei dem Bemühen segnete, Seelen zu retten und die Menschheit zu erheben.

Viele Erweckungen der Neuzeit zeigen jedoch einen bedeutenden Unterschied gegenüber den Bekundungen der göttlichen Gnade, die früher die Tätigkeit der Diener Gottes begleiteten. Wohl wird weit und breit Anteilnahme hervorgerufen. Viele geben vor, bekehrt zu sein, und die Kirchen verzeichnen großen Zuwachs, dennoch sind die Ergebnisse nicht so, dass man annehmen kann, auch echtes geistliches Leben hätte entsprechend zugenommen. Das nur kurz aufflackernde Feuer verlöscht bald wieder und hinterlässt dichtere Finsternis als zuvor. Übliche Erweckungen werden zu oft dadurch erreicht, dass man sich an die Einbildungskraft wendet, die Gefühle anspricht und die Liebe zu etwas Neuem und Aufregendem befriedigt. Die auf solche Weise gewonnenen Bekehrten haben nur wenig Verlangen nach biblischen Wahrheiten und kaum Interesse am Zeugnis der Propheten und Apostel. Es sei denn, ein Gottesdienst ist von attraktiver Art, sonst hat er nichts Anziehendes für sie. Eine Botschaft, die sich an den nüchternen Verstand richtet, ist nicht gefragt. Die einfachen Warnungen des Wortes Gottes, die sich direkt auf ihr ewiges Wohl beziehen, bleiben unbeachtet.

Die große Lebensfrage jedes wahrhaft bekehrten Menschen wird die Stellung zu Gott und der Ewigkeit sein. Doch wo findet sich in den allgemeinen Kirchen heute der Geist der Hingabe an Gott? Die Bekehrten geben weder ihren Hochmut noch ihre Weltliebe auf. Sie sind jetzt nicht mehr bereit als vor ihrer Bekehrung, sich selbst zu verleugnen, ihr Kreuz auf sich zu nehmen und dem sanftmütigen und demütigen Jesus nachzufolgen. Die Religion ist den Ungläubigen und Zweiflern zum Hohn geworden, weil so viele, die ihren Namen tragen, ihre Grundsätze nicht umsetzen. Die Kraft der Gottseligkeit ist fast aus den Kirchen verschwunden. Ausflüge, Schauspiele, Basare, großartige Wohnungen und persönlicher Aufwand haben die Gedanken an Gott verbannt. Hab und Gut sowie weltliche Beschäftigungen beanspruchen die Gedanken, und Dinge von Ewigkeitswert finden kaum nennenswerte Beachtung.

So sehr auch Glaube und Frömmigkeit schwinden, gibt es in den Kirchen doch noch echte Nachfolger Christi. Ehe Gott zum letzten Mal die Welt mit seinen Gerichten heimsucht, wird sein Volk zu der ursprünglichen Gottseligkeit erweckt werden, wie sie seit dem apostolischen Zeitalter nicht gesehen wurde. Der Geist und die Kraft Gottes werden über seine Kinder ausgegossen werden. Zu der Zeit werden sich viele von den Kirchen trennen, in denen die Liebe zur Welt die Stelle der Liebe zu Gott und seinem Wort eingenommen hat. Viele Prediger und Laien werden freudig jene großen Wahrheiten annehmen, die Gott verkündigen ließ, um ein Volk auf die Wiederkunft des Herrn vorzubereiten. Der Seelenfeind möchte dieses Werk gern verhindern und wird, bevor die Zeit dieser Bewegung anbricht, versuchen, es zu verfälschen. In den Kirchen, die er unter seine betrügerische Macht bringen kann, wird er so tun, als würde der besondere Segen Gottes auf sie ausgegossen, weil sich hier, wie man meint, ein tiefes religiöses Erwachen bekundet. Viele Menschen werden jubeln, dass Gott auf wunderbare Weise für sie wirke, während doch diese Bewegung das Wirken eines andern Geistes ist. Satan wird im religiösen Gewand versuchen, seinen Einfluss über die ganze christliche Welt auszudehnen.

Bei vielen Erweckungen, die sich während der letzten 50 Jahre zugetragen haben, waren mehr oder weniger die gleichen Einflüsse spürbar, die

sich auch in den umfangreicheren Bewegungen der Zukunft

zeigen werden. Es herrscht schon jetzt eine Gefühlserregung, eine Vermischung des Echten mit dem Falschen, was sehr gut dazu geeignet ist, irrezuführen. Doch niemand braucht sich täuschen zu lassen. Im Licht des Wortes Gottes wird es nicht schwer sein, die Ausrichtung dieser Bewegungen festzustellen. Wir dürfen sicher sein, dass Gottes Segen nicht dort ausgeteilt wird, wo man die Aussagen der Bibel vernachlässigt, indem man sich von den deutlichen, die Seele prüfenden Wahrheiten abwendet, die Selbstverleugnung und ein Lossagen von der Welt erfordern. Nach dem Maßstab, den Christus selbst seinen Jüngern gegeben hat: »An ihren Früchten sollt ihr sie erkennen!«, Matthäus 7,16 wird es sichtbar, dass diese Bewegungen nicht das Werk des Geistes Gottes sind.

In den Wahrheiten seines Wortes hat sich Gott den Menschen selbst offenbart, und allen, die sie annehmen, sind sie eine Schutzwehr gegen Satans Täuschungen. Die Vernachlässigung dieser Wahrheiten hat die Übel gefördert, die sich jetzt in der religiösen Welt so sehr ausbreiten. Das Wesen und die Bedeutung des Gesetzes Gottes hat man in erheblichem Maß aus den Augen verloren. Da man die Form, die Wichtigkeit und Verbindlichkeit des göttlichen Gesetzes nicht erkannt hatte, wird es auch bezüglich der Bekehrung und Heiligung falsch gesehen und dadurch wird der Maßstab der Frömmigkeit in den Kirchen herabgedrückt. Hier liegt das Geheimnis, weshalb den Erweckungen unserer Zeit der Geist und die Kraft Gottes fehlen.

Es gibt in den verschiedenen religiösen Gemeinschaften Menschen, die sich durch ihre Frömmigkeit auszeichnen und jene Tatsachen eingestehen und beklagen. Professor Eduard Park sagte bezüglich der landläufigen religiösen Gefahren Amerikas treffend: »Eine Quelle der Gefahr ist die Vernachlässigung der Kanzel, das göttliche Gesetz einzuschärfen. In früherer Zeit war die Kanzel ein Widerhall der Stimme des Gewissens ... Unsere glänzendsten Prediger verliehen ihren Predigten eine wunderbare Majestät dadurch, dass sie dem Beispiel des Meisters folgten und das Gesetz, seine Gebote und seine Drohungen hervorhoben. Sie wiederholten die beiden großen Grundsätze, dass das Gesetz ein Abbild der göttlichen Vollkommenheit ist, und dass ein Mensch, der das Gesetz nicht liebt, auch das Evangelium nicht liebt, denn das Gesetz sowie das Evangelium sind ein Spiegel, der den wahren Charakter Gottes widerstrahlt. Diese Gefahr führt zu einer anderen – nämlich die Schlechtigkeit der Sünde, ihre Verbreitung und Strafwürdigkeit zu unterschätzen. Wie das Gesetz recht ist, ist der Ungehorsam unrecht ... Verwandt mit den bereits erwähnten Gefahren ist das Wagnis, die Gerechtigkeit Gottes zu unterschätzen. Die Neigung des modernen Kanzelredners geht dahin, die göttliche Gerechtigkeit von der göttlichen Güte zu trennen und die Güte mehr zu einem Gefühl zu erniedrigen, als zu einem Grundsatz zu erheben. Die neue theologische Sicht trennt, was der Herr zusammengefügt hat. Ist das göttliche Gesetz etwas Gutes oder Böses? – Es ist etwas Gutes. Dann ist auch die Gerechtigkeit gut, denn sie ist die Willensentscheidung, das Gesetz zu beachten. Aus der Gewohnheit, die göttliche Gerechtigkeit und das göttliche Gesetz, die Verbreitung und Strafbarkeit menschlichen Ungehorsams zu unterschätzen, neigt der Mensch leicht dazu, die Gnade geringzuachten, die eine Sühne für die Sünde gebracht hat.« So verliert das Evangelium seinen Wert und seine Bedeutung in den Gemütern der Menschen, die bald darauf bereit sind, die Bibel selbst zu verwerfen.

Viele Bibellehrer behaupten, Christus habe durch seinen Tod das Gesetz abgeschafft und die Menschen seien damit von seinen Anforderungen entbunden. Es gibt etliche, die das Gesetz als ein schweres Joch hinstellen und im Gegensatz zu der Gebundenheit des Gesetzes die Freiheit preisen, die unter dem Evangelium zu haben ist.

Ganz anders jedoch betrachteten die Propheten und Apostel das heilige Gesetz Gottes. David sagte: »Ich wandle fröhlich; denn ich suche deine Befehle.« Psalm 119,45 Der Apostel Jakobus, der nach Christi Tod schrieb, nennt die Zehn Gebote »das königliche Gesetz«, »das vollkommene Gesetz der Freiheit«. Jakobus 2,8; 1,25 Die Offenbarung spricht mehr als ein halbes Jahrhundert nach der Kreuzigung einen Segen über die aus, »die seine Gebote halten, auf dass sie Macht haben an dem Holz des Lebens und zu den Toren eingehen in die Stadt«. Offenbarung 22,14

Die Behauptung, dass Christus durch seinen Tod das Gesetz seines Vaters abgeschafft habe, entbehrt jeder Grundlage. Wäre es möglich gewesen, das Gesetz zu verändern oder zu beseitigen, dann hätte Christus nicht zu sterben brauchen, um den Menschen von der Strafe der Sünde zu retten. Weit davon entfernt, das Gesetz abzuschaffen, beweist der Tod Christi, dass es unveränderlich ist. Der Sohn Gottes ist gekommen, »dass er das Gesetz herrlich und groß mache«. Jesaja 42,21 Er sprach: »Ihr sollt nicht meinen, dass ich gekommen bin, das Gesetz oder die Propheten aufzulösen ... Bis Himmel und Erde vergehen, wird nicht vergehen der kleinste Buchstabe noch ein Tüpfelchen vom Gesetz, bis es alles geschieht.« Matthäus 5,17.18 Und von sich selbst sagt er: »Deinen Willen, mein Gott, tue ich gern, und dein Gesetz habe ich in meinem Herzen.« Psalm 40,9

Das Gesetz Gottes ist schon von seiner Natur her unwandelbar. Es ist eine Offenbarung des Willens und des Wesens seines Urhebers. Gott ist die Liebe und sein Gesetz ist Liebe. Die beiden großen Grundsätze des Gesetzes sind

Liebe zu Gott und zu den Menschen. »So ist nun die Liebe des

Gesetzes Erfüllung.« Römer 3,10 Das Wesen Gottes ist Gerechtigkeit und Wahrheit – ebenso ist auch sein Gesetz. Der Psalmist sagt: »Dein Gesetz ist Wahrheit«; »alle deine Gebote sind recht«. Psalm 119,142.172 Und Paulus erklärt: »Das Gesetz ist ja heilig, und das Gebot ist heilig, recht und gut.« Römer 7,12 Solch ein Gesetz, das Ausdruck des Geistes und des Willens Gottes ist, muss ebenso beständig sein wie sein Gesetzgeber.

Es ist das Werk der Bekehrung und der Heiligung, die Menschen dadurch mit Gott zu versöhnen, dass sie mit den Grundsätzen seines Gesetzes in Übereinstimmung gebracht werden. Am Anfang wurde der Mensch nach dem Ebenbild Gottes geschaffen. Er lebte in vollkommener Harmonie mit der Natur und mit dem Gesetz Gottes. Die Grundsätze der Gerechtigkeit waren ihm ins Herz geschrieben. Doch die Sünde entfremdete ihn seinem Schöpfer. Er spiegelte nicht länger das göttliche Ebenbild wider. Sein Herz stand den Grundsätzen des Gesetzes Gottes feindlich gegenüber. »Denn fleischlich gesinnt sein ist eine Feindschaft gegen Gott, weil das Fleisch dem Gesetz Gottes nicht untertan ist; denn es vermag's auch nicht.« Römer 8,7 Doch »also hat Gott die Welt geliebt, dass er seinen eingeborenen Sohn gab«, Johannes 3,16 damit der Mensch mit Gott versöhnt werde. Durch die Verdienste Christi kann er mit seinem Schöpfer wieder vereint werden. Sein Herz muss durch die göttliche Gnade erneuert werden. Er muss neues Leben von oben bekommen. Diese Umwandlung ist die Wiedergeburt, ohne die – wie Jesus sagt – niemand das Reich Gottes sehen kann. Der erste Schritt in der Versöhnung mit Gott ist die Überzeugung von der Sünde. »Die Sünde besteht in der Übertretung des Gesetzes.« »Durch das Gesetz kommt Erkenntnis der Sünde.« 1.Johannes 3,4. (van Eß-Übersetzung und Grundtext; Römer 3,20) Um seine Schuld zu erkennen, muss sich der Sünder an Gottes großem Maßstab der Gerechtigkeit prüfen. Das Gesetz ist ein Spiegel, der die Vollkommenheit eines gerechten Charakters zeigt und den Menschen befähigt, seine Fehler einzusehen.

Das Gesetz offenbart dem Menschen seine Sünde, aber es verhilft ihm nicht zur Rettung. Während es dem Gehorsamen Leben verheißt, erklärt es, dass der Tod das Los des Übertreters ist. Das Evangelium Christi allein vermag ihn von der Verdammnis oder von der Befleckung der Sünde zu befreien. Er muss Buße tun vor Gott, dessen Gesetz er übertreten hat, und an Christus, sein Sühnopfer, glauben. Dadurch werden ihm seine Sünden vergeben, und er wird Teilhaber der göttlichen Natur. (siehe 2.Petrus 1,4) Er ist ein Kind Gottes und hat den Geist der Kindschaft empfangen, durch den er ausruft: »Abba, lieber Vater!« Römer 8,15

Steht es ihm nun frei, Gottes Gesetz zu übertreten? Paulus fragt: »Wie? Heben wir denn das Gesetz auf durch den Glauben? Das sei ferne! sondern wir richten das Gesetz auf.« »Wie sollten wir in der Sünde wollen leben, der wir abgestorben sind?« Und Johannes erklärt: »Das ist die Liebe zu Gott, dass wir seine Gebote halten; und seine Gebote sind nicht schwer.« Römer 3,31; 6,2; 1.Johannes 5,3 Bei der Wiedergeburt wird das Herz in Harmonie mit Gott, in Übereinstimmung mit seinem Gesetz gebracht. Ist diese gewaltige Umgestaltung im Herzen des Sünders erfolgt, so hat er den Weg vom Tod zum Leben, von der Sünde zur Heiligkeit, von der Übertretung und Empörung zum Gehorsam und zur Treue beschritten. Das alte Leben der Entfremdung von Gott hat aufgehört; das neue Leben der Versöhnung, des Glaubens und der Liebe hat begonnen. Dann wird »die Gerechtigkeit, vom Gesetz gefordert, in uns erfüllt …, die wir nun nicht nach dem Fleisch wandeln, sondern nach dem Geist«; Römer 8,4 und der erneuerte Mensch spricht: »Wie habe ich dein Gesetz so lieb! Täglich rede ich davon.« Psalm 119,97

»Durch das Gesetz kommt Erkenntnis der Sünde.« Ohne das Gesetz hat der Mensch keinen richtigen Begriff von der Reinheit und Heiligkeit Gottes oder von seiner eigenen Schuld und Unreinheit. Er ist von der Sünde nicht wirklich überzeugt und fühlt nicht das Verlangen, zu bereuen. Da er seinen verlorenen Zustand als Übertreter des Gesetzes Gottes nicht erkennt, ist er sich nicht bewusst, dass er das versöhnende Blut Christi benötigt. Die Hoffnung des Heils wird dann ohne eine gründliche Umgestaltung des Herzens oder Änderung des Lebenswandels angenommen. Deshalb gibt es viele oberflächliche Bekehrungen, und ganze Scharen schließen sich der Kirche an, die nie mit Christus vereint worden sind.

Irreführende Lehren der Heiligung, die ebenfalls aus der Vernachlässigung oder Verwerfung des göttlichen Gesetzes entstehen, nehmen in den heutigen religiösen Bewegungen einen herausragenden Platz ein. Diese Ansichten sind nicht nur falsch in der Lehre, sondern auch gefährlich in ihrer praktischen Wirkung. Durch die Tatsache, dass sie so allgemein akzeptiert werden, ist es doppelt notwendig, dass alle klar verstehen, was die Schrift darüber aussagt. Echte Heiligung ist eine biblische Lehre. Der Apostel Paulus erklärte in seinem Brief an die Thessalonicher: »Das ist der Wille Gottes, eure Heiligung.« Und er betete: »Er aber, der Gott des Friedens, heilige euch durch und durch.« 1.Thessalonicher 4,3; 5,23

Die Bibel lehrt ganz eindeutig, was Heiligung ist und wie sie erlangt werden kann. Der Heiland betete für seine Jünger: »Heilige sie in deiner Wahrheit; dein Wort ist die Wahrheit.« Johannes 17,17 Und Paulus lehrte, dass die Gläubigen durch den Heiligen Geist geheiligt werden sollen. (Römer 5,16) Was ist das Werk des Heiligen Geistes? Jesus sagte zu seinen Jüngern:

»Wenn aber jener, der Geist der Wahrheit, kommen wird, der

wird euch in alle Wahrheit leiten.« Johannes 16,13 Auch der Psalmist sprach davon: »Dein Gesetz ist Wahrheit.« Durch das Wort und den Geist Gottes werden den Menschen die erhabenen, im Gesetz Gottes ausgedrückten Grundsätze der Gerechtigkeit erschlossen. Und da das Gesetz Gottes »heilig, recht und gut« ist, ein Abbild der göttlichen Vollkommenheit, so folgt daraus, dass ein im Gehorsam gegen jenes Gesetz geformter Charakter auch heilig sein wird. Christus ist ein vollkommenes Beispiel eines solchen Charakters. Er sagt: »Gleichwie ich meines Vaters Gebote halte.« »Ich tue allezeit, was ihm gefällt.« Johannes 15,10; 8,29 Die Nachfolger Christi sollen ihm gleich werden und durch Gottes Gnade Charaktere entwickeln, die mit den Grundsätzen seines heiligen Gesetzes übereinstimmen. Nur so kann biblische Heiligung verstanden werden.

Sie kann nur durch den Glauben an Christus, durch die Macht des innewohnenden Geistes Gottes erreicht werden. Paulus ermahnt die Gläubigen: »Schaffet, dass ihr selig werdet, mit Furcht und Zittern. Denn Gott ist's, der in euch wirkt beides, das Wollen und das Vollbringen, nach seinem Wohlgefallen.« Philipper 2,12.13 Der Christ wird die Anziehungskraft der Sünde spüren, aber er wird ständig dagegen ankämpfen. Dazu ist die Hilfe Christi nötig. Menschliche Schwäche verbindet sich mit göttlicher Kraft, und der Glaube ruft aus: »Gott aber sei Dank, der uns den Sieg gegeben hat durch unsern Herrn Jesus Christus!« 1.Korinther 15,57

Die Heilige Schrift zeigt deutlich, dass die Heiligung ein fortschreitendes Werk ist. Wenn der Sünder bei seiner Bekehrung durch das Blut der Versöhnung Frieden mit Gott findet, so hat das christliche Leben gerade erst begonnen. Jetzt muss er »zur Vollkommenheit finden«, heranwachsen zu einem vollkommenen Menschen, »der da sei im Maße des vollkommenen Alters Christi«. Hebräer 6,1; Epheser 4,13 Der Apostel Paulus schreibt: »Eins aber sage ich: Ich vergesse, was dahinten ist, und strecke mich aus nach dem, was da vorne ist, und jage nach dem vorgesteckten Ziel, dem Siegespreis der himmlischen Berufung Gottes in Christus Jesus.« Philipper 3,13.14 Petrus zeigt uns, welche Schritte zum Erlangen biblischer Heiligung nötig sind: »So wendet alle Mühe daran und erweist in eurem Glauben Tugend und in der Tugend Erkenntnis und in der Erkenntnis Mäßigkeit und in der Mäßigkeit Geduld und in der Geduld Frömmigkeit und in der Frömmigkeit brüderliche Liebe und in der brüderlichen Liebe die Liebe zu allen Menschen ... Denn wenn dies alles reichlich bei euch ist, wird's euch nicht faul und unfruchtbar sein lassen.« 2.Petrus 1,5-10

Wer die biblische Heiligung selbst erlebt hat, wird einen demütigen Geist bekunden. Wie Mose wird er die ehrfurchtgebietende Majestät der Heiligkeit erblickt und seine eigene Unwürdigkeit im Gegensatz zu der Reinheit und erhabenen Vollkommenheit des Ewigen gesehen haben.

Der Prophet Daniel gab ein Beispiel wahrer Heiligung. Sein langes Leben war ausgefüllt mit edlem Dienst für seinen Meister. Der Bote vom Himmel nannte ihn »lieber Daniel«. Daniel 10,11 Statt jedoch zu behaupten, er sei rein und heilig, rechnete dieser geehrte Prophet sich selbst zu dem wahrhaft sündigen Israel, als er vor Gott für sein Volk Fürbitte einlegte. »Wir liegen vor dir mit unserm Gebet, nicht auf unsre Gerechtigkeit, sondern auf deine große Barmherzigkeit.« »Wir haben ja gesündigt und sind leider gottlos gewesen ... Als ich noch so redete und betete und meine und meines Volks Israel Sünde bekannte.« Als ihm zu späterer Zeit der Sohn Gottes erschien, um ihn zu belehren, erklärte er: »Jede Farbe wich aus meinem Antlitz, und ich hatte keine Kraft mehr.« Daniel 9,18.15.20; 10,8

Als Hiob die Stimme des Herrn aus dem Wetter hörte, rief er aus: Ich »spreche ... mich schuldig und tue Buße in Staub und Asche«. Hiob 42,6 Als Jesaja die Herrlichkeit Gottes sah und die Cherubim rufen hörte: »Heilig, heilig, heilig ist der Herr Zebaoth!«, schrie er auf: »Weh mir, ich vergehe!« Jesaja 6,3.5 Nachdem Paulus in den dritten Himmel entrückt worden war und unaussprechliche Worte hörte, die kein Mensch sagen kann, sprach er von sich selbst als »dem allergeringsten unter allen Heiligen«. 2.Korinther 12,2-4; Epheser 3,8 Der geliebte Johannes, der an der Brust Jesu geruht und seine Herrlichkeit gesehen hatte, fiel dem Menschensohn wie tot zu Füßen. Offenbarung 1,17

Bei denen, die im Schatten des Kreuzes von Golgatha wandeln, gibt es keine Selbsterhebung, keinen prahlerischen Anspruch, frei von Sünden zu sein. Sie sind sich bewusst, dass es ihre Sünde war, die die Seelenqual verursachte, die dem Sohn Gottes das Herz brach – und dieser Gedanke wird zur Selbsterniedrigung führen. Die am innigsten mit Jesus verbunden sind, erkennen am deutlichsten die Schwächen und die Sündhaftigkeit der Menschen, und ihre einzige Hoffnung stützt sich auf das Verdienst eines gekreuzigten und auferstandenen Heilandes.

Die Heiligung, die jetzt in der Christenheit zu sehen ist, offenbart einen überheblichen Geist und eine Gleichgültigkeit gegenüber dem Gesetz Gottes, die mit der Religion der Bibel nichts mehr zu tun hat. Ihre Anhänger lehren, die Heiligung sei ein Werk des Augenblicks, durch das sie im Glauben allein vollkommene Heiligkeit erlangten. Glaube nur, sagen sie, und du wirst den Segen erhalten. Weitere Bemühungen werden für unnötig angesehen. Im gleichen Moment leugnen sie die Gültigkeit des göttlichen Gesetzes und behaupten, sie seien von der Verpflichtung frei, die Gebote zu

halten. Ist es jedoch möglich, dass Menschen heilig sein

und in Übereinstimmung mit dem Willen und Charakter Gottes leben können, ohne nach den Grundsätzen zu leben, die Ausdruck der Natur und des Willens Gottes sind, und tun, was ihm angenehm ist?

Der Wunsch nach einer bequemen Religion, die weder Anstrengung und Selbstverleugnung noch Trennung von den Torheiten der Welt fordert, hat die Lehre vom Glauben, und zwar vom Glauben allein, gesellschaftsfähig gemacht. Was sagt aber Gottes Wort? Der Apostel Jakobus spricht: »Was hilft's, liebe Brüder, wenn jemand sagt, er habe Glauben, und hat doch keine Werke? Kann denn der Glaube ihn selig machen? ... Willst du nun einsehen, du törichter Mensch, dass der Glaube ohne Werke nutzlos ist? Ist nicht Abraham, unser Vater, durch Werke gerecht geworden, als er seinen Sohn Isaak auf dem Altar opferte? Da siehst du, dass der Glaube zusammengewirkt hat mit seinen Werken, und durch die Werke ist der Glaube vollkommen geworden ... So seht ihr nun, dass der Mensch durch Werke gerecht wird, nicht durch Glauben allein.« Jakobus 2,14-24

Die Aussagen des göttlichen Wortes stehen dieser verführenden Lehre vom Glauben ohne Werke entgegen. Die Hilfe des Himmels zu beanspruchen, ohne den Bedingungen nachzukommen, unter denen Barmherzigkeit gewährt wird, ist nicht Glaube, sondern Vermessenheit, denn der echte Glaube hat seinen Grund in den Verheißungen und Verordnungen der Heiligen Schrift.

Niemand täusche sich zu glauben, heilig werden zu können, während er vorsätzlich eins der Gebote Gottes übertritt. Wer bewusst sündigt, bringt damit die überzeugende Stimme des Heiligen Geistes zum Schweigen und trennt die Seele von Gott. Sünde ist Übertretung des Gesetzes. Und »wer da sündigt (das Gesetz übertritt), der hat ihn nicht gesehen noch erkannt«. 1.Johannes 3,6 Obwohl Johannes in seinen Briefen so ausführlich von der Liebe spricht, zögert er dennoch nicht, den wahren Charakter jener zu enthüllen, die beanspruchen, geheiligt zu sein, während sie in Übertretung des göttlichen Gesetzes leben. »Wer da sagt: Ich kenne ihn, – und hält seine Gebote nicht, der ist ein Lügner, und in solchem ist keine Wahrheit. Wer aber sein Wort hält, in solchem ist wahrlich die Liebe Gottes vollkommen.« 1.Johannes 2,4.5 Das ist der Prüfstein eines jeden Bekenntnisses. Wir können keinen Menschen als heilig ansehen, ohne ihn mit Gottes einzigem Maßstab für die Heiligkeit im Himmel und auf Erden gemessen zu haben.

Wenn Menschen die Bedeutung des Moralgesetzes nicht erkennen, wenn sie Gottes Gebote für unwichtig ansehen und leichtfertig behandeln, wenn sie auch nur eines dieser Gebote übertreten und die Menschen so lehren, dann werden sie vor dem Himmel nicht geachtet sein, und wir erkennen daran, dass ihre Ansprüche jeder Grundlage entbehren.

Die Behauptung, ohne Sünde zu sein, ist schon an sich ein Beweis, dass der, welcher solche Ansprüche erhebt, weit davon entfernt ist, heilig zu sein. Weil der Mensch keine richtige Vorstellung von der unendlichen Reinheit und Heiligkeit Gottes hat oder davon, was aus denen werden muss, die mit ihm übereinstimmen sollen; weil er weder von der Reinheit und erhabenen Lieblichkeit Jesu noch von der Bosheit und dem Unheil der Sünde einen richtigen Begriff hat, darum sieht er sich selbst als heilig an. Je größer die Entfernung zwischen ihm und Christus ist, je diffuser seine Vorstellungen vom Charakter und den Anforderungen Gottes sind, umso gerechter wird er sich selbst sehen.

Die in der Heiligen Schrift verordnete Heiligung schließt das ganze Wesen ein – Körper, Seele und Geist. Paulus betete für die Thessalonicher: »Er aber, der Gott des Friedens, heilige euch durch und durch und bewahre euren Geist samt Seele und Leib unversehrt, untadelig für die Ankunft unseres Herrn Jesus Christus«. 1.Thessalonicher 5,23 Ein anderes mal schrieb er an Gläubige: »Ich ermahne euch nun, liebe Brüder, durch die Barmherzigkeit Gottes, dass ihr eure Leiber hingebt als ein Opfer, das lebendig, heilig und Gott wohlgefällig ist.« Römer 12,1 Zur Zeit des alten Israel wurde jede Gott zum Opfer gebrachte Gabe sorgfältig untersucht. Fand man irgendeinen Makel an dem Opfertier, so wurde es abgewiesen, denn Gott hatte befohlen, dass »kein Fehl« 2.Mose 12,5f am Opfer sein sollte. So wird auch den Christen geboten, ihre Leiber zum Opfer zu geben, das da lebendig, heilig und Gott wohlgefällig sei. Dazu ist es aber nötig, alle Kräfte im bestmöglichen Zustand zu erhalten. Jede Handlung, die die körperliche oder geistige Kraft schwächt, macht den Menschen für den Dienst an seinem Schöpfer untauglich. Könnte Gott an etwas Gefallen finden, das nicht unser Bestes ist? Christus sagte: »Du sollst lieben Gott, deinen Herrn, von ganzem Herzen.« Matthäus 22,37 Alle, die Gott von ganzem Herzen lieben, werden ihm den besten Dienst ihres Lebens weihen wollen und sich ständig darum bemühen, jede Kraft ihrer Persönlichkeit mit den Gesetzen in Übereinstimmung zu bringen, die sie besser befähigt, seinen Willen zu tun. Sie werden nicht durch Befriedigung ihrer Genusssucht oder Leidenschaften das Opfer entwerten oder verunreinigen, das sie ihrem himmlischen Vater bringen.

Petrus sagt: »Enthaltet euch von fleischlichen Lüsten, welche wider die Seele streiten.« 1.Petrus 2,11 Jede sündhafte Befriedigung führt zur Abstumpfung der Geisteskräfte und schwächt das geistige und geistliche Wahrnehmungsvermögen, so dass das Wort oder der Geist Gottes das Herz nur schwach beeindrucken kann. Paulus schreibt an die Korinther: »Weil wir nun

solche Verheißungen haben, meine Lieben, so lasst uns von

aller Befleckung des Fleisches und des Geistes uns reinigen und die Heiligung vollenden in der Furcht Gottes.« 2.Korinther 7,1 Und den Früchten des Geistes: »Liebe, Freude, Friede, Langmut, Freundlichkeit, Güte, Treue, Sanftmut«, fügt er »Selbstbeherrschung« hinzu. Galater 5,22; Schlachter 2000

Wie viele, die sich Christen nennen, schwächen aber ungeachtet dieser von Gott genannten Aussagen ihre Kräfte, indem sie dem Gewinn nachjagen oder sich der Mode beugen. Wie viele entehren ihr gottebenbildliches Menschsein durch Prasserei, Weintrinken und verbotene Genüsse! Und die Kirche, anstatt das Übel zu rügen, ermutigt es nur zu oft, indem sie die Esslust, das Verlangen nach Gewinn oder die Liebe zu Vergnügungen unterstützt, um zu mehr Einnahmen zu kommen, wozu die Liebe zu Christus anscheinend zu schwach ist. Würde Jesus die Kirchen von heute betreten und dort den unheiligen Handel und die Schwelgerei feststellen, die im Namen der Religion veranstaltet werden, würde er da nicht diese Tempelschänder hinaustreiben, wie er einst jene Geldwechsler aus dem Tempel jagte?

Der Apostel Jakobus sagt uns, dass die Weisheit, die von oben kommt, »aufs erste rein« ist. Jakobus 3,17; Elberfelder Wäre er Männern begegnet, die den wundervollen Namen Jesu auf ihre vom Tabak verunreinigten Lippen genommen hätten und die vom ekelhaften Geruch durchdrungen gewesen wären, die die Luft des Himmels verpestet und ihre Umgebung gezwungen hätten, das Gift einzuatmen – wäre der Apostel auf einen der Reinheit des Evangeliums so sehr entgegengesetzten Brauch gestoßen, würde er ihn nicht als irdisch, sinnlich und teuflisch verurteilt haben? Tabaksüchtige mögen behaupten, völlig geheiligt zu sein, mögen von ihrer Hoffnung auf den Himmel reden, aber Gottes Wort sagt deutlich: »Es wird niemals jemand in sie hineingehen der verunreinigt.« Offenbarung 21,27; Schlachter 2000

»Wisst ihr nicht, dass euer Leib ein Tempel des in euch wohnenden Heiligen Geistes ist, den ihr von Gott empfangen habt, und dass ihr nicht euch selbst gehört? Denn ihr seid teuer erkauft; darum verherrlicht Gott in eurem Leib und in eurem Geist, die Gott gehören!« 1.Korinther 6,19.20; Schlachter 2000 Der Mensch, der ein Tempel des Heiligen Geistes ist, wird sich nicht durch eine verderbliche Gewohnheit zum Sklaven machen lassen. Seine Kräfte, wie auch seine Güter, gehören Christus, der ihn mit seinem Blut erkauft hat. Wie könnte er das verschwenden, was Gott ihm anvertraut hat? Bekennende Christen geben jedes Jahr ungeheure Summen für nutzlose und schädliche Interessen aus, während Menschen aus Mangel am Brot des Lebens zugrunde gehen. Sie berauben Gott an Gaben und Opfern und verbrauchen mehr auf dem Altar verderblicher Lüste, als sie zur Unterstützung der Armen oder zur Verbreitung des Evangeliums beitragen.

Wenn alle, die sich Nachfolger Christi nennen, wahrhaft geheiligt wären, dann würden sie ihre Mittel, statt sie für nutzlose und sogar schädliche Dinge auszugeben, in die Schatzkammer des Herrn bringen und anderen ein Beispiel in Mäßigkeit, Selbstverleugnung und Selbstaufopferung geben. Dann wären sie das Licht der Welt.

Die Welt gibt sich unbeschränkter Genusssucht hin. »Die Fleischeslust, die Augenlust und der Hochmut des Lebens« 1.Johannes 2,16; Schlachter 2000 beherrschen die Menschen. Aber Christi Nachfolger haben eine höhere Berufung: »Darum geht aus von ihnen und sondert euch ab, spricht der Herr, und rührt nichts Unreines an.« Im Licht des Wortes Gottes dürfen wir zu Recht sagen, dass keine Heiligung echt sein kann, die nicht bewirkt, dass das sündige Streben und die Vergnügungen der Welt ganz aufgegeben werden.

Allen, die der Bedingung: »Geht aus von ihnen und sondert euch ab ... und rührt nichts Unreines an« nachkommen, gilt Gottes Verheißung: »So will ich euch annehmen und euer Vater sein, und ihr sollt meine Söhne und Töchter sein, spricht der allmächtige Herr.« 2.Korinther 6,17.18 Es ist die Pflicht und Freude eines jeden Christen, viele wertvolle geistliche Erfahrungen zu machen. »Ich bin das Licht der Welt«, sagt der Heiland, »wer mir nachfolgt, der wird nicht wandeln in der Finsternis, sondern wird das Licht des Lebens haben.« Johannes 8,12 »Der Gerechten Pfad glänzt wie das Licht, das immer heller leuchtet bis auf den vollen Tag.« Sprüche 4,18 Jeder Schritt des Glaubens und des Gehorsams bringt den Menschen in engere Verbindung mit dem Licht der Welt, in dem »keine Finsternis« ist. Die hellen Strahlen der Sonne der Gerechtigkeit scheinen auf Gottes Diener, die sein Licht weitergeben sollen. Wie uns die Himmelskörper lehren, dass ein großes Licht am Himmel ist, dessen Glanz sie erhellt, ebenso sollen Christen demonstrieren, dass auf dem Thron des Weltalls ein Gott sitzt, dessen Wesen des Lobes und der Nachahmung würdig ist. Die Früchte seines Geistes, die Reinheit und Heiligkeit seines Wesens werden in seinen Zeugen sichtbar.

Paulus beschreibt in seinem Brief an die Kolosser die vielen Segnungen, die den Kindern Gottes verliehen werden: »Darum lassen wir auch von dem Tag an, an dem wir's gehört haben, nicht ab, für euch zu beten und zu bitten, dass ihr erfüllt werdet mit der Erkenntnis seines Willens in aller geistlichen Weisheit und Einsicht, dass ihr des Herrn würdig lebt, ihm in allen Stücken gefällt und Frucht bringt in jedem guten Werk und wachst in der Erkenntnis Gottes und gestärkt werdet mit aller Kraft durch seine herrliche Macht zu aller Geduld und Langmut mit Freuden«. Kolosser 1,9-11

An anderer Stelle schreibt er von seinem Wunsch, dass die Brüder in Ephesus die Größe der christlichen Freiheiten mehr erkennen möchten. Er erschließt ihnen in sehr deutlichen Worten die wunderbare Macht und Erkenntnis, die sie als Söhne und Töchter des Allerhöchsten haben können. Es war Gnade, »stark zu werden durch seinen Geist an dem inwendigen Menschen«, »durch die Liebe eingewurzelt und gegründet« zu werden, zu »begreifen … mit allen Heiligen, welches da sei die Breite und die Länge und die Tiefe und die Höhe«, und zu »erkennen die Liebe Christi, die doch alle Erkenntnis übertrifft«. Aber das Gebet des Apostels erreicht den Höhepunkt der Gnadengaben, wenn er betet, »dass ihr erfüllt werdet mit allerlei Gottesfülle«. Epheser 3,16-19

Hier wird uns das hohe Ziel gezeigt, das wir durch den Glauben an die Verheißungen unseres himmlischen Vaters erreichen können, wenn wir seine Anforderungen erfüllen. Durch Christi Verdienst haben wir Zugang zum Thron der unendlichen Macht. »Welcher auch seines eigenen Sohnes nicht hat verschont, sondern hat ihn für uns alle dahingegeben; wie sollte er uns mit ihm nicht alles schenken?« Römer 8,32 Dem Sohn schenkte der Vater seinen Geist in Fülle - auch wir dürfen an seiner Fülle teilhaben. Jesus sagt: »Wenn aber selbst ihr sündigen Menschen wisst, wie ihr euren Kindern Gutes tun könnt, wie viel eher wird euer Vater im Himmel denen, die ihn bitten, den Heiligen Geist schenken!« - »Was ihr bitten werdet in meinem Namen, das will ich tun.« - »Bittet, so werdet ihr nehmen, dass eure Freude vollkommen sei.« Lukas 11,13; Neues Leben; Johannes 14,14; 16,24

Während sich das Leben des Christen durch Demut auszeichnet, sollte es doch ohne Traurigkeit oder eigene Erniedrigung sein. Es gehört zur Freiheit jedes Menschen, so zu leben, wie es dem Herrn gefällt und er ihn segnen kann. Unser himmlischer Vater will nicht, dass wir uns ständig verdammt und in Finsternis fühlen sollen. Es ist kein Beweis echter Demut, mit gesenktem Haupt und grüblerischem Herzen zu existieren. Wir dürfen zu Jesus kommen, uns von ihm reinigen lassen und ohne Scham oder Gewissensbisse vor dem Gesetz bestehen. »So ist nun nichts Verdammliches an denen, die in Christus Jesus sind, die nicht nach dem Fleisch wandeln, sondern nach dem Geist.« Römer 8,1

Durch Jesus werden die gefallenen Kinder Adams »Kinder Gottes«, »denn weil sie alle von einem kommen, beide, der da heiligt und die da geheiligt werden. Darum schämt er sich auch nicht, sie Brüder zu nennen«. Hebräer 2,11 Das Leben des Christen sollte ein Leben des Glaubens, des Sieges und der Freude in Gott sein. »Denn alles, was von Gott geboren ist, überwindet die Welt; und unser Glaube ist der Sieg, der die Welt überwunden hat.« 1.Johannes 5,4 In Wahrheit sagte Gottes Diener Nehemia: »Die Freude am Herrn ist eure Stärke.« Nehemia 8,10 Und Paulus schreibt: »Freuet euch in dem Herrn allewege! Und abermals sage ich: Freuet euch!« »Seid allezeit fröhlich, betet ohne Unterlass, seid dankbar in allen Dingen; denn das ist der Wille Gottes in Christo Jesu an euch.« Philipper 4,4; 1.Thessalonicher 5,16-18

Das sind die Früchte biblischer Bekehrung und Heiligung, und weil die hervorragenden Grundsätze der Gerechtigkeit, wie das Gesetz Gottes sie vermittelt, von der christlichen Welt gleichgültig behandelt werden, sind diese Früchte so selten zu sehen. Deshalb offenbart sich auch so wenig von jenem tiefen, bleibenden Wirken des Geistes Gottes, das die Erweckungen früherer Jahre kennzeichnete.

Indem wir auf den Herrn schauen, werden wir verwandelt. Und weil jene heiligen Verordnungen vernachlässigt werden, in denen Gott den Menschen die Vollkommenheit und Heiligkeit seines Charakters offenbart, und weil das Denken des Volkes von menschlichen Lehren und Ansichten beeinflusst wird, ist es nicht verwunderlich, dass die lebendige Frömmigkeit in der Kirche abgenommen hat. Der Herr sagte: »Mich, die lebendige Quelle, verlassen sie und machen sich Zisternen, die doch rissig sind und kein Wasser geben.« Jeremia 2,13

»Wohl dem, der nicht wandelt im Rat der Gottlosen..., sondern hat Lust zum Gesetz des Herrn und redet von seinem Gesetz Tag und Nacht! Der ist wie ein Baum, gepflanzt an den Wasserbächen, der seine Frucht bringt zu seiner Zeit, und seine Blätter verwelken nicht; und was er macht, das gerät wohl.« Psalm 1,1-3 Nur dadurch, dass dem Gesetz Gottes seine rechtmäßige Stellung wieder eingeräumt wird, kann der ursprüngliche Glaube und die erste Gottseligkeit unter seinem bekennenden Volk wieder erweckt werden. »So spricht der HERR: Tretet hin an die Wege und schaut und fragt nach den Wegen der Vorzeit, welches der gute Weg sei, und wandelt darin, so werdet ihr Ruhe finden für eure Seele!« Jeremia 6,16

KAPITEL 28

DAS
UNTERSUCHUNGSGERICHT

Bevor Jesus wiederkommt, wird im Himmel Gericht gehalten. Die Engel prüfen Bücher, in denen die Taten jener Menschen notiert sind, die bekannten, Jesus zu folgen, – ob sie für das ewige Leben geeignet sind oder nicht. Gott möchte, dass alle Wesen erkennen, dass sein Urteil gerecht ist. Diesen Vorgang versinnbildet die im irdischen Tempeldienst vollzogene Reinigung und Prüfung eines jeden Israeliten vor dem großen Versöhnungstag.

Ich sah«, schreibt der Prophet Daniel, »wie Throne aufgestellt wurden, und einer, der uralt war, setzte sich. Sein Kleid war weiß wie Schnee und das Haar auf seinem Haupt rein wie Wolle; Feuerflammen waren sein Thron und dessen Räder loderndes Feuer. Und von ihm ging aus ein langer feuriger Strahl. Tausendmal Tausende dienten ihm, und zehntausendmal Zehntausende standen vor ihm. Das Gericht wurde gehalten, und die Bücher wurden aufgetan«. Daniel 7,9.10

So wurde dem Propheten im Gesicht der große und feierliche Tag vor sein geistiges Auge geführt, in dem der Charakter und das Leben eines jeden Menschen von dem großen Richter des Alls geprüft werden. Der Alte ist Gott der Vater. Der Psalmist sagt: »Ehe denn die Berge wurden und die Erde und die Welt geschaffen wurden, bist du, Gott, von Ewigkeit zu Ewigkeit.« Psalm 90,2 Der Begründer allen Daseins und aller Gesetze wird im Gericht den Vorsitz führen. Heilige Engel, »tausendmal tausend und zehntausendmal zehntausend«, werden diesem großen Gericht als Diener und Zeugen beiwohnen.

»Und siehe, es kam einer mit den Wolken des Himmels wie eines Menschen Sohn und gelangte zu dem, der uralt war, und wurde vor ihn gebracht. Der gab ihm Macht, Ehre und Reich, dass ihm alle Völker und Leute aus so vielen verschiedenen Sprachen dienen sollten. Seine Macht ist ewig und vergeht nicht, und sein Reich hat kein Ende.« Daniel 7,13.14 Das hier beschriebene Kommen Christi ist nicht seine Wiederkunft zur Erde. Er kommt vor den „Alten" im Himmel, um Gewalt, Ehre und Reich zu empfangen, die ihm am Ende seines Vermittlungswerkes gegeben werden. Von diesem Kommen, und nicht von seiner Wiederkunft zur Erde, wird in der Weissagung angegeben, dass es am Ende der 2300 Tage, im Jahr 1844, stattfinden werde. In Begleitung himmlischer Engel betritt unser Hoherpriester das Allerheiligste und erscheint dort vor Gott, um die letzten Handlungen seines Dienstes für die Menschen vorzubereiten, das Untersuchungsgericht durchzuführen und all jene zu versöhnen, die sich für diese Versöhnung würdig erweisen.

Im sinnbildlichen Heiligtumsdienst hatten nur die Anteil am speziellen Dienst des Versöhnungstages, die zu Gott kamen, um zu bekennen und zu bereuen und deren Sünden durch das Blut des Sündopfers auf das Heiligtum übertragen worden waren. So werden auch am großen Tag der Endversöhnung und des Untersuchungsgerichts nur die Fälle des bekennenden Volkes Gottes berücksichtigt werden. Das Gericht über die Gottlosen ist eine besondere, von diesem getrennte, später stattfindende Maßnahme. »Denn die Zeit ist da, dass das Gericht anfängt an dem Hause Gottes. Wenn aber zuerst an uns, was wird es für ein Ende nehmen mit denen, die dem Evangelium Gottes nicht glauben?« 1.Petrus 4,17

Von den Büchern des Himmels, in denen die Namen und Taten der Menschen verzeichnet stehen, hängen die Entscheidungen des Gerichts ab. Der Prophet Daniel sagt: »Das Gericht ward gehalten, und die Bücher wurden aufgetan.« Der Schreiber der Offenbarung fügt bei der Schilderung desselben Vorganges hinzu: »Ein anderes Buch ward aufgetan, welches ist das Buch des Lebens. Und die Toten wurden gerichtet nach der Schrift in den Büchern, nach ihren Werken.« Offenbarung 20,12

Das Buch des Lebens enthält die Namen aller, die jemals in den Dienst Gottes getreten waren. Jesus sagte zu seinen Jüngern: »Freut euch ..., dass eure Namen im Himmel geschrieben sind.« Lukas 10,20 Paulus spricht von seinen treuen Mitarbeitern, deren »Namen im Buch des Lebens stehen«. Philipper 4,3 Im Hinblick auf »eine solche trübselige Zeit«, »wie sie nicht gewesen ist«, erklärte Daniel, dass Gottes Volk errettet werden soll, und zwar »alle, die im Buch geschrieben stehen«. Daniel 12,1 In der Offenbarung heißt es, dass nur solche Menschen die Stadt Gottes betreten dürfen, deren Namen »geschrieben sind in dem Lebensbuch des Lammes«. Offenbarung 21,27

»Ein Gedächtnisbuch« ist vor dem Herrn geschrieben worden, worin die guten Taten aller Menschen berichtet stehen, die »den Herrn fürchten und an seinen Namen gedenken«. Maleachi 3,16; Grundtext Ihre Worte des Glaubens, ihre Taten der Liebe stehen im Himmel verzeichnet. Nehemia bezieht sich darauf, wenn er sagt: »Gedenke deshalb meiner, mein Gott, und vergiss die Treue nicht, die ich dem Haus meines Gottes und dem Dienst in ihm erwiesen habe!« Nehemia 13,14; Neues Leben Im Gedächtnisbuch Gottes wird jede gerechte Tat verewigt. Dort findet sich jede widerstandene Versuchung, alle überwundenen Übel. Jedes ausgesprochene Wort zärtlichen

Mitleids ist gewissenhaft berichtet, jede aufopfernde Tat,

jeder um Christi willen ausgestandene Schmerz oder Kummer sind dort verzeichnet. Der Psalmist sagt: »Du zählst, wie oft ich fliehen muss; sammle meine Tränen in deinen Schlauch! Stehen sie nicht in deinem Buch?« Psalm 56,9; Schlachter 2000 Es wird dort auch ein Bericht über die Sünden der Menschen geführt. »Denn Gott wird alle Werke vor Gericht bringen, alles, was verborgen ist, es sei gut oder böse.« Prediger 12,14 Der Heiland sagte: »Die Menschen müssen Rechenschaft geben am Jüngsten Gericht von einem jeglichen unnützen Wort, das sie geredet haben. Aus deinen Worten wirst du gerechtfertigt werden, und aus deinen Worten wirst du verdammt werden.« Matthäus 12,36.37 Die geheimen Absichten und Beweggründe erscheinen in jenem unfehlbaren Verzeichnis, denn Gott »wird ans Licht bringen, was im Finstern verborgen ist, und den Rat der Herzen offenbaren«. 1.Korinther 4,5 »Siehe, es steht vor mir geschrieben. ... beide, ihre Missetaten und ihrer Väter Missetaten miteinander, spricht der Herr.« Jesaja 65,6.7

Eines jeden Taten werden einer Untersuchung vor Gott unterzogen und als treu oder untreu eingetragen. In die himmlischen Bücher wird gegenüber dem Namen eines jeden peinlich genau jedes schlechte Wort, jede selbstsüchtige Handlung, jede unerfüllte Pflicht, jede verborgene Sünde und jede listige Verstellung eingeschrieben. Vom Himmel gesandte Warnungen oder Rügen, die vernachlässigt wurden, verschwendete Augenblicke, ungenutzte Gelegenheiten, der zum Guten oder Bösen ausgeübte Einfluss mit seinen weitreichenden Folgen, alles wird von dem berichtführenden Engel aufgeschrieben.

Das Gesetz Gottes ist die Leitlinie, nach der das Leben und der Charakter des Menschen im Gericht gemessen werden. Der weise Mann sprach: »Fürchte Gott und halte seine Gebote; denn das gilt für alle Menschen. Denn Gott wird alle Werke vor Gericht bringen, alles, was verborgen ist, es sei gut oder böse.« Prediger 12,13.14 Und der Apostel Jakobus ermahnte seine Brüder: »Redet so und handelt so wie Leute, die durchs Gesetz der Freiheit gerichtet werden sollen.« Jakobus 2,12

Wer im Gericht frei gesprochen wird, wird an der Auferstehung der Gerechten teilhaben. Jesus sagte: »Welche aber gewürdigt werden, jene Welt zu erlangen und die Auferstehung von den Toten, ... denn sie sind den Engeln gleich und Gottes Kinder, weil sie Kinder der Auferstehung sind.« Lukas 20,35.36 »Und werden hervorgehen, die da Gutes getan haben, zur Auferstehung des Lebens.« Johannes 5,29 Die gerechten Toten werden erst nach dem Gericht auferweckt, in dessen Verlauf sie der »Auferstehung des Lebens« für würdig befunden werden. Sie werden also nicht persönlich am Gericht teilnehmen, wenn ihre Lebensberichte untersucht und ihre Fälle entschieden werden.

Jesus wird als ihr Verteidiger auftreten und vor Gott für sie

Fürbitte einlegen. »Ob jemand sündigt, so haben wir einen Fürsprecher bei dem Vater, Jesus Christus, der gerecht ist.« 1.Johannes 2,1 »Denn Christus ist nicht eingegangen in das Heiligtum, das mit Händen gemacht und nur ein Abbild des wahren Heiligtums ist, sondern in den Himmel selbst, um jetzt für uns vor dem Angesicht Gottes zu erscheinen.« »Daher kann er auch für immer selig machen, die durch ihn zu Gott kommen; denn er lebt für immer und bittet für sie.« Hebräer 9,24; 7,25

Wenn die Bücher aufgeschlagen werden, wird der Lebenslauf eines jeden, der an Jesus geglaubt hat, vor Gott untersucht. Unser Fürsprecher beginnt mit denen, die zuerst auf Erden lebten, prüft dann die nachfolgenden Generationen und endet mit den Lebenden. Jeder Name wird erwähnt, der Fall jedes einzelnen genau untersucht. Es werden Namen angenommen, Namen verworfen. Finden sich bei manchen Namen Sünden in den Büchern verzeichnet, die nicht bereut und vergeben sind, so werden ihre Namen aus dem Buch des Lebens entfernt und das Verzeichnis ihrer guten Taten aus dem Gedächtnisbuch Gottes getilgt. Der Herr erklärte Mose: »Was? Ich will den aus meinem Buch tilgen, der an mir sündigt.« 2.Mose 32,33 Und der Prophet Hesekiel sagte: »Wo sich der Gerechte kehrt von seiner Gerechtigkeit und tut Böses ..., sollte der leben? Ja, aller seiner Gerechtigkeit, die er getan hat, soll nicht gedacht werden.« Hesekiel 18,24

Bei den Namen aller, die ihre Sünden wahrhaft bereut und durch den Glauben das Blut Christi als ihr versöhnendes Opfer in Anspruch genommen haben, wird Vergebung in die Himmelsbücher eingeschrieben. Da sie Teilhaber der Gerechtigkeit Christi geworden sind und ihr Charakter in Übereinstimmung mit dem Gesetz Gottes gefunden wird, werden ihre Sünden ausgetilgt und sie selbst des ewigen Lebens für würdig angesehen. Der Herr erklärte durch den Propheten Jesaja: »Ich, ich tilge deine Übertretungen um meinetwillen und gedenke deiner Sünden nicht.« Jesaja 43,25 Jesus sprach: »Wer überwindet, der soll mit weißen Kleidern angetan werden, und ich werde seinen Namen nicht austilgen aus dem Buch des Lebens, und ich will seinen Namen bekennen vor meinem Vater und vor seinen Engeln.« »Wer nun mich bekennt vor den Menschen, den will ich auch bekennen vor meinem himmlischen Vater. Wer mich aber verleugnet vor den Menschen, den will ich auch verleugnen vor meinem himmlischen Vater.« Offenbarung 3,5; Matthäus 10,32.33

Das größte Interesse von Menschen auf die Entscheidungen irdischer Gerichtshöfe ist nur ein schwacher Vergleich zu der am himmlischen Gerichtshof herrschenden Anteilnahme, wenn die im Buch des Lammes eingetragenen Namen zur Untersuchung vor den Richter der ganzen Welt gebracht

werden. Der göttliche Vermittler bittet darum, dass allen, die durch den Glauben an sein Blut überwunden haben, ihre Übertretungen vergeben werden, dass sie wieder in das Paradies eintreten können und gekrönt werden als Miterben mit ihm für die »vorige Herrschaft«. Micha 4,8 Satan hatte gehofft, die Menschen durch seine Bemühungen versuchen und täuschen zu können und den göttlichen Plan bei der Erschaffung des Menschen zu vereiteln – Christus aber bittet nun, dass dieser Plan ausgeführt werde, als wäre der Mensch nie gefallen. Er bittet für sein Volk nicht nur um völlige Vergebung und Rechtfertigung, sondern auch um einen Anteil an seiner Herrlichkeit und um einen Sitz auf seinem Thron.

Während Jesus für diese Menschen Fürbitte einlegt, beschuldigt Satan sie vor Gott als Übertreter. Der große Betrüger versuchte sie in den Unglauben zu verstricken und zu veranlassen, ihr Gottvertrauen aufzugeben, sich von der Liebe Gottes zu trennen und dessen Gesetz zu übertreten. Nun weist er auf ihren Lebensbericht hin, auf ihre charakterlichen Unvollkommenheiten, auf ihre Unähnlichkeit mit Christus, womit sie ihrem Erlöser Schande bereitet haben, und auf alle Sünden, zu denen er sie verleitet hat, und beansprucht sie als seine Untertanen, indem er sich auf diese Tatsachen beruft.

Jesus entschuldigt ihre Sünden nicht, verweist aber auf ihre Reue und ihren Glauben und bittet für sie um Vergebung. Er hält seine verwundeten Hände vor dem Vater und den heiligen Engeln hoch und ruft aus: »Ich kenne sie bei Namen, ich habe sie in meine Hände gezeichnet. ,Die Opfer, die Gott gefallen, sind ein geängsteter Geist; ein geängstet und zerschlagen Herz wirst du, Gott, nicht verachten.'« Psalm 51,19 Und dem Ankläger seines Volkes erklärt er: »Der HERR schelte dich, du Satan! Ja, der HERR, der Jerusalem erwählt hat, schelte dich! Ist dieser nicht ein Brandscheit, das aus dem Feuer gerettet ist?« Sacharja 3,2 Christus wird seine treuen Nachfolger mit seiner eigenen Gerechtigkeit kleiden, damit er sie seinem Vater darstellen kann als »eine Gemeinde, die herrlich sei und keinen Flecken oder Runzel oder etwas dergleichen habe«. Epheser 5,27 Ihre Namen stehen im Buch des Lebens, und von ihnen ist geschrieben: »Sie werden mit mir wandeln in weißen Kleidern, denn sie sind's wert.« Offb. 3,4

So wird die vollkommene Erfüllung der Verheißung des Neuen Bundes verwirklicht werden: »Ich will ihnen ihre Missetat vergeben und ihrer Sünde nimmermehr gedenken«. »Zur selben Zeit und in denselben Tagen wird man die Missetat Israels suchen, spricht der Herr, aber es wird keine da sein, und die Sünden Judas, aber es wird keine gefunden werden.« Jeremia 31,34; 50,20 »In der Zeit wird des Herrn Zweig lieb und wert sein und die Frucht der Erde herrlich und schön bei denen, die erhalten werden in Israel. Und wer da wird übrig sein zu Zion und übrig bleiben zu Jerusalem, der wird heilig heißen, ein jeglicher, der geschrieben ist unter die Lebendigen zu Jerusalem.« Jesaja 4,2.3 *[485/486]* **407**

Das Untersuchungsgericht und die Austilgung der Sünden muss vor der Wiederkunft des Herrn vollendet werden. Da die Toten gerichtet werden sollen nach dem, was in den Büchern geschrieben steht, ist es unmöglich, dass die Sünden der Menschen vor Ablauf des Gerichts, das ihr Lebenswerk prüft, ausgetilgt werden können. Der Apostel Petrus sagt deutlich, dass die Sünden der Gläubigen ausgetilgt werden können, »auf dass da komme die Zeit der Erquickung von dem Angesicht des Herrn, wenn er senden wird den, der euch jetzt zuvor gepredigt wird, Jesus Christus«. Apostelgeschichte 3,20 Wenn das Untersuchungsgericht beendet ist, wird Christus kommen und sein Lohn mit ihm, einem jeglichen zu geben, wie seine Werke sein werden.

Im sinnbildlichen Dienst trat der Hohepriester, nachdem er die Versöhnung für Israel erwirkt hatte, heraus und segnete die Gemeinde. So wird auch Christus nach Beendigung seines Mittleramtes »ohne Sünde erscheinen ... zur Seligkeit«, Hebräer 9,28 um sein wartendes Volk mit dem ewigen Leben zu segnen. Wie der Priester die Sünden auf das Haupt des noch lebenden Bocks (Asasel) bekannte, als er sie aus dem Heiligtum entfernt hatte, so wird Christus alle diese Sünden auf Satan legen, den Urheber und Anstifter der Sünde. Dieser Asasel, der die Sünden Israels trug, wurde weggeführt »in die Wüste«. 3.Mose 16,22 Ebenso wird Satan, indem er die Schuld aller Sünden trägt, zu denen er Gottes Volk verführte, 1000 Jahre lang auf der Erde gebunden sein, die dann wüst und leer sein wird und zuletzt die volle Strafe für die Sünde in dem Feuer erleiden, das alle Gottlosen vernichten wird. Auf diese Weise wird der große Erlösungsplan mit der endgültigen Ausrottung der Sünde und mit der Befreiung aller beendet werden, die bereit waren, dem Bösen zu widerstehen.

Zu der für das Gericht vorhergesagten Zeit, mit dem Ablauf der 2300 Tage im Jahre 1844, begann die Untersuchung und die Austilgung der Sünden. Alle, die jemals den Namen Christi angenommen haben, werden einer genauen Prüfung unterzogen. Lebende und Tote sollen gerichtet werden nach der Schrift in den Büchern, nach ihren Werken.

Sünden, die nicht bereut und unterlassen wurden, werden nicht vergeben und nicht aus den Büchern ausgetilgt, sondern am Tag Gottes gegen den Sünder sprechen. Er mag seine bösen Taten am hellen Tag oder in finsterer Nacht begangen haben – sie waren „sichtbar und offen" vor dem, in dessen Händen wir sind. Die Engel Gottes sahen jede Sünde und verzeichneten sie in den untrüglichen Büchern. Man mag die Sünde verheimlichen, leugnen, vor Vater, Mutter, Frau, Kindern oder Freunden verstecken, keiner außer den schuldigen Tätern mag den allergeringsten Verdacht von dem Unrecht haben, aber es ist offen vor den himmlischen Wesen. Das Dunkel der finstersten Nacht, die

Heimlichkeit der täuschendsten Künste reicht nicht, um auch

nur einen Gedanken vor der Allwissenheit des Ewigen zu verschleiern. Gott hat ein genaues Verzeichnis aller ungerechten Berichte und jeder falschen Handlung. Er ist nicht durch den Schein eines gottseligen Wesens zu täuschen. Ihm unterläuft kein Fehler bei der Beurteilung des Charakters. Die Menschen mögen von denen betrogen werden, die verderbten Herzens sind, aber Gott durchdringt alle Verstellung und erkennt das innere Leben.

Wie ernst ist dieser Gedanke! Ein Tag nach dem andern vergeht und belastet die himmlischen Bücher mit seinen Berichten. Einmal gesprochene Worte, einmal begangene Taten lassen sich nie mehr ungeschehen machen. Die Engel haben beides eingetragen, das Gute und das Böse. Der gewaltigste Eroberer auf Erden ist nicht imstande, den Bericht auch nur eines einzigen Tages zurückzunehmen. Unsere Taten, unsere Worte, ja unsere geheimsten Gedanken tragen alle zur Entscheidung unseres Schicksals bei, sei es zum Leben oder zum Tod. Wenn wir sie auch vergessen mögen, wird ihr Zeugnis dazu dienen, uns zu rechtfertigen oder zu verdammen.

So wie die Gesichtszüge durch den Künstler mit untrüglicher Genauigkeit auf die glänzende Leinwand gezeichnet werden, so genau wird der Charakter in den himmlischen Büchern dargestellt. Doch wie wenig Sorge macht man sich um den Bericht, der dem Blick himmlischer Wesen ausgesetzt ist. Könnte der Schleier, der die sichtbare Welt von der unsichtbaren trennt, entfernt werden, und könnten die Menschen einem Engel zusehen, der jedes Wort und jede Tat verzeichnet, die im Gericht offenbar werden müssen, wie viele täglich ausgesprochene Worte blieben unausgesprochen, wie viele Taten ungetan!

Im Gericht wird die Verwendung jeder anvertrauten Gabe genau geprüft werden. Wie haben wir die uns vom Himmel verliehenen Güter verwendet? Wird der Herr bei seinem Erscheinen sein Eigentum mit Zinsen wiedernehmen? Haben wir die uns in Hand, Herz und Sinn anvertrauten Kräfte zur Verherrlichung Gottes und zum Segen der Welt eingesetzt? Wie haben wir unsere Zeit, unseren Schreibstift, unsere Stimme, unser Geld, unseren Einfluss verwertet? Was haben wir für Christus in Form der Armen, der Bedrückten, der Witwen oder der Waisen getan?

Gott hat uns beauftragt, sein heiliges Wort zu bewahren – was haben wir mit dem Licht und der Wahrheit getan, die uns verliehen wurden, damit wir die Menschen zur Seligkeit führten? Ein nur förmliches Glaubensbekenntnis an Christus ist wertlos, jedoch wird die Liebe, die sich in guten Werken erweist, als echt anerkannt. Es ist die Liebe allein, die in den Augen des Himmels eine Tat wertvoll macht. Was immer aus Liebe geschieht, wird Gott annehmen und belohnen, wie gering es auch in den Augen der Menschen scheinen mag. Die verborgene Selbstsucht der Menschen ist in den Büchern des Himmels sichtbar. Dort findet man den Bericht unerfüllter Pflichten gegen die Mitmenschen, die Vernachlässigung der Ansprüche des Heilandes. Dort werden sie sehen, wie oft Satan die Zeit, die Gedanken und die Kraft gegeben wurden, die eigentlich Christus gehören. Traurig ist der Bericht, den Engel zum Himmel tragen: Vernunftbegabte Wesen, Menschen, die sich Nachfolger Christi nennen, sind total vom Trachten nach weltlichen Besitztümern oder nach Genüssen irdischer Vergnügungen in Anspruch genommen. Geld, Zeit und Kräfte werden der Genusssucht geopfert und nur wenige Augenblicke sind dem Gebet, dem Schriftstudium, der Demütigung der Seele und dem Bekennen der Sünde geweiht.

Satan erfindet unzählige Pläne, um unsere Gedanken zu beschäftigen, damit sie sich nicht mit den Aufgaben befassen können, mit denen wir am besten vertraut sein sollten. Der Erzbetrüger hasst die großen Wahrheiten, die ein versöhnendes Opfer und einen allmächtigen Mittler erkennen lassen. Er weiß, dass für ihn alles davon abhängt, die Gedanken von Jesus und seiner Wahrheit abzulenken.

Wer die Wohltaten der Fürsprache Christi empfangen möchte, sollte sich durch nichts von seiner Pflicht abhalten lassen, die Heiligung in der Furcht Gottes zu vervollkommnen. Statt kostbare Stunden dem Vergnügen, dem Aufwand oder der Gewinnsucht zu opfern, wäre es besser, sie einem ernsten, andachtsvollen Studium des Wortes der Wahrheit zu widmen. Das Volk Gottes sollte die Bedeutung des Heiligtums und des Untersuchungsgerichts klar und deutlich verstehen. Alle benötigen eine persönliche Erkenntnis der Stellung und der Aufgabe ihres großen Hohepriesters, sonst wird es ihnen unmöglich sein, den in dieser Zeit so wesentlichen Glauben zu üben oder den Platz einzunehmen, den sie nach Gottes Willen ausfüllen sollen. Jeder Mensch hat eine Seele zu retten oder zu verlieren. Jeder wartet auf die Entscheidung über sein Leben im Gericht Gottes. Jeder muss dem großen Richter von Angesicht zu Angesicht gegenübertreten. Wie wichtig ist es daher für jeden, die ernste Tatsache zu bedenken, dass Gericht gehalten wird und die Bücher aufgetan werden und dass am Ende der Tage jeder mit Daniel in seinem Erbteil stehen muss.

Alle, die über diese Themen Licht erhalten haben, müssen von den bedeutenden Wahrheiten Zeugnis ablegen, die Gott ihnen anvertraut hat. Das himmlische Heiligtum ist der echte Mittelpunkt des Werkes Christi für die Menschen. Das geht jeden an, der auf Erden lebt. Es öffnet unseren Blicken den Erlösungsplan bis an das unmittelbare Ende der Zeit und zeigt den siegreichen Ausgang des zwischen der Gerechtigkeit und der Sünde stattfindenden Kampfes auf. Es ist sehr wichtig, dass wir alle diese Vorgänge gründ-

lichst untersuchen und imstande sind, jedem, der uns fragt,

einen Grund von der Hoffnung zu geben, die in uns ist. Die Fürsprache Christi im himmlischen Heiligtum für den Menschen ist ein genauso bedeutender Teil des Heilsplans wie sein Tod am Kreuz.

Mit seinem Tod begann er das Werk. Um das zu vollenden, fuhr er nach seiner Auferstehung zum Himmel auf. Wir müssen im Glauben »ins Innere, hinter den Vorhang« eingehen, »wohin Jesus als Vorläufer für uns eingegangen ist«. Hebräer 6,20; Schlachter 2000 Dort spiegelt sich das vom Kreuz auf Golgatha ausstrahlende Licht wider. Dort können wir einen klareren Einblick in die Geheimnisse der Erlösung gewinnen. Die Seligkeit des Menschen ist mit unermesslichen Kosten des Himmels erreicht worden. Das dargebrachte Opfer entspricht allen Anforderungen des gebrochenen Gesetzes Gottes. Jesus hat den Weg zum Thron des Vaters gebahnt, und durch seine Vermittlung kann das aufrichtige Verlangen aller Menschen, die im Glauben zu ihm kommen, vor Gott gebracht werden.

»Wer seine Missetat leugnet, dem wird es nicht gelingen; wer sie aber bekennt und lässt, der wird Barmherzigkeit erlangen.« Sprüche 28,13 Sähen doch alle, die ihre Fehler verbergen und entschuldigen, wie Satan über sie jubelt, wie er Christus und die heiligen Engel mit ihrem Wandel schmäht, so würden sie eilig ihre Sünden bekennen und ablegen. Durch Mängel im Charakter versucht Satan sich des ganzen Gemütes zu bemächtigen, und er weiß, dass es ihm gelingen wird, wenn diese Mängel gepflegt werden. Deshalb ist er ständig bestrebt, die Nachfolger Christi mit seinem tödlichen Scheinbeweis zu täuschen, dass es ihnen unmöglich sei, zu überwinden. Aber Jesus bittet für sie mit seinen verwundeten Händen und seinem zerschlagenen Leib und sagt allen, die ihm nachfolgen wollen: »Lass dir an meiner Gnade genügen.« 2.Korinther 12,9 »Nehmt auf euch mein Joch und lernt von mir; denn ich bin sanftmütig und von Herzen demütig; so werdet ihr Ruhe finden für eure Seelen: Denn mein Joch ist sanft und meine Last ist leicht.« Matthäus 11,29.30 Keines Menschen Fehler sind unheilbar. Gott wird Glauben und Gnade verleihen, um sie zu überwinden.

Wir leben in der Zeit des großen Versöhnungstages. Im Schattendienst mussten alle, während der Hohepriester für Israel die Versöhnung erwirkte, ihre Seele erforschen, indem sie ihre Sünden bereuten und sich vor dem Herrn demütigten, damit sie nicht vom Volk ausgerottet würden. Ebenso sollten jetzt alle, die ihren Namen im Lebensbuch erhalten wollen, in den wenigen noch verbleibenden Tagen ihrer Gnadenzeit ihre Sünden bereuen und ihre Seele durch wahrhafte Buße vor dem Herrn demütigen. Das Herz muss einer tiefgehenden, gewissenhaften Prüfung unterzogen werden. Der leichtfertige, oberflächliche Geist, den so viele bekenntliche Christen an den Tag legen, muss abgelegt werden. Es steht allen ein schwerer

Kampf bevor, die die üble Neigung, nach Macht zu streben, überwinden wollen. Das Werk der Vorbereitung ist eine persönliche Aufgabe. Wir werden nicht scharenweise erlöst. Die Frömmigkeit und Reinheit des Einen kann nicht das Fehlen dieser Eigenschaften bei einem andern ersetzen. Obwohl alle Völker vor dem Gericht Gottes erscheinen müssen, wird Gott doch den Fall jedes Einzelnen so gründlich und genau untersuchen, als gäbe es kein anderes Wesen auf Erden. Jeder muss bei seiner Prüfung ohne Flecken, ohne Runzel oder sonst etwas erfunden werden.

Sehr ernst sind die mit dem Schlusswerk der Versöhnung zusammenhängenden Vorgänge; folgenschwer die damit verbundenen Tatsachen. Das Gericht geht jetzt im himmlischen Heiligtum vor sich. Schon viele Jahre wird dieses Werk getan. Bald – niemand weiß wie bald – werden die Fälle der Lebenden behandelt werden. In der Ehrfurcht gebietenden Gegenwart Gottes wird unser Leben untersucht werden. Mehr denn je ist es jetzt soweit, dass jeder Mensch die Ermahnung des Heilands beherzige. »Habt Acht, wacht und betet! Denn ihr wisst nicht, wann die Zeit da ist.« Markus 13,33; Schlachter 2000 »Wenn du aber nicht wachen wirst, werde ich kommen wie ein Dieb, und du wirst nicht wissen, zu welcher Stunde ich über dich kommen werde.« Offenbarung 3,3

Ist dann das Untersuchungsgericht beendet, wird das Schicksal aller Menschen zum Leben oder zum Tod entschieden sein. Die Gnadenzeit endet kurz vor der Erscheinung des Herrn in den Wolken des Himmels. Christus erklärte im Blick auf diese Zeit: »Wer böse ist, der sei fernerhin böse, und wer unrein ist, der sei fernerhin unrein; aber wer fromm ist, der sei fernerhin fromm, und wer heilig ist, der sei fernerhin heilig. Siehe, ich komme bald und mein Lohn mit mir, zu geben einem jeden, wie seine Werke sein werden.« Offenbarung 22,11.12

Die Gerechten und Gottlosen werden dann noch in ihrem sterblichen Zustand auf Erden leben: Sie werden pflanzen und bauen, essen und trinken und nicht wissen, dass die endgültige unwiderrufliche Entscheidung im himmlischen Heiligtum bereits gefallen ist. Vor der Sintflut, nachdem Noah in die Arche gegangen war, machte Gott hinter ihm zu und schloss die Gottlosen aus. Sieben Tage lang setzten die Menschen ihre gleichgültige, vergnügungssüchtige Lebensweise fort und spotteten über die Warnungen eines drohenden Gerichts, ohne zu wissen, dass ihr Schicksal entschieden war. »So«, sagte der Heiland, »wird es auch sein beim Kommen des Menschensohns.« Matthäus 24,39

Still, unbeachtet wie ein Dieb um Mitternacht wird die entscheidungsvolle Stunde kommen, in der sich das Schicksal jedes Menschen erfüllen und die den sündigen Menschen angebotene göttliche Gnade auf immer entzogen wird. »So wacht nun …, damit er euch nicht schlafend finde, wenn er plötzlich kommt.« Markus 13,35.36 Gefahrvoll ist der

Zustand derer, die – des Wachens müde – sich den Verführungen der Welt zuwenden. In derselben Stunde, da der Geschäftsmann ganz mit dem Streben nach Gewinn beschäftigt ist, da der Vergnügungssüchtige seine Befriedigung sucht und die Modepuppe ihren Schmuck anlegt, kann der Richter der ganzen Welt den Urteilsspruch aussprechen: »Man hat dich in einer Waage gewogen und zu leicht gefunden.« Daniel 5,27

»MENE, MENE, TEKEL UPHARSIN« Daniel 5, 22-28

KAPITEL 29

DER URSPRUNG DES BÖSEN

In Luzifer, einem geehrten Engelsfürsten in unmittelbarer Nähe Gottes, kam durch Selbstmitleid die Neigung zur Rebellion auf. Er kämpfte gegen Gott und wurde aus dem Himmel gewiesen – Adam und Eva wurden vor ihm gewarnt. Sie fielen in der Prüfung. So nahm das Elend auf Erden seinen Lauf. Doch Gott hatte einen Plan, die Menschen und das Universum zu retten.

Für viele Menschen ist der Ursprung der Sünde und der Grund ihres Daseins sehr verwirrend. Sie sehen die Auswirkungen der Sünde mit ihren schrecklichen Folgen, dem Kummer und der Verwüstung, und sie fragen sich, wie dies alles unter der Herrschaft des Einen bestehen kann, dessen Weisheit, Macht und Liebe unendlich ist. Das ist ein Geheimnis, für das sie keine Erklärung finden können. Und in ihrer Ungewissheit und ihrem Zweifel sind sie blind gegenüber den so klar in Gottes Wort offenbarten und zur Erlösung so wesentlichen Wahrheiten. Es gibt Menschen, die bei ihrem Forschen über das Dasein der Sünde Dinge zu ergründen suchen, die Gott nie offenbart hat. Daher finden sie auch keine Lösung ihrer Schwierigkeiten; und solche Menschen, die mit einem Hang zum Zweifeln oder zu Spitzfindigkeiten behaftet sind, führen diese Schwierigkeiten als Entschuldigung dafür an, dass sie die Worte der Heiligen Schrift verwerfen. Anderen fehlt ein zufriedenstellendes Verständnis der wichtigen Frage über die Sünde, weil herkömmliche Überlieferungen und falsche Auslegungen die Lehren der Bibel über das Wesen Gottes, die Art und Weise seiner Regierung und die Grundsätze seines Verfahrens mit der Sünde verdunkelt haben.

Es ist unmöglich, den Ursprung der Sünde so zu erklären, dass dadurch eine Begründung für ihr Dasein gegeben würde. Doch kann genug vom Ursprung und endgültigen Schicksal der Sünde verstanden werden, um die Gerechtigkeit und die Güte Gottes in seinem ganzen Verfahren mit dem Bösen vollständig zu offenbaren. Die Heilige Schrift lehrt nichts deutlicher, als dass Gott in keiner Hinsicht für das Eindringen der Sünde verantwortlich war, und dass zum Entstehen einer Empörung weder ein willkürliches Entziehen der göttlichen Gnade noch eine Unvollkommenheit in der göttlichen Regierung Anlass gab. Die Sünde ist ein Eindringling, für dessen Erscheinen wir keine Ursache angeben können. Sie ist geheimnisvoll, seltsam und sie zu entschuldigen, hieße sie zu verteidigen. Wäre ihr Dasein entschuldbar oder zu begründen, so hörte sie auf, Sünde zu sein. Unsere einzige Auslegung der Sünde entnehmen wir dem Wort Gottes – sie ist »Übertretung des Gesetzes«, sie ist die Ausübung eines Grundsatzes, der mit dem großen Gesetz der Liebe, das die Grundlage der göttlichen Regierung bildet, in Feindschaft steht.

Bevor das Böse Eingang fand, herrschten Friede und Freude im ganzen Weltall. Alles befand sich in vollkommener Harmonie mit dem Willen des Schöpfers. Die Liebe zu Gott war über alles erhaben, die Liebe zueinander rein in ihren Beweggründen. Christus, das Wort, der eingeborene Sohn Gottes, war eins mit dem ewigen Vater – eins in Natur, eins in seinem Wesen und eins in seinem Vorhaben. Er ist das einzige Wesen im ganzen Weltall, das mit allen Ratschlüssen und Absichten Gottes vertraut war. Durch Christus wirkte der Vater bei der Erschaffung aller himmlischen Wesen. »Durch ihn ist alles geschaffen, was im Himmel ... ist, das Sichtbare und Unsichtbare, es seien Throne oder Herrschaften oder Fürstentümer oder Obrigkeiten.« Kolosser 1,16 Der ganze Himmel versprach Christus und dem Vater Treue und Gehorsam.

Da das Gesetz der Liebe die Grundlage der Regierung Gottes war, hing das Glück aller erschaffenen Wesen von ihrer vollkommenen Übereinstimmung mit den erhabenen Grundsätzen der Gerechtigkeit ab. Gott sieht bei allen seinen Geschöpfen auf den Dienst der Liebe, auf eine Huldigung, die einer einsichtsvollen Wertschätzung seines Charakters entspringt. Er hat kein Gefallen an erzwungener Treue. Er verleiht allen Menschen Willensfreiheit, damit sie ihm freiwillig dienen können.

Einer war jedoch da, der es vorzog, diese Freiheit zu verfälschen. Die Sünde hatte ihren Ursprung bei dem, der neben Christus am meisten von Gott geehrt worden war, und der unter den Bewohnern des Himmels an Macht und Ehre am höchsten stand. Vor seinem Fall war Luzifer der erste und schirmende Engel, heilig und unbefleckt »So spricht Gott der HERR: Du warst das Abbild der Vollkommenheit, voller Weisheit und über die Maßen schön ... Du warst ein glänzender, schirmender Cherub, und auf den heiligen Berg hatte ich dich gesetzt; ein Gott warst du und wandeltest inmitten der feurigen Steine. Du warst ohne Tadel in deinem Tun von dem Tage an, als du geschaffen wurdest, bis an dir Missetat gefunden wurde.« Hesekiel 28,12-15

Von allen Engelscharen geliebt und geehrt, hätte Luzifer in der Gunst Gottes bleiben und seine ganze hohe Begabung zum Segen anderer und zur Verherrlichung seines Schöpfers anwenden können. Aber der Prophet sagt: »Dein Herz hat sich überhoben wegen deiner Schönheit; du hast deine Weisheit um deines Glanzes willen verderbt.« Hesekiel 28,17; Schlachter 2000 Ganz allmählich kam in Luzifer die Neigung zur Selbsterhebung auf: »Weil sich denn dein Herz erhebt, als wäre es eines Gottes Herz.« »Gedachtest du doch ...: Ich will meinen Stuhl über die Sterne Gottes erhöhen; ich will mich setzen auf den Berg der Versammlung ... ich will über die hohen Wolken fahren und gleich sein dem Allerhöchsten.« <small>Hesekiel 28,6; Jesaja 14,13.14</small> Anstatt danach zu trachten, Gott durch die Anhänglichkeit und Treue seiner Geschöpfe über alles zu erhöhen, war es Luzifers Bestreben, ihren Dienst und ihre Huldigung für sich zu gewinnen. Und indem er nach der Ehre verlangte, die der unendliche Vater seinem Sohn gegeben hatte, strebte dieser Engelfürst nach einer Macht, die ausschließlich Christus vorbehalten war.

Der ganze Himmel hatte Freude daran gefunden, die Herrlichkeit des Schöpfers widerzustrahlen und seine Gerechtigkeit zu rühmen. Und während Gott auf diese Weise geehrt wurde, war alles von Frieden und Freude erfüllt gewesen. Doch nun störte ein Misston die himmlische Harmonie. Die Selbsterhebung und ihr Dienst, die dem Plan des Schöpfers zuwider sind, erweckten unheilvolle Vorahnungen in Gemütern, denen die Verherrlichung Gottes das Höchste bedeutete. Der himmlische Rat verhandelte die Angelegenheit mit Luzifer. Der Sohn Gottes stellte ihm die Größe, Güte und Gerechtigkeit des Schöpfers und das heilige und unveränderliche Wesen seines Gesetzes vor Augen. Gott selbst habe die Ordnung des Himmels eingeführt, und Luzifer werde seinen Schöpfer verachten und sich ins Verderben stürzen, wenn er von dieser Ordnung abweiche. Aber die in unendlicher Liebe und Barmherzigkeit erteilte Warnung erregte nur den Geist des Widerstands. Luzifer ließ sich von Eifersucht gegen Christus beherrschen und handelte umso entschlossener.

Der Stolz auf seine Herrlichkeit förderte das Verlangen nach Oberherrschaft. Die Luzifer erwiesenen hohen Ehren wurden von ihm nicht als Gabe Gottes anerkannt und stimmten ihn nicht dankbar gegen den Schöpfer. Er brüstete sich mit seiner Herrlichkeit und erhabenen Stellung und strebte danach, Gott gleich zu sein. Die himmlischen Heerscharen liebten und ehrten ihn. Engel fanden Freude daran, seine Anordnungen auszuführen. Er war mehr als sie alle mit Weisheit und Herrlichkeit ausgestattet. Dennoch war der Sohn Gottes der anerkannte Fürst des Himmels, eins mit dem Vater in Macht und Gewalt. An allen Ratschlüssen Gottes hatte Christus Anteil, während Luzifer nicht so tief in die göttlichen Absichten eingeweiht wurde. Warum, so fragte dieser gewaltige Engel, sollte Christus die Oberherrschaft haben? Warum wird er auf diese Weise höher geehrt als ich?

Luzifer verließ seinen Platz in der unmittelbaren Nähe Gottes und fing an, den Geist der Unzufriedenheit unter die Engel zu streuen. Während er geheimnisvoll und verschwiegen handelte und seine wahren Absichten eine Zeit lang unter dem Anschein der Ehrfurcht vor Gott verbarg, versuchte er, Unzufriedenheit über die den himmlischen Wesen gegebenen Gesetze zu stiften und argumentierte, dass diese unnötig einschränkten. Er behauptete, die Engel dürften auch den Eingebungen ihres eigenen Willens gehorchen, da sie von Natur heilig seien. Er versuchte, Mitgefühl für sich selbst zu gewinnen, indem er das Geschehen so darstellte, als behandelte Gott ihn ungerecht, weil er Christus die höchste Ehre zukommen ließ. Er gab vor, nicht nach Selbsterhebung zu streben, wenn er mehr Macht und Ehre suche, sondern dass er die Freiheit für alle Himmelsbewohner sichern wolle, damit sie dadurch eine höhere Daseinsstufe erreichen könnten.

Gott trug Luzifer lange mit großer Barmherzigkeit. Er entließ ihn nicht sofort aus seiner hohen Stellung, als er begann, dem Geist der Unzufriedenheit nachzugeben – selbst dann noch nicht, als er seine falschen Ansprüche den treuen Engeln unterbreitete. Gott duldete ihn noch lange Zeit im Himmel. Immer wieder wurde ihm unter der Bedingung, dass er bereute und sich unterordnete, Vergebung angeboten. So große Anstrengungen wurden unternommen, wie sie nur unendliche Liebe und Weisheit ersinnen konnten, um ihn seines Irrtums zu überführen. Bisher hatte man im Himmel den Geist der Unzufriedenheit nicht gekannt. Luzifer selbst sah anfangs nicht, wohin es ihn trieb und erkannte die wahre Natur seiner Gefühle nicht. Als dann die Grundlosigkeit seiner Unzufriedenheit nachgewiesen wurde, kam er zu der Überzeugung, dass er sich im Unrecht befand, dass die göttlichen Ansprüche gerecht waren und er sie als solche vor dem ganzen Himmel anerkennen müsste. Wäre er dem nachgekommen, so hätte er sich selbst und viele Engel retten können, denn zu dieser Zeit hatte er seine Untertanentreue gegen Gott noch nicht ganz aufgegeben. Obwohl er seine Stellung als schirmender Engel verlassen hatte, wäre er doch wieder in sein Amt eingesetzt worden, hätte er zu Gott zurückgefunden, die Weisheit des Schöpfers anerkannt und sich begnügt, den ihm nach dem erhabenen Plan Gottes zugeordneten Platz auszufüllen. Aber sein Stolz hinderte ihn, sich zu unterwerfen. Er verteidigte beharrlich sein Verhalten und behauptete, keine Buße nötig zu haben und konzentrierte sich ganz auf den großen Streit mit seinem Schöpfer.

Nun richtete er alle Kräfte seines gewaltigen Geistes auf Täuschungen, um bei den Engeln, die unter seinem Befehl gestanden hatten, Mitgefühl zu wecken. Sogar die Tatsache, dass Christus ihn gewarnt und ihm geraten hatte, wurde verdreht, um sie für seine verräterischen Zwecke zu verwenden. Denen, deren liebevolles Vertrauen sie am innigsten mit ihm verband, hatte er vorgehalten, dass man ihn ungerecht beurteile und seine Stellung nicht achte und dass seine Freiheit beschränkt werden solle. Von falschen Darstellungen der Worte Christi ging er auf Verdrehungen und grobe Unwahrheiten über und beschuldigte den Sohn Gottes, ihn vor den Bewohnern des Himmels demütigen zu wollen. Auch versuchte er Streit zwischen sich und den treuen Engeln anzuzetteln. Alle, die er nicht verführen und völlig auf seine Seite ziehen konnte, klagte er an, gegenüber dem Wohl der himmlischen Wesen gleichgültig zu sein. Gerade das Werk, das er selbst betrieb, legte er denen zur Last, die Gott treu blieben. Und um seiner Klage über Gottes Ungerechtigkeit gegen ihn Nachdruck zu verleihen, stellte er die Worte und Handlungen des Schöpfers falsch dar. Es lag in seiner Absicht, die Engel mit spitzfindigen Beweisführungen hinsichtlich der Absichten Gottes zu verwirren. Alles, was einfach war, hüllte er ins Geheimnisvolle und schürte durch listige Verdrehungen Zweifel gegenüber den deutlichsten Aussagen des Allerhöchsten. Seine hohe Stellung in solch enger Verbindung mit der göttlichen Regierung verlieh seinen Vorspiegelungen eine umso größere Kraft und veranlasste viele Engel, sich ihm bei der Empörung gegen die Herrschaft des Himmels anzuschließen.

Der allweise Gott gestattete es Satan, sein Werk weiterzuführen, bis der Geist der Unzufriedenheit zu offenem Aufruhr heranreifte. Seine Pläne mussten völlig ausreifen, damit ihr wahres Wesen und Streben von allen erkannt werden konnte. Luzifer hatte als gesalbter Cherub eine besonders hohe Stellung eingenommen. Er war von den himmlischen Wesen sehr geliebt worden und hatte großen Einfluss auf sie ausgeübt. Gottes Regierung erstreckte sich nicht nur über die Geschöpfe des Himmels, sondern auch über alle Welten, die er geschaffen hatte. Und Satan glaubte, falls er die Engel des Himmels mit in die Empörung hineinziehen könnte, würde er dasselbe auch auf anderen Welten zu Stande bringen. Sehr geschickt hatte er seinen Standpunkt in der Angelegenheit bekundet und Scheingründe und Betrug angewandt, um seine Absichten zu erreichen. Seine Macht zu täuschen war sehr groß, und indem er sich in ein Lügengewand kleidete, hatte er einen großen Vorteil gewonnen. Sogar die treuen Engel vermochten nicht völlig seinen Charakter zu durchschauen oder zu erkennen, wohin sein Tun führte.

Satan war so hoch geehrt worden, und alle seine Handlungen waren so geheimnisumwoben, dass es schwierig war, den Engeln die wahre Natur seines Wirkens zu enthüllen. Bis zu ihrer völligen Entfaltung konnte die Sünde nicht als so böse erscheinen, wie sie wirklich war. Vorher hatte sie keinen Platz in Gottes Weltall gehabt, und den heiligen Wesen war ihre Natur und Bösartigkeit unbekannt gewesen. Sie konnten die schrecklichen Folgen nicht erkennen, die ein Absetzen des göttlichen Gesetzes nach sich zöge. Satan hatte zuerst sein Werk unter einer scheinbaren Anhänglichkeit an Gott verborgen. Er gab vor, die Ehre Gottes, die Beständigkeit seines

Reiches und das Wohl aller Himmelsbewohner fördern zu wollen. Während er den ihm untergeordneten Engeln Unzufriedenheit einflößte, gab er sich sehr geschickt den Anschein, als wolle er jede Unzufriedenheit beseitigen. Als er darauf drang, dass Veränderungen an den Gesetzen und Verordnungen der Regierung Gottes vorgenommen werden sollten, geschah es unter dem Vorwand, dass sie notwendig seien, um die Eintracht des Himmels zu bewahren.

In dem Verfahren mit der Sünde konnte Gott nur mit Gerechtigkeit und Wahrheit vorgehen. Satan handelte, wie Gott nicht handeln konnte – durch Schmeichelei und Betrug. Er hatte versucht, das Wort Gottes zu verfälschen, und hatte den Plan seiner Regierung den Engeln falsch dargestellt, indem er behauptete, Gott sei nicht gerecht, wenn er den Bewohnern des Himmels Gesetze und Vorschriften auferlege. Er wolle sich nur selbst erheben, indem er von seinen Geschöpfen Unterwürfigkeit und Gehorsam fordere. Deshalb müsse sowohl den Bewohnern des Himmels als auch denen aller Welten klar gezeigt werden, dass Gottes Regierung gerecht und sein Gesetz vollkommen sei. Satan hatte sich den Anschein gegeben, als habe er selbst das Glück des Weltalls im Blick. Alle sollten den wahren Charakter dieses Aufrührers und dessen eigentliche Absichten verstehen, und deshalb musste er Zeit erhalten, sich durch seine gottlosen Werke zu offenbaren.

Die Uneinigkeit, die durch sein Verhalten im Himmel entstanden war, legte Satan dem Gesetz und der Regierung Gottes zur Last. Alles Böse, erklärte er, sei die Folge der göttlichen Regierung. Er wolle die Satzungen Gottes verbessern. Deshalb war es notwendig, dass die Art seiner Ansprüche aufdeckte und die Wirkung seiner vorgeschlagenen Veränderungen am göttlichen Gesetz praktisch zeigte. Sein eigenes Werk musste ihn verdammen. Er hatte von Anfang an behauptet, er sei kein Empörer, daher soll das ganze Weltall den Betrüger entlarvt sehen.

Selbst als es beschlossen war, dass Satan nicht länger im Himmel bleiben könnte, vernichtete ihn die unendliche Weisheit nicht. Da nur ein Dienst aus Liebe Gott angenehm sein kann, muss sich die Treue seiner Geschöpfe auf die Überzeugung von seiner Gerechtigkeit und Güte gründen. Die Bewohner des Himmels und anderer Welten hätten die Gerechtigkeit und Barmherzigkeit Gottes bei der Vernichtung Satans nicht erkennen können, weil sie unvorbereitet waren, das Wesen oder die Folgen der Sünde zu begreifen. Wäre er unmittelbar aus dem Dasein getilgt worden, hätten sie Gott mehr aus Furcht als aus Liebe gedient. Weder wäre der Einfluss des Betrügers völlig verwischt noch der Geist der Empörung ganz ausgetilgt worden. Das Böse musste reifen. Zum Besten des gesamten Weltalls für ewige Zeiten musste Satan seine Grundsätze ausführlicher entfalten, damit alle erschaffenen

Wesen seine Anklagen gegen die göttliche Regierung in ihrem wahren Lichte sehen und die Gerechtigkeit und Barmherzigkeit Gottes sowie die Unveränderlichkeit seines Gesetzes für immer ohne allen Zweifel feststellen konnten.

Satans Empörung sollte dem Weltall für alle künftigen Zeiten eine Lehre sein, ein beständiges Zeugnis für die Natur und die schrecklichen Folgen der Sünde. Die Auswirkung der Grundsätze Satans und ihre Folgen auf Menschen und Engel sollten das Ergebnis der Missachtung der göttlichen Allmacht zeigen. Sie mussten bezeugen, dass mit dem Bestehen der Regierung Gottes und seines Gesetzes das Wohlergehen aller von ihm erschaffenen Wesen verbunden ist. So sollte die Geschichte dieses schrecklichen Empörungsversuches für alle heiligen Wesen eine ständige Schutzwehr sein, um zu verhindern, dass sie über die Natur der Übertretung getäuscht würden, und um sie davor zu bewahren, Sünde zu begehen und ihre Strafe zu erleiden.

Bis zum Ende des Streites im Himmel hörte der große Aufrührer nicht auf, sich zu rechtfertigen. Als angekündigt wurde, dass er mit all seinen Anhängern aus den Stätten der Wonne ausgestoßen werden müsse, erklärte der Rädelsführer kühn, er verachte des Schöpfers Gesetz. Er wiederholte immer wieder seine Behauptung, dass die Engel keine Aufsicht benötigen, sondern frei sein müssten, ihrem eigenen Willen zu folgen, der sie allezeit richtig führen werde. Er verachtete die göttlichen Satzungen als Beschränkung ihrer Freiheit und erklärte, dass er das Gesetz abschaffen wollte, damit die Heerscharen des Himmels, von diesem Zwang befreit, zu einem erhabeneren, herrlicheren Dasein gelangen möchten.

In völligem Einverständnis legten Satan und seine Scharen die Verantwortung für ihre Empörung ausnahmslos Christus zur Last und behaupteten, sie hätten sich niemals aufgelehnt, wenn sie nicht gerügt worden wären. Da der Erzempörer und alle seine Anhänger hartnäckig und herausfordernd in ihrer Treulosigkeit verharrten, da sie sich vergeblich bemühten, die Regierung Gottes zu stürzen und sich dennoch Gott gegenüber lästernd als unschuldige Opfer einer ungerechten Macht hinstellten, wurden sie schließlich aus dem Himmel verbannt.

Derselbe Geist, der die Empörung im Himmel anstiftete, ist noch immer für den Aufruhr auf Erden zuständig. Satan verfolgt bei den Menschen denselben Plan, den er bei den Engeln anwandte. Sein Geist herrscht jetzt in den Kindern des Ungehorsams. Wie er versuchen auch sie die Schranken des Gesetzes Gottes niederzureißen und versprechen den Menschen Freiheit durch Übertretung seiner Verordnungen. Wegen der Sünde gerügt zu werden, erweckt noch immer den Geist des Hasses und des Widerstandes. Wirken Gottes Warnungsbotschaften auf das Gewissen, so verleitet

Satan die Menschen, sich zu rechtfertigen und bei anderen Teilnahme für ihr sündiges Leben zu suchen. Statt ihre Irrtümer zu berichtigen, sind sie unwillig gegen den Mahner, als sei er die einzige Ursache ihrer Schwierigkeit. Von den Tagen des gerechten Abel bis in unsere Zeit hat sich dieser Geist denen gegenüber offenbart, die es wagten, die Sünde zu rügen.

Durch dieselbe falsche Darstellung des Wesens Gottes, deren Satan sich im Himmel bediente und die Gott als streng und herrschsüchtig abstempelte, verleitete er die Menschen zur Sünde. Und als er damit Erfolg hatte, behauptete er, Gottes ungerechte Einschränkungen hätten zum Fall der Menschen geführt, wie sie auch Anlass zu seiner eigenen Empörung gewesen wären.

Aber der Ewige selbst verkündet sein Wesen als »HERR, HERR, Gott, barmherzig und gnädig und geduldig und von großer Gnade und Treue, der da Tausenden Gnade bewahrt und vergibt Missetat, Übertretung und Sünde, aber ungestraft lässt er niemand.« 2.Mose 34,6.7

Durch die Verbannung Satans aus dem Himmel bekundete Gott seine Gerechtigkeit und behauptete die Ehre seines Thrones. Als aber der Mensch sündigte, weil er auf die Täuschungen dieses abgefallenen Engelfürsten einging, bewies Gott seine Liebe, indem er seinen eingeborenen Sohn für die gefallene Menschheit in den Tod gab. In der Versöhnung offenbart sich das Wesen Gottes. Das Kreuz ist für das ganze Weltall der mächtigste Beweis, dass das sündige Verhalten Luzifers in keiner Hinsicht der Herrschaft Gottes zur Last gelegt werden kann.

Im Kampf zwischen Christus und Satan wurde während des irdischen Wirkens Jesu der Charakter des großen Betrügers entlarvt. Nichts hatte Satan so gründlich von der Zuneigung der himmlischen Engel und des ganzen dem Gesetz ergebenen Weltalls trennen können wie dieser grausame Streit gegen den Erlöser der Welt. Die vermessene Lästerung in seiner Forderung, Christus solle ihn anbeten, seine anmaßende Dreistigkeit, ihn auf den Bergesgipfel und die Tempelzinne zu tragen, die heimtückische Absicht, die in dem Vorschlag deutlich wurde, Christus solle sich von dieser schwindelnden Höhe hinabstürzen, die nie ruhende Bosheit, die ihn von Ort zu Ort verfolgte und die Herzen von Priestern und Volk anfeuerte, seine Liebe zu verwerfen, und schließlich der Schrei: »Kreuzige ihn! Kreuzige ihn!« – dies alles erregte das Erstaunen und die Entrüstung des Alls.

Satan verführte die Welt, dass sie Christus verwarf. Der Fürst des Bösen wandte all seine Macht und Verschlagenheit an, Jesus zu verderben, denn er sah, dass des Heilands Barmherzigkeit und Liebe, seine mitleidsvolle Zärtlichkeit und Teilnahme der Welt das Wesen Gottes veranschaulichten. Satan bestritt jeden Anspruch des Sohnes Gottes und benutzte Menschen als seine Werkzeuge, um das Leben des Heilands mit Leiden und Sorge anzufüllen. Die Spitzfindigkeiten und Unwahrheiten, durch die er das Werk Christi zu hindern versuchte, der durch die Kinder des Ungehorsams bekundete Hass, Satans grausame Anschuldigungen gegen den, dessen Leben ein beispielloser Liebesdienst war – alles entsprang einem tief eingewurzelten Rachedurst. Das zurückgehaltene Feuer des Neides und der Bosheit, des Hasses und der Rachsucht brach auf Golgatha gegen den Sohn Gottes hervor, während der ganze Himmel in stillem Entsetzen auf dieses Geschehen herabblickte.

Als das große Opfer vollbracht war, fuhr Christus auf zum Vater, weigerte sich jedoch, die Anbetung der Engel entgegenzunehmen, ehe er dem Vater die Bitte vorgelegt hatte: »Vater, ich will, dass, wo ich bin, auch die bei mir seien, die du mir gegeben hast.« Johannes 17,24 Dann kam mit unaussprechlicher Liebe und Macht die Antwort vom Thron Gottes: »Es sollen ihn alle Engel Gottes anbeten.« Hebräer 1,6 Kein Makel ruhte auf Jesus. Als seine Erniedrigung zu Ende war und er sein Opfer vollbracht hatte, wurde ihm ein Name gegeben, der über alle Namen ist.

Nun wurde deutlich, dass es für Satans Vergehen keine Entschuldigung gab. Er hatte seinen wahren Charakter als Lügner und Mörder offenbart. Es zeigte sich, dass er denselben Geist, mit dem er die unter seiner Macht stehenden Menschen regierte, auch im Himmel bekundet hätte, wäre es ihm gestattet gewesen, über dessen Bewohner zu herrschen. Er hatte behauptet, die Übertretung des Gesetzes Gottes bringe Freiheit und Verbesserung – stattdessen zeigte es sich, dass Knechtschaft und Entartung die Folge waren.

Satans lügenhafte Anschuldigungen gegen den göttlichen Charakter und die Regierung Gottes erschienen in ihrem wahren Licht. Er hatte Gott beschuldigt, dieser fordere von seinen Geschöpfen um seiner eigenen Erhöhung willen Unterwerfung und Gehorsam und hatte erklärt, dass der Schöpfer, der doch von allen anderen Selbstverleugnung erpresse, sie weder selbst übe noch Opfer bringe. Nun wurde aber sichtbar, dass zum Heil der gefallenen und sündigen Menschen der Herrscher des Weltalls das größte Opfer gebracht hatte, das die Liebe zu bringen vermochte; »Denn Gott war in Christus und versöhnte die Welt mit sich selber«. 2.Korinther 5,19 Man sah auch, dass Luzifer durch sein Verlangen nach Ehre und Oberherrschaft der Sünde Einlass verschafft hatte und dass Christus sich selbst demütigte und bis zum Tod gehorsam wurde, um die Sünde auszutilgen.

Gott hatte seinen Abscheu gegen die Grundsätze der Empörung deutlich bekundet. Der gesamte Himmel sah sowohl in der Verdammung Satans als auch in der Erlösung des Menschen eine Offenbarung seiner Gerechtigkeit.

Luzifer hatte erklärt, dass jeder Übertreter auf ewig von der

Huld des Schöpfers ausgeschlossen sein müsse, wenn das Gesetz Gottes unveränderlich und seine Strafe unerlässlich sei. Er hatte behauptet, dass das sündige Menschengeschlecht nicht erlöst werden könne und deshalb seine rechtmäßige Beute sei. Aber der Tod Christi war ein Beweis zu Gunsten der Menschen, der nicht widerlegt werden konnte. Die Strafe des Gesetzes fiel auf den, der Gott gleich war, und der Mensch konnte die Gerechtigkeit Christi annehmen und durch einen bußfertigen und demütigen Wandel über die Macht Satans siegen, wie auch der Sohn Gottes gesiegt hatte. Somit ist Gott gerecht und macht gerecht alle, die an Jesus glauben.

Christus kam jedoch nicht nur auf diese Erde, um durch sein Leiden und Sterben die Erlösung des Menschen zu sichern; er kam auch, um das „Gesetz herrlich und groß" zu machen. Nicht allein, damit die Bewohner dieser Welt das Gesetz achten sollen, wie es ihm zusteht, sondern um allen Welten der ganzen Schöpfung zu beweisen, dass das Gesetz Gottes unveränderlich ist. Wären seine Ansprüche aufhebbar gewesen, dann hätte der Sohn Gottes nicht sein Leben opfern müssen, um die Übertretung zu sühnen. Der Tod Christi beweist die Unveränderlichkeit des Gesetzes. Und das Opfer, zu dem die unendliche Liebe den Vater und den Sohn drang, damit Sünder erlöst werden können, zeigt dem ganzen Weltall – wie nichts Geringeres als dieser Erlösungsplan es hätte zeigen können –, dass Gerechtigkeit und Barmherzigkeit die Grundlage des Gesetzes und der Regierung Gottes sind.

Bei der endgültigen Vollstreckung des Gerichts wird es sich herausstellen, dass kein Grund für die Sünde besteht. Wenn der Richter der ganzen Erde Satan fragen wird: Warum hast du dich gegen mich empört und mich der Untertanen meines Reiches beraubt? Dann wird der Urheber des Bösen keine Entschuldigung vorbringen können. Aller Mund wird verstopft werden, und die aufrührerischen Scharen werden stumm bleiben.

Während das Kreuz auf Golgatha das Gesetz als unveränderlich erklärt, verkündigt es der Welt, dass der Tod der Sünde Sold ist. Mit dem Todesruf des Heilandes: »Es ist vollbracht!« wurde Satans Vernichtung angekündigt. Der große, so lange andauernde Streit wurde entschieden und die endgültige Austilgung der Sünde sichergestellt. Der Sohn Gottes ging durch die Tore des Todes, »damit er durch seinen Tod die Macht nähme dem, der Gewalt über den Tod hatte, nämlich dem Teufel«. Hebräer 2,14 Luzifers Verlangen nach Selbsterhebung hatte ihn verleitet, zu sagen: »Ich will ... meinen Stuhl über die Sterne Gottes erhöhen, ... ich will ... gleich sein dem Allerhöchsten." Gott sprach: „Darum will ich ... dich zu Asche machen auf der Erde, ... dass du ... nimmermehr aufkommen kannst.« Jesaja 14,12.14; Hesekiel 28,18.19 »Denn siehe, es kommt ein Tag, der brennen soll wie ein Ofen; da werden alle

Verächter und Gottlosen Stroh sein, und der künftige Tag wird sie anzünden, spricht der Herr Zebaoth, und wird ihnen weder Wurzel noch Zweige lassen.« Maleachi 3,19 Das ganze Weltall wird Zeuge des Wesens und der Folgen der Sünde geworden sein. Wäre ihre totale Ausrottung gleich am Anfang geschehen, hätte das die Engel in Furcht versetzt und Gott Schande gebracht. Nun wird seine Liebe gerechtfertigt und seine Ehre vor allen Geschöpfen des Weltalls erhoben, deren größte Freude es ist, seinen Willen zu tun, und in deren Herzen sein Gesetz geschrieben steht. Nie wird das Böse wieder auftreten. Das Wort Gottes sagt: »Es wird das Unglück nicht zweimal kommen.« Nahum 1,9 Das Gesetz Gottes, das Satan als ein Joch der Knechtschaft geschmäht hat, wird als Gesetz der Freiheit geehrt werden. Die geprüfte und bewährte Schöpfung wird nie wieder abfallen von ihrer Ergebenheit gegen den, dessen Wesen sich völlig in unergründlicher Liebe und unendlicher Weisheit offenbart hat.

Satan und seine Engel werden aus dem Himmel geworfen (Offenbarung 12, 7-12)

KAPITEL 30

FEINDSCHAFT ZWISCHEN DEM MENSCHEN UND SATAN

Die dem Menschen von Christus geschenkte Gnade bewirkt im Menschen Feindschaft gegen Satan. Ohne diese bekehrende Gnade und erneuernde Kraft bliebe der Mensch ein Gefangener Satans; ein eifriger Diener, seine Befehle auszuführen.

Ich will Feindschaft setzen zwischen dir und dem Weibe und zwischen deinem Nachkommen und ihrem Nachkommen. Der soll dir den Kopf zertreten, und du wirst ihn in die Ferse stechen.« 1.Mose 3,15 Der göttliche Richterspruch, der nach dem Fall des Menschen über Satan ausgesprochen wurde, war gleichzeitig eine Weissagung, die alle Zeitalter bis zum Ende dieser Welt umschließt und auf den großen Kampf hinweist, an dem sich alle Menschen, die auf Erden wohnen, beteiligen würden.

Gott erklärt: »Ich will Feindschaft setzen.« Diese Feindschaft ist nicht von Natur aus gesetzt. Als der Mensch das göttliche Gesetz übertrat, wurde seine Natur böse, und er gelangte mit Satan in Übereinstimmung - nicht aber in Streit. Es besteht natürlicherweise keine Feindschaft zwischen dem sündigen Menschen und dem Urheber der Sünde. Beide wurden durch ihren Abfall böse. Der Abtrünnige gibt sich nie zufrieden, außer er erhält dadurch Mitgefühl und Stärkung, indem er andere veranlasst, seinem Beispiel zu folgen. Aus diesem Grund vereinen sich gefallene Engel und gottlose Menschen in einem verzweifelten Bündnis. Hätte sich Gott nicht ins Mittel gelegt, wären Satan und die Menschen ein Bündnis gegen den Himmel eingegangen, und statt Feindschaft gegen Satan zu hegen, würde sich die ganze menschliche Familie zum Aufstand gegen Gott vereint haben.

Satan versuchte den Menschen zur Sünde, wie er die Engel zur Empörung veranlasst hatte, um sich dadurch Helfer in seinem Kampf gegen den Himmel zu sichern. Es bestand keine Uneinigkeit zwischen ihm und den gefallenen Engeln, was ihren Hass gegen Christus betraf. Wenn auch in allen andern Dingen Zwietracht herrschte, so waren sie doch fest vereint in ihrer Auflehnung gegen die Oberhoheit des Weltenherrschers. Als aber Satan die Erklärung hörte, dass zwischen ihm und der Frau, zwischen seinem Samen und ihrem Samen Feindschaft bestehen sollte, wusste er, dass seine Anstrengung, die menschliche Natur zu verderben, unterbrochen und der [506/507] **425**

Mensch durch irgendein Mittel befähigt würde, seiner Macht zu widerstehen. Satans Feindschaft gegen die Menschen wurde dadurch erregt, weil sie durch Christus ein Gegenstand der Liebe und Barmherzigkeit Gottes sind. Er möchte den göttlichen Plan zur Erlösung des Menschen vereiteln und Schmach auf Gott häufen, indem er das Schöpfungswerk entstellt und verunreinigt – auch möchte er im Himmel Leid hervorrufen und die Erde mit Weh und Verwüstung erfüllen und dann auf all diese Übel hinweisen, die nur eine Folge davon seien, dass Gott den Menschen geschaffen habe.

Die dem Menschen von Christus geschenkte Gnade bewirkt im Menschen Feindschaft gegen Satan. Ohne diese bekehrende Gnade und erneuernde Kraft bliebe der Mensch ein Gefangener Satans – ein eifriger Diener, seine Befehle auszuführen. Aber das neue Element in der Seele schafft da Streit, wo bisher Friede gewesen war. Die Kraft, die Christus schenkt, befähigt den Menschen, dem Tyrannen und Thronräuber zu widerstehen. Wer bekundet, dass er die Sünde verabscheut, anstatt sie zu lieben, wer den ihn beherrschenden Leidenschaften widersteht und sie besiegt, offenbart die Wirksamkeit einer Kraft, die nur von oben kommt.

Der Gegensatz zwischen dem Geist Christi und dem Geist Satans zeigte sich äußerst eindrucksvoll beim Empfang Jesu auf Erden. Die Juden verwarfen ihn nicht so sehr deshalb, weil er ohne weltlichen Reichtum, ohne Prachtentfaltung oder Größe erschien. Sie sahen, dass er eine Macht besaß, die den Mangel an äußerlichen Vorzüge weit übertreffen würden. Aber die Reinheit und Heiligkeit Christi rief den Hass der Gottlosen gegen ihn hervor. Sein Leben der Selbstverleugnung und sündlosen Hingabe war für das stolze und sinnliche Volk ein beständiger Vorwurf und forderte die Feindschaft gegen den Sohn Gottes heraus. Satan und seine Engel vereinten sich mit bösen Menschen. Alle Kräfte des Abfalls verschworen sich gegen den Verteidiger der Wahrheit.

Gegen die Nachfolger Christi offenbart sich der gleiche Geist der Feindschaft wie gegen ihren Meister. Wer das abschreckende Wesen der Sünde sieht und in der Kraft von oben der Versuchung widersteht, wird sicherlich den Zorn Satans und seiner Anhänger erwecken. Hass gegen die reinen Grundsätze der Wahrheit und Schmach und Verfolgung gegen deren Verteidiger wird es geben, solange es Sünde und Sünder gibt. Die Nachfolger Christi und die Knechte Satans können nicht miteinander übereinstimmen. Das Ärgernis des Kreuzes hat nicht aufgehört. »Alle, die gottselig leben wollen in Christus Jesus, müssen Verfolgung leiden.« 2.Timotheus 3,12

Satans Mitarbeiter sind ständig unter seiner Leitung tätig, um dessen Herrschaft zu festigen und sein Reich als Gegenstück zur Regierung Gottes aufzubauen. Deshalb versuchen sie die Nachfolger Christi zu täuschen und sie von ihrer Treue zu Jesus abzubringen. Wie ihr Anführer missdeuten und verdrehen sie die Heilige Schrift, um ihren Zweck zu erreichen. Wie Satan versuchte, andere schlecht zu machen, so sind seine Mittelsmänner darauf aus, das Volk Gottes zu verleumden. Der Geist, der Christus ans Kreuz schlug, treibt die Gottlosen an, seine Nachfolger zu verderben. Dies alles wird in jener ersten Weissagung angedeutet: »Ich will Feindschaft setzen zwischen dir und dem Weibe und zwischen deinem Samen und ihrem Samen.« Diese Feindschaft wird bis zum Ende der Zeit fortdauern.

Satan bietet all seine Kräfte auf und wirft sich mit ganzer Macht in den Kampf. Wie kommt es, dass er auf keinen größeren Widerstand stößt? Warum sind Christi Streiter so schläfrig und gleichgültig? Weil sie so wenig wirkliche Verbindung mit Christus haben; weil ihnen sein Geist so sehr fehlt. Die Sünde erscheint ihnen nicht, wie ihrem Meister, abschreckend und verabscheuungswürdig. Sie treten ihr nicht mit festem und entschiedenem Widerstand entgegen, wie Christus es tat. Sie erkennen nicht das außerordentlich Böse und Verderbliche der Sünde und sind sowohl hinsichtlich des Charakters wie auch der Macht des Fürsten der Finsternis verblendet. Es kämpfen nur wenige gegen Satan und seine Werke, weil über seine Macht und Bosheit und die weite Ausdehnung seiner Feindschaft gegen Christus und seine Gemeinde große Unkenntnis herrscht. Tausende werden hier betrogen. Sie wissen nicht, dass ihr Feind ein mächtiger Feldherr ist, der die Gemüter böser Engel beherrscht und mit reiflich überlegten Plänen und kunstvollen Maßnahmen gegen Christus Krieg führt, um die Rettung von Menschen zu verhindern. Unter denen, die sich Christen nennen, und sogar unter den Dienern des Evangeliums hört man kaum eine Bemerkung über Satan, außer vielleicht eine beiläufige Erwähnung von der Kanzel herab. Man übersieht die Auswirkungen seiner ständigen Tätigkeit und seines Erfolgs und vernachlässigt die vielen Warnungen vor seiner Verschlagenheit, ja man scheint selbst sein Dasein kaum zu beachten.

Während die Menschen von seinen listigen Anschlägen nichts wissen, stellt dieser wachsame Feind ihnen jeden Augenblick nach. Er verschafft sich Eingang in jeden Teil der Haushaltung, in jede Straße unserer Städte, in die Kirchen, Beratungsräume, Gerichtshöfe. Er verwirrt, täuscht, verführt und richtet überall Männer, Frauen und Kinder an Leib und Seele zu Grunde, er löst Familien auf, sät Hass, Neid, Streit, Empörung und Mord. Und die Christenheit scheint diese Dinge so zu betrachten, als hätte Gott sie angeordnet und als müssten sie so sein.

Satan versucht ständig, Gottes Volk zu überwinden, indem er die Schranken niederreißt, die es von der Welt trennen. Die Israeliten des Alten Bundes wurden zur Sünde verleitet, als sie es wagten, mit den Heiden verbotenen Umgang zu pflegen. In ähnlicher Weise wird das Israel der Neuzeit irregeleitet. Es hat »der Gott dieser Welt der Ungläubigen Sinn verblendet, dass sie nicht sehen das helle Licht des Evangeliums von der Klarheit Christi, welcher ist das Ebenbild Gottes«. 2.Korinther 4,4 Alle, die nicht entschiedene Nachfolger Christi sind, sind Knechte Satans. In dem verderbten Herzen herrscht Liebe zur Sünde und eine Neigung, sie zu pflegen und zu entschuldigen. In dem erneuerten Herzen dagegen leben Hass und entschlossener Widerstand gegen die Sünde. Begeben sich Christen in die Gesellschaft der Gottlosen und Ungläubigen, setzen sie sich der Versuchung aus. Satan verbirgt sich ihren Blicken und zieht heimlich seinen trügerischen Deckmantel über ihre Augen. Sie können nicht erkennen, dass eine solche Gesellschaft dazu führt, ihnen zu schaden. Während sie sich in ihrem Charakter, in ihren Worten und Taten der Welt ständig mehr angleichen, nimmt ihre Verblendung zu.

Indem sich die Kirche weltlichen Gebräuchen anpasst, bekehrt sie sich zur Welt – niemals aber bekehrt sie dadurch die Welt zu Christus. Vertrautheit mit der Sünde lässt diese unvermeidlich weniger abschreckend erscheinen. Wer mit den Knechten Satans zu tun hat, wird bald aufhören, deren Meister zu fürchten. Werden wir auf dem Weg der Pflicht in Versuchungen gebracht, wie Daniel am Hof des Königs Nebukadnezar, so können wir sicher sein, dass Gott uns beschützt; begeben wir uns aber selbst in Versuchung, werden wir früher oder später fallen.

Der Versucher wirkt oft höchst erfolgreich durch diejenigen, die am wenigsten verdächtig sind, unter seiner Herrschaft zu stehen. Begabte und gebildete Menschen werden bewundert und geehrt, als könnten diese Eigenschaften den Mangel an Gottesfurcht aufwiegen oder auf Gottes Gunst Anspruch erheben. Bildung und Begabung sind an sich Gaben Gottes; werden sie aber an die Stelle der Frömmigkeit gesetzt, so wenden sie die Seele von ihm ab, statt sie näher zu Gott zu bringen und werden den Menschen zum Fluch und Fallstrick. Bei vielen herrscht die Meinung, Höflichkeit oder eine feine Lebensart müsse in einem gewissen Sinne die Zugehörigkeit zu Christus bekunden. Kein Irrtum kann größer sein. Diese Eigenschaften sollten zwar bei jedem Christen zu finden sein – das würde einen gewaltigen Einfluss zu Gunsten wahrer Religion ausüben –, aber sie müssen Gott geweiht sein, sonst sind sie eine Macht zum Bösen. Manch ein gebildeter Mensch von gutem Benehmen, der sich zu nichts verleiten lassen würde, was normalerweise als eine unsittliche Handlung betrachtet wird, ist nur ein auf Glanz geschliffenes Werkzeug in den Händen Satans. Der heimtückische, trügerische Charakter seines Einflusses und Beispiels macht ihn zu einem gefährlicheren Feind der Sache

Christi als es die Unwissenden und Ungebildeten sein können.

Durch ernstes Gebet und Vertrauen auf Gott erhielt Salomo die Weisheit, die das Erstaunen und die Bewunderung der Welt erregten. Als er sich aber von der Quelle seiner Stärke abwandte und auf sich selbst vertrauend vorwärtsging, unterlag er in der Versuchung. Und die diesem weisesten König geschenkten wunderbaren Gaben ließen ihn nur zu einem wirksameren Werkzeug des Seelenfeindes werden.

Während Satan ständig versucht, die Gemüter dieser Tatsache gegenüber zu verschließen, sollten Christen nie vergessen, dass sie nicht mit Fleisch und Blut zu kämpfen haben, »sondern mit Fürsten und Gewaltigen, nämlich mit den Herren der Welt, die in der Finsternis dieser Welt herrschen, mit den bösen Geistern unter dem Himmel«. Epheser 6,12 Die von Gott gegebene Warnung klingt durch die Jahrhunderte bis in unsere Zeit: »Seid nüchtern und wacht; denn euer Widersacher, der Teufel, geht umher wie ein brüllender Löwe und sucht, wen er verschlinge.« 1.Petrus 5,8 »Zieht die ganze Waffenrüstung Gottes an, damit ihr standhalten könnt gegenüber den listigen Kunstgriffen des Teufels.« Epheser 6,11; Schlachter 2000

Von den Tagen Adams an bis in unsere Zeit hat unser gewaltiger Feind seine Macht genutzt, um zu unterdrücken und zu verderben. Jetzt bereitet er sich auf den letzten großen Angriff gegen die wahre Gemeinde vor. Alle, die Jesus nachfolgen, werden mit diesem hartnäckigen Feind zusammentreffen. Je sorgfältiger der Christ dem göttlichen Beispiel folgt, desto sicherer wird er ein Ziel der Angriffe Satans sein. Alle, die für Gott tätig und darum bemüht sind, die Täuschungen des Bösen aufzudecken und den Menschen Christus vor Augen zu führen, können mit in das Zeugnis des Apostels Paulus einstimmen, in dem er davon spricht, dem Herrn in aller Demut des Geistes zu dienen mit vielen Tränen und Anfechtungen.

Satan bestürmte Christus mit den heftigsten und listigsten Versuchungen, aber er wurde bei jedem Treffer zurückgeschlagen. Jene Kämpfe wurden für uns ausgetragen, und diese Siege ermöglichen es uns, zu überwinden. Christus will allen Kraft geben, die darum bitten. Kein Mensch kann ohne eigene Zustimmung von Satan überwunden werden. Der Versucher hat keine Macht, den Willen zu beherrschen oder die Seele zur Sünde zu zwingen. Er mag peinigen, aber er kann nicht beschmutzen. Er kann Seelenangst verursachen, aber keine Verunreinigung. Die Tatsache, dass Christus überwunden hat, sollte seinen Nachfolgern Mut machen, mannhaft gegen Satan und die Sünde zu kämpfen.

KAPITEL 31

DIE WIRKSAMKEIT
DER BÖSEN GEISTER

Es gefällt Satan, wenn er von den Menschen nicht ernst genommen – ja als Fabelwesen dargestellt und verhunzt wird. Er und seine Engel sind reale Wesen, die nicht unerheblichen Einfluss auf Menschen nehmen können. Nur durch Christus sind wir vor ihm sicher, indem wir uns auf ihn verlassen und ihm vertrauen.

Die Verbindung der sichtbaren mit der unsichtbaren Welt, der Dienst der Engel Gottes und die Wirksamkeit der bösen Geister werden in der Bibel deutlich gemacht und sind untrennbar mit der menschlichen Geschichte verwoben. Man neigt immer mehr dazu, die Existenz böser Geister anzuzweifeln, während die heiligen Engel, welche sind »ausgesandt zum Dienst um derer willen, die das Heil ererben sollen«, Hebräer 1,14 von vielen als Geister der Verstorbenen angesehen werden. Doch die Schrift lehrt nicht nur das Dasein guter und böser Engel, sondern gibt auch klare Hinweise, dass diese nicht die körperlosen Geister toter Menschen sind.

Schon vor der Erschaffung des Menschen gab es Engel, denn als die Erde vorbereitet wurde, lobten »mich [Gott] die Morgensterne miteinander ... und jauchzten alle Kinder Gottes«. Hiob 38,7 Nach dem Sündenfall wurden Engel ausgesandt, um den Baum des Lebens zu bewachen. Dies geschah, noch bevor ein Mensch gestorben war. Die Engel stehen von Natur aus höher als die Menschen, denn der Psalmist sagt, der Mensch sei »ein wenig unter die Engel erniedrigt«. Psalm 8,6 Elberfelder

Die Bibel lässt uns auch über die Zahl, die Macht und die Herrlichkeit der himmlischen Wesen wissen sowie über ihre Verbindung zur Regierung Gottes und auch über ihr Verhältnis zum Erlösungswerk. »Der Herr hat seinen Stuhl im Himmel bereitet, und sein Reich herrscht über alles.« Und der Prophet sagt: »Ich ... hörte eine Stimme vieler Engel um den Stuhl.« Sie stehen in der Gegenwart des Königs aller Könige, starke Helden, die seine Befehle ausrichten und auf die Stimme seines Wortes hören. Psalm 103,19; Offenbarung 5,11 Tausendmal tausend und zehntausendmal zehntausend zählte die Schar der himmlischen Boten, die der Prophet Daniel sah. Der Apostel Paulus erklärte, es seien »Myriaden«, eine Unzahl. Daniel 7,10; Hebräer 12,22 Parallelbibel Sie ziehen dahin als Boten Gottes, verwirrend in ihrer Herrlichkeit und in ihrem Flug so schnell »wie der Blitz«. Hesekiel 1,14 Beim Anblick des Engels, der am Grab Christi erschien und dessen »Gestalt war wie der Blitz und sein Kleid weiß wie Schnee«, erschraken die Wächter vor Furcht und »wurden, als wären sie tot«. Matthäus 28,3.4 Als Sanherib, der hochmütige Assyrer, Gott schmähte und lästerte und Israel mit Verderben drohte, fuhr »in derselben Nacht … aus der Engel des Herrn und schlug im Lager von Assyrien 185.000 Mann«. »Der vertilgte alle Gewaltigen des Heeres und Fürsten und Obersten im Lager des Königs von Assyrien [Sanherib], dass er mit Schanden wieder in sein Land zog.« 2.Könige 19,35; 2.Chronik 32,21

Es werden Engel mit Aufträgen der Barmherzigkeit zu den Kindern Gottes gesandt: zu Abraham mit Verheißungen des Segens; an die Tore Sodoms, um den gerechten Lot vor der Vernichtung der Stadt durch Feuer zu erretten; zu Elia, als er vor Ermattung und Hunger in der Wüste beinahe verschmachtete; zu Elisa mit feurigen Wagen und Rossen um die kleine Stadt herum, in der er von seinen Feinden eingeschlossen war; zu Daniel, als er am Hof eines heidnischen Königs nach göttlicher Weisheit suchte und auch als er den Löwen vorgeworfen wurde; zu Petrus, als er zum Tod verurteilt im Gefängnis des Herodes lag; zu den Gefangenen in Philippi; zu Paulus und seinen Gefährten in der stürmischen Nacht auf dem Meer; zu Kornelius, um sein Gemüt für das Evangelium zu öffnen; zu Petrus, um ihn mit der Botschaft des Heils zu dem heidnischen Fremdling zu senden – auf diese Weise haben heilige Engel zu allen Zeiten dem Volk Gottes gedient.

Jedem Nachfolger Christi ist ein Schutzengel zur Seite gestellt. Diese himmlischen Hüter beschirmen die Gerechten vor der Macht des Bösen. Dies erkannte selbst Satan, denn er sagte: »Meinst du, dass Hiob Gott umsonst fürchtet? Hast du doch ihn, sein Haus und alles, was er hat, ringsumher verwahrt.« Hiob 1,9.10 Der Psalmist schildert uns die Art und Weise, wie der Herr sein Volk beschützt: »Der Engel des Herrn lagert sich um die her, die ihn fürchten, und hilft ihnen heraus.« Psalm 34,8 Als der Heiland von denen redete, die an ihn glauben, sagte er: »Seht zu, dass ihr nicht jemand von diesen Kleinen verachtet. Denn ich sage euch: Ihre Engel im Himmel sehen allezeit das Angesicht meines Vaters im Himmel.« Matthäus 18,10 Die zum Dienst für die Kinder Gottes bestimmten Engel haben allezeit Zugang zu ihm.

So kann Gottes Volk des immerwährenden Schutzes himmlischer Engel sicher sein, obwohl es der betrügerischen Macht und der nie erlahmenden Bosheit des Fürsten der Finsternis ausgesetzt ist und mit allen Gewalten des Bösen im Kampf steht. Diese Gewissheit hat es auch nötig. Deshalb verhieß Gott seinen Kindern Gnade und Schutz, weil sie mit mächtigen Werkzeugen des Bösen zusammentreffen würden, mit zahlreichen, entschlossenen und unermüdlichen Helfern Satans, vor deren Bosheit und Macht gewiss keiner unwissend oder verschont bleibt.

Die ursprünglich sündlos erschaffenen bösen Geister waren ihrer Natur, ihrer Macht und Herrlichkeit nach den heiligen Wesen gleich, die jetzt Gottes Boten sind. Doch gefallen durch die Sünde, sind sie miteinander verbündet, Gott zu schmähen und die Menschen zu verderben. Mit Satan bei seiner Empörung vereint und mit ihm aus dem Himmel verstoßen, haben sie während der ganzen folgenden Zeit mit ihm in seinem Streit gegen die göttliche Gewalt zusammengewirkt. Die Heilige Schrift spricht von ihrem Bündnis, ihrer Führung und ihren verschiedenen Ordnungen, von ihren Fähigkeiten, ihrer Verschlagenheit und ihren heimtückischen Angriffen gegen den Frieden und das Glück der Menschen.

Die alttestamentliche Geschichte erwähnt gelegentlich das Dasein und die Wirksamkeit böser Geister. Besonders während der Zeit, als Christus auf Erden lebte, bekundeten diese Wesen ihre Macht in höchst auffallender Weise. Christus war gekommen, um den für die Erlösung der Menschheit entworfenen Plan auszuführen, und Satan war entschlossen, sein vermeintliches Recht, die Welt zu beherrschen, geltend zu machen. Es war ihm gelungen, in allen Teilen der Erde – außer in Palästina – Abgötterei einzuführen. In dieses einzige Land, das sich nicht völlig der Herrschaft des Versuchers ergeben hatte, kam Christus, um dem Volk das Licht des Himmels scheinen zu lassen. Hier beanspruchten zwei gegeneinander wetteifernde Mächte die Oberherrschaft. Jesus streckte seine Arme der Liebe aus und lud alle ein, in ihm Vergebung und Frieden zu finden. Die Scharen der Finsternis sahen, dass sie keine unbeschränkte Macht besaßen und erkannten, dass ihre Herrschaft bald enden müsste, falls Christi Mission erfolgreich sein würde. Satan wütete wie ein gefesselter Löwe und stellte herausfordernd seine Macht über die Leiber und über die Gemüter der Menschen zur Schau.

Die Tatsache, dass Menschen von bösen Geistern besessen gewesen sind, zeigt das Neue Testament ganz klar. Die auf diese Weise gequälten Menschen waren nicht nur aus natürlichen Ursachen krank. Christus hatte vollkommenes Verständnis für die vorliegenden Fälle und erkannte die unmittelbare Gegenwart und Wirksamkeit böser Geister.

Ein treffendes Beispiel von ihrer Zahl, Macht und Bösartigkeit, aber auch von der Kraft und Barmherzigkeit Christi wird uns im biblischen Bericht von der Heilung der Besessenen in Gadara gegeben. Jene unglücklichen Wahnsinnigen, die alle Hemmungen verloren hatten, krümmten sich, schäumten und rasten, erfüllten die Luft mit ihrem Geschrei, taten sich selbst Gewalt an und gefährdeten alle, die sich ihnen nähern wollten. Ihre blutenden und entstellten Körper und ihr verwirrter Verstand boten dem Fürsten der Finsternis einen wohlgefälligen Anblick. Einer der bösen Geister, die die Leidenden beherrschten,

erklärte: »Legion heiße ich; denn wir sind viele.« Markus 5,9

Im römischen Heer zählte eine Legion 3000 - 5000 Mann. Satans Heere sind ebenfalls in Abteilungen aufgeteilt, und die Schar, zu der diese Dämonen gehörten, zählte nicht weniger als eine Legion.

Auf Jesu Befehl verließen die bösen Geister ihre Opfer, die sich danach ruhig, unterordnend, verständnisvoll und friedlich zu den Füßen des Heilandes setzten. Den Dämonen aber wurde gestattet, eine Herde Schweine in den See zu stürzen. Für die Einwohner in Gadara war dieser Verlust größer als die von Jesus gewährten Segnungen. So wurde der göttliche Arzt gebeten, von dort weg zu gehen. Dies war es, was Satan erreichen wollte. Indem er die Schuld für den Verlust Jesus zuschrieb, erweckte er die selbstsüchtigen Befürchtungen der Leute und hinderte sie, dessen Worten zuzuhören. Satan klagt die Christen ständig an, sie seien die Ursache von Verlusten, Unglück und Leiden, anstatt den Vorwurf dorthin zur richten, wo er hingehört: auf ihn selbst und seine Werkzeuge.

Aber Jesu Absichten wurden nicht vereitelt. Er gestattete den bösen Geistern, die Herde Schweine zu vernichten als Vorwurf gegen jene Juden, die diese unreinen Tiere um des Gewinns willen gezüchtet hatten. Hätte Christus die Dämonen nicht zurückgehalten, würden sie nicht nur die Schweine, sondern auch deren Hüter und Eigentümer in den See gestürzt haben. Dass beide, Hüter und der Eigentümer bewahrt blieben, war nur seiner Macht zu verdanken, mit der er sich barmherzig für deren Errettung eingesetzt hatte. Außerdem sollten die Jünger durch dieses Ereignis die grausame Macht Satans über Menschen und Tiere sehen. Der Heiland wollte, dass seine Nachfolger den Feind genau kennen lernen sollten, dem sie gegenübertreten mussten. Das würde sie schützen, um von seiner List nicht getäuscht und überwunden zu werden. Es war auch sein Wille, den Bewohnern jener Gegend seine Kraft zu zeigen, die die Fesseln Satans bricht und seine Gefangenen befreit. Und wenn Jesus auch selbst wegging, so blieben doch die so wunderbar befreiten Männer zurück, um die Barmherzigkeit ihres Wohltäters zu verkündigen.

Die Heilige Schrift berichtet noch von anderen Beispielen ähnlicher Art. Die Tochter der syrophönizischen Frau wurde von einem Dämon übel geplagt, den Jesus durch sein Wort austrieb. Markus 7,26-30

»Ein Besessener ... der war blind und stumm«; Matthäus 12,22 ein Jüngling, der einen stummen Geist hatte, der ihn oft »in Feuer und Wasser geworfen, dass er ihn umbrächte«; Markus 9,17-27 der Wahnsinnige, der von »einem unsauberen Teufel« Lukas 4,33-36 gequält, die Sabbatruhe der Schule von Kapernaum störte – sie alle wurden von dem barmherzigen Heiland geheilt. Fast jedes Mal redete Jesus den bösen Geist als verständiges Wesen an und befahl ihm, aus seinem Opfer auszufahren und es nicht mehr zu quälen. Als die Anbetenden zu Kapernaum seine gewaltige Macht sahen,

»kam eine Furcht über sie alle, und sie redeten miteinander und sprachen: Was ist das für ein Ding? Er gebietet mit Macht und Gewalt den unsauberen Geistern, und sie fahren aus«. Lukas 4,33-36

Die von Dämonen Besessenen werden meist so dargestellt, als hätten sie ungewöhnlich viel zu leiden, doch es gab auch Ausnahmen von dieser Regel. Um übernatürliche Macht zu bekommen, hießen manche den satanischen Einfluss willkommen. Diese hatten natürlich keinen Kampf mit den bösen Geistern zu bestehen. Zu ihnen gehörten die, welche den Geist des Wahrsagens besaßen: Simon Magus, Elymas der Zauberer und die Magd,

König Saul bei der Hexe zu Endor (1 Samuel 28,7-25)

die Paulus und Silas in Philippi nachlief. Keiner steht in größerer Gefahr, dem Einfluss böser Geister zu erliegen, als der, welcher ungeachtet des deutlichen und umfassenden Zeugnisses der Heiligen Schrift das Dasein und die Wirksamkeit des Teufels und seiner Engel leugnet. Solange wir von ihrer List nicht wissen, haben sie einen fast unbegrenzten Vorteil. Viele achten auf ihre Einflüsterungen, während sie meinen, dass sie den Eingebungen ihrer eigenen Weisheit folgen. Weil wir uns dem Ende der Zeit nähern, in der Satan mit größter Macht wirken wird, um uns zu betrügen und zu verderben, streut er überall die Meinung aus, dass es ihn überhaupt nicht gebe. Es ist seine listige Methode, sich und seine Wirkungsweise zu verbergen.

Nichts fürchtet der große Betrüger so sehr, als dass wir mit seinen Plänen bekanntwerden. Um seinen wahren Charakter und seine Absichten besser zu tarnen, ließ er sich so darstellen, dass sein Name nur mit Spott oder Verachtung in Verbindung gebracht wird. Es gefällt ihm sehr, sich als lächerliches oder abscheuliches Wesen, als Ungestalt – halb Tier, halb Mensch – abgebildet zu sehen. Es ist ihm recht, seinen Namen in Spaß und Spott von denen genannt zu hören, die sich selbst für verständig und gut unterrichtet halten.

Weil er sich mit vollkommener Geschicklichkeit verstellt hat, erhebt sich so oft die Frage: Gibt es wirklich solch ein Wesen? Es ist ein Beweis seines Erfolgs, dass man Ansichten, die von den klarsten Zeugnissen der Heiligen Schrift verurteilt werden, in der religiösen Welt so allgemein annimmt. Und weil Satan die Gemüter so leicht beherrscht, die sich seines Einflusses nicht bewusst sind, gibt Gottes Wort viele Beispiele von seinem bösartigen Wirken und enthüllt seine geheimen Kräfte, damit wir uns vor seinen Angriffen schützen können. Die Macht und Bosheit Satans und seiner Scharen könnten uns mit Recht beunruhigen, wenn wir nicht Zuflucht und Befreiung in der überlegenen Macht unseres Erlösers fänden.

Unsere Häuser sichern wir sorgfältig mit Riegeln und Schlössern, um unser Eigentum und unser Leben vor bösen Menschen zu schützen. Wir denken aber selten an die bösen Engel, die ständig Zugang zu uns suchen und gegen deren Angriffe wir uns aus eigener Kraft nicht verteidigen können. Falls es ihnen erlaubt wird, können sie unseren Geist verwirren, den Körper krankmachen und quälen, unseren Besitz zerstören und unser Leben vernichten. Ihre einzige Freude ist Elend und Verderben. Schrecklich ist der Zustand derer, die sich dem Einfluss Gottes entziehen und den Versuchungen Satans nachgeben, bis Gott sie der Herrschaft der bösen Geister überlässt. Die aber Christus nachfolgen, sind unter seinem Schutz stets sicher. Starke Engel werden vom Himmel gesandt, sie zu beschützen. Der Böse kann die Schutzwache nicht durchbrechen, die Gott um sein Volk gestellt hat.

KAPITEL 32

DIE SCHLINGEN SATANS

Es geht Satan darum, Menschen daran zu hindern, das Wort Gottes in einfachem Glauben anzunehmen und die Kraft kennen zu lernen, durch die sie im Alltag gestärkt und geleitet werden können. Er veranlasst sie zu allen Arten von Spekulationen und Ideen, die aber nicht die Heilige Schrift zur Grundlage haben. Die Folgen sind Zweifel und Misstrauen gegenüber Gott.

D er große Streit zwischen Christus und Satan, der schon über 6000 Jahre dauert, wird bald zu Ende gehen. Der Böse vervielfacht seine Bemühungen, um Christi Werk für die Menschen zu vereiteln und Menschen in seinen Schlingen zu verstricken. Sein angestrebtes Ziel ist Folgendes: Er will die Menschen in Dunkel und Unbußfertigkeit halten, bis das Mittleramt Christi beendet ist und es für die Sünde kein Opfer mehr gibt. Wird nichts weiter unternommen, seiner Macht zu widerstehen, und herrscht in der Gemeinde und in der Welt Gleichgültigkeit, dann ist Satan unbekümmert, denn dann besteht nicht die Gefahr, jene zu verlieren, die er nach seinem Willen gefangen führt. Wird aber die Aufmerksamkeit auf ewige Dinge gelenkt und fragen Menschen: »Was soll ich tun, dass ich selig werde?«, Apostelgeschichte 16,30 so ist Satan zur Stelle und versucht mit seiner Stärke der Macht Christi zu widerstehen und wirkt dem Einfluss des Heiligen Geistes entgegen.

Während Gottes Volk den Gefahren der letzten Tage näher kommt, hält Satan ernsthafte Beratung mit seinen Engeln bezüglich eines Planes, der am erfolgreichsten sein wird, um ihren Glauben zu Fall zu bringen. Er sieht, dass die volkstümlichen Kirchen bereits durch seine trügerische Macht in den Schlaf gelullt sind. Durch angenehme Sophistereien und lügenhafte Wunder kann er sie weiter unter seiner Kontrolle halten. Er befiehlt seinen Engeln, seine Fallstricke besonders für jene auszulegen, die Ausschau nach Jesu Wiederkunft halten und sich bemühen, Gottes Gebote zu halten. Anm 60

Die Heilige Schrift sagt, dass bei einem bestimmten Anlass, »da die Kinder Gottes kamen und vor den Herrn traten, kam der Satan auch unter ihnen«, Hiob 1,6 – nicht etwa, um vor dem ewigen König anzubeten, sondern um seine böswilligen Anschläge gegen die Gerechten zu fördern. Mit der gleichen Absicht ist er dort, wo Menschen sich zum Gottesdienst versammeln. Wenn auch unsichtbar, wirkt er doch sehr eifrig, um die Gedanken der Anbetenden zu beherrschen. Wie ein geschickter Feldherr plant er im Voraus. Sieht er, dass Gottes Boten die Heilige Schrift studieren, so merkt er sich das Thema, das den Menschen vorgetragen werden soll. Dann wendet er all seine List und Verschlagenheit an, um die Umstände so zu legen, dass die Botschaft jene nicht erreichen kann, die er gerade über diesen Punkt täuschen will. Wer die Warnung am meisten braucht, muss dringende geschäftliche Termine wahrnehmen oder wird durch irgendetwas anderes vom Anhören der biblischen Botschaft abgehalten, die sich für ihn als ein „Geruch des Lebens zum Leben" erweisen könnte.

Satan sieht auch, wenn die Diener des Herrn wegen der geistlichen Finsternis, die das Volk umgibt, bedrückt sind. Er hört ihre ernsten Gebete um göttliche Gnade und um Kraft, den auf ihnen liegenden Bann der Gleichgültigkeit, der Sorglosigkeit und Trägheit zu brechen. Dann greift er erneut zielstrebig an. Er verführt die Menschen, sich der Esslust oder in anderer Weise der Genusssucht hinzugeben, und betäubt so ihr Feingefühl, dass sie gerade die Themen nicht hören, die zu lernen sie so sehr nötig haben.

Der böse Feind weiß schon, dass alle, die er verleiten kann, das Gebet und das Forschen in der Heiligen Schrift zu vernachlässigen, durch seine Angriffe überwunden werden. Deshalb erfindet er alles Mögliche, um den Geist zu beanspruchen. Es gab schon immer eine Klasse vorgeblich bekennender frommer Menschen gegeben, die statt in der Erkenntnis der Wahrheit zu wachsen, es zu ihrer Religion machen, einige Charakterfehler und Glaubensirrtümer bei denen zu suchen, mit denen sie nicht übereinstimmen. Solche Menschen sind Satans beste Gehilfen. Es gibt viele Verkläger der Brüder. Sie sind stets dort aktiv, wo Gott wirkt und seine Diener ihm wahre Ehrerbietung erweisen. Sie werfen ein falsches Licht auf die Worte und Handlungen derer, die die Wahrheit lieben und ihr gehorchen, und stellen die ernsthaftesten, eifrigsten und selbstlosesten Diener Christi als verführt oder als Verführer hin. Ihre Arbeit ist es, die Motive jeder wahren und edlen Tat falsch darzustellen, um Anspielungen zu verbreiten und Misstrauen in den Gemütern von Unerfahrenen zu wecken. Auf jede erdenkliche Art werden sie danach trachten, dass das, was rein und rechtschaffen ist, als verdorben und betrügerisch betrachtet wird. In diesem Werk haben die Mitarbeiter Satans ihren Herrn und seine Engel, um ihnen zu helfen

Aber niemand braucht sich deshalb täuschen zu lassen. Es ist leicht ersichtlich, wessen Kinder sie sind, wessen Beispiel sie folgen und wessen Werke sie tun. »An ihren Früchten sollt ihr sie erkennen.« Matthäus 7,16 Ihr Benehmen gleicht dem Satans, des giftigen Verleumders, des Verklägers unserer Brüder. Offenbarung 12,10

Der große Betrüger hat viele Vertreter, die bereitwillig alle und jede Art des Irrtums ausdenken, um Seelen zu fangen – Ketzereien, die dazu angelegt sind, sich dem unterschiedlichen Geschmack und Aufnahmevermögen derer anzupassen, die er zerstören möchte. Es ist sein Plan, unaufrichtige, uneinsichtige Elemente in die Gemeinde zu bringen, die zu Zweifel und Unglauben ermutigen und alle behindern, die Gottes Werk wachsen sehen und mit ihm vorwärtskommen möchten. Viele, die nicht wirklich an Gott oder an sein Wort glauben, stimmen gewissen Grundsätzen der Wahrheit zu und gelten deshalb als Christen und führen so ihre Irrtümer als biblische Lehren ein.

Die Behauptung, dass es egal sei, was Menschen glauben, ist eine der erfolgreichsten Täuschungen Satans. Er weiß, dass die Wahrheit, in Liebe zu ihr angenommen, die Seele des Empfängers heiligt, deshalb sucht er ständig falsche Theorien, Fabeln, ja ein anderes Evangelium unterzuschieben. Schon immer haben Gottes Diener gegen falsche Lehrer gestritten, nicht nur, weil diese lasterhafte Menschen waren, sondern weil sie die Irrtümer verbreiteten, die dem Menschen zum Verderben gereichten. Elia, Jeremia, Paulus widersetzten sich furchtlos und entschieden denen, die die Menschen vom Wort Gottes abwenden wollten. Jener Freigeist, der einen echten religiösen Glauben als unwichtig betrachtet, fand keine Anerkennung bei diesen gläubigen Verteidigern der Wahrheit.

Die leeren und überzogenen Auslegungen der Heiligen Schrift und die vielen sich widersprechenden Ansichten über den religiösen Glauben, wie sie unter Christen bestehen, sind das Werk unseres großen Widersachers, der die Gemüter so verwirren will, dass sie die Wahrheit nicht unterscheiden können. Die Uneinigkeit und Spaltung, die sich in den christlichen Gemeinschaften bemerkbar macht, ist vorwiegend dem Umstand zuzuschreiben, dass die Heilige Schrift verdreht wird, um irgendeine Lieblingsansicht zu unterstützen. Statt Gottes Wort sorgfältig mit demütigem Herzen zu studieren, um seinen Willen kennen zu lernen, suchen viele nur darin, um etwas »Neues« auftischen zu können oder besondere Ideen bestätigt zu finden. Um Irrlehren oder unchristliche Bräuche zu unterstützen, reißen manche bestimmte Schriftstellen aus ihrem Zusammenhang und führen vielleicht die Hälfte eines einzelnen Verses zur Bestätigung ihrer Behauptung an, obwohl der übrige Teil den entgegengesetzten Sinn ergibt. Mit der List einer Schlange verschanzen sie sich hinter unzusammenhängenden Äußerungen, die sie um ihrer fleischlichen Gelüste willen aufstellen. So verdrehen viele absichtlich das Wort Gottes. Andere, die eine lebendige Fantasie besitzen, nehmen die Bilder und Symbole der Heiligen Schrift auf und legen sie ihren Ideen entsprechend aus. Sie beachten kaum das Zeugnis der Heiligen

Schrift als ihr eigener Ausleger und tragen dann ihre Launen als biblische Lehren vor. Wird die Heilige Schrift nicht in betendem, demütigem und lernwilligem Geist studiert, dann werden die einfachsten und deutlichsten wie auch die schwierigeren Stellen in ihrer wahren Bedeutung entstellt. Die päpstlichen Würdenträger wählen solche Teile der Heiligen Schrift, die ihrer Absicht am besten dienen, legen sie aus, wie es ihnen passt, und tragen sie dann dem Volk vor, während sie ihm die Freiheit absprechen, die Bibel selbst zu studieren und deren heilige Wahrheiten zu verstehen. Die ganze Bibel in ihrem vollständigen Wortlaut sollte den Menschen zugänglich sein. Es wäre besser, ihnen überhaupt keinen biblischen Unterricht zu erteilen, als die Lehren der Heiligen Schrift auf so drastische Weise zu verfälschen.

Die Bibel war bestimmt, um all jene zu leiten, die mit dem Willen ihres Schöpfers vertraut werden wollen. Gott gab dem Menschen das feste prophetische Wort. Engel und sogar Christus selbst kamen, um Daniel und Johannes mitzuteilen, was in Kürze geschehen musste. Jene wichtigen Angelegenheiten, die unser Heil betreffen, blieben keineswegs Geheimnis. Sie wurden auch nicht so offenbart, dass sie den aufrichten Forscher nach Wahrheit verwirren oder irreleiten konnten. Der Herr sagte durch den Propheten Habakuk: »Schreib das Gesicht und male es auf eine Tafel, dass es lesen könne, wer vorüberläuft.« Habakuk 2,2 Das Wort Gottes ist allen verständlich, die darin mit betendem Herzen forschen. Jeder wahrhaft aufrichtige Mensch wird zum Licht der Wahrheit gelangen. »Dem Gerechten muss das Licht immer wieder aufgehen.« Psalm 97,11 Keine Gemeinde kann in der Heiligung wachsen, wenn ihre Gläubigen nicht nach der Wahrheit wie nach einem verborgenen Schatz suchen.

Durch den Ruf: »Nur nicht engherzig!« werden die Menschen blind gegen die Pläne ihres Widersachers, während er beständig und fest auf die Erreichung seiner Absicht hinwirkt. Gelingt es ihm, die Bibel durch menschliche Ansichten zu verdrängen, dann wird das Gesetz Gottes beiseitegesetzt, und die Kirchen stehen unter der Knechtschaft der Sünde, während sie den Anspruch erheben, frei davon zu sein.

Vielen ist die wissenschaftliche Forschung zum Fluch geworden. Ihr begrenzter Verstand ist so schwach, dass sie ihr Gleichgewicht verlieren. Sie können ihre Ansichten der Wissenschaft nicht in Übereinstimmung mit den Aussagen der Heiligen Schrift bringen, und sie denken, dass die Bibel an ihrem fälschlicherweise so genannten Standard der Wissenschaft geprüft werden muss. Gott hat der Welt viel Licht zu den Leistungen in Kunst und Wissenschaft gegeben, aber selbst die fähigsten Menschen werden verwirrt, wenn nicht der Geist Gottes sie leitet, sobald sie versuchen, die Beziehungen zwischen der Wissenschaft und Offenbarung zu ergründen.

Die menschliche Erkenntnis, sowohl in materiellen als auch in geistlichen Dingen, ist Stückwerk und unvollkommen, deshalb sind viele nicht in der Lage, ihre wissenschaftlichen Ansichten mit schriftgemäßen Erklärungen in Übereinstimmung zu bringen. Manche nehmen das als wissenschaftliche Tatsachen an, was lediglich Theorien und Vermutungen sind, und meinen, das Wort Gottes müsse an »der fälschlich so genannten Erkenntnis« geprüft werden. 1.Timotheus 6,20 Der Schöpfer und seine Werke gehen über ihr Begriffsvermögen hinaus, und weil sie diese nicht durch natürliche Gesetze erklären können, wird die biblische Geschichte als unzuverlässig betrachtet. Und wenn sie die Berichte des Alten und Neuen Testaments anzweifeln, gehen sie nur zu oft noch einen Schritt weiter und stellen das Dasein Gottes in Frage und schreiben der Natur eine unendliche Macht zu. Haben sie ihren Anker losgelassen, werden sie an die Felsen des Unglaubens geschlagen.

So verlieren viele den Glauben und werden vom Teufel verführt. Die Menschen haben danach getrachtet, weiser zu sein als ihr Schöpfer. Menschliche Weisheit hat versucht, Geheimnisse zu ergründen und zu erklären, die in Ewigkeit nicht offenbar werden. Die Menschen mögen doch untersuchen und verstehen, was Gott von sich selbst und seinen Absichten mitgeteilt hat. So würden sie dadurch von der Herrlichkeit, Majestät und Macht Gottes beeindruckt, dass sie ihre Bedeutungslosigkeit einsähen und zufrieden wären mit dem, was ihnen und ihren Kindern offenbart worden ist.

Es ist ein Meisterstück der Täuschung Satans, den Geist der Menschen bezüglich der Dinge, die Gott nicht offenbart hat und von denen er nicht will, dass wir sie verstehen sollen, am Suchen und Vermuten zu erhalten. Auf diese Weise verlor Luzifer seinen Platz im Himmel. Er wurde unzufrieden, weil Gott ihm nicht alle Geheimnisse seiner Absichten anvertraute, und missachtete völlig das, was dieser ihm über seine Aufgabe in der ihm zugewiesenen erhabenen Stellung offenbarte. Indem er die gleiche Unzufriedenheit in den Herzen der seinem Befehl unterstellten Engel erweckte, verursachte er ihren Fall. Jetzt versucht er den gleichen Geist auf die Menschen zu übertragen und sie ebenfalls zu verleiten, die klaren Gebote Gottes zu missachten.

Die nicht bereit sind, die klaren, tiefgreifenden Wahrheiten der Bibel anzunehmen, suchen ständig nach angenehmen Fabeln, die das Gewissen beruhigen. Je weniger geistlich, selbstverleugnend und demütigend die vorgetragenen Lehren sind, desto lieber werden sie angenommen. Solche Menschen erniedrigen die Verstandeskräfte, um ihren fleischlichen Begierden zu frönen. In ihrer Selbstüberschätzung zu weise, um in der Heiligen Schrift mit bußfertigem Herzen und unter ernstem Gebet nach göttlicher Leitung zu suchen, haben sie keine Abwehr gegen die Verblendung. Satan steht bereit, das Verlangen des Herzens zu stillen, und er setzt seine Täuschungen an die Stelle der Wahrheit. Auf diese Weise hat das Papsttum seine Macht über die Gemüter der Menschen gewonnen, und durch die Verwerfung der Wahrheit - weil diese ein Kreuz einschließt - gehen die Protestanten den gleichen Weg. Alle, die das Wort Gottes vernachlässigen, um Bequemlichkeit und Klugheit zu suchen, damit sie sich nicht von der Welt unterscheiden, werden verdammungswürdige Ketzereien für religiöse Wahrheit halten. Jede erdenkliche Form des Irrtums wird von denen angenommen werden, die die Wahrheit vorsätzlich verwerfen. Wer erschreckt auf eine Täuschung sehen mag, wird eine andere willig annehmen. Der Apostel Paulus spricht von Menschen, welche »die Liebe zur Wahrheit nicht angenommen haben, dass sie gerettet würden«, und sagt von ihnen: »Darum sendet ihnen Gott die Macht der Verführung, so dass sie der Lüge glauben, damit gerichtet werden alle, die der Wahrheit nicht glaubten, sondern Lust hatten an der Ungerechtigkeit.« 2.Thessalonicher 2,10-12 Mit einer solchen Warnung vor Augen sollten wir achtsam sein, welche Lehren wir annehmen.

Zu den erfolgreichsten Werkzeugen des großen Betrügers gehören die trügerischen Lehren und lügenhaften Wunder des Spiritismus. Sich zu einem Engel des Lichts verstellend, wirft er seine Netze aus, wo es am wenigsten vermutet wird. Würden die Menschen doch das Wort Gottes unter ernstem Gebet durchforschen, um seine Lehren zu verstehen, so blieben sie nicht in der Finsternis und nähmen keine falschen Lehren an. Weil sie aber die Wahrheit verwerfen, fallen sie auf Täuschungen herein.

Ein anderer gefährlicher Irrtum ist die Lehre, die die Gottheit Christi leugnet und behauptet, dass er vor seinem Kommen in diese Welt nicht existiert habe. Menschen, die keine erfahrungsgemäße Bekanntschaft mit Jesus haben, werden jedoch eine Erscheinung von großer Weisheit vermuten, als wäre ihr Urteil über jeden Zweifel erhaben und dreist verkünden, dass der Sohn Gottes vor seiner ersten Ankunft auf dieser Erde keine Existenz hatte. Diese Ansicht wird von vielen, die angeblich an die Bibel glauben, gerne angenommen; dennoch widerspricht sie den eindeutigen Erklärungen unseres Heilandes über seine Verwandtschaft zum Vater, seinen göttlichen Charakter und sein früheres Dasein. Man kann diese Ansicht nicht aufrechterhalten, ohne die Heilige Schrift in unverantwortlichster Weise zu verdrehen. Sie erniedrigt nicht nur unsere menschliche Vorstellung vom Erlösungswerk, sondern untergräbt auch den Glauben an die Bibel als Offenbarung Gottes. Je gefährlicher sie dadurch wird, desto schwieriger ist es, ihr entgegenzutreten. Verwerfen die Menschen das Zeugnis der von Gott eingegebenen Heiligen Schrift über die Gottheit Christi, so wird man darüber vergeblich mit ihnen sprechen, denn kein noch so zwingender Beweis wird sie überzeugen können. »Der natürliche Mensch aber vernimmt nichts vom Geist Gottes; es ist ihm eine Torheit, und er kann es nicht erkennen; denn es muss geistlich beurteilt werden.« 1.Korinther 2,14 Keiner, der in diesem Irrtum gefangen ist, kann weder vom Charakter und Werk Christi noch vom großen Plan Gottes zur Erlösung der Menschen eine rechte Vorstellung haben.

Noch ein anderer raffiniert angelegter und folgenschwerer Irrtum liegt in der sich schnell verbreitenden Auffassung, Satan sei kein persönliches Wesen und diese Bezeichnung in der Bibel werde nur gebraucht, um die bösen Gedanken und Begierden der Menschen zu veranschaulichen.

Auch die allgemein von den Kanzeln verbreitete Lehre, dass die Wiederkunft Christi darin bestehe, dass er zu jedem Einzelnen bei dessen Tod komme, ist eine Erfindung, die die Gedanken der Menschen von Jesu persönlichem Erscheinen in den Wolken des Himmels ablenken soll. Jahrelang hat Satan auf diese Weise gesagt: »Siehe, er ist in der Kammer«; Matthäus 24,23-36 und viele sind verloren gegangen, weil sie diese Täuschung angenommen haben.

Auch lehrt weltliche Weisheit, das Gebet sei nicht wesentlich. Wissenschaftler behaupten, es könne keine wirkliche Antwort auf ein Gebet geben und dass dies eine Umkehrung der Gesetze, also ein Wunder wäre und es keine Wunder gäbe. Das Weltall, sagen sie, wird von feststehenden Gesetzen regiert, und Gott selbst tut nichts, was diesen Gesetzen entgegen ist. So stellen sie Gott dar, als ob er durch seine eigenen Gesetze gebunden sei; als ob das Wirken göttlicher Gesetze die göttliche Freiheit ausschließen würde. Eine solche Lehre ist den Aussagen der Heiligen Schrift entgegen. Wurden nicht durch Christus und seine Apostel Wunder gewirkt? Derselbe erbarmungsvolle Heiland lebt heute noch, und er ist jetzt ebenso bereit, auf die Gebete des Glaubens zu hören wie damals, als er sichtbar unter den Menschen lebte. Das Natürliche wirkt zusammen mit dem Übernatürlichen. Es ist ein Teil des Plans Gottes, uns in Erhörung des im Glauben dargebrachten Gebetes das zu schenken, was er uns nicht geben würde, wenn wir nicht in dieser Weise zu ihm beteten. Unzählbar sind die falschen Lehren und überspannten Vorstellungen in den christlichen Kirchen. Es ist unmöglich, die üblen Folgen abzuschätzen, die durch die Verrückung auch nur einer der durch das Wort Gottes festgesetzten Grenzen entstehen. Nur wenige von denen, die dies zu tun wagen, bleiben bei der Ablehnung einer Wahrheit stehen. Die Mehrheit macht weiter, einen Grundsatz der Wahrheit nach dem andern zu verwerfen, bis sie tatsächlich ungläubig wird.

Die Irrtümer der allgemein verbreiteten theologischen Auffassungen haben manche Menschen, die sonst bibelgläubig hätten werden können, der Zweifelsucht in die Arme getrieben. Es ist ihnen unmöglich, Lehren anzunehmen, die ihren Auffassungen von Gerechtigkeit, Gnade und Güte Gewalt antun, und wenn solche Auffassungen als Lehren der Bibel hingestellt werden, weigern sie sich, diese als Gottes Wort anzuerkennen.

Das ist es, was Satan zu erreichen versucht. Nichts will er mehr, als das Vertrauen zu Gott und seinem Wort zu zerstören. Satan steht an der Spitze des großen Heers der Zweifler, und er arbeitet mit größter Anstrengung, um Menschen in seine Reihen zu ziehen. Das Zweifeln wird modern. Zahlreiche Menschen sehen das Wort Gottes aus demselben Grund mit Misstrauen an wie seine Urheber: weil es die Sünde straft und verurteilt. Die nicht bereit sind, seinen Anforderungen zu gehorchen, versuchen seine Autorität über den Haufen zu werfen. Sie lesen die Bibel oder hören deren Lehren zu, wie sie von der Kanzel verkündigt werden, nur um an der Heiligen Schrift oder an der Predigt etwas kritisieren zu können. Nicht wenige werden ungläubig, um sich für die Vernachlässigung ihrer Pflicht zu rechtfertigen oder zu entschuldigen. Andere nehmen aus Stolz und Trägheit zweifelhafte Grundsätze an. Zu sehr für ein bequemes Leben eingenommen, um irgendetwas zu vollbringen, was ehrenhaft wäre oder Anstrengung und Selbstverleugnung erforderte, streben sie danach, sich einen Ruf höherer Weisheit zu verschaffen, indem sie die Bibel kritisieren. Es gibt darin vieles, was der von göttlicher Weisheit nicht erleuchtete Verstand einfach nicht verstehen kann; so finden sie Grund zur Kritik. Viele scheinen anzunehmen, dass es eine Tugend sei, auf der Seite des Unglaubens und des Zweifels zu stehen. Aber man wird feststellen, dass solche Menschen unter einem Anschein von Aufrichtigkeit nur von Selbstvertrauen und Stolz getrieben werden. Viele machen sich das größte Vergnügen daraus, etwas in der Heiligen Schrift zu finden, das andere in Verlegenheit bringt. Etliche kritisieren und diskutieren auf der Seite des Unrechts, nur aus Liebe zum Wortstreit. Es wird ihnen nicht bewusst, dass sie sich auf diese Weise selbst in den Schlingen des Vogelfängers verstricken. Da sie aber offen ihrem Unglauben Ausdruck gegeben haben, glauben sie, ihre Stellung verteidigen zu müssen. Dadurch verbinden sie sich mit den Gottlosen und verbauen sich den Weg ins Paradies.

Gott hat in seinem Wort genügend Beweise von dessen göttlichem Ursprung gegeben. Die großen Wahrheiten, die sich auf unsere Erlösung beziehen, sind deutlich erklärt. Mithilfe des Heiligen Geistes, der allen verheißen ist, die aufrichtig darum bitten, kann jeder diese Wahrheiten verstehen. Gott hat den Menschen einen festen Grund gegeben, auf den sie ihren Glauben stützen können. Doch der begrenzte Verstand der

Menschen ist nicht ausreichend, um die Pläne und Ratschlüsse des ewigen Gottes völlig zu erfassen. Wir können Gott nie durch Forschen ergründen. Wir dürfen es nicht wagen, mit vermessener Hand den Vorhang zu lüften, mit dem er seine Majestät verhüllt. Der Apostel ruft aus: »Wie gar unbegreiflich sind seine Gerichte und unerforschlich seine Wege!« Römer 11,33 Wir können seine Handlungsweise mit uns und die ihn leitenden Beweggründe so weit begreifen, dass wir unbegrenzte Liebe und Barmherzigkeit erkennen können, verbunden mit unendlicher Macht. Unser himmlischer Vater ordnet alles in Weisheit und Gerechtigkeit, und wir dürfen nicht unzufrieden oder misstrauisch sein, sondern sollen uns in ehrfurchtsvoller Demut beugen. Er wird uns soviel von seinen Absichten enthüllen, wie zu unserem Besten dient.

Darüber hinaus müssen wir dem vertrauen, der allmächtig und dessen Herz voller Liebe ist. Während Gott dem Glaubenden genügend Beweise gibt, wird er niemals alles beseitigen, was den Unglauben entschuldigen könnte. Wer nach irgendeinem Grund für seinen Zweifel sucht, wird ihn auch finden. Wer sich weigert, Gottes Wort anzunehmen und zu befolgen, bis jeder Einwand beseitigt ist, und nicht länger Grund zum Zweifeln besteht, wird nie zum Licht kommen. Das Misstrauen gegen Gott ist eine natürliche Folge des nicht erneuerten Herzens, das Gott gegenüber feindlich eingestellt ist. Der Glaube wird vom Heiligen Geist gegeben und wächst, wenn er gepflegt wird. Niemand kann ohne entschlossenes Bemühen im Glauben wachsen. Der Unglaube verstärkt sich, je nachdem er ermutigt wird, und wenn Menschen zweifeln und kritisch eingestellt sind, statt sich mit den Beweisen zu beschäftigen, die Gott zur Festigung ihres Glaubens gegeben hat, werden sie ihre Zweifel immer mehr bestätigt finden. Die an Gottes Verheißungen zweifeln und den Zusicherungen seiner Gnade misstrauen, entehren ihn. Ihr Einfluss bewirkt, dass andere von Christus getrennt werden, statt sie zu ihm zu ziehen. Sie sind unfruchtbare Bäume, die ihre dürren Zweige weit ausbreiten und dadurch anderen Pflanzen das Sonnenlicht wegnehmen, sodass diese im kalten Schatten verwelken und absterben. Ihr Lebenswerk wird ausnahmslos gegen sie zeugen. Sie säen den Samen des Zweifels und des Unglaubens, der unausbleiblich seine Ernte bringen wird.

Für diejenigen, die aufrichtig danach trachten, von Zweifeln frei zu werden, gibt es nur einen Weg: Statt das anzuzweifeln und zu kritisieren, was sie nicht verstehen, müssen sie auf das ihnen bereits scheinende Licht achten, dann werden sie mehr Licht erhalten. Erfüllen sie jede Aufgabe, die sie klar erkannt haben, dann werden sie fähig, auch jene Aufgaben zu verstehen und auszuführen, über die sie jetzt noch im Unklaren sind.

Satan kann Fälschungen entwerfen, die der Wahrheit so

gleichen, dass Menschen getäuscht werden, die das von der Wahrheit geforderte Opfer und die Selbstverleugnung umgehen möchten, und die bereit sind, sich täuschen zu lassen. Es ist ihm jedoch unmöglich, einen Menschen unter seiner Macht zu halten, der aufrichtig wünscht – koste es, was es wolle –, die Wahrheit zu erkennen. Christus ist die Wahrheit und »das wahrhaftige Licht, welches alle Menschen erleuchtet, die in diese Welt kommen«. Johannes 1,9 Der Geist der Wahrheit ist gesandt worden, um die Menschen in alle Wahrheit zu leiten. Und mit Vollmacht des Sohnes Gottes steht geschrieben: »Sucht, so werdet ihr finden.« »Wenn jemand dessen [des Vaters] Willen tun will, wird er innewerden, ob diese Lehre von Gott ist.« Matthäus 7,7; Johannes 7,17

Die Nachfolger Christi wissen wenig von den Anschlägen, die Satan und seine Scharen gegen sie schmieden. Aber der im Himmel thront, wird alle diese Absichten zur Erfüllung seiner unerforschlichen Pläne lenken. Der Herr lässt es zu, dass seine Kinder in die Feuerprobe der Versuchung geraten, nicht weil er an ihren Leiden und ihrer Trübsal Freude empfindet, sondern weil dieses Verfahren zu ihrem endgültigen Sieg wesentlich ist. Er kann sie nicht durch seine eigene Herrlichkeit vor der Versuchung schützen, denn es ist ja gerade der Zweck der Prüfung, sie zuzubereiten, um allen bösen Verlockungen widerstehen zu können.

Weder gottlose Menschen noch Teufel können Gottes Werk hindern oder seinem Volk Gottes Gegenwart entziehen, wenn es gebeugten, reuigen Herzens seine Sünde bekennt und sie aufgibt und im Glauben seine Verheißungen beansprucht. Jeder Versuchung, jedem widerstreitenden Einfluss, ob offen oder geheim, kann man erfolgreich widerstehen, »nicht durch Heer oder Kraft, sondern durch meinen Geist ... spricht der Herr Zebaoth«. Sacharja 4,6

»Die Augen des Herrn merken auf die Gerechten und seine Ohren auf ihr Gebet ... Und wer ist, der euch schaden könnte, wenn ihr dem Guten nacheifert?« 1.Petrus 3,12.13 Als Bileam, gelockt durch das Versprechen einer großen Belohnung, Zauberformeln gegen Israel anwandte und durch dem Herrn dargebrachte Opfer einen Fluch über Gottes Volk zu bringen versuchte, wandte Gottes Geist das Übel ab, das ausgesprochen werden sollte, und Bileam war gezwungen auszurufen: »Wie soll ich dem fluchen, dem Gott nicht flucht? Wie soll ich den verwünschen, den der Herr nicht verwünscht? ... Möchte meine Seele des Todes der Gerechten sterben und mein Ende werden wie ihr Ende!« Als abermals geopfert worden war, erklärte der gottlose Prophet: »Siehe, zu segnen bin ich beauftragt, und hat Er gesegnet, so kann ich's nicht abwenden! Man schaut kein Unheil in Jakob und sieht keine Beschwerde in Israel. Jehova, sein Gott, ist mit ihm und Königsjubel erschallt in ihm ... So hilft denn keine Zauberei gegen Jakob und keine Wahrsagerei wider Israel.

Zu seiner Zeit wird man von Jakob sagen: Wie Großes hat Gott getan!« 4.Mose 23,8.10.20.21.23; 24,9; Schlachter 2000 Dennoch wurden zum dritten Mal Altäre errichtet, und abermals versuchte Bileam einen Fluch auszusprechen. Durch die unwilligen Lippen des Propheten erklärte der Geist Gottes jedoch das Gedeihen seiner Auserwählten und strafte die Torheit und Bosheit ihrer Feinde: »Gesegnet sei, wer dich segnet, und verflucht sei, wer dir flucht!«

Zu dieser Zeit waren die Kinder Israel Gott treu, und solange sie seinem Gesetz treu blieben, konnte keine Macht der Erde oder der Hölle sie überwältigen. Aber schließlich gelang es Bileam doch, den Fluch, den er nicht über Gottes Volk aussprechen durfte, über dieses Volk zu bringen, indem er es zur Sünde verleitete. Als das Volk Gottes Gebote übertrat, trennte es sich von ihm und musste die Macht des Verderbers spüren. Satan ist sich bewusst, dass der schwächste Mensch, der in Christus bleibt, den Scharen der Finsternis überlegen ist, und dass man ihm – zeigt er sich offen – begegnen und widerstehen wird. Deshalb versucht er die Streiter des Kreuzes aus ihrer sicheren Stellung herauszulocken, während er mit seinen Streitkräften im Hinterhalt liegt, bereit, alle zu verderben, die sich auf sein Gebiet wagen sollten. Nur in demütigem Vertrauen auf Gott und im Gehorsam gegen alle seine Gebote können wir sicher sein.

Niemand ist auch nur einen Tag oder eine Stunde lang sicher ohne das Gebet. Wir sollten den Herrn besonders um Weisheit bitten, sein Wort zu verstehen. Hier werden die Anschläge des Versuchers sichtbar sowie die Mittel, durch die er zurückgeschlagen werden kann. Satan ist sehr sachkundig, wenn es gilt, Bibelstellen anzuführen, denen er seine eigene Auslegung beifügt, um uns zu Fall zu bringen.

Wir müssen die Bibel mit demütigem Herzen erforschen und dürfen nie unsere Abhängigkeit von Gott aus den Augen verlieren. Während wir vor den Anschlägen Satans ständig auf der Hut sein müssen, sollten wir ohne Unterlass im Glauben beten: »Führe uns nicht in Versuchung.« Matthäus 6,13

KAPITEL 33

DIE ERSTE *GROSSE* TÄUSCHUNG

Von Anfang an versuchte Satan, die Menschen zu täuschen, indem er Zweifel an den Aussagen Gottes säte. Eine Täuschung besteht in der Lehre, dass die Toten eigentlich überhaupt nicht tot sind, sondern weiterleben. Zudem stellt er Gott als Tyrannen dar, der die Seelen der Verstorbenen quält. Biblisch ist aber, dass alle Toten bis zur Auferstehung am Ende der Tage in ihren Gräbern ruhen.

Von der frühesten Geschichte der Menschen an war Satan bemüht, unser Geschlecht zu verführen. Der im Himmel Empörung angestiftet hatte, wollte die Bewohner der Erde veranlassen, sich mit ihm im Streit gegen die Regierung Gottes zu verbünden. Adam und Eva lebten im Gehorsam gegen das Gesetz Gottes vollkommen glücklich, und diese Tatsache war ein dauerhaftes Zeugnis gegen die Behauptung, die Satan im Himmel vorgebracht hatte, dass Gottes Gesetz seine Geschöpfe knebeln würde und ihrem Glück entgegenstehe. Auch wurde Satans Eifersucht gereizt, als er auf die schöne Heimat des sündlosen Paares schaute. Er beschloss daher, die Menschen zu Fall zu bringen, um dann, dem Allerhöchsten zum Trotz, nachdem er sie von Gott getrennt und unter seine eigene Macht gebracht hätte, die Erde einzunehmen und da sein eigenes Reich aufzurichten.

Hätte er seinen wahren Charakter gezeigt, so wäre er gleich zurückgewiesen worden, denn Gott hatte Adam und Eva vor diesem gefährlichen Feind gewarnt. Doch Satan wirkte im Verborgenen und verhüllte seine Absicht, um sein Ziel umso sicherer zu erreichen. Er benutzte die Schlange, damals ein anmutiges Geschöpf, als Werkzeug und wandte sich an Eva: »Ja, sollte Gott gesagt haben: Ihr sollt nicht essen von allerlei Bäumen im Garten?« 1.Mose 3,1 Hätte sich Eva nicht auf ein Gespräch mit dem Versucher eingelassen, wäre sie bewahrt geblieben, doch sie wagte es, mit ihm zu sprechen und unterlag seinen listigen Anschlägen. So werden noch immer viele Menschen besiegt. Sie bezweifeln und erwägen Gottes Anforderungen und nehmen menschliche Theorien an, die nur die Pläne Satans verdecken, statt den göttlichen Geboten zu gehorchen.

»Da sprach die Frau zu der Schlange: Wir essen von den Früchten der Bäume im Garten; aber von den Früchten des Baumes mitten im Garten hat Gott gesagt: Esset nicht davon, rühret sie auch nicht an, dass ihr nicht sterbet! Da sprach die Schlange zur Frau: Ihr werdet keineswegs des Todes sterben, sondern Gott weiß: An dem Tage, da ihr davon esst, werden eure Augen aufgetan, und ihr werdet sein wie Gott und wissen, was gut und böse ist..« 1.Mose 3,2-5 Satan erklärte, sie würden wie Gott: begabt mit größerer Weisheit als zuvor und zu einer höheren Daseinsstufe befähigt. Eva gab der Versuchung nach, und durch ihren Einfluss wurde auch Adam zur Sünde verführt. Sie glaubten den Worten der Schlange, dass Gott nicht meinte, was er sagte. Sie misstrauten ihrem Schöpfer und bildeten sich ein, dass er ihre Freiheit beschränke und sie stattdessen große Weisheit und eine hohe Stellung erlangen könnten, wenn sie sein Gesetz übertreten würden.

Doch was erkannte Adam, nachdem er gesündigt hatte, in den Worten: »An dem Tage, da du davon isst, musst du des Todes sterben?« 1.Mose 2,17 Wurde er, wie Satan behauptet hatte, in eine höhere Daseinsstufe versetzt? Dann wäre tatsächlich durch die Übertretung ein großer Gewinn erzielt worden, und Satan wäre der Wohltäter der Menschheit geworden. Aber Adam stellte lediglich fest, dass dies keinesfalls der Sinn des göttlichen Ausspruchs war. Gott hatte erklärt, dass der Mensch als Strafe für die Sünde wieder zu Erde werden müsse, von der er genommen war: »Du bist Erde und sollst zu Erde werden.« 1.Mose 3,19 Die Worte Satans: »... werden eure Augen aufgetan«, erwiesen sich als wahr, aber nur in einem Sinne, denn nachdem Adam und Eva Gott ungehorsam waren, wurden ihnen die Augen geöffnet, damit sie ihre Torheit einsähen. Sie erkannten das Böse und schmeckten die bittere Frucht der Übertretung.

In der Mitte des Gartens wuchs der Baum des Lebens, dessen Frucht die Kraft hatte, das Leben für immer zu erhalten. Wäre Adam Gott gehorsam geblieben, so hätte er stets den freien Zugang zu diesem Baum gehabt und würde ewig gelebt haben. Als er aber sündigte, trennte Gott ihn vom Baum des Lebens und unterwarf ihn dem Tod. Der göttliche Urteilsspruch: »Du bist Erde und sollst zu Erde werden« wies auf eine vollständige Austilgung des Lebens hin.

Die dem Menschen unter der Bedingung des Gehorsams verheißene Unsterblichkeit war durch die Übertretung verwirkt worden. Adam konnte seiner Nachkommenschaft nichts weitergeben, was er selbst nicht besaß, und es hätte keine Hoffnung für die gefallene Menschheit gegeben, wenn Gott den Menschen durch die Hingabe seines Sohns nicht den Weg zur Unsterblichkeit gewiesen hätte. Während »der Tod zu allen Menschen durchgedrungen« ist, »weil sie alle gesündigt haben«, hat Christus »das Leben und ein unvergänglich Wesen ans Licht gebracht durch das Evangelium«. Römer 5,12; 2.Timotheus 1,10 Durch Christus allein kann Unsterblichkeit erlangt werden. Jesus sagte: »Wer an den Sohn glaubt, der hat das ewige Leben. Wer dem Sohn nicht glaubt, der wird das Leben nicht sehen.« Johannes 3,36 Jeder Mensch kann diesen unschätzbaren Segen erhalten, wenn er die Bedingungen erfüllt. Alle, »die mit Geduld in guten Werken trachten nach dem ewigen Leben«, empfangen »Preis und Ehre und unvergängliches Wesen«. Römer 2,7

Der große Betrüger versprach Adam Leben im Ungehorsam. Die Erklärung, die die Schlange der Eva im Paradies gab – »Ihr werdet keineswegs des Todes sterben!« –, war die erste Predigt, die über die Unsterblichkeit der Seele gehalten wurde. Und doch hallt diese Erklärung, die auf der Autorität Satans beruht, von den Kanzeln der Christenheit wider und wird von den meisten Menschen ebenso bereitwillig geglaubt, wie sie von unseren ersten Eltern angenommen worden ist. Der göttliche Richterspruch: »denn nur wer sündigt, der soll sterben« Hesekiel 18,20 wird so gedeutet: Wer sündigt, soll nicht sterben, sondern ewig leben. Wir können uns nur wundern über die seltsame Verblendung, die die Menschen hinsichtlich der Worte Satans so leichtgläubig und gegenüber dem Wort Gottes so ungläubig macht.

Hätte der Mensch nach seinem Fall freien Zugang zum Baum des Lebens gehabt, so würde er ewig gelebt haben. Damit wäre die Sünde unsterblich geworden. Aber »die Cherubim mit dem flammenden, blitzenden Schwert« bewachen »den Weg zu dem Baum des Lebens«, 1.Mose 3,24 und keinem aus der Familie Adams war es möglich gewesen, die Schranke zu überschreiten und von der lebenspendenden Frucht zu essen. Deshalb gibt es auch keinen unsterblichen Sünder.

Nach dem Fall forderte Satan seine Engel dazu auf, sich besonders anzustrengen, dem Menschen den Glauben an seine natürliche Unsterblichkeit einzuschärfen. Wenn sie die Menschen zur Annahme dieses Irrtums verleitet hätten, sollten sie jene zu der Schlussfolgerung führen, dass der Sünder ewig im Elend leben würde. Der Fürst der Finsternis stellt durch seine Untergebenen Gott als rachsüchtigen Tyrannen dar und erklärt, dass dieser alle in die Hölle verstoßen würde, die ihm nicht gefallen, wo er sie auf ewig seinen Zorn fühlen lassen würde, und ihr Schöpfer schaue mit Befriedigung auf sie herab, während sie unaussprechliche Qualen erleiden und sich in den ewigen Flammen vor Schmerzen krümmen.

Dadurch hängt der Erzfeind dem Schöpfer und Wohltäter der Menschen Eigenschaften an, die er selbst besitzt. Grausamkeit ist satanisch. Gott ist die Liebe, und alles, was er schuf, war rein, heilig und lieblich, bis durch den ersten großen Empörer die Sünde aufkam. Satan selbst ist der Feind, der Menschen zur Sünde verführt und sie dann wenn möglich vernichtet. Hat er sein Opfer sicher, freut er sich über das Verderben, das er verursachte. Könnte er wie er wollte, so würde er die ganze Menschheit in seinem Netz fangen. Gäbe es keine göttliche Macht als

Mittler, würde ihm nicht ein Sohn, nicht eine Tochter Adams entrinnen. Satan versucht auch heute die Menschen zu überwinden, wie er unsere ersten Eltern besiegte, indem er ihr Vertrauen zu ihrem Schöpfer erschüttert und sie verleitet, die Weisheit seiner Regierung und die Gerechtigkeit seiner Gesetze anzuzweifeln. Satan und seine Gesandten stellen Gott schlimmer dar, als sie selbst sind, um ihre eigene Bosheit und Empörung zu rechtfertigen. Der große Betrüger versucht, seinen schrecklich grausamen Charakter unserem himmlischen Vater unterzuschieben, damit er selbst als ein Wesen erscheine, dem durch die Verstoßung aus dem Himmel großes Unrecht zugefügt wurde, weil er sich einem so ungerechten Herrscher nicht unterwerfen wollte. Er führt der Welt die Freiheit vor Augen, der sie sich unter seiner milden Herrschaft erfreuen könnte, im Gegensatz zu der durch die strengen Erlasse Gottes auferlegten Knechtschaft. So gelingt es ihm, Menschen von ihrer Treue zu Gott abzubringen.

Wie unvereinbar mit jeder Regung von Liebe und Barmherzigkeit, ja selbst mit unserem Sinn von Gerechtigkeit ist die Lehre, dass die gottlosen Toten mit Feuer und Schwefel in einer ewig brennenden Hölle gepeinigt werden und dass sie für die Sünden in einem kurzen irdischen Leben leiden müssen, solange Gott lebt! Und doch ist dies allgemein gelehrt worden, und diese Lehre findet sich noch heute in vielen Glaubensbekenntnissen der Christenheit. Ein angesehener Theologe sagte: »Der Anblick der Höllenqualen wird die Glückseligkeit der Heiligen für immer erhöhen. Wenn sie sehen, wie andere, gleicher Natur wie sie und unter den gleichen Umständen geboren, in solches Elend verstoßen sind, während sie selbst erhaben dastehen, wird ihnen bewusst werden, wie glücklich sie sind.« Ein anderer sprach Folgendes: »Während der Verdammungsbefehl ewig an den Gefäßen des Zorns ausgeübt wird, steigt der Rauch ihrer Qual ewiglich vor den Gefäßen der Gnade auf, und diese werden, statt am Schicksal dieser Elenden Anteil zu nehmen, sagen: Halleluja! Lobt den Herrn!«

Wo findet man im Wort Gottes solche Lehren? Werden die Erlösten im Himmel keine Gefühle des Mitleids und des Erbarmens mehr haben, ja selbst für Empfindungen gewöhnlicher Menschlichkeit unzugänglich sein? Sollen diese gegen den Gleichmut des Philosophen oder die Grausamkeit des Wilden eingetauscht werden? – Nie und nimmer! Das lehrt Gottes Wort nicht! Menschen, die solche Ansichten verkündigen, wie in jenen Zitaten beschrieben, mögen Gelehrte sein und es sogar aufrichtig meinen, aber sie sind durch Satans Einflüsterungen betrogen worden. Er verleitet sie, wichtige Formulierungen der Heiligen Schrift zu entstellen und dem Wortlaut eine Färbung zur Bitterkeit und Bosheit hin zu geben, die ihm selbst, aber nicht unserem

Schöpfer eigen ist. »So wahr ich lebe, spricht Gott der HERR:

ich habe kein Gefallen am Tode des Gottlosen, sondern dass der Gottlose umkehre von seinem Wege und lebe. So kehrt nun um von euren bösen Wegen. Warum wollt ihr sterben?« Hesekiel 33,11

Würde es für Gott sprechen, wenn wir behaupten wollten, dass er sich beim Anblick endloser Qualen ergötze, dass er erquickt werde durch das Stöhnen, das Geschrei und die Verwünschungen der leidenden Geschöpfe, die er in den Flammen der Hölle gefangen hält? Können diese entsetzlichen Laute Musik in den Ohren unendlicher Liebe sein? Es wird behauptet, dass die Verhängung endlosen Elends über die Gottlosen den Hass Gottes gegen die Sünde bekunde, die den Frieden und die Ordnung im Weltall zerstöre. O schreckliche Gotteslästerung! Als ob Gottes Hass gegen die Sünde ein Grund sei, sie zu verewigen! Denn nach den Lehren dieser Theologen macht die fortgesetzte Qual ohne Hoffnung auf Erbarmen ihre elenden Opfer rasend – und da sich ihre Wut in Flüchen und Gotteslästerungen äußert, vergrößern sie ständig ihre Schuldenlast. Gottes Herrlichkeit wird durch eine solche endlose Verewigung der ständig zunehmenden Sünde nicht erhöht.

Es liegt außerhalb der Fähigkeit des menschlichen Geistes das Übel abzuschätzen, das durch die falsche Lehre von der ewigen Qual geschaffen worden ist. Die Religion der Bibel, die voller Liebe und Güte und überaus reich an Erbarmen ist, wird durch den Aberglauben verfinstert und in Schrecken gehüllt. Ist es da verwunderlich, dass unser gnadenvoller Schöpfer gefürchtet, gescheut und sogar gehasst wird, wenn wir bedenken, in welchen falschen Farben Satan das Wesen Gottes gemalt hat? Die entsetzlichen Vorstellungen von Gott, wie sie durch jene Lehren von der Kanzel herunter über die Welt verbreitet wurden, haben Tausende, ja Millionen von Zweiflern und Ungläubigen hervorgerufen.

Die Ansicht von einer ewigen Qual ist eine der falschen Lehren, die zu dem Gräuelwein des geistlichen Babylons gehören, mit dem es die Völker trunken macht. (Offenbarung 14,8; 17,2) Wie Diener Christi diese falsche Lehre annehmen und sie in Predigten verkündigen konnten, ist in der Tat unverständlich. Diese empfingen sie, wie auch den falschen Sabbat, von Rom. Wohl haben große und gute Männer diese Lehre auch gepredigt, aber sie hatten darüber nicht die Erkenntnis wie wir heute. Sie waren nur für das Licht verantwortlich, das zu ihrer Zeit schien – wir müssen Rechenschaft ablegen über das Licht, das in unserer Zeit scheint. Wenden wir uns von dem Zeugnis des Wortes Gottes ab und nehmen falsche Lehren an, weil unsere Väter sie verbreiteten, so fallen wir unter die über Babylon ausgesprochene Verdammnis. Wir trinken von dem Wein ihrer Gräuel. Sehr viele Menschen, die die Lehre von einer ewigen Qual abstößt, werden zum entgegengesetzten Irrtum getrieben. Sie sehen, dass die Heilige Schrift Gott als ein Wesen der Liebe und der [536/537] **451**

Barmherzigkeit darstellt, und sie können nicht glauben, dass er seine Geschöpfe dem verzehrenden Feuer einer ewig brennenden Hölle überlassen werde.

Durch die Behauptung, dass die Seele an sich unsterblich sei, schlussfolgern sie, dass alle Menschen schließlich gerettet werden. Die Drohungen der Bibel sind – ihrer Auffassung nach – nur dazu bestimmt, die Menschen durch Furcht zum Gehorsam zu bringen, aber nicht um buchstäblich erfüllt zu werden. Auf diese Weise kann der Sünder in selbstsüchtigem Vergnügen dahinleben, die Anforderungen Gottes missachten und doch erwarten, schließlich in Gnaden angenommen zu werden. Eine solche Lehre, die auf Gottes Gnade pocht, aber seine Gerechtigkeit unbeachtet lässt, gefällt dem fleischlichen Herzen und macht die Gottlosen kühn in ihrer Ungerechtigkeit. Um zu zeigen, wie die an eine allgemeine Erlösung glaubenden Menschen die Bibel verdrehen, um ihre seelenschädigenden Lehrsätze zu unterstützen, braucht man nur ihre eigenen Aussprüche zu erwähnen. Beim Begräbnis eines ungläubigen jungen Mannes, der durch einen Unfall plötzlich umgekommen war, wählte ein universalistischer Geistlicher als Text die auf David bezogene Aussage der Bibel: »Er hatte sich getröstet über Amnon, dass er tot war.« 2. Samuel 13,39

»Man fragt mich häufig«, sagte der Sprecher, »was das Schicksal jener sein werde, die in Sünden die Welt verlassen, die vielleicht in betrunkenem Zustand sterben, mit den unabgewaschenen Scharlachflecken des Verbrechens an ihren Kleidern, oder die sterben wie dieser junge Mann, ohne je nach Religion gefragt oder ihren Segen erfahren zu haben. Wir sind zufrieden mit der Heiligen Schrift. Ihre Antwort soll die schwierige Aufgabe lösen. Amnon war überaus sündig. Er war unbußfertig, er wurde trunken gemacht und in diesem Zustand umgebracht. David war ein Prophet Gottes. Er muss gewusst haben, ob Amnon es in der zukünftigen Welt schlecht oder gut haben werde. Was waren die Äußerungen seines Herzens? ,Er hatte sich getröstet über Amnon, dass er tot war.'

Was können wir aus diesen Worten schließen? Nicht etwa, dass die endlose Qual aufgrund seines religiösen Glaubens nicht zutraf? So denken wir, und hier entdecken wir einen schlüssigen Beweis als Stütze der angenehmeren, einsichtigeren, wohltätigeren Annahme einer letzten allgemeinen Reinheit und eines dauernden Friedens. Er war getröstet darüber, dass sein Sohn tot war. Und warum? Weil sein prophetisches Auge vorwärts in die herrliche Zukunft blicken und sehen konnte, dass sein Sohn, nachdem er – von allen Versuchungen weit entfernt, der Knechtschaft entbunden, von der Verderbtheit der Sünde gereinigt – hinreichend geheiligt und erleuchtet worden war, in die Versammlung zum Himmel aufgefahrener, jubelnder Geister aufgenommen wurde. Sein einziger Trost war, dass sein geliebter Sohn, entrückt aus dem

gegenwärtigen Zustand der Sünde und des Leidens, dorthin

versetzt sei, wo die erhabensten Einflüsse des Heiligen Geistes sich in seine verfinsterte Seele ergießen würden, wo sein Gemüt der Weisheit des Himmels und dem Liebreiz unsterblicher Liebe geöffnet würde und er, auf diese Weise ausgerüstet mit einem geheiligten Wesen, die Ruhe und Gemeinschaft des himmlischen Erbes genießen könne.

Deshalb möchten wir so verstanden werden, dass wir glauben, die Seligkeit des Himmels hängt von nichts ab, was wir in diesem Leben tun können, weder von einer gegenwärtigen Veränderung des Herzens noch von dem jetzigen Glauben oder einem gegenwärtigen Religionsbekenntnis.«

Auf diese Weise wiederholte der angebliche Diener Christi die von der Schlange im Paradies ausgesprochene Lüge: »Ihr werdet mitnichten des Todes sterben ... Welches Tages ihr davon esset, so werden eure Augen aufgetan, und werdet sein wie Gott.« Er erklärte, dass der gröbste Sünder, ob Mörder, Dieb oder Ehebrecher, nach dem Tod vorbereitet wird, um dann in unsterblicher Wonne zu leben.

Und worauf gründet sich dieser Verfälscher der Heiligen Schrift? Auf den einzigen Satz, der Davids Unterwerfung unter die Fügung der Vorsehung ausdrückt. »Und der König David hörte auf, Absalom zu grollen; denn er hatte sich getröstet über Amnon, dass er tot war.« 2.Samuel 13,39 Nachdem die Heftigkeit seines Schmerzes mit der Zeit nachgelassen hatte, wandten sich seine Gedanken von dem toten zu dem lebendigen Sohn, der aus Furcht vor der gerechten Bestrafung seines Verbrechens freiwillig in die Verbannung gegangen war. Und das wäre der Beweis, dass der blutschänderische, betrunkene Amnon unmittelbar nach dem Tod an den Ort der Wonne entrückt wurde, um dort gereinigt und zubereitet zu werden für die Gemeinschaft sündloser Engel! Eine angenehme Fabel, in der Tat wohl geeignet, das fleischliche Herz zufrieden zu stellen! Dies ist Satans eigene Lehre, und sie wirkt erfolgreich für sein Werk. Dürfen wir uns wundern, dass bei solcher Belehrung die Gottlosigkeit zunimmt?

Was dieser falsche Lehrer aussagt, veranschaulicht das Tun vieler anderer. Einige wenige Worte der Heiligen Schrift werden aus dem Zusammenhang gerissen, der in vielen Fällen zeigen würde, dass ihr Sinn gerade entgegengesetzt ist. Dann werden diese zerstückelten Stellen verdreht und als Beweis von Lehren gebraucht, die im Wort Gottes keine Grundlage haben. Das als Beweis angeführte Zeugnis, dass der betrunkene Amnon im Himmel sei, ist nichts als eine Schlussfolgerung, der die deutliche und bestimmte Erklärung der Heiligen Schrift, dass kein Trunkenbold das Reich Gottes ererben kann, direkt widerspricht. 1.Korinther 6,10 So verwandeln Zweifler, Ungläubige und Skeptiker die Wahrheit Gottes in eine Lüge; viele sind durch solche Ideen getäuscht und in fleischliche Sicherheit gewiegt worden. *[538/539]* **453**

Wenn es stimmen würde, dass die Seelen aller Menschen beim Tod sofort in den Himmel gingen, dann wünschten wir uns wohl eher den Tod als das Leben. Viele sind durch diesen Glauben dazu verleitet worden, ihrem Dasein ein Ende zu machen. Von Sorgen, Schwierigkeiten und Enttäuschungen überwältigt, scheint es leicht zu sein, den schwachen Lebensfaden zu zerreißen und sich zur Wonne der ewigen Welt aufzuschwingen.

Gott hat in seinem Wort entschiedene Beweise gegeben, dass er die Übertreter seines Gesetzes strafen will. Wer annimmt, dass Gott zu barmherzig sei, um an dem Sünder Gerechtigkeit zu üben, braucht nur auf das Kreuz von Golgatha zu schauen. Der Tod des makellosen Sohnes Gottes bezeugt, dass der Tod der Sünde Sold ist und jede Übertretung des Gesetzes Gottes ihre gerechte Vergeltung erfahren muss. Christus, der ohne Sünde war, wurde um unsertwillen zur Sünde gemacht. Er trug die Schuld der Übertretung. Seines Vaters Angesicht war vor ihm verhüllt, bis sein Herz brach und das Leben in ihm erstickte. Dies Opfer wurde gebracht, damit Sünder erlöst werden könnten. Auf keine andere Weise war es möglich, den Menschen von der Strafe der Sünde frei zu machen. Jeder Mensch, der sich weigert, an der so teuer erkauften Versöhnung teilzuhaben, muss selbst die Schuld und Strafe der Übertretung tragen.

Wir wollen nun sehen, was die Bibel weiter über Gottlose und Unbußfertige sagt, die der Universalist als heilige, glückliche Engel in den Himmel versetzt. »Ich will dem Durstigen geben von dem Brunnen des lebendigen Wassers umsonst.« Diese Verheißung gilt nur denen, die durstig sind. Nur die werden es erhalten, die nach dem Wasser des Lebens verlangen und es unter allen Umständen suchen. »Wer überwindet, der wird es alles ererben, und ich werde sein Gott sein, und er wird mein Sohn sein.« Offenbarung 21,6.7 Hier werden ebenfalls Bedingungen gestellt. Um alles zu ererben, müssen wir der Sünde widerstehen und sie überwinden.

Der Herr erklärt durch den Propheten Jesaja: »Heil den Gerechten, sie haben es gut! ... Wehe aber den Gottlosen, sie haben es schlecht! Denn es wird ihnen vergolten werden, wie sie es verdienen.« Jesaja 3,10.11 »Wenn auch ein Sünder hundertmal Böses tut und lange lebt, so weiß ich doch, dass es denen gut gehen wird, die Gott fürchten, die sich scheuen vor seinem Angesicht. Aber dem Gottlosen wird es nicht gut ergehen«, sagt Salomo. Prediger 8,12.13 Schlachter 2000 Und Paulus bezeugt, dass der Gottlose sich selbst häufe »Zorn auf den Tag des Zorns und der Offenbarung des gerechten Gerichtes Gottes, welcher geben wird einem jeglichen nach seinen Werken ... denen, die da zänkisch sind und der Wahrheit nicht gehorchen, gehorchen aber der Ungerechtigkeit, Ungnade und Zorn«. Römer 2,5.6.8

»Das sollt ihr wissen, dass kein Hurer oder Unreiner oder

Geiziger, welcher ist ein Götzendiener, Erbe hat in dem Reich Christi und Gottes.« Epheser 5,5 »Jagt dem Frieden nach mit jedermann und der Heiligung, ohne die niemand den Herrn sehen wird.« Hebräer 12,14 »Selig sind, die seine Gebote halten, auf dass sie Macht haben an dem Holz des Lebens und zu den Toren eingehen in die Stadt. Denn draußen sind die Hunde und die Zauberer und die Hurer und die Totschläger und die Abgöttischen und alle, die lieb haben und tun die Lüge.« Offenbarung 22,14.15

Gott hat den Menschen sein Wesen und seinen Umgang mit der Sünde beschrieben: »Herr, Herr, Gott, barmherzig und gnädig und geduldig und von großer Gnade und Treue! Der da bewahrt Gnade in tausend Glieder und vergibt Missetat, Übertretung und Sünde, und vor welchem niemand unschuldig ist.« 2.Mose 34,6.7 »Der Herr ... wird vertilgen alle Gottlosen.« »Die Übertreter werden vertilgt miteinander, und die Gottlosen werden zuletzt ausgerottet.« Psalm 145,20; 37,38 Wohl wird die Macht und Autorität der göttlichen Regierung angewandt, um die Empörung niederzuschlagen, dennoch werden alle Handlungsweisen der vergeltenden Gerechtigkeit vollkommen mit dem Charakter Gottes übereinstimmen, der barmherzig, langmütig und gütig ist.

Gott zwingt niemand seinen Willen oder Urteil auf. Ihm gefällt kein sklavischer Gehorsam. Er möchte, dass seine Geschöpfe ihn lieben, weil er der Liebe wert ist. Er will, dass sie ihm gehorchen, weil sie seine Weisheit, Gerechtigkeit und seinen Großmut würdigen können. Wer eine richtige Vorstellung von diesen Eigenschaften hat, wird ihn lieben, weil er in Bewunderung seines Wesens zu ihm gezogen wird.

Die Grundsätze der Freundlichkeit, Barmherzigkeit und Liebe, wie sie von unserem Heiland gelehrt und ausgelebt wurden, sind ein Abbild des Willens und Wesens Gottes. Christus erklärte, dass er nichts gelehrt habe, was er nicht von seinem Vater empfangen hätte. Die Grundsätze der göttlichen Regierung stimmen absolut mit dem Gebot des Heilands überein: »Liebt eure Feinde!« Gott lässt den Bösen Gerechtigkeit widerfahren zum Besten des Weltalls, ja selbst zum Besten derer, die von seinen Gerichten getroffen werden. Er würde sie glücklich machen, wenn er dies in Übereinstimmung mit den Gesetzen seiner Regierung und der Gerechtigkeit seines Wesens tun könnte. Er umgibt sie mit Zeichen seiner Liebe, er schenkt ihnen die Kenntnis seines Gesetzes und geht ihnen nach mit dem Angebot seiner Gnade, aber sie verachten seine Liebe, übertreten sein Gesetz und lehnen seine Gnade ab. Während sie ständig seine Gaben erhalten, entehren sie den Geber. Sie hassen Gott, weil sie wissen, dass er ihre Sünden verabscheut. Der Herr hat lange Geduld mit ihrer Bosheit, aber die Stunde wird schließlich kommen, wo ihr Schicksal entschieden werden muss. Wird er dann die Empörer an sich ketten? Wird er sie zwingen, seinen Willen zu tun? Menschen, die Satan zu ihrem Führer erwählten und sich von seiner Macht beherrschen ließen, sind nicht darauf vorbereitet, in die Gegenwart Gottes zu treten. Stolz, Trug, Ausschweifung, Grausamkeit haben sich in ihren Herzen eingewurzelt. Können sie in den Himmel eingehen, um ewig mit denen zusammenzuleben, die sie auf Erden verachteten und hassten? Die Wahrheit wird einem Lügner nie angenehm sein, Sanftmut kann Eigensinn und Stolz nicht befriedigen, Reinheit wird von dem Verderbten nicht angenommen, und selbstlose Liebe erscheint dem Selbstsüchtigen nicht anziehend. Welche Freuden könnte der Himmel denen bieten, die hier völlig in irdischen und selbstsüchtigen Interessen aufgehen?

Könnten die Menschen, die ihr Leben in Empörung gegen Gott zugebracht haben, plötzlich in den Himmel versetzt werden und den hohen und heiligen Zustand der Vollkommenheit ertragen, der stets dort herrscht, wo jedes Wesen mit Liebe erfüllt ist, jedes Angesicht vor Freude strahlt; wo liebliche Melodien zur Ehre Gottes und des Lammes ertönen und Ströme des Lichts vom Angesicht dessen ausgehen, der auf dem Stuhl sitzt, und über die Erlösten strahlen? Könnten Menschen, deren Herzen mit Hass gegen Gott, gegen die Wahrheit und Heiligkeit erfüllt sind, sich unter die himmlische Schar mischen und in ihren Lobgesang mit einstimmen? Könnten sie die Herrlichkeit Gottes und des Lammes ertragen? Auf keinen Fall! Jahre der Gnadenzeit waren ihnen gewährt, damit sie einen Charakter für den Himmel heranbildeten, aber sie haben sich nie darin geübt, das Reine zu lieben, haben niemals die Sprache des Himmels gelernt – nun ist es zu spät. Ein Leben der Empörung gegen Gott hat sie für den Himmel untauglich gemacht. Seine Reinheit, seine Heiligkeit und sein Friede wären ihnen eine Qual, die Herrlichkeit Gottes ein verzehrendes Feuer. Sie würden sich danach sehnen, von jenem heiligen Ort wegzukommen. Sie würden sich den Untergang wünschen, damit sie das Angesicht Jesu nicht sehen müssten, der starb, um sie zu erlösen. Das Schicksal der Gottlosen wird durch ihre eigene Wahl besiegelt. Ihren Ausschluss aus dem Himmel haben sie freiwillig herausgefordert. Von Seiten Gottes ist er gerecht und barmherzig.

Wie die Wasser der Sintflut, so verkünden die Feuer des großen Tages das Urteil Gottes, dass die Gottlosen unheilbar sind. Sie wollen sich der göttlichen Autorität nicht unterwerfen. Ihr Wille hat sich in Empörung geübt, und wenn das Leben zu Ende ist, wird es zu spät sein, ihre Gedanken in die entgegengesetzte Richtung zu lenken, zu spät, um sich von der Übertretung zum Gehorsam, vom Hass zur Liebe zu bekehren. Indem Gott den Mörder Kain am Leben erhielt, zeigte er der Welt, welche Folgen es hat, wenn ein Sünder am Leben bleibt und 456 [543/544] seinen Wandel in zügelloser Bosheit weiterführt. Durch den

Einfluss von Kains Lehren und Beispiel wurden Tausende seiner Nachkommen zur Sünde verleitet, bis »der Menschen Bosheit groß war auf Erden und alles Dichten und Trachten ihres Herzens nur böse war immerdar ... Die Erde war verderbt vor Gottes Augen und voll Frevels«. 1.Mose 6,5.11

Weil er mit der Erde Erbarmen hatte, vertilgte Gott ihre verderbten Bewohner zur Zeit Noahs. Aus Barmherzigkeit vernichtete er die gottlosen Einwohner Sodoms. Durch die trügerische Macht Satans erlangen die Übeltäter Mitgefühl und Bewunderung und führen dadurch ständig andere zur Empörung. So war es in Kains und Noahs Tagen, zur Zeit Abrahams und Lots – und so ist es auch heute noch. Aus Erbarmen mit dem Weltall wird Gott die Verwerfer seiner Gnade vernichten. »Der Tod ist der Sünde Sold; aber die Gabe Gottes ist das ewige Leben in Christus Jesus, unserm Herrn.« Römer 6,23 Während Leben das Erbe der Gerechten ist, wird Tod das Teil der Gottlosen sein. Mose erklärte Israel: »Siehe, ich habe dir heute vorgelegt das Leben und das Gute, den Tod und das Böse.« 5.Mose 30,15 Der in dieser Schriftstelle erwähnte Tod ist nicht der über Adam ausgesprochene Tod, denn alle Menschen trifft die Strafe der Übertretung, sondern es ist der »zweite Tod«, der dem ewigen Leben gegenübergestellt wird.

Der Tod ist durch die Sünde Adams auf alle Menschen gekommen. Ohne Unterschied sinken sie alle ins Grab. Durch die Einsetzung des Erlösungsplans werden alle wieder aus ihren Gräbern hervorgehen. Es gibt eine zukünftige »Auferstehung der Toten, der Gerechten und Ungerechten«. Apostelgeschichte 24,15 »Denn gleichwie sie in Adam alle sterben, also werden sie in Christus alle lebendig gemacht werden.« 1.Korinther 15,22 Dennoch wird ein Unterschied bestehen zwischen den beiden Gruppen, die aus den Gräbern hervorkommen werden. »Alle, die in den Gräbern sind, werden seine Stimme hören, und werden hervorgehen, die da Gutes getan haben, zur Auferstehung des Lebens, die aber Übles getan haben, zur Auferstehung des Gerichts.« Johannes 5,28.29 Die der Auferstehung des Lebens würdig befunden wurden, sind »selig ... und heilig ... Über solche hat der andere Tod keine Macht«. Offenbarung 20,6 Die Menschen dagegen, die nicht durch Buße und Glauben Vergebung erlangt haben, müssen die Strafe für ihre Übertretung, »der Sünde Sold«, erdulden. Sie leiden entsprechend ihren Werken, unterschiedlich in Dauer und Stärke, die mit dem anderen Tod endet. Da es Gott in Übereinstimmung mit seiner Gerechtigkeit und Gnade unmöglich ist, den Sünder in seinen Sünden zu erretten, muss dieser sein Leben lassen, das er durch seine Übertretungen verwirkt hat und dessen er sich unwürdig erwies. Der Psalmist sagt: »Es ist noch um ein Kleines, so ist der Gottlose nimmer; und wenn du nach seiner Stätte sehen wirst, wird er weg sein.« Psalm 37,10 Ein anderer erleuchteter

Schreiber erklärt: Sie »sollen sein, als wären sie nie gewesen«. Obadja 16,9 Mit Schande bedeckt, versinken sie in hoffnungslose, ewige Vergessenheit.

So wird der Sünde mit allem Weh und Verderben, die aus ihr hervorgegangen sind, ein Ende gemacht. Der Psalmist sagt: »Du ... bringst die Gottlosen um; ihren Namen vertilgst du immer und ewiglich ... ihr Gedächtnis ist umgekommen samt ihnen.« Psalm 9,6.7 In der Offenbarung hört Johannes, indem er auf den ewigen Zustand vorausschaut, einen allgemeinen Lobgesang, der von keinem einzigen Missklang gestört wird. Alle Kreatur im Himmel und auf Erden gibt Gott die Ehre. Offenbarung 5,13 Es gibt keine verlorenen Wesen mehr, die Gott lästern, während sie sich unter Qualen krümmen. Keine elenden Geschöpfe der Hölle werden ihre Schmerzensschreie mit den Gesängen der Erlösten vermischen.

Auf dem Grundirrtum der natürlichen Unsterblichkeit beruht die Lehre von dem Bewusstsein im Tod – eine Lehre, die gleich der von der ewigen Qual den Lehren der Heiligen Schrift, der Vernunft und unseren Gefühlen der Menschlichkeit widerstrebt. Nach allgemein verbreiteter Auffassung sind die Erlösten im Himmel mit allem vertraut, was auf Erden stattfindet, besonders mit dem Leben der Freunde, die sie zurückgelassen haben.

Wie könnte es aber für die Toten eine Quelle der Glückseligkeit sein, die Widerwärtigkeiten der Lebenden zu kennen, die von ihren Lieben begangenen Sünden zu bemerken und zu sehen, wie sie Leiden, Enttäuschungen und die Sorgen des Lebens erdulden? Wie viel würden jene, deren Gedanken bei ihren Freunden auf Erden verweilen, von der Glückseligkeit des Himmels genießen? Und wie außerordentlich empörend ist zudem der Glaube, dass die Seele des Unbußfertigen den Flammen der Hölle übergeben werde, sobald der Odem den Leib verlässt! Welch tiefe Angst müssten die Menschen erleiden, die ihre Freunde unvorbereitet ins Grab sinken sehen, um eine Ewigkeit der Pein und der Sünde anzutreten! Viele sind durch diesen qualvollen Gedanken zum Wahnsinn getrieben worden.

Was sagt die Heilige Schrift darüber? David erklärt, dass der Tote kein Bewusstsein besitzt: »Fährt sein Geist aus, wird er wieder zu Erde; an dem Tag ist's aus mit allen seinen Plänen.« Psalm 146,4 Schlachter 2000 Salomo bezeugt das Gleiche: »Die Lebendigen wissen, dass sie sterben werden; die Toten aber wissen nichts, sie haben auch keinen Lohn mehr – denn ihr Gedächtnis ist vergessen, dass man sie nicht mehr liebt, noch hasst, noch neidet – und haben kein Teil mehr auf der Welt an allem, was unter der Sonne geschieht ... Denn bei den Toten, dahin du fährst, ist weder Werk, Kunst, Vernunft noch Weisheit.« Prediger 9,5.6.10 Als Hiskias Leben, in Erhörung seines Gebets, um 15 Jahre verlängert wurde, brachte der dankbare König Gott

Lob und Preis für seine große Barmherzigkeit dar. In diesem Lobgesang nennt er den Grund seiner Freude: »Denn die Hölle lobt dich nicht; so rühmt dich der Tod nicht, und die in die Grube fahren, warten nicht auf deine Wahrheit; sondern allein, die da leben, loben dich, wie ich jetzt tue.« Jesaja 38,18.19 Die allgemeine Theologie sagt von den gerechten Toten, dass sie im Himmel seien, wo sie – in Wonne lebend – Gott mit unsterblicher Zunge preisen, aber Hiskia konnte im Tod keine solch herrliche Erwartung sehen. Mit seinen Worten stimmt das Zeugnis des Psalmisten überein: »Im Tode gedenkt man dein nicht; wer will dir bei den Toten danken?« »Die Toten werden dich, Herr, nicht loben, noch die hinunterfahren in die Stille.« Psalm 6,6; 115,17

Petrus sagte am Pfingsttag vom Erzvater David: »Er ist gestorben und begraben, und sein Grab ist bei uns bis auf diesen Tag ... Denn David ist nicht gen Himmel gefahren.« Apostelgeschichte 2,29.34 Die Tatsache, dass David bis zur Auferstehung im Grab bleibt, beweist: Die Gerechten gehen beim Tod nicht in den Himmel ein. Nur durch die Auferstehung und Kraft der Tatsache, dass Christus auferstanden ist, kann David schließlich zur Rechten Gottes sitzen.

Paulus erklärte: »Denn wenn die Toten nicht auferstehen, so ist Christus auch nicht auferstanden. Ist Christus aber nicht auferstanden, so ist euer Glaube nichtig, so seid ihr noch in euren Sünden; so sind auch die, die in Christus entschlafen sind, verloren.« 1.Korinther 15,16-18 Wären 4000 Jahre lang die Gerechten beim Sterben sofort in den Himmel aufgenommen worden, wie hätte Paulus dann sagen können, dass, wenn es keine Auferstehung gäbe, »auch die in Christus entschlafen sind, verloren« seien? Es wäre dann überhaupt keine Auferstehung nötig. Der Märtyrer Tyndale sagte über den Zustand der Toten: »Ich gestehe offen, ich bin nicht davon überzeugt, dass sie schon der Herrlichkeit leben, wie Christus und die erwählten Engel Gottes. Auch ist diese Lehre kein Artikel meines Glaubensbekenntnisses; denn wenn dem so wäre, sähe ich die Predigt von der Auferstehung des Leibes als ganz vergeblich an.« Tyndale, Preface to »New Testament«, 1534

Es ist eine unleugbare Tatsache, dass die Hoffnung, nach dem Tod sofort in unsterbliche Seligkeit versetzt zu werden, zu einer weit verbreiteten Vernachlässigung der biblischen Lehre über die Auferstehung geführt hat. Dr. Adam Clarke stellte dies fest und sagte: »Die Auferstehungslehre scheint unter den ersten Christen von weit größerer Bedeutung gewesen zu sein, als es heute der Fall ist. Wie kommt das? Die Apostel betonten sie ständig und ermahnten durch sie die Gotteskinder zu Fleiß, Gehorsam und Freudigkeit. Ihre Nachfolger in der Gegenwart erwähnen sie nur selten! So predigten die Apostel und so glaubten die ersten Christen; so predigen wir, und so glauben unsere Zuhörer. Es gibt keine Lehre im Evangelium, auf die mehr Nachdruck gelegt wird, und es findet sich keine Lehre in der gegenwärtigen theologischen Verkündigung, die mehr vernachlässigt wird.« Clarke, »Commentary on the New Testament«, Bd. II, über 1.Korinther 15

Dies ging so weiter, bis die herrliche Wahrheit von der Auferstehung beinahe ganz verdunkelt und von der christlichen Welt fast völlig aus den Augen verloren worden ist. Ein führender religiöser Schriftsteller sagt in seinen Anmerkungen zu den Worten des Apostels Paulus in 1.Thessalonicher 4,13-18: »Für alle praktischen Zwecke des Trostes nimmt die Lehre von der seligen Unsterblichkeit der Gerechten für uns die Stelle irgendeiner zweifelhaften Lehre vom zweiten Kommen Christi ein. Bei unserem Tod kommt der Herr für uns. Darauf sollen wir harren, dafür wachen. Die Toten sind bereits in die Herrlichkeit eingegangen. Sie warten nicht auf die Posaune, ihr Urteil und ihre Seligkeit zu erlangen.«

Aber als Jesus im Begriff stand, seine Jünger zu verlassen, sagte er ihnen nicht, dass sie bald zu ihm kommen würden. »Ich gehe hin«, sprach er, »euch die Stätte zu bereiten. Und wenn ich hingehe, euch die Stätte zu bereiten, so will ich wiederkommen und euch zu mir nehmen.« Johannes 14,2.3 Und Paulus sagt uns weiter, dass »er selbst, der Herr, wird mit einem Feldgeschrei und der Stimme des Erzengels und mit der Posaune Gottes herniederkommen vom Himmel, und die Toten in Christus werden auferstehen zuerst. Danach wir, die wir leben und übrig bleiben, werden zugleich mit ihnen hingerückt werden in den Wolken, dem Herrn entgegen in der Luft, und werden also bei dem Herrn sein allezeit.« Außerdem fügt er hinzu: »So tröstet euch nun mit diesen Worten untereinander.« 1.Thessalonicher 4,16-18 Wie groß ist der Unterschied zwischen diesen Worten des Trostes und jenen eben angeführten Bemerkungen des Universalistenpredigers! Dieser tröstete die trauernden Freunde mit der Versicherung, dass der Tote, wie sündig er auch gewesen sein mag, unter die Engel aufgenommen worden sei, sobald er sein Leben hier auf Erden ausgehaucht hatte. Paulus weist seine Brüder auf das zukünftige Kommen des Herrn hin, da die Fesseln des Grabes gebrochen und »die Toten in Christus« zu ewigem Leben auferweckt werden sollen.

Bevor irgendwelche Wesen die Wohnungen der Seligen betreten können, muss jeder Fall untersucht, müssen ihr Charakter und ihre Werke von Gott beurteilt werden. Alle werden nach den in den Büchern aufgezeichneten Berichten gerichtet; alle werden den Lohn empfangen nach ihren Werken. Dieses Gericht findet nicht nach dem Sterben statt. Man beachte die Worte des Paulus: „Denn er hat einen Tag festgesetzt, an dem er den Erdkreis richten will mit Gerechtigkeit durch einen Mann, den er dazu bestimmt hat, und

hat jedermann den Glauben angeboten, indem er ihn von den

Toten auferweckt hat.« Apostelgeschichte 17,31 Hier erklärt der Apostel deutlich, dass für das Gericht eine bestimmte, damals zukünftige Zeit festgesetzt sei.

Judas verweist auf denselben Zeitpunkt: »Die Engel, die ihr Fürstentum nicht bewahrten, sondern verließen ihre Behausung, hat er behalten zum Gericht des großen Tages mit ewigen Banden in der Finsternis.« Ferner führt er die Worte Henochs an: »Siehe, der Herr kommt mit vielen tausend Heiligen, Gericht zu halten über alle.« Judas 6.14.15 Johannes erklärt, dass er »sah die Toten, beide, groß und klein, stehen vor Gott ... Und die Toten wurden gerichtet nach der Schrift in den Büchern, nach ihren Werken.« Offenbarung 20.12

Wenn sich aber die Toten bereits der Wonne des Himmels erfreuen oder sich in den Flammen der Hölle winden, wozu ist dann noch ein künftiges Gericht notwendig? Die Lehren des Wortes Gottes über diese wichtigen Fragen sind weder dunkel noch widersprechend, sie können von einfachen Leuten verstanden werden. Welches aufrichtige Gemüt kann aber in der üblichen Lehre Weisheit oder Gerechtigkeit sehen? Sollen die Gerechten nach der Untersuchung ihrer Fälle im Gericht das Lob empfangen: »Ei du frommer und getreuer Knecht ... gehe ein zu deines Herrn Freude!«, Matthäus 25,21 wenn sie vielleicht schon jahrhundertelang in seiner Gegenwart verweilt haben? Sollen die Gottlosen vom Ort der Qual weggerufen werden, um vom Richter der ganzen Erde das Urteil zu vernehmen: »Gehet hin von mir, ihr Verfluchten, in das ewige Feuer«? Matthäus 25,41

Welch ein Spott! Welch schändliche Anklage gegen die Weisheit und Gerechtigkeit Gottes!

Die Theorie von der Unsterblichkeit der Seele war eine der falschen Lehren, die Rom vom Heidentum übernommen hatte und mit christlicher Religion vermengte. Martin Luther reihte sie »den zahllosen Ausgeburten des römischen Misthaufens der Dekretalen an«. Petavel, »The Problem of Immortality«, S. 255 In seinen Anmerkungen zu den Worten Salomos im Prediger, dass die Toten nichts wissen, sagt der Reformator: »Ein weiterer Beweis, dass die Toten bewusstlos sind. Salomo denkt deshalb, die Toten schliefen gänzlich und dächten an nichts. Sie liegen, ohne Tage oder Jahre zu rechnen; doch wenn sie aufwachen, wird es ihnen vorkommen, als ob sie nur einen Augenblick geschlafen hätten.« Luthers Werke, St. L., Bd. V, S. 1535 f.

Nirgends in der Heiligen Schrift ist die Erklärung zu finden, dass die Gerechten ihre Belohnung oder die Gottlosen ihre Strafe beim Tod erhalten. Die Erzväter und Propheten haben keine solche Zusicherung hinterlassen. Christus und seine Apostel haben nichts Derartiges angedeutet. Die Bibel lehrt deutlich, dass die Toten nicht unmittelbar in den Himmel eingehen, sondern bis zur Auferstehung schlafen. 1.Thessalonicher 4,14; Hiob 14,10-12

An demselben Tag, an dem »der silberne Strick zerreißt und die goldene Schale zerbricht«, Prediger 12,6 hören die Gedanken des Menschen auf. Die in das Grab hinunterfahren, verharren in Schweigen. Sie wissen nichts mehr von allem, was unter der Sonne geschieht. (Hiob 14,21) Selige Ruhe für die müden Gerechten! Die Zeit, sei sie kurz oder lang, ist nur ein Augenblick für sie! Sie entschlafen und werden durch die Posaune Gottes zu einer herrlichen Unsterblichkeit auferweckt. »Denn es wird die Posaune schallen, und die Toten werden auferstehen unverweslich ... Denn dies Verwesliche muss anziehen die Unverweslichkeit, und dies Sterbliche muss anziehen die Unsterblichkeit. Wenn aber dies Verwesliche wird anziehen die Unverweslichkeit, und dies Sterbliche wird anziehen die Unsterblichkeit, dann wird erfüllt werden das Wort, das geschrieben steht: ‚Der Tod ist verschlungen in den Sieg.'« 1.Korinther 15,52-55 Wenn sie aus ihrem tiefen Schlummer herausgerufen werden, fangen sie gerade da an zu denken, wo sie seinerzeit aufhörten. Das letzte Gefühl war die Todesangst, der letzte Gedanke, dass sie der Macht des Grabes anheimfielen. Nun, da sie auferstanden sind, wird ihr erster froher Gedanke in dem Jubelruf ausbrechen: »Tod, wo ist dein Stachel? Hölle, wo ist dein Sieg?« 1.Korinther 15,52-55

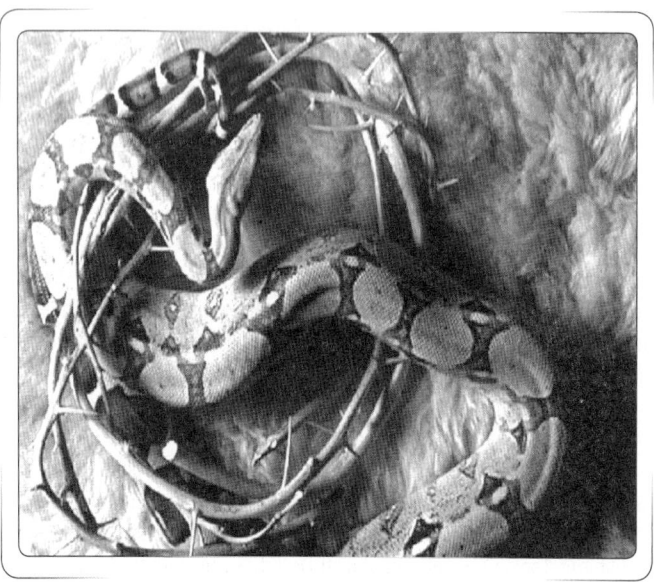

KAPITEL 34

DER *SPIRITISMUS*

Nur durch die falsche Lehre vom Weiterleben der Seelen nach dem Tod wurde es überhaupt möglich, Menschen zu der Annahme zu verführen, dass verstorbene Wesen Botschaften für Lebende haben würden. Der Betrug wird sichtbar durch die Tatsache, dass zwischen Gut und Böse kein Unterschied gemacht wird! Böse Geister imitieren bis ins kleinste Detail verstorbene Seelen, um diejenigen, die den Betrug nicht erkennen, in den sicheren Untergang zu führen. Das Wort Gottes ist die einzige Waffe, um diese Fälschung zu durchschauen.

D er Dienst der heiligen Engel, wie ihn das Wort Gottes darstellt, ist für jeden Nachfolger Christi eine besonders tröstliche und wertvolle Wahrheit. Aber die biblische Lehre darüber ist durch Irrtümer einer im Volk beliebten Theologie verdunkelt und verfälscht worden. Die Lehre von einer natürlichen Unsterblichkeit, damals schon der heidnischen Philosophie entnommen und in der Finsternis des großen Abfalls mit dem christlichen Glauben verbunden, hat die in der Heiligen Schrift so klar gelehrte Wahrheit, dass die Toten nichts wissen, verdrängt. Sehr viele Menschen glauben heute, dass »dienstbare Geister, ausgesandt zum Dienst um derer willen, die ererben sollen die Seligkeit«, Hebräer 1,14 nämlich Geister der Toten seien, obwohl die Heilige Schrift das Dasein himmlischer Engel und ihre Verbindung mit der Geschichte des Menschen bezeugt, ehe noch ein menschliches Wesen gestorben war.

Die Lehre vom Bewusstsein des Menschen im Tode, besonders die Überzeugung, dass die Geister der Verstorbenen zurückkehren, um den Lebenden zu dienen, hat dem modernen Spiritismus den Weg bereitet. Wenn die Toten in die Gegenwart Gottes und der heiligen Engel treten dürfen und mit weit mehr Erkenntnis ausgestattet werden, als sie vorher besaßen, warum sollten sie dann nicht auf diese Erde zurückkehren, um die Lebenden zu erleuchten und zu unterweisen? Wenn die Geister der Toten, wie von den volkstümlichen Theologen gelehrt wird, ihre Freunde auf Erden umschweben, warum sollten sie dann nicht mit ihnen verkehren dürfen, um sie vor der Sünde zu warnen oder sie in ihrem Kummer zu trösten? Wie können Menschen, die an ein bewusstes Fortleben des Menschen nach dem Tod glauben, das verwerfen, was verklärte Geister ihnen als göttliches Licht mitteilen? Hier finden wir ein als heilig betrachtetes Mittel, [551/552] **463** durch das Satan auf das Erreichen seiner Absichten hinwirkt. Die gefallenen Engel, die seine Befehle ausführen, erscheinen als Boten aus der Geisterwelt. Unter dem Deckmantel, die Lebenden mit den Toten zu verbinden, übt der Fürst des Bösen seinen bestrickenden Einfluss auf ihre Gemüter aus.

Er hat die Macht, den Menschen die Erscheinung ihrer abgeschiedenen Freunde vor Augen zu führen. Die Nachahmung ist vollkommen: Das bekannte Aussehen, die Worte, die Stimme werden mit unglaublicher Deutlichkeit wiedergegeben. Viele werden durch die Versicherung getröstet, dass ihre Lieben die Glückseligkeit des Himmels genießen, und hören auf die »verführerischen Geister und Lehren der Teufel«, 1.Timotheus 4,1 ohne Gefahr zu vermuten.

Sind sie dann verleitet worden zu glauben, dass die Toten tatsächlich zurückkommen, um mit ihnen zu verkehren, so lässt Satan Menschen erscheinen, die unvorbereitet starben. Diese behaupten jetzt, im Himmel glücklich zu sein und dort sogar herausragende Positionen einzunehmen. So wird die irrige Auffassung verbreitet, dass zwischen den Gerechten und Gottlosen kein Unterschied gemacht wird. Die angeblichen Besucher aus der Geisterwelt geben manchmal Warnungen weiter und mahnen zur Vorsicht, was ja stimmt. Haben sie dann Vertrauen gewonnen, bringen sie Lehren vor, die den Glauben an die Heilige Schrift direkt untergraben. Mit dem Anschein großer Anteilnahme am Wohlergehen ihrer Freunde auf Erden flößen sie ihnen die gefährlichsten Irrtümer ein. Die Tatsache, dass sie einige Wahrheiten weitergeben und manchmal imstande sind, zukünftige Ereignisse vorauszusagen, gibt ihren Aussagen den Anschein von Zuverlässigkeit. Ihre falschen Lehren werden von den Leuten so bereitwillig angenommen und so blind geglaubt, als seien es die heiligsten Wahrheiten der Bibel. Das Gesetz Gottes wird beiseitegesetzt, der Geist der Gnade verachtet, das Blut des Bundes als etwas Unheiliges angesehen. Die Geister verleugnen die Gottheit Christi und stellen sich sogar mit dem Schöpfer auf die gleiche Stufe. So führt der große Empörer unter einer neuen Maske weiterhin seinen Kampf gegen Gott, den er im Himmel begonnen und schon über 6000 Jahre auf Erden fortgesetzt hat.

Viele versuchen, die spiritistischen Bekundungen dadurch zu erklären, dass sie diese als Betrug hinstellen oder sie den Kunstgriffen des Mediums zuschreiben. Während es zwar wahr ist, dass Taschenspielerkünste oft als echte Offenbarungen ausgegeben werden, wurden aber auch bei außerordentlichen Kundgebungen übernatürliche Kräfte wahrgenommen. Das geheimnisvolle Klopfen, womit der moderne Spiritismus begann, war nicht das Ergebnis menschlicher Kunstgriffe oder Geschicklichkeit, sondern das unmittelbare Werk böser Engel, die auf diese Weise eine der erfolgreichsten

Täuschungen einführten, um Menschen zu verderben. Viele

werden verstrickt durch die Annahme, dass der Spiritismus eine rein menschliche Betrügerei sei. Werden sie dann aber Bekundungen gegenübergestellt, die sie nur als übernatürlich betrachten können, dann werden sie verblendet und verführt, sie als große Macht Gottes anzunehmen.

Diese Leute übersehen das Zeugnis der Heiligen Schrift über die durch Satan und seine Engel gewirkten Wunder. Durch satanische Hilfe waren Pharaos Zauberer fähig, das Werk Gottes nachzuahmen. Paulus bezeugt, dass vor der Wiederkunft Christi ähnliche Offenbarungen der satanischen Macht stattfinden werden. Dem Kommen des Herrn muss die »Wirkung des Satans mit allerlei lügenhaften Kräften und Zeichen und Wundern und mit allerlei Verführung zur Ungerechtigkeit« vorausgehen. 2.Thessalonicher 2,9.10 Der Apostel Johannes beschreibt die Wunder wirkende Macht, die in den letzten Tagen sichtbar werden wird, mit folgenden Worten: »Und tut große Zeichen, dass es auch macht Feuer vom Himmel fallen vor den Menschen; und verführt, die auf Erden wohnen, um der Zeichen willen, die ihm gegeben sind zu tun.« Offenbarung 13,13.14 Nicht nur Betrügereien werden hier vorhergesagt. Die Menschen werden verführt durch die Wunder, die Satans Helfer tatsächlich ausüben können und nicht etwa nur vorgeben auszuüben.

Der Fürst der Finsternis, der so lange die Kräfte seines gewaltigen Geistes für Täuschungen eingesetzt hat, passt seine Versuchungen den Menschen aller Gesellschaftsgruppen geschickt an. Den Gebildeten stellt er den Spiritismus in seinen verfeinerten und verstandesmäßigen Gesichtspunkten dar, wodurch es ihm gelingt, viele in sein Netz zu ziehen. Die Weisheit, die der Spiritismus verleiht, ist, wie der Apostel Jakobus sagt, »nicht die Weisheit, die von oben herabkommt, sondern irdisch, menschlich und teuflisch«. Jakobus 3,15 Dies verheimlicht der große Betrüger jedoch, wenn die Verstellung seinen Absichten am besten dient.

Der in der Wüste der Versuchung vor Christus im Glanz der himmlischen Seraphim erscheinen konnte, kommt zu den Menschen in einer außerordentlich anziehenden Weise als ein Engel des Lichts. Er wendet sich an den Verstand, indem er bedeutende Themen vorbringt: Er belebt die Einbildungskraft durch mitreißende Darstellungen und erwirbt sich die Zuneigung durch schöne Formulierungen über Liebe und Menschenfreundlichkeit. Er reizt die Phantasie bis in hochfliegende Sphären und verleitet die Menschen zu einer so hohen Meinung von ihrer eigenen Weisheit, dass sie in ihren Herzen den Ewigen verachten. Jenes mächtige Wesen, das den Erlöser der Welt auf einen sehr hohen Berg nehmen und ihm alle Reiche der Erde und ihre Herrlichkeit zeigen konnte, wird mit seinen Versuchungen den Menschen in einer Weise nahen, dass die Sinne all derer verwirrt werden, die nicht unter dem Schutz der göttlichen Macht stehen. Satan beeinflusst jetzt die Menschen, wie er damals Eva in Eden beeindruckte, indem er ihnen schmeichelt, in ihnen das Verlangen nach verbotenen Kenntnissen weckt und ein ehrgeiziges Streben nach Selbsterhebung fördert. Weil er selbst auf diese bösen Begierden einging, kam er zu Fall. Und nun versucht er, durch sie die Menschen ins Verderben zu stürzen. Ihr »werdet sein wie Gott«, erklärte er, »und wissen, was gut und böse ist«. 1.Mose 3,5 Der Spiritismus lehrt: »Der Mensch sei ein Geschöpf des Fortschritts; von Geburt an sei seine Bestimmung, sich zur Gottheit hinzuentwickeln bis in die Ewigkeit.« Und abermals: »Jeder Geist wird sich selbst richten, und nicht ein anderer ... Das Gericht wird ein Richtiges sein, denn es ist ein Selbstgericht ... Der Thron ist in dir selber.« Ein spiritistischer Lehrer sagte, als das »geistige Bewusstsein« in ihm erwachte: »Alle meine Mitmenschen waren nichtgefallene Halbgötter« Ein anderer behauptete: »Jedes gerechte und vollkommene Wesen ist Christus.«

So hat Satan an die Stelle der Gerechtigkeit und Vollkommenheit des ewigen Gottes, dem allein Anbetung gebührt, und an die Stelle der vollkommenen Gerechtigkeit seines Gesetzes, des wahren Maßstabs menschlichen Strebens, die sündhafte, irrende Natur des Menschen gesetzt, dem die Verehrung gebühre, die die einzige Richtschnur des Gerichts sei, der einzige Maßstab des Charakters. Dies ist der Fortschritt, aber nicht aufwärts, sondern abwärts.

Es ist ein Gesetz der geistigen wie auch der geistlichen Natur, dass uns die Dinge prägen und verändern, mit denen wir uns beschäftigen. Unser Verstand passt sich allmählich den Dingen an, bei denen man ihn verweilen lässt und was man zu lieben und zu ehren gewohnt ist. Der Mensch wird nie über den von ihm gesetzten Maßstab von Reinheit, Güte oder Wahrheit hinaufsteigen. Ist das eigene Ich sein höchstes Ideal, so wird er niemals etwas Erhaberenes erreichen. Im Gegenteil, er wird ständig tiefer sinken. Die Gnade Gottes allein hat die Macht, den Menschen zu erheben. Bleibt er sich selbst überlassen, so muss sein Lauf unvermeidlich abwärts führen.

Den ihren Leidenschaften nachgehenden, vergnügungssüchtigen, gefühlbetonten Menschen tritt der Spiritismus unter einer weniger feinen Maske entgegen als den Gebildeten, denn sie finden in seinen gröberen Formen gerade das, was mit ihren Neigungen im Einklang steht. Satan studiert jedes Anzeichen einer Gebrechlichkeit der menschlichen Natur. Er merkt sich die Sünden, die jeder Einzelne gerne tut, und achtet dann darauf, dass es nicht an Gelegenheiten fehlt, die Neigung zum Bösen zu befriedigen. Er verleitet die Menschen, dass sie übertreiben und sich durch Unmäßigkeit ihre körperliche, geistige und sittliche Kraft schwächen. Er verdarb und verdirbt Tausende durch

Befriedigung der Leidenschaften, wodurch die ganze Natur des

Menschen auf die Stufe eines Tieres absinkt. Um sein Werk zu vervollständigen, behauptet er durch die Geister, dass die wahre Erkenntnis den Menschen über alle Gesetze erhaben mache; dass alles, was bestehe, recht sei; dass Gott nicht verdamme und dass alle Sünden, die begangen werden, harmlos seien. Wenn Menschen auf diese Weise verleitet werden zu glauben, dass die Lust das höchste Gesetz sei, dass Freiheit vollständige Ungebundenheit bedeute und dass er nur sich selbst Rechenschaft zu geben habe, ist es dann verwunderlich, dass sich überall Verderbtheit und sittliche Verkommenheit breitmacht? Tausende nehmen begierig die Lehren an, die ihnen die Freiheit geben, den Neigungen des fleischlichen Herzens nachzugeben. Die Zügel der Selbstbeherrschung werden der Lust überlassen, die Kräfte des Geistes und der Seele den tierischen Neigungen unterworfen, und Satan treibt jubelnd Tausende in sein Netz, die angeblich Nachfolger Christi sein wollen.

Niemand braucht durch die lügenhaften Ansprüche des Spiritismus getäuscht zu werden. Gott hat der Welt ausreichend Licht gegeben, die Schlinge entdecken zu können. Wie bereits gezeigt wurde, steht die Lehre, die die eigentliche Grundlage des Spiritismus bildet, in schroffem Widerspruch zu den deutlichsten Aussagen der Heiligen Schrift. Die Bibel lehrt, dass die Toten nichts wissen, dass ihre Gedanken dahin sind, dass sie keinen Teil haben an irgendetwas, das unter der Sonne geschieht und nichts wissen von den Freuden und Schmerzen derer, die ihnen auf Erden am wichtigsten waren.

Zudem hat Gott ausdrücklich jeden angeblichen Verkehr mit verstorbenen Geistern verboten. Unter den Hebräern gab es Menschen, die wie die Spiritisten heutzutage behaupteten, Umgang mit den Toten zu haben. Aber die »Wahrsagegeister«, wie man diese Besucher aus der andern Welt nannte, werden von der Bibel als »Geister der Teufel« bezeichnet. (Vgl. 4.Mose 25,1-3; Psalm 106,28; 1.Korinther 10,20; Offenbarung 16,14) Mit Wahrsagegeistern zu verkehren, wurde vom Herrn als Gräuel angesehen und unter Todesstrafe ernstlich verboten. (3.Mose 19,31; 20,47) Schon der Name »Zauberei« wird jetzt verachtet. Die Behauptung, dass Menschen mit bösen Geistern in Verbindung stehen können, wird als eine mittelalterliche Fabel betrachtet. Der Spiritismus aber, der seine Anhänger nach Hunderttausenden, ja nach Millionen zählt, der sich seinen Weg in wissenschaftliche Kreise gebahnt, sich in Kirchen gedrängt hat, der in gesetzgebenden Körperschaften, ja sogar an den Höfen der Könige positiv aufgenommen wurde – diese Riesentäuschung ist nur eine Wiederbelebung der vor alters verdammten und verbotenen Zauberei in einem neuen Gewand. Selbst wenn es kein anderes Kennzeichen für den wahren Charakter des Spiritismus gäbe, sollte es für Christen genügen, dass die Geister keinen Unterschied zwischen der Gerechtigkeit und Sünde, zwischen den edelsten und reinsten Aposteln Christi und den verkommensten Dienern Satans machen. Indem Satan die schlechtesten Menschen in den Himmel versetzt und sie in dort gehobener Stellung darstellt, erklärt er der Welt: Egal, wie gottlos ihr auch seid, ob ihr Gott und der Bibel glaubt oder nicht – lebt, wie es euch gefällt; der Himmel ist eure Heimat. Die spiritistischen Lehrer behaupten tatsächlich: »‚Wer Böses tut, der gefällt dem Herrn, und zu solchen hat er Lust‘, oder: ‚Wo ist der Gott, der da strafe?‘« Maleachi 2,17 Gottes Wort aber sagt: »Weh denen, die Böses gut und Gutes böse heißen, die aus Finsternis Licht und aus Licht Finsternis machen!« Jesaja 5,20

Diese Lügengeister stellen die Apostel so hin, als widersprächen sie dem, was sie unter Eingebung des Heiligen Geistes schrieben, als sie noch auf Erden waren. Sie leugnen den göttlichen Ursprung der Bibel und vernichten dadurch die Grundlage der Hoffnung des Christen und löschen das Licht aus, das den Weg zum Himmel weist. Satan lässt die Welt glauben, dass die Bibel nur ein erdichtetes oder wenigstens ein nur für unsere Vorfahren passendes Buch sei, das jetzt gering geschätzt oder als veraltet beiseite geworfen werden sollte. Als Ersatz für das Wort Gottes weist er auf spiritistische Offenbarungen hin. Hier ist ein Weg, der völlig unter seiner Herrschaft steht und wodurch er der Welt erzählen kann, was er will. Das Buch, das ihn und seine Nachfolger richten wird, stellt er in den Schatten, wohin er es haben will. Den Heiland der Welt würdigt er zu einem gewöhnlichen Menschen herab. Und wie die römischen Wachen, die das Grab Jesu bewachten, das lügenhafte Gerücht verbreiteten, das ihnen die Priester und Ältesten in den Mund gelegt hatten, um Christi Auferstehung zu leugnen, so versuchen die Anhänger spiritistischer Offenbarungen den Anschein zu erwecken, dass am Leben unseres Heilandes nichts Wunderbares sei. Nachdem sie auf diese Weise versucht haben, Jesus in den Hintergrund zu drängen, lenken sie die Aufmerksamkeit ihrer Opfer auf ihre eigenen Wunder und erklären, dass diese die Werke Christi bei Weitem übertreffen.

Wohl verändert der Spiritismus jetzt seine Form, verbirgt einige seiner verwerflicheren Züge und hängt sich ein christliches Mäntelchen um. Doch seine Aussprüche in öffentlichen Reden und in der Presse sind dem Volk schon seit Jahren bekannt. In ihnen offenbart sich sein wirklicher Charakter. Diese Lehren können weder geleugnet noch verborgen werden.

Selbst in der gegenwärtigen Form ist die Täuschung weit davon entfernt, besser zu sein als früher. In Wirklichkeit ist sie gefährlicher, weil sie weit verfänglicher ist. Während sie früher Christus und die Bibel verwarf, gibt sie nun vor, beide anzunehmen. Doch wird die Bibel in einer Weise ausgelegt, die dem nicht erneuerten Herzen gefällt, während ihre ernstesten und wichtigsten Wahrheiten als wertlos hingestellt werden. Man spricht von der

Liebe als der Haupteigenschaft Gottes, erniedrigt sie aber zu einer schwachen Gefühlsseligkeit, die wenig Unterschied macht zwischen Gutem und Bösem. Gottes Gerechtigkeit, seine Verdammung der Sünde, die Forderungen seines heiligen Gesetzes werden nicht beachtet. Das Volk wird gelehrt, die Zehn Gebote als toten Buchstaben zu betrachten. Angenehme, bezaubernde Fabeln nehmen die Sinne gefangen und veranlassen die Menschen, die Heilige Schrift als Grundlage ihres Glaubens zu verwerfen. Christus wird ebenso verleugnet wie damals, aber Satan hat die Augen der Menschen so geblendet, dass sie die Täuschung nicht wahrnehmen.

Es gibt nur wenige, die eine richtige Vorstellung von der täuschenden Macht des Spiritismus haben und der Gefahr, seinem Einfluss zu unterliegen. Viele beschäftigen sich damit, nur um ihre Neugierde zu befriedigen. Sie glauben nicht wirklich daran und würden vor dem Gedanken zurückschrecken, sich unter die Herrschaft der Geister zu stellen. Sie wagen sich auf verbotenes Gebiet, und der gewaltige Verderber übt gegen ihren Willen seine Macht auf sie aus. Sind sie erst einmal dazu verleitet worden, sich von ihm führen zu lassen, dann hält er sie gefangen. Es ist ihnen unmöglich, sich aus eigener Kraft von diesem bezaubernden, verlockenden Bann loszureißen. Nichts außer der Macht Gottes kann diese verstrickten Menschen in Erhörung eines ernsten, im Glauben gesprochenen Gebetes befreien.

Die den sündhaften Neigungen nachgeben oder vorsätzlich eine bewusste Sünde hegen, fordern dadurch die Versuchungen Satans heraus. Solche Menschen trennen sich von Gott und der Fürsorge seiner Engel. Tritt dann der Böse mit Täuschungen an sie heran, sind sie schutzlos und fallen ihm leicht zum Opfer. Die sich so in seinen Machtbereich begeben, ahnen kaum, wo ihr Leben enden wird. Nachdem der Versucher sie gestürzt hat, nutzt er sie, um andere ins Verderben zu locken.

Der Prophet Jesaja sagt: »Wenn sie euch aber sagen werden: Befragt die Totenbeschwörer und Wahrsager, die flüstern und murmeln! - [so antwortet ihnen]: Soll nicht ein Volk seinen Gott befragen, oder soll man die Toten für die Lebendigen befragen? »Zum Gesetz und zum Zeugnis!« - wenn sie nicht so sprechen, gibt es für sie kein Morgenrot.« Jesaja 8,19.20; Schlachter 2000 Hätten die Menschen die in der Heiligen Schrift so klar dargestellte Wahrheit über die Natur des Menschen und den Zustand der Toten angenommen, dann würden sie in den Behauptungen und Bekundungen des Spiritismus das betrügerische Wirken Satans mit Macht, Zeichen und Wundern erkennen. Aber statt die dem fleischlichen Herzen so angenehme Ungebundenheit aufzugeben und sich von den lieb gewordenen Sünden loszureißen, verschließen viele ihre Augen vor dem Licht und gehen unbekümmert trotz aller Warnungen weiter, während Satan ihnen Schlingen legt, denen sie zum Opfer fallen. »Dafür, dass sie die Liebe zur Wahrheit nicht haben angenommen, ... wird ihnen Gott kräftige Irrtümer senden, dass sie glauben der Lüge.« 2.Thessalonicher 2,10.11

Die sich den Lehren des Spiritismus widersetzen, greifen nicht nur Menschen, sondern auch den Teufel und seine Engel an. Sie haben den Kampf aufgenommen mit Fürsten und Gewaltigen und mit den bösen Geistern unter dem Himmel. (Epheser 6,12) Satan wird auch nicht einen Millimeter seines Bereichs preisgeben, es sei denn, dass er durch die Macht himmlischer

Boten zurückgetrieben wird. Gottes Volk sollte in der Lage sein, ihm mit den gleichen Worten zu begegnen, mit denen unser Heiland ihm entgegentrat: »Es steht geschrieben.« Matthäus 4,4.7.10 Wie in den Tagen Christi führt Satan auch heute Schriftstellen an und verdreht ihre Aussagen, um seine Täuschungen zu festigen. Wer in dieser Zeit der Gefahr standhalten möchte, muss das Zeugnis der Heiligen Schrift verstehen.

Viele werden Geistern der Teufel gegenübergestellt, die in Gestalt lieber Verwandter oder Freunde erscheinen und die gefährlichsten Irrlehren verkündigen. Diese Besucher werden unsere zärtlichsten Gefühle berühren und Wunder wirken, um ihren Behauptungen Nachdruck zu verleihen. Wir müssen bereit sein, ihnen mit der Bibelwahrheit entgegenzutreten, dass die Toten nichts wissen und dass alle, die auf diese Weise erscheinen, Geister der Teufel sind. Die »Stunde der Versuchung, die kommen wird über den ganzen Weltkreis«, Offenbarung 3,10 steht unmittelbar bevor. Alle, deren Glaube nicht fest auf das Wort Gottes gegründet ist, werden hintergangen und überwunden werden. Satan wirkt »mit allerlei Verführung«, um die Menschen unter seine Herrschaft zu bringen. Seine Täuschungen nehmen ständig zu. Er kann jedoch sein Ziel nur erreichen, wenn Menschen freiwillig auf seine Versuchungen eingehen. Wer ernstlich nach Erkenntnis der Wahrheit sucht und bestrebt ist, sich durch Gehorsam zu läutern, und so alles in seinen Kräften Stehende tut, um sich auf den Kampf vorzubereiten, der wird in dem Gott der Wahrheit eine sichere Schutzwehr finden. »Weil du mein Wort von der Geduld bewahrt hast, will auch ich dich bewahren«, Offenbarung 3,10 lautet die Verheißung Jesu. Er würde eher jeden Engel zum Schutz seines Volkes aus dem Himmel senden, als eine einzige Seele, die ihm vertraut, von Satan besiegen lassen.

Der Prophet Jesaja weist auf die furchtbare Täuschung hin, die über die Gottlosen kommen wird, so dass sie sich vor den Gerichten Gottes sicher fühlen: »Wir haben mit dem Tod einen Bund geschlossen und mit dem Totenreich einen Vertrag gemacht. Wenn die brausende Flut daherfährt, wird sie uns nicht treffen, denn wir haben die Lüge zu unsrer Zuflucht und Trug zu unserem Schutz gemacht.« Jesaja 28,15 Schlachter 2000 Zu den hier beschriebenen Menschen gehören alle, die sich in hartnäckiger Unbußfertigkeit mit der Versicherung trösten, dass es keine Strafe für den Sünder geben wird, dass alle Menschen, wie verderbt sie auch sein mögen, in den Himmel erhoben werden sollen, um den Engeln Gottes gleich zu werden. Weit mehr aber verbinden sich diejenigen mit dem Tod und der Hölle, welche die Wahrheiten verwerfen, die der Himmel als Schutz für die Gerechten in den Tagen der Trübsal vorgesehen hat und zu den von Satan angebotenen Lügen Zuflucht nehmen, nämlich den betrügerischen Vorspiegelungen des Spiritismus.

Die Blindheit des gegenwärtigen Menschengeschlechts ist überaus erstaunlich: Tausende verwerfen das Wort Gottes als unglaubhaft und nehmen eifrig vertrauend die Täuschungen Satans an. Zweifler und Spötter verhöhnen den blinden Eifer derer, die für den Glauben der Propheten und Apostel kämpfen, und machen sich lustig über die ernsten Erklärungen der Heiligen Schrift, über Christus, den Erlösungsplan und die Vergeltung, die alle Verwerfer der Wahrheit treffen soll. Sie heucheln, großes Mitleid mit denen zu haben, die zu beschränkt, schwach und abergläubisch sind, Gottes Ansprüche anzuerkennen und den Forderungen seines Gesetzes zu gehorchen. Sie geben sich so sicher, als hätten sie in der Tat einen Bund mit dem Tod und einen Vertrag mit der Hölle gemacht, ja als hätten sie eine unüberbrückbare, undurchdringliche Schranke zwischen sich und der Rache Gottes aufgerichtet. Nichts kann ihre Furcht wecken. So total haben sie sich dem Versucher übergeben, so innig sind sie mit ihm verbunden, so gründlich von seinem Geist erfüllt, dass sie weder die Kraft noch die Neigung haben, sich aus seinen Schlingen zu befreien.

Lange hat sich Satan auf seine letzte Anstrengung – die Täuschung der Welt – vorbereitet. Die Grundlage für sein Werk wurde bereits durch die der Eva im Paradies gegebene Versicherung gelegt: »Ihr werdet keineswegs des Todes sterben ... an dem Tage, da ihr davon esst, werden eure Augen aufgetan, und ihr werdet sein wie Gott und wissen, was gut und böse ist.« 1.Mose 3,4.5 Nach und nach hat er die Vorbereitungen für sein Meisterstück des Betrugs in der Entwicklung des Spiritismus getroffen. Er hat sein Ziel noch nicht ganz erreicht, seine Bemühungen werden aber in der allerletzten Zeit erfolgreich sein. Der Prophet sagt: »Und ich sah ... drei unreine Geister ... gleich den Fröschen; denn es sind Geister der Teufel, die tun Zeichen und gehen aus zu den Königen auf dem ganzen Kreis der Welt, sie zu versammeln in den Streit auf jenen großen Tag Gottes.« Offenbarung 16,13.14 Mit Ausnahme derer, die durch die Macht Gottes im Glauben an sein Wort bewahrt bleiben, wird die ganze Welt diesem Blendwerk in die Arme getrieben werden. Die Menschen werden in eine gefährliche Sicherheit eingelullt und erst durch die Ausgießung des Zorns Gottes aufgeweckt.

Gott der Herr sagt: »Und ich will das Recht zur Richtschnur und die Gerechtigkeit zur Waage machen. So wird Hagel die falsche Zuflucht zerschlagen, und Wasser sollen den Schutz wegschwemmen, dass hinfalle euer Bund mit dem Tode und euer Vertrag mit dem Totenreich nicht bestehen bleibe. Wenn die Flut daherfährt, wird sie euch zermalmen.« Jesaja 28,17.18

KAPITEL 35

DIE *FREIHEIT* DES GEWISSENS BEDROHT

Die katholische Kirche ist heutzutage bemüht, Fehler in der Vergangenheit zu leugnen oder falsch darzustellen. Diplomatische Beziehungen sind überallhin geknüpft. Man hat den Eindruck, dass die Kirche mit anderen Kirchen harmoniert. Die protestantische Welt lenkt ein und verbindet sich mit dem Papsttum. Ein Element stellt der Sonntag dar. Obwohl biblisch widerlegt, feiern alle großen Kirchen den Sonntag. Es wird zum bestimmenden Zeichen der Macht der katholischen Kirche werden.

D ie Protestanten stehen heutzutage den Erscheinungsformen der römisch-katholischen Welt wohlwollender gegenüber als in früheren Jahren. In Ländern, in denen der Katholizismus nicht wächst und die päpstlichen Vertreter eine versöhnliche Haltung einnehmen, um Einfluss zu gewinnen, herrscht eine wachsende Gleichgültigkeit gegenüber den Doktrinen, die die protestantischen Kirchen von der päpstlichen Hierarchie trennen. Es setzt sich immer mehr die Ansicht durch, dass wir in den wichtigsten Punkten nicht so weit auseinander liegen, wie vermutet wurde, und dass uns ein geringes Zugeständnis in ein besseres Verhältnis zu Rom bringen werde. Es gab eine Zeit, als die Protestanten viel Wert auf die Gewissensfreiheit legten, die so teuer erkauft worden war. Sie lehrten ihre Kinder, das Papsttum zu verabscheuen und waren der Auffassung, dass es der Untreue gegen Gott gleichkäme, sich Rom anzupassen. Wie weit ist die Gesinnung davon entfernt, die sich heute zeigt. Die Verteidiger des Papsttums erklären, dass ihre Kirche verleumdet worden sei, und die protestantische Welt ist bereit, diese Erklärung anzunehmen. Viele machen geltend, dass es ungerecht sei, die römische Kirche der Neuzeit nach den Gräueln und Absurditäten zu richten, die ihre Herrschaft während der Jahrhunderte der Unwissenheit und der Finsternis kennzeichneten. Sie entschuldigen ihre entsetzliche Grausamkeit mit der Rohheit der Zeiten und behaupten, dass die Einflüsse der modernen Kultur ihre Gesinnung gewandelt hätten.

Haben diese Menschen denn den Anspruch auf Unfehlbarkeit vergessen, der 800 Jahre lang von dieser anmaßenden Macht geltend gemacht wurde? Weit davon entfernt, diesen Anspruch aufzugeben, wurde er im 19. Jahrhundert mit größerem Nachdruck bestätigt als je zuvor. Wenn Rom behaupted, dass die Kirche nie geirrt habe und auf Grund der Heiligen Schrift nie irren werde, Anm 51; Mosheim, »Institutiones historiae ecclesiasticae«, 3. Buch, 11. Jhdt., 2. Abschnitt, Sek. 9, Anm.: Dictates Hildebrandi wie kann es sich dann von den Grundsätzen lossagen, die in vergangenen Zeiten sein Verhalten bestimmten?

Die päpstliche Kirche wird ihren Anspruch auf Unfehlbarkeit nie aufgeben. Sie besteht darauf, in allem, was sie bei den Verfolgungen derer getan hat, die ihre Glaubenssätze verwarfen, recht gehandelt zu haben – und würde sie nicht dieselben Taten wiederholen, falls sie Gelegenheit dazu hätte? Beseitigte man die jetzt von weltlichen Mächten auferlegten Schranken und käme Rom wieder in seine frühere Machtstellung, dann würde sich sofort eine Wiederbelebung seiner Gewaltherrschaft und Verfolgung zeigen.

Ein bekannter Geschichtsschreiber äußert sich über die Haltung der päpstlichen Priesterherrschaft zu der Gewissensfreiheit und den Gefahren, die ganz besonders den Vereinigten Staaten drohen, wenn sie ihre Pläne durchsetzen kann: »Es gibt viele, die geneigt sind, irgendwelche Furcht vor dem römischen Katholizismus in den Vereinigten Staaten als engherzig oder kindisch hinzustellen. Sie sehen eben in dem Charakter und der Position der römisch-katholischen Erscheinungswelt nichts, was unseren freien Einrichtungen gegenüber feindlich ist, oder finden nichts Unheilvolles in ihrem Wachstum. Wir wollen deshalb zuerst etliche der Grundregeln unserer Regierung mit denen der katholischen Kirche vergleichen.

Die Verfassung der Vereinigten Staaten sichert Gewissensfreiheit zu. Nichts ist teurer oder wesentlicher. Papst Pius IX. sagte in seiner Enzyklika vom 15. August 1854: ,Die abgeschmackten und irrigen Lehren oder Faseleien zur Verteidigung der Gewissensfreiheit sind ein außerordentlich verderblicher Irrtum – eine Pest, die vor allem andern in einem Staat am meisten zu fürchten ist.' Derselbe Papst spricht in seiner Enzyklika vom 8. Dezember 1864 den Bannfluch aus über ,diejenigen, die die Freiheit des Gewissens und des Glaubens behaupten', wie auch über ,alle solche, die darauf bestehen, dass die Kirche nicht Gewalt üben dürfe.'

Der friedliche Ton Roms in den Vereinigten Staaten bedeutet keineswegs eine Sinnesänderung. Es ist duldsam, wo es ohne Hilfe ist. Bischof O'Connor sagte: ,Die Religionsfreiheit wird nur geduldet, bis das Gegenteil durchgesetzt werden kann, ohne die katholische Welt zu gefährden' … Der Erzbischof von St. Louis sagte bei einer Gelegenheit: ,Ketzerei und Unglaube sind Verbrechen, und in christlichen Ländern, wie zum Beispiel in Italien und Spanien, wo die ganze Bevölkerung katholisch ist und die katholische Religion einen wesentlichen Teil der Landesgesetze bildet, werden sie wie andere Verbrechen bestraft' …

Jeder Kardinal, Erzbischof und Bischof in der katholischen Kirche legt dem Papst den Treueid ab, der u.a. folgende Worte enthält: ‚Ketzer, Kirchenspalter und Rebellen gegen unseren besagten Herrn (den Papst) oder seine vorerwähnten Nachfolger, will ich nach Kräften verfolgen und mich ihnen aufs Äußerste widersetzen'.« Strong, »Our Country«, Kapitel 6, 1.-3. Abschnitt

Allerdings gibt es auch echte Christen in der römisch-katholischen Kirche. Tausende dienen Gott nach der besten Erkenntnis, die sie besitzen. Ihnen ist der Zugang zu seinem Wort nicht gestattet, Anm 52 und deshalb können sie die Wahrheit nicht erkennen. Sie haben nie den Unterschied zwischen einem lebendigen Herzensdienst und einer Reihe bloßer Formen und Zeremonien gesehen. Gott sieht mit zärtlichem Erbarmen auf diese Menschen, die in einem trügerischen und unbefriedigenden Glauben erzogen worden sind. Und er wird es so führen, dass Lichtstrahlen die dichte Finsternis durchdringen, die sie umgibt. Er wird ihnen die Wahrheit offenbaren, wie sie in Jesus ist und viele werden sich noch zu seinem Volk bekennen.

Der Katholizismus als Religionssystem stimmt heute nicht mehr als zu irgendeiner früheren Zeit seiner Geschichte mit dem Evangelium Christi überein. Die protestantischen Kirchen befinden sich in großer Finsternis, sonst würden sie die Zeichen der Zeit erkennen. Die römische Kirche ist weitblickend in ihren Plänen und in der Art ihres Wirkens. Sie bedient sich jeder List, um ihren Einfluss auszudehnen und ihre Macht zu mehren. Sie bereitet sich auf einen grimmigen und entschlossenen Kampf vor, um die Herrschaft der Welt wiederzugewinnen und alles zu vernichten, was der Protestantismus geschaffen hat. Der Katholizismus gewinnt überall an Boden. Man schaue auf die wachsende Zahl seiner Kirchen und Kapellen in protestantischen Ländern und betrachte die Volkstümlichkeit seiner von den Protestanten in so großer Zahl besuchten Hochschulen und Seminare in Amerika. Man achte auf das Wachstum des Ritualismus in England Anm 59 und auf die häufigen Übertritte zum Katholizismus. Diese Dinge sollten die Besorgnis aller erregen, die die reinen Grundsätze des Evangeliums wertschätzen.

Die Protestanten haben sich mit dem Papsttum eingelassen und es begünstigt. Sie haben Verträge und Zugeständnisse gemacht, die selbst die Katholiken überraschten und die diese nicht verstehen konnten. Die Menschen verschließen sich dem wahren Charakter der römischen Kirche und den Gefahren, die von ihrer Oberherrschaft zu befürchten sind. Sie müssen aufgerüttelt werden, um dem Vordringen dieses so sehr gefährlichen Feindes der bürgerlichen und religiösen Freiheit zu widerstehen.

Viele der Protestanten meinen, die katholische Religion sei reizlos und ihr Gottesdienst eine schale, bedeutungslose Aneinanderreihung von Zeremonien. Darin irren sie sich. Der Gottesdienst der römischen Kirche ist ein sehr eindrucksvoller Vorgang. Die glänzende Prachtentfaltung und die feierlichen Gebräuche bezaubern die Sinne des Volkes und bringen die Stimme der Vernunft und des Gewissens zum Schweigen. Das Auge ist entzückt. Prachtvolle Kirchen, großartige Festzüge, goldene Altäre, mit Juwelen verzierte Reliquienschreine, auserlesene Gemälde und kostbare Skulpturen fesseln den Schönheitssinn. Auch das Ohr wird angesprochen. Die Musik ist unübertroffen. Wenn die vollen Klänge der feierlich tönenden Orgel, gemischt mit dem Gesang vieler Stimmen, durch die hohen Kuppeln und säulenreichen Chorgänge der großartigen Kathedralen schwingen, müssen sie unfehlbar die Gemüter mit Ehrfurcht und heiliger Scheu erfüllen.

Dieser äußerliche Glanz, dies Gepränge und diese Zeremonien sind ein Beweis ihrer inneren Verderbnis. Christi Religion braucht zu ihrer Empfehlung solche Reize nicht. In dem vom Kreuz ausstrahlenden Licht erscheint das Christentum so rein und lieblich, dass keine äußerlichen Zierden seinen echten Wert vergrößern können. Nur der heilige Schmuck eines sanftmütigen und stillen Geistes hat bei Gott Wert.

Ein glanzvoller Stil ist nicht notwendigerweise ein Ausdruck reiner, erhabener Gedanken. Eine hohe Auffassung von der Kunst und ein sehr kultivierter Geschmack finden sich häufig in einem irdischen und sinnlichen Gemüt. Sie werden oft von Satan genutzt, damit die Menschen die Bedürfnisse ihrer Seele vergessen, die Zukunft und das ewige Leben aus den Augen verlieren, sich von ihrem mächtigen Helfer abwenden und nur für diese Welt leben.

Eine Religion der Äußerlichkeiten ist für das nicht erneuerte Herz anziehend. Das Gepränge und die Zeremonien der katholischen Kirche haben eine verführerische, bezaubernde Kraft, durch die viele getäuscht werden, und zwar so sehr, dass sie die katholische Kirche als das wirkliche Tor zum Himmel ansehen. Nur solche, die sich fest auf den Grund der Wahrheit gestellt haben und deren Herzen durch den Geist Gottes erneuert sind, werden gegen ihren Einfluss gewappnet sein. Tausende, die keine lebendige Erfahrung mit Christus gemacht haben, werden dahin geführt, dass sie den Schein der Gottselig-keit ohne die Kraft annehmen. Gerade eine solche Religion wünschen sich die meisten Menschen.

Durch den Anspruch der Kirche auf das Recht zur Sündenvergebung fühlt sich der Katholik berechtigt, zu sündigen. Die Einrichtung der Beichte, ohne die sie keine Vergebung gewährt, führt dann dahin, dem Bösen Spielraum zu geben. Wer vor einem sterblichen Menschen kniet und ihm beichtend die geheimen Gedanken und Triebe seines Herzens erschließt, erniedrigt seine Menschenwürde und setzt alle edlen Regungen seines Herzens herab. Wer seine Sünden vor einem Priester enthüllt – einem irrenden, sündigen Sterblichen, der nur zu oft durch Wein und Ausschweifung verdorben ist –, dessen rechtes Maß für den Charakter herabgewürdigt und er selbst infolgedessen verunreinigt ist. Seine Vorstellung von Gott wird zum Abbild der gefallenen Menschheit erniedrigt, denn der Priester gilt als Vertreter Gottes. Dieses erniedrigende Bekenntnis von Mensch zu Mensch ist die geheime Quelle, aus der viel Böses geflossen ist, das die Welt verderbt hat und sie zur endgültigen Vernichtung führen wird. Doch ist es dem, der gegen sich selbst nachsichtig ist, angenehmer, einem Mitmenschen zu beichten, als sein Herz vor Gott zu offenbaren. Es sagt der menschlichen Natur mehr zu, Buße zu tun, als nicht mehr zu sündigen, und es ist leichter, den Körper in Sacktuch mit Brennnesseln und einschneidenden Ketten zu geißeln, als die fleischlichen Lüste zu kreuzigen. Schwer ist das Joch, welches das fleischliche Herz lieber trägt, als dass es sich unter das Joch Christi beugen würde.

Es besteht eine überraschende Ähnlichkeit zwischen der römisch-katholischen Kirche und der jüdischen Gemeinde zur Zeit Christi. Während die Juden indirekt die Grundsätze des Gesetzes Gottes mit Füßen traten, achteten sie nach außen hin streng auf die Einhaltung dieser Verordnungen, die sie mit hohen Anforderungen und Überlieferungen beschwerten, die ihre Befolgung peinigend und lästig machten. Wie die Juden vorgaben, das Gesetz zu ehren, so behauptet die römische Kirche, das Kreuz zu verherrlichen. Sie erhöht das Symbol der Leiden Christi, während sie den, den es darstellt, in der Praxis verleugnet. Katholiken bringen auf ihren Kirchen, Altären und Gewändern Kreuze an. Überall sieht man das Zeichen des Kreuzes, überall wird es nach außen hin verehrt und erhöht. Aber die Lehren Christi sind unter einer Fülle von sinnlosen Überlieferungen, falschen Auslegungen und strengen Vorschriften begraben. Des Heilands Worte über die verblendeten Juden passen noch viel besser auf die Würdenträger der römisch-katholischen Kirche: »Sie binden aber schwere und unerträgliche Bürden und legen sie den Menschen auf den Hals; aber sie selbst wollen dieselben nicht mit einem Finger regen.« Matthäus 23,4 Gewissenhafte Menschen werden ständig in Schrecken und Furcht vor dem Zorn eines beleidigten Gottes gehalten, während viele Würdenträger der Kirche in Luxus und Vergnügen leben.

Die Anbetung von Bildern und Reliquien, die Anrufung der Heiligen und die Erhöhung des Papstes sind listige Anschläge Satans, um die Gemüter des Volkes von Gott und von seinem Sohn abzuziehen. Um den Untergang der Menschen zu erreichen, will Satan ihre Aufmerksamkeit von Christus abwenden, der sie allein erlösen kann. Er bietet allen möglichen Ersatz für den, der gesagt hat. »Kommt her zu mir alle, die ihr mühselig und beladen seid; ich will euch erquicken.« Matthäus 11, 28 Es ist Satans ständiges Bemühen, das Wesen Gottes, die Natur der Sünde und den wahren Ausgang des großen Kampfes verkehrt darzustellen. Seine Trugschlüsse verringern die Verpflichtung gegen das göttliche Gesetz und gestatten dem Menschen zu sündigen. Gleichzeitig flößt er ihnen falsche Vorstellungen von Gott ein, so dass sie eher mit Furcht und Hass als mit Liebe zu ihm aufblicken. Die seinem eigenen Charakter anhaftende Grausamkeit schreibt er dem Schöpfer zu. Sie ist in den Religionssystemen enthalten und findet Ausdruck in den Gebräuchen des Gottesdienstes. So werden die Gemüter der Menschen verblendet, und Satan sichert sie sich als seine Werkzeuge, um gegen Gott zu kämpfen. Durch verkehrte Vorstellungen vom göttlichen Wesen wurden heidnische Völker zu der Annahme verleitet, menschliche Opfer seien notwendig, um sich die Gunst Gottes zu sichern, und fürchterliche Grausamkeiten wurden unter den verschiedensten Formen der Abgötterei verübt.

Die römisch-katholische Kirche, die heidnische Bräuche mit denen des Christentums vereinte, und wie das Heidentum Gottes Wesen entstellte, hat zu nicht weniger grausamen und empörenden Gewohnheiten Zuflucht genommen. Anm 13 In den Tagen der Oberherrschaft Roms gab es Folterwerkzeuge, mit denen es die Annahme seiner Dogmen erzwang. Es gab Scheiterhaufen für jene, die dem Anspruch Roms nicht nachgeben wollten. Blutbäder wurden in einem solchen Umfang verübt, was erst im Jüngsten Gericht sichtbar werden wird. Würdenträger der Kirche dachten sich Mittel aus, beeinflusst vom Geist Satans, die die größtmöglichen Qualen verursachten, ohne doch dabei ihr Opfer zu töten. In vielen Fällen wurde dieses teuflische Verfahren bis zur äußersten Grenze des für Menschen noch Erträglichen wiederholt, bis die Natur den Kampf aufgab und der Leidende den Tod als angenehme Befreiung begrüßte.

So gestaltete sich das Schicksal der Gegner Roms. Für die eigenen Mitglieder gab es das Zuchtmittel der Geißel, des Hungers und der körperlichen Kasteiung in jeder nur denkbar kränkenden Form. Um sich die Gunst des Himmels zu sichern, verletzten die Büßenden die Gebote Gottes, indem sie die Naturgesetze übertraten. Sie wurden gelehrt, das Band zu zerschneiden, das er eingesetzt hatte, um des Menschen irdischen Aufenthalt zu segnen und zu erfreuen. Auf den Friedhöfen liegen Millionen von Opfern, die ihr Leben mit vergeblichen Bemühungen verbrachten, ihre natürlichen Neigungen zu unterdrücken und jeden Gedanken und jedes Mitgefühl für ihre Mitmenschen – als beleidigend für Gott – zurückzudrängen. Anm 53

Wenn wir die ganze Grausamkeit Satans verstehen wollen, die er während Jahrhunderten nicht etwa an jene, die nie von Gott hörten, sondern gerade im Herzen und über das ganze Gebiet des Christentums hin an den Tag legte, brauchen wir nur die Geschichte des Romanismus zu betrachten. Durch dieses Riesensystem des Betrugs verrichtet der Fürst des Übels seinen Zweck, Gott Unehre und den Menschen Elend zu bringen. Und wenn wir sehen, wie es ihm gelingt, sich zu verkleiden und durch die Leiter der Kirche sein Werk zu vollenden, dann können wir besser verstehen, warum er einen so großen Widerwillen gegen die Bibel hat. Wenn man jenes Buch liest, wird das Erbarmen und die Liebe Gottes offenbart. Man wird sehen, dass er den Menschen keine von diesen schweren Lasten auferlegt. Alles, was er verlangt, ist ein reuiges und zerschlagenes Herz und einen demütigen, gehorsamen Geist.

Wir können aus dem Leben Christi keine Beispiele anführen, dass Männer und Frauen sich in Klöster einschließen sollen, um sich auf den Himmel vorzubereiten. Er hat nie gelehrt, dass Liebe und Mitgefühl unterdrückt werden müssen. Das Herz des Heilands floss von Liebe über. Je mehr sich der Mensch der sittlichen Vollkommenheit nähert, desto klarer sind seine Empfindungen, desto genauer nimmt er die Sünde wahr und desto mehr fühlt er mit den Leidenden. Der Papst behauptet zwar, der Stellvertreter Christi zu sein, aber wie hält sein Tun einen Vergleich mit dem unseres Heilands aus? Hat Christus jemals Menschen dem Gefängnis oder der Folter übergeben, weil sie ihm als König des Himmels keine Huldigung erwiesen? Hat er seine Stimme erhoben, um die zum Tode zu verurteilen, die ihn nicht annahmen? Als die Bewohner eines samaritischen Dorfes ihn nicht achteten, entrüstete sich der Apostel Johannes und sagte: »Herr, willst du, so wollen wir sagen, dass Feuer vom Himmel falle und verzehre sie, wie Elia tat!« Jesus blickte mitleidig auf den Jünger, tadelte seine Härte und sagte: »Der Menschen Sohn ist nicht gekommen, der Menschen Seelen zu verderben, sondern zu erhalten.« Lukas 9,54-56 Wie grundverschieden von der durch Christus bekundeten Haltung ist die seines angeblichen Stellvertreters!

Die römische Kirche bietet heute der Welt ein äußeres Bild der Sauberkeit, indem sie über ihren Bericht schrecklicher Grausamkeit einen Mantel von Entschuldigungen breitet. Sie hat sich wohl in christliche Gewänder gehüllt – in ihrem Wesen jedoch ist sie unverändert. Jeder Grundsatz des Papsttums, der in vergangenen Jahrhunderten Geltung hatte, ist auch heute noch gültig. Die in finstersten Zeiten erlassenen Verordnungen und Lehren werden noch immer aufrechterhalten.

Es täusche sich niemand! Das Papsttum, dem die Protestanten jetzt die Anerkennung nicht versagen wollen, ist das Gleiche, das zur Zeit der Reformation die Welt beherrschte, als Männer Gottes unter Einsatz ihres Lebens aufstanden, um die Bosheit der römisch-katholischen Kirche bloßzustellen. Anm 54 Es besitzt den gleichen Stolz, die gleiche hochmütige

Anmaßung, die es sich über Könige und Fürsten erheben ließ und die die Vorrechte Gottes beanspruchte. Sein Geist ist jetzt nicht weniger grausam und willkürlich als zu der Zeit, da es die menschliche Freiheit einengte und die Heiligen des Allerhöchsten erschlug.

Auf das Papsttum trifft genau das von der Prophezeiung gebrauchte Bild zu von dem »Abfall, der da kommen soll«. 2. Thessalonischer 2,3ff Es gehört zu seinem diplomatischen Geschick, immer die Form anzunehmen, die am besten seinen Absichten dient, aber unter der veränderlichen Erscheinung des Chamäleons verbirgt es das unveränderliche Gift der Schlange. »Wir sind nicht gebunden, den Ketzern Treue und Glauben zu halten«, erklärt die römische Kirche. Soll nun diese Macht, deren Geschichte während eines Jahrtausends mit dem Blut der Heiligen geschrieben wurde, zur Gemeinde Christi gerechnet werden?

Nicht ohne Grund ist in protestantischen Ländern die Behauptung aufgestellt worden, der Katholizismus unterscheide sich nicht mehr so sehr vom Protestantismus wie in früheren Zeiten. Wohl hat sich manches geändert, aber nicht das Papsttum. Der Katholizismus ähnelt in der Tat dem heutigen Protestantismus, – weil dieser seit den Tagen der Reformation sehr entartet ist.

Indem die protestantischen Kirchen die Gunst der Welt gesucht haben, hat falsche Nächstenliebe ihre Augen verblendet. Sie können nicht einsehen, warum es unrecht sein sollte, von allem Bösen Gutes zu denken, und als unausbleibliche Folge werden sie schließlich Böses von allem Guten glauben. Anstatt den einst den Heiligen übergebenen Glauben zu verteidigen, entschuldigen sie sich nun sozusagen bei Rom wegen ihrer lieblosen Beurteilung dieses Glaubens und bitten darum, ihren blinden Eifer zu verzeihen.

Viele von denen, die der römisch-katholischen Erscheinungswelt nicht wohlwollend gegenüberstehen, fürchten nichts von deren Machteinfluss. Sie argumentieren, dass die geistige und sittliche Finsternis, die während des Mittelalters herrschte, die Ausbreitung ihrer Glaubenssätze, ihres Aberglaubens und ihrer Unterdrückungen begünstigte, und dass die Einsichten der Neuzeit, die allgemeine Verbreitung des Wissens und die zunehmende Freiheit in Glaubensdingen ein Wiederaufleben von Unduldsamkeit und Tyrannei unmöglich machen. Schon der Gedanke, dass ein solcher Zustand bestehen könne, wird verlacht. Es stimmt, dass unserem Geschlecht große geistige, sittliche und religiöse Erkenntnisse aufgingen. Aus dem frei erschlossenen heiligen Wort Gottes hat sich himmlisches Licht über die Welt ergossen. Man sollte aber bedenken, dass je größer das gewährte Licht, desto dunkler auch die Finsternis derer ist, die es verdrehen oder verwerfen.

Ein Studium der Heiligen Schrift unter Gebet würden Protestanten den wahren Charakter des Papsttums zeigen; aber viele sind nach ihrer eigenen Meinung so weise, dass sie nicht das Bedürfnis haben, Gott demütig zu suchen, um in die Wahrheit geleitet zu werden. Obwohl sie sich mit ihrer Erleuchtung brüsten, wissen sie weder etwas von der Heiligen Schrift noch von der Kraft Gottes. Sie müssen irgendein Mittel haben, um ihr Gewissen zu beruhigen, und sie suchen das, was am wenigsten geistlich und demütigend ist. Sie möchten gern Gott vergessen, aber in einer Weise, dass es scheint, als würden sie an ihn denken. Das Papsttum kommt den Bedürfnissen dieser Menschen entgegen. Es hat sich auf zwei Menschengruppen eingestellt, und diese umfassen beinahe die ganze Erde: diejenigen, die durch ihre eigenen Verdienste gerettet werden möchten, und jene, die in ihren Sünden gerettet werden wollen. Hier liegt das Geheimnis seiner Macht.

Es hat sich erwiesen, dass Zeiten tiefer geistiger Finsternis den Erfolg des Papsttums begünstigten. Es wird sich noch zeigen, dass eine Zeit von großem geistigem Licht sein Gedeihen nicht weniger fördert. In vergangenen Zeiten, als die Menschen ohne Gottes Wort und ohne die Erkenntnis der Wahrheit lebten, wurden ihre Augen verblendet und Tausende gefesselt, weil sie das Netz nicht sahen, das ihren Füßen gelegt war. In diesem Zeitalter gibt es viele, deren Augen durch den Glanz menschlicher Spekulationen, fälschlich »Wissenschaft« genannt, geblendet werden, sodass sie das Netz nicht wahrnehmen und so bereitwillig hineinlaufen, als wären ihre Augen verbunden. Gott beabsichtigte, dass der menschliche Verstand als eine Gabe seines Schöpfers betrachtet und im Dienst der Wahrheit und Gerechtigkeit eingesetzt werden sollte. Wenn aber Stolz und Ehrgeiz gepflegt werden, wenn Menschen ihre eigenen Ansichten über das Wort Gottes erheben, dann kann der Verstand mehr Schaden anrichten als die Unwissenheit. So wird die falsche Wissenschaft der heutigen Zeit, die den Glauben an die Heilige Schrift untergräbt, ebenso wirksam helfen, der Annahme des Papsttums mit seinen einnehmenden Gebräuchen den Weg zu bereiten, wie im Mittelalter das Vorenthalten von Erkenntnissen zu seiner Erhöhung beitrug.

Bei den in den Vereinigten Staaten vor sich gehenden Maßnahmen, für die Einrichtungen und Gebräuche der Kirche die Unterstützung des Staates zu bekommen, folgen die Protestanten den Fußtapfen des Papsttums. Ja, noch mehr, sie öffnen dem Papsttum die Tore, damit es im protestantischen Amerika die Oberherrschaft gewinne, die es in der Alten Welt verloren hat. Anm 55 Was dieser Bewegung größere Bedeutung gibt, ist die Tatsache, dass der beabsichtigte Hauptzweck die Durchsetzung der Sonntagsfeier ist – ein Brauchtum, welches in Rom seinen Ursprung hat und ein Zeichen seiner Macht ist. Es ist der Geist des Papsttums – der Geist der Übereinstimmung mit weltlichen Bräuchen, die Verehrung menschlicher Traditionen statt der Gebote Gottes –, der die protestantischen Kirchen durchdringt und sie dahin führt, den Sonntag zu erhöhen, wie es das Papsttum vor ihnen getan hat.

Will der Leser die in dem bald anbrechenden Kampf wirkenden Kräfte verstehen, so braucht er nur den Bericht über die Mittel und Wege zu verfolgen, die Rom in der Vergangenheit für das gleiche Ziel eingesetzt hat. Möchte er wissen, wie Papisten und Protestanten vereint jene behandeln werden, die ihre Dogmen verwerfen, dann achte er auf den Geist, den Rom gegen den Sabbat und dessen Verteidiger bekundet hat.

Kaiserliche Erlasse, allgemeine Konzilien und Kirchenverordnungen, unterstützt von weltlicher Macht, waren die Stufen, auf denen der heidnische Festtag zu seiner Ehrenstellung in der christlichen Welt emporstieg. Die erste öffentliche Maßnahme, die die Sonntagsfeier erzwang, war das von Konstantin erlassene Gesetz, zwei Jahre vor seinem Bekenntnis zum Christentum. Anm 05 Dieses Gesetz verlangte von der Stadtbevölkerung, am »ehrwürdigen Tag der Sonne« zu ruhen, gestattete jedoch der Landbevölkerung, ihre landwirtschaftliche Arbeit fortzusetzen. Obwohl dies eine im Grunde genommen heidnische Verordnung war, wurde sie doch vom Kaiser durchgeführt, nachdem er angeblich das Christentum angenommen hatte.

Da sich der kaiserliche Befehl nicht als genügendes Ersatzmittel für die göttliche Autorität erwies, verlieh der Bischof von Rom dem Sonntag bald darauf den Titel »Tag des Herrn«. Ein anderer Bischof namens Eusebius, der die Gunst der Fürsten suchte und ein besonderer Freund und Schmeichler Konstantins war, stellte die Behauptung auf, dass Christus den Sabbat auf den Sonntag verlegt habe. Kein einziges Zeugnis der Schrift wurde als Beweis für die neue Lehre angeführt. Selbst Eusebius bekannte offen, dass sie falsch wäre, und wies auf den wirklichen Urheber dieser Veränderung hin, indem er sagte: »Alles, was man am Sabbat zu tun verpflichtet war, haben wir auf den Tag des Herrn übertragen.« Cox, »Sabbath Laws and Sabbath Duties"» S. 538; Conradi, »Geschichte des Sabbats«, S. 366

Die heiligen Gewänder, mit denen der falsche Sabbat aufgestellt wurde, waren des Menschen eigene Produktion. Aber das Argument des Sonntags, so unbegründet es auch war, diente jedoch dazu, die Menschen zu ermutigen, auf den Sabbat des Herrn herumzutrampeln. Alle, die von der Welt geehrt werden wollten, nahmen den beliebten Festtag an.

Mit der festeren Verwurzelung des Papsttums bürgerte sich auch die Erhöhung des Sonntags ein. Anm 56 Eine Zeit lang befassten sich die Leute mit landwirtschaftlichen Arbeiten, wenn sie nicht die Kirche besuchten, während der siebente Tag noch immer als Sabbat betrachtet wurde.

Langsam aber ging eine Veränderung vor sich. Allen, die kirchliche Ämter bekleideten, wurde es untersagt, am Sonntag über zivile Streitigkeiten zu verhandeln. Bald darauf erging das Gebot, dass alle Menschen, gleich welchen Standes – bei Geldstrafe für die Freien und Rutenstreiche für die Dienenden –, sich am Sonntag gewöhnlicher Arbeit zu enthalten hätten. Später wurde angeordnet, Reiche mit dem Verlust der Hälfte ihres Vermögens zu bestrafen und schließlich, falls sie sich noch immer widersetzten, sie zu Sklaven zu machen. Den einfachen Menschen aber sollte lebenslängliche Verbannung treffen.

Angebliche Wunderzeichen wurden vorgebracht. Unter anderem wurde berichtet, dass ein Landmann, der im Begriff stand, am Sonntag sein Feld zu pflügen, vorerst den Pflug mit einem Eisen reinigte, wobei das Eisen fest in seiner Hand stecken blieb und er es zwei Jahre lang »unter großen Schmerzen und zu seiner Schande mit sich herumtragen musste.« West, »Historical and Practical Discourse on the Lord's Day«, S. 174

Später gab der Papst Anweisungen, dass Priester jeder Pfarrgemeinde die Übertreter des Sonntagsgesetzes ermahnen und bewegen sollten, in die Kirche zu gehen und zu beten, da sie sonst irgendein großes Unglück über sich und ihre Nachbarn bringen könnten. Eine Kirchenversammlung führte den seither so allgemeinen, sogar von Protestanten angewandten Nachweis an, dass der Sonntag der Sabbat sein müsse, weil Leute, die an diesem Tage arbeiteten, vom Blitz getroffen worden waren. »Es ist klar erkennbar«, sagten die Prälaten, »wie groß das Missfallen Gottes ist wegen der Vernachlässigung dieses Tages.« Dann wurde ein Aufruf erlassen, dass Priester und Prediger, Könige und Fürsten und alle treuen Untertanen »ihre äußerste Anstrengung und Sorgfalt anwenden sollten, damit der Tag wieder zu seiner Ehre gelange und künftig zum Lob der Christenheit andächtiger beachtet werde«. Morer, »Discourse in Six Dialogues on the Name, Notion and Observation of the Lord's Day«, S. 271

Als sich die Beschlüsse der Kirchenversammlungen als nicht ausreichend erwiesen, wurden die weltlichen Behörden gebeten, ein Edikt zu erlassen, das die Herzen des Volkes mit Schrecken erfüllen und es zwingen sollte, am Sonntag nicht zu arbeiten. Anlässlich einer in Rom abgehaltenen Synode wurden alle früher getroffenen Entscheidungen mit größerer Kraft und Feierlichkeit erneut bestätigt. Sie wurden auch dem Kirchengesetz hinzugefügt und von den zivilen Behörden in fast der ganzen Christenwelt durchgesetzt. Heylyn, »History of the Sabbath«, 2.Teil, Kapitel 5,7.Abschnitt

Doch noch immer verursachte der Mangel an biblischen Beweisen für die Sonntagsfeier keine kleine Verlegenheit. Die Menschen stellten das Recht ihrer Lehrer in Frage, die positive Erklärung des Herrn: »Der siebente Tag ist der Sabbat des Herrn, deines Gottes« beiseitezusetzen, um den

Tag der Sonne zu ehren. Um das Fehlen biblischer Zeugnisse auszugleichen, war Satan mit Hilfsmitteln bereit. Einem eifrigen Verteidiger des Sonntags, der ungefähr Ende des 12. Jahrhunderts die Kirchen von England besuchte, widerstanden treue Zeugen für die Wahrheit. Seine Bemühungen waren so erfolglos, dass er das Land eine Zeit lang verließ und versuchte, sich irgendein Mittel auszudenken, um seine Lehren durchzusetzen. Als er zurückkehrte, hatte er sich das Erforderliche verschafft, und er hatte bei seinem späteren Wirken mehr Erfolg. Er brachte eine Schriftrolle mit, die angeblich von Gott selbst kam und das für die Sonntagsfeier benötigte Gebot sowie auch schreckliche Drohungen enthielt, um die Ungehorsamen einzuschüchtern. Er gab vor, dieses kostbare Schriftstück – eine ebenso gemeine Fälschung wie die ganze Einrichtung, die es unterstützte – sei vom Himmel gefallen und in Jerusalem auf dem Altar des heiligen Simeon auf Golgatha gefunden worden. In Wirklichkeit war der päpstliche Palast in Rom der Ort, woher sie kam. Betrug und Fälschungen zur Förderung der Macht und des Wohlstandes der Kirche sind von der päpstlichen Hierarchie zu allen Zeiten als rechtmäßig angesehen worden.

Das Schriftstück verbot alle Arbeit von der neunten Stunde an, von 3 Uhr samstagnachmittags bis zum Sonnenaufgang am Montag, und es wurde behauptet, seine Echtheit sei durch viele Wunder bestätigt. Man berichtete, dass Menschen, die über die bestimmte Zeit hinaus gearbeitet hätten, vom Schlag getroffen worden seien. Ein Müller, der Korn gemahlen habe, hätte statt Mehl einen Blutstrom herauskommen sehen, und das Mühlrad wäre ungeachtet des starken Wasserstroms stehen geblieben. Eine Frau, die Teig in den Ofen gesetzt habe, hätte ihn noch roh gefunden, als sie ihn herausnahm, obwohl der Ofen sehr heiß war. Eine andere, deren Teig um die neunte Stunde zum Backen bereit war und die sich entschloss, ihn bis Montag stehen zu lassen, hätte am nächsten Tag festgestellt, dass er durch göttliche Macht zu Laiben geformt und gebacken worden sei. Ein Mann, der nach der neunten Stunde am Samstag Brot gebacken habe, hätte, als er es am nächsten Morgen brach, feststellen müssen, dass Blut herausfloss. Durch solche lächerlichen und abergläubischen Fälschungen versuchten die Verteidiger des Sonntags dessen Heiligkeit zu begründen. Hoveden, »Annals«, Bd. II, S. 528-530

In Schottland wie in England wurde eine größere Beachtung des Sonntags dadurch erreicht, dass man einen Teil des alten Sabbats damit vereinte. Aber die Zeit, die heiliggehalten werden sollte, war unterschiedlich. Ein Erlass des Königs von Schottland erklärte, dass »der Samstag von 12 Uhr Mittags an heilig erachtet werden sollte«, und dass niemand von dieser Stunde an bis Montag Morgen sich an weltlichen Geschäften beteiligen dürfe. (Morer, S. 290,291)

Aber ungeachtet aller Bemühungen, die Heiligkeit des Sonntags einzuführen, gaben die Papisten selbst öffentlich die göttliche Autorität des Sabbats und den menschlichen Ursprung der Einrichtung zu, durch die er ersetzt worden ist. Im 16. Jahrhundert erklärte ein päpstliches Konzil eindeutig, alle Christen sollten bedenken, dass der siebente Tag von Gott geheiligt und nicht nur von den Juden angenommen und beachtet wurde, sondern auch von allen andern, die vorgaben, Gott zu verehren, obwohl wir Christen ihren Sabbat in den Tag des Herrn umgewandelt haben. (Morer, S. 281,282) Die sich anmaßten, Hand an das göttliche Gesetz zu legen, waren sich der Bedeutung ihres Werkes wohl bewusst. Sie erhoben sich absichtlich über Gott.

Die lange und blutige Verfolgung der Waldenser, von denen einige den Sabbat hielten, zeigt in auffallender Weise Roms Verfahren denen gegenüber, die nicht mit ihm übereinstimmten. Andere litten auf ähnliche Weise wegen ihrer Treue gegen das vierte Gebot. Die Geschichte der Christen in Abessinien Anm 59 ist dafür besonders bezeichnend. Inmitten der Finsternis des Mittelalters verlor man die Christen in Mittelafrika aus den Augen. Sie wurden von der Welt vergessen und erfreuten sich viele Jahrhunderte der Freiheit, ihres Glaubens leben zu können. Aber schließlich erfuhr Rom von ihrem Dasein, und der Kaiser von Abessinien wurde bald darauf gedrängt, den Papst als Stellvertreter Christi anzuerkennen. Andere Zugeständnisse folgten. Es wurde ein Edikt erlassen, das die Sabbatfeier unter Androhung härtester Strafen verbot. »Church History of Äthiopien«, S. 311, 312 Die päpstliche Tyrannei wurde aber bald zu einem so drückenden Joch, dass die Abessinier sich entschlossen, es abzuschütteln. Nach einem schrecklichen Kampf wurden die römischen Vertreter von ihren Besitzungen verbannt und der alte Glaube wiederhergestellt. Die Gemeinden erfreuten sich erneut ihrer Freiheit und vergaßen nie die Lehre, die sie hinsichtlich des Betrugs, des Fanatismus und der bedrückenden Macht Roms erfahren hatten. In ihrem abgeschlossenen Land waren sie damit zufrieden, der übrigen Christenheit unbekannt zu bleiben. Die Gemeinden Afrikas hielten den Sabbat, wie er von der Kirche vor ihrem vollständigen Abfall gehalten worden war. Während sie den siebenten Tag im Gehorsam gegen Gottes Gebot feierten, arbeiteten sie in Übereinstimmung mit dem Gebrauch der Kirche auch am Sonntag nicht. Nachdem Rom zu höchster Macht gelangt war, trat es den Sabbat Gottes mit Füßen, um seinen eigenen Feiertag zu erhöhen, aber die fast ein volles Jahrtausend verborgen gebliebenen Gemeinden Afrikas hatten an diesem Abfall keinen Anteil. Als sie unter die Herrschaft Roms kamen, wurden sie gezwungen, den wahren Sabbat beiseitezusetzen und den falschen zu erhöhen. Aber kaum hatten sie ihre Unabhängigkeit wiedererlangt, so kehrten sie auch wieder zum Gehorsam gegen das vierte Gebot zurück. Anm 57

Diese Berichte aus der Vergangenheit enthüllen deutlich die

Feindseligkeit Roms gegen den wahren Sabbat und dessen Verteidiger sowie die Mittel, die es anwandte, um seine selbst geschaffene Einrichtung zu ehren. Das Wort Gottes lehrt, dass sich diese Dinge wiederholen werden, wenn sich Katholiken und Protestanten zur Erhöhung des Sonntags zusammenschließen.

Die in Offenbarung 13 durch das Tier mit Hörnern »gleichwie ein Lamm« dargestellte Macht wird ihren Einfluss dahingehend ausüben, »dass die Erde und die darauf wohnen« das Papsttum anbeten. Das Tier mit den zwei Hörnern wird auch sagen »denen, die auf Erden wohnen, dass sie ein Bild machen sollen dem Tier«; und zudem wird es dahingehend wirken, dass »die Kleinen und Großen, die Reichen und Armen, die Freien und Knechte« das Malzeichen des Tieres annehmen. Offenbarung 13,11-16 Es wurde bereits erklärt, dass die USA die Macht ist, die durch das Tier, »das hatte zwei Hörner gleichwie ein Lamm«, sinnbildlich dargestellt wird und diese Weissagung in Erfüllung gehen wird, wenn die USA die Sonntagsheiligung erzwingen wird, die Rom als besondere Anerkennung seiner Oberherrschaft beansprucht. In dieser Huldigung dem Papsttum gegenüber werden die USA nicht alleinstehen: Roms Einfluss in den Ländern, die einst seine Herrschaft anerkannten, ist noch längst nicht vorbei. Die Weissagung sagt eine Wiederherstellung seiner Macht voraus: »Und ich sah eines seiner Häupter, als wäre es tödlich verwundet, und seine tödliche Wunde wurde heil. Und die ganze Erde wunderte sich über das Tier.« Offb. 13,3

Das Versetzen der tödlichen Wunde weist auf den Sturz des Papsttums im Jahre 1798 hin. Auf die hierauf folgende Zeit weisend, sagt der Prophet: »Seine tödliche Wunde wurde heil. Und die ganze Erde verwunderte sich über das Tier.« Paulus sagt ausdrücklich, dass der Mensch der Sünde bis zur Zeit der Wiederkunft Christi fortbestehen werde. »Lasset euch niemand verführen in keinerlei Weise; denn er [der Tag Christi] kommt nicht, es sei denn, dass zuvor der Abfall komme und offenbart werde der Mensch der Sünde, das Kind des Verderbens ... und alsdann wird der Boshafte offenbart werden, welchen der Herr umbringen wird mit dem Geist seines Mundes und wird durch die Erscheinung seiner Zukunft ihm ein Ende machen.« 2.Thessalonicher 2,3.8 Er wird sein Werk der Täuschung bis ganz zum Ende der Zeit fortsetzen.

Der Schreiber der Offenbarung, Johannes, erklärt: »Alle, die auf Erden wohnen, beten es an, deren Namen nicht geschrieben sind in dem Lebensbuch des Lammes.« Offenbarung 13,8 In der Alten wie in der Neuen Welt wird das Papsttum durch die Einführung der Sonntagsheiligung verehrt, da diese einzig und allein auf der Autorität der römischen Kirche beruht. Schon länger als ein Jahrhundert haben Forscher der Weissagungen in den USA der Welt dies Zeugnis vor Augen gehalten. Die jetzt stattfindenden Ereignisse zeigen einen raschen Fortschritt

hin zur Erfüllung der Weissagung. Protestantische Lehrer erheben den gleichen Anspruch auf göttliche Autorität der Sonntagsfeier, und sie können das genauso wenig aus der Schrift beweisen, wie die päpstlichen Führer, die sich Wunder ausdachten, um damit ein göttliches Gebot zu ersetzen. Die Behauptung, dass Gottes Gerichte die Menschen wegen der Übertretung des Sonntags heimsuchen, den man als den Sabbat hinstellt, wird wiederholt werden. Man fängt bereits an, sie vorzubringen, und eine Bewegung, die Sonntagsheiligung zu erzwingen, macht schnelle Fortschritte.

Über die Geschicklichkeit der römischen Kirche kann man nur staunen. Sie spürt geradezu, was kommen wird. Sie wartet ruhig auf ihre Stunde, da sie sieht, dass die protestantischen Kirchen ihr durch die Annahme des falschen Sabbats huldigen und sich vorbereiten, seine Anerkennung mit den gleichen Mitteln zu erzwingen, die sie selbst in früheren Tagen benutzten. Diejenigen, die das Licht der Wahrheit verwerfen, werden dennoch die Hilfe der nach eigener Aussage unfehlbaren Macht suchen, um eine Einrichtung zu erhöhen, die gerade von jener Macht ins Leben gerufen wurde. Wie bereitwillig diese Macht dabei den Protestanten zu Hilfe kommen wird, ist nicht schwer zu erraten. Wer versteht besser als die päpstlichen Führer, mit denen umzugehen, die der Kirche ungehorsam sind?

Die römische Kirche mit allen ihren Verzweigungen über die ganze Welt hin bildet eine riesige Organisation, die unter der Leitung des päpstlichen Stuhles steht und dazu bestimmt ist, ihre Interessen wahrzunehmen. Ihre Millionen Mitglieder in allen Ländern der Erde werden unterwiesen, dem Papst treue Untertanen zu sein. Welcher Nationalität oder Regierungsform sie auch angehören mögen, sie müssen die Autorität der Kirche über alles schätzen. Selbst wenn sie dem Staat den Treueid leisten, steht doch darüber das Gelübde des Gehorsams gegen Rom, das sie jedes Versprechens entbindet, das die Interessen Roms beeinträchtigen könnte.

Die Geschichte der römischen Kirche bezeugt ihre geschickten und hartnäckigen Bemühungen, sich in die Angelegenheiten der Nationen einzudrängen. Hat sie da erst einmal Fuß gefasst, verfolgt sie ohne Rücksicht auf das Wohl von Fürsten und Volk ihre eigenen Ziele. Im Jahr 1204 zwang Papst Innozenz III. den König von Aragonien, Peter II., folgenden außergewöhnlichen Eid abzulegen: »Ich, Peter, König der Aragonier, bekenne und verspreche, meinem Herrn, Papst Innozenz, seinen katholischen Nachfolgern und der römischen Kirche stets treu und gehorsam zu sein und gewissenhaft mein Reich im Gehorsam gegen ihn zu bewahren, den köstlichen Glauben zu verteidigen und ketzerische Verderbtheit zu verfolgen.« Dowling, »History of Romanism«, 5.Buch, Kapitel 6,55.Abschnitt Dies stimmt mit den Ansprüchen bezüglich der Macht des römischen Oberpriesters überein, dass »es ihm gesetzlich zustehe, Kaiser abzusetzen« und dass »er Untertanen von ihrer Pflicht ungerechten Herrschern gegenüber freisprechen kann«. Mosheim, »Instituiones historiae ecclesiasticae«, 3.Buch, 11. Jhdt., 2.Abschnitt, Kapitel 2, Sek. 9, Anm. 1

Wir dürfen nicht vergessen, dass sich Rom damit brüstet, unveränderlich zu sein. Die Grundsätze Gregors VII. und Innozenz' III. sind noch immer die Grundsätze der römisch-katholischen Kirche. Und hätte sie heute die Macht, sie würde sie genauso eifrig nutzen wie in den vergangenen Jahrhunderten. Die Protestanten wissen kaum, was sie tun, wenn sie vorschlagen, bei der Erhöhung des Sonntags die Hilfe Roms annehmen zu wollen. Während sie entschlossen sind, ihr Vorhaben auszuführen, strebt Rom nach Wiederherstellung seiner Macht, um seine verlorene Oberhoheit wiederzugewinnen. Ist in den USA erst der Grundsatz eingeführt, dass die Kirche die Macht des Staates beherrschen oder für sich einsetzen darf, dass religiöse Verordnungen durch weltliche Gesetze erzwungen werden können – kurz, dass die Autorität von Kirche und Staat über das Gewissen zu gebieten hat – dann wird der Triumph Roms in diesem Land gesichert sein.

Das Wort Gottes hat vor der herannahenden Gefahr gewarnt. Bleibt diese Warnung unbeachtet, so wird die protestantische Welt erfahren, was Roms Absichten wirklich sind – doch erst wenn es zu spät ist, den Schlingen zu entrinnen. Rom nimmt im Stillen an Macht zu. Seine Lehren üben auf Parlamente, auf Kirchen und auf die Herzen der Menschen ihren Einfluss aus. Es türmt seine hohen und gewaltigen Bauwerke auf, in deren geheimen Verliesen sich die früheren Verfolgungen wiederholen werden. Heimlich und unverdächtig stärkt es seine Kräfte, um seine Endziele zu fördern und wenn die Zeit da ist, zum Schlag auszuholen. Alles, was es braucht, ist eine günstige Angriffsposition, und diese ist ihm bereits zugestanden. Wir werden bald sehen und spüren, wohin römischer Geist zielt. Wer dem Wort Gottes glauben und gehorchen will, wird sich dadurch Schmach und Verfolgung zuziehen.

Vatikan, Zentrum der Katholischen Kirche in Rom

KAPITEL 36

Der KOMMENDE KAMPF

Der Angriff auf das Gesetz Gottes ist auf allen Ebenen der Gesellschaft zu sehen. Systematisch werden die Menschen dazu verführt, die Grundlagen des Miteinanders gering zu schätzen. Dieser Kampf begann ja schon durch Luzifer im Himmel. Zwei große Irrtümer – die Unsterblichkeit der Seele und die Heiligung des Sonntags – werden dazu benutzt, das Volk zu täuschen; zudem ist die Grenzlinie zwischen Gläubigen und Gottlosen momentan kaum erkennbar.

S eit dem Beginn des großen Streits im Himmel ist es Satans Plan, Gottes Gesetz umzustoßen. Um dieses Ziel zu erreichen, hat er sich gegen den Schöpfer empört, und obwohl er deshalb aus dem Himmel verstoßen wurde, hat er denselben Kampf auf Erden fortgesetzt. Die Menschen zu täuschen und sie zur Übertretung des Gesetzes Gottes zu veranlassen, ist das Ziel, dem er beharrlich nachjagt. Ob dies nun erreicht wird, indem man das ganze Gesetz für nichtig erklärt oder nur eines seiner Gebote verwirft – die Folgen werden letztlich dieselben sein. Wer da »sündigt an einem«, verachtet dadurch das ganze Gesetz. Sein Einfluss sowie sein Beispiel stehen auf der Seite der Übertretung; er wird somit »ganz schuldig«. Jakobus 2,10

Indem Satan die göttlichen Gebote verächtlich zu machen suchte, hat er die Lehren der Bibel verfälscht und dadurch Tausenden, die bekennen, sich an die Schrift zu halten, Irrtümer in ihren Glauben gepflanzt. Der letzte große Kampf zwischen Wahrheit und Irrtum ist das entscheidende Ringen in dem langanhaltenden Streit über Gottes Gesetz. Wir sind jetzt dabei, diesen Kampf aufzunehmen – einen Kampf zwischen den Gesetzen der Menschen und den Geboten des Herrn, zwischen der Religion der Heiligen Schrift und der Religion der Fabeln und Überlieferungen.

Die Kräfte, die sich in diesem Streit gegen Wahrheit und Gerechtigkeit vereinen, sind nun an der Arbeit. Gottes heiliges Wort, das uns unter so viel Leiden und Blutvergießen überliefert ist, wird nur wenig geschätzt. Die Bibel können sich alle besorgen, aber nur wenige nehmen sie wirklich als Wegweiser zum Leben an. Der Unglaube nimmt in erschreckendem Maße überhand, nicht nur in der Welt, sondern auch in der Kirche. Viele lehnen Lehren ab, die die eigentlichen Grundpfeiler des christlichen Glaubens sind. Die erhabenen Tatsachen der Schöpfung, wie sie von durch Gottes Geist geleiteten Schreibern dargestellt werden, – der Fall des Menschen, die Versöhnung und die ewige Gültigkeit des Gesetzes Gottes – werden tatsächlich von einem Großteil angeblicher Christen entweder ganz oder teilweise verworfen. Tausende, die sich mit ihrer Weisheit und Unabhängigkeit brüsten, betrachten es als ein Zeichen der Schwäche, unbedingtes Vertrauen in die Heilige Schrift zu setzen. Sie halten es für einen Beweis der Überlegenheit und Gelehrsamkeit, die Heilige Schrift zu kritisieren und ihre wichtigsten Wahrheiten zu vergeistigen und zu entkräften. Viele Prediger lehren ihre Gemeinden und viele Professoren und Lehrer unterweisen ihre Schüler, dass Gottes Gesetz verändert oder aufgehoben worden sei und dass alle, die glauben, seine Anforderungen seien noch immer gültig und müssten buchstäblich beachtet werden, nur Spott und Schmach verdienen.

Durch die Verachtung der Wahrheit verwerfen die Menschen deren Urheber. Indem sie das Gesetz Gottes mit Füßen treten, leugnen sie die Autorität des Gesetzgebers. Es ist ebenso leicht, sich einen Götzen aus falschen Lehren und Theorien zu errichten, wie ein Götzenbild aus Holz oder Stein zu formen. Durch Satans lügenhafte Darstellung der Eigenschaften Gottes machen sich die Menschen einen falschen Begriff vom Wesen ihres Schöpfers. Von vielen wird ein philosophischer Götze an Stelle Gottes, des Allerhöchsten, auf den Thron erhoben, und der lebendige Gott, wie er in seinem Wort, in Christus und in seinen Schöpfungswerken offenbart ist, wird nur von wenigen Menschen verehrt. Tausende vergöttern die Natur, während sie den Gott der Natur leugnen. Obwohl sich die Form gewandelt hat, so besteht doch der Götzendienst in der heutigen christlichen Welt ebenso wirklich, wie er im alten Israel in den Tagen Elias ausgeübt wurde. Der Gott vieler angeblich weiser Männer, Philosophen, Dichter, Staatsmänner, Journalisten, der Gott vornehmer Kreise, vieler Hochschulen und Universitäten, ja sogar einiger theologischer Anstalten ist nicht viel besser als Baal, der Sonnengott der Phönizier.

Kein von der christlichen Welt angenommener Irrtum stößt kühner gegen die Autorität des Himmels vor, keiner geht so unmittelbar gegen die Vernunft oder ist verderblicher in seinen Folgen als die so rasch um sich greifende Lehre der Neuzeit, dass das Gesetz Gottes für die Menschen nicht mehr bindend sei. Jedes Land hat seine Gesetze, die Achtung und Gehorsam gebieten und keine Regierung könnte ohne sie bestehen. Wie kann man sich vorstellen, dass der Schöpfer des Himmels und der Erde kein Gesetz habe, um die Geschöpfe zu regieren, die er erschaffen hat? Wie lange würden hervorragende Geistliche auf der Kanzel geduldet werden, falls sie lehrten, dass die Gesetze zum Schutz des Landes und der Rechte seiner Bürger nicht verbindlich seien, dass sie die

Freiheit des Volkes einschränkten und deshalb nicht befolgt

werden sollten? Ist es etwa ein schwereres Vergehen, die Gesetze von Staaten und Ländern zu missachten, als jene göttlichen Verordnungen mit Füßen zu treten, die die sittliche Grundlage jeder Regierung sind?

Es wäre eher verständlich, dass Staaten ihre Gesetze aufhöben und den Menschen gestatteten zu handeln, wie es ihnen gefällt, als das Gesetz des Herrschers der Welt auszuhebeln und die Erde ohne einen Maßstab zu lassen, um die Schuldigen verurteilen oder die Gehorsamen rechtfertigen zu können. Kennen wir die Folgen der Aufhebung des Gesetzes Gottes? Der Versuch ist gemacht worden. Schrecklich waren die in Frankreich sich abspielenden Vorgänge, als der Atheismus zur herrschenden Macht wurde. Damals wurde der Welt gezeigt, dass die Beschränkungen abzuschütteln, die Gott auferlegt hat, nichts anderes heißt, als die Herrschaft der grausamsten Tyrannen anzunehmen. Wenn die Richtschnur der Gerechtigkeit beiseitegesetzt wird, steht dem Fürsten der Finsternis der Weg offen, seine Herrschaft auf Erden aufzurichten.

Wo die göttlichen Vorschriften verworfen werden, hört die Sünde auf sündhaft oder die Gerechtigkeit wünschenswert zu erscheinen. Die es ablehnen, sich Gottes Gesetz zu unterstellen, sind völlig unfähig, sich selbst zu beherrschen. Durch ihre zerstörerischen Lehren pflanzen sie den Geist der Aufsässigkeit in die Herzen der Kinder und der Jugend, die von Natur aus Beschränkungen nur ungern ertragen, und ein gesetzloses, ungebändigtes Verhalten der Gesellschaft ist die Folge. Während viele über die Leichtgläubigkeit jener spotten, die den Anforderungen Gottes gehorchen, nehmen sie bereitwillig die Täuschungen Satans an. Sie lassen der Lust freien Lauf und begehen Sünden, die einst Strafgerichte über die Heiden gebracht haben.

Wer das Volk Gottes lehrt, die Gebote Gottes gering zu achten, sät Ungehorsam, um Ungehorsam zu ernten. Beseitigte man völlig die durch das göttliche Gesetz auferlegten Beschränkungen, so würden alle menschlichen Gesetze bald missachtet werden. Weil Gott unehrbare Handlungen, Begierden, Lügen und Betrug verbietet, wollen die Menschen seine Verordnungen als Hindernis für ihr weltliches Wohlergehen mit Füßen treten, aber die Folgen dieser Handlungsweise würden derart sein, wie sie dies nicht erwarteten. Wäre das Gesetz nicht bindend, warum sollte sich irgendjemand fürchten, es zu übertreten? Das Eigentum wäre nicht mehr sicher. Die Menschen würden sich die Werte ihres Nächsten gewaltsam aneignen, und die Stärksten würden die Reichsten werden. Selbst vor dem Leben hätte man keine Ehrfurcht. Das Ehegelübde sähe man nicht mehr als heilige Festung zum Schutz der Familie an. Wer die Macht hätte, würde, falls ihn danach verlangte, seines Nächsten Frau mit Gewalt nehmen. Das fünfte Gebot bliebe einschließlich des vierten unbeachtet. Kinder würden nicht davor zurückschrecken, ihre

Eltern zu töten, wenn sie dadurch das Verlangen ihres verderbten Herzens stillen könnten. Die gesittete Welt führte sich auf wie eine Horde von Räubern und Mördern und Friede, Ruhe und Glück wären von der Erde verbannt.

Die Lehre, dass die Menschen vom Gehorsam gegen Gottes Forderungen entbunden seien, hat die Kraft der sittlichen Verpflichtung bereits geschwächt und in der Welt die Schleusen der Ungerechtigkeit geöffnet. Gesetzlosigkeit, Verschwendung und Verderbtheit strömen auf uns ein wie eine überschwemmende Flut. In der Familie ist Satan am Wirken. Sein Banner weht sogar in angeblich christlichen Häusern. Man findet dort Neid, böse Mutmaßungen, Heuchelei, Entfremdung, Zwietracht, Streit, Verrat des heiligen Vertrauens, Befriedigung sinnlicher Begierden. Der ganze Bau religiöser Grundsätze und Lehren, die die Grundlage und das Gerüst des gesellschaftlichen Lebens bilden sollten, scheint ins Wanken gekommen zu sein, bereit zu verfallen. Die gemeinsten Verbrecher, die wegen ihrer Vergehen ins Gefängnis geworfen sind, werden oft mit Gaben und Aufmerksamkeit bedacht, als sei ihre Haft eine beneidenswerte Auszeichnung. Ihr Charakter und ihre Verbrechen werden in sensationeller Weise der Öffentlichkeit zugänglich gemacht. Die Presse veröffentlicht die empörenden Einzelheiten eines Verbrechens und weiht auf diese Weise andere in die Ausübung von Betrug, Raub und Mord ein, während Satan sich über den Erfolg seiner höllischen Anschläge freut. Das Liebäugeln mit dem Laster, die leichtfertigen Mordtaten, die schreckliche Zunahme der Unmäßigkeit und Bosheit jeder Art und jeden Grades sollten alle Gottesfürchtigen veranlassen zu forschen, was getan werden könnte, um der Flut des Übels Einhalt zu gebieten.

Die Gerichtshöfe sind verdorben. Herrscher werden vom Verlangen nach Gewinn und Liebe zu sinnlichen Vergnügungen getrieben. Unmäßigkeit hat die Fähigkeiten vieler Menschen getrübt, sodass Satan eine nahezu vollständige Herrschaft über sie ausübt. Rechtsgelehrte werden verführt, bestochen, hintergangen. Trunksucht und Schwelgerei, Leidenschaft, Neid, Unehrlichkeit in jeder Weise werden von denen verübt, die die Gesetze handhaben. »Und das Recht ist zurückgewichen, und die Gerechtigkeit hat sich entfernt; denn die Wahrheit ist auf der Gasse zu Fall gekommen, und die Aufrichtigkeit findet keinen Eingang.« Jesaja 59,14

Die Bosheit und geistliche Finsternis, die unter der Oberherrschaft der römischen Kirche überhandnehmen, sind die unausbleibliche Folge ihrer Unterdrückung der Heiligen Schrift. Wo aber liegt die Ursache der weit verbreiteten Gottlosigkeit, der Verwerfung des Gesetzes Gottes und der daraus folgenden Verderbtheit unter dem vollen Licht des Evangeliums in einem Zeit-

alter religiöser Freiheit? Jetzt, da Satan die Welt nicht länger unter seiner Herrschaft halten kann, indem er ihr die Heilige Schrift entzieht, benutzt er andere Mittel, um dasselbe Ziel zu erreichen. Den Glauben an die Bibel zu zerstören, dient seiner Absicht ebenso sehr, als die Bibel selbst zu vernichten. Durch die Auffassung, dass Gottes Gesetze nicht bindend seien, bringt er die Menschen ebenso erfolgreich dahin, sie zu übertreten, als wenn sie über deren Vorschriften überhaupt nichts wüssten. Auch heute hat er, wie in früheren Zeiten, durch die Kirche gewirkt, zu Gunsten seiner Absichten. Religiöse Gemeinschaften haben sich geweigert, auf die in der Heiligen Schrift deutlichen Wahrheiten zu achten, die beim Volk unbeliebt sind. Indem sie diese bekämpfen, nehmen sie eine Auslegung an und verteidigen einen Standpunkt, durch den der Same des Unglaubens gesät wird. Sie halten den päpstlichen Irrtum fest – die natürliche Unsterblichkeit und der Bewusstseinszustand des Menschen im Tod. Damit haben sie die einzige Schutzwehr gegen die Täuschungen des Spiritismus verworfen. Die Lehre von der ewigen Qual hat viele Menschen dazu verleitet, die Aussagen der Heiligen Schrift anzuzweifeln. Und wenn die Ansprüche des vierten Gebotes dem Volk klargemacht werden und es sich zeigt, dass die Beachtung des Siebenten-Tag-Sabbats verbindlich ist, dann erklären viele volkstümliche Lehrer als einzigen Ausweg, um sich von einer Pflicht zu befreien, die sie nicht erfüllen wollen, dass Gottes Gesetz nicht mehr bindend sei. So verwerfen sie beides zusammen, das Gesetz und den Sabbat. Wenn sich die Sabbatreform ausdehnt, wird die Verwerfung des göttlichen Gesetzes, um die Ansprüche des vierten Gebotes zu umgehen, nahezu allgemein üblich werden. Die Lehren verantwortlicher religiöser Menschen haben dem Unglauben, dem Spiritismus und der Verachtung des heiligen Gesetzes Gottes die Tore geöffnet. Auf diesen Leitern liegt eine furchtbare Verantwortung für die Gottlosigkeit, die in der christlichen Welt vorherrscht.

Dennoch behaupten gerade diese Leute, dass die schnell überhandnehmende Verderbnis großteils der Entheiligung des so genannten »christlichen Sabbats« zuzuschreiben sei, und dass die kompromisslose Durchführung der Sonntagsfeier das Verhalten des Volkes um vieles bessern würde. Das wird besonders in Amerika behauptet, wo die Lehre vom wahren Sabbat schon weit und breit gepredigt worden ist. Dort wird das Mäßigkeitswerk, eine der hervorragendsten und wichtigsten aller sittlichen Reformen, oft mit der Sonntagsbewegung verbunden, und ihre Anhänger treten auf, als setzten sie sich für das höchste Wohl der Gesellschaft ein; und alle, die sich weigern, sich mit ihnen zu verbinden, werden als Feinde der Mäßigkeit und der Reform verschrien. Aber die Tatsache, dass mit einer an und für sich guten Maßnahme eine Bewegung verbunden ist, die einen Irrtum verkündigt, spricht nicht zu deren Gunsten. Wir können das Gift mit gesunder Nahrung vermischen und dadurch unkenntlich machen, aber auf diese Weise verändern wir seine Wirkung nicht. Im Gegenteil, es wird nur noch gefährlicher, da man es desto leichter unversehens nimmt. Es ist eine List Satans, mit der Lüge gerade so viel Wahrheit zu verbinden, damit sie glaubwürdig erscheint. Die leitenden Menschen der Sonntagsbewegung mögen Reformen vertreten, die das Volk nötig hat, und Grundsätze, die mit der Bibel übereinstimmen, und doch können sich des Herrn Knechte nicht mit ihnen vereinen, weil damit eine Forderung verbunden ist, die dem Gesetz Gottes zuwiderläuft. Nichts kann die Beseitigung der Gebote Gottes zu Gunsten menschlicher Vorschriften rechtfertigen.

Durch die zwei großen Irrtümer, die Unsterblichkeit der Seele und die Heiligkeit des Sonntags, wird Satan das Volk erfolgreich täuschen. Während das eine den Grund für den Spiritismus legt, schafft das andere ein Band der Übereinstimmung mit Rom. Die Protestanten der USA werden an vorderster Stelle stehen, ihre Hände über die Kluft ausstrecken, um die Hand des Spiritismus zu erfassen. Sie werden über den Abgrund die Hand der römischen Macht ergreifen, und unter dem Einfluss dieser dreifachen Verbindung wird jenes Land den Fußstapfen Roms folgen und die Gewissensrechte mit Füßen treten.

Da sich der Spiritismus dem heutigen Namenschristentum anpasst, hat er größere Kraft zu täuschen und einzufangen. Satan selbst ist umgekehrt, nach der neuen Ordnung der Dinge. Er wird als ein Engel des Lichts erscheinen. Durch die Wirksamkeit des Spiritismus werden Wunder geschehen; Kranke werden geheilt und viele unstreitig übernatürliche Taten vollbracht werden. Und da die Geister ihren Glauben an die Bibel beteuern und Achtung vor den Einrichtungen der Kirche bekunden, wird ihr Werk als eine Offenbarung göttlicher Macht angenommen werden.

Die Grenzlinie zwischen den bekennenden Christen und den Gottlosen ist zurzeit kaum erkennbar. Glieder der Kirche lieben, was die Welt liebt, und sind bereit, sich mit ihr zu vereinen. Satan ist fest entschlossen, sie zu einer Gemeinschaft zu verbinden und seine Sache dadurch zu stärken, dass er alle in die Reihen des Spiritismus treibt. Katholiken, die Wunder als ein Zeichen der wahren Kirche ansehen, werden durch diese Wunder wirkende Macht leicht getäuscht werden, und Protestanten, die den Schild der Wahrheit von sich geworfen haben, werden ebenfalls hintergangen. Katholiken, Protestanten und Weltmenschen werden den Schein eines gottseligen Wesens annehmen, während sie dessen Kraft verleugnen. Sie werden in dieser Vereinigung eine große Bewegung sehen, die die Welt bekehrt und die lang erwartete tausendjährige Regierung Christi ankündigt.

Durch den Spiritismus erscheint Satan als Wohltäter der Menschen, indem er die Krankheiten des Volkes heilt und vorgibt, eine neue und erhabenere Religion einzuführen; gleichzeitig aber wirkt er als Zerstörer. Seine Versuchungen führen Scharen von Menschen ins Verderben. Die Unmäßigkeit entthront die Vernunft. Sinnliche Befriedigung, Streit und Blutvergießen folgen. Satan ergötzt sich am Krieg, denn dieser erweckt die schlimmsten Leidenschaften der Seele und rafft dann seine in Laster und Blut versunkenen Opfer hinweg in die Ewigkeit. Es ist daher Satans Absicht, die Völker gegeneinander zum Krieg aufzuhetzen, denn auf diese Weise kann er die Gedanken der Menschen von den Vorbereitungen ablenken, die sie befähigen würden, am Tag Gottes zu bestehen.

Satan wirkt auch durch die Elemente, um seine Ernte – die unvorbereiteten Menschen – einzusammeln. Er hat die Geheimnisse des Laboratoriums der Natur studiert und setzt seine ganze Macht ein, um die Elemente zu beherrschen, soweit Gott es zulässt. Als es ihm gestattet war, Hiob zu schaden, da waren Herden, Knechte, Häuser, Kinder schnell hinweggerafft. Ein Unglück folgte unmittelbar auf das andere. Gott behütet seine Geschöpfe und bewahrt sie vor der Macht des Verderbens. Die christliche Welt hat das Gesetz des Herrn verachtet, und der Herr wird genau das tun, was er angekündigt hat ausführen zu wollen: Er wird der Erde seinen Segen entziehen und seinen fürsorgenden Schutz von denen nehmen, die sich gegen sein Gesetz empören und andere lehren und zwingen, dasselbe zu tun. Satan herrscht über alle, die nicht unter Gottes besonderem Schutz stehen. Er wird manche begünstigen und fördern, um seine eigenen Absichten voranzubringen; auf andere aber wird er Schwierigkeiten häufen und die Menschen glauben machen, es sei Gott, der das zulässt.

Während er den Menschen als ein großer Arzt erscheint, der alle ihre Krankheiten heilen kann, wird er Gebrechen und Unheil bringen, bis große Städte in Trümmer und Einöden verwandelt sind. Gerade jetzt ist er tätig. In Unfällen und Not zu Wasser und zu Lande, in großen Feuersbrünsten, in heftigen Tornados und schrecklichen Hagelstürmen, in Unwettern, Flutkatastrophen, riesigen Wirbelstürmen und Erdbeben, überall und in jeder Gestalt übt Satan seine Macht aus. Er fegt die reifende Ernte hinweg, und Hungersnot und Elend folgen. Er erfüllt die Luft mit einer tödlichen Seuche, und Tausende kommen dadurch um. Die Heimsuchungen werden immer häufiger und katastrophaler werden. Das Verderben wird über Menschen wie über Tiere kommen. »Das Land steht jämmerlich und verderbt ... die Höchsten des Volks ... nehmen ab. Das Land ist entheiligt von seinen Einwohnern; denn sie übertreten das Gesetz und ändern die Gebote und lassen fahren den ewigen Bund.« Jesaja 24,4.5

Dann wird der große Betrüger den Menschen einreden, dass diejenigen, die Gott dienen, diese Probleme verursachen. Die Menschen, die das Missfallen des Himmels herausgefordert haben, werden all ihr Unglück denen zur Last legen, deren Gehorsam gegen Gottes Gebote den Übertretern ein ständiger Vorwurf ist. Man wird erklären, dass die Menschen durch die Missachtung der Sonntagsfeier Gott beleidigen, dass diese Sünde Schwierigkeiten gebracht hat, die nicht aufhören werden, bis man die Heiligung des Sonntags streng beachtet, und dass diejenigen, welche die Ansprüche des vierten Gebots aufzeigen und dadurch die Verehrung des Sonntags zerstören, Störenfrieder der Menschen sind und das sie die Wiedereinsetzung in göttliche Gnade und zeitlichen Wohlstand verhindern.

So wird die einst gegen die Diener Gottes vorgebrachte Anklage, und zwar aus den gleichen Gründen, wiederholt werden: »Und als Ahab Elia sah, sprach Ahab zu ihm: Bist du nun da, der Israel ins Unglück stürzt? Er aber sprach: Nicht ich stürze Israel ins Unglück, sondern du und deines Vaters Haus dadurch, dass ihr des HERRN Gebote verlassen habt und wandelt den Baalen nach.« 1.Könige 18,17.18 Wenn die Menschen wegen falscher Anschuldigungen erbost sind, werden sie gegen die Boten Gottes ähnlich verfahren wie damals das gefallene Israel gegen Elia.

Die Wunder wirkende Macht, die sich im Spiritismus zeigt, wird ihren Einfluss gegen alle ausüben, die Gott mehr gehorchen als den Menschen. In ihren Mitteilungen werden Geister erklären, dass Gott sie gesandt habe, um die Verwerfer des Sonntags ihres Irrtums zu überführen und zu bestätigen, dass die Gesetze des Landes als Gottes Gesetze beachtet werden sollten. Sie werden die große Gottlosigkeit in der Welt beklagen und die Zeugnisse religiöser Lehrer unterstützen, dass die gesunkene Moral durch die Entheiligung des Sonntags verursacht werde. Tiefe Entrüstung wird sich gegen all jene erheben, die sich weigern, ihr Zeugnis anzunehmen.

Satans Handlungsweise gegenüber dem Volk Gottes in diesem letzten Kampf ist die gleiche, die er zu Beginn des großen Streites im Himmel einschlug. Er gab vor, die Festigkeit der göttlichen Regierung fördern zu wollen, während er heimlich alle Anstrengung machte, sie zu stürzen. Gerade das Werk, das er auf diese Weise durchzuführen hoffte, legte er den treugebliebenenen Engeln zur Last. Unter der Herrschaft Roms wurden die Menschen, die ihre Treue zum Evangelium mit dem Leben bezahlen mussten, als Übeltäter gebrandmarkt. Man erklärte, sie seien mit Satan im Bunde, und wandte alle möglichen Mittel an, sie mit Schmach zu überhäufen, damit sie in den Augen des Volkes und sogar vor sich selbst als die gemeinsten Verbrecher erschienen. So wird es auch jetzt sein. Indem Satan danach trachtet, die Menschen umzubringen, die Gottes Gebote ehren, wird er veranlassen, dass sie als Übertreter des Gesetzes angeklagt werden, als solche, die Gott entehren und seine schrecklichen Gerichte über die Welt bringen.

Gott zwingt nie – weder den Willen noch das Gewissen. Satan hingegen nimmt ständig Zuflucht zu Zwang durch Grausamkeit, um jene in seine Gewalt zu bringen, die er auf keine andere Weise verführen kann. Mit Furcht oder Gewalt versucht er, das Gewissen zu beherrschen und Huldigungen für sich selbst zu gewinnen. Um dies durchzusetzen, wirkt er durch religiöse und auch weltliche Mächte, die er antreibt, menschliche Verordnungen gegenüber – Gottes Gesetz zum Trotz – Gehorsam zu erzwingen.

Die den biblischen Sabbat ehren, werden als Feinde des Gesetzes und der Ordnung verschrien werden, als solche, die die sittlichen Schranken der Gesellschaft niederreißen, Anarchie und Verderbnis verursachen und Strafgerichte Gottes über die Erde bringen. Ihre gewissenhaften Bedenken wird man als Eigensinn, Hartnäckigkeit und Verachtung der Obrigkeit ansehen. Sie werden als Feinde der Regierung beschuldigt werden. Prediger, die die Verbindlichkeit des göttlichen Gesetzes leugnen, werden von der Kanzel herunter zu der Verpflichtung aufgerufen, den zivilen Behörden, als von Gott eingesetzt, zu gehorchen. In gesetzgebenden Kreisen und an Gerichtshöfen werden die Menschen, die Gottes Gebote beachten, verleumdet und verurteilt werden. Ihre Worte wird man falsch deuten und ihren Handlungen die schlechtesten Beweggründe unterschieben.

Wenn die protestantischen Gemeinden die deutlichen, schriftgemäßen Beweise zur Verteidigung des Gesetzes Gottes verwerfen, werden sie wünschen, alle die zum Schweigen zu bringen, deren Glauben sie mit der Bibel nicht umstürzen können. Obwohl sie ihre Augen den Tatsachen gegenüber verschließen, strengen sie dennoch ein Verfahren an, das zur Verfolgung derer führen wird, die sich gewissenhaft weigern, dem nachzukommen, was die übrige christliche Welt tut, und sie erkennen ihrerseits die Ansprüche des päpstlichen Sonntags an.

Die Würdenträger der Kirche und des Staates werden sich vereinen, alle Menschen zu bestechen, zu überreden oder zu zwingen, den Sonntag zu ehren. Die mangelnden göttlichen Beweise werden durch gewalttätige Forderungen ersetzt werden. Die politische Verderbtheit untergräbt die Liebe zur Gerechtigkeit und die Achtung vor der Wahrheit. Selbst im freien Amerika werden Beamte und Gesetzgeber dem Verlangen des Volkes nach einem Gesetz nachgeben, das die Sonntagsfeier erzwingt, nur um sich die öffentliche Gunst zu sichern. Die Gewissensfreiheit, die so große Opfer gekostet hat, wird nicht länger geachtet werden. In dem bald kommenden Kampf werden uns die Worte des Propheten durch Taten veranschaulicht werden: »Und der Drache wurde zornig über die Frau und ging hin, um Krieg zu führen mit den Übrigen von ihrem Samen, welche die Gebote Gottes befolgen und das Zeugnis

Jesu Christi haben.« Offenbarung 12,17; Schlachter 2000 Unser Land [Amerika] befindet sich in Gefahr. Es naht die Zeit, wenn die Gesetzgeber dieses Landes den Prinzipien des Protestantismus abschwören, um die römische Abtrünnigkeit zu unterstützen. Das Volk, für welches Gott so wundersam gewirkt hat, und es gestärkt hat, um das schwere Joch der Päpstlichkeit abzuwerfen, wird durch einen nationalen Akt dem verdorbenen Glauben Roms Kraft geben, um so wieder die Tyrannei zu erwecken, die nur auf den geringsten Anlass wartet, um erneut mit Grausamkeit und Despotismus zu beginnen. Wir nähern uns bereits mit schnellen Schritten dieser Periode. Wenn die protestantischen Kirchen die Unterstützung der weltlichen Mächte ersuchen wird und so den Fußtapfen der abtrünnigen Kirche folgt, für deren Widerstand ihre Vorväter die fürchterlichsten Verfolgungen erlitten haben, dann wird es zu einem nationalen Abfall kommen, der sicher in nationaler Vernichtung enden wird.

Die Ökomene - Einheit auf Kosten der Wahrheit

KAPITEL 37

DIE *BIBEL*
EINE *SCHUTZWEHR*

Die letzte große Täuschung steht bevor. Die Fälschung wird der Wahrheit so sehr gleichen, dass es unmöglich sein wird, sie voneinander zu unterscheiden – außer durch ein Buch. Im Wirrwarr der vielen Ideologien und Meinungen ist die Bibel eine feste Grundlage für unseren Glauben. Sie zeigt uns den Weg, auch durch dunkle Täler hindurch. Satan wird alles daran setzen, die Aufmerksamkeit der Menschen auf andere Dinge zu lenken, denn die Bibel ist seinen Plänen im Wege.

J a, nach dem Gesetz und Zeugnis! Werden sie das nicht sagen, so werden sie die Morgenröte nicht haben.« Jesaja 8,20 Dem Volk Gottes wird die Heilige Schrift als Schutz gegen den Einfluss falscher Lehrer und gegen die trügerische Macht der Geister der Finsternis vor Augen gestellt. Satan wendet jede mögliche List an, die Menschen zu hindern, sich Kenntnisse aus der Bibel anzueignen, denn deren deutliche Aussagen enthüllen seine Täuschungen. Bei jeder Wiederbelebung des Werkes Gottes wird der Fürst des Bösen zu mehr Betriebsamkeit angespornt. Nun gelten seine äußersten Anstrengungen einem letzten Kampf gegen Christus und seine Nachfolger. Die letzte große Täuschung wird sich bald vor uns entfalten. Der Antichrist wird seine erstaunlichen Werke vor unseren Augen ausführen. Das Nachgebildete wird dem Echten so genau gleichen, dass es unmöglich sein wird, beide zu unterscheiden – außer durch die Heilige Schrift. Mit ihrem Zeugnis muss jede Behauptung und jedes Wunder geprüft werden.

Jene, die versuchen, allen Geboten Gottes zu gehorchen, werden angefeindet und verlacht werden. Sie können nur in Gott standhalten. Um die vor ihnen liegende Prüfung bestehen zu können, müssen sie den Willen Gottes verstehen, wie er in seinem Wort offenbart ist. Sie können ihn nur ehren, wenn sie eine richtige Vorstellung seines Wesens, seiner Regierung und seiner Absichten haben – und auch danach handeln. Nur wer seine Seele mit den Wahrheiten der Bibel gestärkt hat, wird den letzten großen Kampf überstehen. Jeder wird durch die an ihn gerichtete Frage geprüft: Soll ich Gott mehr gehorchen als den Menschen? Die entscheidende Stunde ist jetzt sehr nahe. Stehen unsere Füße auf dem Felsen des unveränderlichen Wortes Gottes? Sind wir vorbereitet, fest zu bleiben bei der Verteidigung der Gebote Gottes und des Glaubens Jesu? *[594/595]* **499**

Vor der Kreuzigung erklärte der Heiland seinen Jüngern, dass er getötet werden und aus dem Grab wieder auferstehen würde, und Engel umgaben sie, um seine Worte ihren Herzen und Gemütern einzuprägen. Die Jünger aber erwarteten eine irdische Befreiung vom römischen Joch und konnten den Gedanken nicht ertragen, dass Jesus, der Mittelpunkt ihrer Hoffnung, einen schmachvollen Tod erleiden sollte. Die Worte, an die sie sich hätten erinnern sollen, hatten sie vergessen, und als die Zeit der Prüfung kam, waren sie unvorbereitet. Jesu Tod zerstörte ihre Hoffnungen vollständig, als ob er sie nie auf sein Sterben hingewiesen hätte. So wird uns in den Weissagungen die Zukunft ebenso deutlich erklärt, wie sie den Jüngern durch Christi Worte erläutert wurde. Die Ereignisse, die mit dem Ende der Gnadenzeit und dem Vorbereitungswerk für die Zeit der Trübsal in Verbindung stehen, werden uns klar veranschaulicht. Aber Tausende haben ein Verständnis für diese wichtigen Wahrheiten, als wären sie ihnen nie offenbart worden. Satan wacht, um jeden Einfluss von ihnen abzulenken, der sie zur Seligkeit befähigen könnte. Dann wird die trübselige Zeit sie unvorbereitet finden.

Wenn Gott den Menschen so wichtige Warnungen sendet, dass der Prophet sie so darstellt, als würden sie heilige Engel verkündigen, die mitten durch den Himmel fliegen, dann verlangt er von jedem vernünftigen Wesen, die Botschaft zu beachten. Die furchtbaren Strafgerichte, die gegen die Anbetung des Tiers und seines Bildes ausgesprochen wurden, (Offenbarung 14,9-11) sollten alle zu einem eifrigen Studium der Weissagungen bewegen, damit sie erfahren, was das Malzeichen des Tiers ist, und wie sie vermeiden können, es anzunehmen. Aber die meisten Menschen haben taube Ohren für die Wahrheit und wenden sich den Fabeln zu. Der Apostel Paulus erklärte im Hinblick auf die letzten Tage: »Es wird eine Zeit sein, da sie die heilsame Lehre nicht leiden werden.« 2.Timotheus 4,3 Diese Zeit ist jetzt da. Die Menschen mögen die biblische Wahrheit nicht, weil diese sich mit den Begierden des sündigen, weltliebenden Herzens nicht verträgt, und Satan versorgt sie mit dem Blendwerk, das die Menschen lieben.

Aber Gott will ein Volk auf Erden haben, das die Heilige Schrift, und nur diese allein, als Richtschnur aller Lehre und als Grundlage aller Reformen beibehält. Die Meinungen gelehrter Menschen, die Ergebnisse der Wissenschaft, die Glaubenssätze und Beschlüsse von Kirchenversammlungen, zahlreich und uneins wie die Kirchen, die sie vertreten, die Stimme der Mehrheit – weder das eine allein noch sie alle zusammen können als Beweis für oder gegen irgendeinen religiösen Glaubenspunkt betrachtet werden. Ehe wir irgendeine Lehre oder Vorschrift annehmen, sollten wir ein

deutliches »So spricht der Herr!« als Beweis dafür verlangen.

Satan ist ständig bemüht, die Aufmerksamkeit auf Menschen statt auf Gott zu richten. Er verleitet das Volk, Bischöfe, Pastoren und Theologieprofessoren als Führer zu betrachten, statt die Heilige Schrift zu erforschen, um ihre Pflicht zu erfahren. Wenn er dann den Verstand dieser geistlichen Führer beherrscht, kann er die Menge nach seinem Willen beeinflussen.

Als Christus kam, um Worte des Lebens zu verkündigen, hörte das Volk ihm gern zu, und viele, sogar Priester und Obersten, glaubten an ihn. Aber die führenden Köpfe der Priesterschaft und die tonangebenden Männer des Volkes waren entschlossen, seine Lehren zu verdammen und abzulehnen. Obwohl alle ihre Anstrengungen scheiterten, Anklagepunkte gegen ihn zu finden, obwohl sie den Einfluss göttlicher Macht und Weisheit fühlten, der seine Worte begleitete, blieben sie doch bei ihren Vorurteilen. Sie verwarfen die deutlichsten Beweise seines Messiasamtes, damit sie nicht gezwungen wären, seine Jünger zu werden. Die Widersacher Jesu waren Männer, die zu ehren das Volk von Kindheit an gelehrt worden, deren Autorität es sich bedingungslos zu beugen gewohnt war. Wie kommt es, fragten viele, dass unsere Obersten und weisen Schriftgelehrten nicht an Jesus glauben? Würden diese frommen Männer ihn nicht annehmen, falls er Christus wäre? Der Einfluss solcher Lehrer war es, der die Juden dazu verleitete, ihren Erlöser zu verwerfen.

Diesen Geist, der jene Priester und Obersten bewegte, bekunden auch jetzt noch viele, die von ihrer Frömmigkeit viel Wind machen. Sie weigern sich, das Zeugnis der Heiligen Schrift hinsichtlich der besonderen Wahrheiten für diese Zeit zu prüfen. Sie verweisen auf ihre große Zahl, ihren Reichtum und ihre Volkstümlichkeit und blicken geringschätzig auf die Verteidiger der Wahrheit herab, die sie als wenige, arme und unbeliebte Leute ansehen, die einen Glauben haben, der sie von der Welt trennt.

Christus sah voraus, dass die überzogene Machtanmaßung, wie sie von den Schriftgelehrten und Pharisäern geübt wurde, mit der Zerstreuung der Juden nicht aufhören würde. Er hatte einen prophetischen Blick für die Geschichte menschlicher Machtbestrebungen zur Beherrschung des Gewissens, die zu allen Zeiten ein schrecklicher Fluch für die Kirche gewesen sind. Seine furchtbaren Strafreden gegen die Schriftgelehrten und Pharisäer sowie seine Warnungen an das Volk, diesen verblendeten Führern nicht zu folgen, wurden als Mahnung für künftige Geschlechter aufgezeichnet.

Die römische Kirche beschränkt das Recht, die Heilige Schrift auszulegen, auf die Geistlichkeit. Darauf pochend, dass diese allein in der Lage sei, Gottes Wort zu erklären, entzieht sie die Bibel den Menschen. Anm 58

Wenn auch die Reformation für alle die Heilige Schrift zur Verfügung stellte, so hindert doch der gleiche Grundsatz, den Rom geltend machte, viele in den protestantischen Kirchen daran, die Bibel für sich selbst zu studieren. Sie werden unterwiesen, ihre Lehren anzunehmen, wie die Kirche sie auslegt, und es gibt Tausende, die es nicht wagen, irgendetwas anzunehmen, das ihrem Glaubensbekenntnis oder den bestehenden Lehrsätzen der Kirche entgegen steht, sei es auch noch so deutlich in der Schrift offenbart.

Obwohl die Bibel genügend Warnungen vor falschen Lehrern enthält, überlassen doch viele auf diese Weise die Bewahrung ihrer Seele geistlichen Leitern. Es gibt heute Tausende von so genannten Christen, die keinen andern Grund für ihren Glauben angeben können, als dass sie von ihren religiösen Führern so unterrichtet wurden. Sie lassen die Lehren des Heilands beinahe ganz unbeachtet und setzen unbedingtes Vertrauen in die Worte der Prediger. Sind diese aber unfehlbar? Wie können wir unsere Seelen ihrer Führung anvertrauen, es sei denn, dass wir aus Gottes Wort wissen, dass sie Träger des Lichtes sind? Mangelnder moralischer Mut, den allgemein üblichen Weg zu verlassen, verleitet viele, den Fußtapfen gelehrter Menschen zu folgen, und durch ihre Abneigung, selbst zu forschen, werden sie hoffnungslos in den Ketten des Irrtums festgehalten. Sie sehen, dass die Lehren der gegenwärtigen Wahrheiten in der Bibel klar hervorgehoben sind, und spüren die Macht des Heiligen Geistes, der ihre Verkündigung begleitet, und doch lassen sie sich durch den Widerstand der Geistlichkeit vom Licht wegführen. Obwohl Vernunft und Gewissen überzeugt sind, wagen diese verblendeten Menschen nicht, anders zu denken als der Prediger. Ihr persönliches Urteil und ewiges Wohl werden dem Unglauben, dem Stolz und Vorurteil eines andern geopfert.

Auf vielfältige Weise wirkt Satan mithilfe menschlichen Einflusses, um seine Gefangenen zu binden. Er sichert sich ganze Scharen, indem er sie mit den seidenen Banden der Zuneigung an jene bindet, die Feinde des Kreuzes Christi sind. Egal, mit wem man so verbunden sein mag, ob mit Eltern, Kindern, Ehegatten oder Freunden – die Wirkung ist die gleiche: Die Gegner der Wahrheit üben ihre Macht aus und beherrschen das Gewissen, und die unter ihrer Gewalt stehenden Menschen haben nicht genügend Mut oder sind nicht unabhängig genug, ihrem eigenen Pflichtverständnis zu gehorchen.

Die Wahrheit und die Verherrlichung Gottes sind untrennbar miteinander verbunden. Es ist unmöglich, Gott durch falsche Ansichten zu ehren, wenn wir die Bibel zur Hand haben. Viele behaupten, dass es nicht darauf ankomme, was man glaube, wenn man nur recht lebe, aber das Leben wird doch durch den Glauben geprägt. Wenn uns Licht und Wahrheit angeboten werden, und wir machen uns die Gnadengabe, sie zu hören und zu erkennen, nicht zu Nutze, so verwerfen wir diese Gabe im Grunde genommen.

Wir ziehen die Finsternis dem Licht vor.

»Der Mensch hält einen Weg für richtig, und dennoch führt er in den Tod.« Sprüche 16,25; Neues Leben Unwissenheit ist keine Entschuldigung für Irrtum oder Sünde, wenn man Gelegenheit hat, Gottes Willen zu erkennen. Ein Wanderer kommt an eine Weggabelung und ein Wegweiser zeigt, wohin die Wege führen. Achtet er nicht darauf und schlägt den Weg ein, der ihm der Richtige zu sein scheint, so wird er sich doch höchstwahrscheinlich auf dem verkehrten Weg befinden, mag er dabei noch so aufrichtig sein.

Gott hat uns sein Wort gegeben, damit wir mit dessen Lehren vertraut werden und selbst wissen, was er von uns verlangt. Als der Schriftgelehrte zu Jesus kam mit der Frage: »Was muss ich tun, dass ich das ewige Leben ererbe?«, verwies ihn der Heiland auf die Schrift, indem er sagte: »Wie steht im Gesetz geschrieben? Wie liesest du?« Lukas 10,25.26 Die Unwissenheit kann weder alt noch jung entschuldigen, noch von der Strafe befreien, die die Übertretung des Gesetzes Gottes nach sich zieht, weil sie eine treue Darstellung jenes Gesetzes sowie seiner Grundsätze und Anforderungen zur Verfügung haben. Gute Absichten genügen keineswegs; auch reicht es nicht aus, das zu tun, was man für Recht hält oder was der Prediger für Recht erklärt. Das Heil der Menschen steht auf dem Spiel. Jeder muss für sich selbst in der Schrift forschen. Wie stark auch seine Überzeugung sein mag, wie zuversichtlich er auch glaubt, dass der Geistliche wisse, was Wahrheit ist – er hat damit keine sichere Grundlage. Er besitzt eine Karte, die ihm genau den Weg zum Himmel weist, und er sollte deshalb nicht versuchen, ihn zu erraten. Die erste und höchste Pflicht jedes vernünftigen Wesens ist, aus der Heiligen Schrift zu lernen, was Wahrheit ist, und dann in diesem Licht zu wandeln und andere zu ermutigen, seinem Beispiel zu folgen. Wir sollten Tag für Tag fleißig in der Bibel forschen, jeden Gedanken abwägen und Text mit Text vergleichen. Mit Gottes Hilfe müssen wir uns selbst unsere Meinung bilden, da wir auch für uns selbst vor Gott Rechenschaft abzulegen haben.

Die in der Bibel so eindeutig offenbarten Wahrheiten sind von gelehrten Menschen bezweifelt und verdunkelt worden. Sie lehren unter der Vorspiegelung, große Weisheit zu besitzen, dass die Heilige Schrift eine mystische, geheimnisvolle, geistliche Bedeutung habe, die in der heutigen Sprache nicht ersichtlich sei. Diese Menschen sind falsche Lehrer. Solchen erklärte Jesus: »Ihr irrt euch, weil ihr weder die Schrift noch die Macht Gottes kennt.« Markus 12,24; Neues Leben Die Sprache der Bibel sollte ihrer offensichtlichen Bedeutung entsprechend erklärt werden, vorausgesetzt, dass nicht ein Symbol oder eine bildliche Rede gebraucht ist. Christus hat die Verheißung gegeben: »Wer den Willen Gottes tun will, wird erkennen, ob meine Lehre von Gott kommt.« Johannes 7,17 Neues Leben Wenn die Menschen die Heilige Schrift nehmen würden, wie sie wirklich lautet, wenn es keine falschen Lehrer gäbe, dann könnte eine Aufgabe erfüllt werden, die Tausende und Abertausende, die jetzt im Irrtum wandeln, zur wahren Herde Christi brächte.

Wir sollten beim Studium der Bibel alle unsere Geisteskräfte anwenden und den Verstand benutzen, um die tiefen Dinge Gottes zu erfassen, soweit das Sterblichen möglich ist; doch dürfen wir nicht vergessen, dass die Fügsamkeit und Unterwerfung eines Kindes der richtige Geist zum Lernen ist. Schwierigkeiten im Bibeltext können nie auf dieselbe Weise gelöst werden, die bei der Ergründung philosophischer Fragen angewandt wird. Wir dürfen uns nicht mit jenem Selbstvertrauen an das Studium der Bibel begeben, mit dem so viele das Gebiet der Wissenschaft betreten, sondern mit einem andächtigen Vertrauen auf Gott und dem aufrichtigen Verlangen, seinen Willen zu erkennen. Wir müssen mit einem demütigen und gelehrigen Geist kommen, um Erkenntnis von dem großen »Ich bin« zu erlangen, sonst werden böse Engel unseren Verstand so verblenden und unsere Herzen so verhärten, dass die Wahrheit keinen Eindruck mehr auf uns macht.

Mancher Teil der Heiligen Schrift, den gelehrte Menschen als ein Geheimnis hinstellen oder als unwichtig übergehen, ist voller Trost und Unterweisung für den, der in der Schule Christi unterrichtet worden ist. Ein Grund dafür, dass viele Theologen kein klareres Verständnis des Wortes Gottes haben, ist, dass sie vor den Wahrheiten, die sie nicht ausleben wollen, ihre Augen verschließen. Ein Verständnis der Bibelwahrheiten hängt nicht so sehr von der Stärke des Urteilsvermögens ab als von der Zielstrebigkeit des Lesers, dem ernsten Verlangen nach Gerechtigkeit.

Nie sollte die Bibel ohne Gebet studiert werden. Der Heilige Geist allein kann uns die Wahrheit der leicht verständlichen Teile einprägen und uns vom Verdrehen schwer verständlicher Wahrheiten abhalten. Durch den Dienst himmlischer Engel werden die Herzen zubereitet, Gottes Wort so zu verstehen, dass wir von dessen Schönheit verzaubert, durch seine Warnungen ermahnt oder durch die Verheißungen ermutigt und gestärkt werden. Wir sollten des Psalmisten Bitte: »Öffne mir die Augen, dass ich sehe die Wunder an deinem Gesetz« Psalm 119,18 zu unserer eigenen machen. Die Versuchungen erscheinen oft unwiderstehlich, weil sich der Versuchte wegen der Vernachlässigung des Gebets und des Studiums der Bibel nicht gleich an die Verheißungen Gottes erinnern kann und nicht in der Lage ist, Satan mit den biblischen Waffen entgegenzutreten. Aber Engel stehen denen bei, die willig sind, sich in göttlichen Dingen belehren zu lassen. Sie werden sich in der Zeit großer Not gerade an die Wahrheiten erinnern, die sie benötigen. Wenn der Widersacher kommen wird

wie ein Strom, wird der Geist des Herrn den Schutzschild gegen ihn aufrichten. Jesus verhieß seinen Jüngern: »Der Beistand aber, der Heilige Geist, den der Vater senden wird in meinem Namen, der wird euch alles lehren und euch an alles erinnern, was ich euch gesagt habe.« Johannes 14,26; Schlachter 2000 Doch die Lehren Christi müssen zuvor dem Gedächtnis eingeprägt worden sein, damit Gottes Geist sie uns zur Zeit der Gefahr in Erinnerung bringen kann. David sagte: »Ich bewahre dein Wort in meinem Herzen, damit ich nicht gegen dich sündige.« Psalm 119,11; Schlachter 2000

Alle, denen ihr ewiges Heil wichtig ist, sollten sich vor Zweifelsucht hüten. Die eigentlichen Grundpfeiler der Wahrheit werden angegriffen werden. Es ist unmöglich, von den Spötteleien, Spitzfindigkeiten und den trügerischen, hinterlistigen Lehren des modernen Unglaubens verschont zu bleiben. Satan passt seine Versuchungen allen Menschengruppen an. Die Ungebildeten überfällt er mit Gespött oder Hohn, während er den Gebildeten mit wissenschaftlichen Einwänden und philosophischen Gedankengängen gegenübertritt. Beides zielt darauf, Misstrauen oder Geringschätzung gegen die Heilige Schrift zu wecken. Selbst die unerfahrene Jugend maßt sich an, Zweifel an den wesentlichen Prinzipien des Christentums anzudeuten. Und dieser jugendliche Unglaube – oberflächlich wie er ist – hat seinen Einfluss. Viele werden auf diese Weise dazu verleitet, über den Glauben ihrer Väter zu spotten und den Geist der Gnade zu schmähen. (Hebräer 10,29) Manches Leben, das verhieß, Gott zur Ehre und für die Welt zum Segen gelebt zu werden, ist durch den giftigen Hauch des Unglaubens verderbt worden. Alle, die den prahlerischen Schlüssen menschlicher Vernunft vertrauen und sich einbilden, göttliche Geheimnisse erklären und ohne den Beistand der Weisheit Gottes zur Wahrheit gelangen zu können, sind in Satans Schlingen verstrickt.

Wir leben im ernstesten Abschnitt der Weltgeschichte. Das Schicksal der auf der Erde geschäftig dahintreibenden Menschenmassen steht im Begriff, entschieden zu werden. Unser eigenes zukünftiges Wohl und auch das Heil anderer Menschen hängt davon ab, welchen Weg wir jetzt einschlagen. Wir brauchen die Leitung des Geistes der Wahrheit. Jeder Nachfolger Christi muss ernstlich fragen: Herr, was willst du, dass ich tun soll? Wir müssen uns vor dem Herrn demütigen mit Fasten und Beten und viel über sein Wort – besonders über die Gerichtsszenen – nachdenken. Es gilt, jetzt nach einer tiefen und lebendigen Erfahrung in göttlichen Dingen zu suchen. Wir haben keine Zeit zu verlieren. Rings um uns her geschehen Ereignisse von höchster Wichtigkeit. Wir befinden uns auf Satans verzaubertem Boden. Schlaft nicht, Wächter Gottes, der Feind lauert in der Nähe, stets bereit, euch anzugreifen und zu seiner Beute zu machen, falls ihr matt und schläfrig werdet. Viele schätzen ihre wahre Lage vor Gott falsch ein. Sie sind ganz froh, dass sie bestimmte böse Handlungen nicht begehen und vergessen die guten und edlen Taten, die Gott von ihnen verlangt, die sie jedoch unterlassen haben. Es genügt nicht, dass sie Bäume im Garten Gottes sind. Sie müssen seinen Erwartungen entsprechen, indem sie Frucht tragen. Er macht sie verantwortlich für all das Gute, das sie durch seine stärkende Gnade hätten leisten können und nicht geleistet haben. In die Bücher des Himmels werden sie als solche eingetragen, die den Boden hindern. Doch selbst die Lage dieser Menschen ist nicht hoffnungslos. Für die, welche Gottes Barmherzigkeit gering geachtet und seine Gnade missbraucht haben, fleht noch immer das Herz des langmütigen Gottes der Liebe. Darum spricht er: »Wache auf, der du schläfst, und stehe auf von den Toten, so wird dich Christus erleuchten. So seht nun sorgfältig darauf, wie ihr euer Leben führt ... und kauft die Zeit aus; denn es ist böse Zeit.« Epheser 5,14-16

Wenn die Zeit der Prüfung kommt, werden die Menschen hervortreten, die Gottes Wort zu ihrer Lebensregel gemacht haben. Im Sommer erkennt man keinen wahrnehmbaren Unterschied zwischen den immergrünen Bäumen und anderen. Wenn aber die Winterstürme kommen, bleiben die immergrünen Bäume unverändert, während die andern ihren Blätterschmuck verlieren. So mag der Scheinchrist jetzt vom wahren Christen nicht zu unterscheiden sein, aber die Zeit ist nahe, da sich der Unterschied zeigen wird. Lasst erst Widerstand sich erheben, religiösen Fanatismus und Unduldsamkeit wiederum das Zepter führen und Verfolgung erneut einsetzen, dann werden die Halbherzigen und Heuchler wanken und ihren Glauben aufgeben – der wahre Christ aber wird feststehen wie ein Fels mit einem stärkeren Glauben, einer größeren Hoffnung als in den Tagen des Wohlergehens.

Der Psalmist sagt: »Deine Zeugnisse sind meine Rede ... Dein Wort macht mich klug; darum hasse ich alle falschen Wege.« Psalm 119,99.104

»Wohl dem Menschen, der Weisheit findet.« »Der ist wie ein Baum, am Wasser gepflanzt und am Bach gewurzelt. Denn obgleich eine Hitze kommt, fürchtet er sich doch nicht, sondern seine Blätter bleiben grün, und sorgt nicht, wenn ein dürres Jahr kommt, sondern er bringt ohne Aufhören Früchte.« Sprüche 3,13; Jeremia 17,8

KAPITEL 38

DIE LETZTE
WARNUNG

Gott schenkt den Menschen in seiner Gnade immer wieder Gelegenheit zur Besinnung und Umkehr. Doch einmal ist es so weit: Die letzte Warnung erfolgt, bevor endgültig alles entschieden ist und jeder Mensch sich festgelegt hat. Diese letzte Warnung wird durch Diener Gottes gegeben, die durch Überzeugung des Geistes Gottes begleitet werden.

Und nach diesem sah ich einen Engel aus dem Himmel herabsteigen, der hatte große Vollmacht, und die Erde wurde erleuchtet von seiner Herrlichkeit. Und er rief kraftvoll mit lauter Stimme und sprach: Gefallen, gefallen ist Babylon, die Große, und ist eine Behausung der Dämonen geworden und ein Gefängnis aller unreinen Geister und ein Gefängnis aller unreinen und verhassten Vögel. ... Und ich hörte eine andere Stimme aus dem Himmel, die sprach: Geht hinaus aus ihr, mein Volk, damit ihr nicht ihrer Sünden teilhaftig werdet und damit ihr nicht von ihren Plagen empfangt!« Offenbarung 18,1.2.4; Schlachter 2000

Diese Schriftstelle weist auf eine Zeit hin, in der die Ankündigung des Falles Babylons, wie sie der zweite Engel macht (Offenbarung 14,8) wiederholt wird. Es wird zusätzlich erwähnt, welche Verderbnisse in die verschiedenen Gemeinschaften eingedrungen sind, aus denen sich Babylon zusammensetzt, seitdem jene Botschaft im Sommer 1844 zuerst verkündigt wurde. Ein schrecklicher Zustand der religiösen Welt wird hier beschrieben. Mit jeder Verwerfung der Wahrheit werden die Gemüter des Volkes finsterer und die Herzen hartnäckiger werden, bis sie hinter einer ungläubigen Dreistigkeit verschanzt sind. Den von Gott gegebenen Warnungen zum Trotz verhöhnen sie weiterhin eines der Zehn Gebote, bis sie dahin kommen, die zu verfolgen, die es heilighalten. Christus wird durch die Geringschätzung, mit der man sein Wort und sein Volk behandelt, für nichts geachtet. Wenn die Lehren des Spiritismus von den Kirchen angenommen werden, fällt die dem fleischlichen Herzen auferlegte Schranke, und das Religionsbekenntnis wird zum Deckmantel der niedrigsten Sünde. Der Glaube an spiritistische Offenbarungen öffnet verführerischen Geistern und Lehren der Teufel die Tür, und so wird der Einfluss böser Engel in den Kirchen spürbar. Von Babylon heißt es zu der Zeit, als es uns in der Weissagung bekannt gemacht wird: »Ihre Sünden reichen bis in den Himmel, und Gott denkt an ihren Frevel.« Offenbarung 18,5 Sie hat das Maß ihrer Schuld angefüllt, und das Verderben wird sie schnell überfallen.

Aber Gott hat noch ein Volk in Babylon, und vor der Heimsuchung durch seine Strafgerichte müssen diese Getreuen herausgerufen werden, damit sie nicht teilhaftig werden deren Sünden und nicht etwas empfangen von deren Plagen. Deshalb ist auch die Bewegung durch den Engel sinnbildlich dargestellt, der vom Himmel herabkommt, die Erde mit seiner Herrlichkeit erleuchtet und mit Macht und starker Stimme die Sünden Babylons verkündigt. In Verbindung mit einer Botschaft erklingt der Ruf: »Geht hinaus aus ihr, mein Volk!« Diese Ankündigungen bilden mit der dritten Engelsbotschaft die letzte Warnung an die Bewohner der Erde.

Furchtbar ist das Ende, dem die Welt entgegeneilt. Die im Kampf gegen die Gebote Gottes verbundenen Mächte der Erde werden verfügen, dass »die Kleinen und Großen, die Reichen und Armen, die Freien und Knechte« Offenbarung 13,16 sich durch die Feier des falschen Sabbats nach den Gebräuchen der Kirche richten müssen. Alle, die sich weigern, diesen Gebräuchen nachzukommen, werden gesetzlich bestraft werden, und man wird schließlich erklären, dass sie des Todes schuldig sind. Auf der anderen Seite verlangt das Gesetz Gottes, das den Ruhetag des Herrn fordert, Gehorsam und bedroht alle Übertreter des Gesetzes mit Zorn. (Offenbarung 14,9-10)

Wem auf diese Weise der Ausgang des Kampfes deutlich vor Augen geführt worden ist, wer Gottes Gesetz mit Füßen tritt, um einer menschlichen Verordnung zu gehorchen, der empfängt das Malzeichen des Tieres. Er nimmt das Zeichen der Untertanentreue gegenüber der Macht an, der er an Gottes statt gehorchen will. Die Warnung vom Himmel lautet: »Wenn jemand das Tier und sein Bild anbetet und das Malzeichen auf seine Stirn oder auf seine Hand annimmt, so wird auch er von dem Glutwein Gottes trinken, der unvermischt eingeschenkt ist in dem Kelch seines Zornes.« Offenbarung 14,9.10; Schlachter 2000

Niemand aber wird der Zorn Gottes treffen, ehe nicht die Wahrheit vor der Tür seines Herzens und Gewissens Einlass begehrt hat und verworfen worden ist. Es gibt viele, die nie Gelegenheit hatten, die besonderen Wahrheiten für diese Zeit zu hören. Die Verbindlichkeit des vierten Gebots ist ihnen nie im wahren Licht gezeigt worden. Der in allen Herzen liest und jeden Beweggrund prüft, wird keinen, der die Wahrheit erkennen möchte, über den Ausgang des Kampfes im Unklaren lassen. Der Erlass soll dem Volk nicht blindlings aufgenötigt werden, sondern jeder wird genügend Licht empfangen, um seine Entscheidung einsichtsvoll treffen zu können.

Der Sabbat wird der große Prüfstein der Treue sein, denn er ist der besonders umkämpfte Punkt der Wahrheit. Wenn sich die Menschen der letzten endgültigen Prüfung unterziehen, dann wird die Grenzlinie gezogen werden zwischen denen, die Gott dienen, und denen, die ihm nicht dienen. Während die Feier des falschen Sabbats in Übereinstimmung mit den Landesgesetzen, jedoch im Widerspruch zum vierten Gebot, ein offenes Treuebekenntnis gegenüber einer Macht ist, die Gott feindlich gegenübersteht, wird das Halten des wahren Sabbats im Gehorsam gegen Gottes Gesetz ein Beweis der Treue gegen den Schöpfer sein. Während eine Menschengruppe durch die Annahme des Zeichens der Unterwerfung unter irdische Mächte das Malzeichen des Tieres empfängt, nimmt die andere das Siegel Gottes an, indem sie das Zeichen der Treue gegen die göttliche Autorität erwählt.

Zuvor wurden Personen, die die Wahrheiten der dritten Engelsbotschaft verkündigten, oft nur als bloße Bangemacher bezeichnet. Ihre Vorhersagen, dass religiöse Intoleranz in den USA die Oberhand gewinnen, dass Kirche und Staat sich vereinen würden, um die zu verfolgen, die Gottes Gebote halten, sind als grundlos und absurd betrachtet worden, und man hat zuversichtlich erklärt, dass jenes Land nie anders werden könne, als es gewesen sei: der Verteidiger der religiösen Freiheit. Da aber die Frage der Erzwingung der Sonntagseinhaltung überall diskutiert wird, sieht man das so lange bezweifelte Ereignis näher kommen und die dritte Engelsbotschaft wird eine Wirkung erzielen, die vorher nicht möglich sein konnte.

In jeder Zeitepoche hat Gott seine Diener gesandt, um die Sünde zu bestrafen – nicht allein in der Welt, sondern auch in der Kirche. Das Volk aber will lieber sanfte Reden hören, denn die klare und deutliche Wahrheit ist nicht beliebt. Viele Reformatoren nahmen sich vor, zu Beginn ihres Wirkens sehr vorsichtig gegen die Sünden der Kirche und des Landes vorzugehen. Sie hofften durch das Beispiel eines reinen, christlichen Lebens das Volk zu den Lehren der Heiligen Schrift zurückzuführen. Aber der Geist Gottes kam über sie, wie er über Elia kam und ihn dazu veranlasste, die Sünden eines gottlosen Königs und abtrünnigen Volkes zu tadeln. Sie konnten sich nicht zurückhalten, die klaren Aussagen der Bibel zu predigen, selbst die Lehren, die sie zögernd vorbringen wollten. Sie mussten die Wahrheit und die Gefahr, die den Menschen drohte, eifrig verkündigen. Nicht auf die Folgen achtend, sprachen sie die Worte, die der Herr ihnen eingab. So war das Volk gezwungen, die Warnung anzuhören.

Auf die gleiche Weise wird auch die dritte Engelsbotschaft verkündigt werden. Wenn die Zeit kommt, wo die Botschaft mit größter Kraft verbreitet werden soll, wird der Herr durch demütige Mitarbeiter wirken, indem er die Gemüter derer leitet, die sich ihm zum Dienst weihen. Die Mitarbeiter werden viel mehr durch die Salbung seines Geistes als durch die Ausbildung an wissenschaftlichen Anstalten befähigt werden. Menschen des Glaubens und Gebets werden sich verpflichtet fühlen, mit heiligem Eifer aufzutreten, um die Botschaft zu verkünden, die Gott ihnen anvertraut hat. Die Sünden Babylons werden deutlich werden: Die furchtbaren Folgen der Erzwingung der kirchlichen Gebräuche durch den Staat, die Ansprüche des Spiritismus, die heimliche aber rasante Zunahme der päpstlichen Macht – alles wird entlarvt werden. Durch diese ernsten Warnungen werden Menschen aufgerüttelt. Tausende, die noch nie so etwas gehört haben, hören diesen Warnungen zu. Verwundert vernehmen sie das Zeugnis, dass Babylon aufgrund seiner Irrtümer und Sünden als gefallene Kirche zu bezeichnen ist, weil sie die ihr vom Himmel gesandte Wahrheit verworfen hat. Wenden sich die Menschen dann mit der brennenden Frage an ihre früheren Lehrer, ob es sich wirklich so verhält, dann erzählen die Prediger Fabeln, prophezeien Beruhigendes, um die Besorgnis zu dämpfen und das erwachte Gewissen zu besänftigen. Weil sich jedoch viele weigern, sich mit reiner menschlicher Autorität zu begnügen und ein deutliches »So spricht der Herr« verlangen, erklären die volkstümlichen Prediger, wie einst die Pharisäer zornerfüllt, weil ihre Autorität in Frage gestellt wird: Die Botschaft sei von Satan. Und sie wiegeln die sündenliebende Menge auf, jene schlecht zu machen und zu verfolgen, die die Botschaft weitergeben.

Sobald der Kampf sich auf neue Gebiete ausdehnt und die Aufmerksamkeit des Volkes auf das mit Füßen getretene Gesetz Gottes gelenkt wird, wird Satan aufgeregt. Die Kraft, mit der die Botschaft begleitet wird, macht jene wütend, die ihr widerstehen. Die Geistlichen werden mit beinahe übermenschlichen Anstrengungen versuchen, das Licht zu verdecken, damit es nicht auf ihre Herde scheint. Sie werden sich mit allen ihnen zur Verfügung stehenden Mitteln bemühen, die Diskussion über diese wichtigen Fragen zu verhindern. Die Kirche wendet sich an die Staatsgewalt, die Papisten werden dringend gebeten, den Protestanten zur Hilfe zu kommen. Wenn die Bewegung, die Sonntagsheiligung zu erzwingen, mutiger und entschiedener wird, werden die Gesetze gegen die verwendet werden, die Gottes Gebote halten. Man wird ihnen Geldstrafen und Gefängnis androhen. Einigen wird man einflussreiche Stellungen und anderen Belohnungen und Vorteile anbieten, damit sie ihrem Glauben absagen. Ihre standhafte Antwort aber lautet: Beweist uns unseren Irrtum aus dem Wort Gottes – dieselbe Bitte, die Luther unter ähnlichen Umständen ausgesprochen hatte. Vor Gericht geführt, werden sie die Wahrheit eindeutig rechtfertigen, und manche Zuhörer werden sich entschließen, alle Gebote Gottes zu halten. So werden Tausende das Licht sehen, die es sonst nie verstanden hätten. Gewissenhafter Gehorsam

gegen Gottes Wort wird als Empörung angesehen werden.

Von Satan verblendet, werden die Eltern das gläubige Kind hart und streng behandeln, und Arbeitgeber werden ihre Angestellten unterdrücken, weil sie die Gebote halten. Die Liebe wird erkalten; Kinder werden enterbt und aus dem Haus getrieben. Die Worte des Paulus: »Alle, die gottselig leben wollen in Christus Jesus, müssen Verfolgung leiden« 2.Timotheus 3,12 werden tatsächlich in Erfüllung gehen. Da sich die Verteidiger der Wahrheit weigern, den Sonntag als Sabbat zu ehren, werden manche von ihnen ins Gefängnis geworfen, andere verbannt und etliche wie Sklaven behandelt werden. Dem menschlichen Verstand scheint dies alles jetzt unmöglich. Wenn aber der zügelnde Geist Gottes den Menschen entzogen wird und sie der Herrschaft Satans überlassen bleiben, der die göttlichen Verordnungen hasst, dann werden sich ungewöhnliche Dinge abspielen. Das Herz kann sehr grausam sein, sobald Gottesfurcht und Liebe verschwunden sind.

Wenn der Sturm naht, werden viele, die sich zur dritten Engelsbotschaft bekannt haben, aber nicht durch den Gehorsam gegen die Wahrheit geheiligt worden sind, ihren Standpunkt aufgeben und sich auf die Seite der Gegner schlagen. Indem sie sich mit der Welt vereinen und an ihrem Geist teilhaben, kommen sie dahin, die Dinge in nahezu dem gleichen Licht zu betrachten wie die Welt. Und wenn die Prüfung an sie herantritt, wählen sie die leichte, allseits beliebte Seite. Befähigte Menschen von ansprechendem Benehmen, die sich einst der Wahrheit erfreuten, setzen sich dafür ein, Andere zu täuschen und irrezuleiten. So werden sie die bittersten Feinde ihrer ehemaligen Brüder. Wenn jene, die den Sabbat halten, vor Gericht gestellt werden, um sich ihres Glaubens zu verantworten, sind diese Abtrünnigen die wirksamsten Werkzeuge Satans, sie zu verleumden und anzuklagen und durch falsche Berichte und Einflüsterungen die Herrscher gegen sie aufzuhetzen.

In dieser Zeit der Verfolgung wird der Glaube der Diener des Herrn geprüft werden. Sie haben im Hinblick auf Gott und sein Wort die Warnung treu verkündigt. Gottes Geist wirkte auf ihre Herzen und zwang sie zu reden. Von heiligem Eifer erfüllt und vom Geist Gottes mächtig gedrängt, fingen sie an, die ihnen aufgetragenen Aufgaben zu tun, ohne die Folgen zu bedenken, die ihnen durch die Verkündigung des ihnen von Gott eingegebenen Wortes entstehen könnten. Sie waren weder auf ihr irdisches Wohlergehen bedacht, noch waren sie darum bemüht, ihren guten Ruf oder ihr Leben zu bewahren. Dennoch werden manche, wenn der Sturm des Widerstandes und der Schmach über sie hereinbricht, von Bestürzung überwältigt, bereit sein auszurufen: Hätten wir die Folgen unserer Worte vorhergesehen, sie wären ungesagt geblieben. Sie sind ringsherum von Schwierigkeiten umgeben. Satan bestürmt sie mit grimmigen Versuchungen. Die Aufgabe, die sie in Angriff genommen haben, scheint ihre Fähigkeiten weit zu übersteigen, um sie vollenden zu können. Man droht ihnen, sie umzubringen. Die Begeisterung, die sie beseelte, ist dahin. Sie können nicht mehr den Weg zurückgehen. Dann flehen sie zu Gott um Kraft, weil sie sich ihrer äußersten Ohnmacht bewusst sind. Sie erinnern sich, dass die Worte die sie gesprochen haben, nicht ihre eigenen waren, sondern die Worte dessen, der ihnen befohlen hatte, die Warnung zu erteilen. Gott legte die Wahrheit in ihre Herzen, und sie konnten nicht anders, sie mussten sie verkündigen.

Die gleichen Prüfungen haben Männer Gottes in früheren Zeiten durchgemacht: Wiklif, Hus, Luther, Tyndale, Baxter, Wesley. Sie forderten, dass alle Lehren durch die Bibel geprüft werden sollten und erklärten, sich von allem lossagen zu wollen, was das Wort Gottes verdamme. Gegen diese Männer wütete die Verfolgung unerbittlich, und doch hörten sie nicht auf, die Wahrheit zu verkündigen. Verschiedene Abschnitte der Kirchengeschichte treten durch die Offenbarung einer besonderen Wahrheit hervor, die für das Volk Gottes in jener Zeit wichtig war. Jede neue Wahrheit hat sich ihren Weg durch Hass und Widerstand hindurch gebahnt. Wer diese Erkenntnis geschenkt bekam, wurde versucht und geprüft. Wenn nötig, gibt der Herr dem Volk eine spezielle Wahrheit. Wer wagt es, diese Verkündigung zu verhindern? Er gebietet seinen Dienern, der Welt die letzte Gnadenbotschaft vor Augen zu stellen. Sie können nicht schweigen, ohne ihre eigene Seele zu gefährden. Die Gesandten Christi haben keine Verantwortung für die Folgen. Sie müssen ihre Pflicht erfüllen und alles Weitere Gott überlassen.

Wird der Widerstand heftiger, so werden Gottes Diener erneut verwirrt, denn es scheint so, als hätten sie die Entscheidung herbeigeführt. Aber ihr Gewissen und das Wort Gottes geben ihnen Sicherheit, dass ihr Verhalten richtig war, und wenn die Prüfung anhält, werden sie gestärkt, sie zu ertragen. Der Kampf wird entschlossener und heftiger, aber ihr Glaube und Mut nehmen mit der schwierigen Lage zu. Ihr Zeugnis lautet: Wir wagen es nicht, in Gottes Wort Änderungen vorzunehmen, indem wir sein heiliges Gesetz zertrennen und den einen Teil wichtig und den anderen unwichtig nennen, nur um den Beifall der Welt zu bekommen. Der Herr, dem wir dienen, ist imstande, uns zu befreien. Christus hat die Mächte der Erde überwunden; sollten wir uns fürchten vor einer bereits besiegten Welt?

Die Verfolgung in ihren verschiedenen Formen ist die Entwicklung eines Grundsatzes, der so lange bestehen wird, wie Satan existiert und das Christentum lebendige Macht hat. Kein Mensch kann Gott dienen, ohne den Widerstand der Scharen der Finsternis zu erregen. Die bösen Engel, die

beunruhigt sind, dass sein Einfluss ihnen die Beute entreißen könnte, werden ihn bestürmen. Und böse Menschen, die sich durch sein Beispiel gestraft fühlen, werden sich mit jenen Engeln vereinen, ihn durch Verlockungen von Gott zu trennen. Bleiben diese erfolglos, wird Gewalt angewandt, um das Gewissen zu zwingen.

Doch solange Jesus im himmlischen Heiligtum der Vermittler des Menschen bleibt, werden Herrscher und Volk den lenkenden Einfluss des Heiligen Geistes spüren. Noch immer beherrscht er in einem gewissen Grad die Gesetze des Landes. Wären diese Gesetze nicht da, der Zustand der Welt würde viel schlimmer sein, als er jetzt ist. Während viele der hohen Beamten wirksame Helfer Satans sind, hat Gott seine Mitarbeiter auch unter den führenden Menschen des Volkes. Der Feind wirkt auf seine Knechte ein, Maßnahmen vorzuschlagen, die das Werk Gottes massiv hindern würden, aber Regierende, die den Herrn fürchten, werden von heiligen Engeln beeinflusst, sich solchen Vorschlägen mit unwiderlegbaren Beweisen zu widersetzen. Auf diese Weise werden Wenige einen gewaltigen Strom des Übels aufhalten. Der Widerstand der Feinde der Wahrheit wird zurückgedrängt werden, damit die dritte Engelsbotschaft ihre Aufgabe erfüllen kann. Wird dann die letzte Warnung verkündigt, so ist die Aufmerksamkeit dieser führenden Menschen, durch die der Herr nun wirkt, gefesselt, und manche von ihnen werden sie annehmen und sich während der Zeit der Trübsal dem Volk Gottes anschließen.

Der Engel, der sich mit der Botschaft des dritten Engels vereint, soll die ganze Erde mit seiner Herrlichkeit erleuchten. Hier wird eine Aufgabe von weltumspannender Ausdehnung und ungewöhnlicher Kraft vorhergesagt. Die Adventbewegung von 1840 bis 1844 war eine herrliche Offenbarung der Macht Gottes. Die erste Engelsbotschaft wurde zu jeder Missionsstation in der Welt getragen, und in einigen Ländern herrschte die größte religiöse Bewegung, die seit der Reformation des 16. Jahrhunderts in irgendeinem Land gesehen wurde. Aber noch viel größer wird die mächtige Bewegung sein, die durch die letzte Warnung des dritten Engels entstehen wird.

Diese Bewegung wird der des Pfingsttages ähnlich sein. Wie der »Frühregen« in der Ausgießung des Heiligen Geistes am Anfang der Apostelzeit fiel, um das Aufsprießen des wertvollen Samens zu bewirken, so wird der »Spätregen« am Ende der Tage ausgegossen werden, damit die Ernte reifen kann. Dann werden wir darauf achten und bemüht sein, dass wir den Herrn erkennen. »Denn er wird hervorbrechen wie die schöne Morgenröte und wird zu uns kommen wie ein Regen, wie ein Spätregen, der das Land feuchtet.« Hosea 6,3 »Und ihr, Kinder Zions, freuet euch und seid fröhlich im Herrn, eurem Gott, der euch Lehrer zur Gerechtigkeit gibt und euch herabsendet Frühregen und Spätregen.« Joel 2,23. »Und es soll geschehen in den letzten Tagen, spricht Gott, ich will ausgießen von meinem Geist auf alles Fleisch; und eure Söhne und eure Töchter sollen weissagen ... Und soll geschehen, wer den Namen des Herrn anrufen wird, soll selig werden.« Apostelgeschichte 2,17.21

Das große Werk des Evangeliums wird mit keiner geringeren Offenbarung der Macht Gottes schließen als derjenigen, die seinen Anfang kennzeichnete. Die Weissagungen, die in der Ausgießung des Frühregens am Anfang der frühchristlichen Zeit ihre Erfüllung fanden, werden sich am Ende der christlichen Geschichte im Spätregen erfüllen. Es ist die Zeit der Erquickung, der auch der Apostel Petrus entgegensah, als er sagte: »So tut nun Buße und bekehrt euch, dass eure Sünden ausgetilgt werden, damit Zeiten der Erquickung vom Angesicht des Herrn kommen und er den sende, der euch zuvor verkündigt wurde, Jesus Christus.« Apostelgeschichte 3,19.20; Schlachter 2000

Diener Gottes mit leuchtendem und vor heiligem Eifer strahlendem Angesicht werden von Ort zu Ort eilen, um die Botschaft vom Himmel zu verkündigen. Tausende werden die Warnung über die ganze Erde verbreiten. Erstaunliche Taten werden gewirkt, Kranke geheilt werden, Zeichen und Wunder werden den Gläubigen folgen. Auch Satan wird lügenhafte Wunder wirken und sogar Feuer vom Himmel fallen lassen vor den Menschen. Offenbarung 13,13 So werden die Bewohner der Erde gezwungen, sich zu entscheiden.

Die Botschaft wird vielmehr durch die tiefe Überzeugung durch den Geist Gottes getragen als durch Beweisführung, wie es auch beim Mitternachtsruf (siehe auch S. 335, 337, 343) gewesen war. Die Beweise sind vorgetragen worden. Der Same ist ausgestreut und wird nun aufsprießen und Frucht bringen. Die durch Missionsarbeiter verbreiteten Druckschriften haben ihren Einfluss ausgeübt, doch sind viele, deren Gemüter ergriffen waren, verhindert worden, die Wahrheit völlig zu verstehen oder ihr zu gehorchen. Nun dringen die Lichtstrahlen überall durch, die Wahrheit wird in ihrer Klarheit gesehen, und die aufrichtigen Kinder Gottes zerschneiden die Bande, die sie gehalten haben. Familienverhältnisse und kirchliche Beziehungen sind jetzt machtlos, sie zurückzuhalten. Die Wahrheit ist wertvoller als alles andere. Ungeachtet der gegen die Wahrheit verbündeten Kräfte stellt sich eine große Schar auf die Seite des Herrn.

KAPITEL 39

DIE *TRÜBSELIGE ZEIT*

Gott schenkt den Menschen in seiner Gnade immer wieder Gelegenheit zur Besinnung und Umkehr. Doch einmal ist es soweit: Die letzte Warnung wird erfolgen, kurz bevor alles entschieden ist und jeder Mensch seine Position bezogen hat. Diese letzte Warnung wird durch Diener Gottes gegeben, die durch Überzeugung des Geistes Gottes begleitet werden.

Zur selben Zeit wird der große Fürst Michael [Christus], der für die Kinder deines Volks steht, sich aufmachen. Denn es wird eine solche trübselige Zeit sein, wie sie nicht gewesen ist, seitdem Leute gewesen sind bis auf diese Zeit. Zur selben Zeit wird dein Volk errettet werden, alle, die im Buch geschrieben stehen.« Daniel 12,1

Sobald der Dienst der dritten Engelsbotschaft beendet ist, bittet die Gnade Christi nicht länger für die sündigen Bewohner der Erde. Gottes Volk hat seine Aufgabe erfüllt. Es hat den »Spätregen«, »die Erquickung von dem Angesicht des Herrn«, empfangen Apg. 3,20 und ist auf die bevorstehende schwere Stunde vorbereitet. Engel eilen im Himmel hin und her. Einer, der von der Erde zurückkehrt, teilt mit, dass sein Werk getan ist. Die letze Prüfung ist über die Welt gegangen, und alle, die gegenüber den göttlichen Vorschriften treu gewesen sind, haben »das Siegel des lebendigen Gottes« empfangen. Dann beendet Jesus seinen Mittlerdienst im himmlischen Heiligtum. Er hebt seine Hände und spricht mit lauter Stimme: »Es ist vollbracht!«, und alle Engel legen ihre Kronen nieder, wenn er feierlich ankündigt: »Wer böse ist, der sei fernerhin böse, und wer unrein ist, der sei fernerhin unrein; aber wer fromm ist, der sei fernerhin fromm, und wer heilig ist, der sei fernerhin heilig.« Offenbarung 22,11 Jeder Fall ist zum Leben oder zum Tod entschieden worden. Christus hat sein Volk versöhnt und dessen Sünden ausgetilgt. Die Anzahl der Seinen ist festgelegt. »Das Reich und die Herrschaft und die Größe ... unter dem ganzen Himmel« Daniel 7, 27; Elberfelder sollen den Erben des Heils gegeben werden, und Jesus wird als König und Herr regieren.

Wenn er das Heiligtum verlässt, liegt Finsternis über den Bewohnern der Erde. In jener schrecklichen Zeit müssen die Gerechten ohne einen Vermittler vor einem heiligen Gott leben. Die Macht, die bis dahin die Gottlosen zurückhielt, ist beseitigt, und Satan herrscht nun uneingeschränkt über die Unbußfertigen. Gottes Langmut ist zu Ende. Die Welt hat seine Gnade verworfen, seine Liebe verachtet und sein Gesetz mit Füßen treten. Die Gottlosen haben die Grenzen ihrer Gnadenzeit überschritten. Der Geist Gottes, dem sie hartnäckig widerstanden, ist ihnen schließlich entzogen worden. Von der göttlichen Gnade nicht mehr beschirmt, sind sie schutzlos dem Bösen ausgeliefert. Satan wird dann die Bewohner der Erde in eine letzte große Trübsal stürzen. Wenn die Engel Gottes aufhören, die grimmigen Stürme menschlicher Leidenschaften im Zaum zu halten, werden alle Mächte des Streites entfesselt sein. Die ganze Welt wird in ein Verderben hineingezogen werden, das schrecklicher ist als jenes, das einst über das alte Jerusalem 70 n. Chr. hereinbrach.

Ein einziger Engel brachte alle Erstgeborenen der Ägypter um und erfüllte dadurch das Land mit Wehklagen. Als David Gottes Gebot übertrat, indem er das Volk zählte, kam ein Engel zu jener schrecklichen Vernichtung, durch die seine Sünde bestraft wurde. Die gleiche zerstörende Macht, die die heiligen Engel ausüben wenn Gott es befiehlt, wird von den bösen Engeln ausgeübt werden, wenn er es zulässt. Jene Kräfte sind jetzt einsatzbereit. Sie warten nur auf die göttliche Erlaubnis, um überall Verwüstung anzurichten.

Die Gottes Gesetz ehrten, sind beschuldigt worden, Gerichte über die Welt gebracht zu haben. Sie werden als Ursache des Streites und Blutvergießens unter den Menschen angesehen werden, sowie für die fürchterlichen Erschütterungen der Natur verantwortlich gehalten, die die Erde mit Leid erfüllen. Die letzte Warnungsbotschaft wurde von einer Kraft begleitet, die die Gottlosen in Wut versetzte. Ihr Zorn richtete sich gegen alle, die die Botschaft angenommen haben. Satan wird den Geist des Hasses und der Verfolgung noch verstärken.

Als Gott sich endgültig vom jüdischen Volk zurückzog, wussten es weder die Priester noch das Volk. Obwohl sie sich unter der Herrschaft Satans befanden und von den schrecklichsten und abscheulichsten Leidenschaften geleitet wurden, betrachteten sie sich selbst noch immer als die Auserwählten Gottes. Den Dienst im Tempel setzten sie fort, die Opfer brachten sie auf seinen verunreinigten Altären dar. Und täglich riefen sie den göttlichen Segen auf ein Volk herab, das an dem Blut des teuren Sohnes Gottes schuldig geworden war und versucht hatte, seine Diener und Apostel umzubringen. So werden auch die Bewohner der Erde nicht wissen, wann die unwiderrufliche Entscheidung im Heiligtum ausgesprochen und das Schicksal der Welt auf ewig bestimmt worden ist. Ein Volk, von dem sich der Geist Gottes endgültig zurückgezogen hat, wird weiterhin die Formen

der Religion beachten; und der satanische Eifer, mit dem

der Fürst des Bösen es zur Ausführung seiner boshaften Anschläge begeistern wird, trägt ähnliche Züge wie das Eifern für Gott. Da der Sabbat in der ganzen Christenheit besonders umkämpft ist und Staat und Kirche sich vereint haben, die Beachtung des Sonntags zu erzwingen, wird die hartnäckige Weigerung einer kleinen Minderheit, der allgemein gültigen Forderung nachzukommen, sie zum Ziel des Fluches machen. Es wird herausgestellt werden, dass die wenigen, die sich einer Verordnung der Kirche und den Richtlinien des Staates widersetzen, nicht geduldet werden sollten. Es sei besser, diese leiden zu lassen, als dass ganze Nationen in Verwirrung und Gesetzlosigkeit gestürzt würden. Dieselbe Behauptung wurde vor fast 2000 Jahren von den Obersten des Volkes Israel gegen Christus aufgestellt. Der verschlagene Kaiphas sagte: »Es ist uns besser, ein Mensch sterbe für das Volk, als dass das ganze Volk verderbe.« Johannes 11,50

Diese Beweisführung wird als entscheidend angesehen werden, und schließlich wird gegen alle, die den Sabbat des vierten Gebots heiligen, ein Erlass ergehen, worin sie der härtesten Strafen für würdig hingestellt werden und man dem Volk die Freiheit gibt, sie nach einer gewissen Zeit umzubringen. Der Katholizismus in der Alten und der abgefallene Protestantismus in der Neuen Welt werden in gleicher Weise gegen solche handeln, die alle göttlichen Gebote ehren.

Dann wird Gottes Volk in jene Tage der Trübsal und des Jammers geraten, die vom Propheten Jeremia als die Zeit der Angst in Jakob beschrieben werden: »So spricht der Herr: Wir hören ein Geschrei des Schreckens; nur Furcht ist da und kein Friede ... Wie geht es denn zu, dass ... alle Angesichter so bleich sind? Es ist ja ein gewaltiger Tag, und seinesgleichen ist nicht gewesen, und ist eine Zeit der Angst für Jakob; doch soll ihm daraus geholfen werden.« Jeremia 30,5-7

Jakobs Nacht der Angst, als er im Gebet darum rang, aus der Hand Esaus befreit zu werden, (1.Mose 32,25-31) stellt die Erfahrung des Volkes Gottes in der trübseligen Zeit dar. Weil Jakob sich durch eine Täuschung den Segen seines Vaters sichern wollte, der eigentlich für Esau bestimmt war, hatte er, erschreckt durch die tödlichen Drohungen seines Bruders, fliehen müssen, um sein Leben zu retten. Nachdem er viele Jahre als freiwillig Verbannter gelebt hatte, machte er sich aufgrund der Weisung Gottes auf den Weg, um mit seinen Frauen, Kindern und Herden in seine Heimat zurückzukehren. Als er die Landesgrenze erreichte, wurde er durch die Nachricht vom Herannahen Esaus an der Spitze einer Horde Krieger erschreckt, die sich ohne Zweifel rächen wollten. Es schien, als müsse Jakobs unbewaffnete und wehrlose Schar der Gewalt und dem Gemetzel hilflos zum Opfer fallen. Zu der Unruhe und Furcht kam noch die bedrückende Last der Selbstanklage, denn es war seine eigene Sünde, die diese Gefahr herbeigeführt hatte. Seine einzige Hoffnung lag in der Gnade Gottes; seine einzige Verteidigung konnte das Gebet sein. Doch ließ er seinerseits nichts ungetan, um das dem Bruder zugefügte Unrecht zu sühnen und die drohende Gefahr abzuwenden. So sollten sich die Nachfolger Christi beim Herannahen der trübseligen Zeit bemühen, sich den Menschen gegenüber richtig zu verhalten, Vorurteile zu entkräften und die der Gewissensfreiheit drohende Gefahr abzuwenden.

Nachdem Jakob seine Familie weggeschickt hat, damit sie seinen Jammer nicht sehe, bleibt er allein, um Gott zu bitten, sich für ihn einzusetzen. Er bekennt seine Sünde und anerkennt dankbar die Gnade Gottes gegen ihn, während er sich in tiefer Demut auf den mit seinen Vätern geschlossenen Bund und auf die ihm in jener Nacht zu Bethel und im Land der Verbannung geschenkten Verheißungen beruft. Der Wendepunkt in seinem Leben ist gekommen; alles steht auf dem Spiel. In der Finsternis und Einsamkeit betet er weiter und demütigt sich vor Gott. Plötzlich legt sich eine Hand auf seine Schulter. Er glaubt, dass ein Feind ihm nach dem Leben trachte, und ringt verzweifelt mit seinem Angreifer. Als der Tag zu dämmern beginnt, zeigt der Fremde seine übermenschliche Kraft. Bei seinem Berühren scheint der starke Mann gelähmt, und er fällt seinem geheimnisvollen Widersacher als hilfloser, weinender Bittsteller um den Hals. Jakob weiß jetzt, dass er mit dem Engel des Bundes gerungen hat. Obwohl kampfunfähig und heftigste Schmerzen leidend, gibt er seine Absicht nicht auf. Lange hat er Unruhe, Gewissensbisse und Leid um seiner Sünde willen erduldet. Jetzt muss er die Versicherung haben, dass ihm verziehen ist. Der göttliche Besucher scheint ihn verlassen zu wollen, aber Jakob hängt sich an ihn und fleht um seinen Segen. Der Engel drängt: »Lass mich gehen; denn die Morgenröte bricht an.« Aber der Patriarch ruft aus: »Ich lasse dich nicht, du segnest mich denn.« Welches Vertrauen, welche Entschiedenheit, welche Ausdauer wird hier sichtbar! Wäre dies eine prahlerische, anmaßende Forderung gewesen, Jakob wäre sofort vernichtet worden, aber er sprach mit der Zuversicht, die der besitzt, der seine Schwachheit und Unwürdigkeit kennt und doch auf die Gnade eines wahrhaftigen Gottes vertraut.

»Er kämpfte mit dem Engel und siegte.« Hosea 12,5 Durch Demut, Reue und Selbstübergabe errang dieser sündhafte, irrende Sterbliche die Anerkennung der Majestät des Himmels. Zitternd hatte er sich an die Verheißungen Gottes geklammert, und das Herz der unendlichen Liebe konnte die Bitte des Sünders nicht abweisen. Als Beweis für seinen Sieg und zur Ermutigung für andere, seinem Beispiel zu folgen, wurde sein Name, der an die Sünde erinnerte, geändert, um das Gedächtnis seines

Sieges wachzuhalten. Die Tatsache, dass er mit Gott gerungen und gesiegt hatte, war eine Bürgschaft, dass er auch bei den Menschen siegen würde. Er fürchtete den Zorn seines Bruders nicht länger, denn der Herr war sein Schutz. Satan hatte Jakob vor den Engeln Gottes verklagt und das Recht beansprucht, ihn wegen seiner Sünde zu vernichten. Er hatte Esau beeinflusst, gegen Jakob zu ziehen, und während dieser die ganze Nacht hindurch rang, bemühte sich Satan, ihm das Gefühl seiner Schuld aufzudrängen, um ihn zu entmutigen und seinen Halt an Gott aufzugeben. Jakob wurde beinahe zur Verzweiflung getrieben, aber er wusste, dass er ohne Hilfe vom Himmel umkommen müsste. Er hat seine große Sünde aufrichtig bereut und berief sich nun auf die Gnade Gottes. Er wollte sich von seinem Ziel nicht abbringen lassen, sondern hielt den Engel fest und brachte seine Bitte ernst und flehend vor, bis er dessen Anerkennung fand.

Wie Satan Esau beeinflusste, gegen Jakob zu ziehen, so wird er in der trübseligen Zeit die Bösen aufwiegeln, Gottes Kinder umzubringen. Wie er Jakob anklagte, so wird er seine Anklagen auch gegen Gottes Volk vorbringen. Er zählt die Welt zu seinem Herrschaftsgebiet, aber die kleine Schar, die die Gebote Gottes hält, widersteht seiner Oberherrschaft. Könnte er diese von der Erde vertilgen, so würde sein Sieg vollkommen sein. Er sieht, dass heilige Engel sie bewahren und nimmt an, dass ihre Sünden verziehen worden sind, aber er weiß nicht, dass ihre Fälle im himmlischen Heiligtum entschieden wurden. Er kennt genau die Sünden, zu denen er sie verführt hat, und stellt diese Gott im grellsten Licht dar und behauptet, dieses Volk verdiene es ebenso sehr, von der Gnade Gottes ausgeschlossen zu werden, wie er selbst. Er erklärt, der Herr könne von Rechts wegen ihre Sünden nicht vergeben, ihn und seine Engel jedoch vertilgen. Er beansprucht sie als seine Beute und verlangt, dass sie zur Vernichtung ihm übergeben werden.

Während Satan Gottes Kinder wegen ihrer Sünden verklagt, gestattet ihm der Herr, sie bis aufs Äußerste zu versuchen. Ihr Gottvertrauen, ihr Glaube und ihre Entschiedenheit werden schwer geprüft. Wenn sie die Vergangenheit überblicken, sinkt ihre Hoffnung, denn in ihrem ganzen Leben können sie wenig Gutes entdecken. Sie sind sich ihrer Schwachheit und Unwürdigkeit völlig bewusst. Satan versucht sie mit dem Gedanken zu erschrecken, dass ihre Fälle hoffnungslos seien, dass der Makel ihrer Verunreinigung nie ausgewaschen werden könne. Er hofft damit ihren Glauben so zu vernichten, dass sie seinen Versuchungen nachgeben und ihre Treue gegen Gott aufgeben.

Obwohl die Kinder Gottes von Feinden umgeben sein werden, die es auf ihren Untergang abgesehen haben, so ist doch die Angst, die sie ausstehen, nicht eine Angst vor Verfolgung um der Wahrheit willen, sondern sie fürchten, nicht jede Sünde bereut und durch irgendein Versehen ihrerseits die Erfüllung der Worte Christi versäumt zu haben, in denen er verheißt, sie zu »bewahren vor der Stunde der Versuchung, die kommen wird über den ganzen Weltkreis«. Offenbarung 3,10 Hätten sie die Gewissheit, dass ihre Sünden vergeben wären, so würden sie vor Marter und Tod nicht zurückschrecken. Sollten sie sich aber unwürdig erweisen und wegen ihrer Charakterfehler ihr Leben verlieren, dann würde Gottes heiliger Name geschmäht werden.

Überall hören sie von den verräterischen Anschlägen und sehen das Wirken der Empörung. Es erhebt sich in ihnen das heftige Verlangen, die ernste Sehnsucht der Seele, dass dieser große Abfall enden und die Bosheit der Gottlosen zum Abschluss kommen möge. Während sie Gott bitten, der Empörung Einhalt zu gebieten, machen sie sich selbst Vorwürfe, dass sie keine Kraft haben, der mächtigen Flut des Übels zu widerstehen und sie einzudämmen. Sie fühlen, dass Satans Heere weniger Macht haben würden, sie zu überwältigen, falls sie alle ihre Fähigkeit im Dienst Christi eingesetzt hätten und stetig vorangegangen wären.

Sie kasteien ihre Seelen vor Gott, wobei sie darauf hinweisen, dass sie ihre vielen Sünden bereut haben, und sich auf das Versprechen des Heilandes berufen: »Er ... wird mir Frieden schaffen; Frieden wird er mir dennoch schaffen.« Jesaja 27,5 Ihr Glaube wankt nicht, weil ihre Gebete nicht sofort erhört werden. Obwohl sie heftigste Angst, Schrecken und Not erleiden, hören sie doch nicht auf, zu Gott zu flehen. Sie ergreifen die Kraft Gottes, wie Jakob sich an den Engel des Bundes klammerte, und sie sprechen: »Ich lasse dich nicht, du segnest mich denn!«

Hätte Jakob nicht zuvor seine Sünde bereut – die Erlangung der Erstgeburt durch Betrug –, so würde Gott sein Gebet nicht erhört und sein Leben nicht gnädig bewahrt haben. Ebenso würden auch die Kinder Gottes besiegt werden, wenn in der trübseligen Zeit, da sie von Angst und Schrecken gepeinigt sind, noch nicht bekannte Sünden vor ihnen auftauchten. Verzweiflung würde ihren Glauben ersticken, und sie könnten kein Vertrauen haben, bei Gott um Errettung zu bitten. Aber während sie sich ihrer Unwürdigkeit zutiefst bewusst sind, haben sie keine verborgenen Fehler zu enthüllen. Ihre Sünden sind schon vorher beurteilt und ausgetilgt worden, und sie denken nicht mehr daran.

Satan verleitet viele zu glauben, dass Gott ihre Untreue in geringeren Dingen des Lebens übersehe, aber der Herr zeigt in seiner Handlungsweise mit Jakob, dass er in keiner Weise das Böse gutheißen oder dulden wird. Alle, die sich bemühen, ihre Sünden zu entschuldigen oder zu verbergen und sie nicht eingestehen wollen und unvergeben in den Büchern des Himmels stehen lassen, werden von Satan überwunden werden. Je größer ihr Anspruch auf Frömmigkeit und je ehrbarer die Stellung ist, die sie einnehmen, desto schlimmer wird ihr Benehmen in den Augen Gottes sein und desto sicherer der Sieg ihres Gegners. Wer die Vorbereitung für den Tag Gottes aufschiebt, kann sie nicht in der trübseligen Zeit oder später bekommen. Sein Fall ist dann hoffnungslos. Die Namenschristen, die unvorbereitet in den letzten schrecklichen Kampf gehen, werden in ihrer Verzweiflung ihre Sünden in Worten brennender Angst bekennen, während die Gottlosen über ihren Jammer jubeln. Diese Bekenntnisse sind so geartet wie die von Esau oder Judas. Sie beklagen die Folgen der Übertretung, nicht aber ihre Schuld. Sie fühlen keine wahre Reue, keinen Abscheu vor dem Übel. Sie gestehen ihre Sünde aus Furcht vor der Strafe ein, doch wie einst Pharao würden sie dem Himmel erneut trotzen, sollten die Gerichte zurückgezogen werden.

Die Geschichte Jakobs enthält auch die Versicherung, dass Gott die nicht verwerfen will, die betrogen, versucht und zur Sünde verleitet worden sind, aber sich in aufrichtiger Reue zu ihm gewandt haben. Während Satan versucht, diese Menschen zu vernichten, wird Gott seine Engel senden, um sie in der Zeit der Gefahr zu trösten und zu beschützen. Die Angriffe Satans sind grimmig und entschlossen, seine Täuschungen bedrohlich, aber Gott der Herr wacht über seine Kinder, und seine Ohren hören auf ihr Rufen. Ihre Trübsal ist groß, die Flammen des Feuerofens scheinen sie zu versengen, doch sie werden aus der Hand dessen, der sie läutert, hervorgehen wie im Feuer gereinigtes Gold. Gottes Liebe zu seinen Kindern ist in der trübseligen Zeit ihrer schwersten Prüfungen ebenso stark und gütig wie in den Tagen ihres besten Wohlergehens, aber sie haben es nötig, in den Feuerofen gebracht zu werden. Das Irdische an ihnen muss vernichtet werden, damit sie das Bild Christi vollkommen widerstrahlen können.

Die uns bevorstehende Zeit der Trübsal und Seelenangst wird einen Glauben erfordern, der Mattheit, Verzögerung und Hunger ertragen kann, einen Glauben, der nicht wankt, wenn er auch schwer geprüft wird. Die Gnadenzeit wird allen geschenkt, um sich auf jene Tage vorbereiten zu können. Jakob siegte, weil er ausdauernd und entschlossen war. Sein Sieg ist ein Beweis von der Kraft anhaltenden Gebets. Alle, die sich wie er auf die Verheißungen Gottes stützen und ebenso ernst und standhaft sind, wie er es war, werden wie er Erfolg haben. Wer aber nicht bereit ist, sich selbst zu verleugnen, vor Gott Reue zu zeigen und ausdauernd und ernst zu beten, wird seinen Segen nicht erhalten. Mit Gott ringen – wie wenige wissen, was das ist! Wie wenige Menschen haben mit heftigem Verlangen vor Gott ausgeharrt, bis zur äußersten Anspannung! Wie wenige halten sich in unerschütterlichem Glauben an die Verheißungen Gottes, wenn die Wogen der Verzweiflung, die nicht zu beschreiben sind, über den Bittenden hereinbrechen! Die jetzt nur wenig Glauben üben, sind in der größten Gefahr, der Macht satanischer Täuschungen und dem Gewissenszwang zu unterliegen. Und selbst wenn sie die Prüfung durchstehen, werden sie in der trübseligen Zeit in tieferen Jammer und größere Angst geraten, weil sie es sich nie zur Gewohnheit gemacht hatten, auf Gott zu vertrauen. Die Lehren des Glaubens, die sie vernachlässigt haben, werden sie unter einem schrecklichen Druck der Entmutigung lernen müssen.

Wir sollten uns jetzt schon mit dem Wesen Gottes vertraut machen, indem wir seine Verheißungen erproben. Engel berichten jedes Gebet, das ernst und aufrichtig ist. Wir sollten lieber die selbstsüchtigen Befriedigungen aufgeben, als die Gemeinschaft mit Gott vernachlässigen. Die tiefste Armut, die größte Selbstverleugnung mit Gott sind besser als Reichtümer, Ehrungen, Bequemlichkeit und Freundschaft ohne ihn. Wir müssen uns Zeit nehmen zum Gebet. Lassen wir uns von weltlichen Angelegenheiten in Anspruch nehmen, so gibt Gott uns vielleicht dazu die Zeit, indem er uns unsere Götzen wegnimmt, die in Reichtum, in Häusern oder anderem Besitz bestehen.

Die Jugendlichen würden nicht zur Sünde verführt werden, wenn sie sich weigerten, irgendeinen Weg einzuschlagen, auf dem sie nicht Gottes Segen erbitten können. Würden die Boten, die der Welt die letzte ernste Warnung bringen, um den Segen Gottes bitten – nicht in einer kalten, gleichgültigen, nachlässigen Weise, sondern inbrünstig und im Glauben wie einst Jakob –, so hätten sie oft Gelegenheit zu sagen: »Ich habe Gott von Angesicht gesehen, und meine Seele ist genesen.« 1.Mose 32,31 Sie würden vom Himmel als Fürsten angesehen werden, da sie Macht haben, über Gott und Menschen den Sieg davonzutragen.

Eine trübselige Zeit, wie sie nie zuvor gewesen ist, wird bald über uns hereinbrechen. Wir werden dann eine Erfahrung benötigen, die wir jetzt nicht besitzen und die zu erstreben viele zu träge sind. Es geschieht oft, dass die Trübsal in der Vorstellung viel größer erscheint, als sie in Wirklichkeit ist. Dies ist aber nicht der Fall bei den uns bevorstehenden entscheidenden Prüfungen. Die lebhafteste Vorstellung kann die Größe der Feuerprobe nicht ermessen. In jener Zeit der Prüfung muss jeder für sich selbst vor Gott stehen. Wenn auch Noah, Daniel und Hiob im Lande wären, »so wahr ich lebe, spricht der Herr Herr, würden sie weder Söhne noch Töchter, sondern allein ihre eigene Seele durch ihre Gerechtigkeit erretten.« Hesekiel 14,20

Jetzt, während unser großer Hohepriester die Versöhnung für uns vollbringt, sollten wir danach streben, in Christus vollkommen zu werden. Nicht mit einem Gedanken gab unser Heiland der Macht der Versuchung nach.

Satan findet in menschlichen Herzen diesen oder jenen Makel, den er nutzt. Manche sündhafte Neigung wird gepflegt, durch die seine Versuchungen Erfolg haben. Christus aber erklärte von sich: »Es kommt der Fürst dieser Welt, und hat keine Macht über mich.« Johannes 14,30 Satan konnte nichts im Herzen des Sohnes Gottes finden, das ihm hätte helfen können zu siegen. Christus hatte seines Vaters Gebote gehalten, und es war keine Sünde in ihm, die Satan zu seinem Vorteil hätte ausnutzen können. Dies ist der Zustand, den jene haben müssen, die in der trübseligen Zeit bestehen sollen. Schon jetzt im Leben müssen wir uns durch den Glauben an das versöhnende Blut Christi von der Sünde trennen. Unser mächtiger Heiland lädt uns ein, uns ihm anzuschließen, unsere Schwäche mit seiner Kraft, unsere Unwissenheit mit seiner Weisheit, unsere Unwürdigkeit mit seinem Verdienst zu verbinden. Gottes Vorsehung ist die Schule, in der wir die Sanftmut und Demut Jesu lernen sollen. Der Herr stellt uns beständig das wahre Lebensziel vor Augen, nicht aber den Weg, den wir gerne aussuchen möchten, der uns leichter und angenehmer erscheint. Es bleibt uns überlassen, mit den Kräften zusammenzuarbeiten, die der Himmel einsetzt, um unsere Charaktere nach dem göttlichen Vorbild zu gestalten. Niemand kann diese Aufgabe vernachlässigen oder aufschieben, ohne sein Seelenheil ernsthaft zu gefährden.

Der Apostel Johannes hörte in einem Gesicht eine laute Stimme im Himmel, die ausrief: »Weh denen, die auf Erden wohnen und auf dem Meer! denn der Teufel kommt zu euch hinab und hat einen großen Zorn und weiß, dass er wenig Zeit hat.« Offenbarung 12,12 Schrecklich sind die Ereignisse, die diesen himmlischen Ausruf veranlassen. Der Zorn Satans nimmt zu, je weniger Zeit er hat. Seine Täuschungen und Zerstörungen erreichen ihren Höhepunkt in der trübseligen Zeit.

Bedrohliche, übernatürliche Erscheinungen werden sich bald am Himmel bekunden. Sie sind Zeichen der Macht von Wunder wirkenden Dämonen. Die Geister der Teufel werden zu den Königen der Erde und zur ganzen Welt gehen, um sie in Täuschung zu halten und sie zu veranlassen, sich mit Satan in seinem letzten Kriegszug gegen die Regierung des Himmels zu vereinen. Durch diese Kräfte werden Regierende und Bürger in gleicher Weise betrogen werden. Menschen werden sich Christus nennen und den Titel und die Verehrung beanspruchen, die dem Erlöser der Welt zukommen. Sie werden erstaunliche Heilungen vollbringen und vorgeben, Offenbarungen vom Himmel empfangen zu haben, die jedoch dem Zeugnis der Heiligen Schrift widersprechen.

Als krönende Tat in dem großen Drama der Täuschung wird sich Satan als Christus ausgeben. Die Kirche hat lange Zeit bekannt, auf die Ankunft des Heilandes, das Ziel ihrer Hoffnung, zu warten. Nun wird der große Betrüger den Anschein erwecken, dass Christus gekommen sei. In verschiedenen Teilen der Erde wird sich Satan unter den Menschen als ein majestätisches Wesen von blendendem Glanz offenbaren, das der von Johannes in der Offenbarung gegebenen Beschreibung des Sohnes Gottes gleicht. (Offenbarung 1,13-15) Die Herrlichkeit, die ihn umgibt, ist unübertroffen von allem, was sterbliche Augen je gesehen haben. Es erklingt der Jubelruf: »Christus ist gekommen! Christus ist gekommen!« Das Volk wirft sich anbetend vor ihm nieder, während er seine Hände hebt und es segnet, wie Christus seine Jünger segnete, als er auf Erden lebte. Seine Stimme ist weich und gedämpft, doch voller Wohlklang. In mildem, mitleidvollem Ton bringt er einige der gleichen gnadenvollen himmlischen Wahrheiten vor, die der Heiland einst aussprach. Er heilt die Gebrechen des Volkes, behauptet dann in seinem angemaßten Charakter Christi, dass er den Sabbat in den Sonntag verändert habe, und gebietet allen, den Tag, auf dem sein Segen ruhe, zu heiligen. Er erklärt, dass alle, die bei der Feier des siebenten Tages bleiben, seinen Namen lästern, da sie sich weigern, auf seine Engel zu hören, die er mit Licht und Wahrheit zu ihnen sandte. Das ist die starke, beinahe überwältigende Täuschung. Gleich den Samaritern, die von Simon Magus hintergangen wurden, achtet die Menge, vom geringsten bis zum Vornehmsten, auf die Zaubereien und sagt: »Dieser ist die große Kraft Gottes.« Apostelgeschichte 8,10

Aber Gottes Volk wird nicht irregeleitet werden. Die Lehren dieses falschen Christus stimmen nicht mit der Heiligen Schrift überein. Dieser spricht seinen Segen über die Verehrer des Tiers und seines Bildes aus – gerade über die Gruppe, von der die Heilige Schrift erklärt, dass der unvermischte Zorn Gottes über sie ausgegossen werden soll.

Es wird Satan auch nicht gestattet sein, die Art und Weise des Kommens Christi nachzuahmen. Der Heiland hat sein Volk vor einer derartigen Täuschung gewarnt und sein Kommen deutlich beschrieben: »es werden falsche Christusse und falsche Propheten aufstehen und große Zeichen und Wunder tun, so dass sie, wenn es möglich wäre, auch die Auserwählten verführten ... Wenn sie also zu euch sagen werden: Siehe, er ist in der Wüste!, so geht nicht hinaus; siehe, er ist drinnen im Haus!, so glaubt es nicht. Denn wie der Blitz ausgeht vom Osten und leuchtet bis zum Westen, so wird auch das Kommen des Menschensohns sein.« Matthäus 24,24-27.31; Offenbarung 1,7; 1.Thessalonicher 4,16.17 Es gibt keine Möglichkeit, dieses Kommen vorzutäuschen. Es wird allgemein bekanntwerden und der ganzen Welt sichtbar sein.

Nur die, welche eifrig in der Bibel studiert und die Liebe zur Wahrheit angenommen haben, werden vor der gewaltigen Täuschung geschützt sein, die die Welt gefangen nimmt. Durch das Zeugnis der Heiligen Schrift werden sie den Betrüger in seiner Verkleidung erkennen. Für alle wird die Zeit der Prüfung kommen. Durch das Sichten infolge der Versuchung wird der echte Christ offenbar werden. Ist Gottes Volk jetzt so fest auf sein Wort gegründet, dass es sich nicht auf seine Sinneswahrnehmungen verlässt? Wird es sich in einer solchen Entscheidungsstunde an die Heilige Schrift und nur an die Heilige Schrift halten? Satan wird mit allen Mitteln versuchen zu verhindern, dass es sich darauf vorbereitet, an jenem Tage bestehen zu können. Er wird alles so einrichten, dass den Gotteskindern der Weg versperrt ist, er wird sie durch irdische Schätze ablenken, ihnen eine schwere, mühsame Last aufbürden, damit ihre Herzen mit den Sorgen dieses Lebens überladen werden sollen und der Tag der Prüfung wie ein Dieb über sie komme.

Satan wird fortwährend ein doppeltes Spiel treiben. Allem Anschein nach ein Spender von großen Segnungen und göttlichen Wahrheiten, wird er durch seine lügnerischen Wunder die Welt unter seiner Kontrolle halten. Gleichzeitig wird er seiner Bosheit frönen, indem er Kummer und Zerstörung verursacht. Er wird Gottes Volk beschuldigen, die Ursache für das furchterregende Aufbäumen der Natur, den Streit und der Blutschande unter den Menschen zu sein, welche die Erde verwüsten. Auf solche Art wird er den Geist des Hasses und der Verfolgung zu noch größerer Intensität gegen sie anregen. Gott zwingt niemals den Willen oder das Gewissen. Doch Satan wird die bösartigsten aller Maßnahmen benutzen, um die Gemüter der Menschen zu kontrollieren und die Verehrung für sich selbst zu sichern. Dieses Werk des Zwanges ist ganz nach dem Geschmack von menschlichen Überzeugungen und Gesetzen und ein Gegensatz zum heiligen Gesetz Gottes. Im letzten Kampf wird der Sabbat ein besonderer Punkt des Konfliktes im gesamten Christentum werden. Weltliche Herrscher und religiöse Führer werden sich vereinen, um die Einhaltung des Sonntags durchzusetzen. Sollten mildere Maßnahmen versagen, werden unterdrückende Gesetze eingesetzt werden. Es wird gesagt werden, dass die Wenigen, sie sich immer noch gegen die Einrichtung der Kirche und den Gesetzen des Landes widersetzen, nicht toleriert werden sollten. Letztendlich wird ein Erlass verkündet werden, welches ihnen die schwersten Strafen auferlegen wird. Nach einer gewissen Zeit wird dem Volk sogar erlaubt werden sie zu töten. Der römische Katholizismus in der Alten Welt und ein abtrünniger Protestantismus in der Neuen Welt werden einen ähnlichen Weg gegen jene einschlagen, welche die göttlichen Gesetze verehren.

Sowie das von verschiedenen Leitern der Christenheit erlassene Gesetz gegen die Gläubigen, die Gottes Gebote halten, diesen den Schutz der Regierung entzieht und sie denen ausliefert, die ihren Untergang planen, wird Gottes Volk aus den Städten und Dörfern fliehen, sich in Gruppen sammeln und an den ödesten und einsamsten Orten wohnen. Viele werden in Bergfesten Zuflucht finden. Wie die Christen der piemontesischen Täler werden sie die hohen Orte der Erde zu ihrem Heiligtum machen und Gott für den Schutz der Felsen danken. (Jesaja 33,16) Aber viele aus allen Völkern und Gesellschaftsgruppen, hoch und niedrig, reich und arm, schwarz und weiß, werden sehr ungerechte und grausame Gefangenschaft zu erdulden haben. Die Geliebten Gottes müssen beschwerliche Tage verbringen – in Ketten gebunden, hinter Schloss und Riegel, zum Tod verurteilt, einige anscheinend dem Hungertod überlassen in finsteren und dreckigen Verliesen. Kein menschliches Ohr steht ihren Klagen offen, keine menschliche Hand bereit, ihnen zu helfen. Wird der Herr sein Volk in dieser schweren Stunde vergessen? Vergaß er den treuen Noah, als die vorsintflutliche Welt von den Gerichten Gottes heimgesucht wurde? Vergaß er Lot, als Feuer vom Himmel fiel, um die Städte der Ebene zu verzehren? Vergaß er den von Götzendienern umgebenen Joseph in Ägypten? Vergaß er Elia, als der Eid Isebels ihn mit dem Schicksal der Baalspropheten bedrohte? Vergaß er Jeremia in der finsteren, angstmachenden Grube des Gefängnisses? Vergaß er die drei tapferen jungen Männer im Feuerofen oder Daniel in der Löwengrube?

»Zion aber sprach: Der Herr hat mich verlassen, der Herr hat mein vergessen. Kann auch eine Frau ihres Kindleins vergessen, dass sie sich nicht erbarme über den Sohn ihres Leibes? Und ob sie desselben vergäße, so will ich doch dein nicht vergessen. Siehe, in die Hände habe ich dich gezeichnet.« Jesaja 49,14-16

Der Herr der Heerscharen hat gesagt, dass »wer euch antastet, der tastet seinen Augapfel an«. Sacharja 2,12 Obwohl die Feinde sie ins Gefängnis werfen, so können die Kerkermauern den Verkehr zwischen ihnen und Christus doch nicht verhindern. Einer, der ihre Schwachheit sieht und mit jeder Prüfung vertraut ist, thront über allen irdischen Mächten, und Engel werden sie in ihren einsamen Gefängniszellen besuchen und ihnen Licht und Frieden vom Himmel bringen. Das Gefängnis wird wie ein Palast sein, denn die reich sind im Glauben befinden sich dort. Die düsteren Mauern werden von himmlischem Licht erhellt wie damals, als Paulus und Silas im Gefängnis zu Philippi um Mitternacht beteten und Loblieder sangen.

Gottes Gerichte werden die treffen, die sein Volk unterdrücken und verderben. Seine große Langmut mit den Gottlosen macht die Menschen kühn in ihrer Übertretung, aber wenn ihre Strafe auch lange aufgeschoben wurde, ist sie ihnen nicht weniger sicher – und sie wird schrecklich sein. »Denn der Herr wird sich aufmachen wie auf dem Berge Perazim und zürnen wie im Tal Gibeon, dass er sein Werk vollbringe auf eine fremde Weise und dass er seine Arbeit tue auf seine seltsame Weise.«

Jesaja 28,21 Unserem barmherzigen Gott widerstrebt das Strafen. »So wahr als ich lebe, spricht der Herr Herr, ich habe keinen Gefallen am Tod des Gottlosen.« Hesekiel 33,11 Der Herr ist »barmherzig und gnädig und geduldig und von großer Gnade und Treue ... und vergibt Missetat, Übertretung und Sünde«, und doch lässt er nichts ungestraft. »Der Herr ist geduldig und von großer Kraft, vor welchem niemand unschuldig ist.« 2.Mose 34,6.7; Nahum 1.3 Durch schreckliche Gerechtigkeit wird er die Autorität seines mit Füßen getretenen Gesetzes rechtfertigen. Die strenge Vergeltung, die den Übertreter erwartet, zeigt sich darin, dass der Herr zögert, das Gericht zu vollstrecken. Das Volk, mit dem er so lange Geduld hatte und das er nicht schlagen will, bis das Maß seiner Ungerechtigkeit gegen Gott voll ist, wird schließlich den Kelch des Zorns trinken, dem keine Gnade beigemischt ist.

Wenn Christus sein Mittleramt im Heiligtum niederlegt, wird der unvermischte Zorn ausgegossen werden, der denen angedroht wurde, die das Tier und sein Bild anbeten und sein Malzeichen annehmen. (Offenbarung 14.9.10)

Die Plagen, die über Ägypten kamen, als Gott dabei war, Israel zu befreien, ähnelten in ihrer Art den Gerichten, von denen die Welt unmittelbar vor der endgültigen Befreiung des Volkes Gottes heimgesucht wird, nur dass diese Gerichte noch schrecklicher und umfassender sind. Der Schreiber der Offenbarung sagt, indem er diese furchtbaren Geißeln beschreibt: Es »entstand ein böses und schmerzhaftes Geschwür an den Menschen, die das Malzeichen des Tieres hatten und die sein Bild anbeteten.« Das Meer »wurde zu Blut wie von einem Toten, und alle lebendigen Wesen starben im Meer ... Und der dritte Engel goss seine Schale aus in die Flüsse und in die Wasserquellen, und sie wurden zu Blut«. So schrecklich diese Plagen auch sein werden, Gottes Gerechtigkeit ist völlig gerechtfertigt. Der Engel erklärt: »Gerecht bist du, o Herr ..., dass du so gerichtet hast! Denn das Blut der Heiligen und Propheten haben sie vergossen, und Blut hast du ihnen zu trinken gegeben; denn sie verdienen es!« Offenbarung 16,2-6; Schlachter 2000 Indem sie die Kinder Gottes zum Tod verurteilten, haben sie die Schuld ihres Blutes ebenso auf sich geladen, als wenn sie sie selbst umgebracht hätten. In gleicher Weise erklärte Christus die Juden seiner Zeit des Blutes der Heiligen schuldig, das seit den Tagen Abels vergossen worden war, denn sie besaßen den gleichen Geist wie diese Mörder der Propheten und wollten das gleiche Werk tun.

In der darauffolgenden Plage wird der Sonne Macht gegeben, »die Menschen zu versengen mit Feuer. Und die Menschen wurden versengt von der großen Hitze«. Offenbarung 16,8.9 Die Propheten schildern den Zustand der Erde zu dieser schlimmen Zeit mit folgenden Worten: »Das Feld ist verwüstet ... das Getreide ist verdorben ... Alle Bäume auf dem

Felde sind verdorrt; denn die Freude der Menschen ist zum Jammer geworden … Der Same ist unter der Erde verfault, die Kornhäuser stehen wüst … O wie seufzt das Vieh! Die Rinder sehen kläglich, denn sie haben keine Weide … die Wasserbäche sind ausgetrocknet und das Feuer hat die Auen in der Wüste verbrannt.« »Die Lieder in dem Palast sollen in ein Heulen verkehrt werden zu selben Zeit, spricht der Herr Herr; es werden viel Leichname liegen an allen Orten, die man in der Stille hinwerfen wird.« Joel 1,10-12.17-20; Amos 8,3 Diese Plagen kommen nicht überall, sonst wären die Erdenbewohner vollständig ausgerottet. Doch sie werden die schlimmsten Heimsuchungen sein, die Sterbliche je durchgemacht haben. Alle Strafgerichte, die vor Beendigung der Gnadenzeit über die Menschen kamen, waren mit Gnade vermischt. Das um Vergebung flehende Blut Christi hat den Sünder vor dem vollen Maß seiner Schuld verschont, aber im Endgericht wird der Zorn Gottes völlig ohne Gnade ausgegossen werden.

An jenem Tag werden viele sich den Schutz der göttlichen Gnade wünschen, die sie bis dahin verachtet haben. »Siehe, es kommt die Zeit, spricht der Herr Herr, dass ich einen Hunger ins Land schicken werde, nicht einen Hunger nach Brot oder Durst nach Wasser, sondern nach dem Wort des Herrn, zu hören; dass sie hin und her von einem Meer zum andern, von Mitternacht gegen Morgen umlaufen und des Herrn Wort suchen, und doch nicht finden werden.« Amos 8,11.22

Gottes Volk wird nicht frei von Leiden sein, aber während man es verfolgt und bedrängt, während es Entbehrung erträgt und Hunger leidet, wird es doch nicht umkommen. Gott, der für Elia sorgte, wird an keinem seiner sich selbst aufopfernden Kinder vorübergehen. Der die Haare auf ihren Häuptern zählt, wird für sie sorgen, und zur Zeit der Teuerung werden sie genug haben. Während die Gottlosen verhungern und an Seuchen zu Grunde gehen, beschützen Engel die Gerechten und geben ihnen, was sie brauchen. Für den, der in Gerechtigkeit lebt, gilt die Verheißung: »Sein Brot wird ihm gegeben, sein Wasser hat er gewiss.« »Die Elenden und Armen suchen Wasser, und ist nichts da; ihre Zunge verdorrt vor Durst. Aber ich, der Herr, will sie erhören; ich, der Gott Israels will sie nicht verlassen.« Jesaja 33,16; 41,17

»Denn der Feigenbaum wird nicht grünen, und wird kein Gewächs sein an den Weinstöcken; die Arbeit am Ölbaum ist vergeblich, und die Äcker bringen keine Nahrung; und Schafe werden aus den Hürden gerissen, und werden keine Rinder in den Ställen sein. Aber ich will mich freuen des Herrn und fröhlich sein in Gott, meinem Heil.« Habakuk 3,17.18 »Der Herr behütet dich; der Herr ist dein Schatten über deiner rechten Hand, dass dich des Tages die Sonne nicht steche noch der Mond des Nachts. Der Herr behüte dich vor allem Übel, er behüte deine Seele.« Psalm 121,5-7

»Er errettet dich vom Strick des Jägers und von der verderblichen Pest. Er wird dich mit seinen Fittichen decken, und Zuflucht wirst du haben unter seinen Flügeln. Seine Wahrheit ist Schirm und Schild, dass du nicht erschrecken musst vor dem Grauen der Nacht, vor den Pfeilen, die des Tages fliegen, vor der Pest, die im Finstern schleicht, vor der Seuche, die am Mittag Verderben bringt. Wenn auch tausend fallen zu deiner Seite und zehntausend zu deiner Rechten, so wird es doch dich nicht treffen. Ja, du wirst es mit eigenen Augen sehen und schauen, wie den Gottlosen vergolten wird. Denn der HERR ist deine Zuversicht, der Höchste ist deine Zuflucht. Es wird dir kein Übel begegnen, und keine Plage wird sich deinem Hause nahen.« Psalm 91,3-10

Dennoch wird es nach menschlichem Ermessen so scheinen, als müsse Gottes Volk sein Zeugnis bald mit dem Blut besiegeln, wie vor ihm einst die Märtyrer. Das Volk befürchtet, der Herr habe es verlassen, damit es in die Hand seiner Feinde falle. Es ist eine Zeit schrecklicher Seelenangst. Tag und Nacht schreien die Bedrängten zu Gott um Befreiung. Die Gottlosen frohlocken, und man vernimmt den höhnenden Ruf: »Wo ist nun euer Glaube? Warum befreit euch Gott nicht aus unseren Händen, wenn ihr wirklich sein Volk seid?« Aber die Wartenden denken daran, dass die Hohepriester und Obersten beim Tod Jesu am Kreuz auf Golgatha spottend ausriefen: »Andern hat er geholfen, und kann sich selber nicht helfen. Ist er der König Israels, so steige er nun vom Kreuz, so wollen wir ihm glauben.« Matthäus 27,42 Wie Jakob ringen alle mit Gott. In ihren Angesichtern spiegelt sich der inne Kampf wieder. Blässe liegt auf ihren Zügen. Doch hören sie mit ihrer ernsten Fürbitte nicht auf. Würden den Menschen die Augen geöffnet, sie könnten Scharen von starken Engeln sehen, die um jene lagern, welche das Wort der Geduld Christi bewahrt haben.

In mitfühlender Besorgnis haben die Engel ihren Jammer gesehen und ihre Gebete gehört. Sie hoffen auf das Wort ihres Gebieters, um sie aus der Gefahr herauszureißen, doch sie müssen noch ein wenig warten. Die Kinder Gottes müssen den Kelch trinken und mit der Taufe getauft werden. Gerade die für sie so quälende Verzögerung ist die beste Antwort auf ihre Bitten. Indem sie vertrauensvoll auf den Herrn warten, dass er tätig wird, kommen sie dahin, Glauben, Hoffnung und Geduld zu üben, die sie in ihrem religiösen Leben zu wenig geübt haben. Dennoch wird um der Auserwählten willen die trübselige Zeit verkürzt werden. »Sollte Gott nicht auch Recht schaffen seinen Auserwählten, die zu ihm Tag und Nacht rufen, und sollte er's bei ihnen lange hinziehen? Ich sage euch: Er wird ihnen Recht schaffen in Kürze.« Lukas 18,7.8 Das Ende wird schneller kommen, als die Menschen es erwarten. Der Weizen wird gesammelt und in

Garben gebunden für die Scheune Gottes, das Unkraut aber wird für das Feuer der Verwüstung gebunden werden.

Der ihnen anvertrauten Aufgabe getreu, wachen die himmlischen Wächter auch in Zukunft. Obwohl ein allgemeines Gebot die Zeit bestimmt hat, wo alle, die Gottes Gebote halten, umgebracht werden sollen, so werden doch ihre Feinde in manchen Situationen dem Erlass zuvorkommen wollen und versuchen, sie zu töten. Aber niemand kann an den mächtigen Wächtern vorbeikommen, die jeden Gläubigen bewahren. Einige werden auf ihrer Flucht aus den Städten und Dörfern angegriffen; doch die gegen sie erhobenen Schwerter zerbrechen und fallen wie ein Strohhalm zu Boden. Andere werden von Engeln in der Gestalt von Kriegern verteidigt.

Zu allen Zeiten hat Gott für den Beistand und die Befreiung seines Volkes durch heilige Engel gewirkt. Himmlische Wesen haben am Leben und Tun der Menschen tätigen Anteil genommen. Sie sind erschienen in Gewändern, die wie der Blitz leuchteten, oder sind gekommen als Menschen wie Wanderer. Engel sind den Gotteskindern in menschlicher Gestalt erschienen. Sie haben zu Mittag unter Eichen geruht, als ob sie müde wären, haben in der Nacht verspäteten Reisenden als Führer gedient, mit ihren eigenen Händen das Feuer auf dem Altar angezündet und die Gastfreundschaft irdischer Wohnungen angenommen. Sie haben Gefängnistüren geöffnet und die Diener Gottes frei gelassen. Mit der Waffenrüstung des Himmels angetan, kamen sie, um den Stein vom Grab des Heilandes wegzurollen.

In Menschengestalt sind Engel oft in den Versammlungen der Gerechten anwesend und besuchen die Zusammenkünfte der Gottlosen, wie sie einst nach Sodom kamen, um einen Bericht von den Taten seiner Einwohner aufzunehmen und zu entscheiden, ob sie das Maß der Langmut Gottes überschritten hatten. Der Herr hat Wohlgefallen an der Barmherzigkeit, und um einiger weniger willen, die ihm wirklich dienen, hält er das Unglück zurück und verlängert die Ruhe der Menge. Wie wenig erkennen Sünder, dass sie ihr eigenes Leben den wenigen Gottgetreuen verdanken, die sie verspotten und unterdrücken, um sich zu ergötzen! Wenn die Herrscher dieser Welt es auch nicht wissen, so haben in ihren Versammlungen doch oft Engel das Wort geführt. Menschliche Augen haben auf sie geblickt, menschliche Ohren ihren Aufforderungen gelauscht. Menschliche Lippen haben sich ihren Vorschlägen widersetzt und ihre Ratschläge verlacht; menschliche Hände haben sie beleidigt und misshandelt. In der Ratsversammlung, an den Gerichtshöfen haben sich diese himmlischen Boten mit der menschlichen Geschichte sehr vertraut gezeigt, sie haben die Sache der Unterdrückten besser vertreten als deren fähigste und beredteste

Verteidiger. Sie habe Absichten vereitelt und böse Taten aufgehalten, die das Werk Gottes sehr behindert und seinem Volk viel Leid verursacht hätten. In der Stunde der Gefahr und der Trübsal lagert »der Engel des Herrn ... sich um die her, die ihn fürchten, und hilft ihnen heraus«. Psalm 34,8

Sehnsüchtig erwartet das Volk Gottes die Anzeichen seines kommenden Königs. Wenn die Wächter angerufen werden: »Hüter, ist die Nacht schier hin?«, wird ohne Zögern die Antwort gegeben: »Wenn der Morgen schon kommt, so wird es doch Nacht sein.« Jesaja 21,11.12 Licht glänzt auf den Wolken über den Bergesspitzen. In Kürze wird sich seine Herrlichkeit offenbaren. Die Sonne der Gerechtigkeit wird bald hervorleuchten. Der Morgen und die Nacht – der Beginn des endlosen Tages für die Gerechten, der Anfang der ewigen Nacht für die Gottlosen – stehen kurz bevor.

Während die Ringenden ihre Bitten zu Gott emporsenden, scheint der Schleier, der sie von der unsichtbaren Welt trennt, fast weggezogen zu sein. Die Himmel erglühen von der Dämmerung des ewigen Tages, und wie ein klangvoller Engelchor erschallen die Worte an das Ohr: Steht fest in eurer Treue! Die Hilfe kommt! Christus, der allmächtige Sieger, hält seinen müden Streitern eine Krone unvergänglicher Herrlichkeit bereit, und seine Stimme ertönt von den halb geöffneten Toren: »Siehe, ich bin mit euch! Fürchtet euch nicht! Ich kenne all euren Kummer, ich habe eure Sorgen getragen. Ihr kämpft nicht gegen unbesiegbare Feinde. Ich habe den Kampf für euch ausgefochten, und in meinem Namen seid ihr unüberwindlich.«

Der liebevolle Heiland wird gerade dann Hilfe senden, wenn wir sie brauchen. Der Weg zum Himmel ist durch seine Fußtapfen geheiligt. Jeder Dorn, der unseren Fuß verwundet, hat auch seinen Fuß verletzt. Jedes Kreuz, das zu tragen wir berufen werden, hat er vor uns getragen. Der Herr lässt Kämpfe zu, damit die Seele für den Frieden vorbereitet werde. Die trübselige Zeit ist eine schreckliche Feuerprobe für Gottes Volk, aber es ist auch für jeden Gläubigen die Zeit, aufzuschauen, und er wird im Glauben über sich den Bogen der Verheißung sehen. »So werden die Erlösten des HERRN heimkehren und nach Zion kommen mit Jauchzen, und ewige Freude wird auf ihrem Haupte sein. Wonne und Freude werden sie ergreifen, aber Trauern und Seufzen wird von ihnen fliehen. Ich, ich bin euer Tröster! Wer bist du denn, dass du dich vor Menschen gefürchtet hast, die doch sterben, und vor Menschenkindern, die wie Gras vergehen, und hast des HERRN vergessen, der dich gemacht hat ... und hast dich ständig gefürchtet den ganzen Tag vor dem Grimm des Bedrängers, als er sich vornahm, dich zu verderben? Wo ist nun der Grimm des Bedrängers? Der Gefangene wird eilends losgegeben, dass er nicht sterbe und begraben werde und dass er keinen Mangel an Brot habe. Denn ich bin der HERR, dein Gott, der das Meer erregt, dass seine Wellen wüten – sein Name heißt HERR Zebaoth –; ich habe mein Wort in deinen Mund gelegt und habe dich unter dem Schatten meiner Hände geborgen ...

Darum höre dies, du Elende, die du trunken bist, doch nicht von Wein! So spricht dein Herrscher, der HERR, und dein Gott, der die Sache seines Volks führt: Siehe, ich nehme den Taumelkelch aus deiner Hand, den Becher meines Grimmes. Du sollst ihn nicht mehr trinken, sondern ich will ihn deinen Peinigern in die Hand geben, die zu dir sprachen: Wirf dich nieder, dass wir darüber hingehen! Und du machtest deinen Rücken dem Erdboden gleich und wie eine Gasse, dass man darüber hinlaufe.« Jesaja 51,11-16,21-23 Das alle Zeiten überschauende Auge Gottes war auf die Entscheidungsstunde gerichtet, der die Kinder Gottes begegnen müssen, wenn die irdischen Mächte sich gegen sie aufstellen. Den gefangenen Verbannten gleich werden sie sich fürchten vor dem Tod durch Hunger oder Gewalt. Aber der Heilige, der das Rote Meer vor Israel teilte, wird seine gewaltige Macht offenbaren und ihre Gefangenschaft wenden. »Sie sollen, spricht der Herr Zebaoth, des Tages, den ich machen will, mein Eigentum sein; und ich will ihrer schonen, wie ein Mann seines Sohnes schont, der ihm dient.« Maleachi 3,17

Würde das Blut der treuen Zeugen Christi zu dieser Zeit vergossen, so könnte es nicht wie das Blut der Märtyrer ein Same sein, gesät, damit eine Ernte zu Gottes Ehre reife. Ihre Treue wäre kein Zeugnis, um andere von der Wahrheit zu überzeugen, denn die Wogen der Barmherzigkeit haben sich an den verhärteten Herzen gebrochen, bis sie nicht mehr wiederkehrten. Fielen die Gerechten jetzt ihren Feinden zum Opfer, so bedeutete das für den Fürsten der Finsternis einen Sieg. Der Psalmist sagt: »Er deckt mich in seiner Hütte zur bösen Zeit, er verbirgt mich heimlich in seinem Gezelt.« Psalm 27,5 Christus hat die Worte gesprochen: »Gehe hin, mein Volk, in deine Kammer und schließ die Tür nach dir zu; verbirg dich einen kleinen Augenblick, bis der Zorn vorübergehe. Denn siehe, der Herr wird ausgehen von seinem Ort, heimzusuchen die Bosheit der Einwohner des Landes über sie.« Jesaja 26,20.21 Herrlich wird die Rettung jener Menschen sein, die geduldig auf seine Wiederkunft gewartet haben und deren Namen im Buch des Lebens geschrieben stehen!

KAPITEL 40

GOTTES VOLK WIRD BEFREIT

Die Gottlosen sind sich ihres Sieges schon sicher, doch da werden die Elemente bewegt. Die Gläubigen schauen auf und sehen die kleine Wolke, die immer größer wird – Jesus kommt in Herrlichkeit. Diejenigen, die im Glauben an Christus gestorben sind, ruft er aus den Gräbern heraus. Und zusammen werden sie zum Himmel entrückt.

Wenn man anfängt, den Schutz menschlicher Gesetze denen zu entziehen, die die Gebote Gottes ehren, wird in einigen Ländern zur gleichen Zeit eine Bewegung entstehen, diese Gläubigen zu vernichten. Wenn die in dem Erlass bestimmte Zeit herannaht, nehmen sich die Menschen vor, die verhasste Sekte auszurotten, und beschließen, in einer Nacht den entscheidenden Schlag zu führen, der jene abweichenden Stimmen und Kritiker für immer zum Schweigen bringen soll.

Gottes Kinder, einige in Gefängniszellen, etliche in einsamen Schlupfwinkeln in Wäldern und Bergen, erflehen noch immer göttlichen Schutz, während überall bewaffnete Menschen, angetrieben von Scharen böser Engel, sich auf das Werk des Todes vorbereiten. Jetzt, in der Stunde äußerster Gefahr, wird der Gott Israels einschreiten, um seine Auserwählten zu erretten. Der Herr hat gesagt: »Da werdet ihr singen wie in der Nacht eines heiligen Festes und euch von Herzen freuen, wie wenn man mit Flötenspiel geht zum Berge des Herrn, zum Hort Israels. Und der HERR wird seine herrliche Stimme erschallen lassen, und man wird sehen, wie sein Arm herniederfährt mit zornigem Drohen und mit Flammen verzehrenden Feuers, mit Wolkenbruch und Hagelschlag.« Jesaja 30,29.30

Mit Siegesgeschrei, mit Spott und Verwünschungen sind Scharen gottloser Menschen im Begriff, sich auf ihre Opfer zu stürzen – aber siehe, eine dichte Finsternis, schwärzer als die dunkelste Nacht, senkt sich auf die Erde herab. Dann überspannt ein die Herrlichkeit des Thrones Gottes widerstrahlender Regenbogen den Himmel und scheint jede betende Gruppe einzuschließen. Die zornigen Scharen werden plötzlich aufgehalten. Ihre spöttischen Rufe ersterben. Das Ziel ihrer mörderischen Wut ist vergessen. Mit schrecklichen Ahnungen starren sie auf das Sinnbild des Bundes Gottes und möchten gern vor dessen überwältigendem Glanz geschützt sein. *[636/637]* **533**

Das Volk Gottes vernimmt eine helle, klangvolle Stimme, die ruft: »Seht auf!« Und die Augen zum Himmel erhebend erblickt es den Bogen der Verheißung. Die schwarzen, drohenden Wolken, die das Himmelsgewölbe bedeckten, haben sich zerteilt. Gleich Stephanus sieht das Volk Gottes beständig zum Himmel empor und erblickt die Herrlichkeit Gottes und des Menschen Sohn sitzend auf seinem Thron. An seiner göttlichen Gestalt erkennen die Auserwählten die Zeichen seiner Erniedrigung, und von seinen Lippen vernehmen sie die vor seinem Vater und den heiligen Engeln dargebrachte Bitte: »Ich will, dass, wo ich bin, auch die bei mir seien, die du mir gegeben hast.« Johannes 17,24 Wiederum erklingt eine klangvolle und frohlockende Stimme, die sagt: »Sie kommen! Sie kommen! heilig, harmlos und makellos, sie haben das Wort meiner Geduld gehalten, sie sollen unter den Engeln wandeln.« Und die blassen, zitternden Lippen derer, die an ihrem Glauben festgehalten haben, brechen in ein Siegesgeschrei aus.

Es ist mitten in der Nacht, wenn Gott seine Macht zur Befreiung seines Volkes offenbart. Die Sonne wird sichtbar und leuchtet in voller Kraft. Zeichen und Wunder folgen rasch aufeinander. Die Gottlosen schauen erschreckt und bestürzt auf diese Vorgänge, während die Gerechten mit feierlicher Freude die Zeichen ihrer Befreiung betrachten. In der Natur scheint alles aus der gewohnten Ordnung geraten zu sein. Die Flüsse hören auf zu fließen. Dunkle, schwere Wolken steigen auf und stoßen gegeneinander. Mitten am aufgewühlten Himmel ist eine Stelle von unbeschreiblicher Herrlichkeit erkennbar, von wo aus die Stimme Gottes dem gewaltigen Rauschen vieler Wasser gleich ertönt und spricht: »Es ist geschehen!« Offenbarung 16,17.18

Jene Stimme erschüttert Himmel und Erde. Es kommt wie »ein großes Erdbeben, wie solches nicht gewesen ist, seit Menschen auf Erden gewesen sind, solch Erdbeben also groß«. Offenbarung 16,17.18 Der Himmel scheint sich zu öffnen und zu schließen. Die Herrlichkeit vom Thron Gottes blitzt hindurch. Die Berge erbeben wie ein Rohr im Wind, und zerrissene Felsen werden überallhin zerstreut. Es ertönt ein Geheul wie von einem heranziehenden Sturm. Das Meer wird aufgewühlt. Man hört das Brüllen des Orkans, dem Schrei der Dämonen gleich, wenn sie sich zur Zerstörung aufmachen. Die ganze Erde hebt und senkt sich wie die Wogen des Meeres. Ihre Oberfläche bricht auf, selbst ihre Grundfesten scheinen zu weichen. Bergketten versinken. Bewohnte Inseln verschwinden mitsamt allen Lebenden. Die Seehäfen, die an Lasterhaftigkeit Sodom gleichgeworden sind, werden von den zornigen Wassern verschlungen. Babylon, der Großen wird »gedacht vor Gott, ihr zu geben den Kelch des Weins von seinem grimmigen Zorn«. Offenbarung 16,19.20

Große Hagelsteine, schwer wie »ein Zentner«, Offenbarung 16,21 vollbringen ihr Zerstörungswerk. Die berühmtesten Städte der Erde werden vernichtet. Die herrlichsten Paläste, für die die Großen der Welt ihre Reichtümer verschwendet haben, um sich selbst zu verherrlichen, zerfallen vor ihren Augen. Gefängnismauern stürzen ein, und Gottes Volk, das um seines Glaubens willen gefangengehalten worden war, wird frei.

Gräber öffnen sich, und »viele, die unter der Erde schlafen liegen, werden aufwachen, die einen zum ewigen Leben, die andern zu ewiger Schmach und Schande«. Daniel 12,2 Alle, die im Glauben an die dritte Engelsbotschaft gestorben sind, kommen verklärt aus ihren Gräbern hervor, um mit denen, die Gottes Gesetz gehalten haben, den Friedensbund Gottes zu vernehmen. Auch »die ihn zerstochen haben«, Offenbarung 1,7 die Christus in seinem Todesschmerz verspotteten und verlachten und die heftigsten Widersacher seiner Wahrheit und seines Volkes werden auferweckt, um ihn in seiner Herrlichkeit zu schauen und die den Treuen und Gehorsamen verliehenen Ehren mitzuerleben.

Dichte Wolken bedecken noch den Himmel, doch hier und da bricht die Sonne hindurch, wie das strafende Auge des Herrn. Wütende Blitze zucken vom Himmel und umschließen die Erde mit einer Feuerwand. Lauter als das schreckliche Grollen des Donners ertönen geheimnisvolle, furchterregende Stimmen und verkünden das Schicksal der Gottlosen. Nicht alle erfassen diese Worte, aber die falschen Lehrer verstehen sie deutlich. Menschen, die kurz zuvor noch so sorglos, so prahlerisch und herausfordernd waren, so frohlockend in ihrer Grausamkeit gegen das die Gebote haltende Volk Gottes, sind jetzt vor Bestürzung überwältigt und beben vor Furcht. Ihre Wehrufe übertönen das Getöse der Elemente. Dämonen anerkennen die Gottheit Christi und zittern vor seiner Macht, während die Menschen um Gnade flehend in elendigem Schrecken umherkriechen.

Die Propheten des Alten Bundes sagten, als sie im Gesicht den Tag Gottes sahen: »Heulet, denn des Herrn Tag ist nahe; er kommt wie eine Verwüstung vom Allmächtigen.« Jesaja 13,6 »Gehe in den Felsen und verbirg dich in der Erde vor der Furcht des Herrn und vor seiner herrlichen Majestät. Denn alle hohen Augen werden erniedrigt werden, und die hohe Männer sind, werden sich bücken müssen; der Herr aber wird allein hoch sein zu der Zeit. Denn der Tag des Herrn Zebaoth wird gehen über alles Hoffärtige und Hohe und über alles Erhabene, dass es erniedrigt werde ... Zu der Zeit wird jedermann wegwerfen seine silbernen und goldenen Götzen, die er sich hatte machen lassen, anzubeten, in die Löcher der Maulwürfe und der Fledermäuse, auf dass er möge in die Steinritzen und Felsklüfte kriechen vor der Furcht des Herrn und vor seiner herrlichen Majestät, wenn er sich aufmachen wird, zu schrecken die Erde«. Jesaja 2,10-12.20.21 Durch die aufbrechenden Wolken hindurch strahlt ein Stern, dessen Glanz im Gegensatz zu der Finsternis viermal heller ist. Er spricht den Treuen Hoffnung und Freude zu, den Übertretern des Gesetzes Gottes aber Strenge und Zorn. Die alles für Christus geopfert haben, sind nun geborgen wie in der Hütte des Herrn. Sie sind geprüft worden und haben vor der Welt und den Verächtern der Wahrheit ihre Treue zu dem bewiesen, der für sie starb. Eine wunderbare Wandlung ist mit denen vorgegangen, die selbst angesichts des Todes ihre Rechtschaffenheit bewahrt haben. Sie sind plötzlich vor der finsteren und schrecklichen Raserei der in Dämonen verwandelten Menschen befreit worden. Ihre vor Kurzem noch blassen, ängstlichen und verstörten Angesichter erglühen nun vor Erstaunen, Glauben und Liebe. Siegesfroh singen sie: »Gott ist unsre Zuversicht und Stärke, eine Hilfe in den großen Nöten, die uns getroffen haben. Darum fürchten wir uns nicht, wenngleich die Welt unterginge und die Berge mitten ins Meer sänken, wenngleich das Meer wütete und wallte und von seinem Ungestüm die Berge einfielen.« Psalm 46,2-4

Während diese Worte heiligen Vertrauens zu Gott emporsteigen, reißen die Wolken auf, und der sternenbesäte Himmel wird sichtbar, von unbeschreiblicher Herrlichkeit im Gegensatz zu dem schwarzen und bedrohlichen Firmament ringsherum. Der Glanz der himmlischen Stadt strahlt durch diese leicht geöffneten Tore. Dann erscheint am Himmel eine Hand, die zwei zusammengelegte Tafeln hält. Der Prophet sagt: »Die Himmel werden seine Gerechtigkeit verkündigen; denn Gott ist Richter.« Psalm 50,6 Jenes heilige Gesetz – die Gerechtigkeit Gottes, die unter Donner und Flammen vom Sinai herab als Richtschnur des Lebens verkündet wurde – wird nun den Menschen als Maßstab des Gerichts offenbart. Die Hand faltet die Tafeln auseinander, und die Zehn Gebote werden sichtbar, als wären sie mit einer feurigen Feder geschrieben. Die Worte sind so deutlich, dass alle sie lesen können. Die Erinnerung wird wach, die Finsternis des Aberglaubens und der Ketzerei ist von jedem Gemüt geschwunden, und die zehn kurzen, verständlichen und vollgültigen Worte Gottes stehen allen Bewohnern der Erde deutlich vor Augen.

Es ist unmöglich, den Schrecken und die Verzweiflung derer zu beschreiben, die Gottes heilige Forderungen mit Füßen getreten haben. Der Herr gab ihnen sein Gesetz. Sie hätten ihren Charakter damit vergleichen und ihre Fehler erkennen können, als noch Zeit zur Buße und Besserung war, aber um die Gunst der Welt zu erlangen, setzten sie seine Verordnungen beiseite und lehrten andere, sie zu übertreten. Sie haben Gottes Volk zu zwingen versucht, den Sabbat des Herrn zu entheiligen. Jetzt werden sie durch jenes Gesetz verdammt, das sie missachtet haben. Mit schrecklicher Deutlichkeit sehen sie, dass es für sie keine Entschuldigung gibt. Sie erwählten selbst, wem sie dienen

und wen sie anbeten wollten. »Ihr werdet am Ende doch sehen, was für ein Unterschied ist zwischen dem Gerechten und dem Gottlosen, zwischen dem, der Gott dient, und dem, der ihm nicht dient.« Maleachi 3,18

Die Feinde des Gesetzes Gottes, vom Prediger bis zu den Geringsten unter ihnen, hatten eine andere Vorstellung von Wahrheit und Pflicht. Zu spät erkennen sie, dass der Sabbat des vierten Gebots das Siegel des lebendigen Gottes ist. Zu spät erkennen sie die eigentliche Grundlage ihres falschen Sabbats und den sandigen Grund, auf den sie gebaut haben. Es wird ihnen klar, dass sie gegen Gott zu Felde gezogen sind. Religionslehrer haben Menschen ins Verderben geführt, während sie vorgaben, sie zu den Toren des Paradieses zu geleiten. Erst am Tag der endgültigen Abrechnung wird man begreifen, wie groß die Verantwortung der in heiligen Ämtern dienenden Menschen ist, und wie schrecklich die Folgen ihrer Untreue sind. Nur in der Ewigkeit können wir den Verlust eines einzigen Menschen richtig einschätzen. Furchtbar wird dessen Los sein, zu dem Gott sagen wird: Gehe hinweg von mir, du gottloser Knecht!

Die Stimme Gottes ist vom Himmel zu hören. Sie verkündigt den Tag und die Stunde der Wiederkunft Christi und übergibt seinem Volk den ewigen Bund. Wie die lautesten Donnerschläge rollen seine Worte über die Erde. Das Israel Gottes lauscht, die Augen aufwärtsgerichtet. Die Angesichter leuchten auf vom Glanz seiner Herrlichkeit. Sie strahlen wie das Antlitz Moses, als er vom Sinai herabkam. Die Gottlosen können sie nicht anschauen. Wenn die Menschen gesegnet werden, die Gott dadurch ehrten, dass sie seinen Sabbat heilighielten, erschallt ein gewaltiges Siegesgeschrei.

Im Osten erscheint ein kleine schwarze Wolke, ungefähr halb so groß wie eines Mannes Hand. Es ist die Wolke, die den Heiland umgibt und die in der Entfernung in Finsternis gehüllt zu sein scheint. Gottes Volk weiß, dass dies das Zeichen des Menschensohns ist. In ernstem Schweigen blicken alle auf diese Wolke, wie sie der Erde näher rückt und zusehends heller und herrlicher wird, bis sich eine große weiße Wolke entfaltet, deren Grund wie verzehrendes Feuer aussieht und über welcher der Regenbogen des Bundes schwebt. Jesus reitet als mächtiger Sieger voraus. Er kommt jetzt nicht als Schmerzensmann, den bitteren Kelch mit Schmach und Weh zu trinken, sondern als Sieger im Himmel und auf Erden, um die Lebendigen und die Toten zu richten. Er hieß »Treu und Wahrhaftig, und er richtet und streitet mit Gerechtigkeit ... Und ihm folgte nach das Heer im Himmel«. Offenbarung 19,11.14 Mit Wechselgesängen himmlischer Melodien begleitet ihn ein zahlloses Gefolge heiliger Engel. Der ganze Himmel scheint mit leuchtenden Gestalten bedeckt zu sein, zehntausendmal zehntausend und tausendmal tausend. Kein Mensch vermag diesen Anblick zu beschreiben, niemand seine Pracht zu erfassen. »Seines Lobes war der Himmel voll, und seiner Ehre war die Erde voll. Sein Glanz war wie Licht.« Habakuk 3,3.4 Als die Wolke noch näher kommt, sieht jeder den Lebensfürsten. Keine Dornenkrone entstellt sein erhabenes Haupt, sondern das Diadem der Herrlichkeit ruht auf seiner heiligen Stirn. Sein Angesicht überstrahlt die blendende Mittagssonne. »Und er trägt an seinem Gewand und an seiner Hüfte den Namen geschrieben: ‚König der Könige und Herr der Herren‘.« Offenbarung 19,16; Schlachter 2000

In seiner Gegenwart sind alle Angesichter bleich, und alle, die die Gnade Gottes verwarfen, befällt der Schrecken ewiger Verzweiflung. »Ihr Herz muss verzagen, die Kniee schlottern ... und alle Angesichter [werden] bleich.« Nahum 2,11; Jeremia 30,6 Die Gerechten rufen zitternd: Wer kann bestehen? Der Gesang der Engel verstummt, und es herrscht eine Zeit lang tiefes Schweigen. Dann hört man die Stimme Jesu sagen: »Meine Gnade ist für euch ausreichend.« Die Gesichter der Gerechten hellen sich auf, Freude erfüllt jedes Herz. Die Engel singen im Chor und jubeln, indem sie der Erde noch näher kommen.

Der König aller Könige steigt auf der Wolke herab, in Feuerflammen gehüllt. Der Himmel entweicht wie ein zusammengerolltes Buch, die Erde bebt vor ihm, und alle Berge und alle Inseln werden aus ihren Örtern bewegt. »Unser Gott kommt und schweigt nicht. Fressend Feuer geht vor ihm her und um ihn her ein großes Wetter. Er ruft Himmel und Erde, dass er sein Volk richte.« Psalm 50,3.4

»Und die Könige auf Erden und die Großen und die Obersten und die Reichen und die Gewaltigen und alle Sklaven und alle Freien verbargen sich in den Klüften und Felsen der Berge und sprachen zu den Bergen und Felsen: Fallt über uns und verbergt uns vor dem Angesicht dessen, der auf dem Thron sitzt, und vor dem Zorn des Lammes! Denn es ist gekommen der große Tag ihres Zorns und wer kann bestehen?« Offenbarung 6,15-17

Das höhnische Gespött hat aufgehört, und lügenhafte Lippen sind zum Schweigen gebracht. Das Waffengeklirr und Schlachtgetümmel ist vorbei, alles Ungetüm und die blutigen Kleider sind verschwunden. (Jesaja 9,4) Nur Gebete, Weinen und Wehklagen sind jetzt vernehmbar. Von den Lippen der zuvor noch Spottenden ertönt der Ruf: »Es ist gekommen der große Tag seines Zorns, und wer kann bestehen?« Die Gottlosen bitten, eher unter den Felsen der Berge verborgen zu werden, als dem Angesicht des Erlösers zu begegnen, den sie verachtet und verworfen haben.

Sie kennen jene Stimme, die ans Ohr der Toten dringt. Wie oft hat ihr sanfter, flehender Ton sie zur Buße gerufen! Wie oft ist sie in den rührenden Bitten eines Freundes, eines Bruders und des Erlösers vernommen worden! (Johannes 10,27) Den Verwerfern seiner Gnade könnte keine andere Stimme so verdammend, so urteilsschwer sein als jene, die so lange gefleht hat:

538 [642/643] »So kehrt nun um von euren bösen Wegen. Warum wollt ihr sterben?« Hesekiel 33,11 Ach, dass es für sie die Stimme eines Fremden wäre! Jesus sagt. »Ich ... rufe, und ihr weigert euch, ich recke meine Hand aus, und niemand achtet darauf, und lasst fahren allen meinen Rat und wollet meine Strafe nicht.« Sprüche 1,24.25 Jene Stimme weckt Erinnerungen, die sie gern austilgen möchten – verachtete Warnungen, ausgeschlagene Einladungen, gering geschätzte Gnadengaben.

Dort sind jene, die Christus in seiner Erniedrigung verspottet hatten. Nachdrücklich kommen ihnen die Worte des Dulders ins Gedächtnis zurück, als er, von den Hohepriestern beschworen, feierlich erklärte: »Von nun an wird es geschehen, dass ihr sehen werdet des Menschen Sohn sitzen zur Rechten der Kraft und kommen in den Wolken des Himmels.« Matthäus 26,64 Jetzt erblicken sie ihn in seiner Herrlichkeit, und sie müssen ihn sitzen sehen zur Rechten der Kraft.

Die über seinen Anspruch, er sei der Sohn Gottes, spotteten, sind nun sprachlos. Da ist der hochmütige Herodes, der Jesu königlichen Titel verlästerte und den höhnenden Soldaten befahl, ihn zum König zu krönen. Da sind dieselben Männer, die mit groben Händen das purpurne Gewand um ihn legten und die Dornenkrone auf seine heilige Stirn setzten; die in seine widerstandslose Hand das Zepter des Spottes legten und sich unter gotteslästerlichen Hohnreden vor ihm verbeugten. Die Männer, die den Fürsten des Lebens schlugen und anspien, wenden sich nun von seinem durchdringenden Blick ab und versuchen, aus dem überwältigenden Glanz seiner Gegenwart zu fliehen. Die Knechte, die die Nägel durch seine Hände und Füße trieben, der Soldat, der seine Seite durchstach, sehen diese Male mit Furcht und Gewissensbissen. Mit entsetzlicher Deutlichkeit erinnern sich die Priester und Obersten der Ereignisse auf Golgatha. Mit Schaudern und Schrecken denken sie daran, wie sie, ihr Haupt schüttelnd, in fanatischem Frohlocken ausriefen: »Andern hat er geholfen, und kann sich selber nicht helfen. Ist er der König Israels, so steige er nun vom Kreuz, so wollen wir ihm glauben. Er hat Gott vertraut; der erlöse ihn nun, hat er Lust zu ihm; denn er hat gesagt: Ich bin Gottes Sohn.« Matthäus 27,42.43

Lebhaft erinnern sie sich wieder des Gleichnisses Jesu von den Weingärtnern, die sich weigerten, ihrem Herrn die Frucht des Weinbergs zu geben, die seine Knechte misshandelten und seinen Sohn erschlugen. Auch denken sie an den Ausspruch, der von ihnen selbst stammte: Der Herr des Weinbergs »wird die Bösewichte übel umbringen«. Matthäus 21,41 In der Sünde und Bestrafung jener untreuen Männer sehen die Priester und Ältesten ihr eigenes Verhalten und ihre eigene gerechte Verurteilung. Und jetzt schreien sie in Todesangst. Lauter als der Ruf: »Kreuzige ihn! kreuzige ihn!« in den Straßen Jerusalems ertönte, erschallt der schreckliche, verzweifelte Weheruf: »Es ist Gottes Sohn. Es ist der wahre Messias!« Sie bemühen sich, aus der Gegenwart des Königs aller Könige zu fliehen. In tiefen Erdhöhlen, die sich durch den Aufruhr der Elemente bildeten, suchen sie sich vergeblich zu verbergen.

Im Leben aller, die die Wahrheit verwerfen, gibt es Augenblicke, wo das Gewissen erwacht und ihnen ihr Gedächtnis qualvolle Erinnerungen an Worte und Taten der Heuchelei vorhält, da sie von Reue geplagt werden. Aber was sind diese, verglichen mit den Gewissensbissen jenes Tages, da »Angst und Not kommt«, da das »Unglück als ein Wetter« offenbar wird! Sprüche 1,27 Die Christus und seine Nachfolger gern umgebracht hätten, sehen nun die Herrlichkeit, die auf ihnen ruht. Inmitten des Schreckens hören sie die Heiligen freudig ausrufen: »Siehe, das ist unser Gott, auf den wir harren, und er wird uns helfen.« Jesaja 25,9

Während die Erde schwankt, die Blitze zucken und der Donner grollt, ruft die Stimme des Sohnes Gottes die schlafenden Heiligen hervor. Er blickt auf die Gräber der Gerechten und ruft, seine Hand zum Himmel erhebend: »Erwacht, erwacht, erwacht, die ihr im Staube schlaft, und steht auf!« Auf der ganzen Erde werden die Toten diese Stimme hören, und die sie hören, werden leben. Die Erde wird dröhnen von den Tritten der außerordentlich großen Schar aus allen Heiden, Geschlechtern, Völkern und Sprachen. Aus den Gefängnissen des Todes kommen sie, angetan mit unsterblicher Herrlichkeit, und rufen: »Tod, wo ist dein Sieg? Tod, wo ist dein Stachel?« 1.Korinther 15,55 Und die lebenden Gerechten und die auferstandenen Heiligen vereinen ihre Stimmen zu langem, fröhlichem Siegesjubel.

Alle kommen in derselben Größe aus ihren Gräbern, wie sie hineingelegt wurden. Adam, der mitten unter der auferstandenen Schar steht, ist von erhabener Höhe und majestätischer Gestalt, nur wenig kleiner als der Sohn Gottes. An ihm wird ein auffallender Gegensatz zu den späteren Generationen deutlich. In dieser einen Beziehung sieht man die tiefgehende Entartung des Menschengeschlechts. Alle aber stehen auf in der Frische und Kraft ewiger Jugend. Im Anfang wurde der Mensch nach dem Bilde Gottes geschaffen, nicht nur in Charakter, sondern auch in Gestalt und Aussehen. Die Sünde hat das göttliche Bild entstellt und nahezu verwischt, aber Christus kam, um das, was verloren gegangen war, wieder herzustellen. Er wird unseren vergänglichen Leib verwandeln und seinem verklärten Leib ähnlich machen. Die sterbliche, vergängliche, anmutlose, einst mit Sünde befleckte Gestalt wird vollkommen, schön und unsterblich. Alle Fehler und Gebrechen bleiben im Grab. Wieder zum Baum des Lebens in dem lange verlorenen Paradies zugelassen, werden die Erlösten zunehmen, bis sie zur vollen Größe des Menschengeschlechts in seiner ursprünglichen Herrlichkeit herangewachsen sind. Die letzten noch

verbliebenen Spuren des Fluches der Sünde werden beseitigt

und die Christus treu waren, erscheinen in der Herrlichkeit des Herrn, unseres Gottes, und werden an Körper, Seele und Geist das vollkommene Bild ihres Herrn widerstrahlen. Oh, wunderbare Erlösung, lange besprochen, lange erhofft, mit eifriger Erwartung betrachtet, aber nie völlig verstanden!

Die lebenden Gerechten werden »plötzlich, in einem Augenblick«, verwandelt. Beim Ertönen der Stimme Gottes wurden sie verherrlicht; nun empfangen sie Unsterblichkeit und werden mit den auferstandenen Heiligen dem Herrn in der Luft entgegengerückt. Die Engel werden »versammeln seine Auserwählten von den vier Winden, von dem Ende der Erde bis zum Ende des Himmels«. Markus 13,27 Kleine Kinder werden von den Engeln in die Arme ihrer Mütter getragen. Freunde, die der Tod lange Zeit getrennt hatte, werden wieder zusammengeführt, um sich nie mehr trennen zu müssen, und gemeinsam steigen sie unter Freudengesängen zu der Stadt Gottes auf.

Auf jeder Seite des Wolkenwagens befinden sich Flügel, und unter ihm lebendige Räder, und wenn der Wagen aufwärts rollt, rufen die Räder: »Heilig!«, und die Flügel rufen bei ihren Bewegungen: »Heilig!«, und das Gefolge der Engel ruft: »Heilig, heilig, heilig ist Gott der Herr, der Allmächtige!« Und die Erlösten rufen: »Halleluja!«, während sich der Wagen aufwärts zum neuen Jerusalem hin bewegt.

Vor dem Einzug in die Gottesstadt verleiht der Heiland seinen Nachfolgern die Auszeichnungen des Sieges und kleidet sie mit den Zeichen ihres königlichen Standes. Die glänzenden Reihen stellen sich in Form eines offenen Vierecks um ihren König herum auf, dessen Gestalt sich hoheitsvoll über die Heiligen und die Engel erhebt und dessen Antlitz allen voll gütiger Liebe strahlt. Der Blick jedes einzelnen dieser unzähligen Schar der Erlösten ist auf ihn gerichtet, jedes Auge blickt auf seine Herrlichkeit, dessen »Gestalt hässlicher war als die anderer Leute und sein Aussehen als der Menschenkinder«. Jesaja 52,14 Auf die Häupter der Überwinder setzt der Heiland mit eigener Hand die Krone der Herrlichkeit. Jeder erhält eine Krone, die seinen »neuen Namen« trägt Offenbarung 2,17 sowie die Inschrift »Heilig dem Herrn!« In jede Hand wird die Siegespalme und die glänzende Harfe gelegt. Dann gleitet jede Hand – die leitenden Engel geben den Ton an – geschickt über die Harfensaiten und entlockt ihnen liebliche Musik in herrlichen, klangvollen Melodien. Unsagbare Wonne entzückt jedes Herz, und jede Stimme erhebt sich in dankbarem Lobgesang: »Der uns geliebt hat und gewaschen von den Sünden mit seinem Blut und hat uns zu Königen und Priestern gemacht vor Gott und seinem Vater, dem sei Ehre und Gewalt von Ewigkeit zu Ewigkeit! Amen.« Offenbarung 1,5.6 Vor der erlösten Schar liegt die heilige Stadt. Jesus öffnet die Perlentore weit, und die Seligen, die die Wahrheit gehalten haben, ziehen ein. Dort sehen sie das Paradies Gottes, die Heimat Adams in seiner Unschuld. Und nun ertönt jene Stimme, klangvoller als irgendwelche Musik, die je ein Sterblicher hörte, und sagt: »Euer Kampf ist beendet! Kommt her, ihr Gesegneten meines Vaters, ererbet das Reich, das euch bereitet ist von Anbeginn der Welt!«

Jetzt ist das Gebet des Heilands für seine Jünger erfüllt: »Ich will, dass, wo ich bin, auch die bei mir seien, die du mir gegeben hast.« Johannes 17,24 Christus bringt dem Vater den Erlös seines Blutes »ohne Fehl ... vor das Angesicht seiner Herrlichkeit unsträflich mit Freuden« Judas 24 und erklärt: »Hier bin ich und die Kinder, die mir der Herr gegeben hat.« »Die du mir gegeben hast, die habe ich bewahrt.« Jesaja 8,18; Johannes 17,12 O Wunder der erlösenden Liebe! O Wonne jener Stunde, da der ewige Vater, auf die Erlösten blickend, sein Ebenbild sieht, da der Missklang der Sünde beseitigt, der Bannfluch hinweggenommen und das Menschliche wiederum mit dem Göttlichen in Einklang gebracht ist!

Mit unaussprechlicher Liebe heißt Jesus seine Getreuen zur »Freude ihres Herrn« willkommen. Des Heilands Freude aber besteht darin, dass er im Reich der Herrlichkeit die Menschen sieht, die durch sein Leiden und seine Erniedrigung gerettet worden sind. Und die Erlösten werden an dieser Freude teilhaben, wenn sie unter den Seligen alle jene entdecken, die durch ihre Gebete, ihre Mitarbeit und liebevollen Opfer für Christus gewonnen wurden. Wenn sie sich um den großen weißen Thron versammeln, wird unsagbare Freude ihre Herzen erfüllen, denn sie erblicken nicht nur die, welche sie zum Herrn gebracht haben, sondern erkennen auch, dass jene wieder andere Menschen gewonnen haben, und diese wiederum andere, die nun alle, in den Hafen der Ruhe gebracht, ihre Kronen zu Jesu Füßen niederlegen und ihn in den endlosen Zeiten der Ewigkeit preisen werden.

Wenn die Erlösten in der Stadt Gottes willkommen geheißen werden, hallt die Luft wieder von den begeisternden Jubelrufen der Anbetung. Der erste und der zweite Adam stehen kurz vor ihrer Begegnung. Der Sohn Gottes wartet mit ausgestreckten Armen, um den Vater unseres Geschlechts zu empfangen – das Wesen, das er schuf, das gegen seinen Schöpfer sündigte, und um dessen Sünden willen der Heiland die Zeichen der Kreuzigung trägt. Wenn Adam die Spuren der grausamen Nägel erkennt, fällt er seinem Herrn nicht an die Brust, sondern er wirft sich demütig ihm zu Füßen und ruft: »Würdig, würdig ist das Lamm, das erwürget ist!« Zärtlich hebt der Heiland ihn auf und bittet ihn, noch einmal seine Heimat in Eden anzuschauen, aus der er so lange verbannt gewesen ist. Nach seiner Vertreibung aus Eden war Adams Leben hier auf Erden voller Kummer: Jedes welkende Blatt, jedes Opfertier, jede Trübung in der schönen Natur, jeder Makel an der Reinheit des Menschen erinnerte ihn erneut an seine Sünde. Schrecklich war der Schmerz der Reue, als er die überhandnehmende Gottlosigkeit sah und auf seine Warnungen hin die Vorwürfe einstecken musste, dass er die Veranlassung zur Sünde gegeben habe. Mit geduldiger Demut trug er fast 1000 Jahre die Strafe der Übertretung. Aufrichtig bereute er seine Sünde, vertraute auf die Verdienste des verheißenen Heilandes und starb in der Hoffnung auf eine Auferstehung. Der Sohn Gottes machte das Vergehen des Menschen wieder gut. Nun wird Adam durch das Werk der Versöhnung wieder in seine erste Herrschaft eingesetzt.

Entzückt vor Freude betrachtet er die Bäume, die einst sein Ergötzen waren, ganz dieselben, von denen er in den Tagen seiner Unschuld und seines Glücks die Früchte genommen hatte. Er sieht die Reben, die er mit eigenen Hände herangezüchtet hatte, dieselben Blumen, die er so gern gepflegt hat. Sein Verstand erfasst die Wirklichkeit des Geschehens. Er begreift, dass dies in der Tat das wiederhergestellte Eden ist, viel schöner jetzt als einst, da er daraus verbannt wurde. Der Heiland führt ihn zum Baum des Lebens, bricht die herrliche Frucht und bittet ihn, zu essen. Er schaut um sich und sieht viele Mitglieder seiner Familie erlöst im Paradies Gottes. Jetzt legt er seine glänzende Krone Jesus zu Füßen, fällt an seine Brust und umarmt den Erlöser. Er greift in die goldene Harfe, und die Gewölbe des Himmels hallen wider vom triumphierenden Gesang: »Würdig, würdig, würdig ist das Lamm, das erwürgt wurde und lebt wiederum!« Adams Familie stimmt in den Gesang mit ein, und alle legen die Kronen zu des Heilands Füßen nieder und beugen sich in Anbetung vor ihm. Diese Wiedervereinigung sehen die Engel, die über Adams Fall weinten, und die sich freuten, als Jesus nach seiner Auferstehung zum Himmel auffuhr, nachdem er das Grab für alle geöffnet hatte, die an seinen Namen glauben würden. Nun sehen sie das Erlösungswerk vollendet und stimmen mit in den Lobgesang ein.

Auf dem kristallenen Meer vor dem Thron, jenem gläsernen Meer, das so von der Herrlichkeit Gottes glänzt, als wäre es mit Feuer vermengt, steht die Schar derer, »die den Sieg behalten hatten an dem Tier und seinem Bild und seinem Malzeichen und seines Namens Zahl«. Offenbarung 15,2 Auf dem Berg Zion stehen mit dem Lamm die 144.000, die erlöst wurden. Man hört wie das Gebrause eines großen Wassers und wie das Grollen eines großen Donners, die Stimme »von Harfenspielern, die auf ihren Harfen spielen«. Offenbarung 14,1-3; 15,3 Sie singen »ein neues Lied« vor dem Stuhl, ein Lied, das niemand lernen kann, ausgenommen die 144.000. Es ist das Lied Moses und des Lammes, ein Lied der Befreiung. Niemand außer den 144.000 kann dieses Lied lernen, denn es ist das Lied ihrer Erfahrung, und niemand sonst hat je eine solche Erfahrung gemacht wie sie. Diese sind's, die dem Lamm nachfolgen, wo es hingeht. Sie werden, da sie aus den Lebendigen der Erde heraus entrückt wurden, als Erstlinge Gottes und des Lammes angesehen. Offenbarung 14,4 »Diese sind's, die gekommen sind aus großer Trübsal«, Offenbarung 7,14 sie haben die trübselige Zeit erlebt, eine Zeit, wie sie nie auf Erden war, seit Menschen darauf wohnen. Sie haben die Angst in der Zeit der Trübsal Jakobs ausgehalten und sind während der letzten Ausgießung der Gerichte Gottes ohne Vermittler gewesen. Aber sie sind befreit worden, denn sie »haben ihre Kleider gewaschen und haben ihre Kleider hell gemacht im Blut des Lammes«. »In ihrem Mund ist kein Falsch gefunden; denn sie sind unsträflich vor dem Stuhl Gottes.« »Darum sind sie vor dem Stuhl Gottes und dienen ihm Tag und Nacht in seinem Tempel; und der auf dem Stuhl sitzt, wird über ihnen wohnen.« Offenbarung 7,14; 14,5; 7,15 Sie haben gesehen, wie die Erde durch Hungersnot und Seuchen verwüstet wurde, wie die Sonne die Menschen mit großer Hitze quälte, und sie selbst haben Leid, Hunger und Durst erduldet. Aber nun werden sie »nicht mehr hungern noch dürsten; es wird auch nicht auf ihnen lasten die Sonne oder irgendeine Hitze; denn das Lamm mitten auf dem Thron wird sie weiden und leiten zu den Quellen des lebendigen Wassers, und Gott wird abwischen alle Tränen von ihren Augen«. Offenbarung 7,16.17

Zu allen Zeiten sind die Auserwählten des Heilands in der Schule der Prüfung erzogen und ausgebildet worden. Sie wandelten auf Erden schmale Wege und wurden im Feuerofen der Trübsal geläutert. Um Jesu willen ertrugen sie Widerstand, Hass und Verleumdung. Sie folgten ihm durch schmerzliche Kämpfe, sie ertrugen Selbstverleugnung und wurden bitter enttäuscht. Aus ihrer eigenen bitteren Erfahrung lernten sie das Übel der Sünde, deren Macht, Strafbarkeit und Weh kennen und sie mit Abscheu zu betrachten.

Das Wissen um das unermessliche Opfer, das zu ihrem Heil gebracht worden war, demütigte sie in ihren eigenen Augen und erfüllte ihre Herzen mit Lob und Dankbarkeit, was Wesen, die nie gefallen sind, gar nicht würdigen können. Sie lieben viel, weil ihnen viel vergeben worden ist. Da sie Teilhaber der Leiden Christi gewesen sind, haben sie jetzt auch an seiner Herrlichkeit Anteil.

Die Erben Gottes sind aus Dachkammern, Hütten, Gefängniszellen, vom Schafott, von den Bergen, aus Wüsten, Grüften und aus den Höhlen am Meer gekommen. Auf Erden sind sie »umhergezogen ... sie haben Mangel, Bedrängnis, Misshandlung erduldet«. Hebräer 11,37 Millionen sind schmachbedeckt ins Grab gestiegen, weil sie sich standhaft geweigert hatten, den trügerischen Ansprüchen Satans nachzugeben. Von irdischen Gerichten wurden sie zu den verkommensten Verbrechern gezählt. Aber jetzt ist Gott Richter. (Psalm 50,6) Nun wird das irdische Urteil umgekehrt. »Er wird ... aufheben die Schmach seines

Volks.« »Man wird sie nennen das heilige Volk, die Erlösten des

Herrn.« Jesaja 25,8; 62,12 Er hat verordnet, dass »ihnen Schmuck für Asche und Freudenöl für Traurigkeit und schöne Kleider für einen betrübten Geist gegeben werden«. Jesaja 61,3 Sie sind nicht mehr schwach, betrübt, zerstreut und unterdrückt. Von nun an sollen sie immer beim Herrn sein. Sie stehen vor dem Thron mit wertvolleren Gewändern bekleidet, als die Vornehmsten auf Erden je getragen haben. Sie sind mit herrlicheren Kronen geschmückt als irdische Herrscher je getragen haben. Die Tage der Schmerzen und des Weinens sind für immer vorbei. Der König der Herrlichkeit hat die Tränen von allen Angesichtern abgewischt. Jede Ursache des Kummers ist beseitigt worden. Unter dem Wehen der Palmzweige lassen die Erlösten einen hellen, frischen, harmonischen Lobgesang ertönen. Alle Stimmen nehmen die Melodie auf, bis durch die Himmelsgewölbe der Chor braust: »Heil sei dem, der auf dem Stuhl sitzt, unserm Gott und dem Lamm!« Und alle Bewohner des Himmels antworten mit dem Zuruf: »Amen, Lob und Ehre und Weisheit und Dank und Preis und Kraft und Stärke sei unserm Gott von Ewigkeit zu Ewigkeit!« Offenbarung 7,10.12

In diesem Leben können wir nur zu einem geringen Teil den wunderbaren Vorgang der Erlösung verstehen. Mit unserem beschränkten Verstand können wir ernsthaft die Schande und die Herrlichkeit, das Leben und den Tod, die Gerechtigkeit und die Gnade, die sich im Kreuz begegnen, betrachten und uns fehlen doch – trotz äußerster Anstrengung – die notwendigen Geisteskräfte, um deren volle Bedeutung zu erfassen. Die unermessliche Größe der erlösenden Liebe wird nur dunkel begriffen. Der Erlösungsplan wird selbst dann nicht völlig verstanden werden, wenn die Erlösten sehen, wie sie gesehen, und erkennen, wie sie erkannt werden, sondern durch alle Ewigkeit hindurch werden dem staunenden und entzückten Gemüt stets neue Wahrheiten offenbart werden. Obwohl der Kummer, die Schmerzen und Versuchungen der Erde zu Ende sind und die Ursache entfernt ist, wird es Gottes Volk doch stets klar und deutlich bewusst sein, was ihre Seligkeit gekostet hat.

Die Erlösten werden in alle Ewigkeit über die Tat Jesu am Kreuz nachsinnen und davon singen. In dem verherrlichten Christus werden sie den gekreuzigten Christus sehen. Nie werden sie vergessen, dass der, dessen Macht in dem unendlichen Bereich des Himmelsgewölbes die unzähligen Welten schuf und erhielt, der Geliebte Gottes, die Majestät des Himmels, der, den Cherubim und glänzende Seraphim voller Freude anbeteten, sich erniedrigte, um den gefallenen Menschen zu erheben; dass er die Schuld und Schande der Sünde erduldet hat; dass er ertrug, wie sich das Angesicht seines Vaters vor ihm verbarg, bis das Weh über eine verlorene Welt sein Herz brach und sein Leben am Kreuz von Golgatha verlöschte. Dass der Schöpfer aller Welten, der Richter aller Geschicke seine Herrlichkeit beiseitelegte und sich aus

Liebe zu den Menschen so sehr demütigte, wird stets das Erstaunen und die Verehrung des Weltalls wachrufen. Wenn die Scharen der Erretteten auf ihren Erlöser sehen und die ewige Herrlichkeit des Vaters auf seinem Angesicht erblicken, wenn sie seinen Thron sehen, der von Ewigkeit zu Ewigkeit gegründet ist, und wissen, dass sein Reich kein Ende nehmen soll, brechen sie in den begeisterten Gesang aus: »Würdig, würdig ist das Lamm, das erwürgt wurde und uns mit Gott versöhnt hat durch sein köstliches Blut.«

Das Geheimnis des Kreuzes erklärt alle anderen Geheimnisse. Im Licht, das von Golgatha leuchtet, werden die Eigenschaften Gottes, die uns mit Furcht und Scheu erfüllten, erhaben und anziehend. Gnade, Zärtlichkeit und väterliche Liebe sieht man mit Heiligkeit, Gerechtigkeit und Macht vereint. Während wir die Majestät seines hohen und verehrungswürdigen Throns betrachten, erkennen wir sein Wesen in seinen gnädigen Offenbarungen und verstehen wie nie zuvor die Bedeutung des teuren Namens: Unser Vater.

Man wird sehen, dass sich der an Weisheit Unendliche keinen anderen Plan für unser Heil ausdenken konnte, als die Opferung seines Sohnes. Der Lohn für dieses Opfer ist die Freude, die Erde mit erlösten, heiligen, glücklichen und unsterblichen Wesen bewohnt zu sehen. Die Folge des Kampfes unseres Heilands mit den Mächten der Finsternis ist die Freude der Erlösten, die in alle Ewigkeit zur Verherrlichung Gottes widerhallt. Und der Wert jeder Seele ist so groß, dass dem Vater durch den bezahlten Preis genüge getan ist und Christus selbst Genugtuung empfindet, wenn er die Früchte seines großen Opfers sieht.

KAPITEL 41

DIE VERWÜSTUNG
DER ERDE

Die Erlösten sind im Himmel – die anderen durch die Erscheinung Jesu umgekommen. Die Erde befindet sich in einem chaotischem Zustand. Satan und
seine Engel sind untätig auf die Erde gebunden. – Sie haben Zeit zum Nachdenken und warten auf das kommende Gericht nach tausend Jahren, wie es in
der Offenbarung vorausgesagt wird.

Ihre Sünden reichen bis in den Himmel, und Gott denkt an ihren Frevel ...
Bezahlt ihr, wie sie bezahlt hat, und gebt ihr zweifach zurück nach ihren
Werken! Und in den Kelch, in den sie euch eingeschenkt hat, schenkt ihr
zweifach ein! Wie viel Herrlichkeit und Üppigkeit sie gehabt hat, so viel Qual
und Leid schenkt ihr ein! Denn sie spricht in ihrem Herzen: Ich throne hier und
bin eine Königin und bin keine Witwe, und Leid werde ich nicht sehen. Darum
werden ihre Plagen an einem Tag kommen, Tod, Leid und Hunger, und mit Feuer
wird sie verbrannt werden; denn stark ist Gott der Herr, der sie richtet. Und es
werden sie beweinen und beklagen die Könige auf Erden, die mit ihr gehurt und
geprasst haben, wenn sie sehen werden den Rauch von ihrem Brand, in dem
sie verbrennt. Sie werden fernab stehen aus Furcht vor ihrer Qual und sprechen: Weh, weh, du große Stadt Babylon, du starke Stadt, in einer Stunde ist
dein Gericht gekommen!« Offenbarung 18,5-10

»Die Kaufleute auf Erden sind reich geworden von ihrer großen Üppigkeit«
und »werden fernab stehen aus Furcht vor ihrer Qual, werden weinen und klagen: Weh, weh, du große Stadt, die bekleidet war mit feinem Leinen und Purpur und Scharlach und geschmückt war mit Gold und Edelsteinen und Perlen,
denn in einer Stunde ist verwüstet solcher Reichtum!« Offenbarung 18,3.15-17

Derart sind die Gerichte, die auf Babylon am Tag der Heimsuchung durch
Gottes Zorn fallen werden. Sie hat das Maß ihrer Ungerechtigkeit gefüllt, ihre
Zeit ist gekommen, sie ist reif für die Zerstörung.

Wenn die Stimme Gottes die Gefangenschaft seines Volkes wendet,
wird es ein schreckliches Erwachen für jene sein, die im Kampf des Lebens
alles verloren haben. Während der Gnadenzeit waren sie durch Satans Täuschungen verblendet und rechtfertigten ihren sündhaften Lebenswandel. Die
Reichen brüsteten sich mit ihrer Überlegenheit vor den weniger Begünstigten,
obwohl sie ihre Reichtümer erworben hatten, indem sie das [653/654] **547**

Gesetz Gottes übertraten. Sie hatten es unterlassen, die Hungrigen zu speisen, die Nackten zu kleiden, gerecht zu handeln und barmherzig zu sein. Sie hatten versucht, sich selbst zu erheben und die Huldigung ihrer Mitmenschen zu erlangen. Nun sind sie alles los, was sie groß machte – beraubt, mittellos und wehrlos. Sie sehen mit Schrecken auf die Vernichtung ihrer Götzen, die sie dem Schöpfer vorzogen. Sie haben ihre Seelen für irdische Reichtümer und Freuden verkauft und nicht danach getrachtet, in Gott reich zu werden. Die Folge – ihr Leben ist ein Fehlschlag, ihre Vergnügungen sind in Bitterkeit verwandelt und ihre Schätze verfault. Der Gewinn eines ganzen Lebens wird in einem einzigen Augenblick hinweggerafft. Sie bejammern die Zerstörung ihrer Häuser, den Verlust ihrer Gold- und Silberschätze. Doch ihre Klagen verstummen vor Furcht, dass sie selbst mit ihren Götzen umkommen müssen.

Die Gottlosen werden mit Reue erfüllt, nicht wegen ihrer sündhaften Vernachlässigung Gottes und ihrer Mitmenschen, sondern weil Gott gesiegt hat. Sie beklagen diese Folgen, aber bereuen nicht ihre Gottlosigkeit. Falls sie es könnten, würden sie kein Mittel unversucht lassen, um zu siegen.

Die Welt sieht gerade jene Menschen, die sie verspottet und verlachte und die sie ausrotten wollte, unbeschadet durch Seuchen, Stürme und Erdbeben gehen. Der den Übertretern seines Gesetzes als verzehrendes Feuer erscheint, ist seinem Volk eine sichere Hütte.

Der Prediger, der die Wahrheit aufgab, um Menschengunst zu gewinnen, erkennt jetzt den Charakter und den Einfluss seiner Lehren. Es wird deutlich, dass ihm ein allwissendes Auge gefolgt war, als er auf der Kanzel stand, in den Straßen umherlief oder unter den verschiedenen Lebensumständen mit den Menschen in Berührung kam. Jede Erregung der Seele, jede geschriebene Zeile, jedes gesprochene Wort, jede Tat, die Menschen in falsche Zuversicht wiegte, war ein ausgestreuter Same, und in den elenden, verlorenen Menschen um sich herum erblickt er nun die Ernte.

Der Herr sagt: Sie »trösten mein Volk in ihrem Unglück, dass sie es gering achten sollen, und sagen: Friede! Friede!, und ist doch nicht Friede.« »Weil ihr das Herz der Gerechten betrübt habt, die ich nicht betrübt habe, und die Hände der Gottlosen gestärkt habt, damit sie sich von ihrem bösen Wandel nicht bekehren, um ihr Leben zu retten.« _{Jeremia 8,11; Hesekiel 13,22} »Weh euch Hirten, die ihr die Herde meiner Weide umkommen lasst und zerstreut! ... Siehe, ich will euch heimsuchen um eures bösen Tuns willen.« »Heult, ihr Hirten, und schreit, wälzt euch in der Asche, ihr Herren der Herde; denn die Zeit ist erfüllt, dass ihr geschlachtet ... werdet ... Und die Hirten werden nicht fliehen können, und die Herren der Herde werden nicht entrinnen können.« Jere-

mia 23,1.2; 25,34.35 Prediger und Volk sehen, dass sie nicht das richtige Verhältnis zu Gott gehabt hatten. Sie erkennen, dass sie sich gegen den Urheber des vollkommen gerechten und rechtschaffenen Gesetzes empört hatten. Ihre Missachtung der göttlichen Vorschriften gab tausende Male Ursache zum Bösen, zu Zwietracht, Hass und Ungerechtigkeit, bis die Erde ein weites Feld des Streites und ein Sumpf der Verderbnis wurde. Solch ein Anblick liegt jetzt vor denen, welche die Wahrheit verwarfen und den Irrtum pflegten. Keine Sprache ist in der Lage die Sehnsucht auszudrücken, die die Ungehorsamen und Treulosen nach dem empfinden, was sie für immer verloren haben - dem ewigen Leben. Menschen, die von der Welt wegen ihrer Gaben und Beredsamkeit verehrt wurden, sehen nun diese Dinge in ihrem eigentlichen Licht. Sie erkennen, was sie durch Übertretung verwirkt haben, und sie werfen sich denen zu Füßen, deren Treue sie verachtet und verspottet haben, und bekennen, dass Gott sie geliebt habe.

Das Volk sieht, dass es hintergangen worden ist. Einer klagt den andern an, dass er ihn ins Verderben geführt habe; alle aber verdammen erbittert die Prediger. Untreue Hirten haben angenehme Dinge geweissagt, haben ihre Zuhörer dazu verleitet, Gottes Gesetz beiseitezusetzen und die zu verfolgen, die es heilighalten wollten. In ihrer Verzweiflung bekennen sie jetzt vor der Welt ihr betrügerisches Werk. Die Menge wird rasend. Wir sind verloren! - schreit sie - und ihr seid die Ursache unseres Untergangs. Und sie wendet sich gegen die falschen Hirten. Gerade jene, die sie am meisten bewunderten, werden die furchtbarsten Verwünschungen über sie aussprechen. Dieselben Hände, die sie einst mit Lorbeer krönten, werden sich erheben, sie zu vernichten. Die Schwerter, die das Volk Gottes erschlagen sollten, werden nun dessen Feinde umbringen. Überall herrschen Streit und Blutvergießen.

Sein »Hall« wird »erschallen ... bis an der Welt Ende. Der Herr hat zu rechten mit den Heiden und will mit allem Fleisch Gericht halten; die Gottlosen wird er dem Schwert übergeben«. Jeremia 25,30.31 6000 Jahre hat der große Kampf gedauert. Der Sohn Gottes und seine himmlischen Boten haben gegen die Macht des Bösen gestritten, um die Menschenkinder zu warnen, zu erleuchten und zu retten. Nun haben alle ihre Entscheidung getroffen. Die Gottlosen haben sich ganz mit Satan vereint im Kampf gegen Gott. Für Gott ist die Zeit gekommen, die Autorität seines mit Füßen getretenen Gesetzes zu rechtfertigen. Der Streit herrscht jetzt nicht allein mit Satan, sondern auch mit Menschen. »Der Herr hat zu rechten mit den Heiden«, »die Gottlosen wird er dem Schwert übergeben.«

Das Zeichen der Befreiung ist denen aufgedrückt worden, »die da seufzen und jammern über alle Gräuel, die ... geschehen«. Nun geht der Todesengel aus, der in dem Gesicht Hesekiels durch die mit mörderischen

Waffen versehenen Männer dargestellt wird, die den Auftrag erhalten: »Erschlagt Alte, Jünglinge, Jungfrauen, Kinder und Frauen, schlagt alle tot; aber die das Zeichen an sich haben, von denen sollt ihr keinen anrühren. Fangt aber an bei meinem Heiligtum!« Der Prophet sagt: »Und sie fingen an bei den Ältesten, die vor dem Tempel waren.« Hesekiel 9,1-6 Das Vernichtungswerk beginnt bei denen, die vorgaben, die geistlichen Hüter des Volkes zu sein. Die falschen Wächter sind die Ersten, die fallen sollen. Keiner wird bemitleidet, keiner verschont. Männer, Frauen, Jugendliche und Kinder kommen miteinander um.

»Der Herr wird ausgehen von seinem Ort, heimzusuchen die Bosheit der Einwohner des Landes über sie ... die darin erwürgt sind.« Jesaja 26,21 »Und dies wird die Plage sein, mit der der HERR alle Völker schlagen wird, die gegen Jerusalem in den Kampf gezogen sind: Ihr Fleisch wird verwesen, während sie noch auf ihren Füßen stehen, und ihre Augen werden in ihren Höhlen verwesen und ihre Zungen im Mund. Zu der Zeit wird der HERR eine große Verwirrung unter ihnen anrichten, sodass einer den andern bei der Hand packen und seine Hand wider des andern Hand erheben wird.« Sacharja 14,12.13 In dem wilden Kampf ihrer eigenen grimmigen Leidenschaften und durch das Schrecken verbreitende Ausgießen des unvermischten Zornes Gottes fallen die gottlosen Bewohner der Erde: Priester, Oberste und das Volk, reich und arm, hoch und niedrig. »Da werden die Erschlagenen des Herrn zu derselben Zeit liegen von einem Ende der Erde bis ans andere Ende; die werden nicht beklagt noch aufgehoben noch begraben werden.« Jeremia 25,33

Bei der Wiederkunft Christi werden die Gottlosen von der ganzen Erde vertilgt, verzehrt vom Geist seines Mundes und vernichtet durch den Glanz seiner Herrlichkeit. Christus führt sein Volk zur Stadt Gottes, und die Erde wird unbewohnt sein. »Siehe, der Herr macht das Land leer und wüst und wirft um, was darin ist, und zerstreut seine Einwohner ... Das Land wird leer und beraubt sein; denn der Herr hat solches geredet ... denn sie übertreten das Gesetz und ändern die Gebote und lassen fahren den ewigen Bund. Darum frisst der Fluch das Land; denn sie verschulden's, die darin wohnen. Darum verdorren die Einwohner des Landes.« Jesaja 24,1.3.5.6

Die ganze Welt sieht aus wie eine öde Wüste. Ruinen der vom Erdbeben zerstörten Städte und Dörfer, entwurzelte Bäume, rauhe, vom Meer ausgestoßene oder aus der Erde herausgeworfene Felsen liegen auf der Oberfläche verstreut, während gähnende Abgründe die Orte kennzeichnen, wo die Berge aus ihren Grundfesten gerissen wurden.

Jetzt findet das Ereignis statt, auf das die letzte feierliche Handlung des Versöhnungstages hinwies. Nachdem der Dienst im Allerheiligsten vollendet

und die Sünden Israels kraft des Opferblutes aus dem Heiligtum entfernt worden waren, wurde der Sündenbock lebend vor den Herrn gebracht, und im Beisein des Volkes bekannte der Hohepriester »auf ihn alle Missetat der Kinder Israel und alle ihre Übertretung in allen ihren Sünden« und legte sie dem lebenden Bock auf das Haupt. 3.Mose 16,21 Auf die gleiche Weise werden, wenn das Versöhnungswerk im himmlischen Heiligtum vollendet ist, in der Gegenwart Gottes, der heiligen Engel und der Schar der Erlösten die Sünden des Volkes Gottes auf Satan gelegt. Er wird all des Bösen für schuldig erklärt werden, das er veranlasst hat. Und wie der lebende Bock in eine unbewohnte Gegend gejagt wurde, so wird Satan auf die verwüstete Erde verbannt werden, in eine unbewohnte, öde Wildnis.

Christus sagt Satans Verbannung sowie das Chaos und die Verödung, die dann auf der Erde herrschen sollen voraus und erklärt, dass dieser Zustand 1000 Jahre lang bestehen würde. Nach Schilderung der Ereignisse bei der Wiederkunft des Herrn und beim Untergang der Gottlosen fährt der Schreiber der Offenbarung fort: »Ich sah einen Engel vom Himmel fahren, der hatte den Schlüssel zum Abgrund und eine große Kette in seiner Hand. Und er griff den Drachen, die alte Schlange, welche ist der Teufel und Satan, und band ihn 1000 Jahre und warf ihn in den Abgrund und verschloss ihn und versiegelte obendrauf, dass er nicht mehr verführen sollte die Heiden, bis dass vollendet würden 1000 Jahre; und danach muss er los werden eine kleine Zeit.« Offenbarung 20,1-3

Dass der Ausdruck »Abgrund« die Erde in einem Zustand der Verwirrung und der Finsternis bezeichnet, wird aus anderen Schriftstellen ersichtlich. Über den Zustand der Erde »am Anfang« sagt der biblische Bericht: »Die Erde war wüst und leer, und es war finster auf der Tiefe.« 1.Mose 1,2 [Das hier mit »Tiefe« übersetze Wort ist in der Septuaginta das gleiche, wie das in Offenbarung 20,3 mit „Abgrund" wiedergegebene]. Die Prophezeiung lehrt uns, dass die Erde wenigstens teilweise in diesen Zustand zurückversetzt werden wird. Im Hinblick auf den großen Tag Gottes erklärt der Prophet Jeremia: »Ich schaute zur Erde - doch siehe, sie war wüst und leer! und zum Himmel - aber sein Licht war verschwunden! Ich schaute die Berge an - doch siehe, sie erbebten und alle Hügel schwankten! Ich schaute - und siehe, da war kein Mensch mehr, und alle Vögel des Himmels waren verschwunden! Ich schaute - und siehe, das fruchtbare Land war zur Wüste geworden, und alle seine Städte waren zerstört.« Jeremia 4,23-26; Schlachter 2000

Diese Einöde soll 1000 Jahre lang die Heimat Satans mit seinen bösen Engeln sein. Auf die Erde beschränkt, wird er keinen Zugang zu anderen Welten haben, um die zu versuchen und zu belästigen, die nie gefallen sind. In diesem Sinne ist er gebunden. Niemand ist zurückgeblieben, an dem er seine Macht auslassen könnte. Er ist absolut von seinem betrügerischen und verderbenbringenden Werk abgeschnitten, das so viele Jahrhunderte lang seine einzige Freude gewesen ist.

Der Prophet Jesaja ruft im Hinblick auf die Zeit des Sturzes Satans aus: »Wie bist du vom Himmel gefallen, du schöner Morgenstern! Wie wurdest du zu Boden geschlagen, der du alle Völker niederschlugst! Du aber gedachtest in deinem Herzen: »Ich will in den Himmel steigen und meinen Thron über die Sterne Gottes erhöhen; ich will ... gleich sein dem Allerhöchsten.« Ja, hinunter zu den Toten fuhrst du, zur tiefsten Grube! Wer dich sieht, wird auf dich schauen, wird dich ansehen und sagen: »Ist das der Mann, der die Welt zittern und die Königreiche beben machte, der den Erdkreis zur Wüste machte und seine Städte zerstörte und seine Gefangenen nicht ... entließ?‹« Jesaja 14,12-17

6000 Jahre lang ließ Satans empörerische Handlungsweise »die Welt zittern.« Er ist es, »der den Erdkreis zur Wüste machte und seine Städte zerstörte.« Und er entließ »seine Gefangenen nicht.« 6000 Jahre lang war das Volk Gottes in seinem Gefängnis festgesetzt, und er hätte es auf ewig gefangen gehalten, doch Christus hat die Fesseln gesprengt und den Gefangenen zur Freiheit verholfen.

Selbst die Gottlosen befinden sich jetzt außerhalb der Macht Satans, und er kann allein mit seinen bösen Engeln die Wirkung des Fluches erleben, den die Sünde über die Erde brachte. »Die Könige der Völker liegen jeder in seiner heimatlichen Gruft in Ehren; doch du wurdest fernab von deinem Grab wie unnützes Unkraut weggeworfen und mit Erschlagenen bedeckt, die auf dem Schlachtfeld fielen und wie zertretenes Aas in die Grube geworfen werden. Du wirst nicht wie die anderen Könige deiner Vorfahren begraben werden, denn du hast dein Land zu Grunde gerichtet und dein Volk umgebracht.« Jesaja 14,18-20; Neues Leben

1000 Jahre lang wird Satan auf der verwüsteten Erde umherwandern, um die Folgen seiner Empörung gegen Gottes Gesetz zu betrachten. Während dieser Zeit sind seine Qualen riesig. Seit seinem Fall hat er durch seine rastlose Tätigkeit kaum nachgedacht, aber nun, seiner Macht enthoben, bleibt ihm nur noch, über seine Rolle nachzusinnen, die er gespielt hat, seit er sich zuerst gegen die Herrschaft des Himmels empörte. Mit Zittern und Schrecken sieht er der furchtbaren Zukunft entgegen, wo er für sein abgrundböses Tun leiden und für die Sünden, die er verursacht hat, bestraft werden muss.

Das Volk Gottes ist über das Gebundensein Satans sehr froh. Der Prophet sagt: »Und zu der Zeit, wenn dir der HERR Ruhe geben wird von deinem Jammer und Leid und von dem harten Dienst, in dem du gewesen bist, wirst du

dies Lied anheben gegen den König von Babel [der hier Satan

darstellt] und sagen: Wie ist's mit dem Treiber so gar aus ... Der HERR hat den Stock der Gottlosen zerbrochen, die Rute der Herrscher. Der schlug die Völker im Grimm ohne Aufhören und herrschte mit Wüten über die Nationen und verfolgte ohne Erbarmen.« Jesaja 14,3-6

Während der Tausend Jahre zwischen der ersten und zweiten Auferstehung findet das Gericht über die Gottlosen statt. Der Apostel Paulus bezeichnet dieses Gericht als ein Ereignis, das nach der Wiederkunft Christi stattfindet: »Darum richtet nicht vor der Zeit, bis der Herr komme, welcher auch wird ans Licht bringen, was im Finstern verborgen ist, und den Rat der Herzen offenbaren.« 1.Korinther 4,5

Daniel erklärt, dass der Alte kam, »und den Heiligen des Allerhöchsten das Gericht übergab«. Daniel 7,22; Schlachter 2000 Um diese Zeit herrschen die Gerechten als Könige und Priester Gottes. Johannes erklärt in der Offenbarung: »Und ich sah Throne und sie setzten sich darauf, und ihnen wurde das Gericht übergeben ... Sie werden Priester Gottes und Christi sein und mit ihm regieren 1000 Jahre.« Offenbarung 20,4.6 Zu dieser Zeit werden, wie Paulus vorausgesagt hat, »die Heiligen die Welt richten«. 1.Korinther 6,2 Mit Christus richten sie über die Gottlosen, indem sie deren Taten mit dem Gesetzbuch, der Bibel, vergleichen und jeden Fall nach den zu Lebzeiten geschehenen Werken entscheiden. Dann wird ihnen die Strafe, die sie erleiden müssen, nach ihren Werken zugemessen und ihre Namen gegenüber in das Buch des Todes eingetragen.

Auch Satan und die bösen Engel werden von Christus und seinem Volk gerichtet. Paulus sagt: »Wisst ihr nicht, dass wir über die Engel richten werden?« 1.Korinther 6,3 Und Judas erklärt: »Die Engel, die ihr Fürstentum nicht bewahrten, sondern verließen ihre Behausung, hat er behalten zum Gericht des großen Tages mit ewigen Banden in der Finsternis.« Judas 6 Am Ende der Tausend Jahre wird die zweite Auferstehung stattfinden. Dann werden die Gottlosen vom Tod auferweckt werden und vor Gott zur Vollstreckung des geschriebenen Urteils erscheinen. So heißt es in der Offenbarung, nachdem die Auferstehung der Gerechten beschrieben wurde, weiter: »Die andern Toten aber wurden nicht wieder lebendig, bis dass 1000 Jahre vollendet wurden.« Offenbarung 20,5 Und Jesaja erklärt in Bezug auf die Gottlosen, »dass sie versammelt werden als Gefangene in die Grube und verschlossen werden im Kerker und nach langer Zeit wieder heimgesucht werden.« Jesaja 24,22

KAPITEL 42

DES **KAMPFES ENDE**

Nach den Tausend Jahren kommt Jesus mit den Gläubigen auf die Erde zurück. Satan versucht, die Stadt – das neue Jerusalem – mit einem riesigen Heer von Menschen zu stürmen, die er zu Lebzeiten schon steuerte. Sie sind alle da, um ihr Urteil zu empfangen. Alle werden vernichtet, die Erde gereinigt und neu geschaffen. Nun leben ausschließlich die Erlösten auf einer Neuen Erde, ohne Spuren der Sünde – und Jesus ist bei Ihnen.

A m Ende der Tausend Jahre kommt Christus wieder auf die Erde. Die Schar der Erlösten und ein Gefolge von Engeln begleiten ihn. Während er in schreckenerregender Majestät herabkommt, befiehlt er den gottlosen Toten, aufzustehen, um ihr Urteil zu empfangen. Sie stehen auf, eine riesige Schar, zahllos wie der Sand am Meer. Welch ein Gegensatz zu denen, die bei der ersten Auferstehung aufgeweckt wurden! Die Gerechten waren mit unsterblicher Jugend und Schönheit bekleidet, die Gottlosen aber tragen die Spuren der Krankheit und des Todes.

Jedes Auge in dieser ungeheuer großen Menge erblickt die Herrlichkeit des Sohnes Gottes, und einstimmig rufen diese gottlosen Scharen aus: »Gesegnet ist, der da kommt im Namen des Herrn!« Es ist nicht die Liebe zu Jesus, die sie diese Worte ausrufen lässt. Die Kraft der Wahrheit nötigt ihnen diese Worte unwillig ab. Genauso wie die Gottlosen ins Grab gingen, so kommen sie auch heraus – mit derselben Feindseligkeit gegen Christus und demselben Geist der Empörung. Ihnen wird keine neue Gnadenzeit gegeben, in der sie die Fehler ihres vergangenen Lebens wiedergutmachen können. Dadurch würde nichts gewonnen werden. Ein Leben voll Übertretung hat ihre Herzen nicht erweicht, und sie brächten eine zweite Gnadenzeit, falls sie ihnen gewährt würde, wie die erste zu, indem sie Gottes Gebote missachteten und zur Empörung gegen ihn anstifteten.

Christus kommt auf den Ölberg herab, von wo er nach seiner Auferstehung zum Himmel auffuhr, und wo die Engel die Verheißung seiner Rückkehr wiederholten. Der Prophet sagt: »Da wird dann kommen der Herr, mein Gott, und alle Heiligen mit dir.« »Und seine Füße werden stehen zu der Zeit auf dem Ölberg, der vor Jerusalem liegt gegen Morgen. Und der Ölberg wird sich mitten entzweispalten ... sehr weit voneinander ... Und der Herr wird

König sein über alle Lande. Zu der Zeit wird der Herr nur einer sein und sein Name nur einer.« Sacharja 14,5.4.9 Wenn das neue Jerusalem in seinem verwirrenden Glanz vom Himmel herniederkommt, liegt es auf dem dafür gereinigten und zum Empfang vorbereiteten Platz, und Christus zieht mit seinem Volk und den Engeln in die heilige Stadt ein.

Nun bereitet sich Satan auf den letzten mächtigen Kampf um die Oberherrschaft vor. Ohne Macht und von seinem Werk der Täuschung getrennt, war der Fürst des Bösen elend und niedergeschlagen. Nachdem jedoch die gottlosen Toten wieder auferweckt sind und die ungeheuer große Schar auf seiner Seite erblickt, kehrt seine Hoffnung zurück. Er ist entschlossen, den großen Kampf nicht aufzugeben. Er will alle Verlorenen unter seine Fahne rufen und mit ihrer Hilfe versuchen, seine Pläne auszuführen. Die Gottlosen sind Satans Gefangene. Durch die Verwerfung Christi haben sie die Herrschaft des rebellischen Anführers angenommen. Sie sind bereit, seinen Vorschlägen zu folgen und seine Befehle auszuführen. Seiner früheren Arglist getreu, gibt er sich jedoch nicht für Satan aus. Er behauptet, der Fürst und rechtmäßige Eigentümer der Welt zu sein, dem das Erbe auf unrechtmäßige Weise entrissen wurde. Er stellt sich seinen betörten Untertanen als Erlöser vor und versichert ihnen, seine Macht habe sie aus ihren Gräbern hervorgeholt und er sei jetzt im Begriff, sie von der grausamsten Gewaltherrschaft zu befreien. Da Christus sich entfernt hat, wirkt Satan Wunder, um seine Ansprüche zu stützen. Er macht die Schwachen stark und beseelt alle mit seinem Geist und seiner Tatkraft. Er schlägt vor, sie gegen das Lager der Heiligen zu führen und die Stadt Gottes einzunehmen. In teuflischer Begeisterung zeigt er auf die unzähligen Millionen Menschen, die von den Toten auferweckt wurden, und erklärt, dass er als ihr Führer wohl in der Lage sei, die Stadt zu erobern und seinen Thron und sein Reich zurückzugewinnen.

Unter jener großen Menge befinden sich viele vom langlebigen Geschlecht aus den Tagen vor der Sintflut; Menschen von stattlichem Körperbau und riesigem Verstand, die, sich der Herrschaft gefallener Engel überlassend, alle ihre Geschicklichkeit und Kenntnisse für ihre eigene Karriere einsetzten; Menschen, deren wunderbare Kunstwerke die Welt dazu verleitete, ihre Fähigkeiten zu vergöttern. Ihre Grausamkeit und teuflischen Erfindungen jedoch veranlassten Gott, sie für immer aus seiner Schöpfung zu vertilgen, weil sie die Erde befleckt und das Bild Gottes entstellt hatten. Darunter sind Könige und Feldherren, die Völker besiegten, tapfere Männer, die nie eine Schlacht verloren haben; stolze, ehrgeizige Krieger, deren Heranrücken Königreiche zittern ließen. Der Tod hat sie ja nicht verändert. Aus dem Grab hervorgekommen, nehmen sie ihre Gedanken da wieder auf, wo sie einst aufhörten. [664/665] **555**

Die Gier nach Eroberung beherrscht sie genauso wie damals, als sie fielen. Satan berät sich mit seinen Engeln und dann mit diesen Königen, Eroberern und Mächtigen. Sie betrachten die zahlenmäßige Stärke ihrer Seite und erklären, dass das Heer innerhalb der Stadt, verglichen mit ihrem, klein sei und dass es überwunden werden könne. Sie arbeiten Pläne aus, um die Reichtümer und Herrlichkeiten des neuen Jerusalem zu erobern. Sofort fangen alle an, sich auf den Kampf vorzubereiten. Geschickte Handwerker stellen Kriegsgeräte her. Militärische Führer, einst berühmt wegen ihres Erfolges, ordnen die Scharen kriegstüchtiger Menschen in Truppenverbände und Regimenter.

Schließlich wird der Befehl zum Vorrücken gegeben, und die gewaltige Schar bewegt sich vorwärts, ein Heer, wie nie eins von irdischen Eroberern befehligt wurde, dem die vereinten Kräfte aller Zeitalter, seitdem Krieg auf Erden war, niemals gleichkommen könnten. Satan, der mächtigste der Krieger, geht voraus, und seine Engel sammeln ihre Heere zu diesem letzten Kampf. Könige und Krieger umgeben Satan, und die riesige Anhängerschar folgt in großen Abteilungen, jede unter ihrem speziellen Anführer. Mit militärischer Präzision rücken die dicht gedrängten Reihen über den zerborstenen und unebenen Erdboden gegen die Stadt Gottes vor. Auf Jesu Befehl werden die Tore des neuen Jerusalems geschlossen. Die Heere Satans umgeben die Stadt und bereiten sich auf den Angriff vor.

Nun zeigt sich Christus erneut den Feinden. Hoch über der Stadt auf einem Fundament aus schimmerndem Gold ist ein hehrer und erhabener Thron zu sehen. Auf diesem Thron sitzt der Sohn Gottes, umgeben von den Untertanen seines Reiches. Die Macht und Erhabenheit Christi kann man nicht in Worte kleiden oder beschreiben. Die Herrlichkeit des ewigen Vaters umhüllt seinen Sohn. Der Glanz seiner Gegenwart erfüllt die Stadt Gottes, scheint bis außerhalb der Tore und überflutet die ganze Erde mit ihrer Strahlenpracht.

Neben dem Thron stehen die, welche einst eifrig für die Sache Satans gewirkt haben, die aber, wie Brandscheite aus dem Feuer errettet, dann ihrem Heiland mit tiefer, inniger Hingabe gefolgt sind. Neben diesen befinden sich jene, die inmitten von Betrug und Unglauben einen vollkommenen christlichen Charakter entwickelt haben, die das Gesetz Gottes ehrten, als die christliche Welt es für null und nichtig erklärte, und die Millionen aus allen Zeitaltern, die um ihres Glaubens willen litten. Zudem ist hier die »große Schar, welche niemand zählen konnte, aus allen Heiden und Völkern und Sprachen, vor dem Stuhl stehend und vor dem Lamm, angetan mit weißen Kleidern und Palmen in ihren Händen«. Offenbarung 7,9 Ihr Kampf ist zu Ende, der Sieg errungen. Sie sind dem Schatz entgegengelaufen und haben ihn gewonnen. Der Palm-

zweig in ihrer Hand ist das Sinnbild ihres Sieges, das weiße

Kleid ein Zeichen der fleckenlosen Gerechtigkeit Christi, die nun ihnen gehört. Die Erlösten stimmen einen Lobgesang an, der durch die Gewölbe des Himmels ertönt und widerhallt: »Heil sei dem, der auf dem Stuhl sitzt, unserm Gott und dem Lamm!« Und Engel und Seraphim vereinen ihre Stimmen in Anbetung. Nachdem die Erlösten die Macht und Bosheit Satans gesehen haben, erkennen sie wie nie zuvor, dass keine andere Macht als die des Sohnes Gottes sie zum Sieg führen konnte. In der ganzen glänzenden Schar befindet sich niemand, der sich die Errettung selbst zuschreibt, als hätte er durch seine eigene Kraft und Tüchtigkeit überwunden. Nichts sagen sie von dem, was sie getan oder gelitten haben, aber der Hauptinhalt jedes Gesanges, der Grundton jedes Chores lautet: Heil unserm Gott und dem Lamm!

In Gegenwart der versammelten Bewohner der Erde und des Himmels findet die endgültige Krönung des Sohnes Gottes statt. Mit höchster Majestät und Macht angetan, spricht dann der König der Könige das Urteil über die Empörer gegen seine Regierung und übt Gerechtigkeit an denen, die sein Gesetz übertreten und sein Volk unterdrückt haben. Der Prophet Gottes sagt: »Und ich sah einen großen, weißen Thron und den, der darauf saß; vor seinem Angesicht flohen die Erde und der Himmel, und es wurde keine Stätte für sie gefunden. Und ich sah die Toten, Groß und Klein, stehen vor dem Thron, und Bücher wurden aufgetan. Und ein andres Buch wurde aufgetan, welches ist das Buch des Lebens. Und die Toten wurden gerichtet nach dem, was in den Büchern geschrieben steht, nach ihren Werken.« Offenbarung 20.11.12

Sobald die Bücher geöffnet werden und Jesu Auge auf die Gottlosen schaut, sind sie sich jeder Sünde bewusst, die sie jemals begangen haben. Sie sehen dann, wo ihr Fuß vom Pfad der Reinheit und Heiligkeit abwich, wie weit Stolz und Empörung sie zur Übertretung des Gesetzes Gottes geführt haben. Die verführerischen Anfechtungen, die sie nährten, indem sie der Sünde nachgaben, die falsch verwendeten Segnungen, die Verachtung der Boten Gottes, die verworfenen Warnungen, die Wogen der Barmherzigkeit, die an ihren hartnäckigen, unbußfertigen Herzen wirkungslos abprallten – alles steht vor ihnen wie mit feurigen Buchstaben geschrieben.

Über dem Thron wird das Kreuz sichtbar, und wie in einem Panorama erscheinen die Szenen der Versuchung und des Sündenfalls Adams sowie die weiteren Stationen im großen Erlösungsplan: Des Heilands Geburt in Niedrigkeit, die Einfachheit und der Gehorsam seiner Jugend; seine Taufe im Jordan; das Fasten und die Versuchung in der Wüste; sein öffentliches Lehramt, das den Menschen die wertvollen Segnungen des Himmels entfaltete; die mit Taten der Liebe und Barmherzigkeit gekrönten Tage und Nächte des Gebets und des Wachens in der Einsamkeit der Berge; die Anschläge des Neides, des Hasses und der Bosheit, die er für seine Wohltaten erhielt; das dramatische, geheimnisvolle seelische Ringen in Gethsemane unter der erdrückenden Last der Sünden der ganzen Welt; sein Verraten werden in die Hände des mörderischen Haufens; die entsetzlichen Ereignisse jener Schreckensnacht: Der widerstandslose Gefangene, verlassen von seinen geliebtesten Jüngern, gewaltsam durch die Straßen Jerusalems geschleppt; der Sohn Gottes, von jubelnden Menschen vor Hannas geführt, im Palast des Hohepriesters vor Gericht gestellt, im Richthaus des Pilatus und vor dem feigen und grausamen Herodes verhöhnt, geschmäht, gegeißelt, und schließlich zum Tod verurteilt – alles wird lebendig dargestellt.

Und dann werden der zitternden Menge die letzten Ereignisse verdeutlicht: der stille Dulder auf dem Weg nach Golgatha; der Fürst des Himmels am Kreuz; die hochmütigen Priester und der höhnende Pöbel, die seinen Todeskampf verspotteten; die übernatürliche Finsternis, das Beben der Erde, die zerborstenen Felsen, die offenen Gräber, die den Augenblick kennzeichneten, als der Erlöser der Welt starb.

Das schreckliche Schauspiel erscheint vor ihren Augen, wie es einst geschah. Satan, seine Engel und Untertanen sind nicht in der Lage, sich von der Darstellung ihres eigenen Wirkens abzuwenden. Jeder Beteiligte erinnert sich an das, was er getan hat. Herodes, der die unschuldigen Kinder Bethlehems ermorden ließ, um dabei den König Israels zu vernichten; die gemeine Herodias, deren schuldige Seele durch das Blut Johannes des Täufers verunreinigt ist; der schwache Mietling Pilatus; die spottenden Soldaten; die Priester und Obersten und die aufgebrachte Menge, die schrie: »Sein Blut komme über uns und über unsere Kinder!« Matthäus 27,25 – alle erkennen die Ungeheuerlichkeit ihrer Schuld. Vergeblich suchen sie sich vor der göttlichen Majestät seines Angesichtes zu verbergen, dessen Leuchten den Glanz der Sonne überstrahlt, während die Erlösten ihre Kronen dem Heiland zu Füßen legen und dabei ausrufen: »Er starb für mich!«

Unter der erlösten Schar befinden sich die Apostel Christi, der heldenmütige Paulus, der hitzige Petrus, der geliebte und liebende Johannes und ihre treu gesinnten Brüder, und mit ihnen die große Schar der Märtyrer, während außerhalb der Mauern zusammen mit allem Gemeinen und Abscheulichen jene stehen, von denen sie verfolgt, eingekerkert und erschlagen wurden. Dazu gehört Nero, das Ungeheuer an Grausamkeit und Lasterhaftigkeit. Er sieht die Freude und Erhöhung derer, die er einst folterte und an deren extremsten Qualen er satanisches Vergnügen fand. Seine Mutter ist dort, um die Folgen ihrer Erziehung zu erkennen, um zu sehen, wie die üblen Charakterzüge, die sie auf ihren Sohn übertrug, und die durch ihren Einfluss und ihr Beispiel gestärkten und entwickelten Leidenschaft Früchte getragen haben in Verbrechen, die die Welt schaudern ließen.

Es befinden sich dort päpstliche Priester und Prälaten, die behaupteten, Gesandte Christi zu sein, und dennoch Folter, Kerker und Scheiterhaufen benutzten, um die Gewissen der Kinder Gottes zu beherrschen. Es stehen hier die stolzen Päpste, die sich über Gott erhoben und sich anmaßten, das Gesetz des Allerhöchsten zu ändern. Jene angeblichen Kirchenväter haben vor Gott Rechenschaft abzulegen, der sie sich gern entziehen möchten. Zu spät erkennen sie, dass der Allwissende für sein Gesetz eifert und niemand ungestraft lässt. Sie erleben nun, dass Christus das Wohl seines Volkes seinem eigenen gleichstellt, und sie fühlen die tiefe Bedeutung seiner beziehungsvollen Worte: »Was ihr getan habt einem von diesen meinen geringsten Brüdern, das habt ihr mir getan.« Matthäus 25,40

Die ganze gottlose Welt steht vor den Schranken Gottes unter der Anklage des Hochverrats gegen die Regierung des Himmels. Niemand verteidigt ihre Sache; nichts kann sie entschuldigen, und das Urteil eines ewigen Todes wird über sie ausgesprochen.

Es wird nun allen klar, dass nicht edle Unabhängigkeit und ewiges Leben der Sünde Sold ist, sondern Sklaverei, Untergang und Tod. Die Gottlosen erkennen, was sie durch ihr empörerisches Leben verwirkt haben. Den mit Abstand alles übersteigenden ewigen Wert der Herrlichkeit hatten sie verachtet, als sie ihnen angeboten wurde, doch wie begehrenswert erscheint das ihnen jetzt! »Dies alles«, schreit der Verlorene, »hätte ich haben können, aber ich zog es vor, diese Dinge von mir zu stoßen. O seltsame Verblendung! Ich habe Frieden, Glückseligkeit und Ehre für Elend, Schmach und Verzweiflung eingetauscht!« Alle sehen, dass ihr Ausschluss aus dem Himmel ein gerechtes Urteil ist, denn durch ihre Lebensführung haben sie erklärt: »Wir wollen nicht, dass dieser Jesus über uns herrsche!«

Wie im Traum erleben die Gottlosen die Krönung des Sohnes Gottes. Sie sehen in seinen Händen die Tafeln des göttlichen Gesetzes, jene Verordnungen, die sie verachtet und übertreten haben. Sie sind Zeugen des Erstaunens, des Entzückens und der Anbetung der Heiligen, und indem ihre Rufe bis zu der Menge außerhalb der Stadt dringen, erklären alle einstimmig: »Groß und wunderbar sind deine Werke, Herr, allmächtiger Gott! Gerecht und wahrhaftig sind deine Wege, du König der Völker. Wer sollte dich, Herr, nicht fürchten und deinen Namen nicht preisen?« Offenbarung 15,3.4 Indem sie sich vor ihm niederwerfen, beten sie den Fürsten des Lebens an. Satan scheint beim Anblick der Herrlichkeit und Hoheit Christi wie gelähmt. Der einst ein schirmender Cherub war, erinnert sich, von wo er gefallen ist: Ein scheinender Seraph, ein »Morgenstern« – wie verändert, wie tief gefallen! Aus der Ratsversammlung, in der er einst geehrt war, ist er für immer ausgeschlossen. Er sieht einen anderen in der Nähe des Vaters stehen und seine Herrlichkeit verhüllen. Er hat gesehen, dass die Hand eines Engels von erhabener Gestalt und majestätischem Aussehen die Krone auf das Haupt Christi setzte, und er weiß, dass das hohe Amt dieses Engels sein Amt hätte sein können.

Er erinnert sich an seine Heimat der Unschuld und Reinheit, des Friedens und des Glückes, die ihm gehörte, bis er gegen Gott murrte und Neid gegen Christus hegte. Seine Anklagen und Empörung, seine Täuschungen, um das Mitleid und die Unterstützung der Engel zu gewinnen, seine hartnäckige Weigerung, sich um seine Errettung zu bemühen, obwohl Gott ihm verziehen hätte – alles erscheint lebendig vor seinen Augen. Er blickt zurück auf sein Werk auf Erden und dessen Folgen: auf die Feindschaft der Menschen untereinander, auf die schreckliche Vernichtung von Leben, auf den Aufstieg und Untergang der Königreiche, auf den Sturz der Throne, auf die lange Reihe von Aufruhr, Kriegen und Revolutionen. Er erinnert sich an seine ständigen Anstrengungen, sich dem Werk Christi zu widersetzen und die Menschen immer tiefer sinken zu lassen. Er erkennt, dass seine teuflischen Anschläge machtlos waren, die zu vernichten, die ihr Vertrauen auf Jesus gesetzt hatten. Er sieht sein Reich, die Früchte seiner Arbeit – da ist nichts weiter als Misserfolg und Verderben. Er hat die Menschenmenge zu der Annahme verleitet, dass die Stadt Gottes einnehmbar sei, aber er weiß, dass dies nicht wahr ist. Immer und immer wieder ist er während des großen Kampfes geschlagen worden. Immer wieder wurde er gezwungen, nachzugeben. Er kennt die Macht und Majestät des Ewigen nur zu gut.

Der große Empörer war stets bemüht, sich selbst zu rechtfertigen und die göttliche Regierung für die Empörung verantwortlich zu machen. Auf dieses Ziel hatte er alle seine großen Verstandeskräfte gerichtet. Er hat vorsichtig, planmäßig und mit beträchtlichem Erfolg gearbeitet und unendlich viele dazu verleitet, seine Auffassung von dem großen, so lange währenden Kampf mit zu bejahen. Während Tausenden von Jahren hat dieser Oberste aller Verschwörung den Irrtum an die Stelle von Wahrheit gesetzt, aber nun ist die Zeit gekommen, wo der Aufstand endgültig besiegt und die Geschichte und das Wesen Satans enthüllt werden sollen. Bei diesem letzten großen Bemühen, Christus zu entthronen, sein Volk zu vernichten und die Stadt Gottes einzunehmen, ist der Erzbetrüger völlig entlarvt worden. Alle, die sich mit ihm verbunden haben, erkennen den vollständigen Misserfolg seiner Sache. Die Nachfolger Jesu Christi und die treuen Engel erfassen den vollen Umfang

seiner teuflischen Anschläge gegen die Herrschaft Gottes,

und Satan wird allgemein verabscheut. Satan wird klar, dass ihn seine freiwillige Empörung für den Himmel untauglich gemacht hat. Er hat seine Kräfte ausgebildet, um gegen Gott Krieg zu führen. Die Reinheit, der Friede und die Einigkeit des Himmels würden ihm höchste Qual sein. Seine Anklagen gegen die Gnade und Gerechtigkeit Gottes sind verstummt. Der Vorwurf, den er dem Allmächtigen zu machen versuchte, fällt völlig auf ihn selbst zurück. Und nun beugt Satan sich vor Gott und bekennt die Gerechtigkeit seiner Verurteilung.

»Wer sollte dich nicht fürchten, Herr, und deinen Namen preisen? Denn du bist allein heilig. Denn alle Heiden werden kommen und anbeten vor dir; denn deine Urteile sind offenbar geworden.« Offenbarung 15,4 Jede Frage über Wahrheit und Irrtum in dem lange dauernden Kampf ist nun klargestellt worden. Die Folgen der Empörung, die Früchte der Missachtung der göttlichen Verordnungen sind vor allen geschaffenen Wesen deutlich dargelegt, und die Wirkung der Herrschaft Satans im Gegensatz zur Regierung Gottes ist dem ganzen Weltall offenbart worden. Satans eigene Werke haben ihn verdammt. Gottes Weisheit, seine Gerechtigkeit und seine Güte sind völlig gerechtfertigt. Es wird sichtbar, dass all sein Handeln in dem großen Kampf von der Rücksicht auf das ewige Wohl seines Volkes und zum Besten aller von ihm erschaffenen Welten bestimmt worden ist. »Es sollen dir danken, Herr, alle deine Werke und deine Heiligen dich loben.« Psalm 145,10 Die Geschichte der Sünde wird ewig dafür zeugen, dass von der Existenz des Gesetzes Gottes das Glück aller Wesen abhängt, die er geschaffen hat. Mit all den Tatsachen des großen Kampfes vor Augen werden alle seine Geschöpfe, die Treuen wie die Rebellischen, einstimmig erklären: »Gerecht und wahrhaftig sind deine Wege, o König der Nationen!«

Dem ganzen Weltall ist das große Opfer, das vom Vater und vom Sohn um des Menschen willen gebracht wurde, deutlich gezeigt worden. Jetzt ist die Stunde gekommen, wo Christus die ihm gebührende Stellung einnimmt und über Fürstentümer und Gewalten und jeden Namen verherrlicht wird, der genannt werden mag. Um der Freude willen, die ihm verheißen war – dass er viele Kinder zur Herrlichkeit bringen würde –, ertrug er das Kreuz und achtete die Schande gering. Waren auch die Schmerzen und die Schande unfassbar groß, größer noch sind die Freude und Herrlichkeit. Er blickt auf die Erlösten, die in sein Bild umgewandelt sind, bei denen jedes Herz das vollkommene Abbild des Göttlichen trägt, jedes Antlitz das Bild ihres Königs widerstrahlt. Er sieht in ihnen den Erfolg der schweren Arbeit seiner Seele und ist zufrieden. Dann erklärt er mit machtvoller Stimme, die zu allen versammelten Gerechten und Gottlosen dringt: »Seht den Erlös meines Blutes! Für diese habe ich gelitten.

Für diese bin ich gestorben, damit sie auf ewig in meiner Gegenwart sein können!« Von den Weißgekleideten, die um den Thron stehen, steigt der Lobgesang empor: »Das Lamm, das erwürget ist, ist würdig, zu nehmen Kraft und Reichtum und Weisheit und Stärke und Ehre und Preis und Lob.« Offenbarung 5,12

Obwohl Satan gezwungen worden ist, Gottes Gerechtigkeit anzuerkennen und sich vor der Gewalt Christi zu beugen, bleibt sein Charakter doch unverändert. Der Geist der Empörung bricht abermals wie ein mächtiger Strom hervor. Rasend vor Zorn, entschließt er sich, den großen Streit nicht aufzugeben. Die Zeit für das letzte verzweifelte Ringen mit dem König des Himmels ist gekommen. Er stürzt sich mitten unter seine Untertanen, versucht sie mit seiner eigenen Wut zu begeistern und zum sofortigen Kampf anzufeuern. Aber unter all den zahllosen Millionen, die er zur Empörung verführt hat, erkennt jetzt keiner seine Oberherrschaft an. Seine Macht ist zu Ende. Zwar sind die Bösen vom gleichen Hass gegen Gott erfüllt wie Satan, aber sie sehen, dass ihre Lage hoffnungslos ist, dass sie Gott nicht besiegen können. Ihr Zorn richtet sich gegen Satan und alle jene, die bei den Betrügereien seine Werkzeuge gewesen sind, und mit der Wut von Dämonen wenden sie sich gegen diese.

Der Herr sagt: »Weil sich denn dein Herz erhebt, als wäre es eines Gottes Herz, darum, siehe, ich will Fremde über dich schicken, nämlich die Tyrannen der Heiden; die sollen ihr Schwert zücken über deine schöne Weisheit und deine große Ehre zu Schanden machen. Sie sollen dich hinunter in die Grube stoßen ... Darum will ich dich entheiligen von dem Berge Gottes und will dich ausgebreiteten Cherub aus den feurigen Steinen verstoßen ... Darum will ich dich zu Boden stürzen und ein Schauspiel aus dir machen vor den Königen ... und will dich zu Asche machen auf der Erde, dass alle Welt zusehen soll. Alle, die dich kennen unter den Heiden, werden sich über dich entsetzen, dass du so plötzlich untergegangen bist und nimmermehr aufkommen kannst.« Hesekiel 28,6-8.16-19

»Denn alle Rüstung derer, die sich mit Ungestüm rüsten, und die blutigen Kleider werden verbrannt und mit Feuer verzehrt werden. ... Denn der Herr ist zornig über alle Heiden und grimmig über all ihr Heer. Er wird sie verbannen und zum Schlachten überantworten. ... Er wird regnen lassen über die Gottlosen Blitze, Feuer und Schwefel und wird ihnen ein Wetter zum Lohn geben.« Jesaja 9,4; 34,2; Psalm 11,6 Feuer fällt vom Himmel herab. Die Erde spaltet sich. Die in ihrer Tiefe verborgenen Elemente kommen hervor. Verzehrende Feuersbrünste brechen aus gähnenden Schlünden. Selbst die Felsen stehen in Flammen. Der Tag, »der brennen soll wie ein Ofen«, ist gekommen. Alles schmilzt vor glühender Hitze; »die Erde und die Werke, die darauf sind, werden verbrennen.«

Maleachi 3,19; 2.Petrus 3,10 Die Oberfläche der Erde scheint eine geschmolzene Masse zu sein, ein ungeheurer kochender Feuersee. Es ist die Zeit des Gerichts und des Verderbens der gottlosen Menschen – »der Tag der Rache des Herrn und das Jahr der Vergeltung, zu rächen Zion.« Jesaja 34,8

Die Gottlosen erhalten ihre Belohnung auf Erden. (Sprüche 11,31) Sie werden »Stroh sein, und der künftige Tag wird sie anzünden, spricht der Herr Zebaoth«. Maleachi 3,19 Manche werden augenblicklich vertilgt, während andere tagelang leiden. Alle werden »nach ihren Werken« gestraft. Da die Sünden der Gerechten auf Satan gelegt wurden, muss er nicht nur für seine eigene Empörung leiden, sondern für alle Sünden, zu denen er das Volk Gottes verführt hat. Seine Strafe wird viel größer sein als die Strafe derer, die er getäuscht hat. Nachdem alle, die er betört hat, vernichtet sind, muss er noch weiter leben und leiden. In den reinigenden Flammen werden die Gottlosen vertilgt, Wurzel und Zweige – Satan die Wurzel, seine Nachfolger die Zweige. Himmel und Erde sehen, dass die volle Gesetzesstrafe ausgeteilt worden und dass allen Forderungen des Rechts nachgekommen ist, und sie anerkennen die Gerechtigkeit des Herrn.

Satans Zerstörungswerk ist für immer beendet. Über 6000 Jahre lang hat er gehandelt wie er wollte, die Erde mit Jammer erfüllt und Kummer über das ganze Weltall gebracht. Die ganze Schöpfung hat gestöhnt und sich geängstet. Jetzt sind Gottes Geschöpfe für immer vom Feind und seinen Versuchungen befreit. »Nun ruht doch alle Welt und ist still und [der Gerechte] jauchzt fröhlich.« Jesaja 14,7 Lobpreis und Freudenrufe steigen von allen treuen Menschen empor. Die Stimme einer großen Schar, der Stimme eines großen Wassers und eines starken Donners vergleichbar, hört man sagen: »Halleluja! denn der allmächtige Gott hat das Reich eingenommen.«

Während die Erde vom Vernichtungsfeuer eingehüllt war, wohnten die Gerechten sicher in der heiligen Stadt. Über jene, die an der ersten Auferstehung teilhatten, hat der zweite Tod keine Macht. Während Gott für die Gottlosen ein verzehrendes Feuer ist, ist er für sein Volk »Sonne und Schild«. Offenbarung 20,6; Psalm 84,12

»Und ich sah einen neuen Himmel und eine neue Erde; denn der erste Himmel und die erste Erde sind vergangen.« Offenbarung 21,1 Das Feuer, das die Gottlosen verzehrt, reinigt die Erde. Jede Spur des Fluches wird dadurch beseitigt. Keine ewig brennende Hölle wird den Erlösten die schrecklichen Folgen der Sünde vor Augen führen.

Nur ein Erinnerungszeichen bleibt bestehen – unser Heiland wird stets die Male seiner Kreuzigung tragen. An seinem verwundeten Haupt, seinen Händen und Füßen sind die einzigen Spuren des grausamen Werkes zu sehen, das die Sünde bewirkt hat. Der Prophet sagt, indem er Christus in seiner Herrlichkeit schaut: »Sein Glanz ist wie Licht; Strahlen sind ihm zur

Seite, darin verbirgt sich seine Macht.« Habakuk 3,4; Henne In jener Seite, die zerstochen wurde, aus der der blutige Strom hervorquoll, der den Menschen mit Gott versöhnte, dort liegt die Herrlichkeit des Heilands, dort ist »seine Macht verborgen«. Er war »ein Meister zu helfen« durch das Opfer der Erlösung und deshalb befugt, Gericht zu üben an denen, die die Barmherzigkeit Gottes verachtet hatten. Diese Zeichen seiner Erniedrigung sind seine höchsten Ehren. Von Ewigkeit zu Ewigkeit werden die Wunden von Golgatha ihn rühmen und seine Macht verkündigen.

»Und du, Turm Eder, du Feste der Tochter Zion, zu dir wird kommen und einkehren die vorige Herrschaft.« Micha 4,8 Die Zeit ist gekommen, auf welche die Heiligen mit Sehnsucht gewartet haben, seit das Flammenschwert das erste Menschenpaar aus Eden verbannte – die Zeit »unsrer Erlösung, dass wir sein Eigentum würden.« Epheser 1,14 Die Erde, ursprünglich dem Menschen als sein Reich anvertraut, von ihm in die Hände Satans verraten und von dem mächtigen Feind so lange im Besitz gehalten, ist durch den großen Erlösungsplan wiedergewonnen worden. Alles, was durch die Sünde verloren war, ist wiederhergestellt worden.

»Denn so spricht der Herr ... der die Erde bereitet und gemacht hat – er hat sie gegründet; er hat sie nicht geschaffen, dass sie leer sein soll, sondern sie bereitet, dass man auf ihr wohnen solle.« Jesaja 45,18 Gottes ursprüngliche Absicht bei der Erschaffung der Erde ist erfüllt, da sie zum ewigen Wohnort der Erlösten gemacht ist. »Die Gerechten erben das Land und bleiben ewiglich darin.« Psalm 37,29 Die Sorge, dass das zukünftige Erbe zu materiell erschiene, hat viele dazu gebracht, gerade die Wahrheiten zu vergeistigen, die uns veranlassten, dieses Erbe als unsere wahre Heimat zu betrachten.

Christus versicherte seinen Jüngern, dass er hingehe, ihnen im Vaterhaus die Stätte zu bereiten. Wer die Lehren des Wortes Gottes annimmt, wird in Bezug auf die himmlischen Wohnungen nicht völlig unwissend sein, und doch erklärt der Apostel Paulus: »Was kein Auge gesehen hat und kein Ohr gehört hat und in keines Menschen Herz gekommen ist, was Gott bereitet hat denen, die ihn lieben.« 1.Korinther 2,9 Die menschliche Sprache reicht nicht aus, um den Lohn der Gerechten zu beschreiben. Das wird nur jenen möglich sein, die die »himmlischen Wohnungen« schauen werden. Kein Sterblicher kann die Herrlichkeit des Paradieses Gottes begreifen.

In der Bibel wird das Erbe der Erlösten ein Vaterland genannt. Hebräer 11,14-16 Dort führt der himmlische Hirte seine Herde zu Brunnen lebendigen Wassers. Der Baum des Lebens gibt seine Frucht jeden Monat, und die Blätter des Baums dienen zur Gesundheit der Völker. Dort sind ewig fließende

Ströme, hell wie Kristall und an ihren Ufern werfen Bäume

ihren Schatten auf die Wege, die der Herr für die Erlösten bereitet hatte. Dort steigen die weitläufigen Ebenen zu Hügeln der Schönheit an, und die Berge Gottes erheben ihre majestätischen Gipfel. Auf diesen friedlichen Ebenen, an diesen lebendigen Strömen wird Gottes Volk, bisher Pilger und Wanderer, eine neue Heimat finden.

»Mein Volk lebt dann an einem Ort des Friedens und in sicheren Wohnungen, sorglos und ruhig.« »Gewalt wird es in deinem Land nicht mehr geben; Zerstörung und Verderben werden in deinem Land ein Ende haben. Dann nennst du deine Mauern ›Rettung‹ und deine Tore ›Ruhm‹.« »Sie werden Häuser bauen und bewohnen; sie werden Weinberge pflanzen und ihre Früchte essen. Sie sollen nicht bauen, was ein anderer bewohne, und nicht pflanzen, was ein anderer esse ...; und meine Erwählten werden das genießen, was sie erarbeitet haben.« Jesaja 32,18; 60,18; 65,21.22; Neues Leben »Die Wüste und Einöde wird lustig sein, und das dürre Land wird fröhlich stehen und wird blühen wie die Lilien.« »Es sollen Tannen für Hecken wachsen und Myrten für Dornen.« Jesaja 35,1; 55,13 »Da werden die Wölfe bei den Lämmern wohnen und die Panther bei den Böcken lagern. Ein kleiner Knabe wird Kälber und junge Löwen und Mastvieh miteinander treiben ... Man wird nirgends Sünde tun noch freveln auf meinem ganzen heiligen Berge«, spricht der Herr. Jesaja 11,6.9

Schmerzen sind in der himmlischen Umgebung unmöglich. Dort werden keine Tränen mehr sein, keine Leichenzüge, keine Zeichen der Trauer. »Der Tod wird nicht mehr sein, noch Leid noch Geschrei ... denn das Erste ist vergangen.« Offenbarung 21,4 »Und kein Einwohner wird sagen: Ich bin schwach. Denn das Volk, das darin wohnt, wird Vergebung der Sünde haben.« Jesaja 33,24

Dort ist das neue Jerusalem, die Hauptstadt einer veredelten neuen Erde, »eine schöne Krone in der Hand des Herrn und ein königlicher Hut in der Hand seines Gottes.« Jesaja 62,3 »Ihr Licht war gleich dem alleredelsten Stein, einem hellen Jaspis ... Und die Völker werden wandeln in ihrem Licht; und die Könige auf Erden werden ihre Herrlichkeit in sie bringen.« Offenbarung 21,11.24 Der Herr sagt: »Ich will fröhlich sein über Jerusalem und mich freuen über mein Volk.« Jesaja 65,19 »Siehe da, die Hütte Gottes bei den Menschen! Und er wird bei ihnen wohnen, und sie werden sein Volk sein, und er selbst, Gott mit ihnen, wird ihr Gott sein.« Offenbarung 21,3

In der Stadt Gottes »wird keine Nacht da sein«. Niemand wird der Ruhe bedürfen oder danach verlangen. Keiner wird müde werden, den Willen Gottes auszuführen und seinen Namen zu preisen. Wir werden beständig die Lebensfrische des Morgens fühlen, und nie wird ein Ende kommen. »Sie werden nicht bedürfen einer Leuchte oder des Lichts der Sonne; denn Gott der Herr wird sie erleuchten.« Offenbarung 22,5 Das Sonnenlicht wird ersetzt durch einen Glanz, der nicht unangenehm blendet, aber doch die Helle des Mittags weit übertrifft. Die Herrlichkeit Gottes und des Lammes überflutet die heilige Stadt mit ungetrübtem Licht. Die Erlösten wandeln in der sonnenlosen Herrlichkeit eines ewigen Tages.

»Und ich sah keinen Tempel darin; denn der Herr, der allmächtige Gott, ist ihr Tempel und das Lamm.« Offenbarung 21,22 Gottes Volk genießt die Gnade, freie Gemeinschaft mit dem Vater und dem Sohn zu haben. »Denn wir sehen jetzt durch einen Spiegel in einem undeutlichen Bild.« 1.Korinther 13,12; Luther 1998 Gottes Bild erscheint hier auf Erden wie in einem Spiegel in den Werken der Natur und in seiner Verfahrensweise mit den Menschen, dann aber werden wir ihn von Angesicht zu Angesicht sehen, ohne einen trübenden Schleier dazwischen. Wir werden vor ihm stehen und die Herrlichkeit seines Angesichtes schauen.

Die Erlösten werden dort erkennen, wie auch sie erkannt werden. Die Gefühle der Liebe und der Teilnahme, die Gott selbst in die Seele gepflanzt hat, werden sich dort in der edelsten und lieblichsten Weise betätigen. Der reine Umgang mit heiligen Wesen, das ungetrübte gesellige Leben mit den erhabenen Engeln und Gottgetreuen aller Zeitalter, die ihre Kleider gewaschen und hell gemacht haben im Blut des Lammes, das heilige Band, das »alles, was da Kinder heißt im Himmel und auf Erden,« Epheser 3,15 miteinander verbindet, wird zum Glück der Erlösten beitragen.

Dort werden unsterbliche Geister mit unermüdlicher Freude die Wunder der schöpferischen Macht und die Geheimnisse der erlösenden Liebe betrachten. Dort wird kein grausamer, betrügerischer Feind sein, um zur Gottvergessenheit zu verführen. Jeder Charakterzug wird entwickelt werden, jede Fähigkeit zunehmen. Die wachsenden Kenntnisse werden weder das Gedächtnis ermüden noch die Tatkraft erschöpfen. Die größten Unternehmungen können ausgeführt, die erhabensten Bemühungen erreicht, das höchste Verlangen verwirklicht werden, und doch gibt es immer neue Höhen zu erklimmen, neue Wunder zu bestaunen, neue Wahrheiten zu erfassen, und neue Aufgaben werden die Kräfte des Geistes, der Seele und des Leibes entwickeln.

Alle Schätze des Weltalls werden den Erlösten Gottes zur Erforschung offenstehen. Frei von den Bindungen der Sterblichkeit, erreichen sie in einem Flug, der sie nicht ermüdet, ferne Welten, die beim Anblick menschlichen Leids von Schmerz ergriffen wurden und bei der frohen Kunde von einem erlösten Menschen von Jubelliedern widerhallten. Mit unaussprechlicher Wonne, erfassen die Erdenkinder die Freuden und die Weisheit der nie gefallenen Wesen. Sie nehmen teil an den Schätzen des Wissens und der Erkenntnis,

die jene durch die jahrhundertelange Betrachtung der Schöpferwerke Gottes gewonnen haben. Mit ungetrübtem Blick sehen sie die Herrlichkeit der Schöpfung an – Sonnen, Sterne und Planetensysteme, wie sie alle in ihrem festgelegten Lauf den Thron der Gottheit umkreisen. Auf allen Dingen, von den Kleinsten bis zu den Größten, steht der Name des Schöpfers geschrieben, und in allen zeigt sich der Reichtum seiner königlichen Macht.

Und die dahingehenden Jahre der Ewigkeit werden ihnen reichere und immer herrlichere Offenbarungen Gottes und Christi bringen. Mit vermehrter Erkenntnis wird auch die Liebe, Ehrfurcht und Glückseligkeit zunehmen. Je mehr die Menschen von Gott lernen, desto größer wird ihre Bewunderung seines Wesens sein. Und wenn Jesus ihnen die Reichtümer der Erlösung und die erstaunlichen Taten in dem erbitterten Kampf mit Satan erschließt, werden die Herzen der Erlösten immer mehr in Liebe erglühen. Mit Begeisterung greifen sie in ihre goldenen Harfen, und Tausende und Abertausende von Stimmen vereinen sich zu einem mächtigen Lobgesang.

»Und alle Kreatur, die im Himmel ist und auf Erden und unter der Erde und im Meer, und alles, was darinnen ist, hörte ich sagen: Dem, der auf dem Stuhl sitzt, und dem Lamm sei Lob und Ehre und Preis und Gewalt von Ewigkeit zu Ewigkeit!« Offenbarung 5,13

Der große Kampf ist beendet. Sünde und Sünder sind nicht mehr. Das ganze Weltall ist rein. Eintracht und Freude herrschen in der ganzen unermesslichen Schöpfung. Von dem, der alles erschuf, fließt Leben, Licht und Freude über alle Gebiete des grenzenlosen Raumes. Vom kleinsten Atom bis zum größten Weltenkörper erklärt alle lebende und unbelebte Natur in ungetrübter Schönheit und vollkommener Freude: Gott ist die Liebe.

ANMERKUNGEN

Anm 01: TITEL DER PÄPSTE. – (S. 40)

In einem Abschnitt des bis 1918 gültigen römischen kanonischen Gesetzes, des Corpus Juris Canonici, erklärt Papst Innozenz III. (1198-1216): Der römische Papst ist »der Vizeregent auf Erden, nicht nur eines Menschen, sondern des wahren Gottes.« In einer Randbemerkung zu diesem Abschnitt wird ausgeführt, dies sei der Fall, weil er Christi Stellvertreter und Christus, tatsächlich Gott und Mensch ist.

Quellen: Decretales Domini Gregorii Papae IX., liber 1, de translatione Episcoporum, Titel 7, Kapitel 3; Corpus Juris Canonici, 2. Aufl., Leipzig, 1881, Sp. 99; Paris, 1612, Bd. II, »Decretales,« Sp. 205.

1582 wurde von Gregor XIII., der aus den hauptsächlichsten kirchlichen Rechtsquellen zusammengefasste Corpus Juris Canonici, eine Vereinigung von Rechtssammlungen, herausgegeben. Dazu gehörten folgende in sich abgeschlossene Teile: **1.** Das Decretum Gratiani, gesammelt um 1140 von dem Mönch Gratian, der an der Universität Bologna lehrte. **2.** Die Dekretalen Gregors IX., genannt Liber Extra, zusammengestellt von Raimund von Pennaforte. 1234 als erstes römisches Gesetzbuch veröffentlicht, enthielt die kirchenrechtlichen Verordnungen seit Gratian. **3.** Die Sammlung Bonifaz VIII., Liber Sextus genannt. Herausgegeben 1298. **4.** Die Clementinae Klemens V., 1314 als Gesetzbuch veröffentlicht. **5.** Die zwei Sammlungen der Extravaganten Johannes XXII. und der Extravagantes communes von Jean Chappuis, 1500 in Paris herausgegeben.

1904 beauftragte Papst Pius X. eine Kardinalskommission mit der Erarbeitung eines einheitlichen, ausschließlichen und allgemein geltenden Rechtsbuches mit zeitgemäßer, klarer lateinischer Gesetzessprache und durchlaufender Zählung der Einzelgesetze. Es entstand der Codex Juris Canonici, der 1917 durch Benedikt XV. veröffentlicht und Pfingsten 1918 in Kraft gesetzt wurde. Der Titel »der Herr Gott Papst« ist zu finden in einer Anmerkung zu den »Extravagantes« Papst Johannes XXII. im 14. Abschnitt des vierten Kapitels, das die Überschrift »Declaramus« trägt. In der Antwerpener Ausgabe der »Extravagantes« vom Jahre 1584 stehen die Worte: »Dominum Deum nostrum Papam« [Herr Gott unser Papst] in der 153. Spalte. In der Pariser Ausgabe vom Jahre 1612 kommen sie in der 140. Spalte vor. In verschiedenen späteren Ausgaben fehlt das Wort »Deum« (Gott).

Anm 02: UNFEHLBARKEIT! – (S. 40; S. 71)

Ein Aufsatz in der römischen Jesuitenzeitschrift »Civilta Cattolica« vom 9.2.1869 brachte zuerst nähere Angaben über die geplanten Verhandlungsgegenstände auf dem einberufenen Vatikanischen Konzil, worunter sich u.a. die Verkündigung der Unfehlbarkeit des Papstes befand (in der »Constitutio de ecclesia Christi« vom 18.7.1870). Dieser Aufsatz löste eine starke Bewegung gegen das Konzil und gegen die päpstliche Unfehlbarkeitserklärung aus, die nach Meinung der Opponenten zu weittragenden Folgen führen musste. Die Widerstandsbewegung erfasste Frankreich, Deutschland, England, Österreich und die USA. 14 von 19 deutschen Bischöfen baten den Papst, mit Rücksicht auf die gespannten Zeitverhältnisse und die in der Kirche herrschende Unruhe die Unfehlbarkeitserklärung von der Tagesordnung abzusetzen. Diesem Antrag wurde nicht stattgegeben. Eine erste Abstimmung ergab von 671 anwesenden Stimmen: 451 dafür, 88 dagegen, 70 enthielten sich der Stimme, 62 stimmten für eine bedingte Annahme. Mehr als ein Viertel aller Anwesenden hatten sich damit also gegen die Annahme der Unfehlbarkeitserklärung ausgesprochen. Bis zur zweiten Abstimmung wurde von den Gegnern der Erklärung nichts unversucht gelassen, das Vorhaben des Papstes abzusetzen. Vergebens! Vor der zweiten Abstimmung verließ deshalb eine große Anzahl von Abstimmungsberechtigten aus Gewissensgründen das Konzil, um nicht mit Nein stimmen zu müssen. Die Endabstimmung ergab 533 Ja-Stimmen und zwei Nein-Stimmen, selbst diese beiden unterwarfen sich noch vor Schluss der Sitzung am 18.7.1870.

Die Unfehlbarkeit ist nur mit dem Amt des Papstes verknüpft, nicht mit der Person ohne das Amt. Nach Algermissen (Konfessionskunde, 1950, S. 221) ist der Papst, wenn er eine derartige Lehrentscheidung »ex cathedra« fällt, nicht nur unfehlbar und irrtumslos, sondern irrtumsunfähig!

Die Unfehlbarkeitserklärung hat in den entscheidenden Sätzen folgenden Wortlaut: »Uns also der vom Anfang des christlichen Glaubens an erhaltenen Überlieferung getreulich anschließend, zur Ehre Gottes, unseres Heilandes, zur Erhöhung der katholischen Religion und zum Heil der Völker, lehren Wir unter Zustimmung des heiligen Konziles und erklären endgültig, dass es ein von Gott geoffenbarter Glaubenssatz sei: Wenn der römische Papst »ex cathedra« spricht, d. i., wenn er des Amtes als Hirte und Lehrer aller Christen waltet und kraft seiner höchsten Apostolischen Autorität endgültig entscheidet (definit), eine Lehre über Glauben oder Sitten sei von der ganzen Kirche festzuhalten, erfreut er sich auf Grund des göttlichen Beistandes, der ihm im heiligen Petrus verheißen ist, jener Unfehlbarkeit, mit welcher der göttliche Erlöser seine Kirche bei endgültiger Festsetzung einer Lehre über Glauben oder Sitten ausgerüstet haben wollte; deshalb sind derartige endgültige Festsetzungen (definitiones) des römischen Papstes durch sich selber, nicht aber durch die Zustimmung der Kirche unabänderlich (ex sese, non autem ex consensu ecclesiae irreformabiles).« (Wortlaut bei Denzinger, »Enchiridion symbolorum«, 1839, herausgegeben von Karl Rahner, 1953, zitiert nach der 16./17. Aufl., 1928.) Auch während des zweiten Vatikanischen Konzils ließ Papst Paul VI. nicht am Dogma der päpstlichen Unfehlbarkeit rütteln. Nachdem durch das 1.Vatikanum das Amt des Papstes mit einer einzigartigen Souveränität ausgestattet worden war, nachdem die Kurie sich als »Legislative«, als quasi gesetzgebende Instanz immer mehr in den Vordergrund gespielt hatte, war die Konstruktion der hierarchischen Ordnung innerhalb der katholischen Kirche stark kopflastig geworden. Die Bischöfe fühlten sich in ihrer Entscheidungsfreiheit eingeengt, so dass unter ihnen schon geraume Zeit Bestrebungen im Gange waren, das Amt der Bischöfe aufzuwerten, sogenannte Bischofskonferenzen einzusetzen, die Kurie wenigstens teilweise zu entmachten und überhaupt eine Dezentralisierung zu erreichen. In zahlreichen Sitzungen und Abstimmungen des Konzils kristallisierte sich dann die Erkenntnis heraus, dass die Bischöfe gemeinsam mit dem Papst ein Kollegium bilden, das die höchste Funktion in der Kirche ausübt. Das wäre wenigstens formal einer bedeutenden Aufwertung des Bischofsamtes gleichgekommen, wenn die Konstitution »Über die Kirche« nicht ausdrücklich einschränkend erklärt hätte, dass das Bischofskollegium keinerlei Autorität besitze, es sei denn, es befinde sich in Gemeinschaft mit dem Papst. Der Papst besitze kraft seines Amtes als Stellvertreter Christi die volle, oberste und universale Gewalt über die Kirche, die er in voller Souveränität ausübt. Man muss fragen, **569** was bei einer solchen Einschränkung von der Kollegialität des Bischofsamtes und von der Gemeinsamkeit, mit der es mit dem Papst die Kirche regieren will, noch übrigbleibt, zumal Paul VI. ein von einem Jesuiten-Professor der päpstlichen Universität erstelltes Gutachten über das Verhältnis zwischen päpstlichem Primat und bischöflicher Kollegialität in Form einer Präambel der Konstitution »Über die Kirche« voranstellte. In dieser Erklärung kommt deutlich zum Ausdruck, dass nur der Papst darüber zu befinden habe, ob und wann das Bischofskollegium als solches wirksam werden kann. In seiner Schlussrede betonte denn auch Paul VI. die absolute Vorrangstellung des päpstlichen Primats und dass bei der Heranziehung der Bischöfe zur Mitverantwortung an der Kirchenführung keineswegs daran gedacht war, von der Autorität des Papstes auch nur ein Jota abstreichen zu lassen und ihn gewissermaßen zum »Primus inter pares« zu machen. Insofern kann von einer Parlamentarisierung der katholischen Kirche, wie man es zuweilen hörte, entfernt nicht die Rede sein. Das Primat des Papstes blieb unangetastet.

Auch Johannes Paul II., auf dem Papststuhl seit 1978, hat unmissverständlich deutlich gemacht, dass er an dem Anspruch des päpstlichen Amtes gegenüber der bischöflichen Kollegialität festzuhalten gedenkt.

Quellen: Aus katholischer Sicht: Diekamp, Katholische Dogmatik I, Münster, 1949, S. 63 f.; Enciclopedia Cattolica, hrsg. von Paschini, Art. Unfehlbarkeit; Kardinal James Gibbons, Der Glaube unserer Väter, Kapitel 7 und 11; Hettinger, Lehrbuch der Fundamental-Theologie oder Apologetik, 2 Bde.; Der Große Herder, Bd. IX, Freiburg, 1956, Sp. 548.549; Konzilstexte – Deutsch, Heft 1, Dogmatische Konstitution über die Kirche, Trier, 1966.

Katholische Opposition: Ignaz von Döllinger, Der Papst und das Konzil, W. J. Sparren Simpson, Roman Catholic Opposition To Papal Infallibility, London, 1909.

Aus protestantischer Sicht: Walther von Loewenich, Der moderne Katholizismus, Erscheinung und Probleme, Witten, 1955, S. 44-59; Die Geschichte der Kirche, S. 395ff.; Hauck, Realenzyklopädie, Bd. XVI, Art. Vatikanisches Konzil, S. 320 bis 343; Philipp Schaff, The Creeds of Christendom with a History and Critical Notes, Bd. II, Dogmatic Decrees of the Vatican Council, S. 234-271 (engl. und lat. Text); George Salmon, Infallibility of the Church, London, 1914; Die Religion in Geschichte und Gegenwart, Bd. V, Tübingen, 1931, Art. Vatikanum, Sp. 1448 bis 1453.

Anm 03: BIBELVERBOT. – (S. 41)

In der alten Kirche wurde den Laien das Bibellesen sehr empfohlen. Die Kirchenväter haben sich, wie ihre Zeugnisse zeigen, eindeutig für das Lesen und Forschen in der Heiligen Schrift ausgesprochen. Clemens von Rom (um 100) sagte: »Leset fleißig die heiligen Schriften, die wahren Aussprüche des Heiligen Geistes!« »Ihr kennt, Geliebte, recht gut die heiligen Schriften, ihr habt gute Einsicht in die Aussprüche Gottes, behaltet sie, um euch daran zu erinnern.«

Polykarp (gest. um 155), der Gemeindevorsteher zu Smyrna: »Ich habe die Zuversicht zu euch, dass ihr in den heiligen Schriften wohl bewandert seid.«

Tertullian von Karthago (160-220): »Gott gab uns die Schrift, damit wir vollkommener und nachdrücklicher sowohl ihn selbst, als seinen Willen kennenlernen.«

Clemens von Alexandria (150-215): »Das göttliche Wort ist ja keinem verheimlicht, dieses Licht ist allen gemein; eilet denn zu eurem Heil.«

Origenes (185-254): »Wollte Gott, wir erfüllten alle, was geschrieben steht: ‚Forschet in der Heiligen Schrift!‘« – »Toren und Blinde müssten ja alle sein, die nicht erkennen, dass Bibellesen große und würdige Begriffe erweckt.« – »Wir wünschen, dass ihr euch ernstlich bemüht, nicht allein in der Kirche das Wort Gottes zu hören, sondern euch auch in euren Häusern darin übt und das Gesetz des Herrn Tag und Nacht betrachtet; denn da ist Christus, und allenthalben ist er dem nahe, der ihn sucht.«

Athanasius der Große (295-373): »Wir haben zu unserem Heil die göttlichen Schriften ... Diese Bücher sind die Quellen des Heils, auf dass, wer Durst hat, ihn stille an den Offenbarungen, die sie enthalten; denn nur in diesen Büchern ist die Unterweisung in der Gottseligkeit dargelegt. Niemand wage es, etwas hinzu oder davonzutun!«

Chrysostomus (354-407): »Ihr glaubt, das Lesen der Heiligen Schrift gehöre nur für die Mönche, da es doch vielmehr euch noch mehr nötig ist als ihnen. Denn die in freier Welt leben und denen es an täglichen Wunden nicht fehlt, bedürfen am meisten der Heilung; desto schlimmer und unverantwortlicher ist es, zu glauben, die heiligen Schriften seien unnütz ... denn so etwas kann nur vom Bösen ersonnen werden. Hörst du nicht Paulus sprechen: Zu unserer Belehrung ist alles geschrieben, und du willst nicht einmal das Evangelium berühren, wenn es auch deinen, jawohl, ungewaschenen Händen übergeben wird! ... Warum verachtest du also die heiligen Schriften? Das sind Gesinnungen vom Teufel, der verhindern will, dass wir in den Schatz hineinsehen und den reichen Nutzen erlangen.«

Hieronymus (347-420): »Du sollst sehr fleißig die heiligen Schriften lesen, ja, sie sollen fast niemals aus deinen Händen kommen.«

Augustin (354-430): »Es wäre gottlos von uns, wenn wir das nicht lesen wollten, was um unsertwillen geschrieben ist.« – »Trachtet unter Gottes Beistand aus allen Kräften danach, dass die Heilige Schrift in euren Haushaltungen fleißig gelesen werde.«

Gregor der Große (um 600): »Was ist die Heilige Schrift anderes als ein Sendschreiben des allmächtigen Gottes an seine Geschöpfe? Wenn ein irdischer König an euch schriebe, so würdet ihr nicht ruhen und euch keinen Schlaf gönnen, bis ihr sein Schreiben gelesen. Nun hat der Herr des Himmels und der Erde einen für dein Leben wichtigen Brief geschrieben, und du solltest nicht begierig sein, denselben zu lesen?« Trotz dieser Zeugnisse war das Lesen der Heiligen Schrift in der Landessprache lange Jahrhunderte verboten. Noch in den letzten zwei Jahrhunderten haben sich Päpste scharf gegen die Verbreitung und das Lesen der Bibel ausgesprochen. Gregor XIV. forderte 1844 in einer Bulle die Geistlichen auf, den Gläubigen die in die Volkssprache übersetzten Bibeln aus den Händen zu reißen!

Eine gewisse Wendung wurde erst unter **Leo XIII.** (1878-1903) wahrnehmbar. Zugelassene Bibelausgaben des Urtextes und der alten katholischen Übersetzung wurden jedem gestattet. Nichtkatholische Bibeln – und das gilt heute noch – durften nur zu wissenschaftlichen Studien benutzt werden, falls in den Vorreden und Anmerkungen nichts gegen die katholischen Glaubenssätze gesagt war. Katholiken durften die Bibel in der Volkssprache nur lesen, wenn sie vom Papst gebilligt, vom Bischof genehmigt und mit Anmerkungen versehen war. Den protestantischen Übersetzungen warf man Verfälschung vor! Diese Einschränkungen galten praktisch bis in das 20. Jahrhundert.

Trotz aller Hemmnisse und Widerstände kann man in der katholischen Kirche der letzten Jahrzehnte eine starke Bewegung zur Bibel hin beobachten. 1933 wurde eine katholische Bibelbewegung gegründet, und Pius XII. hat sich 1943 in seiner Enzyklika »De divino afflante spiritu« zu den Bestrebungen der Bibelbewegung bekannt. Ziel der Bewegung ist die Verbreitung der Bibel und die Förderung ihres Verständnisses. Auch nach dem zweiten Vatikanischen Konzil breitete sich die Bibelbewegung weiter aus. Zwar spielt die Bibel in der katholischen Kirche nicht die gleiche exklusive Rolle wie in den Kirchen der Reformation, doch war vor allem während des Konzils das Bestreben der meisten Konzilsväter unverkennbar, den Konzilstexten eine biblische Grundlage zu geben, ohne dass der Papst an der gültigen katholischen Auffassung hätte rütteln lassen, dass die Schrift nur durch die Kirche interpretiert werden kann, wiewohl eine Reihe von Konzilsvätern, wie zum Beispiel Kardinal Léger, gefordert hatten, dass das Lehramt eindeutig dem Wort Gottes unterzuordnen sei.

In der Konstitution über die Offenbarung Nr. 25, die auf dem zweiten Vatikanischen Konzil beschlossen wurde, heißt es unter anderem: »Darum müssen Kleriker, besonders Christi Priester und die anderen, die sich als Diakone oder Katecheten ihrem Auftrag entsprechend dem Dienste des Wortes widmen, in beständiger Lesung und gründlichem Studium sich mit der Schrift befassen, damit keiner von ihnen werde zu einem ‚hohlen und äußerlichen Prediger des Wortes Gottes, ohne dessen innerer Hörer zu sein‘ (Augustinus), wo er doch die unübersehbaren Schätze des göttlichen Wortes … den ihm anvertrauten Gläubigen mitteilen soll.« Heute wird allgemein die Notwendigkeit anerkannt, Klerus und Laien mit der Bibel mehr vertraut zu machen. Die Bischofskonferenzen sind bestrebt, Bibelkurse für Priester zu veranstalten und für alle, die den Auftrag haben, das Wort Gottes zu verkündigen.

Anm 04: BILDERDIENST. – (S. 41)

»Die Bilderanbetung war eine von jenen Verfälschungen des Christentums, die sich heimlich und fast ohne Aufsehen in die Kirche einschlichen. Diese verderbliche Gepflogenheit entfaltete sich nicht, wie andere Ketzereien, von heute auf morgen, denn in diesem Fall würde sie entschiedene Kritik und Zurückweisung erfahren haben, sondern indem sie anfangs unter einer ansprechenden Verkleidung auftrat, wurde so allmählich eine missbräuchliche Gewohnheit nach der andern in Verbindung damit eingeführt, so dass die Kirche völlig in praktischem Götzendienst aufging, und das nicht nur ohne jeden wirksamen Widerstand, sondern auch nahezu ohne irgendeinen entschlossenen Einspruch. Als man endlich versuchte, die Bilderverehrung wieder auszurotten, war das Übel schon zu tief eingewurzelt, um es noch beseitigen zu können. … Sie muss der götzendienerischen Neigung des menschlichen Herzens zugeschrieben werden und dessen Bestreben, der Kreatur mehr zu dienen als dem Schöpfer …

Anfangs wurden Bilder und Abbildungen in den Kirchen nicht aufgestellt, um sie anzubeten, sondern um entweder mit ihrer Hilfe als Ersatz für Bücher die zu belehren, die nicht lesen konnten, oder um die anderen in eine andachtsvolle Stimmung zu versetzen. Wieweit sie jemals eine solche Absicht erfüllten, ist zweifelhaft; aber selbst wenn dies eine Zeitlang der Fall gewesen sein sollte, hatte es damit doch bald ein Ende; und es wurde offenbar, dass die Bilder und Abbildungen in den Kirchen die Gemüter der Unwissenden eher verdunkelten als erleuchteten und die Andacht der Anbetenden eher erniedrigten als erhoben. Wie auch immer sie sich bemühten, die Gemüter der Menschen auf Gott zu lenken, es endete damit, dass sich die Menschen von der Anbetung Gottes zur Anbetung der geschaffenen Dinge hinwandten.« (J. Mendham, The Seventh General Council, the Second of Nicea, Einführung, S. 3-6.)

»Bilder, ursprünglich als Schmuck, dann zur Belehrung, hatte man von alten Zeiten her in den Grabstätten, Kirchen, Memorien, Häusern und an Gerätschaften aller Art. Widerspruch fehlte nicht, aber das konstantinische Zeitalter machte dem ein Ende. Man sollte aus den Bildern die Geschichten lernen, die sie darstellen; sie galten als die Bücher der

Ungebildeten. Zugleich sollte das Bild die heiligen Orte schmücken. Aber allmählich wirkte hier noch ein anderes Interesse, dem sich das jugendliche Christentum einst auf das energischste widersetzt hatte. Reliquien und Bilder verehrter Wesen zu begehren, sie aus dem profanen Gebrauche auszuscheiden und mit inniger Pietät zu behandeln, ist dem Menschen natürlich ... Bilder von Christus, von Maria und von Heiligen wurden schon seit dem 5. (4.) Jahrhundert durch Grüße, Küsse und Niederwerfen verehrt, ganz wie man es einst im Heidentum gehalten hatte. In der naiven und sicheren Überzeugung, dass die Bilderverehrung den Christen nicht mehr gefährlich werden könne, duldete die Kirche nicht nur das Eindringen des Heidentums, sondern leistete ihm Vorschub ... Ein schwunghaftes Geschäft wurde im 7. und Anfang des 8. Jahrhunderts mit Bildern, namentlich von Mönchen, getrieben; Kirchen und Kapellen steckten voll von Bildern und Reliquien: es war wie im Heidentum, nur der Schönheitssinn hatte sich verkehrt ... Mit den Bildern beherrschte die mönchische, in stumpfem Anstarren sich bewegende Frömmigkeit das Volk und zog die Christenheit immer tiefer herunter.« (Adolf v. Harnack, Lehrbuch der Dogmengeschichte, Bd. II, S. 452-454.)

»Die byzantinischen Bilderstreitigkeiten griffen nach dem Westen hinüber, und zwar dadurch, dass Papst Hadrian I. die Akten des nicänischen Konzils an Karl den Großen sandte. Dieser ließ durch seine Hoftheologen (Alkuin) eine die Bilderverehrung ablehnende umfangreiche Streitschrift (die Libri Carolini) anfertigen, welche die nicänischen Synodalakten Satz für Satz widerlegte und als Zweck religiöser Bilder nur die Belehrung des Volkes und die würdige Ausschmückung kirchlicher Räume anerkannte. Die hier vertretenen Grundsätze wurden durch die fränkische Synode zu Frankfurt (794) bestätigt.« (Die Religion in Geschichte und Gegenwart, Bd. I, Sp. 1106.)

Quellen: Ein Bericht über die Sitzungsprotokolle und Entscheidungen auf dem zweiten Konzil in Nizäa bei Baronius, Ecclesiastical Annals, Bd. IX, S. 391-407, Antwerpener Ausgabe, 1612; Ed. Stillingfleet, Defense of the Discourse Concerning the Idolatry Practiced in the Church of Rome, London, 1686; A Select Library of Nicene and Post-Nicene Fathers, second series, Bd. XIV, S. 521-587, New York, 1900. C.J. Hefele, Konziliengeschichte, 7 Bde.

Anm 05: SONNTAGSERLASS KONSTANTINS. – (S. 42)

Der am 7. März 321 n.Chr. veröffentlichte Erlass bezüglich eines teilweisen Ruhetages lautet wie folgt: »Alle Richter und Einwohner der Städte, auch die Arbeiter aller Künste, sollen am ehrwürdigen Tage der Sonne ruhen. Doch können sich die Landleute mit aller Freiheit auf den Ackerbau verlegen. Denn es trägt sich oft zu, dass an keinem andern Tage Acker und Weinberge so bequem bestellt werden können als an diesem. Es soll also dieser Vorteil, den die himmlische Vorsehung selbst darbietet, nicht bei Gelegenheit einer so kurzen Zeit verloren gehen.« (Corpus Juris Civilis Cod., lib. 3, tit. XII, de Feriis, Lex. 3.)

Quellen: Joseph Cullen Ayer, A Source Book for Ancient Church History, New York, 1913; Codex Justiniani, liber 3, tit. 12, lex. 3; Philipp Schaff, History of the Christian Church, Bd. III, Teil 3, Kapitel 7, § 75, S. 380, Fußnote 1; James A. Hessey, Bampton Lectures, Sunday, Lektion 3, § 1, S. 58; A. H. Newman, Manual of Church History, Bd. I, S. 305-307, Philadelphia, 1933; L.E. Froom, The Prophetic Faith of our Fathers, Bd. I, S. 376-381, Washington, 1950.

Anm 06: PROPHETISCHE DATEN. – (S. 44)

Ein wichtiger Grundsatz der prophetischen Auslegung in Verbindung mit Zeitweissagungen ist das »Jahr-Tag-Prinzip«, bei dem ein Tag der prophetischen Rechnung **573** einem geschichtlichen Kalenderjahr entspricht. Ehe die Israeliten in das Land Kanaan eindrangen, sandten sie zwölf Späher aus, das Land zu erkunden. 40 Tage blieben die Späher fort, und nach ihrer Rückkehr weigerten sich die Hebräer, entmutigt durch deren Bericht, vorwärtszugehen und das verheißene Land in Besitz zu nehmen. Deshalb verhängte der Herr folgenden Urteilsspruch über sie: »Nach der Zahl der 40 Tage, in denen ihr das Land erkundet habt – je ein Tag soll ein Jahr gelten –, sollt ihr 40 Jahre eure Schuld tragen.« 4.Mose 14,34. Eine ähnliche Methode zur Berechnung der zukünftigen Zeit wird von dem Propheten Hesekiel genannt. 40 Jahre der Strafe für ihre Missetaten erwartete das Königreich Juda. Der Herr sagte durch den Mund des Propheten: »Wenn du dies vollbracht hast, sollst du danach dich auf deine rechte Seite legen und sollst tragen die Schuld des Hauses Juda 40 Tage lang; denn ich gebe dir hier auch je einen Tag für ein Jahr.« Hesekiel 4,6. Dieser Jahr-Tag-Grundsatz ist von großer Wichtigkeit für die Zeitbestimmung der Prophezeiung von den 2300 Abenden und Morgen (Daniel 8,14) und der 1260-Tag-Periode, die verschiedentlich angegeben wird als »eine Zeit und [zwei] Zeiten und eine halbe Zeit« (Daniel 7,25), als die »42 Monate« (Offenbarung. 11,2; 13,5), als die »1260 Tage« (Offenbarung 11,3; 12,6) und als »drei Tage und einen halben« (Offenbarung 11,9).

Anm 07: GEFÄLSCHTE URKUNDEN. – (S. 45)

Die Schenkung Konstantins und die Pseudoisidorischen Dekretalen sind die wichtigsten Schriftstücke, die heutzutage allgemein als Fälschungen anerkannt werden.

»Die ‚Konstantinische Schenkung' ist der seit dem späten Mittelalter übliche Name für eine Urkunde, die Kaiser Konstantin der Große an den Papst Sylvester I. sandte und die sich zuerst in einem Pariser Manuskript vermutlich zu Beginn des neunten Jahrhunderts fand (Codex lat. 2777). Vom 11. Jahrhundert an benutzte man sie als einen nachdrücklichen Beweis zur Begünstigung päpstlicher Ansprüche. Sie wurde deshalb seit dem 12. Jahrhundert Ursache heftiger Auseinandersetzungen.« (New Schaff-Herzog Encyclopedia of Religious Knowledge, Bd. III, Art. »Donation of Constantine«, S. 484.485.)

Die Konstantinische Schenkung (donatio Constantini) ist eine um 756 n.Chr. wahrscheinlich in Westfrankreich entstandene Fälschung einer Schenkung Kaiser Konstantins des Großen an Papst Sylvester I. aus Dankbarkeit für die Heilung vom Aussatz. Sie bestand aus einer großen Urkunde, worin der Kaiser den Vorrang Roms über alle Kirchen anerkannte, dem Papst kaiserliche Abzeichen verlieh und ihm außerdem den kaiserlichen Palast (Lateran) in Rom und die Herrschaft über die Stadt, Italien und alle westlichen Reichsprovinzen abtrat. Die vom Mittelalter für echt gehaltene Urkunde wurde in die Pseudoisidorischen Dekretalen aufgenommen. Die Konstantinische Schenkung spielte eine bedeutende Rolle in den Auseinandersetzungen zwischen Papsttum und Kaisertum im Mittelalter. Der italienische Humanist Lorenzo Valla und Nikolaus von Cusa (Cues) haben diese Fälschung um 1440 nachgewiesen (De falso credita et ementita Constantini donatione declamatio).

Die in der »Schenkung« entwickelte Geschichtsauffassung ist, vollständig behandelt, zu finden bei Henry E. Kardinal Manning, *The Temporal Power of the Vicar of Jesus Christ*, London, 1862. Die Beweise für die Schenkung waren scholastisch. Die Möglichkeit einer Fälschung wurde bis zum Aufkommen der historischen Kritik im 15. Jahrhundert überhaupt nicht erwähnt. Nikolaus von Cusa gehörte zu den ersten, die zu dem Schluss kamen, dass Konstantin niemals irgendeine derartige Schenkung gemacht habe. Lorenzo Valla in

Italien führte 1450 den brillanten Nachweis ihrer Fälschung. Siehe: Christopher B. Coleman, *Treatise of Lorenzo Valla on the Donation of Constantine, New York, 1927.* Dennoch wurde der Glaube an die Authentizität der Schenkung und der falschen Dekretalen noch ein Jahrhundert lebendig erhalten. Zum Beispiel erkannte Luther anfangs die Dekretalen an; doch bald danach sagte er zu Dr. Eck: »Ich bestreite diese Dekretalen!«, und zu Spalatin äußerte er: »Er [der Papst] verfälscht und kreuzigt in den Dekretalen Christus, das heißt: die Wahrheit!«

Es gilt als nachgewiesen, **1.** dass die Schenkung eine Fälschung; **2.** dass sie das Werk eines Mannes oder einer Zeitperiode ist; **3.** dass der Fälscher ältere Dokumente verwendet hat; **4.** dass die Fälschung aus den Jahren zwischen 752 und 778 stammt. Die Katholiken gaben die Verteidigung der Authentizität der Schenkung auf mit Baronius, Ecclesiastical Annals, 1592.

Weitere Quellen: K. Zeumer, Festgabe für Rudolf von Gneist, Berlin, 1888; New Schaff-Herzog Encyclopedia of Religious Knowledge, Bd. III, S. 484; F. Gregorovius, Geschichte der Stadt Rom im Mittelalter, Bd. I, S. 656f., Dresden, 1926; I. von Döllinger, Die Papstfabeln des Mittelalters, S. 72 ff., Stuttgart, 1890; S. Lähr, Die Konstantinische Schenkung in der abendländischen Literatur bis zur Mitte des 14. Jahrhunderts, 1926; H. Brunner/K. Zeumer, Die Konstantinische Schenkungsurkunde; Die Religion in Geschichte und Gegenwart, Bd. III, 1929, Sp. 1227 f.; Der Große Brockhaus, Bd. X, S. 412, 1931; Der Große Herder, Bd. V, S. 637 f., 1954; I. von Döllinger, Der Papst und das Konzil, S. 142, Leipzig, 1869.

Zu den im Text erwähnten falschen Urkunden gehören auch die Pseudoisidorischen Dekretalen sowie andere Fälschungen. »Die Pseudoisidorischen Dekretalen sind eine umfangreiche Sammlung angeblich sehr alter Quellen des Kirchenrechts, enthalten hauptsächlich erdichtete oder verfälschte Dekretalen, Papstbriefe (von Klemens I. bis Gregor I.), die Konstantinische Schenkung, ältere Konzilsbeschlüsse, Sätze der Kirchenväter, der Bibel und des römischen Rechts in mosaikartiger Darstellung. Als Vorarbeiten für die Pseudoisidorischen Dekretalen dienten teilweise drei andere kirchenrechtliche Fälschungen: die sog. Capitula Angilramni, eine Sammlung echter und unechter Beschlüsse römischer Synoden, Bischöfe und Kaiser, ferner eine verfälschte Neubearbeitung der alten Collectio canonum Hispana und der sog. Benedictus Levita, eine Sammlung angeblich fränkischer Kapitularien. Die Pseudoisidorischen Dekretalen sind um die Mitte des 9. Jahrhunderts wahrscheinlich in der Kirchenprovinz Reims entstanden; der Herausgeber nennt sich *Isidorus Mercator.* Unmittelbarer Zweck der Sammlung war, die Kirche von der Staatsgewalt zu befreien, die Macht der Erzbischöfe zu brechen und den Primat des Papstes zu festigen. Die Bischöfe sollten der Gerichtsbarkeit der weltlichen Gewalten sowie der Metropoliten und Provinzialsynoden enthoben werden. Die wichtigsten Sätze der Pseudoisidorischen Dekretalen sind in die späteren Kirchenrechtssammlungen und in das Corpus Juris Canonici übergegangen und haben besonders seit der Reformbewegung des 11. Jahrhunderts die kirchliche Rechtsentwicklung beeinflusst. Das Mittelalter hat die Pseudoisidorischen Dekretalen für echt gehalten; aber bereits Nikolaus von Cusa (15. Jahrhundert) äußerte Bedenken. Als Fälschung wurde die Sammlung zum erstenmal in den Magdeburger Zenturien des Matthias Flacius 1559 aufgedeckt (erste protestantische Kirchengeschichte). Den umfassenden Nachweis der Unechtheit hat gegenüber dem Jesuiten Franz Torres der reformierte Theologe David Blondel 1628 erbracht.« (Der Gr. Brockhaus, Bd. XV, S. 198.)

Isidor Mercator nahm als Grundlage seiner Fälschung eine Sammlung von gültigen Kanons, die Hispana Gallica Augustodunensis. Auf diese Weise schmälerte er die

Gefahr der Aufdeckung, da Gesetzessammlungen gewöhnlich durch Hinzufügen neuer Gesetze zu den alten entstanden. Indem er seine Fälschung mit echtem Material verband, wurde sie als Fälschung weniger offenkundig. Die Unechtheit des pseudoisidorischen Machwerkes wird nun unstreitig zugegeben; denn sie ist durch innere Beweise, durch Untersuchung der Quellen und benutzten Methoden und durch die Tatsache, dass dieses Material vor 852 unbekannt war, eindeutig erwiesen. Historiker stimmen darin überein, dass das Jahr 850 oder 851 das wahrscheinlichste Datum für die Vollendung der Sammlung ist, da diese Urkunde zuerst in der Admonitio der Kapitulare von Quiercy um 857 erwähnt wird.

Der Verfasser dieser Fälschung ist nicht bekannt. Vermutlich rührte sie von der streitbaren neuen Kirchenpartei her, die sich im 9. Jahrhundert in Reims gebildet hatte. Es ist erwiesen, dass Bischof Hinkmar von Reims diese Dekretalen bei der Absetzung Rothads von Soissons benutzte. Dieser wieder brachte sie 864 nach Rom und legte sie dem Papst Nikolaus I. vor. Unter denen, die ihre Authentizität anfochten, befanden sich Nikolaus von Cusa (1401-1464), Charles Du Moulin (1500-1566) und George Cassender (1513-1564). Der unwiderlegbare Beweis ihrer Fälschung wurde von dem Theologen David Blondel 1628 erbracht.

Weitere Quellen: Migne, Patrologiae cursus completus, Bd. CXXX; P. Hinschius, Decretales Pseudo-Isidorianiae et capitula Angilramni, Leipzig, 1863; I. v. Döllinger, Das Papsttum, S. 35 ff., München, 1892, E. Seckel, Pseudoisidorische Dekretalen in Realenzyklopädie für protestantische Theologie und Kirche, Bd.XVI, 3. Aufl., 1905; E. Perels, Eine Denkschrift Hinkmars von Reims im Prozeß Rothads von Soissons, 1922; Maaßen, Pseudoisidorstudien, 1888; Kenneth Scott Latourette, A History of the Expansion of Christianity, Bd. III, 1938; H.H. Milman, History of Latin Christianity, Bd. III; New Schaff-Herzog Encyclopedia of Religious Knowledge, Bd. IX, S. 343-345, 1950; Fournier, Etudes sur les Fausses Decratales in Revue d'Histoire Ecclésiastique Bd. VII und Bd. VIII; Catholic Encyclopedia, Bd. V, False Decretals; Der Große Herder, Bd. VII, Sp. 685; Die Religion in Geschichte und Gegenwart, Bd. IV, 1930, Sp. 1631.1632.

Anm 08: VOLLKOMMENHEIT DER KIRCHE. – (S. 46)

Im Jahr 1075 proklamierte Papst Gregor VII. die unumschränkte Herrschaft des Papstes in der Kirche und über die gesamte Welt (Dictatus Gregorii Papae).

Die Reformation der Kirche und die Emanzipation des Papsttums von weltlicher Macht ist das Werk Gregors VII. Heussi schreibt in seinem »Kompendium der Kirchengeschichte«, § 73 a-c: »In Gregor VII. (1073-1085), einem der gewaltigsten und erfolgreichsten aller Päpste, erreichte die kirchliche Reformbewegung des 11. Jahrhunderts ihren Höhepunkt. Durch Erzwingung des Priesterzölibats und energische Bekämpfung der Simonie förderte Gregor die innerkirchliche Reform. Er gab der Idee des Papsttums ihre konsequente Fortbildung; Papsttum und Kirche begannen gleichbedeutende Begriffe zu werden. Romanisierung und Zentralisation der abendländischen Kirche machten bedeutende Fortschritte. Vor allem hat Gregor den Kampf um die Freiheit der Kirche von den weltlichen Gewalten mutig aufgenommen und mit der Beharrlichkeit des großen Politikers durchgeführt. Seine Anschauungen (siehe seine Briefe und besonders die »Dictatus Gregorii Papae«, 27 kurze Thesen über die päpstliche Macht, nicht von ihm selbst verfasst) ruhen auf Augustins »De civitate Die«, Pseudo-Isidor und Nikolaus I. Unter anderem finden sich darunter folgende Thesen: Der Papst ist der unumschränkte Herr der Universalkirche. Er kann Erzbischöfe und Bischöfe absetzen und ernennen, ja für jede Kirche Kleriker weihen; er allein darf eine allgemeine Synode berufen; seine Legaten stehen an Rang über den Bischöfen ...

Der Papst ist der oberste Herr der Welt. Er trägt die kaiserlichen Insignien, nur ihm, nicht den übrigen Bischöfen, haben die Fürsten die Füße zu küssen, er darf sogar den Kaiser seiner Würde entsetzen und die Untertanen vom Treueid entbinden. Papsttum und weltliche Macht verhalten sich wie Sonne und Mond; dieser empfängt von jener sein Licht. Der Papst steht unter den besonderen Schutze des Petrus; der »canonice« gewählte Papst wird durch die »Verdienste« des Petrus ohne Zweifel heilig. Die römische Kirche hat niemals geirrt und wird niemals irren.« (Siehe auch Carl Mirbt, Quellen zur Geschichte des Papsttums und des römischen Katholizismus, S. 146, 4. Aufl., Tübingen, 1924.)

Quellen: Baronius, Annales Ecclesiastici a Christo nato ad annum 1198, Bd. 17, Ann. 1076, S. 405.406, Paris, 1869; Monumenta Germaniae Historica Selecta, Bd. III, S. 17; F.A. Ogg, Source Book of Medieval History, Kapitel 16, Abschn. 45, S. 262-264, New York, 1907; Oliver J. Thatcher/Edgar H. McNeal, Source Book for Medieval History, Abschn. 3, Punkt 65, S. 136-139, New York, 1905; James Bryce, Holy Roman Empire, Kapitel 10; James W. Thompson/ Edgar N. Johnson, An Introduction to Medieval Europe, 300-1500, S. 377-380; I. v. Döllinger, Das Papsttum, S. 40ff., München, 1892; Die Religion in Geschichte und Gegenwart, Bd. II, 1928, Sp. 1438.1439; Heussi, Kompendium der Kirchengeschichte, S. 205, § 73b, 1913.

Anm 09: MARIENVEREHRUNG. – (S. 47)

Die Heimat der Marienverehrung ist der Orient. Dort ist der Glaube an die »Ewige Jungfrau« entstanden; dort entwickelte sich auch ein Brauchtum, das die Verehrung Marias in die Liturgie mit einbezog. »Die weitere Entfaltung der Mariologie hängt mit der Entwicklung des christologischen Dogmas zusammen. Der entscheidende Wendepunkt ist hier das Konzil von Ephesus im Jahre 431. Auf ihm wurde die Lehre des Nestorius [Patriarch von Konstantinopel], Maria sei die »Christusgebärerin«, zugunsten der Lehre des Cyrill [Patriarch von Alexandrien] von Maria, der »Gottesgebärerin«, verdammt. Dadurch sollte zunächst das Bekenntnis zu der ewigen Gottheit Jesu Christi sichergestellt werden ... Jedenfalls war damit zugleich eine gewaltige Steigerung der Ehre Mariens verbunden. Maria wird zur »Gottesmutter«.« (Loewenich, Der moderne Katholizismus, 1955, S. 225.)

Im Mittelalter erfuhr die Marienverehrung eine weitere Steigerung. Maria wird zur Hohen Frau, zur Madonna. Der Volksfrömmigkeit wird sie immer vertrauter als »Unsere liebe Frau«. Als Jungfrau und Königin ist sie zugleich das Ideal echter Mütterlichkeit. Das Volk rief Maria als Helferin nicht nur in geistlichen, sondern auch in weltlichen Nöten an. Die verbreitetste Gebetsform war das Ave Maria, das mit dem Vaterunser eng verknüpft wurde. Die beliebteste Form dieses Mariengebetes wurde der Rosenkranz, bei dem »die Gottesmutter in enger Verbindung mit der Heilsgeschichte betrachtet wird«.

»Als Förderer der Mariologie erscheinen *Bernhard von Clairvaux* und *Thomas von Aquin*. Bernhard verkündigt: Wer den Sohn fürchtet, nehme seine Zuflucht zu Maria! In seiner berühmten Auslegung deutete er das Hohelied auf das Verhältnis von Christus zu Maria. Bei Thomas ist Maria das Symbol der Kirche. Diese Anschauung hat sich in der Gegenwart als ungemein wichtig erwiesen. In der Tat versteht man die neuere Mariologie nur, wenn man bedenkt, dass in Maria die Personifikation der Kirche verehrt wird ... Wenn die Kirche Maria zur Sündlosen, zur Gnadenmittlerin, zur Himmelskönigin erhebt, so spricht sie damit **577** ihr eigenes Selbstbewusstsein aus.« (Loewenich, Der moderne Katholizismus, S. 228 f.)

Zwei Dogmen lenken den Blick in besonderer Weise auf die Marienverehrung. Das erste, am 8.12.1854 von Pius IX. proklamiert, verkündete die unbefleckte Empfängnis Mariä; das zweite, die leibliche Aufnahme Mariens in den Himmel, wurde am 1.11.1950 von Pius XII. verkündet. Das Bedeutsame dieser beiden Dogmen ist, dass sie in der Heiligen Schrift keinerlei Rückhalt haben, sie können sich lediglich auf die Tradition berufen. Das Dogma von der unbefleckten Empfängnis verkündigt die völlige Sündlosigkeit Marias. Es wird als eine Offenbarung Gottes gewertet; seine Nichtannahme bedeutet den Verlust der Seligkeit und den Ausschluss aus der Kirche.

Die Dogmatisierung erfolgte nicht durch Konzilsbeschluss, sondern kraft päpstlicher Vollmacht, womit schon das geplante Unfehlbarkeitsdogma vorbereitet wurde. Bei der Begründung des Dogmas von der leiblichen Himmelfahrt Mariens findet sich u.a. folgender Satz: »Wenn nach dem Tode der Gottesmutter Maria Gott, ihr Sohn, sie nicht unverzüglich auferwecken würde, nachdem er ihren Leib vor jeder Verwesung bewahrte, würde es ihm an Weisheit fehlen, und er würde sich selbst widersprechen; sein Verhalten wäre unzusammenhängend und ungeziemend.« (Loewenich, Der moderne Katholizismus, S. 243.)

Nach katholischer Sicht ergeben die Zeugnisse des Evangeliums, ergänzt und erweitert durch die Tradition, von selbst den Begriff der tätigen Anwesenheit Marias in dem gesamten Erlösungswerk Jesu Christi. Sie bewirke zwar nicht die Erlösung selbst, aber sie sei das Mittel und teile die Gnaden aus. Christus ist hier nicht mehr ohne Maria zu denken, die ihren Platz in der Sphäre des Göttlichen behauptet, die das »Meisterwerk Gottes« ist und die »der Allmächtige nach seinem Willen neben Christus gestellt hat in allen Phasen des Heilswerkes« (Osservatore Romano, 26.3.58). Damit erhält die Erlösung gewissermaßen erst durch Maria ihre Krönung. Papst Benedikt XV. äußerte schon 1918, dass man mit Recht sagen könne, Maria habe zusammen mit Christus das Menschengeschlecht erlöst. Sein Nachfolger legte ihr sogar den Titel »Miterlöserin« bei. Angesichts dieser Sachlage nützt es wenig, wenn von katholischer Seite versichert wird, dass nichts, was Maria an Glauben zugewendet werde, Gott und Christus verlorengehe; sie beteten die Himmelskönigin nicht an, sondern brächten ihr nur »übermäßige Verehrung« dar. Dieser feine, nur rhetorische Unterschied wirkt sich jedoch in der praktischen Frömmigkeit überhaupt nicht aus; denn wie will man die Anbetung von der übermäßigen Verehrung trennen? Abgesehen davon bezeugen eine Reihe von Äußerungen gerade der letzten Zeit, dass eben doch die Anbetung Marias gemeint ist und nicht nur eine Verehrung. So wiederholte Johannes XXIII. ein bekanntes Rosenkranzgebet Pius XII., in dem es heißt: »Wendet euch mit immer größerem Vertrauen an die jungfräuliche Gottesmutter, zu der die Christen allezeit und vor allem in Widrigkeiten Zuflucht genommen haben, weil sie ja zur Quelle des Heils [!] für das ganze Menschengeschlecht bestellt ist.« Einer der entschiedensten Förderer der Marienfrömmigkeit war Pius XII. Als 18jähriger weihte er sich Maria, sein Priestertum brachte er der »Himmelskönigin« dar. Während seines Pontifikats veröffentlichte er 350 marianische Dokumente, darunter 19 von ihm verfasste Mariengebete. Von ihm stammt auch der Ausspruch: »Der irrt gründlich von der Wahrheit ab, der glaubt, die Würde und Reinheit der heiligen Jungfrau völlig und richtig allein aus den Schriften des Alten und Neuen Testaments definieren zu können.« Die in der Regierungszeit Pius XII. entfaltete Aktivität in der Verehrung Mariens gipfelte vor allem in folgenden Bekundungen: 1942 – Weihe der Kirche und der Menschheit an das unbefleckte Herz Mariens, 1946 – Rundfunkbotschaft über das Königtum Marias anlässlich der Krönung der Jungfrau in Fatima, 1950 – Dogma von der leiblichen Himmelfahrt Mariens, 1952 – Weihe der Völker Russlands an das Herz Mariens, 1953 – Einsetzung des Marianischen Jahres, 1954 – Weihe des deutschen Volkes [!] an das Herz Mariens und 1959 – (unter Johannes XXIII.) Weihe Italiens an das Herz Mariens.

Papst Johannes XXIII. verteidigte die Marienverehrung gegen nichtkatholische Kritik. Außerdem sprach er die Hoffnung aus, dass Maria die »Wunden des mystischen Leibes« heilen werde, d.h. dass Maria den getrennten Brüdern den Weg der Rückkehr in den Schoß der alleinseligmachenden Kirche ebnen werde. Während des zweiten Vatikanischen Konzils wurde vor allem von spanischen Bischöfen gefordert, dass »die tätige Mitwirkung der Mutter Gottes« in der Heilsordnung der Kirche zusammen mit Christus hervorgehoben werden müsse. Allgemeine Überraschung hatte es auf dem Konzil ausgelöst, dass Papst Paul VI. in der Schlusssitzung der dritten Sitzungsperiode, nachdem er die dogmatische Konstitution »Über die Kirche« verkündet hatte, in einer Würdigung dieser Konstitution Maria als »Mutter der Kirche« proklamierte. Die fortschrittlichen Bischöfe und Kardinäle zeigten sich von dieser Maßnahme des Papstes bestürzt, da die Konzilsmehrheit noch wenige Wochen zuvor eine solche Formulierung und Definition um des ökumenischen Gespräches willen abgelehnt hatte. Einige Kardinäle äußerten auch unverhohlen ihr Befremden über die Art, wie das Konzil hier überspielt wurde. Noch kurz zuvor hatten 1559 Konzilsväter eine Kompromissfassung des Marienkapitels gebilligt, in der Maria weder als »Mutter der Kirche« noch als »Mittlerin der Gnaden« noch als »Miterlöserin« genannt worden war. Paul VI. dagegen ließ die dritte Sitzungsperiode mit einem Lobeshymnus auf Maria enden. Er sagte u.a. wörtlich: »Wir wünschen, dass die Jungfrau von nun an von allen [!] Christen noch mehr verehrt und angerufen werde.« Der polnische Papst Johannes Paul II. hat sich bisher als ein vehementer Verfechter der Mariologie erwiesen. Er kommt damit freilich einem weitverbreiteten Bedürfnis innerhalb der katholischen Kirche entgegen. So haben allein aus den fünf südamerikanischen Ländern Chile, Peru, Ecuador, Kolumbien und Venezuela 3 Kardinäle, 33 Erzbischöfe, 110 Bischöfe, 146 Prälaten, 938 Priester, 118 Ordensbrüder, 1684 Ordensschwestern und Tausende von Laien den Papst gebeten, das Dogma von Maria als Miterlöserin zu verkünden.

Zweifellos gebühren der Maria als Mutter des Herrn Liebe und Dankbarkeit. Sie ist das Gefäß, in dem das Wort Fleisch wurde. Was man jedoch in die Gestalt der Mutter Jesu hineinlegte, hat in der Heiligen Schrift keinen Grund. Das Neue Testament, das völlig christozentrisch orientiert ist, weiß wenig von Maria zu berichten, von ihrem Ende und von ihrer Himmelfahrt überhaupt nichts. Selbst unter den Zeugen der Auferstehung wird sie nicht genannt. Sie ist hier weder Gottesmutter noch Himmelskönigin, sondern schlichte Magd. Der biblische Bericht von der jungfräulichen Geburt will nichts anderes sein als ein Ausdruck für die einzigartige Bedeutung der geheimnisvollen Person Jesu Christi. Er ist mehr eine Aussage über Jesus selbst als über Maria. Christus ist auch der Heiland der Maria. Da aber Maria als Symbol der katholischen Kirche verstanden wird, ergibt sich die Folgerung: je mehr Maria in der Verehrung steigt, um so glorreicher sieht sich auch die katholische Kirche selbst.

Quellen: Walther von Loewenich, Der moderne Katholizismus, 1955; Hans Asmussen, Maria, die Mutter Gottes, 1950; P. Bernardus, „Katholische Kirche, wohin gehst du?" in Ökumenische Einheit II, 2, 88ff.; Gerhard Ebeling, „Zur Frage nach dem Sinn des Mariologischen Dogmas" in Zeitschrift für Theologie und Kirche, 47, 1950, Heft 3, S. 383ff.; Edmund

Schlink, Evgl. Gutachten zur Dogmatisierung der leiblichen Himmelfahrt Mariens, München/
Berlin, 1950; Walter Künneth, Christus oder Maria, Berlin-Spandau, 1950; Bernhard Ritter,
„Das römische Mariendogma" in Evangelische Jahresbriefe, 16, 1951/52, S. 8ff.; Hermann
Volk, Das neue Mariendogma, Münster, 1951; Karl Rahner, Das „Neue" Dogma, Herder/Wien,
1951; Otto Semmelroth, Das neue Dogma im Widerstreit, Würzburg, 195 1; Friedrich Heiler,
„Assumptio" in Theologische Literaturzeitung, Januar 1954, Sp. 1-52; P. Sträter, Katholische
Marienkunde, 3 Bde. 1947-51; R. Graber, Die marianischen Weltrundschreiben der Päpste in
den letzten 100 Jahren, 1951; C. Feckes, Die heilsgeschichtliche Stellvertretung der Menschheit durch Maria, 1954; G. Miegge, „Die gegenwärtige Situation der katholischen Mariologie"
in Theologische Literaturzeitung 82, 1957, S. 56ff.; „Marienerscheinungen" in Materialdienst
des Konfessionskundlichen Instituts, 1952, Nr. 2, S. 23ff.; „Zum Kult von Fatima" in Materialdienst des Konfessionskundlichen Instituts, 1951, Nr. 2, S. 14ff.; Nr. 4, S. 15f.; „Das neue
Mariendogma im Lichte der Geschichte und im Urteil der Ökumene" in Ökumenische Einheit
II, 2. u. 3, München/Basel, 1950; „Mariologie und marianische Frömmigkeit" in Herder-Korre-
spondenz IX, 9. Juni 1955, S. 415ff.; Die Religion in Geschichte und Gegenwart, Bd. III, 1929,
Sp. 2014ff.; Lexikon für Theologie und Kirche, VI, S. 895 ff.; George A. Lindbeck (Hrsg.), Dialog
unterwegs, Eine evangelische Bestandsaufnahme zum Konzil, 1965.

Anm 10: FEGEFEUER. – (S. 47)

Das Fegfeuer ist nach dem römischen Einheitskatechismus ein Sühneort für die Seelen jener, welche, obwohl sie in der Gnade Gottes gestorben sind, der göttlichen Gerechtigkeit nicht vollständig Genugtuung geleistet haben. »Wir können die Strafen der Seelen
im Fegfeuer lindern durch Gebete, Ablässe, Almosen und andere gute Werke, aber ganz
besonders durch das heilige Messopfer.«

Quellen: K.R. Hagenbach, Lehrbuch der Dogmengeschichte, Bd. I, S. 197ff., 344ff.; Bd.
II, S. 197ff., 346f., Leipzig, 1847; Schröckh, Christliche Kirchengeschichte, Bd. XX, S. 184ff.,
Leipzig, 1794; Catholic Encyclopedia, Art. Fegfeuer; Charl. Elliott, Delineation of Roman Ca-
tholicism, 2. Buch, Kapitel 12; Hefele, Konziliengeschichte, Bd. IX, S. 888; Wetzer, Kirchenle-
xikon, Art. Fegfeuer; Der Große Herder, Bd. III, Sp. 838; Bd. X, Sp. 1410-1412; Die Religion in
Geschichte und Gegenwart, Bd. II, 1928, Sp. 533-535; Realenzyklopädie für protestantische
Theologie und Kirche, Bd. IV, S. 514-517.

Anm 11: ABLASS. – (Seite 48)

Über die praktischen Auswirkungen der Lehre vom Ablass während der Reformation
siehe ein Beitrag von Dr. H.C. Lea, »Indulgences in Spain« (veröffentlicht in Papers of the
American Society of Church History, Bd. I, S. 128-171). Über den Wert dieser geschichtlichen Aufschlüsse sagt Dr. Lea in seinen einleitenden Ausführungen: »Ungeachtet des
zwischen Luther einerseits und Eck und Silvester Prierias andererseits herrschenden
Streites, ging Spanien ruhig seinen alten, ausgetretenen Pfad weiter und lieferte uns die
unstrittigen offiziellen Dokumente, die uns in die Lage versetzen, diese Angelegenheit im
klaren Licht der Geschichte zu untersuchen.«

Quellen: Eine genaue und umfassende Darstellung der Lehre vom Ablass findet sich bei
M. Creighton, A History of the Papacy from the Great Schism to the Sack of Rome, Bd.

V, S. 56-65, 71, London, New York, Bombay, Calcutta, 1911; Catholic Encyclopedia, Bd. VIII, S. 783-789, Art. Ablass von W.H. Kent; H;C, Lea, A History of Auricular Confession and Indulgences in the Latin Church, Philadelphia, 1896; Thomas M. Lindsay, A History of the Reformation, Bd. I, S. 216-227, New York, 1917; A.H. Newman, A Manual of Church History, Bd. II, S. 53.54.62, Philadelphia, 1953; Preserved Smith, The Age of the Reformation, S. 23-25. 66, New York, 1920; L. v. Ranke, Deutsche Geschichte im Zeitalter der Reformation, Bd. I, 2. Buch, S. 122.157f.; Walther Koehler, Dogmengeschichte, S. 319ff., 1943, A. von Harnack, Lehrbuch der Dogmengeschichte, Bd. III, S. 292f., 504f., 511ff., 603f., 1890; Franz Beringer-Steiner, Die Ablässe, ihr Wesen und Gebrauch, 2 Bde., 1920; Fr. Heiler, Der Katholizismus, 1923; Realenzyklopädie für protestantische Theologie und Kirche, Bd. I, S. 90-92, 1877; Die Religion in Geschichte und Gegenwart, Bd. I, 1927, Sp. 59-64.

Anm 12: DIE MESSE. – (S. 48)

»Das heilige Messopfer ist im katholischen Gottesdienst die Feier der Kreuzopfers Christi. – Der Name Messe (von missa, der spätlat. Form von missio = Sendung, Entlassung) bezeichnet die liturgische Gesamthandlung von ihrem Schluss, der feierlichen Entlassung und Segnung her und besagt damit, dass das Messopfer die wesentliche Mitte ist, aus der heraus das menschliche Leben gesegnet und geheiligt werden soll. Das Wesen der Messe beruht darin, dass sie als Vergegenwärtigung des Kreuzopfers Christi (des Opfers des Neuen Bundes) weder nur dessen Erinnerung noch seine wiederholte Nachahmung oder Ergänzung ist (was der Vollgültigkeit und Einzigkeit des Kreuzopfers widerspräche). Vielmehr ist die Messe mit dem Kreuzopfer ihrem Wesen nach identisch und weist den gleichen Hohepriester, die gleiche Opfergabe auf: Christus. Nur die Weise der sakramentalen Aufopferung in der Messe ist verschieden von der historischen am Kreuz; dort geschah sie blutig, in der Messe geschieht sie unblutig in der Gestalt von Brot und Wein ... So ist die Messe im kath. Glaubensverständnis die Mitte des Lebens, die wirklichste Gottbegegnung und damit der sichtbarste Einbruch der Gnade in das Dasein des Menschen.« (Der Große Herder, Bd. VI, Sp. 451ff.)

Walther von Loewenich schreibt in »Der moderne Katholizismus«, S. 28ff.: »Luther hatte die Messe als ein Werk des Menschen verworfen. In der Messe bringt die Kirche Leib und Blut Christi als ihr Opfer dar. Damit ist die Einmaligkeit und Einzigkeit des Opfers Christi zunichte gemacht. Die Messe ist darum für Luther ein greulicher Götzendienst und eine vermaledeite Abgötterei. Hier erreicht für ihn die falsche Werkfrömmigkeit ihren furchtbaren Höhepunkt. Darum richtet sich sein ganzer Groll gegen diese Feier. Luthers Polemik wird vom heutigen Katholizismus als ein verhängnisvolles Missverständnis bezeichnet. Man verweist dafür auf cap. 2 der 22. Sitzung des Tridentinums. Dort heißt es: ‚Es ist ein und dasselbe Opfer, das derselbe jetzt durch den Dienst der Priester darbringt, der sich selbst damals am Kreuze dargebracht hat, wobei nur die Art der Darbringung verschieden ist.‘ Nicht die Kirche, sondern Christus selbst ist also in der Messe das Subjekt des Opferns. Die Messe ist zwar ein wahres und eigentliches Opfer, aber es ist wesentlich identisch mit dem Opfer Christi am Kreuz. Die wesentliche Identität wird erläutert durch den Gedanken der Repräsentation. Christus hat sich selbst beim ersten Abendmahl geopfert und dieses Opfer zur Wiederholung eingesetzt, um so ein Opfer zu hinterlassen, durch das jenes einmalige blutige am Kreuz dargestellt würde und so sein Gedächtnis bis ans Ende der Welt dauern sollte. Aber das Messopfer ist nicht eine bloße Abbildung oder Erinnerung an das **581**

Kreuzopfer, sondern es vollzieht sich ein wirkliches Opfer auf dem Altar. Die Theologen reden so zwar von einer ‚Wiederholung‘ des Kreuzopfers auf dem Altar: dadurch soll aber die Identität des Messopfers mit dem Kreuzesopfer nicht angetastet werden. Wird nun Christus selbst als Subjekt des Opfers auf dem Altar verstanden, so lässt sich offenbar Luthers Vorwurf gegen das ‚Menschenwerk‘ nicht aufrechterhalten. Es ist in der Gegenwart wichtig, dass wir uns über diesen Punkt Klarheit verschaffen. Diese Klarheit lässt sich aber nicht leicht gewinnen, da hier auf der katholischen Seite selbst nicht alles klar zu sein scheint.

Zunächst kann man Luther nicht zum Vorwurf machen, dass er die Identität zwischen Kreuzesopfer und Messopfer nicht beachtet hat; denn die Formulierung des Tridentinums ist erst nach seinem Tod erfolgt. Sie findet sich aber in keiner früheren offiziellen Lehrentscheidung klar ausgesprochen. Im »Canon missae«, also in der kirchlichen Liturgie, an die sich Luther in erster Linie halten musste, ist sie keineswegs klar zum Ausdruck gebracht. Im Gegenteil, alle einschlägigen Stellen dort sprechen unumwunden von einem Opfer der Kirche und des Priesters. Mehrfach wird darum gebeten, Gott möge diese ‚heiligen, makellosen Opfergaben‘ gnädig annehmen. Diese Bitte wird bei einem Selbstopfer Christi schwer begreiflich. Die Opfergabe wird als eine solche bezeichnet, ‚die wir, deine Diener und deine ganze Gemeinde, darbringen‘. Der Priester bittet, Gott möge unser Opfer ebenso gnädig annehmen, wie einst die Opfer Abels, Abrahams und Melchisedeks. Auch diese Bitte setzt doch wohl voraus, dass die Kirche bzw. der Priester Subjekt des Opferns ist ...

Aus dem »Canon missae« konnte also Luther kein zwingendes Argument gegen seine Auffassung von der Messe als Opfer der Kirche gewinnen. Offenbar stand Luther mit seiner Auffassung nicht allein. Es gab im Mittelalter Stimmen, welche die Macht des Priesters über die Christi stellten; denn Christus habe sich nur einmal geopfert, der Priester aber tue dies täglich. Eine ähnliche Auffassung begegnet uns noch in dem Hirtenbrief des Erzbischofs Johannes Katschthaler von Salzburg vom 2. Februar 1905. Hier heißt es unter anderem: ‚Einmal hat Maria das göttliche Kind zur Welt gebracht. Und sehet, der Priester tut dies nicht einmal, sondern hundert- und tausendmal, so oft er zelebriert. Machen sie [die Priester] den Leib, das Blut des Herrn nur gegenwärtig? Nein. Sondern sie opfern, sie bringen dem himmlischen Vater das Opfer dar. Es ist dasselbe, was Christus blutigerweise auf Kalvaria und unblutigerweise beim letzten Abendmahl getan hat. Hier in der heiligen Messe tut Er dasselbe durch seine Stellvertreter, die katholischen Priester. Die Priester hat er an seine Stelle gesetzt, damit sie dasselbe Opfer, das Er dargebracht, fortsetzen. Ihnen hat Er das Recht über seine heilige Menschheit übertragen, ihnen gleichsam Gewalt über seinen Leib gegeben. Der katholische Priester kann ihn nicht bloß auf dem Altar gegenwärtig machen, ihn im Tabernakel verschließen, ihn wieder nehmen und den Gläubigen zum Genusse reichen, er kann sogar Ihn, den menschgewordenen Gottessohn. für Lebendige und Tote als unblutiges Opfer darbringen. Christus, der eingeborene Sohn Gottes des Vaters, durch den Himmel und Erde geschaffen sind, der das ganze Weltall trägt, ist dem katholischen Priester hierin zu Willen.‘«

Im Lehrschreiben der Kath. Deutschen Bischofskonferenz von 1967 wird eine gewisse Modifizierung erkennbar: »Das Abendmahlshandeln Christi ist also vom Kreuzestod nicht ablösbar; es enthält diesen und stellt ihn sakramental dar. Darum hat die hlg. Messe auch Opfercharakter im vollen Sinn des Kreuzesopfers, das sakramental, im Zeichen und geheimnisvoll, dargestellt und gegenwärtig wird. Der wahre und spezifische Opfercharakter der hlg. Messe darf nicht unterschlagen werden. Die rechte Teilnahme am hlg. Opfer, was die Kirche mit Christus darbringt und in dem sie selbst dargebracht wird, ist die Vereinigung mit der Hingabe Christi am himmlischen Vater. Sie erfordert daher, dass wir uns mit Christus in hochherziger Selbsthingabe ganz der göttlichen Majestät zu eigen geben. Bei dieser Formulierung muss man fragen, ob hier nicht Wort Gottes und Antwort des Menschen unzulässig verwechselt werden. Nicht nur wird die Sündenvergebung in falscher Weise mit der menschlichen Hingabe an Gott verbunden, auch Christus wird hier mit der Kirche identifiziert.

Quellen: Über die Lehre von der hlg. Messe, festgesetzt auf dem Konzil zu Trient, siehe: Aus katholischer Sicht: H.G. Schroeder, Canons and Decrees of the Council of Trent, St. Louis, 1941; Catholic Encyclopedia, Bd. V, S. 572ff.; Nikolaus Gihr, Holy Sacrifice of the Mass, Dogmatically, Liturgically, Ascetically Explained, 12. Aufl., St. Louis, 1937; Josef Andreas Jungmann, Missarum Sollemnia, Eine genetische Erklärung der römischen Messe, 2 Bde., Freiburg, 1952; K. Rahner, Die vielen Messen und das eine Opfer, 1951; B. Durst, Das Wesen der Eucharistiefeier ..., 1953; Thalhofer, Handbuch der katholischen Liturgie, 2 Bde., 1912; Fr. Heiler, Der Katholizismus, S. 373ff., 1923; M. Schmaus, Katholische Dogmatik, Bd. IV, S. 326f., München, 1957.

Aus protestantischer Sicht: Philipp Schaff, Creeds of Christendom, Bd. II, S. 126-139, Art. Canons and Decrees of the Council of Trent, engl. und lat. Text; John Calvin. Institutes of the Christian Religion, 4. Buch, Kapitel 17 und 18; Edward B. Pusey, The Doctrine of the Real Presence, Oxford, 1855; K.R. Hagenbach, Lehrbuch der Dogmengeschichte, Bd. I, S. 214-223.393-398; Die Religion in Geschichte und Gegenwart, Bd. III, 1929, Sp. 2135-2140; Th. Sartory, Die Eucharistie im Verständnis der Konfessionen, Recklinghausen, 1961.

Anm 013: INQUISITION. – (S. 48; 478)

»Die alte katholische Kirche kannte zwar seit dem ausgehenden vierten Jahrhundert Zwangsmaßnahmen gegen Ketzerei, aber keine zur Aufsuchung der Ketzer eingerichtete Behörde. Die eigentliche Inquisition ist erst in dem schweren Kampf der katholischen Kirche gegen die großen volkstümlichen Sekten des 12. Jahrhunderts, die Katharer und Waldenser, erwachsen. 1183 verfügte Papst Lucius III. in Übereinstimmung mit Friedrich I. auf dem Konzil von Verona nicht nur die Verurteilung, sondern auch die Aufsuchung der Häretiker und führte dadurch die bischöfliche Inquisition ein. Papst Innozenz III. ergriff einschneidende Maßregeln. Um 1199 sandte er zwei Zisterziensermönche als päpstliche Legaten mit weitgehenden Vollmachten zur Unterdrückung der Katharer und Albigenser nach Südfrankreich, wozu auch die weltliche Macht aufgeboten wurde. Das vierte Laterankonzil (1215) machte die Aufsuchung und Bestrafung der Ketzer zu einer Hauptaufgabe der Bischöfe. Das Konzil zu Toulouse (1229) verschärfte diese Bestimmungen noch. Die geheimen Zufluchtsstätten der Ketzer sollten erforscht und entdeckte Ketzer gefangengenommen werden ... Die Namen der Ankläger und Zeugen wurden den Angeklagten verheimlicht ... Über ketzerische Gegenden wurde das Interdikt verhängt. Die leiblichen Strafen, namentlich die Todesstrafe, überließ die Kirche der weltlichen Obrigkeit.« (Der Große Brockhaus, Bd. IX, S. 137f.)

Papst Gregor IX. bestellte die Dominikaner zu ständigen päpstlichen Inquisitoren. Die Inquisition war eine gerichtliche Institution zur Verfolgung von Häretikern, die in Mittelalter und Neuzeit erheblichen Einfluss besaß. Aufgabe des Inquisitionsprozesses war es, Rechtsabweichungen zu erfragen (inquirere). Eine Inquisition mit dem Ziel der strafrechtlichen Sühne wurde erst möglich, nachdem das Christentum Staatsreligion geworden war und der Staat die Abweichungen vom christlichen Glauben zu verfolgen begann. Staat und Kirche leisteten sich dabei gewissermaßen Rechtshilfe. Während die Inquisition anfangs von den Bischöfen ausgeübt wurde, trat seit dem Ende des 12. Jahrhunderts die vom Papst ausgehende Inquisition an deren Stelle (als Wandergerichte). Die päpstliche Inquisitionsbehörde nahm an Macht und Ansehen ständig zu. Sie erhielt später den Namen »Sanctum Officium«.

»Die Inquisition wurde zunächst in Italien eingeführt und entfaltete ihre Wirksamkeit vornehmlich hier sowie in Südfrankreich und Spanien. In Spanien wurde die Inquisition sogar Staatseinrichtung; die konfiszierten Gelder flossen in die Staatskasse. Die spanische Inquisition ist bekannt durch die mit großem Pomp gefeierten Autos-da Fé (Autodafés = actus fidei = Akte des Glaubens), durch welche die Urteile der Inquisition vollstreckt wurden. Ihre Intensität nimmt in Richtung auf die nordischen Staaten ab. Von den in Deutschland umherziehenden Inquisitoren ist Konrad von Marburg (13. Jh.) am bekanntesten, der aber nach nur zweijähriger Wirksamkeit von dem erregten Volk erschlagen wurde. Das Vorgehen der Inquisition gegen bestimmte Gruppen von Sektierern war häufig mit politischen Motiven vermischt: so im Kampf der Kirche gegen den Templerorden (Ritterorden) zusammen mit König Philipp IV von Frankreich. Auch wirtschaftliche und Standesinteressen haben bisweilen das Eingreifen der Inquisition ausgelöst oder beschleunigt ... Die Verbindung von Inquisition und Politik wurde seit der Reformation notwendigerweise noch stärker. Die Inquisition spielt in der Bewegung der Gegenreformation eine bedeutende Rolle und hat sich in katholischen Staaten bis ins 19. Jh. hinein gehalten ... Untersuchungsverfahren und Vollstreckung der Inquisition richteten sich naturgemäß nach dem weltlichen Strafrecht, das im späten Mittelalter und in der Renaissance besonders grausam war ... Die Inquisition ist eine Einrichtung der katholischen Kirche, die am meisten zur Kritik herausgefordert hat und die das beliebteste Beispiel ist, wenn die katholische Kirche des Mittelalters gebrandmarkt werden soll. Von katholischer Seite verweist man dagegen auf den schweren Existenzkampf der Kirche gegen die Ketzer, auf die allgemeine Grausamkeit der damaligen Justiz und die psychopathischen Erscheinungen des Mittelalters. Doch gehen sowohl die Angriffe als auch z.T. die Verteidigung am Kern der Sache vorbei. Die Kritik macht es sich einfach, wenn sie sich unhistorisch auf den Boden des liberalen Staatsdenkens stellt. Das Mittelalter dachte anders, es nahm vor allem die Einheit von Staat und Kirche als vorgegeben hin.

Die Staatskirche verfolgte deshalb natürlicherweise die kirchlichen Delikte genauso wie die weltlichen; stellte doch ein Angriff auf die Religion zugleich einen Angriff auf den Staat dar. Die Verfolgung des Religionsdeliktes war dem Mittelalter also eine Selbstverständlichkeit. Es ist weiter natürlich, dass die Inquisition sich der zeitgenössischen Mittel der Strafverfolgung bediente, und es muss auch darauf hingewiesen werden, dass ihr genau überliefertes Verfahren z.T. mit großem Ernst und juristischer Gewissenhaftigkeit durchgeführt wurde (so z.B. das gegen Hus). Nicht die Inquisition als solche, sondern die Auswüchse, zu denen diese Institution unter den verschiedensten politischen und soziologischen Einflüssen führte, könnten vom historischen Standpunkt aus kritisiert werden. Und selbst unter diesem Gesichtspunkt wird man nicht die Inquisition verdammen können, ohne das Mittelalter und die Renaissance überhaupt verurteilen zu müssen. Eine **584** echte Beurteilung und vielleicht Verurteilung der Inquisition kann nicht auf historischer, sondern allein auf religionsphilosophischer Ebene erfolgen. Es geht um die Frage, ob die Kirche das Recht oder sogar die Pflicht hat, den irrenden Bruder um seiner Seligkeit und des Bestandes der heiligen Kirche willen notfalls mit Gewalt zu überzeugen. Kann der ‚Rechtgläubige' weiter so viel göttliche Erkenntnis und Erleuchtung beanspruchen, dass er die Autorität erhält, den ‚hartnäckigen Ketzer' aus der kirchlichen und menschlichen Gemeinschaft auszustoßen? Fordert die Liebe zu dem irrenden Mitchristen Tolerierung oder Züchtigung? So gesehen ist die Frage der Inquisition eine dauernd aktuelle Frage.« (Die Religion in Geschichte und Gegenwart, Bd. III, Tübingen, 1959, Sp. 774.775.) In Deutschland verschwand die Inquisition unmittelbar nach der Reformation. Spanien hob sie erst 1834 auf, Italien 1859, Frankreich 1772. 1542 wurde die Inquisition reorganisiert und erhielt den Namen Sacra Congregatio Romana (Heiliges Offizium). Als oberste Instanz in Glaubenssachen besteht die Inquisition noch heute. Über die Reinheit des katholischen Glaubens wacht sie als Kardinalskongregation des heiligen Offiziums (Congregatio sancti Officii).

Es lässt sich heute ohne Übertreibung sagen, dass die Inquisition der größte Schandfleck ist, der auf der römischen Kirche lastet. Sie hat in hohem Maße dazu beigetragen, die Glaubwürdigkeit des Christentums zu untergraben. Noch im 19. Jahrhundert finden sich in der katholischen Presse positive Äußerungen über die Inquisition. Die *Analecta Ecclesiastica*, eine Zeitschrift, brachte 1895 den Abdruck eines Inquisitionsurteils vom 28.2.1484, dem sich ein überschwengliches Loblied auf die heilsame Einrichtung der Ketzerverbrennungen aus der Feder eines Kapuzinerpaters anschloss: »O ihr gesegneten Flammen der Scheiterhaufen, durch welche durch die Beseitigung ganz weniger und äußerst verworfener Menschen Hunderte und aber Hunderte von Seelen aus dem Rachen des Irrtums und der ewigen Verdammnis herausgerissen wurden!«

Der spanische *Großinquisitor Torquemada* (1420-1498) und der Inquisitor de Epila, unter denen Hunderte von Christen hingerichtet wurden, genießen heute hohe und höchste Verehrung in der katholischen Kirche. Bis in die Mitte des 20. Jahrhunderts hinein gibt es Urteile von katholischer Seite, die die Maßnahmen der Inquisition verteidigen, ja sie sogar für förderungswürdig halten. Zwar haben sich die Methoden römischer Zwangsmaßnahmen geändert, aber auch unsere moderne Zeit bietet noch eine Fülle von Repressalien, die gegenüber Andersgläubigen rücksichtslos eingesetzt werden. Erst in allerjüngster Vergangenheit waren Versuche, den Protestanten z. B. in Spanien mehr Freiheiten zu verschaffen, erfolgreich. Darüber hinaus lassen gewisse, während des zweiten Vatikanischen Konzils sichtbar gewordene Tendenzen darauf hindeuten, dass die katholische Kirche bereit scheint, die Andersgläubigen nicht mehr pauschal als »Ketzer« zu diffamieren, sondern sie als Gesprächspartner anzuerkennen. Wenn man auch hinter diesen Bestrebungen keineswegs vermuten darf, dass die protestantischen Kirchen als gleichberechtigt angesehen würden.

Wieviel Unbehagen an der Indizierungspraxis des Heiligen Offiziums selbst innerhalb der katholischen Kirche besteht, beweist ein Diskussionsbeitrag von Kardinal Frings auf dem Konzil, der die Methoden dieses höchsten Gremiums der katholischen Kirche scharf angriff und unter Beifall der Konzilsväter missbilligte, dass das Heilige Offizium Menschen verurteile, ohne sie anzuhören oder ihnen die Möglichkeit der Verteidigung zu geben! Wieweit hier in Wirklichkeit eine echte Wandlung erfolgt ist, wird die Zukunft lehren. Der Widerstand der kurialen Gremien ist zäh und hinhaltend. Das beweist nichts deutlicher als der Fall Küng im Jahre 1973.

Quellen: Aus katholischer Sicht: Catholic Encyclopedia, Bd. VIII, Art. Inquisition; E. Vacandard, The Inquisition: A Critical and Historical Study of the Coercive Power of the Church, New York, 1908; Der Große Herder, Bd. IV, Sp. 1360.1361; Kirchenlexikon von Wetzer u. Welte, Bd. VI, 1889.

Aus anglikanischer Sicht: Hoffman Nickerson, The Inquisition: A Political and Military Study of Its Establishment.

Aus protestantischer Sicht: Philipp v. Limborch, History of the Inquisition; H.C. Lea, History of the Inquisition in the Middle Ages, 3 Bde.; History of the Inquisition in Spain, 4 Bde.; The Inquisition in the Spanish Dependencies; H.S. Tuberville, Medieval Heresy and the Inquisition, London, 1920; Die Religion in Geschichte und Gegenwart, Bd. III, Tübingen, 1959, Sp. 769-772; L. v. Ranke, Die Geschichte der Päpste, Köln, 1955; H. Kübert, Zauberwahn; die Greuel der Inquisition und Hexenprozesse, 1913; P. Flade, Das römische Inquisitionsverfahren in Deutschland bis zu den Hexenprozessen, 1902; E. Schäfer, Beiträge zur Geschichte des spanischen Protestantismus und der Inquisition im 16. Jahrhundert, 3 Bde., 1902; Walther von Loewenich, Der moderne Katholizismus, Witten, 1955; Materialdienst des Konfessionskundlichen Instituts, 1964, Heft 1; Luis Padrosa, Ich wählte die Wahrheit, Zürich, 1954; Die Lage der Protestanten in katholischen Ländern, Zollikon/Zürich, 1953.

Anm 14: URCHRISTENTUM IN ENGLAND. – (S. 52)

Vermutlich sind bereits vor Ende des 1. Jahrhunderts christliche Lehrer nach England gekommen. Man nimmt an, dass es griechische Lehrer waren, die etwa 50 Jahre nach der Himmelfahrt Jesu aus dem Osten nach England gekommen sind. (Robert Parsons, Three Conversions of England.)

Auch Tertullian und Origines bezeugen in ihren Schriften die frühe Evangelisation in England. (Tertullian, Dei Fidei, S. 179, engl. Ausgabe; Origines, Psalm 149.)

Sicher ist, dass 100 Jahre nach Tertullians Angaben England die ersten Märtyrer durch die diokletianische Verfolgung erhielt: Albanus von Verulam, Aaron und Julius von Caerleon und viele andere beiderlei Geschlechts. (Eduard Winkelmann, Geschichte der Angelsachsen bis zum Tode König Aelfreds, Berlin, 1883, in Onckens Allgemeine Geschichte in Einzeldarstellungen, 2. Hauptabtlg., Teil III.)

Anm 15: WALDENSER BIBELÜBERSETZUNG. – (S. 54)

Über die Entdeckung waldensischer Manuskripte bei: M. Esposito, »Sur quelques manuscrits de l'ancienne littérature des Vaudois du Piemont« in Revue d'Histoire Ecclésiastique, S. 130ff., 1951; F. Jostes, »Die Waldenserbibeln« in Historisches Jahrbuch, 1894; D. Lortsch, Histoire de la Bible en France, Kapitel 10, Paris, 1910.

Eine ausgezeichnete Schrift stammt von einem der waldensischen »Barben«, dem Prediger Jean Leger, Histoire Générale des Eglises Evangeliques des Vallées de Piemont, Leyden, 1669. Dieses Buch wurde zur Zeit der großen Verfolgungen geschrieben und enthält Informationen mit Skizzen aus allererster Hand.

Weitere Quellen: A. de Stefano, Civilta Medioevale, 1944; Riformatori ed eretici del medioeve, 1938; J.D. Bounous, The Waldensian Patois of Pramol, Nashville, 1936; A. Dondaine, Archivum Fratrum Praedicatorum, 1946; E. Comba, Storia dei Valdesi, 1930; E. Gebhart, Mystics and Heretics, Boston, 1927; G. Gonnet, Il Valdismo Medioevale, Prolegomeni, Torre Pellice, **586** 1935; Jalla, Histoire des Vaudois et leurs colonies, Torre Pellice, 1935; Realenzyklopädie für protestantische Theologie und Kirche, Bd. III, S. 125-145, Walther von Loewenich, Der moderne Katholizismus, Erscheinung und Probleme, S. 195, Witten, 1955.

Anm 16: DER SABBAT BEI DEN WALDENSERN. – (S. 55)

Es gab Geschichtsschreiber, die behaupteten, dass die Waldenser allgemein den Siebenten-Tag-Sabbat gefeiert hätten. Diese Auffassung entsprang Quellen, die in ihrem lateinischen Text die Waldenser als solche beschrieben, die den dem Herrn gehörenden Tag (dies dominicalis) oder den Tag des Herrn (des Herrn Tag – Sonntag) beginnen. Bei den Waldensern war es jedoch seit der Reformation üblich, das Wort »Sonntag« mit »Sabbat« zu übersetzen.

Dennoch gibt es historische Beweise für eine Siebenten-Tag-Sabbatfeier bei den Waldensern. Ein Bericht von einem Inquisitionsgericht, vor das einige böhmische Waldenser in der Mitte des 15. Jahrhunderts geschleppt wurden, erklärt, dass unter den Waldensern „in der Tat nicht wenige den Sabbat gemeinsam mit den Juden hielten". (I. v. Döllinger, Beiträge zur Sektengeschichte des Mittelalters, München, 1890.) Fraglos weist diese Stelle auf die Feier des Siebenten-Tag-Sabbats hin.

Anm 17: DEKRETE GEGEN DIE WALDENSER. – (S. 64)

Papst Lucius III. erließ 1183 mit Billigung des Kaisers Barbarossa das erste Dekret, dem 1192, 1220, 1229, 1236, 1243, 1253, 1332, 1380, 1400, 1476, 1487 und 1532 weitere päpstliche, kaiserliche und königliche Erlasse folgten.

Ein beträchtlicher Teil des Textes der päpstlichen Bulle von Innozenz VIII. (1487) gegen die Waldenser (das Original befindet sich in der Bibliothek der Universität Cambridge) ist in englischer Übersetzung enthalten in Dowlings History of Romanism, 6. Buch, Kapitel 5, Abschnitt 62, 1871.

Weitere Quellen: Hahn, Geschichte der Waldenser, Bd. II, S. 703-753; Hefele, Konziliengeschichte, Bd. V, S. 725.914.979f.992; Realenzyklopädie für protestantische Theologie und Kirche, Bd. XVI, S. 610-638, Leipzig, 1885.

Anm 18: WIKLIF. – (S. 71)

Die Historiker stellten fest, dass der Name ‚»Wiklif« verschieden geschrieben wurde. Ausführlicher ist darüber zu lesen bei J. Dahmus, The Prosecution of John Wyclyf, S. 7, New Haven, 1952.

Der Originaltext der päpstlichen Bullen gegen John Wiklif ist zu finden bei J. Dahmus, The Prosecution of John Wyclyf, S. 35-49, New Haven, 1952; John Foxe, Acts and Monuments of the Church, Bd. III, S. 4-13, London, 1870.

Eine Zusammenfassung dieser an den Erzbischof von Canterbury, an König Edward und an den Rektor der Universität Cambridge gerichteten Bullen finden wir bei Merle d'Aubigné, The History of the Reformation in the Sixteenth Century, Bd. IV, S. 93, London, 1885 (deutsch: Geschichte der Reformation im 16. Jahrhundert); Neander, Allgemeine Geschichte der christlichen Religion und Kirche, Bd. 5; George Sargent, History of the Christian Church, S. 323, Dallas, 1948; Gotthard V. Lechler, Johann v. Wiklif und die Vorgeschichte der Reformation, 2 Bde., Leipzig, 1873; Philipp Schaff, History of the Christian Church, Bd. V, 2. Teil, S. 317, New York, 1915.

Anm 19: HUS NACH PRAG. – (S. 81)

Bis in die jüngere Zeit hinein war die Meinung vorherrschend, dass Hus' Mutter ihren Sohn nach Prag begleitet hätte. Neuere Darstellungen bringen auch die Lesart, dass Hus' Mutter Jan nicht nach Prag, sondern unter den geschilderten Begleitumständen zur Kreisstadt Prachatitz gebracht habe.

Quellen: Melchior Vischer, Jan Hus -- Aufruhr wider Papst und Reich, Frankfurt, 1941; Arnost Kraus, Husitstvi v literature, zejména nemecké, I. Teil, in Rozpravy ceské akademie (Das Hussitentum in der Literatur, namentlich in der deutschen, I. Teil, in Abhandlungen der Tschechischen Akademie, III. Kl., Nr. 45, Prag, 1917, S. 223).

Anm 20: HUS' REKTORAT. – (S. 81)

In einigen neueren Geschichtswerken findet sich auch die Version, dass Hus nicht Rektor der Universität, sondern nur Rektor der Betlehemskapelle gewesen ist.

Quellen: Melchior Vischer, Jan Hus – Aufruhr wider Papst und Reich, Seite 196f., S. 248-252, Frankfurt, 1941; Schröckh, Christliche Kirchengeschichte, Teil XXXIV, S. 576f., 1802; Gottfried Arnold, Unparteiische Ketzer- und Kirchengeschichte, S. 429f., 1697. Theobald, Hussitenkrieg, 1609/1621; Neander, Allgemeine Geschichte der christlichen Religion und Kirche, Bd. IX, 1865.

Anm 21: SPALTUNG DER KIRCHE. – (S. 85)

Die Kirche, die schon in zwei Papstkirchen auseinandergebrochen war, traf ein noch größeres Übel. Auf dem allgemeinen Konzil zu Pisa 1409 wurden die beiden Päpste, Gregor XII. und Benedikt XIII., für abgesetzt erklärt und ein neuer Papst, Alexander V., ein Grieche, gewählt. Die beiden anderen Päpste weigerten sich jedoch, ihrer Würde zu entsagen, so dass die Kirche nunmehr drei Päpste hatte.

Zu Alexander V. hielten Frankreich und England; zu Benedikt XIII. die Pyrenäenhalbinsel und Schottland; zu Gregor XII. der deutsche König, zahlreiche deutsche Territorien, Rom und Neapel. Erst auf dem Konzil zu Konstanz gelang es, das Schisma zu beseitigen.

Anm 22: MISSBRÄUCHE IN GEISTLICHEN DINGEN. – (S. 85)

Ungefähr 100 Jahre nach Beendigung des Schismas zur Zeit des Konzils zu Pisa sagte Papst Hadrian VI. über die Zustände jener verworrenen Zeit: »Wir wissen, dass eine geraume Zeit daher viel Verabscheuungswürdiges bei dem Heiligen Stuhle stattgefunden hat: Missbräuche in geistlichen Dingen, Überschreitung der Befugnisse; alles ist zum Bösen verkehrt worden. Von dem Haupte ist das Verderben in die Glieder, von dem Papste über die Prälaten ausgebreitet worden; wir sind alle abgewichen; es ist keiner, der Gutes getan, auch nicht einer.«

Ranke schreibt über ihn: »Er dagegen versprach nun alles, was einem guten Papst zukomme: die Tugendhaften und Gelehrten zu befördern, die Missbräuche, wenn nicht auf einmal, doch nach und nach abzustellen; eine Reformation an Haupt und Gliedern, wie man sie so oft verlangt hatte, ließ er hoffen ... Wollte der Papst bisherige Gefälle der Kurie aufheben, in denen er einen Schein von Simonie bemerkte, so vermochte er das nicht, ohne die wohlerworbenen Rechte der zu kränken, deren Ämter auf jene Gefälle gegründet waren, Ämter, die sie in der Regel gekauft hatten ... Um dem Unwesen des Ablasses zu steuern, hätte er gern die alten Büßungen wiederhergestellt.« (L. v.

Ranke, Die Geschichte der Päpste, S. 43, Köln, 1955.)

Anm 23: KONZIL ZU KONSTANZ. – (S. 86)

Eine früheste Quelle zu dem Konzil zu Konstanz: Ulrich v. Richental, Das Concilium so zu Constanz gehalten ist worden, 1483.

Ferner: H. Finke, Acta Concilii Constanciensis, Bd. I, 1896; Hefele, Konziliengeschichte, Bd. VI und VII; L. Mirbt, Quellen zur Geschichte des Papsttums, 1934; Milman, Latin Christianity, Bd. VII, S. 426-524; Pastor, The History of the Popes, Bd. I, S. 194ff.

Neuere Veröffentlichungen über das Konzil: K. Zähringer, Das Kardinal-Kollegium auf dem Konstanzer Konzil, Münster, 1935; H. Finke, Forschungen und Quellen zur Geschichte des Konstanzer Konzils, 1889; Th. F. Grogau, The Conciliar Theory as it manifested itself at the Council of Constance, Washington, 1949; Fred A. Kremple, Cultural Aspects of the Council of Constance and Basel, Ann Arbor, 1955; John Patrick McGowan, d'Ailly and the Council of Constance, Washington, 1936.

Über Jan Hus siehe bei: Jan Hus, Briefe; E.J. Kitts, Pope John XXIII. and Master John Hus, London, 1910; D.S. Schaff, John Hus, 1915; Matthew Spinka, John Hus and the Czech Reform, 1941; Melchior Vischer, Jan Hus -- Aufruhr wider Papst und Reich, Frankfurt/M., 1941; H. Prutz, Staatengeschichte des Abendlandes im Mittelalter (in Oncken, Allgemeine Geschichte in Einzeldarstellungen, Bd. II, S. 359-417, 1887); L. v. Ranke, Weltgeschichte, Bd. XIII, S. 125-138; F. Strunz, Hus, sein Leben und sein Werk, 1927; Richard Friedenthal, Ketzer und Rebell, Jan Hus und das Jahrhundert der Revolutionskriege, München, 1972.

Anm 24: SIGISMUNDS GELEITBRIEF. – (S. 89)

Hus trat am 11. Oktober 1414 seine Reise nach Konstanz an, geschützt durch ein »lebendiges Geleite«, wie Kaiser Sigismund selbst bezeugte: »Ich verlieh dir das sichere Geleit, ehe du von Prag wegreistest, und befahl daselbst dem Wenzel von Duba und Johann von Chlum, dich zu begleiten und zu beschützen.« (Hefele, Konziliengeschichte, Bd. VII, S. 156.) – »Geleitet von drei böhmischen Edelleuten, deren Schutz ihn Sigismund befohlen hatte, erreichte er am 3. November Konstanz. Erst zwei Tage nachher traf der förmliche Geleitbrief für ihn ein: das hat Hus zu der unbedachten Äußerung veranlaßt, er sei ohne Geleit gekommen.« (Oncken, Allgemeine Geschichte in Einzeldarstellungen, 2. Hauptabtlg., Teil VI., Bd. II, S. 377.)

Anm 25: HUSSITISCHE ANGRIFFSWEISE. – (S. 97)

Darüber schreibt Hans Prutz in der Staatengeschichte des Abendlandes im Mittelalter von Karl dem Großen bis auf Maximilian, S. 398, in Onckens Allgemeiner Geschichte in Einzeldarstellungen, 2. Hauptabtlg., Teil VI, Bd. II: »Unwiderstehlich waren sie im Angriff, wenn sie, einer wandelnden Mauer vergleichbar, mit dem eisenbeschlagenen Dreschflegel dreinhauend, mit jener Todesverachtung auf den Feind eindrangen, welche die des Paradieses gewissen Glaubenskämpfer zu erfüllen pflegt. Dabei wussten sie das Terrain vortrefflich zu benutzen und ihre Bewegungen den Anforderungen desselben anzupassen.

Besonders eigentümlich für die hussitische Kriegsweise war die Verwendung des Trosses und namentlich der zur Fortführung des Kriegsgerätes, Gepäcks und Proviants dienenden Wagen. Den Anmarsch auf den Feind deckten diese in zwei Reihen geordnet zu beiden Seiten des Fußvolks fahrend; sie wirkten beim Angriff mit, indem sie, gleichsam ein Mittelding zwischen Reiterei und Artillerie, in den Feind hineinfuhren und erst sich trennend, dann wieder schließend eine Abteilung desselben umfuhren und isolierten, welche dann dem Fußvolk leicht erlag; die Wagen dienten, hinter der Schlachtreihe aufgefahren und mit Ketten verbunden, dem fechtenden Heere als Stütze und im Fall der Not als Zufluchtsort, der sich gelegentlich in eine förmliche Festung verwandelte, hinter deren primitiven Werken selbst Frauen und Kinder am Verteidigungskampf teilnahmen.

Ohnmächtig stand die alte ritterliche Kriegskunst, so sehr auch sie sich schon gewandelt hatte, in Angriff und Abwehr dieser hussitischen Kampfesweise gegenüber: wo sie dieselbe zu bestehen suchte, erlag sie ruhmlos. Niederlage auf Niederlage traf sie schwer wie Gottesgericht; das Vertrauen auf die eigene Kraft, der Glaube an die Möglichkeit eines Sieges ging Rittern und Gemeinen verloren, und bald kam es dahin, dass, wo es die Hussiten zu bestehen galt, alle von panischem Schrecken ergriffen sich zur Flucht wandten.«

Anm 26: PRAGER ARTIKEL. – (S. 98)

Auf dem Konzil zu Basel 1433 wurden die Prager Kompakten abgeschlossen. Den Böhmen wurde die freie Predigt in der Landessprache gewährt sowie der Laienkelch. Die Geistlichen sollten der weltlichen Gerichtsbarkeit unterstellt werden. – Bis auf den Laienkelch blieben jedoch die anderen Forderungen nahezu unverwirklicht.

Anm 27: ABLASSHANDEL. – (S. 104)

Leo X., der zur Vollendung der prunkvollen Peterskirche am 18. Oktober 1517 seine Ablassbulle erlassen hatte, teilte die deutschen Gebiete unter drei Hauptbevollmächtigte auf, wovon der Erzbischof Albrecht von Mainz und Magdeburg einer war. Dieser ernannte als Unterbevollmächtigten den darin erfahrenen Dominikanermönch Tetzel aus Leipzig. (Hefele, Konziliengeschichte, Bd. IX, S. 11.12.)

Anm 28: LUTHERS ABHANDLUNGEN WÄHREND SEINER WARTBURGZEIT. – (S. 141)

Auf der Wartburg schrieb Luther seine Deutsche Postille, Flugschriften über das Wesen der Beichte und Schriften gegen Privatmessen, sowie geistliche und Klostergelübde.

Anm 29: MÜNZER. – (S. 106)

Über Thomas Münzer bei J.K. Seidemann, Thomas
Münzer, Eine Biographie, Dresden/Leipzig, 1842; Joachim Zimmermann, Thomas Münzer, Ein deutsches Schicksal, Berlin, 1925.

Anm 30: RELIGIONSFREIHEIT. – (S. 168)

Die Religionsfreiheit hat eine wechselvolle Geschichte hinter sich. In früheren Jahrhunderten war man nur selten bereit, den Glauben anderer Konfessionen zu tolerieren. Heute gehört die Religionsfreiheit zu den Grundrechten des Menschen. Sie ist seit dem 18./19. Jahrhundert in nahezu alle Staatsverfassungen eingegangen, und auch der Artikel 18 der »Allgemeinen Erklärung der Menschenrechte« der Vereinten Nationen hat die Religionsfreiheit zum Inhalt.

Historisch gesehen ist die Religionsfreiheit das Ergebnis heftiger Auseinandersetzungen der christlichen Konfessionen untereinander sowie zwischen den christlichen

Kirchen und der säkularisierend wirkenden Aufklärung. Dass heute die Religionsfreiheit für die Christen weitgehend eine Selbstverständlichkeit ist, verdanken wir jedoch nicht den Theologen oder den Kirchen, sondern dem Staat und dem weltlichen Recht. Besonders schwer tat sich die katholische Kirche mit der Religionsfreiheit. Noch 1864 hatte Pius IX. im »Syllabus errorum« die Religionsfreiheit zusammen mit der Gewissensfreiheit, dem Liberalismus und anderen heute Selbstverständlichkeiten verdammt.

Pius XII. hat im Jahre 1953 in seiner sogenannten »Toleranzansprache« die Religionsfreiheit abgelehnt, wobei er vom Primat der Wahrheit gegenüber der Freiheit ausging und die traditionelle Auffassung wiederholte, nur die Wahrheit, nicht aber der Irrtum besitze Rechte. »Was nicht der [katholischen] Wahrheit und dem Sittengesetz entspricht, hat objektiv kein Recht auf Dasein, Propaganda und Aktion.« Die harte Diskussion um die Religionsfreiheit während des zweiten Vatikanischen Konzils spiegelt noch diese älteren Ansichten wider.

Die Auseinandersetzungen während des Konzils hatten sich zuletzt im wesentlichen auf die Frage der Staatsreligion zugespitzt. In den Ländern, in denen die katholische Kirche Staatskirche ist, sollte deren Stellung unantastbar bleiben, den anderen Religionsgemeinschaften aber die Freiheit der Religionsausübung zugesichert sein. Zwar heißt es im Eingangskapitel der »Erklärung über die Religionsfreiheit«, dass die einzige wahre Religion ihre konkrete Existenzform in der katholischen, apostolischen Kirche erhalten habe, in den weiteren Texten aber bekennen sich die Konzilsväter eindeutig zur Freiheit der Religionsausübung.

Das Konzil betonte feierlich, dass das Recht zu äußerer Betätigung der religiösen Gewissensfreiheit unter Wahrung des Gemeinwohls immer und überall gilt und von allen anzuerkennen ist. »Das Vatikanische Konzil erklärt, dass die menschliche Person das Recht auf religiöse Freiheit hat. Die Freiheit besteht darin, dass alle Menschen frei sein müssen von jedem Zwang sowohl von seiten einzelner wie von gesellschaftlichen Gruppen wie von jeglicher menschlichen Gewalt, so dass in religiösen Dingen niemand gezwungen wird, gegen sein Gewissen zu handeln, noch daran gehindert wird, privat und öffentlich, als Einzelner oder in Verbindung mit anderen - innerhalb der gebührenden Grenzen - nach seinem Gewissen zu handeln. Besonders aufschlussreich ist in diesem Zusammenhang der Beitrag, den der lange Jahre in Haft gewesene Erzbischof von Prag, Kardinal Beran, zu diesem Thema beisteuerte. Beran stellte sich in seinen eindrucksvollen Ausführungen ganz auf den Boden der Heiligen Schrift, und er bekannte sich dazu, dass alles, was nicht aus gläubiger Überzeugung, aus aufrichtigem Gewissen geschieht, Sünde sei wider Gott. Das Wort aus Jakobus 2,12 sollte aller Leitspruch sein: »Redet so und handelt so wie Leute, die dereinst durchs Gesetz der Freiheit gerichtet werden.« Kardinal Beran wies darauf hin, dass die Unterdrückung der Gewissensfreiheit zur Heuchelei führe, und er schloss mit der bemerkenswerten Selbstbesinnung: „So scheint die katholische Kirche meiner Heimat heutzutage eine schmerzhafte Buße für jene Sünden zu tun, die in der Vergangenheit gegen die Gewissensfreiheit in ihrem Namen begangen wurden, wie z. B. die Verbrennung des Priesters Johannes Hus oder der äußere Zwang zur Wiederaufnahme des katholischen Glaubens, der im 17. Jahrhundert auf das tschechische Volk ausgeübt wurde.«

Es war überhaupt höchst beeindruckend zu hören, wie offen, dynamisch und substanzreich viele Konzilsväter für die Religions- und Gewissensfreiheit stritten. Dabei scheuten sie auch nicht davor zurück, Fehler und Irrtümer der katholischen Kirche in der Vergangenheit an den Pranger zu stellen. Natürlich blieben diese Thesen nicht unwidersprochen. So vertrat z.B. der spanische Kardinal Bueno y Monreal die Auffassung, **591** dass er nichts gegen die Religionsfreiheit einzuwenden habe, wohl aber »viel dagegen, dass ein anderes Evangelium verkündigt werde als das katholische«. Aber bei den Abstimmungen zeigte es sich doch, dass eine eindrucksvolle Mehrheit der Bischöfe die Zeichen der Zeit verstanden hatte. Ob die Praxis immer und überall schon diesen Erwartungen entspricht, ist allerdings eine Frage, die heute noch nicht endgültig beantwortet werden kann.

Anm 31: ORDEN DER JESUITEN. – (S. 196)

In der 31. Regel der Konstitutionen der Gesellschaft Jesu heißt es: »Zum Fortschritt ist es vor allem ersprießlich, dass sich alle einem vollkommenen Gehorsam hingeben, indem sie die Oberen, wer immer es sei, als den Stellvertreter unseres Herrn Christi ansehen und ihm mit innerer Ehrfurcht und Liebe zugetan sind.« »In einem berühmt gewordenen Brief an die Ordensmitglieder schreibt Ignatius einmal: ‚Sehen Sie auf den, den sie in dem Menschen Gehorsam leisten, also auf Christus, die höchste Weisheit, die unendliche Güte und Liebe, auf den Herrn, von dem Sie wissen, dass er weder irren noch sie täuschen kann.'

Eben weil der Jesuit in seinem Vorgesetzten stets die göttliche Person erblickt, bedeutet für ihn der Gehorsam eine Art ‚unio mystica' mit dem Willen Gottes. Darum erinnert, wenn von diesem Gehorsam die Rede ist, die Sprache der Jesuiten in manchem an die Terminologie der Mystik: ‚Wer den Zustand des wahren Gehorsams erreichen will, der muss seinen Willen ausziehen und den göttlichen Willen, der ihm von seinem Oberen auferlegt wird, anziehen.' ...

Sorgfältig unterscheidet Ignatius verschiedene Grade des Gehorsams: Die unterste Stufe, der rein äußerliche ‚Gehorsam der Tat', besteht darin, dass der Untergebene sich darauf beschränkt, die ihm aufgetragene Handlung zu vollführen; diesen Gehorsam bezeichnet Ignatius als ‚sehr unvollkommen'. Die zweite Stufe ist dadurch gekennzeichnet, dass der Untergebene auch den Willen des Oberen zu dem seinen macht; ‚diese Stufe verleiht bereits Freude am Gehorchen. Wer sich aber ganz dem Dienst Gottes opfern will, muss ‚außer dem Willen auch noch die Einsicht darbringen'. Er muss dahin gelangen, ‚dass er nicht nur das gleiche wolle, sondern auch das gleiche denke wie der Obere, dass er sein Urteil dem seines Vorgesetzten unterwerfe, soweit nur der ergebene Wille den Intellekt überhaupt beugen kann'.

Ignatius fordert somit nichts Geringeres als die Aufopferung des eigenen Verstandes, den ‚schrankenlosen Gehorsam bis zum Opfer der Überzeugung' ... Der Jesuit soll, von äußerem Widerstand ganz zu schweigen, nicht einmal innerlich irgendwelche Bedenken darüber aufkommen lassen, ob der Vorgesetzte auch recht habe; er soll im vorhinein davon überzeugt sein, dass das ihm Befohlene ‚zur höheren Ehre Gottes' diene, und soll es freudig, mit innerer Begeisterung ausführen.

Die Unbedingtheit des jesuitischen Gehorsams musste aber alsbald zu einem schweren Bedenken führen: Was soll geschehen, wenn der Vorgesetzte die Ausführung einer sündhaften Handlung befiehlt; ist seinen Weisungen auch dann Folge zu leisten? ... Wie alle übrigen Ordensverfassungen gewähren auch die Konstitutionen der Gesellschaft Jesu dem Untergebenen das Recht, ‚bescheidene Vorstellungen zu erheben', wenn die Gefahr einer Sünde droht. Dies hat schon Ignatius ausdrücklich gestattet, und in ähnlichem Sinne hat später der Ordensgeneral Aquaviva verfügt, dass der Vorgesetzte dem Untergebenen stets Gelegenheit geben müsse, seine Einwendungen vorzubringen, ‚damit alles in mildem, väterlichem Geiste geleitet werde'. Diese Hinweise haben jedoch nicht genügt, die

Gegner des Ordens zu beruhigen, die vielmehr behaupten, für den Jesuiten höre eben mit der grundsätzlichen Unterdrückung des eigenen Urteils von vornherein jede Möglichkeit auf, einen Befehl ernstlich zu überprüfen; warnt doch Ignatius geradezu vor jedwedem Bedenken oder Zweifel, ob eine Anordnung zweckmäßig sei und zu Recht erfolge. Im übrigen bilden auch die Formeln ‚ad quos potest cum caritate se oboedientia extendere' und einige ähnliche Vorbehalte wirklich die einzigen Einschränkungen des Gebotes zu ‚blindem Gehorsam'. Die Konstitutionen des Ordens hingegen verlangen ausdrücklich, dem Untergebenen habe ‚Wille und Urteil des Oberen als Maßstab für den eigenen Willen und das eigene Urteil' vorzuschweben; der vollkommene Gehorsam sei blind, und ‚in dieser Blindheit' bestehe ‚seine Weisheit und Vollkommenheit'. ‚Mögen die übrigen religiösen Genossenschaften', schreibt Ignatius, ‚uns durch Fasten und Nachtwachen sowie durch andere Strenge in Nahrung und Kleidung übertreffen, so müssen unsere Brüder durch wahren und vollkommenen Gehorsam, durch den freiwilligen Verzicht auf eigenes Urteil, hervorleuchten.'

Große Berühmtheit hat jener Ausspruch Loyolas erlangt, der sich in ähnlicher Form in den Exerzitien wiederfindet und von welchem gemeinhin das Wort vom ‚Kadavergehorsam' der Jesuiten abgeleitet wird: ‚Überhaupt darf ich nicht mir gehören wollen, sondern meinem Schöpfer und dessen Stellvertreter. Ich muss mich leiten und bewegen lassen, wie ein Wachsklümpchen sich kneten lässt, muss mich verhalten wie ein Toter ohne Willen noch Einsicht, wie ein kleines Kruzifix, das sich ohne Schwierigkeit von einem Platz zum andern stellen lässt, wie ein Stab in der Hand eines Greises, auf dass er mich hinstelle, wo er will und wo er mich am besten brauchen kann. So muss ich immer zur Hand sein, damit sich der Orden meiner bediene und mich in der Weise verwende, die er für gut hält…' Insbesondere aber hat Franz von Assisi seine Ordensbrüder (Franziskaner) zu bedingungslosem Gehorsam angehalten. Von ihm rührt der Satz her, der Mönch müsse sich betrachten ‚gleich einem Leichnam, der durch den Geist Gottes die Seele und das Leben empfängt, indem er den Willen Gottes gehorsam in sich aufnimmt'.« (René Fülöp-Miller, Macht und Geheimnis der Jesuiten, S. 34ff., 1947.) Ursprung, Grundsätze und Absichten der Gesellschaft Jesu behandelt René Fülöp-Miller in seinem nebenstehend genannten Werk.

Weitere Quellen: A. Boehmer, Die Jesuiten, 1921; H. Becher, Die Jesuiten, 1951; E. Gothein, Ignatius v. Loyola und die Gegenreformation, Halle, 1895; L. v. Ranke, Die Geschichte der Päpste, Köln, 1956; P. v. Hoensbroech, Der Jesuitenorden, 2 Bde., 1926/28; F. Wiegand, Die Jesuiten, 1926; B. Duhr, Geschichte der Jesuiten in den Ländern deutscher Zunge, 4 Bde., 1907-1928; 100 Jesuitenfabeln, 1904; Johannes Huber, Der Jesuitenorden nach seiner Verfassung und Doktrin, Wirksamkeit und Geschichte charakterisiert, 1873; M. Heimbucher, Die Orden und Kongregationen der katholischen Kirche, 3 Bde., 1908; M. Meschler, Die Gesellschaft Jesu, ihre Satzungen und ihre Erfolge, 1911; Der Große Herder, Bd. IV, Sp. 1246-1249, 1954; Die Religion in Geschichte und Gegenwart, Bd. III, 1929, Sp. 104-109; Realenzyklopädie für protestantische Theologie und Kirche, Bd. VI, S. 608-642, 1879; John Gerard, S. J., Concerning Jesuits, London, 1902; L.E. Dupin, A Compendious History of the Church, Bd. IV, Kapitel 33, S. 132-135, London, 1713; Encyclopedia Britannica, Art. Jesuiten; C. Paroissien, The Principles of the Jesuits, Developed in a Collection of Extracts from Their Own Authors, London, 1860; W.C. Cartwright, The Jesuits, Their Constitution and Teaching, London, 1876; E.L. Taunton, The History of the Jesuits in England (1580-1773), London, 1901; T. Campbell, The Jesuits (1534-1921), New York, 1922; E. Schoell, Der jesuitische Gehorsam, Halle, 1891; Th. Weber, Der

Gehorsam in der Gesellschaft Jesu, Breslau, 1872; J.G. Dreydorff, Die Moral der Jesuiten, 1893; F.W. Nippold, Der Jesuitenorden von seiner Wiederherstellung bis auf die Gegenwart.

Anm 32: URSACHEN DER FRANZÖSISCHEN REVOLUTION. – (S. 227)

Über die weittragenden Folgen der Verwerfung der Bibel und des biblischen Glaubens durch das französische Volk.

Siehe bei: H. v. Sybel, Geschichte der Revolutionszeit 1789-1800, 10 Bde.; H.T. Buckle, History of Civilisation in England, Bd. I, Kapitel 8.12, S. 364-366. 369-371. 437. 450. 540. 541, New York, 1895; Blackwood's Magazine, Bd. XXXIV, Nr. 215, November, 1833; J.G. Lorimer, An Historical Sketch of the Protestant Church in France, Kapitel 8; Oncken, Das Zeitalter der Revolution, des Kaiserreichs und der Befreiungskriege, 2 Bde. (in Oncken, Allgemeine Geschichte in Einzeldarstellungen); Carlyle, The French Revolution, 3 Bde., 1837; Thiers, Histoire de la Révolution française, 10 Bde., 1855.

Anm 33: VERBOT DES BIBELLESENS IN FRANKREICH. – (S. 227)

»Das Papsttum hat, um seine Herrschaft über die Christenheit auszubreiten, den Gottesdienst in lateinischer Sprache auch den dieser Sprache nicht kundigen Völkern aufzudringen gesucht ... Papst Johann VIII. verbot in einem Brief an Methodius im Jahre 879 den Gebrauch der slawischen Sprache bei der Messe. Und dem Herzog Wratislaw von Böhmen antwortete Gregor VII. auf sein Gesuch um allgemeine Freiheit des slawonischen Gottesdienstes im Jahre 1080, dass er dieser Bitte nicht stattgeben könne; denn es habe dem allmächtigen Gott gefallen, dass in etlichen Orten die göttliche Schrift unbekannt bleibe, damit sie nicht etwa, wenn allen verständlich, in Verachtung gerate oder, von gewöhnlichen Leuten falsch verstanden, zu Irrtum verleite. Als aber im 12. Jahrhundert die Waldenser die Heilige Schrift in ihrer Muttersprache erhielten und sie mit neuem Eifer lasen und in Volkskreisen verbreiteten, erklärte Innozenz III. in einem Schreiben an den Bischof von Metz vom Jahre 1199, dass, obwohl das Verlangen, die göttlichen Schriften zu lesen und zum Studium derselben zu ermuntern, nicht zu tadeln, vielmehr zu empfehlen sei, doch das Lesen derselben in Konventikeln [heimlichen Zusammenkünften] nicht geduldet werden könne ... Im Jahre 1229 erließ dann das Konzil zu Toulouse das Gebot, dass den Laien Bücher des Alten oder Neuen Testaments zu besitzen nicht gestattet sei; außer wenn einer den Psalter oder das Brevier oder die Horen der heiligen Maria zur Andachtsübung haben wolle, aber auch diese nicht in der Volkssprache übersetzt ...

Der Besitz von Büchern Alten und Neuen Testaments in romanischer Sprache wurde den Laien auch von dem Konzil zu Tarragona 1234 untersagt. Wer solche habe, solle sie binnen acht Tagen nach Veröffentlichung dieser Verordnung dem Bischof des Orts ausliefern, damit sie verbrannt würden; wer das nicht tue, er sei Kleriker oder Laie, solle als der Ketzerei verdächtig erachtet werden ... 1486 erklärte der Erzbischof von Mainz, dass die deutsche Sprache nicht geeignet sei für den Ausdruck der tiefen Religionswahrheiten ... Erneuert und verschärft wurde das Verbot des Bibellesens gegenüber dem Jansenismus [Reformationsrichtung in Frankreich], besonders nach dem Erscheinen der französischen Übersetzung des Neuen Testaments von Pater Quesnel (Paris 1693) mit Erklärungen, in welchen gelehrt wird, dass die Bibel für alle Christen gegeben worden sei, ja, dass sie ihnen nützlich, ja notwendig sei ... Diesen Lehrsätzen trat Clemens XI. in der berüchtigten

Bulle Unigenitus 1713 mit 101 Propositiones entgegen, in welchen nicht bloß Sätze aus Quesnels Neuem Testament, sondern auch solche, die beinahe buchstäblich in der Heiligen Schrift sich finden, ... kurz als Ausbund alles Schlechten verdammt wurden ... Nach heftigen Kämpfen gelang es den Jesuiten, bei dem Parlament ihre Eintragung in die Reichsgesetze durchzusetzen."(Meusel, Kirchliches Handlexikon, Bd.I, S.417f.)

Anm 34: DIE UNTERDRÜCKUNG UND VERNICHTUNG DER HLG. SCHRIFT. – (S. 229)

Das Konzil zu Toulouse, das zur Zeit des Kreuzzuges gegen die Albigenser tagte, entschied: »Wir untersagen auch, dass man den Laien gestatte, die Bücher des Alten und des Neuen Testaments zu besitzen ... Wir verbieten ihnen auf das Nachdrücklichste, die oben erwähnten Bücher in der Volkssprache zu besitzen.« – »Die Wohnungen, die elendesten Hütten und selbst die verborgensten Zufluchtsstätten jener Menschen, bei denen man derartige Schriften findet, sollen vollständig vernichtet werden. Diese Leute sollen bis in die Wälder und Höhlen verfolgt werden, und wer ihnen Obdach gewährt, hat strenge Strafe zu erwarten.« (Concil. Tolosanum, Pope Gregory IX., Anno chr. 1229, Decree 2,14.) Das Konzil zu Tarragona (1234) bestimmte: »Niemand darf das Alte oder Neue Testament lesen oder verbreiten ... oder ... er würde der Ketzerei angeklagt werden.«

Auf dem Konzil zu Konstanz 1415 wurde Wiklif nachträglich noch durch den Erzbischof von Canterbury, Arundel, verdammt als jener giftige Bube einer verdammungswürdigen Ketzerei, der eine neue Übersetzung der Heiligen Schrift in seiner Muttersprache eingeführt hat".

Der Kampf der katholischen Kirche gegen die Bibel zieht sich durch alle Jahrhunderte hindurch und entfaltete sich besonders zur Zeit der Gründung der Bibelgesellschaften. Am 8. Dezember 1866 veröffentlichte Papst Pius IX. in dem Enzyklika Quanta cura beigefügten Syllabus errorum ein Verzeichnis von 80 »Irrtümern«. Hier sind unter Hinweis auf frühere päpstliche Verlautbarungen die Bibelgesellschaften zusammen mit Sozialismus, Kommunismus, heimlichen Vereinigungen und Vereinigungen liberaler Geistlicher als »Pest« verdammt, nachdem bereits 1864 Pius IX. in der Enzyklika Qui pluribus von den »überaus verschmitzten Bibelgesellschaften, die den alten Kunstgriff der Häretiker erneuert und die Bücher der göttlichen Schriften, entgegen den allerheiligsten Vorschriften der Kirche, in alle Landessprachen übersetzen und mit oft verdrehten Erklärungen versehen«, gesprochen hat. Erst in neuerer Zeit ist in dieser Hinsicht eine gewisse Wendung wahrnehmbar, wenn auch das Verbot, protestantische oder vom Heiligen Stuhl nicht genehmigte Übersetzungen zu lesen, noch fortbesteht und seine Übertretung unter Kirchenstrafe steht. Immerhin ist es gelungen, die hindernden Einflüsse so weit zurückzudrängen, dass sich eine sogenannte Katholische Bibelbewegung entfalten konnte, zu der sich auch Papst Pius XII. in seiner Enzyklika De divino afflante spiritu (1943) bekannt hat.

Anm 35: DIE SCHRECKENSHERRSCHAFT. – (S. 238)

Eine knappe, zuverlässige Einführung in die Geschichte der Französischen Revolution bei: L. Gershoy, The French Revolution, 1932; G. Lefebvre, The Coming of the French Revolution, 1947; H. v. Sybel, Geschichte der Revolutionszeit 1789-1800, 1869.

Die Pariser Zeitung Le Moniteur Universal (Gazette nationale ou le Moniteur universel) war die halbamtliche Zeitung zur Zeit der Revolution und ist eine erstklassige Quelle, die einen authentischen Bericht der von der Nationalversammlung gefassten Beschlüsse sowie den vollständigen Text der Dokumente u.a. enthält. Sie wurde wiederholt abgedruckt.

Siehe auch: A. Aulard, Christianity and the French Revolution, London, 1927, eine **595** ausgezeichnete Studie; W.H. Jervis, The Gallican Church and the Revolution, London, 1882, eine sorgfältige Arbeit eines Anglikaners mit einer gewissen Vorliebe für den Katholizismus.

Über das Verhältnis zwischen Kirche und Staat in Frankreich während der Revolution bei: Henry A. Walsh, The Concordate of 1801: A study of nationalism in relation to Church and State, New York, 1933; Charles Ledre, L'Eglise de France sous la Révolution, Paris, 1949. Einige zeitgenössische Studien über die religiöse Bedeutung der Revolution sind: G. Chais de Sourcesol, Le Livre des Manifestes, Avignon, 1800, in dem der Autor versucht, den Ursachen der Revolution nachzuspüren; James Bicheno, The Signs of the Times, London, 1794; James Winthrop, A Systematic Arrangement of Several Scripture Prophecies Relating to Antichrist, with Their Application to the Course of History, Boston, 1795; Lathrop, The Prophecy of Daniel Relating to the Time of the End, Springfield, 1811. Über die Kirche während der Revolution siehe: W.M. Sloane, The French Revolution and Religious Reform, 1901; P.F. La Gorce, Histoire Religieuse de la Révolution, Paris, 1909. Über das Verhältnis zum Papsttum siehe: G. Bourgin, La France et Rome de 1788-1797, Paris, 1808, basierend auf geheimen Dokumenten des römischen Stuhles; A. Latreille, L'Eglise Catholique et la Révolution, Paris, 1950, mit besonders interessanten Einzelheiten über Pius VI. und die religiöse Krise zwischen 1775 und 1799. Über die Protestanten während der Revolutionszeit siehe: E. de Pressencé, The Reign of Terror, Cincinnati, 1869.

Anm 36: DIE MASSEN UND DIE BEVORZUGTEN. - (S. 239)

Hierüber schreibt Dr. Philippson in »Das Zeitalter Ludwigs XIV.« (in Onckens Allgemeiner Geschichte, 3. Hauptabteilung, 5. Teil, S. 521): »In der äußeren und inneren Politik hatte das System Ludwigs schließlich Schiffbruch gelitten und nur die Reaktion hervorgerufen; kaum weniger war dies in der kirchlichen Politik der Fall. Die von ihm so lange verfolgte und unterdrückte Gewissensfreiheit erhob sich in der Gestalt des Jansenismus erneut wider ihn, ohne dass er sie dieses Mal zu vernichten vermocht hätte. Wenn dies die einzige Sache war, die den König auf seinem Todesbett beunruhigte, so betrog ihn hierin seine Ahnung nicht: der Jansenismus wurde ein gefährliches Ferment der Opposition gegen das mit dem Papsttum verbündete Königtum, und so trugen die religiösen Verfolgungen Ludwigs in vollem Maß ihre bittere Frucht für ihn und seine Nachfolger.« –

Von der überaus traurigen Lage des sogenannten dritten Standes zur Zeit des Ausbruchs der Französischen Revolution berichtet Oncken ausführlich in »Das Zeitalter der Revolution, des Kaiserreichs und der Befreiungskriege,« 4. Hauptabteilung, 1.Teil, Bd. I, S. 120.123.125.130.

Quellen: H. v. Holst, Lowell Lectures on the French Revolution, Lektion 1; H. Taine, Les origines de la France contemporaine, Bd. I (L'ancien régime), 1875; A. Young, Travels in France.

Anm 37: SCHRECKLICHE ERNTE EINER BLUTIGEN AUSSAAT. (S. 242)

Siehe bei: H. Gill, The Papal Drama, 10. Buch; E. de Pressencé, The Church and the French Revolution, 3. Buch, Kapitel 1; G. de Cassagnac, Histoire des Girondins et des massacres de septembre, 2 Bde., 1860.

Anm 38: DIE ABSCHEULICHKEITEN DER TERRORHERRSCHAFT.(S. 242)

Siehe bei: L.A. Thiers, Histoire de la Révolution française, 10 Bde. (History of the French
Revolution, Bd. III, S. 42-44.62-74.106, New York, 1890); F.A. Mignet, Histoire de

la Révolution française jusqu'en 1814, Kapitel 9, § 1 (History of the French Revolution, 1894); A. Alison, History of Europe from the commencement of the French Revolution to the restoration of the Bourbons, Bd. I, Kapitel 14, S. 293-312, New York, 1872.

Anm 39: VERBREITUNG DER HEILIGEN SCHRIFT. – (S. 245)

Nach den Aussagen von William Canton von der Britischen und Ausländischen Bibelgesellschaft belief sich im Jahre 1804 die Zahl der in der Welt verbreiteten Bibeln, im Manuskript und gedruckt, einschließlich der verschiedenen Auflagen in allen Ländern, auf nicht viel mehr als vier Millionen. Die verschiedenen Sprachen, in denen diese vier Millionen geschrieben waren, die toten Sprachen wie das Möso-Gotische des Ulfilas und das Angelsächsische Bedas mitgerechnet, wurden auf ungefähr 50 geschätzt. (What is the Bible Society ?, S. 23, 1904.)

Die Amerikanische Bibelgesellschaft hat in der Zeit von 1816 bis 1980 weit über eine Milliarde Bibeln, Neue Testamente und Teile aus dem Alten und Neuen Testament verbreitet. Allein 1980 verteilte sie 76 Millionen Bibeln, Testamente und Bibelteile in der ganzen Welt. Allein im Jahr 1980 wurden in der ganzen Welt über 440 Millionen Bibeln, Neue Testamente, Bibelteile und Auswahlhefte verbreitet. Die Bibel, vollständig oder Teile daraus, wurde bis Ende 1980 in 1660 Sprachen von den rund 3000 Sprachen der Erde gedruckt, und neue Sprachen kommen ständig hinzu. Die vollständige Bibel gibt es in 268 Sprachen.

Die Deutsche Bibelgesellschaft, Stuttgart, hat allein im Jahre 1980 fast 2,5 Millionen Bibeln und Bibelteile verbreitet; seit ihrem Bestehen sind es schon weit mehr als 50 Millionen Exemplare.

Anm 40: ÄUSSERE MISSION. – (S. 245)

Die missionarische Aktivität der frühen Christenheit hat sich bis heute nicht ein zweites Mal in solchem Umfang gezeigt. Sie erlosch im Grunde genommen um das Jahr 1000. An ihre Stelle traten die militärischen Unternehmen der Kreuzzüge. Das Reformationszeitalter kennt kaum eine äußere Mission, ausgenommen die ersten Jesuiten. Die pietistische Erweckung brachte manchen Missionar hervor. Die Tätigkeit der Herrnhuter im 18. Jahrhundert war bemerkenswert; und von den Briten wurden einige Missionsgesellschaften gegründet, damit im kolonisierten Nordamerika das Evangelium verkündigt würde. Doch erfuhr die äußere Mission eine große Belebung um das Jahr 1800, in der letzten Zeit (Daniel 12,4). 1792 wurde die Missionsgesellschaft der englischen Baptisten gegründet, die William Carey nach Indien sandte. 1795 folgte die Londoner Missionsgesellschaft. Eine andere, 1799 gegründete Gesellschaft erhielt 1812 den Namen Kirchliche Missionsgesellschaft (Church Missionary Society). Kurz darauf wurde die Wesley-Missionsgesellschaft Wesleyan Methodist Missionary Society) ins Leben gerufen. In den USA erfolgte 1810 die Gründung des American Board of Commissioners for Foreign Missions. 1812 wurde Adoniram Judson nach Kalkutta gesandt. Ein Jahr später ließ er sich mit seiner Frau in Burma nieder. 1814 trat die American Baptist Missionary Union auf den Plan, und 1837 nahm der Presbyterian Board of Foreign Missions seine Tätigkeit auf.

»Am Ende des 18. Jahrhunderts hatte das Christentum eine im Vergleich zu anderen Religionen einzigartige Verbreitung in allen fünf Erdteilen gefunden. Mit dem 19. Jahrhundert begann seine größte geographische Ausbreitung überhaupt. In Gebieten, in denen es bereits Fuß gefasst hatte, wurden neue Stützpunkte gewonnen, in Ländern, auf Inseln, unter Völkern und Stämmen, die bislang mit dem Christentum nicht in Berührung gekommen waren, fand es Eingang. In Nord-, Mittel- und Südamerika nahmen Missionare ihre Arbeit unter Eingeborenen auf, denen man sich bisher nicht genähert hatte; auch wurde die Mehrzahl der Schwarzen jetzt zu Christen. Auf den Inseln im Großen Ozean hatte das Christentum ein ungewöhnliches Wachstum zu verzeichnen ... Auch in Asien und Sibirien, in Indien, Burma, Siam, auf Ceylon und dem Malaiischen Archipel, in Französisch-Indochina, in China, Korea und wohl auch in Japan nahm die Zahl der Christen schneller zu als je zuvor. Auf die Kultur dieser Länder wirkte das Christentum stärker ein, als nach dem Umfang der Kirchen hätte erwartet werden können ... Der neuen Ausbreitung, die dem Christentum im 19. Jahrhundert beschieden war, waren in der zweiten Hälfte des 18. Jahrhunderts schwere Rückschläge vorausgegangen, die im Gegensatz zu früheren fast ausschließlich inneren Faktoren zuzuschreiben waren. Dies könnte als ein Anzeichen dafür gedeutet werden, dass dem Christentum die Kraft fehlte, sich anderen geistigen Strömungen gegenüber durchzusetzen. In Hinblick auf die Entwicklung jedoch, die das Christentum im 19. Jahrhundert nahm, erscheinen diese Rückschläge, verglichen mit denen in den zwei vorausgehenden Hauptperioden des Christentums, nicht als folgenschwer. Dies um so weniger, als trotz der Weiterwirkung jener Strömungen während des 19. Jahrhunderts und trotz der Verstärkung, die sie in anderen antireligiösen Bewegungen fand, das Christentum eine Stoßkraft entfaltete wie nie zuvor.« (Kenneth Scott Latourette, Geschichte der Ausbreitung des Christentums, gekürzte Ausgabe, S. 120ff., Göttingen, 1956.) Ferner: Walther v. Loewenich, Der Weg des Evangeliums durch die Welt, S. 130.131; Martin Schlunk, Die Weltmission des Christentums, Hamburg, 1925.

Anm 41: ERDBEBEN ZU LISSABON. – (S. 260)

Wohl hat es an Vernichtungsgewalt, an Zahl der Toten und sonstigen Schäden größere und entsetzlichere Erdbeben gegeben, aber keines hat so tiefgreifend auf die geistige und auch seelische Verfassung der Menschen gewirkt wie das von 1755. Gerade weil in der Zeit der Aufklärung, des Verstandes und der Vernunft der Autorität heischenden Macht Gottes und der Religion der Kampf angesagt worden war, glaubte man die so plötzlich und schrecklich hereinbrechende Erschütterung als ein nachdrückliches Zeichen für das Wirken Gottes werten zu müssen, der sich durch sein Strafgericht menschlicher Anmaßung entgegenstellte. Deshalb griffen die geistigen Auswirkungen dieses Erdbebens unendlich tiefer in das Bewusstsein des Volkes ein als die materiellen Verluste. Man erinnerte sich, dass es einen Gott als Herrn der Geschichte gab! Der Vernunftglaube war erschüttert.

Anm 42: WILLIAM MILLER. – (S. 270)

Er wurde am 15. Februar 1782 in Pittsfield, Mass., geboren. Am 20. Dezember 1849 starb er in Low Hampton, N. Y., wohin seine Eltern im Jahre 1786 gezogen waren. Eine ausführliche Lebensbeschreibung wurde von seinem Biographen Sylvester Bliss herausgegeben: Memoirs of William Miller, Boston, 1853.

Anm 43: PROPHETISCHE DATEN. – (S. 278)

Der jüdischen Zählung gemäß, fiel der fünfte Monat (Ab) des siebenten Jahres der Regierung des Artaxerxes in die Zeit vom 23. Juli bis zum 21. August 457 v. Chr. Nach der Ankunft Esras in Jerusalem im Herbst jenes Jahres trat der Befehl des Königs in Kraft. Für die Bestimmung des Datums 457 v. Chr. als das siebente Jahr des Artaxerxes siehe bei: S.H. Horn und L.H. Wood, The Chronology of Ezra 7, Washington, 1953; E.G. Kraeling, The Brooklyn Museum Aramaic Papyri, S. 191-193, New Haven or London, 1953, Seventh-day Adventist Bible Commentary, Bd. III, S. 97-110, Washington, 1954.

Anm 44: DER FALL DES OSMANISCHEN REICHES. – (S. 284)

Der Vormarsch der mohammedanischen Türken gegen Europa nach dem Fall von Konstantinopel im Jahre 1453 war ebenso ernst und heftig wie eineinhalb Jahrhunderte nach Mohammeds Tod die verhängnisvollen Eroberungszüge der mohammedanischen Sarazenen gegen das Oströmische Reich. Während des ganzen Reformationszeitalters waren die Türken an den östlichen Toren der europäischen Christenheit eine ständige Bedrohung; die Schriften der Reformatoren enthalten eine Fülle von Verdammungsurteilen gegen die osmanische Macht. Christliche Schreiber haben sich seitdem immer wieder mit der Rolle der Türken im zukünftigen Weltgeschehen befasst, und Ausleger der prophetischen Schriften haben in der türkische Macht und ihren in der Schrift vorausgesagten Niedergang erkannt.

Für diese Schlussentwicklung erarbeitete *Josia Litch* auf Grund der Zeitangaben in der Weissagung von der sechsten Posaune (»Stunde, Tag, Monat, Jahr«) eine Deutung der Zeitweissagung und nannte für das Ende der türkischen Unabhängigkeit den August des Jahres 1840. Litchs Thesen findet man ausführlich dargestellt in seinem Buch *The Probability of the Second Coming of Christ About A.D. 1843* (veröffentlicht im Juni 1838); in *An Address to the Clergy* (veröffentlicht im Frühjahr 1840; eine zweite Auflage mit historischen Daten, die die Genauigkeit der gemachten Voraussagen über die Dauer der prophetischen Periode bis zum Fall des Osmanischen Reiches unterstützten, wurde 1841 herausgegeben); das gleiche Thema behandelt ferner ein Beitrag in der Zeitschrift *Signs of the Times and Expositor of Prophecy* vom 1. August 1840. Ebenso ein Beitrag in der gleichen Zeitschrift vom 1. Februar 1841.

Siehe auch: J.N. Loughborough, The Great Advent Movement, S. 129-132, 1905; U. Smith, Thoughts on Daniel and the Revelation, S. 506-517, rev. Ausgabe, 1944.

Die frühe Geschichte des Osmanischen Reiches und der Niedergang der türkischen Macht bei: William Miller, The Ottoman Empire and Its Successors, 1801 bis 1927, Cambridge, 1936; George G.S.L. Eversley, The Turkish Empire from 1288 to 1914, London, 1923; Joseph v. Hammer-Purgstall, Geschichte des Osmanischen Reiches, 10 Bde.; Herbert A. Gibbons, Foundation of the Ottoman Empire, 1300 bis 1403, Oxford, 1916; Arnold J. Toynbee/Kenneth B. Kirkwood, Turkey. London, 1926; J. W. Zinkeisen, Geschichte des Osmanischen Reiches in Europa, 7 Bde.

Anm 45: BIBELVERBOT IN DER LANDESSPRACHE. – (S. 289)

Seit etwa 30 Jahren gibt es auch eine katholische Bibelbewegung, zu deren Bestrebungen sich die letzten Päpste bekannt haben. Ziel der Bewegung ist die Verbreitung der Bibel in der Landessprache und die Förderung ihres Verständnisses. Diese Bibelbewegung konnte in dem Augenblick einsetzen, als feststand, dass die Bibel nach katholischer Auffassung nicht die maßgebliche Quelle der Wahrheit sei, sondern die Kirche und ihr Lehramt. Gestattet sind jedoch nur katholische Bibelübersetzungen.

Über die Stellung der römisch-katholischen Kirche zur Verbreitung der Heiligen Schrift **599** in der Landessprache unter der Laienschaft siehe:

G.P. Fisher, The Reformation, Kapitel 15, § 16, S. 530-532, 1873; Catholic Encyclopedia, Artikel „Bibel"; J. Kardinal Gibbons, Der Glaube unserer Väter, Kapitel 8; J. Dowling, History of Romanism, 7. Buch, Kapitel 2, und 9. Buch, Kapitel 3; L.F. Bungener, History of the Council of Trent, S. 101-110, Edinburgh, 1853 (Histoire du concile de Trente, 2 Bde.); G.H. Putnam, Books and Their Makers during the Middle Ages, Bd. I, 2. Teil, Kapitel 2. Ferner: William Muir, The Arrested Reformation, S. 37-43; 1912; Harold Grimm, The Reformation Era, S. 285, 1954; Index of Prohibited Books, S. IXf., 1930; Timothy Hurley, A Commentary on the Present Index Legislation, S. 71, New York, 1908, Translation of the Great Encyclical Letters of Leo XIII., S. 413, New York, 1903; Walther von Loewenich, Der moderne Katholizismus, Witten, 1955, S. 69.147.194-218; Realenzyklopädie für protestantische Theologie und Kirche, Bd. II, S. 375-381; Meusel, Kirchliches Handlexikon; Zeller, Theologisches Handwörterbuch; Materialdienst des Konfessionskundlichen Instituts, 1953, Nr. 6, S. 88f.; Hermann Strathmann, „Der Geist der modernen katholischen Bibelbewegung" in Protestantische Rundschau, 1943, Heft 2; Die Religion in Geschichte und Gegenwart, Bd. I, Tübingen, 1957, Sp. 1224-1226; W. Auer, Katholische Bibelkunde, 1956.

Anm 46: HIMMELFAHRTSKLEIDER. – (S.315)

Die Fabel, dass die Adventisten sich Kleider angefertigt hätten, um dem Herrn »in der Luft« zu begegnen, ist von solchen erdichtet worden, die die Sache verunglimpfen wollten. Sie wurde so eifrig verbreitet, dass viele daran glaubten; aber eine sorgfältige Untersuchung erwies ihre Unrichtigkeit. Viele Jahre hindurch ist für einen Beweis, dass jene Behauptung zutreffe, eine ansehnliche Belohnung ausgesetzt gewesen, aber nicht einer ist erbracht worden. Keiner, der die Erscheinung des Herrn liebte, war der Lehren der Heiligen Schrift so unkundig, dass er hätte annehmen können, für diese Gelegenheit Kleider anfertigen zu müssen. Das einzige Kleid, welches die Heiligen nötig haben, um dem Herrn entgegenzugehen, ist die Gerechtigkeit Jesu (Offenbarung 19,8).

Siehe: Francis D. Nichol, Midnight Cry, Kapitel 25-27 und Anmerkungen H, I, J, Washington, 1944; LeRoy E. Froom, The Prophetic Faith of Our Fathers, Bd. IV, 2. Teil, Washington, 1954.

Anm 47: PROPHETISCHE ZEITRECHNUNG. – (S. 316)

Dr. G. Bush, Professor für hebräische und orientalische Literatur an der New York City-Universität, schrieb einen Brief an William Miller, der am 6. und 13. März 1844 in den Zeitschriften *Advent Herald* und *Signs of the Times Reporter,* Boston, veröffentlicht wurde. Er machte darin bedeutsame Zugeständnisse bezüglich dessen Berechnung der prophetischen Zeiten. Prof. Bush äußerte sich: »Nach meinem Dafürhalten kann weder Ihnen noch Ihren Freunden der Vorwurf gemacht werden, dass sie auf das Studium der Zeitrechnung der Weissagung viel Zeit und Aufmerksamkeit verwandt und sich viel Mühe gegeben haben, das Anfangs- und Schlussdatum der großen prophetischen Zeitspannen festzustellen. Falls diese Perioden tatsächlich durch den Heiligen Geist in den prophetischen Büchern niedergelegt sind, dann unzweifelhaft zu dem Zweck, dass sie studiert und schließlich auch völlig verstanden werden sollten; man kann niemandem vermessene Torheit zur Last legen, der ehrfurchtsvoll den Versuch macht, dies zu tun ...

In der Annahme, dass ein Tag nach prophetischem Sprachgebrauch ein Jahr bedeutet, glaube ich, dass Sie sich auf die sicherste Bibelauslegung stützen und auch bestärkt werden durch die angesehenen Namen von Mede, Newton, Kirby, Scott, Keith und vielen anderen, welche in diesem Punkt schon längst auf wesentlich dieselben Schlüsse wie Sie gekommen sind. Sie stimmen alle darin überein, dass die von Daniel und Johannes erwähnten maßgebenden Perioden tatsächlich ungefähr in unserer Zeit ablaufen, und es müsste eine seltsame Logik sein, welche Sie der Ketzerei bezichtigen wollte, weil Sie in Wirklichkeit dieselben Ansichten hegen, die in den Angaben dieser hervorragenden Gelehrten so sehr hervortreten ... Ihre Ergebnisse auf diesem Gebiet der Forschung dünken mich bei weitem nicht so sehr abweichend, als dass sie irgendwie die großen Grundsätze der Wahrheit und der Pflicht beeinträchtigen könnten ... Ihr Irrtum liegt nach meiner Auffassung in einer andern Richtung als derjenigen der Zeitrechnung ... Sie haben die Natur der Ereignisse, die sich beim Ablauf der Zeitperioden zutragen sollen, gänzlich missverstanden. Dies ist der Kern und die Summe Ihres Fehlers in der Auslegung.«

Siehe auch: LeRoy E. Froom, The Prophetic Faith of Our Fathers, Bd. I, Kapitel 1 u. 2, Washington, 1950.

Anm 48: PROPHETISCHE DATEN. – (S. 336)

Siehe grafische Skizze Seite 300 und 344

Anm 49: EINE DREIFACHE BOTSCHAFT. – (S. 367)

Offenbarung 14,6.7 sagt die Verkündigung der ersten Engelsbotschaft voraus. Dann fährt der Prophet fort: »Ein anderer Engel folgte nach, der sprach: Sie ist gefallen, sie ist gefallen, Babylon, die große Stadt ... und der dritte Engel folgte diesem nach.« Das hier mit »folgte nach« wiedergegebene Wort aus dem griechischen Grundtext hat in Zusammenstellungen wie den vorliegenden den Sinn von »mitgehen, begleiten«. Siehe hierzu: Henry George Little/Robert Scott, Greek English Lexikon, Bd. I, S. 52, Oxford, 1940; George Abbott-Smith, A Manual Greek Lexicon of the New Testament, S. 17, Edinburg, 1950. – Es ist das gleiche Wort, das in Markus 5,24 gebraucht ist. »Und er ging hin mit ihm; und es folgte ihm viel Volks nach, und sie drängten ihn.« Es wird auch angewandt, wo von den 144.000 Erlösten die Rede ist: »Diese ... folgen dem Lamme nach, wo es hingeht.« (Offenbarung 14,4.) – In diesen beiden Stellen gibt sich der Sinn des Wortes deutlich als »begleiten, mitgehen« zu erkennen. Desgleichen in 1.Korinther 10,4, wo wir von den Kindern Israel lesen, dass sie »tranken ... von dem geistlichen Fels, der mitfolgte«, das im Grundtext das gleiche Wort ist. Hieraus ersehen wir, dass der Sinn in Offenbarung 14,8.9 nicht einfach der ist, dass der zweite und dritte Engel dem ersten zeitlich folgten, sondern dass sie mit ihm gingen. Die drei Botschaften sind nur eine dreifache Botschaft. Sie sind nur drei Botschaften in der Reihenfolge ihres Beginns. Dann gehen sie miteinander und sind unzertrennlich.

Anm 50: DIE OBERHERRSCHAFT DER RÖM. BISCHÖFE. – (S. 376)

Quellen: Aus katholischer Sicht: Robert F. Kardinal Bellarmin, Power of the Popes in Temporal Affairs, Washington; Henry Edward Kardinal Manning, The Temporal Power of the Vicar of Jesus Christ, London, 1862; James Kardinal Gibbons, Der Glaube unserer Väter, Kapitel 5, 9, 10 und 12.

Aus protestantischer Sicht: Trevor Gervase Jalland, The Church and the Papacy, London, 1944; R.F. Littledale, Petrine Claims, London, 1899; James T. Shotwell/ Louise R. Soomis, The See of Peter, New York, 1927; Christopher B. Coleman, The Treatise of Lorenzo Valla on the Donation of Constantine, New York, 1914.

Anm 51: ANSPRUCH AUF UNFEHLBARKEIT. – (S. 474)

Ungeachtet der Tatsache, dass die katholische Kirche heute versucht, durch eine Neuformulierung ihrer Wahrheiten die Kluft gegenüber den Protestanten zu überbrücken, bleibt bestehen, dass sie ihren Anspruch auf Unfehlbarkeit unverrückbar aufrechterhält. Die römische Kirche kann sogenannte »Verhaltensirrtümer« in bestimmten geschichtlichen Situationen eingestehen, aber sie muss darauf beharren, bis in die Gegenwart uneingeschränkt in der Lehre recht gehabt zu haben. Die Autorität des Lehramtes und die Autorität des Papstes sind nach katholischer Auffassung unantastbar. Der Verlauf des zweiten Vatikanischen Konzils hat diese Unantastbarkeit während der Diskussion um die Stellung der Bischöfe zum Papst bestätigt, obwohl Versuche im Gange waren, den päpstlichen Primat und die päpstliche Unfehlbarkeit durch eine Stärkung des Bischofskollegiums »auszubalancieren«. Papst Pius XII. hatte es durch seine autokratische Regierungsausübung verstanden, sein Amt mit einer einzigartigen Machtfülle auszustatten. Der Papst war nicht mehr nur der höchste Stellvertreter Christi auf Erden, sondern er sah sich auch als Stellvertreter Christi schlechthin. Sein Primat ist ein Rechtsprimat; er ist durch Beschluss des ersten Vatikanums nicht menschliches, sondern göttliches Recht. Der Papst kann heute mit voller Berechtigung sagen: Die Kirche bin ich! Wer diese Stellung des Papstes bestreitet, greift die Substanz der Kirche an. Dieses bezeugt nichts deutlicher als die Verlautbarung Pius XII. in seiner Enzyklika »Mystici corporis« aus dem Jahre 1943, in der es heißt: »In einem gefährlichen Irrtum befinden sich also jene, die meinen, sie könnten Christus als Haupt der Kirche verehren, ohne seinem Stellvertreter auf Erden die Treue zu wahren. Denn wer das sichtbare Haupt außer acht lässt und die sichtbaren Bande der Einheit zerreißt, der entstellt den mystischen Leib des Erlösers zu solcher Unkenntlichkeit, dass er von denen nicht mehr gesehen noch gefunden werden kann, die den sicheren Port des ewigen Heils suchen.«

Im Mittelalter war z.B. das Konzil noch mitregierendes Gremium, seit der Unfehlbarkeitserklärung des Papstes hat es diese Funktion verloren. Dem Konzil sind, trotz aller Rede- und Diskussionsfreiheit, Grenzen gesetzt, die durch das heute noch geltende kirchliche Gesetzbuch, den *Codex iuris canonici*, der seit Pfingsten 1918 in Kraft ist, bestimmt werden. Es heißt dort u.a.: »Der römische Papst, der Nachfolger des heiligen Petrus im Primat, hat nicht nur einen Ehrenprimat, sondern die höchste und vollständige juristische Gewalt über die gesamte Kirche, sowohl in den Sphären, die Glaube und Sitte, wie auch in denen, die Disziplin und Regierung der Kirche in der ganzen Welt vertreten.« (can. 218 § 1.) Angesichts dieser unmissverständlichen Formulierung will es wenig besagen, dass es in can. 228 § 1 heißt, dass die höchste Gewalt über die gesamte katholische Kirche beim Konzil liege. Eine zweite höchste Gewalt kann es nicht geben. In Wirklichkeit gibt es auch nur eine, den Papst; die andere, das Konzil, ist ihm untergeordnet. Nur vom Papst ist gesagt, dass er die höchste und vollständige Rechtsgewalt hat. Die Verlautbarungen des Konzils erhalten auch nur dadurch Rechtskraft, dass der Papst ihnen zustimmt und sie veröffentlichen lässt. Das absolute, unfehlbare, »von Christus eingesetzte« Papsttum ist heute das entscheidende Wesensmerkmal der katholischen Kirche. Über diese Tatsache kann auch die von Papst Paul VI. vorgetragene »Bitte um Vergebung« nicht hinwegtäuschen.

Quellen: Diekamp, Katholische Dogmatik I, Münster, 1949, S. 63f.; Enciclopedia Cattolica, Art. Unfehlbarkeit; Hettinger, Lehrbuch der Fundamental-Theologie oder Apologetik, 2 Bde.; Walther von Loewenich, Der moderne Katholizismus, Witten, 1955; Die Religion in Geschichte und Gegenwart, Bd. III, Tübingen, 1959, Sp. 748.749; J. Bäumer „Sind päpstliche Enzykliken unfehlbar?" in Theologie und Glaube 42, 1952, S. 262-269; Chr. Butler, The Church and infallibility, London, 1954; Materialdienst des Konfessionskundlichen Instituts, Jgg. 1961-1964.

Anm 52: WORT GOTTES. – (S. 475)

Siehe die Anm. zu »Bibelverbot«, und »Die Unterdrückung und Vernichtung der Heiligen Schrift" und »Bibelverbot in der Landessprache«.

Anm 53: ZWANGSMASSNAHMEN DER RÖM. KIRCHE. – (S. 478)

Siehe die Anmerkung zu »Inquisition« Seite 583.

Anm 54: MACHTANSPRUCH ROMS. – (S. 480)

Das katholische Lehramt, repräsentiert in der Gestalt des Pontifex maximus, bestimmt, was Wahrheit ist, entscheidet, was zu glauben ist, und beansprucht darin nicht nur Unfehlbarkeit, sondern Irrtumsunfähigkeit! Die Tradition der Kirche tritt als erste Wahrheitsquelle auf. Gegen das reformatorische Prinzip »sola scriptura«, allein die Schrift, stellte das Tridentiner Konzil (Konzil zu Trient 1545-1563) die Heilige Schrift und die apostolische Tradition, wozu auch die Traditionen der Kirche zählen. In den Schriftsätzen jenes Konzils lesen wir: „Die apostolischen und kirchlichen Traditionen und die übrigen Bräuche und Satzungen dieser Kirche nehme ich mit Festigkeit an und umfasse sie.« – »Ebenso nehme ich die Heilige Schrift an in dem Sinne, den die heilige Mutter Kirche festhielt und hält, deren Sache (!) es ist, über den wahren Sinn und die Auslegung der Heiligen Schrift zu urteilen; nie werde ich sie anders auffassen und erklären, als nach der einmütigen Auffassung der Väter.« – Nach dieser Verlautbarung wird die kirchliche Tradition zum Ausleger der Heiligen Schrift bestellt. Was geglaubt werden muss und wie die einzelnen Texte auszulegen sind, entscheidet die katholische Kirche. Die persönliche Auffassung des einzelnen Katholiken hat sich selbst wider bessere Erkenntnis dieser Entscheidung zu beugen. Bei der Auseinandersetzung zwischen Bibel und Tradition wird nach Lage der Dinge die Tradition immer den Vorrang erhalten, indem man sie einfach in die Schrift hineininterpretiert. Es gibt heute nur noch wenige Gebiete des täglichen Lebens, auf denen die katholische Kirche nicht die Grenzen der noch zulässigen »Erkenntnis« abgesteckt hat.

Die katholische Kirche hat sich mit dem Recht, zu entscheiden, was Wahrheit ist und was nicht, absolut gesetzt; sie steht damit nicht mehr unter dem Evangelium, sondern herrscht und regiert über das Evangelium! Damit aber hat sich die katholische Kirche von den Grundlagen des Evangeliums entfernt und ist selbst an die Stelle der Wahrheit getreten. Alle Äußerungen von katholischer Seite zeigen, dass die katholische Kirche in der Wahrheitsfrage nicht gewillt ist, ihren Ausschließlichkeitsanspruch aufzugeben. Es ist römisch-katholische Auffassung, dass die Wahrheit niemals mit der katholischen Kirche zusammen, sondern nur in der katholischen Kirche zu verwirklichen sei.

Alle noch so freundlichen Gesten gegenüber den Protestanten, die im Verlauf des Konzils und auch danach sichtbar wurden, können nicht darüber hinwegtäuschen, dass sich an dem Anspruch der katholischen Kirche, allein die Kirche Christi zu sein, nichts geändert hat; ihre Gesten sind bisher nur Gesten. Gewiss sind die Verlautbarungen, die von katholischer Seite an protestantische Ohren dringen, verbindlicher geworden. Gewiss ist das Wort »Ketzer« aus dem offiziellen Umgangston verschwunden. Dennoch kommt in den »Angeboten« der katholischen Kirche mit unmissverständlicher Klarheit zum Ausdruck, dass die katholische Kirche unter der Einheit Rückkehr versteht.

In der Eröffnungsansprache Papst Paul VI. zur zweiten Sitzungsperiode des Konzils sprach er u.a. von »anderen Christen«, und er meinte diejenigen, »die wir, obwohl sie ‚in Christo' glauben, doch nicht – o, dass uns diese Freude nicht vergönnt ist! – unter diejenigen zählen können, die mit uns durch das Band der vollkommenen Einheit Christi verbunden sind. Diese Einheit, an der sie durch die Kraft der Taufe Anteil haben müssten, kann ihnen nur von der katholischen Kirche geboten werden und wird von ihnen ja auch durch die Kraft und das Wesen des Einheitsgedankens eifrig erstrebt«. (Zitiert nach Materialdienst des Konfessionskundlichen Instituts, 1963, Heft 6.)

Auch die Reden, die Papst Paul VI. während seiner spektakulären Palästinareise gehalten hat, zielen in die gleiche Richtung. Durch die wiederholt gebrauchten Wendungen vom »römischen Christus« und von der »Einladung an die getrennten Brüder« finden wir erneut bestätigt, dass das »extra ecclesiam nulla salus« (außerhalb der Kirche ist kein Heil) eindeutig für die katholische Kirche beansprucht wird. Der evangelische Konzilsbeobachter Prof. Edmund Schlink hat in einem stark beachteten Vortrag in Rom am Ende der zweiten Sitzungsperiode des Konzils diese römische Exklusivität beklagt. In der Tat wird von katholischer Seite stets nur von christlichen Brüdern oder nichtkatholischen Christen gesprochen, nie von nichtkatholischen Kirchen. Prof. Schlink wies darauf hin, dass die Sehnsucht nach Einheit als Sehnsucht nach der vom Papst geleiteten römischen Kirche verstanden wird. »Es ist selbstverständlich, dass sich die nichtrömische Christenheit durch diese Aussage verkannt fühlen muss. Denn sie besteht nicht aus einzelnen Christen, sondern aus Kirchen. Die nichtkatholischen Christen sind der Gnade und des Heils gewiss als Glieder ihrer Kirche ... Sie sehnen sich nicht danach, Glieder der römischen Kirche zu werden, sondern als Glieder ihrer Kirche ersehnen sie die Gemeinschaft ihrer Kirche mit den anderen Kirchen ... Wenn ihnen aber bestritten wird, dass sie Christi Leib und Blut in den Abendmahlsfeiern ihrer Kirche empfangen, so sehen sie darin nicht nur eine Verkennung ihrer selbst, sondern eine Leugnung Christi, der sich in ihrer Mitte kräftig erweist.«

Will die katholische Kirche Heimkehr oder Partnerschaft? Die Antwort kann nicht mehr zweifelhaft sein. Die »offenen Arme«, von denen der Papst sprach – sind sie etwas anderes als eine Fortsetzung der Gegenreformation mit neuen Mitteln? Es ist nicht zu verkennen, dass vieles innerhalb der römischen Kirche in Bewegung geraten ist, und es mag auch für ernste und überzeugte Katholiken ungewiss sein, wohin es die Kirche treiben wird, aber eines können wir jetzt schon sagen: Der Ökumenismus Roms ist etwas völlig anderes als die ökumenische Bewegung. Die katholische Kirche erwartet Unterwerfung oder Heimkehr in die »sichere Hürde«.

Darüber sollte man nicht im unklaren sein, auch wenn das vom Konzil verabschiedete »Dekret über den Ökumenismus« Formulierungen enthält, die für die katholische Kirche tatsächlich in Neuland weisen. So enthält dieses Dekret u.a. das Eingeständnis, dass die Schuld für die Kirchenspaltungen des Ostens wie des Westens auf beiden Seiten liege. Die evangelischen Gemeinschaften werden als »Kirchen« apostrophiert, wenn diese Anrede vermutlich auch nur ein formales Entgegenkommen sein dürfte, um den »Dialog« nicht von vornherein schon unmöglich zu machen. Es finden sich Hinweise auf das Gute in den nichtkatholischen Religionen, das die Katholiken mit Freude und Achtung sähen. Ferner heißt es, dass diejenigen Christen, die in getrennten Gemeinschaften leben, nicht der Sünde angeklagt werden dürfen, wenn es auch wahr bleibe, dass die Fülle der Heilsmittel nur in der katholischen Kirche zu finden sei.

Urteile und alles Handeln, was geeignet ist, die »getrennten Brüder« zu beleidigen, sollen vermieden werden. Auch seien Dialoge zwischen den Theologen beider Konfessionen zum Kennenlernen der gegenseitigen Auffassungen nützlich. Selbst gemeinsame Gebete für die Sache des Ökumenismus sowie – unter Aufsicht der Bischöfe unter Wahrung bestimmter Voraussetzungen – gemeinsame Gottesdienste könnten gestattet werden. Diese Formulierungen des Dekrets gehen gewiss weit über das hinaus, was bisher üblich und erwünscht war. Dennoch – die katholische Kirche wird es sich gefallen lassen müssen, dass man sie weniger an ihren Worten als an ihren Taten misst.

Im »Dekret über den Ökumenismus« heißt es unter anderem: »In dieser einen und einzigen Kirche Gottes sind schon von den ersten Zeiten an Spaltungen entstanden, die der Apostel aufs schwerste tadelt und verurteilt; in den späteren Jahrhunderten sind ausgedehntere Verfeindungen entstanden, und es kam zur Trennung recht großer Gemeinschaften von der vollen Gemeinschaft der katholischen Kirche, oft nicht ohne Schuld der Menschen auf beiden Seiten. Den Menschen jedoch, die jetzt in solchen Gemeinschaften geboren sind und in ihnen den Glauben an Christus erlangen, darf die Schuld der Trennung nicht zur Last gelegt werden – die katholische Kirche betrachtet sie als Brüder, in Verehrung und Liebe. Denn wer an Christus glaubt und in der rechten Weise die Taufe empfangen hat, steht dadurch in einer gewissen, wenn auch nicht vollkommenen Gemeinschaft mit der katholischen Kirche ... Dennoch erfreuen sich die von uns getrennten Brüder sowohl als einzelne wie auch als Gemeinschaften und Kirchen betrachtet, nicht jener Einheit, die Jesus Christus all denen schenken wollte, die er zu einem Leibe und zur Neuheit des Lebens wiedergeboren und lebendig gemacht hat, jener Einheit, die die Heilige Schrift und die verehrungswürdige Tradition der Kirche bekennt. Denn nur durch die katholische Kirche Christi, die das allgemeine Hilfsmittel des Heiles ist, kann man Zutritt zu der ganzen Fülle der Heilsmittel haben. Denn einzig dOem Apostelkollegium, an dessen Spitze Petrus steht, hat der Herr, so glauben wir, alle Güter des Neuen Bundes anvertraut, um den einen Leib Christi auf Erden zu konstituieren, welchem alle völlig eingegliedert werden müssen, die schon auf irgendeine Weise zum Volke Gottes gehören.«

Anm 55: DER KATHOLIZISMUS IN DEN USA. – (S. 481)

In den USA hat die katholische Kirche in den letzten Jahrzehnten ein rapides Wachstum zu verzeichnen. Ihr Einfluss und ihre Bedeutung nahmen immer mehr zu, was vor allem auch daran sichtbar wurde, dass im Jahr 1960 zum ersten Mal, was bis dahin als undenkbar galt, ein Katholik (J.F. Kennedy) als Präsident in das Weiße Haus einzog.

Die Entwicklung der katholischen Kirche wird an folgenden Vergleichszahlen deutlich: Nach dem »Yearbook of the American and Canadian Churches« von 1977 stieg die Zahl der Katholiken von 18,6 Mill. im Jahr 1926 über 28,6 Mill. im Jahr 1950 bis auf 49,8 Mill. im Jahr 1977. Die Zahl der Protestanten stieg von 31,5 Mill. im Jahr 1926 über 51,1 Mill. im Jahr 1950 auf 72,3 Mill. im Jahr 1977. Die zahlenmäßige Überlegenheit der Protestanten täuscht insofern, da sich diese über 70 Millionen Gläubigen auf mehr als 250 protestantische Gemeinschaften verteilen, während die fast 50 Millionen Katholiken einen einzigen, einheitlichen, festgefügten Block bilden. Die katholische Kirche ist heute bereits die stärkste Kirche der Vereinigten Staaten.

Anm 56: KONSTANTINS SONNTAGSGESETZ. – (S. 478)

Siehe Anm 59, Seite 606

Anm 57: DIE ÄTHIOPISCHE KIRCHE UND DER SABBAT. – (S. 485)

Bis in die jüngste Zeit hinein hielt die koptische Kirche den Sabbat. Die Äthiopier feierten daneben auch während ihrer ganzen Geschichte als christliches Volk den Sonntag, den ersten Tag der Woche. Diese Tage waren durch besondere gottesdienstliche Handlungen in den Kirchen gekennzeichnet. Die Beachtung des Siebenten-Tag-Sabbats hat jedoch praktisch im modernen Äthiopien aufgehört. Augenzeugenberichte über die religiösen Feste der Äthiopier bei: Pero Gomes de Teixera, The Discovery of Abyssinia in 1520, ins Engl. übersetzt, 1938, S. 79; Father Francisco Alverez, Narrative of the Portuguese Embassy to Abyssinia during the Years 1520 bis 1527 (in den Berichten der Hakluyt-Gesellschaft, Bd. 64, S. 22-49), London, 1881; Michael Russell, Nubia and Abyssinia, S. 226-229, New York, 1837; S. Giacomo Baratti, Late Travels into the Remote Countries of Abyssinia, S. 134-137, London, 1670; Job Ludolphus, A New History for Ethiopia, So 234-357, London, 1682; Samuel Gobat, Journal of Three Years' Residence in Abyssinia, S. 55-58.83-98, New York, 1850; Peter Heylyn, History of the Sabbath, Bd. II, S. 198-200, 1636; Arthur P. Stanley, Lectures on the History of the Eastern Church, Lecture 1, § 1, New York, 1882; C.F. Rey, Romance of the Portuguese in Abyssinia, S. 59.253-298, London, 1929.

Anm 58: BIBELVERBOT. – (S. 501)

Siehe Anm 03, S. 570 sowie Anm 45, S. 599

Anm 59: KONSTANTINS SONNTAGSGESETZ. – (S. 475)

Eine seit 1833 in Oxford gestiftete Religionspartei, die durch Anerkennung der kirchlichen Überlieferung, Wiedereinführung der Fasten, der Kirchenbuße, der Messe usw., die englische Hochkirche der katholischen anzunähern suchte.

Anm 60: Im »Great Controversy« von 1884 (GC 1884) steht hier nach folgendes: – (S.436)

Der große Betrüger sagt: »Wir müssen auf jene achten, welche die Aufmerksamkeit der Menschen auf den Sabbat von Jehova lenken wollen; diese werden viele dazu bringen, den Anspruch des Gesetzes Gottes zu erkennen. Dasselbe Licht, welches den wahren Sabbat zeigt, offenbart auch den Dienst Christi im himmlischen Heiligtum und zeigt, dass das letzte Werk für die Erlösung des Menschen nun voranschreitet. Haltet den Geist des Volkes in Finsternis, bis das Werk beendet ist und wir werden uns der Kirche und der Welt sicher sein können!"«

»Der Sabbat ist die große Frage, die über das Schicksal der Seelen entscheidet. Wir müssen den Sabbat, den wir erschaffen haben (Sonntag) erheben. Wir haben es veranlasst, das er sowohl von den Kindern der Welt als auch von den Mitgliedern der Kirchen akzeptiert wurde. Jetzt müssen wir die Kirche veranlassen sich mit der Welt zu vereinigen, um ihn zu unterstützen. Wir müssen mit Zeichen und Wundern wirken, um ihre Augen für die Wahrheit zu verblenden und sie dahin bringen, Vernunft und Gottesfurcht zu verwerfen und Traditionen und Gebräuchen zu folgen.« »Ich werde beliebte Prediger beeinflussen, die die Aufmerksamkeit ihrer Zuhörer von Gottes Geboten ablenken werden. Das

was die Schrift als perfektes Gesetz der Freiheit bezeichnet soll als Joch der Sklaverei dargestellt werden. Die Massen akzeptieren die Erklärungen der Schrift von ihren Predigern und erforschen nicht für sich selbst. Indem ich durch die Prediger wirke, kann ich deshalb die Massen nach meinem Willen kontrollieren.«

»Doch unsere Hauptsorge ist die Sekte der Sabbathalter zum Schweigen zu bringen. Wir müssen sie überhäufen mit allgemeiner Verachtung. Wir werden große und weltweise Männer auf unsere Seite ziehen und diejenigen, welche Autorität haben, dazu verleiten, unsere Absichten auszuführen. Dann soll der Sabbat, den ich erschaffen habe (Sonntag), durchgesetzt werden durch härteste und strengste Gesetze. Jene, welche ihn nicht achten, sollen aus den Städten und Dörfern vertrieben werden und sollen Hunger und Entbehrungen erleiden. Wenn wir einst die Macht haben, werden wir zeigen, was wir mit jenen tun, die nicht von ihrer Treue zu Gott abweichen wollen. Wir brachten die römische Kirche dazu, Gefängnis, Marter und Tod über jene zu bringen, welche ihre Verordnungen verwarfen. Und jetzt wo wir die protestantischen Kirchen und die Welt unter diesen rechten Arm unserer Macht bringen, werden wir zum Abschluss ein Gesetz haben, um alle diejenigen auszurotten, die sich nicht unserer Autorität beugen wollen. Wenn der Tod die Strafe für die Übertretung unseres Sabbats (Sonntags) sein wird, dann werden viele die nun zu denen zählen, die die Gebote Gottes halten auf unsere Seite überlaufen.«

»Doch bevor wir zu solch extremen Maßnahmen voranschreiten, müssen wir all unsere Weisheit und List aufbringen, um jene zu verführen und einzufangen, welche den wahren Sabbat ehren. Wir können viele durch Weltlichkeit, Lust und Stolz von Christus trennen. Sie mögen sich in Sicherheit wähnen, da sie an die Wahrheit glauben, doch durch Nachgiebigkeit gegenüber ihrem Appetit oder niederer Leidenschaften, welche die Urteilskraft verwirren und das Unterscheidungsvermögen zerstören, wird ihr Fall verursacht.«

»Geht, macht die Besitzer von Ländereien und Geld betrunken mit den Sorgen dieses Lebens. Zeigt ihnen die Welt im schönsten Licht, auf das sie hier ihre Schätze lagern und ihre Liebe an irdische Dinge binden. Wir müssen unser Äußerstes tun, damit jene, die Gottes Werk tun, keine Mittel erlangen, welche sie gegen uns einsetzen können. Haltet das Geld in unseren eigenen Reihen. Je mehr Mittel sie erhalten, desto mehr werden sie unserem Königreich schaden, indem sie unser Eigentum von uns nehmen. Bringt sie dazu, sich mehr um Geld zu sorgen als um die Errichtung des Königreiches Christi und die Verbreitung der Wahrheit, die wir hassen und so müssen wir ihren Einfluss nicht fürchten. Denn wir wissen, dass jede selbstsüchtige und begehrliche Person unter unsere Macht fallen wird und letztendlich von Gottes Volk getrennt wird.«

»Durch jene, die eine Form von Gottesfurcht haben aber seine Kraft nicht kennen, können wir viele gewinnen, welche uns sonst großen Schaden zufügen würden. Diejenigen, die das Vergnügen mehr lieben als Gott, werden unsere effektivsten Helfer sein. Die Begabten und Intelligenten dieser Menschengruppe werden uns als Köder dienen, um andere in unsere Fallstricke zu locken. Viele werden ihren Einfluss nicht fürchten, da sie sich zum gleichen Glauben bekennen. Wir werden diese zur Annahme verleiten, dass man es mit Christi Ansprüchen nicht mehr so genau nehmen muss, wie sie einst geglaubt haben und das sie mit der Anpassung an die Welt einen größeren Einfluss über Weltliche ausüben könnten. Auf diese Weise werden wir sie von Christus trennen; dann werden sie keine Kraft mehr haben, unserer Macht zu widerstehen und letztendlich werden sie bereit sein, ihren früheren Eifer und ihre Hingabe lächerlich zu machen.«

»Bis der große entscheidende Schlag getan werden kann, müssen unsere Anstrengungen gegen diejenigen, die die Gebote Gottes halten, unermüdlich werden. Wir müssen in all ihren Zusammenkünften zugegen sein. In ihren großen Versammlungen wird unsere Sache viel erleiden und wir müssen äußerst wachsam sein und uns unserer verführerischsten Künste bedienen, um Seelen daran zu hindern, die Wahrheit zu hören und von ihr geprägt zu werden.«

»Menschen mit falschen Lehren mit gerade soviel Wahrheit, um Seelen zu verführen, werde ich unter ihnen als meine Agenten haben. Ich will auch Ungläubige anwesend sein lassen, welche ihre Zweifel betreffend der Warnungen des Herrn an seine Kirche zum Ausdruck bringen werden. Wenn die Menschen diese Warnungen lesen und daran glauben, besteht wenig Hoffnungen sie zu überwinden. Doch wenn wir ihre Aufmerksamkeit von diesen Warnungen ablenken können, werden sie in Unwissenheit bleiben über unsere Macht und List und sie werden letztendlich in unseren Reihen verbleiben. Gott wird es nicht erlauben, dass sein Wort straflos geschmäht wird. Wenn wir die Menschen für eine gewisse Zeit verführen können, wird Gottes Gnade zurückgezogen werden und er wird sie unserer Kontrolle überlassen.«

»Wir müssen Verwirrung und Zwiespalt verursachen. Wir müssen durch Sorgen ihre eigenen Seelen zerstören und sie dazu bringen, einander zu kritisieren, zu richten, zu beschuldigen und zu verurteilen und Selbstsucht und Feindschaft erhalten. Wegen dieser Sünden verbannte uns Gott vor seinem Angesicht und alle, die unserem Beispiel folgen werden ein ähnliches Schicksal erleiden.«

Anm 61: Im »Great Controversy« von 1884 (GC 1884) steht demnach folgendes: – (S. 436)
... und werden ausgedrückt durch die zwei fundamentalen Grundsätze Republikanismus und Protestantismus. [im Bezug auf die zwei Hörner des Lammes]